2 1 JAN 2000

0 1341 0252372 4

QL7 .W44 1998

Le Grand livre des
   animaux /
       c1998.

1999 10 18

DATE DUE
Date De Retour

BRODART   Cat. No. 23-233   Printed in U.S.A.

Collège Boréal
Centre de ressources
21, boul. Lasalle
SUDBURY ON P3A 6B1

LE GRAND LIVRE DES ANIMAUX

LE GRAND LIVRE DES ANIMAUX

PHILIP WHITFIELD et RICHARD WALKER

SOLAR

Titre original de cet ouvrage
THE ILLUSTRATED ENCYCLOPEDIA OF ANIMALS

Traduction-adaptation
Chantal Lonqueux, Odile Ricklin, Étienne Schelstraete

© 1984, Marshall Editions Ltd, pour la première édition originale
© 1998, Marshall Editions Development Ltd, pour la deuxième édition originale
© 1984, Éditions Solar, Paris, pour la première édition française
© 1998, Éditions Solar, Paris, pour la présente édition

ISBN : 2-263-02777-7
Code éditeur : S02777
Dépôt légal : septembre 1998

Photocomposition : Nord Compo, Villeneuve-d'Ascq
Imprimé en Italie

La première édition originale a été réalisée sous la direction
du Dr Philip Whitfield, Département de zoologie, King's College, Université de Londres.
La première édition française a été supervisée par Patrice Leraut.

La nouvelle édition a été mise à jour par Richard Walker
En collaboration avec
Pr D.M. Stoddart, Département de zoologie, Université de Tasmanie,
Hobart, Australie – pour la partie Mammifères
I.C.J. Galbraith, Département d'ornithologie, British Museum
(Histoire naturelle) – pour la partie Oiseaux
Pr Barry Cox, Département de biologie, King's College,
Université de Londres – pour les parties Reptiles et Amphibiens
Alwyne Wheeler, British Museum (Histoire naturelle), Londres –
pour la partie Poissons

Dessins
Mammifères : Graham Allen et Dick Twinney
Oiseaux : Michael Woods, Malcolm Ellis et Keith Brewer
Reptiles et Amphibiens : Alan Male
Poissons : Colin Newman

SOMMAIRE

- 14 **Mammifères**
- 18 Échidnés et ornithorynque
- 20 Opossums, caenolestidés et colocolo
- 22 Dasyuroïdes
- 24 Numbat, bandicoots, taupes marsupiales et wombats
- 26 Koala, phalangers, possums, acrobates pygmées volants, pétauridés et pseudocheiridés
- 28 Kangourous et genres proches
- 31 Rats-kangourous
- 32 Fourmiliers et paresseux
- 34 Tatous et pangolins
- 36 Pikas, lapins et lièvres
- 40 Écureuils et marmottes
- 44 Gaufres à poches et souris-kangourous
- 46 Castor de montagne, castors, lièvre sauteur et anomalures
- 48 Rats et souris du Nouveau Monde
- 50 Hamsters, rats-taupes et rats des bambous
- 52 Rat à crinière, rats de Madagascar, loirs épineux et rats du veld
- 54 Lemmings et campagnols
- 56 Gerbilles
- 58 Souris des arbres, rats à poches, rats et souris de l'Ancien Monde
- 62 Loirs, rats sauteurs et gerboises
- 64 Porcs-épics
- 66 Cobayes, capybara, pacarana, pacas et agoutis
- 68 Viscaches, chinchillas, hutias, ragondins, octodons, tucos-tucos et rats-chinchillas
- 70 Rats-porcs-épics américains, rats des roseaux, rat des rochers africain et rats-taupes africains
- 72 Rats-éléphants, tenrecs et potamogales
- 74 Taupes dorées, gymnures et hérissons
- 76 Musaraignes
- 78 Solénodons, taupes et lémurs volants
- 80 Toupaïes
- 82 Lémurs nains, lémuriens, indriidés et aye-aye
- 84 Loris, galagos et tarsiers
- 86 Ouistitis et tamarins
- 88 Singes du Nouveau Monde
- 92 Singes de l'Ancien Monde
- 100 Gibbons
- 102 Singes anthropoïdes
- 104 Chauves-souris frugivores
- 106 Rhinopomes et emballonures
- 108 Craséonyctéridés, nyctères et pseudo-vampires
- 110 Fers à cheval
- 112 Chauves-souris pêcheuses, chauves-souris à moustaches, molosses et phyllostomidés
- 116 Vespertilionidés
- 118 Chauves-souris à longues pattes, furies, thyroptères, myzopodidés et mystacinidés
- 120 Canidés
- 124 Ours
- 126 Pandas et ratons
- 128 Mustélidés – hermine, putois, belettes et apparentés
- 134 Civettes et genettes
- 138 Mangoustes
- 140 Hyénidés
- 142 Félidés
- 148 Otaries à fourrure, lions de mer et morse
- 150 Phoques
- 154 Oryctérope et porcs
- 156 Pécaris et hippopotames
- 158 Camélidés
- 160 Chevrotains, porte-musc et cervidés
- 164 Cervidés, girafes et pronghorn
- 166 Bovidés
- 184 Dauphins d'eau douce et marsouins
- 186 Dauphins
- 188 Cachalots et baleines blanches
- 190 Baleines à bec
- 192 Baleine grise, rorquals et baleines vraies
- 194 Chevaux et tapirs
- 196 Rhinocéros et damans
- 198 Éléphants, dugong et lamantins

- 200 **Oiseaux**
- 204 Ratites
- 206 Tinamous, mégapodes et hoccos
- 208 Phasianidés
- 212 Tétras, dindons, pintades et cailles du Nouveau Monde
- 214 Kamichis, oie semi-palmée, dendrocygnes et canards
- 216 Canards
- 218 Turnix, indicateurs et pies
- 222 Pics, barbus d'Asie et barbus d'Afrique
- 224 Toucans
- 226 Jacamars, tamatias et calaos
- 228 Calaos terrestres, huppe, moqueurs et trogons
- 230 Rolliers, rolliers terrestres, courol, momots et guêpiers
- 232 Martins-pêcheurs
- 234 Colious et coucous
- 238 Perroquets
- 244 Martinets et martinets huppés
- 246 Oiseaux-mouches
- 248 Touracos, effraies, chouettes et hiboux
- 252 Aegothèles, podarges, guacharo et ibijaux
- 254 Engoulevents
- 256 Pigeons
- 262 Caurale-soleil, outardes, grues et agamis
- 264 Grébifoulques, cariamas, kagou et mésites
- 266 Râles et foulques
- 268 Gangas, thinocores, attagis, pédionome, bécassines peintes et jacanas
- 270 Bécasses, bécassines, chevaliers et courlis
- 272 Becs-en-fourreau, œdicnèmes et glaréoles
- 274 Avocettes, pluviers et vanneaux
- 276 Labbes, mouettes, becs-en-ciseaux et sternes
- 278 Pingouins, guillemots et macareux
- 280 Vautours, aigles, buses, etc.
- 286 Faucons
- 288 Grèbes, phaétons et fous
- 290 Anhingas et cormorans
- 292 Hérons

294 Ombrette, flamants, ibis, spatules et pélicans
296 Vautours du Nouveau Monde et cigognes
298 Frégates, manchots et plongeons
300 Pétrels, prions et puffins
302 Albatros et pétrels tempête
304 Xéniques, brèves, eurylaimes et asites
306 Tyrans et moucherolles
310 Tyrans, moucherolles et cotingas
312 Cotingas et manakins
314 Fourmiliers et fourmiliers terrestres
316 Fourniers
318 Grimpars, conopophages, tapaculos et grimpereaux australiens
320 Oiseaux-lyres, oiseaux à berceau, malures et amytornis
322 Atrichornes et méliphages
326 Pardalotes, rouges-gorge d'Australasie et verdins
328 Pies-grièches et viréos
330 Cinclosomes, oiseaux-apôtres et siffleurs
332 Corbeaux, geais et pies
334 Oiseaux de paradis et currawongs
336 Échenilleurs et minivets
338 Langrayens, loriots, rhipidures, monarques et drongos
340 Gobe-mouches monarques, gralline-pie et lamprolie
342 Drongos, ioras et gladiateurs
344 Bagadais, vangas et corneilles caronculées
346 Picathartes, jaseurs et cincles
348 Grives
350 Grives et gobe-mouches de l'Ancien Monde
356 Étourneaux et moqueurs
358 Moqueurs, sittelles et tichodrome
360 Troglodytes et grimpereaux
362 Gobe-moucherons, mésanges rémiz et mésanges à longue queue
364 Hirondelles
366 Bulbuls
368 Bulbuls, roitelets, hypocolius et fauvettes africaines
370 Zostérops et fauvettes

372 Fauvettes de l'Ancien Monde, fauvettes des herbes et garrulaxes
374 Timalies
378 Timalies, chama et fauvettes typiques
380 Alouettes
382 Souï-mangas
384 Dicées, promérops, melanocharis, méliphages et accenteurs
386 Pipits et bergeronnettes
388 Moineaux et tisserins
392 Bengalis, diamants, cordon bleu, pape tricolore et veuves de paradis
394 Fringilles, bruants et tangaras

410 Reptiles
414 Émydidés
416 Tortues terrestres
418 Tortues à carapace molle, tortues boueuses et tortues musquées
420 Tortue-luth et tortues marines
422 Tortues happantes et pleurodires
424 Hattérias et iguanes
428 Agames
430 Caméléons
432 Geckos
434 Geckos et pygopodes
436 Lézards fouisseurs et téiidés
438 Lacertidés et lézards nocturnes
440 Scinques
444 Cordylidés
446 Lézards-crocodiles, orvets et lézards apodes
448 Varans et hélodermes
450 Amphisbéniens
452 Serpents filiformes, serpents aveugles, serpents-tubes, serpents à queue armée et serpent arc-en-ciel
454 Serpents constricteurs et serpents aquatiques d'Orient
456 Vipères-taupes et couleuvres
462 Cobras et serpents de mer
464 Vipères
466 Crotales
468 Crocodiles, alligators, caïmans et gavial

470 Amphibiens
474 Genouilles de Nouvelle-Zélande, discoglossidés et aglosses

476 Crapaud fouisseur du Mexique, pélodytes, crapauds à couteaux, centrolénidés et héléophrynidés
478 Crapauds typiques et brachycéphalidés
480 Rainettes et rhinodermes
482 Leptodactylidés, myobratrachidés, dendrobates et hyperoliidés
484 Microhylidés et grenouilles typiques
486 Grenouilles typiques et rhacophoridés
488 Sirènes, amphiumes et protées
490 Salamandres sans poumons
492 Ambystomatidés et dicamptodontidés
494 Salamandres et tritons
496 Amphibiens apodes

498 Poissons
502 Myxines, lamproies et requins
508 Raies et chimères
510 Bichirs, esturgeons, lépisostées et amie
512 Ostéoglossiformes, élopiformes et albuliformes
514 Anguilles, murènes et congres
516 Harengs, sardines, aloses et anchois
518 Gonorynchiformes et cypriniformes
526 Poissons-chats
532 Gymnotiformes, ésociformes, osmériformes et salmoniformes
534 Salmoniformes et stomiiformes
536 Aulopiformes, myctophiformes et percopsiformes
538 Ophidiiformes et gadiformes
542 Poissons-crapauds et baudroies
544 Béloniformes
546 Cyprinodontiformes
548 Cyprinodontiformes et athériniformes
550 Lampridiformes, stéphanobéryciformes et béryciformes
552 Béryciformes et zéiformes
554 Gastérostéiformes
556 Symbranchiformes, dactyloptériformes et scorpéniformes
560 Perciformes
586 Perciformes et poissons plats
592 Tétraodontiformes
596 Cœlacanthe et dipneustes

AVANT-PROPOS

On ne saurait surestimer la valeur d'un ouvrage aussi concis et superbement illustré, que ce soit en tant que manuel de référence pour l'identification des espèces ou comme outil de diffusion des connaissances. Il m'arrive de penser que, dans nos pays occidentaux, nous avons trop tendance à juger comme allant de soi l'existence de ce type d'ouvrage. C'est un tort. Ainsi, alors que je me trouvais à Madagascar lors d'un récent voyage, j'ai eu la pénible surprise de constater que ce dont disposait tout un chacun sur la faune inestimable de ce pays se limitait à quelques vagues dessins de lémuriens apposés au dos des boîtes d'allumettes.

Il est navrant d'avoir à imaginer que, dans les huit ou dix prochaines décennies, bon nombre des créatures fascinantes décrites dans cet ouvrage auront disparu, à moins que ne soit élaborée au niveau mondial une réelle politique de conservation. On peut toutefois espérer que la publication d'encyclopédies de qualité comme celle-ci contribuera à endiguer le flot exterminateur qui balaie aujourd'hui notre planète.

Je tiens à souligner une nouvelle fois la qualité des illustrations et du contenu de cette encyclopédie, qui fera, j'en suis sûr, référence auprès des spécialistes comme des naturalistes amateurs, et ne saurais trop recommander son acquisition, tant aux établissements scolaires qu'à quiconque s'intéresse à tout ce qui vit et bouge sur notre fascinante planète.

Cet avant-propos fut écrit pour la première édition de cet ouvrage par feu Gerald Durrell, naturaliste de réputation internationale et fondateur du Jersey Wildlife Preservation Trust.

INTRODUCTION

LES ÊTRES HUMAINS SONT DES VERTÉBRÉS, TOUT COMME LES ANIMAUX DOMESTIQUES ET LES PRINCIPALES CRÉATURES DE GRANDE TAILLE QUI OCCUPENT UNE POSITION DOMINANTE DANS LES DIVERS ÉCOSYSTÈMES TERRESTRES, ET L'EXISTENCE DE QUELQUES GRANDS INVERTÉBRÉS, COMME LE CALMAR GÉANT, NE FAIT QUE METTRE EN LUMIÈRE LA RARETÉ DE CES DERNIERS ET LA POSITION PRÉDOMINANTE DES VERTÉBRÉS. CES DERNIERS – MAMMIFÈRES, OISEAUX, REPTILES, AMPHIBIENS ET POISSONS – ONT OCCUPÉ TOUS LES MILIEUX NATURELS : LA MER COMME LA TERRE, LES COURS D'EAU, LES LACS, LES MARAIS ET MÊME L'AIR, ET Y CONSTITUENT LE FONDEMENT MÊME DE LA VIE ANIMALE.

Des créatures aussi diverses que les lamproies, les requins, les saumons, les grenouilles, les alligators, les aigles et les chimpanzés ont toutes en commun de posséder des vertèbres, c'est-à-dire une série d'éléments squelettiques protégeant la moelle épinière : structure essentielle de leur système nerveux. Chez les vertébrés les plus évolués – poissons osseux, amphibiens, reptiles, oiseaux et mammifères –, ces éléments sont osseux et constituent une colonne vertébrale comparable à celle des humains. Chez les poissons cartilagineux – requins et raies, par exemple –, les vertèbres sont constituées de cartilage ; plus primitives encore, les lamproies et les myxines ne possèdent que des rudiments de structures vertébrales.

Aucun doute que, en regard de groupes d'invertébrés tels les coraux, les vers, les mollusques, les crustacés, les araignées et les insectes, le type morphologique vertébré corresponde à des animaux plus complexes et plus sophistiqués, et si l'on a souvent dit que les animaux étaient les machines les plus achevées de l'univers, on peut considérer les vertébrés évolués comme les plus subtiles de ces entités. Vue sous cet éclairage, la zoologie, qui pourrait parfois apparaître comme une spécialité ésotérique, prend la dimension d'une discipline vitale et exigeante visant à appréhender le fonctionnement de ces extraordinaires machines.

Le Grand Livre des animaux se veut une vue d'ensemble des innombrables types de vertébrés. Parmi les quelque 45 000 espèces de vertébrés actuels, il a fallu opérer une sélection, de manière à les représenter au mieux de leur diversité. Dans la mesure où il était impossible de dresser le catalogue complet des espèces, les auteurs ont envisagé un degré supérieur de la classification et organisé l'ouvrage au niveau des familles d'animaux – niveau qui rendait possible une étude exhaustive.

La classification des animaux, ainsi que le nom à attribuer à chacun, constitue un exercice souvent ardu et soulevant de nombreuses controverses parmi les spécialistes. La classification vise à grouper plusieurs espèces en fonction de caractères communs permettant de les identifier. Les noms scientifiques, tirés du latin et du grec, sont d'une grande utilité, du fait de leur stabilité : une créature est connue sous le même nom scientifique dans le monde entier, alors que ses noms vernaculaires se comptent par dizaines. On dit que des animaux sont de même espèce lorsqu'ils sont potentiellement aptes à se reproduire entre eux. Le groupement au niveau spécifique se fonde sur les attributs intrinsèques et les activités des animaux eux-mêmes. Chaque espèce est dotée d'un nom scientifique binominal, dont la seconde composante désigne précisément l'espèce. Le tigre, par exemple, se nomme *Panthera tigris*. *Panthera* est le nom générique – le genre *Panthera* comptant 5 espèces différentes de grands félins –, et *tigris* le nom spécifique qui désigne le seul tigre. Nom générique et nom spécifique sont toujours imprimés en italique, le nom de genre ayant toujours une majuscule.

Les noms spécifiques ne sont que les deux derniers éléments d'une échelle taxinomique à nombreux degrés, visant à prendre en compte tous les types de similarités existants. Dans l'ordre ascendant, les niveaux les plus utilisés sont l'espèce, le genre, la famille, l'ordre, la classe et l'embranchement ; en haut de la pyramide, les animaux sont tous regroupés dans le règne animal.

Pour en revenir au tigre, cet animal comme tous les autres chats appartient à la famille des félins : les félidés (Felidae), qui ont en commun un certain nombre de caractères anatomiques et physiologiques.

Cette famille est alliée à d'autres familles d'animaux qui lui sont apparentées – telles que canidés, viverridés ou mustélidés – dans l'ordre des carnivores, cet ordre s'insérant avec d'autres dans la classe des mammifères. Le présent ouvrage s'est voulu exhaustif au niveau des familles. Un résumé des principaux caractères de chacune y est suivi de l'étude détaillée d'un certain nombre de membres représentatifs de la famille. Chaque ordre est également mentionné. Certaines familles parmi les plus vastes, tels les muridés, sont divisées en sous-familles, ce qui facilite la description des divers groupes et évite des généralisations grossières.

Dans le chapitre réservé aux poissons, cette organisation se révélait inadéquate eu égard à l'éventail extrêmement vaste des familles, mal connues pour un bon nombre. Il a donc été choisi de se limiter en règle générale à la description des ordres et de n'envisager le niveau inférieur que pour les familles les plus importantes.

Une technique aussi complexe que la taxinomie donne évidemment lieu à de multiples controverses quant aux choix des caractères à mettre en évidence dans la constitution des groupes. Pour la réalisation de cet ouvrage, les spécialistes ont suivi ce qui leur paraissait être les meilleures lignes directrices et choisi de faire mention dans le texte des éventuels désaccords quant au classement d'une espèce donnée.

Le tigre est une espèce de chat, et chacun sait – ou croit savoir – à quoi ressemble un tigre. Néanmoins, une espèce n'est pas constituée d'individus parfaitement identiques. Il existe d'énormes différences génétiques entre représentants d'une même espèce, comme il est facile de le constater parmi notre propre espèce : *Homo sapiens*. Chez de nombreuses espèces, il est possible d'identifier des regroupements connus sous le nom de sous-espèces, ou races. Les sous-espèces constituent le plus souvent des populations géographiquement localisées d'une même espèce présentant entre elles des différences caractéristiques. Chez les oiseaux, par exemple, le plumage peut varier considérablement entre populations d'une même espèce. Le tigre, lui aussi, forme une demi-douzaine de sous-espèces géographiques, variables par la taille, la coloration du pelage ou son dessin. Des sous-espèces d'une même espèce peuvent se reproduire entre elles. Il n'en reste pas moins que la détermination des sous-espèces est relativement arbitraire et moins précise que celle des espèces.

Cet ouvrage est organisé de manière à mettre en valeur les similarités. Les animaux semblables sont regroupés à la suite de la rubrique descriptive de leur famille, ce qui permet au lecteur d'appréhender aisément les similarités de structure et de comportement entre animaux voisins, mais n'ôte rien à l'émerveillement qu'il ne manquera pas d'éprouver devant la diversité presque illimitée des vertébrés dans leur anatomie et leurs modes de vie. Les occasions ne manqueront pas à la lecture de cet ouvrage de constater l'étourdissante variété des mammifères, oiseaux, reptiles, amphibiens et poissons, et de se laisser fasciner par les contrastes qui se manifestent, ne serait-ce qu'entre membres d'une même famille.

CLASSIFICATION ET ÉVOLUTION

La classification permet aux biologistes de donner un sens à la diversité des vertébrés et des autres groupes d'organismes vivants. Nous avons vu, déjà, comment on identifie et nomme les espèces, le tigre par exemple, et comment on les regroupe progressivement en groupes plus larges avec les autres espèces présentant les mêmes caractères. La hiérarchie des groupes, ou taxons, va du plus petit, au niveau de l'espèce, au plus grand en passant par le genre, la famille, l'ordre, la classe et l'embranchement, jusqu'au taxon le plus élevé, au niveau du règne. Ce système trouve ses racines dans les travaux du naturaliste suédois Linné (1707-1778). Lorsque celui-ci a élaboré sa classification, les espèces étaient considérées comme immuables. Son système, essentiellement statique, étiquetait les espèces et les organisait, un peu comme celui d'une bibliothèque classe les livres.

C'est seulement lorsque vont s'imposer les théories de Charles Darwin, dans la dernière partie du XIXe siècle, que la classification va prendre une nouvelle signification. L'évolution signifie que les espèces changent dans le temps, que certaines meurent et que d'autres apparaissent. Un système de classification basé sur les similitudes entre espèces donne évidemment un cadre, une organisation, mais indique aussi les rapports naturels au sein du monde vivant, c'est-à-dire la relation des espèces entre elles à travers un ancêtre commun, un organisme aujourd'hui éteint dont elles ont hérité des caractères communs. C'est après que cette théorie s'est imposée qu'un système de classification dynamique, prenant en compte la phylogénie, ou l'arbre généalogique des espèces, a pu être créé.

Quels caractères utilisent les biologistes pour classifier les animaux ? Les spécialistes de la classification, les taxonomistes, prennent en compte les données de l'anatomie, de la physiologie et de l'embryologie. Depuis une époque récente, ils font en outre appel à l'analyse du matériel génétique – ADN et ARN – et des protéines afin de préciser les relations entre les espèces ; celles-ci sont considérées comme proches lorsque les structures de ces substances chimiques ont un fort degré de similitude. Toutefois, les spécialistes rencontrent des pièges. C'est ainsi que lorsque des espèces partagent des caractères, il ne s'agit pas obligatoirement d'une relation, mais peut-être d'évolutions convergentes : des organismes n'ayant pas de relation entre eux se sont adaptés parallèlement au même mode de vie. Un exemple en est le corps de « poisson » que présentent les baleines et les requins, alors que ces deux espèces n'ont aucune relation. Les caractères utilisés dans la classification doivent donc être homologues, c'est-à-dire avoir la même origine du point de vue de l'évolution.

Pour les taxonomistes, le problème consiste à déterminer les caractères les plus importants pour ce qui concerne les relations. C'est le « poids » respectif attribué à ces différents caractères qui explique les différences entre les systèmes de classification.

À l'heure actuelle, on distingue deux grandes méthodes de classification, ou systématiques. La démarche traditionnelle regroupe les organismes en utilisant à la fois les caractères ancestraux et dérivés, afin de souligner leurs relations phylogénétiques. Elle donne la classification traditionnelle, que l'on trouve dans de très nombreux ouvrages, qui peut comporter des groupes appelés « clades », qui sont monophylétiques, groupes d'organismes vivants ayant un ancêtre commun unique, aussi bien que des groupes appelés grades, qui ne l'ont pas. La systématique phylogénétique, ou cladistique, a la faveur de nombreux taxonomistes, qui voient en elle une méthode de classification plus naturelle. Elle ne reconnaît comme groupes que les clades, dont les membres partagent les mêmes caractères dérivés. Ces clades sont organisés dans un système de ramifications, ou cladogramme, qui illustre la proximité ou l'éloignement des espèces, indiquant du même coup leur phylogénie. Seuls les clades ont le rang de taxons, ce qui tourne le dos à la systématique traditionnelle, où les groupes ayant des ancêtres différents sont « juxtaposés » dans un grade appelé « reptiles ».

Pour que cette encyclopédie soit plus claire, nous utilisons les groupes de vertébrés de la systématique traditionnelle ; toutefois, l'ordre des groupes, dans le livre, reflète la phylogénie des vertébrés mise en évidence par la cladistique.

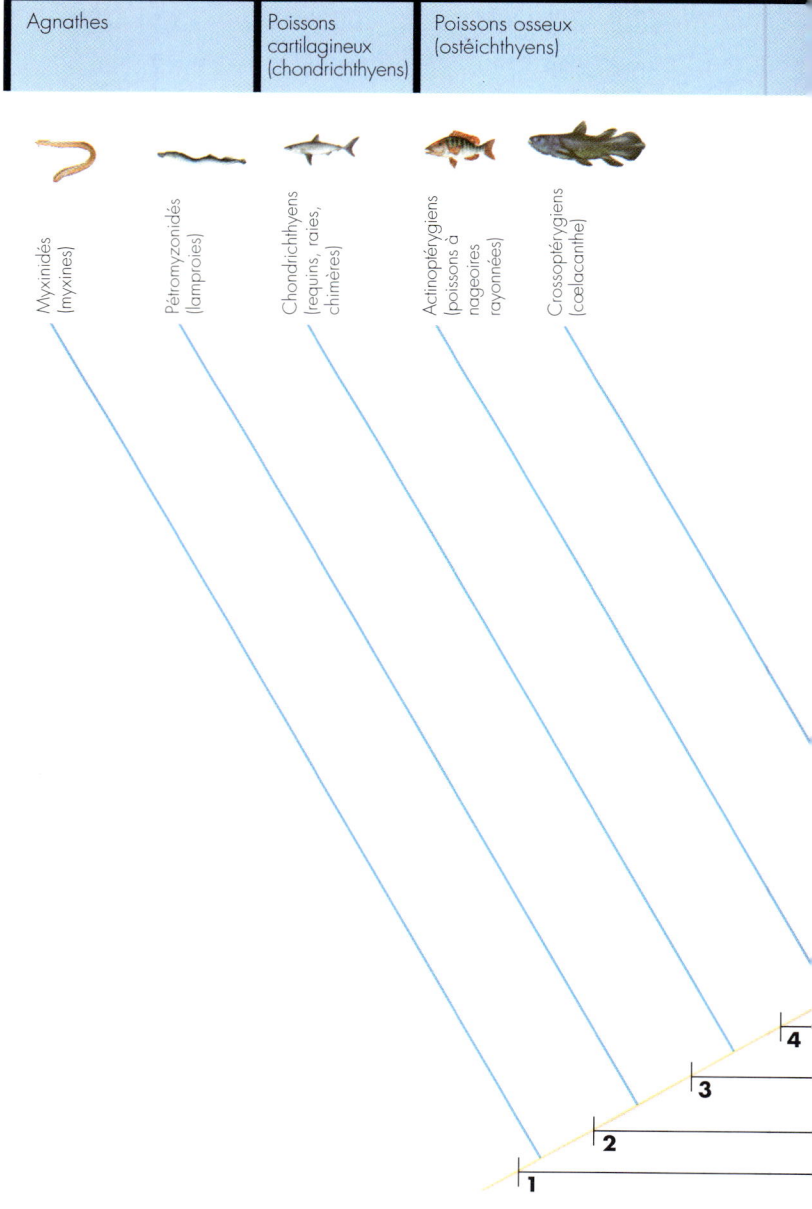

Le cladogramme met en évidence de possibles parentés entre des vertébrés vivants. Il illustre les parentés entre les grands groupes de vertébrés. Tous les vertébrés se trouvant au-dessus de tel ou tel embranchement du cladogramme partagent les mêmes caractères dérivés. Le processus de réalisation du cladogramme génère des groupes à l'intérieur des groupes.

On trouve les groupes les plus ouverts à gauche du cladogramme, et les plus fermés à droite. C'est ainsi que les tétrapodes comprennent tous les vertébrés à quatre pattes (c'est-à-dire tous les groupes à droite du chiffre 7). En revanche, les mammifères, à droite du schéma, ne regroupent que les vertébrés à poils et à glandes mammaires. Les nombres sous le schéma identifient quelques-uns des caractères dérivés qui distinguent les groupes. La classification traditionnelle, en haut du cladogramme, est reproduite pour permettre la comparaison.

RÉFÉRENCES DE CLADISTIQUE

1. Région de la tête distincte : cerveau à trois régions
2. Vertébrés
3. Mâchoires ; nageoires par paires
4. Vessie natatoire ou poumons dérivés de l'intestin
5. Nageoires osseuses
6. Communication des cavités orales et nasales
7. Membres avant et arrière par paires
8. Œufs à membranes protectrices internes
9. Coquille enveloppant le corps
10. Crâne à deux ouvertures : une dans la joue et une au sommet
11. Ouverture dans le crâne correspondant à l'œil
12. Plumes, endothermie (sang chaud)
13. Poils, glandes mammaires (à évolution séparée des oiseaux)

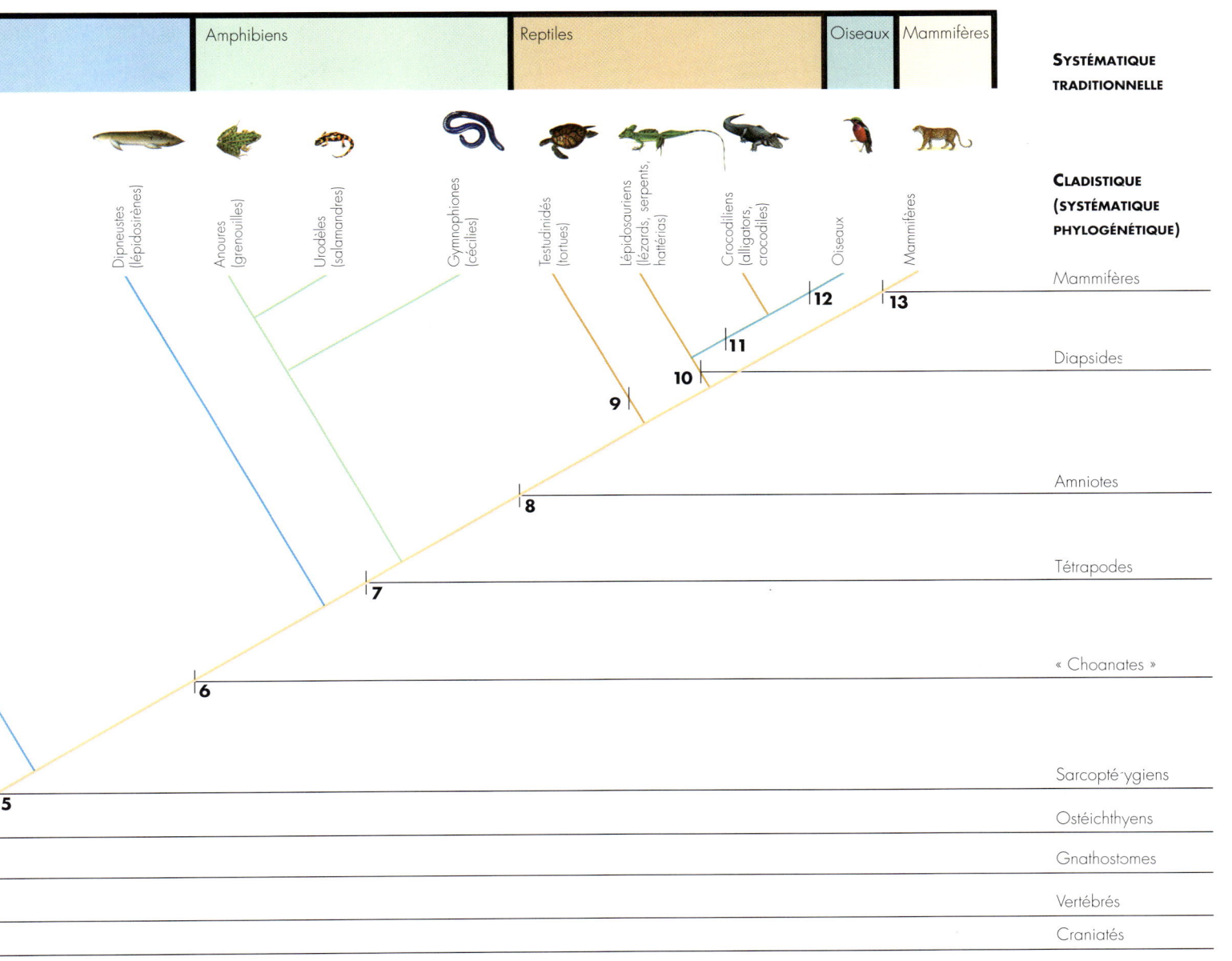

LES ANIMAUX MENACÉS

Le monde vivant est une entité dynamique. Dans tous les habitats, depuis l'Arctique jusqu'au Sahara, depuis les forêts pluviales tropicales aux récifs de coraux, il existe une compétition constante pour les ressources, à la fois à l'intérieur des espèces et entre les espèces. Dans une telle situation, certains individus sont plus favorisés que d'autres. Cette sélection est la force qui mène l'évolution, les changements graduels des espèces sur de longues périodes de temps, au cours de leur adaptation à l'évolution de leurs conditions de vie. Ce processus d'évolution a entraîné, au cours des millénaires, la disparition d'espèces et l'émergence de nouvelles.

Cependant, dans les siècles récents, le taux d'extinction s'est considérablement accru et, à l'heure actuelle, beaucoup d'espèces sont devenues rares ou sont en danger d'extinction. Et le nombre d'animaux éteints ou menacés d'extinction s'accroît chaque année. L'Union mondiale pour la nature (nom usuel de l'Union internationale pour la conservation de la nature et de ses ressources) estime que, pour ce qui concerne les vertébrés, l'extinction menace :

- 25% des espèces de mammifères
- 11% des espèces d'oiseaux
- 20% des espèces de reptiles
- 25% des espèces d'amphibiens
- 34% des espèces de poissons (surtout d'eau douce)

Le plus souvent, la menace d'extinction des espèces est une conséquence de l'activité humaine. La croissance rapide de la population humaine, au cours des derniers siècles, a entraîné un accroissement des besoins en espace vital, en terres cultivées, en eau, en matières premières. Les conséquences sont des destructions massives de vastes espaces d'habitat animal, notamment les déforestations. Celles-ci se poursuivent à l'heure actuelle, surtout dans les forêts pluviales tropicales, et beaucoup d'espèces disparaissent avant même d'avoir été identifiées.

La diversité des faunes endémiques, uniques, que l'on trouve dans les îles océaniques est remise en cause par la pression humaine et par l'introduction d'espèces étrangères tels les chats, les chiens et les rats.

L'extinction d'une espèce ne se solde pas par la simple radiation d'un nom sur une liste. Les formes vivantes sont interdépendantes – et leurs rapports sont extrêmement complexes et difficiles à apprécier. L'appauvrissement d'une population ou la disparition d'une espèce a des conséquences sur les autres espèces de leur écosystème. Il est indispensable de maintenir la biodiver-

sité, parce que celle-ci est indispensable au dynamisme et au succès des écosystèmes, et au-delà de toute la biosphère.

Les efforts de l'UICN et des autres organisations pour dresser la liste des espèces menacées sont essentiels, parce qu'ils permettent de connaître les habitats et les espèces les plus exposés, afin d'apporter ces informations aux gouvernements et aux organisations non gouvernementales. Il est ainsi possible d'établir des stratégies pour la conservation de la nature, et aussi de rendre les autorités conscientes des conséquences de leur politique sur l'avenir des ressources biologiques de la planète. Le travail effectué dans le domaine de la conservation a permis de radier certains vertébrés des listes des espèces menacées depuis la première édition de cette encyclopédie. Malheureusement, pour cette seconde édition, il nous a fallu en ajouter de nouvelles, et en nombre supérieur.

COMMENT UTILISER CE LIVRE

Noms
Pour chaque espèce sont indiqués son (ou ses) nom(s) vernaculaire (s) et son nom scientifique. En ce qui concerne le premier, très variable, on a indiqué le (ou les) plus usités.

Distribution et habitat
L'aire de distribution de chaque espèce est indiquée de la manière la plus détaillée possible, compte tenu des impératifs d'espace. L'indication de l'habitat permet d'établir avec précision l'occurrence d'une espèce donnée à travers son aire de distribution. Dans le cas où une espèce a été introduite, délibérément ou accidentellement, hors de son aire naturelle, le fait est précisé.

Taille
Sauf indications contraires, les tailles qui sont données désignent la longueur totale approximative de l'animal. Chez les oiseaux, elle désigne la distance de l'extrémité du bec à celle de la queue ; chez les tortues, c'est la longueur de la carapace qui est indiquée. D'autres exceptions sont faites lorsque les circonstances individuelles le réclament. Par exemple, la longueur de la queue d'un oiseau peut être indiquée lorsqu'elle est particulièrement longue. En ce qui concerne les mammifères sont indiquées séparément : la longueur totale de la tête et du corps, et la longueur de la queue. Du fait de la diversité des tailles, il n'a pas été possible de représenter tous les animaux à la même échelle.

Sucrier bleu, *Cyanerpes caeruleus*
Distribution : Trinité, du nord de l'Amérique du Sud à la Bolivie, au Paraguay et au Brésil
Habitat : forêts pluviales, lisières de forêts, mangroves, plantations
Taille : 10 cm

Des groupes de sucriers bleus hantent les arbres en fleurs de toutes sortes de régions boisées. Les fruits, les bananes en particulier, et les insectes comptent beaucoup dans leur régime, mais ces oiseaux se perchent aussi près des fleurs pour en extraire le nectar à l'aide de leur long bec arqué. Les deux sexes diffèrent par le plumage, mais sont également beaux : le mâle est à dominante bleu-mauve et noir, avec les pattes jaunes, et la femelle d'un vert profond, avec des taches chamois et bleues sur la tête et le poitrail.

Le nid, en coupe, est construit par la femelle, dans une fourche d'arbre ou de buisson. La ponte est de 2 œufs, qu'elle couve 12 à 14 jours. Les poussins quittent le nid vers 14 jours.

STATUT DES ESPÈCES MENACÉES

De nombreuses espèces d'animaux vertébrés font l'objet d'une surveillance de la part de l'Union mondiale pour la conservation de la nature et de ses ressources (UICN) et d'organisations associées, afin de déterminer lesquelles sont menacées d'extinction ou vulnérables. Elles figurent alors sur les listes rouges des animaux menacés, publiées par l'UICN.

Le risque encouru par chaque espèce est évalué en fonction de critères quantitatifs : importance actuelle et future (estimation) de la population, distribution, viabilité pour les populations fragiles. Les listes rouges classent les espèces selon des catégories précises, que nous reprenons dans cet ouvrage. Nous les donnons ci-dessous, avec leur symbole normalisé.

Espèces menacées
Les espèces des trois catégories sont menacées à divers degrés.

GRAVEMENT MENACÉES D'EXTINCTION (CR)

Espèces à haut risque d'extinction à l'état sauvage

MENACÉES D'EXTINCTION (EN)

Espèces à haut risque d'extinction à l'état sauvage, à brève échéance.

VULNÉRABLES (VU)

Espèces à haut risque d'extinction à l'état sauvage à moyenne échéance.

Espèces à faible risque
Certaines espèces courent des risques, sans être vraiment menacées. Cette catégorie (LR) est subdivisée en trois.

FAIBLE RISQUE: dépendant de la conservation (LR : cd)

Espèces faisant l'objet d'un programme de conservation. Si on interrompt celui-ci, elles rentreraient dans la catégorie des espèces menacées dans les cinq ans.

FAIBLE RISQUE: presque menacées (LR : nt)

Espèces ne faisant pas l'objet d'un programme de conservation, mais n'étant pas éloignées de la catégorie: vulnérables.

FAIBLE RISQUE: moins concernées (LR: lc)

Espèces autrefois sur les listes rouges, mais retirées ensuite.

Espèces éteintes ou presque éteintes

ÉTEINTES A L'ÉTAT SAUVAGE (EW)

Espèces ayant disparu dans leur habitat naturel.

ÉTEINTES (EX)

Selon toute évidence, le dernier représentant a disparu

INSUFFISAMMENT DOCUMENTÉ (DD)

Cette catégorie regroupe des espèces dont on connaît mal les populations ou leur état de conservation.

Mammifères

Le sommet de la complexité organique

La classe des mammifères réunit quelque 4 000 espèces d'animaux considérés comme les plus hautement évolués du règne animal. Elle est présente dans tous les types d'habitats. En mer, ce sont : les baleines, les dauphins, les phoques, etc. ; en eau douce, on rencontre des animaux comme les loutres et les castors ; sur terre, les mammifères vivent sur ou dans le sol, quand ce n'est pas dans les arbres ; et enfin, ils ont conquis l'air en tant qu'insectivores nocturnes (chauves-souris). Dans tous ces types de niches écologiques, ils font preuve d'une étonnante diversité dans leur stratégie alimentaire : certains mammifères se nourrissent exclusivement de matières végétales, d'autres de petits invertébrés. Ils sont très nombreux à tuer et à se nourrir d'autres vertébrés, y compris de mammifères, et quelques-uns d'entre eux sont omnivores. Afin de bien comprendre l'adaptabilité et la prépondérance actuelle des mammifères, il est nécessaire d'avoir une idée de ce qu'étaient leurs ancêtres, de quelle manière ils sont structurés, comment ils vivent et se reproduisent.

Tamandua

Indri

Un mammifère est un vertébré (animal ayant une colonne vertébrale) à sang chaud, à quatre membres, pourvu de poils. La fécondation, toujours interne, s'opère par l'intermédiaire du pénis du mâle. Typiquement, le fœtus se développe dans l'utérus de la femelle, entouré du placenta qui assure les échanges de substances alimentaires et de produits d'excrétion, tout en maintenant la séparation entre la circulation sanguine de la mère et celle du petit. Dans certains cas (par exemple chez les lagomorphes, les rongeurs et de nombreux carnivores), les petits naissent nus, aveugles, et ont besoin d'une période de soins pour achever leur formation ; dans d'autres, ils sont entièrement formés et leurs organes sont pleinement fonctionnels.

Si l'ensemble des caractéristiques énoncées est valable pour la majorité des mammifères, il existe quelques exceptions qui méritent d'être mentionnées. Chez les cétacés et les siréniens, par exemple, les membres postérieurs sont absents – une modification structurelle résultant d'une adaptation à la vie aquatique. Les monotrèmes – ornithorynque et échidnés – ont conservé de leurs ancêtres reptiliens le fait que leurs petits naissent à partir d'œufs pondus. Chez les marsupiaux – kangourous, wallabies, etc. –, le mode de reproduction diffère de celui des placentaires en ce que le fœtus, entouré d'une membrane coquillière ou d'une forme de placenta, naît à un stade très peu avancé et achève son développement dans la poche maternelle, ou *marsupium*, où il se fixe littéralement par la bouche à une tétine.

La recherche des origines des mammifères s'est largement opérée à partir de l'étude des fossiles. Il y a environ 220 millions d'années, les mammifères se séparèrent des reptiles. Durant l'« âge des dinosaures », ils conservèrent une petite taille. Leur aspect et leur style de vie ressemblaient à ceux de la musaraigne. Quand les dino-

Petit singe-lion

saures s'éteignirent, il y a 65 millions d'années, les mammifères s'adaptèrent aux divers habitats laissés vacants par les reptiles disparus. L'évolution des mammifères se précipita pour aboutir à une explosion de formes à la période suivante : le tertiaire. C'est en effet au tertiaire que les mammifères commencèrent à s'imposer, reléguant les reptiles au second plan.

En plus de la sophistication de leur mode de reproduction, les mammifères sont remarquables par beaucoup d'autres aspects. Ils possèdent un cerveau complexe, très développé, et disposent de nombreux moyens vocaux, visuels et olfactifs de communication – c'est cette dernière qui a permis leur organisation sociale. Les poils de la couche sous-jacente de l'épiderme jouent le rôle d'isolant et contribuent à maintenir leur corps à une température constante quelles que soient les conditions environnantes. La couche de graisse sous-cutanée sert de réserve et de protection contre le froid, ces réserves calorifiques étant distribuées à travers l'organisme par l'intermédiaire d'un système circulatoire régi par un cœur à quatre compartiments. Le corps peut être rafraîchi par l'évaporation de sécrétions sudoripares à la surface de la peau. L'ensemble de ce système de régulation thermique est géré par l'hypothalamus. Quand la régulation devient impossible, par exemple durant les périodes de grand froid, certains mammifères ont la faculté d'hiberner : la température de leur corps s'abaisse et leur métabolisme se ralentit de manière à utiliser le moins d'énergie possible et pour qu'ils puissent survivre plusieurs mois sur leurs réserves graisseuses.

L'étonnante diversité des mammifères actuels est illustrée dans les pages suivantes, qui passent en revue chaque famille, décrivant pour chacune d'elles quelques espèces représentatives.

Seront d'abord étudiés les monotrèmes et les marsupiaux – des mammifères en majorité australiens. L'Australie a été séparée des continents austraux avant d'avoir pu être colonisée par des mammifères euthériens et, grâce à cet isolement qui les a protégés de la concurrence, les marsupiaux ont pu y occuper toutes les niches écologiques disponibles, ce qui a donné lieu à toutes sortes d'adaptation : il existe des marsupiaux fouisseurs, arboricoles ou aquatiques, certains sont herbivores, d'autres insectivores ou carnivores.

Les mammifères placentaires forment un groupe varié et nombreux qui comprend les insectivores (musaraignes, hérissons, taupes), les chauves-souris, les paresseux, les fourmiliers, les tatous, les pangolins, les primates (dont l'homme fait partie), les rongeurs, les lagomorphes (lapins, lièvres), les baleines, les dauphins et les marsouins, les carnivores (félidés, canidés, mustélidés, ursidés), les tubulidentés (oryctérope), les proboscidiens (éléphants), les hyracoïdes,

Gorille

les siréniens, les périssodactyles (équidés, tapirs et rhinocéros) et enfin les artiodactyles (suiformes, tylopodes et ruminants).

Si l'on tente d'évaluer la prépondérance actuelle des mammifères, on peut remarquer qu'aucune autre classe de vertébrés n'a aussi bien investi un tel nombre et une telle diversité d'habitats ; cela est dû, pour une part, au hasard et, pour une autre part, à ce que ces animaux étaient relativement peu spécialisés, ce qui

Lion

1 Ornithorynque **2** Kangourou roux **3** Tamanoir **4** Pangolin à écailles tricuspides **5** Lièvre de Californie **6** Spermophile à treize bandes **7** Rat-éléphant **8** Hérisson d'Europe **9** Toupaïe **10** Maki catta

Cladogramme montrant les parentés phylogénétiques possibles chez les mammifères. On distingue trois grands groupes, sur la base du type de reproduction. Les monotrèmes pondent des œufs pour lesquels l'incubation et l'éclosion se passent en dehors du corps. Les deux autres groupes sont les marsupiaux et les euthériens ; ils sont proches, mais ont suivi des évolutions séparées depuis 200 millions d'années. Les marsupiaux (kangourous, opossums, koalas, bandicoots) donnent naissance à un petit (larve) non développé, qui poursuit son évolution dans une poche marsupiale. Les mammifères euthériens (ou placentaires), dont les petits se développent dans l'utérus et dans un placenta, représentent la plus grosse partie des mammifères et comprennent tous les groupes de mammifères situés à droite des marsupiaux sur ce cladogramme.

leur a permis de s'adapter. L'homme moderne, en agissant sur le milieu naturel, a certainement provoqué l'extinction de certains groupes de mammifères, mais, à l'inverse, d'autres groupes, comme celui des rongeurs, sont en train de s'approprier de nouvelles niches écologiques créées par les activités humaines. Aujourd'hui, il est incontestable que les mammifères dominent le monde animal, et il est probable que le représentant le plus évolué de cette classe d'animaux – l'homme – tient l'avenir de la planète entre ses mains.

Capybara

11 Lémur volant

12 Mégaderme à ailes orangées

13 Ocelot

14 Oryctérope

15 Impala

16 Dauphin commun

17 Zèbre commun

18 Daman des arbres

19 Éléphant d'Afrique

20 Lamantin d'Amérique du Nord

RÉFÉRENCES DU CLADOGRAMME DES MAMMIFÈRES

1. Monotrèmes
2. Marsupiaux
3. Xénarthres (paresseux, fourmiliers, tatous)
4. Pholidotes (pangolins)
5. Lagomorphes (pikas, lapins, lièvres)
6. Rongeurs
7. Mascroscélidés (rats-éléphants)
8. Insectivores
9. Tupaiidés
10. Primates
11. Dermoptères (lémurs volants)
12. Chiroptères (chauve-souris)
13. Carnivores
14. Tubulidentés (oryctéropes)
15. Artiodactyles (ongulés à deux doigts proéminents)
16. Cétacés (baleines)
17. Périssodactyles (ongulés à troisième doigt proéminent)
18. Hyracoïdés (damans)
19. Proboscidiens (éléphants)
20. Siréniens

ÉCHIDNÉS ET ORNITHORYNQUE

ORDRE DES MONOTRÈMES

Deux familles ne rassemblant que 4 espèces se partagent cet ordre. S'ils sont bien adaptés à leur environnement et présentent les deux caractéristiques distinctives des mammifères – la présence de poils et de mamelles –, les monotrèmes, par leur conformation et leur biologie, sont, parmi les mammifères, les plus proches des ancêtres reptiliens. Il est probable qu'ils sont le résultat d'un développement parallèle plutôt que les représentants d'un stade plus ancien dans l'évolution des mammifères. Il est toutefois extrêmement difficile de remonter à leurs origines, car aucun fossile n'a été trouvé à ce jour.

FAMILLE DES TACHYGLOSSIDAE : ÉCHIDNÉS

Les 2 espèces d'échidnés ont un corps massif recouvert de poils entremêlés de piquants, un museau allongé en bec corné et de fortes pattes fouisseuses. Comme tous les fourmiliers, ils sont dépourvus de dents et leurs mâchoires sont faibles. Ils saisissent termites, fourmis et autres petits arthropodes au moyen de leur langue protractile et gluante. Les insectes peuvent être broyés entre la langue et la voûte du palais.

Échidné à bec courbe, *Zaglossus bruiini*
DISTRIBUTION : Nouvelle-Guinée
HABITAT : forêts
TAILLE : corps, 45 à 77 cm ; queue, vestige

L'échidné à bec courbe est plus grand que les échidnés à bec droit (genre *Tachyglossus*), avec des piquants plus courts mêlés aux poils raides. Les membres sont équipés de 5 doigts, dont 3 seulement sont munis de fortes griffes pour les antérieurs. Le bec représente à peu près les deux tiers de la longueur de la tête, il est légèrement recourbé vers le bas. Le mâle porte un ergot à chaque talon. Ce fourmilier, essentiellement nocturne, creuse des terriers et fouille le sol de la forêt pour se procurer sa nourriture.

La femelle pond de 1 à 3 œufs, qu'elle dépose dans la poche ventrale, ou incubatorium, qui se développe au moment de la reproduction. On connaît mal les mœurs de cette espèce rarement visible, on les suppose similaires à celles des échidnés à bec droit.

Si l'on a longtemps cru à l'existence de 3 espèces du genre, on préfère penser aujourd'hui qu'il s'agit de races de la même espèce. En Nouvelle-Guinée, la population des échidnés est en déclin, du fait de l'intensif abattage des arbres et de chasses excessives ; des mesures seraient à prendre d'urgence pour préserver ces animaux.

Échidné d'Australie, *Tachyglossus aculeatus*
DISTRIBUTION : Australie, Tasmanie, sud-est de la Nouvelle-Guinée
HABITAT : zones herbeuses ou boisées
TAILLE : corps, 35 à 50 cm ; queue, 9 cm

L'une des 2 espèces d'échidnés à bec droit, cet animal a un corps compact et arrondi, couvert d'un pelage entremêlé de longs piquants. Le museau est nu, allongé en bec droit, avec une ouverture buccale très étroite d'où peut jaillir la langue protractile, qui peut être étirée jusqu'à 15 à 18 cm au-delà du museau. Cette langue est couverte d'une salive visqueuse sur laquelle viennent s'engluer les termites, fourmis et autres petits invertébrés qui constituent le régime alimentaire des échidnés à bec droit. Les dents sont absentes, mais le palais et la base de la langue sont cependant munis d'arêtes cornées qui servent à triturer les aliments.

Les pattes des échidnés à bec droit sont terminées par 5 doigts, tous munis de griffes. Le mâle porte à chaque talon un ergot qui peut lui servir à se défendre. Menacés, ces échidnés s'enfouissent rapidement dans le sol ; ils ne creusent pas de terriers, mais vivent dans les creux des arbres ou parmi les racines. Leur capacité de régulation thermique est faible, ce qui les amène à hiberner par temps froid.

La femelle dépose ses œufs dans la poche ventrale, ou incubatorium, qui se développe au moment de la reproduction. Cette poche est tapissée de poils durs auxquels les œufs adhèrent solidement grâce au mucus qui les recouvre au moment de la ponte. Ils éclosent de 7 à 10 jours plus tard et mesurent alors 1,25 cm. À la naissance, les petits sont totalement sans défense, et ils restent dans l'incubatorium jusqu'à ce que leurs piquants durcissent, soit pendant environ 3 semaines, suçant pendant ce temps le lait qui s'écoule de nombreux orifices cutanés, la mère n'ayant pas de tétines.

Famille des Ornithorhynchidae : Ornithorynque

L'unique représentant de cette famille est un animal d'allure très étrange – associant un bec, un pelage et des pattes palmées –, parfaitement adapté à son mode de vie.

L'ornithorynque a été découvert il y a 200 ans, et le premier spécimen stupéfia les scientifiques du Muséum d'histoire naturelle de Londres, au point que ceux-ci crurent d'abord à une mystification.

L'ornithorynque fait aujourd'hui l'objet de sévères mesures de protection, de sorte qu'il est désormais assez commun dans certaines régions.

Ornithorynque, *Ornithorhynchus anatinus*

Distribution : Australie, Tasmanie
Habitat : lacs et cours d'eau
Taille : corps, 46 cm ; queue, 18 cm

Cet animal semi-aquatique possède de nombreuses caractéristiques anatomiques parfaitement adaptées à ses mœurs de prédateur d'eau douce. Les pattes sont courtes, mais puissantes, palmées, pour la nage, et munies de fortes griffes que l'animal utilise pour creuser. Lorsque l'ornithorynque est dans l'eau, la palmure des pattes avant recouvre les griffes, elle se rétracte et se retourne vers l'arrière pour les dégager lorsque celui-ci veut creuser. Le corps, hydrodynamique, est recouvert d'une fourrure dense et imperméable. La queue, large et plate, sert de réserve de graisse.

Les mâles possèdent un éperon venimeux à l'intérieur des pattes postérieures, qu'ils utilisent contre leurs congénères – au moment de la période de reproduction, pour défendre leur territoire – ou leurs ennemis, mais jamais pour se procurer leur nourriture ; le poison de ces aiguillons n'est pas mortel pour l'homme, mais il peut provoquer une douleur intense.

Quand l'ornithorynque plonge, ses yeux et ses oreilles sont recouverts par des replis cutanés, de sorte qu'il ne repère sa proie qu'au moyen de son bec, qui est particulièrement sensible au toucher et aux courants électriques produits par la proie. En effet, ce bec est recouvert d'une peau noire qui recèle de nombreuses terminaisons nerveuses sensorielles. Les narines insérées vers l'extrémité de la partie supérieure du bec ne peuvent fonctionner que lorsque la tête est à l'extérieur de l'eau. Les dents ne sont présentes que chez les jeunes ; elles sont remplacées chez les adultes par des plaques cornées servant à broyer la nourriture.

L'ornithorynque se nourrit sur le fond de l'eau, de crustacés et de larves d'insectes qu'il découvre en creusant le sol avec ses griffes, ainsi que de grenouilles, d'autres petits animaux et, accessoirement, de matière végétale. Il peut consommer jusqu'à 1 kg de nourriture par nuit.

Les ornithorynques creusent dans les berges deux types de terrier : un terrier de repos qui sert d'abri ou de refuge durant les mois de froid, et un terrier de mise bas que la femelle creuse et où elle s'abrite durant la reproduction. Long de 12 m et plus, le terrier de nidification se termine par une chambre d'incubation où se trouve le nid, fait de feuilles et dans lequel la femelle pond 2 ou 3 œufs. La mère referme ensuite hermétiquement la galerie d'accès à l'aide de matière végétale humide qui évitera aux œufs la dessiccation durant les 7 à 15 jours que dure leur incubation.

Les nouveau-nés ne mesurent que 2,5 cm ; ils naissent nus et faibles, et sont allaités durant 5 mois. Le lait s'écoule par les nombreux petits pores de deux aires mammaires et imbibe les poils, qui sont sucés par le jeune.

OPOSSUMS ET COLOCOLO

INFRA-CLASSE DES MÉTATHÉRIENS

Mammifères marsupiaux

Il existe quelque 260 espèces de mammifères marsupiaux qui vivent en Amérique et en Australasie, à l'est de la ligne de Wallace (une ligne imaginaire qui passe entre Bornéo et les Célèbes (Sulawesi), et entre Bali et Lombok).

Les marsupiaux ont évolué parallèlement aux placentaires, qui les ont remplacés dans la plus grande partie du monde. En Australie, en revanche, du fait de l'isolement géographique, ils constituent le fonds même de la faune, car ils se sont adaptés à tous les habitats et occupent toutes les niches écologiques disponibles.

La caractéristique principale des marsupiaux est leur mode de reproduction : après une gestation extrêmement courte – de l'ordre d'une dizaine de jours seulement – dans l'utérus de la mère, le petit achève son développement dans la poche ventrale de celle-ci.

ORDRE DES DIDELPHIMORPHES

Famille des Didelphidae : Opossums ou Sarigues

Cet ordre ne comprend que la famille des opossums. Il y a plus de 70 espèces, qui sont représentées de l'extrême sud de l'Amérique latine au sud-est du Canada.

Les opossums ressemblent grossièrement à des rats, avec une longue queue préhensile, en partie nue. La poche marsupiale est présente chez certains genres, alors qu'elle est absente chez d'autres, qui portent donc leurs petits sur le ventre, entre deux lobes cutanés.

Les opossums sont des animaux forestiers, à l'exception d'une espèce qui a adopté un mode de vie aquatique. Ils se nourrissent de feuilles, de pousses, de bourgeons et de graines, accessoirement d'insectes.

Souris-opossum d'Amérique du Sud, *Marmosa robinsoni*

Distribution : du Belize au nord-ouest de l'Amérique latine, Trinité, Tobago, Grenade

Habitat : forêts, végétation buissonnante dense

Taille : corps, 16,5 à 18,5 cm ; queue, 26 à 28 cm

Avec son long nez pointu et ses énormes yeux qui révèlent son mode de vie nocturne, la souris-opossum ressemble plus à une musaraigne qu'à une souris. Elle n'a pas de gîte permanent, mais construit des nids temporaires dans les arbres creux ou s'approprie un vieux nid d'oiseau pour s'y abriter durant le jour. Elle grimpe bien, sa longue queue préhensile lui tenant lieu de cinquième membre.

La souris-opossum s'accouple deux ou trois fois par an et met bas jusqu'à 10 petits par portée, après une gestation de 17 jours. Étant donné l'absence de poche marsupiale, les petits achèvent leur développement suspendus à la fourrure de leur mère.

Sarigue ou Opossum de Virginie, *Didelphis virginiana*

Distribution : du sud-est du Canada à l'Amérique centrale (Nicaragua)

Habitat : forêts et broussailles

Taille : corps, 32,5 à 50 cm ; queue, 25,5 à 53,5 cm

Seul marsupial présent au nord du Mexique, la sarigue peut peser jusqu'à 5,5 kg, ce qui fait d'elle le plus grand des didelphidés. Largement répandue, la sarigue est omnivore et vit volontiers au voisinage de l'homme, allant jusqu'à fouiller poubelles et tas d'ordures. En présence d'un chien ou d'un autre ennemi, elle « fait le mort », ce qui décourage généralement l'agresseur.

Au Canada, les sarigues se reproduisent une fois par an, au printemps, contre deux ou trois mises bas dans le sud de leur habitat, soit de 8 à 18 petits par an. Il y a 7 survivants en moyenne par portée, le nombre des mamelons ne permettant pas l'élevage de plus d'une douzaine de petits à la fois. Dans le sud des États-Unis, les sarigues sont beaucoup chassées pour leur chair et leur fourrure.

Yapock, *Chironectes minimus* LR : nt

Distribution : Mexique, vers le sud jusqu'à l'Argentine

Habitat : à proximité des cours d'eau, étangs et lacs

Taille : corps, 27 à 32,5 cm ; queue, 36 à 40 cm

Seul marsupial adapté à la vie aquatique, le yapock vit dans des terriers creusés dans les berges, n'émergeant qu'après le coucher du soleil pour chasser dans l'eau poissons, crustacés et autres invertébrés. Les proies sont ensuite consommées sur la berge. La longue queue de l'animal lui sert de gouvernail, et ses

fortes pattes postérieures palmées font office de rames. Sa fourrure est imprégnée d'une substance huileuse qui la rend parfaitement imperméable.

Les yapocks s'accouplent au cours du mois de décembre ; quelque 2 semaines plus tard, la femelle met bas 5 jeunes environ. La poche marsupiale est hermétiquement close par un puissant anneau musculaire, de sorte que les petits demeurent relativement au sec, même lorsque leur mère plonge. En revanche, on ignore comment ils peuvent disposer de suffisamment d'oxygène pour respirer pendant ce temps.

Monodelphis brevicaudata
Distribution : du Venezuela et des Guyanes au nord de l'Argentine
Habitat : forêts
Taille : corps, 11 à 14 cm ; queue, 4,5 à 6,5 cm

Bien que vivant dans les zones boisées, *M. brevicaudata* est un piètre grimpeur et tend à rester au sol. Durant le jour, il reste dans un nid de feuilles construit dans un tronc creux et en sort la nuit pour se nourrir. Son régime alimentaire est composé de graines, de pousses et de fruits, ainsi que d'insectes, de charognes et accessoirement de petits rongeurs, qu'il tue en les mordant à la nuque.

Jusqu'à 14 jeunes sont mis bas par portée, à toute époque de l'année. Ils doivent s'agripper aux mamelons ou à la fourrure de leur mère, la poche marsupiale étant absente. Plus tard, ils escaladent le dos de la mère.

ORDRE DES PAUCITUBERCULÉS

FAMILLE DES CAENOLESTIDAE

L'unique famille de cet ordre ne compte que 7 espèces répertoriées et limitées à la région andine de l'Amérique du Sud allant de la Colombie à l'île Chiloë. La famille est mal connue et ne compte aucune espèce commune. Les caenolestidés sont de petits marsupiaux à allure de musaraigne, avec des membres grêles, un long museau pointu, une queue longue, fine et velue, et de petits yeux. Il semble que les caenolestidés passent la majeure partie du temps dans des terriers ou en surface. Il est probable que d'autres espèces restent à découvrir.

Caenolestes obscurus
Distribution : Colombie, Venezuela
Habitat : forêts d'altitude
Taille : corps, 9 à 13 cm ; queue, 9 à 12 cm

Caenolestes obscurus vit sur le sol de la forêt et s'abrite durant le jour dans des arbres creux ou des niches souterraines. Il émerge au crépuscule pour rechercher sur la litière du sol des petits invertébrés, des animaux et des fruits.

La difficulté d'accéder à l'habitat de cette espèce en rend l'étude et la collection ardues, de sorte qu'elle est peut-être plus commune qu'on ne le pense. On ignore tout de la reproduction de ce marsupial.

ORDRE DES MICROBIOTHÉRES

FAMILLE DES MICROBIOTHERIDAE : COLOCOLO

L'unique famille de cet ordre compte une seule espèce, qui paraît très proche des opossums.

Colocolo, *Dromiciops gliroides* **VU**
Distribution : Chili, ouest de l'Argentine
Habitat : forêts
Taille : corps, 11 à 12,5 cm ; queue, 9 à 10 cm

Cet animal est présent aussi bien en altitude que dans les basses terres boisées, en particulier dans les régions où pousse le bambou. Il se nourrit surtout d'insectes et d'autres invertébrés, mais consomme aussi des végétaux. Il fabrique son nid avec des feuilles de bambou. Dans les régions les plus froides de son aire de répartition, le colocolo hiberne, mais il reste actif toute l'année dans les zones tempérées.

Les colocolos s'accouplent au printemps et les portées atteignent 5 jeunes. La poche marsupiale est absente, et les petits s'agrippent à la fourrure de leur mère.

DASYUROÏDES

ORDRE DES DASYUROMORPHES

Cet ordre comprend 2 familles de marsupiaux carnivores et insectivores, qui vivent en Australie, en Tasmanie et en Nouvelle-Guinée.

Famille des Dasyuridae : Dasyuroïdes

Cette famille compte environ 58 espèces et groupe des genres variés, à la fois par l'aspect et par la taille : depuis les plus petits insectivores jusqu'aux plus grands carnivores. De nombreux zoologistes considèrent cette famille de marsupiaux australiens comme la moins évoluée – une opinion qui se fonde sur le fait que les 5 doigts sont libres et non soudés, ce qui est généralement considéré comme un caractère évolué chez les marsupiaux. Il n'en demeure pas moins que les dasyuridés sont largement représentés dans tous les habitats, du désert à la forêt dense.

Chez la plupart des dasyuroïdes, la poche marsupiale est très peu développée, et les jeunes sont donc transportés agrippés au ventre de leur mère. Celle-ci les dépose dans un nid lorsqu'ils sont devenus trop grands pour qu'elle puisse continuer ce mode d'élevage.

Planigale, *Planigale maculata*

Distribution :	nord et est de l'Australie
Habitat :	zones buissonnantes et broussailleuses arides
Taille :	corps, 5 à 5,5 cm ; queue, 5,5 cm

Le planigale vit durant le jour dans un terrier et émerge la nuit pour se procurer sa nourriture. Bien que plus petit qu'une souris blanche, ce marsupial consomme de gros insectes, telles les sauterelles, qu'il tue en leur arrachant la tête. Il dévore aussi de petits oiseaux et est capable, en une nuit, d'avaler son propre poids en nourriture.

Le mode de reproduction et l'organisation sociale des planigales sont aujourd'hui encore très mal connus. Ils semblent toutefois vivre en solitaires et mettre bas jusqu'à 12 petits entre décembre et mars.

Rat marsupial brun, *Antechinus stuartii*

Distribution :	bordure orientale de l'Australie
Habitat :	forêts
Taille :	corps, 10 à 12 cm ; queue, 10 à 12 cm

C'est un rat marsupial discret et nocturne, commun dans les forêts entourant les grandes villes australiennes. Bon grimpeur, il cherche probablement sa nourriture dans les eucalyptus et les acacias.

L'accouplement, particulièrement violent et pouvant durer jusqu'à 5 heures, a lieu en août. La femelle met bas 6 ou 7 jeunes après une période de gestation de 30 à 33 jours. Les petits se suspendent aux mamelons de la mère ; quand leur taille gêne la femelle dans ses déplacements, celle-ci les abandonne dans un nid souterrain tandis qu'elle va chasser. Les jeunes sont sexuellement matures à l'âge de 1 an. Du fait d'un important déséquilibre hormonal, les mâles ne peuvent s'accoupler qu'une seule fois, après quoi ils meurent.

Phascogaliné à queue crêtée du Sud, *Dasycercus cristicauda* **VU**

Distribution :	Australie centrale
Habitat :	déserts, touffes de graminées
Taille :	corps, 12,5 à 22 cm ; queue, 7 à 13 cm

Parfaitement adapté à l'environnement le plus inhospitalier du monde, le phascogaliné à queue crêtée du Sud ne sort de son terrier qu'après les heures chaudes du jour, et même alors il recherche l'ombre.

Ses reins très développés sécrètent une urine très concentrée, de manière à éviter les déperditions d'eau, et l'animal n'a pas besoin de boire ; il tire de ses proies l'élément liquide nécessaire à sa survie. Il se nourrit d'insectes, parfois de lézards, de serpents nouveau-nés et de souris.

L'accouplement a lieu de juin à septembre. La femelle met bas 6 ou 7 jeunes par portée ; elle ne montre pas de marsupium, mais seulement un pli où se tiennent les mamelles.

Phascogaliné à double crête, *Dasyuroides byrnei*

DISTRIBUTION : Australie centrale
HABITAT : déserts, zones herbeuses
TAILLE : corps, 16,5 à 18 cm ; queue, 13 à 14 cm

Ce petit marsupial adapté à la vie des déserts brûlants vit dans les terriers, seul ou en petits groupes. La nuit venue, il émerge pour fouiller les touffes d'herbe à la recherche d'insectes, de lézards, ou même de petits oiseaux.

D. byrnei se reproduit de mai à octobre et met bas des portées de 5 ou 6 jeunes après une gestation de 32 jours.

Souris marsupiale à grosse queue, *Sminthopsis crassicaudata*

DISTRIBUTION : Australie-Occidentale, vers l'est jusqu'à l'ouest de la Nouvelle-Galles-du-Sud, du Queensland et du Victoria
HABITAT : zones boisées et herbeuses, landes
TAILLE : corps, 8 à 9 cm ; queue, 5,5 à 8,5 cm

Cette souris marsupiale possède la capacité d'emmagasiner dans sa queue des réserves de graisse pendant la saison humide, alors qu'abondent insectes et araignées ; elle utilise ses réserves durant la saison sèche et, pendant cette période, sa queue s'amincit. Si la sécheresse persiste au-delà de la normale, l'animal se plonge dans un état de torpeur ; la température de son corps s'abaisse de manière à faire durer ses maigres réserves énergétiques.

Les jeunes sont sexuellement matures vers l'âge de 4 mois, après quoi les femelles mettent bas toutes les 12 semaines environ. Les rituels prénuptiaux sont agressifs, et les mâles se livrent de rudes combats pour la possession des femelles.

Chat marsupial moucheté, *Dasyurus viverrinus* LR : nt

DISTRIBUTION : sud-est de l'Australie, Tasmanie
HABITAT : forêts
TAILLE : corps, 35 à 45 cm ; queue, 21 à 30 cm

Une parmi les 6 espèces de dasyuridés carnivores, de la taille d'un chat. Autrefois chassé impitoyablement, le chat marsupial moucheté est mieux respecté depuis que l'on sait qu'en tuant rongeurs, lapins et invertébrés nuisibles il contribue à maintenir l'équilibre écologique. Il vit dans les tas de pierres ou de bois et n'émerge que la nuit pour se nourrir.

La saison des amours s'étend de mai à août. Après une gestation d'environ 20 jours, la femelle met bas jusqu'à 18 petits ; ceux-ci achèvent leur développement dans le marsupium, qu'ils quittent avant l'âge de 4 mois et demi. À la fin de leur période d'élevage, les jeunes se dispersent sur le corps de leur mère, agrippés à sa fourrure, pendant qu'elle mange. Le chat marsupial moucheté est l'un des quelques marsupiaux à mettre bas plus de petits que la mère n'a de mamelles, de sorte que, dans les 48 heures qui suivent leur naissance, au moins 10 des jeunes meurent, et seuls survivent les 8 que peut nourrir la mère.

Diable de Tasmanie, *Sarcophilus harrisii*

DISTRIBUTION : Tasmanie
HABITAT : forêts sèches
TAILLE : corps, 52,5 à 80 cm ; queue, 23 à 30 cm

Ce marsupial au corps puissant s'est taillé une solide réputation de tueur de moutons ; en fait, il consomme plutôt des charognes que des animaux vivants. Sa tête massive aux énormes mâchoires rappelant celles d'une hyène lui permet de broyer les os des carcasses. Il vit dans les tas de bois et sous les souches. Surtout actif de nuit, il lui arrive de sortir pendant la journée pour se pelotonner au soleil. Moins chassé par les fermiers qu'au siècle dernier, il est aujourd'hui plus commun. Avant la quasi-extinction du thylacine, ou loup de Tasmanie, le diable de Tasmanie se nourrissait presque exclusivement des carcasses abandonnées par ce prédateur, et peut-être n'a-t-il appris à chasser que depuis lors.

Le diable de Tasmanie peut vivre jusqu'à l'âge de 8 ans environ ; il se reproduit à partir de la deuxième année. En mai ou juin, la femelle met bas jusqu'à 4 petits qui restent dans le marsupium durant 15 semaines, mais ils ne sont sevrés qu'à la vingtième semaine.

NUMBAT, BANDICOOTS, TAUPES MARSUPIALES ET WOMBATS

Famille des Myrmecobiidae : Numbat ou Fourmilier marsupial

L'unique espèce de cette famille australienne est un petit marsupial adapté à la niche écologique qu'occupent, dans d'autres parties du monde, les fourmiliers, dont il partage les habitudes alimentaires.

Numbat, *Myrmecobius fasciatus* **VU**

Distribution : sud-ouest de l'Australie
Habitat : forêts
Taille : corps, 17,5 à 27,5 cm ; queue, 13 à 17 cm

Le numbat se nourrit surtout de termites, mais aussi de fourmis et de quelques autres petits invertébrés. Il a une langue protractile et cylindrique, d'une dizaine de centimètres de long, organe avec lequel sont englués et avalés les termites. Les dents, peu développées, ne servent qu'à écraser les insectes. Observé en captivité, un numbat s'est révélé ingérer quotidiennement 10 000 à 20 000 termites. Par opposition à la plupart des marsupiaux, le numbat est actif pendant la journée.

Entre janvier et mai, la femelle met bas 1 portée de 4 jeunes. La poche marsupiale est absente et les petits se suspendent aux mamelles de leur mère.

ORDRE DES PÉRAMÉLÉMORPHES

Cet ordre rassemble environ 21 espèces de marsupiaux omnivores, présents en Australie et en Nouvelle-Guinée.

Famille des Peramelidae : Bandicoots ou Péramèles

Il existe quelque 12 espèces de péramélidés, largement distribués à travers l'Australie, du désert à la forêt pluviale. La plupart des bandicoots utilisent leurs pattes antérieures garnies de puissantes griffes pour creuser le sol à la recherche d'insectes, de larves et de racines.

Bandicoot à long nez de Tasmanie, *Perameles gunnii* **VU**

Distribution : Australie (sud du Victoria), Tasmanie
Habitat : zones boisées, landes
Taille : corps, 25 à 40 cm ; queue, 7,5 à 8 cm

Cet animal solitaire est agressif et batailleur, comme c'est le cas pour la plupart des bandicoots. Les mâles adoptent un vaste territoire, et ils ne côtoient les femelles que durant le temps strictement nécessaire à l'accouplement.

Essentiellement nocturne, le bandicoot à long nez quitte son nid au crépuscule pour se mettre en quête de lombrics et autres petits invertébrés qui constituent son régime alimentaire. Il sonde le sol de son long nez et se met à creuser fiévreusement lorsqu'il a localisé sa nourriture.

Si elle a 8 tétines, la femelle met rarement bas plus de 4 ou 5 petits. La gestation est de 11 jours seulement. Les petits font un séjour de 8 semaines dans le marsupium, jusqu'à ce qu'ils soient capables de suivre leur mère.

Petit Bandicoot à nez court, *Isoodon obesulus*

Distribution : sud de l'Australie, Queensland, Tasmanie
Habitat : broussailles, forêts
Taille : corps, 30 à 35 cm ; queue, 7,5 à 18 cm

Ce bandicoot présent dans les zones à couverture végétale dense est capable de survivre à la sécheresse, à condition de pouvoir éviter les renards et les aigles. Il semble repérer ses proies à l'odorat et laisse derrière lui les petites empreintes triangulaires de son long nez. Il se nourrit de lombrics, de larves de coléoptères et de fourmis, ainsi que de champignons souterrains et de scorpions, dont il arrache la queue avant de les manger.

La reproduction est intimement liée au schéma local des précipitations. Après une gestation de 11 jours seulement, la femelle met bas jusqu'à 5 petits qui sont sevrés à 2 mois.

Grand Bandicoot-lapin, *Macrotis lagotis* **EN**

DISTRIBUTION : centre et nord-ouest de l'Australie

HABITAT : zones boisées, broussailles arides

TAILLE : corps, 20 à 55 cm ; queue, 11,5 à 27,5 cm

À l'aide de ses puissantes pattes antérieures, il creuse un terrier complexe dans lequel il dort pendant le jour, enfoui à plus de 2 m dans le sol et protégé ainsi de la chaleur. La nuit venue, l'animal se met en quête de termites et de larves de coléoptères, qu'il déterre au milieu des racines d'acacias. Il consomme aussi les mycéliums des champignons qui poussent autour des racines.

L'accouplement est rapide et violent. Entre mars et mai, la femelle met bas 3 petits qui passent 8 semaines dans la poche marsupiale.

ORDRE DES NOTORYCTÉMORPHES

FAMILLE DES NOTORYCTIDAE : TAUPES MARSUPIALES

Les 2 espèces de cette famille australienne de marsupiaux présentent une nette ressemblance avec la taupe placentaire et ont le même mode de vie qu'elle.

Grande Taupe marsupiale, *Notoryctes typhlops* **EN**

DISTRIBUTION : sud-ouest de l'Australie

HABITAT : déserts

TAILLE : corps, 9 à 18 cm ; queue, 1,25 à 2,5 cm

La taupe marsupiale est parfaitement adaptée à la vie fouisseuse, avec ses grandes pattes antérieures en forme de pelle, grâce auxquelles elle peut littéralement plonger dans le sable. À l'inverse des taupes placentaires, elle ne fait pas véritablement de tunnel, mais semble presque nager dans le sable qui se referme derrière elle. Elle se nourrit de lombrics et autres invertébrés souterrains tels que larves de coléoptères, et vient fréquemment à la surface, bien qu'elle s'y déplace sans aisance.

On ignore tout du mode de reproduction de la taupe marsupiale, mais, dans la mesure où la poche contient 2 mamelons, on pense quelle a des portées de 2 petits. Les testicules du mâle ne descendent pas dans un scrotum, mais restent dans le corps, à proximité des reins.

ORDRE DES DIPROTODONTES

Plus de la moitié des marsupiaux australiens, dont le koala, les kangourous et les possums, appartiennent à cet ordre. La plupart des diprotodontes sont herbivores, mais beaucoup sont aussi insectivores. Quelques espèces se nourrissent de nectar ou d'autres sécrétions végétales.

FAMILLE DES VOMBATIDAE : WOMBATS

Les 3 espèces de wombats vivent toutes en Australie, une seule étant également présente en Tasmanie. Ce sont des marsupiaux massifs, de la taille d'un gros chien, qui ressemblent superficiellement à des blaireaux. À l'aide de leurs fortes pattes d'ours, ils creusent des terriers étendus et extirpent les racines et les tubercules pour les manger. Ils sont strictement végétariens et il leur arrive fréquemment d'endommager les champs pour se nourrir de jeunes épis de blé.

Wombat de Tasmanie, *Vombatus ursinus*

DISTRIBUTION : est de l'Australie, Tasmanie

HABITAT : forêts et brousse

TAILLE : corps, 70 cm à 1,20 m ; queue, vestige

Le wombat de Tasmanie est commun dans les forêts en bordure de la côte orientale de l'Australie ; il est souvent présent à haute altitude dans les Snowy Mountains. Son terrier peut mesurer jusqu'à 13 m de long et s'enfoncer à plus de 2 m dans le sol. On suppose, au vu du nombre de terriers regroupés, que les wombats mènent une existence souterraine grégaire.

La femelle met bas, généralement à l'automne, un seul petit qui reste dans le marsupium à 2 mamelons pendant 3 mois environ, après quoi il suit sa mère durant encore plusieurs mois avant de devenir indépendant. Les wombats vivent rarement plus de vingt ans.

KOALA, SOURIS À MIEL, PHALANGERS, POSSUMS ET ACROBATES PYGMÉES

Famille des Phascolarctidae : Koala

L'unique espèce de la famille des phascolarctidés est l'un des marsupiaux les mieux connus et l'un des plus spécialisés pour la vie arboricole.

Durant les trois premières décennies de ce siècle, les koalas ont été chassés pour leur fourrure, et c'est plus de 2 millions de ces peaux qui ont été exportées pour la seule année 1924. Aujourd'hui, cet animal est protégé par des mesures draconiennes et sa population est en augmentation constante dans toute son aire de répartition.

Koala, *Phascolarctos cinereus* **LR : nt**

Distribution :	est de l'Australie
Habitat :	forêts d'eucalyptus
Taille :	corps, 60 à 95 cm ; queue, vestige

Strictement arboricole, le koala ne rejoint le sol que pour passer d'un arbre à un autre. Son régime alimentaire se limite aux feuilles et pousses de quelques espèces d'eucalyptus, dont un adulte consomme à peu près 1 kg par jour.

Les koalas vivent solitaires ou en petits groupes constitués d'un seul mâle et de plusieurs femelles. Ils se reproduisent en été. Après une gestation qui dure 1 mois environ, la femelle met bas un seul petit, qui reste dans le marsupium pendant 5 ou 6 mois, puis se fait promener sur le dos de sa mère durant encore 1 an. Après le sevrage, la mère nourrit encore son petit de feuilles semi-digérées.

De nombreux koalas souffrent d'une affection cryptogamique, appelée cryptococcosis, qui provoque des lésions et abcès des poumons, des articulations et du cerveau, et qui, transmise à l'homme, peut lui être fatale. Il semble que la source de cette affection soit la terre que l'animal ingère régulièrement, apparemment pour faciliter sa digestion.

Famille des Tarsipedidae : Souris à miel

Unique représentante de sa famille, la souris à miel est une énigme zoologique, en ce qu'elle n'a pas de proches parents évidents. Elle ressemble aux possums par son aspect, mais en diffère par ses pattes postérieures, dont les deuxième et troisième doigts sont entièrement soudés, tout en portant 2 griffes.

Souris à miel, *Tarsipes rostratus*

Distribution :	sud-ouest de l'Australie
Habitat :	brousse et zones boisées
Taille :	corps, 7 à 8,5 cm ; queue, 9 à 10 cm

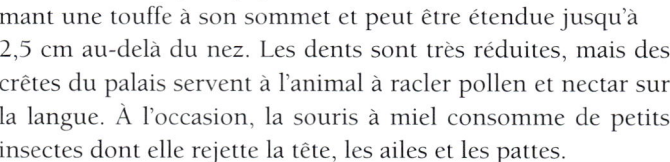

La souris à miel se nourrit du nectar et du pollen des grandes fleurs de *Banksia*, un arbuste florifère du sud-ouest de l'Australie. Elle se nourrit souvent suspendue la tête en bas par sa longue queue préhensile. Sa langue présente des analogies avec celle des oiseaux nectarivores : elle est couverte de longues papilles formant une touffe à son sommet et peut être étendue jusqu'à 2,5 cm au-delà du nez. Les dents sont très réduites, mais des crêtes du palais servent à l'animal à racler pollen et nectar sur la langue. À l'occasion, la souris à miel consomme de petits insectes dont elle rejette la tête, les ailes et les pattes.

L'accouplement a lieu à la mi-été ; après une gestation d'environ 4 semaines, la femelle met bas 2 petits qui restent dans la poche marsupiale durant environ 4 mois.

Famille des Phalangeridae : Phalangers et Possums

Les 18 espèces de cette famille habitent l'Australie, la Nouvelle-Guinée et les Célèbes (Sulawesi). Ce sont des animaux arboricoles et nocturnes, de la taille d'un chat. Leur queue préhensile leur sert de cinquième membre pour escalader les arbres. Ils se nourrissent de feuilles, de sève d'acacia et d'insectes, voire de petits oiseaux et de lézards.

MAMMIFÈRES : KOALA, SOURIS À MIEL, PHALANGERS, POSSUMS ET ACROBATES PYGMÉES   27

Phalanger-renard, *Trichosurus vulpecula*

DISTRIBUTION : Australie, Tasmanie ; introduit en Nouvelle-Zélande

HABITAT : forêts, zones boisées

TAILLE : corps, 32 à 58 cm ; queue, 24 à 35 cm

Cette espèce aux grandes possibilités d'adaptation s'accommode de la présence de l'homme, pénètre dans les greniers des maisons et se nourrit même de détritus. Dans la nature, le phalanger-renard se nourrit de pousses, de fleurs, de feuilles et de fruits ; accessoirement, il mange des insectes et de jeunes oiseaux.

Il y a un ou deux ruts par an et, en général, un seul petit par portée. La gestation dure 17 jours et le petit passe environ 5 mois dans la poche marsupiale.

FAMILLE DES ACROBATIDAE : ACROBATES PYGMÉES VOLANTS

Ce groupe de phalangers « volants », souvent intégré à la famille des phalangéridés, compte 7 espèces de marsupiaux de la taille d'une souris qui habitent l'Australie et la Nouvelle-Guinée. Tous arboricoles, ils vivent souvent dans les très grands arbres.

Acrobate pygmée d'Australie, *Acrobates pygmaeus*

DISTRIBUTION : est et sud-est de l'Australie

HABITAT : forêts sèches

TAILLE : corps, 6 à 8,5 cm ; queue, 6,5 à 8,5 cm

Cet animal est caractérisé par la présence, de chaque côté du corps, d'une membrane parachute, ou patagium, qui lui permet de passer en vol plané d'un arbre à un autre, sa queue plumeuse lui servant de stabilisateur. L'extrémité des doigts est large, profondément sillonnée, de façon à augmenter l'adhérence à l'atterrissage. L'acrobate pygmée se nourrit d'insectes, de sève, de nectar et de pollen. Une portée de 2 à 4 petits est mise bas en juillet ou en août.

FAMILLE DES PETAURIDAE

Cette famille comprend quelque 9 espèces, qui vivent en Australie et en Nouvelle-Guinée. Toutes les espèces sont arboricoles ; certaines sont capables de se déplacer en vol plané d'arbre en arbre.

Phalanger volant, *Petaurus breviceps*

DISTRIBUTION : est et nord de l'Australie, Nouvelle-Guinée

HABITAT : zones boisées

TAILLE : corps, 11 à 15 cm ; queue, 12 à 18 cm

L'espèce doit son nom à la présence de chaque côté du corps d'une membrane parachute permettant à l'animal de faire des vols planés atteignant jusqu'à 55 m ; le phalanger se redresse à la fin de la descente pour atterrir la tête en haut. Il se nourrit de la sève sucrée qui s'écoule d'incisions qu'il pratique dans l'écorce des acacias et des gommiers. Sociable, il vit dans les trous des arbres, en groupes atteignant 20 individus. Il y a 2 ou 3 petits par portée, après une gestation de 21 jours ; ils abandonnent la poche marsupiale après 3 ou 4 mois.

FAMILLE DES PSEUDOCHEIRIDAE

Cette famille comprend 14 espèces arboricoles, qui se servent de leur queue préhensile pour grimper.

Grand Phalanger volant, *Petauroides volans*

DISTRIBUTION : est de l'Australie

HABITAT : forêts

TAILLE : corps, 30 à 48 cm ; queue, 45 à 55 cm

C'est le plus grand marsupial « volant » d'Australie (il atteint 1,4 kg). Il vit très haut dans les arbres, dans des trous, et se nourrit exclusivement de feuilles et de pousses. Ses membranes parachutes lui permettent de planer (sur 100 m et plus) en se servant de sa longue queue comme d'un gouvernail.

En hiver, la femelle met bas 1 petit, qui passe 4 mois dans le marsupium.

KANGOUROUS

Famille des Macropodidae : Kangourous et genres proches

Cette famille de quelque 46 espèces est considérée par beaucoup de spécialistes comme la plus évoluée des 18 familles actuellement survivantes de marsupiaux, en raison du fait que les dents et les pattes des kangourous sont fortement modifiées. Les membres postérieurs, qui peuvent être très longs, n'ont généralement pas de pouce ; les deuxième et troisième doigts sont élancés, reliés par de la peau ; le quatrième est massif, armé d'une griffe longue et épaisse ; le cinquième est un peu plus petit. Les dents, bien développées mais moins nombreuses que chez les autres marsupiaux, ressemblent à celles des bovidés. Les kangourous sont strictement végétariens ; ils consomment les végétaux en broutant.

Une des principales caractéristiques des kangourous est qu'ils se déplacent par grands bonds, sur leurs pattes postérieures, leur longue et puissante queue jouant le rôle de balancier. Cette course bipède leur permet d'atteindre des vitesses de l'ordre de 20 km/h, avec une dépense d'énergie inférieure à celle de la course des quadrupèdes. Pour des animaux qui, comme les kangourous, doivent souvent franchir de grandes distances pour se nourrir, la rapidité et l'économie d'énergie constituent des facteurs importants de réussite.

Les membres de la famille des macropodidés habitent l'Australie, la Nouvelle-Guinée, la Tasmanie et les îles Bismarck. Certains sont forestiers, mais d'autres vivent dans les zones arides et brûlantes, où, durant les heures les plus chaudes de la journée, ils cherchent abri à l'ombre d'un rocher en s'enduisant régulièrement les membres antérieurs de salive pour créer une évaporation rafraîchissante.

Lorsque la période de sécheresse se prolonge, le lait de la mère se tarit rapidement, les petits ne peuvent plus s'alimenter ; ils sont alors expulsés du marsupium et meurent. Au retour de la pluie et des ressources alimentaires qui y sont liées, un embryon de réserve dont le développement a été suspendu est implanté dans l'utérus, où il se développe sans qu'il y ait eu de nouvel accouplement. Ainsi les kangourous pallient-ils les rigueurs extrêmes de leur environnement et parviennent-ils à survivre en dépit de leur faible taux de fécondité.

Mâles et femelles se ressemblent beaucoup, si l'on excepte, bien sûr, la poche marsupiale de la femelle ; toutefois, chez les grandes espèces, la taille du mâle est généralement légèrement supérieure à celle de sa compagne.

Thylogale à pattes rousses, *Thylogale stigmatica*

Distribution : Australie (est du Queensland et de la Nouvelle-Galles-du-Sud)
Habitat : forêts humides
Taille : corps, 53 à 62 cm ; queue, 32 à 45 cm

C'est l'une des 4 espèces de thylogales – des macropodidés robustes et forestiers, plus lourds dans leur partie postérieure que ne le sont les gracieux kangourous des plaines. Très éclectiques sur le plan écologique, ils vivent dans des habitats très divers, mais toujours bien pourvus en abris. Ils sortent au crépuscule pour se nourrir de feuilles, bourgeons, pousses ou fruits. Généralement solitaires, il leur arrive cependant de se déplacer en bandes.

En général, les portées comptent 1 jeune, rarement 2.

Lièvre-wallaby à lunettes, *Lagorchestes conspicillatus*
LR : nt

Distribution : nord et centre de l'Australie
Habitat : zones herbeuses du désert
Taille : corps, 40 à 50 cm ; queue, 35 à 45 cm

L'aspect et les mœurs des 4 espèces de lièvres-wallabies rappellent effectivement ceux des lièvres, d'où leur nom. Ils passent la journée dans un gîte, au pied d'une touffe d'herbe, et, s'ils sont dérangés, détalent à la manière de leur homonyme, en décrivant une trajectoire en zigzag.

Le lièvre-wallaby à lunettes vit solitaire, sauf durant la période de l'accouplement, du fait de l'inhospitalité extrême du milieu désertique où il vit.

La reproduction a lieu à n'importe quelle période de l'année. Un seul jeune est mis bas par portée ; il est sexuellement mature vers l'âge de 1 an.

Wallaby des rochers à queue annelée, *Petrogale xanthopus* LR : nt

Distribution : centre et est de l'Australie
Habitat : zones rocheuses des prairies, tas de pierres
Taille : corps, 50 à 80 cm ; queue, 40 à 70 cm

Longtemps chassé pour sa fourrure joliment marquée, ce wallaby des rochers n'est plus présent que dans certaines régions isolées. Comme les autres espèces du genre, il vit dans les régions les plus inhospitalières de l'Australie et, comme elles, a des pattes postérieures bien développées, avec 4 griffes et une plante poreuse qui adhère aux rochers. Il est remarquablement agile. Sa longue queue n'est pas épaissie à la base et ne lui sert pas de support. Les wallabies des rochers se nourrissent de la matière végétale disponible, quelle qu'elle soit.

La femelle du wallaby des rochers met bas à n'importe quelle période de l'année, mais, en cas de sécheresse prolongée, elle sacrifie les petits qui se trouvent dans le marsupium.

Kangourou à queue courte, *Setonix brachyurus* VU

Distribution : sud-ouest de l'Australie
Habitat : végétation dense
Taille : corps, 47,5 à 60 cm ; queue, 25 à 35 cm

Autrefois répandu dans tout le sud-ouest de l'Australie, ce kangourou a vu sa population s'amenuiser du fait de la chasse dont il a été l'objet : il n'est plus guère présent que dans quelques vallées marécageuses des environs de Perth, mais abonde encore dans les îles Rottnest et Bald, au large de la côte australienne. Le kangourou à queue courte détecte la présence de l'eau jusqu'à 2,5 km de distance. Il a appris à se nourrir sur les décharges en période de sécheresse et se procure un complément de protéines en utilisant l'urée, un composant de l'urine.

Après une gestation de 17 jours, la femelle met bas 1 petit, ne mesurant guère que 25 mm. Elle s'accouple le lendemain même ; l'embryon résultant de cet accouplement est retenu dans l'utérus, mais il ne s'y fixe et ne commence à s'y développer que lorsque le premier jeune a quitté le marsupium. Les jeunes sont sexuellement matures à 2 ans.

Il faut espérer que la transformation en cours de l'île Rottnest en site de loisir pour les habitants de Perth se réalise en respectant l'habitat naturel et ne signifie pas la disparition de ce marsupial.

Kangourou arboricole de Lumholtz, *Dendrolagus lumholtzi* LR : nt

Distribution : Australie (nord-est du Queensland)
Habitat : forêts pluviales
Taille : corps, 52 à 80 cm ; queue, 42 à 93 cm

Sept espèces seulement de kangourous, dont 2 vivent en Australie et 5 en Nouvelle-Guinée, ont adopté un mode de vie arboricole. À la différence de la plupart des mammifères arboricoles, ces kangourous ne montrent pas de modifications anatomiques spécifiques à ce mode de vie : leurs pattes postérieures ne sont pas particulièrement adaptées au grimper, leurs pattes antérieures, en revanche, permettent mieux la prise que celles des autres kangourous ; toutefois, ils sont agiles et dotés d'un excellent équilibre, grâce à leur queue, qui n'est cependant pas préhensile. Ils se nourrissent surtout de feuilles, de graminées et de fruits, et rejoignent souvent le sol pour brouter.

Les kangourous arboricoles vivent et dorment en petits groupes dans un même arbre. On connaît très mal leur mode de reproduction, sinon qu'un seul jeune est mis bas par portée, et cela à toute période de l'année. Ces animaux ne sont pas rares, mais, du fait qu'ils vivent dans l'épaisseur de la forêt, ils sont particulièrement difficiles à observer.

KANGOUROUS SUITE

Kangourou roux, *Macropus rufus*
Distribution : Australie centrale
Habitat : plaines
Taille : corps, 1 à 1,60 m ; queue, 90 cm à 1,10 m

C'est le plus grand marsupial actuel : un vieux mâle peut peser jusqu'à 70 kg. Les mâles sont généralement roussâtres, les femelles gris-bleu. Les kangourous roux vivent dans les grandes plaines d'Australie en petites troupes de 6 à 12 individus groupés sous la direction d'un mâle ou chef de clan. Ils s'abritent de la chaleur du jour à l'ombre des formations rocheuses ou des arbres rabougris et sortent le soir pour manger et boire. Si un kangourou mange proportionnellement autant qu'un mouton, son rendement alimentaire est meilleur : un kangourou est composé à 52 p. cent de chair, contre 27 p. cent pour le mouton.

La reproduction est indépendante de la saison. La gestation dure de 30 à 40 jours. Quelques heures avant la naissance, la mère procède au nettoyage du marsupium : assise sur sa queue ramenée entre ses pattes postérieures, elle tient la poche ouverte avec ses pattes antérieures et en lèche soigneusement l'intérieur, poursuivant souvent sa tâche jusqu'à la mise bas. Le nouveau-né ne pèse que 0,75 g, soit le 1/30 000 du poids de sa mère. En dépit de sa taille réduite, il possède des pattes antérieures munies de griffes bien développées, qu'il utilise pour escalader sa mère et rejoindre le marsupium. Une fois à l'abri, il s'empare solidement de l'une des tétines de la mère, tétine qui grandit avec le petit et mesure environ 10 cm au moment du sevrage. La qualité du lait maternel change avec la croissance du petit, devenant beaucoup plus riche et plus gras dans la dernière phase de l'allaitement.

Le jeune kangourou passe environ 240 jours dans la poche marsupiale, puis vit aux côtés de sa mère durant 120 jours encore ; de temps à autre, il introduit la tête dans le marsupium pour téter, même si la poche abrite encore un plus jeune que lui. En cas de sécheresse intense, les jeunes présents dans le marsupium meurent presque tous, mais cette perte est compensée par les réserves d'embryons conservés dans l'utérus maternel.

Chassé sur une vaste échelle jusqu'à une période récente, il est aujourd'hui protégé par des mesures strictes.

Wallaby buissonnier de Nouvelle-Guinée, *Dorcopsis veterum*
Distribution : Nouvelle-Guinée
Habitat : forêts denses des zones pluviales de basse altitude
Taille : corps, 49 à 80 cm ; queue, 30 à 55 cm

Les wallabies buissonniers rappellent par bien des aspects les thylogales, à la différence près que l'extrémité de leur queue est armée de quelques grandes écailles rugueuses dont on ignore totalement la fonction.

Les wallabies buissonniers se nourrissent d'herbe lorsqu'ils le peuvent, mais aussi d'autre matière végétale. Ils sont rarement visibles durant le jour, et il est possible qu'ils soient à l'abri d'un nid de feuilles pour n'émerger qu'au crépuscule. On ignore tout de leur reproduction, sinon que la mère met bas un seul petit par portée.

Onychogale bridé, *Onychogalea fraenata* EN
Distribution : Australie (centre du Queensland)
Habitat : zones densément broussailleuses
Taille : corps, 45 à 67 cm ; queue, 33 à 66 cm

Les 12 espèces d'onychogales se caractérisent par la présence, à l'extrémité de la queue, d'une écaille semblable à un ongle et cachée dans l'épaisseur de la fourrure, dont on ignore la fonction. Au milieu du XIXe siècle, l'onychogale bridé abondait dans l'est et le sud-est de l'Australie, mais on n'avait plus signalé sa présence depuis le début du siècle, jusqu'à ce qu'on en découvre une population dans le Queensland, en 1974. Cette raréfaction est à porter au compte de la chasse, de l'introduction des renards et de la concurrence des lapins. Des mesures ont été prises, qui devront être appliquées avec rigueur durant un certain nombre d'années si l'on veut voir survivre cette espèce.

Les onychogales vivent et se nourrissent dans l'épaisseur des fourrés. On ignore tout de leur reproduction, sinon qu'ils mettent bas un seul jeune par portée.

Wallaby bicolore, *Wallabia bicolor*

Distribution : est et sud-est de l'Australie
Habitat : fourrés, ravines
Taille : corps, 65 à 90 cm ; queue, 64 à 86 cm

Les wallabies bicolores vivent en petites troupes mais sont difficiles à observer, du fait qu'ils se cachent dès qu'ils se sentent menacés. En cas de danger imminent, ils bondissent hors du couvert et se dispersent à toute vitesse. Leur régime alimentaire est varié, et les dommages qu'ils infligent aux cultures dans certaines régions ont contraint les autorités locales à adopter des mesures limitatives.

La reproduction est indépendante de la saison. La femelle met bas 1 jeune par portée. Le petit reste environ 300 jours dans la poche marsupiale et n'est totalement sevré que 60 jours après l'avoir quittée.

Famille des Potoroidae : Rats-kangourous

Dix espèces de rats-kangourous ont été recensées en Australie. Ces animaux sont plus petits que les kangourous, leurs plus proches parents. Ils possèdent une longue queue et des pattes postérieures allongées, qui servent, chez la plupart des espèces, à se déplacer par bonds. Herbivores, les rats-kangourous se nourrissent aussi d'insectes et d'autres invertébrés.

Rat musqué-kangourou, *Hypsiprymnodon moschatus*

Distribution : Australie (nord-est du Queensland)
Habitat : forêts pluviales
Taille : corps, 23,5 à 33,5 cm ; queue, 13 à 17 cm

C'est un macropodidé original par deux aspects : non seulement il possède un pouce aux pattes postérieures, mais il est aussi le seul à mettre au monde des jumeaux. Autre particularité : il lui arrive souvent de se déplacer sur quatre pattes, comme un lapin. Le mâle et la femelle dégagent une senteur musquée dont on ignore le rôle. Leur régime alimentaire est constitué d'une grande variété de matières végétales – des baies de palmiers aux racines tubéreuses – auxquelles s'ajoutent insectes et lombrics.

On connaît mal les mœurs de cette espèce, qui semble vivre solitaire ou par couple. Les jeunes naissent généralement durant la saison des pluies (de février à mai).

Rat-kangourou à nez long, *Potorous tridactylus*

Distribution : est de l'Australie, sud-ouest de l'Australie-Occidentale, Tasmanie
Habitat : essentiellement les sous-bois touffus
Taille : corps, 30 à 40 cm ; queue 15 à 24 cm

En dépit de sa petite taille et de son allure de lapin, ce rat-kangourou a bien les modes de locomotion et de reproduction des kangourous. S'il lui arrive parfois d'adopter une allure quadrupède, il progresse généralement sur ses fortes pattes postérieures, par bonds de 30 à 45 cm. Il est nocturne, sortant au crépuscule pour se nourrir de plantes, de racines, de mycéliums et d'insectes.

Les rats-kangourous à nez long s'accouplent à toute période de l'année et mettent bas un seul petit, qui passe 17 semaines dans le marsupium.

Rat-kangourou rougeâtre, *Aepyprymnus rufescens*

Distribution : est de l'Australie (Queensland, Nouvelle-Galles-du-Sud)
Habitat : zones herbeuses et boisées
Taille : corps, 38 à 52 cm ; queue, 35 à 40 cm

C'est le plus grand rat-kangourou. Il passe les heures chaudes du jour dans un nid d'herbes, mais ne craint pas l'homme, et, dans les camps forestiers, il n'est pas rare qu'il vienne lui manger dans la main. Cette audace le rend vulnérable aux prédateurs introduits par les humains (chiens, renards…), qui ont beaucoup réduit ses populations. On ne connaît guère sa reproduction, sinon qu'il met bas 2 jeunes par an au maximum.

FOURMILIERS ET PARESSEUX

ORDRE DES XÉNARTHRES

Cet ordre rassemble 4 familles de mammifères. Issus d'une même souche, ces animaux possèdent en commun la structure de leur appareil reproducteur et leur régime alimentaire extrêmement spécialisé, constitué essentiellement de fourmis et de termites.

FAMILLE DES MYRMECOPHAGIDAE : FOURMILIERS

Au nombre de 4 espèces, les fourmiliers habitent le Mexique, l'Amérique centrale et l'Amérique latine jusqu'à l'Argentine. Ils vivent normalement dans les forêts tropicales, parfois dans les zones herbeuses. Leur longue langue enduite d'une salive visqueuse leur permet d'engluer aisément les insectes. Les fourmiliers ouvrent les termitières et fourmilières au moyen de leurs fortes pattes antérieures fouisseuses, dont le troisième doigt est plus grand que les autres. L'espèce la plus grande, le tamanoir, est terrestre, alors que les autres sont essentiellement arboricoles.

Tamanoir ou Grand Fourmilier, *Myrmecophaga tridactyla*
VU

DISTRIBUTION : Amérique centrale, Amérique du Sud au nord de l'Argentine
HABITAT : forêts, savane
TAILLE : corps, 1 à 1,20 m ; queue, 65 à 90 cm

Le géant de la famille. C'est un animal à long museau, à pelage rayé de noir en diagonale et à queue touffue. Il se sert de ses fortes pattes antérieures pour creuser les nids de fourmis et de termites, dont il consomme en énormes quantités adultes, œufs et larves. Sa longue langue peut être dardée sur 60 cm de longueur ; elle est enduite d'une salive visqueuse qui englue les insectes. Pour préserver ses griffes, le tamanoir prend appui, lorsqu'il se déplace, sur les articulations de la main. À la différence des autres fourmiliers, il ne grimpe pas aux arbres, mais pénètre volontiers dans l'eau et sait nager. Hormis la période où la femelle élève son petit, les tamanoirs vivent généralement solitaires. À proximité des habitations, ils ne sont actifs que de nuit, mais ils ont également une activité diurne lorsqu'ils vivent éloignés de l'homme.

Après une gestation de 190 jours, la femelle met bas un seul petit par an, qu'elle transporte longtemps sur son dos.

Tamandua, *Tamandua mexicana*
DISTRIBUTION : du sud du Mexique au nord-ouest du Venezuela et du Pérou
HABITAT : forêts
TAILLE : corps, 54 à 58 cm ; queue, 54,5 à 55,5 cm

Ce fourmilier arboricole est beaucoup plus petit que le tamanoir. Sa longue queue préhensile lui sert de cinquième membre ; elle est nue sur la face inférieure, de façon à améliorer l'adhérence. La fourrure marbrée du tamandua lui procure un camouflage efficace dans les fourrés et les buissons. Sur le sol, le tamandua est lent et pataud. Il est surtout actif de nuit et détruit alors termitières et fourmilières pour se nourrir des insectes qu'elles contiennent. Comme les autres fourmiliers, il englue ses proies au moyen de sa longue langue protractile enduite d'une salive visqueuse. Attaqué, il oppose une résistance farouche à son adversaire et fait bon usage de ses griffes.

L'accouplement a probablement lieu à l'automne. La femelle met bas un seul petit par an ; elle le transporte longtemps sur son dos, mais le dépose souvent sur une branche lorsqu'elle rejoint le sol pour se nourrir.

Fourmilier didactyle ou Myrmidon, *Cyclopes didactylus*

DISTRIBUTION : du sud du Mexique à la Bolivie et au Brésil
HABITAT : forêts
TAILLE : corps 15 à 18 cm ; queue, 18 à 20 cm

Ce fourmilier arboricole grimpe avec aisance en se servant de sa queue préhensile et de ses longues pattes dont les griffes peuvent être rabattues sous le pied lors du grimper, ce qui leur évite de s'émousser. Ce fourmilier rejoint rarement le sol ; il dort durant la journée dans un arbre creux ou sur une branche, et attend la nuit pour se mettre en quête de fourmis et de termites, dont il détruit le nid au moyen de ses fortes griffes et qu'il englue sur sa langue visqueuse. Le fourmilier didactyle est souvent victime des grands oiseaux de proie.

La reproduction de l'espèce est mal connue. La femelle met bas un seul jeune que les parents nourrissent d'insectes qu'ils régurgitent. Le petit est transporté par les deux parents pendant une période indéterminée, et parfois laissé seul au creux d'un arbre.

FAMILLE DES BRADYPODIDAE : PARESSEUX TRIDACTYLES

Les 5 espèces et les 2 familles de paresseux habitent les forêts tropicales de l'Amérique centrale et latine. Ce sont des animaux hautement spécialisés pour la vie arboricole et incapables de se déplacer normalement sur le sol. Ils passent le plus clair de leur temps dans les arbres, suspendus sous les branches par leurs bras très longs, terminés par des griffes puissantes et recourbées. Ils se nourrissent de matières végétales. Les 3 espèces tridactyles possèdent 3 doigts à l'avant et à l'arrière.

Paresseux tridactyle ou Aï, *Bradypus tridactylus*

DISTRIBUTION : sud du Venezuela, Guyanes, nord du Brésil
HABITAT : forêts
TAILLE : corps, 50 à 60 cm ; queue, 6,5 à 7 cm

Ce paresseux est si bien adapté à la vie qu'il mène, suspendu sous les branches par ses griffes recourbées, que ses poils poussent à contresens et sont pendants lorsque l'animal est dans sa position habituelle. Le pelage des aïs présente la particularité de se couvrir d'algues microscopiques qui donnent à l'animal une couleur verdâtre lui servant de camouflage.

La tête est courte et large, le cou est rendu particulièrement souple par la présence de 2 vertèbres cervicales supplémentaires qui permettent une grande mobilité de la tête. L'aï grimpe avec une extrême lenteur, en déplaçant un seul membre à la fois. Il nage bien, mais à terre c'est tout juste s'il est capable de ramper, aussi ne rejoint-il le sol que très rarement – soit tous les 8 à 10 jours – pour déféquer dans une cavité qu'il creuse avec sa queue. La miction s'effectue dans les mêmes conditions.

Les aïs se nourrissent de feuilles et de pousses, surtout de *Cecropia lyratifolia*. Leur vue et leur ouïe sont particulièrement mauvaises, et ils repèrent leur nourriture simplement à l'odorat et au toucher.

La femelle donne naissance à un seul jeune, après une gestation qui dure de 120 à 180 jours ; elle peut même rester suspendue pour mettre bas. Le petit est allaité pendant 1 mois environ, puis nourri de matière végétale régurgitée. Il est transporté par sa mère pendant 8 à 9 mois.

FAMILLE DES MEGALONYCHIDAE : PARESSEUX DIDACTYLES

Les 2 espèces de paresseux de cette famille ont 2 doigts munis de griffes à l'avant et 3 doigts à l'arrière.

Paresseux didactyle ou Unau, *Choloepus didactylus* **DD**

DISTRIBUTION : Venezuela, nord du Brésil, Guyana, Surinam, Guyane
HABITAT : forêts
TAILLE : corps, 60 à 64 cm ; queue, absente ou vestige

Le paresseux didactyle mange, dort et met bas suspendu sous les branches par les quatre membres. Les pattes antérieures sont munies de 2 doigts reliés par la peau et terminés par de fortes griffes recourbées. Bien que très lent dans ses mouvements, l'unau peut être rapide à frapper lorsqu'il doit se défendre, et inflige avec ses griffes de sérieuses blessures. Il ne peut circuler sur le sol qu'en rampant, mais il nage bien. Surtout actif de nuit, il passe ses journées à dormir et se tient parfaitement immobile pour ne pas être détecté par un ennemi et pour conserver son énergie. Il se nourrit de feuilles, de ramilles et de fruits.

La femelle met bas un seul petit par portée, après une gestation qui dure au moins 263 jours. Le jeune est toujours solidement agrippé à sa mère pendant qu'elle se déplace dans les arbres.

TATOUS ET PANGOLINS

Famille des Dasypodidae : Tatous

Cette famille compte 20 espèces, qui sont répandues du sud des États-Unis au Chili et à l'Argentine.

Les tatous sont des animaux fouisseurs, généralement aux mœurs nocturnes. Courtes et puissantes, leurs pattes sont munies de fortes griffes incurvées, qui leur permettent de creuser rapidement un terrier. Chez certaines espèces, c'est un moyen d'échapper aux prédateurs. En période d'inactivité, les tatous restent au fond de leur terrier. La peau est modifiée en une carapace articulée, constituée de plaques osseuses et cornées, qui couvre la naissance de la queue, le dos, les flancs, les oreilles et le front, et sert de bouclier protecteur à l'animal. Certaines espèces possèdent la faculté de se rouler en boule de manière à ne présenter aucune partie vulnérable.

Tatou à neuf bandes, *Dasypus novemcinctus*

Distribution : du sud des États-Unis au Pérou et à l'Argentine

Habitat : zones semi-désertiques et prairies sèches

Taille : corps, 45 à 50 cm ; queue, 25 à 40 cm

C'est le tatou le plus commun et le plus répandu. Le corps est cuirassé de 8 à 11, généralement 9, plaques cornées. Les pattes antérieures, munies de griffes, sont puissantes. Le tatou à neuf bandes vit durant le jour dans un terrier, parfois communautaire, et sort la nuit pour fouiller ou sonder du museau les fissures, à la recherche d'insectes, d'araignées, de petits reptiles, d'amphibiens et d'œufs.

La femelle met presque toujours au monde une portée constituée de 4 jeunes de même sexe, qu'elle allaite durant 2 mois environ.

Tatou géant, *Priodontes maximus* **EN**

Distribution : du Venezuela au nord de l'Argentine

Habitat : forêts

Taille : corps, 75 cm à 1 m ; queue, 50 cm

Ce tatou qui peut peser jusqu'à 60 kg est le géant de sa famille. Son corps est protégé par une armure de plaques osseuses aux articulations desquelles apparaissent quelques poils. Les mâchoires portent une centaine de petites dents qui disparaissent avec l'âge. Les griffes des pattes antérieures sont particulièrement longues, celle du troisième doigt atteignant 20 cm. Assez agile, le tatou géant peut prendre appui sur ses pattes postérieures et sa queue tandis qu'il fouit le sol de ses pattes antérieures. Il se nourrit de fourmis, termites et autres insectes, ainsi que de vers, d'araignées, de serpents et de charognes. Inapte à se rouler complètement en boule, il choisit de préférence la fuite s'il est attaqué.

La reproduction de l'espèce est mal connue. On sait que la femelle met bas 1 ou 2 jeunes.

Chlamyphore tronqué, *Chlamyphorus truncatus* **EN**

Distribution : centre-ouest de l'Argentine

Habitat : plaines sèches et sableuses

Taille : corps, 12,5 à 15 cm ; queue 2,5 cm

Ce très petit tatou caparaçonné de rose pâle émerge de son gîte au crépuscule pour se nourrir, surtout de fourmis, mais aussi de vers, d'escargots et de matières végétales. Il creuse le sol de ses pattes antérieures, en appui sur ses membres postérieurs et sa queue rigide. Les membres sont tous terminés par 5 griffes. Le chlamyphore tronqué s'est révélé difficile à élever en captivité, et l'on ignore tout de sa reproduction.

ORDRE DES PHOLIDOTES

Famille des Manidae : Pangolins

La famille ne compte qu'un seul genre qui rassemble 7 espèces d'animaux nocturnes, mangeurs de termites et de fourmis, qui habitent l'Afrique et le sud et le sud-est de l'Asie. Le pangolin typique ressemble par son aspect aux édentés américains, mais il est caractérisé par son corps recouvert d'écailles formées par l'épiderme – des écailles grandes, imbriquées, mobiles, à bord aigu. La tête allongée est dépourvue de dents, mais la langue, extrêmement longue et protractile, sert à capturer les proies.

Pangolin à écailles tricuspides, *Manis tricuspis*

Distribution : Afrique (du Sénégal au Kenya occidental, vers le sud jusqu'à l'Angola)

Habitat : forêts pluviales

Taille : corps, 35 à 45 cm ; queue, 49 à 60 cm

Le pangolin à écailles tricuspides doit son nom aux écailles de son dos, à 3 pointes. Grimpeur agile, il a une très longue queue préhensile, terminée sur sa face inférieure par un coussinet nu qui augmente l'adhérence. Il dort le jour sur une branche ou dans un trou creusé dans le sol, et se nourrit de fourmis et de termites arboricoles qu'il détecte à l'odorat. Il éventre les nids des puissantes griffes de ses pattes antérieures et récolte les insectes en les balayant de sa longue langue. Il sélectionne son espèce préférée de fourmi ou de termite et néglige les autres ; la nourriture est digérée dans l'estomac musculeux, à surface cornée, de l'animal.

La femelle met bas un seul petit après une gestation de 4 à 5 mois. À 2 jours, les écailles du nouveau-né durcissent. À 2 semaines, le petit commence à suivre sa mère.

Pangolin géant, *Manis gigantea*

Distribution : Afrique (Sénégal, vers l'est jusqu'à l'Ouganda, vers le sud jusqu'à l'Angola)

Habitat : forêts, savane

Taille : corps, 75 à 80 cm ; queue, 50 à 65 cm

Le plus grand représentant de sa famille, cet animal terrestre a une activité nocturne. La femelle est plus petite que le mâle. Le pangolin géant passe ses journées à dormir dans un terrier ; il en sort de minuit à l'aube pour se mettre en quête de fourmis et de termites dont il éventre le nid au moyen de ses pattes antérieures munies de fortes griffes. Ses mouvements sont lents et très mesurés ; il peut se déplacer sur ses pattes postérieures, sa queue lui servant alors de balancier, ou sur ses quatre pattes. Menacé, il s'enroule solidement et émet une odeur désagréable. En cas de nécessité, il est apte à se défendre à grands coups de sa queue écailleuse.

La femelle met bas 1 jeune par portée, dans un nid souterrain, après une gestation d'environ 5 mois. Les écailles du nouveau-né sont molles et durcissent en l'espace de 2 jours. À 1 mois environ, le jeune est capable d'accompagner sa mère au-dehors ; il est sevré vers 3 mois.

PIKAS, LAPINS ET LIÈVRES

ORDRE DES LAGOMORPHES

L'ordre des lagomorphes regroupe 2 familles et quelque 68 espèces de pikas, lapins et lièvres. Longtemps, ces herbivores ont été rangés parmi les rongeurs, mais un examen détaillé a montré que des différences anatomiques et physiologiques profondes séparaient très nettement les deux ordres, notamment la denture.

Famille des Ochotonidae : Pikas

La famille compte 21 espèces de pikas, toutes du même genre. Les pikas habitent le nord et le centre de l'Asie ; 2 espèces sont également présentes en Amérique du Nord. Les pikas sont plus petits que des lapins, avec de courtes oreilles arrondies et pas de queue visible. Ils sont adaptés à leur habitat rocheux.

Pika de l'Altaï, *Ochotona alpina*
Distribution : Sibérie, Mongolie, nord-est de la Chine, Japon (Hokkaido)
Habitat : pentes rocheuses de montagne, forêts
Taille : corps, 20 à 25 cm

Ce petit animal bas sur pattes ne court pas à la manière d'un lapin, mais se déplace par petits bonds et circule peu. Il vit en petit groupe familial qui gîte dans une tanière installée parmi rochers ou racines. Il se nourrit surtout d'herbes et de tiges hautes, et, comme tous les pikas, fait d'importantes provisions de foin pour passer l'hiver. S'il est à court de nourriture, il creuse la neige pour mettre au jour ses réserves.

Selon la région, il peut y avoir jusqu'à 3 portées par an ; chaque portée comprend de 2 à 5 jeunes, qui naissent après 30 ou 31 jours de gestation.

Famille des Leporidae : Lapins et Lièvres

C'est une famille extrêmement prospère de petits mammifères herbivores que l'on rencontre dans les forêts, la végétation herbeuse ou arbustive, la toundra ou les pentes montagneuses d'Amérique, d'Europe, d'Asie et d'Afrique. Le lapin de garenne dont dérivent les souches domestiques a été introduit en Australie et en Nouvelle-Zélande, où il s'est montré plus que prolifique.

Les quelque 47 espèces de lapins et de lièvres se sont adaptées à la course rapide et ont développé des membres postérieurs très longs. Ces animaux possèdent de longues oreilles étroites et une petite queue. Leur denture comporte des incisives supérieures formant ciseau, à croissance continue, et de grandes dents jugales servant à mâcher.

Lièvre du Cap ou Lièvre brun, *Lepus europaeus*
Distribution : Europe, à l'exception de l'Islande et du nord de la Scandinavie, nord de l'Iran, nord-est de la Chine ; introduit en Amérique du Nord, en Amérique du Sud et en Nouvelle-Zélande
Habitat : zones dégagées, pâturages, bois
Taille : corps, 44 à 76 cm ; queue, 7 à 11 cm

Ses longs membres postérieurs en font un coureur rapide. Surtout actif au crépuscule et la nuit, il vit le jour dans une cavité du sol cachée parmi la végétation. Généralement solitaire, il se nourrit de feuilles, bourgeons, racines, baies, fruits, champignons, écorces et ramilles.

La hase peut mettre bas plusieurs portées par an, de 1 à 6 jeunes chacune. Les levrauts naissent poilus et les yeux ouverts. Ils sont sevrés à 3 semaines et quittent leur mère à l'âge de 1 mois.

Lièvre de Californie, *Lepus californicus*
Distribution : États-Unis (Oregon, vers l'est au Dakota-du-Sud et au Missouri, vers le sud au nord du Mexique ; introduit dans certains États)
Habitat : prairie, terres cultivées, zones broussailleuses arides
Taille : corps, 46,5 à 63 cm ; queue, 5 à 11,5 cm

Reconnaissable à ses longues oreilles et sa grande queue barrée de noir, le lièvre de Californie possède de longs membres postérieurs et se déplace d'une allure rapide et bondissante : il peut atteindre la vitesse de 56 km/h sur de courtes distances et tend à détaler en direction du couvert s'il est menacé. En été, il se nourrit de plantes succulentes et d'herbes, de végétation plus ligneuse en hiver. Comme tous les lagomorphes, le lièvre de

MAMMIFÈRES : PIKAS, LAPINS ET LIÈVRES   **37**

Californie pratique la cæcotrophie, c'est-à-dire qu'il rejette, outre ses excréments ordinaires, des crottes molles qu'il ingère et dont on pense qu'elles contiennent certaines vitamines synthétisées par le cæcum. Il peut y avoir plusieurs portées par an, de 1 à 6 levrauts chacune ; la gestation dure 43 jours en moyenne. Les levrauts naissent recouverts de poils et les yeux ouverts, dans une petite dépression du sol.

Lièvre américain, *Lepus americanus*
DISTRIBUTION : Alaska, Canada, nord des États-Unis
HABITAT : forêt, marais, fourrés
TAILLE : corps, 36 à 52 cm ; queue, 2,5 à 5,5 cm

Son pelage estival brun foncé devient blanc en hiver, à l'exception du bord des oreilles, qui est alors noir. En réalité, seule l'extrémité des poils est d'un blanc pur, la base en est chamois jaunâtre ; ce pelage hivernal joue indubitablement un rôle de camouflage. Généralement actif pendant la nuit et en début de matinée, le lièvre américain se nourrit de plantes succulentes et d'herbe en été, de ramilles, de pousses et de bourgeons en hiver. Les effectifs de cette espèce connaissent de très importantes fluctuations périodiques (tous les 10 ans environ) qu'il faut très probablement attribuer aux disponibilités alimentaires et aux prédateurs.

La reproduction du lièvre américain débute au cours du mois de mars ; 2 ou 3 portées sont mises bas chaque année, constituées de 1 à 7 levrauts chacune, généralement 4 ; les petits lièvres naissent les yeux ouverts et bien pourvus de poils.

Lièvre à grosse queue d'Afrique du Sud, *Pronolagus crassicaudatus*
DISTRIBUTION : est de l'Afrique du Sud
HABITAT : contrées pierreuses à végétation clairsemée, lisières de forêts
TAILLE : corps, 42 à 50 cm ; queue, 6 à 14 cm

Ce lièvre vit solitaire sur un petit territoire. Généralement actif au crépuscule et durant la nuit, il se nourrit d'herbe et autre verdure. Le lièvre à grosse queue passe ses journées dans une petite dépression du sol, à proximité immédiate d'un abri vers lequel il détale en cas de danger. Comme tous les lièvres, il est doté d'une ouïe particulièrement fine, d'une vue et d'un odorat bien développés.

La hase met bas 1 ou 2 jeunes après une gestation qui dure environ 1 mois.

Lapin des volcans, *Romerolagus diazi* **EN**
DISTRIBUTION : Mexique (sud-est de Mexico)
HABITAT : pentes de volcans
TAILLE : corps, 28,5 à 31 cm ; queue, vestige

Ce lapin à l'aire de répartition extrêmement limitée est aujourd'hui rare et protégé. Il possède de courtes oreilles arrondies et trotte plus qu'il ne saute sur ses courtes pattes, arpentant régulièrement les mêmes pistes qu'il trace dans l'herbe. Surtout actif durant la nuit et au crépuscule, il se nourrit d'herbe et de jeunes pousses. Il vit en colonie qui gîte dans des terriers.

La population sauvage de ce lapin n'est plus que de 1 300 individus, en raison de la destruction de son habitat, de la chasse et du tourisme.

Lapin de l'Assam, *Caprolagus hispidus* **EN**
DISTRIBUTION : Bangladesh, Inde, Népal
HABITAT : forêts (entre autres bambous)
TAILLE : corps, environ 47 cm ; queue, 2,5 cm

Son pelage est fait de poils raides semblables à des soies ; ses oreilles sont courtes et larges, ses membres trapus. Il vit solitaire, parfois en couple, dans un terrier qu'il creuse. Il se nourrit de pousses d'herbe, de racines et d'écorces.

PIKAS, LAPINS ET LIÈVRES suite

Lapin aquatique, *Sylvilagus aquaticus*
Distribution : centre-sud des États-Unis (de la Géorgie au Texas)
Habitat : zones marécageuses, régions boisées humides
Taille : corps, 45 à 55 cm ; queue, 6 cm

C'est un lapin robuste, à grosse tête. Le lapin aquatique nage et plonge bien. Il pénètre dans l'eau pour échapper à un poursuivant ou rejoindre un îlot alimentaire. Ses membres aux grands doigts étalés lui permettent de se déplacer aisément sur les sols boueux. Essentiellement nocturne, il s'abrite durant le jour sous une grosse bûche ou dans une cavité du sol, émergeant volontiers après une averse. Il se nourrit d'herbe et de végétation aquatique, peut s'aventurer dans les champs de céréales là où ils avoisinent des marais. Il est d'un naturel paisible, mais les mâles rivaux peuvent se livrer de sérieux duels.

Après une gestation d'environ 40 jours, une portée de 1 à 6 jeunes, généralement 2 ou 3, est mise bas dans une petite cavité du sol tapissée d'herbe et de poils. Les jeunes naissent velus et ouvrent les yeux quelques jours après leur naissance. On suppose qu'il y a 2 portées par an.

bien dans l'air chaud et sec que dans l'air humide et frais ; le lapin aurait donc développé une adaptation à cet état de fait. Craintif et fuyant, il passe le plus clair de son temps caché dans l'épaisseur du couvert, ne se risquant au-dehors que brièvement pour se nourrir de la verdure et des végétaux disponibles. Il emprunte régulièrement des pistes tracées parmi la végétation, mais ne creuse pas de terrier.

Il y a 3 ou 4 portées annuelles, de 3 à 5 jeunes chacune, qui sont mises bas après une gestation de 27 jours environ, entre janvier et juin, dans une cavité du sol tapissée d'herbe et de fourrure. Les nouveau-nés sont aveugles, mais couverts d'un beau pelage.

Lapin de Bachman, *Sylvilagus bachmani*
Distribution : côte ouest de l'Amérique du Nord (de la Colombie-Britannique à la Basse-Californie)
Habitat : zones densément broussailleuses ou buissonnantes
Taille : corps, 27 à 33 cm ; queue, 2 à 4 cm

Ce petit lapin a un pelage brun, des oreilles arrondies et une queue très réduite. Les oreilles sont généralement plus longues chez les populations des régions chaudes et sèches du sud de l'aire que chez celles de la côte Nord, plus fraîche et plus humide. Cela s'explique peut-être par le fait que le son se propage moins

Lapin d'Audubon, *Sylvilagus audubonii*
Distribution : États-Unis (de la Californie au Montana, vers le sud jusqu'à l'Arizona et au Texas), nord du Mexique
Habitat : plaines dégagées à végétation clairsemée, vallées boisées, armoises
Taille : corps, 30 à 38 cm ; queue, 5 à 7,5 cm

Dans certaines parties de son aire, le lapin d'Audubon cohabite avec l'espèce précédente, dont il se distingue essentiellement par sa taille un peu plus élevée, ses oreilles plus grandes et son pelage de couleur grisâtre.

On peut le rencontrer à toute heure du jour, mais il est particulièrement actif en fin d'après-midi et durant la nuit. Il se nourrit d'herbe, de feuilles, de divers végétaux, y compris de plantes cultivées et de fruits. Il peut endommager gravement jardins et récoltes. Il reste toujours à proximité du couvert, vers lequel il détale à la moindre alerte, révélant fugitivement la face inférieure blanche de sa queue. Il s'abrite dans un terrier ou une cavité peu profonde du sol.

Le lapin d'Audubon se reproduit au printemps ou à toute période de l'année, selon les régions où il vit. Une portée comptant de 1 à 5 jeunes, aveugles et entièrement dépendants, est mise bas après une gestation qui dure de 26 à 30 jours.

Lapin pygmée, *Brachylagus idahoensis* **LR : nt**

Distribution : nord-ouest des États-Unis (Oregon, Idaho, Montana, Utah, Nevada, nord de la Californie)

Habitat : zones arides pourvues d'armoises

Taille : corps, 23 à 29 cm ; queue, 2 à 3 cm

Le seul représentant du genre, ce petit lapin a une épaisse fourrure souple et de courts membres postérieurs. Il vit dans un terrier creusé par ses soins et dont il ne s'éloigne jamais beaucoup. Il en émerge au crépuscule pour se nourrir sur les armoises et autres végétaux disponibles. Ses principaux ennemis sont les coyotes et les hiboux. Effrayé, le lapin pygmée se réfugie dans son terrier, qui possède souvent plusieurs issues.

Des portées de 5 à 8 jeunes, généralement 6, sont mises bas entre mai et août.

Lapin européen, *Oryctolagus cuniculus*

Distribution : Europe (sauf extrêmes nord et est), nord-ouest de l'Afrique ; introduit dans de nombreux pays, dont Australie, Nouvelle-Zélande et Chili

Habitat : terrains herbeux, cultivés ou boisés, falaises côtières herbeuses

Taille : corps, 35 à 45 cm ; queue, 4 à 7 cm

Le lapin européen, dont dérivent les souches domestiques, a été introduit dans de nombreuses parties du monde avec un succès tel qu'il est, par endroits, devenu nettement nuisible. Plus petit que le lièvre, avec des membres et des oreilles plus courts, il possède un pelage brunâtre sur les parties supérieures, presque blanc sur la face ventrale. Les pattes sont munies de grandes griffes droites.

Grégaires, ces lapins creusent des terriers qui peuvent communiquer entre eux, formant de vastes «garennes» de centaines d'individus. Leur activité est essentiellement crépusculaire et nocturne, mais ils peuvent sortir durant le jour là où ils ne sont pas dérangés. Ils se nourrissent de plantes herbacées, légumes et même céréales, et peuvent causer de sérieux dommages aux jeunes arbres. En hiver, ils se nourrissent de bulbes, de ramilles et d'écorces si les plantes plus succulentes viennent à manquer. Il arrive que le lapin européen batte le tambour de ses pattes postérieures pour avertir ses congénères d'un danger.

En Europe, il y a plusieurs portées par an, mises bas au printemps et en été. Les portées comptent de 3 à 9 jeunes ; la durée de gestation est de 28 à 33 jours. Les lapereaux naissent nus et aveugles dans un terrier peu profond, la rabouillère, spécialement creusé par la mère et tapissé de végétation et de poils arrachés à son ventre. Les petits n'en sortent pas avant l'âge de 3 semaines. La femelle est de nouveau en chaleur dans les 12 heures suivant la mise bas. Tous les embryons ne parviennent pas au terme de leur développement, et on estime à 40 p. cent le taux de succès, ce qui porte à 11 environ le nombre annuel de lapereaux par femelle.

Lapin de Sumatra, *Nesolagus netscheri* **CR**

Distribution : sud-ouest de Sumatra

Habitat : pentes montagneuses boisées, de 600 à 1 400 m

Taille : corps, 36 à 40 cm ; queue, 1,5 cm

Seul représentant de sa famille à présenter un pelage rayé, le lapin de Sumatra est gris chamoisé sur les parties supérieures, marqué de raies brunes, dont une bande longitudinale soulignant la ligne du dos, du nez à la queue. La petite queue et la croupe sont rougeâtres, les membres brun grisâtre. Le lapin de Sumatra est devenu extrêmement rare aujourd'hui, même dans les régions où il abondait naguère, et ce du fait du déboisement au profit des cultures.

Principalement nocturne, le lapin de Sumatra passe ses journées dans un terrier ; on pense qu'il préfère s'approprier une cavité existante plutôt que de la creuser lui-même. Il se nourrit de feuilles et de tiges.

ÉCUREUILS

ORDRE DES RONGEURS

Avec quelque 1 800 espèces réparties en 28 familles, l'ordre des rongeurs est le plus vaste qui soit dans la classe des mammifères.

Famille des Sciuridae : Écureuils et Marmottes

Les caractères séparant les sciuridés des autres familles de rongeurs ne sont pas manifestes au premier abord et ne présentent souvent d'intérêt que pour les zoologistes. Au nombre de 260 espèces, les sciuridés sont généralement des animaux vifs, à face courte. Les marmottes, spermophiles et chiens de prairie sont des fouisseurs qui vivent dans des terriers. Certains écureuils sont terrestres, mais la majorité d'entre eux sont arboricoles, au point pour certains d'être capables de planer (écureuils volants). Les écureuils planeurs ont des mœurs exclusivement nocturnes ; en revanche, les écureuils de type ordinaire et les marmottes sont diurnes. Les yeux sont grands et la vue est bonne, parfaitement adaptée à la vision des couleurs. Il n'y a pas de dimorphisme sexuel.

Les sciuridés sont bien représentés dans le monde, excepté dans le sud de l'Amérique latine, en Australie, en Nouvelle-Zélande, à Madagascar et dans les déserts du Moyen-Orient. Sous les climats tempérés, ils hivernent, ne s'éveillant que pour s'alimenter, soit durant quelques jours au cours de la saison. Seul un nombre limité d'espèces hibernent à proprement parler. Les écureuils sont des animaux sociables, qui utilisent leur queue touffue pour communiquer ; ils disposent également d'un vocabulaire de sons assez étendu.

Écureuil commun, *Sciurus vulgaris* **LR : nt**

Distribution : Europe, vers l'est jusqu'à la Chine, la Corée et le Japon (Hokkaido)

Habitat : forêts de persistants

Taille : corps, 20 à 24 cm ; queue, 15 à 20 cm

Avant le début du siècle et l'introduction en Grande-Bretagne de l'écureuil gris, cette tribu n'était représentée en Europe que par l'écureuil commun ; si les effectifs de celui-ci sont en déclin en Grande-Bretagne, il est toujours commun en Europe et en Asie. Il se nourrit surtout de cônes de conifères. La saison de reproduction est conditionnée par le climat ; au cours d'une année favorable, la femelle peut avoir 2 portées de 3 petits chacune. Les jeunes naissent dans un nid.

Écureuil gris, *Sciurus carolinensis*

Distribution : sud-est du Canada, est des États-Unis ; introduit en Grande-Bretagne et en Afrique du Sud

Habitat : forêts de feuillus

Taille : 23 à 30 cm ; queue, 21 à 23 cm

L'écureuil gris est originaire des forêts de chêne, d'hickory et de noyer de l'Est nord-américain, où ses effectifs sont contrôlés par les hiboux, les renards et les lynx. Il mange des graines, des noix (jusqu'à 80 g par jour pour un adulte), des œufs, de jeunes oiseaux et des insectes. À l'occasion, il écorce les troncs pour accéder à la sève nutritive.

La femelle met bas 2 portées par an – en début de printemps et en été – qui peuvent atteindre 7 petits, sur lesquels 3 ou 4 seulement survivent. Les mâles ne prennent aucune part à l'élevage des petits. En Grande-Bretagne, où il a été introduit, l'écureuil gris a supplanté l'espèce indigène.

Grand Écureuil de Stanger, *Protoxerus stangeri*

Distribution : ouest de l'Afrique, vers l'est jusqu'au Kenya, Angola

Habitat : palmeraies

Taille : corps, 22 à 33 cm ; queue, 25 à 38 cm

Cette espèce se nourrit essentiellement des fruits du palmier à huile. Dans les régions où le calcium est rare, on l'a vu ronger os et ivoire. C'est un animal extrêmement farouche, que l'on ne repère guère qu'aux cris perçants qu'il pousse lorsqu'il est dérangé. Sa reproduction est très mal connue, mais il est cependant probable qu'elle n'est pas saisonnière.

Epixerus ebii **LR : nt**
DISTRIBUTION : Ghana, Sierra Leone
HABITAT : forêts denses ; près des marais
TAILLE : corps, 25 à 30 cm ; queue, 28 à 30 cm

C'est l'un des rongeurs les plus rares. Il est victime du déboisement et de l'assèchement des marais, et il est même à craindre que ces aménagements finissent par être fatals à l'espèce. Dans certaines parties de son aire, l'inaccessibilité de son milieu lui sert toutefois de protection ; il reste à espérer que ce répit soit suffisant pour que des mesures efficaces puissent être mises en place. *Epixerus ebii* est supposé se nourrir surtout des fruits de palmiers du genre *Raphia*, mais il est probable qu'il consomme aussi d'autres aliments. À cause de sa rareté, on ignore tout de son mode de reproduction.

Écureuil palmiste, *Funambulus palmarum*
DISTRIBUTION : centre et sud de l'Inde, Sri Lanka
HABITAT : palmeraies
TAILLE : corps, 11,5 à 18 cm ; queue, 11,5 à 18 cm

C'est un petit écureuil à la robe caractéristiquement marquée de raies longitudinales. Très actif, il vaque durant la journée, en quête de fleurs, de bourgeons et de fruits de palmier. Il cause des dommages aux cotonniers, dont il mange les bourgeons ; en revanche, du fait qu'il est aussi nectarivore, il contribue à la pollinisation en se promenant d'une fleur à l'autre.

Les mâles sont agressifs. Avant l'accouplement, ils se battent pour les femelles, qu'ils quittent sitôt après le coït. Environ 3 portées de 3 jeunes chacune en moyenne sont mises bas chaque année, à l'issue d'une période de gestation qui dure de 40 à 45 jours. Les femelles sont sexuellement matures à l'âge de 6 à 8 mois.

Écureuil à trois couleurs, *Callosciurus prevostii*
DISTRIBUTION : Asie du Sud-Est
HABITAT : forêts
TAILLE : corps, 20 à 28 cm ; queue, 15 à 25 cm

Écureuil géant oriental, *Ratufa bicolor*
DISTRIBUTION : du Myanmar à l'Indonésie
HABITAT : forêts denses
TAILLE : corps, 30 à 45 cm ; queue, 30 à 50 cm

Au nombre de 4 espèces, les écureuils géants sont, comme leur nom l'indique, de grands écureuils pouvant peser jusqu'à 3 kg. Cet écureuil, extrêmement agile en dépit de sa taille, peut sauter dans les arbres jusqu'à 6 m de distance et plus, sa queue lui servant alors de gouvernail. Il se nourrit de fruits mous ou à coque, d'écorces et de divers petits invertébrés. Il fait son nid dans un trou d'arbre et s'y abrite seul ou par couple.

À la saison de reproduction, un énorme nid est construit, dans lequel la femelle met bas 1 jeune, parfois 2, après une gestation d'environ 4 semaines.

Avec son pelage tricolore, cet écureuil est l'un des plus caractéristiques de la famille. Il passe ses journées à chercher des graines, des fruits à coque, des bourgeons, des pousses, à l'occasion des œufs d'oiseaux et des insectes. Il vit seul ou en couple. À la veille de la mise bas, la femelle abandonne le nid habituel édifié dans un arbre creux et en construit un autre avec des ramilles et des feuilles, qu'elle installe très haut dans un arbre. Là, à l'abri des prédateurs terrestres, elle donne naissance à 3 ou 4 petits. On ignore le nombre exact des portées annuelles, mais il est possible qu'il y en ait jusqu'à 4 dans certaines parties de l'aire de répartition.

ÉCUREUILS SUITE

Écureuil fouisseur d'Afrique, *Xerus erythropus*
Distribution : Afrique (du Maroc au Kenya)
Habitat : forêts, brousse, savane
Taille : corps, 22 à 30 cm ; queue, 18 à 27 cm

Le genre *Xerus* regroupe des écureuils fouisseurs à pelage rêche et lisse, pratiquement dépourvus de poils de bourre. L'écureuil fouisseur d'Afrique vit dans des terriers complexes qu'il creuse au moyen de ses membres antérieurs. Peu farouche envers les humains, il vaque durant la journée, en quête de graines, de baies et de pousses. Il est sociable et accueille tout un chacun d'un court «baiser» accompagné d'un flamboyant battement de queue.

L'accouplement a lieu en mars ou en avril ; environ 4 semaines après, une portée de 3 ou 4 jeunes est mise bas. Les petits ont une croissance rapide.

Dans certaines régions d'Afrique, la morsure de cet écureuil est réputée venimeuse – une croyance erronée due au fait que ses glandes salivaires véhiculent des streptocoques pouvant provoquer des septicémies.

Spermophile à treize bandes, *Spermophilus tridecemlineatus*
Distribution : centre-sud du Canada, centre des États-Unis
Habitat : zones arides à graminées
Taille : corps, 17 à 29 cm ; queue, 6 à 14 cm

Ce petit rongeur a un pelage joliment marqué de taches et de raies. Il est souvent visible en grand nombre, bien qu'il soit moins social que le chien de prairie.

Comme tous les spermophiles, celui-ci est doté d'une excellente vue. Il s'assoit fréquemment sur son derrière pour surveiller les alentours et repérer faucons, lynx ou renards. En cas de danger, il disparaît dans son terrier. Si certains individus vivent parmi les rochers, la plupart construisent des terriers : les grands spécimens sont capables de creuser des galeries de plus de 60 m de long, pourvues de chambres adjacentes ; les jeunes se contentent de terriers moins profonds, aux dimensions plus restreintes. Graines, fruits mous ou à coque, racines et bulbes composent l'essentiel de l'alimentation de ce spermophile, qui consomme parfois insectes, œufs d'oiseaux et même souris. À la veille de l'hiver, l'animal engraisse, puis entre en hibernation : sa température s'abaisse jusqu'à quelque 2 °C et son rythme cardiaque chute de 200 à 500 pulsations par minute à 5.

Le spermophile à treize bandes s'accouple juste au sortir de l'hibernation ; après une gestation qui dure environ 4 semaines, la femelle met bas jusqu'à 13 petits, aveugles et totalement dépendants, qui sont indépendants vers 6 semaines.

Chien de prairie, *Cynomys ludovicianus*
Distribution : centre des États-Unis
Habitat : zones herbeuses (prairies)
Taille : corps, 28 à 32 cm ; queue, 8,5 à 9,5 cm

Ce gros écureuil doit son nom commun à son allure massive de terrier et à son cri d'alarme qui rappelle un aboiement. Les

chiens de prairie vivent en communautés, souvent fortes de plusieurs milliers d'individus. Ils creusent de profonds terriers dont ils émergent durant la journée pour se nourrir d'herbe et autres végétaux, causant souvent de sérieux dommages aux pâturages. Ils interrompent fréquemment leur activité alimentaire pour communiquer entre eux, disposant pour ce faire d'un vocabulaire relativement élaboré.

Les femelles mettent bas jusqu'à 10 petits par portée, en mars, avril ou mai, après 4 semaines de gestation. Sevrés à l'âge de 7 semaines, les jeunes se dispersent alors en bordure du terrier. Les ennemis naturels de l'espèce sont les aigles, les renards et les coyotes.

Tamia strié, *Tamias striatus*
Distribution : sud-est du Canada, est des États-Unis
Habitat : forêts
Taille : corps, 13,5 à 19 cm ; queue, 7,5 à 11,5 cm

Les tamias sont parmi les mammifères les mieux connus des Nord-Américains, à cause de leur absence totale de crainte et de leur curiosité, qui les fait s'aventurer fréquemment dans les campings et les aires de pique-nique. Les tamias creusent des terriers sous les tas de bois et les rochers ; ils émergent en début de matinée, en quête de glands, de noyaux de cerises, de noix, de baies et de graines. Il arrive qu'ils endommagent les cultures du fait de leur nombre. À l'automne, ils emmagasinent des réserves nutritives en prévision de l'hiver ; ils n'hibernent pas à proprement parler, mais ils se plongent dans une sorte de léthargie.

Les jeunes – jusqu'à 8 – sont mis bas au printemps. Sevrés à 5 semaines, ils restent quelques mois avec leur mère. L'espèce vit quelque 5 ans.

Monax ou Marmotte du Canada, *Marmota monax*

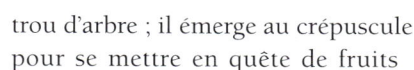

Distribution : Alaska, Canada, vers le sud jusqu'à l'est des États-Unis
Habitat : forêts
Taille : corps, 45 à 61 cm ; queue, 18 à 25 cm

C'est un rongeur d'aspect assez lourd, plutôt agressif. Il se nourrit en groupe, de racines, bulbes, tubercules et graines ; quand la sécurité du groupe est menacée par l'approche d'un ennemi – coyote ou puma –, une marmotte postée en sentinelle donne immédiatement l'alerte.

Les jeunes – au nombre de 4 ou 5 par portée – naissent en fin de printemps et se développent très rapidement. À l'automne, ils ont déjà atteint leur taille adulte et sont alors chassés par le mâle du nid parental. La longévité de l'espèce peut atteindre quelque 15 ans.

Taguan ou Pétauriste, *Petaurista petaurista*

Distribution : Asie (du Cachemire au sud de la Chine, Sri Lanka, Bornéo, Java)
Habitat : forêts denses
Taille : corps, 40 à 58 cm ; queue, 43 à 63 cm

Cet écureuil volant est caractérisé par de larges surfaces membraneuses joignant les chevilles aux poignets et que l'animal peut étaler latéralement pour passer d'arbre en arbre en planant : il peut franchir jusqu'à 450 m de cette manière. Durant la journée, le taguan se repose dans un trou d'arbre ; il émerge au crépuscule pour se mettre en quête de fruits mous ou à coque, de ramilles tendres, de jeunes feuilles et de bourgeons floraux. Il vit seul, en couple ou encore en groupe familial.

On connaît mal la reproduction de ces écureuils, sinon qu'ils ont 2 ou 3 portées annuelles, de 1 ou 2 jeunes chacune. Du fait qu'on n'aperçoit pas les petits sur le dos de la mère, on en a déduit qu'ils doivent être déposés à l'abri tandis qu'elle se nourrit. Ces animaux sont chassés par les populations locales pour leur chair.

Écureuil volant du Nord, *Glaucomys sabrinus*

Distribution : Alaska, Canada, nord et ouest des États-Unis, Appalaches
Habitat : forêts
Taille : corps, 23,5 à 27 cm ; queue, 11 à 18 cm

En étendant latéralement ses quatre membres, cet écureuil volant étale les membranes, ou patagia, qui joignent ses chevilles à ses poignets et peut ainsi planer d'un arbre à l'autre ; il atteint, ce faisant, des vitesses de l'ordre de 110 m/mn. En temps ordinaire, l'écureuil volant du Nord vaque au sommet des arbres, à la recherche de fruits mous ou à coque, d'écorce, de lichens, de champignons et de baies ; il ne s'élance en l'air que pour échapper à un hibou ou quelque autre prédateur. À l'automne, il fait provision de baies et de noix dans les arbres creux, car il n'hiberne pas.

Les jeunes – au nombre de 2 à 6 par portée – sont mis bas dès le mois d'avril, dans un nid installé dans un trou d'arbre. Ils sont allaités pendant 10 semaines – ce qui peut paraître long pour un petit rongeur, mais s'explique peut-être par le fait que les petits doivent avoir atteint un stade de développement avancé pour pouvoir planer.

Aujourd'hui, cet écureuil est menacé dans les régions les plus méridionales de sa distribution.

GAUFRES À POCHES ET SOURIS-KANGOUROUS

Famille des Geomyidae : Gaufres à poches

On compte quelque 32 espèces de gaufres à poches, qui sont largement distribuées en Amérique du Nord, de la latitude 54°N jusqu'au Panama et de l'Atlantique au Pacifique. Elles mènent une existence essentiellement souterraine, utilisant leurs incisives en forme de ciseau et leurs pattes fouisseuses pour creuser de complexes réseaux de galeries. On les rencontre là où le sol meuble est couvert d'une riche végétation ; elles se nourrissent surtout de racines et tubercules.

Les activités de fouissage de ces animaux s'effectuent au

détriment des herbages ; aussi de grands efforts sont-ils tentés pour exterminer les gaufres, qui sont extrêmement prolifiques.

Gaufre à poches des plaines, *Geomys bursarius*
Distribution : centre des États-Unis (de la frontière canadienne au Mexique)
Habitat : sols sableux, faiblement boisés
Taille : corps, 18 à 24 cm ; queue, 10 à 12,5 cm

Ces animaux doivent leur nom aux profondes poches jugales doublées de poils qu'ils remplissent de tubercules et de pousses pour les transporter jusqu'à leur nid. Ils vivent en solitaires, le mâle ne quittant son terrier qu'à la saison des amours, pour se mettre en quête d'une femelle ; il le rejoint ensuite. Une portée de 2 ou 3 jeunes est mise bas après une gestation de 18 ou 19 jours. Les petits sont allaités 10 jours, mais restent dans le terrier environ 2 mois. La maturité sexuelle est atteinte à 3 mois.

Si elles sont considérées comme une calamité par les éleveurs, les gaufres présentent l'intérêt d'aérer le sol par leurs travaux de fouissage ; à long terme, elles augmentent la productivité des pâturages.

Gaufre à poches du Nord, *Thomomys talpoides*
Distribution : du sud-ouest du Canada au Colorado (États-Unis)
Habitat : zones herbeuses et forêts claires, jusqu'à 4 000 m
Taille : corps, 25 à 30 cm ; queue, 6 à 9,5 cm

Cette espèce, qui habite souvent des régions où les hivers sont rudes, n'hiberne pas pour autant. Elle fait provision de racines et de bulbes dans des greniers souterrains et vit pendant l'hiver sur ces réserves. L'accouplement a lieu en début de printemps ; 1 portée atteignant 10 jeunes est mise bas après une gestation de 18 jours. Les femelles peuvent s'accoupler à nouveau presque immédiatement après.

Famille des Heteromyidae : Souris-kangourous

Au nombre de 60 espèces environ, les hétéromyidés présentent des variations considérables dans l'aspect extérieur. Certains ressemblent à des souris et vivent dans les forêts, d'autres possèdent de longs membres postérieurs et progressent par bonds, à la manière des kangourous ; ces derniers habitent les déserts et les plaines arides. Les hétéromyidés se nourrissent de graines, d'insectes et autres invertébrés ; ils transportent leur nourriture dans de profondes poches jugales doublées de poils. Ils sont très prolifiques, certaines espèces produisant 3 ou 4 portées par an. La famille des hétéromyidés est représentée sur tout le continent américain.

Souris soyeuse à poches, *Perognathus flavus*
Distribution : États-Unis (Wyoming, vers le sud jusqu'au Texas), Mexique
Habitat : plaines arides de basse altitude
Taille : corps, 6 à 9 cm ; queue, 5 à 10 cm

La souris soyeuse à poches possède un pelage souple et dense. Bien que nocturne, elle émerge de son terrier alors que le sable est encore très chaud, mais elle ne se brûle pas, grâce aux coussinets de poils qui recouvrent la plante des pattes. L'animal se déplace sur quatre ou deux pattes seulement (les postérieures).

Il y a deux saisons de reproduction (avril à juin et août à septembre). Les portées comptent d'ordinaire 4 jeunes qui naissent au fond d'un terrier profond ; ils sont actifs à 3 semaines.

Souris à poches de Californie, *Chaetodipus californicus*
Distribution : États-Unis (Californie), vers le sud jusqu'au Mexique (Basse-Californie)
Habitat : plaines sablonneuses arides
Taille : corps, 8 à 12,5 cm ; queue, 10 à 14,5 cm

Cet animal creuse dans le sable des réseaux de galeries souterraines très étendus. L'entrée en est généralement cachée à l'ombre d'un buisson ou d'un arbuste. La souris à poches de Californie se nourrit essentiellement de graines qu'elle transporte dans ses poches jugales. À l'occasion, elle mange aussi des plantes ; elle n'a que rarement besoin de s'abreuver.

La saison de reproduction s'étend d'avril à septembre, avec un déclin notable pendant les mois les plus chauds. Chaque portée compte jusqu'à 7 jeunes, qui sont mis bas après une gestation de 25 jours.

Souris-kangourou pâle, *Microdipodops pallidus*
Distribution : États-Unis (centre-ouest du Nevada)
Habitat : dunes de sable battues par les vents
Taille : corps, 6,5 à 8 cm ; queue, 6,5 à 10 cm

Dans son habitat, où la nourriture est rare, cet animal franchit de grandes distances, grâce à ses puissants membres postérieurs terminés par de grands pieds plats, frangés de poils raides. Il progresse par bonds, comme les kangourous, sa queue lui servant de balancier.

Du fait de leur longévité élevée, les souris-kangourous n'ont pas besoin d'être aussi prolifiques que les autres représentants de la famille. Elles ne se reproduisent même pas du tout pendant les étés chauds et secs.

Rat-kangourou du désert, *Dipodomys deserti*
Distribution : États-Unis (Nevada), vers le sud jusqu'au Mexique
Habitat : zones buissonnantes et herbeuses arides
Taille : corps, 10 à 20 cm ; queue, 18 à 21,5 cm

Ces animaux creusent leurs terriers dans le sol meuble et bien drainé. Ils sont nocturnes et se déplacent beaucoup pour trouver leur nourriture. Leurs reins, qui sont quatre fois plus efficaces que ceux de l'homme, leur permettent de se passer totalement de boire.

La reproduction n'est pas saisonnière. Des portées atteignant 5 jeunes sont mises bas après 30 jours de gestation.

Souris épineuse à poches, *Liomys irroratus*
Distribution : États-Unis (extrême sud-ouest du Texas), Mexique
Habitat : zones boisées arides
Taille : corps, 10 à 13,5 cm ; queue, 9,5 à 17 cm

Les poils raides et cannelés du pelage des souris épineuses forment une sorte de bouclier qui contribue fortement à décourager certains prédateurs.

La souris épineuse mange des plantes succulentes, mais aussi des graines et des racines qu'elle transporte dans ses poches jugales jusqu'à son terrier.

Sa reproduction n'est pas saisonnière. Les portées sont généralement d'environ 4 jeunes.

Souris épineuse à poches, *Heteromys anomalus*
Distribution : Colombie, Venezuela, Trinité
Habitat : forêts tropicales humides
Taille : corps, 12,5 à 16 cm ; queue, 13 à 20 cm

Nocturne, ce petit rongeur extrêmement farouche transporte graines, bourgeons, fruits, feuilles et pousses dans son terrier pour les y manger sans être inquiété.

Les portées, d'environ 4 jeunes, sont surtout mises bas au printemps et en début d'été, mais elles peuvent aussi naître à d'autres périodes de l'année.

CASTOR DE MONTAGNE, CASTORS, LIÈVRE SAUTEUR, ET ANOMALURES

Famille des Aplodontidae : Castor de montagne

L'unique représentant de cette famille de rongeurs est doté d'un nom commun particulièrement impropre, du fait que cet animal à la silhouette lourde n'est pas un castor et ne vit pas en altitude. Sa lignée évolutive est mal connue ; toutefois, l'étude de fossiles laisse à penser qu'il appartient à une famille très ancienne.

Castor de montagne, *Aplodontia rufa*

Distribution : nord-ouest des États-Unis
Habitat : forêts humides
Taille : corps, 30 à 43 cm ; queue, 2,5 cm

Le castor de montagne est un animal solitaire qui, au stade adulte, creuse des réseaux complexes de galeries et de chambres souterraines. Piètre grimpeur, il escalade rarement les arbres, ce qui ne l'empêche pas de se nourrir, entre autres matières végétales, d'écorce et de ramilles. Il accumule des provisions en vue des mois d'hiver.

Au printemps, la femelle met bas 2 ou 3 jeunes dans un nid tapissé de végétation sèche.

Famille des Castoridae : Castors

Au nombre de 2 espèces, les castors mènent une existence semi-aquatique et sont d'excellents nageurs. Leurs pattes postérieures sont palmées, leur queue est large, plate et nue. Ils possèdent des glandes anales, généralement plus développées chez le mâle, qui sécrètent une substance à odeur musquée servant probablement à délimiter leur territoire.

Les castors se rencontrent toujours près des cours d'eau densément bordés de saules, aunes et peupliers, dont ils mangent écorce, feuilles, rameaux et racines. Leurs énormes incisives leur servent à abattre les arbres pour construire leurs « villages » et leurs digues. Faits de branches enchevêtrées renforcées par un colmatage de boue, ces barrages ont pour fonction de créer une pièce d'eau dont le fond ne gèle pas en hiver, de manière à y accumuler des réserves. Construit sur la berge ou sur une île, le village est constitué de huttes dont l'entrée est immergée. Dans le cas où tous les arbres proches ont déjà été abattus, les castors creusent des canaux dans les bois et transportent les arbres plus éloignés par flottage. L'activité de ces animaux est essentiellement nocturne.

Castor du Canada, *Castor canadensis*

Distribution : Amérique du Nord (de l'Alaska au Texas)
Habitat : cours d'eau et lacs à berges boisées
Taille : corps, 73 cm à 1,30 m ; queue, 21 à 30 cm

C'est l'un des plus grands rongeurs : il peut peser plus de 27 kg. Le castor du Canada est parfaitement bien adapté à la vie aqua-

tique : sa fourrure épaisse est imperméable et l'isole totalement du froid ; ses narines et ses oreilles peuvent être obturées par l'intermédiaire de muscles spécialisés lorsqu'il est en plongée ; il peut rester jusqu'à 15 minutes en immersion.

Une colonie de castors se compose de familles regroupées constituées par un couple, leurs jeunes de l'année et ceux de l'année précédente. À 2 ans, les jeunes sont incités à former leur propre famille. L'automne est pour les castors une période d'activité intense : ils réparent digues et huttes, constituent les stocks de nourriture. Ils s'accouplent au milieu de l'hiver, et les jeunes – de 2 à 4 par portée – naissent au printemps ; ils sont bien développés et capables à l'âge de 1 mois de nager et de se nourrir seuls.

Castor, *Castor fiber* **LR : nt**

Distribution : certaines régions d'Europe, de Russie et de Chine
Habitat : cours d'eau et lacs à berges boisées
Taille : corps, 73 cm à 1,30 m ; queue, 21 à 30 cm

C'est le plus grand rongeur européen. Il a les mêmes mœurs et à peu près la même allure que son équivalent américain, et certains considèrent qu'il s'agit d'une seule espèce. Il construit des barrages, mais, là où les conditions sont favorables, il creuse dans la berge un terrier à entrée immergée. Il se nourrit d'écorces et de ramilles en hiver, de tous types de végétation en été.

Les femelles de castors seraient mono-andres, mais les mâles s'accoupleraient à l'occasion avec des femelles autres que leur partenaire habituelle. Une portée de 8 jeunes, généralement de 2 à 4, est mise bas au printemps.

FAMILLE DES PEDETIDAE : LIÈVRE SAUTEUR

Cette famille africaine est représentée par une seule espèce. Le lièvre sauteur a des membres antérieurs courts, mais des pattes postérieures relativement longues et puissantes : il peut effectuer des bonds de plus de 3 m de long. Sa longue queue touffue lui sert de balancier pour se déplacer à grande vitesse.

Lièvre sauteur, *Pedetes capensis* **VU**

Distribution : du Kenya à l'Afrique du Sud
Habitat : zones dégagées sèches
Taille : corps, 35 à 43 cm ; queue, 37 à 47 cm

Le lièvre sauteur bondit comme un kangourou lorsqu'il est effrayé ou se déplace sur de longues distances, mais adopte une allure quadrupède lorsqu'il se nourrit. Nocturne, il passe ses journées dans un terrier, dont il émerge à la nuit, en quête de bulbes, racines, graines, accessoirement d'insectes. Dans une même zone, certains terriers sont individuels, d'autres familiaux. Il y aurait une seule portée par an, de 1 jeune, parfois 2, mis bas dans un terrier.

FAMILLE DES ANOMALURIDAE : ANOMALURES

Au nombre de 7 espèces, les anomalures sont des rongeurs arboricoles de l'ouest et du centre de l'Afrique. À l'exception d'une espèce, inapte au vol glissé, tous sont dotés de vastes membranes, ou patagia, qui étendues latéralement jouent le rôle de parachute et permettent à l'animal de passer d'arbre en arbre en planant. Les écailles sous-caudales sont utilisées comme crampons lorsque l'animal se tient sur un tronc.

Anomalure de Beecroft, *Anomalurus beecrofti*

Distribution : ouest et centre de l'Afrique
Habitat : forêts
Taille : corps, 30 à 40,5 cm ; queue, 23 à 43 cm

L'anomalure de Beecroft descend rarement sur le sol et passe d'arbre en arbre en planant : il peut ainsi franchir jusqu'à 90 m de distance pour se rattraper sur un tronc à l'arrivée. Il se nourrit essentiellement de baies, de graines et de fruits, accessoirement de feuilles. Son activité est principalement nocturne.

Il vit seul ou en couple et installe généralement sa tanière dans un trou d'arbre. Deux portées, comportant 2 ou 3 jeunes chacune, sont mises bas chaque année.

Anomalure nain de Zenker, *Idiurus zenkeri* **LR : nt**

Distribution : Cameroun, Congo
Habitat : forêts
Taille : corps, 6 à 10 cm ; queue, 7,5 à 13 cm

Ce petit anomalure a une queue particulièrement longue, garnie de longs poils hérissés qui lui confèrent une apparence plumeuse. Comme ses cousins, il est principalement nocturne et se nourrit de baies, de graines et de fruits. Grégaire, il vit dans les trous d'arbres en groupe atteignant 12 individus.

RATS ET SOURIS DU NOUVEAU MONDE

SOUS-FAMILLE DES SIGMODONTINAE : RATS ET SOURIS DU NOUVEAU MONDE

C'est l'une des 7 sous-familles de muridés, une très vaste famille de rongeurs rassemblant rats, souris, campagnols, gerbilles, hamsters et autres. Avec quelque 400 espèces, les sigmodontinés sont représentés dans tous les habitats. Dans leurs milieux respectifs, ces petits rongeurs jouent un rôle primordial en tant que consommateurs et occupent une position prépondérante dans la chaîne alimentaire.

Rat des rizières, *Oryzomys peninsulae*
DISTRIBUTION : Mexique (extrémité sud de la Basse-Californie)
HABITAT : zones humides à couverture végétale dense
TAILLE : corps, 22,5 à 33 cm ; queue, 11 à 18 cm

Il existe une cinquantaine de rats des rizières, tous d'aspect similaire à *Oryzomys peninsulae* et menant le même type d'existence. Ils se nourrissent principalement de verdure, telle que roseaux et laîches, mangent aussi poissons et invertébrés. Ils tissent des nids d'herbe sur des plates-formes de roseaux, au-dessus de l'eau ou, dans les régions plus sèches, creusent des terriers. Ils peuvent causer de sérieux dommages dans les rizières. Les rats des rizières se reproduisent toute l'année ; il y a jusqu'à 7 jeunes par portée.

Rat épineux des rizières, *Neacomys guianae*
DISTRIBUTION : Colombie, vers l'est jusqu'aux Guyanes
HABITAT : forêts denses humides
TAILLE : corps, 7 à 10 cm ; queue, 7 à 10 cm

Comme l'indique son nom, le rat épineux des rizières se distingue par son pelage épineux, épais sur le dos, mais clairsemé sur les flancs. On connaît mal les mœurs et la biologie de ce petit rongeur qui vit sur le sol des forêts les plus impénétrables ; il se reproduirait toute l'année et il y aurait 2 à 4 jeunes par portée.

Rhipidomys venezuelae
DISTRIBUTION : ouest du Venezuela
HABITAT : forêts denses
TAILLE : corps, 8 à 15 cm ; queue, 18 à 25 cm

Cette souris secrète et nocturne vit au cœur de la forêt dense. Elle fait son nid dans un terrier installé entre les racines des arbres, mais passe le plus clair de son temps à la cime des arbres, s'y nourrissant de lichens, de petits invertébrés et de plantes comme les broméliacées. Ses membres bien développés, équipés de fortes griffes, en font une agile grimpeuse ; sa longue queue lui sert de balancier lorsqu'elle saute d'une branche à l'autre. Elle se reproduit tout au long de l'année (2 à 5 jeunes par portée).

Souris occidentale des moissons, *Reithrodontomys megalotis*
DISTRIBUTION : États-Unis (Oregon), vers le sud jusqu'au Panama
HABITAT : zones herbeuses
TAILLE : corps, 5 à 14 cm ; queue, 6 à 9 cm

Les souris des moissons tendent à préférer les pâtures où l'herbe est haute. En été, elles construisent des nids sphériques, atteignant 17 cm de diamètre, fixés aux tiges. Des portées de 4 jeunes environ sont mises bas dans ces nids, après quelque 23 jours de gestation.

Souris du crépuscule, *Peromyscus maniculatus*
DISTRIBUTION : du Canada au Mexique
HABITAT : forêts, terrains herbeux, broussailles
TAILLE : corps, 12 à 22 cm ; queue, 8 à 18 cm

Cette souris agile circule avec aisance parmi les fourrés les plus impénétrables. Les souris du crépuscule construisent des nids souterrains de végétation sèche et peuvent déménager plusieurs fois par an. Elles ont une alimentation constituée à parts égales de matières animales et végétales. Les jeunes commencent à se reproduire dès l'âge de 7 semaines ; des portées atteignant 9 petits sont mises bas après une gestation de 3 à 4 semaines.

Souris dorée, *Ochrotomys nuttalli*
Distribution : sud-est des États-Unis
Habitat : broussailles, buissons et fourrés
Taille : corps, 8 à 9,5 cm ; queue, 7 à 9,5 cm

Cette petite souris passe le plus clair de son temps dans les plantes grimpantes (chèvrefeuille). Elle y tisse des nids individuels ou familiaux. Elle construit également des plates-formes sur lesquelles elle s'installe pour manger graines et fruits à coque. Elle se reproduit du printemps au début de l'automne. Des portées de 2 ou 3 jeunes sont mises bas après environ 4 semaines de gestation.

Onychomys du Nord, *Onychomys leucogaster*
Distribution : du sud du Canada au nord du Mexique
Habitat : zones broussailleuses semi-arides et déserts
Taille : corps, 9 à 13 cm ; queue, 3 à 6 cm

Ce petit rongeur est essentiellement carnivore : il mange surtout des criquets et des scorpions, mais il peut parfois faire preuve de cannibalisme. Il niche dans un terrier, qui a été abandonné ou qu'il creuse lui-même. Il se reproduit au printemps et en été ; des portées de 2 à 6 jeunes chacune sont mises bas après 33 jours de gestation.

Akodon reinhardti
Distribution : Brésil
Habitat : zones boisées et terres cultivées
Taille : corps, 11,5 à 14,5 cm ; queue, 4,5 à 6,5 cm

Il existe quelque 43 espèces de rongeurs de ce type. Ce sont des souris actives de jour comme de nuit, plus nettement nocturnes pour la plupart et menant une activité terrestre. Elles se nourrissent de matière végétale. Il y a généralement 2 portées par an, atteignant 7 jeunes chacune et mises bas en novembre et mars. Dans le terrier, des chambres sont réservées aux femelles en gestation et pourvues de progéniture.

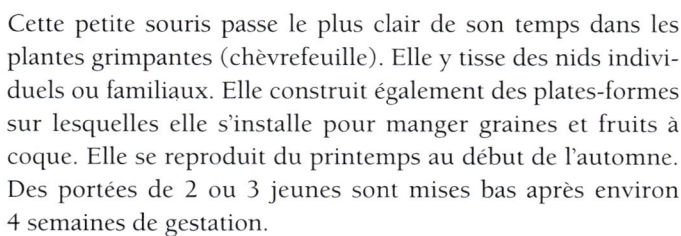

Rat du coton de l'Arizona, *Sigmodon arizonae* EN
Distribution : États-Unis (Arizona, sud-est de la Californie), vers le sud jusqu'au Mexique
Habitat : zones herbeuses sèches
Taille : corps, 12,5 à 20 cm ; queue, 7,5 à 12,5 cm

Les rats du coton sont parfois une calamité du fait de leur nombre. Ils se nourrissent de plantes et de petits insectes, mais quand leurs effectifs sont très nombreux ils se rabattent sur les œufs et poussins de cailles, les écrevisses et les crabes violonistes. Ils mettent bas leur première portée (jusqu'à 12 petits) dès l'âge de 10 semaines. La destruction de son habitat menace la survie de cette espèce.

Neotoma albigula
Distribution : États-unis (de la Californie au Texas), vers le sud jusqu'au Mexique
Habitat : broussailles, zones légèrement boisées
Taille : corps, 28 à 40 cm ; queue, 7,5 à 18,5 cm

Au nombre d'une centaine d'espèces, les rats de ce type construisent de vastes nids faits de tous les matériaux disponibles : ramilles, morceaux de cactus, etc. Le nid, qui peut mesurer jusqu'à 2 m de diamètre, est généralement installé dans un tas de rochers ou à la base d'un arbre. *Neotoma albigula* se nourrit de pousses, fruits et autres végétaux. Les portées comptent de 1 à 4 jeunes.

Ichthyomys stolzmanni
Distribution : est de l'Équateur, Pérou
Habitat : près des cours d'eau et des lacs
Taille : corps, 14,5 à 21 cm ; queue, 14,5 à 19 cm

Ce rongeur a une morphologie bien adaptée à son régime alimentaire piscivore. Ses pattes partiellement palmées en font un bon nageur. Ses incisives supérieures en forme de pointe lui servent à empaler le poisson. Ces rats se reproduisent dans un terrier creusé dans la berge ; ils mettent bas 1 ou 2 portées par an.

HAMSTERS ET RATS-TAUPES

Sous-famille des Cricetinae : Hamsters

Les hamsters sont de petits rongeurs fouisseurs que l'on rencontre dans l'Ancien Monde, de l'Europe au Moyen-Orient et à l'Asie centrale. On en connaît 18 espèces, qui se caractérisent par leurs formes épaisses et leur queue courte. Les hamsters possèdent de profondes poches jugales dans lesquelles ils rapportent la nourriture jusqu'à leur terrier ; pleines, ces poches peuvent dépasser le niveau de l'épaule.

Hamster commun, *Cricetus cricetus*
Distribution : de l'ouest de l'Europe jusqu'au centre de la Russie
Habitat : prairie et terres cultivées
Taille : corps, 22 à 30 cm ; queue, 3 à 6 cm

Le hamster commun habite un réseau de galeries souterraines comportant nid, « toilettes » et grenier. Il se nourrit de graines, céréales, racines, pommes de terre, verdure et larves d'insectes. En fin d'été, il accumule des réserves pour l'hiver, en particulier du grain et des pommes de terre (jusqu'à 90 kg). Il hiberne d'octobre à mars ou avril, mais sa léthargie est entrecoupée de phases actives pendant lesquelles il se nourrit, urine et défèque.

Les femelles ont généralement 2 portées par été, de 6 à 12 petits. La maturité sexuelle est atteinte à l'âge de 2 mois.

Hamster doré, *Mesocricetus auratus* **EN**
Distribution : nord-ouest de la Syrie
Habitat : steppe
Taille : corps, 17 à 18 cm ; queue, 1,25 cm

Les hamsters dorés sont des créatures principalement nocturnes, mais qui peuvent avoir une activité diurne intermittente. Les adultes vivent solitaires dans un terrier complexe creusé par leurs soins. Omnivores, les hamsters dorés se nourrissent de végétation, de graines, de fruits, voire de petits animaux. Pleines, leurs poches jugales doublent la largeur habituelle de la tête et des épaules.

Les hamsters dorés sont extrêmement agressifs et solitaires ; aussi les femelles en œstrus doivent-elles se manifester ouvertement pour trouver un compagnon : elles déposent alors sur les rochers et les tiges de leur territoire des sécrétions vaginales spécifiques ; elles cessent de le faire dès que la phase de chaleurs est terminée. Il peut y avoir plusieurs portées par an, constituées de 6 ou 7 jeunes chacune en moyenne.

Le hamster doré s'est répandu depuis quelques décennies comme animal d'agrément.

Hamster nain de Dzoungarie, *Phodopus sungorus*
Distribution : Kazakhstan, Mongolie, nord de la Chine
Habitat : plaines arides, dunes de sable
Taille : corps, 5 à 10 cm ; queue absente

Ce hamster petit mais robuste est actif durant la nuit, à l'aube et au crépuscule. On sait peu de chose de cet animal, mais il semble que ses mœurs soient tout à fait similaires à celles des autres hamsters. Il se nourrit de graines et de matière végétale, emplissant ses poches jugales pour rapporter la nourriture jusqu'à son terrier.

Plus sociable que le hamster doré, celui-ci peut constituer des colonies assez nombreuses. Il est adapté au froid, au point de ne pouvoir se reproduire à la température des appartements. Les portées comptent chacune de 2 à 6 jeunes qui sont sevrés à l'âge de 21 jours. Les femelles s'accouplent sitôt après avoir mis bas, de sorte que les portées peuvent se succéder à 3 semaines d'intervalle.

Sous-famille des Spalacinae : Spalax

Cette petite sous-famille de rongeurs fouisseurs hautement spécialisés compte probablement 8 espèces qui habitent la partie orientale du bassin méditerranéen, le Moyen-Orient, l'Ukraine et le nord de l'Afrique. Ces rats-taupes à corps lourd et membres courts n'ont ni queue ni oreilles externes visibles, et leurs yeux sont profondément enfouis sous la peau. Les spalax passent la presque totalité de leur vie sous terre.

Spalax de Hongrie, *Spalax leucodon* VU
Distribution : sud-est de l'Europe, Ukraine, Turquie
Habitat : prairies et terres cultivées
Taille : corps, 15 à 30,5 cm ; queue absente

Le spalax de Hongrie habite un terrier complexe constitué de chambres et de galeries qu'il creuse de la tête et des dents, sans utiliser beaucoup ses pattes. Il se nourrit de racines, de bulbes et de tubercules, ne s'aventurant au-dessus du sol que nuitamment et très occasionnellement, pour manger de l'herbe, des graines et parfois même des insectes.

Une portée de 2 à 4 jeunes est mise bas en début de printemps, après une gestation d'environ 4 semaines.

SOUS-FAMILLE DES MYOSPALACINAE : ZOKORS

Cette sous-famille compte 4 espèces de rats-taupes de Russie et de Chine. Ces animaux à corps épais ont des membres terminés par de fortes griffes adaptées au fouissage. Ils n'ont pas d'oreilles externes, mais leurs petits yeux sont apparents et ils montrent une petite queue effilée.

Zokor de Chine, *Myospalax fontanierii* VU
Distribution : Chine (de la province du Sichuan à celle d'Hebei)
Habitat : prairies, steppe
Taille : corps, 15 à 27 cm ; queue, 3 à 7 cm

Le zokor de Chine vit dans de longs terriers, qu'il creuse à une vitesse étonnante parmi les racines des arbres et des buissons. Ces terriers sont décelables aux « taupinières » qui parsèment la surface. Céréales, racines et autres parties souterraines des plantes constituent l'essentiel de l'alimentation du zokor, qui ne s'aventure au-dehors qu'à la nuit tombée. Il court alors le risque d'être la proie d'un hibou.

SOUS-FAMILLE DES RHIZOMYINAE : RATS-TAUPES ET RATS DES BAMBOUS

Cette sous-famille rassemble 6 espèces formant 2 groupes très voisins : les rats-taupes d'Afrique orientale (2 espèces) et les rats des bambous du Sud-Est asiatique (4 espèces). Ce sont tous des rongeurs fouisseurs et végétariens.

Rat-taupe géant, *Tachyoryctes macrocephalus*
Distribution : Afrique (Éthiopie)
Habitat : prairies d'altitude
Taille : corps, 18 à 25,5 cm ; queue, 5 à 8 cm

Ce rongeur a un corps de taupe et de petits yeux fonctionnels. C'est un fouisseur expérimenté, équipé de membres courts et puissants terminés par des griffes. La terre accumulée est repoussée régulièrement vers la surface, de la tête et de l'une des pattes antérieures. Le rat-taupe géant a une activité diurne et nocturne ; il se nourrit de matière végétale sur et sous le sol.

Bien qu'il soit commun, on ignore curieusement tout de sa reproduction.

Rat des bambous de Sumatra, *Rhizomys sumatrensis*
Distribution : péninsule indochinoise, Malaisie, Sumatra, Thaïlande, Myanmar
Habitat : forêts de bambous
Taille : corps, 35 à 48 cm ; queue, 10 à 15 cm

C'est un animal à corps lourd, avec des membres courts et une petite queue presque nue. Il utilise ses incisives, grandes et fortes, ainsi que ses griffes pour creuser un terrier, qu'il installe à proximité des bouquets de bambous, dont les racines constituent la base de son alimentation. Il sort également de son terrier pour se nourrir de bambous, mais aussi d'autres plantes, de graines et de fruits.

Les portées comporteraient généralement 3 à 5 jeunes, et il pourrait y en avoir plus de 1 au cours de l'année.

RAT À CRINIÈRE, LOIRS ÉPINEUX ET APPARENTÉS

Sous-famille des Lophiomyinae : Rat à crinière

Cette famille n'est représentée que par une seule espèce, qui vit dans les forêts denses de montagne. En dépit de son nom, le rat à crinière est un animal à aspect de cobaye, long pelage souple et épaisse queue touffue. La femelle est généralement plus grande que le mâle.

Rat à crinière, *Lophiomys imhausi*
Distribution : est de l'Afrique
Habitat : forêts
Taille : corps, 25,5 à 36 cm ; queue, 14 à 18 cm

Grimpeur accompli, le rat à crinière quitte son terrier à la nuit tombée pour escalader les arbres, en quête de feuilles, pousses et bourgeons. Le cou, le dos et une partie de la queue présentent une crinière de poils raides que l'animal dresse lorsqu'il est excité ou effrayé. Érigée, cette crinière expose de longues glandes qui dégagent une odeur infecte destinée à décourager les prédateurs. Les poils qui tapissent ces glandes forment mèche et contribuent à la dispersion de l'odeur. Autre caractéristique étrange de cette espèce : sa boîte crânienne renforcée – un dispositif dont on ignore la fonction.

Sous-famille des Nesomyinae : Rats de Madagascar

C'est un groupe de 11 espèces de rongeurs, dont 10 sont confinées à Madagascar et 1 habite l'Afrique du Sud. Les espèces constituant ce groupe varié ont occupé diverses niches écologiques mais n'en offrent pas moins des caractères communs. Certains spécialistes en sont toutefois venus à penser que ces animaux n'étaient certainement pas tous issus de la même souche et que leurs similitudes résultaient plutôt d'une convergence évolutive.

Rat de Madagascar, *Nesomys rufus*
Distribution : Madagascar
Habitat : forêts
Taille : corps, 19 à 23 cm ; queue, 16 à 19 cm

Ce rongeur a un aspect de souris, avec de longs poils souples et un ventre coloré de clair. Les membres postérieurs sont longs et puissants, les 3 orteils centraux sont allongés. Il est probable qu'il s'agit d'un bon grimpeur qui utilise ses griffes pour agripper l'écorce.

Si les mœurs de cette espèce sont très mal connues, il est cependant probable qu'elle se nourrit de petits invertébrés, de bourgeons, de fruits et de graines. On ignore tout de son cycle de reproduction.

Mystomys albicaudatus
Distribution : Afrique du Sud
Habitat : zones herbeuses, plaines arides
Taille : corps, 14 à 18 cm ; queue, 5 à 8 cm

Seul membre de son groupe à n'être pas malgache, *Mystomys albicaudatus* est une créature nocturne qui passe ses journées dans son terrier et n'émerge qu'au crépuscule pour se nourrir de graines et autres matières végétales. Il semblerait que la forte odeur dégagée par ce rongeur décourage les mammifères prédateurs tels que mangoustes et suricates, mais pas les oiseaux de proie nocturnes : chouettes, hiboux et effraies.

M. albicaudatus semble se reproduire indépendamment de la saison et mettre bas des portées de 4 ou 5 jeunes. Les petits se fixent fermement aux mamelles de leur mère, qui les transporte partout où elle va ; ils ne s'en détachent que vers l'âge de 3 semaines.

Sous-famille des Platacanthomyinae : Loirs épineux

Cette sous-famille compte 2 espèces qui doivent leur nom commun aux épines aplaties, à extrémité pointue, qui entremêlent leur pelage, en particulier sur le dos.

Les loirs épineux sont bien adaptés au grimper, grâce à leurs pattes équipées de fortes griffes, à la plante garnie de coussinets et aux doigts très mobiles.

Loir épineux de l'Inde méridionale, *Platacanthomys lasiurus*

Distribution : sud de l'Inde
Habitat : forêts, rochers
Taille : corps, 13 à 21 cm ; queue, 7,5 à 10 cm

Cet animal arboricole se nourrit de graines, de céréales et de fruits. Sa longue queue à l'extrémité densément touffue lui tient lieu de balancier lorsqu'il se déplace dans les arbres. Un nid de feuilles et de mousses installé dans un trou d'arbre ou parmi les rochers lui sert d'abri. Du fait de son régime alimentaire, le loir épineux de l'Inde méridionale peut causer de nombreux dommages aux cultures, de poivriers en particulier.

Bien qu'assez commun, le loir épineux est plutôt discret, ce qui explique qu'on ignore tout de sa reproduction. La seconde espèce du groupe, *Typhlomys cinereus*, vit dans les forêts du sud-est de la Chine.

Sous-famille des Otomyinae : Rats du veld

Il existe environ 11 espèces d'otomyinés, tous habitants de l'Afrique, du sud du Sahara à la province du Cap. Ils occupent des milieux et des zones climatiques divers, des montagnes aux régions marécageuses en passant par les zones arides ; ce sont de bons nageurs. L'une des caractéristiques du groupe consiste en ce que ses représentants ne possèdent que 2 paires de glandes mammaires situées à la partie inférieure de l'abdomen.

Rat du veld, *Otomys irroratus*

Distribution : du Zimbabwe à l'Afrique du Sud
Habitat : zones herbeuses très humides, marais
Taille : corps, 13 à 20 cm ; queue, 5 à 17 cm

Ce rongeur dodu, à tête arrondie de campagnol et petites oreilles, est caractérisé par les cannelures latérales qui creusent ses incisives. Actif de jour comme de nuit, il se nourrit de graines, baies, pousses et herbe. Il pénètre volontiers dans l'eau et plonge même en cas de danger. Il fait son nid au-dessus du sol, à l'aide de matière végétale, mais dans certaines régions il peut emprunter un terrier abandonné.

Les jeunes femelles atteignent la maturité sexuelle à l'âge de 10 semaines, les mâles n'y parviennent que 3 semaines plus tard. Si les rats du veld endommagent rarement les cultures, leurs parasites véhiculent, en revanche, diverses maladies, dont peut-être la terrible peste bubonique. Les rats du veld constituent une importante ressource alimentaire pour les prédateurs plus grands qu'eux.

Paratomys brantsii

Distribution : ouest de l'Afrique du Sud
Habitat : plaines sableuses
Taille : corps, 13,5 à 17 cm ; queue, 7,5 à 12 cm

Cette espèce grégaire forme des colonies. *Paratomys brantsii* creuse des terriers collectifs qu'il recouvre parfois de nids d'herbe et de branchettes. Ces animaux nerveux et craintifs ne s'éloignent guère de leurs abris. Leur régime se compose essentiellement de feuilles. Ils se nourrissent durant la journée. Tous les 3 ou 4 ans, leurs effectifs connaissent un accroissement spectaculaire ; ils se rabattent alors sur les cultures, causant des dommages considérables.

On suppose que *P. brantsii* a 4 portées par an, qui comportent 2 à 4 jeunes chacune.

LEMMINGS ET CAMPAGNOLS

Sous-famille des Arvicolinae : Lemmings et Campagnols

Ce groupe qui compte environ 120 espèces de rongeurs est représenté à travers l'hémisphère Nord, en Amérique, en Europe et en Asie. Les lemmings sont des habitants de la toundra arctique et subarctique ; les campagnols vivent dans les régions tempérées. Les arvicolinés sont principalement herbivores et vivent en groupes ou en colonies. Nombre d'entre eux creusent des galeries peu profondes et utilisent régulièrement les mêmes pistes, d'autres sont partiellement aquatiques, d'autres encore escaladent les buissons bas.

Leurs populations sont soumises à des cycles de pullulation dont le déterminisme n'est pas clairement élucidé.

Lemming de Norvège, *Lemmus lemmus*

Distribution : Scandinavie
Habitat : toundra, zones herbeuses
Taille : corps, 13 à 15 cm ; queue, 2 cm

Ce lemming vivement coloré est actif de jour comme de nuit, faisant alterner périodes d'activité et de repos. Il se nourrit d'herbes, d'arbustes et surtout de mousses ; en hiver, il creuse la neige pour trouver sa nourriture. Il commence à se reproduire au printemps, sous la neige, et peut mettre bas jusqu'à 8 portées de 6 jeunes chacune au cours de l'été.

Les lemmings sont surtout connus par les explosions de population qu'ils connaissent tous les 3 ou 4 ans – pullulations périodiques dont le déterminisme n'a pas encore été élucidé. Il semble qu'une période printanière d'abondance succédant à 2 ou 3 années de disette déclenche la fécondité des sujets. Au fur et à mesure que leur nombre augmente, les lemmings sont repoussés vers les régions environnantes, les montagnes et les vallées. Nombre d'entre eux sont dévorés par les prédateurs, d'autres se noient en traversant cours d'eau et lacs, mais ils ne se suicident pas délibérément, comme on le croit fréquemment.

Lemming du Sud, *Synaptomys cooperi*

Distribution : nord-est des États-Unis, sud-est du Canada
Habitat : fondrières, champs
Taille : corps, 8,5 à 11 cm ; queue, 2 cm

Sociables, les lemmings du Sud vivent en colonies d'une trentaine d'individus. Ils creusent leurs terriers immédiatement sous la surface et dégagent un réseau de pistes qu'ils entretiennent régulièrement et dont les bords sont marqués à intervalles réguliers par les débris de végétaux disposés en petits tas. Actifs de jour comme de nuit, ces lemmings possèdent des mâchoires et des dents puissantes et se nourrissent principalement de matière végétale. La reproduction a lieu au printemps et en été ; les femelles mettent bas 2 ou 3 portées par an, de 1 à 4 jeunes chacune.

Lemmiscus curtatus

Distribution : ouest des États-Unis
Habitat : plaines arides
Taille : corps, 9,5 à 11 cm ; queue, 1,5 à 3 cm

Ce campagnol de couleur pâle est particulièrement commun dans les plaines arides où abondent les armoises. Il creuse des terriers près de la surface et est actif de jour comme de nuit. Il se nourrit d'armoises et autre verdure. Il met bas plusieurs portées par an, de 4 à 6 jeunes chacune.

Rat-taupe d'Afghanistan, *Ellobius fuscocapillus*

Distribution : Asie centrale
Habitat : plaines herbeuses
Taille : corps, 10 à 15 cm ; queue, 0,5 à 2 cm

Cette espèce est plus nettement adaptée au fouissage que les autres membres du groupe. Son museau est obtus, ses yeux et ses oreilles sont petits, de manière à réduire la surface endommageable par les projections de terre ; ses membres sont courts et forts. Ses griffes, bien qu'adaptées au fouissage, sont moins fortes que chez les autres espèces fouisseuses, mais ses incisives sont plus développées (elles seraient utilisées pour creuser).

Le rat-taupe se nourrit exclusivement de racines et autres parties souterraines des plantes. De la

même manière que les taupes, il creuse des galeries d'accès à la nourriture et d'autres, plus profondes et permanentes, servant de lieux d'habitation et de mise bas. La reproduction n'est pas saisonnière, mais elle dépend probablement directement des ressources alimentaires disponibles.
Les portées sont de 3 ou 4 jeunes chacune.

Campagnol roussâtre, *Clethrionomys glareolus*

Distribution : Europe (absent des extrêmes nord et sud), vers l'est jusqu'en Asie centrale
Habitat : zones boisées
Taille : corps, 8 à 11 cm ; queue, 3 à 6,5 cm

Plus que ses cousins, ce campagnol affectionne la végétation tendre. Il se nourrit sur les buissons de bourgeons, de feuilles et de fruits ; accessoirement, il ne néglige pas les insectes.

Son activité diurne et nocturne particulièrement fébrile est seulement entrecoupée de périodes de repos ; il trace des pistes dans l'herbe et creuse des galeries peu profondes, comme tous les campagnols. Il niche généralement dans les crevasses de rocher, les vieilles souches, parmi les racines. Au cours de l'été, la femelle met bas plusieurs portées comportant 3 à 5 jeunes chacune.

Campagnol de Pennsylvanie, *Microtus pennsylvanicus*

Distribution : Canada, nord et ouest des États-Unis, nord du Mexique
Habitat : zones herbeuses et boisées, souvent près de l'eau
Taille : corps, 9 à 12,5 cm ; queue, 3,5 à 6,5 cm

Le campagnol de Pennsylvanie s'adapte à des milieux très divers, et c'est un animal très sociable, mais les adultes ont chacun un territoire parfaitement délimité. Ces animaux tracent dans l'herbe des pistes qu'ils entretiennent soigneusement et se nourrissent exclusivement de matière végétale : herbe, graines, racines et écorces. Ils installent un nid d'herbe dans le sol ou dans un terrier peu profond, sous les pistes.

Extrêmement prolifique, la femelle produit de 3 à 12 ou 13 portées par an, qui peuvent comporter jusqu'à 10 jeunes chacune. La période de gestation dure 3 semaines et la maturité sexuelle est atteinte à l'âge de 3 semaines.

Rat musqué, *Ondatra zibethicus*

Distribution : Canada, États-Unis ; introduit en Europe
Habitat : marais, berges de cours ou pièces d'eau
Taille : corps, 25 à 36 cm ; queue, 20 à 28 cm

Excellent nageur, ce grand rongeur mène une existence essentiellement aquatique ; il possède des pattes postérieures palmées et une longue queue nue, aplatie verticalement, qui lui sert de gouvernail. Il se nourrit essentiellement de végétation terrestre ou aquatique, accessoirement de moules, de grenouilles et de poissons. D'ordinaire, le rat musqué creuse un terrier dans la berge ; lorsque les conditions le permettent, il construit en eau peu profonde une hutte faite de débris végétaux, à l'intérieur de laquelle il érige une plate-forme afin de pouvoir dormir au sec. Les terriers accueillent parfois jusqu'à 10 animaux.

À la veille de la saison de reproduction, les glandes périgénitales du rat musqué se développent et libèrent une sécrétion à l'odeur musquée, supposée attirer les uns vers les autres mâles et femelles. La période de reproduction s'étend d'avril à août dans le nord et tout au long de l'hiver dans le sud de l'aire. Les portées sont au nombre de 2 ou 3, comportant 3 ou 4 jeunes chacune, et sont mises bas après 29 ou 30 jours de gestation.

Campagnol terrestre, *Arvicola terrestris*

Distribution : Europe, vers l'est jusqu'à la Sibérie orientale et à la Mongolie
Habitat : berges de pièces et cours d'eau, zones herbeuses
Taille : corps, 14 à 19 cm ; queue, 4 à 10 cm

S'il sait nager, ce campagnol est moins à l'aise dans l'eau que le rat musqué et le castor. Il creuse un terrier dans la berge, ou dans le sol lorsqu'il est éloigné de l'eau. Il se nourrit surtout d'herbe et de matières végétales.

Plusieurs portées de 4 à 6 jeunes sont mises bas en été.

GERBILLES

Sous-famille des Gerbillinae : Gerbilles

Au nombre de 87 environ, les gerbilles constituent une famille de rongeurs représentée en Asie centrale et occidentale ainsi qu'en Afrique. Les gerbilles sont bien adaptées à la vie dans les milieux arides, y compris les déserts : leurs reins produisent une urine beaucoup plus concentrée que celle des autres rongeurs, de manière à limiter les déperditions d'eau ; elles possèdent également un os nasal spécialisé qui condense la vapeur d'eau lors de l'expiration – eau qui est ensuite réabsorbée par leur organisme.

Pour s'isoler autant que possible du sable brûlant, les gerbilles ont de longs membres postérieurs et des pieds allongés, à la plante recouverte d'une épaisse fourrure. Le ventre est blanc, de façon à réfléchir la chaleur. Enfin, dernière adaptation à la vie désertique, les gerbilles sont strictement nocturnes et n'émergent de leur terrier que passé les heures chaudes.

Les gerbilles sont des granivores qui font provision de nourriture chaque fois que leur milieu le leur permet. Elles ne sont jamais très nombreuses dans une région donnée, mais elles sont suffisamment abondantes toutefois pour constituer une importante source alimentaire pour des prédateurs tels que les fennecs et les serpents.

Gerbille pygmée d'Afrique du Sud, *Gerbillurus paeba*
Distribution : sud de l'Afrique (du sud-ouest de l'Angola à la province du Cap)
Habitat : déserts
Taille : corps, 8 à 9 cm ; queue, 6,5 à 7 cm

C'est la plus répandue des 4 espèces de gerbilles pygmées originaires du Sud-Ouest africain. Cette gerbille creuse dans le sol sableux ou graveleux des terriers simples à deux issues, généralement situées à des niveaux différents de manière à assurer une bonne ventilation. Dans leur habitat aride, les gerbilles pygmées ne peuvent pas se montrer difficiles ; elles se nourrissent de la matière végétale ou animale disponible. En période de végétation, elles emmagasinent graines et fruits dans des greniers souterrains.

Il y a généralement 2 périodes de reproduction par an, jusqu'à 4 les années d'abondance. Les petits sont allaités jusqu'à l'âge de 1 mois.

Dipodillus maghrebi
Distribution : Afrique (nord du Maroc)
Habitat : hautes terres, zones semi-désertiques
Taille : corps, 9 à 12,5 cm ; queue, 6,5 à 7 cm

L'Afrique du Nord compte de nombreuses espèces de gerbilles, parmi lesquelles *Dipodillus maghrebi* occupe une niche écologique spécifique. Elle habite les contreforts et les régions de moyenne altitude de l'Atlas et vit parmi les étendues caillouteuses et les éboulis. Comme toutes les gerbilles, c'est un animal actif qui émerge au crépuscule pour se mettre en quête de graines, de bourgeons et d'insectes ; son activité alimentaire l'amène à couvrir de longues distances.

Des portées de 6 jeunes environ sont mises bas dans une « pouponnière » souterraine.

Gerbille des champs, *Gerbillus campestris*
Distribution : Afrique (du Maroc à la Somalie)
Habitat : déserts sablonneux
Taille : corps, 10 à 14 cm ; queue, 11 à 12 cm

Le genre *Gerbillus*, qui compte environ 35 espèces, est représenté du Maroc au Pakistan. Les *Gerbillus* s'accommodent des déserts les plus arides. La gerbille des champs se rencontre en groupe d'une douzaine d'individus qui habitent des terriers simples, creusés dans le sable. Ces animaux restent cachés durant tout le jour, n'émergeant qu'au crépuscule, à la recherche d'insectes, de graines et de matière végétale. Ils n'ont pas besoin de boire mais synthétisent l'eau à partir des graisses contenues dans les graines.

Ils se reproduisent toute l'année, mettant bas des portées qui atteignent 7 jeunes, après une gestation de 20 ou 21 jours.

Gerbille géante, *Rhombomys opimus*

Distribution : Iran, vers l'est jusqu'à la Mongolie et la Chine
Habitat : zones broussailleuses arides
Taille : corps, 16 à 20 cm ; queue, 13 à 16 cm

La gerbille géante occupe des milieux très divers, des montagnes froides de l'Asie centrale au désert de Gobi, avec ses étés brûlants. Dotée de bonnes facultés d'adaptation, la gerbille géante change de comportement en fonction de l'environnement. En hiver, elle est d'autant moins active que la couche de neige est plus épaisse, et certaines colonies ne viennent alors que rarement à la surface. Lorsqu'elle est en grand nombre, la gerbille peut créer des dommages dans les cultures et les canaux d'irrigation ; ainsi, dans certaines parties d'Asie centrale, est-elle considérée comme une calamité.

Les gerbilles géantes sont des herbivores qui peuvent emmagasiner jusqu'à 60 kg de matière végétale dans leurs terriers en prévision de l'hiver. Durant la saison hivernale, elles sont la proie des hiboux, hermines, martres et renards, mais reconstituent rapidement leurs effectifs au printemps, grâce à leur grande fécondité.

Gerbille des Indes, *Tatera indica*

Distribution : ouest de l'Inde, Sri Lanka
Habitat : plaines, savane, zones boisées arides
Taille : corps, 15 à 19 cm ; queue, 20 à 25 cm

La gerbille des Indes est un animal sociable qui vit dans des terriers communautaires complexes, à plusieurs issues. Ces issues sont souvent grossièrement obturées avec de la terre pour décourager serpents et mangoustes. Il arrive que les effectifs de cette espèce connaissent un accroissement tel que les animaux abandonnent leur habitat habituel et envahissent champs et jardins, en quête de bulbes, racines, verdure, insectes, voire œufs et oiseaux.

Les gerbilles des Indes se reproduisent tout au long de l'année (jusqu'à 8 jeunes par portée).

Souris à grosse queue, *Pachyuromys duprasi*

Distribution : Afrique (du Sahara algérien au sud-ouest de l'Égypte)
Habitat : déserts sablonneux
Taille : corps, 10,5 à 14 cm ; queue, 4,5 à 6 cm

Cette gerbille doit son nom commun à ce qu'elle fait des réserves de graisse dans sa queue. En période d'abondance, la queue se charge de graisse au point de gêner les déplacements de l'animal ; ces réserves sont utilisées en période de disette. La souris à grosse queue passe ses journées dans un terrier dont elle émerge à la nuit pour se nourrir de graines et de larves. Les os de ses oreilles sont énormes et son ouïe est excellente, ce qui lui sert à localiser les insectes à travers le sol.

Des portées atteignant parfois jusqu'à 6 jeunes sont mises bas tout au long de l'année, après une période de gestation de 19 à 22 jours. Les jeunes sont complètement indépendants à l'âge de 5 semaines environ.

Psammomys obesus

Distribution : Libye, vers l'est jusqu'à l'Arabie Saoudite
Habitat : déserts sablonneux
Taille : corps, 14 à 18,5 cm ; queue, 12 à 15 cm

Cette espèce résout le problème de l'irrégularité des disponibilités alimentaires inhérente à son habitat en engraissant en période d'abondance pour utiliser ses réserves adipeuses en période de disette. Active de jour comme de nuit, cette gerbille effectue des va-et-vient incessants de l'extérieur à son terrier, pour y rapporter graines et autres végétaux.

Au printemps, une « pouponnière » est installée et tapissée de végétation découpée. La première portée est mise bas en mars. Les portées sont généralement de 3 à 5 jeunes et la reproduction s'interrompt en fin d'été.

SOURIS DES ARBRES ET RATS À POCHES

Sous-famille des Dendromurinae : Souris des arbres

Cette sous-famille regroupe environ 21 espèces de rongeurs qui habitent l'Afrique, au sud du Sahara. Ses représentants ont en commun certains caractères du crâne et de la denture, mais n'en forment pas moins un groupe très diversifié. Bons grimpeurs pour la plupart, ils affectionnent la végétation élevée, mais certains sont terrestres. Ils sont nombreux à montrer une longue queue qu'ils enroulent autour des rameaux pour augmenter leur stabilité. Bien qu'abondants, ces rongeurs ne se rencontrent pas en groupes importants. Beaucoup d'entre eux habitent d'épaisses forêts.

Une espèce de souris des arbres, *Dendroprionomys rousseloti*, n'est connue que par quatre de ses spécimens capturés au Zaïre, ce qui n'implique pas forcément qu'elle soit rare.

Souris des bananiers, *Dendromus mesomelas*

Distribution : du Cameroun à l'Éthiopie, vers le sud jusqu'à l'Afrique du Sud

Habitat : marais

Taille : corps, 6 à 10 cm ; queue, 7 à 12 cm

Le caractère le plus marquant de ce petit rongeur est sa queue préhensile qui lui tient lieu de cinquième membre lorsqu'il escalade les plantes. Strictement nocturnes, les souris des bananiers sont menacées par les hiboux, les mangoustes et autres prédateurs. Elles se nourrissent de baies, fruits et graines, parfois de lézards, d'œufs et de jeunes oiseaux. Il leur arrive de s'introduire dans les nids de tisserins et on a même vu des spécimens adopter ces nids, bien que ces rongeurs construisent généralement le leur à la base des tiges, au moyen d'herbes effilochées.

Ces souris se reproduisent tout au long de l'année. Il y a de 3 à 5 jeunes par portée.

Rat adipeux, *Steatomys krebsii*

Distribution : Angola, Zambie, vers le sud jusqu'à l'Afrique du Sud

Habitat : plaines dégagées, sèches, sableuses

Taille : corps, 7 à 10 cm ; queue, 4 à 4,5 cm

Les rats adipeux habitent des régions de l'Afrique australe aux saisons bien marquées. Ils engraissent durant la saison des pluies, alors qu'abondent graines, bulbes et insectes, en prévision de la saison sèche, synonyme de disette.

Ils vivent solitaires ou en couples dans des terriers souterrains et se reproduisent pendant la saison humide. Il y a de 4 à 6 jeunes par portée.

Sous-famille des Cricetomyinae : Rats à poches africains

Les 6 représentants de cette sous-famille possèdent tous de profondes poches jugales servant au transport de la nourriture. À partir de la région subsaharienne, ils occupent en Afrique des milieux divers, des plaines sablonneuses aux forêts les plus denses. L'un d'eux vit au voisinage des humains et se nourrit de leurs déchets.

En règle générale, les rats à poches africains habitent un terrier complexe – qu'ils creusent ou empruntent à d'autres espèces – comportant des chambres affectées respectivement au sommeil, à l'excrétion et, dans le cas des femelles, à l'élevage des petits. De la nourriture est emmagasinée dans des greniers en prévision de la saison sèche. En dépit de la complexité de leurs terriers, les rats à poches en changent très fréquemment.

Rat géant d'Emin, *Cricetomys emini*

Distribution : de la Sierra Leone au Malawi

Habitat : forêts denses

Taille : corps, 25 à 45 cm ; queue, 36 à 46 cm

C'est un animal de belle taille, pouvant peser jusqu'à 1 kg environ. Il vit dans l'épaisseur de la forêt ou dans les zones densément broussailleuses, n'émergeant de son terrier qu'à la nuit tombée pour se mettre en quête de racines, tubercules, fruits et graines ; la nourriture est partiellement consommée sur place, mais le rat en rapporte une forte proportion jusqu'à son terrier.

Le rat géant d'Emin vit solitaire hors les brèves périodes d'accouplement non saisonnières. Des portées de 2 ou 3 jeunes sont mises bas après une période de 6 semaines de gestation.

Rat aquatique d'Australie, *Hydromys chrysogaster*
Distribution : Tasmanie, Australie, Nouvelle-Guinée, îles Aru, Kai et Bruni
Habitat : marais et cours d'eau
Taille : corps, 20 à 35 cm ; queue, 20 à 35 cm

Beamys hindei **VU**
Distribution : Kenya, Tanzanie
Habitat : forêts
Taille : corps, 13 à 19 cm ; queue, 10 à 15,5 cm

Cette espèce a une répartition limitée à une petite partie de l'Afrique centrale, tandis que son proche cousin, *Beamys major*, étend son aire jusqu'au nord du Zimbabwe.

B. hindei semble passer le plus clair de son temps dans son terrier. Il se nourrit essentiellement d'organes végétaux souterrains – tubercules et bulbes –, bien que la découverte de graines dans certains terriers laisse à penser qu'il lui arrive de s'approvisionner à la surface.

Ce rat vit en groupe atteignant deux douzaines d'individus et se reproduit tout au long de l'année. Les portées sont de 1 à 5 jeunes, qui sont sexuellement matures vers l'âge de 5 mois et demi.

Sous-famille des Murinae : Rats et Souris de l'Ancien Monde

Cette sous-famille forte de près de 500 espèces de rongeurs constitue le groupe mammalien le plus universellement répandu. Il rassemble des animaux dotés de grandes capacités d'adaptation, considérés pour la plupart comme nuisibles du fait qu'ils effectuent d'importantes ponctions sur les stocks de céréales et les récoltes, quand ils ne constituent pas des réservoirs de maladies. Originaires de l'Ancien Monde, les murinés ont été introduits par l'homme sur le continent américain.

Au nombre d'environ 17 espèces, les rats aquatiques habitent, pour la plupart, les cours d'eau et marais d'Australie, de Nouvelle-Guinée et des îles voisines, et des Philippines. Le rat aquatique d'Australie est un imposant rongeur à la silhouette fuselée, bien équipé pour la vie aquatique. Ses pattes postérieures, partiellement palmées, lui permettent de se déplacer avec aisance dans l'eau. Il se nourrit de petits poissons, de grenouilles, de crustacés et d'oiseaux aquatiques. Il rapporte souvent ses prises jusqu'à son garde-manger en vue de leur consommation ultérieure.

Dans le sud de son aire, le rat aquatique d'Australie se reproduit en début de printemps, produisant 4 ou 5 jeunes par portée ; plus au nord, il est probable qu'il se reproduise tout au long de l'année.

Pseudohydromys murinus **CR**
Distribution : nord-est de la Nouvelle-Guinée
Habitat : forêts de montagne
Taille : corps, 8,5 à 10 cm ; queue, 9 à 9,5 cm

Cette espèce n'est connue que par de rares spécimens capturés dans la forêt dense, entre 2 100 et 2 700 m d'altitude. La biologie et les mœurs de cet animal sont mal connues, mais, du fait que ses pattes ne sont pas palmées, on peut déduire que son mode de vie n'est pas aquatique. Peut-être sa queue longue et forte lui sert-elle à grimper et probablement passe-t-il la plus grande partie du temps à chercher sa nourriture à l'étage arbustif de la forêt.

RATS ET SOURIS DE L'ANCIEN MONDE

Rat des moissons, *Micromys minutus* **LR : nt**

Distribution : Europe, est de la Russie, Corée, sud de la Chine

Habitat : haies, roselières

Taille : corps, 5,5 à 7,5 cm ; queue, 5 à 7,5 cm

Ce joli muriné est parmi les plus petits des rongeurs : un mâle adulte ne pèse guère que 7 g. En été, le rat des moissons construit un nid d'herbes entrelacées ; c'est là, à l'abri des belettes et hiboux, qu'il élève ses portées, comptant jusqu'à 12 jeunes. Les adultes se nourrissent de graines et de petits insectes. Le rat des moissons est le seul muriné dont la queue soit véritablement préhensile.

Mulot, *Apodemus sylvaticus*

Distribution : Irlande, vers l'est jusqu'à l'Asie centrale

Habitat : lisières de forêts

Taille : corps, 8 à 13 cm ; queue, 7 à 9,5 cm

Le mulot est le plus commun des petits rongeurs européens. Strictement nocturne, il émerge en soirée de son nid installé entre les racines des arbres, pour se nourrir, souvent par couple, de graines, d'insectes et de baies. Il se reproduit généralement d'avril à novembre, parfois pendant l'hiver si la nourriture est particulièrement abondante.

Hyomys goliath

Distribution : Nouvelle-Guinée

Habitat : forêts

Taille : corps, 29 à 39 cm ; queue, 25 à 38 cm

Cette espèce présente d'épaisses écailles sous-caudales. Du fait que ces écailles sont souvent usées, on en a déduit qu'elles lui servaient probablement de crampons lorsqu'il grimpait. Extrêmement farouche et discret, ce muriné est difficilement observable et a donc été peu étudié ; il semble toutefois qu'il se nourrisse de plantes épiphytes et d'insectes.

Arvicanthis abyssinicus

Distribution : de l'Afrique occidentale à la Somalie et à la Zambie

Habitat : savane, broussailles, forêts

Taille : corps, 12 à 19 cm ; queue, 9 à 16 cm

C'est un rongeur hautement social, dont les colonies atteignent parfois le millier d'individus. Quand ils ne creusent pas de terrier dans le sol, ces rats s'installent dans un amoncellement rocheux. Leur alimentation se compose essentiellement de graines de graminées, mais ils mangent aussi patates douces et manioc. Ils se reproduisent tout au long de l'année.

Rat rayé champêtre, *Rhabdomys pumilio* **DD**

Distribution : Afrique centrale, vers le sud jusqu'au cap de Bonne-Espérance

Habitat : herbes, broussailles

Taille : corps, 9 à 13 cm ; queue, 8 à 12,5 cm

Ce petit rongeur commun habite un terrier qui débouche dans l'épaisseur de la végétation ; il se nourrit d'une grande diversité de matière animale et végétale.  En Afrique centrale, il se reproduit tout au long de l'année, à raison de 6 portées par an, de 4 à 12 jeunes chacune. Dans le Sud, la saison de reproduction s'étend de septembre à mai, avec 4 portées par an.

Rat noir, *Rattus rattus*

Distribution : cosmopolite (originaire d'Asie)

Habitat : associé à l'homme

Taille : corps, 20 à 26 cm ; queue, 20 à 24 cm

Ce commensal de l'homme, originaire d'Asie, a été introduit dans le monde entier par l'intermédiaire des bateaux, transportant avec lui de terribles maladies telles que la peste bubonique, la rage, le typhus et la trichinose. Cet indésirable compagnon a suivi l'homme partout où il se rendait. Le succès de cette espèce est à attribuer à son régime alimentaire extrêmement varié et à son taux

de fécondité incroyablement élevé. Tout au long de l'année, il met bas, à 6 semaines d'intervalle, des portées atteignant parfois jusqu'à 10 jeunes.

Surmulot, *Rattus norvegicus*

Distribution : cosmopolite (originaire d'Asie orientale et du Japon)
Habitat : associé à l'homme
Taille : corps, 25 à 30 cm ; queue, 25 à 32 cm

Le surmulot vit au voisinage de l'homme ; il se tient de préférence dans les égouts, les canaux, etc. Il véhicule des salmonelles et le microbe de la tularémie, mais rarement le virus de la peste. Il se reproduit tout au long de l'année ; la période de gestation dure 21 jours.

Léporille à longues oreilles, *Leporillus conditor* VU

Distribution : centre-sud de l'Australie, île Franklin
Habitat : zones herbeuses arides
Taille : corps, 14 à 20 cm ; queue, 13 à 18 cm

Les léporilles construisent d'énormes nids de branchettes et de débris qu'occupe un couple ou une colonie. Végétariens, ils consomment parfois des insectes. Ils se reproduisent durant la saison humide, à raison de 4 à 6 jeunes par portée.

Souris à queue en mosaïque, *Melomys cervinipes*

Distribution : nord-est de l'Australie
Habitat : forêts, généralement près de l'eau
Taille : corps, 9 à 17 cm ; queue, 11 à 17 cm

Les écailles caudales forment une mosaïque chez ce muriné. Cette souris se reproduit pendant la saison des pluies – de novembre à avril – à raison de 4 jeunes par portée.

Les souris à queue en mosaïque sont d'habiles grimpeuses et on peut souvent les observer dans les arbres, où elles édifient des nids faits d'herbes et de feuilles finement tressées.

Souris domestique, *Mus musculus*

Distribution : cosmopolite
Habitat : champs ; associée à l'homme
Taille : corps, 6,5 à 9,5 cm ; queue, 6 à 10,5 cm

Elle mange relativement peu, mais engrange en quantité céréales et autre nourriture. Dans la nature, elle est nocturne, se nourrit de graines et de tiges de graminées, voire d'insectes.

Souris sauteuse d'Australie, *Notomys alexis*

Distribution : Australie centrale
Habitat : zones herbeuses sèches, broussailles de spinifex
Taille : corps, 9 à 18 cm ; queue, 12 à 23 cm

Cette souris sauteuse à longue queue terminée en pinceau de poils n'émerge de son terrier frais et humide qu'à la nuit tombée, pour se nourrir de graines, de racines et de verdure. La souris sauteuse d'Australie se reproduit durant les mois d'hiver, à raison de 2 à 5 jeunes par portée.

Rat-bandicoot de l'Inde, *Bandicota indica*

Distribution : de l'Inde au sud de la Chine, Taiwan, Sumatra, Java
Habitat : forêts, broussailles ; souvent au voisinage de l'homme
Taille : corps, 16 à 36 cm ; queue, 16 à 26 cm

C'est une véritable calamité dans les régions agricoles : non seulement il mange du grain, mais il gâche des quantités de nourriture pour garnir ses greniers souterrains. Il se reproduit toute l'année, à raison de 10 à 12 jeunes par portée.

LOIRS, RATS SAUTEURS ET GERBOISES

Famille des Myoxidae : Loirs

Il existe quelque 21 espèces de loirs, qui vivent en Afrique, en Europe, dans le nord de l'Asie et au Japon. Ces rongeurs nocturnes ressemblent à des écureuils courts et gras, avec souvent une queue touffue. En fin d'été et en automne, la plupart des loirs engraissent énormément avant d'hiberner. Ils s'éveillent périodiquement pour se nourrir de fruits mous ou à coque accumulés en vue de leur consommation pendant la saison hivernale.

Loir commun, *Glis glis*
Distribution : Europe, Asie
Habitat : forêts
Taille : corps, 15 à 18 cm ; queue, 13 à 16 cm

Le plus grand des gliridés, cet animal a une longue queue touffue et des soles plantaires rugueuses, adaptées au grimper. Il se nourrit de fruits mous et à coque, de graines et de baies, accessoirement d'insectes et de petits oiseaux. En été, il construit dans un arbre un nid fait de fibres végétales et de mousses, mais le nid où il hiberne est installé plus près du sol, dans un arbre creux ou un terrier de lapin abandonné. La femelle met bas en début d'été de 2 à 6 petits.

Glirule du Japon, *Glirulus japonicus*
Distribution : Japon (absent d'Hokkaido)
Habitat : forêts de montagne
Taille : corps, 6,5 à 8 cm ; queue, 4 à 5 cm

Nocturne et arboricole, le glirule du Japon passe ses journées dans un arbre creux ou un nid installé dans les branches. Il se nourrit de fruits, graines, insectes et œufs d'oiseaux. En hiver, il hiberne dans un arbre creux ou un abri artificiel, parfois construit par l'homme.

Le glirule du Japon s'accouple au sortir de l'hibernation et la femelle met bas de 3 à 5 jeunes en juin ou juillet. Parfois, une seconde portée voit le jour en octobre.

Graphiure murin, *Graphiurus murinus*
Distribution : Afrique, sud du Sahara
Habitat : forêts mixtes, zones boisées
Taille : corps, 8 à 16,5 cm ; queue, 8 à 13 cm

Cette petite créature se déplace parmi les buissons et la végétation, en quête de graines, de fruits mous ou à coque, d'insectes.

Le graphiure gîte dans les arbres ou les crevasses de rocher ; bien qu'essentiellement nocturne, il peut avoir une activité diurne dans les forêts épaisses et sombres. Jusqu'à 3 portées, de 2 à 5 jeunes chacune, voient le jour en été.

Souris de Selevin, *Selevinia betpakdalaensis* EN
Distribution : sud-est du Kazakhstan
Habitat : déserts
Taille : corps, 7 à 8,5 cm ; queue, 7 à 9,5 cm

La souris de Selevin gîte dans un terrier qu'elle est supposée utiliser également pour hiberner. Elle se nourrit surtout d'insectes, mais aussi de végétaux dont elle fait également provision en vue de la période hivernale. Elle se déplace par petits bonds, sur ses membres postérieurs.

Elle s'accouple en fin de printemps et met bas 1 portée atteignant parfois 8 jeunes.

Famille des Dipodidae : Rats sauteurs et Gerboises

Les 49 espèces de cette famille sont parfaitement adaptées au saut : elles présentent des membres postérieurs très développés et des membres supérieurs atrophiés, aptes à la manipulation. Les rats sauteurs vivent dans les forêts de l'Europe de l'Est, d'Asie et d'Amérique du Nord. Les gerboises peuplent les steppes sèches et les déserts d'Afrique du Nord et d'Asie ; elles creusent des terriers avec des réseaux assez complexes.

Zapode du Canada, *Zapus hudsonius*
Distribution : Canada, centre-nord et nord-est des États-Unis
Habitat : champs dégagés, zones boisées
Taille : corps, 7 à 8 cm ; queue, 10 à 15 cm

Le zapode du Canada circule sur le sol à petits sauts, en quête de graines, de fruits et d'insectes. Il est essentiellement nocturne, mais peut avoir aussi une activité diurne dans les régions boisées. En été, il construit sur le sol un nid d'herbes et de feuilles, dans l'herbe ou sous une bûche ; il hiberne dans un terrier creusé dans une berge ou un monticule, ou encore construit pour ce faire un petit nid près du sol. Il ne fait pas de provisions, mais se met à engraisser à la veille de l'hiver. D'octobre à avril, il vit en état de léthargie, roulé en boule dans ses quartiers d'hiver ; sa température dépasse alors à peine 0 °C et son rythme cardiaque est très ralenti.

Le zapode du Canada produit 2 ou 3 portées par an. Il s'accouple généralement au sortir de l'hibernation. Les 4 ou 5 jeunes qui constituent la portée sont mis bas après une période d'environ 18 jours de gestation.

Sicista betulina
Distribution : nord et centre de l'Europe, est de la Sibérie
Habitat : zones boisées
Taille : corps, 5 à 7 cm ; queue, 8 à 10 cm

Il se reconnaît à la bande longitudinale sombre qui marque son dos, et à sa queue qui mesure environ une fois et demie la longueur du corps. Il passe ses journées dans son terrier, dont il sort la nuit pour se nourrir d'insectes et de petits invertébrés, mais aussi de graines et de fruits, en particulier pendant la période d'engraissement précédant l'hibernation (octobre à avril). En mai ou juin, la femelle met bas une portée de 3 à 5 jeunes après une gestation de 4 à 5 semaines.

Gerboise à pattes rugueuses, *Dipus sagitta*
Distribution : Asie centrale (du Caucase au nord de la Chine)
Habitat : dunes de sable, steppe, forêts de conifères
Taille : corps, 10 à 13 cm ; queue, 15 à 19 cm

Elle se nourrit de plantes, de graines et d'insectes. Ses besoins en eau sont faibles, et elle se suffit de l'humidité contenue dans sa nourriture. En été, elle passe ses journées dans un terrier peu profond dont elle émerge pour rejoindre à petits sauts ses sites alimentaires. À l'automne, elle creuse un terrier plus profond dans lequel elle hiberne de novembre à mars. Elle s'accouple au sortir de l'hibernation et peut produire 2 portées annuelles de 2 à 5 jeunes chacune.

Gerboise à cinq doigts, *Allactaga major*
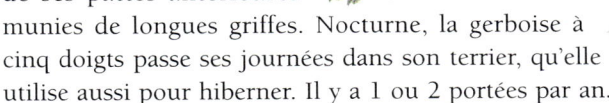
Distribution : Ukraine, vers l'est jusqu'à la Chine
Habitat : steppe, zones semi-désertiques
Taille : corps, 9 à 15 cm ; queue, 16 à 22 cm

C'est l'une des 10 ou 11 espèces de gerboises du genre *Allactaga*, qui possèdent toutes 5 orteils aux pattes postérieures. *A. major* se nourrit de graines et d'insectes qu'elle extrait du sable en « peignant » celui-ci de ses pattes antérieures munies de longues griffes. Nocturne, la gerboise à cinq doigts passe ses journées dans son terrier, qu'elle utilise aussi pour hiberner. Il y a 1 ou 2 portées par an.

FAMILLE DES CTENODACTYLIDAE : GOUNDIS

C'est une famille de 5 espèces, toutes africaines. Les goundis sont très agiles et capables d'escalader des surfaces quasi verticales. Tous les membres de la famille ont un vocabulaire élaboré, fait de trilles et de gazouillis.

Goundi, *Ctenodactylus gundi*
Distribution : Afrique (Sahara)
Habitat : éminences rocheuses
Taille : corps, 16 à 20 cm ; queue, 1 à 2 cm

Timides, les goundis se nourrissent seulement pendant la nuit de matière végétale qu'ils rapportent généralement à l'abri d'une crevasse rocheuse pour l'y consommer. La gestation dure environ 40 jours ; chaque portée compte en moyenne 1 ou 2 jeunes qui sont capables de courir dès leur naissance.

PORCS-ÉPICS

Famille des Hystricidae : Porcs-épics de l'Ancien Monde

Les porcs-épics comptent 11 espèces dans l'Ancien Monde. Ce sont des animaux immédiatement identifiables aux longs piquants dérivés de poils qui couvrent leur dos, leurs flancs et une partie de leur queue. Ils peuplent déserts, forêts et savanes de certaines régions d'Afrique, d'Asie, d'Indonésie et des Philippines. Ils se déplacent d'une allure traînante, vivent dans des terriers, des crevasses ou des trous du sol. Ils se nourrissent de matière végétale : racines, bulbes, tubercules, fruits et écorces, accessoirement de charognes. Ils ne présentent pas de dimorphisme sexuel.

Porc-épic de Sumatra, *Thecurus sumatrae*

Distribution : Sumatra
Habitat : forêts
Taille : corps, 54 cm ; queue, 10 cm

Le porc-épic de Sumatra a le corps recouvert de piquants aplatis, entremêlés de poils courts. Les piquants sont particulièrement longs sur le dos et les flancs, plus petits sur la queue, plus souples sur les parties ventrales ; ceux de la queue ont une extrémité renflée et creuse ; en les faisant vibrer, le porc-épic produit un grelottement qui sert d'avertissement pour les éventuels ennemis.

Porc-épic d'Afrique du Sud, *Hystrix africaeaustralis*

Distribution : Afrique (du Sénégal à la province du Cap)
Habitat : forêts, savane
Taille : corps, 71 à 84 cm ; queue, jusqu'à 2,5 cm

Ce rongeur vigoureux a des piquants atteignant 30 cm sur le dos. Ceux de la queue, creux et spécialisés, vibrent lorsqu'ils sont agités, produisant un grelottement dissuasif pour les prédateurs. S'il est néanmoins menacé, le porc-épic fonce à reculons sur son adversaire, qu'il larde des piquants acérés de son arrière-train ; ceux-ci se détachent instantanément, ce qui explique la légende attribuant au porc-épic la faculté de cribler de dards ses ennemis à distance.

Animal aux déplacements lents, le porc-épic d'Afrique du Sud escalade rarement les arbres. Il passe ses journées dans un terrier qu'il creuse, et sort la nuit pour se nourrir. On pense qu'il produit 2 portées par an, de 2 à 4 jeunes chacune. Les petits ont des piquants souples et attendent pour sortir du nid que ceux-ci se soient durcis, soit environ 2 semaines.

Athérure à longue queue, *Atherurus macrourus*

Distribution : Asie du Sud-Est (de l'Assam à la péninsule malaise)
Habitat : forêts, souvent près de l'eau
Taille : corps, 40 à 55 cm ; queue, 15 à 25 cm

Ce porc-épic élancé a une silhouette de rat. La queue est longue, caractéristiquement terminée par une touffe de jarres épais. Les piquants sont aplatis et cannelés, courts pour la plupart.

L'athérure passe ses journées à l'abri dans un terrier installé parmi les rochers ou dans une termitière. Il en sort pendant la nuit pour se nourrir de plantes, de racines, d'écorces et d'insectes. Agile, il grimpe et court bien. Ses pattes partiellement palmées lui permettent de nager. Il forme des groupes atteignant 8 individus, qui gîtent et vaquent ensemble.

Il existe 3 autres espèces d'athérures, toutes d'aspect et de mœurs similaires.

Porc-épic à longue queue, *Trichys fasciculata*
Distribution : Asie du Sud-Est (péninsule malaise, Sumatra, Bornéo)
Habitat : forêts
Taille : corps, 28 à 47 cm ; queue, 17 à 23 cm

Le porc-épic à longue queue a des piquants aplatis et flexibles, plus courts et moins développés que chez les autres espèces. La queue est particulièrement fragile, et on rencontre de nombreux spécimens chez lesquels elle est cassée. Bon grimpeur, ce porc-épic a des pattes bien développées, à doigts et griffes puissants qui lui servent à s'agripper.

FAMILLE DES ERETHIZONTIDAE : PORCS-ÉPICS DU NOUVEAU MONDE

Au nombre de 10 espèces, les éréthizontidés ressemblent par l'allure générale aux porcs-épics de l'Ancien Monde, avec comme eux des poils raides et des piquants spécialisés, mais ils ne leur sont cependant pas réellement apparentés. Largement arboricoles, ils possèdent des pattes adaptées au grimper, à sole large, doigts et griffes puissants. Six espèces ont une queue préhensile, c'est-à-dire qu'elle est pourvue de muscles permettant de l'enrouler autour des branches. Il n'y a pas de dimorphisme sexuel.

Les porcs-épics américains sont généralement nocturnes. Ils gîtent durant le jour dans un trou d'arbre ou une crevasse du sol. Mâles et femelles délimitent leur territoire par des dépôts d'urine. Les éréthizontidés sont représentés à travers tout le continent américain.

Ourson coquau, *Erethizon dorsatum*
Distribution : Canada, États-Unis (Alaska, États de l'Ouest, vers le sud jusqu'au Nouveau-Mexique, certains États du Nord-Est)
Habitat : forêts
Taille : corps, 46 à 56 cm ; queue, 18 à 23 cm

Solidement bâti, ce porc-épic porte des piquants sur le cou, le dos et la queue ; ceux-ci sont entremêlés de quelques piquants plus longs, terminés par des barbillons. C'est un animal lent et pataud, qui pourtant grimpe volontiers aux arbres pour se nourrir de bourgeons, de ramilles et d'écorces. En été, il mange aussi des racines et des tiges de plantes florifères, parfois même de plantes cultivées. Il n'hiberne pas.

L'accouplement a lieu en début d'hiver. Avant le coït, curieusement, le mâle asperge souvent la femelle d'urine, peut-être pour s'en approprier l'exclusivité. Après une période de gestation de 7 mois, la portée comptant généralement un unique jeune est mise bas. Le petit naît dans un état avancé de développement : il a les yeux bien ouverts, est couvert de fourrure et de piquants souples qui durcissent dans un délai d'une heure. Quelques heures seulement après sa naissance, il est parfaitement apte à grimper aux arbres et à absorber de la nourriture solide.

Porc-épic à queue préhensile, *Coendou prehensilis*
Distribution : Bolivie, Brésil, Venezuela
Habitat : forêts
Taille : corps, 30 à 61 cm ; queue, 33 à 45 cm

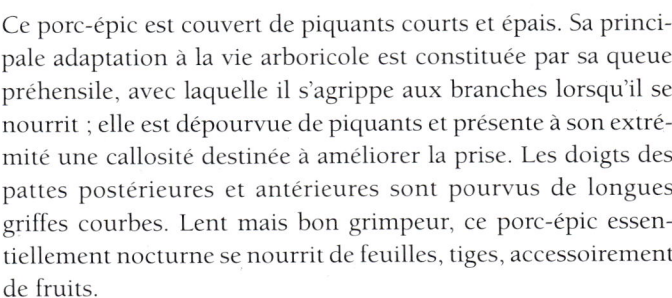

Ce porc-épic est couvert de piquants courts et épais. Sa principale adaptation à la vie arboricole est constituée par sa queue préhensile, avec laquelle il s'agrippe aux branches lorsqu'il se nourrit ; elle est dépourvue de piquants et présente à son extrémité une callosité destinée à améliorer la prise. Les doigts des pattes postérieures et antérieures sont pourvus de longues griffes courbes. Lent mais bon grimpeur, ce porc-épic essentiellement nocturne se nourrit de feuilles, tiges, accessoirement de fruits.

Il semble que les femelles mettent bas un seul jeune par an.

Porc-épic rougeâtre, *Echinoprocta rufescens*
Distribution : Colombie
Habitat : forêts
Taille : corps, 46 cm ; queue, 10 cm

Ce porc-épic a une queue courte et velue, non préhensile. Le dos et les flancs sont couverts de piquants, plus forts et plus épais sur l'arrière-train. Arboricole, le porc-épic rougeâtre habite les régions montagneuses, au-dessus de 800 m.

Jusqu'ici, on connaît très mal le mode de reproduction et la biologie de cette espèce.

COBAYES, CAPYBARA, PACARANA, PACAS ET AGOUTIS

Famille des Caviidae : Cobayes

Cette famille exclusivement sud-américaine regroupe environ 14 espèces de rongeurs. Ce sont des animaux qui gîtent dans un terrier. Les cobayes proprement dits et les cobayes des rochers présentent la silhouette ramassée du cobaye domestique, avec des oreilles et des membres courts, une grosse tête et une queue extérieurement invisible. Les maras ou lièvres de Patagonie ressemblent plus à des lièvres, avec de longs membres et des oreilles dressées.

Les cobayes sont végétariens et leurs dents jugales sont à croissance continue, de manière à pallier l'usure. La plupart vivent en groupes sociaux d'une quinzaine d'individus, parfois en groupes plus vastes (jusqu'à 40). Ils n'hibernent pas, même dans les régions qui connaissent de basses températures.

Cobaye de Tschudi, *Cavia tschudii*
Distribution : du Pérou au nord de l'Argentine
Habitat : zones herbeuses, régions rocheuses
Taille : corps, 20 à 40 cm ; queue, non visible

Ce rongeur nocturne vit généralement en petit groupe familial ; il peut former des colonies plus vastes lorsque l'environnement est favorable. Ses griffes acérées sont bien adaptées au fouissage ; souvent, pourtant, le cobaye de Tschudi emprunte le terrier d'une autre espèce ou gîte dans une crevasse de rocher. Il se nourrit surtout d'herbes et de feuilles, qu'il récolte à l'aube et au crépuscule.

La reproduction a lieu en été, ou tout au long de l'année sous les climats cléments. Des portées de 1 à 4 jeunes sont mises bas après une gestation de 60 à 70 jours. Les nouveau-nés sont bien développés ; ils se suffisent à eux-mêmes dans les 5 jours suivant la naissance. Le cobaye de Tschudi est probablement l'ancêtre du cobaye domestique ou cochon d'Inde. Les Indiens des hautes terres l'élèvent pour sa viande à la saveur particulièrement délicate.

Cobaye des rochers, *Kerodon rupestris*
Distribution : nord-est du Brésil
Habitat : zones rocheuses arides
Taille : corps, 20 à 40 cm ; queue, non visible

C'est un cobaye à museau plus obtus et à membres plus longs que chez le cobaye proprement dit. Il gîte sous les rochers ou parmi les pierres, émergeant en après-midi ou en soirée pour se nourrir de feuilles.

La femelle mettrait bas 2 portées par an, qui comporteraient 1 ou 2 jeunes chacune.

Mara ou Lièvre de Patagonie, *Dolichotis patagonum*
LR : nt
Distribution : Argentine
Habitat : zones arides dégagées
Taille : corps, 69 à 75 cm ; queue, 4,5 cm

Ce rongeur a des membres et des pieds élancés, bien adaptés à la course et au bond : il court à la manière d'un lièvre et peut atteindre 30 km/h. De fait, le mara occupe la niche écologique du lièvre là où celui-ci n'est pas représenté.

Les pattes postérieures possèdent 3 doigts, terminés par des griffes formant sabot ; les membres antérieurs sont terminés par 4 doigts munis de griffes. Diurnes, les maras se nourrissent de matière végétale. Ils gîtent dans un terrier qu'ils creusent ou empruntent.

Des portées constituées de 2 à 5 jeunes sont mises bas dans un nid installé dans le terrier.

Famille des Hydrochaeridae : Capybara (Cabiaï)

Cette famille est représentée par une seule espèce : le capybara, qui ressemble à un gigantesque cochon d'Inde, avec une grosse tête et un museau quadrangulaire. Il vit parmi la végétation dense, près des lacs, des cours d'eau et des marais.

MAMMIFÈRES : COBAYES, CAPYBARA, PACARANA, PACAS ET AGOUTIS

Capybara ou Cabiaï, *Hydrochoerus hydrochaeris*
Distribution : du Panama à l'est de l'Argentine
Habitat : forêts, près de l'eau
Taille : corps, 1 à 1,30 m ; queue, vestige

Également appelé cochon d'eau, le capybara nage et plonge à la perfection ; ses pattes antérieures et postérieures sont partiellement palmées. Lorsqu'il nage, il ne laisse apparaître que ses yeux, ses oreilles et ses narines. Il se nourrit de matière végétale, y compris de plantes aquatiques ; ses dents jugales sont à croissance continue, afin de contrebalancer l'usure. Il vit en groupe familial, est actif à l'aube et au crépuscule. Il peut devenir nocturne dans les régions où il est constamment dérangé.

Les mâles et les femelles se ressemblent beaucoup et portent sur le nez une glande odorante, plus grande chez le mâle. L'accouplement a lieu au printemps et 1 portée de 2 jeunes est mise bas après 15 à 18 semaines de gestation. Les nouveau-nés sont bien développés.

Famille des Dinomyidae : Pacarana

Cette famille n'est représentée que par 1 espèce : le pacarana, également appelé faux paca, à cause de sa livrée, qui ressemble à celle du paca.

Pacarana, *Dinomys branicki* **EN**
Distribution : de la Colombie à la Bolivie
Habitat : forêts
Taille : corps, 73 à 79 cm ; queue, 20 cm

C'est un animal très docile, aux mouvements lents, doté de membres courts et forts terminés par de puissantes griffes. Il se nourrit de matière végétale – feuilles, tiges et fruits. Ses dents jugales sont à croissance continue, de manière à compenser l'usure. Le pacarana est probablement nocturne.

On suppose que les portées sont généralement de 2 jeunes.

Famille des Agoutidae : Pacas

Les 2 espèces de cette famille vivent en Amérique centrale et en Amérique du Sud. Les pacas sont de grands rongeurs nocturnes, dont les pattes sont particulièrement adaptées à la course.

Paca, *Agouti paca*
Distribution : du sud du Mexique au Surinam, vers le sud au Paraguay
Habitat : forêts, près de l'eau
Taille : corps, 60 à 79 cm ; queue, 2,5 cm

C'est un animal nocturne, habituellement solitaire, qui passe ses journées dans un terrier creusé dans la berge d'un cours d'eau, parmi les racines ou sous les rochers. Il émerge après le coucher du soleil pour se nourrir. Le paca pénètre volontiers dans l'eau. On pense qu'il met bas 2 portées par an, de 1 jeune, rarement 2.

Famille des Dasyproctidae : Agoutis

Les 13 espèces composant cette famille sont réparties à travers l'Amérique centrale et latine. Ce sont des rongeurs de taille moyenne, aux membres bien adaptés à la course.

La famille se compose de 2 groupes : les agoutis, qui sont diurnes, et les acouchis, dont on sait peu de chose. Tous ces animaux ont été abondamment chassés pour leur chair. Ils se nourrissent de feuilles, de fruits, de racines et de tiges ; il leur arrive de faire des provisions dans un grenier souterrain.

Agouti doré, *Dasyprocta leporina*
Distribution : Venezuela, est du Brésil, Petites Antilles
Habitat : forêts, savane
Taille : corps, 41 à 62 cm ; queue, 1 à 3 cm

Les agoutis sont des animaux diurnes et sociaux. Bons coureurs, ils sont également capables de bondir sur leurs pattes postérieures jusqu'à 2 m de haut. Ils gîtent dans un terrier creusé dans la berge d'un cours d'eau, sous un arbre ou une pierre, et tracent des pistes reliant leur terrier à leurs sites alimentaires. On pense qu'ils mettent bas 2 portées par an, de 2 à 4 jeunes chacune.

CHINCHILLAS ET APPARENTÉS

Famille des Chinchillidae : Viscaches et Chinchillas

Cette famille compte environ 6 espèces, toutes sud-américaines. Ce sont des animaux à la belle fourrure épaisse, particulièrement recherchée en ce qui concerne les chinchillas, au point que les populations sauvages de ces espèces sont aujourd'hui menacées d'extinction.

Leurs membres postérieurs sont plus longs que les antérieurs. Aptes à la course et au saut, ce sont aussi de bons grimpeurs. Ils se nourrissent de matière végétale, y compris de racines et tubercules, et possèdent des dents jugales à croissance continue. Sociaux, ils vivent en petits groupes familiaux qui s'assemblent en colonies plus vastes. Ils creusent des terriers là où cela est possible ; ailleurs, ils gîtent sous les rochers.

Viscache ou Lièvre des pampas, *Lagostomus maximus*
Distribution : Argentine
Habitat : zones herbeuses
Taille : corps, 47 à 66 cm ; queue, 15 à 20 cm

C'est un robuste rongeur à grosse tête et nez obtus. Les mâles sont plus grands que les femelles. Ces viscaches vivent en colonies dans des terriers complexes, à plusieurs issues et nombreuses galeries. Fouisseurs accomplis, ces animaux creusent au moyen de leurs membres antérieurs et repoussent la terre du nez ; leurs narines sont alors obturées.

Les femelles se reproduisent une fois par an, parfois deux sous les climats cléments. Elles mettent généralement bas 2 jeunes, après 5 mois de gestation.

Chinchilla à longue queue, *Chinchilla laniger* VU
Distribution : nord du Chili
Habitat : zones rocheuses et montagneuses
Taille : corps, 22,5 à 38 cm ; queue, 7,5 à 15 cm

C'est un bel animal à longues oreilles, grands yeux et queue touffue. Ces chinchillas vivent en colonies de 100 individus et plus, qui gîtent dans les cavités ou les crevasses de rochers. Ils se nourrissent de la végétation disponible, mangent assis sur leur arrière-train, la nourriture étant tenue entre les pattes antérieures.

Les femelles sont plus grandes que les mâles et se montrent agressives entre elles. Elles mettent bas en hiver, généralement à raison de 2 portées par saison, de 1 à 6 jeunes chacune. La gestation dure 111 jours ; les petits sont allaités durant 6 à 8 semaines.

Largement exploité pour sa fourrure, le chinchilla, devenu rare à l'état sauvage, est aujourd'hui élevé commercialement un peu partout dans le monde.

Famille des Capromyidae : Hutias

Cette famille, dont plusieurs espèces ont disparu récemment, ne compte plus que quelque 12 espèces. Toutes les espèces survivantes habitent les Antilles.

Hutia à longue queue, *Geocapromys ingrahami* VU
Distribution : Bahamas
Habitat : forêts
Taille : corps, 30 à 50 cm ; queue, 15 à 30 cm

Il se nourrit principalement de fruits et de feuilles, parfois d'invertébrés et de reptiles de petite taille. Bon grimpeur, il lui arrive de se nourrir dans les arbres. Il est diurne et gîte durant la nuit dans un terrier ou une crevasse de rocher.

Il se reproduirait tout au long de l'année là où la température ne s'abaisse pas au-dessous de 15 °C, produisant des portées de 2 à 9 jeunes.

Victimes de l'introduction dans leur aire de distribution des mangoustes et des chiens, certaines espèces de hutias sont aujourd'hui très gravement menacées d'extinction.

Famille des Myocastridae : Ragondin

Cette famille ne comprend qu'une seule espèce : le ragondin, rongeur semi-aquatique originaire d'Amérique du Sud.

Ragondin, *Myocastor coypus*
Distribution : de la Bolivie et du sud du Brésil au Chili et à l'Argentine ; introduit en Amérique du Nord, Europe et Asie
Habitat : près des marais, des lacs et des cours d'eau
Taille : corps, 43 à 63 cm ; queue, 25 à 42 cm

Semi-aquatique, le ragondin nage et plonge bien ; il ressemble à un castor, avec une queue de rat. Ses pattes postérieures sont palmées, densément poilues. Le ragondin se nourrit de végétation aquatique et peut-être de mollusques. Il creuse son terrier dans les berges, trace des pistes sur son territoire et cause des dommages aux cultures. Des spécimens échappés d'élevages ont reconstitué à travers le monde des populations libres, parfois considérées comme nuisibles.

Les portées sont au nombre de 2 ou 3 au cours de l'année, et elles atteignent 10 jeunes chacune ; la durée de gestation est de 132 jours. Les jeunes sont aptes à la nage quelques heures seulement après leur naissance.

Famille des Octodontidae : Octodons ou Pseudo-rats

Cette famille rassemble 9 espèces sud-américaines, à silhouette de rat, nez arrondi, et longue queue velue pour la plupart. Bons fouisseurs, les octodons sont végétariens.

Dègue du Chili, *Octodon degus*
Distribution : ouest du Pérou, Chili
Habitat : montagnes, régions côtières
Taille : corps, 12,5 à 19,5 cm ; queue, 10 à 16 cm

C'est un rongeur trapu, à membres courts et tête proportionnellement grosse. Diurne, le dègue se nourrit de plantes, bulbes et tubercules. On pense qu'il produit plusieurs portées annuelles de 2 jeunes chacune.

Famille des Ctenomyidae : Tucos-tucos ou Rats à peigne

Cette famille compte 38 espèces, toutes sud-américaines. Selon certains spécialistes, les cténomyidés formeraient un groupe très voisin de celui des octodontidés, dont les représentants se seraient hautement spécialisés dans le fouissage et la vie souterraine.

Tuco-tuco, *Ctenomys talarum*
Distribution : est de l'Argentine
Habitat : zones herbeuses
Taille : corps, 17 à 25 cm ; queue, 6 à 11 cm

Les tucos-tucos ressemblent beaucoup aux gaufres à poches (géomyidés) nord-américaines et, comme elles, ils vivent dans des terriers complexes. Leurs dents antérieures sont énormes par rapport à la taille de l'animal, et utilisées lors du fouissage pour les terriers ; la terre est ensuite déblayée au moyen des pattes. Les tucos-tucos passent presque toute leur existence sous terre et se nourrissent de racines, tiges et tubercules.

L'accouplement a lieu en hiver et au printemps. Une seule portée de 2 à 5 jeunes bien développés est mise bas après 15 semaines environ de gestation.

Famille des Abrocomidae : Rats-chinchillas

Il y a 2 espèces, habitant l'Amérique latine. Leur fourrure rappelle celle du chinchilla, mais elle est de moins bonne qualité. La silhouette est ratiforme.

Rat-chinchilla du Chili, *Abrocoma bennetti*
Distribution : Chili
Habitat : hautes plaines côtières
Taille : corps, 19 à 25 cm ; queue, 13 à 18 cm

Cet habitant des régions montagneuses froides et désolées est mal connu. Il se nourrit de matière végétale, possède des dents jugales à croissance continue. Essentiellement terrestre, il lui arrive de grimper aux arbres pour se nourrir. Il gîte dans un terrier ou une crevasse de rocher, apparemment en groupe.

RATS-PORCS-ÉPICS, RATS DES ROSEAUX ET APPARENTÉS

Famille des Echimyidae : Rats-porcs-épics américains

Cette famille de quelque 63 espèces est représentée du Nicaragua au Brésil central. Ce sont, pour la plupart, des créatures robustes, à silhouette de rat, avec un pelage plus ou moins épineux. Les rats-porcs-épics se nourrissent de diverses matières végétales. Ils affectionnent généralement les abords des cours d'eau. Comme nombre de rongeurs sud-américains, les rats-porcs-épics mettent bas, après une longue gestation, des jeunes bien développés, capables de courir dans les heures suivant leur naissance.

Diplomys labilis
Distribution : Panama
Habitat : forêts
Taille : corps, 25 à 48 cm ; queue, 20 à 28 cm

Bien adapté à la vie arboricole, *Diplomys labilis* est doté d'orteils longs et forts, terminés par des griffes courbes qui lui permettent d'agripper l'écorce la plus lisse. Il saute de branche en branche, les membres étendus latéralement, de façon à étaler les membranes qui bordent ses flancs.

D. labilis fait son nid dans les trous d'arbres, en bordure de l'eau. Sa reproduction n'est pas saisonnière ; après une gestation d'environ 60 jours, la femelle met bas une portée de 2 jeunes. Les petits sont capables de se déplacer parmi les branches dans les heures qui suivent leur naissance.

Rat cuirassé, *Hoplomys gymnurus*
Distribution : du Nicaragua, vers le sud, à la Colombie et l'Équateur
Habitat : forêts pluviales, clairières herbeuses
Taille : corps, 22 à 32 cm ; queue, 15 à 25 cm

C'est le plus épineux des rats-porcs-épics. Le pelage épais est fait de piquants acérés sur le dos et les flancs. Ce rongeur vit dans un terrier peu profond et simple, en bordure des cours d'eau. Le rat cuirassé se nourrit durant la nuit.

Il se reproduit tout au long de l'année, à raison de 1 à 3 jeunes par portée.

Famille des Thryonomyidae : Rats des roseaux

Cette famille de 2 espèces est répartie à travers l'Afrique, au sud du Sahara. Ces rongeurs, qui peuvent peser jusqu'à 7 kg, constituent une importante source de protéines pour certaines tribus. Ils effectuent des ravages sérieux dans les cultures de canne à sucre, en dépouillant la tige de son écorce pour manger la partie centrale.

Aulacode, *Thryonomys swinderianus*
Distribution : Afrique, au sud du Sahara
Habitat : plaines herbeuses, plantations de canne à sucre
Taille : corps, 35 à 61 cm ; queue, 7 à 25 cm

En règle générale, l'aulacode ne gîte pas dans un terrier ; il construit, au moyen de végétation découpée, une plate-forme réservée au sommeil. À l'occasion, il peut s'approprier une tanière d'oryctérope ou de porc-épic, ou encore trouver refuge dans un tas de cailloux. En Afrique australe, on sait qu'il s'accouple d'avril à juin et donne naissance à des portées de 2 à 4 jeunes après une période de 2 mois de gestation. Les nouveau-nés sont bien développés ; ils ont les yeux ouverts et sont capables de courir peu après leur naissance.

Famille des Petromuridae : Rat des rochers africain

L'unique rongeur constituant cette famille ressemble plus à un écureuil qu'à un rat. Son nom commun vient du fait que, comme le daman des rochers, il passe des heures entières à lézarder sur un rocher, se déplaçant avec le soleil pour capter le plus de chaleur possible. Pendant que les autres lézardent, un membre de la colonie est toujours posté pour guetter les prédateurs – mangoustes, aigles, léopards... ; en cas de danger, le guetteur pousse de strident cris d'alarme.

Rat des rochers, *Petromus typicus*

Distribution : Afrique (Angola, Namibie, nord-ouest de l'Afrique du Sud)
Habitat : collines rocheuses arides
Taille : corps, 14 à 20 cm ; queue, 13 à 18 cm

Diurne, le rat des rochers vit en colonie. Il se nourrit de fruits, de graines et de baies. Il s'accouple en début d'été (octobre) et donne naissance en fin décembre à une portée de 1 ou 2 jeunes.

Famille des Bathyergidae : Rats-taupes africains

Les 8 espèces de bathyergidés sont réparties à travers l'Afrique, au sud du Sahara. Hautement spécialisés pour la vie souterraine, ces animaux virtuellement aveugles possèdent des incisives et des griffes puissantes, adaptées au fouissage. Leur crâne gros et solide leur sert de bélier. Ils se nourrissent surtout d'organes végétaux souterrains – bulbes et tubercules –, accessoirement de vers et de larves d'insectes. Exception faite du rat nu des sables, ils possèdent un épais pelage velouté qui rappelle beaucoup celui des taupes.

Fouisseur du Cap, *Bathyergus suillus*

Distribution : Afrique du Sud, jusqu'au cap de Bonne-Espérance
Habitat : dunes de sable, plaines sableuses
Taille : corps, 17,5 à 33 cm ; queue, 4 à 7 cm

C'est le plus grand membre de la famille : il peut peser jusqu'à 1,5 kg. Le fouisseur du Cap possède de grandes incisives pouvant atteindre 2 mm de diamètre, avec lesquelles il inflige de cruelles morsures.

Il construit, généralement près de la surface, de vastes réseaux de galeries souterraines qui peuvent constituer une sérieuse menace pour les cultures.

En novembre ou décembre, les femelles mettent bas de 3 à 5 jeunes bien développés.

Rat nu des sables, *Heterocephalus glaber*

Distribution : Somalie, Éthiopie, nord du Kenya
Habitat : steppe aride, terrains sableux légers
Taille : corps, 8 à 9 cm ; queue, 3,5 à 4 cm

Cette espèce, la plus petite de la famille, compte parmi les mammifères les plus étranges que l'on connaisse. En effet, elle s'organise en une structure unique, beaucoup plus proche de celle de certains insectes que du comportement des autres mammifères. Chaque colonie se compose d'une centaine d'individus et est régie par une reine qui est seule à se reproduire. Elle est soignée par quelques non-ouvriers des deux sexes, plus gras et moins actifs que les ouvriers. Ces derniers se chargent de creuser le terrier et d'approvisionner la colonie en racines et tubercules.

La reine paraît être capable d'inhiber la maturation sexuelle chez les autres femelles de la colonie, mais on ignore complètement de quelle manière. Elle produit plusieurs portées par an, atteignant 20 jeunes chacune. Si elle meurt ou si elle est destituée, c'est une non-ouvrière qui devient la nouvelle reine et est chargée de la reproduction.

RATS-ÉLÉPHANTS ET TENRECS

ORDRE DES MACROSCÉLIDÉS

FAMILLE DES MACROSCELIDIDAE : RATS-ÉLÉPHANTS

Les 15 espèces de rats-éléphants africains qui constituent cette famille ont un museau prolongé par une petite trompe. Autrefois rangées parmi les insectivores, elles sont aujourd'hui classées à l'intérieur de leur ordre.

Rat-éléphant à oreilles courtes, *Macroscelides proboscideus* **VU**
DISTRIBUTION : Afrique (Namibie, Afrique du Sud : province du Cap)
HABITAT : plaines, formations rocheuses
TAILLE : corps, 9,5 à 12,5 cm ; queue, 9,5 à 14 cm

Cet animal abondant, à activité diurne aussi bien que nocturne, se nourrit de termites dans les nids desquels il lui arrive de creuser des terriers. Graines, fruits et baies font également partie de son régime alimentaire et, pour se les procurer, il saute d'une branchette à une autre sur ses puissantes pattes postérieures, sa queue lui servant de balancier.

À la saison des pluies, la femelle met bas une portée de 1 ou 2 jeunes bien développés, qu'elle semble n'allaiter que pendant quelques jours.

ORDRE DES INSECTIVORES

Cet ordre qui compte environ 384 espèces est représenté dans le monde entier, excepté en Australie et dans la moitié sud de l'Amérique latine. Il regroupe des mammifères placentaires terrestres ou fouisseurs, qui se nourrissent essentiellement d'insectes et d'invertébrés.

FAMILLE DES TENRECIDAE : TENRECS ET POTAMOGALES

La famille compte 24 espèces de tenrecs confinées à Madagascar et aux Comores, et 3 de potamogales en Afrique occidentale. Les tenrécidés sont intéressants du point de vue zoologique de par les adaptations qu'ils ont développées : les *Tenrec* rappellent les opossums nord-américains, les *Setifer* ressemblent à des hérissons, les *Microgale* à des musaraignes, et les *Oryzorictes* à des taupes.

Les tenrécidés présentent un certain nombre de caractères considérés comme archaïques, telle la présence d'un cloaque.

Tenrec commun ou Grand Tenrec, *Tenrec ecaudatus*
DISTRIBUTION : Madagascar, Comores
HABITAT : brousse, clairières des forêts sèches, hauts plateaux
TAILLE : corps, 27 à 39 cm ; queue, 1 à 1,6 cm

Avec son pelage hérissé de poils rigides et de piquants, il ressemble un peu au hérisson. De nuit, il arpente la végétation en décomposition et la litière de feuilles, à la recherche d'insectes, de vers et de racines. Il consomme également des fruits. Sa thermorégulation est imparfaite, et il tombe en léthargie pendant la saison sèche : après avoir emmagasiné des réserves graisseuses, il s'enfouit au fond de son terrier et s'endort pour 6 mois.

Au sortir de l'hibernation, soit au début d'octobre, les tenrecs s'accouplent ; en novembre, les femelles mettent bas jusqu'à 25 petits, sur lesquels une quinzaine survivent.

Grand Tenrec-hérisson, *Setifer setosus*
DISTRIBUTION : Madagascar
HABITAT : forêts sèches, hauts plateaux
TAILLE : corps, 15 à 19 cm ; queue, 1 à 1,6 cm

L'espèce est caractérisée par un épais revêtement de piquants, aux extrémités blanches, diversement orientés. Dérangé, l'animal s'enroule sur lui-même et émet une série de couinements et de grognements.

En janvier, la femelle met bas jusqu'à 6 jeunes dont les piquants mous durciront en 2 semaines.

Hémicentète ou Tenrec rayé, *Hemicentetes semispinosus*
Distribution : Madagascar
Habitat : buissons, orées de forêts
Taille : corps, 16 à 19 cm ; queue, vestige

Bien que moins densément épineuse que le grand tenrec-hérisson, cette espèce est apte à se protéger en s'enroulant partiellement sur elle-même. Dérangé, l'hémicentète produit un cliquetis en faisant vibrer une touffe de piquants située au milieu du dos. Il n'hiberne pas à proprement parler, mais son activité s'interrompt durant les périodes de froid. Comme les autres tenrécidés, l'hémicentète se nourrit d'insectes et d'autres invertébrés.

La femelle est sexuellement mature à 8 semaines et produit des portées de 7 à 11 jeunes, entre décembre et mars, après une gestation d'au moins 50 jours.

Oryzoricte, *Oryzorictes hova*
Distribution : Madagascar
Habitat : zones marécageuses
Taille : corps, 8 à 13 cm ; queue, 3 à 5 cm

Les oryzorictes ressemblent à des taupes ; ils occupent les bords des rizières et passent la majeure partie de leur temps sous terre ; leurs membres antérieurs sont bien adaptés au fouissage. Ils se nourrissent d'invertébrés, mais il semble bien qu'ils consomment également des mollusques et des crustacés.

Les animaux ne sortent que la nuit, mais ils mènent aussi une activité souterraine durant la journée. On ignore absolument tout de leur reproduction, sinon qu'ils sont suffisamment abondants pour être considérés comme nuisibles dans les zones malgaches de culture du riz.

Microgale à longue queue, *Microgale longicaudata*
LR : lc
Distribution : Madagascar
Habitat : forêts (du niveau de la mer aux montagnes)
Taille : corps, 5 à 15 cm ; queue, 7,5 à 17 cm

Ce tenrécidé occupe la niche écologique des musaraignes dans d'autres parties du monde. Le pelage est court, mais dense, presque dépourvu des piquants qui sont si communs chez les membres de cette famille.

Excellent grimpeur, le microgale à longue queue se nourrit pourtant sur le sol de la forêt, essentiellement de larves, de vers et de petits insectes.

Comme les musaraignes, cet animal est actif de jour comme de nuit, avec des horaires différents selon les individus. La reproduction de cette espèce est mal connue, mais on suppose que les femelles mettent bas 2 à 4 jeunes par portée. Le microgale ne semble pas hiberner.

Potamogale, *Potamogale velox*
Distribution : ouest et centre de l'Afrique équatoriale
Habitat : torrents et rivières, du niveau de la mer à 1 800 m
Taille : corps, 29 à 35 cm ; queue, 24 à 29 cm

La sous-famille des potamogalinés est insérée parmi les tenrécidés, dont ses 3 représentants diffèrent par des détails anatomiques et par leur répartition géographique. *P. velox*, le plus grand potamogaliné, offre une certaine ressemblance avec une loutre, avec sa tête aplatie et sa queue épaisse. Le pelage est serré, formé de poils courts et hérissés qui isolent bien le corps.

Pendant le jour, il dort dans un terrier qui s'ouvre au-dessous du niveau de l'eau. Il chasse la nuit crabes, poissons et grenouilles, qu'il poursuit avec une grande agilité.

Il mène une vie solitaire mais s'apparie un peu avant le rut. La femelle met bas 2 ou 3 jeunes par an.

TAUPES DORÉES, GYMNURES ET HÉRISSONS

Famille des Chrysochloridae : Taupes dorées

Superficiellement, les taupes dorées ressemblent aux vraies taupes, mais il s'agit là d'une convergence due à l'identité des modes de vie et non d'une véritable parenté. Les taupes dorées sont des animaux au corps cylindrique, aux membres courts et puissants, avec une queue vestigiale. Le pelage est épais, lustré, comme irisé de reflets métalliques. Les yeux sont minuscules ou recouverts par la peau. Les membres antérieurs sont terminés par 4 doigts, dont les deux médians sont dotés d'énormes griffes, parfaitement adaptées au fouissage.

Les 18 espèces de taupes dorées vivent en Afrique, au sud d'une ligne joignant le Cameroun à la Tanzanie. Elles y occupent les habitats les plus divers.

Taupe dorée du Cap, *Chrysochloris asiatica*
Distribution : Afrique du Sud (ouest de la province du Cap)
Habitat : sols meubles, jusqu'à 2 800 m
Taille : corps, 9 à 14 cm ; queue, absente

En Afrique australe, la taupe dorée du Cap rend de fréquentes visites aux jardins et exploitations agricoles ; on détecte sa présence aux craquelures du sol révélant des galeries superficielles qu'elle creuse à partir d'un buisson ou d'un hangar. La nuit, l'animal peut venir à la surface par temps de pluie, en quête de coléoptères, de vers et de larves.

La femelle met bas 1 portée par an, à la saison des pluies. Les 2 à 4 petits sont déposés dans un nid d'herbe construit dans la partie profonde du terrier. La mère les allaite durant presque 3 mois, jusqu'à l'apparition des dents.

Taupe dorée hottentote, *Amblysomus hottentotus*
Distribution : Afrique du Sud
Habitat : plaines sableuses ou tourbeuses
Taille : corps, 8,5 à 13 cm ; queue, absente

C'est une représentante originale de la famille en ce qu'elle n'a que 2 griffes à chaque main. Ses galeries peuvent causer de sérieux dommages aux vergers et aux cultures, mais, dans l'ensemble, cet animal est plus utile que nuisible, du fait qu'il détruit les insectes, les larves de coléoptères et autres fléaux des cultures.

L'accouplement a lieu entre novembre et février, au plus fort de la saison des pluies ; chaque portée compte 2 jeunes.

Grande Taupe dorée, *Chrysospalax trevelyani* EN
Distribution : Afrique du Sud (est de la province du Cap)
Habitat : forêts
Taille : corps, 20 à 24 cm ; queue, absente

C'est la géante de la famille : elle peut peser jusqu'à 1,5 kg. Elle est devenue si rare que l'on la craint qu'elle ne soit aujourd'hui au bord de l'extinction.

La grande taupe dorée vient souvent chasser à la surface, en quête de coléoptères, petits lézards, limaces et lombrics. Dérangée, elle file droit sur son terrier ; on ignore d'ailleurs de quelle manière elle en retrouve le chemin.

La grande taupe dorée se reproduit durant la saison des pluies hivernales et mettrait bas 2 petits par portée.

Famille des Erinaceidae : Gymnures et Hérissons

Cette famille de 20 espèces réunit les gymnures et les hérissons proprement dits. Les hérissons sont des habitants de l'Ancien Monde, de l'Europe à l'Asie et la Chine occidentale, en Afrique avec l'Angola pour limite australe ; les gymnures sont localisés en Asie du Sud-Est : Indochine, Malaisie, Bornéo, Philippines, nord du Myanmar. Les érinacéidés se nourrissent de vers, d'insectes et de mollusques, mais aussi de baies, de lézards, de grenouilles et d'oiseaux.

Dans le nord de leur aire de distribution, les hérissons connaissent une période d'hibernation.

Hérisson d'Europe, *Erinaceus europaeus*
Distribution : toute l'Europe, atteint au nord la Scandinavie et à l'est la Roumanie ; introduit en Nouvelle-Zélande
Habitat : broussailles, forêts, terres cultivées, friches
Taille : corps, 13,5 à 27 cm ; queue, 1 à 5 cm

C'est l'un des petits mammifères les plus répandus en Europe. C'est un animal assez bruyant, qui grogne et qui renifle. Son dos, ses flancs et le dessus de sa tête portent de nombreux piquants qu'un muscle peaucier en coupole permet d'ériger lorsqu'il se sent menacé et se met en boule. La poitrine et le ventre sont couverts d'un pelage rude et brun. Crépusculaire et nocturne, le hérisson se réveille dès la tombée du jour et se met en chasse, mangeant à peu près tout ce qu'il rencontre.

La femelle met bas, une ou deux fois par an, des portées de 5 jeunes en moyenne, qu'elle allaite durant 5 semaines. Dans le nord de leur aire, les hérissons connaissent une période de léthargie hivernale.

Hérisson du désert, *Paraechinus aethiopicus*
Distribution : Afrique du Nord, du Moyen-Orient à l'Irak
Habitat : zones désertiques et semi-désertiques
Taille : corps 14 à 23 cm ; queue, 1 à 4 cm

Un peu plus petit que son cousin d'Europe, il lui ressemble, mais sa coloration est plus variable. Les piquants sont généralement chamois clair, à extrémité plus foncée, mais les formes noir et blanc ne sont pas rares. Les hérissons du désert creusent des terriers simples dans lesquels ils passent leurs journées ; ils en émergent la nuit, en quête d'invertébrés et d'œufs d'oiseaux nichant sur le sol. Ils raffolent des scorpions, dont ils arrachent l'aiguillon avant de les manger. Ce hérisson possède probablement des reins hautement adaptés lui permettant de survivre à de longues périodes de sécheresse.

En juillet ou en août, la femelle met bas une portée de 5 jeunes en moyenne.

Grand Gymnure, *Echinosorex gymnurus*
Distribution : Cambodge, vers l'est jusqu'au Myanmar
Habitat : forêts, mangroves
Taille : corps, 26 à 44 cm ; queue, 20 à 21 cm

C'est l'un des plus grands insectivores. Cet animal a un pelage hirsute, une queue en partie velue, en partie écailleuse. Les espèces du genre possèdent dans la région anale des glandes qui sécrètent une substance d'odeur fétide lorsqu'elles se sentent menacées. Le grand gymnure passe ses journées dans les crevasses rocheuses ou entre les racines des arbres ; à la nuit tombée, il se met en quête de mollusques, d'insectes et de vers de terre ; il mange aussi des fruits, des poissons et des crabes.

Il semble que l'accouplement de ces animaux ait lieu à n'importe quelle période de l'année et que la femelle mette bas des portées composées de 2 jeunes.

Gymnure des Philippines, *Podogymnura truei* EN
Distribution : Philippines (Mindanao)
Habitat : forêts d'altitude et lisières de forêts, de 1 600 à 2 300 m
Taille : corps, 13 à 15 cm ; queue, 4 à 7 cm

Cet animal a une aire de distribution restreinte. Il n'a jamais été commun, mais est aujourd'hui sérieusement menacé d'extinction par les travaux de défrichage qui bouleversent son habitat. Son pelage est long et souple, sa queue plus velue que chez *Echinosorex*. Il se nourrit d'insectes, de vers, voire de charognes. On ignore tout de sa reproduction.

MUSARAIGNES

Famille des Soricidae : Musaraignes

La famille des soricidés rassemble plus de 280 espèces, largement distribuées sur la planète, à l'exception de l'Australie, de la Nouvelle-Zélande, des Antilles et de presque toute l'Amérique du Sud. Ce sont des insectivores qui vivent, pour la plupart, sur le sol de la forêt ou dans les pâtures, se nourrissant de nombreux types d'invertébrés, voire de charognes. Les musaraignes aquatiques sont connues pour s'attaquer aux grenouilles et aux petits poissons, qu'elles tuent en leur injectant par morsure le venin contenu dans leur salive.

Les musaraignes sont d'actives créatures au métabolisme élevé : leur cœur peut battre à 1 200 pulsations par minute, et leur appétit est prodigieux par rapport à leur taille. Même dans les régions septentrionales, elles ne sont pas forcées d'hiberner, et ce, grâce aux réserves qu'elles emmagasinent durant la belle saison. Elles sont chassées par les hiboux et les faucons, mais possèdent des glandes cutanées latérales qui dégagent une odeur désagréable servant à éloigner les prédateurs.

Certaines espèces de musaraignes ont la réputation de manger leurs fèces et probablement celles d'autres créatures, augmentant ainsi considérablement leur apport en vitamines B et K ainsi qu'en autres éléments nutritifs. Il semble que cette pratique soit à rapprocher de l'hyperactivité des musaraignes. Elles chassent essentiellement à l'odorat, leurs yeux minuscules ne leur étant certainement que de peu d'utilité.

chacune. Les petits sont sevrés au bout d'environ 1 mois, mais la famille reste cependant groupée durant 1 mois encore avant de se disperser.

Musaraigne à queue courte d'Amérique, *Blarina brevicaudata*
Distribution : est des États-Unis
Habitat : presque tous les habitats terrestres
Taille : corps, 7,5 à 10,5 cm ; queue, 1,5 à 3 cm

Cette espèce abondante et répandue est originale sous deux aspects : d'une part, elle semble plus ou moins grégaire, dans la mesure où on l'a vue en captivité rechercher la compagnie de ses congénères ; d'autre part, elle escalade souvent les arbres pour se nourrir, ce qui est rare chez les musaraignes.

Aux États-Unis, cette musaraigne est utile en ce qu'elle contrôle la prolifération de la mouche à scie du mélèze et autres insectes nuisibles de la forêt. Elle construit des nids circulaires d'herbe sous les souches ou le bois coupé, et met bas 3 ou 4 portées par an, comptant jusqu'à 9 jeunes chacune. La gestation dure de 17 à 21 jours.

Musaraigne cendrée, *Sorex cinereus*
Distribution : du nord de l'Amérique du Nord au Nouveau-Mexique
Habitat : forêts humides
Taille : corps, 4,5 à 9,5 cm ; queue, 2,5 à 8 cm

Cette espèce est commune en Amérique du Nord, mais moins abondante dans les régions arides du Sud. Elle vit sur le sol de la forêt, dans lequel elle creuse des terriers quand elle n'emprunte pas ceux d'autres animaux. Aussi bien diurne que nocturne, elle connaît sept périodes d'activité nutritionnelle par 24 heures. Si elle préfère les vers de terre et les escargots, elle consomme aussi une grande variété d'invertébrés.

Généralement solitaire, la musaraigne cendrée ne devient sociable que pour se reproduire. En fin de printemps et en été, la femelle met bas plusieurs portées pouvant réunir 10 jeunes

Grande Musaraigne du désert, *Megasorex gigas*
Distribution : bordure côtière occidentale du Mexique
Habitat : forêts sèches, zones rocheuses ou semi-désertiques
Taille : corps, 8 à 9 cm ; queue, 4 à 5 cm

Cette musaraigne a de grandes oreilles, bien évidentes. Comme c'est le cas de la plupart des mammifères vivant dans les zones désertiques, elle n'est active que la nuit, émergeant des crevasses rocheuses pour se nourrir d'insectes et de vers. Son activité exclusivement nocturne ne l'empêche pourtant pas de consommer les trois quarts de son poids en nourriture par période de 24 heures. On ignore totalement son mode de reproduction.

Crocidure de Ceylan, *Crocidura miya* **EN**

Distribution : Sri Lanka

Habitat : forêts sèches ou humides, savane

Taille : corps, 5 à 6,5 cm ; queue, 4 à 4,5 cm

C'est une musaraigne à longue queue faiblement velue ; elle vit sur le sol de la forêt, dont l'humidité encourage la prolifération des invertébrés qui lui servent de nourriture. À l'occasion, elle mange aussi petits lézards et jeunes oiseaux. Elle est protégée de la plupart des prédateurs par une sécrétion glandulaire à l'odeur désagréable.

La saison des amours s'étend du mois de mars au mois de novembre ; la femelle met bas environ 5 portées, comptant jusqu'à 6 petits chacune. Environ 8 jours plus tard, les jeunes sont en âge de quitter le nid pour la première fois. Ils adoptent alors une curieuse formation : ils suivent la mère en file indienne, chacun tenant l'autre à la base de la queue. Cette formation en caravane semble être l'apanage des crocidures.

Pachyure étrusque, *Suncus etruscus*

Distribution : sud de l'Europe et de l'Asie, Afrique

Habitat : zones herbeuses semi-arides, broussailles, pentes rocheuses

Taille : corps, 3,5 à 5 cm ; queue, 2,5 à 3 cm

C'est l'un des plus petits mammifères terrestres connus : il pèse environ 2 g. Pour survivre, un animal aussi minuscule doit nécessairement disposer en permanence d'une abondante source de nourriture, cela expliquant probablement en partie qu'il soit confiné aux régions les plus chaudes de l'Ancien Monde. Il est, en outre, revêtu d'un pelage particulièrement épais, qui limite les déperditions de chaleur.

Le régime alimentaire du pachyure étrusque se compose essentiellement d'araignées et d'insectes presque aussi gros que lui, dont les criquets et les blattes.

On ignore absolument tout de la reproduction du pachyure étrusque, mais, du fait qu'il reste abondant, on peut penser que sa petite taille le protège dans une certaine mesure des prédateurs.

Myosorex varius

Distribution : Afrique du Sud, nord du Limpopo

Habitat : zones humides, forêts, broussailles, berges des cours d'eau

Taille : corps, 6 à 11 cm ; queue, 3 à 5,5 cm

C'est peut-être la plus primitive des musaraignes actuelles. *Myosorex varius* possède à la mandibule deux dents supplémentaires qui la rapprochent d'anciens mammifères disparus ; cela mis à part, elle ressemble à une musaraigne.

Elle ne semble pas creuser ni emprunter de terrier, mais passe sa journée dans les cavités naturelles. Elle construit des nids d'herbe servant au sommeil et à la reproduction.

Les femelles mettent bas jusqu'à 6 portées chaque année, qui se composent de 2 à 4 jeunes chacune.

Musaraigne cuirassée de l'Ouganda, *Scutisorex somereni*

Distribution : Afrique (Ouganda, près de Kampala)

Habitat : forêts

Taille : corps, 12 à 15 cm ; queue, 7 à 9,5 cm

C'est une espèce tout à fait étonnante, à la colonne vertébrale renforcée par un réseau d'excroissances osseuses formant une cuirasse, d'où son nom commun. Certains affirment que la musaraigne cuirassée peut supporter sans dommages le poids d'un homme adulte. En dépit de cette particularité anatomique étrange, l'animal a bien un comportement de musaraigne, sinon que ses mouvements semblent pondérés et soigneusement calculés lorsqu'il chasse.

Le régime alimentaire de la musaraigne cuirassée semble se composer de plantes aussi bien que d'invertébrés. On pense qu'elle se reproduit à n'importe quelle époque de l'année.

SOLÉNODONS, TAUPES ET LÉMURS VOLANTS

Famille des Solenodontidae : Solénodons

Il n'existe que 2 espèces de solénodons actuels : *Solenodon cubanus*, qui vit à Cuba, et *S. paradoxus*, qui habite Haïti et la république Dominicaine. Les solénodons se présentent comme des musaraignes géantes. Ils ont un curieux museau très allongé, de très petits yeux, et sont essentiellement nocturnes.

Les solénodons ont un taux de croissance et de reproduction faibles, et, du fait qu'ils sont détruits par les carnivores importés : chiens, chats et mangoustes, ils sont vraisemblablement promis à une prochaine extinction, à moins que les mesures de préservation en cours ne portent leurs fruits.

Solenodon cubanus **EN**

Distribution :	Cuba
Habitat :	forêts de montagne
Taille :	corps, 28 à 32 cm ; queue, 17 à 25 cm

Le régime alimentaire des solénodons est varié. La nuit, ils courent en tous sens, fouillant le sol à l'aide de leur museau, à la recherche d'insectes et autres invertébrés, de champignons et de racines. Ils grimpent bien et se nourrissent aussi de baies et de bourgeons, ainsi que de proies vivantes. Au moyen du venin sécrété par les glandes salivaires modifiées de sa mandibule, le solénodon peut tuer lézards, grenouilles, petits oiseaux et même rongeurs. En revanche, il n'est pas immunisé contre le venin de ses congénères, et on a enregistré en captivité des cas de morts de solénodons, survenues à la suite d'une lutte.

Les solénodons mettent bas de 1 à 3 jeunes par portée.

Famille des Talpidae : Taupes

Au nombre de 19 espèces, les taupes sont en majorité des animaux qui mènent une vie souterraine, à l'exception de 2 espèces de desmans et de la taupe à nez étoilé, qui sont adaptées à la vie aquatique. Les taupes proprement dites habitent les régions tempérées de l'Ancien Monde ; des formes différentes vivent en Asie et en Amérique du Nord.

Les taupes ont toutes des pattes antérieures élargies en forme de pelle et terminées par des griffes propres à creuser le sol. Elles viennent rarement à la surface et n'ont que des yeux vestigiaux, recouverts de peau velue. Leur sens du toucher est très développé, leurs vibrisses faciales réagissant à la moindre vibration. Elles progressent avec la même aisance en marche avant ou en marche arrière et, dans ce dernier cas, leur queue est dressée et ses poils sensoriels avertissent l'animal de l'approche d'un danger.

Taupe du Pacifique, *Scapanus orarius*

Distribution :	Amérique du Nord (de la Colombie-Britannique à la Basse-Californie)
Habitat :	forêts de feuillus bien drainées
Taille :	corps, 11 à 18,5 cm ; queue, 2 à 5,5 cm

La taupe du Pacifique a les narines qui s'ouvrent vers le haut. Ses yeux sont beaucoup plus visibles que chez les autres membres des talpidés, ce qui n'implique pas forcément que sa vue soit meilleure. Elle mène une vie souterraine et s'aventure rarement à la surface.

Les taupes du Pacifique se nourrissent de vers de terre et de larves, ce en quoi elles sont extrêmement utiles aux cultures. De 2 à 5 jeunes sont mis bas en début de printemps, après une période de 4 semaines de gestation.

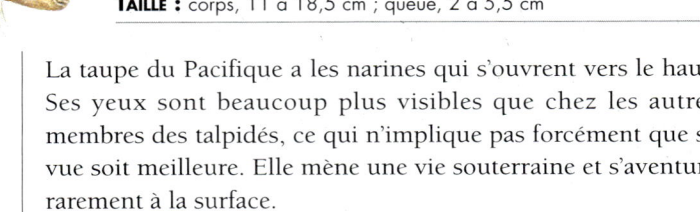

Taupe commune, *Talpa europaea*

Distribution :	Europe, est de l'Asie
Habitat :	pâturages, forêts, broussailles
Taille :	corps, 9 à 16,5 cm ; queue, 3 à 4 cm

Les taupes creusent dans le sol des réseaux complexes de galeries, et ce, à une vitesse prodigieuse : un seul individu peut creuser jusqu'à 20 m de tunnels en un jour. Les taupes se nourrissent essentiellement de lombrics, aux-

quels viennent s'ajouter des invertébrés, des lézards, des serpents, des souris et même des petits oiseaux.

Au printemps, la femelle met bas jusqu'à 7 jeunes dans un nid souterrain tapissé de feuilles ; elle les allaite pendant environ 3 semaines ; parfois, il y a une seconde portée annuelle.

Taupe à queue chevelue, *Parascalops breweri*

Distribution : sud-est du Canada, nord-est des États-Unis
Habitat : sols de forêts bien drainés ou terrains découverts
Taille : corps, 11,5 à 14 cm ; queue, 2 à 3,5 cm

Elle est caractérisée par une queue presque touffue ; cela mis à part, elle ressemble aux autres taupes par son aspect et ses mœurs. Elle creuse des réseaux de galeries, sur deux niveaux : les galeries supérieures, situées immédiatement sous la surface, sont utilisées par temps chaud, les inférieures comme retraite hivernale. Elle s'accouple en avril et met bas en mai une portée de 4 ou 5 jeunes.

L'espèce, également nord-américaine, *Scalopus aquaticus* ressemble beaucoup à *Parascalops breweri*, sinon que sa queue est presque nue.

Taupe à nez étoilé, *Condylura cristata*

Distribution : sud-est du Canada, nord-est des États-Unis
Habitat : sols humides et paludéens
Taille : corps, 10 à 12,5 cm ; queue, 5,5 à 8 cm

Sa particularité est son museau, qui est muni, autour des narines, de 22 appendices digitiformes qu'elle utilise pour détecter sa nourriture sur le fond des étangs et cours d'eau. La taupe à nez étoilé plonge et nage bien ; elle se nourrit surtout de crustacés et d'insectes aquatiques, de vers de terre et de petits poissons. Sa fourrure épaisse est imperméable à l'eau.

La femelle met bas au printemps de 2 à 7 petits qui naissent avec des appendices nasaux bien développés.

Desman de Moscovie, *Desmana moschata* **VU**

Distribution : de l'est de l'Europe au centre-ouest de l'Asie
Habitat : pièces et petits cours d'eau bien pourvus en végétation
Taille : corps, 18 à 21,5 cm ; queue, 17 à 21,5 cm

La plus grande des taupes, le desman, a abandonné le sous-sol pour l'eau, bien qu'elle creuse dans les berges des cavités peu profondes qui lui servent d'abri diurne. Sa longue queue porte une rangée de poils raides qui en augmentent l'efficacité en tant que gouvernail lorsque l'animal est dans l'eau. Ses pieds palmés et frangés de poils sont des avirons efficaces. Il se nourrit d'organismes aquatiques tels que poissons, amphibiens, crustacés et mollusques.

Devenu rare, le desman de Moscovie a fait l'objet de mesures de protection, et il est aujourd'hui question de le réintroduire dans certaines régions d'où il avait été éliminé.

ORDRE DES DERMOPTÈRES

Famille des Cynocephalidae : Lémurs volants

On ne connaît que 2 espèces de dermoptères ou lémurs volants. Autrefois classés parmi les insectivores, ils forment aujourd'hui un ordre à part.

Galéopithèque volant, *Cynocephalus volans* **VU**

Distribution : Philippines
Habitat : forêts
Taille : corps, 38 à 42 cm ; queue, 22 à 27 cm

Cet animal plane grâce aux membranes parachutes (patagium) qui s'étendent de la base du cou à l'extrémité des quatre membres et de la queue. Il peut effectuer des vols planés atteignant 135 m. Maladroit au sol, c'est cependant un grimpeur agile qui se nourrit de pousses, bourgeons, fleurs et fruits. Son pire ennemi est l'aigle des Philippines.

Il s'accouple en février ; après 2 mois de gestation, la femelle met bas un seul petit, rarement 2. Elle le transporte jusqu'à ce qu'il devienne trop lourd.

TOUPAÏES

ORDRE DES SCANDENTES

Famille des Tupaiidae : Toupaïes

L'ordre ne compte que 1 famille rassemblant approximativement 16 espèces de toupaïes. Les toupaïes vivent dans les forêts de l'Asie orientale, y compris à Bornéo et aux Philippines. Si leur allure de musaraigne rapproche ces animaux des insectivores, leur cerveau complexe, comportant de nombreuses circonvolutions, les apparente aux primates, si bien qu'ils sont souvent classés dans l'un ou l'autre de ces ordres. Toutefois, les zoologistes modernes s'accordent à penser que l'originalité des toupaïes justifie pleinement qu'on leur attribue un ordre spécifique. Néanmoins, jusqu'à ce que leur biologie soit un peu mieux connue, ces animaux demeureront une énigme.

Par leur aspect général, les toupaïes ressemblent à de minces écureuils à long nez ; des écureuils, ils ont également les oreilles. Leurs pattes sont adaptées à la vie arboricole, à plante nue et pourvues de coussinets bombés qui leur permettent de grimper avec une aisance que viennent renforcer les longs doigts flexibles, terminés par des griffes courbes. Le corps mesure de 10 à 22 cm selon l'espèce, et la queue entre 9 et 22,5 cm. Les toupaïes se déplacent rapidement parmi les frondaisons. Ils sont particulièrement actifs durant la journée, qu'ils passent à rechercher insectes et fruits constituant l'essentiel de leur régime alimentaire. Ils s'abreuvent fréquemment et aiment également prendre des bains.

Les toupaïes ne sont toutefois pas exclusivement arboricoles, et beaucoup d'espèces rejoignent souvent le sol. Leur odorat, leur vue et leur ouïe sont extrêmement bien développés. Ils vivent généralement par couples, et les mâles sont particulièrement agressifs les uns vis-à-vis des autres. Le territoire de chaque couple est soigneusement délimité par des dépôts d'urine et de sécrétions glandulaires.

Les portées de toupaïes comptent de 1 à 4 jeunes, généralement 1 ou 2. Les petits sont mis bas dans un nid distinct du lieu normal réservé au sommeil. La femelle vient les allaiter une fois par jour, voire un jour sur deux seulement. Il n'existe pas de dimorphisme sexuel, sinon que les mâles sont un peu plus grands que les femelles.

La ressemblance des toupaïes avec certains fossiles d'anciens mammifères laisse à penser que, peut-être, les premiers mammifères avaient le même aspect, voire les mêmes mœurs, que ces fascinants petits animaux.

Toupaïe commun, *Tupaia glis*

Distribution : sud et sud-est de l'Asie (de l'Inde au Viêt-nam et à la Malaisie, sud de la Chine, Indonésie)
Habitat : forêts pluviales denses, terrains boisés, forêt de bambous
Taille : corps, 14 à 23 cm ; queue, 12 à 21 cm

Cet animal a l'allure d'un écureuil, avec une longue queue touffue. Toujours très actif, le toupaïe commun escalade les arbres avec une grande agilité, mais passe la majeure partie de son temps sur le sol. Son régime alimentaire est très varié, il se nourrit d'insectes (surtout de fourmis), d'araignées, de graines, de bourgeons et probablement aussi d'oisillons et de souriceaux. Il vit solitaire ou en couple.

La reproduction n'est pas saisonnière, et les petits sont déposés dans un nid rudimentaire installé dans un tronc abattu ou parmi les racines. En Malaisie, où l'espèce a été observée de très près, les femelles mettent bas de 1 à 3 jeunes après une gestation de 46 à 50 jours. Les petits naissent totalement nus et les yeux fermés, mais ils sont toutefois prêts à quitter le nid 33 jours seulement après leur naissance.

Tupaia montana **VU**

Distribution : Bornéo
Habitat : forêts de montagne
Taille : corps, 11 à 15 cm ; queue, 10 à 15 cm

Cette espèce a une longue queue touffue et un museau allongé en pointe. Bien qu'agile dans les arbres, *T. montana* passe la majeure partie de son temps sur le sol, à la recherche d'insectes, de fruits, de graines et de feuilles. Il mange

assis sur son arrière-train, la nourriture tenue entre ses pattes antérieures. Supposé plus social que les autres espèces du genre, *T. montana* vivrait en petits groupes.

La reproduction de cette espèce n'est pas saisonnière. En général, la femelle met bas 2 jeunes par portée, après une période de 49 à 51 jours de gestation.

Toupaïe d'Elliott, *Anathana elliotti* VU
Distribution : centre et sud de l'Inde
Habitat : forêts pluviales denses, terrains boisés d'épineux
Taille : corps, 16 à 18 cm ; queue, 16 à 19 cm

Ce toupaïe ressemble beaucoup à un écureuil et est proche sous plusieurs aspects des espèces du genre *Tupaia*. Il s'en distingue pourtant par ses oreilles plus grandes, son museau plus épais et la bande pâle qui souligne nettement l'épaule.

De mœurs exclusivement diurnes, le toupaïe d'Elliott se déplace dans les arbres et sur le sol, en quête d'insectes et probablement de fruits. Extrêmement mal connu, son mode de reproduction est cependant supposé se rapprocher de celui des espèces de *Tupaia*.

Dendrogale melanura VU
Distribution : Bornéo
Habitat : forêts de montagne, au-dessus de 900 m
Taille : corps, 11 à 15 cm ; queue, 9 à 14 cm

C'est le plus petit de la famille des toupaïes. Cette espèce se caractérise par sa queue lisse, à poils courts, effilée. Le pelage du corps est court et serré, brun rougeâtre foncé sur le dos, chamois orangé clair sur les parties ventrales. Plus arboricole que les autres membres de la famille, *Dendrogale melanura* trouve les insectes constituant son régime alimentaire sur les branches basses des arbres.

On ignore tout en ce qui concerne son mode de reproduction.

Toupaïe des Philippines, *Urogale everetti* VU
Distribution : Philippines (Mindanao)
Habitat : forêts pluviales denses, forêts de montagne
Taille : corps, 17 à 20 cm ; queue, 11 à 17 cm

Ce toupaïe a un museau particulièrement allongé, une queue cylindrique, à poils de même longueur. Le pelage est brunâtre, marqué d'orange ou de jaune sur la partie ventrale. De mœurs diurnes, le toupaïe des Philippines grimpe bien aux arbres et court vite sur le sol. Son régime alimentaire est très varié et comporte des insectes, des lézards, des jeunes oiseaux, des œufs et des fruits.

Dans la nature, ce toupaïe est supposé faire son nid sur le sol ou dans les falaises. Observées en captivité, les femelles y ont mis bas des portées de 1 ou 2 jeunes après une gestation de 54 à 56 jours. Les petits naissent nus et aveugles, et leurs oreilles sont closes et ne s'ouvrent qu'au bout de 10 jours.

Ptilocerque, *Ptilocercus lowi*
Distribution : Malaisie, Sumatra, Bornéo
Habitat : forêts pluviales denses
Taille : corps, 12 à 14 cm ; queue, 16 à 18 cm

Le ptilocerque est aisément identifiable à sa queue caractéristique, nue sur une partie de sa longueur et terminée par un plumet de poils en forme de plume d'oiseau. Les oreilles grandes et membraneuses s'écartent de la tête, les mains et les pieds sont proportionnellement plus grands que chez les autres toupaïes. Réputé de mœurs nocturnes, le ptilocerque est un bon grimpeur et passe la majeure partie de son temps dans les arbres ; sa queue lui sert de support et de balancier, et ses orteils et ses doigts écartés assurent la prise sur les troncs. Il se nourrit essentiellement d'insectes et de fruits, accessoirement de lézards.

Le ptilocerque niche haut dans les trous des troncs ou des branches. On sait qu'il vit généralement en couple, mais on ignore encore tout de sa reproduction.

LÉMURS NAINS, LÉMURIENS, INDRIIDÉS ET AYE-AYE

ORDRE DES PRIMATES

Au nombre de 233 espèces, les primates sont divisés en 2 groupes principaux : les strepsirhiniens, qui rassemblent la plupart des primates primitifs, comme les lémuridés et les lorisidés ; les haplorhiniens, qui comprennent les tarsiers et les singes.

Famille des Cheirogaleidae : Lémurs nains

La famille regroupe 7 espèces de lémuriens des forêts de Madagascar, qui comptent parmi les plus petits des primates.

Microcèbe roux, *Microcebus rufus*
Distribution : est de Madagascar
Habitat : forêts
Taille : corps, 12,5 à 15 cm ; queue, 12,5 à 15 cm

C'est un lémurien de la taille d'un petit rat, de mœurs nocturnes, qui se déplace tout à son aise dans l'épaisseur du feuillage : il peut sauter d'une branche à l'autre et sa queue lui sert à s'équilibrer. Il rejoint également le sol pour fouiller la litière de feuilles en quête de coléoptères. Il est doté de grands yeux dirigés vers l'avant, qui lui assurent une excellente vision nocturne. Il se nourrit essentiellement d'insectes et de petits vertébrés, accessoirement de fruits et de bourgeons.

S'il vit et chasse généralement en solitaire, le microcèbe roux dort le plus souvent en petit groupe dans des nids de feuilles ou dans des trous d'arbres.

Famille des Lemuridae : Lémuriens

Au nombre de 10 espèces environ, les lémuridés sont confinés à Madagascar et aux Comores. Bons grimpeurs, ils vivent pour la plupart dans les régions boisées.

Maki catta, *Lemur catta* **VU**
Distribution : sud de Madagascar
Habitat : régions sèches et rocheuses, en partie boisées
Taille : corps, 45 cm ; queue, 55 cm

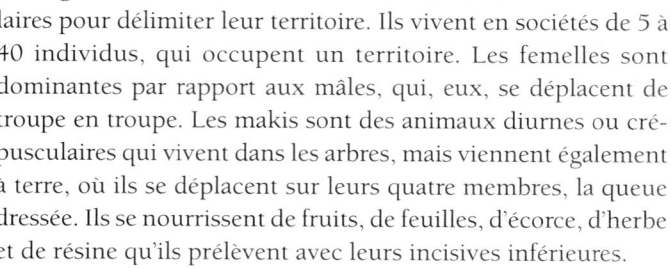

C'est un lémurien à museau pointu, grands yeux et oreilles triangulaires, caractérisé par sa queue touffue, annelée de noir et de blanc. La partie inférieure des membres antérieurs montre des glandes à sécrétion odorante, plus développées chez les mâles et voisinant chez ceux-ci avec un ergot corné. Les mâles portent également des glandes odorantes à la partie supérieure des bras, sous le menton et au voisinage du pénis ; des glandes du même type sont présentes dans la région génitale des femelles. Les makis utilisent essentiellement ces sécrétions glandulaires pour délimiter leur territoire. Ils vivent en sociétés de 5 à 40 individus, qui occupent un territoire. Les femelles sont dominantes par rapport aux mâles, qui, eux, se déplacent de troupe en troupe. Les makis sont des animaux diurnes ou crépusculaires qui vivent dans les arbres, mais viennent également à terre, où ils se déplacent sur leurs quatre membres, la queue dressée. Ils se nourrissent de fruits, de feuilles, d'écorce, d'herbe et de résine qu'ils prélèvent avec leurs incisives inférieures.

Après une gestation de 136 jours environ naît 1 petit, parfois 2 ou 3. Les jeunes naissent les yeux ouverts et sont pourvus de poils ; ils sont indépendants au bout de 6 mois.

Varecia variegata **EN**
Distribution : nord-est et est de Madagascar
Habitat : forêts pluviales denses
Taille : corps, 60 cm ; queue, 60 cm

Ce lémurien au pelage blanc et noir, brun ou roux a la face entourée d'une longue collerette de poils. Il est actif au crépuscule et durant la première partie de la nuit. Il se nourrit de fruits, de feuilles et d'écorce, et rejoint rarement le sol.

En novembre, la femelle met bas de 1 à 3 jeunes dans un nid installé dans un trou d'arbre ou à la fourche d'une branche et qu'elle tapisse de ses poils. La gestation dure de 99 à 102 jours.

Famille des Indriidae

Les 5 espèces d'indriidés habitent les forêts et la végétation buissonnante de Madagascar. Ce sont des lémuriens à museau nu et aplati, ce qui leur confère une allure plutôt simiesque.

Sifaka de Verreaux,
Propithecus verreauxi **VU**

Distribution : ouest et sud de Madagascar
Habitat : forêts humides ou sèches
Taille : corps, 45 cm ; queue, 55 cm

C'est un lémurien de grande taille, à longs membres, face noire et nue, grands yeux et oreilles presque masquées par le pelage. La coloration est extrêmement variable, allant de blanc jaunâtre à noir ou brun rougeâtre.

Les sifakas se rencontrent en groupes constitués de 6 à 10 individus, chaque troupe occupant un territoire délimité au moyen d'urine et de sécrétions produites par les glandes laryngiennes des mâles. Les sifakas se nourrissent durant la matinée ou l'après-midi, de feuilles, de bourgeons et de fruits, occasionnellement d'écorce. Ils se déplacent avec beaucoup de souplesse et de décontraction, passant le plus clair du temps à se reposer ou se chauffer au soleil. Ce sont des animaux essentiellement arboricoles, mais il leur arrive toutefois de rejoindre le sol.

Après une gestation de 130 jours environ, la femelle met bas généralement 1 jeune, entre juin et août. Le petit est allaité pendant 6 mois environ. Il reste accroché à l'abdomen de sa mère pendant 3 à 4 semaines et est indépendant vers 7 mois.

Avahi laineux, *Avahi laniger* **LR : lc**

Distribution : est et nord-ouest de Madagascar
Habitat : forêts
Taille : corps, 30 à 45 cm ; queue, 33 à 40 cm

Ce lémurien à longs membres est le seul de sa famille à avoir adopté des mœurs nocturnes. Il passe ses journées à dormir dans les arbres et devient actif durant la nuit, où il se met en quête de nourriture. Il se nourrit exclusivement de fruits, de bourgeons et de feuilles. Agile grimpeur, il ne rejoint que très rarement le sol, où il se déplace sur ses pattes postérieures.

Fin août ou septembre, après une gestation d'environ 150 jours, la femelle met bas 1 jeune, en général, qu'elle allaite durant environ 6 mois.

Indri,
Indri indri **EN**

Distribution : nord-est de Madagascar
Habitat : forêts jusqu'à 1 800 m
Taille : corps, 61 à 71 cm ; queue, 3 à 6 cm

C'est le plus grand des lémuriens. La queue est réduite à l'état de moignon, le museau est plus long que celui des sifakas, la face est noire et nue. Les indris vivent en familles dans les arbres ; diurnes, ils parcourent tous les étages de la forêt à la recherche de feuilles, de pousses et de fruits.

L'accouplement a lieu en janvier ou février. La femelle met bas 1 jeune après une gestation de 135 ou 165 jours.

Famille des Daubentoniidae : Aye-aye

L'unique représentant de la famille des daubentoniidés est un lémurien nocturne et arboricole, qui vit dans les épaisses forêts malgaches.

Aye-aye, *Daubentonia madagascariensis* **EN**

Distribution : anciennement au nord-est de Madagascar, aujourd'hui exclusivement dans les réserves naturelles
Habitat : forêts pluviales denses
Taille : corps, 36 à 44 cm ; queue, 50 à 60 cm

Bien différent par son aspect des autres lémuriens, l'aye-aye a des oreilles, des dents et des yeux spécialisés. Il émerge de son nid la nuit, en quête de larves d'insectes, de pousses, de fruits et d'œufs. Ses doigts sont longs et minces, spécialement le troisième, qui lui sert à picoter la surface des troncs. Il écoute soigneusement le bruit que font les larves rongeant le bois, et, lorsqu'elles sont localisées, l'aye-aye les extrait en agrandissant ou en ouvrant un trou au moyen de ses puissantes incisives, puis en les extirpant grâce à son doigt médian.

Tous les 2 ou 3 ans, la femelle met bas 1 jeune qu'elle allaite durant plus de 1 an.

LORIS, GALAGOS ET TARSIERS

Famille des Lorisidae

Les 5 espèces qui constituent cette famille de primates vivent en Afrique, en Inde et en Asie du Sud-Est. Les lorisidés comprennent notamment les loris, le potto et l'arctocèbe. Ce sont des animaux extrêmement lents, aux mouvements mesurés, à queue courte ou sans queue du tout.

Loris grêle, *Loris tardigradus* **VU**
Distribution : Sri Lanka, sud de l'Inde
Habitat : forêts pluviales, terrains boisés clairs, forêts marécageuses
Taille : corps, 18 à 26 cm ; queue, absente ou vestige

Cet animal strictement arboricole se déplace par des mouvements lents et mesurés de ses longs membres grêles. Ses mains, à doigts allongés et pouce opposable, lui offrent une bonne prise sur les branches. Nocturne, il passe ses journées à dormir, roulé en boule, et s'éveille en soirée pour se mettre en quête d'insectes, de lézards, de petits oiseaux et de leurs œufs, accessoirement de pousses et de feuilles. Il s'approche de sa proie d'une démarche précautionneuse, puis, brusquement, la saisit de ses deux mains.

En Inde, le loris grêle est connu pour mettre bas 2 portées par an, le plus souvent en mai et décembre. Chaque portée compte 1, parfois 2 jeunes qui escaladent le corps de leur mère pour se fixer à une mamelle.

Loris paresseux, *Nycticebus coucang*
Distribution : sud et sud-est de l'Asie (de l'est de l'Inde à la Malaisie, Sumatra, Java, Bornéo, Philippines)
Habitat : forêts tropicales denses
Taille : corps, 26 à 38 cm ; queue, vestige

C'est un lémurien dodu, à membres plus courts que chez l'espèce précédente, mais de mœurs similaires. Il passe ses journées à dormir dans les arbres, le corps étroitement roulé en boule. La nuit, il se nourrit d'insectes, de petits oiseaux et d'œufs, de pousses et de fruits, et rejoint rarement le sol. Grimpeur lent mais accompli, il possède des mains et des pieds puissants lui assurant une bonne prise, au point qu'il peut se suspendre par les pieds. Pouce et gros orteil sont opposables.

La reproduction n'est pas saisonnière. Après une gestation de 193 jours, la femelle met bas 1 jeune, parfois 2. Le loris paresseux est supposé vivre en groupes familiaux.

Potto ou Potto de Bosman, *Prodicticus potto*
Distribution : centre-ouest et est de l'Afrique
Habitat : forêts, lisières de forêts
Taille : corps, 30 à 40 cm ; queue, 5 à 10 cm

Animal à corps ramassé et fourrure dense, le potto possède des membres forts, terminés par des pieds et des mains préhensiles, à gros orteil et pouce opposables. Au niveau de la nuque, 4 vertèbres présentent des excroissances qui traversent la peau sous forme de projections cornées. Le potto dort durant le jour dans les arbres et chasse de nuit. En dépit de sa démarche lente et précautionneuse, il sait être vif pour saisir un insecte de ses mains ; il se nourrit aussi d'escargots, de fruits et de feuilles.

La femelle met bas annuellement 1 jeune, après une gestation de 6 mois à 6 mois et demi. Bien que sevré à 2 ou 3 mois, le jeune reste avec sa mère jusqu'à la fin de sa première année.

Arctocèbe ou Angwantibo, *Arctocebus calabarensis* **LR : nt**
Distribution : Afrique occidentale (Nigeria et Cameroun, vers le sud jusqu'au fleuve Congo)
Habitat : forêts pluviales denses
Taille : corps, 25 à 40 cm ; queue, 1,25 cm environ

Son pelage est brun-jaune à reflets dorés. Ce lémurien arboricole a des mains et des pieds préhensiles dont le premier doigt est une simple protubérance, et le second très réduit. Grimpeur exercé, mais lent, il est nocturne et se nourrit d'insectes – surtout de chenilles –, d'escargots, de lézards et de fruits. Hors la saison des amours, il vit en solitaire.

La femelle met bas 1 jeune après une gestation de 131 à 136 jours. Il est sevré à 4 mois et pleinement développé à 7.

FAMILLE DES GALAGONIDAE : GALAGOS

Les 9 espèces de galagos vivent en Afrique. Toutes sont arboricoles. Leurs longues pattes et leur longue queue permettent aux galagos de sauter facilement de branche en branche.

Otolemur crassicaudatus
Distribution : Afrique (Somalie et Kenya, vers le sud jusqu'au Natal)
Habitat : forêts, savane boisée, veld, plantations
Taille : corps, 27 à 47 cm ; queue, 33 à 52 cm

C'est le plus grand des galagos, et également le moins performant en ce qui concerne le saut. Cet animal a un museau pointu et de grands yeux. Mains et pieds sont préhensiles, à pouce et gros orteil opposables. Les yeux, très grands, sont adaptés à la vision nocturne. Essentiellement arboricole, ce lémurien a une activité nocturne et se nourrit d'insectes, de reptiles, d'oiseaux et d'œufs, ainsi que de matière végétale. Il tue sa proie d'une morsure rapide. Son cri, qui rappelle les vagissements d'un bébé, se fait plus fréquemment entendre à la saison des amours.

La femelle met bas de 1 à 3 jeunes par portée, entre mai et octobre, après une gestation de 126 à 136 jours. Les mâles quittent le territoire de leur mère quand ils ont atteint la maturité sexuelle, tandis que les femelles maintiennent leurs relations avec elle.

Galago du Sénégal, *Galago senegalensis*
Distribution : Afrique (du Sénégal à la Somalie et à la Tanzanie)
Habitat : savane, brousse, zones boisées
Taille : corps, 14 à 21 cm ; queue, 20 à 30 cm

Plus vif et plus actif que l'espèce précédente, le galago du Sénégal bondit, saute et se déplace dans les arbres avec une grande agilité. Il dort durant le jour et chasse nuitamment scorpions, araignées, insectes, jeunes oiseaux et lézards, se nourrissant également de fruits, de graines et de nectar. Ces galagos vivent en groupes familiaux dont les membres dorment ensemble mais se dispersent au réveil.

La reproduction connaît des variations régionales. Quand il y a deux saisons des pluies, les femelles mettent bas annuellement 2 portées de 1 jeune chacune ; où il n'y en a qu'une, il n'y a que 1 portée annuelle, de 2 jeunes en général. La durée de la gestation varie entre 128 et 146 jours. Les jeunes sont totalement développés à 4 mois environ.

FAMILLE DES TARSIIDAE : TARSIERS

Les 4 espèces constituant la famille habitent les Philippines et l'Indonésie. Les tarsiers semblent constituer un maillon intermédiaire entre les lémuriens et les primates supérieurs. Essentiellement nocturnes et arboricoles, ils grimpent et sautent avec agilité, ce que favorisent leurs membres postérieurs et leurs pieds allongés. Les grands yeux des tarsiers sont adaptés à la vision nocturne. Leur longue queue est nue.

Tarsier de Horsfield, *Tarsius bancanus*
Distribution : Sumatra, Bornéo
Habitat : forêts secondaires, broussailles
Taille : corps, 8,5 à 16 cm ; queue, 13,5 à 27 cm

Les tarsiers se reconnaissent à leur longue queue nue et leurs énormes yeux ronds. Leurs membres antérieurs sont courts, leurs pattes postérieures à tarse très long (d'où leur nom générique), adaptées au saut. Nocturnes et essentiellement arboricoles, les tarsiers dorment durant le jour, accrochés par la queue à une branche. Au crépuscule, ils se mettent en quête de leur nourriture, constituée essentiellement d'insectes qu'ils saisissent entre leurs mains. Le tarsier de Horsfield peut s'attaquer à des proies beaucoup plus grosses que lui, comme des oiseaux ou des serpents.

La reproduction est indépendante de la saison. Les femelles mettent bas 1 jeune après une gestation d'environ 6 mois. Le jeune tarsier naît les yeux ouverts et couvert de poils ; il peut presque immédiatement grimper et sauter. Il atteint la maturité sexuelle à l'âge de 1 an environ. Les couples et leur progéniture occupent un territoire, qu'ils délimitent par des projections d'urine et des dépôts de sécrétions cutanées, et qu'ils défendent farouchement contre les intrus. Les affrontements ne sont pas rares, occasionnant morsures et blessures diverses.

OUISTITIS ET TAMARINS

Famille des Callithricidae : Ouistitis et Tamarins

Les callithricidés forment avec les cébidés le groupe des singes du Nouveau Monde, dits singes platyrhiniens, à cause de leur nez aplati. On dénombre environ 20 espèces de ouistitis et de tamarins, ce nombre pouvant varier selon que certains sont considérés comme espèces ou comme sous-espèces.

Les ouistitis sont, après les microcèbes, les plus petits représentants de l'ordre des primates, leur taille variant de celle de la souris à celle de l'écureuil. Leur pelage est souple, généralement soyeux, leur face et leur crâne s'ornent le plus souvent de moustaches et de touffes de poils de couleurs diverses, suivant les espèces. Leur queue est poilue, non préhensile.

Ouistitis et tamarins sont des singes diurnes, essentiellement arboricoles. Leurs mains sont terminées par des griffes et non par des ongles comme chez les autres platyrhiniens ; le pouce n'est pas opposable. Ils ne se balancent pas de branche en branche, mais se déplacent et bondissent avec aisance dans les arbres à la manière des écureuils. Leur régime varié est constitué de matière animale et végétale. Les ouistitis passent la nuit enroulés dans les trous d'arbres.

Les callithricidés sont des animaux extrêmement sociaux, vivant toujours en petits groupes familiaux. Les portées comptent

généralement 2 jeunes ; le père participe à leur élevage et aide la mère en en portant un sur son dos. Souvent très bruyants, les ouistitis s'expriment par toute une variété de cris particulièrement aigus.

Ouistiti de Goeldi, *Callimico goeldii* VU
Distribution : bassin supérieur de l'Amazone
Habitat : broussailles, forêts
Taille : corps, 18 à 21,5 cm ; queue, 25 à 32 cm

Les mœurs de cette espèce sont assez mal connues, du fait que seuls quelques spécimens ont été capturés jusqu'ici. Le ouistiti de Goeldi se distingue par la longue crinière de sa tête et de ses épaules, et les poils plus longs de sa croupe. Il cherche sa nourriture, constituée de baies, d'insectes et de petits vertébrés, à tous les étages de la forêt. Agile, il marche et court bien, saute avec aisance de branche en branche. Il vient souvent sur le sol, où il trouve refuge lorsqu'il est menacé, par exemple par un oiseau de proie.

Mâles et femelles entretiennent des liens de couple solides et durables, et ces ouistitis vivent généralement en famille. En règle générale, la femelle met bas un seul jeune après une gestation de 150 jours. Les ouistitis de Goeldi communiquent par des sifflements et des trilles très variés.

Si l'on ignore l'état exact de la population de ouistitis de Goeldi, on les sait rares et très localisés. Au cours des dernières années, l'espèce a fortement souffert du déboisement et de captures illégales. Il serait nécessaire de collecter de plus amples informations concernant cette espèce, afin d'installer des réserves adéquates et d'en assurer la survie.

Ouistiti mignon, *Cebuella pygmaea*
Distribution : bassin supérieur de l'Amazone
Habitat : forêts tropicales
Taille : corps, 14 à 16 cm ; queue, 15 à 20 cm

Le ouistiti mignon est le plus petit des singes. Il a une activité diurne, mais il lui arrive de se reposer aux heures de midi. Particulièrement vulnérable aux attaques des grands oiseaux de proie du fait de sa taille réduite, il cherche constamment à se mettre hors de vue ; lorsqu'il se déplace, il le fait très lentement ou, au contraire, par des petites courses très rapides entrecoupées de stations immobiles. Sa coloration lui sert également de camouflage. Essentiellement arboricole, le ouistiti mignon dort dans les trous des arbres, mais vient occasionnellement sur le sol pour se nourrir ou passer d'un arbre à un autre. Il se nourrit de fruits, d'insectes, de petits oiseaux et d'œufs ; on pense qu'il consomme aussi la sève de certains arbres après en avoir rongé l'écorce.

Le ouistiti mignon vit en troupe de 5 à 10 individus, dans laquelle les femelles sont dominantes.

Ouistiti argenté, *Callithrix argentata*

Distribution : Brésil, Bolivie
Habitat : forêts, hautes herbes
Taille : corps, 15 à 30 cm ; queue, 18 à 40 cm

Ce ouistiti a un pelage tout à fait caractéristique, blanc argenté et soyeux, souvent marqué de gris sur le dos ; la queue est noire ; face et oreilles sont dépourvues de poils et rougeâtres.

Le ouistiti argenté progresse par courses et bonds extrêmement rapides parmi arbres et buissons, à la recherche de fruits, de feuilles, de résine, d'insectes, d'araignées, de petits oiseaux et d'œufs. Il se déplace généralement en groupe de 2 à 5 individus.

Comme la plupart des ouistitis, il dispose pour communiquer de diverses expressions et mimiques faciales : par exemple, il hausse les sourcils pour menacer ses rivaux et ennemis. Son cri ressemble étrangement à un gazouillis d'oiseau chanteur.

Après une période de gestation qui dure de 140 à 150 jours, la femelle met bas 1 ou 2 jeunes, parfois 3. Le mâle aide à la mise bas et participe activement aux soins donnés aux petits.

Petit Singe-lion, *Leontopithecus rosalia* **CR**

Distribution : sud-est du Brésil
Habitat : forêts côtières
Taille : corps, 19 à 22 cm ; queue, 26 à 34 cm

C'est un singe vraiment remarquable, par l'ample crinière qui couvre sa tête et ses épaules, masquant totalement ses oreilles.

Comme les autres membres de la famille, il saute de branche en branche avec une grande agilité, en quête de fruits, d'insectes, de lézards, de petits oiseaux et d'œufs, qui constituent son régime alimentaire. Il est très bavard et vit en petit groupe.

La femelle met bas 1 ou 2 jeunes, rarement 3, après une gestation qui dure de 132 à 134 jours. Le père participe activement aux soins des jeunes ; il les remet à leur mère pour les tétées et, plus tard, c'est lui qui prépare leurs premiers aliments solides en les écrasant et les ramollissant entre ses doigts. Aujourd'hui, la destruction de son habitat menace gravement la survie de cette espèce.

Tamarin Empereur, *Saguinus imperator*

Distribution : ouest du Brésil, est du Pérou, nord de la Bolivie
Habitat : forêts de basse altitude
Taille : corps, 18 à 21 cm ; queue, 25 à 32 cm

C'est l'une des 12 espèces de tamarins (genre *Saguinus*), caractérisée par de très longues moustaches blanches. Il se déplace en des mouvements vifs et nerveux parmi les buissons et dans les arbres, à la recherche de fruits, de pousses tendres, d'insectes, d'araignées, de petits vertébrés et d'œufs d'oiseaux. Il vit en petit groupe et communique par divers sons aigus.

La femelle met bas 2 jeunes après une gestation de 5 mois. Le mâle aide à la mise à bas et fait la toilette des nouveau-nés. C'est aussi lui qui les remet à la mère au moment des tétées.

Tamarin rouge et noir, *Saguinus nigricollis*

Distribution : sud de la Colombie et régions avoisinantes de l'Équateur et du Brésil
Habitat : forêts primaires et secondaires
Taille : corps, 15 à 28 cm ; queue, 27 à 42 cm

C'est un tamarin typique, avec ses mains larges et courtes, munies de griffes, et sa taille réduite. Les poils entourant la bouche sont blancs, mais sous la moustache la peau est pigmentée comme l'est celle des parties génitales.

La famille, constituée par le mâle, la femelle et 1 ou 2 jeunes, vit sur un territoire que la femelle délimite en déposant sur les branches urine et sécrétions glandulaires anales. Le régime alimentaire du tamarin rouge et noir se compose essentiellement d'insectes, de feuilles et de fruits.

La femelle met bas 2 jeunes par portée, après une gestation de 140 à 150 jours.

SINGES DU NOUVEAU MONDE

Famille des Cebidae

Les cébidés sont, dans leur majorité, plus grands que les callithricidés, avec lesquels ils constituent le groupe des singes platyrhiniens. Au nombre de quelque 43 espèces, les cébidés regroupent capucins, hurleurs, ouakaris, titis, sakis, singes-écureuils, singes-araignées, douroucoulis et singes laineux. Ce sont typiquement des singes à longue queue poilue, préhensile chez certains et jouant alors un rôle important dans la locomotion arboricole.

À quelques exceptions près, les cébidés ont le nez aplati des platyrhiniens. La cloison nasale, épaisse et cartilagineuse, repousse les narines sur les côtés, ce qui constitue la différence caractéristique entre les singes de l'Ancien Monde et ceux du Nouveau, ou catarrhiniens, chez lesquels la cloison nasale est mince, les narines rapprochées s'ouvrant vers l'avant. Les longs doigts minces des mains sont terminés par des ongles, mais le pouce n'est pas opposable. En revanche, le gros orteil du pied est opposable et sert à agripper les branches. Bons coureurs et sauteurs agiles, les cébidés habitent les forêts américaines, du Mexique à l'Argentine. Grégaires, ils vivent en groupes fondés sur la famille ; ils usent de moyens de communication variés, tant sonores que visuels. Leur régime alimentaire est largement végétarien.

Singe de nuit, *Aotus trivirgatus*

Distribution : du Panama au Paraguay (de manière discontinue)
Habitat : forêts
Taille : corps, 24 à 37 cm ; queue, 31 à 40 cm

Ce singe au pelage épais est caractérisé par ses grands yeux et sa tête arrondie. Il est généralement grisâtre, marqué de noir sur la tête. Sous le menton, un sac vocal amplifie ses cris aigus. Actif de nuit, ce douroucouli (*Aotus*) est doté d'une bonne vision nocturne. Il se déplace avec agilité dans les arbres et descend rarement sur le sol. Il se nourrit surtout de fruits, d'insectes et d'araignées, accessoirement de mammifères et d'oiseaux de petite taille. Il vit généralement en famille, plusieurs familles pouvant se grouper durant le jour pour dormir dans les trous d'arbres ou dans un nid de feuillage.

La femelle met bas un seul jeune, qui reste agrippé à sa mère durant quelques semaines avant de commencer à se déplacer par ses propres moyens.

Saki à perruque ou Saki Moine, *Pithecia monachus*

Distribution : bassin supérieur de l'Amazone
Habitat : forêts
Taille : corps, 35 à 48 cm ; queue, 31 à 51 cm

Le saki à perruque a un pelage long et rêche, formant une sorte de capuchon autour de la tête, et une épaisse queue touffue. Timide et craintif, c'est un singe exclusivement arboricole, qui ne descend jamais jusqu'au sol. Il se déplace généralement sur ses quatre pattes, mais il lui arrive de se dresser sur ses membres postérieurs pour s'élancer en direction d'une branche. Durant le jour, il vaque par couple ou en petit groupe familial à la recherche de fruits, de baies, de miel, de feuilles, de petits mammifères tels que souris et chauves-souris ou d'oiseaux.

La femelle met bas un seul jeune par portée.

Saki noir, *Chiropotes satanas*

Distribution : du nord de l'Amérique latine au Brésil
Habitat : forêts
Taille : corps, 36 à 52 cm ; queue, 36 à 50 cm

Ce singe est identifiable aux longs poils noirs de sa barbe et de sa tête ; le reste du pelage est châtain rougeâtre ou brun noirâtre. La queue est épaisse, densément poilue. Les mœurs naturelles du saki noir sont très mal connues ; on sait cependant qu'il vit dans les grands arbres et qu'il se nourrit essentiellement de fruits. Pour se reproduire, il lui faut disposer d'un territoire de plusieurs kilomètres carrés et suffisamment calme, et l'on peut en déduire que le déboisement croissant constitue à long terme une menace pour sa survie.

Sapajou à front blanc, *Cebus albifrons*

Distribution : portions de la Colombie, du Venezuela, du bassin supérieur de l'Amazone, Trinité

Habitat : forêts

Taille : corps, 30 à 38 cm ; queue, 38 à 50 cm

Vif et intelligent comme le sont tous les capucins, le sapajou à front blanc est un singe élancé, à longs membres et queue partiellement préhensile. Sa coloration connaît de fortes variations régionales, généralement dans des tons de brun. Alertes et rapides, les sapajous sont curieux et très habiles de leurs mains ; ils s'essaient à consommer toutes sortes de plantes et de fruits pour tester leur comestibilité. Pousses, fruits, insectes, jeunes et œufs d'oiseaux constituent la plus grande part de leur régime. Essentiellement arboricoles, ils descendent parfois sur le sol, s'aventurant même en terrain découvert. Grégaires, les sapajous à front blanc vivent en groupes de 20 ou 30 sur un territoire.

La femelle met généralement bas 1 jeune, rarement 2. Le petit est allaité durant plusieurs mois ; il est transporté par ses deux parents.

Titi arabassu, *Callicebus moloch*

Distribution : de la Colombie à la Bolivie

Habitat : forêts, fourrés

Taille : corps, 28 à 39 cm ; queue, 33 à 49 cm

Ce titi vit souvent dans les forêts à sol marécageux ou détrempé. Il peut se déplacer rapidement si nécessaire, mais mène d'ordinaire une existence assez sédentaire, dans un espace relativement restreint. Il se nourrit de fruits, d'insectes, d'araignées, de jeunes et d'œufs d'oiseaux. Diurne, il se déplace en couple ou en groupe familial et dispose pour communiquer d'un répertoire de sons étendu. C'est un singe à tête arrondie et forte, à pelage souple, qui adopte fréquemment une attitude caractéristique : accroupi, les membres serrés, il laisse pendre sa queue.

Les titis sont monogames. La femelle met bas 1 petit par portée. Le mâle est un excellent père ; il prend soin du petit et le protège.

Singe-écureuil ou Sapajou jaune, *Saimiri sciureus*

Distribution : de la Colombie au bassin de l'Amazone

Habitat : forêts, zones cultivées

Taille : corps, 26 à 36 cm ; queue, 35 à 42 cm

Ce singe-écureuil a un corps élancé, une longue queue mobile et un pelage brillamment coloré. Extrêmement vif et actif, il se nourrit durant le jour de fruits, de noix, d'insectes, d'araignées, de jeunes et d'œufs d'oiseaux, et rejoint occasionnellement le sol pour y trouver sa nourriture, s'aventurant même jusque dans les plantations. Très grégaire, cet animal vit généralement en bande constituée de 12 à 30 individus et parfois plus.

La femelle met bas 1 jeune après une gestation de 24 à 26 semaines. Le nouveau-né est capable de grimper peu après sa naissance et reçoit peu de soins de ses parents.

Cacajou chauve ou Ouakari chauve, *Cacajao calvus* **VU**

Distribution : ouest du Brésil

Habitat : forêts

Taille : corps, 51 à 57 cm ; queue, 15 à 16 cm

Le cacajou chauve est un singe caractéristique, avec sa face nue, sa barbe et sa chevelure hirsutes. Il est blanc, mais paraît rougeâtre au soleil. Comme chez les deux autres espèces du genre, la queue est courte, ce qui constitue une caractéristique unique chez les singes du Nouveau Monde. Très agile en position quadrupède, le cacajou chauve saute rarement, du fait qu'il ne dispose pas d'une longue queue qui puisse faire office de balancier. Il fréquente assidûment la cime des arbres, s'y nourrissant principalement de fruits, dont il fait une grosse consommation, mais aussi de feuilles, d'insectes, de petits mammifères et d'oiseaux, et rejoint rarement le sol.

Ce singe vit en petite troupe comptant plusieurs mâles et femelles adultes, qui sont accompagnés de leurs jeunes. Il a une activité exclusivement diurne.

SINGES DU NOUVEAU MONDE suite

Hurleur roux, *Alouatta seniculus*
Distribution : de la Colombie à l'embouchure de l'Amazone, vers le sud jusqu'à la Bolivie
Habitat : forêts, mangroves
Taille : corps, 80 à 90 cm ; queue, 80 à 90 cm

Les hurleurs sont les plus grands singes américains. Le hurleur roux a un corps et des membres vigoureux, un pelage brun rougeâtre. Sa queue préhensile montre sur sa face inférieure, près de l'extrémité, une zone nue extrêmement sensible. Les hurleurs doivent leur nom aux puissants hurlements, audibles à une distance de près de 3 km, qu'ils poussent au moyen de leur larynx spécialisé. Cette modification du larynx est particulièrement évidente chez le hurleur roux : l'os hyoïde, très agrandi, fait caisse de résonance. La mâchoire est agrandie en conséquence ; elle est ornée d'une épaisse barbe. Le mâle occupe un territoire et dirige sa troupe, généralement constituée de 6 à 8 individus. Ses hurlements sont essentiellement des manifestations de défense territoriale ; ils sont émis principalement en début de matinée ou fin d'après-midi et s'adressent aux troupes rivales.

Les hurleurs roux vivent et se déplacent aisément dans les arbres, leur poids les contraignant à se cantonner parmi les grosses branches. Leurs doigts leur permettent de s'agripper facilement : les deux premiers sont séparés des trois autres et opposables, ce qui rend toutefois délicate la manipulation de la nourriture. Les hurleurs roux sont de bons sauteurs et utilisent leur queue préhensile comme point d'appui. Ils descendent parfois sur le sol et effectuent même des traversées en terrain découvert ; ce sont de bons nageurs. Leur régime se compose essentiellement de feuilles et de fruits. Ils passent la nuit sur les branches.

La reproduction ne semble pas saisonnière. La femelle met bas 1 jeune après une gestation de 20 semaines en moyenne. Le jeune vit d'abord accroché au pelage de sa mère ; plus tard, il grimpe sur son dos. Il est allaité pendant 18 mois à 2 ans.

Hurleur noir, *Alouatta caraya*
Distribution : du sud du Brésil au nord de l'Argentine
Habitat : forêts
Taille : corps, 80 à 90 cm ; queue, 80 à 90 cm

Seuls les mâles de l'espèce sont noirs, et les femelles ont un pelage brun foncé. Les hurleurs noirs vivent en troupes comptant probablement plus de 1 mâle, et occupent un territoire qu'ils défendent de leurs hurlements amplifiés par leur larynx modifié, dont le renflement est masqué par une barbe touffue. Leurs hurlements sont toutefois moins puissants que ceux des hurleurs roux, et leurs territoires plus restreints.

Singe aux membres puissants et à la queue préhensile, le hurleur noir vit dans les arbres et se nourrit de feuilles et de fruits. La femelle met bas 1 jeune après une période de gestation qui dure environ 20 semaines. Le petit demeure jusqu'à l'âge de 2 ans aux côtés de sa mère.

Singe-araignée ou Atèle, *Ateles paniscus* **LR : lc**
Distribution : du nord de l'Amérique latine au Brésil et à la Bolivie
Habitat : forêts
Taille : corps, 40 à 60 cm ; queue, 60 à 80 cm

Sur le plan de la grâce et de l'agilité, seuls les gibbons surpassent les singes-araignées, qui, purement arboricoles, sont capables de sauts impressionnants. Ils sont dotés d'une petite tête, de membres démesurés et d'une longue queue préhensile dont ils se servent comme d'une cinquième main pour agripper les branches et saisir la nourriture, et par laquelle ils peuvent se suspendre pour attraper un objet éloigné. L'extrémité de la queue montre sur sa face inférieure une zone nue et parcourue de sillons à la manière de l'extrémité des doigts humains. Ce réseau de sillons est destiné à améliorer l'emprise de la queue sur les branches. Les singes-araignées aiment à se balancer dans les arbres, leurs mains, arrondies en crochet, leur servant à agripper les branches ; les doigts sont très longs et courbes, les pouces réduits à l'état de vestiges. Cette conformation, idéale pour les déplacements de l'animal, le serait moins pour la manipulation des aliments si le singe-araignée ne disposait de sa queue, par exemple pour maintenir un fruit tandis qu'il l'épluche avec ses dents.

Le singe-araignée ne rejoint que très rarement le sol ; il se nourrit presque exclusivement dans les arbres, essentiellement de fruits mous ou à coque. Il vit en groupe pouvant rassembler de 15 à 30 individus, qui peuvent se disperser durant la journée. C'est surtout en début de matinée et dans l'après-midi qu'il va à la recherche de sa nourriture.

Après une gestation de 20 semaines en moyenne, la femelle met bas un seul jeune, qui reste dépendant de sa mère durant quelque 10 mois, parfois davantage.

Éroïde, *Brachyteles arachnoides* EN

Distribution : sud-est du Brésil
Habitat : forêts côtières
Taille : corps, 61 cm environ ; queue, 67 cm environ

Ce singe présente un pelage généralement gris jaunâtre à brun ou rougeâtre. Sa face nue est souvent rouge, surtout lorsque l'animal est excité. Son corps est puissant, ses membres sont longs et élancés. Comme chez les singes-araignées, la queue est préhensile et utilisée comme cinquième membre. La face inférieure de la queue montre, à son extrémité, une zone nue extrêmement sensible. L'éroïde aime à se balancer de branche en branche, ce qui explique que son pouce soit réduit à l'état de vestige, dans la mesure où il ne lui est absolument d'aucune utilité pour la locomotion.

Diurne, l'éroïde se nourrit dans les arbres, essentiellement de fruits. Ses mœurs naturelles sont mal connues, mais on sait toutefois qu'il est grégaire.

Lagotriche de Humboldt ou Singe laineux, *Lagothrix lagotricha* LR : lc

Distribution : bassin supérieur de l'Amazone
Habitat : forêts, jusqu'à 2 000 m
Taille : corps, 50 à 68 cm ; queue, 60 à 72 cm

Plus lourdement charpenté que les singes-araignées, ce singe laineux a un pelage court et épais, brun foncé à noir. Sa tête est arrondie, son corps robuste, et son ventre proéminent. Agile et rapide parmi les arbres, il s'y déplace sur ses quatre membres ou en se balançant d'une main sur l'autre, mais il est beaucoup moins gracieux que les atèles. Son pouce et ses doigts, bien développés, lui servent à agripper les branches ; sa queue préhensile montre, à l'extrémité de sa face inférieure, une zone nue et particulièrement sensible.

Les lagotriches sont des animaux extrêmement grégaires et vivent en troupes atteignant parfois jusqu'à 50 individus. Ils vaquent durant le jour à la recherche de matière végétale, et surtout de fruits, mais sont cependant moins actifs que la plupart des singes du Nouveau Monde. Ils sont essentiellement arboricoles, mais il leur arrive pourtant fréquemment de descendre sur le sol, où ils se déplacent debout, leur queue leur servant de balancier.

La femelle met bas 1 jeune après une période de gestation qui dure de 18 à 20 semaines. Le petit vit d'abord solidement agrippé à la fourrure du ventre ou du dos de sa mère ; au bout de quelques semaines, il devient indépendant et est capable de se déplacer sans aide dans les arbres, afin d'y rechercher sa nourriture. Il est allaité pendant 1 an et parfois davantage. Les lagotriches de Humboldt n'atteignent la maturité sexuelle que tardivement, vers l'âge de 4 ans.

SINGES DE L'ANCIEN MONDE

Famille des Cercopithecidae

Les singes de l'Ancien Monde, et parmi eux les anthropoïdes, sont généralement regroupés sous le nom de catarrhiniens, que leur valent leurs narines rapprochées, ouvertes vers l'avant ou le bas. Avec quelque 80 espèces répertoriées en Afrique, en Asie et en Indonésie, les cercopithécidés constituent le plus vaste groupe de catarrhiniens. Ce sont des singes généralement plus grands que les platyrhiniens, montrant souvent des callosités fessières qui peuvent être de couleur vive ; leur queue, longue chez beaucoup d'espèces, n'est que rarement, sinon jamais, entièrement préhensile.

La famille des cercopithécidés rassemble macaques, mangabeys, babouins, mandrills, cercopithèques, langurs et colobes. Ce sont presque tous des singes diurnes, dotés d'une vue, d'une ouïe et d'un odorat excellents. La plupart sont arboricoles, mais les babouins ont développé une spécialisation alimentaire terrestre et les macaques sont aussi agiles sur le sol que dans les arbres. En général, les cercopithécidés vivent en famille ou en groupes plus vastes et usent pour communiquer de divers signaux sonores ou visuels. Les mâles sont souvent beaucoup plus grands que les femelles.

Singe de Barbarie ou Magot, *Macaca sylvanus* VU
Distribution : Gibraltar, Afrique (Maroc, nord de l'Algérie)
Habitat : régions rocailleuses ; en montagne, clairières
Taille : corps, 55 à 75 cm ; queue, absente

C'est un singe robuste, dépourvu de queue, à tête arrondie et court museau. Les mâles sont plus grands que les femelles, avec des poils plus longs au sommet de la tête. Les singes de Barbarie vivent en troupes de 10 à 30 individus, mâles, femelles et jeunes, sur un territoire défini. Ils dorment dans les arbres ou parmi les rochers, se nourrissent en début de matinée et dans l'après-midi, et se reposent aux heures de midi. Ils grimpent bien et vaquent dans les arbres et sur le sol à la recherche d'herbes, de feuilles, de baies, de fruits, de racines, d'insectes et d'araignées. Ils se servent également dans les jardins et les exploitations agricoles.

La femelle met bas 1 jeune, parfois 2, après une période de gestation d'environ 7 mois. Les naissances ne sont pas saisonnières, mais elles connaissent cependant un maximum de mai à septembre. Les mâles aident les femelles dans les soins apportés aux petits et les transportent durant leurs premiers jours de vie. Allaité pendant 3 mois environ, le jeune reste aux côtés de sa mère parfois jusqu'à l'âge de 6 mois.

Macaque brun, *Macaca arctoides* VU
Distribution : Myanmar, du sud de la Chine à la Malaisie
Habitat : forêts, terres cultivées
Taille : corps, 50 à 70 cm ; queue, 4 à 10 cm

Reconnaissable à sa face teintée de rose, à ses poils hirsutes et à sa courte queue, le macaque brun est un singe audacieux et agressif, qui envahit souvent jardins et champs. Il passe la majeure partie de son temps sur le sol, mais escalade les arbres pour y dormir, s'y réfugier ou trouver sa nourriture, bien que n'étant pas particulièrement agile. Il se nourrit de feuilles, fruits, racines et végétaux de culture comme les pommes de terre, qu'il saisit généralement de ses mains. Il fait des réserves dans les poches de ses joues et les consomme ensuite lorsqu'il en a envie. Diurnes, les macaques bruns vivent en troupes de 25 à 30 individus, dirigés par un mâle dominant. Les membres du groupe sont continuellement en train de caqueter et de crier entre eux ; ils communiquent également au moyen d'expressions faciales. Les mâles sont plus grands que les femelles.

Les macaques bruns n'ont guère été étudiés à l'état libre, de sorte que leur reproduction est aujourd'hui encore très mal connue. On pense toutefois que la femelle met bas 1 jeune tous les 2 ans.

Macaque japonais, *Macaca fuscata* EN
Distribution : Japon
Habitat : forêts de haute altitude
Taille : corps, 50 à 75 cm ; queue, 25 à 30 cm

Seul singe à vivre au Japon, le macaque japonais est également, avec l'homme, le seul primate à pouvoir supporter le froid et la neige. Dans certaines parties de son aire, il passe de longues heures plongé dans les sources chaudes. C'est un singe de taille moyenne, solidement bâti. Sa fourrure est épaisse, sa tête ornée d'une barbe et de longues moustaches. Il vit dans les arbres et sur le sol, se nourrissant de fruits à coque, de baies, de bourgeons, de feuilles et d'écorce.

Les groupes sociaux, conduits par un vieux mâle, comptent jusqu'à 40 individus. Les relations sont très étroites entre les femelles et leur mère ; tant que celle-ci est vivante, ses filles demeurent auprès d'elle, même lorsqu'elles deviennent mères à leur tour. Les mâles demeurent auprès de leur mère jusqu'à l'adolescence ; ils traversent ensuite une période où ils vivent seuls ou dans un groupe périphérique, passant d'une troupe à une autre. Après quoi, ils se joignent à une troupe qui n'est généralement pas celle de leur naissance.

Les femelles mettent bas 1 jeune après une période de gestation de 6 à 7 mois.

Macaque bonnet chinois, *Macaca radiata*
DISTRIBUTION : sud de l'Inde
HABITAT : forêts, broussailles, zones cultivées et suburbaines
TAILLE : corps, 35 à 60 cm ; queue, 48 à 65 cm

Ce singe a un crâne couronné de poils formant un bonnet pointu, auquel il doit son nom commun. La face est habituellement rose pâle, mais elle devient rouge foncé chez les femelles qui allaitent. Les mâles sont beaucoup plus grands que les femelles. Agile et actif, le macaque bonnet chinois passe le plus clair de son temps dans les arbres, mais il lui arrive également de descendre sur le sol ; c'est aussi un nageur émérite. Doté d'un appétit vorace, il se nourrit de feuilles, de fruits mous ou à coque, d'insectes, d'œufs et occasionnellement de lézards. Ce singe fait parfois des ravages dans les cultures.

Les femelles mettent bas 1 jeune, parfois 2, après une gestation d'environ 150 jours.

Mangabey à gorge blanche, *Cercocebus albigena*
DISTRIBUTION : Afrique (du Cameroun à l'Ouganda, au Kenya, à la Tanzanie)
HABITAT : forêts
TAILLE : corps, 45 à 70 cm ; queue, 70 cm à 1 m

Ce singe au corps élancé et élégant est très reconnaissable à ses longs « sourcils » et aux longs poils de sa gorge et de ses épaules. La queue, extrêmement longue, très mobile, est couverte de poils assez hirsutes. Les mâles sont plus grands que les femelles, et leur queue est plus longue. Ces mangabeys dorment et vivent la plupart du temps dans les arbres. Ils se nourrissent durant le jour de fruits mous et à coque, de feuilles, d'écorce et d'insectes. Ils vivent en troupes extrêmement bruyantes, composées de 10 à 30 individus.

La femelle met bas 1 jeune après une gestation de 174 à 180 jours. Le petit est allaité durant près de 10 mois.

Mangabey à ventre doré, *Cercocebus galeritus* **LR : nt**
DISTRIBUTION : Afrique (du sud-est du Nigeria et du Congo au Kenya)
HABITAT : forêts humides et pluviales
TAILLE : corps, 45 à 65 cm ; queue, 45 à 75 cm

Ce singe a un corps élancé mais fort, à membres et queue longs et front frangé de poils. Il en existe plusieurs races, qui diffèrent par leur coloration ; chez l'une d'entre elles, la frange sourcilière est absente. Les mœurs du mangabey à ventre doré sont imparfaitement connues ; on suppose qu'il vit sur le sol et dans les arbres, et qu'il se nourrit de feuilles, de fruits, de végétaux de culture et d'insectes. Il vit en troupe de 12 à 20 individus, constituée de vieux mâles, de femelles adultes et de jeunes.

SINGES DE L'ANCIEN MONDE suite

Anubis, *Papio anubis*
Distribution : Afrique (Sénégal, vers l'est au nord du Congo, à l'Éthiopie, au Kenya, à l'Ouganda et au nord de la Tanzanie)
Habitat : savane
Taille : corps, jusqu'à 1 m ; queue, 45 à 75 cm

C'est un grand babouin à corps lourd, dos voûté, museau de chien bien développé, équipé de dents puissantes. Les mâles, plus grands que les femelles, montrent sur le cou et les épaules une crinière de longs poils. La queue est terminée par une touffe de poils, la région fessière est nue et calleuse.

Les anubis vivent en troupes de 20 à 150 individus, très hiérarchisées. Bien qu'essentiellement terrestres, ces babouins passent la nuit dans les arbres ou à l'abri des rochers. Au matin, ils s'organisent en procession pour se mettre en quête de nourriture. Les plus âgés des juvéniles ouvrent la marche, suivis par les femelles et les autres juvéniles ; suivent les vieux mâles accompagnés des mères pourvues de petits, les jeunes mâles fermant la marche pour donner l'alarme en cas de danger. Omnivores, les anubis se nourrissent d'herbe, de graines, de racines, de feuilles, de fruits, d'écorce, d'insectes, d'invertébrés, de petits et d'œufs d'oiseaux, de lézards et de jeunes mammifères.

Les femelles mettent bas 1 jeune, rarement 2, après une gestation d'environ 187 jours. Le petit vit d'abord agrippé au ventre de sa mère, mais, vers 4 ou 5 semaines, il commence à grimper sur son dos. Il prend ses premiers aliments solides vers l'âge de 5 ou 6 mois ; il est sevré totalement et indépendant à 8 mois, mais reste aux côtés de sa mère jusqu'à 2 ans.

Hamadryas, *Papio hamadryas* **LR : nt**
Distribution : Afrique (Éthiopie, Somalie) Arabie Saoudite
Habitat : régions rocheuses sèches, savane, zones semi-désertiques
Taille : corps, 50 à 95 cm ; queue, 40 à 60 cm

Le mâle de cette espèce de babouin mesure plus de deux fois la taille de la femelle ; son cou et ses épaules sont recouverts d'une épaisse crinière. Femelles et jeunes mâles n'ont pas de crinière, et leur pelage est plus brun. Le museau rappelle celui d'un chien, le dos est incliné. Les hamadryas vivent en familles constituées par un vieux mâle, plusieurs femelles et leurs jeunes. Ils dorment dans les arbres ou parmi les rochers, et vaquent le jour en quête de matière végétale, d'insectes et de petits mammifères.

La reproduction connaît un maximum de mai à juillet. Les femelles mettent bas 1 jeune, rarement 2, après une gestation de 170 à 175 jours.

Chacma, *Papio ursinus*
Distribution : Afrique (de l'Angola et de la Zambie à l'Afrique du Sud)
Habitat : savane, zones rocheuses
Taille : corps, jusqu'à 1 m ; queue, 40 à 75 cm

Ce babouin est grand, mais élancé. Il présente un museau proéminent et un dos incliné. La queue est dressée dans une position tout à fait caractéristique, comme si elle était brisée près de la base. Le chacma vit en troupe regroupant de 30 à 100 individus, dort dans les arbres ou parmi les rochers et cherche sa nourriture durant le jour. Il se nourrit en début ou fin de journée et se repose aux heures chaudes de midi. Son régime alimentaire se compose de matière végétale et animale : feuilles, fruits, insectes, petits invertébrés, lézards, oiseaux et jeunes mammifères, mais il est nettement plus végétarien que carnivore.

Chez la femelle en œstrus, la région génitale nue se gonfle ; seuls les mâles de haut rang sont en droit de s'accoupler avec elle à la période de fertilité maximale : une pratique courante chez les babouins des savanes. La femelle met bas généralement 1 jeune, très rarement 2, après une période de gestation de 175 à 193 jours, et allaite son petit durant 8 mois environ.

Drill, *Mandrillus leucophaeus* **EN**
Distribution : Afrique (sud-est du Nigeria, Cameroun)
Habitat : forêts
Taille : corps, 45 à 90 cm ; queue, 6 à 12 cm

Le drill a un corps puissant, une grosse tête et une queue très réduite. Le museau est long, la face creusée de sillons ; les narines sont larges. Les mâles, beaucoup plus grands que les femelles, montrent une épaisse crinière sur le cou et les épaules. Les parties anales et génitales sont vivement colorées,

surtout lorsque l'animal est excité. S'il grimpe bien et dort sur les branches basses, le drill cherche sa nourriture sur le sol, où il adopte alors une attitude quadrupède.

Il vit en troupe familiale de 20 individus et plus ; les groupes peuvent s'assembler en bandes atteignant 200 individus. Les drills communiquent par des grognements et des cris aigus ; lorsqu'ils veulent menacer, ils hochent la tête de haut en bas ; en signe d'amitié, ils secouent la tête latéralement en montrant les dents. Les vieux mâles dominent la troupe et en assurent la sécurité ; ce sont des animaux remarquables, que leurs dents acérées et leurs membres puissants rendent parfaitement aptes au combat. Les drills ont un régime alimentaire varié et se nourrissent indifféremment de matière végétale, d'insectes, de vertébrés et d'invertébrés de petite taille.

La reproduction n'est pas saisonnière et peut intervenir à tout moment de l'année ; les femelles mettent bas 1 jeune après une gestation de 7 mois environ.

Mandrill, *Mandrillus sphinx* LR : nt

Distribution : Afrique (Cameroun, Gabon, Congo)
Habitat : forêts
Taille : corps, 55 à 95 cm ; queue, 7 à 10 cm

Le mandrill mâle est un grand singe à corps puissant et tête énorme. Le museau très allongé est caractéristiquement marqué de profonds sillons et souvent brillamment coloré de bleu vif. La femelle adulte est beaucoup plus petite, à coloration et sillons faciaux moins prononcés. La peau de la croupe est bleu à pourpre chez les mâles ; elle est plus sombre chez les femelles.

S'ils dorment dans les arbres, les mandrills vivent et se nourrissent sur le sol pendant la journée. Ils se regroupent en vastes troupes comptant 20 à 50 individus, qui sont dirigées et protégées par un ou plusieurs vieux mâles. Ils se nourrissent de fruits mous et à coque, de feuilles, d'insectes, de vertébrés et d'invertébrés de petite taille.

Les naissances se produisent à toute période de l'année, avec cependant un maximum de décembre à février. La femelle met bas un seul jeune après une gestation d'environ 7 mois et demi.

Gelada, *Theropithecus gelada* LR : nt

Distribution : Afrique (Éthiopie)
Habitat : montagnes (ravins et alpages)
Taille : corps, 50 à 75 cm ; queue, 45 à 55 cm

Le gelada a une tête très caractéristique et assez impressionnante, avec son museau un peu retroussé et ses narines insérées très en arrière et non terminales comme chez les babouins. Les longues moustaches latérales pointent en arrière et vers le haut, et la longue crinière touffue descend presque jusqu'au sol chez les vieux mâles. La gorge et la poitrine montrent trois zones de peau nue de couleur rouge, que le mâle étale largement lorsqu'il veut se montrer menaçant devant ses rivaux ou ses ennemis. Le gelada retrousse sa lèvre supérieure quand il veut impressionner. Les femelles sont moitié plus petites que les mâles et leur crinière est toujours beaucoup plus claire.

Le gelada est un singe terrestre qui dort sur les falaises et les corniches rocheuses. Ces animaux vivent en groupes familiaux comptant plusieurs femelles avec leurs jeunes et conduits par un gros mâle ; ces groupes se rassemblent parfois en vastes troupes pouvant aller jusqu'à 200 individus. Il arrive parfois que les jeunes et les mâles non insérés dans un groupe forment leurs propres structures sociales.

Au matin, les geladas quittent leurs falaises pour se rendre dans les alpages, où ils se nourrissent largement de matière végétale – herbe, graines et fruits –, mais également d'insectes et d'autres petits animaux. Ils n'ont pas de territoire spécifique, le mâle maintenant la cohésion du groupe en utilisant une large gamme de signaux regroupant des appels ou des expressions faciales. Les geladas sont dotés d'une vue, d'une ouïe et d'un odorat excellents.

Les jeunes naissent, pour la plupart, entre le mois de février et le mois d'avril. En règle générale, la femelle met bas 1 petit, rarement 2, après une période de gestation qui dure de 147 à 192 jours, et l'allaite jusqu'à l'âge de 2 ans. Elle n'est de nouveau en œstrus que de 12 à 18 mois après la mise bas.

SINGES DE L'ANCIEN MONDE SUITE

Grivet, *Cercopithecus aethiops*

Distribution : Afrique (du Sénégal à la Somalie, vers le sud à l'Afrique du Sud)

Habitat : savane, bordures de terrains boisés

Taille : corps, 40 à 80 cm ; queue, 50 à 70 cm

Il existe de nombreuses races de grivets, variables par la taille – de moyenne à grande –, le marquage de la face et la couleur des moustaches. En général, la face est noire, les moustaches sont blanches, le pelage de grisâtre à olivâtre. S'ils dorment et se réfugient dans les arbres, les grivets sont susceptibles de descendre sur le sol, voire en terrain découvert, et peuvent courir sur une certaine distance. Ils grimpent, sautent et nagent bien. Les troupes familiales se composent d'un vieux mâle, de plusieurs femelles et de leurs jeunes ; il leur arrive de se regrouper à plusieurs durant la journée. Les grivets sont généralement plutôt calmes, mais jettent des cris d'alarme en cas de danger. Essentiellement végétariens, ils se nourrissent de fruits, de fleurs, de graines et d'écorce, accessoirement d'insectes, d'araignées, de lézards, de jeunes et d'œufs d'oiseaux.

La reproduction n'est pas saisonnière. La femelle met bas 1 jeune après une gestation de 175 à 203 jours et l'allaite durant 6 mois environ. D'abord agrippé au ventre de sa mère, le petit commence à s'en détacher vers 3 semaines et peut grimper au bout de 4 semaines.

Singe de Brazza, *Cercopithecus neglectus*

Distribution : Afrique (Cameroun, vers le sud jusqu'à l'Angola, vers l'est jusqu'à l'Ouganda)

Habitat : forêts pluviales et marécageuses, forêts de montagne sèches, près de l'eau

Taille : corps, 40 à 60 cm ; queue, 53 à 85 cm

Robuste et massif, le singe de Brazza est reconnaissable à la bande brun rougeâtre bordée de noir qui barre son front et à sa barbe blanche et fournie. La ligne du dos remonte vers la queue, de sorte que la croupe est située plus haut que les épaules. Les femelles sont plus petites que les mâles. Diurne, ce singe grimpe et nage bien, se déplace avec vitesse et agilité sur le sol, où il passe une bonne part de son temps, en quête de nourriture (feuilles, pousses, fruits, baies, insectes et lézards), et s'aventure aussi dans les cultures. Il vit en groupe familial composé d'un vieux mâle, de plusieurs femelles et de leurs jeunes, parfois en troupe plus nombreuse.

La femelle met bas 1 jeune après une gestation de 177 à 187 jour. À 1 semaine, il commence à quitter sa mère ; vers 3 semaines, il sait courir et grimper.

Hocheur à ventre rouge, *Cercopithecus erythrogaster* **VU**

Distribution : Afrique (Nigeria)

Habitat : forêts

Taille : corps, environ 45 cm ; queue, environ 60 cm

Ce singe apparemment rare présente un museau rosâtre dans une face sombre, cernée de moustaches blanches. Poitrine et ventre sont brun rougeâtre, parfois gris. Les femelles ont les membres et le ventre grisâtres. On connaît mal les mœurs de cette espèce, dont on n'a trouvé que quelques spécimens.

Diane, *Cercopithecus diana* **VU**

Distribution : Afrique (de la Sierra Leone au Ghana)

Habitat : forêts pluviales

Taille : corps, 40 à 57 cm ; queue, 50 à 75 cm

Élancés et élégants, les dianes arborent une face noir et blanc, une barbe et une poitrine blanches, tandis que le dos et les membres postérieurs sont caractéristiquement zonés de châtain. Le pelage noir des cuisses est barré d'une ligne blanche. Les femelles sont plus petites que les mâles, mais leur ressemblent.

Excellents grimpeurs, les dianes passent la quasi-totalité de leur temps dans les étages supérieurs de la forêt ; ils sont bruyants et d'un

MAMMIFÈRES : SINGES DE L'ANCIEN MONDE

naturel curieux. Ils vivent en troupes comptant jusqu'à 30 individus et dirigées par un vieux mâle. Ils montrent une intense activité, surtout en début de matinée ou en fin d'après-midi, au moment où ils se nourrissent de feuilles, de fruits, de bourgeons et d'autre matière végétale, accessoirement d'insectes et de jeunes ou d'œufs d'oiseaux.

La femelle met bas 1 jeune après une gestation d'environ 7 mois et l'allaite durant 6 mois.

Talapoin, *Miopithecus talapoin*

DISTRIBUTION : Afrique (du Gabon à l'ouest de l'Angola)
HABITAT : forêts pluviales, mangroves, toujours près de l'eau
TAILLE : corps, 25 à 40 cm ; queue, 36 à 52 cm

C'est l'un des plus petits singes d'Afrique. Le talapoin a un corps élancé, une grosse tête ronde, de grandes oreilles proéminentes. Ses jambes sont plus longues que ses bras, sa queue excède la longueur totale de sa tête et de son corps.

Il vit en troupe familiale regroupant 10 à 20 individus ; chaque troupe a son propre territoire, mais il arrive parfois à ces familles de se réunir en groupes beaucoup plus importants, pouvant rassembler 100 individus, dont de nombreux mâles adultes.

Les talapoins dorment dans les buissons et les mangroves ; diurnes, ils sont particulièrement actifs en début de matinée et fin d'après-midi. Ils courent, grimpent, nagent et plongent bien, et ils s'installent toujours près des cours d'eau. Ils ont un régime alimentaire très diversifié et se nourrissent de feuilles, de graines, de fruits, de plantes aquatiques, d'insectes, d'œufs et de petits animaux ; il leur arrive de lancer des expéditions sur les cultures, et ils n'hésitent pas à piller les provisions de grain.

Les naissances ont surtout lieu de novembre à mars. Après une période de gestation qui dure environ 6 mois et demi, la femelle met bas 1 jeune, qui naît avec un pelage déjà bien fourni et les yeux ouverts. Le petit se développe rapidement : il prend sa première nourriture solide à l'âge de 3 semaines, et est largement indépendant à 3 mois, bien qu'il ne soit sevré qu'à l'âge de 4 ou 5 mois.

Patas, *Erythrocebus patas*

DISTRIBUTION : Afrique (Sénégal, vers l'est jusqu'à l'Éthiopie, vers le sud jusqu'à la Tanzanie)
HABITAT : zones herbeuses, savane sèche, lisières de forêts, plateaux rocheux
TAILLE : corps, 50 à 75 cm ; queue, 50 à 75 cm

Ce singe élancé, à longues pattes, est l'un des primates les plus rapides : il atteint 50 km/h à la course. Les femelles sont de moitié plus petites que les mâles, dont le bas des pattes est d'un blanc pur alors que les membres des femelles sont fauves ou blanc jaunâtre. Les patas vivent en troupes constituées d'un vieux mâle, de plusieurs femelles (jusqu'à 12) et de leurs jeunes, et occupant un vaste territoire. S'ils dorment dans les arbres, généralement en bordure de forêt, les patas vivent sur le sol, où ils recherchent fruits, graines, feuilles, racines, insectes et œufs d'oiseaux. Durant la période d'activité alimentaire, le mâle monte la garde et donne l'alerte en cas de danger.

Les naissances ont surtout lieu de décembre à février. Les femelles mettent bas 1 jeune après une gestation de 170 jours. Le petit prend sa première nourriture solide vers 3 mois.

Cercopithèque noir et vert, *Allenopithecus nigroviridis* **LR : nt**

DISTRIBUTION : Congo
HABITAT : forêts marécageuses
TAILLE : corps, 40 à 50 cm ; queue, 45 à 55 cm

C'est un singe robuste, à membres et queue relativement courts. La tête est arrondie, ornée de touffes des oreilles à la bouche. Les deux sexes sont très semblables, mais les mâles sont un peu plus grands que les femelles. On connaît mal les mœurs de cette espèce, on sait cependant qu'elle vit en troupe et se nourrit surtout de feuilles, de fruits mous et à coque, apparemment aussi d'escargots, de crabes, de poissons et d'insectes. Ce singe grimpe et saute bien ; il aime aussi se baigner.

Les femelles mettent bas 1 jeune qui vit agrippé au ventre de sa mère durant les 2 ou 3 mois précédant son sevrage, à l'âge de 1 an environ.

SINGES DE L'ANCIEN MONDE SUITE

Guéréza d'Angola, *Colobus angolensis*
Distribution : Afrique (de l'Angola au Kenya)
Habitat : forêts
Taille : corps, 50 à 67 cm ; queue, 63 à 90 cm

Le genre regroupe des singes à corps robuste, membres et queue longs. Les mains ne sont dotées que de 4 doigts, le pouce étant vestigial ou absent. Le guéréza d'Angola est l'un des colobes noir et blanc ; il a le corps vigoureux et la tête arrondie du genre, et il se caractérise par les longs poils blancs de ses épaules, les nombreuses races de cette espèce différant légèrement par l'étendue de ces poils et de ceux, blancs aussi, qui terminent la queue.

Le guéréza d'Angola vit en troupe familiale comptant plusieurs femelles et leurs jeunes. À maturité, les jeunes mâles se mettent à vivre en solitaires ou fondent leur propre troupe. Chaque troupe a son territoire, avec ses sites alimentaires et ses arbres de repos ; parfois, les troupes se rassemblent en groupes d'une cinquantaine d'individus. L'activité est diurne, les heures de midi étant réservées au repos ou à la toilette. Ces singes trouvent leur nourriture – feuilles, fruits, écorce et insectes – dans les arbres, où ils courent et sautent avec une agilité stupéfiante ; aussi ne descendent-ils que rarement sur le sol.

La reproduction n'est pas saisonnière. Les femelles mettent bas 1 jeune après une gestation de 147 à 178 jours. Le petit commence à se déplacer vers 3 semaines, mais n'est indépendant qu'à 1 an passé.

Colobe rouille, *Procolobus badius* LR : nt
Distribution : Afrique (du Sénégal au Ghana, au Cameroun, au Congo, à l'Ouganda et à la Tanzanie)
Habitat : forêts secondaires, pluviales ou marécageuses, généralement près de l'eau
Taille : corps, 46 à 70 cm ; queue, 42 à 80 cm

Il existe plusieurs races de ce colobe élancé à longue queue, avec une coloration qui varie de rouge orangé à brun rougeâtre ; dos et épaules sont souvent marqués de noir ; les parties inférieures sont de jaune rougeâtre à gris ou blanc. Les femelles sont plus petites que les mâles, mais les individus des deux sexes se ressemblent beaucoup.

Le colobe rouille vit en troupe de 50 à 100 individus, constituée par 1 mâle, plusieurs femelles et leurs jeunes. De mœurs diurnes, les colobes rouille se nourrissent dans les arbres de fleurs, pousses, fruits et feuilles.

Les femelles mettent bas 1 jeune après une gestation de 4 à 5 mois et demi. Elles sont seules à prendre soin de leur petit, qui est sevré vers 9 à 12 mois.

Colobe vert olive, *Procolobus verus* LR : nt
Distribution : Afrique (de la Sierra Leone au Ghana)
Habitat : forêts pluviales, marécageuses et secondaires
Taille : corps, 43 à 50 cm ; queue, 57 à 64 cm

Cette espèce est représentée par le plus petit des colobes. C'est un singe à petite tête arrondie, museau court et coloration assez discrète. Mâles et femelles sont à peu près de même taille, mais la femelle n'a pas la crête de poils dressés que montre le crâne du mâle. Ce colobe vit en troupe familiale composée d'un vieux mâle, de plusieurs femelles et de leurs jeunes, soit habituellement de 6 à 10 individus. Le groupe est parfois plus nombreux, et peut compter jusqu'à 20 individus – avec plusieurs mâles adultes.

Le colobe vert olive dort et trouve refuge à l'étage moyen de la forêt, mais il se nourrit sur les branches basses. Il ne grimpe pas à la cime des arbres et ne vient que très rarement sur le sol. Il consomme essentiellement des feuilles, accessoirement des fleurs. C'est un singe calme et peu bruyant.

La reproduction de cette espèce est très mal connue. On sait seulement que la mère porte son petit par la bouche durant les premières semaines qui suivent la naissance ; cette étrange pratique est exclusive des colobes.

grand-chose de ses mœurs, mais on pense qu'il vit en troupe de 100 individus et plus, et qu'il se nourrit de fruits, de bourgeons, de feuilles et de pousses de bambou.

Entelle, *Semnopithecus entellus*

Distribution : Inde, Sri Lanka

Habitat : forêts, broussailles, zones rocheuses arides

Taille : corps, 51 cm à 1 m ; queue, 72 cm à 1 m

Nasique, *Nasalis larvatus* **VU**

Distribution : Bornéo

Habitat : mangroves, berges de cours d'eau

Taille : corps, 53 à 76 cm ; queue, 55 à 76 cm

Ce singe vigoureux vit à la cime des arbres épais et rigides des mangroves et des jungles, qui n'atteignent jamais de très grandes hauteurs. Agile, il court et saute parmi les branches, sa queue lui servant de balancier. Le mâle est considérablement plus grand que la femelle (jusqu'à deux fois son poids) et possède un nez énorme et retombant qui lui donne un aspect étrange et plutôt grotesque. Ce nez se redresse lorsque le singe lance son appel claironnant ; il est plus petit chez la femelle, dont le cri est moins sonore.

Les nasiques vivent en petits groupes comptant 1 ou 2 mâles adultes, et plusieurs femelles et leurs jeunes. Leur activité alimentaire est surtout matinale : ils se nourrissent de feuilles et de pousses de palétuviers, de fruits et de fleurs. Le reste du temps, ils lézardent à la cime des arbres où ils passent également la nuit.

L'accouplement n'est pas saisonnier. Les femelles mettent bas 1 jeune après une gestation d'environ 166 jours. Les nasiques s'adaptent mal à la captivité, et leurs populations se raréfient à l'état libre.

Rhinopithèque de Roxellane, *Rhinopithecus roxellana*

Distribution : sud-ouest et sud de la Chine, Tibet

Habitat : forêts d'altitude ; en hiver, plus bas dans les vallées

Taille : corps, 50 à 83 cm ; queue, 51 cm à 1 m

Ce grand singe est remarquable par son nez retroussé et les poils dorés de son front, de sa gorge et de ses joues. Du fait qu'il vit dans des zones montagneuses, d'accès particulièrement difficile, on n'a guère pu l'observer jusqu'ici. On ne connaît donc pas

C'est un grand singe à membres longs, à face noire et à sourcils proéminents. Il s'adapte à des habitats extrêmement divers, vit à proximité des humains et va jusqu'à s'aventurer dans les habitations et les magasins, en quête de nourriture. Dans l'Himalaya, l'entelle est supposé effectuer des migrations estivales en altitude et redescendre dans les vallées en hiver.

Même s'il est bon grimpeur, cet animal passe la moitié de son temps sur le sol, car c'est là qu'il peut trouver sa nourriture. Presque exclusivement végétarien, il se nourrit de feuilles, de pousses, de bourgeons, de fruits et de graines ; il consomme très rarement des insectes.

Les entelles vivent en groupes comptant un seul ou plusieurs mâles, les femelles et leurs jeunes, soit de 15 à 35 individus au total ; dans certaines régions, on a observé des groupes de 80 à 90 entelles. Il existe également des groupes plus petits, se composant de 4 à 15 individus et comportant exclusivement de mâles. Dans les groupes ne comptant qu'un mâle, c'est lui qui règle sans heurts la vie quotidienne ; là où il y en a plusieurs, on assiste à des contestations et à d'incessantes querelles, même alors que l'un des mâles est dominant.

La reproduction n'est saisonnière que dans les régions à saisons bien marquées, les naissances se produisant alors durant les 2 ou 3 mois climatiquement favorables. Les femelles mettent bas 1 jeune, occasionnellement 2, après une période de gestation qui dure 6 ou 7 mois. Les femelles de la troupe n'ayant pas mis bas s'intéressent de près au nouveau-né, que la mère leur permet de toucher dès la naissance.

Durant les premières semaines de sa vie, le petit vit accroché à sa mère ; à 4 semaines, il commence à devenir autonome et à se déplacer sur de courtes distances ; à l'âge de 3 mois, il peut jouer avec les autres petits et prendre de la nourriture solide. Il est allaité pendant 10 à 15 mois, et il traverse une période particulièrement difficile lorsque le moment du sevrage est venu.

GIBBONS

Famille des Hylobatidae : Gibbons

Les 9 espèces de gibbons vivent en Asie du Sud-Est, à Sumatra, à Java et à Bornéo. Comme les singes anthropoïdes, les gibbons sont dépourvus de queue et possèdent un maxillaire saillant. Ce sont des primates agiles et élancés, qui pèsent entre 5 et 13 kg. Arboricoles, ils diffèrent sensiblement des grands singes et sont probablement les mammifères les mieux adaptés aux déplacements rapides dans les arbres. Leurs mains extrêmement longues leur permettent en effet de se balancer d'une branche à l'autre et de grimper avec une étonnante habileté. La nette séparation du pouce et de l'index confère à ces mains une plus grande souplesse. Quand ils se dressent, leurs longs bras touchent le sol, ce qui les oblige souvent à les tenir au-dessus de la tête. Essentiellement végétariens, les gibbons consomment aussi des insectes, de jeunes oiseaux et des œufs. Le mâle et la femelle sont généralement de la même taille.

Siamang, *Hylobates syndactylus* LR : nt
Distribution : Malaisie, Sumatra
Habitat : forêts de montagne
Taille : corps, 75 à 90 cm ; queue absente

C'est le plus grand des gibbons. Le siamang a une fourrure entièrement noire, sans bande sourcilière pâle. Il se distingue aussi par la membrane qui relie le deuxième et le troisième doigt de chaque pied. Il se balance de branche en branche et il lui arrive de se dresser debout sur les grosses branches. La nuit, il dort dans les arbres. Friand de figues, le siamang ajoute à son régime fruits, fleurs et pousses, accessoirement insectes et même œufs d'oiseaux.

Les adultes vivent en couples sur un territoire, en compagnie de leurs jeunes d'âges divers, mais les adultes non accouplés vivent seuls. L'affirmation territoriale se manifeste par des sortes de hululements caractéristiques qu'amplifie le sac vocal. La femelle met bas 1 jeune après une gestation de 230 à 235 jours. Le nouveau-né est presque nu à la naissance, et vit accroché à sa mère.

Gibbon noir, *Hylobates concolor* EN
Distribution : péninsule indochinoise, Hainan
Habitat : forêts pluviales
Taille : corps, 45 à 63 cm ; queue, absente

Le gibbon noir compte plusieurs sous-espèces régionales qui diffèrent par le marquage du pelage. Le mâle, un peu plus grand que la femelle, porte sur le crâne une touffe de poils ; la femelle est de couleur chamois, parfois avec des taches noires. Les gibbons communiquent entre eux au moyen d'un système complexe de sons. Comme la plupart des gibbons, le mâle montre un sac laryngien qui amplifie les sons.

Les gibbons noirs ont un régime alimentaire varié, mais ils se nourrissent essentiellement de fruits, de bourgeons et d'insectes, à l'occasion de petits vertébrés.

Siamang de Kloss, *Hylobates klossii* VU
Distribution : îles Mentaveï, à l'ouest de Sumatra
Habitat : forêts pluviales de collines et de basses terres
Taille : corps, 65 à 70 cm ; queue, absente

Le siamang de Kloss est une version en réduction de *H. syndactylus*, dont il a les mœurs. C'est le plus petit de tous les gibbons ; on pense qu'il constitue une survivance de la forme ancestrale des gibbons. Strictement arboricole, il saute et se balance dans les arbres avec une dextérité étourdissante, et se nourrit de fruits, de feuilles, de pousses et peut-être d'insectes.

Les groupes familiaux comptent un couple d'adultes et jusqu'à 3 jeunes. La famille occupe un territoire ; elle vit et se nourrit groupée. La femelle met bas un seul jeune.

Gibbon lar ou Gibbon à mains blanches, *Hylobates lar* LR : nt

Distribution : sud du Myanmar, Malaisie, Thaïlande, Cambodge, Sumatra
Habitat : forêts pluviales, forêts sèches
Taille : corps, 42 à 58 cm ; queue, absente

Le gibbon lar est noir ou chamois pâle, mais ses mains, ses pieds, la bande sourcilière et les côtés de la face sont toujours blancs. Dans les arbres, il se balance de branche en branche ou court debout ; il descend rarement à terre. Essentiellement végétarien, il se nourrit de feuilles, pousses, bourgeons et fleurs, parfois également d'insectes.

Le gibbon lar vit en groupe constitué de 2 à 6 individus : un couple d'adultes et leurs jeunes d'âges divers. Comme tous les gibbons, celui-ci a recours à des vocalisations élaborées. Ces manifestations vocales sont destinées à la constitution des couples et au renforcement de leurs liens, à la défense des territoires et à la communication entre groupes familiaux. Mâles et femelles se livrent ainsi à des duos quotidiens complexes, dont la durée et la fréquence sont fonction des circonstances.

La femelle met bas 1 jeune tous les 2 à 4 ans, après une période de gestation de 7 mois à 7 mois et demi. Les jeunes restent auprès de leur mère et sont allaités durant au moins 2 ans.

Gibbon lar à bonnet, *Hylobates pileatus* VU

Distribution : sud-est de la Thaïlande
Habitat : forêts
Taille : corps, 43 à 60 cm ; queue, absente

Le gibbon lar à bonnet doit son nom aux poils en forme de bonnet qui coiffent la tête des mâles comme des femelles. Comme tous les gibbons, ce singe naît entièrement blanc et sa pigmentation se développe progressivement, à partir de la tête. À l'âge de la maturité sexuelle, les mâles sont entièrement noirs, les femelles sont chamois, avec la poitrine, les joues et la calotte noires.

Les gibbons lars à bonnet sont des animaux fortement territoriaux ; les mâles s'insultent copieusement par-delà les frontières du territoire, mais se battent rarement. L'espèce a un régime alimentaire varié et se nourrit de feuilles, de bourgeons, de fruits, de résine et d'insectes.

En raison de la destruction de son habitat, le gibbon lar à bonnet est aujourd'hui une espèce menacée.

Gibbon hoolock, *Hylobates hoolock* DD

Distribution : Bangladesh, est de l'Inde, sud de la Chine, Myanmar
Habitat : forêts de collines
Taille : corps, 46 à 63 cm ; queue, absente

Ce singe a les longs bras et la fourrure hirsute caractéristiques des gibbons. Mâles et femelles sont supposés de même taille. Les adultes mâles sont brun noirâtre, les femelles brun-jaune. Blanc grisâtre à la naissance, les petits voient leur coloration foncer progressivement ; ils sont noirs après quelques mois. La couleur de la femelle pâlit à la maturité sexuelle, soit à 6 ou 7 ans.

Presque exclusivement arboricole, le gibbon hoolock dort dans les arbres ; de jour, il se balance de branche en branche et d'arbre en arbre, en quête de nourriture, composée essentiellement de fruits, feuilles et pousses, mais son régime alimentaire comporte également des araignées, insectes, larves et œufs d'oiseaux.

Plusieurs groupes familiaux constitués par des couples et leurs jeunes se rassemblent parfois sur les sites alimentaires, mais, en temps normal, chaque famille se nourrit sur son territoire.

Comme chez tous les gibbons, le cri constitue un important moyen de communication à l'intérieur du groupe et d'un groupe à l'autre, ainsi que pour la signalisation et la défense des territoires.

L'accouplement coïncide avec le début de la saison des pluies ; la femelle porte un seul jeune, entre novembre et mars.

SINGES ANTHROPOÏDES

Famille des Hominidae : Singes anthropoïdes

La famille des hominidés comprend non seulement les grands singes (orang-outan, gorille, chimpanzé), mais aussi les hommes eux-mêmes. Les grands singes sont plus grands et plus robustes que les gibbons. Un gorille mâle adulte peut atteindre 270 kg, alors qu'un chimpanzé pèse entre 48 et 80 kg. Si tous les hominidés sont capables de se déplacer sur leurs membres inférieurs, à condition que la distance ne soit pas trop longue, ils adoptent normalement une démarche quadripède – à l'exception des êtres humains. Les gorilles et les chimpanzés sont surtout terrestres, alors que l'orang-outan passe le plus clair de son temps dans les arbres, où il se balance de branche en branche avec une agilité étonnante. Les gorilles sont végétariens, les chimpanzés et les orangs-outans omnivores. Généralement grégaires, ces singes vivent en groupes familiaux ; le jour, ils cherchent leur nourriture et, le soir, ils construisent des nids pour dormir. Les mâles sont toujours beaucoup plus grands que les femelles ; ils peuvent également présenter des caractéristiques particulières, comme les excroissances adipeuses qui encadrent la face des orangs-outans mâles.

Orang-outan, *Pongo pygmaeus* VU

Distribution : Sumatra, Bornéo
Habitat : forêts pluviales
Taille : hauteur, 1,20 à 1,50 m ; queue, absente

Deuxième des primates par la taille, l'orang-outan est un animal lourd, au pelage hirsute, brun rougeâtre. Les jambes sont relativement courtes et faibles, mais les bras sont longs et puissants, atteignant les chevilles lorsque l'animal se tient debout. Les mâles sont beaucoup plus grands que les femelles et leur face est encadrée par des excroissances adipeuses. Tous les adultes montrent une poche laryngienne adipeuse.

Les orangs-outans vivent solitaires, en couples ou en groupes familiaux ; ils mènent une activité exclusivement diurne à tous les étages de la forêt. Ils se déplacent en marchant le long des grosses branches, entre lesquelles il leur arrive aussi de se balancer. À terre, ils adoptent toujours la marche quadrupède. Ces grands singes ont un régime essentiellement frugivore mais consomment aussi des feuilles, des graines, des jeunes et œufs d'oiseaux. Pour dormir, ils construisent des plates-formes faites de branchages et de lianes entrelacés, qu'ils n'utilisent parfois qu'une seule nuit.

Après une gestation de plus de 9 mois, la femelle met bas un seul jeune, dont elle prend soin durant un certain temps (on a vu un jeune en captivité être allaité durant 6 mois) et qu'elle transporte agrippé à sa fourrure.

Gorille, *Gorilla gorilla* EN

Distribution : Afrique (du sud-est du Nigeria au Congo et pays adjacents)
Habitat : forêts pluviales, jusqu'à 3 000 m
Taille : hauteur du mâle, 1,70 à 1,80 m ; hauteur de la femelle, 1,40 à 1,50 m ; queue, absente

S'il est le plus grand et le plus robuste des primates, le gorille est aussi un animal doux, intelligent et sociable, qui mène une existence calme et paisible quand rien ne vient en troubler le cours. C'est un singe au pelage noir et rêche, prenant souvent une nuance argentée chez les adultes. La tête est grosse, avec un museau court, des yeux et des oreilles de petite taille, et porte, chez les vieux mâles, une couronne de poils. Les bras musclés sont plus longs que les jambes, courtes et épaisses ; les mains sont grandes, à doigts courts. Les mâles sont plus grands et plus lourds que les femelles, et, au-delà de l'âge de 10 ans, les poils de leur dos tendent à grisonner. Il existe 2 sous-espèces bien différenciées : le gorille de plaine, de l'ouest du bloc forestier congolais, et le gorille de montagne, qui occupe une zone bien délimitée de l'est du Congo et de l'ouest de l'Ouganda.

À terre, le gorille adopte une marche quadrupède, le poids de son corps reposant sur le dos des phalanges médianes des mains, mais il lui arrive occasionnellement de se tenir debout. Les gorilles vivent en groupes étroitement soudés constitués de 1 mâle dominant, de 1 ou 2 autres mâles, de plusieurs femelles et de jeunes ; certains groupes ne comptent qu'un seul mâle dominant, 2 ou 3 femelles et les jeunes. Le groupe occupe une superficie de 10 à 40 km², qui n'est ni délimitée ni défendue. Des conflits peuvent s'élever, mais les rencontres sont généralement évitées, les troupes se prévenant les unes les autres par des « battements de tambour » sur le sol. Les vieux mâles menacent leurs rivaux en se mettant debout et en émettant de sourds rugissements tout en se frappant la poitrine des deux poings, parfois en jetant à l'adversaire des plantes arrachées. À la mort du chef de la troupe, les jeunes mâles se disputent sa place.

MAMMIFÈRES : SINGES ANTHROPOÏDES   **103**

Les gorilles ont une activité diurne. Le matin de bonne heure, la troupe se met en quête de matière végétale : feuilles, bourgeons, tiges, baies, écorce et fougères, puis s'accorde une période de repos. Les gorilles reprennent leur activité alimentaire dans l'après-midi et enfin se retirent pour la nuit sur des lits de branchages et de feuilles construits sur le sol. Les jeunes de moins de 3 ans dorment avec leur mère.

La reproduction ne semble pas saisonnière. La femelle met bas un seul jeune après une gestation de plus de 9 mois. Le jeune est entièrement dépendant au début, et vit accroché à sa mère ; il est capable de s'asseoir à 3 mois, de marcher et grimper à 5 mois. Sevré vers 12 à 18 mois, il demeure aux côtés de sa mère jusque vers 3 ans.

En raison du déboisage au profit de l'agriculture, l'espèce est aujourd'hui gravement menacée d'extinction.

Bonobo ou Chimpanzé nain, *Pan paniscus* EN
DISTRIBUTION : Afrique (Congo)
HABITAT : forêts pluviales
TAILLE : corps, 55 à 60 cm ; hauteur, jusqu'à 1 m ; queue, absente

Parfois considéré comme une sous-espèce du chimpanzé, le bonobo est plus petit que *Pan troglodytes*, avec des jambes plus longues et plus fines, un corps plus élancé, une face étroite. Les poils et la face sont noirs. Le bonobo se déplace dans les arbres et sur le sol, se nourrissant surtout de fruits, accessoirement de feuilles et de pousses. Grégaire, il vit en groupe familial, plusieurs familles pouvant se retrouver sur les sites alimentaires les plus riches. À part cela, les mœurs du bonobo sont très semblables à celles du chimpanzé.

La femelle met bas un seul jeune après une période de gestation de 227 à 232 jours. Le petit demeure jusqu'à l'âge de 3 ans auprès de sa mère.

Chimpanzé, *Pan troglodytes* EN
DISTRIBUTION : Afrique (de la Guinée au Congo, à l'Ouganda et à la Tanzanie)
HABITAT : forêts pluviales et savane boisée
TAILLE : corps, 68 à 94 cm ; hauteur, 1,20 à 1,70 m ; queue, absente

Intelligent et sociable, le chimpanzé use pour communiquer de toute une série de sons et de mimiques qui font probablement de lui le plus expressif des animaux. Moins lourd que le gorille, le chimpanzé n'en est pas moins un animal robuste, aux membres longs ; ses bras puissants sont plus longs que ses jambes. Mains et pieds sont longs et fins, les mains étant dotées d'un pouce opposable. Les mâles sont un peu plus grands que les femelles. La coloration du pelage et de la face est variable, mais le pelage est souvent noirâtre, et la face claire, fonçant chez les vieux individus. La tête arrondie porte de grandes oreilles ; les lèvres sont très mobiles et protractiles.

Bon grimpeur, le chimpanzé vit pourtant souvent sur le sol, où il a une démarche quadrupède, même s'il lui arrive de se tenir debout, par exemple lorsque ses mains sont encombrées par la nourriture. La structure sociale est plus diversifiée que chez le gorille. Les spécimens forestiers vivent en troupes composées de mâles ; de femelles et de jeunes ; d'adultes des deux sexes avec des jeunes, ou encore sans jeunes. Dans la savane, les troupes, généralement plus stables, sont constituées d'un seul ou de plusieurs mâles et de plusieurs femelles avec leurs jeunes. Chaque troupe occupe une superficie dont la taille varie en fonction de celle de la troupe et des ressources alimentaires. Il arrive que des troupes voisines se rencontrent ; il y a alors débauche de cris, mais rarement bataille.

Diurnes, les chimpanzés se lèvent à l'aube pour se nourrir de fruits mous ou à coque, de feuilles, de pousses et d'écorce, mais aussi d'œufs et d'insectes. Ils usent de tiges pour déloger fourmis et termites de leur nid. Les chimpanzés de la savane tuent leurs jeunes proies animales en les empoignant par les pattes arrière pour leur fracasser la tête sur le sol. Pour dormir, la nuit, chaque chimpanzé construit dans un arbre un nid sommaire fait de branchages, qui ne sert qu'une fois. Jusqu'à 3 ans, les jeunes dorment avec leur mère.

Les femelles traversent régulièrement des périodes d'œstrus qui s'accompagnent d'un gonflement de la région génitale ; elles sont alors susceptibles de s'accoupler avec n'importe quel mâle de la troupe. En général, 1 jeune est mis bas, parfois 2, après une gestation de 227 à 232 jours. Quelques jours après sa naissance, le petit s'accroche au ventre de sa mère. À l'âge de 6 mois, il est capable de monter sur son dos afin de se faire transporter. Le jeune vit 2 ou 3 ans auprès de sa mère.

CHAUVES-SOURIS FRUGIVORES

ORDRE DES CHIROPTÈRES

Un mammifère sur quatre est une chauve-souris ; or, on connaît relativement mal ces animaux – seuls mammifères à avoir acquis le vol battu et non seulement plané. Cette aptitude au vol est rendue possible par la présence de larges surfaces membraneuses qui, des doigts de la main, se prolongent le long de l'avant-bras et du corps et même parfois jusqu'à l'extrémité de la queue.

FAMILLE DES PTEROPIDAE : CHAUVES-SOURIS FRUGIVORES

Cette famille groupe environ 166 espèces de chauves-souris frugivores des régions tropicales et subtropicales de l'Ancien Monde. Ce sont des animaux à grands yeux et à oreilles simples, dotés d'un odorat très développé. La main a un pouce robuste, terminé par une forte griffe ; chez certaines espèces, le deuxième doigt est armé d'une griffe qui saille de la membrane alaire. Ces chauves-souris se servent de leurs griffes et de leurs pattes postérieures pour passer de branche en branche, à la recherche des fruits qui constituent l'essentiel de leur nourriture, bien que certaines mangent aussi du pollen et du nectar. Mâles et femelles ne présentent pas de dimorphisme sexuel.

Roussette géante ou Roussette de l'Inde, *Pteropus giganteus*

DISTRIBUTION : sud et sud-est de l'Asie
HABITAT : forêts et cultures d'arbres fruitiers
TAILLE : corps, 35 à 40 cm ; envergure, 1,50 m ; queue, absente

Ces roussettes sont les géants des chiroptères. *P. giganteus* est une chauve-souris hautement sociable, qui se tient durant le jour dans les arbres en bande de plusieurs milliers d'individus. À la tombée du jour, la colonie prend l'air et se disperse pour chasser. La roussette géante écrase les fruits entre ses dents pour en exprimer le jus et recrache noyaux, pépins et pulpe. La chair molle, par exemple celle de la banane, est avalée.

La saison de reproduction de l'espèce varie selon les régions où elle vit. Peu féconde, la femelle met bas un seul petit par an, après une gestation d'environ 6 mois ; elle le transporte durant 8 semaines.

Hypsignathe, *Hypsignathus monstrosus*

DISTRIBUTION : Afrique (de la Gambie à l'Ouganda et à l'Angola)
HABITAT : mangroves et autres zones paludéennes
TAILLE : corps, 25 à 30 cm ; envergure, 70 à 95 cm ; queue, absente

Chez cette espèce, le mâle montre un étonnant renflement nasal, dont la fonction demeure encore un mystère. On suppose toutefois qu'il est destiné à accroître le volume des appels amoureux. Les hypsignathes sont des animaux particulièrement bruyants ; les mâles se réunissent la nuit sur des arbres choisis et entonnent d'interminables chœurs destinés à attirer les femelles, qui sélectionnent leur partenaire.

L'hypsignathe vit seul ou forme de petits groupes dans les arbres. Il se nourrit de jus de mangue et de corossol et montre parfois des tendances carnivores. La femelle met bas un seul jeune après une période de 5 mois et demi de gestation.

Roussette d'Égypte ou Roussette de Geoffroy, *Rousettus aegyptiacus*

DISTRIBUTION : Afrique, vers l'est jusqu'à l'Inde et la Malaisie
HABITAT : forêts ; grottes, tombes, temples
TAILLE : corps, 11 à 13 cm ; envergure, 30 à 45 cm ; queue, 1,5 cm

Cette roussette vit en vaste groupe au plus profond des grottes et des vieux édifices, où elle semble s'orienter par écholocation. Elle est la seule espèce frugivore à utiliser ce système de sonar, très répandu chez les chauves-souris insectivores.

La roussette d'Égypte se nourrit de jus de fruits et de nectar de fleurs, ce qui lui vaut de jouer un rôle important dans la pollinisation. Elle peut parcourir de très grandes distances chaque nuit à la recherche de nourriture.

La saison des amours des roussettes d'Égypte s'étend de décembre à mars. La femelle met bas 1 petit après une gestation de 15 semaines et le transporte, accroché à elle, jusqu'à ce qu'il soit apte à voler. Le jeune adopte le régime frugivore des adultes à l'âge de 3 mois.

Épomophore de Franquet, *Epomops franqueti*

Distribution : Afrique (du Nigeria à l'Angola, vers l'est au Zimbabwe et à la Tanzanie)

Habitat : forêts, terrains boisés clairs

Taille : corps, 13,5 à 18 cm ; envergure, 23 à 25 cm ; queue, absente

Cette chauve-souris a des épaules marquées d'une tache blanche, ce qui lui vaut l'un de ses noms anglo-saxons de « chauve-souris à épaulettes ». Pour se nourrir, elle entoure le fruit de ses lèvres, le perce avec ses dents et y presse sa langue pour en aspirer le jus grâce à l'action de sa pompe pharyngienne.

La reproduction a lieu à n'importe quelle époque de l'année. La femelle met bas un seul jeune par portée, après une gestation de 3 mois et demi.

Harpyionyctère de Whitehead, *Harpyionycteris whiteheadi*

Distribution : Philippines

Habitat : forêts, jusqu'à 1 700 m

Taille : corps, 14 à 15 cm ; envergure, 23 à 30 cm ; queue, absente

Les grandes incisives de cette chauve-souris paraissent fonctionner comme les lames d'un sécateur, et il semble que l'animal les utilise pour détacher facilement les figues et autres fruits des arbres.

Nyctimène géant, *Nyctimene major*

Distribution : des Célèbes à l'île de Timor, Nouvelle-Guinée, nord de l'Australie, îles Salomon

Habitat : forêts

Taille : corps, 7 à 12 cm ; envergure, 20 à 28 cm ; queue, 1,5 à 2,5 cm

Les narines de cette espèce font saillie de part et d'autre du museau, imitant de petits rouleaux de parchemin. Cette étrange structure nasale, dont la fonction est mal élucidée, semble destinée à produire un effet « stéréo » lors de la détection des fruits par écholocation.

Le régime alimentaire du nyctimène géant se compose essentiellement de goyaves, de figues et même de pulpe de jeunes noix de coco. Il arrache avec ses dents des morceaux de fruits qu'il mâche et presse, ne consommant que le jus et rejetant le reste au sol.

Apparemment moins sociable que les autres chauves-souris frugivores, le nyctimène géant vit généralement en solitaire. Il se tient dans les frondaisons, masqué par sa coloration mimétique. Il s'accouple en septembre ou en octobre, et la femelle met bas un seul petit par portée.

Macroglosse minime, *Macroglossus minimus*

Distribution : Myanmar, vers l'est jusqu'à la Malaisie et Bali

Habitat : forêts, plantations

Taille : corps, 6 à 7 cm ; envergure, 14 à 17 cm ; queue, vestige

C'est l'un des plus petits membres de la famille. Le macroglosse minime vit solitaire, ce qui le rend peut-être moins évident aux yeux des prédateurs. Il vit le jour dans les feuilles enroulées de chanvre ou de bananier et sort la nuit pour aspirer le nectar des fleurs ou en manger le pollen. Il consomme aussi des fruits, ce qui fait qu'il est considéré comme animal nuisible dans certaines parties de son aire de distribution. Le macroglosse minime est particulièrement bruyant et, la nuit, il émet un cri strident.

L'accouplement du macroglosse minime a lieu en août ou septembre et produit un seul jeune après une période de gestation de 12 à 15 semaines.

Syconycteris australis

Distribution : sud de la Nouvelle-Guinée, vers le sud jusqu'à l'Australie (Nouvelle-Galles-du-Sud)

Habitat : forêts

Taille : corps, 5 à 6 cm ; envergure, 12 à 15 cm ; queue, vestige

Cette espèce est la plus petite des chauves-souris frugivores. *Syconycteris australis* vit dans les forêts d'eucalyptus et d'acacias et semble se nourrir presque exclusivement du pollen et du nectar de diverses espèces de ces arbres.

Sa longue langue couverte de papilles en forme de brosse est parfaitement adaptée au prélèvement du pollen dans les fleurs à corolles profondes. En se déplaçant de fleur en fleur, l'animal contribue à la pollinisation. En été, soit en novembre ou en décembre, la femelle met bas 1 jeune de très petite taille.

RHINOPOMES ET EMBALLONURES

Famille des Rhinopomatidae : Rhinopomes

Les représentants de cette famille, au nombre de 3, se caractérisent par un museau terminé par une sorte de groin et une queue nue qui égale en longueur le reste du corps. On les rencontre en Afrique et au Moyen-Orient, de l'Inde à la Thaïlande et jusqu'à Sumatra. Ils peuplent depuis des millénaires les temples indiens et les pyramides d'Égypte.

Rhinopome microphylle, *Rhinopoma microphyllum*

Distribution : Afrique occidentale, Afrique du Nord, Moyen-Orient, Inde, Sumatra
Habitat : zones arides dépourvues d'arbres
Taille : corps, 6 à 8 cm ; envergure, 17 à 25 cm ; queue, 6 à 8 cm

L'espèce colonise, par milliers d'individus, les grands édifices en ruine tels que palais et temples.

Exclusivement insectivores, les rhinopomes présentent la particularité de devenir excessivement gras à la belle saison, accumulant d'énormes réserves en vue de la saison froide. Ils sont alors si alourdis de graisse qu'ils peuvent à peine voler. Pendant la période hivernale, la nourriture manquant, ils se plongent dans un profond sommeil. Au cours de cette quasi-léthargie, ils utilisent la graisse accumulée et, au retour des beaux jours, ils ont entièrement épuisé leurs réserves.

L'accouplement des rhinopomes microphylles a lieu en début de printemps. La femelle met bas un seul jeune après une période de gestation qui dure environ 4 mois. Sevré à l'âge de 8 semaines, le jeune n'atteint la maturité sexuelle qu'au cours de la deuxième année.

Famille des Emballonuridae : Emballonures

La famille compte 47 espèces de chauves-souris reconnaissables à la membrane qui relie leurs pattes postérieures. La queue, insérée au-dessous de cette membrane, la traverse par une petite ouverture. La raison de cette disposition particulière n'est pas éclaircie ; on sait cependant que, en vol, la chauve-souris règle la position de ce « plan fixe » par des mouvements des pattes postérieures.

Habitants des régions tropicales et subtropicales du globe, les emballonures y occupent divers habitats, mais il faut cependant noter qu'ils ne s'éloignent jamais des arbres. Essentiellement insectivores, ces animaux complètent parfois leur régime alimentaire par des fruits.

Les emballonures se caractérisent également par la présence sur les ailes, au creux du coude, d'un sac glandulaire qui produit une sécrétion épaisse, à odeur extrêmement forte, et nettement plus abondante chez le mâle. Sans doute les femelles se repèrent-elles à l'odeur de cette sécrétion pour trouver un mâle avec lequel s'accoupler.

Rhynchonyctère, *Rhynchonycteris naso*

Distribution : du sud du Mexique au centre du Brésil
Habitat : forêts, broussailles ; près de l'eau
Taille : corps, 3,5 à 4,5 cm ; envergure, 12 à 16 cm ; queue, 1 à 2 cm

Cette chauve-souris est caractérisée par son long museau pointu et les touffes de poils gris qui couvrent ses avant-bras. Avec son vol relativement lent, le rhynchonyctère serait pour les oiseaux de proie une victime particulièrement facile à attraper si elle devait chasser au sommet des arbres ; aussi, pour se protéger des prédateurs, a-t-il développé l'habitude de se nourrir des insectes qui vivent immédiatement au-dessus de la surface des étangs, des lacs et des rivières.

Le rhynchonyctère s'introduit parfois dans les crevasses rocheuses ou plus simplement se contente de s'agripper aux rochers ou au ciment. Il est alors parfaitement camouflé par sa coloration, qui fait qu'il semble se confondre avec les plaques de lichen. Les individus se perchent généralement très loin les uns des autres. Cette technique a peut-être pour but d'accentuer l'effet de camouflage.

D'avril à juillet, les femelles mettent bas un seul jeune. Jusqu'à ce qu'il ait 2 mois et devienne indépendant, ce jeune est mis à l'abri par sa mère dans l'ombre d'un tronc ou à l'intérieur d'un tas de pierres.

Saccoptéryx à deux raies, *Saccopteryx leptura*

Distribution : du Mexique à la Bolivie et au Brésil
Habitat : forêts de basse altitude
Taille : corps, 4 à 5 cm ; envergure, 18 à 22 cm ; queue, 1 cm

Cette chauve-souris est instantanément identifiable aux deux lignes blanches tout à fait caractéristiques qui ondulent le long de son dos, de la nuque à la croupe, et qui sont à l'origine de son nom commun : elles rompent la ligne du corps et servent à l'animal de camouflage. Le mâle possède dans la membrane alaire, à la base des ailes, des poches glandulaires bien développées. Leur fonction n'est pas exactement déterminée, mais il semble qu'elles soient destinées à attirer les femelles.

Au Mexique, on a observé les mœurs de saccoptéryx à deux raies suspendus sous les ponts de béton et sur les murs des immeubles, et on a constaté que les individus rejoignaient fidèlement chaque matin le point exact qu'ils avaient abandonné la veille au soir.

Les femelles mettent bas leur jeune durant la saison des pluies, alors que la nourriture – coléoptères et papillons de nuit – est particulièrement abondante. Les petits sont sevrés moins de 2 mois après leur naissance.

Emballonura monticola

Distribution : de la Thaïlande à la Malaisie, à Java, à Sumatra, à Bornéo et aux Célèbes
Habitat : forêts pluviales denses
Taille : corps, 4 à 6 cm ; envergure, 16 à 18 cm ; queue, 1 cm

En général, ces chauves-souris se perchent en groupe d'une douzaine d'individus, parfois davantage, dans les fissures des roches ou dans les grottes. Au crépuscule, elles s'envolent de concert pour se nourrir et rejoignent leur gîte seulement à l'aube, toujours en groupe. Il semble qu'elles cherchent leur nourriture à la cime des très grands arbres et complètent leur régime alimentaire insectivore par des fruits et occasionnellement par des fleurs.

La reproduction de l'espèce est très mal connue ; l'accouplement paraît totalement indépendant de la saison et la femelle met bas un seul jeune par portée.

Taphien ou Chauve-souris des tombeaux, *Taphozous longimanus*

Distribution : Inde, Sri Lanka, Asie du Sud-Est
Habitat : plantations de cocotiers, broussailles, ruines de tombeaux et de palais
Taille : corps, 7 à 9 cm ; envergure, 25 à 33 cm ; queue, 2 à 3,5 cm

Ces chauves-souris affectionnent les édifices et se rencontrent souvent dans les tombeaux. Elles apparaissent sur des peintures chinoises datant de 2 000 ans, ce qui les met parmi les plus anciennes représentations artistiques de chauves-souris. Petites créatures au court pelage luisant, les taphiens s'envolent au crépuscule et s'élèvent jusqu'à 100 m de haut à la recherche d'insectes, pour perdre progressivement de l'altitude au cours de la nuit. Lorsqu'ils chassent, les taphiens émettent des cris stridents audibles par l'oreille humaine.

Diclidure fantôme, *Diclidurus virgo*

Distribution : sud du Mexique, Amérique centrale
Habitat : forêts, terrains découverts
Taille : corps, 5 à 8 cm ; envergure, 18 à 30 cm ; queue, 1,5 à 2,5 cm

Avec son pelage et ses membranes alaires blanches, cette chauve-souris présente une allure fantomatique que traduit son nom commun. Cette couleur blanche étonne, dans la mesure où la plupart des chauves-souris sont plutôt de teinte sombre, mais elle ne semble pas désavantager l'animal dans sa chasse aux insectes. Autre particularité de l'espèce : les sacs glandulaires, qui sont insérés dans la membrane caudale et non dans les ailes.

Le diclidure fantôme gîte dans les grottes et les crevasses, généralement seul, occasionnellement par couple. On ne connaît pas très bien sa reproduction, mais elle ne semble pas saisonnière.

CRASÉONYCTÉRIDÉS, NYCTÈRES ET PSEUDO-VAMPIRES

Famille des Craseonycteridae

L'unique représentante de cette famille de chauves-souris a été découverte en 1973 dans la région à relief karstique de la Thaïlande occidentale. C'est la plus petite chauve-souris qui ait jamais été répertoriée et, peut-être, le plus petit mammifère qui soit au monde.

Craseonycteris thonglongyai **EN**
Distribution : Thaïlande
Habitat : grottes calcaires
Taille : corps, 3 à 3,5 cm ; envergure, 11 à 12,5 cm ; queue, absente

Un adulte entièrement développé de cette espèce ne pèse pas plus de 2 g. Le dessus du corps est brun à roussâtre ou gris ; la partie ventrale est plus claire et les ailes sont plus sombres. Le nez en forme de groin paraît résulter d'une adaptation aux habitudes alimentaires de cet animal, qui recueille des petits insectes et autres invertébrés à la surface des feuilles.

Au crépuscule, la chauve-souris émerge des grottes où elle se perche en petite colonie et se met en quête de sa nourriture, qu'elle trouve au sommet des bouquets de bambous et parmi le feuillage épais des tecks, où elle se glisse aisément en raison de sa petite taille. On ignore tout de sa reproduction.

Famille des Nycteridae : Nyctères

La famille rassemble 12 espèces de chauves-souris qui se distinguent par la présence, de chaque côté de la face, d'une fente qui s'étend latéralement de la narine jusqu'au-dessus de l'œil. Comme la plupart des particularités faciales observées chez les chauves-souris, ces fentes sont supposées faire partie du système complexe d'écholocation de l'animal. Ce système et l'ouïe très développée des nyctères leur permettent de se diriger dans l'obscurité et de repérer leurs proies. Les représentants de la famille sont généralement insectivores, mais ils mangent aussi scorpions et araignées. Autre caractéristique originale des nyctères : leur queue qui suit la membrane caudale et se termine par un os en forme de « T », unique chez les mammifères.

La femelle met probablement bas deux fois par an.

Nyctère de Geoffroy, *Nycteris thebaica*
Distribution : Moyen-Orient, Afrique, vers le sud jusqu'au Sahara, Madagascar
Habitat : plaines sèches, forêts
Taille : corps, 4,5 à 7,5 cm ; envergure, 16 à 28 cm ; queue, 4 à 7,5 cm

Les nyctères se nourrissent de diverses espèces d'invertébrés qu'ils attrapent dans les arbres ou même sur le sol ; les scorpions paraissent toutefois être leurs proies favorites.

Le nyctère de Geoffroy donne naissance à un seul jeune, en janvier ou février ; on suppose que la femelle produit une seconde portée en cours d'année.

Famille des Megadermatidae : Pseudo-vampires

La lutte pour la survie entre les nombreuses espèces de chauves-souris a conduit cette famille de chiroptères à se spécialiser dans la prédation d'autres chauves-souris. Le pseudo-vampire fond en silence sur une chauve-souris plus petite, qu'il mâchonne un peu avant d'en dévorer la chair, ce qui a longtemps fait croire qu'il en aspirait le sang. On sait aujourd'hui que tel n'est pas le cas ; d'ailleurs, les pseudo-vampires ne sont même pas tous carnivores, et ceux qui le sont n'utilisent leurs talents de prédateurs que pour compléter leur régime insectivore. Il existe 5 espèces de pseudo-vampires à longues oreilles et nez orné d'une formation foliacée.

Pseudo-vampire-lyre, *Megaderma lyra*
Distribution : de l'Inde au Myanmar, sud de la Chine, Malaisie
Habitat : forêts, terrains découverts
Taille : corps, 6,5 à 8,5 cm ; envergure, 23 à 30 cm ; queue, absente

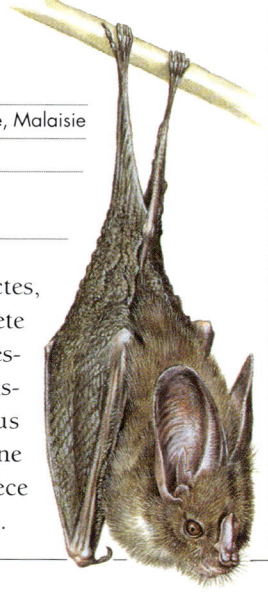

Le pseudo-vampire-lyre se nourrit d'insectes, d'araignées et d'autres invertébrés, et complète son régime par des proies telles que chauves-souris, rongeurs, grenouilles et même poissons. Les groupes de 3 à 50 individus s'attribuent généralement l'exclusivité d'une grotte, les habitudes carnassières de l'espèce faisant probablement fuir les autres espèces.

L'accouplement des pseudo-vampires-lyres a lieu en novembre. Un seul jeune est mis bas après une période de gestation de 20 semaines. Peu de temps avant la mise bas des femelles, les mâles quittent le groupe et ne viennent reprendre la vie communautaire que 3 ou 4 mois plus tard.

Pseudo-vampire à nez en cœur, *Cardioderma cor*

DISTRIBUTION : est de l'Afrique centrale (de l'Éthiopie à la Tanzanie)
HABITAT : forêts, brousse
TAILLE : corps, 7 à 9 cm ; envergure, 26 à 35 cm ; queue, absente

C'est une espèce très proche de la précédente par l'aspect et les mœurs, sinon que la formation foliacée portée par le nez est plus grande et, comme son nom l'indique, en forme de cœur. Son régime alimentaire est carnivore autant qu'insectivore.

Les pseudo-vampires à nez en cœur émergent avant la fin du jour, en quête de lézards, qui constituent leurs proies favorites ; il leur arrive même de pénétrer dans les habitations pour y poursuivre rongeurs et lézards. Le vol est puissant et la chauve-souris peut s'élever en emportant une proie aussi grosse qu'elle ; elle attaque les chauves-souris plus petites qu'elle en déséquilibrant leur vol.

Macroderme d'Australie, *Macroderma gigas* VU

DISTRIBUTION : nord et ouest de l'Australie tropicale
HABITAT : forêts parsemées de grottes
TAILLE : corps, 11,5 à 14 cm ; envergure, 40 à 60 cm ; queue, absente

C'est l'une des chauves-souris les plus nettement carnivores : elle se nourrit presque exclusivement de souris, d'oiseaux, de geckos et d'autres chauves-souris ; elle se laisse tomber brusquement sur sa proie et l'enserre de ses fortes ailes avant de la tuer d'une seule morsure à la nuque. Elle peut décoller du sol en transportant le rongeur mort et voler ainsi jusqu'à la grotte ou à l'arbre qui lui sert de perchoir. Comme tous les pseudo-vampires, cette espèce possède de longues oreilles reliées sur la moitié de leur longueur par une membrane.

En septembre ou octobre, un peu avant la mise bas des jeunes, les mâles abandonnent le perchoir communautaire. Vers janvier, les jeunes ont atteint la taille de leur mère et se joignent à la chasse. Les mâles rejoignent la communauté en avril.

En raison de la disparition de leur habitat – et comme toutes les chauves-souris dont l'aire de distribution est restreinte –, les macrodermes d'Australie sont aujourd'hui devenus rares, et des mesures de conservation urgentes seraient à prendre pour préserver l'espèce de l'extinction qui la menace.

Mégaderme à ailes orangées, *Lavia frons*

DISTRIBUTION : Afrique (du Sénégal au Kenya)
HABITAT : forêts et terrains découverts, à proximité des lacs et des marais
TAILLE : corps, 6,5 à 8 cm ; envergure, 24 à 30 cm ; queue, absente

Si le pelage de cette chauve-souris est de couleur variable – du bleu-gris ou brun au blanchâtre –, les ailes et les oreilles sont toujours vivement colorées de rouge jaunâtre. La formation foliacée qu'elle porte sur le nez est d'une taille supérieure à toutes celles observées dans la famille des pseudo-vampires. Cette espèce a de très longues oreilles et de grands yeux.

Le mégaderme à ailes orangées vit suspendu dans les arbres et les buissons, où seul le battement de ses longues oreilles trahit sa présence. Il lui arrive de voler durant la journée, mais il ne se nourrit cependant que de nuit. Contrairement aux autres pseudo-vampires qui sont également carnivores, cette espèce semble se contenter d'un régime alimentaire exclusivement insectivore. Pour chasser, elle attend le passage d'un insecte, qu'elle capture d'un vol particulièrement rapide et court avant de rejoindre la branche où elle était suspendue pour le manger.

La reproduction du mégaderme à ailes orangées est totalement indépendante de la saison et intervient à n'importe quel moment, et les mâles n'abandonnent pas la communauté au moment de la mise bas.

FERS À CHEVAL

Famille des Rhinolophidae : Fers à cheval

Les représentants de cette famille se distinguent par la forme en fer à cheval de la structure charnue entourant le nez. Alors que chez les autres chauves-souris insectivores, l'émission des ultrasons s'opère par la bouche, chez les fers à cheval, les ultrasons sont émis par les narines – la « feuille » nasale jouant le rôle de mégaphone et servant à orienter le faisceau « radar » dans la direction voulue. Deux autres excroissances, l'une située au-dessus des narines et l'autre les séparant, vibrent à la même fréquence que le son émis. Les fers à cheval se distinguent également en ce que, au lieu de replier leurs ailes lorsqu'ils se suspendent, ils se drapent dedans, offrant alors l'apparence d'énormes cocons.

Au nombre de 132 espèces, les fers à cheval habitent les régions tropicales et tempérées de l'Ancien Monde, avec pour limite orientale le Japon et l'Australie. Leur famille comprend aussi quelque 63 espèces qui formaient autrefois une famille séparée : les phyllorhines. Le mâle et la femelle sont généralement identiques. Très nombreuses, ces chauves-souris rendent de grands services à l'homme : elles éliminent beaucoup d'insectes nuisibles.

Grand Fer à cheval, *Rhinolophus ferrumequinum* **LR : cd**

Distribution : Europe, Asie, Afrique du Nord
Habitat : forêts, terrains découverts ou cultivés
Taille : corps, 11 à 12,5 cm ; envergure, 33 à 35 cm ; queue, 2,5 à 4 cm

Chauve-souris au vol lent et lourd, le grand fer à cheval n'attrape pas les insectes au vol, mais se nourrit largement sur le sol : il se laisse tomber sur les coléoptères avec une précision infaillible. Cette espèce hiverne d'octobre à mars et choisit pour ce faire les trous, les crevasses et les grottes ; il se drape dans sa membrane alaire pour se protéger du froid. Les chauves-souris effectuent de longues migrations pour rejoindre leurs quartiers d'hiver, où elles se regroupent par colonie de milliers d'individus.

La femelle met bas un seul jeune, en avril, et le transporte durant 3 mois environ.

Petit Fer à cheval, *Rhinolophus hipposideros* **VU**

Distribution : Europe, Asie, Afrique du Nord
Habitat : zones découvertes pourvues de grottes
Taille : corps, 7 à 10 cm ; envergure, 22,5 à 25 cm ; queue, 1,5 à 2,5 cm

Le petit fer à cheval ressemble à l'espèce précédente, sinon qu'il dirige mieux son vol, ce qui lui permet de chasser dans les airs. En été, il se suspend dans les arbres, les troncs creux et les habitations, qu'il anime de son cri incessant. À la saison froide, il effectue de courtes migrations à la recherche de caves hors gel, mais pas nécessairement sèches, où il prend ses quartiers d'hiver.

Rhinolophus philippinensis **LR : nt**

Distribution : archipel des Philippines
Habitat : forêts, terrains accidentés
Taille : corps, 7 à 9 cm ; envergure, 23 à 26 cm ; queue, 1,5 à 2,5 cm

La faune des Philippines est riche en chauves-souris, et cette espèce y occupe sa niche écologique propre. Elle se nourrit de gros insectes au vol lent et de coléoptères terrestres lourdement caparaçonnés. Elle transperce élytres et ailes au moyen de ses dents aiguës avant de dévorer l'insecte.

Le climat des Philippines rend l'hibernation inutile, et la chauve-souris demeure active tout au long de l'année. La reproduction est indépendante de la saison. Le jeune est sexuellement mature au cours de la deuxième année. *Rhinolophus philippinensis* ne montre pas de dimorphisme sexuel, toutefois, le mâle est un peu plus petit que la femelle.

Triaenops de Perse, *Triaenops persicus*

DISTRIBUTION : Égypte, vers l'est jusqu'à l'Iran, et vers le sud jusqu'au golfe d'Eilat

HABITAT : zones arides, semi-désertiques

TAILLE : corps, 3,5 à 5,5 cm ; envergure, 15 à 19 cm ; queue, 1,5 cm

C'est l'une des 3 espèces du genre. Les triaenops se distinguent du reste de la famille par les excroissances qui surmontent le disque nasal. Ils vivent suspendus dans les crevasses et les galeries souterraines. En fin de journée, ils s'élèvent d'un vol rapide jusqu'au niveau des frondaisons, parmi lesquelles ils se nourrissent de petits insectes.

L'accouplement a lieu entre décembre et mai, de manière que les naissances coïncident avec les pluies. Un seul jeune est mis bas par portée, et il est laissé à l'abri tandis que sa mère chasse.

Chauve-souris au museau de fleur, *Anthops ornatus* **VU**

DISTRIBUTION : îles Salomon

HABITAT : forêts, terres cultivées

TAILLE : corps, 4,5 à 5 cm ; envergure, 14 à 16,5 cm ; queue, 0,5 à 1,5 cm

Cette chauve-souris n'est connue que par les quelques spécimens découverts au début de ce siècle. Elle doit son nom à son disque nasal crénelé, fait de plusieurs couches superposées à la manière des pétales d'une fleur. L'utilité d'une telle structure n'a pas été élucidée jusqu'ici.

Asellia à trois endentures, *Asellia tridens*

DISTRIBUTION : Afrique du Nord, vers l'est jusqu'à l'Inde

HABITAT : zones broussailleuses arides

TAILLE : corps, 5 à 6 cm ; envergure, 21 à 22 cm ; queue, 2 à 2,5 cm

Cette chauve-souris a un museau surmonté d'excroissances en trident. Les asellias à trois endentures habitent en colonies regroupant des centaines d'individus les crevasses et galeries souterraines. Elles émergent en début de soirée et filent en rasant le sol en direction des palmeraie, où, dans l'ombre et l'humidité, abondent les insectes. L'espèce affectionne particulièrement les coléoptères et les papillons de nuit.

Hipposideros diadema

DISTRIBUTION : Asie du Sud-Est, Nouvelle-Guinée, îles Salomon, Australie (nord-est du Queensland)

HABITAT : forêts, souvent à proximité des habitations

TAILLE : corps, 7 à 10 cm ; envergure, 22,5 à 25 cm ; queue, 2,5 à 3 cm

Cette chauve-souris sociable vit en groupe de plusieurs centaines d'individus dans les grottes ou les vieilles habitations. Elle se met en chasse au crépuscule, fouillant parmi les fleurs, saisissant les insectes au passage et allant même jusqu'à éventrer les figues pour en consommer pulpe et pépins et y découvrir des larves d'insectes. En général, un seul jeune est mis bas en novembre ou décembre.

Coelops frithi

DISTRIBUTION : du Bangladesh à Java, à travers la péninsule indochinoise

HABITAT : forêts

TAILLE : corps, 3 à 4,5 cm ; envergure, 11 à 13 cm ; queue, absente

Le disque nasal est beaucoup moins complexe chez *Coelops frithi* que chez les autres membres de sa famille ; les oreilles sont plus courtes et plus arrondies. Les larges ailes de cet animal le rendent extrêmement agile dans les airs. Il se nourrit exclusivement d'insectes, qu'il chasse en vol. Au sol, il est beaucoup plus maladroit, car ses pattes postérieures sont peu développées. Durant le jour, la chauve-souris s'abrite par groupe d'une douzaine d'individus dans les arbres creux ou les constructions humaines.

À Java, on a observé que, chez cette espèce, les naissances se produisaient généralement à la fin du mois de février.

CHAUVES-SOURIS PÊCHEUSES, CHAUVES-SOURIS À MOUSTACHES, MOLOSSES ET PHYLLOSTOMIDÉS

Famille des Noctilionidae : Chauves-souris pêcheuses ou Noctilions

Les 2 espèces constituant cette famille habitent l'Amérique centrale et le nord de l'Amérique latine. Elles vivent dans les forêts marécageuses et les mangroves. Comme leur nom l'indique, elles se nourrissent de poissons.

Noctilion bec-de-lièvre, *Noctilio leporinus*
Distribution : Mexique, vers le sud jusqu'à l'Argentine, Antilles, Trinité
Habitat : forêts, mangroves
Taille : corps, 10 à 13 cm ; envergure, 28 à 30 cm ; queue, 1 à 2,5 cm

De son vol puissant, le noctilion bec-de-lièvre file au ras de l'eau, repérant les petits poissons qui effleurent la surface et qu'il prend à l'aide de ses grands pieds armés de fortes griffes. C'est aussi avec ses pieds qu'il saisit les insectes aquatiques ou aériens qui, dans certaines régions, constituent une bonne part de son régime alimentaire. Se dirigeant par écholocation, elle détecte en fait les remous que provoquent les poissons. L'accouplement a lieu en novembre ou décembre. Un seul jeune est mis bas après une gestation de 16 semaines.

Famille des Mormoopidae : Chauves-souris à moustaches

Cette famille compte 8 espèces dont l'aire de distribution s'étend du sud de l'Arizona au Brésil. Elles doivent leur nom vernaculaire à la frange de poils qui entoure leur bouche. Chez certaines, les membranes alaires se rejoignent et se soudent au milieu du dos, ce qui donne à leur dos un aspect nu.

Chauve-souris à moustaches, *Pteronotus parnelli*
Distribution : du nord du Mexique au Brésil, Antilles
Habitat : forêts tropicales de basse altitude
Taille : corps, 4 à 7,5 cm ; envergure, 20 à 33 cm ; queue, 1,5 à 3 cm

Outre la frange de poils entourant sa bouche, cette espèce montre sur la lèvre inférieure une excroissance en forme de plateau et une petite papille charnue, recourbée vers le bas, sur la lèvre supérieure. Cette structure est adaptée à la saisie des insectes dont elle se nourrit.

Grégaire, cette chauve-souris à moustaches vit dans les grottes en vaste groupe ; elle se tient à l'horizontale et non suspendue comme c'est généralement le cas chez les chauves-souris. Les jeunes sont le plus souvent mis bas en mai, alors que la nourriture abonde. Les femelles produisent en principe 1 jeune par an.

Mormoops megalophylla
Distribution : de l'Arizona au nord de l'Amérique latine, Trinité
Habitat : forêts, broussailles, près de l'eau
Taille : corps, 6 à 6,5 cm ; envergure, 25 à 28 cm ; queue, 2,5 cm

Cette espèce se distingue par les deux lobes charnus ornant le menton et les projections de la mâchoire inférieure. Elle passe ses journées dans les grottes, les tunnels, les fissures rocheuses, et n'émerge qu'après la tombée de la nuit pour chasser les insectes. Elle vole près du sol et se nourrit souvent à proximité des pièces d'eau et des marais.

Famille des Molossidae : Molosses

Les 80 espèces de molosses habitent les régions les plus chaudes de l'Ancien et du Nouveau Monde. Le molosse typique possède une queue de rongeur qui dépasse nettement le bord libre de la membrane caudale, et des ailes assez étroites qui battent plus rapidement que celles des autres chauves-souris insectivores. Exclusivement insectivores, les molosses ont une préférence pour les espèces à carapace dure. Ils vivent en troupes nombreuses, leurs déjections formant un guano qui entre dans la préparation d'engrais.

Tadaride d'Égypte, *Tadarida aegyptiaca*
Distribution : Afrique du Nord, Moyen-Orient
Habitat : zones broussailleuses arides
Taille : corps, 5,5 à 7 cm ; envergure, 17 à 19 cm ; queue, 3 à 5 cm

C'est l'un des mammifères les plus communs actuellement au Moyen-Orient. La tadaride d'Égypte vit en groupe de plusieurs milliers d'individus, s'insérant dans la moindre crevasse, même si celle-ci est déjà occupée par un oiseau ou un autre animal.

L'accouplement a lieu en fin d'hiver. La femelle met bas un seul jeune après une gestation de 77 à 84 jours ; une seconde gestation peut suivre immédiatement la première.

Molossus ater
Distribution : sud du Mexique, Amérique centrale, Trinité
Habitat : brousse, savane, forêts
Taille : 6 à 9 cm ; envergure, 26 à 28 cm ; queue, 3 à 4 cm

Cette espèce a le corps couvert d'une courte fourrure de texture veloutée. Lorsqu'elle chasse, elle fait provision d'insectes dans les vastes poches de ses joues, puis retourne se suspendre pour terminer tranquillement son repas. Il s'agit là d'une adaptation destinée à réduire le temps passé à l'extérieur et à limiter les risques d'être découvert par un prédateur.

La femelle produit 1 ou 2 portées, en été.

Eumops perotis
Distribution : sud-ouest des États-Unis, nord de l'Amérique latine
Habitat : forêts, à proximité des habitations
Taille : corps, 7 à 10 cm ; envergure, 28 à 30 cm ; queue, 4 à 6 cm

Eumops perotis quitte son perchoir à la nuit pour se mettre en chasse de petits insectes, généralement de fourmis, d'abeilles et de guêpes. À la saison des amours, les glandes insérées sur la gorge des mâles se gonflent et augmentent le volume de leurs sécrétions odorantes, peut-être pour attirer les femelles. Les jeunes naissent en fin d'été, et les cas de jumeaux ne sont pas rares.

Otomops wroughtoni **CR**
Distribution : sud de l'Inde, Sri Lanka
Habitat : zones dégagées et partiellement couvertes d'arbres
Taille : corps, 9,5 à 11 cm ; envergure, 28 à 30 cm ; queue, 3 à 5 cm

Cette espèce vit en petit groupe, parfois en solitaire ; elle est probablement moins rare que ne le laissent supposer les quelques spécimens découverts. Les femelles mettent bas 1 jeune, en décembre.

Famille des Phyllostomidae : Fers de lance

Lorsque la nuit descend sur les jungles de l'Amérique centrale et latine, les phyllostomidés émergent de leurs abris diurnes pour se nourrir de pollen et de nectar. Les quelque 140 espèces qui constituent cette famille ont évolué en fonction de l'exploitation idéale de leur habitat. Ces chauves-souris sont généralement de petite taille ; toutefois, la chauve-souris-javelot peut dépasser 1 m d'envergure, ce qui fait d'elle la plus grande chauve-souris du Nouveau Monde.

Chez les phyllostomidés, quand la queue n'est pas absente, elle est noyée dans la membrane caudale. La plupart des espèces montrent une feuille nasale au-dessus des narines.

Abondants, les phyllostomidés jouent un rôle important dans la pollinisation des fleurs, au point que certaines plantes se sont adaptées à ce mode de propagation : leurs fleurs s'ouvrent durant la nuit et libèrent une senteur musquée.

Cette famille comprend aussi les 3 espèces de vampires qui se nourrissent exclusivement de sang.

Fer de lance à lunettes, *Carollia perspicillata*
Distribution : du sud du Mexique au sud du Brésil
Habitat : forêts, plantations
Taille : corps, 5 à 6,5 cm ; envergure, 21 à 25 cm ; queue, 0,5 à 1,5 cm

Cette chauve-souris se nourrit presque exclusivement de fruits, qu'elle localise par l'odorat. La reproduction est indépendante de la saison, les femelles mettant bas 1 jeune par an.

PHYLLOSTOMIDÉS SUITE

Glossophage de Pallas, *Glossophaga soricina*
DISTRIBUTION : du nord du Mexique au Brésil, au Paraguay et à l'Argentine, Antilles
HABITAT : terrains boisés et zones arides
TAILLE : corps, 5 à 6,5 cm ; envergure, 20 à 24 cm ; queue, 0,5 cm

Équivalent mammalien du colibri, cette chauve-souris va chercher pollen et nectar au plus profond des fleurs au moyen de sa longue langue protractile à l'extrémité recouverte de papilles, sur lesquelles vient se coller le pollen.

En été, au moment de la mise bas, les femelles forment des colonies dont sont exclus les mâles ; elles rejoignent leur perchoir originel après la naissance des jeunes, au nombre de 1 ou parfois 2 par portée.

Chauve-souris-javelot commune,
Vampyrum spectrum **LR : nt**
DISTRIBUTION : du sud du Mexique au Pérou et au Brésil, Trinité
HABITAT : forêts, souvent à proximité des habitations
TAILLE : corps, 12,5 à 13,5 cm ; envergure, 80 cm à 1 m ; queue, absente

On a longtemps pensé que cette espèce se nourrissait de sang ; en fait, elle tue et mange des rongeurs, des oiseaux et d'autres chauves-souris. Remarquablement agile, la chauve-souris-javelot commune tue sa proie en lui brisant le cou ou en lui fracassant le crâne.

L'accouplement de cette espèce a lieu en juin. Les femelles se montrent toujours pleines de prévenance pour leur jeune, qu'elles lèchent consciencieusement ; elles le nourrissent de chair de souris soigneusement prémâchée lorsque approche le moment du sevrage.

Chauve-souris bilobée, *Uroderma bilobatum*
DISTRIBUTION : du sud du Mexique au Pérou et au Brésil, Trinité
HABITAT : forêts, plantations
TAILLE : corps, 5,5 à 7,5 cm ; envergure, 20 à 24 cm ; queue, absente

Chauve-souris alerte et active, cette espèce est capable de se construire un abri. Elle entaille une feuille de palmier ou de bananier en demi-cercle, au tiers de sa longueur ; l'extrémité de la feuille se replie, formant une sorte de tente où s'abritent de 20 à 30 individus. L'espèce est frugivore.

Les femelles en gestation s'installent sous une tente particulière, et les jeunes naissent entre février et avril ; ils demeurent dans la « maternité » jusqu'à ce qu'ils soient capables de voler. Durant la période de reproduction, les mâles vivent solitaires ou en petits groupes et rejoignent les femelles après le sevrage des petits.

Phyllostome fer de lance, *Phyllostomus hastatus*
DISTRIBUTION : du Belize au Pérou, à la Bolivie et au Brésil, Trinité
HABITAT : forêts, terrains accidentés
TAILLE : corps, 10 à 13 cm ; envergure, 44 à 47 cm ; queue, 2,5 cm

L'espèce a virtuellement abandonné son régime insectivore ; elle se nourrit de souris, d'oiseaux et de petites chauves-souris, accessoirement d'insectes et de fruits. Elle forme des colonies nombreuses qui trouvent abri dans les grottes et les constructions abandonnées, et qui se mettent en chasse au crépuscule.

Les jeunes naissent entre mai et juin dans le refuge communautaire.

La reproduction de l'artibée de la Jamaïque a lieu de février à juillet ; la femelle met bas 1, parfois 2 jeunes.

Vampire des fleurs, *Phyllonycteris poeyi* LR : nt
Distribution : Cuba
Habitat : forêts, terres cultivées
Taille : corps, 7,5 à 8 cm ; envergure, 21 à 23 cm ; queue, 1 à 1,5 cm

Sturnire fleur de lis, *Sturnira lilium*
Distribution : du nord du Mexique au Paraguay et à l'Argentine, Jamaïque
Habitat : forêts de basse altitude
Taille : corps, 6 à 7 cm ; envergure, 24 à 27 cm ; queue, absente

Cette espèce se nourrit de fruits mûrs ; elle vit solitaire ou en petit groupe dans les vieilles constructions, les arbres creux ou les frondaisons des palmiers.

La reproduction de la sturnire fleur de lis est totalement indépendante de la saison dans le nord de l'aire de distribution ; dans le sud de l'aire, les jeunes naissent entre mai et juillet, à raison de 1 par portée, en général.

Cette espèce a une feuille nasale très réduite, voire absente. Grégaire, le vampire des fleurs vit par milliers d'individus dans les grottes ou les fissures du roc. À l'aide de sa langue longue et

mince, il aspire nectar et pollen des fleurs, mais se nourrit également de fruits.

La reproduction du vampire des fleurs est totalement indépendante de la saison. Le petit reste avec sa mère jusqu'à ce qu'il soit capable de voler.

Micronycteris megalotis
Distribution : du sud-ouest des États-Unis au Pérou et au Brésil, Trinité, Tobago et Grenade
Habitat : de la brousse sèche à la forêt pluviale tropicale
Taille : corps, 4 à 6,5 cm ; envergure, 16 à 20 cm ; queue, 0,5 à 1 cm

Cette espèce vit en petit groupe, dans une grande variété de cavités. La troupe émerge au crépuscule et se met en chasse d'insectes au vol lent, tels que les hannetons, ou terrestres, comme les blattes. Le régime alimentaire de cet animal comporte également de la pulpe de fruits tels que goyaves et bananes.

Les jeunes naissent entre avril et juin, généralement à raison de 1 par portée.

Vampire d'Azara, *Desmodus rotundus*
Distribution : du nord du Mexique au Chili central, à l'Argentine et à l'Uruguay
Habitat : forêts
Taille : corps, 7,5 à 9 cm ; envergure, 16 à 18 cm ; queue, absente

Le vampire d'Azara chasse la nuit. Il se nourrit exclusivement de sang. Il se pose silencieusement sur sa victime endormie et, à l'aide de ses incisives tranchantes comme des rasoirs, lui entaille profondément l'épiderme, en choisissant une partie dépourvue de poils ou de plumes. Il applique alors sur la plaie sa longue langue aux bords recourbés, de manière à former un tube, et aspire le sang. La salive du vampire d'Azara est anticoagulante, et le sang continue de s'écouler longtemps après le départ de l'animal. Il ne se nourrit que durant environ une demi-heure chaque nuit, mais cela lui suffit pour absorber presque son propre poids de sang.

Artibée de la Jamaïque, *Artibeus jamaicensis*
Distribution : du nord du Mexique au Brésil et au nord de l'Argentine, Antilles
Habitat : broussailles, forêts
Taille : corps, 7,5 à 9 cm ; envergure, 23 à 26 cm ; queue, absente

Chez cette chauve-souris frugivore, le processus de digestion s'effectue en une quinzaine de minutes seulement. La matière ingérée n'étant soumise à aucune action bactérienne, la chauve-souris restitue les graines des fruits et participe ainsi à leur dissémination.

Le vampire d'Azara constitue une véritable calamité dans certaines régions de son aire distribution, dans la mesure où, par l'intermédiaire de sa salive, il contribue à la propagation de diverses maladies, dont la redoutable rage.

VESPERTILIONIDÉS

Famille des Vespertilionidae

Cette famille, constituée de quelque 318 espèces, est représentée des régions tropicales du globe jusqu'à la latitude de 68° N. Les espèces peuplant les régions les plus septentrionales sont contraintes d'hiberner pendant 5 ou 6 mois pour pouvoir survivre aux conditions climatiques.

Les membres de cette famille n'ont généralement pas d'appendice nasal très complexe. La taille des oreilles varie beaucoup selon les espèces.

Les vespertilionidés sont presque tous insectivores, à l'exception d'une ou deux espèces qui se nourrissent de poissons. Les insectes sont généralement saisis en vol et projetés par les ailes de la chauve-souris contre sa membrane caudale. Les vespertilionidés se dirigent et repèrent leur proie par écholocation.

Très nombreux dans les parties septentrionales du globe, les vespertilionidés y constituent une bénédiction pour l'homme, dans la mesure où ils font une consommation massive de moustiques, moucherons et pucerons.

Pizonyx vivesi
Distribution : côtes de Basse-Californie et de l'ouest du Mexique
Habitat : grottes, empilements rocheux longeant les côtes
Taille : corps, 7 à 8,5 cm ; envergure, 25 à 32 cm ; queue, 5 à 6,5 cm

C'est une chauve-souris piscivore, aux longs orteils formant râteau et terminés par des griffes coupantes comme des rasoirs. En fin de soirée, *Pizonyx vivesi* se met en chasse : volant bas au-dessus de l'eau, elle capture poissons et crustacés en leur plantant ses griffes dans le corps. On suppose que son « radar » lui sert à détecter les remous que provoquent les poissons effleurant la surface.

La femelle met bas un seul jeune en mai ou juin et le transporte avec elle jusqu'à ce qu'il soit suffisamment grand pour être laissé seul à l'abri tandis qu'elle chasse.

Vespertilion, *Myotis lucifugus*
Distribution : Amérique du Nord (de 62° nord vers le sud jusqu'au Mexique)
Habitat : forêts, zones construites
Taille : corps, 4 cm ; envergure, 14 à 18 cm ; queue, 2,5 cm

Commun en Amérique du Nord, ce vespertilion s'adapte à la chaleur comme au froid. Il se nourrit des insectes localement abondants. L'été venu, les femelles s'isolent des mâles pour mettre bas ; 1 jeune – parfois 2 – est mis bas en mai ou juin, après une gestation de 50 à 60 jours. Les jeunes sont sexuellement matures à l'âge de 1 an.

L'hibernation est inutile dans les parties les plus chaudes de l'aire de distribution de ces chauves-souris qui, dans le nord de leur aire, en revanche, franchissent parfois des centaines de kilomètres pour rejoindre un site d'hibernation adéquat.

Oreillard commun, *Plecotus auritus*
Distribution : nord de l'Europe, vers l'est jusqu'au nord-est de la Chine et au Japon
Habitat : zones quelque peu boisées, pourvues d'abris
Taille : corps, 4 à 5 cm ; envergure, 23 à 28 cm ; queue, 3 à 4,5 cm

Cette chauve-souris se distingue par ses oreilles en cornet démesurées – leur longueur équivalant aux trois quarts de celle de la tête et du corps. Elles constituent un système sophistiqué parfaitement adapté à la chasse. Extrêmement sensibles, elles permettent à l'oreillard de repérer le moindre mouvement de ses proies, mais également de localiser les obstacles qui peuvent se présenter. Cette chauve-souris est également capable de voleter sur place pour attraper les insectes posés sur les feuilles. En été, l'oreillard gîte dans les constructions et les arbres. Il chasse essentiellement les papillons de nuit, mais se nourrit aussi de moustiques, moucherons, etc., qu'il saisit souvent sur l'écorce et les branches des arbres.

En juin, les femelles se réunissent pour mettre bas et élever leur jeune, qui est sexuellement mature vers 1 an.

Pipistrelle, *Pipistrellus pipistrellus*

Distribution : Europe, vers l'est jusqu'au Cachemire
Habitat : terrains dégagés
Taille : corps, 3 à 4,5 cm ; envergure, 19 à 25 cm ; queue, 2,5 à 3 cm

Les pipistrelles sont peut-être les plus communes des chauves-souris européennes. Elles gîtent en groupes très nombreux (jusqu'à 1 000 individus) dans les voûtes de clochers, sous les tuiles, dans les granges, etc. L'hiver venu, elles rejoignent une grotte sèche pour hiberner, en colonies de 100 000 individus et plus. Insectivores, elles mangent les petites proies en vol, mais rapportent les plus grosses à leur gîte.

L'accouplement a lieu en septembre, avant l'hibernation, mais la fécondation ne se produit que 7 à 8 mois plus tard. La femelle met bas 1 jeune, parfois 2.

Sérotine des maisons, *Eptesicus fuscus*

Distribution : Amérique du Nord (de l'Alaska à l'Amérique centrale), Antilles
Habitat : divers, très souvent à proximité des habitations
Taille : corps, 5 à 7,5 cm ; envergure, 26 à 37 cm ; queue, 4,5 à 5,5 cm

Cette sérotine consomme à peu près n'importe quels insectes, y compris les coléoptères aquatiques, à l'exception, toutefois, des papillons de nuit. En vol, on l'a vue atteindre la vitesse de 25 km/h. Elle pénètre dans les maisons pour hiberner, mais, dans le Missouri et les États du sud des États-Unis, elle passe l'hiver dans les grottes, en groupe constitué de très nombreux individus.

Les jeunes (1 par portée à l'ouest des Rocheuses, mais souvent 2 à l'est) naissent d'avril à juillet.

Chauve-souris boréale, *Lasiurus borealis*

Distribution : Amérique du Nord
Habitat : zones boisées pourvues d'espaces dégagés
Taille : corps, 6 à 8 cm ; envergure, 36 à 42 cm ; queue, 4,5 à 5 cm

Le pelage de la chauve-souris boréale, rouge brique à rouille, saupoudré de blanc, est plus vif chez les mâles. Fait unique chez les chauves-souris, la femelle met bas des portées de 3 ou 4 jeunes, en juin ou début juillet. Elle les transporte sur elle durant un certain temps, même alors que leur poids global est supérieur au sien. La chauve-souris boréale émigre vers le sud en hiver et remonte vers le nord au printemps.

Noctule, *Nyctalus noctula*

Distribution : Europe, vers l'est jusqu'au Japon
Habitat : forêts, terrains dégagés
Taille : corps, 7 à 8 cm ; envergure, 32 à 35,5 cm ; queue, 3 à 5,5 cm

C'est l'un des plus grands vespertilionidés. La noctule se nourrit exclusivement de hannetons, grillons et bousiers. En hiver, elle hiberne dans les arbres et les hangars, en groupe généralement peu nombreux, mais comptant parfois plusieurs centaines d'individus.

L'accouplement a lieu au mois de juin, et la femelle met bas 1 jeune, parfois 2 ou même jusqu'à 3.

Barbastelle, *Barbastella barbastellus* VU

Distribution : Europe, Maroc, îles Canaries
Habitat : zones dégagées, souvent près de l'eau
Taille : corps, 4 à 5 cm ; envergure, 24,5 à 28 cm ; queue, 4 à 4,5 cm

En début de soirée, souvent avant le coucher du soleil, elle se met en chasse d'insectes, volant bas au-dessus de l'eau et des buissons. En été, les femelles se rassemblent pour mettre bas en colonies dont sont exclus les mâles. Dès la fin septembre, les barbastelles se regroupent dans les grottes sèches des régions calcaires pour hiberner.

Chauve-souris peinte, *Kerivoula argentata*

Distribution : Afrique (sud du Kenya, Namibie, Natal)
Habitat : zones boisées arides
Taille : corps, 3 à 5,5 cm ; envergure, 18 à 30 cm ; queue, 3 à 5,5 cm

On découvre souvent de petits groupes de chauves-souris peintes dans les gîtes les plus inattendus, tels que nids suspendus de tisserins ou de souïmangas, ou avant-toits de huttes. La coloration vive et le marquage constituent indubitablement un camouflage particulièrement efficace, dans la mesure où cette espèce gîte dans des sites exposés.

On ignore tout de la reproduction de cette chauve-souris.

CHAUVES-SOURIS À LONGUES PATTES, FURIES, THYROPTÈRES, MYZOPODIDÉS ET MYSTACINIDÉS

FAMILLE DES NATALIDAE : CHAUVES-SOURIS À LONGUES PATTES

Les 5 espèces de la famille des natalidés vivent dans la zone tropicale de l'Amérique latine, où elles habitent les cavernes. Ce sont des chauves-souris à longs membres et grandes oreilles en forme d'entonnoir. Mâles et femelles présentent le même aspect, sinon que les mâles portent sur le museau des coussinets glandulaires ou sensoriels dont on ignore totalement la fonction.

Vespertilion couleur de paille, *Natalus stramineus*
DISTRIBUTION : du nord du Mexique au Brésil, Petites Antilles
HABITAT : basses terres des régions tropicales
TAILLE : corps, 3 à 5,5 cm ; envergure, 18 à 24 cm ; queue, 5 à 6 cm

Cette chauve-souris vit dans les grottes et les mines, en groupe parfois très nombreux, ou réduit à une dizaine d'individus. Elle émerge au crépuscule et, d'un vol qui rappelle celui d'un papillon de nuit, se met en quête d'insectes au vol lent.

La reproduction est indépendante de la saison, les sexes se séparant pour la mise bas des jeunes.

FAMILLE DES FURIPTERIDAE : FURIES

Les 2 espèces de cette famille se caractérisent par leur couleur gris fumée, leur absence de pouce et leur membrane caudale extrêmement longue. Elles habitent la région tropicale de l'Amérique latine et l'île de Trinité.

Furie, *Furipterus horrens*
DISTRIBUTION : Costa Rica, nord de l'Amérique latine (est du Pérou, Guyanes, Brésil), Trinité
HABITAT : forêts
TAILLE : corps, 4 à 6 cm ; envergure, 22 à 30 cm ; queue, 4 à 6 cm

Dépourvue de pouce, cette chauve-souris est contrainte, lorsqu'elle émerge de la grotte ou du tunnel qui lui sert d'abri, d'effectuer un bond pour agripper la surface au moyen de ses pattes postérieures. Par rapport aux autres chauves-souris, le front est très haut – museau et arcades sourcilières formant presque un angle droit.

On ignore pratiquement tout de la biologie des furies, qui ont été peu étudiées jusqu'ici. Il est certain qu'elles se nourrissent d'insectes, mais l'on ne comprend pas comment elles échappent à la compétition avec les autres espèces insectivores qui peuplent la même aire qu'elles.

FAMILLE DES THYROPTERIDAE : THYROPTÈRES

Les 2 espèces de la famille habitent l'Amérique centrale et la zone tropicale de l'Amérique latine jusqu'au Pérou et au sud du Brésil. Elles montrent à la base du pouce et sur la cheville un disque adhésif courtement pédonculé, grâce auquel elles escaladent aisément feuilles lisses et troncs nus.

Autre caractéristique de la famille : les thyroptères ne se suspendent généralement pas la tête en bas, mais ils se perchent à la manière des oiseaux ; cette attitude est rendue possible par la présence des disques adhésifs.

Thyroptère du Honduras, *Thyroptera discifera*
Distribution : Belize, vers le sud jusqu'à l'Équateur et au Pérou
Habitat : forêts
Taille : corps, 3 à 5 cm ; envergure, 18 à 25 cm ; queue, 2,5 à 3 cm

Cette petite chauve-souris insectivore a, comme les furies, un front haut et, comme pour ces dernières, on ignore la raison de cette conformation anatomique. Grâce à ses disques adhésifs actionnés par des muscles spécialisés de l'avant-bras, elle peut escalader des surfaces très lisses – la pression d'un seul de ces disques suffisant à supporter le poids de l'animal.

Les thyroptères sont originaux en ce qu'ils trouvent abri dans les jeunes feuilles – de bananier, par exemple – non encore déroulées et formant un tube susceptible d'accueillir plusieurs hôtes ; ceux-ci s'agrippent fermement à la surface au moyen de leurs ventouses.

La reproduction est indépendante de la saison ; mâles et femelles ne se séparent pas au moment de la mise bas. Les portées comptent généralement un seul jeune, que la mère transporte jusqu'à ce qu'il ait dépassé la moitié du poids d'un adulte. À partir de ce moment, elle le laisse à l'abri lorsqu'elle va chasser.

Famille des Myzopodidae : Chauve-souris à disques adhésifs de Madagascar

L'unique espèce de la famille est confinée à l'île de Madagascar, ce qui constitue un cas unique chez les chauves-souris. Il est probable que les myzopodidés se sont trouvés isolés de l'Afrique à l'époque où Madagascar s'est séparée du continent.

Vespertilion doré, *Myzopoda aurita* **VU**
Distribution : Madagascar
Habitat : forêts
Taille : corps, 5 à 6 cm ; envergure, 22 à 28 cm ; queue, 4,5 à 5 cm

Comme les thyroptéridés, cette espèce montre à la base du pouce et sur les chevilles des disques adhésifs, mais ceux-ci ne sont pas pédonculés et, en conséquence, ils sont beaucoup moins mobiles et efficaces.

Le vespertilion doré trouve abri dans les jeunes feuilles enroulées ou les tiges creuses ; parfois, un tronc creux et lisse peut également lui servir de nid temporaire.

On ignore tout de la reproduction et des mœurs alimentaires de cette espèce, qui semble assez rare. Il est probable que le déboisement de vastes parties de son habitat constitue une menace pour sa survie même.

Famille des Mystacinidae : Chauves-souris à queue courte de Nouvelle-Zélande

L'unique membre de la famille, *Mystacina tuberculata*, est l'une des deux seules espèces de mammifères qui sont indigènes de Nouvelle-Zélande (l'autre est le vespertilionidé *Chalinolobus tuberculatus*).

Chauve-souris à queue courte de Nouvelle-Zélande, *Mystacina tuberculata* **VU**
Distribution : Nouvelle-Zélande
Habitat : forêts
Taille : corps, 5 à 6 cm ; envergure, 22 à 28 cm ; queue, 1,5 à 2 cm

Cette chauve-souris a une petite bouche frangée d'une épaisse moustache, dont les poils sont élargis à l'extrémité, en forme de cuiller. Non seulement le pouce est terminé par une forte griffe, mais il montre à la base un minuscule ergot ; les griffes des pattes postérieures sont coupantes comme des rasoirs.

Sur le sol, cette espèce se déplace avec agilité sur ses quatre membres, même sur les fortes pentes ; ses membranes alaires sont alors repliées de manière à laisser à l'animal l'usage de ses avant-bras.

Le régime alimentaire de cette chauve-souris semble essentiellement constitué de coléoptères et autres insectes terrestres. Elle n'hiberne pas (au contraire de l'autre espèce de Nouvelle-Zélande) et vit en petit groupe dans les arbres creux. La femelle met bas un seul jeune, en octobre.

CANIDÉS

ORDRE DES CARNIVORES

Cet ordre regroupe 11 familles. Certains carnivores consomment également de la matière végétale, et quelques rares espèces sont exclusivement végétariennes. Trois familles (otariidés, odobenidés, phocidés) sont particulièrement adaptées à la vie aquatique, même si leurs représentants passent la plupart de leur temps sur la terre ferme, où ils sont capables de se déplacer, fût-ce lourdement et péniblement.

FAMILLE DES CANIDAE

Les canidés, dont les plus connus sont le chien, le loup, le renard et le chacal, nous sont particulièrement familiers, en partie du fait que le chien fut le premier animal à avoir été pleinement domestiqué par l'homme.

Cette famille cosmopolite compte 34 espèces répertoriées : les chiens mis à part, les canidés ne sont absents que de Nouvelle-Zélande, de Nouvelle-Guinée, de Madagascar et de certaines autres îles – le dingo ayant été introduit en Australie par les aborigènes.

Les canidés sont des animaux à corps musclé et longues pattes, généralement avec une queue touffue. Les oreilles sont, la plupart du temps, grandes, de forme triangulaire, dressées. Le museau est long.

Excellents coureurs, les canidés peuvent soutenir une allure rapide sur de très longues distances, de sorte que la poursuite constitue la technique de chasse de nombreuses espèces. Certains représentants de la famille chassent en meutes, d'autres, comme le renard, sont des chasseurs solitaires. Il n'y a pas de dimorphisme sexuel, sinon que les mâles sont souvent un peu plus grands que les femelles.

Coyote, *Canis latrans*
DISTRIBUTION : Alaska, Canada, États-Unis (l'extension au Sud-Est étant récente), Mexique, Amérique centrale
HABITAT : prairies, zones boisées bien dégagées
TAILLE : corps, 85 à 95 cm ; queue, 30 à 38 cm

Doté de grandes facultés d'adaptation, le coyote a réussi à survivre et a même augmenté ses populations en dépit des tentatives humaines pour le détruire. S'il tue quelques moutons, jeunes bovins et volailles, il se nourrit surtout de rongeurs et de lapins, ce en quoi il se rend extrêmement utile aux fermiers. Il consomme également serpents, insectes, charognes, fruits, baies et graminées ; il lui arrive de pénétrer dans l'eau pour attraper poissons, grenouilles et crustacés.

L'accouplement a lieu en fin d'hiver, et la femelle met alors bas une portée de 5 à 10 jeunes, après une gestation de 63 à 65 jours. Au début, le mâle se charge d'approvisionner la mère et les jeunes ; plus tard, la femelle participe à la chasse. Vers 6 ou 7 mois, le jeune quitte ses parents.

Le coyote est l'équivalent nord-américain du chacal d'Asie et d'Afrique, qui constitue, avec le loup, l'ancêtre du chien.

Loup, *Canis lupus* **LR : lc**
DISTRIBUTION : de l'est de l'Europe (populations isolées en Espagne et Italie), vers l'est à l'Inde et la Russie, Canada, États-Unis (aujourd'hui exclusivement dans le nord du Michigan et le Wisconsin), Mexique
HABITAT : toundra, steppe, zones boisées claires, forêts
TAILLE : corps, 1 à 1,40 m ; queue, 30 à 48 cm

C'est l'un des ancêtres du chien. Le loup est un animal puissamment musclé, à l'épaisse queue touffue. La couleur de cet animal varie de presque blanc dans l'Arctique à brun jaunâtre ou presque noir plus au sud. Particulièrement intelligents et sociables, les loups vivent en groupes familiaux, parfois augmentés d'individus extérieurs ou regroupés en meutes.

À la chasse, les membres de la meute coopèrent pour rabattre la proie – cerf, caribou ou cheval sauvage –, mais les loups mangent aussi des souris, des poissons et des crabes. La meute est régie par une hiérarchie sociale stricte, qui est maintenue par des attitudes rituelles ; le mâle dominant manifeste son rang en portant plus haut la queue que les autres mâles. Les couples sont permanents.

La femelle met bas 3 à 8 louveteaux après une période de gestation qui dure environ 63 jours. Nés aveugles et nus, totalement dépendants de leur mère, les petits s'aventurent hors de la tanière à l'âge de 3 semaines. Toute la meute prend alors part à leurs soins et à leurs jeux.

Dingo, *Canis dingo*

Distribution : Australie

Habitat : déserts sableux, forêts humides, arbres sclérophylles

Taille : corps, environ 1,50 m ; queue, environ 35 cm

Les dingos sont les descendants des chiens domestiques introduits par les aborigènes d'Australie il y a des milliers d'années. Leur anatomie et leurs mœurs sont similaires à celles des chiens domestiques, avec lesquels se sont opérés de nombreux croisements. Les dingos vivent en groupes familiaux, se rassemblant parfois en hardes plus nombreuses pour chasser. S'ils se nourrissaient à l'origine de kangourous, ils durent se rabattre sur les moutons et lapins introduits, à partir du moment où les colons se mirent à abattre les kangourous.

La femelle met bas 4 ou 5 jeunes dans une tanière ou une crevasse rocheuse, après une gestation d'environ 9 semaines. Allaités durant 2 mois, les petits passent leur première année aux côtés de leurs parents.

Renard commun, *Vulpes vulpes*

Distribution : Canada, États-Unis (sauf Floride et Rocheuses), Europe (sauf Islande), de l'Asie au Japon et à la péninsule indochinoise ; introduit en Australie

Habitat : zones boisées, terrains découverts ; en progression récente dans les zones urbaines

Taille : corps, 46 à 86 cm ; queue 30,5 à 55,5 cm

Intelligent et sachant s'adapter à son environnement, le renard s'accommode de milieux très divers et possède une endurance remarquable. Bien qu'il puisse parfois vaquer à ses occupations durant la journée, il a généralement une activité nocturne et se repose durant le jour dans une tanière. Hors la saison des amours, il vit seul. C'est un bon chasseur, qui se nourrit de rongeurs, mais aussi de lapins, de lièvres, d'oiseaux, d'insectes et d'invertébrés. Il mange également des baies, des fruits et des charognes.

Quatre jeunes sont mis bas après une gestation de 51 à 63 jours. Le mâle se charge de l'approvisionnement jusqu'à ce que les renardeaux puissent être laissés seuls ou soient capables de suivre la chasse.

Renard polaire ou Isatis, *Alopex lagopus*

Distribution : régions arctiques d'Asie, d'Europe et d'Amérique du Nord

Habitat : toundra, terrains boisés clairs

Taille : corps, 46 à 48 cm ; queue, jusqu'à 35 cm

L'un des rares mammifères véritablement polaires, le renard polaire a des pattes à plante très velue et de petites oreilles arrondies. Son magnifique pelage est de couleur variable : en été, il est brun-gris ou gris bleuté ; en hiver, il devient blanc. Cet animal se nourrit essentiellement d'oiseaux, de lemmings et de petits rongeurs, mais également des restes laissés par les ours polaires et des charognes d'animaux marins échoués. Il s'abrite dans des tanières, généralement aménagées dans le flanc des collines ou des falaises, mais n'hiberne pas. Il survit à des températures atteignant – 50 °C.

En mai ou juin, la femelle met bas 4 à 11 petits après une gestation de 51 à 57 jours. Ils sont soignés par les deux parents.

Fennec ou Renard des sables, *Vulpes zerda*

Distribution : Afrique (du nord du Maroc à l'Égypte), vers le sud au nord du Niger et au Soudan, vers l'est à la péninsule du Sinaï et au Koweït

Habitat : déserts, zones semi-désertiques

Taille : corps, 37 à 41 cm ; queue, 19 à 21 cm

C'est le plus petit des renards, reconnaissable à ses très longues oreilles. Il s'abrite dans un terrier qu'il creuse dans le sable et mène généralement une activité nocturne ; il se nourrit de petits rongeurs, d'oiseaux, d'insectes et de lézards.

Très social, il forme un couple permanent ; chaque couple, ou famille, possède son territoire ; une portée de 2 à 5 jeunes est mise bas au printemps, après une gestation qui dure de 50 à 51 jours.

CANIDÉS SUITE

Dhole ou Chien rouge, *Cuon alpinus* **VU**

Distribution : centre et est de l'Asie, vers le sud jusqu'à Sumatra et Java

Habitat : forêts, zones boisées ; dans le Nord, en terrain découvert

Taille : corps, 76 cm à 1 m ; queue, 28 à 48 cm

Les dholes sont des animaux grégaires qui vivent en groupes familiaux ou en meutes de plusieurs familles comptant jusqu'à 30 individus. La chasse est principalement diurne ; les dholes n'étant pas particulièrement rapides à la course, ils se lancent dans des poursuites interminables ; celles-ci ne s'achèvent qu'avec l'épuisement de leur proie, qu'ils pistent par l'odorat et la vue. Du fait qu'ils chassent en meutes, les dholes peuvent s'attaquer à des proies de grande taille.

Après une période de gestation d'environ 9 semaines, la portée de 2 à 6 jeunes est mise bas dans un abri rocheux ou un trou de berge. Plusieurs femelles peuvent mettre bas sur une superficie relativement restreinte.

Chassés par l'homme et victimes de la réduction de la faune, les dholes, de plus en plus rares, sont désormais protégés dans certaines parties de leur aire.

Chien des buissons, *Speothos venaticus* **VU**

Distribution : Amérique centrale et latine (du Panama au Pérou, au Brésil et au Paraguay)

Habitat : forêts, savane

Taille : corps, 57,5 à 75 cm ; queue, 12,5 à 15 cm

Cet animal trapu, à queue et pattes courtes, ressemble dans l'ensemble à un blaireau. Il est aujourd'hui rare dans toute son aire, et on ignore à peu près tout de ses mœurs à l'état libre. On suppose qu'il est nocturne et chasse en meute, surtout des rongeurs (y compris des espèces de grande taille telles que pacas et agoutis). De tous les canidés sauvages, le chien des buissons est peut-être celui qui nage le mieux ; il poursuit d'ailleurs sa proie dans l'eau. De jour, il vit dans un trou ou une crevasse, souvent dans le terrier abandonné d'un tatou. Il délimite son territoire au moyen d'urine et de sécrétions glandulaires anales.

On suppose que les portées comptent 4 ou 5 jeunes, mis bas dans un terrier.

Loup à crinière, *Chrysocyon brachyurus* **LR : nt**

Distribution : Amérique du Sud (Brésil, Bolivie, Paraguay, Uruguay, nord de l'Argentine)

Habitat : prairies, bords de marais

Taille : corps, 1,20 m ; queue, 30 cm

C'est un animal haut sur pattes, à museau allongé, fourrure longue et roussâtre, avec sur l'encolure et les épaules une crinière érectile. La queue est blanche ou terminée par une touffe blanche. Méfiant et solitaire, le loup à crinière vit dans les régions isolées ; il est surtout actif de nuit. Il court vite, d'un galop allongé, mais chasse généralement à l'affût. Il se nourrit de grands rongeurs tels que pacas et agoutis, d'oiseaux, de reptiles, de grenouilles, d'insectes, d'escargots et accessoirement de fruits.

Les portées comptent jusqu'à 5 jeunes, et la durée de gestation est d'environ 2 mois. Chez les petits, le museau est court, ainsi que les pattes.

Renard crabier, *Cerdocyon thous*

Distribution : Amérique du Sud (de la Colombie au nord de l'Argentine)

Habitat : prairies, zones découvertes

Taille : corps, 60 à 70 cm ; queue, 30 cm

Cet animal doit son nom commun à ce que le premier spécimen découvert tenait un crabe dans sa gueule, mais de fait son régime alimentaire est très varié. Essentiellement nocturne et solitaire, le renard crabier a pour refuge diurne un terrier abandonné par un autre animal. Il chasse les petits rongeurs tels que souris et rats, les lézards, les grenouilles et les crabes. Il se nourrit aussi d'insectes et de fruits, et déterre les œufs de tortue. Il lui arrive de faire des ravages dans les poulaillers.

La femelle met bas des portées de 2 à 6 jeunes.

Chien viverrin, *Nyctereutes procyonoides*

Distribution : est de la Sibérie, nord-est de la Chine, Japon, nord de la péninsule indochinoise ; introduit dans l'est et le centre de l'Europe

Habitat : forêts, berges rocheuses des lacs et cours d'eau

Taille : corps, 50 à 55 cm ; queue, 13 à 18 cm

Cet animal a l'aspect d'un renard, mais sa queue et ses pattes sont plus courtes. De chaque côté de la face, des marques noires rappellent le masque du raton laveur. Le chien viverrin vit seul ou en groupe familial de 5 ou 6 individus. Essentiellement nocturne, il trouve refuge durant le jour parmi rochers et buissons, dans un arbre creux ou un terrier abandonné, voire creusé par ses soins.

C'est un excellent nageur, que l'on rencontre souvent près de l'eau ; il se nourrit surtout de grenouilles et de poissons, mais aussi de rongeurs, de glands, de fruits et de baies, voire de charognes et de détritus près des habitations.

Une portée de 6 à 8 jeunes est mise bas après une gestation qui dure environ 2 mois. Les petits sont indépendants vers l'âge de 6 mois.

Lycaon, *Lycaon pictus* **EN**

Distribution : Afrique (du sud du Sahara au Transvaal ; absent des forêts d'Afrique centrale et occidentale)

Habitat : savane, plaines, zones semi-désertiques, montagnes, jusqu'à 3 000 m d'altitude

Taille : corps, 80 cm à 1,10 m ; queue, 30 à 40 cm

Reconnaissable à sa robe brun foncé, noire ou jaunâtre, densément marbrée de clair, le lycaon est un animal haut sur pattes, au museau court et puissant. Il vit en meute de 6 à 30 individus, parfois jusqu'à 90, socialement très organisée, dont les membres communiquent entre eux au moyen de toute une série de gestes, d'attitudes corporelles et de cris. Nomades, les lycaons se déplacent à travers de vastes superficies pour trouver leur nourriture, ne faisant halte, et pour quelques jours seulement, que lorsque les petits sont encore trop jeunes pour suivre la troupe.

Les lycaons passent leurs journées à l'ombre, à se reposer et faire leur toilette ; ils chassent surtout en début de matinée, en fin d'après-midi ou à la clarté de la lune. Après une célébration communautaire, les lycaons se mettent en quête d'une gazelle, d'un impala ou d'un zèbre. Une fois la proie repérée à vue, ils la suivent discrètement durant un certain temps avant de lancer l'assaut final. Soit qu'ils aient d'abord suivi plusieurs membres d'une harde, soit qu'ils se soient concentrés dès le départ sur un animal précis, ils fondent ensemble sur une même proie et s'acharnent sur elle à coups de dents jusqu'à la faire tomber, après quoi ils n'ont plus qu'à la mettre en pièces. La répartition s'effectue sans drames : les jeunes sont nourris les premiers, et certains membres de la meute se chargent d'approvisionner retardataires et gardiens des petits au moyen de viande régurgitée. Cette remarquable organisation de la chasse, en relais suivis d'une attaque groupée, permet aux lycaons de se rendre maîtres de proies qu'ils ne pourraient espérer prendre individuellement.

Les femelles mettent bas des portées de 2 à 16 jeunes, généralement 7, après une gestation de 69 à 72 jours. Les petits naissent dans un terrier abandonné par un oryctérope ou un phacochère et que plusieurs femelles peuvent se partager. Les nouveau-nés sont aveugles, mais leurs yeux sont ouverts vers l'âge de 2 semaines et, assez vite, ils commencent à se risquer à l'écart de la meute ; c'est aussi l'âge auquel ils commencent à absorber de la nourriture régurgitée par un membre de la meute, bien qu'ils ne soient sevrés qu'à 3 mois. Toute la meute s'intéresse aux petits et prend éventuellement soin d'un jeune privé de mère. Quand ils atteignent l'âge de 6 mois, les jeunes commencent l'apprentissage de la chasse, et ils sont alors tout à fait capables de suivre la troupe.

OURS

Famille des Ursidae : Ours

Au nombre de 9 espèces, les ours sont les descendants d'animaux à allure de canidés. La famille des ursidés comprend 2 espèces de pandas, qui étaient autrefois classées dans celle des ratons laveurs.

Les ursidés ont un régime alimentaire plus omnivore que les canidés. Ils consomment en effet un large éventail d'aliments, y compris insectes, petits vertébrés, herbe, feuilles et fruits mous ou à coque. Leurs molaires reflètent leur mode d'alimentation : elles sont broyeuses et dépourvues des cuspides acérées de celles des canidés et des félidés.

Les ours sont de grands animaux à corps massif, à petite tête, à membres courts et à queue extrêmement réduite. Leurs pieds plats, à 5 orteils, sont terminés par de longues griffes courbes. À l'exception de l'ours polaire, les représentants de cette famille sont tous des habitants des régions tempérées et tropicales de l'hémisphère boréal, et l'un d'eux vit dans le nord de l'Amérique latine.

Sous les climats froids, les ours traversent une période de léthargie hivernale, sans hiberner à proprement parler, puisque leur température ne s'abaisse pas sensiblement et que leur rythme respiratoire ne se ralentit pas.

Ours brun, *Ursus arctos*
Distribution : Europe (de la Scandinavie aux Balkans : populations éparses en France, Italie et Espagne), Russie, Asie au nord de l'Himalaya, Alaska, ouest du Canada, zones montagneuses de l'ouest des États-Unis
Habitat : forêts, toundra
Taille : corps, 1,50 à 2,50 m ; queue, absente

Cet ours compte de nombreuses sous-espèces locales, notamment le kodiak et le grizzly, dont 2 populations au moins sont rares ou menacées. Selon la race, la couleur varie de fauve jaunâtre à brun foncé ou presque noir. Avec leur taille imposante et leur énorme puissance, les ours bruns sont parmi les plus grands des carnivores. Vivant solitaires ou en groupes familiaux, ils ont une activité diurne et nocturne, mais sont devenus nocturnes dans les zones où ils sont persécutés.

Leur régime alimentaire, qui connaît de fortes variations régionales, se compose de matière végétale – fruits, racines et plantes aquatiques –, d'insectes, de poissons, de petits vertébrés et de charognes. En Alaska, les ours bruns consomment essentiellement des saumons en cours de migration. Ils sont souvent trop lourds pour grimper aux arbres et trop lents pour rattraper à la course artiodactyles ou périssodactyles. À l'automne, l'ours brun engraisse considérablement en prévision de l'hiver, qu'il passe dans un état de demi-sommeil qui n'est pas toutefois une hibernation véritable.

Tous les 2 ou 3 ans, la femelle s'accouple et met bas de 1 à 4 jeunes après une gestation de 6 à 8 mois. Les nouveau-nés sont aveugles, ne pesant guère que de 300 à 700 g. Ils restent avec leur mère durant 1 an, parfois plus.

Ours à lunettes, *Tremarctos ornatus* **VU**
Distribution : Amérique du Sud (Venezuela, Colombie, Équateur, Pérou, ouest de la Bolivie)
Habitat : forêts, savane, zones montagneuses, jusqu'à 3 000 m d'altitude
Taille : corps, 1,50 à 1,80 m ; queue, 7 cm

Seule espèce sud-américaine, l'ours à lunettes est généralement noir ou brun foncé, marqué de blanc autour des yeux et, parfois, sur le cou. C'est un animal forestier, mais il lui arrive aussi de s'aventurer à découvert. Il se nourrit essentiellement de matière végétale – feuilles, fruits et pousses –, mais on pense qu'il mange aussi des animaux tels que cerfs et vigognes. Bon grimpeur, il dort dans un grand nid de branchages qu'il construit dans un arbre.

L'ours à lunettes vit solitaire ou en groupe familial. La femelle met bas jusqu'à 3 petits par portée, après une période de gestation de 8 à 9 mois.

Ours noir d'Amérique ou Baribal, *Ursus americanus*

Distribution : Alaska, Canada, États-Unis (distribution éparse en Nouvelle-Angleterre, de la Pennsylvanie au Tennessee, à la Floride, au sud de la Géorgie, au Mississippi et à la Louisiane ; zones montagneuses de l'Ouest), nord du Mexique
Habitat : zones boisées, marécages, parcs nationaux
Taille : corps, 1,50 à 1,80 m ; queue, 12 cm

La couleur de la fourrure est noir luisant à brun foncé, brun rougeâtre ou presque blanc, avec souvent une petite marque blanche sur la poitrine. Autrefois présent dans la plus grande partie des États-Unis, le baribal ne vit plus que dans les zones les plus sauvages et les plus inhabitées des parcs nationaux, mais il s'y maintient bien et développe même ses populations. Parfois actif durant le jour, il est essentiellement nocturne et parcourt de grandes distances, en quête de fruits, baies, racines et miel. Il mange aussi insectes, rongeurs, petits mammifères, poissons échoués et même charognes et détritus. Son ouïe et sa vue sont moyennes, son odorat est excellent. À l'automne, le baribal engraisse en prévision de son long sommeil hivernal.

Hors la période d'accouplement, les ours noirs sont généralement solitaires. En janvier ou février, la femelle met bas de 1 à 4 jeunes après une gestation de 7 mois environ.

Ours à collier, *Ursus thibetanus* VU

Distribution : de l'Afghanistan à la Chine, Sibérie, Japon, Corée, Taiwan, Hainan, Asie du Sud-Est
Habitat : forêts et broussailles, jusqu'à 3 600 m
Taille : corps, 1,30 à 1,60 m ; queue, 7 à 10 cm

Généralement noir avec quelques marques blanches sur le museau et la poitrine, l'ours à collier peut être rougeâtre ou brun foncé. Il se nourrit surtout de matière végétale, se sert dans les champs ou grimpe aux arbres en quête de fruits mous ou à coque, ainsi que de larves d'insectes et de fourmis. Il lui arrive aussi de tuer des bovins, des moutons et des chèvres.

La femelle donne le jour à 2 oursons, qui naissent aveugles et très petits, et qui restent avec leur mère jusqu'à leur plein développement.

Ours polaire ou Ours blanc, *Ursus maritimus* LR : cd

Distribution : océan Glacial Arctique, jusqu'à la limite méridionale de la banquise
Habitat : côtes, banquise
Taille : corps, 2,20 à 2,50 m ; queue, 7,5 à 12,5 cm

C'est un ours énorme, à la robe blanc crème, étonnamment rapide et capable, sur une courte distance, de rattraper un renne à la course. Pour ses vagabondages, il utilise une superficie plus vaste que ne le font les autres ours. C'est un bon nageur. Il se nourrit surtout de phoques, de poissons, de lièvres arctiques, de rennes et de bœufs musqués, auxquels il ajoute en été baies et feuilles.

Solitaire hors la période de reproduction, l'ours blanc s'accouple en été. La femelle met bas de 1 à 4 jeunes après une gestation d'environ 9 mois. Les oursons restent environ 1 an avec leur mère, qui ne s'accouple que tous les 2 ans.

Ours malais ou Ours des cocotiers, *Helarctos malayanus* DD

Distribution : Asie du Sud-Est, Sumatra, Bornéo
Habitat : forêts de plaine et de montagne
Taille : corps, 1,10 à 1,40 m ; queue, absente

Bien qu'étant le plus petit des ursidés, l'ours malais n'en est pas moins robuste, avec des pattes puissantes munies de longues griffes courbes adaptées au grimper. Il passe toutes ses journées dans un nid construit dans un arbre, à dormir ou à se chauffer au soleil, et il attend que la nuit soit tombée pour chercher sa nourriture.

Il arrache l'écorce des arbres pour découvrir des insectes, des larves et des nids d'abeilles ou de termites ; il consomme aussi des fruits et des végétaux ; accessoirement, il ne néglige pas de petits rongeurs.

En général, 2 petits sont mis bas après une période de gestation qui dure environ 96 jours ; les oursons sont soignés tour à tour par les deux parents.

PANDAS ET RATONS

Grand Panda ou Panda géant, *Ailuropoda melanoleuca* **EN**
Distribution : montagnes de la Chine centrale
Habitat : forêts de bambous
Taille : corps, 1,20 à 1,50 m ; queue, 12,5 cm

Petit Panda, *Ailurus fulgens* **EN**
Distribution : du Népal à l'ouest du Myanmar, sud-ouest de la Chine
Habitat : forêts de bambous
Taille : corps, 51 à 63,5 cm ; queue, 28 à 48,5 cm

En dépit de sa popularité, le grand panda est une créature rare et discrète, dont les mœurs à l'état libre sont assez mal connues. Il ressemble à un ours par sa grosse tête et ses pattes épaisses, son pelage laineux, noir et blanc, souvent teinté de brun sur le dos. Il se nourrit presque exclusivement de tiges de bambou, qu'il saisit dans ses pattes antérieures prenantes ; un os du poignet lui sert de sixième doigt sur lequel peuvent fléchir le premier et le deuxième. Du fait qu'il doit consommer des quantités énormes de bambous, le grand panda passe 50 à 75 pour cent de son temps à s'alimenter. On suppose qu'il consomme aussi d'autres végétaux et accessoirement de petits animaux. Il est solitaire, sauf à l'époque des amours et de l'élevage des jeunes. Essentiellement terrestre, il grimpe néanmoins aux arbres pour y trouver abri et refuge.

À l'époque des amours, le mâle quitte son territoire pour se mettre en quête d'une femelle, qu'il courtise à grand renfort de cris et de grognements. Avant le coït, il éloigne les rivaux. La femelle met bas 1 petit, aveugle, totalement dépendant, qui ne pèse guère que 140 g, ce qui est très peu comparé aux quelque 115 kg de la mère. La croissance du jeune est rapide, et, 8 semaines après sa naissance, il a déjà multiplié son poids par 20.

Avec son éclatant pelage rouille et sa queue touffue, le petit panda ressemble plus à un raton laveur qu'à son géant de cousin. Essentiellement nocturne, il passe ses journées à dormir, enroulé sur une branche. Le petit panda se nourrit sur le sol de pousses de bambou, d'herbe, de fruits et de glands, accessoirement de souris, d'oiseaux et d'œufs. D'un naturel paisible à l'ordinaire, il se dresse sur ses pattes postérieures en sifflant lorsqu'il est provoqué. Les petits pandas vivent en couples ou en groupes familiaux.

Au printemps, la femelle met bas de 1 à 4 jeunes, généralement 1 ou 2, après une gestation de 90 à 150 jours. Dans les plus longues gestations enregistrées, la nidation des embryons serait différée, de manière que la naissance des jeunes coïncide avec la saison optimale pour leur survie. Ils restent 1 an auprès de leur mère.

Famille des Procyonidae : Ratons

La famille rassemble quelque 18 espèces des régions tempérées et tropicales d'Amérique. Ce sont des animaux à corps allongé, actifs, que leur évolution de carnivores rapproche des canidés et des ursidés. Grimpeurs accomplis, ils passent le plus clair de leur temps dans les arbres. Les mâles sont généralement plus grands et plus lourds que les femelles.

Raton laveur, *Procyon lotor*

Distribution : sud du Canada, États-Unis, vers le sud jusqu'au Panama
Habitat : zones boisées, souvent près de l'eau, marais
Taille : corps, 41 à 60 cm ; queue, 20 à 40 cm

Animal familier et doué de grandes facultés d'adaptation, le raton laveur s'est accoutumé à la vie moderne et peut se rencontrer jusque dans les villes, où il cherche sa nourriture. Il est trapu, mais agile, à fourrure grisâtre, épaisse, à queue touffue annelée de noir ; la face montre autour des yeux un masque noir caractéristique. Les pattes antérieures, à longs doigts sensibles, servent à saisir la nourriture. Essentiellement nocturne, le raton laveur est un bon grimpeur et peut nager si nécessaire. Il a une alimentation aussi végétarienne que carnivore, et composée d'animaux aquatiques – grenouilles et poissons – et de petits rongeurs, d'oiseaux, d'œufs de tortue, de fruits et de graines.

Au printemps, la femelle met bas 3 à 6 jeunes après une gestation de 65 jours. Les petits ratons laveurs ouvrent les yeux vers 3 semaines ; à l'âge de 2 mois, ils suivent leur mère, avec laquelle ils restent jusqu'à l'automne.

Olingo, *Bassaricyon gabbii* **LR : nt**

Distribution : Amérique centrale, vers le sud jusqu'au Venezuela, à la Colombie et à l'Équateur
Habitat : forêts
Taille : corps, 35 à 47,5 cm ; queue, 40 à 48 cm

Grimpeur accompli, l'olingo est essentiellement arboricole et descend rarement à terre. Sa queue lui sert de balancier pour sauter d'arbre en arbre et, courir sur les branches. Il est fondamentalement nocturne et, bien qu'il vive seul ou en couple, il lui arrive de se joindre à d'autres olingos ou kinkajous pour chasser. Son alimentation frugivore s'agrémente d'insectes, d'oiseaux et de mammifères de petite taille.

La reproduction n'est pas saisonnière. Après une gestation de 73 ou 74 jours, la femelle met généralement bas 1 jeune. Elle chasse le mâle peu avant la mise bas et élève seule son petit.

Coati, *Nasua nasua*

Distribution : de l'Arizona jusqu'à l'Argentine
Habitat : zones boisées, forêts de basse altitude
Taille : corps, 43 à 67 cm ; queue, 43 à 68 cm

C'est un animal musclé, court sur pattes, à longue queue annelée, museau pointu et mobile. Il vit en groupe atteignant 40 individus, qui se reposent aux heures les plus chaudes du jour et vaquent le reste du temps, sondant du museau fissures et cavités, en quête d'insectes, d'araignées et autres petits invertébrés terrestres. Le coati mange aussi des fruits et des animaux plus grands, comme les lézards.

Le couple se défait après le coït. Après une gestation de quelque 77 jours, la femelle met bas de 2 à 7 jeunes, généralement dans une grotte ou un nid dans un arbre. Lorsque les petits atteignent 2 mois, les mères les regroupent avec les jeunes des deux sexes âgés de 1 an. À 2 ans, les mâles ne sont plus autorisés à accompagner le groupe que lors de la période des amours, et sont alors soumis à l'autorité des femelles.

Kinkajou, *Potos flavus*

Distribution : de l'est du Mexique au Brésil
Habitat : forêts
Taille : corps, 41 à 57 cm ; queue, 40 à 56 cm

Arboricole et excellent grimpeur, le kinkajou utilise sa queue préhensile comme cinquième membre pour agripper les branches, ce qui laisse ses mains libres pour saisir la nourriture. Durant le jour, le kinkajou se repose, généralement dans un trou d'arbre. Il émerge à la nuit tombée pour se mettre en quête de fruits, d'insectes et accessoirement de petits invertébrés. Sa longue langue lui sert à extraire la pulpe des mangues, avocats et goyaves, à lécher le nectar ou le miel des abeilles sauvages, ou encore à attraper les insectes. Il se nourrit souvent sur les mêmes espèces d'arbres fruitiers que le font les singes durant la journée.

Après une gestation de 112 à 118 jours, la femelle met bas 1 jeune, rarement 2, dans un trou d'arbre. Le jeune absorbe sa première nourriture solide vers 7 semaines, il est totalement indépendant à 4 mois environ. À l'âge de 8 semaines, il est tout à fait capable de se suspendre aux branches par la queue.

MUSTÉLIDÉS – HERMINE, PUTOIS, BELETTES, MARTRES ET APPARENTÉS

Famille des Mustelidae

Cette famille prospère et diversifiée rassemble des carnivores de taille petite et moyenne. Au nombre de 23 genres regroupant quelque 65 espèces, les mustélidés sont représentés dans toutes les parties du monde, à l'exception de l'Australie et de Madagascar ; 2 espèces ont été introduites en Nouvelle-Zélande, en vue d'y contrôler les rongeurs. Ce sont généralement des animaux à corps long et souple, courts sur pattes, et à queue relativement longue. Les mâles sont presque invariablement plus grands que les femelles.

De par leur morphologie, ils ont pu occuper des niches écologiques diverses. Ils sont devenus experts tant dans le fouissage que dans le grimper ou la nage. L'un d'eux, la loutre de mer, est même presque complètement aquatique.

Les mustélidés possèdent des glandes anales dont les sécrétions très odorantes leur servent à délimiter leur territoire. Certains, notamment les putois et les moufettes, exsudent des sécrétions malodorantes utilisées comme technique défensive.

Hermine, *Mustela erminea*
Distribution : Europe, Asie, nord des États-Unis, Groenland ; introduite en Nouvelle-Zélande
Habitat : forêts, toundra
Taille : corps, 24 à 29 cm ; queue, 8 à 12 cm

L'hermine tue sa proie d'une morsure précise à la nuque. Elle se nourrit surtout de rongeurs et de lapins, mais aussi d'autres mammifères (dont certains sont plus grands qu'elle), d'oiseaux, d'œufs, de poissons et d'insectes.

Au début de l'hiver, dans le nord de son aire de distribution, l'hermine troque son pelage sombre contre une fourrure d'un blanc pur sur laquelle contraste l'extrémité noire de la queue. Cette fourrure hivernale est absolument magnifique et est donc très recherchée en pelleterie.

En avril ou mai, la femelle met bas de 3 à 7 jeunes. Le mâle participe aux soins des petits, dont les yeux ne s'ouvrent qu'à l'âge de 3 semaines ; à 7 semaines, les petits mâles sont déjà plus grands que leur mère.

Le genre *Mustela* compte 15 espèces, dont le vison, aujourd'hui élevé pour sa fourrure.

Putois à pieds noirs, *Mustela nigripes* EW
Distribution : Amérique du Nord (anciennement de l'Alberta au nord du Texas)
Habitat : prairies
Taille : corps, 38 à 45 cm ; queue, 12,5 à 15 cm

Il se nourrit essentiellement de chiens de prairie ; du fait que ces animaux sont considérés comme nuisibles et sont empoisonnés par les fermiers, les putois à pieds noirs ont vu leurs ressources alimentaires décliner, sans compter les cas d'empoisonnement indirects, de sorte que leur population a diminué dans des proportions colossales. L'espèce est aujourd'hui protégée, mais toujours en danger d'extinction ; sa survie dépend de l'efficacité des mesures de protection adoptées.

Le putois à pieds noirs est généralement nocturne. En juin, la femelle met bas une portée de 3 à 5 jeunes.

Belette commune, *Mustela nivalis*
Distribution : Europe, Afrique du Nord, Asie, Amérique du Nord ; introduite en Nouvelle-Zélande
Habitat : fermes, zones boisées
Taille : corps, 18 à 23 cm ; queue, 5 à 7 cm

C'est le plus petit des carnivores. Comme l'hermine, la belette change de fourrure en hiver dans le nord de son aire. Elle se nourrit de souris, qu'elle poursuit jusque dans leur terrier. Elle est plus active de nuit, mais chasse aussi durant le jour. La femelle met bas 1 ou 2 portées annuelles, de 4 ou 5 jeunes chacune, dans un nid souterrain.

Putois d'Europe, *Mustela putorius*
Distribution : Europe
Habitat : forêts
Taille : corps, 38 à 46 cm ; queue, 13 à 19 cm

Solitaire et nocturne, le putois d'Europe chasse rongeurs, oiseaux, reptiles et insectes, sur le sol.

La femelle met bas 1 ou 2 portées par an, de 5 à 8 jeunes.

Les sécrétions à odeur infecte et tenace de ses glandes anales lui servent à se défendre autant qu'à délimiter son territoire.

Le furet (*Mustela furo*) n'est probablement qu'un putois domestiqué.

Martre américaine, *Martes americana*
Distribution : Canada, nord des États-Unis
Habitat : forêts, zones boisées
Taille : corps, 35,5 à 43 cm ; queue, 18 à 23 cm

Animal très agile, à queue touffue, la martre américaine vit surtout dans les arbres, où elle chasse l'écureuil. Elle vient à terre pour se nourrir de petits animaux, d'insectes, de fruits mous ou à coque.

La femelle niche dans les trous d'arbres et met bas de 2 à 4 jeunes par an, généralement en avril. Les nouveau-nés sont aveugles et entièrement dépendants ; leurs yeux s'ouvrent à 6 semaines, et ils atteignent leur poids d'adultes vers 3 mois.

Zibeline, *Martes zibellina*
Distribution : Sibérie, Japon (Hokkaido)
Habitat : forêts
Taille : corps, 38 à 45 cm ; queue, 12 à 19 cm

C'est l'une des 7 espèces du genre, chassée de tout temps pour sa luxuriante fourrure. En Russie, des mesures de protection ont été prises en vue d'endiguer la diminution croissante des populations libres de zibelines, les élevages se chargeant d'alimenter l'industrie de la fourrure.

Terrestre, la zibeline a un régime alimentaire très diversifié et se nourrit de petits rongeurs et autres petits mammifères, de poissons, d'insectes, de fruits à coque, de miel et de baie.

Une portée annuelle est mise bas dans un terrier, généralement en avril, et compte 2 ou 3 jeunes.

Grison d'Allemand, *Galictis vittata*
Distribution : du sud du Mexique au Pérou et au Brésil
Habitat : forêts, zones découvertes
Taille : corps, 47 à 55 cm ; queue, 16 cm

Le grison d'Allemand est un animal agile, qui grimpe et nage bien. Il se nourrit de grenouilles, vers et autres créatures terrestres.

Il met bas, en octobre, de 2 à 4 jeunes. Il existe 3 espèces de grisons, tous d'Amérique centrale et latine.

Tayra, *Eira barbata*
Distribution : du sud du Mexique à l'Argentine, Trinité
Habitat : forêts
Taille : corps, 60 à 68 cm ; queue, 38 à 47 cm

C'est un animal qui court, grimpe et nage bien. Il se nourrit de petits mammifères – écureuils et rongeurs –, de fruits et de miel. Il est actif de nuit et en début de matinée. On pense que la femelle met bas 1 portée annuelle de 2 à 4 jeunes.

Zorille commune, *Ictonyx striatus*
Distribution : Afrique (du Sénégal et du Nigeria à l'Afrique du Sud)
Habitat : savane, zones découvertes
Taille : corps, 28,5 à 38,5 cm ; queue, 20,5 à 30 cm

La zorille est susceptible, en cas de danger, de projeter à distance une substance malodorante sécrétée par ses deux glandes périanales. Essentiellement nocturne, elle se nourrit de rongeurs, de reptiles, d'insectes et d'œufs d'oiseaux. Elle vit durant le jour dans un terrier ou dans une crevasse.

La femelle met bas 1 portée de 2 ou 3 jeunes.

MUSTÉLIDÉS SUITE

Glouton, *Gulo gulo* VU
DISTRIBUTION : Scandinavie, Sibérie, Alaska, Canada, ouest des États-Unis
HABITAT : forêts de conifères, toundra
TAILLE : corps, 65 à 87 cm ; queue, 17 à 26 cm

Unique de son genre, le glouton est un animal puissant et massif, capable de tuer des proies plus grandes que lui. Bien qu'essentiellement carnivore, il se nourrit aussi de baies. Il est plutôt solitaire, essentiellement terrestre, mais il lui arrive parfois de grimper aux arbres.

Chaque mâle détient un territoire qu'il occupe avec 2 ou 3 femelles. L'accouplement a lieu en été ; au printemps suivant, les femelles mettent bas 2 ou 3 jeunes.

La nidation différée des œufs fécondés est un phénomène intéressant en ce qu'il permet à l'animal de mettre bas ses jeunes à l'époque idéale, même s'il augmente la durée de la gestation. Les œufs restent dans la matrice en état d'activité suspendue et ne commencent à se développer qu'au moment voulu. Le jeune glouton est allaité pendant 2 mois environ ; il reste jusqu'à 2 ans aux côtés de sa mère, après quoi elle le pousse hors de son territoire. Il est sexuellement mature vers l'âge de 4 ans.

Ratel, *Mellivora capensis*
DISTRIBUTION : Afrique, du Moyen-Orient à l'est de l'Inde
HABITAT : steppe, savane
TAILLE : corps, 60 à 70 cm ; queue, 20 à 30 cm

Cet animal trapu doit son nom générique à son attirance pour le miel ; en Afrique, une association s'est créée entre le ratel et un petit oiseau à miel du genre *Indicator*, qui joue le rôle de guide, le ratel se chargeant d'éventrer le nid d'abeilles et permettant alors à l'oiseau de se servir ; sa peau exceptionnellement épaisse protège le ratel des piqûres d'insectes ; elle est très lâche, de sorte que l'animal peut parvenir à mordre un adversaire l'ayant empoigné à la nuque. Outre le miel et les larves d'abeilles, le ratel mange également de petits animaux, des insectes, des racines, des bulbes et des fruits, allant parfois jusqu'à attaquer de gros animaux, tels que moutons ou antilopes.

Parfois actif durant le jour, le ratel a plus généralement une activité nocturne. Il vit seul ou en couple. Après une période de gestation de 6 ou 7 mois, la femelle met bas une portée de 2 jeunes dans un terrier souterrain ou un nid construit dans les rochers.

Blaireau d'Eurasie, *Meles meles*
DISTRIBUTION : de l'Europe au Japon et au sud de la Chine
HABITAT : forêts, zones herbeuses
TAILLE : corps, 56 à 81 cm ; queue, 11 à 20 cm

C'est un animal lourd et trapu, au pelage raide, gris dessus, noir sur le ventre et les pattes. La tête est blanche et porte de chaque côté une bande noire qui s'étend du dessous de l'œil à l'oreille.

Ce blaireau vit en groupe familial dans de profonds terriers, souvent partagés avec des renards et des lapins et qui, habités par des générations successives de blaireaux, peuvent couvrir des surfaces considérables. Les chambres en sont tapissées d'herbe, de foin ou de feuilles que les blaireaux changent à l'occasion. Le territoire est délimité par des trous servant de latrines et comporte des aires de jeu.

Généralement nocturnes, les blaireaux émergent de leur terrier au crépuscule. Jeunes et adultes se livrent à des jeux qui renforcent les liens sociaux, cruciaux pour ces animaux grégaires. Omnivore, le blaireau se nourrit de vertébrés, de vers, d'escargots, de racines, de maïs, de céréales, de fruits, etc.

Le blaireau d'Eurasie s'accouple en été, alors que l'activité sociale bat son plein. Le développement embryonnaire est marqué par la nidation différée des œufs fécondés, de manière que les portées de 2 à 4 jeunes ne naissent qu'au printemps suivant.

Blaireau d'Amérique, *Taxidea taxus*
Distribution : du sud-ouest du Canada au centre du Mexique
Habitat : zones herbeuses dégagées, terrains arides
Taille : corps, 42 à 56 cm ; queue, 10 à 15 cm

Seul blaireau du Nouveau Monde, cette espèce – unique représentante de son genre – est de forme un peu plus aplatie que les autres blaireaux.

Solitaire, le blaireau d'Amérique a généralement une activité nocturne, bien qu'il lui arrive de sortir de son terrier durant le jour. Excellent fouisseur, il poursuit aisément sous terre les rongeurs, qui constituent l'essentiel de sa nourriture. Il mange aussi oiseaux, œufs et reptiles, et il lui arrive de faire des réserves souterraines.

L'accouplement a lieu en fin d'été, mais la nidation des embryons est différée jusqu'en février, de manière que les petits naissent au printemps, après une gestation de 6 semaines. La portée compte de 1 à 5 jeunes, généralement 2, qui sont mis bas dans un terrier et recouverts de poils soyeux. Ils ouvrent les yeux 6 semaines après et sont allaités durant plusieurs mois.

Le blaireau hiverne dans les régions nordiques alors que, sous les climats tempérés, il se contente d'une activité ralentie en hiver.

Blaireau à gorge blanche, *Arctonyx collaris*
Distribution : nord de la Chine, nord-est de l'Inde, Sumatra
Habitat : régions boisées de hautes et basses terres
Taille : corps, 55 à 70 cm ; queue, 12 à 17 cm

De taille et de forme comparables à celles du blaireau d'Eurasie, cette espèce se reconnaît à sa gorge blanche et à sa queue presque entièrement blanche. Ce blaireau a un museau mobile, en forme de groin, qui lui sert à déterrer plantes et animaux. Nocturne, il loge durant le jour dans un terrier profond ou une crevasse rocheuse ; ses mœurs s'apparentent à celles du blaireau d'Eurasie. Comme tous les mustélidés, il possède des glandes périanales dont les sécrétions, alliées à la livrée d'avertissement de l'animal, servent à dissuader un adversaire éventuel d'affronter ce formidable opposant.

La reproduction est mal connue, sinon qu'on a vu une femelle en observation mettre bas 4 jeunes en avril.

Blaireau de Java, *Mydaus javanensis*
Distribution : Sumatra, Java, Bornéo
Habitat : forêts denses
Taille : corps, 37,5 à 51 cm ; queue, 5 à 7,5 cm

Ce blaireau – ainsi qu'une espèce voisine – libère des sécrétions glandulaires périanales à l'odeur réputée aussi infecte que celle produite par les moufettes. Menacé, il soulève la queue et projette un jet de liquide. Très nauséabond, ce fluide une fois dilué peut avoir, comme le musc, une odeur agréable ; il était d'ailleurs utilisé autrefois en parfumerie. Nocturne, le blaireau de Java vit dans un terrier et se nourrit d'insectes, de vers et de petits animaux. La seconde espèce, *M. marchei*, habite les Philippines et les îles Calamian.

Blaireau-furet de Chine, *Melogale moschata*
Distribution : nord-est de l'Inde, sud de la Chine, péninsule indochinoise, Java, Bornéo
Habitat : zones herbeuses, forêts claires
Taille : corps, 33 à 43 cm ; queue, 15 à 23 cm

La face de ce mustélidé montre un masque noir caractéristique. Le blaireau-furet de Chine loge dans des terriers ou des crevasses, et il a une activité crépusculaire et nocturne. Bon grimpeur, il se nourrit de fruits, d'insectes, de petits animaux et de vers. Agressif, il libère en cas de menace des sécrétions anales à l'odeur infecte.

Une portée atteignant 3 jeunes est mise bas en mai ou juin. Il y a deux autres espèces de blaireaux-furets qui habitent l'Asie du Sud-Est.

MUSTÉLIDÉS SUITE

Moufette rayée ou Skunk rayé, *Mephitis mephitis*
Distribution : du sud du Canada au nord du Mexique
Habitat : forêts clairsemées et prairies
Taille : corps, 28 à 38 cm ; queue, 18 à 25 cm

Les moufettes, ou skunks, sont dotées de poches anales qui sécrètent un liquide fétide qu'elles projettent à distance sur leurs ennemis – un moyen de défense particulièrement efficace, car il empêche momentanément l'adversaire de respirer. La moufette rayée est un animal nocturne qui gîte durant le jour dans un terrier ou une tanière, sous les vieux bâtiments, les tas de bois ou de pierres. Elle se nourrit de souris, d'œufs, d'insectes, de baies, mais aussi de charognes.

Une portée de 5 ou 6 jeunes est mise bas au début de mai, dans une tanière tapissée de végétaux. La coloration noir et blanc, violemment contrastée, de la moufette rayée (comme celle de sa proche cousine *M. macroura*) est une livrée d'avertissement à l'adresse de ses ennemis.

Moufette, *Conepatus mesoleucus*
Distribution : du sud des États-Unis au Nicaragua
Habitat : zones boisées et dégagées
Taille : corps, 35 à 48 cm ; queue, 17 à 31 cm

Les 7 espèces du genre habitent le sud des États-Unis et l'Amérique latine. Cet animal nocturne, solitaire, est lent dans ses déplacements. La fourrure est très rêche par rapport à celle des autres moufettes. L'animal se sert de son nez en forme de groin pour fouiller le sol en quête d'insectes et de larves, qui constituent l'essentiel de son régime alimentaire. Il se nourrit aussi de serpents, de petits mammifères et de fruits.

La moufette gîte dans les endroits rocheux ou les terriers abandonnés et produit une portée de 2 à 5 jeunes.

Moufette, *Spilogale gracilis*
Distribution : de l'ouest des États-Unis au centre du Mexique
Habitat : friches, zones boisées et broussailleuses
Taille : corps, 23 à 34,5 cm ; queue, 11 à 22 cm

Le marquage, fait de raies et de taches, de la fourrure de cette espèce varie quasiment d'un spécimen à l'autre. Nocturne et essentiellement terrestre, cette moufette gîte généralement sous terre, mais elle grimpe bien, et il lui arrive de s'abriter dans les arbres. Elle se nourrit surtout de rongeurs, d'oiseaux, d'œufs, d'insectes et de fruits.

Dans le sud de son aire, les naissances ne sont pas saisonnières ; plus au nord, la portée de 4 ou 5 jeunes est mise bas au printemps. La gestation dure environ 4 mois.

Loutre d'Europe, *Lutra lutra*
Distribution : Europe, Afrique du Nord, Asie
Habitat : cours d'eau, lacs, côtes abritées
Taille : corps, 55 à 80 cm ; queue, 30 à 50 cm

Bien que rapides sur terre, les loutres sont parfaitement adaptées à la vie aquatique. La loutre d'Europe a le corps mince d'un mustélidé, mais une queue épaisse, charnue et musclée, qui lui sert à se propulser dans l'eau. Les pattes sont palmées, les narines et les oreilles s'obturent lors de la plongée. La fourrure, courte et dense, emprisonne une couche d'air qui isole la peau de l'eau. Dans l'eau, la loutre progresse par des ondulations du corps et de la queue et des battements des pattes postérieures. Elle se nourrit de poissons, de batraciens, d'oiseaux et de mammifères aquatiques.

Animal solitaire, méfiant, et qui ne se cantonne pas longtemps au même endroit, la loutre d'Europe semble se raréfier dans la majeure partie de son aire de distribution. Pendant le jour, elle habite un terrier dont l'issue inférieure débouche sous l'eau. Elle est surtout active durant la nuit.

Deux ou 3 jeunes sont mis bas au printemps, ou à n'importe quelle période de l'année dans le Sud. Le genre compte 8 espèces.

Loutre géante du Brésil, *Pteronura brasiliensis* **VU**

DISTRIBUTION : du Venezuela à l'Argentine
HABITAT : cours d'eau, lagunes
TAILLE : corps, 1 à 1,50 m ; queue, 70 cm

Son aspect général est celui de la loutre commune, mais cette espèce est beaucoup plus grande, avec une queue aplatie transversalement et présentant des bords coupants. Diurne, la loutre géante du Brésil se déplace généralement en groupe et se nourrit de poissons, d'œufs, de mammifères et d'oiseaux aquatiques. Elle gîte dans un trou de la berge ou parmi les racines et produit annuellement 1 portée de 1 ou 2 jeunes.

Espèce menacée, elle fait l'objet dans certains pays de mesures de protection, toutefois difficiles à faire appliquer pour des raisons géographiques, et sa population continue à décliner.

Loutre à joues blanches, *Aonyx capensis*

DISTRIBUTION : Afrique (Sénégal, Éthiopie, Afrique du Sud)
HABITAT : cours d'eau lents, pièces d'eau, eaux côtières, estuaires
TAILLE : corps, 95 cm à 1 m ; queue, 55 cm

Si ses mains et ses pieds ne sont que partiellement palmés, cette loutre nage et plonge aussi bien que les autres. Ses membres sont dépourvus de griffes, à l'exception de minuscules ongles aux troisième et quatrième orteils des pattes postérieures. Du fait que sa fourrure est moins dense, elle a été moins chassée que les autres loutres. Ses dents jugales broyeuses lui permettent de manger des crabes ; elle se nourrit aussi de mollusques, de poissons, de reptiles, de grenouilles, d'oiseaux et de petits mammifères. Comme la plupart des loutres, celle-ci vient à terre pour consommer sa nourriture et se sert beaucoup de ses mains pour ce faire.

La loutre à joues blanches ne creuse pas de terrier, mais vit dans les crevasses ou sous les rochers, en famille, en couple ou seule. Les 2 à 5 jeunes que compte la portée restent pendant au moins 1 an avec leurs parents.

Loutre de mer, *Enhydra lutra*

DISTRIBUTION : mer de Béring, États-Unis (côte californienne)
HABITAT : côtes rocheuses
TAILLE : corps, 1 à 1,20 m ; queue, 25 à 37 cm

Comme l'indique son nom, cette loutre passe le plus clair de son temps en mer, le long des côtes, dans des eaux ne dépassant pas 20 m de profondeur. C'est un animal de forme hydrodynamique, à pattes et queue courtes, les pattes postérieures palmées formant avirons.

À la différence de la plupart des animaux marins, la loutre de mer ne montre pas de couche adipeuse isolante ; elle est protégée du froid par la couche d'air emprisonnée par sa fourrure luisante, qu'elle nettoie et lisse avec soin pour en préserver les qualités isolantes.

Les loutres de mer se nourrissent essentiellement de mollusques ; couchées sur le dos, elles en brisent la coquille sur leur ventre, fréquemment à l'aide d'un caillou récolté sur le fond. À l'exception des primates, c'est le seul mammifère connu pour utiliser un outil dans sa quête de nourriture. Au crépuscule, les loutres de mer s'endorment sur l'eau, enroulées dans des algues, de façon à ne pas dériver durant leur sommeil.

En dehors de la période de reproduction, les femelles et les mâles vivent sur des territoires distincts. Les loutres de mer s'accouplent tous les 2 ans en moyenne et mettent bas 1 jeune après une période de gestation de 8 ou 9 mois. Le petit naît dans un état exceptionnellement bien développé, les yeux ouverts, et pourvu de toutes ses dents de lait. La mère le transporte sur son ventre tandis qu'elle nage sur le dos.

Autrefois impitoyablement chassées pour leur magnifique fourrure, les loutres de mer sont aujourd'hui devenues rares ; aussi sont-elles devenues une espèce protégée depuis un certain nombre d'années.

VIVERRIDÉS

Famille des Viverridae : Civettes et Genettes

Les 34 espèces de cette famille, qui rassemblent l'ensemble des civettes et des genettes, vivent dans le sud-ouest de l'Europe, en Afrique, à Madagascar et en Asie. Ces animaux ressemblent fortement aux ancêtres des carnivores : on pense qu'ils n'ont plus changé depuis des millions d'années, même s'il existe de grandes différences de corpulence entre les espèces de cette famille. La plupart des espèces possèdent de grandes oreilles pointues, placées sur le sommet de la tête ; leurs doigts sont munis de griffes et d'une palmure au moins partielle. Leur pelage est tacheté ou rayé.

La plupart des civettes sont nocturnes, arboricoles et omnivores, même si la nandinie est parfois exclusivement frugivore.

De nombreuses espèces sécrètent une substance odorante, qui est contenue dans une poche anale ; l'animal s'en sert pour marquer son territoire ou pour attirer un partenaire sexuel. L'ingrédient actif de ces sécrétions – le musc – a été utilisé pendant plusieurs siècles pour fabriquer des parfums. Malgré l'introduction du musc synthétique, certains pays d'Afrique et d'Asie continuent à en exporter d'importantes quantités.

Linsang à bandes transversales,
Prionodon linsang

Distribution : Thaïlande, Malaisie, Sumatra, Bornéo
Habitat : forêts
Taille : corps, 37,5 à 43 cm ; queue, 30,5 à 35,5 cm

Gracieux et élancé, ce linsang est gris blanchâtre à gris brunâtre, avec 4 ou 5 bandes transversales sombres barrant le dos, et des taches sombres sur les flancs et les membres. Nocturne, il vit la plupart du temps dans les arbres ; il grimpe et saute bien, mais est tout aussi agile sur le sol. Il se nourrit d'oiseaux – et éventuellement de leurs œufs –, de petits mammifères, d'insectes, de lézards et de grenouilles.

On connaît mal la reproduction de cette espèce. La femelle est supposée mettre bas 2 portées annuelles, de 2 ou 3 jeunes chacune, dans un nid, un trou d'arbre ou un terrier.

Civette masquée ou Civette palmiste à masque,
Paguma larvata

Distribution : de l'Himalaya à la Chine, Taiwan, Hainan, Asie du Sud-Est, Sumatra, Bornéo
Habitat : forêts, broussailles
Taille : corps, 50 à 76 cm ; queue, 51 à 64 cm

Cet animal a une robe unie, grise ou brun rougeâtre, à l'exception du masque facial blanc, caractéristique. Nocturne, la civette masquée chasse dans les arbres et sur le sol ; elle se nourrit de rongeurs et autres petits mammifères, d'insectes, de fruits et de racines. Sa poche anale sécrète un liquide à odeur très forte, qui peut être projeté à distance pour décourager un éventuel adversaire.

La femelle met bas, dans un trou d'arbre, 1 portée de 3 ou 4 jeunes. Les nouveau-nés sont plus gris que les adultes et dépourvus de masque facial.

Poiane ou Linsang africain, *Poiana richardsoni*

Distribution : Afrique (de la Sierra Leone au Congo)
Habitat : forêts
Taille : corps, 33 cm ; queue, 38 cm

Nocturne, le linsang africain est un bon grimpeur et passe plus de temps dans les arbres que sur le sol. Il dort durant le jour dans un nid de végétation construit dans un arbre, et émerge à la nuit pour se nourrir d'insectes et de jeunes oiseaux, ainsi que de fruits et de matière végétale. C'est un animal à corps allongé et élancé, de jaune brunâtre à gris ; la robe est maculée de sombre, comme le sont les anneaux marquant la queue.

La reproduction de l'espèce est mal connue ; on suppose que la femelle a 1 ou 2 portées par an, de 2 ou 3 jeunes.

Nandinie ou Civette des palmiers d'Afrique, *Nandinia binotata*

Distribution : Afrique (Guinée, vers l'est jusqu'au sud du Soudan, vers le sud jusqu'au Mozambique)
Habitat : forêts, savane, zones boisées
Taille : corps, 44 à 60 cm ; queue, 48 à 62 cm

Nocturne, grimpeuse accomplie, la civette des palmiers d'Afrique vit la plupart du temps dans les arbres. Son alimentation variée comporte insectes, lézards, petits mammifères, fruits, feuilles, herbe et même charognes ; il lui arrive d'être exclusivement frugivore. Solitaire, la nandinie passe le plus clair de son temps dans les arbres.

C'est un animal assez court sur pattes, à queue longue et très épaisse. Le court museau s'orne de longues moustaches. La robe est généralement brun grisâtre à brun rougeâtre foncé, marquée à l'épaule d'une tache claire. Le mâle est plus grand et plus massif que la femelle.

Le mâle occupe un territoire, qu'il délimite par la substance odorante de ses glandes anales. L'accouplement a lieu au mois de juin. La femelle met bas la portée de 2 ou 3 jeunes après une gestation de 64 jours environ.

Civette d'Afrique, *Viverra civetta* **CR**

Distribution : Afrique (du sud du Sahara au Transvaal)
Habitat : forêts, savane, plaines, terres cultivées
Taille : corps, 80 à 95 cm ; queue, 40 à 53 cm

C'est un grand viverridé, à aspect de canidé. La tête est large, l'encolure forte, les pattes sont longues (les postérieures étant plus longues que les antérieures). La robe est généralement grise, plus sombre sur les pattes, le menton et la gorge, avec des bandes et des taches noires sur tout le corps, dont la taille et la disposition sont très variables.

La civette d'Afrique dort durant le jour dans un terrier, ou à l'abri de la végétation ou des rochers. Elle ne grimpe aux arbres que pour échapper à un ennemi, mais elle nage bien. Elle se nourrit de mammifères – qui peuvent atteindre la taille d'une jeune antilope –, d'oiseaux – y compris ceux des basses-cours – et de leurs œufs, de reptiles, de batraciens et d'insectes, ainsi que de baies, de fruits et accessoirement de charognes.

La femelle atteint la maturité sexuelle à l'âge de 1 an. Elle met bas de 1 à 4 jeunes, généralement 2, après une période de gestation de 63 à 68 jours environ. À 3 semaines, le petit consomme ses premiers aliments solides ; il est sevré à 3 mois. Il est capable de capturer lui-même ses proies à un âge très précoce. Pour nourrir ses petits, la femelle bat le rappel en utilisant un cri caractéristique. Il peut y avoir jusqu'à 3 portées annuelles.

Civette du Congo, *Osbornictis piscivora*

Distribution : Afrique (nord-est du Congo)
Habitat : forêts pluviales, près des cours d'eau
Taille : corps, 45 à 50 cm ; queue, 35 à 42 cm

Cette civette est rarement visible dans la nature, et l'on connaît donc peu de chose de sa biologie et de ses mœurs. Ce viverridé semble toutefois avoir une activité nocturne et mener une existence amphibie dans les cours d'eau forestiers.

On pense que la civette du Congo se nourrit essentiellement de poissons, mais peut-être aussi de crustacés et autres animaux aquatiques. Elle les détecte probablement au toucher, grâce à ses palmes, puis les déloge des rochers où ils sont réfugiés, les agrippe au moyen de ses griffes semi-rétractiles et les tue d'un coup de dents foudroyant.

La civette du Congo est un animal élancé, court sur pattes (les postérieures sont plus longues que les antérieures), à longue et épaisse queue touffue. Elle a une petite tête et un museau pointu. La robe brun rougeâtre montre des poils plus sombres à l'arrière des oreilles, au milieu du dos et sur la queue. La gorge et le menton sont blancs.

VIVERRIDÉS SUITE

Genette commune, *Genetta genetta*
Distribution : sud-ouest de l'Europe (sud-ouest de la France, Espagne et Portugal), Afrique, Moyen-Orient
Habitat : zones semi-désertiques, broussailles, savane
Taille : corps, 50 à 60 cm ; queue, 40 à 48 cm

Cet animal élancé, court sur pattes, a une robe blanchâtre à gris cendré, marquée de taches sombres qui peuvent former des bandes longitudinales. La tête est petite, allongée, à museau pointu et longues moustaches ; les oreilles sont assez grandes. La longue queue est annelée de noir.

Extrêmement agile et gracieuse, la genette commune se déplace sur le sol avec la queue tendue à l'horizontale. Elle est parfaitement adaptée à la vie arboricole, et elle escalade aisément les arbres et les buissons. Elle passe toutes ses journées à dormir dans un terrier abandonné, une crevasse rocheuse ou sur une branche, et elle ne commence à chasser qu'au crépuscule et cesse peu de temps après l'aube. Sa vue, son ouïe et son odorat sont très bien développés.

La genette commune chasse toujours à l'affût, s'aplatissant au sol avant de bondir soudain sur sa proie. C'est une tueuse remarquable, dotée de longues canines et d'incisives fines et tranchantes. Rongeurs, reptiles et insectes sont saisis sur le sol, mais la genette grimpe également aux arbres pour y prendre des oiseaux perchés ou au nid. Elle complète son régime alimentaire par des fruits. Elle vit généralement seule ou par couple.

La reproduction a lieu à n'importe quelle époque de l'année, mais dans certaines régions on note des pointes saisonnières. Après une gestation de 68 à 77 jours, la femelle met bas dans un trou d'arbre ou du sol sa portée de 2 ou 3 jeunes. Les nouveau-nés sont aveugles ; leurs yeux s'ouvrent après 5 à 12 jours. Ils sont allaités durant 3 mois et indépendants vers l'âge de 9 mois.

Binturong, *Arctictis binturong*
Distribution : Asie du Sud-Est, îles de Palawan, Sumatra, Java, Bornéo
Habitat : forêts
Taille : corps, 61 à 96,5 cm ; queue, 56 à 89 cm

C'est un grand viverridé à longue fourrure hirsute, touffes auriculaires caractéristiques et queue préhensile que l'animal utilise pour grimper (le kinkajou est le seul autre carnivore à posséder une queue semblable). Le binturong dort durant le jour, blotti dans les arbres, et émerge à la nuit tombée pour escalader lentement les branches à la recherche de fruits et autre matière végétale. Il se nourrit également d'insectes, de petits invertébrés et de charognes.

Après une gestation qui dure de 90 à 92 jours, la femelle met bas sa portée de 1 ou 2 jeunes. Aveugles et totalement dépendants, les nouveau-nés sont soignés par les deux parents. Ils sont sevrés à l'âge de 6 mois.

Euplère de Goudot, *Eupleres goudotii* EN
Distribution : nord de Madagascar
Habitat : forêts pluviales, marais
Taille : corps, 46 à 50 cm ; queue, 22 à 24 cm

Avec son corps long et élancé, son museau pointu et ses courtes pattes, l'euplère de Goudot a un aspect de mangouste. Les pattes postérieures sont plus longues que les antérieures. La queue est épaisse et touffue.

Actif dès le crépuscule et durant la nuit, cet animal n'excelle ni au grimper ni au saut, mais progresse sur le sol par petits bonds, en quête de vers de terre (sa principale nourriture), de gastéropodes, de grenouilles, parfois même de petits mammifères et d'oiseaux. Quand la nourriture abonde, l'euplère de Goudot accumule des réserves graisseuses près du point d'insertion de la queue ; il les utilise pendant la saison sèche.

Les euplères de Goudot vivent en couples. Chaque couple a son territoire, dont les frontières sont délimitées par des sécrétions de glandes anales et céphaliques. La femelle met bas 1 jeune, après une gestation d'environ 12 semaines ; le nouveau-né est poilu et a les yeux ouverts ; il est sevré à 9 semaines.

Les euplères de Goudot sont en voie de raréfaction, du fait de la destruction des forêts, de la compétition avec un autre viverridé introduit et des abus de la chasse.

Civette-loutre de Sumatra, *Cynogale bennettii* EN
Distribution : péninsule indochinoise, Malaisie, Bornéo, Sumatra
Habitat : marais, près des cours d'eau
Taille : corps, 57 à 67 cm ; queue, 13 à 20 cm

C'est un animal bien adapté à la vie aquatique et qui passe presque tout son temps dans l'eau. Comme beaucoup d'animaux aquatiques, la civette-loutre possède une sous-couche de poils courts et serrés, imperméable à l'eau et que recouvre une couche de poils plus longs et raides. Les narines s'ouvrent vers le haut et peuvent être obturées par des lobes ; les oreilles se ferment elles aussi. Pieds et mains sont bien développés, partiellement palmés, de sorte que l'animal se déplace aussi aisément sur terre que dans l'eau.

La civette-loutre nage en ne laissant apparaître que le bout de son nez ; elle est ainsi presque invisible et peut surprendre non seulement les animaux aquatiques, mais également ceux qui viennent boire sur la berge. Son alimentation se compose de poissons, de petits mammifères, d'oiseaux et de crustacés, ainsi que de fruits. Ses longues dents acérées lui permettent de saisir la proie, qui est ensuite broyée par les larges molaires plates. À terre, la civette-loutre se montre une très bonne grimpeuse et peut chercher refuge dans un arbre en cas de menace.

La femelle met bas sa portée de 2 ou 3 jeunes dans un terrier ou un trou d'arbre. Les petits ne sont indépendants que vers l'âge de 6 mois.

Fossa ou Cryptoprocte féroce, *Cryptoprocta ferox* VU
Distribution : Madagascar
Habitat : forêts
Taille : corps, 60 à 75 cm ; queue, 55 à 70 cm

C'est le plus grand carnivore malgache. Plus qu'à un viverridé, le fossa ressemble à un chat, dont il a la tête, avec un museau toutefois plus allongé. Le corps est longiligne et élancé, les pattes postérieures sont plus longues que les antérieures. Active à partir du crépuscule, cette mangouste est aussi agile dans les arbres que sur le sol. Elle vit solitaire et chasse des mammifères pouvant atteindre la taille des lémuriens, des oiseaux, des lézards, des serpents et des insectes ; elle s'attaque aussi aux poulaillers.

La reproduction a lieu en septembre et octobre. Après une gestation de 3 mois environ, la femelle met bas sa portée de 2 ou 3 jeunes dans un terrier, un trou d'arbre ou un gîte rocheux. Elle est seule à prendre soin des petits, qui sont sevrés vers 4 mois et indépendants à 2 ans. Les petits naissent les yeux fermés ; ils ne les ouvrent que 16 à 25 jours plus tard. Ils n'atteignent la maturité sexuelle qu'à l'âge de 4 ans.

Civette palmiste de Derby, *Hemigalus derbyanus*
Distribution : Malaisie, Sumatra, Bornéo
Habitat : forêts
Taille : corps, 41 à 51 cm ; queue, 25 à 38 cm

Cette civette a un corps allongé et élancé, un museau pointu et conique. Elle est généralement blanchâtre à chamois orangé, marquée de bandes sombres sur la tête et le cou, à l'arrière des épaules et à la base de la queue.

Nocturne, la civette palmiste se repose durant la journée dans un trou d'arbre. Elle grimpe bien, au moyen de ses fortes pattes ; elle cherche sa nourriture dans les arbres, sur le sol et en bordure des cours d'eau. Elle se nourrit surtout de criquets et de vers de terre, mais aussi de fourmis, d'araignées, de crustacés, de gastéropodes terrestres et aquatiques et de grenouilles.

La reproduction de cette espèce est mal connue. Il semble cependant que la femelle mette bas entre 1 et 3 jeunes à chaque portée. Les petits commencent à prendre de la nourriture solide à l'âge de 10 semaines.

MANGOUSTES

Famille des Herpestidae : Mangoustes

Les 37 espèces de mangoustes vivent en Afrique, à Madagascar et en Asie. Petits et rapides, ces animaux terrestres ont un long corps cylindrique bien adapté à la chasse aux insectes, aux scorpions et aux petits vertébrés, ainsi qu'à la vie dans des terriers.

Mangouste à queue touffue, *Bdeogale crassicauda*
Distribution : est de l'Afrique (du Kenya au Zimbabwe et au Mozambique)
Habitat : forêts côtières, savane
Taille : corps, 40 à 50 cm ; queue, 20 à 30 cm

Cette mangouste robuste a un large museau et des pattes trapues, et une queue épaisse et très touffue. C'est un animal discret et nocturne qui passe ses journées dans un terrier, souvent emprunté, une cavité ou un trou d'arbre. La nuit, elle chasse termites et autres insectes, lézards, serpents, rongeurs et diverses petites créatures.

Mangouste de Java, *Herpestes auropunctatus*

Distribution : de l'Iraq à l'Inde, vers le sud à la Malaisie ; introduite aux Antilles, à Hawaii et aux îles Fidji
Habitat : déserts, zones dégagées pourvues d'arbustes ou d'arbres, forêts denses
Taille : corps, 35 cm ; queue, 25 cm

La taille et l'aspect de cette mangouste varient en fonction du milieu : les populations du désert sont plus petites et plus pâles ; mais, en règle générale, le pelage souple et soyeux est brun olive, et la queue plus courte que le corps.

La mangouste de Java passe la nuit dans un terrier creusé par ses soins et chasse durant le jour, empruntant régulièrement les mêmes itinéraires et restant à couvert en permanence. Elle mange à peu près tout ce qu'elle trouve : souris, rats, serpents, scorpions, scolopendres, guêpes et autres insectes ; elle est utile à l'homme, car elle évite la prolifération des rats et des serpents ; elle a été introduite dans de nombreuses régions.

La femelle met bas 1 ou 2 portées annuelles, de 2 à 4 jeunes chacune, après une gestation d'environ 7 semaines. Les petits sont aveugles et nus ; leur mère les transporte dans sa bouche.

Mangouste des marais, *Atilax paludinosus*
Distribution : Afrique, au sud du Sahara
Habitat : marais et estuaires soumis à l'influence des marées
Taille : corps, 45 à 60 cm ; queue, 30 à 40 cm

C'est probablement la plus aquatique des mangoustes. Grande et robuste, c'est une nageuse et une plongeuse accomplie. Ses pattes ne sont pourtant pas palmées, mais munies de griffes courtes et puissantes. Essentiellement nocturne, la mangouste des marais évolue dans l'eau ou sur les berges, en quête de crabes, d'insectes aquatiques, de grenouilles et de serpents. Les animaux à carapace sont projetés contre un rocher ou un arbre. Le marquage du territoire constitue un rituel complexe qui prend presque des allures de ballet : en appui sur ses pattes antérieures, la queue rabattue sur le dos, la mangouste projette le liquide sécrété par ses glandes anales.

La mangouste des marais vit seule, en couple ou en famille. La femelle met bas de 1 à 3 jeunes dans un terrier ou un nid construit dans un amas de végétaux.

Mangue rayée ou Mangouste rayée, *Mungos mungo*
Distribution : Afrique, au sud du Sahara
Habitat : savane, souvent près de l'eau
Taille : corps, 30 à 45 cm ; queue, 20 à 30 cm

C'est un animal trapu, à museau et queue relativement courts. La coloration varie de brun olive à gris roussâtre. Le dos est marqué, des épaules à la queue, de bandes transversales alternativement claires et sombres. La mangue rayée a une activité diurne – limitée à la matinée et la soirée par temps chaud –, il lui arrive de se montrer par les nuits de clair de lune. Elle grimpe et nage bien en cas de besoin ; elle aime à fourrager dans le sol ou la litière de feuilles, en quête d'insectes, d'araignées, de scorpions, de scolopendres, de petites grenouilles, de lézards, de serpents, de mammifères et d'oiseaux. Elle mange aussi des fruits, des pousses et des œufs.

La mangue rayée vit en troupe familiale comptant jusqu'à 30 individus. La troupe vit dans des trous d'arbres, des crevasses rocheuses ou des terriers. Attaquée, la mangue rayée se défend avec courage. Après une gestation de 8 semaines, la portée de 2 à 6 jeunes est mise bas dans un terrier. Ils ouvrent les yeux à 10 jours.

Mangouste brune, *Crossarchus obscurus*

Distribution : Afrique (de la Sierra Leone au Cameroun)
Habitat : forêts pluviales
Taille : corps, 30 à 40 cm ; queue, 15 à 25 cm

Cette mangouste a une tête et un museau particulièrement longs et étroits. Elle est grégaire et vit en  groupe familial comptant jusqu'à 12 individus, qui, sur les sites alimentaires, maintient le contact par des appels caquetants. Les mangoustes brunes fouillent le sol en quête de vers, cloportes, araignées, escargots et insectes ; elles mangent aussi crabes, grenouilles, reptiles, petits mammifères et oiseaux, ainsi que des œufs, qu'elles projettent contre un arbre ou une pierre pour en briser la coquille. Les mangoustes brunes dorment durant la nuit dans des terriers qu'elles creusent, souvent dans une termitière.

Les femelles mettent bas plusieurs portées annuelles, de 2 à 4 jeunes chacune, après une gestation de 70 jours.

Mangouste à queue blanche, *Ichneumia albicauda*

Distribution : Afrique, au sud du Sahara
Habitat : savane, brousse dense, lisières de forêts, souvent près de l'eau
Taille : corps, 47 à 69 cm ; queue, 36 à 50 cm

Cette grande mangouste, haute sur pattes, est caractérisée par une queue touffue, grise à la base et blanchissant généralement à l'extrémité ; elle est entièrement noirâtre chez certains individus. Elle vit seule ou en couple ; elle a, en principe, une activité exclusivement nocturne, mais, dans les endroits très retirés, elle peut se manifester en fin d'après-midi. Piètre grimpeuse, elle est capable de nager, mais chasse surtout sur le sol insectes, grenouilles, reptiles, rongeurs, oiseaux terrestres, ainsi que crabes et escargots qu'elle écrase entre ses dents. Son alimentation comporte également œufs, fruits et baies. La femelle met bas 1 portée de 2 ou 3 jeunes.

Suricate, *Suricata suricata*

Distribution : Afrique (de l'Angola à l'Afrique du Sud)
Habitat : zones dégagées, savane, brousse
Taille : corps, 25 à 31 cm ; queue, 19 à 24 cm

Le suricate a le corps long et les pattes courtes de nombreuses mangoustes. Le pelage est principalement brun grisâtre à gris clair, marqué de bandes transversales sombres ; le nez et les oreilles sont sombres, la tête et la gorge claires. La fourrure du ventre est fine et participe de la régulation thermique de l'animal. Selon son besoin de chaleur ou de fraîcheur, il expose son ventre au soleil ou s'enfouit dans un terrier sombre et frais.

Grégaires, les suricates vivent en familles qui se rassemblent parfois en groupes d'une trentaine d'individus. La colonie occupe une aire comportant des abris – terriers ou crevasses rocheuses – et des sites alimentaires. Quand la nourriture se raréfie, le groupe change de site. Bons fouisseurs, les suricates creusent des terriers comportant galeries et chambres souterraines. Diurnes, ils vaquent en couples ou en petits groupes, s'asseyant souvent pour observer une proie ou repérer un danger. Ils sont capables de courses rapides sur de courtes distances, mais n'excellent ni au grimper ni au saut. Leur alimentation se compose d'insectes, d'araignées, de scorpions, de scolopendres, de petits mammifères, de lézards, de serpents, d'oiseaux et d'œufs, d'escargots, de racines, de fruits et autres végétaux. Les suricates ont une ouïe et un odorat bien développés, une vue excellente, qui leur sert à repérer de loin les oiseaux de proie, leurs principaux ennemis ; en cas de danger, ils plongent à l'abri.

L'accouplement a lieu principalement entre octobre et avril. Après une gestation d'environ 77 jours, la femelle met bas de 2 à 5 jeunes, généralement 2 ou 3, dans une chambre souterraine tapissée d'herbe. Les petits naissent aveugles, mais leurs yeux s'ouvrent de 12 à 14 jours après leur naissance ; ils prennent leur première nourriture solide au bout de 3 à 4 semaines.

Galidie, *Salanoia concolor* VU

Distribution : nord-est de Madagascar
Habitat : forêts pluviales
Taille : corps, 35 à 38 cm ; queue, 18 à 20 cm

Grégaires, les galidies s'apparient pour la vie et occupent, en groupes familiaux, un territoire délimité par des sécrétions de glandes anales. Elles dorment dans un terrier ou un trou d'arbre. Durant le jour, elles recherchent insectes – leur principale nourriture –, amphibiens, reptiles et, occasionnellement, petits mammifères et oiseaux. Elles consomment aussi des œufs, qu'elles brisent en les saisissant entre leurs pattes postérieures pour les projeter.

De la reproduction de cette espèce, on sait que la femelle met bas 1 jeune par portée.

HYÉNIDÉS

Famille des Hyenidae : Hyènes

Cette famille est représentée en Afrique et en Asie du Sud-Est et compte 4 espèces. Le protèle est une espèce insectivore, qui tient à la fois du viverridé et du félidé, alors que les hyènes ont un aspect nettement canin ; toutefois, la partie antérieure du corps est plus robuste que l'arrière-train. La tête est massive : l'hyène tachetée est parmi les mammifères celui qui a les mâchoires les plus puissantes. Les hyènes sont aptes à broyer les os, même les plus gros, pour en extraire la moelle. Elles se nourrissent essentiellement des charognes laissées par les lions et autres grands carnivores, et peuvent faire abandonner une prise à des prédateurs plus petits, comme le guépard. Elles sont, néanmoins, tout à fait capables de chasser par elles-mêmes – surtout en ce qui concerne l'hyène tachetée – et peuvent, en meutes, se rendre maîtresses de proies de la taille d'un zèbre. En Tanzanie, l'hyène tachetée surpasse le lion en tant que prédateur. Les hyènes rôdent près des villes et des villages et jouent le rôle d'éboueurs.

Moins robuste que les hyènes, le protèle a une tête étroite et pointue, de grandes oreilles et de minuscules dents. Il se nourrit surtout de termites.

Les hyénidés ne présentent pas de dimorphisme sexuel, mais les mâles peuvent être plus grands que les femelles.

marquée, sur le corps et les pattes, de bandes transversales foncées. Le protèle vit solitaire sur un territoire ayant pour centre une tanière creusée ou empruntée à un autre représentant de l'espèce, et délimité par des sécrétions glandulaires anales. Nocturne, le protèle est doté d'une ouïe très développée qui lui sert à détecter les mouvements des termites ; il les extrait du sol ou de l'herbe au moyen de sa longue langue enduite d'une salive visqueuse. Il consomme également autres insectes, œufs d'oiseaux, petits mammifères et reptiles.

Une portée de 2 à 4 jeunes est mise bas dans un terrier. Après le sevrage, les parents nourrissent leurs jeunes de termites régurgités.

Hyène rayée, *Hyaena hyaena*
Distribution : Afrique (du Sénégal à la Tanzanie), du Moyen-Orient à l'Inde
Habitat : savane sèche, brousse, zones semi-désertiques, déserts
Taille : corps, 1 à 1,20 m ; queue, 25 à 35 cm

Cette hyène est identifiable aux bandes sombres qui raient sa robe grise ou gris jaunâtre et à la crinière érectile qui suit la ligne du dos. La tête est massive, à pente arrière verticale typique des hyènes. Les mâles sont généralement plus grands que les femelles.

Si elles vivent en couples à la saison des amours, les hyènes rayées sont généralement solitaires le reste du temps. Chacune occupe un territoire comportant des abris de végétation dense et délimité par des sécrétions glandulaires anales déposées sur l'herbe. Nocturne, l'hyène rayée se nourrit des charognes laissées par les grands félins ; elle tue pour son propre compte jeunes moutons et chèvres, petits mammifères, oiseaux, lézards, serpents et insectes, et se nourrit aussi de fruits. Les hyènes rayées se tiennent à l'écart des hyènes tachetées, qui sont plus grandes qu'elles.

Après une gestation de 3 mois environ, la portée de 2 à 4 jeunes est mise bas dans une cavité du sol ou parmi les rochers. Les parents participent tous deux aux soins des petits, qui naissent aveugles et sont allaités jusqu'à 1 an environ.

Protèle, *Proteles cristatus*
Distribution : Afrique (du Soudan, vers le sud jusqu'à l'Afrique du Sud et l'Angola)
Habitat : plaines sèches et dégagées, savane
Taille : corps, 65 à 80 cm ; queue, 20 à 30 cm

Le protèle ressemble à une petite hyène, avec un museau pointu, des pattes élancées et une crinière érectile qui suit la ligne du cou et du dos. Sa robe jaunâtre à brun rougeâtre est

Hyène brune, *Hyaena brunnea* **LR : lc**

Distribution : Afrique (de l'Angola au Mozambique, vers le sud jusqu'à l'Afrique du Sud)
Habitat : savane sèche, plaines, zones semi-désertiques
Taille : corps, 1,10 à 1,20 m ; queue, 25 à 30 cm

L'hyène brune est un animal à tête massive, poitrail très développé et arrière-train surbaissé, caractéristiques que l'on retrouve chez tous les hyénidés, à pelage constitué essentiellement de poils longs et rêches, brun foncé à noir brunâtre ; une crinière érectile de poils plus longs couvre le cou et les épaules ; elle est d'un brun plus clair, ainsi que les pattes.

Quand elle ne vit pas en famille, l'hyène brune mène une existence solitaire, rejoignant parfois d'autres individus pour chasser ou partager une carcasse, mais préférant généralement manger seule afin d'éviter la concurrence directe pour la nourriture. Elle vit sur un territoire délimité par des dépôts de sécrétions glandulaires et des sites de défécation.

L'hyène brune dort durant le jour dans un terrier, souvent emprunté à un protèle, parfois également parmi les rochers ou dans les hautes herbes. La nuit, elle émerge de son abri et peut couvrir de longues distances à la recherche de nourriture. Elle se nourrit de charognes ou chasse rongeurs, oiseaux (y compris ceux des basses-cours), reptiles et grands animaux blessés. La puissante denture de l'hyène lui permet de broyer les os. Elle complète son régime alimentaire avec des insectes, des petits vertébrés, des œufs, des fruits et autres matières végétales. Sur les côtes, elle mange aussi poissons morts, moules, cadavres échoués de phoques et de baleines. Quand elle a découvert une importante source de nourriture, elle en entrepose une partie dans une cachette, où elle retourne plus tard pour puiser dans ses réserves dès que la faim se fait sentir.

Une portée de 2 à 4 jeunes est mise bas dans un terrier, après une gestation de 92 à 98 jours. Les petits naissent totalement dépendants de leur mère et sont allaités durant 3 mois, mais ils restent avec leurs parents jusque vers 18 mois et sont alors approvisionnés par le mâle. Les femelles peuvent allaiter des petits qui ne sont pas les leurs.

Bien que protégées dans les réserves de chasse, les hyènes brunes sont tuées en grand nombre par les éleveurs, du fait qu'elles s'attaquent au bétail.

Hyène tachetée, *Crocuta crocuta* **LR : cd**

Distribution : Afrique, au sud du Sahara
Habitat : des zones semi-désertiques à la savane humide
Taille : corps, 1,20 à 1,80 m ; queue, 25 à 30 cm

C'est la plus grande représentante de la famille des hyènes. Cet animal a une grosse tête, des membres élancés et un arrière-train surbaissé. La queue est touffue, et une crinière courte couvre l'encolure et les épaules. La tête et les pattes sont souvent plus claires que le reste du corps, marqué de taches sombres irrégulières dont la couleur et la disposition sont très variables d'un individu à l'autre.

Habitante des zones dégagées, l'hyène tachetée ne pénètre pas dans la forêt. Elle vit en troupe de 10 à 30 individus, parfois jusqu'à 100, qui occupent un territoire délimité par de l'urine, des excréments et des sécrétions glandulaires anales ; ce territoire est soigneusement gardé pour éloigner les bandes rivales. Les mâles sont dominants.

Les hyènes tachetées vivent dans des terriers qu'elles creusent, parmi les hautes herbes ou les rochers, et émergent au crépuscule. Bien que nocturnes, il arrive que, dans certaines régions, elles chassent dans la journée. Elles se nourrissent de charognes et chassent les grands mammifères – antilopes, zèbres – et s'attaquent aussi au bétail. La victime est d'abord mordue aux pattes, puis déchiquetée par la harde. Très bruyantes, les hyènes tachetées inaugurent la chasse par un concert de hurlements, tandis que la curée ou l'accouplement s'accompagnent de « rires sardoniques ».

En guise de préludes nuptiaux, le mâle éjecte une sécrétion glandulaire anale à odeur très forte, puis fait rouler la femelle à terre. Après une gestation de 99 à 130 jours, 1 ou 2 jeunes sont mis bas dans un terrier ; ils ont les yeux ouverts et déjà quelques dents ; ils sont allaités jusqu'à l'âge de 1 an au moins – parfois 18 mois –, époque à laquelle ils sont capables de suivre les adultes à la chasse.

FÉLIDÉS

Famille des Felidae : Chats

Les félidés comptent environ 36 espèces, mais ce nombre varie selon les auteurs, dans la mesure où l'organisation de cette famille soulève de nombreuses controverses. Carnivores par excellence, les félins sont les mieux adaptés de tous à la capture des proies vivantes. De tous les prédateurs, ce sont probablement les tueurs les plus redoutables. Si la coloration, la taille et le marquage sont très variables d'une espèce à l'autre, l'allure générale et les proportions du corps sont fondamentalement celles du chat domestique.

Les félins ont un corps puissant, musclé et souple, un museau typiquement court et une tête arrondie, avec de grands yeux dirigés vers l'avant. Excepté chez le guépard, les pattes sont munies de longues griffes rétractiles qui servent à maintenir la proie. La bouche montre des canines particulièrement longues et acérées, utilisées pour dissocier les vertèbres cervicales de la victime, et des dents jugales tranchantes servant à déchirer la chair.

Les félidés constituent une famille très cosmopolite, qui n'est absente que de l'Antarctique, de l'Australasie, des Antilles et d'autres îles, et de Madagascar, où habitent des viverridés à aspect de félins : les fossas. Il n'existe généralement pas de dimorphisme sexuel, sinon que les mâles sont souvent un peu plus grands.

Par malheur, la magnifique fourrure des félins est depuis longtemps convoitée par l'homme, et de nombreuses espèces ont été impitoyablement chassées, au point d'être, aujourd'hui, en danger d'extinction.

Chat doré d'Afrique, *Profelis aurata* **LR : lc**

Distribution : Afrique (du Sénégal au Congo, mais absent du Nigeria, Kenya)
Habitat : forêts, lisières de forêts
Taille : corps, 72 à 93 cm ; queue, 35 à 45 cm

C'est un félin robuste, de taille moyenne, à pattes trapues, assez courtes, et petites oreilles arrondies. La coloration est très variable, de rouge brunâtre à gris ardoise en dessus ; certains individus montrent des points sombres sur tout le corps, d'autres sur les parties ventrales uniquement. Ce chat passe presque tout son temps dans les arbres et a une activité nocturne. Durant le jour, il dort dans un arbre. Il est solitaire et discret, de sorte que ses mœurs sont mal connues. Ses proies atteignent la taille d'une petite antilope (mammifères) ou d'une pintade (oiseaux).

Chat du Bengale ou Chat-léopard, *Prionailurus bengalensis*

Distribution : Asie du Sud-Est, Sumatra, Bornéo, Java, Philippines
Habitat : forêts
Taille : corps, environ 60 cm ; queue, environ 35 cm

C'est un animal nocturne, rarement visible, qui se repose durant le jour dans un trou d'arbre. Bon grimpeur, il chasse de petits oiseaux, de petits mammifères (écureuils, lièvres...), occasionnellement de petits cervidés. La coloration du chat du Bengale est très variable d'un individu à l'autre, mais généralement jaunâtre, grise ou brun rougeâtre en dessus, blanchâtre en dessous ; le corps est marqué de points sombres disposés en lignes régulières formant parfois des bandes continues.

La reproduction est assez mal connue. On suppose que la femelle met bas des portées de 3 ou 4 jeunes, dans une grotte, une tanière, ou sous un rocher.

Chat des pampas, *Oncifelis colocolo* **LR : lc**

Distribution : Amérique du Sud (Équateur, Pérou, du Brésil au sud de l'Argentine)
Habitat : prairies dégagées, forêts
Taille : corps, 60 à 70 cm ; queue, 29 à 32 cm

C'est un petit animal robuste, à petite tête et épaisse queue touffue. La coloration de la robe à longs poils varie de blanc jaunâtre à brun ou gris argenté. Dans le nord de son aire, le chat des pampas habite la forêt : il vit essentiellement sur le sol, mais se réfugie dans les arbres ; dans le sud, il vit dans les hautes herbes des pampas. Nocturne, il chasse petits mammifères (cobayes) et oiseaux terrestres (tinamous).

Après une gestation supposée durer 10 semaines environ, la femelle met bas la portée de 1 à 3 jeunes.

Caracal ou Lynx africain, *Caracal caracal*

Distribution : Afrique (sauf à la lisière des forêts pluviales), du Moyen-Orient au nord-ouest de l'Inde
Habitat : savane, plaines dégagées, zones semi-désertiques, déserts de sable
Taille : corps, 65 à 90 cm ; queue, 20 à 30 cm

Le caracal est reconnaissable à ses longues pattes élancées, sa tête relativement aplatie et ses oreilles garnies de touffes de poils. Solitaire, il occupe un territoire qu'il arpente en quête de proies. Il est surtout actif au crépuscule et durant la nuit, mais il lui arrive de se montrer pendant la journée. Il se nourrit de nombreux mammifères (de la souris au cobe des roseaux), d'oiseaux et de reptiles, ainsi que de moutons, de chèvres et d'oiseaux de basse-cour.

Le mâle caracal fait sa cour bruyamment, à grand renfort de miaulements qui rappellent beaucoup ceux du chat domestique.

Après une gestation de 69 ou 70 jours, la femelle met bas une portée de 2 ou 3 jeunes dans une tanière, un trou d'arbre ou un terrier abandonné. Les petits sont allaités pendant 6 mois et indépendants vers 9 à 12 mois.

Puma ou Cougouar, *Puma concolor*

Distribution : sud-ouest du Canada, ouest des États-Unis, Mexique, Amérique centrale et latine
Habitat : pentes de montagnes, forêts, marais, prairies
Taille : corps, 1 à 1,60 m ; queue, 60 à 85 cm

Autrefois répandu, le puma est en aujourd'hui en voie de raréfaction, certaines sous-espèces étant même menacées d'extinction. La coloration et la taille connaissent de grandes variations régionales, mais la robe est généralement jaune-brun ou brun-gris. Animal solitaire, le puma occupe un territoire bien délimité et couvrant une vaste superficie. Les territoires des mâles peuvent empiéter sur celui des femelles, mais jamais sur le territoire d'un mâle.

Plus généralement actif en début de matinée et en soirée, le puma se nourrit de cervidés, qui représentent son mets de prédilection, mais aussi de rongeurs, de lièvres, et, parfois, de bovins. Quand il a repéré sa proie, il bondit dessus et la tue d'une morsure à la nuque.

Les jeunes naissent en été dans les zones tempérées, et à n'importe quelle période de l'année dans la zone tropicale. Le mâle et la femelle s'apparient pour le temps que dure la saison des amours, parfois pour plus longtemps, le mâle en chaleur s'attaquant à tout rival qui se présente.

Après une période de gestation de 92 à 96 jours, une portée de 2 à 4 jeunes est mise bas dans une tanière installée parmi les rochers ou dans la végétation épaisse, et que la femelle peut utiliser pendant plusieurs années de suite. À l'âge de 6 ou 7 semaines, les petits absorbent leurs premiers aliments solides, qui leur sont fournis par la mère, auprès de laquelle ils restent durant 1, voire 2 ans.

Lynx du Nord, *Lynx lynx*

Distribution : Europe (Scandinavie), Asie (vers l'est jusqu'en Sibérie)
Habitat : forêts de conifères, broussailles
Taille : corps, 80 cm à 1,30 m ; queue, 4 à 8 cm

Cet animal est reconnaissable à sa courte queue et aux touffes qui ornent ses oreilles et ses joues. La coloration et le dessin du pelage connaissent des variations régionales, en particulier dans la densité des taches. Bien que protégé dans de nombreux pays, le lynx du Nord ne cesse de se raréfier, et certaines races sont menacées d'extinction.

Animal solitaire et nocturne, le lynx du Nord suit sa proie à la trace ou chasse à l'affût. Il se nourrit de lièvres – ses proies favorites –, mais également de rongeurs, de jeunes cervidés et d'oiseaux terrestres (tétras).

La période de reproduction débute normalement au printemps. Après une gestation de 63 jours en moyenne, la femelle met bas la portée de 2 ou 3 jeunes, dans une tanière cachée parmi les rochers ou dans un trou d'arbre.

FÉLIDÉS SUITE

Ocelot, *Leopardus pardalis*

Distribution : États-Unis (Arizona, Texas), Mexique, Amérique centrale et latine jusqu'au nord de l'Argentine

Habitat : forêts humides, zones densément buissonnantes ou marécageuses

Taille : corps, 95 cm à 1,30 m ; queue, 27 à 40 cm

C'est un animal à la robe caractéristiquement marquée de taches noires, dont le dessin n'est jamais tout à fait identique d'un individu à l'autre. Généralement nocturne, l'ocelot dort durant le jour sur une branche ou sous le couvert. Pendant la nuit, il chasse petits mammifères (jeunes cervidés et pécaris), agoutis, pacas et autres rongeurs, oiseaux et serpents. Il s'aventure rarement en terrain découvert. Mâles et femelles vivent en couples sur un territoire, mais ne chassent pas ensemble.

Avant l'accouplement, qui est nocturne, le mâle pousse des cris aigus qui rappellent ceux du chat domestique. Après une gestation d'environ 70 jours, la portée de 2 jeunes, parfois 4, est mise bas dans une tanière à l'abri d'un arbre creux ou de la végétation épaisse.

Du fait de la destruction de leur habitat et d'une chasse excessive, les ocelots sont devenus rares. La vente des fourrures d'ocelot est interdite dans de nombreux pays, mais il existe un marché parallèle, du fait que la demande n'a pas cessé.

Lynx roux, *Lynx rufus*

Distribution : sud du Canada, États-Unis (surtout dans les États de l'Ouest), Mexique

Habitat : chaparral, broussailles, marais, forêts

Taille : corps, 65 cm à 1 m ; queue, 11 à 19 cm

Le lynx roux ressemble au lynx du Nord, sinon qu'il est souvent plus petit, avec des touffes auriculaires moins évidentes. La taille est très variable : c'est au nord que l'on trouve les individus les plus grands, au Mexique les plus petits. Le lynx roux s'adapte à des milieux très divers ; il vit sur le sol, mais peut grimper dans un arbre s'il est pourchassé. Il est solitaire et nocturne, mais il lui arrive pourtant, en hiver, de chasser durant le jour. Il se nourrit surtout de petits mammifères (souris, rats, lapins et écureuils), accessoirement d'oiseaux (tétras). Il suit sa victime à la trace jusqu'à être suffisamment proche d'elle pour bondir.

Après une gestation d'environ 50 jours, la femelle met bas une portée de 1 à 6 jeunes, souvent 3. Les petits sortent pour la première fois de la tanière vers 5 semaines et commencent à accompagner leur mère à la chasse vers 3 à 5 mois.

Chat manul, *Otocolobus manul* **LR : lc**

Distribution : Asie centrale (de l'Iran à l'ouest de la Chine)

Habitat : steppe, déserts, flancs rocheux de montagne

Taille : corps, 50 à 65 cm ; queue, 21 à 31 cm

Ce félin a un corps robuste, des pattes courtes et solides. La tête est large, avec de petites oreilles rondes, très espacées, qui émergent à peine de la fourrure. Le pelage, de gris pâle à chamois jaunâtre ou brun rougeâtre, est plus long et plus épais que chez les autres chats sauvages. Farouche et solitaire, ce chat vit dans une grotte, une crevasse rocheuse ou un terrier emprunté, par exemple, à une marmotte. Il attend généralement la nuit pour se mettre en chasse de petits mammifères (souris, lièvres...) et d'oiseaux.

L'accouplement a lieu au printemps ; en été, les femelles mettent bas une portée de 5 ou 6 jeunes.

Serval, *Leptailurus serval*

Distribution : Afrique (du sud du Sahara au Transvaal)

Habitat : savane, plaines dégagées, terrains boisés

Taille : corps, 65 à 90 cm ; queue, 25 à 35 cm

Le serval est élancé, haut sur pattes, avec une petite tête et de grandes oreilles. La coloration varie de brun jaunâtre à brun olive foncé ; les animaux les plus clairs montrent souvent des rangées de grosses taches sombres, les individus plus foncés sont finement pointillés de sombre. Généralement diurne, le serval vit sur un petit territoire délimité au moyen d'urine. Il est, en principe, solitaire, mais il arrive à la femelle de pénétrer sur le territoire du mâle. Il se nourrit de mammifères (de la taille d'un rongeur à celle d'une petite antilope), mais aussi d'oiseaux, de volailles, de lézards, d'insectes, et, occasionnellement, il ne néglige pas les fruits. Sa vue et son ouïe sont excellentes. Après une gestation de 67 à 77 jours, la portée de 1 à 4 jeunes, généralement 2 ou 3, est mise bas dans une tanière, ou un terrier emprunté à un autre mammifère.

Chat sauvage, *Felis silvestris*

DISTRIBUTION : Écosse, sud de l'Europe, Afrique (sauf Sahara), du Moyen-Orient à l'Inde
HABITAT : forêts, broussailles, savane, plaines bien dégagées, zones semi-désertiques
TAILLE : corps, 50 à 65 cm ; queue, 25 à 38 cm

C'est l'un des ancêtres du chat domestique, dont il a l'allure générale, sinon qu'il est plus grand, avec une queue plus courte et plus épaisse, annelée de noir. Les races des zones arides sont plus claires que les races forestières. Essentiellement solitaire et nocturne, le chat sauvage vit sur un territoire bien défini. Il grimpe bien, mais traque la plupart de ses proies sur le sol, attrapant de petits rongeurs et des oiseaux de mœurs terrestres, qui constituent son régime alimentaire.

Les mâles en rut font assaut de cris à l'intention de la femelle, qui fait son choix parmi les prétendants. Celle-ci met bas 2 ou 3 jeunes après une période de gestation qui dure de 63 à 69 jours. Les petits sortent pour la première fois de la tanière, située dans une grotte, un arbre creux ou empruntée à un renard, vers 4 ou 5 semaines et quittent leur mère vers 5 mois

Guépard, *Acinonyx jubatus* **VU**

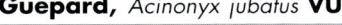

DISTRIBUTION : Afrique, vers l'est jusqu'à l'Asie (est de l'Iran)
HABITAT : terrains découverts (désert, savane)
TAILLE : corps, 1,10 à 1,40 m ; queue, 65 à 80 cm

Le guépard peut atteindre 112 km/h, ce qui fait de lui le plus rapide des félins. Il a un corps long et souple, des épaules très musclées, des pattes longues et élancées. Sa queue lui sert de balancier lorsqu'il fait des pointes de vitesse.

Le guépard vit sur un territoire, en terrain découvert, seul, par couple ou en famille. Diurne, il repère sa proie grâce à sa vue, qui est extrêmement perçante. Après l'avoir observée de sa cachette, il se met à sa poursuite et bondit sur elle pour la tuer d'une morsure à la gorge.

Le guépard se nourrit de lièvres, de chacals, de petites antilopes ou de jeunes d'antilopes plus grandes et d'oiseaux – pintades, francolins, outardes et jeunes autruches. Les adultes peuvent chasser à plusieurs et épuiser ainsi des animaux tels que le zèbre.

Les mâles en rut se disputent l'attention d'une femelle sans pourtant qu'il y ait effusion de sang. Après une période de gestation qui dure de 91 à 95 jours, la portée de 2 à 4 jeunes est mise bas. Les petits sont élevés par la mère, qu'ils ne quittent que lorsqu'ils atteignent l'âge de 2 ans.

Panthère longibande, *Neofelis nebulosa* **VU**

DISTRIBUTION : du Népal au sud de la Chine, Taiwan, Sumatra, Bornéo
HABITAT : forêts
TAILLE : corps, 62 cm à 1,06 m ; queue, 61 à 91 cm

Cet animal rare a un long corps puissant, des pattes relativement courtes et une longue queue. La panthère longibande grimpe bien ; elle chasse en bondissant d'un arbre ou en poursuivant sa proie sur le sol. Elle se nourrit essentiellement d'oiseaux, de cochons sauvages, de petits cervidés et bovidés, qu'elle tue d'une unique morsure de ses puissantes canines.

Une portée de 1 à 5 jeunes est mise bas après une gestation de 86 à 92 jours.

FÉLIDÉS SUITE

Lion, *Panthera leo* **VU**

Distribution : Afrique, au sud du Sahara, nord-ouest de l'Inde ; autrefois plus répandu en Asie

Habitat : savane dégagée

Taille : corps, 1,40 à 2 m ; queue, 67 cm à 1 m

C'est un splendide animal, au corps puissant, avec une large tête, des pattes fortes et épaisses, et une longue queue à la terminaison recourbée que masque une touffe de poils. Le mâle, plus grand que la femelle, porte sur le cou et les épaules une imposante crinière. La coloration varie de jaune ocré à brun roussâtre pour la robe, et de jaune clair à noir pour la crinière.

Les lions passent plus de 20 heures par jour à se reposer. Ils sont diurnes, sauf dans les régions où, persécutés, ils ont pris l'habitude de chasser durant la nuit. Ils vivent en bandes pouvant comporter jusqu'à 3 adultes mâles, 15 femelles et leurs jeunes, sur un territoire qu'ils défendent contre les intrus, en particulier les autres mâles adultes. On peut trouver, parfois, des groupes constitués de quelques jeunes mâles. Les lions chassent les mammifères – gazelles, antilopes ou zèbres – et peuvent coopérer pour se rendre maîtres de proies plus grandes. Ils consomment aussi des animaux plus petits et des oiseaux, voire des crocodiles. Presque toujours, ce sont les lionnes qui tuent : elles s'organisent en groupe, certaines jouant le rôle de rabatteuses. Elles approchent le plus près possible de leur proie, puis bondissent sur elle et la tuent d'une morsure à la nuque ou à la gorge.

La reproduction n'est pas saisonnière. Une portée de 1 à 6 jeunes, généralement 2 ou 3, est mise bas après une gestation de 102 à 113 jours. Les lionceaux sont allaités durant 6 mois environ, mais dès l'âge de 3 mois commencent à ingérer de la nourriture solide procurée par les adultes. Durant la chasse, les lionceaux sont laissés sous la garde d'un ou deux adultes ; une lionne vient les chercher s'il y a eu une prise. À 4 mois, les lionceaux suivent leur mère partout. Ils ne sont sexuellement matures que vers 18 mois environ ; les jeunes mâles sont alors éloignés de la bande, alors que les femelles demeurent avec leur famille.

Jaguar, *Panthera onca* **LR : nt**

Distribution : sud-ouest des États-Unis, nord du Mexique, Amérique centrale et latine jusqu'au nord de l'Argentine

Habitat : forêts, savane

Taille : corps, 1,50 à 1,80 m ; queue, 70 à 91 cm

C'est le plus grand félin sud-américain. Le jaguar est un animal puissant, à large poitrine et fortes pattes. Sa coloration varie de jaune clair à brun rougeâtre, avec un dessin caractéristique de taches sombres.

Quoique moins agile et moins gracieux que le léopard, le jaguar sait grimper aux arbres pour guetter sa proie ; c'est aussi un excellent nageur. Il ne peut soutenir une course rapide et doit parvenir tout près de sa proie sans être repéré pour pouvoir l'attraper. Ses proies préférées sont les pécaris et les cabiaïs, mais il chasse aussi moutons, cervidés, loutres, rongeurs, oiseaux terrestres, tortues, caïmans et poissons.

Solitaires en temps ordinaire, les jaguars s'apparient pendant les quelques semaines que dure la saison des amours. Une portée de 1 à 4 jeunes est mise bas, après une gestation de 93 à 105 jours, dans une tanière située à l'abri de la végétation ou des rochers, ou dans un trou de berge. La femelle protège ses petits contre tout intrus, y compris leur père.

Léopard ou Panthère, *Panthera pardus*

Distribution : Asie (de la Sibérie à la Corée, Sri Lanka et Java), Moyen-Orient, Afrique

Habitat : du désert à la forêt, des plaines de basse altitude aux montagnes

Taille : corps, 1,30 à 1,90 m ; queue, 1,10 à 1,40 m

Anciennement répandu, le léopard a, aujourd'hui, une distribution fractionnée, et de nombreuses sous-espèces sont éteintes ou menacées d'extinction. Puissant mais élégant, c'est un félin à corps allongé, relativement court sur pattes. La belle robe a le plus souvent un

fond de jaune à beige, marqué de taches noires en rosettes très caractéristiques ; le nom de panthère est généralement réservé aux individus entièrement noirs.

Solitaires, les léopards chassent normalement de jour comme de nuit, mais, dans les zones où ils sont persécutés, ils sont devenus exclusivement nocturnes. Ils nagent et grimpent bien, aiment à lézarder au soleil, confortablement installés sur une branche. Leur vue et leur odorat sont bien développés, leur ouïe est très fine.

Ces animaux chassent en se mettant en embuscade ou en poursuivant leur proie. Ils mangent des mammifères de la taille d'une grande antilope, des singes, des oiseaux, des serpents, des poissons et des animaux domestiques (chiens, chèvres) ; ils mangent aussi des charognes. Les grosses prises sont hissées dans un arbre pour y être consommées en paix.

Il arrive que les mâles se battent pour la possession d'une femelle en œstrus. Il n'y a pas de saison de reproduction particulière. Une portée de 1 à 6 jeunes, généralement 2 ou 3, est mise bas dans une crevasse rocheuse ou un trou d'arbre après une période de gestation de 90 à 112 jours. Les jeunes sont allaités pendant 3 mois, et deviennent indépendants à l'âge de 18 mois ou 2 ans. Dès ce moment, la femelle s'accouple de nouveau. La mère chasse seule ; en cas de prise, elle cache celle-ci et retourne chercher ses petits, pour qu'ils puissent se nourrir.

pour chasser, d'adopter un galop rapide. Leurs proies préférées sont les cochons sauvages, les cervidés et les bovidés sauvages (gaurs et buffles).

Mâles et femelles ne vivent ensemble que quelques jours par an, pour s'accoupler. La femelle met bas une portée de 2 ou 3 jeunes, après une période de gestation de 103 à 105 jours. Il arrive que les petits demeurent auprès de leur mère durant plusieurs années.

La plupart des races de ce magnifique animal sont devenues extrêmement rares. Les tigres de Bali et de Java ont même totalement disparu, du fait des excès de la chasse et de la destruction des forêts.

Léopard des neiges, *Uncia uncia* **EN**

Distribution : Pakistan, Afghanistan, Himalaya, vers l'est jusqu'à la Chine

Habitat : pentes montagneuses, forêts

Taille : corps, 1,20 à 1,50 m ; queue, environ 90 cm

Tigre, *Panthera tigris* **EN**

Distribution : de la Sibérie à Java et Bali

Habitat : forêts

Taille : corps, 1,80 à 2,80 m ; queue, environ 91 cm

C'est le plus grand des félins. Le tigre a un corps massif et musclé, des membres puissants. Les deux sexes sont similaires, sinon que les moustaches du mâle sont plus longues. La coloration varie d'orange rougeâtre à ocre rougeâtre, et le dessin de bandes verticales sombres est très variable. Les sous-espèces septentrionales tendent à être plus grandes et plus pâles que les sous-espèces tropicales.

Farouches et nocturnes, les tigres sont généralement solitaires mais vivent en bons termes avec leur voisinage. Ils grimpent bien, se déplacent avec grâce sur le sol et sont capables,

Le léopard des neiges a une fourrure soyeuse grise, plus claire sur le ventre, marquée de taches brunes ; une bande noire court tout le long du dos. En été, il vit dans les prairies alpines, au-dessus de la limite des arbres, parmi les neiges éternelles ; en hiver, il descend vers les forêts et les broussailles, au-dessous de 2 000 m. C'est un animal puissant et agile, capable de bonds fantastiques par-dessus les ravins. Il chasse – généralement à l'approche – bouquetins, chèvres et moutons sauvages, sangliers, ainsi que des oiseaux terrestres (perdrix, faisans, etc.) ; en hiver, il s'attaque également au cheptel domestique.

Mis à part les femelles, qui sont, pour un temps, accompagnées par leurs jeunes, les léopards des neiges vivent en solitaires et arpentent en permanence leur immense territoire. Ils sont surtout actifs en début de matinée et en fin d'après-midi.

Au printemps ou au début de l'été, la femelle met bas 2 ou 3 jeunes, rarement 4 ou 5, après une gestation de 98 à 103 jours. Dès 2 mois, les petits commencent à accompagner leur mère à la chasse. Les léopards des neiges sont devenus extrêmement rares dans la plus grande partie de leur aire de distribution, car leur fourrure, très convoitée, fait l'objet d'un trafic.

OTARIES À FOURRURE, LIONS DE MER ET MORSE

Famille des Otariidae : Otaries à fourrure et Lions de mer

La famille rassemble environ 14 espèces de pinnipèdes, qui se distinguent essentiellement des phoques (phocidés) par la présence d'oreilles externes et leur mode de propulsion terrestre : les otaries marchent à l'aide de leurs quatre membres alors que les phoques n'utilisent que leurs membres antérieurs. Les otariidés sont représentés dans toutes les mers australes ainsi que dans le Pacifique Nord, et fréquentent aussi les rivages.

Généralement grégaires, les otaries se rassemblent sur des sites de reproduction traditionnels (rockeries), où les mâles se disputent les meilleurs territoires. Les femelles s'accouplent quelques jours après avoir mis bas 1 jeune conçu l'année précédente, ce qui est rendu possible par la nidation différée de l'embryon. Les mâles sont beaucoup plus grands que les femelles et ont une grosse tête à museau bulbeux.

Otarie australe à fourrure, *Arctocephalus australis*
Distribution : Atlantique et Pacifique Sud, du Brésil au Pérou
Habitat : se reproduit sur les côtes et les îles
Taille : 1,40 à 1,80 m

Cette otarie a des poils de bourre d'un brun rougeâtre profond ; les mâles montrent une crinière rêche. L'otarie australe à fourrure se nourrit d'invertébrés marins, de poissons, de calmars et de pingouins, et préfère les rivages rocheux.

En novembre, les mâles s'emparent d'un territoire et se battent pour les meilleurs sites, dont ils délimitent rigoureusement les frontières : ceux qui possèdent les plus vastes s'approprieront le plus de femelles. Deux semaines plus tard arrivent les femelles, qui mettent bas leur jeune au cours des quelques jours suivants. Elles restent auprès de lui durant une dizaine de jours et, pendant cette période, s'accouplent avec le mâle détenteur du territoire sur lequel elles se trouvent. Elles reprennent ensuite l'habitude de retourner à la mer pour se nourrir, en revenant régulièrement allaiter leur petit. Les mâles ne quittent guère le territoire jusqu'à la fin de la période d'accouplement.

Otarie du Nord à fourrure, *Callorhinus ursinus* VU
Distribution : mer de Béring, mer d'Okhotsk
Habitat : se reproduit sur les îles de cette zone (Aléoutiennes, Pribilof...)
Taille : 1,50 à 1,80 m

Les membres postérieurs sont plus grands que chez les autres otariidés. Le cou est zoné de clair. Le mâle peut peser quatre fois plus que la femelle. En mer, l'otarie du Nord à fourrure vit solitaire ou en couple et se nourrit de poissons et de calmars ; elle ne rejoint guère le rivage en dehors de la saison des amours.

Avant l'arrivée des femelles et la mise bas, les mâles s'installent sur un territoire. Les femelles restent auprès de leur petit durant 7 jours avant de recommencer à se nourrir en mer ; elles reviennent régulièrement allaiter leur jeune.

Otarie de Californie, *Zalophus californianus*
Distribution : côtes du Pacifique (de la Colombie au Mexique), îles Galapagos
Habitat : se reproduit sur les côtes et les îles de la zone méridionale de son aire
Taille : 1,70 à 2,20 m

Cette otarie est celle que l'on voit le plus souvent dans les cirques et les parcs d'attractions. Secs, les femelles et les juvéniles sont de couleur havane, tandis que les mâles adultes sont brun chocolat et montrent, sur la tête, une crête cornée. Les otaries de Californie forment des groupes nombreux et viennent souvent à terre en dehors de la période de reproduction. Elles se nourrissent de poissons, de calmars et de pieuvres.

Les mâles attendent l'arrivée des femelles pour établir un territoire, assez mal défini et instable. Les femelles s'accouplent quelques jours après avoir mis bas leur unique jeune.

Lion de mer d'Australie, *Neophoca cinerea* **LR : lc**

DISTRIBUTION : au large des côtes sud et sud-ouest de l'Australie
HABITAT : côtes et îles
TAILLE : jusqu'à 2,40 m

Non migrateur, le lion de mer d'Australie ne s'éloigne guère des rivages qui l'ont vu naître et qu'il rejoint fréquemment au cours de l'année. Il se déplace assez facilement sur terre et peut franchir plusieurs kilomètres. Grégaire, il forme généralement de petits groupes et se nourrit surtout de poissons, de calmars et de pingouins.

Les mâles définissent un territoire qu'ils défendent avec vigueur. Les femelles mettent bas 1 jeune, auprès duquel elles restent durant 14 jours (période pendant laquelle elles s'accouplent), puis elles reprennent la mer, en revenant tous les 2 jours pour allaiter leur jeune, et ce 2 ans en moyenne.

Lion de mer (ou Otarie) de Steller, *Eumetopias jubatus* **EN**

DISTRIBUTION : Pacifique Nord
HABITAT : se reproduit sur les îles Pribilof, les îles Aléoutiennes, les îles Kouriles, les îles de la mer d'Okhotsk, les côtes de l'Amérique du Nord jusqu'à l'île San Miguel
TAILLE : 2,40 à 2,80 m

C'est le plus grand des otariidés. S'il vit dans les mêmes zones que l'otarie de Californie, il s'en distingue par sa taille et sa couleur plus claire. Il plonge jusqu'à 180 m et plus pour trouver poissons, calmars et pieuvres.

Sur les sites de reproduction, les mâles définissent un territoire dont ils affirment les frontières par des attitudes de menace rituelles. Ils y restent pendant toute la saison des amours, s'accouplant avec les femelles de leur «harem», et ne se nourrissent pas durant quelque 2 mois. Peu après leur arrivée, les femelles mettent bas leur unique jeune. Après 5 à 13 jours passés auprès de leur petit, elles reprennent la mer pour se nourrir, et ce toujours pour de courtes périodes.

FAMILLE DES ODOBENIDAE : MORSE

Unique représentant de sa famille, le morse ressemble aux otaries en ce qu'il utilise ses quatre membres pour se déplacer à terre. Il est, néanmoins, plus pataud et beaucoup moins rapide que les otaries.

Morse, *Odobenus rosmarus*

DISTRIBUTION : océan Arctique, occasionnellement dans l'Atlantique Nord
HABITAT : banquise et îles rocheuses
TAILLE : mâle, 2,70 à 3,50 m ; femelle, 2,20 à 2,90 m

C'est le plus grand et le plus lourd des pinnipèdes. Le mâle est un énorme animal dont la mâchoire supérieure porte de longues défenses qui sont des canines modifiées ; les défenses de la femelle sont plus courtes et plus minces. Le corps est couvert d'une courte fourrure brune.

Les morses se nourrissent essentiellement d'invertébrés de fond et particulièrement de mollusques, dont ils ne mangent que le pied musculeux. On ignore comment ils le recueillent, mais il est possible que ce soit par une certaine forme de succion. Ils se nourrissent aussi de crustacés, d'astéries, de poissons et même de mammifères.

Les morses vivent en groupes durant toute l'année. À la saison des amours, ils rejoignent les sites traditionnels, où les mâles se disputent la proximité des femelles potentielles. La nidation de l'embryon est différée de 4 ou 5 mois et la gestation dure 11 mois, de sorte que les femelles ne mettent bas, au mieux, que tous les 2 ans. La portée compte 1 jeune (rarement 2), qui peut être allaité jusqu'à 2 ans.

PHOQUES

Famille des Phocidae : Phoques

La famille rassemble 19 espèces de pinnipèdes plus nettement adaptés à la vie aquatique que les otaries et les morses. À terre, les phoques se traînent sur le ventre en s'aidant de leurs seuls membres antérieurs tandis que, dans l'eau, leurs membres postérieurs accolés dans le sens vertical leur permettent de nager à la manière des poissons. Les phoques sont dotés de mécanismes sophistiqués qui leur permettent d'aller chercher leur nourriture en profondeur et de demeurer sous l'eau pendant d'assez longues périodes. La plus étonnante de ces adaptations concerne leur circulation sanguine. En plongée, leur rythme cardiaque peut s'abaisser de 120 à 4 battements par minute, sans qu'il y ait de chute correspondante de la pression sanguine : l'alimentation du cerveau et des muscles du cœur se limite d'elle-même, de sorte que la majeure partie de l'oxygène est réservée aux seuls organes vitaux.

Les phoques ont, typiquement, un corps en forme de torpille qui offre peu de résistance à l'eau, tandis qu'une épaisse couche de graisse assure leur isolation thermique. Corps et membres sont recouverts de fourrure. Les phoques subissent une mue annuelle.

Si, chez certaines espèces, les mâles sont beaucoup plus grands et plus lourds que les femelles, chez d'autres, on observe le phénomène inverse. Certains phoques sont monogames, d'autres comme l'éléphant de mer sont grégaires et polygames. Chez la plupart des espèces, la reproduction s'accompagne du phénomène de la nidation différée des embryons, ce qui permet que mises bas et accouplements s'accomplissent durant la courte période au cours de laquelle les phoques sont assemblés hors de l'eau.

Phoque gris, *Halichoerus grypus*

Distribution : Atlantique Nord

Habitat : se reproduit sur les côtes rocheuses de Scandinavie et de Grande-Bretagne ; Islande, îles Féroé, Labrador, baie du Saint-Laurent, Terre-Neuve

Taille : 1,60 à 2,30 m

C'est le deuxième pinnipède par la taille ; un mâle peut peser jusqu'à 300 kg, soit le double de la femelle. Le mâle se reconnaît aussi à ses épaules massives, couvertes d'une peau épaisse formant des plis, à son museau allongé, épaissi à l'extrémité, à son front large et bombé. La femelle offre un profil plus aplati, et son museau est plus élancé. Les phoques gris peuvent s'éloigner énormément de leurs sites de reproduction, mais ils se maintiennent généralement dans les eaux côtières. Ils se nourrissent de poissons, de céphalopodes, ainsi que de crustacés.

La période de reproduction varie selon les zones. Les femelles arrivent les premières sur le site, après quoi les mâles viennent prendre position sur la plage, les plus expérimentés s'appropriant les meilleurs territoires ; parfois, ils en changent au fil des jours. Les femelles allaitent leur petit durant 3 semaines, puis s'accouplent et reprennent la mer.

Phoque du Groenland ou Phoque à selle, *Pagophilus groenlandicus*

Distribution : Atlantique Nord et océan Arctique (du nord de la Russie à la Scandinavie et au Groenland), Labrador, Terre-Neuve

Habitat : eaux arctiques et subarctiques

Taille : 1,60 à 1,90 m

Ce phoque a une coloration très variable, généralement gris pâle, avec une grande bande noire, en croissant, du cou à la queue ; la tête est noire. Nageur rapide et accompli, le phoque du Groenland passe en mer la majeure partie de l'année et effectue des migrations nord-sud ; il est capable de déplacements rapides sur la glace lorsque c'est nécessaire. Il se nourrit surtout de poissons et crustacés, qu'il va chercher très en profondeur ; il peut demeurer longtemps en plongée. Il est généralement grégaire ; seuls les vieux mâles sont solitaires.

En février et début mars, les femelles forment des groupes sur les glaces flottantes pour la mise bas. Les petits sont allaités durant 2 à 4 semaines et se développent rapidement. Après quoi leurs mères reprennent la mer pour se nourrir pendant les quelques semaines qui précèdent la migration vers le nord et les sites alimentaires estivaux. Elles sont probablement saillies par les mâles 2 à 3 semaines après la mise bas ; ceux-ci se battent entre eux à coups de dents et de nageoires pour la possession des femelles.

Phoque-veau marin, *Phoca vitulina*

Distribution : Atlantique Nord et Pacifique Nord
Habitat : eaux côtières tempérées et subarctiques
Taille : 1,40 à 1,80 m

Relativement petit pour un pinnipède, le veau marin a une tête proportionnellement grosse. Le pelage, de coloration très variable, est tacheté de gris clair à brun foncé ou noir. Les mâles sont plus grands que les femelles.

Généralement non migrateur, le veau marin se hisse souvent sur les rochers de la zone des marées ; il lui arrive de remonter les cours d'eau, parfois jusqu'aux lacs. Il se nourrit surtout pendant la journée, de poissons, de calmars et de crustacés. Il ne reste en immersion que durant 4 ou 5 minutes en général, mais des plongées de 30 minutes ont été enregistrées.

L'accouplement a lieu en mer. Le petit est gardé par sa mère et allaité pendant 2 à 6 semaines. Il sait nager dès sa naissance et plonger pendant 2 minutes alors qu'il n'a que 2 ou 3 jours. Sa mère l'abandonne après le sevrage et s'accouple à ce moment-là.

tifs des membres antérieurs et du bassin, et peut ainsi atteindre des vitesses de l'ordre de 25 km/h. Il se nourrit surtout de krill, filtrant ces minuscules crustacés au moyen de ses dents formant trident.

Mise bas et accouplement se produisent probablement entre le mois d'octobre et la fin du mois de décembre. Le petit naît dans un état de développement avancé ; il est allaité durant 5 semaines environ.

Phoque crabier, *Lobodon carcinophagus*

Distribution : Antarctique
Habitat : en bordure des glaces
Taille : 2 à 2,40 m

C'est peut-être le plus abondant des pinnipèdes. Dans son habitat isolé, le phoque crabier n'a guère que l'homme comme ennemi. Sur la glace, il progresse par des mouvements alterna-

Phoque barbu, *Erignathus barbatus*

Distribution : océan Arctique
Habitat : eaux peu profondes ; se reproduit sur la banquise
Taille : 2,10 à 2,40 m

Ce phoque doit son nom commun aux longues vibrisses caractéristiques qui ornent son museau. C'est une espèce robuste et solidement charpentée, chez laquelle les femelles sont un peu plus grandes que les mâles. Le phoque barbu se nourrit essentiellement d'invertébrés qu'il trouve sur le fond (crustacés et mollusques) et de poissons.

Sexuellement mature à l'âge de 6 ou 7 ans, la femelle met bas 1 jeune chaque année, de la mi-mars à la fin avril. Le petit est immédiatement apte à la nage. Au cours des 12 à 18 jours que dure l'allaitement, la femelle s'accouple de nouveau. Le mâle chante sous l'eau pendant la saison des amours.

PHOQUES SUITE

Phoque-léopard ou Léopard de mer, *Hydrurga leptonyx*

Distribution : mers de la région antarctique
Habitat : banquise, côtes, îles
Taille : 3 à 3,50 m

Plus fin que les autres phoques, le léopard de mer est bâti pour la vitesse. Il a une grande bouche, munie de dents adaptées à la prise et à la lacération. Il se nourrit surtout de pingouins, qu'il attrape sous l'eau au moment où ils quittent la glace, parfois d'autres phoques, mais aussi de céphalopodes, de poissons et de crustacés.

On connaît mal la reproduction de l'espèce. On suppose que l'accouplement a lieu entre janvier et mars.

Éléphant de mer du Nord, *Mirounga angustirostris*

Distribution : côte pacifique de l'Amérique du Nord (de l'île de Vancouver au centre de la Basse-Californie)
Habitat : se reproduit sur les îles côtières
Taille : mâle, jusqu'à 6 m ; femelle, jusqu'à 3 m

C'est le plus grand phoque de l'hémisphère Nord, le géant de la famille : un mâle peut peser jusqu'à 2 700 kg, mais les femelles dépassent rarement 900 kg.

Du fait de sa taille, cette espèce constituait la proie favorite des chasseurs, de sorte qu'à la fin du XIXe siècle ses populations se trouvèrent dangereusement réduites. Ces phoques ne semblaient plus utiliser alors qu'une île pour la reproduction, et encore n'y trouvait-on qu'une centaine d'individus. Grâce aux mesures de protection qui ont été instaurées, leur nombre a triplé entre 1957 et 1976.

L'éléphant de mer du Nord se nourrit exclusivement de céphalopodes et de poissons, et effectue des plongées prolongées en profondeur. La reproduction a lieu en fin novembre. Les mâles se disputent les territoires et les places élevées dans la hiérarchie sociale, de manière à s'attribuer par la suite les harems les plus nombreux : ils se menacent entre eux à grand renfort de grognements qu'amplifient leurs cavités nasales très développées. Ces défis mènent à de furieux combats, au cours desquels ils se blessent.

Les femelles arrivent quelque 2 semaines plus tard et mettent bas 1 jeune, qu'elles allaitent pendant 1 mois. Elles le défendent contre les autres adultes et ne quittent guère la colonie, vivant sur leurs réserves de graisse jusqu'à ce que le petit soit sevré. Elles s'accouplent à nouveau après le sevrage et reprennent la mer. Les jeunes rejoignent un groupe et demeurent encore 1 mois à terre, en vivant sur les réserves qu'ils ont accumulées pendant l'allaitement.

ce qui explique qu'il atteigne de telles profondeurs. Cet animal se nourrit surtout de chabots antarctiques.

Le phoque de Weddell est solitaire en dehors de la saison des amours, mais il arrive que les jeunes forment des groupes. Durant la période de reproduction, il semble que les mâles occupent des territoires sous-marins auxquels les femelles ont librement accès. La femelle s'installe sur la banquise et l'unique jeune est mis bas hors de l'eau. La femelle reste en permanence avec lui pendant 12 jours environ ; elle partage ensuite son temps entre l'eau et la terre jusqu'à ce que le petit soit sevré, soit vers l'âge de 6 semaines. À 7 semaines, le jeune peut plonger jusqu'à 90 m de profondeur et est capable de trouver sa nourriture. Les femelles s'accouplent à nouveau immédiatement après le sevrage.

Phoque moine, *Monachus monachus* CR
DISTRIBUTION : ouest de l'Atlantique (des îles Canaries à la Méditerranée), côte turque de la mer Noire
HABITAT : se reproduit sur les îlots rocheux et les falaises
TAILLE : 2,30 à 2,70 m

Le phoque moine est en voie de raréfaction, du fait que les sites qu'il fréquente sont devenus accessibles à l'homme depuis un certain temps déjà, grâce aux bateaux à moteur et aux équipements de plongée. Les phoques moines se font souvent prendre dans les filets de pêche. Par ailleurs, toute approche énerve les mères et les femelles en gestation, et les perturbations provoquent des avortements spontanés.

Les naissances ont lieu de mai à novembre, avec un maximum en septembre et octobre. Les petits sont allaités pendant environ 6 semaines.

Phoque de Weddell, *Leptonychotes weddelli*
DISTRIBUTION : Antarctique
HABITAT : eaux côtières, glaces flottantes
TAILLE : jusqu'à 2,90 m

C'est un des plus grands phoques de la famille, avec une tête proportionnellement petite, un museau étonnamment court. La femelle est plus longue que le mâle.

Le phoque de Weddell est un plongeur hors pair : le record enregistré est de 600 m de profondeur et de 73 minutes, mais ce phoque atteint couramment des profondeurs de 300 à 400 m. En plongée, son rythme cardiaque se ralentit de 75 p. cent,

Phoque à capuchon, *Cystophora cristata*
DISTRIBUTION : mers circumboréales
HABITAT : en bordure des glaces
TAILLE : 2 à 2,60 m

Le phoque à capuchon passe le plus clair de son temps en pleine mer, à plonger profondément en quête de poissons et de céphalopodes, qui constituent son régime alimentaire.

À l'époque de la mue, les adultes se rassemblent en très grand nombre dans les zones glaciaires du détroit du Danemark, à l'est du Groenland. Les groupes se dispersent sitôt après la mue, pour se regrouper au printemps suivant sur les sites de reproduction.

Les femelles sont sexuellement matures à l'âge de 4 ou 5 ans, les mâles à 5 ans environ. Les femelles se rassemblent en petits groupes pour mettre bas. Les jeunes sont mis bas sur la banquise, en mars, et allaités pendant 7 à 12 jours. C'est l'époque où le mâle fait sa cour, patrouillant dans l'eau devant la femelle et son petit. Au besoin, il se hisse sur la glace pour chasser les rivaux ou les menacer à grand renfort de cris qu'amplifie sa cavité nasale dilatable. La femelle s'accouple environ 2 semaines après la mise bas.

ORYCTÉROPE ET PORCS

ORDRE DES TUBULIDENTÉS

Famille des Orycteropodidae : Oryctérope

Cette famille ne compte que 1 espèce, l'oryctérope, qui vit en Afrique. Les relations de cet ordre avec les autres groupes de mammifères demeurent obscures. Les dents de l'oryctérope sont assez différentes de celles des autres mammifères : dépourvues d'émail et constituées par des colonnes d'ivoire parcourues de canaux pulpaires.

Oryctérope ou Cochon de terre, *Orycteropus afer*
Distribution : Afrique, au sud du Sahara
Habitat : toutes régions où il y a des termites, de la forêt dense à la savane
Taille : corps, 1 à 1, 60 m ; queue, 44,5 à 60 cm

C'est un animal solitaire, nocturne et insectivore. Sa vue est faible, mais ses autres sens sont très bien développés. Il est doté de grandes oreilles qui peuvent être dressées ou repliées et fermées, de narines spécialisées dans la détection des proies et que des touffes de poils viennent sceller lorsqu'il fouille le sol du museau. Ses membres antérieurs puissants lui servent à creuser un terrier au fond duquel il dort durant le jour. Il se nourrit de fourmis et de termites qu'il recueille sur sa langue vermiforme et visqueuse après avoir éventré le nid.

La femelle met bas 1 jeune par portée, après une gestation de 7 mois. Le petit est allaité 4 mois.

ORDRE DES ARTIODACTYLES

C'est le plus grand et le plus diversifié des ordres de mammifères herbivores à sabots. Les artiodactyles ont les membres terminés par un nombre pair de doigts, les troisième et quatrième doigts supportant le poids du corps. Le premier doigt est absent, les deuxième et cinquième doigts sont atrophiés.

Les artiodactyles ont des dents spécialisées. La digestion s'opère dans un estomac complexe, à quatre poches, par l'intermédiaire d'enzymes et de micro-organismes symbiotiques.

Famille des Suidae : Porcs

Les porcs sont les plus omnivores des artiodactyles et les moins spécialisés. Au nombre de 9 espèces environ, ils habitent l'Europe, l'Asie et l'Afrique. Ce sont des animaux trapus, à la longue tête terminée par un museau mobile, qui leur sert à fouiller le sol. Les canines supérieures forment généralement des défenses. Les membres sont terminés par 4 doigts, mais seuls les troisième et quatrième entrent en contact avec le sol et portent des sabots.

Potamochère, *Potamochoerus porcus*
Distribution : Afrique, au sud du Sahara, Madagascar
Habitat : forêt, buissons, marais, fourrés de savane
Taille : corps, 1 à 1, 50 m ; queue, 30 à 45 cm

Ce cochon sauvage a un museau allongé et de grandes oreilles garnies de touffes. Il est couvert de soies clairsemées, avec une crinière dorsale blanche et des moustaches. Les potamochères vivent en groupes d'une douzaine d'individus, conduits par un vieux mâle. Ils mangent des herbes, des racines, des fruits, des graminées, de petits mammifères, de jeunes oiseaux, voire des charognes. Diurne en temps normal, le potamochère est nocturne dans les régions où il est chassé.

La reproduction, si elle n'est pas saisonnière, s'opère surtout en période d'abondance. La femelle met bas 3 à 6 jeunes, dans un nid d'herbe, après une gestation de 120 à 130 jours.

Phacochère, *Phacochoerus aethiopicus*
Distribution : Afrique (du Ghana à la Somalie, vers le sud jusqu'au Natal)
Habitat : savane, plaines sans arbres
Taille : corps, 1,10 à 1,40 m ; queue, 35 à 50 cm

Ce cochon sauvage haut sur pattes a une grosse tête. Le museau bien développé porte des défenses. La tête montre, de part et d'autre, deux protubérances verruqueuses. Les soies sont clairsemées, mais constituent sur le milieu du dos une crinière plus dense. La mâchoire inférieure est ornée de moustaches.

Généralement grégaires, les phacochères vivent en groupes familiaux, sur un territoire que peuvent se partager plusieurs familles. Ils aiment avoir de l'eau à proximité pour la boire et s'y rouler, et disposer d'abris – terriers d'oryctéropes ou cavités rocheuses – où se reposer la nuit et aux heures les plus chaudes de la journée. Ils broutent l'herbe rase, mais se nourrissent aussi de fruits ; en cas de sécheresse, ils labourent le sol de leurs défenses pour déterrer bulbes, tubercules et racines. À l'occasion, ils mangent de petits mammifères ou des charognes.

L'époque de reproduction varie localement, en fonction des pluies. La femelle met bas 2 à 4 jeunes après une gestation de 170 à 175 jours. Le jeune peut être allaité jusqu'à 4 mois, mais, dès l'âge de 1 semaine, il commence à quitter le terrier pour se nourrir d'herbe.

Sanglier, *Sus scrofa*
Distribution : sud et centre de l'Europe, nord-ouest de l'Afrique, Asie, vers l'ouest jusqu'à la Sibérie, vers le sud au Sri Lanka, à Taiwan et à l'Asie du Sud-Est
Habitat : forêts, zones boisées
Taille : corps, 1,10 à 1,30 m ; queue, 15 à 20 cm

Ancêtre du cochon domestique, c'est un animal au corps lourd, densément couvert de soies, aux pattes fines et au long groin. Les défenses du mâle sont bien visibles. Le sanglier vit seul ou en groupe atteignant 20 individus : les mâles y vivent à l'écart des femelles, mais à proximité. Actifs durant la nuit et la matinée, les sangliers se déplacent sur de vastes superficies, en quête de bulbes, de tubercules, de fruits à coque et autres végétaux, mais aussi de larves d'insectes, voire de charognes. Agile et rapide, le sanglier que l'on dérange se montre agressif.

La période de reproduction varie en fonction du climat : en Europe, l'accouplement a lieu en hiver ; après une gestation de 115 jours, la laie met bas, au printemps ou en début d'été, jusqu'à 10 marcassins à la livrée rayée.

Sanglier à moustaches, *Sus barbatus*
Distribution : Malaisie, Sumatra, Bornéo
Habitat : forêts pluviales, broussailles, mangroves
Taille : corps, 1,60 à 1,80 m ; queue, 20 à 30 cm

C'est un grand porc à corps étroit et tête allongée, ornée d'abondantes moustaches et montrant sous chaque œil une excroissance verruqueuse, plus évidente chez les mâles. Il se nourrit de fruits tombés, de racines, de pousses et de larves d'insectes ; il n'hésite pas, à l'occasion, à se servir sur les cultures vivrières. Il suit souvent macaques et gibbons pour ramasser les fruits qu'ils font tomber.

Après une gestation d'environ 4 mois, la femelle met bas 2 ou 3 jeunes. Les petits restent avec leur mère 1 an.

Hylochère, *Hylochoerus meinertzhageni*
Distribution : Afrique (Liberia, Cameroun, vers l'est au sud de l'Éthiopie, Tanzanie, Kenya)
Habitat : forêts, taillis
Taille : corps, 1,50 à 1,80 m ; queue, 25 à 35 cm

C'est un grand porc sauvage à l'énorme tête allongée, au corps lourd, plutôt court sur pattes. Le groin est bien développé. Sur les joues et sous les yeux, la peau présente des renflements glandulaires. Les mâles sont plus grands et plus lourds que les femelles. L'hylochère vit en famille atteignant 12 individus ; les couples sont permanents. Ces animaux se déplacent sur de vastes superficies non délimitées, se nourrissant d'herbe, de plantes, de feuilles, de bourgeons, de racines, de fruits et de baies. Essentiellement nocturnes et matinaux, ils se reposent durant les heures chaudes.

La femelle met bas de 1 à 4 jeunes, parfois jusqu'à 8, après une gestation de 4 mois à 4 mois et demi.

Babiroussa, *Babyrousa babyrussa* VU
Distribution : Célèbes et îles voisines
Habitat : forêts humides, rives de lacs et berges de cours d'eau
Taille : corps, 87 cm à 1,07 m ; queue, 27 à 32 cm

Outre 2 défenses supérieures en forme de croissant, communes aux deux sexes, les mâles possèdent 2 défenses inférieures, de même forme, mais plus petites. Les babiroussas se montrent peu et se tiennent sous le couvert, près de l'eau. Bons nageurs et excellents coureurs, ils se déplacent en petits groupes, se nourrissant de racines, baies, tubercules et feuilles.

La femelle met bas 2 jeunes après une période de gestation de 125 à 150 jours.

PÉCARIS ET HIPPOPOTAMES

Famille des Tayassuidae : Pécaris

Au nombre de 3 espèces, les pécaris tiennent dans le Nouveau Monde – du sud-ouest des États-Unis au centre de l'Argentine – la place qu'occupent les sangliers dans l'Ancien Monde. Ils leur ressemblent par l'aspect, mais ils sont plus petits et en diffèrent par un certain nombre de caractères anatomiques : ainsi, leurs membres postérieurs n'ont que 3 doigts (contre 4 pour les suidés), ils montrent sur le dos, à une vingtaine de centimètres en avant de la queue, une glande à musc proéminente et, enfin, leurs défenses sont recourbées vers le bas, et non vers le haut comme celles des suidés.

Catagonus wagneri **EN**
Distribution : Bolivie, Argentine, Paraguay
Habitat : régions à buissons épineux, terrains herbeux
Taille : corps, environ 1 m ; queue, 87 cm

Cette espèce, que l'on a cru éteinte, semble en réalité être relativement abondante dans les régions où elle n'est pas dérangée ; mais elle n'en reste pas moins vulnérable dans son ensemble. En effet, on a pu constater que ces animaux sont les victimes des excès de la chasse et de la disparition des épineux, qui ont été sacrifiés à l'élevage du bétail.

Animal haut sur pattes, à longue queue, *Catagonus wagneri* a une activité diurne ; il est doté d'une meilleure vue que les autres pécaris. Il se déplace en petit groupe très soudé socialement atteignant 6 individus. Il se nourrit largement de cactées et de graines de légumineuses.

Pécari commun, *Tayassu pecari*
Distribution : Mexique, Amérique centrale et du Sud, jusqu'au Paraguay
Habitat : forêts
Taille : corps, 95 cm à 1 m ; queue, 2,5 à 5,5 cm

C'est un pécari à corps lourd, pattes élancées et long museau mobile. Grégaire, il se déplace en groupe de 50 à 100 individus, comptant des spécimens de tous âges, des deux sexes. Actif aux heures fraîches du jour, il court vite, même en terrain accidenté. Son groin sensible lui sert à fouir le sol de la forêt, en quête de bulbes et de racines, et à détecter les petits animaux. Sa vue est faible, son ouïe à peine moyenne, mais son odorat bien développé lui permet de localiser à leur seule odeur les bulbes qui sont enfouis dans le sol.

Après une gestation d'environ 158 jours, la femelle met bas une portée de 2 jeunes.

Pécari à collier, *Tayassu tajacu*
Distribution : sud-ouest des États-Unis, Mexique, Amérique centrale et latine jusqu'à la Patagonie
Habitat : zones semi-désertiques, zones boisées arides, forêts
Taille : 75 à 90 cm ; queue, 1,5 à 3 cm

Robuste et agile, le pécari à collier nage bien et peut courir vite. Il vit en groupe de 5 à 15 individus ; il semble que les sécrétions musquées produites par sa glande dorsale jouent un rôle dans le maintien de la cohésion de la troupe ; elles servent aussi à délimiter le territoire.

Les pécaris à collier se servent de leur groin pour fouiller le sol, en quête de racines, d'herbe, de graminées et de fruits ; ils mangent aussi des larves d'insectes, des vers et de petits invertébrés. En été, ils ne se nourrissent que le matin et le soir, mais, en hiver, ils sont actifs durant tout le jour, parcourant inlassablement les mêmes pistes. L'ouïe est le sens le plus développé du pécari à collier.

Plusieurs des mâles de la troupe peuvent saillir une femelle en chaleur ; il n'y a donc pas de rivalité et les combats entre mâles sont chose rare. Après une période de gestation qui dure de 142 à 149 jours, la femelle quitte le troupeau pour mettre bas 2 ou 3 jeunes dans un lieu abrité. Les petits sont actifs peu de temps après leur naissance, et la mère les amène vers la troupe au bout de quelques jours.

Famille des Hippopotamidae : Hippopotames

Autrefois largement distribuée dans les régions australes de l'Ancien Monde, cette famille n'est plus représentée actuellement que par 2 espèces vivant toutes les deux en Afrique. Les hippopotames sont des animaux amphibies, qui passent le plus clair de leur temps dans l'eau et montrent diverses adaptations à la vie aquatique. C'est ainsi que leurs narines peuvent s'obturer et que leur peau pratiquement nue est efficacement protégée par une substance rose et huileuse que sécrètent les glandes cutanées spécialisées.

Hippopotame, *Hippopotamus amphibius*
Distribution : Afrique (du sud du Sahara à la Namibie et au Transvaal)
Habitat : cours d'eau et lacs des zones herbeuses
Taille : mâle, 3,20 à 4,20 m ; femele, 2,80 à 3,70 m ; queue, 35 à 50 cm

C'est l'un des géants de l'Afrique. L'hippopotame a un corps massif, une grosse tête et une bouche équipée d'une denture impressionnante ; les canines forment des défenses. Les membres, courts et épais, sont terminés par 4 doigts palmés. Dans l'eau, l'hippopotame est immergé en totalité ou en partie, ne laissant souvent dépasser que ses yeux en saillie, ses oreilles et ses narines. Il nage et plonge bien, et il peut marcher sur le fond. Il passe la journée dans l'eau ou sur la berge ; le soir venu, il va au pacage, brouter l'herbe rase et d'autres plantes ou manger les fruits tombés.

Les hippopotames jouent un rôle vraiment primordial dans l'écologie des eaux intérieures, en raison du fait qu'ils « débroussaillent » les berges et qu'ils libèrent dans l'eau des tonnes d'excréments, favorisant ainsi le développement du plancton et des invertébrés.

Grégaires, les hippopotames vivent en bandes d'une quinzaine d'individus – parfois plus –, conduites par un vieux mâle. Les mâles sont agressifs et se battent fréquemment pour la possession de portions privilégiées de berges ou pour la dominance du groupe. Pour menacer ou provoquer un adversaire, l'hippopotame ouvre tout grand son énorme gueule et lance un mugissement puissant. Les adultes défendent férocement leurs jeunes.

L'accouplement a lieu dans l'eau. L'époque en est généralement « programmée » de manière que les jeunes naissent au moment des pluies et, en conséquence, de l'abondance d'herbe. Un unique jeune est mis bas, à terre ou en eau peu profonde, après une gestation de 233 à 240 jours. Il est allaité pendant 1 an environ. La périodicité des naissances est, généralement, de 18 mois à 2 ans.

Hippopotame nain, *Hexaprotodon liberiensis* VU
Distribution : de la Guinée au Nigeria
Habitat : forêts pluviales, marais, fourrés en bordure d'eau
Taille : 1,70 à 1,90 m ; queue, 15 à 21 cm

Moins aquatique que son grand cousin, l'hippopotame nain a une tête proportionnellement plus petite et des membres plus longs ; seules les pattes antérieures sont palmées. Il vit près de l'eau, mais reste la plupart du temps à terre, se nourrissant nuitamment de feuilles, plantes de marais, fruits tombés, racines et tubercules.

C'est un animal solitaire, sauf pour la durée des amours et, pour les femelles, lorsqu'elles sont pourvues de progéniture ; il occupe un territoire qu'il défend vaillamment contre ses rivaux. Quand il se sent menacé, l'hippopotame nain se réfugie aussitôt sous le couvert des arbres ou dans l'eau.

La femelle met bas un seul jeune après une période de gestation de 180 à 210 jours. Le petit peut rester jusqu'à 3 ans avec sa mère.

Rare presque partout dans son aire de répartition, l'hippopotame nain pourrait avoir totalement disparu de certaines régions. Ses effectifs se sont beaucoup amenuisés, du fait des abus de la chasse ainsi que du déboisement intensif de son habitat.

CAMÉLIDÉS

Famille des Camelidae : Chameaux et Lamas

Les 4 espèces survivantes de cette famille, autrefois plus diversifiée, sont les plus primitifs des ruminants. Parmi les lamas, seuls guanacos et vigognes conservent des populations sauvages dans les régions andines ; le chameau à deux bosses ne survit à l'état sauvage que dans le désert de Gobi ; le dromadaire n'existe plus qu'à l'état domestique.

Les camélidés ont des pieds hautement spécialisés, à 2 doigts seulement, et qui ont développé de larges coussinets, chaque doigt portant un ongle sur sa face supérieure. Cette structure est particulièrement bien développée chez les chameaux : elle leur permet de se déplacer sur le sable meuble, où des sabots s'enfonceraient profondément.

La tête d'un camélidé est relativement petite, avec un museau allongé terminé par une lèvre supérieure échancrée en son milieu. La végétation est saisie entre les longues incisives inférieures dirigées vers l'avant, et la gencive supérieure dure. Après la rumination, les aliments sont digérés dans un estomac complexe, à trois compartiments.

Les bosses des chameaux servent de réserve de graisse pour les périodes de disette – un dispositif vital eu égard au milieu désertique dans lequel évoluent ces animaux.

La reproduction a lieu tous les 2 ans. La femelle met bas un seul jeune après une gestation de 10 à 11 mois. Peu après sa naissance, le petit est capable de courir vite et avec grâce.

Lamas et alpagas sont, en fait, des formes domestiquées du guanaco : les premiers sont surtout utilisés comme bêtes de bât, les seconds sont élevés pour leur laine. Ils se croisent entre eux et avec le guanaco.

Vigogne, *Vicugna vicugna* LR : cd
Distribution : Amérique du Sud (du Pérou au nord du Chili)
Habitat : zones herbeuses semi-arides, à plus de 4 000 m
Taille : corps, 1,40 à 1,60 m ; queue, 15 cm

La vigogne porte une toison cuivrée, épaisse et laineuse, plus longue sur les flancs, qui lui permet de supporter le froid, la neige et la glace de son habitat.

Les vigognes vivent en hardes atteignant 15 femelles et conduites par un seul mâle, qui garde férocement son harem ; au moindre signe de danger, il donne aux femelles le signal de la fuite. Il existe des troupes de jeunes mâles n'ayant pas de territoire spécifique et vivant en nomades. Du fait que les mâles pourvus de famille s'approprient comme territoire les meilleures pâtures, ces nomades sont constamment chassés. Les mâles ont l'habitude, quand ils se battent, de marquer leur irritation en crachant avec force. Les vigognes peuvent soutenir des vitesses de l'ordre de 47 km/h, même à haute altitude. Elles se nourrissent d'herbe et de petites plantes. Leur vue est bonne, leur ouïe moyenne, et leur odorat faible.

La femelle met bas 1 jeune après une gestation de 10 à 11 mois. Peu après sa naissance, le petit se tient sur ses pattes et peut marcher. Il est allaité pendant environ 10 mois.

Longtemps chassées pour leur viande et leur laine, les vigognes constituaient, il y a peu de temps encore, une espèce particulièrement vulnérable. Il semble que depuis quelques années leurs effectifs soient en augmentation.

Chameau à deux bosses, *Camelus bactrianus* EN
Distribution : Asie centrale (Chine, Mongolie)
Habitat : déserts, steppe
Taille : corps, environ 3 m ; queue, environ 53 cm

Guanaco, *Lama guanicoe*
Distribution : Amérique du Sud (du Pérou à la Patagonie)
Habitat : zones semi-désertiques, jusqu'à 5 000 m environ
Taille : corps, 1,20 à 1,70 m ; queue, 25 cm

Élancé et haut sur pattes, le guanaco ne craint pas les terrains accidentés et escalade avec aisance les pistes de montagne. Il tolère la chaleur comme le froid et se nourrit d'herbe.

Les mâles sont polygames et conduisent des harems de 4 à 10 femelles et leurs jeunes, défendant leur propriété contre rivaux et intrus. Les jeunes mâles et les adultes sans harem forment de petites hardes.

Le chameau est adapté à la vie dans les déserts : les alvéoles aquifères de son estomac peuvent stocker de grandes quantités d'eau, permettant à l'animal de demeurer longtemps sans boire ; sa bosse lui sert de protection contre le soleil, car elle absorbe la chaleur et tient lieu de réserve de graisse, que son métabolisme peut transformer ensuite en énergie et en eau ; ses reins sont capables de concentrer l'urine de manière à éviter les déperditions d'eau et, en cas de besoin, le dromadaire peut absorber l'humidité contenue dans la matière fécale ; enfin, la température de l'animal chute durant la nuit pour s'élever progressivement au fil de la journée, ce qui évite au chameau d'avoir à transpirer trop fortement pour se rafraîchir. Durant les longues périodes où il est privé d'eau, le chameau peut perdre jusqu'à 27 p. cent de son poids sans que son organisme en pâtisse. Il suffit qu'il boive pour que cette déperdition soit compensée dans un délai de 10 minutes. Au cours d'une expérience, on a vu un chameau assoiffé absorber, en quelques minutes, 104 litres d'eau.

La reproduction n'a lieu que tous les 2 ans. À l'issue d'une gestation de 365 à 440 jours, la femelle s'écarte du troupeau pour mettre bas un unique jeune. Dès que celui-ci est capable de marcher, soit dans un délai de 1 jour après sa naissance, la mère l'amène vers le troupeau. Il est allaité pendant près de 1 an, mais commence dès sa naissance à grignoter des plantes, et, vers l'âge de 2 mois, il mange régulièrement des végétaux. Le contact est maintenu entre la femelle et le jeune par des appels, qui se changent, pour le petit, en cris de détresse dès qu'il est séparé de sa mère.

Le chameau a été domestiqué, ce qui n'a pas eu pour conséquence d'étendre son aire autant que cela a été le cas pour le dromadaire. Il ne survit à l'état sauvage qu'en petit nombre dans le désert de Gobi, où ses effectifs semblent en progression, mais il n'est pas certain qu'il ne s'agisse pas d'animaux domestiques retournés à l'état sauvage.

Outre les deux bosses qui le caractérisent, ce chameau porte un long pelage hirsute qui lui tient chaud en hiver, mais tombe en été, le laissant presque nu. Docile et lent, ce chameau marche à l'amble (en soulevant en même temps les deux pieds du même côté). Il se nourrit à peu près de tous les végétaux disponibles : herbes, feuillage d'arbres ou de buissons, petites plantes.

Après une gestation de 370 à 440 jours, la femelle met bas 1 jeune, qui est actif 24 heures après. Il est allaité durant 1 an environ, et entièrement développé vers l'âge de 5 ans.

Dromadaire ou Chameau à une bosse,
Camelus dromedarius

Distribution : Afrique du Nord, Moyen-Orient ; introduit en Australie

Habitat : zones herbeuses arides et semi-arides, déserts, plaines

Taille : corps, 2,20 à 3,40 m ; queue, 50 cm

Probablement originaire d'Afrique du Nord et d'Arabie, le dromadaire a été domestiqué, à ce que l'on croit, à partir des années 4000 av. J.-C. et n'existe plus aujourd'hui à l'état sauvage. On en rencontre deux types : des animaux lents, à la silhouette lourde, utilisés comme bêtes de bât, et une forme gracieuse, légère et rapide, qui sert de monture. Les dromadaires ont un pelage court et rêche, plus long sur le haut de la tête, l'encolure, la gorge et la bosse. Ils se nourrissent d'herbe et de tous les végétaux disponibles, même durs et épineux, et sont réputés pour leur frugalité.

CHEVROTAINS, PORTE-MUSC ET CERVIDÉS

Famille des Tragulidae : Chevrotains

Au nombre de 4 espèces, les chevrotains habitent les forêts tropicales et les mangroves d'Afrique et d'Asie. Ce sont de petites créatures délicates, qui ressemblent à des cervidés, avec une tête de souris, mais dont l'anatomie présente des caractères communs aux camélidés et aux porcins. Ils mesurent de 20 à 30 cm à l'épaule et ne pèsent que de 2,3 à 4,6 kg. De mœurs nocturnes, ils se nourrissent surtout de plantes et de fruits.

Chevrotain aquatique, *Hyemoschus aquaticus* **LR : nt**

Distribution : Afrique (de la Guinée au Cameroun, Congo, Gabon, république Centrafricaine)

Habitat : forêts, près de l'eau

Taille : corps, 75 à 85 cm ; queue, 10 à 15 cm

De la taille approximative d'un lièvre, avec un dos bombé, une petite tête et de courtes pattes élancées, le chevrotain aquatique a une livrée faite de points blancs et de bandes longitudinales (jusqu'à 3) sur les flancs. Dans la journée, il se repose dans le sous-bois et vaque nuitamment, en quête d'herbe, de feuilles et de fruits, accessoirement d'insectes, de crabes, de poissons, de lombrics et de petits mammifères. Solitaire en dehors de la saison des amours, il occupe un territoire qu'il défend contre les intrus. Les chevrotains vivent toujours à proximité de l'eau ; ce sont de très bons nageurs ; en cas de menace, il leur arrive souvent de plonger.

Le mâle repère la femelle en œstrus à son odeur, et le coït se déroule sans agression. La femelle met bas 1 jeune après une période de gestation qui dure environ 4 mois. Le petit est allaité pendant 8 mois, mais prend ses premiers aliments solides dès l'âge de 2 semaines.

Petit Chevrotain malais, *Tragulus javanicus*

Distribution : Asie du Sud-Est, Indonésie

Habitat : forêts de basse altitude, généralement près de l'eau

Taille : corps, 40 à 47 cm ; queue, 5 à 8 cm

Ce petit chevrotain à allure de cervidé a un corps robuste et est très haut sur pattes. Chez les mâles, les canines supérieures hypertrophiées forment des défenses. Nocturne, ce chevrotain habite le sous-bois épais, parmi lequel il trace des galeries. Il se nourrit d'herbe, de feuilles, de fruits tombés et de baies.

Il vit seul hors la saison des amours. La femelle met bas 1 jeune après une période de gestation d'environ 5 mois.

Famille des Moschidae : Porte-musc

Cette famille compte 4 espèces, toutes du genre *Moschus*, qui habitent le centre et le nord-est de l'Asie. Parfois intégrés à la famille des chevrotains ou à celle des cervidés, les porte-musc sont affiliés à l'une et l'autre. Ils mesurent de 50 à 60 cm à l'épaule ; ils n'ont pas de cornes, mais de grandes défenses formées par les canines supérieures. Leur nom commun leur vient de ce que le mâle possède une glande abdominale qui sécrète une substance odorante et huileuse : le musc.

Porte-musc, *Moschus chrysogaster* **LR : nt**

Distribution : de l'Himalaya au centre de la Chine

Habitat : forêts et taillis, de 2 600 à 3 600 m d'altitude

Taille : corps, environ 1 m ; queue, 4 à 5 cm

Ce porte-musc a le corps recouvert d'un épais pelage raide qui le protège du froid intense qui règne dans son habitat. Mâles et femelles sont plus ou moins semblables, sinon que le mâle porte de plus grandes défenses, et une glande abdominale (seulement chez les mâles matures) sécrétant du musc à la saison des amours. Généralement solitaire, le porte-musc circule parfois en groupe atteignant 3 individus. Actif le matin et le soir, il se nourrit d'herbe, de mousses et de pousses en été, de lichens, de ramilles et de bourgeons en hiver.

À la saison des amours, les mâles se battent pour établir leur dominance et s'approprier le plus de femelles. Ils se servent de leur cou pour faire tomber l'adversaire et s'infligent de graves blessures avec leurs défenses. La femelle met bas 1 jeune après une gestation de 160 jours environ.

Famille des Cervidae : Cerfs, Élans, Rennes

Les cervidés au sens strict sont au nombre de 40 espèces, réparties en Amérique et en Eurasie. Ils habitent des milieux très divers, de l'Arctique aux tropiques. Ce sont de minces herbivores, élégants et hauts sur pattes. Leur marque distinctive est constituée par les bois, présents chez les mâles de toutes espèces, à l'exception de l'hydropote. Ces bois tombent en fin d'hiver ou en début de printemps, repoussent en été et ont acquis toute leur valeur ornementale et leur efficacité à l'automne, au moment du rut. Ce cycle annuel est contrôlé par l'hormone sexuelle mâle et soumis à l'influence de la durée du jour.

Hydropote, *Hydropotes inermis* **LR : nt**
Distribution : Chine, Corée ; introduit en Grande-Bretagne
Habitat : berges de cours d'eau pourvues de roseaux et de joncs, zones herbeuses, champs
Taille : corps, 77,5 cm à 1 m ; queue, 6 à 7,5 cm

Seul cervidé vrai à ne pas posséder de bois, l'hydropote porte, en revanche, des canines supérieures hypertrophiées formant des défenses, plus grandes chez le mâle. Mâles et femelles sont également les seuls cervidés à avoir, dans la région anale, de petites glandes qui sécrètent une substance odorante. Animal nocturne, l'hydropote vit seul ou par couple et se déplace rarement en harde. Il se nourrit de roseaux, d'herbe dure et d'autre végétation.

À la saison du rut, les mâles se livrent de féroces combats pour la dominance. Après une gestation d'environ 6 mois, la femelle met bas 4 jeunes, ce qui lui confère, parmi les cervidés, le record des portées les plus nombreuses.

Muntjack de Chine ou Cerf aboyeur, *Muntiacus reevesi*
Distribution : sud-est de la Chine, Taiwan ; introduit en France et en Grande-Bretagne
Habitat : végétation dense, collines ; parcs dans les régions où il est introduit
Taille : corps, 80 cm à 1 m ; queue, 11 à 18 cm

Chez cette espèce, le mâle porte des bois excédant rarement 15 cm de long, ainsi que des canines supérieures allongées en défenses ; celles-ci sont plus petites chez les femelles. Le muntjack de Chine vit sur un territoire qu'il quitte rarement, et où il préfère rester sous le couvert. Il vit seul ou par couple, formant rarement des hardes. Essentiellement nocturne, il peut, dans les régions paisibles, avoir une activité matinale. Il se nourrit d'herbe, de feuilles et pousses de plantes basses.

À la saison du rut, les mâles se battent pour s'assurer la domination, de préférence avec leurs défenses plutôt qu'avec leurs bois ; ils poussent alors des sortes d'aboiements. La femelle met généralement bas 1 jeune, après une période de 6 mois de gestation.

Élaphode, *Elaphodus cephalophus* **DD**
Distribution : sud de la Chine, nord du Myanmar
Habitat : sous-bois denses, près de l'eau
Taille : corps, environ 1,60 m ; queue, 7 à 12 cm

Le mâle de l'espèce est caractérisé par la touffe de poils qu'il arbore sur le front, à la base des bois courts, qu'elle masque presque entièrement. Nocturne et généralement solitaire, l'élaphode se nourrit d'herbe et d'autres végétaux.

La femelle met bas 1 jeune après une gestation d'environ 6 mois.

CERVIDÉS SUITE

Cerf du Père David, *Elaphurus davidianus*

DISTRIBUTION : originaire de Chine ; aujourd'hui dans les parcs naturels et réintroduit en Chine

HABITAT : parcs naturels
TAILLE : corps, 2 m ; queue, 35 cm

Le cerf du Père David s'est éteint en tant qu'espèce sauvage à la fin du XIXe siècle. Toutefois, quelques spécimens, recueillis au début du siècle en Chine et ramenés en Grande-Bretagne, y ont prospéré, de sorte que l'on peut, aujourd'hui, voir des populations de cette espèce dans divers zoos et parcs naturels à travers le monde, et que ce cerf a pu être réintroduit en Chine.

Le cerf du Père David possède une épaisse crinière sur le cou et la gorge, et sa queue est longue pour un cervidé. Sur chaque bois, l'un des andouillers est généralement inséré près de l'attache et pointe vers l'arrière, les autres pointent vers le haut, en longueurs décroissantes. Ce cerf se nourrit surtout d'herbe, mais complète son régime alimentaire par des plantes aquatiques. Pendant la majeure partie de l'année, il vit en harde conduite par un mâle dominant, mais les femelles sont solitaires durant les 2 mois qui précèdent et les 2 mois qui suivent la période du rut.

À la saison des amours, les mâles se battent pour acquérir ou conserver un harem. Les femelles mettent bas 1 ou 2 jeunes après une période de gestation de 88 jours.

Cerf de Virginie, *Odocoileus virginianus*

DISTRIBUTION : sud du Canada, États-Unis, Amérique centrale et latine, jusqu'au Pérou et au Brésil
HABITAT : forêts, marais, zones dégagées pourvues de broussailles
TAILLE : corps, 1,50 à 2 m ; queue, jusqu'à 28 cm

Encore appelée cerf à queue blanche ou cariacou, cette espèce est représentée des régions subarctiques aux tropiques. Cette faculté d'adaptation se reflète dans son régime : sa nourriture comprend herbe, branches et feuilles de buissons, champignons, fruits à coque et lichens. Élancé, le cerf de Virginie a une longue queue, blanche sur sa face inférieure, un nez barré de blanc et une tache blanche sur la gorge.

Farouches et discrets, les cerfs de Virginie ne vivent généralement pas en hardes, mais, par les hivers rigoureux, ils peuvent former des groupes qui se tiennent dans un endroit abrité du vent glacial soufflant dans certaines régions de leur aire de répartition.

Il n'est pas certain que les mâles soient polygames, mais, à la saison des amours, ils se battent férocement pour les femelles. La gestation dure 6 mois et demi à 7 mois ; les jeunes biches mettent bas un seul petit, les plus âgées 2, voire 3. Le faon sait marcher et courir dès sa naissance ; il est allaité pendant 4 mois environ.

Élan ou Orignal, *Alces alces*

DISTRIBUTION : nord de l'Europe et de l'Asie (de la Scandinavie à la Sibérie), Alaska, Canada, nord des États-Unis ; introduit en Nouvelle-Zélande
HABITAT : forêts de conifères, souvent près de lacs et rivières
TAILLE : corps, 2,50 à 3 m ; queue, 5 à 12 cm

C'est le plus grand des cervidés. L'élan est caractérisé par sa taille élevée, son gros museau recourbé vers le bas, son cou très court et l'appendice qui pend de sa gorge. Les massifs bois du mâle sont aplatis et palmés, très ramifiés.

Moins grégaire que les autres cervidés, l'élan est généralement solitaire hors la saison des amours. En hiver, il se nourrit de plantes ligneuses, en été, il consomme aussi des plantes aquatiques ; il vaque dans l'eau en quête de nourriture et nage bien.

Au moment du rut, les mâles exhibent leur ramure pour attirer les femelles et se livrent de féroces combats entre rivaux. Après une gestation de 8 mois, la femelle met bas un unique jeune, plus rarement 2. Le petit est allaité pendant quelque 6 mois, mais reste 1 an avec sa mère.

Renne ou Caribou, *Rangifer tarandus*

Distribution : nord de l'Europe et de l'Asie (de la Scandinavie à la Sibérie), Alaska, Canada, Groenland

Habitat : toundra

Taille : corps, 1,20 à 2,20 m ; queue, 10 à 21 cm

Alors qu'ils étaient autrefois considérés comme des espèces distinctes, les rennes (sauvages ou domestiques) et les caribous sont aujourd'hui classés comme des races d'une même espèce. Ces races se différencient par la coloration, qui varie de presque noir à brun, gris ou presque blanc. Cas unique chez les cervidés, les deux sexes de l'espèce possèdent des bois, qui sont néanmoins plus petits chez la femelle ; ces bois sont très caractéristiques en ce que l'andouiller inférieur et dirigé vers l'avant est lui-même ramifié.

Les femelles sont grégaires et se déplacent en hardes avec leurs jeunes, mais les adultes mâles sont souvent solitaires. Certaines populations effectuent des migrations de centaines de kilomètres entre la toundra où elles se reproduisent et leurs sites alimentaires hivernaux, plus méridionaux. En été, les rennes se nourrissent des herbes et plantes de la toundra, mais leur alimentation hivernale se compose surtout de lichens qu'ils mettent au jour en déblayant la neige avec leurs sabots.

À l'automne, les mâles se battent pour constituer des harems de 5 à 40 femelles. Après une gestation de 240 jours, la femelle met bas 1 jeune, parfois 2, qui est capable de suivre la course de la harde quelques heures après sa naissance.

Cerf commun ou Cerf rouge, *Cervus elaphus* (cospécifique avec le wapiti, *C. canadensis*)

Distribution : ouest de l'Europe, nord-ouest de l'Afrique, Asie jusqu'à l'ouest de la Chine, nord-ouest de l'Amérique ; introduit en Nouvelle-Zélande

Habitat : forêts claires de feuillus, montagnes, plaines, bruyères

Taille : corps, 1,60 à 2,50 m ; queue, 12 à 25 cm

Dénommé cerf commun ou rouge en Europe et wapiti en Amérique du Nord, ce cerf arbore une robe brun rougeâtre en été et brun grisâtre en hiver. Chez les vieux mâles, les bois ont généralement 2 andouillers près de l'attache, dirigés vers l'avant, contre un seul pour les jeunes. En automne et en hiver, les mâles montrent une crinière sur le cou.

Grégaire, le cerf vit en harde et mène une activité matinale et vespérale, se nourrissant d'herbe, de bruyère, de feuilles et de bourgeons.

À l'automne, les mâles se livrent de féroces batailles entre rivaux, à grand renfort de chocs d'andouillers, pour se procurer territoires et harems. Ils défendent leurs femelles pendant la saison de reproduction ; celle-ci terminée, ils quittent les hardes de biches. Les femelles mettent bas 1 faon, rarement 2, après 8 mois de gestation. Le faon sait marcher quelques minutes après sa naissance.

Chevreuil, *Capreolus capreolus*

Distribution : Europe et Asie (de la Grande-Bretagne au sud-est de la Sibérie, sud de la Chine)

Habitat : zones boisées

Taille : corps, 95 cm à 1,30 m ; queue, 2 à 4 cm

C'est le plus petit des cervidés indigènes d'Europe. Le chevreuil se singularise par sa quasi-absence de queue. La croupe est pâle, le reste de la robe est brun rougeâtre en été, brun grisâtre en hiver. Les bois du mâle ne présentent jamais plus de 3 cors chacun. En hiver, les femelles acquièrent des touffes anales proéminentes.

Gracieux et extrêmement farouches, les chevreuils sont généralement solitaires hors la saison des amours, mais ils peuvent vaquer par petits groupes en hiver. Ils se nourrissent essentiellement du feuillage des buissons et des arbres à feuilles larges, mais ils ne dédaignent pas l'herbe, les noix, les champignons et les autres végétaux. En hiver, ils se contentent de pousses et d'écorces.

À la période du rut, le mâle choisit un territoire qu'il délimite en frottant de ses bois les troncs d'arbres jusqu'à en user l'écorce et mettre le bois à nu. Il est monogame et défend vigoureusement sa femelle et son territoire contre ses rivaux.

La gestation est très longue – de 9 ou 10 mois – du fait de la nidation différée de l'embryon, qui ne commence à se développer dans l'utérus que 4 mois et demi environ après la fécondation. Avant de donner naissance à 1 ou 2 petits, la femelle chasse le jeune né l'année précédente. Les mâles ne participent pas aux soins des petits.

CERVIDÉS, GIRAFES ET PRONGHORN

Cerf des pampas, *Ozotoceros bezoarticus* **LR : nt**

Distribution : Amérique du Sud (Brésil, Paraguay, Uruguay, nord de l'Argentine)

Habitat : zones herbeuses, plaines dégagées

Taille : corps, 1,10 à 1,30 m ; queue, 10 à 15 cm

Autrefois confiné aux hautes herbes des pampas, ce cerf a dû diversifier son habitat du fait que de vastes superficies ont été mises en culture. Seul le mâle porte des bois. Chez les mâles également, une glande située dans le pied libère une odeur aliacée décelable à plus de 1 km. En hiver, les cerfs des pampas vivent seuls ou par couples ; au printemps, ils peuvent former des groupes plus nombreux. Ils passent la journée sous le couvert et émergent en soirée pour brouter l'herbe. Certaines races sont devenues rares, du fait des excès de la chasse et de l'extension de l'agriculture.

Le mâle reste avec la femelle après qu'elle a mis bas un unique jeune et l'aide à protéger celui-ci des prédateurs.

Poudou du Nord, *Pudu mephistophiles* **LR : nt**

Distribution : Amérique du Sud (de la Colombie au nord du Pérou)

Habitat : forêts, savane marécageuse, de 2 000 à 4 000 m

Taille : corps, 65 cm ; queue, 2,5 à 3,5 cm

C'est le plus petit des cervidés indigènes du Nouveau Monde. On connaît mal ses mœurs ; on suppose qu'il vit seul ou en petit groupe et se nourrit de feuilles, de pousses et de fruits. Les femelles mettent bas 1 jeune, parfois 2, entre novembre et janvier.

Famille des Giraffidae : Girafes

Les giraffidés constituent une ramification spécialisée des cervidés. Ces animaux qui ont évolué dans l'Ancien Monde sont, aujourd'hui, réduits à 2 espèces : la girafe proprement dite et l'okapi, toutes deux africaines.

Les giraffidés montrent sur la tête de petites cornes tronquées, non ramifiées et permanentes, recouvertes de peau. Les membres et le cou extraordinairement allongés de la girafe en font le plus grand des mammifères terrestres.

Girafe, *Giraffa camelopardalis* **LR : cd**

Distribution : Afrique, au sud du Sahara

Habitat : savane

Taille : corps, 3 à 4 m ; queue, 90 cm à 1,10 m

Certains mâles de l'espèce peuvent atteindre 3,30 m à l'épaule et 6 m de hauteur totale. La livrée caractéristique, à fond clair marqué de taches irrégulières plus foncées, connaît de grandes variations régionales et individuelles : certains spécimens peuvent être presque blancs ou noirs, voire à coloration uniforme. Mâles et femelles portent des cornes recouvertes de peau : une paire sur le front, parfois une autre plus

en arrière, voire une cinquième corne entre les deux. La queue est terminée par une touffe de poils.

Les girafes vivent en troupes atteignant 6, parfois 12, individus, composées de 1 mâle, de plusieurs femelles et de leurs jeunes ; elles se déplacent quelquefois en hardes plus nombreuses. Les mâles se battent de la tête et du cou pour la possession des femelles. Les girafes marchent à l'amble et fuient au galop. Elles se nourrissent surtout en début de matinée et dans l'après-midi, de feuillage, bourgeons et fruits, qu'elles saisissent en haut des mimosées ; il leur arrive de manger des graminées et des plantes basses. En plein midi, elles se reposent à l'ombre ; la nuit, elles s'allongent durant quelques heures ou se reposent debout.

Les femelles mettent bas 1 jeune, rarement 2, après une gestation de 400 à 468 jours en général. Le girafon naît invariablement à l'aurore. Il est allaité pendant 6 à 12 mois et sa croissance se poursuit jusqu'à l'âge de 10 ans.

Okapi, *Okapia johnstoni* LR : nt

Distribution :	Congo
Habitat :	forêts pluviales
Taille :	corps, 1,20 à 2 m ; queue, 30 à 42 cm

Cet habitant de la forêt dense était chassé depuis longtemps par les Pygmées, mais ne vint à la connaissance du monde extérieur qu'en 1901, et ce grâce au gouverneur de l'Ouganda de l'époque. On a d'abord cru que l'okapi était affilié au zèbre, à cause des raies, pour découvrir plus tard qu'il présentait une remarquable ressemblance avec les ancêtres primitifs de la girafe, connus par leurs fossiles. L'okapi présente un corps compact, à la ligne inclinée vers l'arrière, avec des membres rayés transversalement. Seuls les mâles portent de courtes cornes, couvertes de peau.

Les okapis vivent seuls hors la saison des amours. Ils se nourrissent de feuilles et de pousses d'arbres, qu'ils saisissent au moyen de leur langue, très longue, ainsi que d'herbe, de fougères, de fruits, de champignons et de manioc.

L'accouplement n'est pas véritablement saisonnier, mais se produit généralement en mai et juin ou novembre et décembre. La femelle met bas 1 jeune après une gestation de 421 à 457 jours. Le jeune peut être allaité jusqu'à 10 mois et son développement n'est complètement achevé que vers l'âge de 4 à 5 ans.

Famille des Antilocapridae : Pronghorn

Le pronghorn nord-américain, qui vit au Canada, aux États-Unis et au nord du Mexique, est l'unique représentant actuel d'un groupe de ruminants du Nouveau Monde à aspect d'antilope. Certains spécialistes tendent à classer cet animal parmi les bovidés, dont le sépare toutefois l'étrange structure des cornes.

Pronghorn ou Antilope à cornes fourchues, *Antilocapra americana*

Distribution :	centre du Canada, ouest des États-Unis, Mexique
Habitat :	prairies dégagées, déserts
Taille :	corps, 1 à 1,50 m ; queue, 7,5 à 10 cm

Les pronghorns portent de véritables cornes osseuses, petites et peu évidentes chez la femelle, entourées d'un étui fait de poils spécialisés, soudés, et qui tombe chaque année. La petite ramification de chaque corne est, en fait, une partie de cet étui.

Le pronghorn est l'un des mammifères américains les plus rapides à la course : il atteint 65 km/h. C'est aussi un bon nageur. En été, il se déplace en petit groupe lâche, mais l'hiver venu se rassemble en harde atteignant jusqu'à 100 individus. Les pronghorns ont une activité diurne, principalement matinale et vespérale. Ils se nourrissent d'herbe et de buissons, entre autres d'armoises. La croupe montre des poils blancs dont l'érection constitue un signal d'alarme.

Certains mâles sont polygames et se battent pour le privilège de posséder un harem. La durée de la gestation est de 230 à 240 jours ; la première portée des femelles est généralement d'un seul jeune ; elle est de 2, voire 3 petits dans les années suivantes. À peine 4 jours après sa naissance, le jeune pronghorn peut battre un homme à la course.

Les pronghorns sont devenus rares aujourd'hui, du fait des abus de la chasse, de la compétition avec le bétail et de la destruction de leur habitat.

BOVIDÉS

Famille des Bovidae

Cette famille de quelque 137 espèces d'herbivores ongulés réunit les antilopes et des animaux d'une grande importance économique, comme les bœufs, les moutons et les chèvres. Probablement originaires d'Eurasie, les bovidés n'ont étendu leur répartition à l'Amérique du Nord que lors d'une période récente ; ils sont absents de l'Amérique du Sud, mais bien représentés en Afrique.

Les bovidés habitent des milieux très divers : prairies, zones désertiques, toundra ou forêts denses. Selon le milieu, la taille et l'allure des espèces sont variables, mais toutes présentent des caractères communs : ce sont des artiodactyles et ils pratiquent la rumination (avant d'être digérés dans l'estomac à quatre poches par des micro-organismes symbiotiques, les végétaux sont mâchés, puis passent dans le premier estomac avant d'être mâchés une seconde fois). En principe, mâles et femelles portent des cornes creuses, plus grandes chez les mâles.

Grand Koudou, *Tragelaphus strepsiceros* **LR : cd**

DISTRIBUTION : Afrique (du lac Tchad à l'Érythrée et la Tanzanie, de la Zambie à l'Angola et l'Afrique du Sud) ; introduit au nord du Mexique

HABITAT : zones buissonnantes denses, à acacias, régions rocheuses et vallonnées, lits de cours d'eau à sec, près de l'eau

TAILLE : corps, 1,80 à 2,45 m ; queue, 35 à 55 cm

C'est la plus élégante des antilopes. Le mâle, grand et élancé, porte de longues cornes, en spirale à deux ou trois tours ; il court avec les cornes rabattues sur le dos. La coloration et le nombre de raies barrant les flancs connaissent des variations régionales. Les grands koudous se nourrissent en début et fin de journée, de feuilles, pousses et graines et, dans les régions sèches, de melons sauvages. Ils lancent des expéditions sur les cultures.

Leur vue paraît être assez faible, mais leur odorat et leur ouïe sont très bien développés.

Les hardes se composent de 6 à 12 femelles avec leurs jeunes, et parfois 1 ou 2 vieux mâles. Les autres mâles sont solitaires ou forment des troupeaux de célibataires. Après une gestation de 7 mois, la femelle met bas 1 jeune, qui est allaité pendant 6 mois.

Éland du Cap, *Tragelaphus oryx* **LR : cd**

DISTRIBUTION : Afrique (Éthiopie, de l'est de l'Afrique à l'Angola et l'Afrique du Sud ; surtout dans les réserves de chasse en Namibie, au nord de la province du Cap, au Natal et au Mozambique)

HABITAT : plaines dégagées, savane, brousse, forêts de montagne, jusqu'à 4 500 m, zones semi-désertiques

TAILLE : corps, 2,10 à 3,50 m ; queue, 50 à 90 cm

C'est la plus grande des antilopes : un mâle adulte peut peser jusqu'à 900 kg. La femelle est plus petite et moins massive, avec des cornes plus légères et sans toupet de poils sur le front. Vivant en troupes de 6 à 24 individus, les élands du Cap se déplacent en fonction des disponibilités en eau et en nourriture. En période de sécheresse, ils sont très erratiques et forment des hardes nombreuses. On rencontre souvent de vieux mâles solitaires, les jeunes formant des troupes de célibataires. Ces animaux se nourrissent le matin et au crépuscule, voire par les nuits de pleine lune, de feuilles, pousses, melons sauvages, bulbes, tubercules, plantes à feuilles coriaces. Leurs sens de l'odorat et de la vue sont bons ; ils prennent la fuite à la moindre alerte.

Après une gestation de 8 mois et demi à 9 mois, la femelle met généralement bas 1 jeune, qui reste à l'abri pendant 1 semaine avant de suivre sa mère et est allaité pendant quelque 6 mois.

Bongo, *Tragelaphus eurycerus* **LR : nt**

Distribution : Afrique (de la Sierra Leone au Soudan – sauf Nigeria –, Kenya et Tanzanie)

Habitat : forêts, brousse, forêts de bambous

Taille : corps, 1,70 à 2,50 m ; queue, 45 à 65 cm

C'est la plus grande des antilopes forestières : le mâle peut peser jusqu'à 227 kg. Le pelage châtain s'obscurcit avec l'âge chez les mâles. Les deux sexes ont d'étroites cornes en forme de lyre, qu'ils portent rabattues sur le dos faiblement bosselé, lorsqu'ils courent, pour éviter de s'empêtrer dans les branches. Farouches, les bongos passent la journée à l'abri du couvert et se nourrissent, à l'aube et au crépuscule, de feuilles, pousses et fruits en décomposition ; ils déterrent aussi des racines à l'aide de leurs cornes. À la nuit tombée, ils se risquent dans les clairières et les plantations pour manger de l'herbe.

Les bongos vivent par couples ou en petits groupes composés de 1 mâle, de femelles et de jeunes ; les vieux mâles sont solitaires. Un jeune est mis bas après une gestation de 9 mois et demi.

Nyala, *Tragelaphus angasii* **LR : cd**

Distribution : Afrique (du Malawi au Natal)

Habitat : forêts denses de basse altitude, taillis de savane, près de l'eau

Taille : corps, 1,35 à 2 m ; queue, 40 à 55 cm

Cette antilope n'émerge du couvert qu'à l'aube et au crépuscule. Les mâles sont grands et élancés, avec de grandes oreilles et un pelage hirsute. Les femelles et les juvéniles sont brun rougeâtre ; ils n'ont ni la frange de poils qui pend sous le ventre du mâle, ni ses cornes, ni le chevron blanc qui marque sa face ; les femelles sont nettement plus petites que les mâles. Les groupes de femelles et de jeunes comptent 8 à 16 individus, avec, parfois, un ou plusieurs mâles. On rencontre aussi des mâles solitaires ou en groupes et, à la fin de la saison sèche, des troupeaux atteignant 50 individus. Les nyalas broutent sur les arbres feuilles, pousses, écorce et fruits, en se dressant au besoin sur leurs pattes postérieures ; ils mangent aussi de l'herbe tendre.

Un seul jeune est mis bas après une gestation de 8 mois et demi ; la femelle s'accouple 1 semaine après la mise bas.

Nilgaut, *Boselaphus tragocamelus* **LR : cd**

Distribution : péninsule indienne (absent du Sri Lanka)

Habitat : forêts, jungle sèche

Taille : corps, 2 à 2,10 m ; queue, 46 à 54 cm

Seul représentant du genre, le nilgaut est la plus grande antilope indigène d'Inde. Les membres antérieurs sont un peu plus longs que les postérieurs, la tête est longue et pointue. Le mâle montre de courtes cornes et une touffe de poils sur la gorge. Le pelage est court et hirsute, brun rougeâtre chez le mâle, plus clair chez la femelle. Femelles et jeunes vivent en troupeaux ; les mâles sont solitaires ou forment de petits groupes. Le régime alimentaire végétarien des nilgauts inclut fruits et canne à sucre, et, dans certaines régions, ces animaux causent d'importants dommages aux récoltes.

La femelle met généralement bas 2 jeunes, après une gestation de 9 mois. Elle s'accouple immédiatement après la mise bas.

Tétracère ou Antilope à quatre cornes, *Tetracerus quadricornis* **VU**

Distribution : péninsule indienne (absent du Sri Lanka)

Habitat : forêts claires

Taille : corps, 1 m ; queue, 12,5 cm

Cette petite antilope est la seule représentante du genre. Le mâle se singularise parmi les bovidés, car il possède 2 paires de cornes, courtes, coniques, non annelées, mesurant 8 à 10 cm pour les postérieures et 2,5 à 4 cm pour les antérieures ; ces cornes pourraient n'être constituées que de peau nue et noire. Les tétracères ne sont pas grégaires. Il leur faut s'abreuver souvent, et ils se nourrissent d'herbe et de plantes. À la moindre alerte, ils fuient vers le couvert en une série de bonds nerveux, très particuliers.

L'accouplement a lieu pendant la saison des pluies. La femelle met généralement bas 1 à 3 jeunes, après une période de gestation d'environ 6 mois.

BOVIDÉS SUITE

Gaur, *Bos frontalis* **VU**
DISTRIBUTION : Inde, Asie du Sud-Est
HABITAT : collines boisées
TAILLE : corps, 2 à 2,50 m ; queue, 60 à 80 cm

Autrefois commun dans les collines boisées de son aire, le gaur n'existe plus qu'en troupeaux épars, dans les régions isolées, les parcs et les réserves. Les mesures édictées en vue de sa protection ne sont strictement respectées que dans les réserves, et l'espèce reste menacée.

Le gaur est un animal puissant, avec une tête massive, d'épaisses cornes ; l'épaule présente une protubérance musculaire qui atteint le milieu du dos. Les femelles sont plus petites que les mâles, avec des cornes plus courtes. La coloration varie de rougeâtre à brun foncé ou presque noir, avec des poils blancs sur la moitié inférieure des membres. En petits troupeaux d'une douzaine d'individus, les gaurs s'abritent de la chaleur dans l'épaisseur de la forêt ; en début de matinée et fin d'après-midi, ils s'aventurent à découvert pour se nourrir d'herbe, parfois de feuilles et d'écorce.

À la saison des amours, qui varie d'une région à une autre, les mâles arpentent la forêt en quête de femelles en chaleur. Une fois sa compagne trouvée, le taureau éloigne d'elle les autres mâles. La femelle s'écarte de la harde pour mettre bas son jeune dans un endroit abrité ; elle l'amène vers la troupe quelques jours plus tard.

Banteng, *Bos javanicus* **EN**
DISTRIBUTION : Bali, du Myanmar à Java, Bornéo
HABITAT : collines boisées, jusqu'à 1 000 m d'altitude
TAILLE : corps, 2 m ; queue, 85 cm

C'est un animal noir bleuté, à croupe et moitié inférieure des membres blanches, et qui ressemble grossièrement à une vache ; femelles et jeunes sont brun rougeâtre vif. Les taureaux peuvent atteindre 1,50 m à l'épaule et montrent entre les cornes un bouclier de peau nue. Particulièrement craintifs, les bantengs vivent dans les régions densément boisées et pourvues de clairières, où ils paissent durant la nuit. Ils passent les heures les plus chaudes de la journée à l'ombre. Pendant la mousson, ils émigrent en altitude et se nourrissent alors de pousses de bambous.

Les bantengs vivent en troupeaux de 10 à 30 individus, bien que les grands mâles puissent devenir solitaires. L'accouplement a lieu pendant la saison sèche. Les femelles mettent bas 1 jeune après une gestation de 9 mois et demi à 10 mois. Au Myanmar, en Thaïlande et dans certaines régions de la péninsule indochinoise, on rencontre la sous-espèce *B. j. biarmicus*, et *B. j. lowi* à Bornéo.

Buffle de l'Inde, *Bubalus arnee* **EN**
DISTRIBUTION : Inde, Asie du Sud-Est ; introduit en Europe, en Afrique, aux Philippines, au Japon, à Hawaii, en Amérique centrale et latine, en Australie
HABITAT : zones paludéennes et humides à végétation dense
TAILLE : corps, 2,50 à 3 m ; queue, 60 cm à 1 m

C'est un animal de grande taille, aux formes lourdes et épaisses, de 1,50 à 1,80 m à l'épaule. Les sabots sont larges et extensibles. La face est longue et étroite. Les cornes à section triangulaire, recourbées en croissant, peuvent atteindre 1,20 m d'envergure. Le pelage clairsemé est noirâtre, rêche, assez long, avec une touffe au milieu du front. Le buffle de l'Inde se nourrit en début et fin de journée, ainsi que durant la nuit, de l'herbe et de la végétation luxuriante bordant pièces et cours d'eau. Il a pour habitude de séjourner dans les mares et les lacs, entièrement immergé, le museau excepté ; il aime aussi à se rouler dans la boue, qui, une fois sèche, le protège des piqûres d'insectes.

Les buffles de l'Inde vivent en troupeaux de tailles diverses. À la saison des amours, le mâle prélève dans la harde quelques femelles qui constitueront son harem. Chaque bufflonne met bas 1 ou 2 jeunes après une gestation de 10 mois ; l'allaitement dure près de 1 an. La longévité de ce buffle est d'environ 18 ans.

Doux et docile, le buffle asiatique a été domestiqué et utilisé comme animal de bât dès 3000 av. J.-C. Il fournit un très bon cuir, et le lait de bufflonne est d'excellente qualité. On estime que les effectifs domestiques s'élèvent à quelque 75 millions de buffles pour l'Inde et l'Asie du Sud-Est, sans compter les populations introduites dans d'autres régions du globe. Dans certains pays, comme l'Australie, ces buffles sont retournés à l'état sauvage, mais le nombre des buffles asiatiques réellement sauvages ne dépasse pas 2 000 individus.

Anoa ou Buffle nain, *Bubalus depressicornis* EN

Distribution : Célèbes
Habitat : forêts de basses terres
Taille : corps, 1,60 à 1,70 m ; queue, 18 à 31 cm

C'est le plus petit des buffles : un adulte mâle ne mesure que de 69 cm à 1,06 m à l'épaule. L'anoa n'en est pas moins un animal solide, à cou épais et court, et grosses cornes atteignant 38 cm de long. D'un naturel extrêmement craintif, il se montre agressif lorsqu'il se sent acculé. Les juvéniles ont un épais pelage laineux, d'une couleur brun-jaune, qui s'obscurcit jusqu'au brun foncé ou au noirâtre, éclaboussé de blanc, chez les adultes ; les vieux individus peuvent avoir la peau presque nue ; peut-être doit-on voir là l'explication de l'engouement des anoas pour les bains d'eau ou de boue.

Les buffles nains se nourrissent seuls, en matinée ; leur régime alimentaire se compose essentiellement de plantes aquatiques et de pousses de canne ; ils passent le reste du jour paresseusement allongés à l'ombre, généralement par couples. Ils ne se rassemblent en troupeaux qu'à la veille de la mise bas des femelles. En général, c'est un seul petit qui est mis bas après une gestation de 9 mois et demi à 10 mois.

Dans des conditions de vie favorables, dans leur habitat naturel, les anoas ont une longévité de 20 à 25 ans ; malheureusement, la destruction massive des forêts de basses terres qu'ils fréquentent les a peu à peu repoussés vers les forêts marécageuses et inaccessibles, et leur survie est aujourd'hui rendue encore plus problématique du fait qu'ils sont abusivement chassés pour leurs cornes, leur viande et leur peau.

Yack sauvage, *Bos grunniens* VU

Distribution : ouest de la Chine, plateau tibétain, nord de l'Inde, Cachemire
Habitat : contrées montagneuses désolées, jusqu'à 6 100 m d'altitude
Taille : corps, jusqu'à 3,25 m ; queue, 50 à 80 cm

À l'origine, les yacks étaient présents à peu près partout dans leur aire, mais des siècles de chasse et de persécutions les ont forcés à se retirer dans les régions montagneuses de toundra et les déserts glacés, au point qu'ils sont devenus inaptes à supporter la chaleur des basses terres. Animaux robustes, au pied sûr, les yacks sont couverts d'une épaisse toison brun noirâtre qui touche presque terre et les protège des rigueurs extrêmes du climat.

Les mâles atteignent 2 m à l'épaule ; les femelles sont plus petites et pèsent trois fois moins. Mâles et femelles portent de lourdes cornes dirigées vers l'avant ; quand il se sent menacé, le troupeau fait cercle autour des jeunes, les cornes baissées et tournées vers l'extérieur.

Les yacks se nourrissent en matinée et soirée de toute la végétation disponible ; ils passent le reste du temps à se reposer en ruminant. On les rencontre généralement en groupes nombreux composés de 1 mâle, de femelles et de jeunes ; les taureaux célibataires errent par groupes de 2 ou 3. À l'automne, la femelle met bas 1 jeune après une gestation de 9 mois et demi à 10 mois.

S'ils sont menacés en tant qu'espèce sauvage, les yacks ont été domestiqués depuis des siècles ; au Tibet, on les utilise comme animaux de bât et de trait ; ils fournissent du lait, de la viande, de la laine et des peaux. Les yacks domestiques sont d'ordinaire deux fois plus petits que leurs congénères sauvages, et dépourvus de cornes. Leur pelage est plus roux, marbré de brun, de noir, parfois de blanc.

BOVIDÉS SUITE

Bison américain, *Bison bison* LR : cd
Distribution : Amérique du Nord
Habitat : prairies, bois clairs
Taille : corps, 2,10 à 3,50 m ; queue, 50 à 60 cm

Les bisons, qui au siècle dernier arpentaient par millions la grande prairie nord-américaine, ont été systématiquement massacrés par les immigrants européens, jusqu'à frôler l'extinction. Depuis, des troupeaux ont été patiemment reconstitués dans des réserves, où ils vivent à l'état semi-sauvage ; on estime leurs effectifs actuels à 20 000 individus.

Le bison mâle peut mesurer jusqu'à 2,90 m au garrot. Les épaules montrent une bosse ; elles sont couvertes, ainsi que le cou, la tête et les membres antérieurs, d'une épaisse toison brun-noir. La femelle ressemble au mâle, mais est plus petite ; le jeune est plus roussâtre. Les deux sexes portent de courtes cornes aiguës.

Les bisons d'Amérique vivent en groupes, de la troupe familiale au troupeau de plusieurs milliers d'individus ; autrefois, d'immenses troupeaux effectuaient des migrations saisonnières alimentaires. Les bisons américains se nourrissent d'herbe, en matinée et en soirée ; ils passent le reste du temps à se reposer en ruminant ou à se rouler dans la boue ou la poussière pour se débarrasser des parasites.

À la saison des amours, les taureaux se battent pour les femelles ; celles-ci mettent bas un unique jeune, après une gestation de 9 mois. Mère et petit rejoignent le troupeau quasiment dans l'heure qui suit la naissance. Allaité pendant 1 an environ, le petit reste avec sa mère jusqu'à ce qu'il ait atteint la maturité sexuelle, soit durant 3 ans environ.

Bison d'Europe, *Bison bonasus* EN
Distribution : Europe de l'Est
Habitat : bois clairs, forêts
Taille : corps, 2,10 à 3,50 m ; queue, 50 à 60 cm

Le bison d'Europe a une histoire identique à celle du bison américain ; il a été réduit à l'état de semi-domesticité et installé dans des réserves : trois en Pologne et onze en Russie. C'est l'éradication quasi totale des forêts qui est responsable de la diminution du nombre de bisons d'Europe, du fait que ces animaux se nourrissent de feuilles, de fougères, d'écorce et, à l'automne, presque exclusivement de glands

D'allure moins lourde que le bison américain, le bison d'Europe a des membres postérieurs plus longs. La toison de l'avant-train et de la tête est moins abondante, les cornes sont plus légères, mais beaucoup plus longues (elles mesurent jusqu'à 51 cm chez le mâle). La femelle met bas un seul jeune après une gestation de 9 mois. Le petit reste auprès de sa mère pendant 2 à 3 ans.

Buffle d'Afrique, *Synceros caffer* LR : cd
Distribution : Afrique, au sud du Sahara
Habitat : divers, toujours près de l'eau
Taille : corps, 2,10 à 3 m ; queue, 75 cm à 1,10 m

Unique espèce du genre, le buffle d'Afrique forme 2 races écologiques distinctes : le petit buffle rouge de forêt (*S. c. nanus*) et le grand buffle noir de savane (*S. c. caffer*), qui est décrit ici. C'est un animal à la tête énorme terminée par un fort mufle humide, aux oreilles tombantes et aux lourdes cornes parfois jointives à la base.

Doté d'une formidable puissance musculaire, le buffle d'Afrique devient extrêmement agressif lorsqu'il est blessé, et donc très dangereux pour les chasseurs de gros gibier : caché dans d'épais fourrés, il laisse approcher l'homme pour le charger à courte distance. Outre l'homme, ses ennemis naturels sont les lions et éventuellement les crocodiles ; ces animaux ont parfois raison d'un individu jeune ou malade.

Les buffles d'Afrique s'accommodent de milieux aussi divers que la forêt et le semi-désert, à condition d'y trouver de quoi paître et s'abreuver, ce qu'ils font le matin et le soir. Ils recherchent les marigots pour se baigner et se vautrer dans la boue. Ils se nourrissent surtout pendant la nuit, d'herbe, de buissons et de feuilles ; dans la journée, ils recherchent l'ombre. Si leur vue et leur ouïe sont faibles, leur odorat est très déve-

loppé. Ils vivent en troupeaux d'une douzaine à plusieurs centaines d'individus, souvent conduits par une vieille femelle mais dominés par un seul taureau. Les vieux mâles sont écartés et vivent en groupes de 2 à 5 animaux.

D'ordinaire silencieux, les buffles d'Afrique se mettent à mugir et beugler pendant la saison des amours, qui varie selon les régions. Un seul jeune est mis bas après une gestation de 11 mois ; il est couvert de longs poils brun noirâtre qui disparaissent quasiment à la maturité sexuelle. La longévité de l'espèce est d'environ 16 ans.

Céphalophe à bande dorsale noire,
Cephalophus dorsalis **LR : nt**

DISTRIBUTION : Afrique (de la Sierra Leone à l'est du Congo et au nord de l'Angola)
HABITAT : forêts épaisses, jungle
TAILLE : corps, 70 cm à 1 m ; queue, 8 à 15 cm

La sous-famille des céphalophinés est constituée de 2 groupes : les céphalophes forestiers, dont *C. dorsalis*, et les céphalophes de brousse. Le céphalophe est typique de son groupe, avec ses membres relativement élancés, son dos un peu bombé, sa robe lisse et luisante. Mâles et femelles portent de petites cornes dirigées vers l'arrière, parfois masquées par le toupet de poils du front. Les céphalophes sont des animaux extrêmement craintifs, qui fuient vers le couvert à la moindre alerte. Ils sont essentiellement nocturnes ; ils partent la nuit à la recherche de leur nourriture, composée d'herbe, de feuilles et de fruits, allant pour ce faire jusqu'à escalader les buissons.

Le céphalophe à bande dorsale noire vit seul ou par couple. Un seul jeune est mis bas après une gestation de 7 à 8 mois ; il est indépendant vers l'âge de 3 mois.

Céphalophe à dos jaune,
Cephalophus silvicultor **LR : nt**

DISTRIBUTION : Afrique (du Sénégal au Kenya, Zambie, nord de l'Angola)
HABITAT : forêts humides de hautes terres
TAILLE : corps, 1,15 à 1,45 m ; queue, 11 à 20,5 cm

C'est le plus grand céphalophe. Cet animal forestier est remarquable par la touffe de poils dressés ornant son front et la zone cunéiforme de poils érectiles orange jaunâtre de son dos. Mâles et femelles ont des cornes longues, minces, à extrémité pointue. Les jeunes perdent leur coloration sombre vers l'âge de 8 mois.

Le céphalophe à dos jaune vit seul ou par couple, sous le couvert. Nocturne, il a une alimentation variée faite de feuilles, d'herbe, de baies, de termites, de serpents, d'œufs et de charognes. Ils sont chassés pour leur viande et ont de nombreux ennemis naturels, parmi lesquels léopards, chacals, pythons et oiseaux de proie.

Céphalophe de Grimm ou Céphalophe couronné,
Sylvicapra grimmia

DISTRIBUTION : Afrique, au sud du Sahara
HABITAT : tous milieux, excepté déserts et forêts pluviales, jusqu'à 4 600 m
TAILLE : corps, 80 cm à 1,15 m ; queue, 10 à 22 cm

Le dos est plus rectiligne que chez les céphalophes de forêt, le pelage plus épais et grisonnant. Le front montre une crête de poils bien développée. Les cornes acérées sont parfois absentes chez les femelles. Le céphalophe de Grimm s'accommode quasiment de n'importe quel habitat et va même jusqu'à envahir les terres cultivées. Le mâle choisit un territoire comportant des aires de déplacements, de défécation et de repos, qu'il défend farouchement. Ces céphalophes se nourrissent durant la nuit, de feuilles et ramilles qu'ils atteignent parfois en se dressant sur leurs membres postérieurs, ainsi que de fruits, de baies, de termites, de serpents, d'œufs et de pintadeaux.

Si on les rencontre généralement seuls ou par couples, les céphalophes de Grimm peuvent former de petits groupes à la saison des amours ; celle-ci varie régionalement, probablement en fonction des pluies. La femelle met bas 1 jeune après une gestation de 4 mois à 4 mois et demi ; il y a 2 portées par an.

BOVIDÉS SUITE

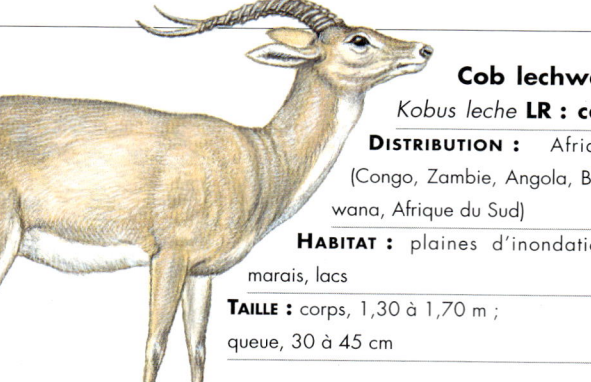

Cob lechwe,
Kobus leche **LR : cd**
Distribution : Afrique (Congo, Zambie, Angola, Botswana, Afrique du Sud)
Habitat : plaines d'inondation, marais, lacs
Taille : corps, 1,30 à 1,70 m ; queue, 30 à 45 cm

L'espèce forme 3 races, qui sont variables par la coloration : de châtain vif à brun-gris. Le mâle porte de minces cornes en lyre, atteignant 91 cm de long et formant une double courbe ; celles-ci sont particulièrement décoratives chez *K. l. kafuensis*. Avec leurs longs sabots pointus, les cobs lechwes sont parfaitement adaptés à la vie aquatique mais ne se déplacent pas vite sur le sol sec. Ils ne sortent de l'eau que pour se reposer et mettre bas. Le reste du temps, ils vaquent, dans des eaux de 50 cm de profondeur, en quête de plantes aquatiques. Ils nagent bien et, s'ils sont menacés, peuvent s'immerger complètement, ne laissant apparaître que leurs narines. Leurs ennemis naturels sont le lion, l'hyène, le guépard et le lycaon.

À la saison des amours, le cob lechwe forme des troupeaux de plusieurs centaines d'individus : les mâles se livrent alors des combats, mais ne sont pas territoriaux. Hors cette époque, les jeunes mâles forment des hardes nombreuses. Après une gestation de 7 ou 8 mois, la femelle met bas 1 jeune, qu'elle allaite pendant 3 ou 4 mois.

Cob de Thomas,
Kobus kob thomasi
LR : cd
Distribution : Afrique (de l'Ouganda au sud du lac Victoria)
Habitat : plaines herbeuses dégagées, savane faiblement boisée, près des eaux permanentes
Taille : corps, 1,20 à 1,80 m ; queue, 18 à 40 cm

Gracieuse antilope de taille moyenne, c'est une sous-espèce de *K. kob*, identifiable par le dessin blanc de la face qui entoure complètement les yeux. Les mâles seuls ont des cornes, en lyre et qui, vues de côté, forment une courbe en « S ». Ces cobs vivent généralement en troupeaux, les sexes étant séparés, de 20 à 40, parfois jusqu'à 100 individus. Ils paissent en matinée et au crépuscule, pénétrant souvent dans l'eau en cours de journée pour manger des plantes aquatiques. Leurs ennemis naturels sont le lion, le léopard, l'hyène tachetée et le lycaon. Menacés, les cobs isolés ont l'habitude de s'allonger sur le sol ou de se cacher.

Les mâles en rut adoptent un territoire de 9 à 15 m de diamètre, qu'ils défendent vigoureusement contre les autres mâles. Les femelles passent d'un territoire à l'autre pour s'accoupler avec plusieurs mâles. Un jeune est mis bas après une gestation de 8 mois et demi à 9 mois.

Cob defassa, *Kobus ellipsiprymnus* **LR : cd**
Distribution : Afrique (du sud du Sahara au Zambèze, vers l'est jusqu'à l'Éthiopie)
Habitat : savane, zones boisées, collines pierreuses, près de l'eau
Taille : corps, 1,80 à 2,20 m ; queue, 22 à 45 cm

Cette espèce forme de nombreuses races qui diffèrent par la coloration : de brun jaunâtre ou rougeâtre à gris ou noir grisâtre ; l'une d'elles présente autour de la queue un miroir presque blanc. Ce cob a de grandes oreilles velues, blanches à l'intérieur et noires à l'extrémité ; le mâle porte de lourdes cornes fortement annelées, recourbées en croissant vers l'arrière. Un grand spécimen peut mesurer de 1,20 à 1,40 m à l'épaule et peser de 159 à 227 kg. Le cob defassa n'est guère chassé par l'homme, du fait qu'il possède des glandes cutanées sécrétant une substance à odeur musquée donnant un très mauvais goût à la viande. Ses ennemis naturels sont le lion, le léopard et le lycaon. Ces cobs passent une bonne part de leur temps près de l'eau, où ils s'abreuvent fréquemment. Quand ils se sentent menacés, ils s'enfuient aussitôt pour aller se réfugier dans les roselières. Ils se nourrissent exclusivement d'herbe tendre.

Ces animaux forment des troupeaux composés de 1 mâle, de femelles et de jeunes, et atteignant 25 individus ; les jeunes mâles se regroupent et constituent des troupes de célibataires. La femelle met bas 1 jeune après une période de gestation d'environ 9 mois.

Cob des roseaux, *Redunca arundinum* LR : cd

Distribution : Afrique (Congo, Tanzanie, vers le sud jusqu'à l'Afrique du Sud)

Habitat : plaines dégagées, régions de collines pourvues de quelque couverture végétale, près de l'eau

Taille : corps, 1,20 à 1,40 m ; queue, 18 à 30 cm

Cette gracieuse antilope d'environ 91 cm à l'épaule, court avec un balancement antéropostérieur caractéristique, en agitant son épaisse queue poilue. Le mâle affirme sa suprématie sur un territoire en exhibant la tache blanche de sa gorge et en faisant des bonds, tête levée. Quand ils courent, les cobs émettent des cliquetis sonores ; ils sifflent par le nez lorsqu'ils sont effrayés ou sur la défensive. La femelle ressemble au mâle, mais elle est plus petite et n'a pas ses cornes courbes et sillonnées ; les juvéniles sont brun grisâtre. Comme leur nom l'indique, ces cobs vivent dans les roselières et les hautes herbes en bordure d'eau, mais ne ils se baignent pas. Ils se nourrissent d'herbe et de pousses, se servant même sur les cultures.

Ils se rencontrent souvent seuls, par couples ou en petits groupes familiaux. Un jeune est mis bas après une période de gestation de près de 8 mois. Vers l'âge de 1 an, il acquiert la coloration des adultes.

Antilope rouanne ou Antilope-cheval, *Hippotragus equinus* LR : cd

Distribution : Afrique, au sud du Sahara

Habitat : zones boisées claires, brousse sèche, savane, près de l'eau

Taille : corps, 2,40 à 2,60 m ; queue, 60 à 70 cm

Cette très grande antilope forme approximativement 6 races dont la coloration varie de gris à brun rougeâtre. Elle ressemble superficiellement à un cheval, avec sa face allongée et sa crinière raide. Le mâle porte des cornes recourbées en arrière, courtes mais fortes ; celles de la femelle sont plus légères. Les antilopes rouannes vivent généralement en troupeaux conduits par 1 mâle et comptant jusqu'à 20 femelles et jeunes ; elles accompagnent souvent oryx, impalas, gnous, buffles, zèbres et autruches. Les jeunes mâles se regroupent pour former des hardes de célibataires. Les principaux ennemis de l'espèce sont le lion, le léopard, le lycaon et l'hyène. L'antilope rouanne se nourrit à 90 p. cent d'herbe, très accessoirement de fruits et de feuilles. Elle a besoin de s'abreuver souvent.

Les antilopes rouannes sont extrêmement agressives et se livrent fréquemment combat : les mâles se battent à genoux, à grands coups de cornes. À la saison des amours, le mâle isole de la troupe une femelle, avec laquelle il vit pendant un certain temps. La femelle met bas 1 jeune après une période de gestation de 8 mois et demi à 9 mois. Le petit atteint la maturité sexuelle entre 2 ans et demi et 3 ans.

Rhebok, *Pelea capreolus* LR : cd

Distribution : Afrique du Sud

Habitat : collines et plateaux herbeux pourvus de buissons bas et d'arbres clairsemés

Taille : corps, 1 à 1,20 m ; queue, 10 à 20 cm

Petite antilope gracieuse pesant au plus 22,5 kg, le rhebok est couvert d'un souple pelage laineux. Le mâle porte des cornes dressées presque à la verticale, de 15 à 27 cm de long. Le rhebok se nourrit de feuilles d'arbustes. Très craintif, il fuit à la moindre alerte ; lorsqu'il est dérangé, il court en « ruant » des membres postérieurs.

On le rencontre en petite famille constituée d'un maître mâle et d'une douzaine de femelles et de jeunes ; les mâles immatures sont habituellement solitaires. Le mâle affirme ses droits territoriaux par des claquements de langue, des attitudes spécifiques et des dépôts d'urine, qui signalent la présence du troupeau ; en dépit de sa petite taille, cet animal est extrêmement audacieux : il va jusqu'à attaquer, voire tuer, des moutons, chèvres ou cobs des roseaux.

Lorsque vient la saison des amours, les mâles se livrent des combats rituels acharnés sans se blesser pour autant, et se pourchassent mutuellement. Un jeune, parfois 2, est mis bas après une période de gestation de 9 mois et demi.

BOVIDÉS SUITE

Oryx d'Arabie, *Oryx leucoryx* EN
Distribution : sud-est de l'Arabie Saoudite (Rub' al-Khali)
Habitat : déserts
Taille : corps, 1,60 m ; queue, 45 cm

C'est l'oryx le plus petit, le plus rare, et le seul à vivre hors d'Afrique. Il habite un désert très aride, ce qui le contraint à de grands déplacements pour se nourrir d'herbe et d'arbustes. Bien adapté à son milieu, il se suffit de l'humidité contenue dans sa nourriture ; à l'aide de ses sabots et de ses cornes, il creuse des abris sous les buissons ou au pied des dunes pour se protéger du soleil.

Sociables à l'ordinaire, ces oryx se livrent des combats violents entre mâles à la saison des amours et attaquent s'ils sont acculés. Un seul jeune est mis bas après une période de gestation de 8 mois.

Abusivement chassé pour ses cornes, sa peau et sa viande, l'oryx d'Arabie est à présent gravement menacé d'extinction. Aujourd'hui, il a disparu à l'état sauvage, même si des projets de reproduction en captivité ont permis de le réintroduire dans la nature en certains endroits.

Gnou bleu, *Connochaetes taurinus* LR : cd
Distribution : Afrique (du sud du Kenya au nord de l'Afrique du Sud)
Habitat : zones herbeuses dégagées, savane buissonnante
Taille : 1,70 à 2,40 m ; queue, 60 cm à 1 m

C'est un animal à queue et crinière de cheval, et à tête de taureau. Sa face noire et sa barbe touffue lui confèrent une expression lugubre. Plus haut au garrot qu'aux lombes, il se déplace avec des balancements antéropostérieurs. Cet aspect général assez étrange, ajouté à ses incessants reniflements et grognements, donne au gnou bleu une allure plutôt clownesque.

Les gnous bleus forment des troupeaux de dizaines de milliers d'individus, que l'on peut rencontrer dans l'Est africain durant la saison sèche, alors qu'ils émigrent sur de très longues distances (jusqu'à 1 600 km), en quête d'eau et d'herbe ; ils ont besoin de boire souvent. À l'époque de la reproduction, les mâles, par 2 ou 3, rassemblent un grand harem atteignant 150 femelles ; ils patrouillent autour de la harde pour la regrouper et la défendre. Les gnous vivent souvent en association avec les zèbres et les autruches – la méfiance des premiers les garantissant peut-être contre leurs ennemis naturels, lions, guépards, lycaons et hyènes.

La femelle est plus petite que le mâle, mais assez semblable. Après une gestation de 8 mois et demi, elle met bas 1 jeune, qui est capable de se tenir sur ses pattes dans les 3 à 5 minutes suivant sa naissance.

Addax, *Addax nasomaculatus* EN
Distribution : Afrique (est de la Mauritanie, ouest du Mali ; populations éparses en Algérie, au Tchad, au Niger et au Soudan)
Habitat : déserts sableux ou pierreux
Taille : corps, 1,30 m ; queue, 25 à 35 cm

Cet animal a un train avant et une tête très massifs, un arrière-train plus élancé et plus bas. La coloration est très variable, mais le front présente toujours une zone de poils serrés, brun foncé. Les deux sexes portent de minces cornes spiralées. L'addax est typiquement un animal du désert, avec ses larges sabots adaptés à la marche dans le sable mou et son extrême sobriété : il ne boit jamais, car il se suffit de l'humidité contenue dans sa nourriture, qui comprend des plantes succulentes.

Ses mœurs nomades sont étroitement liées au système des pluies ; en effet, l'addax paraît particulièrement expert dans l'art de découvrir les zones où la végétation a brusquement poussé à la suite d'une ondée. On le rencontre généralement en harde constituée de 20 à 200 individus. Ces groupes sont organisés en société fortement hiérarchisée.

La femelle met bas 1 jeune après une gestation de 8 mois et demi.

Cette espèce est aujourd'hui menacée d'extinction à brève échéance.

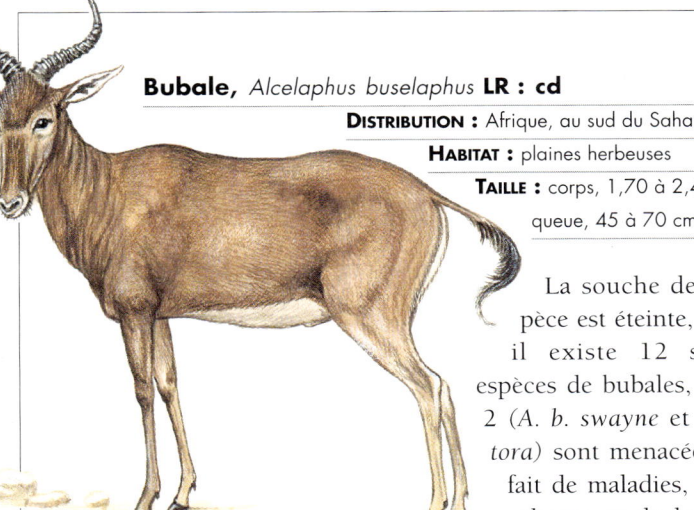

Bubale, *Alcelaphus buselaphus* **LR : cd**

Distribution : Afrique, au sud du Sahara
Habitat : plaines herbeuses
Taille : corps, 1,70 à 2,40 m ; queue, 45 à 70 cm

La souche de l'espèce est éteinte, mais il existe 12 sous-espèces de bubales, dont 2 (*A. b. swayne* et *A. b. tora*) sont menacées du fait de maladies, de la chasse et de la destruction de leur habitat.

Les bubales sont de curieux animaux, au dos légèrement incliné vers l'arrière, à la longue tête d'où émergent des cornes insérées sur un pédoncule ; présentes chez les deux sexes, ces cornes sont de taille et de forme variables suivant les sous-espèces. La robe est de brun chocolat à fauve-sable ; les femelles sont plus pâles que les mâles.

Sociables, les bubales forment des hardes de 4 à 30 individus, constituées de femelles et de jeunes sous la conduite d'un mâle dominant. Celui-ci surveille la troupe, souvent du haut d'une termitière. S'ils supportent de longues périodes de privation d'eau, les bubales boivent et se roulent dans la boue dès qu'ils le peuvent ; ils lèchent le sel avec avidité. Ils sélectionnent l'herbe tendre qui repousse sur les brûlis et paissent souvent en compagnie des zèbres, des gnous et des gazelles, qui, comme eux, sont menacés par les lions.

Après une gestation de 8 mois, 1 jeune est mis bas, qui reste avec sa mère pendant 3 ans environ, à l'issue de quoi il forme sa propre troupe.

Bontebok, *Damaliscus dorcas* **LR : cd**

Distribution : Afrique du Sud (ouest de la province du Cap)
Habitat : zones herbeuses dégagées
Taille : corps, 1,40 à 1,60 m ; queue, 30 à 45 cm

Naguère au bord de l'extinction, le bontebok est aujourd'hui hors de danger et, dans les réserves, ses effectifs s'élèvent à plusieurs milliers. De même pour le très semblable blesbok, *D. d. phillipsi* (= *albifrons*), qui, menacé à un moment donné, a été installé dans de nombreuses réserves et y prospère.

Les deux sexes sont d'aspect similaire, cependant les femelles et les juvéniles sont plus pâles que les mâles. Les bonteboks paissent en matinée et en soirée ; lorsqu'ils sont dérangés, ils prennent la fuite en file indienne. Remarquablement agiles, ces animaux sont capables d'escalader les barrières ou de se faufiler dessous.

La femelle met bas 1 jeune après une période de gestation de 7 mois et demi. Les petits restent auprès de leur mère durant 2 ans environ, puis les jeunes mâles se regroupent et forment des troupes de célibataires. En dehors de la période de reproduction, les bonteboks vivent en hardes mixtes constituées de 20 à 500 individus.

Damalisque, *Damaliscus lunatus* **LR : cd**

Distribution : Afrique (au sud du Sahara, vers l'est jusqu'à l'Éthiopie, Somalie)
Habitat : plaines dégagées, plaines inondables, zones herbeuses à végétation buissonnante clairsemée
Taille : corps, 1,50 à 2 m ; queue, 40 à 60 cm

Damaliscus lunatus, présent de la Zambie à la partie septentrionale de l'Afrique du Sud, est probablement conspécifique avec *D. korrigum*, que l'on rencontre dans d'autres parties de l'Afrique. Les damalisques sont les antilopes les plus nombreuses en Afrique. Leur silhouette rappelle celle du bubale, mais le dos n'est pas incliné et la tête est moins longue. La coloration et les cornes varient d'une race à l'autre, ainsi qu'en fonction du sexe ; les femelles sont généralement plus pâles que les mâles. Les damalisques sont actifs en début et fin de journée ; ils se nourrissent d'herbe et ont besoin de boire, mais supportent une privation d'eau de 30 jours.

Beaucoup moins grégaires que les bubales, les damalisques vivent généralement en petits groupes constitués de 8 à 10 individus ; à la saison sèche, lorsque l'herbe verte dont ils se nourrissent n'est plus disponible, ces groupes peuvent s'assembler en de grandes hardes atteignant jusqu'à 200 bêtes qui partent à la recherche d'un site alimentaire plus favorable. Le mâle adopte un territoire qu'il délimite soigneusement au moyen de ses déjections et en déposant son odeur par frottement de la face et du cou sur les buissons, les tiges et le sol. Il surveille jalousement son territoire et son harem, et il les défend contre toute approche des rivaux et ennemis.

La femelle met bas 1 jeune après une gestation de 7 mois et demi à 8 mois.

BOVIDÉS SUITE

Oréotrague, *Oreotragus oreotragus* LR : cd

DISTRIBUTION : Afrique (nord du Nigeria, vers l'est jusqu'à la Somalie, vers le sud jusqu'à l'Afrique du Sud)

HABITAT : collines et montagnes rocheuses, jusqu'à 4 000 m

TAILLE : corps, 75 cm à 1,15 m ; queue, 7 à 23 cm

L'oréotrague occupe dans son aire la niche écologique du chamois. C'est une antilope relativement petite, à fortes pattes et sabots à extrémité obtuse, de consistance caoutchouteuse dure. L'oréotrague se déplace en bondissant parmi les rochers, très bien protégé des meurtrissures par son long pelage épais et raide. La femelle est un peu plus lourde que le mâle et n'a pas de cornes, sauf chez la race *O. o. schillingsi*.

L'oréotrague se rencontre parfois en petit groupe, plus souvent par couple, sur un territoire délimité par des sécrétions glandulaires et défendu contre les intrus. Il se nourrit le matin, le soir ou au clair de lune, se dressant sur ses pattes postérieures pour brouter les feuilles, les fleurs et les fruits, qui constituent l'essentiel de son alimentation ; il mange aussi plantes succulentes, mousses et herbes, et boit lorsqu'il trouve de l'eau.

Les couples sont probablement permanents. La femelle met bas 1 jeune après une gestation d'environ 7 mois ; elle peut avoir 2 portées au cours d'une même année.

Beira, *Dorcatragus megalotis* VU

DISTRIBUTION : Afrique (Somalie)

HABITAT : montagnes sèches et pourvues de buissons, collines rocheuses

TAILLE : corps, 80 à 90 cm ; queue, 6 à 7,5 cm

Rare, cette espèce est souvent confondue avec l'oréotrague, malgré sa tête un peu plus longue, ses oreilles nettement plus grandes et plus allongées, ses membres plus minces. Les pattes postérieures sont plus hautes, si bien que l'on observe une inclinaison du dos vers l'avant. Seuls les mâles portent des cornes ; les femelles sont plus grandes que les mâles.

Les beiras vivent en couples ou en petites familles, dans les collines très rocheuses, à proximité des plaines herbeuses. La sole de leurs sabots montre des coussinets élastiques qui donnent à l'animal une bonne prise sur les pierres. Les beiras se nourrissent matin et soir : ils broutent sur les hautes branches des buissons de mimosées, mangent aussi de l'herbe et n'ont pas besoin de boire.

Les mœurs et la biologie de cette espèce sont mal connues. Sa coloration, qui se fond dans le paysage, ne permet de détecter l'animal que s'il bouge. La femelle met bas un unique jeune.

Ourébi, *Ourebia ourebi* LR : cd

DISTRIBUTION : Afrique (de la Sierra Leone à l'Éthiopie, la Tanzanie, la Zambie, l'Afrique du Sud)

HABITAT : vastes plaines herbeuses pourvues de buissons bas, toujours près de l'eau

TAILLE : corps, 92 cm à 1,10 m ; queue, 6 à 10,5 cm

C'est une gracieuse petite antilope, à long cou et membres élancés, plus haute aux lombes qu'à l'épaule. Le pelage soyeux est ondoyant, et l'extrémité noire de la queue est bien visible lorsque l'animal court. Sous les grandes oreilles ovales, une zone de peau nue simule une tache noire. La femelle ne porte pas de cornes et elle est plus grande que le mâle.

L'oubéri vit par couple ou en petit groupe atteignant 5 individus, sur un territoire que le mâle dominant délimite par des dépôts de sécrétions glandulaires sur les ramilles et les tiges, et qu'il défend contre les intrus. Ce territoire comporte des aires de course, de repos et de défécation.

Actifs en début et fin de journée ou par clair de lune, les ourébis se nourrissent d'herbe, de plantes et de feuilles. Lorsqu'ils se sentent menacés, ils s'allongent dans les hautes herbes, près d'un buisson ou d'un rocher.

La femelle met bas 1 jeune après une gestation de 6 mois et demi à 7 mois.

MAMMIFÈRES : BOVIDÉS   177

Antilope royale,
Neotragus pygmaeus
LR : nt
Distribution : Afrique (Sierra Leone, Liberia, Côte-d'Ivoire, Ghana, Guinée)
Habitat : forêts, clairières
Taille : corps, 35 à 41 cm ; queue, 5 à 6 cm

Cet animal à la silhouette compacte et délicate est la plus petite antilope africaine : elle ne pèse que de 3 à 4,5 kg. C'est son surnom local de « roi des lièvres » qui lui a valu d'être qualifiée par les Européens de « royale ». Le dos est arrondi, la queue courte, portée appliquée contre la croupe. Le mâle seul montre des cornes, petites et aiguës ; la robe est plus foncée chez les jeunes que chez les adultes. Les antilopes royales vivent seules ou par couples sur un petit territoire qu'elles délimitent de leurs excréments. Farouches et discrètes, elles sont essentiellement nocturnes et se nourrissent en groupes relativement nombreux, de feuilles, bourgeons, pousses, champignons, fruits tombés et herbe. Elles s'aventurent parfois dans les champs de légumes, les plantations d'arachides ou de cacaoyers. Elles ont de nombreux ennemis parmi les mammifères, les oiseaux, voire les grands serpents, mais leur petite taille leur permet souvent de se faufiler sans être vues. Leur vulnérabilité est également compensée par leurs capacités de sauteuses : elles peuvent faire des bonds de 3 m de haut.

Elles s'apparient probablement pour la vie ; la femelle met bas 1 jeune.

Dik-dik de Kirk, *Madoqua kirki*
Distribution : Afrique (de la Somalie à la Tanzanie, sud-ouest de l'Angola, Namibie)
Habitat : brousse pourvue de broussailles et parsemée d'arbres
Taille : corps, 55 à 57 cm ; queue, 4 à 6 cm

Cette petite antilope délicate forme 7 races réparties dans deux zones bien distinctes. Le pelage souple varie de brun-gris pâle dans les régions sèches à beaucoup plus foncé dans les zones humides. Le nez est un peu allongé, les membres sont longs et fins. Les pattes postérieures sont toujours fléchies, de sorte que l'arrière-train est surbaissé. Les mâles portent de très petites cornes, séparées par une crête de longs poils ; les femelles sont un peu plus petites qu'eux et ne sont pas pourvues de cornes.

Les diks-diks se rencontrent seuls ou par couples, souvent en compagnie de leurs 2 petits les plus jeunes. Les mâles utilisent des sécrétions odorantes pour délimiter un territoire, avec pistes de déplacements, aires de repos et de défécation, et ils le défendent contre rivaux et prédateurs. De mœurs crépusculaires et nocturnes, ces animaux craintifs broutent feuilles, bourgeons, pousses et fleurs, surtout sur les acacias, mangent des fruits tombés, déterrent racines et tubercules ; ils aiment lécher le sel et n'ont pas besoin de boire. Outre l'homme, ils ont de nombreux ennemis : léopard, caracal, serval, chat sauvage, aigle…

Les diks-diks s'apparient pour la vie. Un seul jeune est mis bas après une période de gestation de 6 mois ; la femelle a 2 portées par an.

Raphicère du Cap,
Raphicerus melanotis
LR : cd
Distribution : Afrique (de la Tanzanie à l'Afrique du Sud)
Habitat : plaines herbeuses, savane buissonnante, au pied des collines
Taille : corps, 60 à 75 cm ; queue, 5 à 8 cm

C'est une petite antilope trapue, à pelage rêche, membres relativement courts, arrière-train surélevé. Les mâles, généralement plus foncés que les femelles, portent de courtes cornes pointues.

Solitaires en dehors de la saison de reproduction, les raphicères du Cap s'établissent sur d'assez petits territoires délimités par des sécrétions odorantes et des sites de défécation. Ils se nourrissent en début et en fin de journée du feuillage des arbres et des buissons, et ils affectionnent particulièrement les feuilles de vigne. Pendant le reste du jour, ils se reposent à l'ombre d'un buisson ou d'un rocher, ou bien encore dans les hautes herbes.

Les principaux ennemis des raphicères du Cap sont le léopard, le caracal et l'aigle couronné. Quand ils se sentent menacés, ils commencent par se tapir dans l'herbe, pour détaler en zigzag lorsque l'ennemi est proche, et finalement disparaître sous le couvert. La reproduction de l'espèce est aujourd'hui encore assez mal connue ; la femelle mettrait bas 1 jeune après une période de gestation qui durerait environ 5 mois et demi.

BOVIDÉS SUITE

Impala, *Aepyceros melampus* **LR : cd**

DISTRIBUTION : Afrique (Kenya, Ouganda, vers le sud jusqu'au nord de l'Afrique du Sud)

HABITAT : zones boisées claires, savane arborée d'acacias

TAILLE : corps, 1,20 à 1,60 m ; queue, 30 à 45 cm

Gracieuse antilope de taille moyenne, à la robe luisante, l'impala se reconnaît à la touffe de poils sombres qui marque les talons et aux deux lignes noires entourant le miroir blanc de l'arrière des cuisses. Le mâle porte de longues et élégantes cornes en lyre. Ses bonds sont prodigieux : jusqu'à 3 m de haut et 10 m de long ; il semble sauter autant pour le plaisir que pour fuir les prédateurs.

Extrêmement grégaires, les impalas forment des groupes qui, à la saison sèche, peuvent s'assembler en hardes atteignant quelque 200 individus. Actifs de jour comme de nuit, ils consomment de grandes quantités d'herbe, de feuilles, fleurs et fruits. À la saison de reproduction, le mâle s'établit sur un territoire et rassemble un harem de 15 à 20 femelles qu'il défend férocement ; les mâles immatures forment des troupes distinctes. Après une gestation de 6 mois et demi à 7 mois, la femelle met bas 1 jeune qui demeure caché jusqu'à ce qu'il soit assez fort pour se joindre à la troupe.

Antilope cervicapre, *Antilope cervicapra* **VU**

DISTRIBUTION : Inde, Népal, Pakistan

HABITAT : plaines herbeuses bien dégagées

TAILLE : corps, 1,20 m ; queue, 18 cm

Seule espèce du genre, c'est l'un des rares représentants du groupe à présenter un dimorphisme sexuel dans la coloration : le mâle dominant de la harde est sombre, à dos et flancs presque noirs, avec des cornes de structure hélicoïdale ; les autres mâles sont fauve et blanc, avec des cornes plus petites ; à la mort du mâle dominant, son successeur voit son pelage foncer et ses cornes se développer. Les femelles sont fauve et blanc.

Les antilopes cervicapres se nourrissent essentiellement d'herbe ; actives en matinée et soirée, elles se reposent aux heures chaudes du jour. La femelle est la première à signaler le danger. Effrayées, ces antilopes fuient à grands bonds qui se changent rapidement en galop.

Les cervicapres se rencontrent généralement en hardes de 15 à 50 individus qui chapeautent des groupes plus restreints composés du mâle dominant, de femelles et de jeunes ; à la puberté, les jeunes mâles sont écartés et forment alors leur propre groupe. À la saison de reproduction, le mâle s'installe avec son harem sur un territoire qu'il défend jalousement contre ses rivaux. Un jeune, parfois 2, est mis bas après une période de gestation de 6 mois.

Springbok, *Antidorcas marsupialis* **LR : cd**

DISTRIBUTION : Afrique (Angola, Afrique du Sud, Botswana – désert du Kalahari)

HABITAT : veld

TAILLE : corps, 1,20 à 1,40 m ; queue, 19 à 27 cm

Cette gazelle brillamment colorée, à la livrée caractéristique, présente de l'arrière du dos à la base de la queue une poche glandulaire cutanée très originale. Lorsque l'animal est excité ou effrayé, la poche s'ouvre, révélant une crête de longs poils blancs et raides. Les deux sexes sont semblables et portent de fortes cornes cannelées. Par jeu ou en cas de danger, les springboks sont capables de bondir une dizaine de fois d'affilée jusqu'à 3,50 m de haut, comme s'ils étaient montés sur ressorts : ils ont alors le dos recourbé, les pattes raides et la crête dorsale érigée.

Les sprinboks broutent arbustes et buissons, mangent aussi de l'herbe et n'ont pas besoin de boire. Ils étaient autrefois extrêmement nombreux et, en période de sécheresse, émigraient en hardes innombrables en quête de pâtures, ravageant les cultures sur leur passage, ce qui leur a valu d'être massacrés par milliers.

Aujourd'hui, ils ont été réintroduits dans leur aire et y prospèrent. À la saison de reproduction, le mâle peut s'établir sur un territoire, avec un harem de 10 à 30 femelles, mais les vastes hardes mixtes constituent la norme. La femelle met bas 1 jeune après une gestation d'environ 6 mois.

Dibatag ou Gazelle de Clarke,
Ammodorcas clarkei **VU**

Distribution : Afrique (Somalie, est de l'Éthiopie)
Habitat : plaines sablonneuses ou herbeuses, parsemées de buissons
Taille : corps, 1,50 à 1,60 m ; queue, 30 à 36 cm

S'il ressemble superficiellement au gerenuk, le dibatag est plus gris et le mâle porte des cornes plus courtes, de forme différente. La queue longue, mince, terminée par une touffe noire, est portée dressée, d'où le nom de l'animal, constitué par deux vocables somalis : *dabu* (queue) et *tag* (dressé). Les dibatags vivent en couples ou en familles composées de 1 adulte mâle et de 3 à 5 femelles avec leurs jeunes, sur un territoire saisonnier qui se déplace en fonction des pluies et des disponibilités en nourriture. Ils sont actifs en matinée et soirée, broutant sur les buissons feuilles et pousses, éventuellement en se dressant sur leurs membres postérieurs. Ils mangent aussi des fleurs, des baies et de l'herbe tendre, et ils n'ont absolument pas besoin de boire.

En règle générale, 1 jeune est mis bas à la saison des pluies, après une période de gestation de 6 à 7 mois. Il peut y avoir 2 portées par an.

Gerenuk ou Gazelle-girafe,
Litocranius walleri **LR : cd**

Distribution : Afrique (Somalie, de l'Éthiopie au Kenya et à la Tanzanie)
Habitat : brousse sèche à épineux, déserts
Taille : corps 1,40 à 1,60 m ; queue, 23 à 35 cm

Cette grande et gracieuse gazelle est remarquable par son cou allongé et ses longues pattes. Elle possède une petite tête étroite, de grands yeux et des lèvres mobiles ; les genoux présentent une touffe de poils ; la queue courte, presque nue, est portée appliquée contre le corps ; lors de la course, en revanche, elle est enroulée sur le dos. Le mâle, plus grand que la femelle, porte des cornes.

Les gerenuks se rencontrent généralement en couples ou en groupes familiaux comptant 1 mâle et de 2 à 5 femelles avec leurs jeunes. Les mâles sont fortement territoriaux et défendent leur espace vital par des marquages de sécrétions glandulaires. Ils broutent feuilles et jeunes pousses sur les épineux ; dressés sur leurs membres postérieurs, ils utilisent leurs pattes avant pour attirer à eux les branches. Ils se nourrissent en matinée et soirée, se reposent à l'ombre en plein midi. Ils n'ont pas besoin de boire. Ils ont pour ennemis naturels le lion, le guépard, le léopard, l'hyène et le lycaon.

Un seul jeune est mis bas, généralement à la saison des pluies, après une gestation d'environ 6 mois et demi.

Gazelle de Thomson,
Gazella thomsonii **LR : cd**

Distribution : Afrique (Soudan, Kenya, nord de la Tanzanie)
Habitat : plaines dégagées à courte couverture herbacée
Taille : corps, 80 cm à 1,10 m ; queue, 19 à 27 cm

Cette gracieuse petite gazelle présente sur les flancs une large bande foncée qui contraste avec la blancheur des parties ventrales. Le mâle est plus grand que la femelle et porte des cornes beaucoup plus fortes. Cette espèce forme environ 15 races qui offrent des variations mineures dans la coloration et la forme des cornes. Les gazelles de Thomson se nourrissent en matinée et en soirée, essentiellement d'herbe courte, accessoirement de feuillage ; elles n'ont besoin de boire que lorsque les pâtures sont sèches. Leurs principaux ennemis sont le lion, le guépard, le léopard, l'hyène et le lycaon.

Ces gazelles forment des groupes très structurés et variables dans leur composition : vieux mâle accompagné de 5 à 65 femelles et leurs jeunes, troupeau de jeunes mâles constitué de 5 à 500 individus, femelles en gestation ou venant de mettre bas. Là où l'herbe abonde, le mâle peut établir un territoire délimité au moyen d'urine, d'excréments, de sécrétions glandulaires ou de marques de cornes.

Après une période de gestation de 6 mois, un seul jeune est mis bas ; la femelle peut avoir 2 portées par an.

BOVIDÉS SUITE

Saïga, *Saiga tatarica* **VU**
DISTRIBUTION : de la Volga à l'Asie centrale
HABITAT : plaines dépourvues d'arbres
TAILLE : corps, 1,20 à 1,70 m ; queue, 7,5 à 10 cm

Cette antilope migratrice est bien adaptée à son milieu froid et battu par les vents. En été, le pelage épais est court, d'une chaude teinte cannelle, avec une frange de longs poils du menton à la poitrine ; en hiver, il devient très touffu et laineux, d'un blanc crème uniforme. Le mufle allongé en une courte trompe mobile servirait, croit-on, à réchauffer et humidifier l'air inhalé. Les fosses nasales sont tapissées de poils et de glandes sécrétrices de mucus ; chaque narine présente une poche tapissée de muqueuses qu'on ne trouve chez aucun autre mammifère, à l'exception de la baleine. Le mâle porte des cornes, auxquelles les Chinois prêtent des vertus curatives, ce qui a conduit à la chasse abusive de cette espèce ; elle est protégée depuis 1920, et ses effectifs s'élèvent actuellement à plus de 1 million.

Les saïgas se nourrissent d'herbe et broutent les buissons bas ; à l'automne, ils émigrent en troupeaux nombreux vers le sud pour remonter au printemps, par groupes de 2 à 6 mâles, suivis par les femelles. En mai, après une période de gestation de quelque 5 mois, la femelle met bas de 1 à 3 jeunes qu'elle allaite jusqu'à l'automne.

Serow ou Capricorne, *Capricornis sumatraensis* **VU**
DISTRIBUTION : du nord de l'Inde au centre et au sud de la Chine, de l'Asie du Sud-Est à Sumatra
HABITAT : zones buissonnantes et boisées, de 600 à 2 700 m
TAILLE : corps, 1,40 à 1,50 m ; queue, 8 à 21 cm

Cet animal aux courts sabots massifs se déplace d'un pied sûr sur les pentes et les crêtes montagneuses pourvues d'une végétation dense. Actif en début et fin de journée, il se nourrit d'herbe et de feuilles, et il passe le reste du temps allongé à l'abri d'un rocher surplombant. Les poils du dos et des flancs sont clairs à la base, noirs à l'extrémité ; une bande entièrement noire souligne le milieu du dos, et la crinière est blanc à noir, selon les individus. Mâles et femelles portent des cornes qui leur servent à se défendre, en particulier contre les chiens de chasse : en effet, les Chinois attribuent à différentes parties du serow des vertus curatives et le chassent activement.

La reproduction de l'espèce est mal connue ; on sait seulement que 1, et plus souvent 2 jeunes sont mis bas après une gestation d'environ 8 mois.

Goral, *Nemorhaedus goral* **LR : nt**
DISTRIBUTION : Bhoutan, Inde, Népal, Pakistan
HABITAT : montagnes, de 1 000 à 2 000 m
TAILLE : corps, 90 cm à 1,30 m ; queue, 7,5 à 20 cm

C'est une chèvre de montagne que l'on rencontre là où l'herbe et les rochers voisinent avec la forêt. Le goral a de longues pattes solides. Son pelage se compose de longs poils recouvrant des poils de bourre courts et laineux. Outre les cornes, communes aux deux sexes, les mâles portent une courte crinière semi-dressée.

Mis à part les vieux boucs, qui sont solitaires durant la plus grande partie de l'année, les gorals vivent en groupes familiaux de 4 à 8 individus. Ils paissent en début et fin de journée, se reposant aux heures de midi. La femelle met bas 1 jeune, rarement 2, après une gestation d'environ 6 mois.

Chèvre des montagnes Rocheuses, *Oreamnos americanus*
DISTRIBUTION : Amérique du Nord (Rocheuses, de l'Alaska au Montana, Idaho, Oregon ; introduite dans le Dakota-du-Sud)
HABITAT : montagnes rocheuses, au-dessus de la limite des arbres
TAILLE : corps, 1,30 à 1,60 m ; queue, 15 à 20 cm

Seul représentant de son genre, ce splendide animal de la sous-famille des rupicaprinés (intermédiaires entre les chèvres et les antilopes) se rencontre dans les éboulis, au-dessus de la limite des arbres. Il est bien adapté aux conditions climatiques rigoureuses de son habitat, avec ses poils de bourre laineux que recouvrent des jarres blancs, particulièrement épais et raides sur le cou et les épaules, où ils forment une arête ou une bosse. La lame dure du sabot entoure un coussinet spongieux qui donne à l'animal une bonne prise sur le rocher et la glace. Les deux sexes portent une barbe et des cornes coniques, noires.

Les chèvres des montagnes Rocheuses sont des animaux aux déplacements lents, mais au pied sûr ; elles escaladent des corniches qu'on imaginerait inaccessibles, en quête d'herbe et de lichens. Elles broutent aussi feuilles et pousses sur les arbres, et couvrent des distances considérables pour trouver du sel à lécher. En hiver, elles descendent vers des zones où la neige est moins épaisse, voire, par endroits, jusqu'à la côte. En période de grands froids, elles s'abritent sous les rochers en surplomb ou dans les grottes.

L'espèce est probablement monogame. Au printemps, la femelle met bas 1 ou 2 jeunes après une période de gestation d'environ 7 mois. Très actifs, les petits bondissent déjà parmi les rochers dans la demi-heure qui suit leur naissance.

Chamois, *Rupicapra rupicapra*

Distribution :	de l'Europe au Moyen-Orient
Habitat :	montagnes
Taille :	corps, 90 cm à 1,30 m ; queue, 3 à 4 cm

Pour ce qui est de l'agilité, de l'audace et de l'endurance, le chamois (ou isard, dans les Pyrénées) n'a pas son pareil parmi les animaux montagnards. Il s'accommode d'un environnement sauvage et inhospitalier, aux conditions climatiques rigoureuses. Il est mince, avec des cornes caractéristiques, implantées presque à la verticale et s'incurvant en arrière en forme de crochet. Les membres sont robustes, terminés par des sabots dont la lame entoure un coussinet spongieux qui donne à l'animal une bonne prise sur les surfaces glissantes ou inégales. Le pelage est raide et rêche, recouvrant un poil de bourre épais et laineux.

En été, les chamois paissent herbe et fleurs à la cime des montagnes ; en hiver, ils descendent pour brouter jeunes pousses de conifères, mousses et lichens. Méfiants, les chamois postent toujours une sentinelle chargée de donner l'alerte. Les femelles et les jeunes vivent en hardes de 15 à 30 individus ; les vieux mâles sont solitaires hors la saison du rut, qui se manifeste à l'automne. Les combats sont alors courants, mâles jeunes et moins jeunes entremêlant leurs cornes dans des luttes pour la suprématie. La femelle met généralement bas 1 jeune, assez couramment 2 ou 3.

Bouquetin des Alpes, *Capra ibex*

Distribution :	Europe (Alpes), Moyen-Orient
Habitat :	Alpes, jusqu'à 3 000 m
Taille :	corps, 1,50 m ; queue, 12 à 15 cm

Dès l'époque romaine, on attribuait à diverses parties des bouquetins de miraculeux pouvoirs curatifs, ce qui explique que l'espèce ait été chassée jusqu'à frôler l'extinction. Aujourd'hui, ces animaux survivent en petites hardes dans les réserves. Le mâle est surtout remarquable par ses longues cornes recourbées en arrière ; celles de la femelle sont plus courtes. Le pelage est gris brunâtre, plus long sur la nuque et formant crinière chez les vieux mâles. Le menton du mâle s'orne d'une petite barbe.

Le bouquetin vit au-dessus de la limite des arbres, ne descendant jusqu'à la limite supérieure de la forêt qu'au cours des hivers les plus rigoureux. L'été, il fréquente les prairies alpines, où il broute herbe et fleurs. C'est l'époque où les femelles sont accompagnées des jeunes et des subadultes ; les mâles constituent leurs propres groupes et s'y livrent des combats de type hiérarchique ; ce n'est qu'à la saison hivernale du rut qu'ils rejoignent les femelles. Un seul jeune est mis bas après une gestation de 5 à 6 mois.

BOVIDÉS suite

Bœuf musqué, *Ovibos moschatus*

Distribution : nord du Canada, Groenland
Habitat : toundra
Taille : corps, 1,90 à 2,30 m ; queue, 9 à 10 cm

À l'époque préhistorique, le bœuf musqué était présent à travers toute l'Europe septentrionale, en Sibérie et en Amérique du Nord ; il n'a survécu qu'au Groenland et dans le Nord canadien, mais a été réintroduit avec succès en Norvège et en Alaska. C'est l'unique représentant du genre. Il est superbement équipé pour la vie dans le Grand Nord, avec son sous-poil épais que ne transpercent ni l'eau ni le froid, et son pelage de couverture fait de longs poils raides et épais, touchant presque terre et le protégeant de la pluie et de la neige ; ses gros sabots lui évitent de s'enfoncer dans la neige molle. Les deux sexes portent de lourdes cornes, presque jointives à la base et formant une large plaque frontale. À la saison du rut, des glandes faciales sécrètent une substance à l'odeur musquée, à laquelle l'animal doit son nom.

Grégaires, les bœufs musqués vivent en hardes atteignant 100 individus. À la saison des amours, les jeunes mâles sont écartés par les vieux taureaux : ils deviennent alors solitaires ou forment entre eux de petites troupes. La femelle met bas 1 jeune après une gestation de 8 mois.

Lorsqu'ils se sentent menacés, les bœufs musqués se groupent en cercle, cornes baissées, autour des jeunes ; cette formation constitue une protection efficace contre leurs ennemis naturels : les loups. Les bœufs musqués se nourrissent d'herbe, mais aussi de mousses, de lichens et de feuilles qu'ils mettent au jour en creusant dans la neige.

Tahr, *Hemitragus jemlahicus* VU

Distribution : Inde (Cachemire – monts Pir Pamjal –, Pendjab), Népal, Sikkim
Habitat : pentes montagneuses boisées
Taille : corps, 1,10 m ; queue, 9 cm

Cet animal ressemble beaucoup à une chèvre, avec son pelage lourd et hirsute, formant crinière sur les épaules ; il en diffère, cependant, par son mufle nu et son absence de barbe ; les cornes sont longues, non torsadées ; les pieds portent des glandes. Comme les chèvres sauvages, le tahr habite les pentes montagneuses escarpées sur lesquelles il se déplace avec une parfaite aisance. Grégaire, il vit en harde de 30 à 40 individus, se nourrissant de toute la végétation disponible. Méfiants, les tahrs postent toujours une sentinelle qui les avertit du danger.

La reproduction de cette espèce connaît un maximum en hiver, époque à laquelle les femelles mettent bas 1 ou 2 jeunes après une période de gestation qui dure de 6 à 8 mois.

Takin, *Budorcas taxicolor* VU

Distribution : Asie (Myanmar, Chine – provinces du Sichuan et du Shanxi)
Habitat : taillis épais des forêts de montagne, de 2 400 à 4 250 m
Taille : corps, 1,20 m ; queue, 10 cm

Cet habitant de l'une des régions les plus montagneuses du globe vit dans l'épaisseur des bambous et des rhododendrons, à la limite supérieure de la forêt. Le takin a une silhouette lourde et robuste, à membres épais et gros sabots. Cet animal est parfaitement adapté à la vie sur les terrains accidentés de son habitat. La coloration varie de blanc jaunâtre à brun noirâtre, avec toujours une bande longitudinale sombre sur le dos. Mâles et femelles portent des cornes acérées.

Si les vieux taureaux sont généralement solitaires, ils peuvent, en été, rejoindre les hardes nombreuses qui paissent en soirée près des sommets ; en hiver, les takins descendent dans les vallées, où ils vivent en petits groupes, se nourrissant d'herbe et de pousses de bambou et de saule. Particulièrement craintifs, ils demeurent la plupart du temps sous le couvert épais, où ils usent régulièrement des mêmes pistes pour rejoindre leurs sites alimentaires et les dépôts de sel.

Après une période de gestation de quelque 8 mois, 1 jeune est mis bas, qui est parfaitement capable de suivre sa mère dans les 3 jours qui suivent sa naissance.

Mouflon à manchettes, *Ammotragus lervia* VU

Distribution : Afrique du Nord (de la côte atlantique à la mer Rouge, vers le sud au nord du Mali et au Soudan) ; introduit dans le sud-ouest des États-Unis
Habitat : régions désolées, sèches et rocheuses
Taille : corps, 1,30 à 1,90 m ; queue, 25 cm

Seul caprin africain et unique représentant du genre, le mouflon à manchettes se distingue des autres chèvres sauvages par les longs poils souples qui ornent densément sa gorge, sa poitrine et le haut de ses membres antérieurs, mais il en a les cornes, présentes chez les deux sexes, presque aussi lourdes chez la femelle que chez le mâle.

Les mouflons à manchettes se déplacent en petits groupes familiaux constitués d'un couple et de leurs rejetons d'âges divers, en quête d'herbe, de plantes herbacées, de feuilles et ramilles de buissons bas. Ils obtiennent de l'eau en léchant la rosée. Ils n'ont nulle part où se cacher en cas de danger, et dépendent pour se camoufler de leur pelage couleur sable et d'une immobilité totale. Ils sont chassés pour leur chair, leur peau, leurs poils et leurs tendons.

Lorsqu'ils sont en captivité, les mouflons à manchettes produisent 1 portée annuelle de 1 ou 2 jeunes. Ils ont été croisés avec succès avec les chèvres domestiques, et les petits nés de ce croisement avec le chamois.

Bighorn ou Mouflon du Canada, *Ovis canadensis* LR : cd

Distribution : nord-ouest de l'Amérique
Habitat : zones montagneuses ou élevées
Taille : corps, 1,20 à 1,80 m ; queue, 15 cm

En été, le bighorn vit sur les pâturages de haute montagne, où il broute par groupes de sexes séparés. En hiver, il forme des hardes mixtes qui rejoignent les pâtures moins élevées. Le bighorn mâle de haut rang est une bête des plus impressionnantes, avec ses cornes spiralées, atteignant 1,50 m de long. La taille des cornes joue un grand rôle dans l'établissement de la hiérarchie entre mâles : les moins bien pourvus sont traités comme des femelles par les mâles dominants, ce qui leur évite peut-être d'être chassés de la harde.

À la saison du rut, les béliers de haut rang se livrent de féroces combats : les adversaires se ruent l'un sur l'autre, cornes en avant, et la lutte, qui peut durer des heures, s'achève parfois par la mort de l'un des combattants. Les femelles ont des cornes plus courtes.

La brebis met bas 1 ou 2 agneaux, après une période de gestation de quelque 6 mois ; elle apporte à l'élevage des petits des soins assidus.

Mouflon d'Europe, *Ovis orientalis* VU

Distribution : Sardaigne, Corse ; introduit en Allemagne, Hongrie, Autriche, République tchèque, Asie centrale et méridionale
Habitat : reliefs montagneux accidentés
Taille : corps, 1,20 m ; queue, 7 cm

Le mouflon est le mouton sauvage européen. Il ne se rencontre désormais plus que dans des réserves, en Sardaigne et Corse, et, même là, il est encore insuffisamment protégé.

Le mâle porte de longues cornes spiralées ; à extrémité souvent recourbée vers l'intérieur ; le sous-poil est très laineux, recouvert en hiver par un pelage de couverture rêche, brun noirâtre ; le mâle est marqué d'une tache blanche très caractéristique, en forme de selle, qui disparaît totalement en été. Femelles et jeunes sont gris ou brun plus foncé.

Assez sédentaires, même en période de disette, les mouflons ne s'aventurent jamais très loin. Ils se nourrissent en début et fin de journée ; ils mangent à peu près n'importe quels végétaux : herbe, fleurs, bourgeons et pousses de buissons et d'arbres, y compris des plantes extrêmement vénéneuses comme la belladone. En été, ces animaux vivent en groupes réunissant chacun des individus d'un seul sexe (les femelles restant cependant avec les jeunes).

À la saison du rut, le bélier sépare une brebis du troupeau pour la saillir. Les contestations qui surgissent inévitablement entre jeunes et vieux mâles peuvent donner lieu à de féroces combats, mais les blessures infligées sont rarement graves. La brebis met bas un seul agneau après une période de gestation de 5 mois.

DAUPHINS D'EAU DOUCE ET MARSOUINS

ORDRE DES CÉTACÉS

L'ordre comporte 77 espèces d'animaux parfaitement adaptés à la vie aquatique : ce sont les seuls à passer leur vie entière dans l'eau. Ils ont un corps pisciforme, terminé par une nageoire caudale étalée dans le sens horizontal. Les membres antérieurs sont transformés en nageoires pectorales ; les membres postérieurs sont invisibles. En règle générale, les cétacés mettent bas un seul jeune par portée.

Les cétacés se divisent en 2 groupes. Le premier – celui des baleines à dents (dont le type le plus connu est le cachalot) – compte 67 espèces qui se nourrissent de poissons et céphalopodes. Ces cétacés repèrent leur proie au moyen d'une sorte de sonar : les ondes à haute fréquence émises rebondissent sur les obstacles et, à partir de l'écho, le cétacé peut déduire la distance, la taille et la vitesse de déplacement de la proie. Le nombre des dents varie de 2 à 260.

Le second groupe – celui des baleines à fanons – rassemble les plus grands des cétacés. Ces animaux géants se nourrissent d'animalcules planctoniques que filtrent des lamelles cornées, ou fanons, remplaçant les dents. Ce groupe est composé de 3 familles : les baleines grises, les rorquals et les baleines franches.

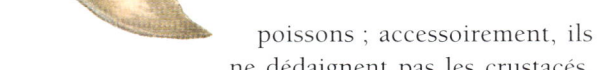

poissons ; accessoirement, ils ne dédaignent pas les crustacés. Ils repèrent leurs proies par écholocation. Ils vivent en couples et semblent produire 1 jeune entre juillet et septembre.

Dauphin du Gange, *Platanista gangetica* **EN**

Distribution :	Inde (systèmes du Gange et du Brahmapoutre)
Habitat :	fleuves et rivières
Taille :	1,50 à 2,40 m

Famille des Platanistidae : Dauphins d'eau douce

Au nombre de 5 espèces, les platanistidés habitent les eaux douces d'Amérique du Sud et d'Asie. Il est possible que la ressemblance observée entre les diverses espèces soit plus un fait de convergence dû à l'adaptation à un même habitat qu'une similarité anatomique fondamentale. Les dauphins d'eau douce sont des cétacés de petite taille, à long bec et front bombé. Ils habitent les cours d'eau envasés, où la visibilité est extrêmement faible, de sorte qu'ils se dirigent et trouvent leur nourriture principalement par écholocation, et que leurs yeux sont très réduits.

Inie de Geoffroy ou Boutou, *Inia geoffrensis* **VU**

Distribution :	bassin de l'Amazone
Habitat :	fleuves et rivières
Taille :	1,80 à 2,70 m

C'est un animal à bec fort, orné de courtes vibrisses, à tête mobile et flexible, prolongée par une ébauche de cou. Les dents sont au nombre de 100 ou plus. Bien que petits, les yeux semblent plus fonctionnels que chez les autres dauphins d'eau douce. Les inies de Geoffroy se nourrissent surtout de petits

Le dauphin du Gange a un bec qui peut atteindre 46 cm et possède jusqu'à 120 dents. C'est un animal agile, qui nage en général sur le flanc et se remet en position verticale pour respirer. Il peut demeurer jusqu'à 3 minutes en plongée, mais ne reste généralement sous l'eau que durant 45 secondes environ.

Le dauphin du Gange est aveugle – ses yeux n'ayant pas de cristallin –, mais il pratique avec talent l'écholocation pour trouver ses proies. Il se nourrit surtout de poissons, accessoirement de crevettes, et chasse dans la soirée et durant la nuit. On le rencontre souvent en couple, mais il se nourrit généralement en groupe de quelque 6 individus.

Ce dauphin s'accouple à l'automne ; les jeunes naissent après une gestation d'environ 9 mois.

Dauphin d'eau douce de Chine, *Lipotes vexillifer* **CR**

Distribution :	Chine (fleuve Yang-tseu-kiang) ; anciennement dans le lac Tungting
Habitat :	cours d'eau à fond vaseux
Taille :	2 à 2,40 m

Il est protégé depuis 1975, mais il semble que le chiffre de sa population soit encore peu élevé, bien qu'on ne le connaisse pas exactement. C'est un animal à bec élancé, légèrement retroussé à l'extrémité. Le nombre de dents est compris entre

130 et 140. Doté d'une vision extrêmement réduite ou nulle, le dauphin de Chine repère les poissons par écholocation, mais il est probable qu'il sonde également la vase de son bec.

Ce dauphin se déplace en groupe de 2 à 6 individus, parfois en troupe plus nombreuse, pour se nourrir. En été, à la saison des pluies, il remonte les petits cours d'eau gonflés pour se reproduire. Les détails de son mode de reproduction ne sont toujours pas connus à ce jour.

Famille des Phocoenidae : Marsouins

Elle rassemble 6 espèces de petits cétacés dont la taille dépasse rarement 2,10 m. Les marsouins sont dépourvus de bec, mais présentent, généralement, une nageoire dorsale. La bouche porte de 60 à 80 dents spatulées. Ils se nourrissent surtout de poissons et de céphalopodes.

Les marsouins habitent les eaux côtières de l'hémisphère boréal et pénètrent fréquemment dans les estuaires des grands fleuves. Une espèce, le marsouin à lunettes, *Phocoena dioptrica*, vit au large des côtes de l'Amérique du Sud.

Marsouin commun, *Phocoena phocoena* **VU**

Distribution : Atlantique Nord, Pacifique Nord, mer Noire, Méditerranée
Habitat : eaux peu profondes, estuaires
Taille : 1,40 à 1,80 m

Grégaires et bavards, les marsouins communs forment de petits groupes comptant jusqu'à 15 individus. Les membres du groupe communiquent énormément entre eux et se portent mutuellement secours en cas de besoin. Les marsouins se nourrissent de poissons tels que harengs et maquereaux ; ils peuvent demeurer jusqu'à 6 minutes en plongée pour poursuivre une proie repérée par écholocation.

L'accouplement a lieu en juillet ou août, après des préludes nuptiaux faits de caresses et de nage côte à côte. La gestation dure 10 ou 11 mois et les jeunes sont allaités pendant 8 mois : la mère s'installe alors en surface sur le flanc, de manière que le petit puisse respirer.

Marsouin de Dall, *Phocoenoides dalli* **LR : cd**

Distribution : zones tempérées du Pacifique Nord
Habitat : eaux littorales et pleine eau
Taille : 1,80 à 2,30 m

Ce marsouin est plus grand et plus lourd que la plupart des autres, avec une petite tête et une mâchoire inférieure qui dépasse légèrement la supérieure. Il forme des groupes comptant jusqu'à 15 individus – groupes qui peuvent s'assembler en troupes atteignant 100 individus – pour émigrer vers le nord en été et vers le sud en hiver. Il se nourrit de céphalopodes et de poissons qu'il repère probablement par écholocation.

L'accouplement n'est pas saisonnier, et les jeunes peuvent être allaités jusqu'à 2 ans.

Marsouin de l'Inde, *Neophocaena phocaenoides*

Distribution : est et sud-est de l'Asie (du Pakistan à Bornéo et à la Corée, Yang-tseu-kiang, est de la mer de Chine)
Habitat : côtes, estuaires, cours d'eau
Taille : 1,40 à 1,80 m

Ce marsouin diffère des autres par son front très bombé (ce qui confère au museau l'apparence d'un petit bec) et la crête de petites projections arrondies situées à l'arrière de l'endroit où serait insérée la nageoire dorsale si elle existait. Agile et rapide dans l'eau, ce marsouin ne plonge pas durant plus de 1 minute. Il se nourrit essentiellement de crustacés, de céphalopodes et de poissons, repérés par écholocation. Ces animaux se déplacent généralement en couples, mais peuvent former des groupes atteignant 10 individus.

On connaît mal la reproduction de l'espèce. Les jeunes voyagent accrochés aux projections dorsales de leur mère.

DAUPHINS

Famille des Delphinidae : Dauphins

Cette famille, avec environ 32 espèces, est la plus nombreuse dans l'ordre des cétacés ; elle est représentée dans tous les océans et dans certains cours d'eau tropicaux. Ce sont, pour la plupart, des animaux fusiformes, à nez en forme de bec. Le front bombé abrite un coussinet de graisse supposé jouer un rôle de guidage dans le système sonar de l'animal. Certaines espèces, notamment l'orque épaulard, sont beaucoup plus grandes que les autres et n'ont pas de bec. Les mâles sont souvent plus grands et certaines espèces présentent des dimorphismes sexuels dans la taille des nageoires. Nageurs rapides, les dauphins plongent brièvement pour se nourrir et émergent plusieurs fois par minute. Très grégaires, ils vivent en sociétés hiérarchisées.

Sotalie de Chine, *Sousa chinensis* **DD**

Distribution :	océan Indien, sud-ouest du Pacifique, Yang-tseu-kiang
Habitat :	côtes, estuaires, marécages
Taille :	2 à 3 m

Les jeunes de l'espèce ont un corps fusiforme, mais les adultes montrent sur le dos une bosse de tissus adipeux. Le bec est long, armé d'au moins 120 dents. Ce dauphin se nourrit en eau peu profonde, de poissons, de mollusques et de crustacés qu'il repère par écholocation. Grégaire, il forme des groupes atteignant 20 individus.

Dauphin de Thétis, *Stenella coeruleoalba* **LR : cd**

Distribution :	zones tempérées et tropicales de l'Atlantique et du Pacifique
Habitat :	eaux profondes
Taille :	2,40 à 3 m

La coloration est variable, avec, toujours, une ligne sombre longeant les flancs et une bande courbe, également sombre, joignant la nageoire dorsale à l'œil. Le dauphin de Thétis possède de 90 à 100 dents et se nourrit de petits poissons, de pieuvres et de crevettes. Il circule en troupe forte de plusieurs centaines, voire plusieurs milliers d'individus, organisée par groupes d'âges.

La femelle met bas tous les 3 ans, après une gestation de 12 mois ; elle élève son petit pendant 9 à 18 mois.

Dauphin commun, *Delphinus delphis* **LR : lc**

Distribution :	zones tempérées et tropicales des océans
Habitat :	eaux côtières et océaniques
Taille :	2,10 à 2,60 m

C'est un dauphin joliment marqué, à long bec et nageoires pointues. Le dessin, très complexe, est aussi très variable. Cette espèce forme un certain nombre de races géographiques.

Les dauphins vivent en sociétés hiérarchisées de 20 à 100 individus et plus ; il arrive que les groupes se rassemblent en troupes extrêmement nombreuses. On cite de multiples exemples de dauphins communs se portant au secours d'un compagnon blessé. Ces animaux réputés pour leur intelligence sont aussi très actifs. Ils ont l'habitude de nager devant l'étrave des bateaux en bondissant à la surface. D'ordinaire, ils viennent respirer plusieurs fois par minute, mais ils peuvent demeurer jusqu'à 5 minutes en immersion, à 280 m de profondeur, pour chasser poissons et céphalopodes, en pratiquant l'écholocation.

Les jeunes naissent en été, après une période de gestation de 10 ou 11 mois.

Grand Dauphin, *Tursiops truncatus* **DD**

Distribution :	mers tempérées et tropicales
Habitat :	eaux côtières
Taille :	3 à 4,20 m

Ce dauphin que l'on voit fréquemment dans les zoos et les parcs d'attractions est un animal très intelligent, malheureusement encore chassé et tué par l'homme dans certaines régions. C'est un dauphin robuste, à bec court et épais, nageoire dorsale triangulaire, haute et étroite. La mandibule dépasse la mâchoire supérieure, ce qui, du fait de la ligne courbe de la bouche, donne l'impression que l'animal sourit en permanence.

Ces souffleurs forment des groupes atteignant 15 individus, qui se rassemblent parfois en troupes plus vastes. Les membres du groupe s'entraident et communiquent entre eux par des émissions sonores très variées. Ils se nourrissent de poissons de fond dans les eaux littorales, mais aussi de crustacés et de grands poissons de surface. Ils pratiquent avec talent l'écholocation en émettant des cliquetis sonores de fréquences variées (jusqu'à 1 000 par seconde) ; l'analyse des échos leur permet de déterminer avec précision la distance de l'obstacle.

Avant la copulation, les couples se livrent à des préludes nuptiaux faits de tendres caresses. La gestation dure 1 an. Lors de la mise bas, deux femelles adultes aident la mère et guident le jeune vers la surface pour qu'il y respire. Le petit est allaité pendant 1 an, de sorte qu'il y a au moins 2 ans d'intervalle entre deux naissances consécutives. Le lait maternel est extrêmement riche et contient plus de 40 p. cent de graisse, de manière à satisfaire les besoins énergétiques d'un petit qui se développe très rapidement.

Orque épaulard ou Orque gladiateur, *Orcinus orca* LR : cd

DISTRIBUTION : cosmopolite, en particulier dans les mers froides
HABITAT : eaux côtières
TAILLE : 7 à 9,70 m

C'est le plus grand des delphinidés. Cet animal à corps fusiforme, mais robuste, a une tête arrondie, dépourvue de bec. Chez un adulte, la nageoire dorsale caractéristique atteint presque 2 m de haut ; elle est plus petite chez les femelles et les juvéniles, mais reste néanmoins plus grande que chez la plupart des cétacés. Les adultes ont de 40 à 50 dents.

Très voraces, ils attaquent tous les animaux qu'ils rencontrent : oiseaux, céphalopodes, pinnipèdes et même baleines. Ils pratiquent probablement l'écholocation pour trouver leur nourriture dans les eaux troubles.

L'orque épaulard vit en groupe familial extrêmement nombreux, dont les membres coopèrent lors de la chasse. Il n'effectue pas de migrations régulières, mais il se déplace pour trouver sa nourriture.

Dauphin pilote, *Globicephala melaena* LR : lc

DISTRIBUTION : Atlantique Nord, zones tempérées des océans austraux
HABITAT : eaux côtières
TAILLE : 4,80 à 8,50 m

Ce dauphin est reconnaissable à sa tête très carrée. Les nageoires pectorales sont longues et étroites. Les dauphins pilotes disposent d'un vaste répertoire de sons, dont certains servent à l'écholocation. Ils se nourrissent essentiellement de seiches, mais mangent aussi des poissons tels que morues et turbots. Les groupes sociaux, très soudés, se composent de 6 individus et plus ; ils peuvent s'assembler en troupes plus nombreuses. La gestation dure environ 16 mois et la mère nourrit son petit pendant plus de 1 an.

Ces dauphins forment des populations dans deux zones très distinctes de la planète, ce qui est assez inhabituel.

Dauphin de Risso ou Dauphin gris, *Grampus griseus* DD

DISTRIBUTION : mers tropicales et tempérées
HABITAT : eaux profondes
TAILLE : 3 à 4 m

Les adultes montrent de nombreuses cicatrices de blessures, apparemment causées par leurs congénères à en juger par l'empreinte laissée par la denture. Le dauphin de Risso est large en avant de la nageoire dorsale et s'effile vers l'arrière. Il n'a pas de bec, mais présente une échancrure caractéristique joignant le front à la lèvre. La mâchoire supérieure est édentée, et la mandibule porte seulement 3 ou 4 dents de chaque côté. Il se nourrit de seiches et de calmars.

CACHALOTS ET BALEINES BLANCHES

Famille des Physeteridae : Cachalots

Si le grand cachalot est la plus grande des baleines à dents, les 2 autres espèces constituant la famille comptent, à l'inverse, parmi les plus petites baleines. Les cachalots se caractérisent par une tête énorme, occupée dans sa partie antérieure par le « melon », organe contenant une matière huileuse, le spermaceti, qui pourrait jouer un rôle dans le contrôle de la flottabilité lorsque la baleine est profondément immergée. La mâchoire inférieure est courte et en retrait.

Petit Cachalot, *Kogia breviceps* **LR : lc**

Distribution : tous océans

Habitat : mers tropicales et tempérées-chaudes

Taille : 3 à 3,40 m

Sa mâchoire inférieure en retrait confère à ce cachalot un aspect de requin que dément la forme carrée et tronquée de la tête. À la différence de son grand cousin, chez lequel la tête est énorme, elle ne constitue que 15 p. cent de la longueur du corps chez le petit cachalot. La mâchoire inférieure porte 12 paires de dents et plus. Les nageoires pectorales sont très avancées ; le corps s'effile nettement en arrière de la petite nageoire dorsale.

À ce que l'on sait, c'est un animal craintif, aux déplacements lents. Il se nourrit de céphalopodes, de poissons et de crabes, qu'il prend aussi bien près de la surface qu'en eaux profondes. Les petits cachalots se rencontrent souvent solitaires, mais certains renseignements laissent à penser qu'ils forment des groupes de 3 à 5 individus.

La reproduction de cette espèce est mal connue. La gestation est supposée durer environ 9 mois ; les petits sont mis bas au printemps et allaités par leur mère durant 1 an environ.

Cachalot nain, *Kogia simus* **LR : lc**

Distribution : tous océans

Habitat : mers tropicales et subtropicales

Taille : 2,40 à 2,70 m

Le cachalot nain ressemble au petit cachalot, avec une tête généralement plus arrondie, mais dont la forme connaît des variations individuelles. La mâchoire inférieure, en retrait, porte jusqu'à 11 paires de dents.

On connaît peu la biologie et les mœurs de ce cachalot. Il semble se nourrir de poissons et de céphalopodes ; des espèces découvertes dans l'estomac de cachalots nains, on peut déduire qu'il chasse à des profondeurs de plus de 250 m et doit donc effectuer des plongées de longue durée.

Grand Cachalot, *Physeter catodon* **VU**

Distribution : tous océans

Habitat : eaux tempérées et tropicales

Taille : 11 à 20 m

C'est le géant des baleines à dents. La tête, énorme, représente le tiers de la longueur totale du corps. La mâchoire inférieure, proportionnellement très petite, est très en retrait. Le dos montre une bosse charnue suivie de plusieurs autres, moins prononcées. Les nageoires pectorales sont courtes, la queue puissante, bien développée, sert aux accélérations. Les fosses nasales sont entourées par l'organe à spermaceti : une substance huileuse. Quand le cachalot plonge, il laisse l'eau pénétrer dans ses fosses nasales ; en contrôlant la quantité d'eau

absorbée et sa température, l'animal peut faire varier la densité du spermaceti et régler ainsi sa flottabilité en fonction de la profondeur. Ce dispositif permet au cachalot de s'enfoncer à de très grandes profondeurs (1 000 m, peut-être deux fois plus) et d'y flotter en équilibre tandis qu'il cherche sa proie. Il se nourrit surtout de grands céphalopodes des profondeurs, accessoirement de poissons, de homards et d'autres créatures marines. Son « sonar » lui sert essentiellement à chasser dans l'obscurité des profondeurs océaniques.

Les grands cachalots émigrent vers les pôles au printemps et retournent vers l'équateur à l'automne, mais les femelles et les jeunes ne dépassent pas les eaux tempérées, alors que les adultes mâles atteignent les calottes glaciaires. L'hiver venu, les mâles rejoignent les tropiques et se disputent les femelles, rassemblant des harems de 20 à 30 femelles et jeunes. Les mâles âgés de moins de 25 ans ne constituent généralement pas de harem, mais vivent en groupes de célibataires.

La gestation des grands cachalots dure de 14 à 16 mois. La femelle sur le point de mettre bas est entourée par plusieurs autres, qui sont là pour l'aider et conduire le nouveau-né jusqu'à la surface, afin qu'il puisse respirer. Comme chez la plupart des baleines, un seul jeune est mis bas par portée, mais des cas de naissance de jumeaux ont cependant été rapportés. Les mères allaitent leur petit jusqu'à l'âge de 2 ans.

Famille des Monodontidae : Baleines blanches

Les monodontidés (ou delphinaptéridés) sont représentés par 2 espèces, toutes deux des eaux antarctiques. Ces baleines ont de nombreux caractères communs : un cou plus flexible que chez la plupart des baleines, une queue très mobile, pas de nageoire dorsale. Les mâles sont plus grands que les femelles.

Baleine blanche ou Béluga, *Delphinapterus leucas* **VU**
Distribution : mers arctiques et subarctiques
Habitat : eaux peu profondes, estuaires, fleuves
Taille : 4 à 6,10 m

Cette baleine a un corps cylindrique et dodu, avec une ébauche de bec. Sur le dos, une courte arête remplace la nageoire dorsale. Brun rougeâtre à la naissance, ces baleines deviennent ensuite d'un gris-bleu profond, puis pâlissent progressivement jusqu'à être d'un blanc crème vers l'âge de 6 ans. Elles portent environ 32 dents.

Les bélugas se nourrissent sur le fond, en eaux peu profondes, de poissons, de seiches et de crustacés, occasionnellement de mollusques. Ils peuvent nager sous la banquise, qu'ils brisent pour venir respirer à la surface.

Les bélugas atteignent la maturité sexuelle entre 5 et 8 ans. Ils s'accouplent au printemps et les baleineaux naissent en été, après une gestation de 14 mois environ. Du fait qu'ils sont allaités pendant 1 an au moins, il y a un intervalle de quelque 3 ans entre deux portées successives.

Les baleines blanches disposent pour communiquer d'un large éventail de sons, dont des cliquetis utilisés pour l'écholocation. Les chants étranges de ces animaux les avaient fait surnommer les « canaris de la mer » par les baleiniers du siècle dernier. Elles se rassemblent en troupes constituées de centaines d'individus pour émigrer vers le sud en hiver ; l'été venu, elles retournent vers le nord.

Narval, *Monodon monoceros* **DD**
Distribution : latitudes élevées de l'océan Arctique (distribution fractionnée)
Habitat : pleine mer
Taille : 4 à 6,10 m

Le narval se reconnaît aisément à l'existence, chez le mâle, d'une défense unique – une incisive modifiée, à structure spiralée, pouvant atteindre 2,70 m et qui pousse dans le plan horizontal, du côté gauche de la mâchoire. Elle existe parfois chez la femelle sous une forme réduite. Probablement est-elle utilisée par le mâle pour dominer les autres mâles et impressionner les femelles.

Les narvals se nourrissent de céphalopodes, de crabes, de crevettes et de poissons. Ils forment des groupes sociaux de 6 à 10 individus, susceptibles de s'assembler lors des migrations. Entre autres sons, ils émettent des cliquetis, mais il n'est pas certain qu'il s'agisse d'émissions destinées à l'écholocation.

Les narvals s'accouplent au printemps. La gestation dure 15 mois. Les femelles peuvent nourrir leurs petits jusqu'à 2 ans. Gris-bleu à la naissance, les jeunes acquièrent en grandissant la coloration brun marbré des adultes.

BALEINES À BEC

Famille des Ziphiidae : Baleines à bec

Au nombre de 18 espèces, les baleines à bec sont représentées dans tous les océans. Ce sont, pour la plupart, des cétacés de taille moyenne, à corps élancé et long museau étroit ; le front est bombé chez certaines espèces. La gorge montre 2 sillons, caractéristiques de la famille. Exception faite du tasmacète de Shepherd, qui possède plus de 50 dents, les baleines à bec n'en ont généralement que 1 ou 2 paires dont la disposition permet d'identifier l'espèce.

Elles se nourrissent de céphalopodes. Ce sont les meilleurs plongeurs de tous les cétacés. Elles se déplacent généralement en petits groupes, sauf les adultes mâles, souvent solitaires.

Si du point de vue du nombre des espèces les baleines à dents se placent au deuxième rang dans l'ordre après les dauphins, elles constituent un groupe mal connu. Le genre *Mesoplodon* a été particulièrement peu étudié mais présente des caractères intéressants. Seuls les mâles du genre possèdent des dents fonctionnelles, dont une seule paire à la mâchoire inférieure. La forme et la longueur de ces dents diffèrent d'une espèce à l'autre, avec un maximum chez *M. layardi*, dont les dents recourbées vers l'arrière pointent vers le haut, hors de la bouche, et ressemblent un peu à des défenses.

Hypéroodon arctique,
Hyperoodon ampullatus **LR : cd**

Distribution : océans Arctique et Atlantique Nord
Habitat : au large, en eaux profondes
Taille : 7,30 à 10 m

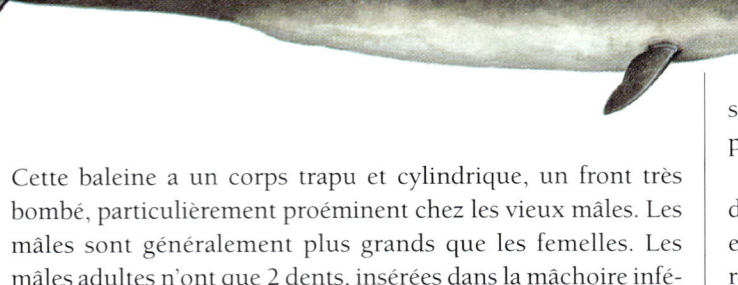

Cette baleine a un corps trapu et cylindrique, un front très bombé, particulièrement proéminent chez les vieux mâles. Les mâles sont généralement plus grands que les femelles. Les mâles adultes n'ont que 2 dents, insérées dans la mâchoire inférieure, souvent invisibles tant elles sont profondément enfouies dans la gencive. Les femelles adultes n'ont, elles aussi, que 2 dents, totalement invisibles. Certains individus ont d'autres dents, à l'état de vestiges et non fonctionnelles.

L'hypéroodon arctique se nourrit de céphalopodes, accessoirement de certains poissons (harengs), parfois d'astéries. C'est peut-être le cétacé qui plonge le plus profondément et assurément celui qui reste le plus longtemps immergé. Grégaire, il forme des groupes sociaux de 4 à 10 individus, composés de 1 mâle, de plusieurs femelles et de leurs jeunes. L'accouplement a lieu au printemps et en été. La gestation dure 1 an environ. Les baleineaux atteignent la maturité sexuelle entre 9 et 12 ans.

L'exploitation commerciale de l'espèce ayant débuté en 1887, ses effectifs ont, depuis, fortement diminué. Leur survie dépend de l'application rigoureuse des mesures de protection mises en place.

Baleine à bec d'oie ou Baleine à bec de Cuvier,
Ziphius cavirostris **DD**

Distribution : zones tropicales et tempérées des océans
Habitat : eaux profondes
Taille : 6,40 à 7 m

Cette baleine a le corps effilé typique de la famille, avec un bec bien marqué. Les adultes mâles sont aisément reconnaissables aux 2 dents qui saillent de la mâchoire inférieure ; chez les femelles, ces dents restent enfouies dans la gencive. La coloration est très variable : les populations de la région indo-pacifique arborent généralement des nuances de brun, avec souvent un dos plus sombre ou une tête presque blanche, alors que dans l'Atlantique, la baleine à bec d'oie tend à être grise ou gris-bleu. Les baleines à bec d'oie montrent le plus souvent des cicatrices et des taches ovales décolorées laissées par la bouche des lamproies parasites.

Les baleines à bec de Cuvier se nourrissent essentiellement de céphalopodes et de poissons fréquentant des profondeurs ; elles peuvent rester jusqu'à 30 minutes en plongée pour capturer leurs proies.

La reproduction n'est pas saisonnière, et les baleineaux peuvent naître à n'importe quelle époque de l'année. Ces baleines forment des groupes atteignant 15 individus, qui vivent et se déplacent ensemble.

Baleine de Sowerby, *Mesoplodon bidens* **DD**

Distribution : Atlantique Nord
Habitat : eaux côtières, profondes et froides
Taille : 5 à 6 m

Le genre compte 12 espèces très voisines, qui tendent à vivre en eaux profondes en se tenant à l'écart des bateaux, de sorte qu'elles sont rarement visibles, et leurs mœurs sont donc mal connues. Les baleines de Sowerby ont un corps assez cylindrique, avec des nageoires pectorales proportionnellement petites. Les mâles sont plus grands que les femelles. Les adultes sont généralement marqués de nombreuses cicatrices : certaines du fait des parasites, d'autres résultant peut-être de combats entre individus de la même espèce.

La baleine de Sowerby a été la première à être reconnue officiellement comme une baleine à bec et décrite en tant qu'espèce, et ce en 1804. Le mâle porte 1 dent pointue de chaque côté de la mâchoire inférieure. Elle se nourrit surtout de céphalopodes et de petits poissons.

On ignore tout de la reproduction de la baleine de Sowerby ; on pense qu'elle émigre vers le sud en hiver et met bas dans les sites d'hivernage.

Tasmacète de Shepherd, *Tasmacetus shepherdi* **DD**

Distribution : mers néo-zélandaises, au large des côtes de l'Argentine et du Chili
Habitat : côtes, pleine mer
Taille : 6 à 6,60 m

Le tasmacète de Shepherd n'a été découvert qu'en 1933 et,

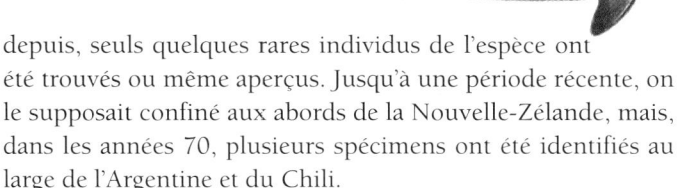

depuis, seuls quelques rares individus de l'espèce ont été trouvés ou même aperçus. Jusqu'à une période récente, on le supposait confiné aux abords de la Nouvelle-Zélande, mais, dans les années 70, plusieurs spécimens ont été identifiés au large de l'Argentine et du Chili.

La denture de cet animal est unique dans la famille des ziphiidés. Le tasmacète de Shepherd possède 2 grandes dents à l'avant de la mâchoire inférieure, 12 dents de chaque côté et 20 à la mâchoire supérieure. Par l'aspect et les mœurs, il ressemble aux autres ziphiidés. On connaît mal son mode d'alimentation, mais on suppose qu'il se nourrit surtout de céphalopodes et de poissons.

Baleine de Baird, *Berardius bairdi* **LR : cd**

Distribution : zones tempérées du Pacifique Nord
Habitat : eaux profondes de plus de 1 000 m
Taille : 10 à 12 m

C'est la plus grande des baleines à bec. Ce cétacé a un bec bien marqué, avec une mandibule qui dépasse la mâchoire supérieure, et il exhibe 2 grandes dents à son extrémité ; en arrière sont situées 2 dents plus petites.

Les femelles sont généralement plus grandes que les mâles, de coloration plus claire, avec de plus petites dents. Les adultes mâles montrent le plus souvent des cicatrices de blessures provoquées par des représentants de l'espèce, ce qui laisse à penser qu'ils luttent entre eux pour s'approprier la direction des groupes de femelles en œstrus.

Les groupes sociaux comptent de 6 à 30 individus, conduits par un mâle dominant. L'accouplement a lieu à la mi-été, et la gestation dure 10 mois, parfois plus.

À l'inverse de la plupart des baleines, celles-ci passent l'été dans le sud de leur aire, dans les eaux chaudes qui baignent la Californie et le Japon ; elles émigrent en hiver en direction des eaux froides de la mer de Béring et à son voisinage. Ces migrations sont probablement à rapprocher des disponibilités alimentaires. Les baleines de Baird plongent très profondément et se nourrissent de calmars, de poissons, de pieuvres, de divers crustacés et autres invertébrés marins.

La baleine d'Arnoux, *B. arnouxii*, qui fréquente les zones tempérées du Pacifique Sud et de l'Atlantique Sud, est l'équivalent austral de la baleine de Baird ; bien qu'elle soit rarement visible, on lui prête l'aspect et les mœurs de cette dernière.

BALEINE GRISE, RORQUALS ET BALEINES VRAIES

Famille des Eschrichtiidae : Baleine grise

Unique représentante de sa famille, la baleine grise tient à la fois du rorqual et de la baleine franche – les deux autres types de baleines à fanons. Elle en diffère en ce que sa gorge et sa poitrine montrent 2 à 4 sillons longitudinaux, contre 100 et plus chez les autres baleines à fanons.

Baleine grise, *Eschrichtius robustus* **LR : cd**

Distribution : nord-est et nord-ouest du Pacifique
Habitat : eaux côtières
Tailles : 12,20 à 15,30 m

La baleine grise n'a pas de nageoire dorsale, mais l'arrière du dos montre une ligne de bosselures. La mâchoire est légèrement arquée, le museau est pointu. Les mâles sont plus grands que les femelles. Comme toutes les baleines à fanons, elle se nourrit d'animalcules planctoniques que filtrent des lamelles cornées pendant de la mâchoire supérieure : les fanons ; l'eau est expulsée de chaque côté de la bouche. Au moyen de sa langue, l'animal recueille la nourriture sur les fanons et la fait passer à l'arrière de la bouche avant de l'avaler. À la différence des autres baleines à fanons, la baleine grise se nourrit sur le fond : elle remue les sédiments à l'aide de son museau et filtre ensuite l'eau.

Les baleines grises effectuent des migrations de l'ordre de 20 000 km qui les conduisent des sites alimentaires du Nord aux sites de reproduction du Sud, et inversement. Elles passent l'été dans les eaux riches de l'Arctique, où elles font provision quasiment pour le reste de l'année.

Sur les sites de reproduction, l'accouplement suit des préludes nuptiaux rituels et s'accomplit en eaux peu profondes, avec l'assistance d'un mâle supplémentaire qui, installé derrière la femelle, semble la soutenir. La gestation dure 1 an, de sorte que le baleineau est mis bas, sur le site de reproduction, l'année suivant sa conception ; il reprend, avec sa mère, la route du nord alors qu'il est âgé de 2 mois.

Famille des Balaenopteridae : Rorquals

Au nombre de 6 espèces, les rorquals présentent tous le même aspect – à l'exception de la baleine à bosse –, mais diffèrent par la taille et la coloration. La mâchoire, peu arquée, porte quelque 300 fanons de chaque côté. La gorge est creusée de nombreux sillons. Les femelles sont plus grandes que les mâles.

Petit Rorqual ou Rorqual à bec,
Balaenoptera acutorostrata **LR : nt**

Distribution : zones tempérées et polaires des océans
Habitat : eaux peu profondes, estuaires, fleuves, mers intérieures
Taille : 8 à 10 m

C'est le plus petit des rorquals. Le museau est étroit et pointu, la gorge creusée de 60 à 70 sillons. Dans les régions polaires, il se nourrit surtout de crustacés planctoniques, mais les effectifs des zones tempérées consomment plus de poissons et de céphalopodes que ce n'est le cas chez les baleines à fanons. En dehors de la saison des amours, les petits rorquals vivent seuls ou par deux, mais il leur arrive de se regrouper en grand nombre sur les riches sites alimentaires.

La gestation dure 10 à 11 mois ; le baleineau est allaité pendant 6 mois.

Balaenoptera borealis **EN**

Distribution : tous océans (régions polaires exceptées)
Habitat : pleine mer
Taille : 15 à 20 m

Le corps fusiforme et la tête aplatie de ce rorqual en font un nageur rapide qui peut atteindre 50 km/h. Il se nourrit, en général près de la surface, de plancton, de poissons et de céphalopodes. Il se déplace en groupe familial de 5 ou 6 individus. Les couples sont très soudés et peuvent même être permanents.

La gestation dure 1 an et le jeune est allaité pendant 6 mois.

Grande Baleine bleue ou Rorqual bleu, *Balaenoptera musculus* EN

Distribution : tous océans
Habitat : pleine mer
Taille : 25 à 32 m

C'est le plus grand de tous les mammifères : une grande baleine bleue peut atteindre 130 t. Le corps est fusiforme et, en dépit de son poids, cette baleine évolue dans l'eau avec grâce. La gorge montre 64 à 94 sillons. Le régime de ce géant se compose exclusivement de crustacés planctoniques, et en particulier de krill : une espèce de crevette qui forme dans l'Antarctique des essaims denses. Le rorqual bleu se nourrit durant les mois d'été, qu'il passe dans les riches eaux polaires ; durant cette période, il absorbe jusqu'à 4 t de krill par jour.

À l'automne, les eaux polaires commencent à être prises par les glaces, aussi les rorquals bleus émigrent-ils en direction de l'équateur ; ils cessent alors pratiquement de se nourrir. Ils s'accouplent dans les eaux chaudes, et le jeune est mis bas dans ces mêmes eaux, après une gestation de 11 à 12 mois.

Bien que protégée depuis 1967, la grande baleine bleue demeure extrêmement rare, et l'on craint qu'elle ne soit menacée d'extinction.

Baleine à bosse ou Jubarte, *Megaptera novaeangliae* VU

Distribution : tous océans
Habitat : eaux profondes, à proximité des côtes
Taille : 14,60 à 19 m

La baleine à bosse montre une mâchoire inférieure nettement courbe et 22 sillons gulaires en moyenne. Elle se caractérise essentiellement par ses nageoires pectorales, longues de quelque 5 m, à bord antérieur festonné, et marquées comme le reste du corps de nombreuses excroissances verruqueuses. Les jubartes se rencontrent généralement en groupes familiaux de 3 ou 4 individus ; les groupes communiquent entre eux.

Dans l'hémisphère austral, les jubartes se nourrissent de crustacés planctoniques, mais, dans l'hémisphère boréal, elles mangent de petits poissons. Les populations des deux hémisphères se nourrissent durant l'été dans les régions polaires, puis émigrent pour passer l'hiver dans les eaux tropicales. La gestation dure 11 ou 12 mois et la mère allaite son jeune pendant près de 1 an.

Les baleines à bosse sont célèbres pour leurs chants, extrêmement complexes et qu'elles répètent inlassablement pendant des heures. Chaque population a son chant spécifique, mais peut en changer d'année en année.

Famille des Balaenidae : Baleines vraies

La famille rassemble 3 espèces de baleines qui sont caractérisées par leur tête énorme, mesurant plus du tiers de la longueur totale du corps, et par leur mâchoire supérieure fortement arquée, d'où pendent de longs fanons noirâtres. La gorge ne montre pas de sillons.

Du fait de la chasse excessive dont elles ont été l'objet au siècle dernier, les baleines vraies, et en particulier la baleine franche, sont devenues extrêmement rares.

Baleine franche, *Balaena mysticetus* LR : cd

Distribution : océan Arctique
Habitat : eaux côtières
Taille : 15 à 20 m

Cette baleine a une tête massive et un corps très effilé vers l'arrière. La mâchoire, fortement courbe, porte des fanons longs de 4,50 m, ce qui constitue un record parmi les baleines à fanons.

Les baleines franches se nourrissent de très petits crustacés planctoniques. Elles s'accouplent en début de printemps. La gestation dure 10 à 12 mois et le baleineau est allaité pendant près de 1 an. Il arrive parfois que soient mis bas des jumeaux.

CHEVAUX ET TAPIRS

ORDRE DES PÉRISSODACTYLES

Cet ordre ne compte plus, aujourd'hui, que 3 familles d'animaux ayant pour caractéristique commune le fait de posséder un nombre impair de doigts, l'axe des membres passant par le troisième doigt. Ce sont les équidés (chevaux, ânes, zèbres), les tapirs et les rhinocéros.

FAMILLE DES EQUIDAE : CHEVAUX, ANES, ZÈBRES

Au nombre de quelque 8 espèces, les équidés ont les membres terminés par des sabots particulièrement adaptés à la course. Le troisième doigt est le seul qui ait persisté au cours de l'évolution de la lignée. À l'état naturel, les équidés habitent l'Asie et l'Afrique, mais, depuis que le cheval sauvage a été domestiqué, sa distribution s'est étendue à toutes les parties du monde.

À l'état libre, ils vivent en troupeaux et effectuent des migrations régulières. Ils se nourrissent essentiellement d'herbe. Leurs dents, qui leur servent à brouter et triturer l'herbe, comportent des incisives en forme de ciseau, des prémolaires et des molaires très grandes, à surface formant des tubercules.

Zèbre de Burchell, *Equus burchelli*
Distribution : est et sud de l'Afrique
Habitat : plaines herbeuses, savane faiblement boisée, collines
Taille : corps, 1,90 à 2,40 m ; queue, 43 à 57 cm

Le dessin de la robe est très variable d'une sous-espèce à une autre ou d'un individu à un autre. Dans le sud de l'aire, les raies s'éclaircissent généralement à l'arrière du corps. Le zèbre de Burchell a une silhouette arrondie, des pattes élancées. La nuque porte une petite crinière dressée. La coloration de fond varie de blanc à jaunâtre, les raies pouvant être brun foncé ou noires.

De mœurs diurnes, ces zèbres se nourrissent d'herbe, parfois de feuilles et d'écorce. Ils ont besoin de boire régulièrement. Ils vivent en groupes familiaux comptant jusqu'à 6 femelles et leurs jeunes, sous la conduite d'un vieux mâle. Quand il a atteint l'âge de 16 à 18 ans, le mâle est pacifiquement remplacé par l'un de ses cadets, âgé de 6 à 8 ans ; par la suite, il vit seul. Plusieurs familles peuvent se partager un même territoire et se rassembler en troupeaux nombreux, mais elles se reconnaissent entre elles au dessin de la robe, à la voix et à l'odeur.

La femelle met bas 1 jeune, rarement 2, après une gestation de 1 an environ ; elle éloigne les autres animaux jusqu'à ce que son petit soit apte à la reconnaître, soit durant 3 ou 4 jours. Le jeune est allaité pendant 6 mois environ et indépendant vers 1 an.

Zèbre de Grevy, *Equus grevyi* **EN**
Distribution : est de l'Afrique (Kenya, Éthiopie)
Habitat : savane, zones semi-désertiques
Taille : corps, 2,60 m ; queue, 70 à 75 cm

C'est le plus grand représentant de sa famille. Cet animal a une grosse tête allongée, aux oreilles arrondies, au cou relativement court et fort. Une crinière dressée couvre le sommet de la tête et la nuque. La robe est blanche, avec des raies noires, plus étroites et plus nombreuses que chez le zèbre de Burchell. Le zèbre de Grevy broute pendant la journée et se repose à l'ombre aux heures de midi. Les mâles adultes sont solitaires, sur un territoire propre ; les autres mâles vivent en troupes. Les femelles et leurs jeunes forment des groupes d'une douzaine d'individus et plus. À la saison sèche, les zèbres de Grevy émigrent, mais les mâles territoriaux ne se décident à émigrer qu'en cas de forte sécheresse.

Après une gestation qui dure 1 an environ, la femelle met bas un seul jeune, qui, après quelques jours, est capable de la reconnaître. Il est allaité pendant 6 mois et peut rester jusqu'à 2 ans avec sa mère.

Âne sauvage de Nubie, *Equus africanus* **CR**
Distribution : nord-est de l'Afrique
Habitat : plaines herbeuses dégagées, contrées rocheuses accidentées, zones semi-désertiques, montagnes
Taille : hauteur à l'épaule, 1,20 m

Ancêtre de l'âne domestique, l'âne sauvage de Nubie est aujourd'hui rare à l'état libre, et l'on peut se demander si les spécimens restants ne sont pas, en fait, des hybrides. Ces ânes sauvages ont été victimes de la chasse et de la compétition avec les

ânes domestiques. Il en existait 4 sous-espèces, dont 1 est aujourd'hui éteinte et 2 en passe de l'être.

L'âne sauvage de Nubie est un animal à grosse tête, oreilles longues et étroites, et court pelage lisse, de brun jaunâtre à gris bleuâtre. Bon grimpeur, il se déplace avec aisance sur les terrains accidentés. Il se nourrit d'herbe, parfois de feuilles, et a besoin de boire régulièrement. Il est surtout actif au crépuscule et la nuit, et fuit le plein soleil. Il forme des troupes de femelles avec leurs jeunes ou des troupes mixtes de jeunes animaux des deux sexes. Les vieux mâles vivent seuls ou en troupes de célibataires.

La femelle met bas 1 jeune après une gestation de 330 à 365 jours. Elle éloigne les animaux du nouveau-né jusqu'à ce que celui-ci ait appris à la reconnaître.

Cheval de Przewalski,
Equus przewalskii **EW**

Distribution : Mongolie, ouest de la Chine
Habitat : plaines, zones semi-désertiques
Taille : corps, 1,80 à 2 m ; queue, 90 cm

C'est l'ancêtre du cheval domestique. Ce cheval se distingue par sa crinière dressée et son absence de toupet au sommet du crâne. La race sauvage est éteinte, mais l'espèce a été préservée par des programmes de reproduction en captivité. Ses effectifs ont fortement diminué, du fait de la chasse, des hivers rigoureux, et de la compétition avec le bétail pour l'eau et les pâtures.

Ces chevaux vivent aujourd'hui en petites troupes, conduites par un mâle. Les jeunes naissent en avril ou mai.

Âne sauvage d'Asie ou Hémione, *Equus hemionus* **VU**

Distribution : Iran, Afghanistan, Russie
Habitat : steppe, gorges, bords de cours d'eau
Taille : corps, environ 2 m ; queue, 42,5 cm

Ses effectifs ont fortement décliné, du fait de la chasse et de l'introduction du bétail. En été, l'hémione vit sur les prairies d'altitude ; il redescend en hiver pour trouver de l'eau et des pâtures. Il se nourrit de tous les types d'herbe et sa survie est conditionnée par les disponibilités en eau. Sociable, il vit en troupe conduite par un mâle dominant et comptant jusqu'à 12 femelles et leurs jeunes.

La femelle met bas 1 jeune après une gestation de 1 an.

FAMILLE DES TAPIRIDAE : TAPIRS

La famille compte 4 espèces d'animaux qui pourraient bien ressembler aux ancêtres des périssodactyles. Leur corps est lourd et épais, leurs pattes sont courtes, à 4 doigts pour les membres antérieures et 3 pour les membres postérieures. Le pelage est court et raide. Le museau et la lèvre supérieure sont allongés en une courte trompe mobile portant les narines à son extrémité.

Essentiellement nocturnes, les tapirs sont des animaux forestiers et végétariens. Sur les 4 espèces, 1 est propre à l'Asie du Sud-Est et 3 à l'Amérique centrale et du Sud.

Tapir à chabraque,
Tapirus indicus **VU**

Distribution : Asie du Sud-Est (du Myanmar à la Malaisie, Sumatra)
Habitat : forêts humides et marécageuses
Taille : corps, 2,50 m ; queue, 5 à 10 cm

La coloration de ce tapir est très originale : les membres, les épaules, le cou et la tête sont noir grisâtre, le reste du corps est blanc. Le tronc est plus long et plus fort que celui des tapirs sud-américains. Farouche et solitaire, le tapir à chabraque est exclusivement nocturne. Il se nourrit de végétation aquatique, de feuilles, bourgeons et fruits de plantes terrestres basses. Il nage bien et, s'il est menacé, se réfugie dans l'eau.

La femelle met bas un seul jeune après une gestation d'environ 395 jours. Le petit a une livrée rayée et tachetée qui disparaît vers l'âge de 6 à 8 mois. Très affecté par le déboisement et les modifications apportées par l'homme à son habitat, ce tapir est devenu extrêmement rare.

Tapir terrestre, *Tapirus terrestris* **LR : nt**

Distribution : Amérique du Sud (Colombie, Venezuela, vers le sud jusqu'au Brésil et au Paraguay)
Habitat : forêts pluviales, près de l'eau ou des marais
Taille : corps, 2 m ; queue, 5 à 8 cm

Ce tapir recherche le voisinage de l'eau, où il se montre habile nageur et bon plongeur. À terre, il se déplace rapidement, y compris en terrain accidenté. Il est brun, avec une courte crinière sur la tête et la nuque. Il se nourrit de feuilles, bourgeons, pousses et branchettes, ainsi que de fruits, d'herbe et de plantes aquatiques.

Après une gestation de 390 à 400 jours, la femelle met bas un seul jeune à la livrée rayée et tachetée.

RHINOCÉROS ET DAMANS

Famille des Rhinocerotidae : Rhinocéros

La structure lourde et massive des rhinocéros rapproche ces animaux des familles préhistoriques de périssodactyles, aujourd'hui éteintes. Les rhinocéros actuels comptent 5 espèces : 2 habitent l'Asie du Sud-Est, 3 l'Afrique. Ce sont des animaux dont la tête énorme porte 1 ou 2 cornes. La lèvre supérieure est préhensile et leur sert à brouter les plantes coriaces. Les membres sont courts et épais, terminés par 3 doigts à l'extrémité cornée. La peau, très épaisse, porte quelques rares poils. Il n'existe pas de dimorphisme sexuel, sinon que les cornes sont plus petites chez les femelles.

Rhinocéros unicorne, *Rhinoceros unicornis* EN
Distribution : Népal, nord-est de l'Inde
Habitat : zones herbeuses des régions pourvues de marécages
Taille : corps, 4,20 m ; queue, 75 cm

C'est le plus grand rhinocéros asiatique. C'est un animal à la peau épaisse, gris foncé, parsemée de petits tubercules et formant aux articulations des plis très épais qui donnent l'impression d'une armure. La tête porte une seule corne, plus petite chez la femelle. Généralement solitaire, le rhinocéros unicorne pacage matin et soir, sa nourriture se composant d'herbe, de roseaux et de tiges. Il se repose durant le reste de la journée.

La femelle met bas un seul jeune après une gestation d'environ 16 mois. Le petit, actif peu après sa naissance, peut être allaité jusqu'à 2 ans.

Rhinocéros de Sumatra, *Dicerorhinus sumatrensis* CR
Distribution : Indonésie, Malaisie, Myanmar, Thaïlande, Viêt-nam
Habitat : forêts denses, près des cours d'eau
Taille : corps, 2,50 à 2,80 m ; queue, environ 60 cm

Ce rhinocéros est le plus petit de la famille. Il porte 2 cornes ; celles-ci sont plus petites chez la femelle. La peau montre des poils clairsemés, pareils à des soies, qui frangent aussi le bord des oreilles. Ce rhinocéros est généralement solitaire, mais il lui arrive de vivre en couple. Il se nourrit surtout en début de matinée et en soirée, de feuilles, ramilles, fruits et pousses de bambou ; il peut ployer les jeunes arbres pour en manger les feuilles. Comme chez tous les rhinocéros, l'ouïe et l'odorat sont bien développés, mais la vue est faible.

La femelle met bas un seul jeune après une gestation de 7 à 8 mois environ.

Rhinocéros blanc, *Ceratotherium simum* LR : cd
Distribution : Afrique (nord-ouest de l'Ouganda et régions adjacentes, du Zimbabwe au nord de l'Afrique du Sud)
Habitat : savane
Taille : corps, 3,60 à 5 m ; queue, 90 cm à 1 m

Deuxième des animaux terrestres par la taille, après l'éléphant, le rhinocéros blanc a une longue tête, qu'il porte baissée, et montre une bosse sur la nuque. Le museau est large, avec une lèvre supérieure quadrangulaire. L'animal apparaît toujours grisâtre, du fait qu'il se roule dans la boue, mais il est possible qu'il soit, en fait, brun grisâtre à brun rougeâtre.

C'est un animal placide, qui préfère souvent la fuite à l'attaque. Les vieux mâles possèdent chacun un territoire, qu'ils peuvent éventuellement partager avec des mâles plus jeunes, mais la femelle est sociable : elle se déplace généralement en compagnie d'une femelle pourvue de progéniture ou de son propre jeune et de plusieurs autres. Les rhinocéros blancs broutent l'herbe de jour comme de nuit, en s'octroyant de temps à autre des périodes de repos.

La femelle met bas 1 jeune après une gestation de 16 mois environ. Le petit, allaité pendant 1 an au moins, reste avec sa mère durant 2 ou 3 ans, jusqu'à la naissance du jeune suivant.

Rhinocéros noir, *Diceros bicornis* **CR**

Distribution : Afrique (du sud du Tchad et du Soudan à l'Afrique du Sud)
Habitat : brousse, zones herbeuses et boisées
Taille : corps, 3 à 3,60 m ; queue, 60 à 70 cm

Contrairement à ce que laisserait croire son nom commun, ce rhinocéros est gris, mais sa coloration varie toutefois en fonction de celle de la boue dans laquelle il se vautre. La tête est forte, portée à l'horizontale ; elle est dotée de 2 cornes, parfois d'une troisième, très petite. La lèvre supérieure est pointue et mobile ; l'animal s'en sert pour brouter les feuilles, les bourgeons et les pousses des petits arbres et des buissons. Moins sociable que le rhinocéros blanc, le rhinocéros noir vit seul, exception faite des femelles pourvues de progéniture. Les adultes vivent sur des territoires délimités par leurs déjections, mais qui peuvent toutefois s'interpénétrer.

Mâles et femelles ne vivent ensemble que pendant les quelques jours que durent leurs amours. Les femelles mettent bas un seul jeune après une gestation d'environ 15 mois. Le jeune est allaité pendant 1 an environ et reste avec sa mère durant 2 ou 3 ans, jusqu'à la mise bas suivante.

ORDRE DES HYRACOÏDES

Famille des Procaviidae : Damans

Les damans sont de petits mammifères herbivores d'Afrique et du Moyen-Orient, dont l'aspect extérieur est celui d'un lapin à courtes oreilles arrondies. Il en existe 6 espèces, qui, à elles seules, constituent la totalité de l'ordre. Certains damans sont forestiers, d'autres habitent les régions sèches et rocheuses. Les doigts sont terminés par des ongles aplatis qui ressemblent à des sabots miniatures, et la sole plantaire montre une zone incurvée et humide qui joue le rôle de ventouse lors du grimper.

Daman des arbres, *Dendrohyrax arboreus*

Distribution : Afrique (du Kenya à la province du Cap)
Habitat : forêts
Taille : corps, 40 à 60 cm ; queue, absente

Cet excellent grimpeur se repose durant la journée dans un trou d'arbre ou une crevasse et sort en fin d'après-midi ou en soirée pour se nourrir, sur le sol ou dans les arbres, de feuilles, d'herbe, de fruits, de fougères et d'autre matière végétale. À l'occasion, il mange aussi insectes, lézards et œufs d'oiseaux. Il vit en couple. Pendant la nuit, il se signale par des cris extrêmement puissants.

Une portée de 1 ou 2 jeunes est mise bas après une gestation d'environ 8 mois.

Hyrax gris ou Daman de Bruce, *Heterohyrax brucei*

Distribution : Afrique (de l'Égypte au Transvaal, Botswana, Angola)
Habitat : terrains découverts, des plaines aux montagnes, forêts, savane
Taille : corps, 40 à 57 cm ; queue, absente

Selon le milieu, l'hyrax gris vit dans les arbres ou les rochers et s'abrite dans les trous et les crevasses. C'est un animal très grégaire, et il forme des colonies atteignant 30 individus, constituées de plusieurs vieux mâles, de nombreuses femelles et de leurs jeunes. Il se nourrit durant la journée, surtout de feuilles d'arbres, mais aussi de plantes et d'herbe.

La femelle met bas 1 ou 2 jeunes, plus rarement 3, après une période de gestation de 7 mois et demi à 8 mois. Les petits naissent dans un état de développement avancé.

Daman du Cap, *Procavia capensis*

Distribution : péninsule d'Arabie, Afrique (du nord-est du Sénégal à la Somalie, nord de la Tanzanie, sud du Malawi, du sud de l'Angola à la province du Cap)
Habitat : collines et amoncellements rocheux
Taille : corps, 43 à 47 cm ; queue, absente

Le daman du Cap est un agile grimpeur, qui se déplace aisément dans son habitat rocheux. Il se nourrit surtout à terre, de feuilles, de graminées, de petites plantes et de baies, mais il n'hésite pas à grimper aux arbres pour se nourrir de fruits, notamment des figues ; en hiver, il consomme des écorces.

Dans la journée, quand il ne mange pas, le daman du Cap s'installe soit à l'ombre, soit au soleil, de manière à maintenir sa température. Pendant la nuit, il dort replié sur lui-même, afin de limiter les déperditions de chaleur. Il vit en colonie composée de 50 individus et plus.

À l'époque des amours, les mâles se montrent agressifs envers leurs rivaux ou les plus jeunes mâles. La femelle met bas de 1 à 6 jeunes, généralement 2 ou 3, après une gestation de 7 à 8 mois.

ÉLÉPHANTS, DUGONG ET LAMANTINS

ORDRE DES PROBOSCIDÉS

Les éléphants sont les seuls représentants actuels d'un groupe qui était fort bien représenté à l'époque préhistorique et comptait de nombreux mammifères herbivores de très grande taille.

Famille des Elephantidae : Éléphants

Au nombre de 2 espèces, les éléphants sont les plus grands mammifères terrestres ; ils peuvent atteindre la taille de 4 m à l'épaule et un poids de 5 900 kg. L'un d'eux habite l'Afrique, l'autre l'Inde et l'Asie du Sud-Est. Les éléphants ont une silhouette bien reconnaissable, avec leurs membres épais, terminés par des pattes aplaties garnies de coussinets. La tête porte d'immenses oreilles que l'animal agite d'avant en arrière pour s'éventer. La caractéristique la plus remarquable est la trompe. Elle est constituée par le nez, hypertrophié, extrêmement flexible et terminé par la lèvre supérieure, qui sert d'organe manipulateur. L'éléphant se sert de sa trompe pour saisir la nourriture, boire, sentir, mais également pour se battre.

Victimes de la destruction de leur habitat, massacrés par les chasseurs d'ivoire, les éléphants se sont fortement raréfiés dans certaines régions. Des programmes de sauvegarde ont été mis en place, mais, dans la mesure où la demande existe toujours, les chasseurs restent.

Éléphant d'Afrique, *Loxodonta africana* **EN**

Distribution : Afrique, au sud du Sahara
Habitat : forêts, savane
Taille : corps, 6 à 7,50 m ; queue, 1 à 1,30 m

Cet éléphant est probablement le plus imposant des mammifères africains. Les oreilles et les défenses sont plus grandes que chez l'espèce asiatique, et la trompe se termine par 2 extensions digitées. Les femelles sont plus petites que les mâles, et leurs défenses plus courtes. Outre qu'il se repose aux heures chaudes de midi, l'éléphant d'Afrique respecte une ou deux périodes de repos nocturnes ; le reste du temps, il vaque, de son pas lent et chaloupé, en quête de nourriture. Selon sa taille, un éléphant d'Afrique peut consommer quotidiennement jusqu'à 200 kg de matière végétale. Son régime se compose de feuilles, pousses, ramilles et fruits, y compris, à l'occasion, d'espèces cultivées.

Les éléphants d'Afrique, et en particulier les femelles, sont des animaux sociaux. Il existe une entraide entre congénères. Le troupeau a pour noyau plusieurs femelles et leurs jeunes d'âges divers. À la maturité sexuelle, les jeunes mâles forment des troupes exclusives. Les vieux mâles sont parfois écartés du troupeau lorsque de plus jeunes prennent leur place.

La reproduction n'est pas saisonnière, et la femelle en œstrus peut s'accoupler successivement avec plusieurs mâles. La gestation dure environ 22 mois. En général, un seul jeune est mis bas par portée. Pour les mises bas (soit tous les 2 à 4 ans), la mère est assistée par plusieurs autres femelles. L'éléphanteau est allaité durant 2 ans au moins et reste plus longtemps encore avec sa mère.

Éléphant d'Asie, *Elephas maximus* **EN**

Distribution : Inde, Sri Lanka, Asie du Sud-Est, Sumatra
Habitat : forêts, plaines herbeuses
Taille : corps, 5,50 à 6,50 m ; queue, 1,20 à 1,50 m

Tout aussi impressionnant que son cousin africain, l'éléphant d'Asie a, toutefois, des oreilles plus petites, un dos plus bombé et une seule extension digitée à l'extrémité de la trompe. La femelle, plus petite que le mâle, ne porte que des défenses rudimentaires. L'éléphant asiatique vit en petite troupe d'une vingtaine d'individus, conduite par une vieille femelle et composée de femelles, de jeunes et d'un grand mâle. Il arrive à plusieurs troupes de s'associer temporairement. Les éléphants se reposent aux heures chaudes du jour et vaquent durant le reste du temps, en quête d'herbes, de feuilles, de pousses, de fruits et autre matière végétale, qu'ils détectent et saisissent au moyen

de leur trompe. Ils sont dotés d'une ouïe et d'un odorat excellents, mais leur vue est faible.

Durant les périodes de chaleurs, qui s'accompagnent souvent d'émissions abondantes d'un liquide odorant sécrété par une glande de la tête, les éléphants d'Asie ordinairement dociles deviennent nerveux et capricieux. La gestation dure environ 21 mois et la femelle met généralement bas un seul jeune.

ORDRE DES SIRÉNIENS

Les siréniens sont les seuls mammifères herbivores à être strictement aquatiques. L'ordre est composé de 2 familles rassemblant 4 espèces d'animaux à corps fusiforme et membres antérieurs transformés en « avirons ». Les membres postérieurs sont remplacés par une nageoire caudale aplatie horizontalement.

FAMILLE DES DUGONGIDAE : DUGONG

Cette famille n'est plus représentée que par une seule espèce depuis que la rhytine de Steller a été exterminée par les chasseurs au XVIIIe siècle, 25 ans seulement après sa découverte.

Dugong, *Dugong dugong* **VU**
DISTRIBUTION : côte est de l'Afrique, océan Indien, de la mer Rouge au nord de l'Australie
HABITAT : eaux côtières
TAILLE : jusqu'à 3 m

Ce grand animal au corps fusiforme est reconnaissable à sa nageoire caudale en forme de croissant. La peau est lisse et de couleur brun à gris. La tête est lourde, avec un museau charnu, partiellement divisé. Le mâle porte des défenses qui sont des incisives modifiées, presque entièrement masquées par les lèvres charnues.

Craintif et solitaire, le dugong mène une vie tranquille et sédentaire. Il ne quitte guère le fond que pour venir, toutes les 2 minutes environ, respirer en surface ; ses narines placées au sommet de la tête lui permettent de respirer tout en restant presque entièrement immergé. Il se nourrit d'algues et de plantes marines.

On connaît peu sa reproduction. La gestation est supposée durer 1 an environ. Un seul jeune est mis bas, dans l'eau, puis est guidé vers la surface par sa mère. Il est allaité pendant près de 2 ans.

FAMILLE DES TRICHECHIDAE : LAMANTINS

Il en existe 3 espèces : 2 habitent les eaux douces de l'Afrique occidentale et l'Amazonie, la troisième les eaux côtières de l'Atlantique tropical.

Lamantin d'Amérique du Nord, *Trichecus manatus* **VU**
DISTRIBUTION : Atlantique (de la Floride aux Guyanes)
HABITAT : eaux côtières
TAILLE : jusqu'à 3 m

Le corps est plus lourd que celui du dugong, la nageoire caudale est ovale. Les nageoires pectorales portent 3 ongles qui servent à collecter la nourriture que le lamantin détecte par le toucher et l'odorat, car ses yeux ne sont pas bien adaptés à la vie aquatique. Nocturne, il a un régime végétarien très varié et consomme quelques invertébrés récoltés avec les plantes.

Ce lamantin passe le plus clair de ses journées sur le fond, qu'il ne quitte que pour venir, toutes les 2 minutes, respirer en surface. Les lamantins vivent solitaires ou en groupes familiaux, mais ils se rassemblent parfois en hardes nombreuses.

La femelle donne naissance à un seul petit tous les 2 ans. La gestation dure 1 an environ. Le jeune est mis bas dans l'eau et guidé par sa mère vers la surface pour y respirer. Il est allaité pendant 12 à 18 mois.

Oiseaux

Ces maîtres du ciel

Répartis sur toute la surface du globe et dans presque toutes les régions possibles, hormis les profondeurs de l'océan, les oiseaux représentent plus de 9 000 espèces. Du minuscule oiseau-mouche, qui ne pèse que quelques grammes, à l'autruche, d'une taille supérieure à la taille moyenne chez l'homme, les oiseaux tiennent une place à part dans le règne animal. Ils sont souvent vivement marqués ou colorés, ont un comportement familial ou de groupe complexe, sont faciles à observer, et, par-dessus tout, ils ont la faculté de voler. Aussi ont-ils toujours suscité beaucoup d'intérêt, de plaisir, d'étonnement, d'envie même, chez les humains.

Cormoran africain

Les oiseaux sont des vertébrés à sang chaud, à respiration aérienne, dont les deux membres antérieurs se sont modifiés pour former des ailes actionnées par des muscles, qui donnent à la majorité des oiseaux la faculté de voler. On peut identifier les oiseaux sans ambiguïté à la présence de plumes, que tous possèdent sans exception et qu'ils ne partagent avec aucun autre membre du règne animal.

La nature unique de la structure du corps d'un oiseau est largement liée à la nécessité d'avoir un poids réduit à l'envol et un bon rapport poids-puissance. Comme les mammifères, les oiseaux ont des ancêtres reptiliens. Ils en ont pris, lors de l'évolution, les os lourds et le corps écailleux et allongé, et en ont fait une machine volante légère et compacte, à la surface emplumée. Les os sont devenus minces, à parois fines, et dans certains sont insérés des sacs aériens. Toutes les structures du squelette se sont modifiées pour produire une force maximale pour un poids minimal, et le lourd crâne reptilien, devenu léger, presque sphérique, s'est doté d'un bec dépourvu de dents et recouvert de plaques cornées.

Comme les écailles des reptiles et les poils des mammifères, les plumes sont en grande partie faites d'une substance protéique, la kératine. Elles offrent une grande variété de formes, de tailles et de couleurs, et leurs fonctions sont multiples. Tout d'abord, elles constituent une protection légère et souple en même temps qu'une isolation thermique de tout le corps de l'oiseau, essentielle au maintien constant d'une température élevée, qui peut atteindre 42 °C. Ensuite, les couleurs et les dessins de leur plumage sont le principal moyen de communication visuelle entre les oiseaux. Enfin, et c'est là peut-être le plus important, les grandes plumes des ailes, en forme de voilure, et les plumes de la queue donnent à l'animal sa surface portante. Les plumes alaires, fixées aux os très modifiés des membres avant, offrent la puissance de levée et de propulsion essentielle au vol, tandis que les rectrices aident l'oiseau à se diriger en vol. Ces dernières sont fixées à un moignon de queue, tout à fait différent de celui des ancêtres reptiliens des oiseaux.

L'oiseau fossile le plus ancien, *Archaeopteryx*, qui date du jurassique supérieur, soit il y a 160 millions d'années, témoigne d'un curieux stade intermédiaire de l'évolution des oiseaux lors de la disparition progressive de leurs caractères reptiliens. *Archaeopteryx* avait bien des plumes et des ailes, mais il était également doté de mâchoires et de dents, et d'une queue osseuse, typiquement reptilienne. C'était donc, en réalité, un reptile emplumé et ailé.

Bien que l'air offre relativement peu de résistance au mouve-

Autour des palombes

Lari tricolore

ment, le décollage, puis le vol effectif exigent un déploiement considérable de puissance de la part de l'oiseau. Ses muscles pectoraux, énormes pour sa taille, insérés sur le bréchet, qui est un prolongement du sternum, confèrent cette puissance à l'humérus, os principal de l'aile. Afin que ces muscles opèrent à la puissance voulue, qui doit être élevée, une bonne circulation sanguine est nécessaire, ainsi qu'un appareil respiratoire exceptionnellement efficace, pour fournir de l'oxygène en quantité suffisante. Les oiseaux ont un cœur à quatre cavités, semblable à celui des mammifères, mais dont l'évolution a été différente, et qui peut battre à très grande vitesse. Ainsi, le rythme cardiaque du moineau est de 500 battements par minute, et celui de l'oiseau-mouche jusqu'à 1 000 en vol.

De la même façon, l'appareil respiratoire d'un oiseau est très performant. L'air inhalé passe d'abord dans les sacs aériens postérieurs, puis dans les poumons, et il est exhalé par le sac antérieur. L'air n'effectue qu'un passage dans les poumons. Ainsi, le volume d'air est totalement remplacé à chaque respiration.

La capacité de capter l'oxygène de l'air plus vite et mieux qu'un mammifère aide à comprendre la rapidité étonnante des battements d'ailes de l'oiseau-mouche, le vol foudroyant de certains martinets et la capacité de certains oiseaux à voler à des altitudes où l'oxygène est rare.

Dans quelques familles, on retrouve le même plumage chez le mâle et la femelle. Chez d'autres, les sexes diffèrent d'aspect, et dans ce cas, bien qu'il existe d'intéressantes exceptions (par exemple, la femelle de nombreux rapaces est plus grosse), le mâle est plus gros et plus coloré, la femelle plus terne, ce qui assure peut-être son camouflage lorsqu'elle couve. Chez la plupart des oiseaux, il y a une seule période de reproduction par an. Durant cette période, les mâles établissent et défendent des territoires de nidification, et certains chantent ou paradent pour intimider les mâles rivaux et attirer les femelles. La fécondation est interne, et, sauf chez quelques espèces, le mâle ne possède pas de pénis, mais seulement une petite protubérance érectile à la base du cloaque (orifice génital) qui assure le passage du sperme dans le cloaque de la femelle.

Les œufs des oiseaux ont un jaune volumineux, véritable réserve nutritive pour l'embryon, qui est par ailleurs protégé par une solide coquille. L'œuf se forme dans les voies génitales.

Au cours de sa descente dans l'oviducte, il s'y ajoute plusieurs enveloppes : d'abord l'albumen, puis la membrane coquillière et enfin la coquille. La plupart des oiseaux pondent leurs œufs dans un nid où l'un des parents, ou les deux, les couvent et les tiennent au chaud tandis que l'embryon se développe. Les poussins de certains oiseaux, comme les canards et les faisans, naissent couverts de duvet et sont capables de marcher, tandis que chez d'autres, comme les merles et la plupart des oiseaux chanteurs, ils naissent nus et dépendants, et doivent être nourris et élevés par les parents.

Parmi les 23 ordres d'oiseaux se sont produites des modifications anatomiques diverses, les adaptations majeures concernant les pieds, les pattes, le bec et les ailes. Certains gros oiseaux coureurs, tels les autruches, les nandous, les émeus et les casoars, ont complètement perdu la faculté de voler. D'autres oiseaux aptères, tels les manchots, ont des ailes qui font fonction de rames sous l'eau. A l'autre extrême se trouvent les martinets, ces insectivores, si aériens qu'il semble que leur seul contact avec le sol ait lieu au nid. Les prédateurs nocturnes (hibous, chouettes, engoulevents) et diurnes (aigles, buses, faucons) sont hautement spécialisés, dotés de becs solides et de serres meurtrières. Une pie-grièche qui fond sur une sauterelle, un oiseau-mouche qui aspire le nectar d'une fleur, un perroquet qui mange un fruit dans la jungle, tous témoignent de l'extraordinaire diversité de l'avifaune.

Toucan montagnard

Cladogramme montrant les parentés phylogénétiques des oiseaux. *Traditionnellement, les oiseaux sont classés en 27 ou 28 ordres. Cette classification, utilisée depuis les années 30, était basée sur des données fossiles complétées par des modifications récentes. Comme pour toutes les classifications, il est souvent difficile d'établir la différence entre les véritables parentés phylogénétiques et les similitudes trouvées entre des espèces sans aucune parenté, qui sont le produit de convergences, d'évolutions indépendantes de caractères semblables et de modes de vie. Dans le passé, des espèces sans parenté ont été rassemblées dans des groupes, tels les gobe-mouches, uniquement pour des similitudes qui se sont développées indépendamment. Afin d'établir une classification plus objective, on a eu recours à l'analyse de l'ADN (acide*

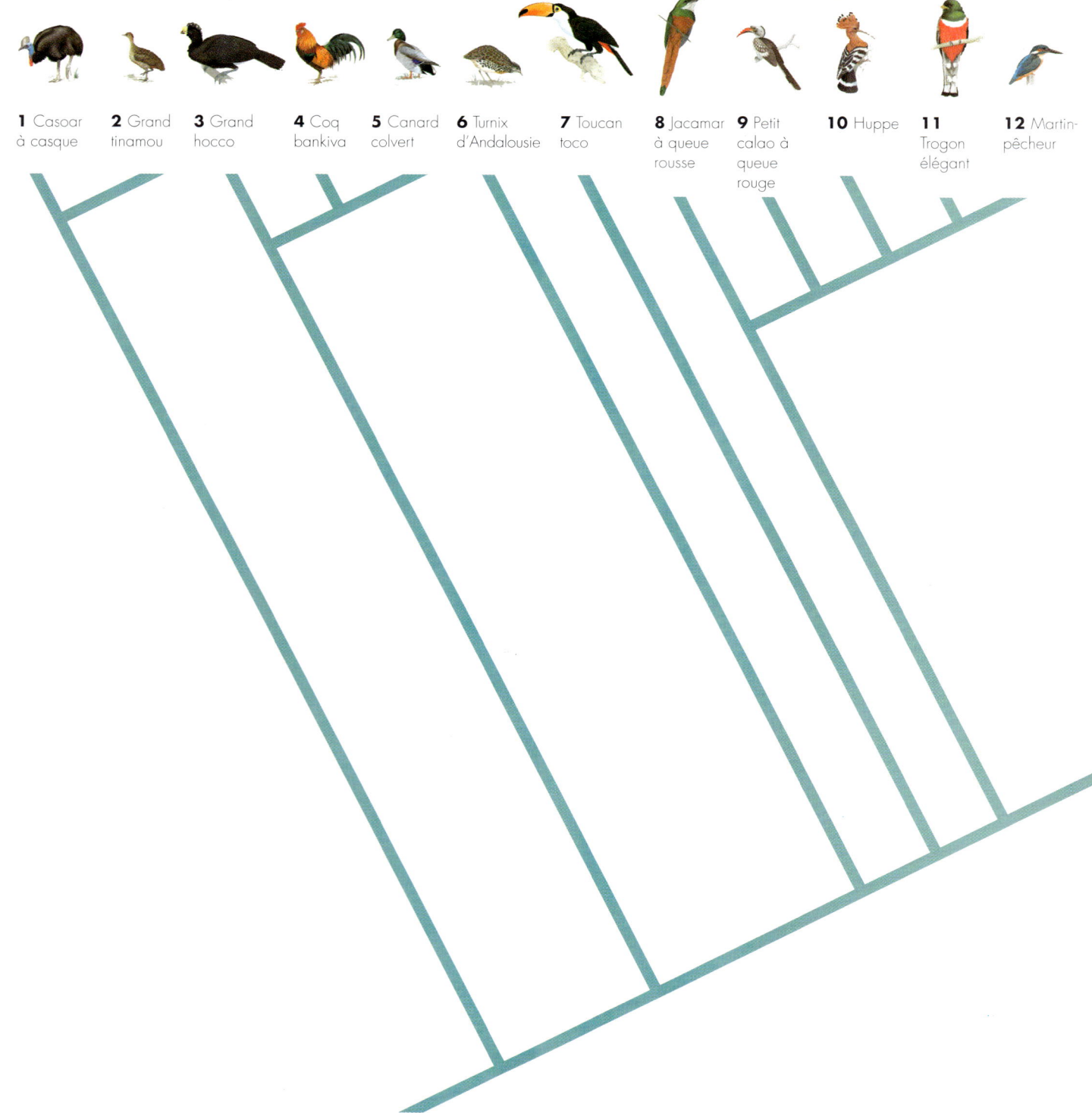

1 Casoar à casque 2 Grand tinamou 3 Grand hocco 4 Coq bankiva 5 Canard colvert 6 Turnix d'Andalousie 7 Toucan toco 8 Jacamar à queue rousse 9 Petit calao à queue rouge 10 Huppe 11 Trogon élégant 12 Martin-pêcheur

désoxyribonucléique), c'est-à-dire du matériel génétique des cellules qui déterminent les caractéristiques d'un organisme. Si deux espèces présentent une parenté étroite, leurs molécules d'ADN sont proches par leur composition chimique. Une nouvelle classification, issue de telles analyses, a conduit à 23 ordres : c'est celle qui est présentée sur ce cladogramme et que nous utilisons dans cet ouvrage. Elle permet dès aujourd'hui de mieux classer les oiseaux, mais il est hors de doute qu'elle va connaître, à court comme à long terme, de nombreux remaniements, en fonction de nouvelles données et de nouveaux critères qui ne manqueront pas d'apparaître.

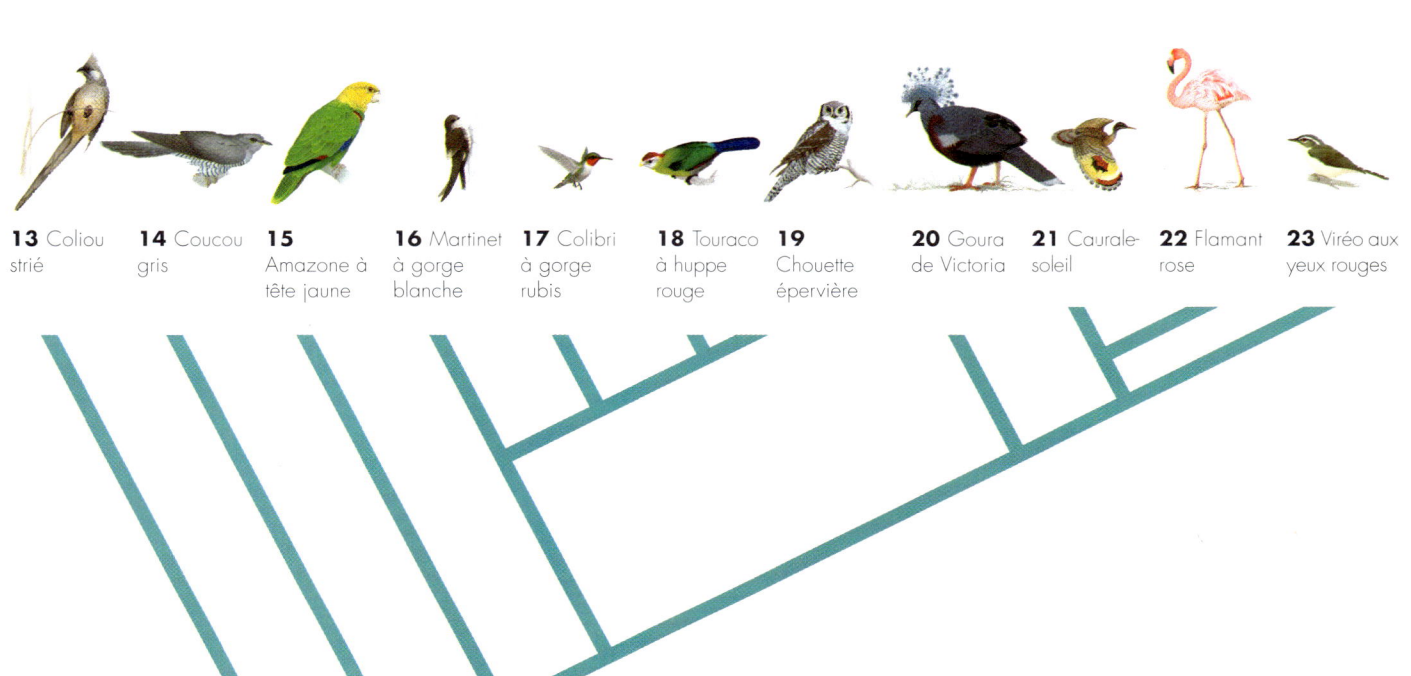

13 Coliou strié **14** Coucou gris **15** Amazone à tête jaune **16** Martinet à gorge blanche **17** Colibri à gorge rubis **18** Touraco à huppe rouge **19** Chouette épervière **20** Goura de Victoria **21** Caurale-soleil **22** Flamant rose **23** Viréo aux yeux rouges

RÉFÉRENCES DU CLADOGRAMME DES OISEAUX

1. Struthioniformes (autruches)
2. Tinamiformes (tinamous)
3. Craciformes (mégapodes, hoccos)
4. Galliformes (perdrix)
5. Ansériformes (cygnes, oies, canards)
6. Turniciformes (turnix)
7. Piciformes (toucans, pics)
8. Galbuliformes (jacamars, tamatias)
9. Bucérotiformes (calaos)
10. Upupiformes (huppes)
11. Trogoniformes (quetzals, couroucous)
12. Coraciiformes (martins-pêcheurs, rolliers)
13. Coliiformes (colious)
14. Cuculiformes (coucous)
15. Psittaciformes (perroquets)
16. Apodiformes (martinets)
17. Trochiliformes (oiseaux-mouches)
18. Musophagiformes (touracos)
19. Strigiformes (effraies, chouettes, hiboux)
20. Columbiformes (pigeons)
21. Gruiformes (grues, râles, foulques)
22. Ciconiiformes (oiseaux aquatiques, oiseaux de proie)
23. Passériformes (oiseaux chanteurs)

RATITES

ORDRE DES STRUTHIONIFORMES

Ratites est le nom officieux que l'on a donné à un groupe varié d'oiseaux coureurs qui se distinguent de l'ensemble des oiseaux par quelques caractéristiques morphologiques extrêmement marquées. Mis à part les kiwis de Nouvelle-Zélande, ce sont des oiseaux terrestres de très grande taille, aux pattes massives et musclées qui les adaptent efficacement à la course. Leurs ailes sont très réduites et non fonctionnelles. Leur bréchet est plat, de petite taille et sans carène centrale, celle-ci constituant chez les autres oiseaux le point d'insertion des muscles voiliers. Le mot « ratite » signifie « comme un radeau » (plat) au contraire de « carinate » applicable à tous les autres oiseaux et signifiant « caréné ».

Quatre familles de ratites existent actuellement : les autruches, les nandous, les émeus et casoars, les kiwis.

Famille des Struthionidae : Autruches

Les autruches sont les plus gros des oiseaux. Il n'y en a actuellement qu'une seule espèce, vivant en Afrique, mais, à l'origine, la famille des autruches était répartie de l'Europe méridionale à la Mongolie, ainsi que dans toute l'Afrique.

Autruche, *Struthio camelus*
Distribution : Afrique
Habitat : prairies, zones arides
Taille : 1,75 à 2,75 m de haut

Trop grosse pour voler, l'autruche s'est néanmoins si bien adaptée à la course à grande vitesse qu'elle est le plus rapide des bipèdes. Elle peut atteindre 70 km/h et donc semer facilement la plupart de ses poursuivants. Ses pattes puissantes, ses genoux souples et ses pieds munis de 2 doigts flexibles l'ont adaptée à la vitesse. Elle a perdu ses plumes alaires, mais le mâle porte un plumet doux et bouclé, autrefois très recherché pour les chapeaux et les boas alors en vogue. La femelle est légèrement plus petite, plutôt marron, avec les ailes et la queue blanches. Les jeunes sont gris-brun.

Elle est surtout herbivore, mais elle mange parfois de petits reptiles. Nomade, elle se déplace en petit groupe, en quête de nourriture. À la saison des nids, le mâle rassemble un harem de 2 à 5 femelles. L'une d'elles dégage une légère cavité dans le sol pour y pondre, et le reste du harem semble utiliser le même nid. Les œufs d'autruche sont les plus gros œufs d'oiseaux et leur volume est environ celui de 40 œufs de poule. Le mâle couve la nuit et participe aux soins des poussins.

Famille des Rheidae : Nandous

Ces équivalents sud-américains de l'autruche sont les oiseaux les plus lourds du Nouveau Monde. Bien qu'ils aient des ailes plus grandes que les autres ratites, ils restent incapables de voler ; ce sont de bons nageurs et de très rapides coureurs. La famille compte 2 espèces.

Nandou d'Amérique, *Rhea americana* **LR : nt**
Distribution : Amérique du Sud, est des Andes
Habitat : terrains dégagés
Taille : 1,50 m de haut

Le nandou d'Amérique vit en groupe de 20 à 30 oiseaux. Mâles et femelles se ressemblent. Il se nourrit de diverses plantes – il a une prédilection pour les plantes épineuses, comme les chardons –, de graines, d'insectes ainsi que de petits animaux.

À la saison des nids, le mâle parade et rassemble un harem autour de lui. Il conduit ses compagnes à un nid peu profond qu'il a préparé, et elles vont toutes y déposer leurs œufs, dont le total peut aller jusqu'à 18. C'est le mâle qui assure l'incubation. C'est lui également qui assure la protection des poussins.

Famille des Casuariidae : Émeu et Casoars

Cette famille comprend la seule espèce vivante d'émeu et 3 espèces de casoars. Les émeus vivent dans les plaines d'Australie, alors que les casoars habitent les forêts tropicales d'Australasie, y compris certaines îles. Ce sont de grands et vigoureux oiseaux, bien adaptés à la vie en forêt. En raison des effets d'isolement des habitats insulaires, de nombreuses races ont évolué en présentant de légères différences.

Émeu, *Dromaius novaehollandiae*

Distribution :	Australie
Habitat :	plaines arides, bois, désert
Taille :	2 m de haut

L'émeu est resté commun en Australie, bien qu'il ait été massacré comme nuisible dans les régions cultivées. Il atteint 48 km/h à la course et nage bien. Fruits, baies et insectes forment l'essentiel de son régime.

La ponte est de 7 à 10 œufs vert sombre, d'une texture granuleuse caractéristique, dans une cavité au sol. Le mâle couve 60 jours environ.

Casoar à casque, *Casuarius casuarius* **VU**

Distribution :	nord de l'Australie, Nouvelle-Guinée, est de l'Indonésie
Habitat :	forêts pluviales
Taille :	1,50 m de haut

C'est un oiseau impressionnant, avec de longues plumes dépourvues de barbes qui ressemblent à des crins. Les ailes sont rudimentaires, mais les pattes très robustes sont armées de pieds dont les doigts pointus sont capables d'infliger de sévères blessures. La tête et le cou portent des caroncules vivement colorées et un casque corné. Lorsqu'il se déplace en forêt épaisse, en quête de graines, de fruits et de baies, le casoar tient ce casque proéminent bien en avant, pour se frayer un chemin. Les deux sexes ont le même plumage, mais la femelle est plus grosse que le mâle.

La ponte est de 3 à 6 œufs dans un nid peu profond, construit au sol et garni de feuilles.

Famille des Apterygidae : Kiwis

Ce sont des oiseaux sylvicoles, qui ne volent pas. Les 3 espèces vivent en Nouvelle-Zélande.

Kiwi austral, *Apteryx australis* **VU**

Distribution :	Nouvelle-Zélande
Habitat :	forêts
Taille :	70 cm

Le kiwi austral est l'emblème de la Nouvelle-Zélande. Il est nocturne, on le voit rarement. Les ailes rudimentaires sont cachées par les plumes grossières ressemblant à des crins qui recouvrent son corps. Les pattes, courtes et massives, sont armées de griffes puissantes qui l'aident à gratter le sol quand il cherche insectes, vers et baies, qui constituent son régime alimentaire. Il a des narines au bout de son bec pointu et semble avoir un bon odorat. La femelle est plus grosse et plus lourde que le mâle.

La ponte, dans un terrier, est de 1 ou 2 œufs, que le mâle couve. Les œufs, d'un poids de 450 g, sont exceptionnellement gros proportionnellement à la taille de l'oiseau. Les petits sortent du nid à l'âge de 1 semaine et cherchent alors eux-mêmes leur nourriture.

TINAMOUS, MÉGAPODES ET HOCCOS

ORDRE DES TINAMIFORMES

Famille des Tinamidae : Tinamous

Ce sont des oiseaux terrestres que l'on trouve dans des habitats variés, du Mexique à l'Argentine. Ils peuvent voler mais sont faibles et maladroits, et leur meilleure défense consiste à rester cois, comptant sur la couleur de leur plumage pour les dissimuler. Ils vivent de graines, de baies et d'insectes. La famille comprend 47 espèces.

Grand Tinamou ou Magoua, *Tinamus major*
Distribution : du sud du Mexique jusqu'en Bolivie et au Brésil
Habitat : forêts tropicales, forêts pluviales
Taille : 46 cm

Comme tous ceux de sa famille, il est polygame, et les femelles pondent jusqu'à 12 œufs, souvent dans des nids différents. Ces œufs, aux couleurs vives, bleu, vert et rose, et à la surface très vernissée sont parmi les plus beaux du monde des oiseaux.

ORDRE DES CRACIFORMES

Cet ordre, qui rassemble des oiseaux de grande et moyenne taille, se compose de 2 familles : les mégapodes et les hoccos. Les premiers sont des animaux terrestres, qui se signalent par la manière particulière d'aménager leurs nids. Les hoccos, pénélopes et chachalacas, qui vivent dans les forêts, sont surtout arboricoles, même si les hoccos passent une partie du temps à terre.

Famille des Megapodiidae : Mégapodes

Les 19 espèces de cette famille vivent dans une aire de distribution qui va des Philippines à l'Australie et à la Polynésie centrale. Mâle et femelle se ressemblent plus ou moins, et tous ont les pattes et les pieds larges et forts. Ils se nourrissent d'insectes, de petits vertébrés, de graines et de fruits.

Les mégapodes ne couvent pas de façon classique, mais pondent dans des tumulus de végétation en décomposition ou de sable et laissent incuber les œufs par la chaleur ambiante.

Leipoa ocellé, *Leipoa ocellata* **VU**
Distribution : sud de l'Australie
Habitat : bois arides d'eucalyptus
Taille : 55 à 61 cm

Malgré l'aridité de son milieu, le leipoa mâle réussit à construire une couveuse efficace en tumulus, dont l'entretien l'occupe une bonne partie de l'année. En hiver, il creuse un trou qu'il remplit de végétation. Une fois celle-ci bien humidifiée par les pluies hivernales, il la recouvre de sable, et la végétation ainsi confinée commence à pourrir et à dégager de la chaleur. L'oiseau en surveille constamment la température du bout de son bec et la maintient à 33 °C environ. Il maîtrise les variations de température en ouvrant le tumulus pour le refroidir ou en ajoutant du sable dessus.

La femelle pond 15 à 35 œufs un par un, à plusieurs jours d'intervalle, dans des trous ménagés par le mâle dans le tumulus. Les poussins sortent 7 semaines plus tard environ, sans l'aide des parents. Ils sont totalement autonomes et volent à l'âge de 1 jour.

Mégapode de Freycinet, *Megapodius freycinet*
Distribution : de l'est de l'Indonésie à la Mélanésie, nord et nord-est de l'Australie
Habitat : forêts pluviales et régions plus sèches
Taille : 45 cm

Actif et bruyant, il vole rarement, mais va se réfugier dans les arbres quand on le dérange. Dans certaines régions, cet oiseau fait un simple tumulus de sable chauffé par le soleil ou par l'activité volcanique. En forêt pluviale, il élève un énorme tumulus (jusqu'à 5 m de haut) de végétation en décomposition. Les œufs sont déposés dans des galeries creusées à l'intérieur.

Famille des Cracidae : Hoccos

Les quelque 50 espèces de cette famille vivent dans la zone néotropicale, du sud du Texas au nord de l'Argentine. Ce sont des oiseaux forestiers, sédentaires, et souvent arboricoles. De nombreuses espèces ont la tête ornée d'une crête ou d'un casque.

Grand Hocco, *Crax rubra*
Distribution : du Mexique à l'Équateur
Habitat : forêts pluviales
Taille : 94 cm

Les grands hoccos perchent et font leur nid dans les arbres, mais ils sont aussi très souvent au sol. Ils se nourrissent de fruits, feuilles et baies. Le mâle émet un grondement ventriloque sonore qui semble amplifié par la longueur de sa trachée. Il en use en parade, mais également pour intimider d'autres mâles.

Le nid désordonné de brindilles et de feuilles est édifié dans un buisson ou un arbre. La ponte est de 2 œufs. Le couple nourrit et élève les poussins.

Nothocrax, *Nothocrax urumutum*
Distribution : Amérique du Sud (bassin de l'Amazone supérieure)
Habitat : forêts pluviales
Taille : 66 cm

Le nothocrax est actif le jour, lorsqu'il est à la recherche de nourriture végétale. Il ne chante que la nuit. Le cri est un grondement, amplifié, chez les mâles, par la longueur de la trachée. Leurs appels sont parmi les plus sonores du monde des oiseaux. Les deux sexes sont identiques. La tête est nue, vivement colorée, avec une crête ample, le plumage est brun-roux.

Pénélope à ventre pourpre, *Penelope purpurascens*
Distribution : du Mexique au Venezuela, Équateur
Habitat : forêts pluviales des basses terres et régions plus sèches
Taille : 89 cm

Les pénélopes à ventre pourpre sont des oiseaux essentiellement arboricoles, qui hantent la cime des arbres en petits groupes. Ils marchent lentement le long des branches, en sautant de l'une à l'autre. Ils en descendent néanmoins pour ramasser les fruits et graines tombés, et pour boire. Mâle et femelle sont identiques.

À la saison des nids, ces oiseaux paradent en battant des ailes deux fois plus vite que d'habitude, produisant ainsi un ronflement qui dure quelques secondes. Le nid, volumineux, fait de brindilles et garni de feuilles, est édifié dans un arbre, à faible hauteur. La ponte est généralement de 2 ou 3 œufs, qui sont couvés surtout par la femelle. C'est également la femelle qui prend soin des poussins au nid.

Chachalaca ou Ortalide du Mexique, *Ortalis vetula*
Distribution : États-Unis (extrême sud du Texas), Mexique, Amérique centrale
Habitat : broussailles, fourrés de forêts pluviales, régions plus sèches
Taille : 51 à 61 cm

Le chachalaca doit son nom commun à son étrange cri à trois syllabes (« cha-cha-lak »), et, comme chez le hocco, sa voix est considérablement amplifiée par la longueur de sa trachée. Matin et soir, des groupes de ces oiseaux font entendre un chœur véritablement assourdissant.

Comme il se nourrit de baies, fruits, feuilles, pousses et de quelques insectes, cet oiseau essentiellement arboricole descend parfois des arbres. Le nid petit et frêle, fait de brindilles, est édifié en haut d'un arbre ou d'un buisson. La femelle couve seule les 3 ou 4 œufs. Les deux sexes sont identiques.

PHASIANIDÉS

ORDRE DES GALLIFORMES

Les galliformes constituent le gibier à plumes par excellence. Leur ordre se compose de 3 familles : les phasianidés, les numididés et les odontophoridés.

Famille des Phasianidae : Faisans, Perdrix, Cailles

Cette grande famille, qui rassemble du gibier à plumes de diverses tailles, comprend notamment les cailles, les perdrix, les faisans, les cailles de l'Ancien Monde, les tétras et les dindons. Les 177 espèces vivent dans des habitats variés, qui vont de la plaine à la forêt, et de la toundra arctique à la forêt tropicale. On les trouve sur tous les continents, sauf en Amérique du Sud et en Antarctique. La plupart sont des oiseaux dodus, qui se nourrissent et nichent au sol, mais perchent dans les arbres la nuit. Leurs ailes courtes et puissantes leur permettent d'avoir un vol vigoureux, mais de courte durée. La plupart sont granivores et grattent le sol de leurs robustes pattes nues aux griffes solides. Beaucoup cependant mangent aussi insectes et petits invertébrés, fruits et baies.

Mâles et femelles ont un plumage différent chez beaucoup d'espèces, surtout chez les plus gros faisans. Certains des oiseaux plus petits et plus ternes sont monogames, tandis que chez les espèces plus ornées, les mâles sont plutôt polygames. Le nid est généralement un simple creux dans le sol. Les poussins, entièrement couverts de duvet à la naissance, sont nidifuges.

De nombreuses espèces ont été introduites avec succès en dehors de leur aire d'origine. Certaines sont réputées comme gibier de chasse sportive et consommées par l'homme.

Caille des blés, *Coturnix coturnix*
Distribution : Europe, Asie, à l'est jusqu'au lac Baïkal, Inde du Nord, Afrique ; hiverne sur la côte méditerranéenne, en Afrique, Asie, jusqu'au sud de l'Inde, Thaïlande
Habitat : terrains herbeux ou cultivés
Taille : 18 cm

C'est l'un des plus petits oiseaux de la famille. La caille des blés a une jolie forme ronde, le bec et les pattes faibles. La femelle a la même silhouette que le mâle, mais avec la gorge chamois uni et le poitrail finement tacheté. Difficile à voir, elle vit dans les broussailles et préfère fuir le danger en courant plutôt qu'en volant, bien qu'elle soit capable de voler sur d'importantes distances en migration. Elle se nourrit surtout de graines et occasionnellement de quelques petits invertébrés, notamment en été.

La nidification a lieu au début de l'été. La ponte est de 9 à 15 œufs dans un creux dégagé dans le sol et garni d'herbes, et la femelle couve 16 à 21 jours.

Caille peinte, *Coturnix chinensis*
Distribution : de l'Inde au sud-est de la Chine, Malaisie, Indonésie, Australie
Habitat : marais, terrains herbeux
Taille : 15 cm

C'est un petit oiseau singulier, typique des cailles orientales, qui sont plus contrastées que les oiseaux européens. La femelle, plus terne que le mâle, est surtout chamois, avec la poitrine rayée. Ces cailles cherchent graines et insectes dans la végétation.

La ponte est de 4 à 8 œufs, qui sont déposés dans un creux peu profond au sol. La femelle couve seule pendant 16 jours environ.

Tétraogalle de l'Himalaya, *Tetraogallus himalayensis*
Distribution : ouest de l'Himalaya
Habitat : pentes montagneuses
Taille : 56 cm

C'est l'un des 7 tétras que l'on trouve en Asie en haute altitude. Caractéristique de son groupe, ce gros oiseau a un plumage qui se fond avec l'environnement. Tôt le matin, les tétraogalles, en couples ou en groupes, de 5 au maximum, quittent leur perchoir nocturne et descendent des montagnes en volant pour aller boire. Ils passent le reste de la journée à remonter lentement, en mangeant racines, tubercules, plantes vertes, baies et graines.

La saison des nids est entre avril et juin. Les mâles paradent bruyamment en émettant des sifflements sonores à cinq notes. La ponte est de 5 à 7 œufs dans un creux que la femelle dégage au sol parmi les pierres et les rochers. Elle couve 27 ou 28 jours.

Perdrix rouge, *Alectoris rufa*
Distribution : du sud-ouest de l'Europe au sud-est de la France, Italie du Nord, Corse ; introduite en Grande-Bretagne, aux Açores, à Madère et aux Canaries
Habitat : broussailles, landes, terres cultivées
Taille : 32 à 34 cm

Cette perdrix typique a un bec plus gros, des pattes plus robustes et une queue plus longue qu'une caille, et elle est reconnaissable à son sourcil blanc, à sa gorge blanche bordée de noir, et à son bec et ses pattes rouges. Les deux sexes sont identiques ; les jeunes sont moins vivement colorés.

Ces oiseaux perchent dans les arbres, et les buissons, mais se nourrissent au sol, essentiellement de plantes, et parfois d'insectes et de grenouilles. Ils répugnent à voler, et préfèrent courir en cas de danger.

La saison des nids débute entre avril et mai. Monogames, ces perdrix forment des couples durables. La femelle pond 10 à 16 œufs dans un creux dégagé par le mâle au sol et garni de feuilles. Le couple couve 23 ou 24 jours.

Francolin à gorge rouge, *Francolinus afer*
Distribution : Afrique centrale, Asie
Habitat : buissons, terres cultivées, savane
Taille : 41 cm

C'est un gros gibier à plumes, avec un bec fort et des caroncules typiques sur la tête et le cou. La plupart des espèces, plus de 30, vivent en Afrique, quelques-unes en Asie. Celui-ci, caractérisé par les caroncules autour de ses yeux et sur le cou, est représentatif de l'espèce. Les larges stries sombres de son poitrail sont un bon moyen de camouflage dans la brousse découverte qu'il fréquente. Les deux sexes sont identiques.

En petits groupes familiaux, ils vont en quête de plantes et d'insectes. Ils volent bien et se réfugient dans les arbres quand on les dérange. Le nid est au sol et la ponte est de 5 à 9 œufs.

Galloperdrix rouge, *Galloperdix spadicea*
Distribution : Inde
Habitat : broussailles, bambous, jungle, forêts
Taille : 36 cm

Le mâle a un plumage caractéristique, au dessin en écailles, et une caroncule rouge autour des yeux ; la femelle, plutôt grise, est striée et tachetée de noir.

Ces oiseaux cherchent leur nourriture par couples ou en petits groupes, de 5 au plus, grattant le sol près des broussailles, en quête de graines, de tubercules et de baies, ainsi que de limaces, d'escargots et de termites.

La saison des nids varie selon la région et les conditions. Elle se situe généralement entre janvier et juin, mais elle peut survenir à n'importe quelle période de l'année.

Le nid est un creux dégagé dans le sol parmi bambous et broussailles, sommairement garni de feuilles ou de brins d'herbe. La femelle pond 3 à 5 œufs, qu'elle couve seule. Le mâle l'aide à s'occuper des poussins.

Rouloul couronné, *Rollulus rouloul*
Distribution : du Myanmar à Sumatra et à Bornéo
Habitat : sol des forêts denses des basses terres ou des collines
Taille : 25,5 cm

C'est la plus jolie et la plus singulière des perdrix des bois. Le mâle se reconnaît à sa crête rouge en forme de brosse. Il a lui aussi une caroncule rouge autour de l'œil, et une plaque rouge sur le bec ; la femelle a quelques longues plumes sur la tête, mais elle n'a pas de crête.

Ces perdrix se déplacent en groupes mixtes d'une douzaine d'oiseaux, en quête de graines, de fruits, d'insectes et d'escargots.

La femelle pond 5 ou 6 œufs, qui sont déposés dans un nid bombé, totalement atypique. Le soir, les jeunes regagnent le nid.

PHASIANIDÉS SUITE

Tragopan de Temminck, *Tragopan temminckii* **LR : nt**
DISTRIBUTION : montagnes de Chine occidentale, du nord du Myanmar, du sud-est du Tibet
HABITAT : forêts
TAILLE : 64 cm

Chez les 5 espèces de tragopans, le mâle est un oiseau étonnant pour la beauté et la complexité de son plumage. La femelle, beaucoup plus terne, a les parties supérieures allant du roux au gris-brun, la gorge chamois ou blanche, et les parties inférieures brun clair. Ce tragopan est moins sociable et plus arboricole que les autres membres de son espèce, et préfère les forêts fraîches et humides. Il vit de graines, de bourgeons, de feuilles, de baies et d'insectes.

Au début de la saison des nids, lors des parades nuptiales, le mâle courtise la femelle en exhibant son éclatant plumage. Le nid est édifié dans un arbre et la ponte est de 3 à 6 œufs.

Coq bankiva, *Gallus gallus*
DISTRIBUTION : Himalaya jusqu'au sud de la Chine, Asie du Sud-Est, Sumatra, Java ; introduit aux Célèbes
HABITAT : forêts, broussailles, terres cultivées
TAILLE : 43 à 76 cm, dont 28 cm pour la queue chez le mâle.

Ancêtre de la poule domestique, le coq bankiva est un bel oiseau coloré. La femelle, beaucoup plus petite et plus terne que l'étonnant mâle, a un plumage surtout brun, et la tête et le cou châtains. On trouve, à travers la zone de répartition, plusieurs sous-espèces de coq bankiva, d'aspect légèrement différent. Ces oiseaux grégaires forment des bandes, d'une cinquantaine d'individus, pour se nourrir de graines, de pousses et d'herbe, de fruits, de baies, d'insectes et de larves.

La saison des nids est généralement de mars à mai. La femelle creuse une cuvette dans le sol près d'un buisson ou d'un massif de bambous et la garnit de feuilles, puis elle couve les 5 ou 6 œufs pendant 19 à 21 jours.

Éperonnier chinquis, *Polyplectron bicalcaratum*
DISTRIBUTION : Himalaya jusqu'au Hainan, Asie du Sud-Est (Myanmar, Thaïlande)
HABITAT : forêts
TAILLE : 56 à 76 cm

C'est l'une des 6 espèces du genre *Polyplectron*. La femelle est plus petite que le mâle, très beau, et les taches de son plumage sont moins nombreuses et plus petites, noires, cerclées de blanc. Ces oiseaux, particulièrement bruyants, mangent graines, fruits, baies et insectes.

En parade nuptiale devant la femelle, le mâle crie en déployant largement les magnifiques plumes des ailes et de la queue. La ponte est de 2 à 6 œufs, qui sont déposés dans un nid édifié au sol, et que la femelle couve pendant 21 jours environ.

Faisan doré, *Chrysolophus pictus* **LR : nt**
DISTRIBUTION : ouest de la Chine ; introduit en Europe
HABITAT : broussailles des montagnes rocheuses ; introduit dans les zones boisées
TAILLE : mâle, 98 cm à 1,08 m ; femelle, 63 à 65 cm

D'une beauté spectaculaire, le faisan doré mâle a un brillant plumage et une huppe de plumes dorées. La femelle, beaucoup plus terne, est dans les tons bruns et striée de noir. À l'état sauvage, les faisans dorés se déplacent en couples ou seuls, et sont farouches et méfiants. Ils ont des ailes courtes et répugnent à voler, préférant fuir le danger en courant. Graines, feuilles, pousses et insectes forment l'essentiel de leur régime alimentaire.

On sait peu de chose du mode de reproduction de ce faisan dans son habitat naturel, mais, dans les régions où il a été introduit, il fait un creux dans le sol et le garnit de végétaux. La ponte est de 5 à 12 œufs couvés 22 jours par la femelle, qui ne quitte apparemment le nid que très peu ou pas du tout.

Faisan de Colchide, *Phasianus colchicus*

DISTRIBUTION : région caspienne, de l'Asie centrale à la Chine, Corée, Japon et Myanmar ; introduit en Europe, Amérique du Nord, Nouvelle-Zélande
HABITAT : bois, lisières des forêts, marais, terres agricoles
TAILLE : mâle, 76 à 89 cm ; femelle, 53 à 64 cm

Cette espèce a connu une implantation réussie. Le faisan est probablement le plus connu de tous les gibiers. On a introduit tant de sous-espèces et effectué tant de croisements que le plumage du mâle est très variable, mais l'oiseau type a la tête vert sombre, et les parties supérieures cuivrées avec des taches sombres. Beaucoup ont un collier blanc ; la femelle, moins variable, est marron.

À l'état sauvage, les faisans mangent des végétaux, des graines, des pousses et des baies, ainsi que des insectes et de petits invertébrés. Ils vivent au sol et grattent longuement la terre des sous-bois pour se nourrir. Ils courent vite et ont un vol puissant, mais lent, sur de courtes distances.

Les mâles sont polygames et ont des harems de plusieurs femelles. La femelle déblaie le sol, en général à l'abri de taillis, et le garnit de végétaux. Elle pond 7 à 15 œufs sur plusieurs jours et ne commence à couver, pendant 22 à 27 jours, qu'une fois la ponte achevée. C'est elle qui élève les poussins et leur apprend à se nourrir ; elle est rarement aidée en cela par le mâle. Il n'y a qu'une seule couvée par an.

Paon bleu ou Paon commun, *Pavo cristatus*

DISTRIBUTION : Inde, Sri Lanka
HABITAT : forêts, bois, terres cultivées
TAILLE : mâle, 92 cm à 1,10 m sans la queue, 2 à 2,25 m en tout ; femelle, 86 cm

Le somptueux paon est si répandu dans les parcs et jardins en dehors de son aire d'origine que c'est devenu un oiseau familier dans une grande partie du monde. Le mâle est facilement reconnaissable à son plumage chatoyant, sa huppe très fine et sa traîne scintillante, décorée de nombreuses taches en forme d'yeux ; la femelle, plus petite, a un plumage marron avec des reflets métalliques, et elle porte une petite huppe.

En dehors de la saison des nids, les paons vivent en petits groupes composés de 1 mâle et de 3 à 5 femelles ; mais, après la nidification, ils se séparent parfois pour former des groupes d'adultes des deux sexes et de jeunes. Ils se nourrissent en terrain découvert, tôt le matin et au crépuscule, et passent le reste de la journée dans d'épais sous-bois. Omnivores, ces oiseaux vivent de graines, de céréales, d'arachides, de pousses, de fleurs, de baies, d'insectes et de petits invertébrés ; ils détruisent parfois les récoltes.

Pendant la saison des nids, le mâle parade, sa traîne érigée entièrement déployée, produisant un effet spectaculaire quand il relève et déploie sa queue. Il laisse traîner ses ailes et se pavane devant la femelle ; par moments, il fait vibrer sa traîne déployée et se montre de dos. La femelle réagit parfois par une vague imitation de la posture. À l'état sauvage, les paons creusent une cavité dans d'épais fourrés, et la femelle couve 4 à 6 œufs pendant 28 jours environ.

Paon du Congo, *Afropavo congensis* VU

DISTRIBUTION : Afrique (bassin du Congo)
HABITAT : forêts humides denses
TAILLE : 60 à 70 cm

Décrit pour la première fois en 1936, le paon du Congo est le seul gibier originaire d'Afrique qui soit plus gros qu'un francolin. Le mâle a un plumage sombre, brillant, et une huppe de plumes noires sur la tête, placée derrière une touffe de soies blanches ; la femelle a une huppe, mais pas de soies, et elle est surtout brun et noir, avec des reflets verts sur les parties supérieures. Le comportement du paon du Congo à l'état sauvage a été peu étudié, mais on pense qu'il vit en couple et qu'il se réfugie et perche dans les arbres. Il se nourrit de céréales et de fruits.

En captivité, il est monogame et construit un nid de branchages dans un arbre. La femelle couve 3 ou 4 œufs pendant 26 jours environ.

TÉTRAS, DINDONS, PINTADES ET CAILLES DU NOUVEAU MONDE

Tétras-lyre ou Petit Coq de bruyère, *Tetrao tetrix*
Distribution : Europe du Nord, nord de l'Asie
Habitat : landes, forêts
Taille : 41 à 51 cm

La parade est une activité particulièrement développée chez cet oiseau. Au printemps, les mâles, ou coqs, se réunissent sur leur aire de parade habituelle («lek») réutilisée année après année. Chaque jour, au lever du soleil, ils crient, dansent et se mettent en posture – chacun des oiseaux exécutant ce rituel sur son propre territoire – pour attirer les femelles.

Le mâle a une queue caractéristique en forme de lyre, qu'il déploie pendant la parade. Il a un plumage noir à reflets métalliques, une barre alaire blanche et une caroncule rouge. La femelle, ou poule, plus petite, est brun tacheté et a la queue échancrée.

Ces oiseaux sont polygames : un mâle dominant peut s'accoupler avec de nombreuses femelles. Chacune pond 6 à 11 œufs dans une cavité peu profonde, garnie de feuilles, et couve 24 à 29 jours.

Grande Poule (ou Cupidon) des prairies, *Tympanuchus cupido*
Distribution : régions centrales d'Amérique du Nord
Habitat : prairies
Taille : 42 à 46 cm

De plus en plus rare, cet oiseau était autrefois très répandu. Les deux sexes sont identiques, les femelles ont juste les plumes de la queue striées et des barbillons plus petits. Ces oiseaux se nourrissent de végétaux, feuilles, fruits et céréales, et, en été, d'insectes, de sauterelles surtout. Les parades nuptiales des mâles sont vraiment spectaculaires : ils gonflent leurs sacs gulaires orange, ébouriffent les plumes de leur tête et de leur cou, et déploient largement leur queue. Les grondements qu'ils émettent et leurs trépignements sur place visent à rendre leur posture plus impressionnante.

La ponte est de 10 à 12 œufs, qui sont couvés par la femelle pendant 21 à 28 jours.

Lagopède des Alpes, *Lagopus mutus*
Distribution : région holarctique
Habitat : forêts, toundra
Taille : 33 à 39 cm

Les lagopèdes des Alpes vivent au sol, dans les rocailles, et leur défense dépend de leur capacité de camouflage. Aussi revêtent-ils des plumages différents pour s'adapter aux modifications de leur environnement nordique. La livrée d'été est tachetée, ce qui leur permet de se fondre dans la forêt, tandis que, dans les neiges de l'hiver, elle est blanche, et seule la queue reste sombre. Les lagopèdes des Alpes vivent de feuilles, de bourgeons, de fruits et de graines, et, en été, également de quelques insectes.

Ils sont monogames, et chaque mâle défend un petit territoire sur le site de nidification. La ponte est de 6 à 9 œufs, qui sont déposés dans une cuvette dégagée dans le sol et garnie de feuilles. La femelle couve seule pendant 24 à 26 jours.

Dindon sauvage, *Meleagris gallopavo*
Distribution : États-Unis, Mexique
Habitat : régions boisées
Taille : 91 cm à 1,22 m

Le dindon sauvage est une des 2 espèces de dindon. Tous ces oiseaux se distinguent par leur grande taille et par l'absence de plumes sur la tête et sur le cou. Le mâle et la femelle paraissent identiques, mais la femelle est plus petite, son plumage est moins coloré et ses ergots sont plus petits. Le dindon sauvage a le corps plus léger, plus mince et les pattes plus longues que sa version domestique. Il vole bien, mais sur de courtes distances, et s'il perche dans les arbres, c'est néanmoins au sol qu'il trouve l'essentiel de sa nourriture, soit des végétaux, des graines, des noix et des baies, et quelques insectes et petits reptiles.

À la saison des nids, le mâle a un harem de plusieurs femelles. Chacune pond dans une cuvette dans le sol, garnie de feuilles, mais il arrive que 2 ou 3 femelles utilisent le même nid. La femelle couve 8 à 15 œufs 28 jours environ et élève les poussins. Les couples se défont après la nidification.

Famille des Numididae : Pintades

Les 6 espèces de pintades présentent un corps lourd et arrondi, des pattes courtes et une tête nue. Les deux sexes sont identiques. Toutes les espèces vivent en Afrique et à Madagascar. La pintade de Saby est l'ancêtre de la pintade domestique.

Pintade commune ou Pintade de Saby, *Numida meleagris*
Distribution : est de l'Afrique
Habitat : forêts, broussailles sèches
Taille : 63 cm

La pintade commune a une protubérance osseuse sur la tête, et le plumage typiquement tacheté de la plupart des pintades. Elle vit d'insectes et de végétaux tels que graines, feuilles et bulbes.

La ponte est de 10 à 20 œufs, dans une cavité peu profonde dans le sol. Seule la femelle couve, mais le mâle participe à l'éducation des poussins.

Famille des Odontophoridae : Cailles du Nouveau Monde

Environ 31 espèces de cailles du Nouveau Monde sont présentes du Canada au nord-est de l'Argentine, dont beaucoup sont consommées comme gibier. Elles sont plus vivement colorées que les cailles de l'Ancien Monde et présentent quelques différences anatomiques, dont la plus importante est le bec plus fort et en dents de scie, tout à fait caractéristique des oiseaux américains.

Colin de Virginie, *Colinus virginianus*
Distribution : de l'est des États-Unis au Guatemala ; introduit aux Antilles
Habitat : broussailles, bois clairsemés, terres cultivées
Taille : 23 à 27 cm

Grégaires pendant une bonne partie de l'année, les colins se déplacent en bandes constituées d'une trentaine d'individus. Au printemps, ils se dispersent et vont nicher en couples.

Le nid, une cuvette dégagée dans le sol, contient en moyenne de 14 à 16 œufs, que le couple couve. Les deux sexes se ressemblent, mais le mâle a des stries très marquées sur la face, qui est brun chamois chez la femelle.

Colin de Californie, *Callipepla californica*
Distribution : ouest des États-Unis
Habitat : pâturages et terres agricoles
Taille : 24 à 28 cm

Oiseau mascotte de l'État de Californie, cette jolie caille est caractérisée par son plumet sur la tête ; la femelle ressemble au mâle, dont elle a le plumet, mais n'en a pas la face striée de noir et blanc. La tête et la poitrine sont brun chamois.

Ces oiseaux se déplacent en bandes, au sol la plupart du temps, et ne volent qu'en cas de nécessité. Ils se nourrissent essentiellement de feuilles, de graines et de baies, ainsi que de quelques insectes à l'occasion.

La ponte est constituée de 12 à 16 œufs, qui sont déposés dans une cavité au sol, garnie de feuilles. Généralement, c'est la femelle seule qui en assure l'incubation. Les petits naissent au bout de 18 jours.

KAMICHIS, OIE SEMI-PALMÉE DENDROCYGNES ET CANARDS

ORDRE DES ANSÉRIFORMES

Très prolifique et varié, l'ordre des ansériformes comporte 2 familles : les anatidés (canards, oies et cygnes) et les anhimidés (kamichis).

FAMILLE DES ANHIMIDAE : KAMICHIS

Si les 3 espèces de kamichis rappellent les oies par la taille, les pattes sont plus longues, et les pieds larges et semi-palmés. De longs doigts leur permettent de marcher sur la végétation flottante. Toutes vivent en Amérique du Sud.

Kamichi chavaria, *Chauna chavaria* **LR : nt**
DISTRIBUTION : nord de la Colombie, Venezuela
HABITAT : marais, prés inondés
TAILLE : 71 à 91 cm

Comme tous les kamichis, celui-ci a un cri particulièrement sonore, en clairon, dont il se sert pour donner l'alerte. Il se nourrit surtout de plantes aquatiques. La ponte est de 4 à 6 œufs, déposés dans un nid de végétation aquatique, qui sont couvés par le couple.

FAMILLE DES ANSERANATIDAE : OIE SEMI-PALMÉE

La seule espèce de cette famille est une oie au long cou, haute sur pattes, qui mène une existence semi-aquatique dans des marais et des plaines inondées.

Oie semi-palmée, *Anseranas semipalmata*
DISTRIBUTION : nord de l'Australie, sud de la Nouvelle-Guinée
HABITAT : marais, plaines inondées
TAILLE : 76 à 86 cm

Apparemment archaïque, l'oie semi-palmée est le seul oiseau aquatique avec des pieds partiellement palmés. Le bec est long et droit, et la tête nue de la nuque aux yeux. La femelle ressemble au mâle, quoique plus petite. Cet oiseau se nourrit surtout de végétaux, en grattant et en fouillant le sol, ou en couchant les herbes hautes avec les pieds pour en recueillir les graines. Grégaires, les oies se déplacent en bandes par milliers. Le couple est en général lié à vie, mais le mâle a parfois 2 femelles. La ponte est de 8 œufs environ, dans un nid d'herbes couchées. Le couple couve 35 jours et nourrit les petits tour à tour.

FAMILLE DES DENDROCYGNIDAE : DENDROCYGNES

Les 9 espèces de dendrocygnes vivent dans une aire qui va de l'Asie à l'Australie, et de l'Amérique à l'Afrique centrale. Hauts sur pattes, ces oiseaux ont un long cou et se tiennent très droits. Grégaires, ils vivent et cherchent leur nourriture en groupes généralement très nombreux.

Dendrocygne veuf, *Dendrocygna viduata*
DISTRIBUTION : Amérique du Sud tropicale, Afrique, Madagascar
HABITAT : lacs, étangs, marais
TAILLE : 43 à 48 cm

Le dendrocygne veuf se nourrit d'insectes aquatiques, de mollusques, de crustacés et de végétaux (graines et riz), et plonge fréquemment. Essentiellement nocturnes, ces oiseaux perchent le jour au bord de l'eau, souvent en bandes, par centaines, en se lissant mutuellement les plumes, activité qui joue un grand rôle dans la formation des couples et le maintien des liens. La ponte est de 6 à 12 œufs, dans un nid fait dans un trou d'arbre. Le couple couve 28 à 30 jours.

FAMILLE DES ANATIDAE : CANARDS

Cette famille rassemble divers oiseaux aquatiques, qui sont présents dans le monde entier, sauf sur le continent antarctique et sur quelques îles. Les 148 espèces comprennent notamment les canards, les oies et les cygnes.

Toutes les espèces sont aquatiques et trouvent leur nourriture, végétale et animale, à la surface de l'eau ou au-dessous, en barbotant ou en pêchant. La plupart sont des oiseaux au corps trapu, aux pattes courtes, aux doigts palmés. La forme du bec varie avec le mode d'alimentation, mais il est en général large, aplati, avec le bord émoussé et un petit crochet au bout. Chez de nombreuses espèces, le mâle est vivement coloré, et la femelle d'un brun terne. En général, chez celles qui ont ce dimorphisme sexuel, la femelle assure toutes les tâches parentales.

La plupart des canards perdent toutes leurs plumes volières après la saison des nids et ne peuvent plus voler pendant 3 ou 4 semaines. Le mâle, chez certaines espèces, adopte alors un plumage « d'éclipse », semblable au plumage neutre de la femelle. Après la période de nidification, beaucoup d'espèces gagnent leurs quartiers d'hiver.

Cygne siffleur, *Cygnus columbianus*

Distribution : holarctique
Habitat : toundra, étangs et marais
Taille : 1,14 à 1,40 m

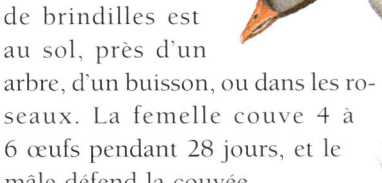

Le cygne de Bewick (ci-dessous) et le cygne siffleur (ci-dessus) sont parfois traités comme des espèces distinctes, mais sont si semblables qu'on les considère généralement comme 2 sous-espèces. Tous deux nichent très au nord de leur aire de distribution, parcourant d'énormes distances pour hiverner en Europe, en Chine, au Japon et aux États-Unis. Les deux sexes ont le même plumage. La femelle est parfois un peu plus petite. Les jeunes sont gris tacheté. Les cygnes se nourrissent de plantes aquatiques en eau peu profonde.

Les liens de couple, forts et permanents, se font et se maintiennent par des parades mutuelles. La ponte est de 3 à 5 œufs, dans un nid de joncs et de mousse garni de duvet, le plus souvent près de l'eau. La femelle couve 35 à 40 jours. Les jeunes cygnes doivent migrer au sud alors qu'ils n'ont que 80 à 90 jours.

Oie cendrée, *Anser anser*

Distribution : Europe, Asie
Habitat : plaines inondées, estuaires
Taille : 76 à 89 cm

C'est l'oie la plus répandue et la plus abondante d'Europe et d'Asie. Le mâle de cette espèce robuste et à la tête volumineuse est plus gros. Les deux sexes sont à peu près identiques. Les oies se nourrissent de végétaux, racines, feuilles, fleurs et fruits, au sol ou dans l'eau. Le nid fait d'herbes et de brindilles est au sol, près d'un arbre, d'un buisson, ou dans les roseaux. La femelle couve 4 à 6 œufs pendant 28 jours, et le mâle défend la couvée.

Bernache du Canada, *Branta canadensis*

Distribution : Amérique du Nord ; introduite en Europe et en Nouvelle-Zélande
Habitat : varié
Taille : 56 cm à 1,10 m

Douze races géographiquement distinctes de bernaches du Canada sont présentes dans divers habitats, de la zone semi-désertique à la forêt pluviale tempérée et à la toundra arctique, et de taille très variable. Elles se nourrissent le jour de la végétation des herbages et de plantes aquatiques. Migratrice, l'oie suit les mêmes trajets de génération en génération. La femelle, surtout, a tendance à retourner nicher sur son lieu de naissance, créant ainsi races et variétés locales.

Les liens de couple, maintenus par la parade, sont très forts. La ponte est de 5 œufs environ, qui sont déposés dans une légère cavité au sol, garnie de duvet et de plantes. Le mâle étant à ses côtés, la femelle couve 25 à 30 jours.

Tadorne de Belon, *Tadorna tadorna*

Distribution : Europe, centre de l'Asie
Habitat : côtes et estuaires
Taille : 61 cm

Les tadornes forment un groupe intermédiaire entre les oies et les canards. Ils s'alimentent de mollusques, en particulier d'escargots d'estuaire, *Hydrobia*, de poissons, d'œufs de poissons, d'insectes et de leurs larves, et d'algues. La femelle, plus petite, a une tache blanche entre les yeux et le bec.

Le couple, très lié, semble permanent ; il s'empare d'un territoire sur le site de nidification. La ponte est de 9 œufs environ, dans un terrier, une cavité ou au sol. Le mâle défend la femelle, qui couve 28 à 30 jours.

CANARDS SUITE

Canard-vapeur des Falkland, *Tachyeres brachypterus*
DISTRIBUTION : Falkland
HABITAT : côtes
TAILLE : 61 à 74 cm

Ce sont de robustes canards marins, plongeurs, dont 2 espèces sur 3 sont inaptes au vol, car leurs ailes sont extrêmement réduites. La femelle, plus petite, a le bec jaune-vert, la tête brun foncé et les yeux cerclés de blanc. Ils cherchent sur les bords de mer les mollusques bivalves, crabes et crevettes qui forment l'essentiel de leur régime. On a trouvé une fois pas moins de 450 coquilles de moules dans l'estomac et le jabot d'un oiseau.

Le nid, sur l'herbe ou sur des algues sèches, parfois dans le terrier abandonné d'un manchot, est garni de duvet. La ponte est de 5 à 8 œufs. Le mâle veille attentivement sur la femelle qui couve.

Canard colvert, *Anas platyrhynchos*
DISTRIBUTION : tout l'hémisphère Nord
HABITAT : près de l'eau
TAILLE : 41 à 66 cm

Ce canard barboteur pêche queue en l'air, en eau peu profonde. La femelle est d'un brun terne, avec une tache bleue caractéristique sur l'aile. Le canard colvert se nourrit de graines, pousses, bourgeons, feuilles et baies, mais également d'insectes, de mollusques, de crustacés et de vers.

Le couple renoue chaque année au cours d'une longue période de parades compliquées, avec lissage rituel des brillantes taches alaires. La ponte est de 8 à 10 œufs dans un nid qui est édifié au sol. Les œufs sont couvés par la femelle pendant 28 ou 29 jours. Le mâle quitte la femelle dès qu'elle commence à couver et s'envole pour subir sa mue annuelle avec les autres mâles.

Le colvert est l'ancêtre de tous les canards domestiques, sauf le canard de Barbarie.

Canard souchet, *Anas clypeata*
DISTRIBUTION : Europe, Asie, Amérique du Nord
HABITAT : marais intérieurs, eaux côtières
TAILLE : 43 à 56 cm

Le bec spatulé caractéristique du souchet lui permet de se nourrir de plancton. L'oiseau, tout en nageant, aspire de l'eau avec le bec, dont les bords, dotés de très fines lamelles, retiennent de minuscules organismes. La femelle est nettement plus terne que le mâle, brune, avec du bleu et du vert aux ailes. Les souchets se déplacent généralement en bandes ou en couples la plus grande partie de l'année.

La femelle construit un nid sur un lit de roseaux et pond 7 à 14 œufs, qu'elle couve pendant 23 à 25 jours. Les canetons ont un bec normal à la naissance, qui ne devient spatulé qu'au cours de la croissance.

Eider à duvet, *Somateria mollissima*
DISTRIBUTION : circumpolaire (Nord)
HABITAT : côtes, rivières, lacs
TAILLE : 56 à 71 cm

Comme la plupart des canards, la femelle de l'eider garnit le nid de duvet qu'elle arrache de sa poitrine. Le duvet de l'eider, particulièrement doux et chaud, a longtemps été recherché. La femelle est d'un brun strié. Mâle et femelle ont le bec surmonté d'une membrane en Y qui va presque jusqu'aux yeux. À la saison des nids, les eiders fréquentent les côtes et se nourrissent de mollusques, de crustacés et autres petites créatures. Ils nichent en colonies, mais se disputent les sites, et chaque couple s'empare d'un territoire. La ponte est en moyenne de 5 œufs, couvés par la femelle seule pendant 27 ou 28 jours, tandis que le mâle s'éloigne avec les autres mâles pour effectuer la mue annuelle.

Fuligule milouinan, *Aythya marila*

Distribution : circumpolaire (Nord)
Habitat : eaux côtières et intérieures
Taille : 41 à 51 cm

Du groupe des canards dénommés fuligules, celui-ci niche dans la toundra et hiverne plus au sud. Son régime comporte de petits invertébrés, tels que mollusques et crustacés. Comme les autres fuligules, tels que le canard d'Amérique, *A. valisineria*, et le fuligule morillon, *A. fuligula*, c'est un excellent plongeur qui va souvent à plus de 8 m de fond pour se nourrir. Les milouinans se rassemblent en énormes bandes et, à la saison des nids, les couples sortent des limites de leur aire de distribution. La ponte est de 8 à 10 œufs, couvés 23 à 27 jours par la femelle.

Canard mandarin, *Aix galericulata* LR : nt

Distribution : est de l'Asie, Corée, Chine, Japon ; introduit en Europe
Habitat : marais intérieurs, lacs, mares
Taille : 43 à 51 cm

Le charmant canard mandarin est célébré par les artistes japonais et chinois depuis des siècles. En Chine, il était considéré comme symbole de fidélité et offert en cadeau de mariage.

Le mandarin est actif surtout à l'aube et au crépuscule. Il se nourrit de végétaux, graines, glands et riz, et d'insectes, d'escargots et de menus poissons. Il est sociable, et le couple se maintient d'année en année. Lors de la parade nuptiale, ils lissent rituellement leurs larges plumes alaires et boivent. La ponte est de 9 à 12 œufs, souvent dans un trou d'arbre, couvés par la femelle. Le canard de Caroline, *A. sponsa*, proche parent, est aussi brillamment coloré.

Harle huppé, *Mergus serrator*

Distribution : holarctique
Habitat : eaux côtières et intérieures
Taille : 48 à 66 cm

Ce canard plongeur a un bec long, étroit et en dents de scie, qui lui permet de bien attraper sous l'eau les poissons dont il se nourrit. Il mange en outre des crustacés. Lors des parades nuptiales, qui sont assez complexes, le mâle court en direction de l'eau, le cou tendu et, au cours de la série de figures qui précèdent l'accouplement, il boit, se lisse le plumage et bat des ailes. La ponte est de 9 ou 10 œufs dans un trou ou une dépression. Le mâle quitte la femelle dès qu'elle couve. Les œufs éclos, plusieurs femelles rassemblent les poussins, qu'elles élèvent ensemble.

Canard musqué, *Cairina moschata*

Distribution : Amérique centrale, Amérique du Sud tropicale
Habitat : rivières et marais forestiers
Taille : 66 à 84 cm

Ce sont des oiseaux familiers sous la forme domestique, mais rares sous leur forme pure hors de leur région d'origine. Le mâle a un cercle orbital granuleux, et la base du bec large. La femelle a toute la tête emplumée et n'a pas ce type de bec. La forme sauvage est belle, mais certaines souches domestiques ont évolué et portent de grotesques verrues et d'énormes caroncules au bec. Les canards musqués se nourrissent de plantes, de graines, de petits poissons et d'insectes, et apprécient les termites, qui abondent dans leur habitat. Oiseaux tropicaux, ils n'ont pas de vrai trajet de migration, mais gagnent parfois les côtes à la saison sèche. Ils ne forment pas de larges bandes, et les liens de couple et familiaux sont ténus. Les parades nuptiales sont courtes et simples. La ponte est de 8 à 15 œufs dans une cavité ou parmi les joncs. La femelle couve seule et le mâle ne participe pas aux soins des petits.

Érismature roux, *Oxyura jamaicensis*

Distribution : États-Unis, Amérique centrale, Andes ; introduit en France et en Grande-Bretagne
Habitat : lacs et rivières intérieurs, estuaires
Taille : 35 à 48 cm

Cet oiseau appartient au groupe des canards dits à queue rigide, des petits canards d'eau douce, barboteurs, au corps trapu, qui nagent en gardant la queue dressée à angle droit. L'érismature roux, essentiellement nocturne, se nourrit de plantes aquatiques, d'insectes et de petits invertébrés. Sa vie sociale est sommaire et il ne niche pas en territoire. La femelle pond 8 œufs environ dans un nid au sol.

TURNIX, INDICATEURS ET PICS

ORDRE DES TURNICIFORMES

Famille des Turnicidae : Turnix

L'unique famille de cet ordre comprend 17 espèces de turnix. Ce sont des oiseaux terrestres replets qui ressemblent de près à des cailles, mais avec des pieds tridactyles. Les turnix ont les ailes courtes et arrondies, et ne volent que rarement. La femelle est plus grosse et plus brillamment colorée que le mâle. Toutes les espèces vivent dans les régions tropicales et subtropicales de l'Ancien Monde.

Turnix d'Andalousie, *Turnix sylvatica*
Distribution : sud de l'Espagne, Afrique, sud de l'Asie jusqu'en Indonésie et aux Philippines
Habitat : prairies, brousse
Taille : 15 cm

Craintif et discret, le turnix d'Andalousie reste longuement dans les sous-bois, bien qu'il puisse voler. Il vit de plantes, de graines et d'insectes. La femelle a le rôle sexuel dominant, paradant devant le mâle et rivalisant avec d'autres femelles. Le couple édifie le nid, généralement une cavité au sol garnie de végétaux. La ponte est de 3 à 8 œufs ovales, 4 généralement, et le mâle couve 13 jours en moyenne – une des périodes d'incubation les plus courtes chez les oiseaux.

ORDRE DES PICIFORMES

Cet ordre comprend 5 familles d'oiseaux qui sont le plus souvent arboricoles et qui nichent dans des cavités : indicatoridés (indicateurs), picidés (pics), megalaimidés (barbus d'Asie), lybiidés (barbus d'Afrique) et ramphastidés (barbus d'Amérique et toucans). Les 355 espèces ont toutes des pieds zygodactyles (2 doigts en avant et 2 en arrière), qui les aident à se hisser le long des troncs d'arbres.

Famille des Indicatoridae : Indicateurs

Il y a 17 espèces d'indicateurs, que l'on trouve en Afrique, en Asie et en Indonésie. Ils se nourrissent de cire et de larves d'abeilles, et certaines espèces ont l'habitude de conduire l'homme et certains mammifères aux ruches, dans l'espoir de se faire ouvrir les nids. D'où leur nom. Ces oiseaux sont les seuls capables de se nourrir de cire, qu'ils digèrent grâce aux bactéries symbiotiques de leur intestin. Ils capturent aussi des insectes en vol.

D'après ce que l'on en sait, ces espèces seraient parasites et pondraient leurs œufs dans les nids des barbus et des pics. Les deux sexes ont un plumage quelque peu différent.

Grand Indicateur, *Indicator indicator*
Distribution : Afrique, au sud du Sahara
Habitat : varié, lisières de forêts, brousse aride, bois d'acacias, terres cultivées
Taille : 20 cm

C'est l'un des 2 indicateurs qui montrent le plus activement le chemin des ruches. Avec de bruyants caquètements, il s'approche d'un être humain ou d'un mammifère mellivore, un ratel, par exemple, et, une fois qu'il a attiré son attention, il lui montre le chemin de la ruche en le précédant d'un vol saccadé. L'oiseau a en effet besoin d'aide pour accéder aux rayons ; ensuite, il mange les restes de miel, la cire et les larves d'abeilles. Sa peau particulièrement épaisse le met à l'abri des piqûres de ces insectes. Comme tous les indicateurs, il ne dédaigne cependant pas les autres insectes.

La femelle pond dans le nid d'autres oiseaux et ses poussins sont élevés par leurs parents adoptifs.

Famille des Picidae : Pics

Les pics et leurs parents, les torcols et les picumnes, doivent être parmi les mieux connus des oiseaux arboricoles spécialisés. Il en existe environ 215 espèces, que l'on trouve presque partout dans le monde, sauf à Madagascar, en Australie, en Papouasie et dans la plupart des îles océaniques. Les deux sexes ont de légères différences de plumage chez de nombreuses espèces.

Le pic est adapté pour grimper dans les arbres, en extraire des insectes de l'écorce et faire des trous dans le tronc. Il s'agrippe fortement à l'écorce d'un tronc d'arbre grâce à ses griffes acérées et à ses pieds dont les 2 doigts vers l'avant et 2 vers l'arrière lui assurent une prise maximale. Sa queue rigide fournit également un support efficace à l'oiseau et lui permet d'adopter la posture correcte lors de l'ascension et lorsqu'il creuse le bois en le martelant de son bec fort et droit. Certaines espèces sont terrestres.

Pic à bec d'ivoire, *Campephilus principalis* EX
DISTRIBUTION : anciennement sud-est des États-Unis, Cuba
HABITAT : marais, forêts
TAILLE : 51 cm

C'est le plus gros pic d'Amérique du Nord. Il se caractérise par sa huppe longue et dressée, et son long bec ivoire.

La destruction massive de la forêt épaisse, qui constitue l'habitat naturel de ce pic, a entraîné le déclin de l'espèce. Même s'il reste peut-être encore quelques pics à bec d'ivoire dans certaines forêts isolées de Cuba, l'espèce est désormais considérée comme éteinte par l'UICN.

Le pic à bec d'ivoire se nourrit de larves d'insectes, en particulier des scarabées xylophages qui vivent entre l'écorce et le bois d'arbres mourants ou secs depuis peu, et mangent aussi des fruits et des noix. Les deux partenaires creusent ensemble une cavité pour y édifier le nid, et la ponte est de 1 à 3 œufs. L'incubation dure environ 20 jours, le mâle relayant la femelle pour couver pendant la nuit. Les deux membres du couple nourrissent les poussins tour à tour.

Torcol fourmilier, *Jynx torquilla*
DISTRIBUTION : Europe, Afrique du Nord, centre de l'Asie ; hiverne en Afrique et au sud de l'Asie
HABITAT : forêts clairsemées à feuilles caduques, terres cultivées
TAILLE : 16 à 20,5 cm

Le torcol fourmilier ressemble davantage à un passereau qu'à un pic. La couleur du plumage est brun-gris fauve sur le dessus, fauve plus marqué sur les parties inférieures, avec des raies brunes. C'est un oiseau solitaire, qui vit caché et se singularise dans la famille par son bec plus court et plus frêle que celui des pics véritables. Bien que capable de s'agripper au tronc des arbres, il n'a pas la queue rigide qui sert de support au pic typique, et il se perche plus souvent. Il ne creuse pas le bois des arbres pour se nourrir, mais recueille fourmis et autres insectes sur les feuilles ou au sol, à l'aide de sa longue langue protractile. Il doit son nom à son étrange habitude de tordre la tête lorsqu'il mange et en parade nuptiale.

Le torcol niche en été en Europe, en Afrique du Nord et en Asie centrale. Il utilise une cavité existante dans le tronc d'un arbre, un trou de pic abandonné ou une anfractuosité dans un mur ou un talus. La ponte est de 7 à 10 œufs, et les deux parents, la femelle surtout, couvent pendant 13 jours. Ils nourrissent les poussins d'insectes et de larves. Ceux-ci quittent le nid à 3 semaines environ. Après la saison des nids, certaines populations migrent vers le sud en Asie tropicale et en Afrique pour l'hiver.

Pic épeiche, *Dendrocopos major*
DISTRIBUTION : Europe, Afrique du Nord, Asie
HABITAT : forêts mixtes, bois
TAILLE : 23 cm

Le plus commun des pics européens, le pic épeiche, est une espèce adaptable qui vit dans des terrains boisés de toutes sortes, y compris parcs et jardins. Il creuse le bois des troncs d'arbres pour en extraire sa nourriture – insectes xylophages et leurs larves –, en tambourinant de façon caractéristique, comme il le fait aussi au printemps en guise de chant nuptial. Il complète son régime alimentaire par des noix, des graines et des baies, et sait coincer une pomme de pin dans une anfractuosité pour en arracher les pignons à coups de bec. Le mâle a une bande rouge à l'arrière de la tête, dont la femelle est dépourvue, et le jeune a une calotte rouge.

En Europe, la saison des nids débute à la mi-mai, et les deux partenaires creusent un trou dans un arbre, à plus de 3 m du sol. La femelle pond 3 à 8 œufs dans ce nid laissé à nu, et, aidée par le mâle, les couve 16 jours. Les deux parents s'occupent des petits, leur introduisant des insectes dans le bec. La plupart des pics sont sédentaires, mais certaines populations nordiques migrent parfois vers le sud en hiver.

PICS SUITE

Pic-vert ou Pivert, *Picus viridis*
DISTRIBUTION : Europe, Afrique du Nord, de la Turquie à l'Iran, ouest de la Russie
HABITAT : bois clairsemés de feuillus, jardins, parcs
TAILLE : 32 cm

Ce grand pic a un plumage vivement coloré, une queue courte et un bec long et pointu. Le mâle a des « moustaches », qui sont une strie rouge à bordure noire, entièrement noire chez la femelle. C'est un oiseau craintif et solitaire, que l'on ne voit généralement que l'espace d'un instant. Comme les autres pics, il se nourrit dans les arbres, de larves, d'insectes xylophages, mais également à terre, où il sautille lourdement en quête de fourmis. Il mange aussi des fruits, des baies et des graines. Le vol, onduleux, est tout à fait typique des pics, qui ferment les ailes à chaque remontée.

La saison des nids débute en avril dans le sud de l'aire de distribution, jusqu'en mai au nord. Le couple creuse une cavité, souvent dans un tronc d'arbre pourri, à 1 m au moins au-dessus du sol. La ponte est de 4 à 7 œufs, parfois jusqu'à 11, que le couple couve 18 ou 19 jours. Les poussins, nus et totalement dépendants, sont nourris par régurgitation jusqu'à ce qu'ils soient devenus autonomes. Ils restent au nid environ 3 semaines.

Quand l'hiver est rude, le pivert, non migrateur, peut souffrir du manque de nourriture et voir ses populations sérieusement diminuer.

Pic à queue dorée, *Campethera abingoni*
DISTRIBUTION : Afrique, au sud du Sahara
HABITAT : terrains boisés, brousse, forêts de montagne
TAILLE : 20,5 cm

Cet oiseau est reconnaissable aux larges stries noires sur fond blanc qui courent du menton au ventre et au bout jaune de sa queue. La nuque et la tête sont rouge sombre et noir, et le reste du plumage est essentiellement vert tacheté de blanc. Le pic à queue dorée vit généralement en couple. Il est particulièrement bruyant, émettant une sorte de rire narquois, et, pour donner l'alarme à ses congénères, il utilise un autre cri, plutôt perçant. Cet oiseau agité est continuellement en mouvement, allant d'un vol vif et très onduleux en quête des fourmis arboricoles et des larves d'autres insectes, comme les scarabées, qui composent l'essentiel de son régime alimentaire.

La cavité qui sert de nid au pic à queue dorée est généralement creusée dans le bois tendre d'un arbre mort. La ponte est de 2 ou 3 œufs.

Grand Pic meunier, *Mulleripicus pulverulentus*
DISTRIBUTION : Asie (du nord de l'Inde au sud-ouest de la Chine, Sumatra, Java, Bornéo, Palawan)
HABITAT : forêts, forêts marécageuses
TAILLE : 51 cm

Le grand pic meunier vit en bande, de 6 oiseaux environ, qui volent en se poursuivant de la cime d'un arbre à l'autre. Ils communiquent entre eux en caquetant bruyamment. Leur vol, nonchalant, est dépourvu des bonds et ondulations habituels chez les pics. Les larves de scarabées xylophages et autres insectes forment l'essentiel du régime alimentaire du pic meunier. Il les trouve en creusant les troncs à l'aide de son bec puissant.

Les deux sexes ont le menton et le cou chamois, mais le mâle est seul à avoir des « moustaches ». Les jeunes ressemblent à la femelle, mais en plus sombre et plus terne, avec plus de taches claires marquant les parties inférieures.

À la saison des nids, les bandes éclatent et les couples se forment. Les oiseaux creusent leur nid dans le haut des troncs d'arbres, souvent du bois mort ou pourrissant. Le couple couve les 3 ou 4 œufs qui ont été déposés dans le trou laissé à nu. Les deux parents se partagent les soins et le nourrissage des petits.

Pic terrestre, *Geocolaptes olivaceus* LR : nt
DISTRIBUTION : Afrique du Sud
HABITAT : collines découvertes sèches
TAILLE : 28 cm

Le pic terrestre, comme l'indique son nom, vit presque exclusivement au sol, où il se déplace en sautillant. Il vole rarement, lourdement, et toujours sur de très courtes distances, en révélant les plumes rouges de son croupion.

Les deux sexes sont identiques, avec la tête grise, les parties supérieures brun olive tachetées de blanc, et la poitrine et le ventre rosés. Les jeunes sont plus ternes, avec le ventre vert olive tacheté de blanc. Le pic terrestre vit en petite bande de 6 oiseaux au plus, et on le trouve plutôt en altitude, au-dessus de 600 m, perché sur la rocaille ou des rochers, ou plus rarement sur les branches basses d'un arbre ou d'un buisson. Il se nourrit essentiellement de fourmis et autres insectes terrestres et de leurs larves, qu'il trouve en fouillant sous les rochers et les pierres. Son cri est perçant et métallique, et il émet quelques sifflements très aigus.

Contrairement à la plupart des pics, il niche au sol dans une longue galerie, creusée par le couple dans un talus argileux ou sablonneux, qui débouche sur une petite cavité où la femelle pond 4 ou 5 œufs.

Pic sultan, *Chrysocolaptes lucidus*
DISTRIBUTION : Inde, Asie du Sud-Est jusqu'aux Philippines
HABITAT : terrains boisés, lisières des forêts, mangroves
TAILLE : 33 cm

C'est un pic de taille moyenne, très répandu dans les régions boisées de l'Inde et de l'Asie du Sud-Est, avec de nombreuses sous-espèces selon les divers types de forêts. Il vit généralement en couple, près de bandes d'autres pics, de drongos, de bulbuls et de timalies. Du vol bondissant et onduleux caractéristique des pics, il va bruyamment d'un arbre à l'autre, puis se pose sur un tronc, qu'il escalade rapidement en formant des spirales saccadées. Il creuse alors le bois de son bec puissant pour s'y nourrir de larves d'insectes, qui constituent son régime alimentaire. On l'a vu aussi attraper des termites ailés en vol. Le pic sultan se nourrit rarement au sol, mais on dit qu'il boit occasionnellement le nectar de certaines plantes.

Bien que l'espèce soit extrêmement variable, on reconnaît aisément les pics sultans à leurs deux « moustaches » noires séparées par une bande de plumage blanc, qui se trouvent de chaque côté du bec. La femelle n'a pas la grande huppe rouge vif caractéristique du mâle, mais elle porte une calotte noire plate, tachée de blanc.

Lorsque vient la saison des nids, pour attirer l'attention des femelles, le mâle parade en tambourinant vigoureusement du bec. Le couple niche dans une cavité de tronc d'arbre, qui est parfois réutilisée plusieurs années de suite, avec à chaque saison de nidification une nouvelle entrée qui conduit à la couvée. On ignore si les mêmes oiseaux retrouvent la cavité qu'ils ont aménagée chaque année.

La ponte est constituée de 4 ou 5 œufs, qui sont couvés pendant 14 ou 15 jours. Les jeunes restent au nid et sont nourris et soignés par les parents jusqu'à ce qu'ils puissent voler, c'est-à-dire à l'âge de 24 à 26 jours.

Pic ocré, *Celeus flavescens*
DISTRIBUTION : Amérique du Sud (Amazonie brésilienne, Paraguay, nord-est de l'Argentine)
HABITAT : forêts
TAILLE : 28 cm

Avec sa longue huppe hirsute, le pic ocré a l'air beaucoup plus grand qu'il ne l'est en réalité. Les grandes plumes jaunes de cette huppe sont particulièrement fines et douces ; quand elles sont dressées, elles ondoient souplement au moindre souffle de vent. Il présente un joli plumage brun ourlé de jaune. Les côtés du bec sont barrés d'une moustache rouge caractéristique.

Si l'espèce est particulièrement répandue dans le sud-est du Brésil, le pic ocré ne reste cependant pas confiné aux basses terres, et on a pu l'observer jusqu'à 900 m d'altitude.

PICS, BARBUS D'ASIE ET BARBUS D'AFRIQUE

Picumne roux, *Sasia ochracea*
Distribution : de l'Himalaya aux régions montagneuses d'Asie du Sud-Est et du sud-est de la Chine
Habitat : terrains boisés, surtout de bambous
Taille : 9 cm

Ce pic minuscule, trapu, à la queue réduite, est un oiseau extrêmement actif, que l'on voit généralement seul ou en couple. Avec des mouvements saccadés, il grimpe sur les fines brindilles d'arbres bas ou sautille sur le sol jonché de feuilles, en quête de fourmis et de leurs larves. La femelle a le même plumage que le mâle, sauf le front jaune d'or.

Le nid est une minuscule cavité de 2,5 cm environ de large, que l'oiseau perce dans un bambou en putréfaction ou un vieil arbre. La ponte est de 3 ou 4 œufs.

Pic maculé ou Pic suceur de sève, *Sphyrapicus varius*
Distribution : Canada central, nord et est des États-Unis ; hiverne en Amérique centrale et aux Antilles
Habitat : forêts, bois
Taille : 20,5 cm

Le pic maculé migre au nord au printemps, lorsqu'il quitte ses quartiers d'hiver. Quand il a atteint son aire de nidification, il perce des rangées de trous dans l'écorce des arbres et revient de temps en temps boire la sève qui en coule et manger les insectes qu'elle attire. L'oiseau recueille aussi de nombreux autres insectes dans et autour des arbres, à l'aide de sa langue en pinceau.

C'est surtout le mâle qui fait le nid, en creusant une cavité, le plus souvent dans un arbre mort. Ce travail de forage dure 2 à 4 semaines.

La ponte est de 5 à 7 œufs, que les deux parents couvent 12 jours environ.

Pic flamboyant ou Colapte doré, *Colaptes auratus*
Distribution : de l'Alaska au Mexique, Cuba, île Grande Caïman
Habitat : bois, terrains découverts
Taille : 5,5 à 35,5 cm

Le pic flamboyant se nourrit au sol de fourmis et d'autres insectes, et mange aussi des fruits et des baies. Il se présente sous deux formes, qui sont maintenant considérées comme des sous-espèces : les oiseaux des zones orientales aux ailes bordées de jaune, et ceux des régions occidentales, dont les ailes sont marquées de rouge. Dans le Centre-Ouest, ces formes se rencontrent et s'hybrident.

Pendant les amours, ou afin de faire savoir qu'il a pris un territoire, il tambourine du bec sur un arbre ou une toiture métallique. Le mâle choisit un site pour la cavité qui servira de nid, en général un trou dans un tronc d'arbre, dans une branche coupée ou un poteau télégraphique, et c'est surtout lui qui fait le travail d'excavation. Le couple couve environ 12 jours ; c'est le mâle qui assure cette tâche la nuit.

Pic nain du Brésil, *Picumnus cirratus*

Distribution : Amérique du Sud (du Guyana au nord de l'Argentine)

Habitat : forêts, bois, parcs

Taille : 9 cm

Ce petit pic affairé joue dans les arbres, s'accrochant tête en bas, se déplaçant sur les branches, au-dessus, et autour, à la recherche des larves dont il se nourrit. Il tient à distance ses prédateurs par son odeur singulière, très nauséabonde.

Le nid est édifié dans un tronc de bambou et, pour le creuser, le pic nain s'accroche au bambou à la manière des pics vrais, en arrachant des copeaux à coups de bec rapides.

Famille des Megalaimidae : Barbus d'Asie

Les barbus sont de petits oiseaux de forme trapue, aux couleurs souvent éclatantes, qui vivent dans les régions tropicales d'Asie, d'Afrique et d'Amérique. Ils se reconnaissent à leur grosse tête et à leur bec épais, parfois cranté, souvent bordé de fortes vibrisses. Dans la plupart des espèces, le mâle et la femelle se ressemblent.

Ces oiseaux solitaires et arboricoles se nourrissent d'insectes et de fruits. Autrefois rassemblés en une seule famille, les barbus sont aujourd'hui répartis entre 3 familles : megalaimidés (barbus d'Asie), lybiidés (barbus d'Afrique) et ramphastidés (barbus d'Amérique, toucans). La plupart des barbus d'Asie sont plus grands que les autres espèces. Les 26 espèces vivent en forêt, dans une aire qui va du sud du Tibet et du sud de la Chine à l'Indonésie et aux Philippines. Les barbus nichent dans un trou creusé dans un tronc d'arbre.

Barbu à front rouge, *Megalaima haemacephala*

Distribution : Inde, Sri Lanka, Asie du Sud-Est, Sumatra, Java, Bali, Philippines

Habitat : bois, jardins, zones urbaines

Taille : 15 cm

Cet oiseau trapu a la gorge et la tête marquées de rouge vif et de jaune, et le ventre strié. Généralement seul, quelquefois en couple ou en petit groupe, le barbu à front rouge cherche des fruits, des figues surtout, dans les arbres et se jette parfois maladroitement sur des insectes en vol.

Il fait son nid entre janvier et juin, en creusant une cavité dans une branche morte ou pourrissante, qu'il entame aisément avec son bec. Le couple couve les 2 à 4 œufs et s'occupe des poussins.

Famille des Lybiidae : Barbus d'Afrique

Les 42 espèces de barbus africains forment la famille de barbus la plus diversifiée. Si la plupart ressemblent aux barbus d'Asie, certaines espèces sont beaucoup plus petites, et d'autres préfèrent la savane ouverte ou les broussailles à la forêt. Alors que la majorité des espèces nichent dans des trous creusés dans des troncs, 3 espèces plus sociables nichent dans des cavités aménagées le long des rives ou dans l'entrée de termitières, et se nourrissent surtout d'insectes

Barbu bidenté, *Lybius bidentatus*

Distribution : Afrique (sud du Soudan, Éthiopie, puis au sud jusqu'en Ouganda, ouest du Kenya, Tanzanie)

Habitat : forêts clairsemées, savane boisée, terres cultivées

Taille : 23 cm

Cet oiseau est reconnaissable à sa gorge et sa poitrine d'un rouge profond. Il vit de fruits, de figues et de bananes surtout, dont il envahit les plantations. Le nid est une cavité creusée dans une branche d'arbre mort et la ponte est, pense-t-on, de 3 ou 4 œufs. Le couple se partage les tâches relatives au nid.

TOUCANS

Famille des Ramphastidae : Barbus d'Amérique et Toucans

Cette famille se divise en 2 sous-familles : les 14 espèces de barbus d'Amérique, qui ressemblent aux barbus d'Afrique et d'Asie et dont les habitats sont analogues, et les 41 espèces de toucans.

Les toucans sont parmi les oiseaux les plus extraordinaires du monde. On rencontre toutes ces espèces dans les étages supérieurs des épaisses forêts pluviales du bassin de l'Amazone et dans les zones forestières d'Amérique du Sud.

Leur taille varie entre 30 et 61 cm, et leur énorme bec aux couleurs éclatantes représente près de la moitié de la longueur de leur corps. Ce bec est fait d'une matière osseuse alvéolée, ce qui le rend léger, mais très solide. Les couleurs de ces oiseaux, voyantes, sont très variées, non seulement d'une espèce à l'autre, mais aussi à l'intérieur d'une même espèce. Le plumage est généralement sombre, souvent noir, avec la tête et le cou tachés de façon très contrastée, ce qui met en valeur les couleurs du bec. Les ailes des toucans sont courtes et arrondies, et le vol est très maladroit. Les pattes sont courtes et leurs griffes permettent à l'oiseau de bien saisir les branches ; 2 doigts sont dirigés vers l'avant, et 2 vers l'arrière. Les deux sexes sont identiques chez la plupart des espèces.

On connaît mal les fonctions spécifiques du bec remarquable du toucan. Il se peut qu'il joue le rôle d'un important signal visuel dans le comportement territorial ou amoureux, ou, comme on l'a suggéré, qu'il aide l'oiseau à s'emparer de nourriture qui serait sinon hors de sa portée. Beaucoup d'autres oiseaux, cependant, y parviennent sans l'aide d'un tel bec. Enfin, il est possible que ce bec lui serve à intimider les oiseaux dont il attaque le nid et capture les poussins. Il se nourrit de fruits variés et de gros insectes arboricoles, parfois de proies plus grosses, oisillons au nid, œufs et lézards. Il saisit la nourriture du bout de son bec, puis, d'un coup de tête en arrière, la projette en l'air et la happe. Sa langue extrêmement longue et étroite, au bout garni d'une sorte de pinceau, l'aide à manipuler la nourriture.

Le toucan niche dans des trous d'arbres, naturels ou laissés par des pics. Certaines espèces garnissent le nid de feuilles, d'autres de pépins de fruits régurgités. Les deux parents couvent 2 à 4 œufs en tenant leur longue queue repliée sur leur dos pour pouvoir tenir dans le nid. Les jeunes toucans naissent nus et aveugles et se développent lentement : à 3 semaines, leurs yeux commencent juste à s'ouvrir, et ils n'ont pas de plumes avant au moins 6 semaines. Ils ont les talons garnis de coussinets, sur lesquels ils sont assis, ce qui, peut-être, constitue une forme de protection contre la rugosité du fond de leur nid. Le couple se partage les soins aux poussins.

Toucanet vert, *Aulacorhynchus prasinus*

DISTRIBUTION : du sud du Mexique au Nicaragua, Venezuela, Colombie, Équateur et Pérou
HABITAT : forêts humides de montagne, terrains découverts avec arbres
TAILLE : 35,5 cm

Le timide toucanet vert vit entre 1 800 et 3 000 m d'altitude. Il reste assis caché par le feuillage ou vole sur de courtes distances, en couple ou en petit groupe en quête de nourriture. Ces oiseaux sont extrêmement bruyants et échangent toutes sortes de cris. Le régime alimentaire, très varié, comporte insectes, petits reptiles et batraciens, et œufs et poussins d'autres espèces ainsi que les fruits et les baies habituels. On reconnaît cet oiseau remarquable au premier coup d'œil, à son plumage brillamment coloré de vert vif, et à son bec jaune et noir.

Le nid est dans un trou d'arbre, souvent celui qu'un pic a laissé. On a même vu des toucanets verts harceler des pics jusqu'à ce qu'ils laissent leur nid. Les deux membres du couple couvent 3 ou 4 œufs et apportent la nourriture, des fruits surtout, aux oisillons.

Les petits du toucanet vert, comme tous les toucans, naissent nus et acquièrent leurs premières plumes vers 2 semaines. Leur bec, néanmoins, se développe plus vite que leur corps, et le jeune toucanet a un bec pleinement développé, de 7,5 cm de long, avant même que son corps atteigne seulement la moitié de sa taille adulte.

Toucan de Baillon, *Baillonius bailloni*  **LR : nt**

DISTRIBUTION : sud-est du Brésil
HABITAT : forêts
TAILLE : 35,5 cm

Ce toucan a un joli plumage doré, lustré sur les joues et la poitrine. Cet oiseau timide et gracieux vit en petit groupe. Il se nourrit surtout de baies et préfère explorer la cime des arbres plutôt que les étages inférieurs de la forêt.

Toucan montagnard, *Andigena laminirostris*
LR : nt
Distribution : Andes colombiennes, ouest de l'Équateur
Habitat : forêts
Taille : 50 cm

Connu aussi sous le nom de toucan des montagnes au bec en plateau, ce très bel oiseau vit entre 1 000 et 3 000 m d'altitude. Son bec de près de 10 cm de long est d'une forme tout à fait inhabituelle : de chaque côté de la mandibule supérieure se trouve un plateau jaune corné qui part de la base du bec.

La fonction de ce plateau n'est toujours pas éclaircie, puisque l'on connaît très peu de chose concernant les mœurs de ces toucans.

Toucanet à bec tacheté, *Selenidera maculirostris*
Distribution : Brésil tropical, du sud de l'Amazone au nord-est de l'Argentine
Habitat : forêts pluviales des basses terres
Taille : 33 cm

Ce toucanet peu commun est doté de quelques plumes orange ou jaunes derrière l'œil, qui sont tout à fait caractéristiques du genre *Selenidera*, et dont on pense qu'elles jouent probablement un rôle important dans la parade du mâle. Le bec du mâle se distingue par son extrémité de couleur jaune et les taches noires caractéristiques qui ponctuent sa mandibule supérieure. Le bec de la femelle est moins nettement tacheté.

L'oiseau se nourrit de baies et de gros fruits qu'il avale entiers et dont il régurgite peau et noyaux. Tous les toucans contribuent ainsi à disperser les graines de nombreuses plantes fruitières.

Une fois que leurs œufs sont éclos, les toucanets à bec tacheté partent souvent en bandes afin de visiter les plantations de citronniers pour s'y nourrir de termites et d'autres petits insectes, et en rapporter à leurs petits.

Toucan toco, *Ramphastos toco*
Distribution : est de l'Amérique du Sud (des Guyanes au nord de l'Argentine)
Habitat : bois, forêts, plantations, palmeraies
Taille : 61 cm

Ce toucan commun est l'un des plus gros de la famille. Le toucan toco vit en petite bande et fréquente les plantations de cocotiers et de cannes à sucre, ainsi que les milieux habituels aux toucans. Le bec, jaune d'or, mesure près de 19 cm. Il se nourrit de fruits très variés, avec une préférence marquée pour les poivrons. Nullement timide, il pénètre dans les habitations pour y voler de la nourriture et taquiner les animaux domestiques.

Aracari de Beauharnais, *Pteroglossus beauharnaesii*
Distribution : Amazonie péruvienne, ouest du Brésil, nord de la Bolivie
Habitat : forêts
Taille : 35,5 cm

Ce toucan habituellement craintif et nerveux sait se montrer parfois actif et agressif. Son plumage est curieux et ne ressemble en rien à celui des autres toucans : les plumes de la calotte sont similaires à des écailles brillantes et frisées, et celles des joues et de la gorge ont une écaille noire au bout. Comme chez les autres aracaris, le bec a des entailles prononcées.

Des groupes de 5 ou 6 adultes perchent ensemble dans le nid abandonné d'un pic ou le creux d'un arbre, en tenant leur queue repliée sur leur dos, afin de tous tenir dans cet espace limité.

JACAMARS, TAMATIAS ET CALAOS

ORDRE DES GALBULIFORMES

Les jacamars et les calaos sont les 2 familles qui composent cet ordre. Ces oiseaux arboricoles et insectivores vivent en Amérique centrale et en Amérique du Sud. Les jacamars et les calaos sont des zygodactyles : ils ont 2 doigts dirigés vers l'avant et 2 vers l'arrière.

Famille des Galbulidae : Jacamars

Les 18 espèces de jacamars sont des oiseaux gracieux, au bec long, qui rappellent les guêpiers et qui ont la même technique de capture des insectes au vol. Les mâles ont généralement un plumage brillant, avec quelques plumes lustrées ou irisées. Les femelles sont plus ternes. Ils nichent dans des galeries creusées dans le sol. On les rencontre du Mexique au Brésil.

Jacamar à queue rousse,
Galbula ruficauda
Distribution : Mexique, Amérique centrale, puis à travers l'Amérique du Sud tropicale jusqu'au Brésil, Trinité et Tobago, de l'est du Brésil jusqu'en Argentine
Habitat : clairières, forêts, bois broussailleux
Taille : 23 à 28 cm

Cet oiseau a un plumage brillant, avec les parties supérieures lustrées et irisées. La femelle a la gorge beige, et les jeunes sont en général plus ternes. Perché sur une branche, le jacamar guette le passage d'insectes en vol, qu'il fauche en piquant dessus. Il retourne à son perchoir pour consommer sa prise ; si c'est un gros insecte, il le tue et en ôte les dures pattes cornées ou les élytres en le battant contre une branche.

Le jacamar creuse un nid en forme de galerie dans le sol, la femelle faisant la plus grande partie du travail. Le couple se partage l'incubation, qui dure 19 à 23 jours, la femelle effectuant cette tâche de nuit, et le mâle de jour. Il nourrit les jeunes jusqu'à ce qu'ils volent, à 3 semaines environ.

Famille des Bucconidae : Tamatias

Comme les jacamars, les 33 espèces de tamatias sont des insectivores. On les trouve au Mexique, puis, vers le sud, à travers l'Amérique centrale et l'Amérique du Sud tropicale. Les tamatias sont plus trapus et plus paresseux que les agiles jacamars, bien qu'il leur arrive de bondir en volant sur leur proie. Les deux sexes sont plus ou moins identiques, et ont tous deux une tête volumineuse pour leur taille et un plumage sobre.

Tamatia de Swainson,
Notharchus macrorhynchos
Distribution : Amérique centrale et du Sud jusqu'au nord-est de l'Argentine
Habitat : forêts clairsemées, lisières de forêts, savane avec arbres
Taille : 25,5 cm

Comme tous les tamatias, cet oiseau guette ses proies à partir d'un poste d'affût, les plumes hérissées, ce qui le fait paraître plus volumineux. Dès qu'il a repéré un insecte, il s'élance pour le happer au vol de son large bec au bout recourbé.

À la saison des nids, il creuse une galerie dans le sol, dont l'entrée est camouflée avec des feuilles et des brindilles. La ponte est de 2 ou 3 œufs dans une cavité garnie de feuilles, au bout de la galerie. Les deux parents couvent.

Trappiste à front noir,
Monasa nigrifrons
Distribution : est des Andes (de la Colombie au Pérou, nord-est de la Bolivie, Brésil)
Habitat : forêts
Taille : 29 cm

Les tamatias du genre *Monasa* ont un plumage noir ou noir et blanc, ce qui leur vaut le nom de trappiste. Plus grégaires que les autres tamatias, ils forment souvent des bandes, mais leurs mœurs sont identiques. Perchés sur des branches, ils guettent les insectes, puis s'élancent soudain pour les saisir au vol.

À la saison des nids, le couple creuse une galerie et la femelle y pondrait 2 ou 3 œufs.

ORDRE DES BUCÉROTIFORMES

Cet ordre se compose de 2 familles d'oiseaux au long bec : les bucérotidés (calaos), qui rassemblent la plupart des espèces, et les bucorvidés (calaos terrestres).

Famille des Bucerotidae : Calaos

Les calaos forment 54 espèces qui vivent en Afrique, au sud du Sahara et en Asie tropicale, jusqu'en Indonésie. La plupart sont marron ou noir et blanc, mais s'identifient à leur bec énorme surmonté d'une protubérance, ou casque. Malgré sa lourdeur apparente, ce bec est en réalité fait d'un tissu cellulaire osseux léger et alvéolé, recouvert de corne. La plupart des calaos vivent et mangent dans les arbres des forêts et de la savane. Presque tous sont omnivores ; ils mangent des fruits, des insectes, des lézards et même quelques petits mammifères. Les deux sexes sont parfois identiques.

Les calaos effectuent une singulière nidification. Dès que la femelle a pondu dans une cavité, l'entrée en est murée avec de la boue, et seule subsiste une petite fente. Le travail est fait par le mâle, ou par la femelle, qui se mure de l'intérieur à l'aide de matériaux que le mâle lui livre. Elle y demeure après l'éclosion, avec les poussins, et si elle dépend du mâle pour la nourriture, elle est néanmoins parfaitement à l'abri des prédateurs. Le mâle passe la nourriture par la fente, à l'aide de son long bec comprimé latéralement.

Pendant sa captivité, la femelle mue, mais, à l'époque où le mâle ne peut plus faire face à l'appétit des poussins, elle a de nouvelles plumes. A coups de bec, elle se fraie alors une sortie hors du nid, et les jeunes réparent la paroi. Les parents les nourrissent jusqu'à ce qu'ils volent. Les espèces diffèrent par quelques détails, mais toutes gardent le nid propre, en éliminant les déchets et excréments à travers l'ouverture.

Calao casqué, *Buceros vigil* **LR : nt**
Distribution : péninsule malaise, Sumatra, Bornéo
Habitat : forêts
Taille : 1,20 m

Les très longues plumes rectrices centrales de cet énorme calao ajoutent au moins 50 cm à sa taille. La femelle est légèrement plus petite que le mâle.

Le calao casqué se distingue des autres calaos – dont le bec est léger malgré les apparences – par un massif bec dont le casque est formé d'un bloc de kératine compacte qui fait de son crâne le plus lourd qui soit chez les oiseaux, puisqu'il atteint 10 p. cent du poids du corps. Le poids de sa tête pourrait être problématique s'il n'était contrebalancé par sa très longue queue. Ses attributs ont malheureusement été très convoités, et il a longtemps été chassé, à la fois pour son bec d'ivoire et pour les plumes de sa queue.

Cet oiseau se nourrit de fruits, de lézards, d'oiseaux et de leurs œufs. On pense qu'il se reproduit exactement de la même manière que les autres calaos.

Petit Calao à bec rouge, *Tockus erythrorhynchus*
Distribution : ouest, est et sud-est de l'Afrique
Habitat : savane sèche, bois clairsemés
Taille : 46 cm

Quoique brillamment coloré, le bec de ce calao est quasiment dépourvu de casque. Les deux sexes sont identiques, gris et brun-noir, avec les ailes marquées de clair. La femelle n'a pas toujours la base de la mandibule inférieure noire. Généralement en couples ou en petits groupes familiaux, ils se nourrissent, au sol ou dans les arbres, d'insectes, notamment de sauterelles, de criquets et de scarabées, ainsi que de fruits.

La femelle pond 3 à 6 œufs, qui sont déposés dans un trou d'arbre muré avec de la boue.

Grand Calao ou Calao bicorne, *Buceros bicornis*
Distribution : Inde, Asie du Sud-Est, Sumatra
Habitat : forêts
Taille : 1,50 m

Malgré sa grande taille, le grand calao, avec son bec et son casque énormes, a un aspect lourd et trapu. La femelle est beaucoup plus petite, le bec et le casque étant très nettement moins imposants, et a les yeux blancs et non rouges. Elle est, sinon, semblable au mâle. Ces calaos sont souvent dans les arbres, se nourrissant de fruits, de figues surtout, ainsi que d'insectes, de reptiles et d'autres petits animaux.

La femelle pond 1 à 3 œufs dans un trou à nu dans un arbre et s'emmure de l'intérieur, en mêlant ses déjections aux matériaux que le mâle lui livre. Elle couve 31 jours environ.

CALAOS TERRESTRES, HUPPE, MOQUEURS ET TROGONS

Famille des Bucorvidae : Calaos terrestres

Les 2 espèces de calaos terrestres sont de grands oiseaux qui vivent dans les savanes, les prairies sèches et les bois clairsemés d'Afrique tropicale.

Grand Calao terrestre, *Bucorvus cafer*

Distribution : Afrique (lac Tanganyika, puis jusqu'en Afrique du Sud : province du Cap)

Habitat : terrains découverts

Taille : 1,07 m

Ce calao et son cousin, le calao terrestre d'Abyssinie, *D. abyssinicus*, sont les plus gros d'Afrique. Ils sont surtout terrestres, de la taille d'un dindon, et se déplacent en couples ou en petits groupes familiaux, mangeant insectes, petits reptiles et autres animaux.

La femelle pond 1 à 3 œufs dans le creux d'un arbre ou d'une branche, garni de feuilles. Elle n'y est pas emmurée, va et vient librement, et recouvre ses œufs de feuilles quand elle s'éloigne du nid.

ORDRE DES UPUPIFORMES

Toutes les espèces de cet ordre possèdent un long bec effilé et incurvé, qui leur sert à fouiller le sol à la recherche d'insectes et d'autres petits animaux. L'ordre comprend 3 familles : les upupidés (huppes), les phoeniculidés (moqueurs) et les rhinopomastidés. La huppe vit en Eurasie, en Asie et en Afrique, alors que les moqueurs et les 3 espèces de rhinopomastidés vivent en Afrique subsaharienne.

Famille des Upupidae : Huppe

Il y a une seule espèce : un oiseau terrestre, assez typique pour mériter de former une famille à part. Les deux sexes ont un plumage plus ou moins identique, mais la femelle est parfois plus petite et plus terne.

Huppe fasciée, *Upupa epops*

Distribution : Europe (sauf Scandinavie et Grande-Bretagne), Afrique du Nord, centre et sud de l'Asie ; hiverne en Afrique tropicale et dans le sud de l'Asie

Habitat : terrains découverts avec arbres, lisières de forêts, parcs, jardins, vergers

Taille : 28 cm

Les ailes et la queue de cet oiseau ont un dessin très visible, et la très grande huppe est généralement portée à plat. La huppe fasciée marche et court vivement en quête de vers, d'insectes et d'invertébrés, fouillant le sol de son bec mince et recourbé. Bien qu'essentiellement terrestre, elle perche et se pose dans les arbres. Son vol est lent, mais néanmoins efficace quand elle chasse les insectes au vol.

La ponte est de 5 à 8 œufs, jusqu'à 12, dans la cavité d'un arbre ou d'un mur. Le mâle nourrit sa compagne pendant les 16 à 19 jours d'incubation.

Famille des Phoeniculidae : Moqueurs

Prairies boisées, forêts et lisières de forêts du centre et du sud de l'Afrique forment l'habitat des 5 espèces de moqueurs. Les deux sexes ont le même plumage, mais la femelle est souvent plus petite et parfois plus brune que le mâle.

Irrisor moqueur ou Moqueur vert, *Phoeniculus purpureus*

Distribution : Afrique, au sud du Sahara

Habitat : terrains boisés, souvent près de rivières, forêts

Taille : 38 cm

Cet oiseau a un brillant plumage vert sombre et pourpre, et une queue d'un pourpre soutenu. Son bec rouge caractéristique est long et recourbé. Les deux sexes sont identiques. Les jeunes ont le cou et la poitrine bruns, et le bec noir. Bruyants et grégaires, les moqueurs volent d'arbre en arbre en petites bandes, en quête d'insectes, en poussant des cris perçants.

La ponte est de 3 à 5 œufs dans un trou d'arbre. La femelle couve seule, mais le mâle l'aide à élever et nourrir les petits.

ORDRE DES TROGONIFORMES

Famille des Trogonidae : Trogons

Les trogons forment une famille qui est un ordre à elle seule. Les 39 espèces sont parmi les oiseaux les plus resplendissants du monde ; les mâles sont toujours plus brillamment colorés que les femelles. On les rencontre en milieu forestier dans trois zones tropicales distinctes : sud de l'Afrique, Inde et Asie du Sud-Est, et Amérique centrale et du Nord.

Ils mesurent entre 23 et 35,5 cm de long, ont des ailes courtes et arrondies et une queue longue ; ils sont dotés de pieds zygodactyles (2 doigts en avant et 2 en arrière). Cependant, chez eux, le premier et le deuxième doigt sont en avant, tandis que les autres oiseaux dotés de ce type de pied ont les premier et quatrième doigts ainsi. Sylvicoles, ils passent beaucoup de temps perchés dans les arbres.

Quetzal, *Pharomachrus mocinno*
LR : nt
Distribution : Mexique, Amérique centrale
Habitat : forêts pluviales d'altitude
Taille : corps, 30 cm ; queue, 61 cm

C'est un oiseau aux couleurs saisissantes, dont les caudales supérieures prolongent la queue et forment une magnifique traîne qui tombe et repousse chaque année après les nids. Ces plumes étaient très prisées par les anciennes civilisations maya et aztèque, pour les rituels. La femelle, moins colorée que le mâle, a des caudales qui ne forment pas de traîne.

Arboricole, solitaire, le quetzal habite l'étage inférieur des forêts tropicales. Il se nourrit de fruits, d'insectes, de petites grenouilles, de lézards et d'escargots.

La ponte est de 2 ou 3 œufs dans un trou d'arbre. Le mâle relaie la femelle pour couver.

Trogon élégant, *Trogon elegans*
Distribution : du sud-ouest des États-Unis au Costa Rica
Habitat : forêts, bois
Taille : 28 à 30,5 cm

Ce trogon au brillant plumage a un solide bec jaune et une large queue carrée caractéristique, rouge cuivré vue de dessus, et gris et blanc en dessous, marquée de noir à la base. La femelle ressemble au mâle, mais elle est plus terne. C'est la seule espèce de trogons que l'on voit aux États-Unis.

Ces oiseaux solitaires, plutôt tranquilles, émettent des cris monotones qui rappellent le coassement des grenouilles. Ils restent longuement perchés dans les arbres, puis s'élancent parmi les branches en quête d'insectes, de petits animaux et de fruits. Ils se nourrissent surtout en vol, et parfois en planant sur place devant un massif de feuilles sur lesquelles ils glanent leur nourriture. Leurs pattes et leurs pieds faibles ne leur servent qu'à se percher.

Le couple creuse un trou dans un arbre. Il couve 3 ou 4 œufs, probablement 17 à 19 jours. Il élève et nourrit les poussins, qui naissent nus et faibles. Ceux-ci quittent le nid entre 15 et 17 jours après.

Couroucou à tête rouge, *Harpactes erythrocephalus*
Distribution : Népal (Himalaya), sud de la Chine, Asie du Sud-Est, Sumatra
Habitat : forêts
Taille : 34 cm

On trouve 11 espèces de trogons en Asie, toutes du genre *Harpactes*, au beau plumage coloré et à la large queue carrée. Le mâle de cette espèce se distingue par sa tête rouge sombre, tandis que la femelle a la tête, la gorge et la poitrine plutôt marron. Ils sont solitaires, et perchent sur les arbres en s'élançant parfois pour capturer une proie. Les insectes forment l'essentiel de leur régime, qu'ils complètent de feuilles et de baies, de grenouilles et de lézards.

La ponte est de 3 ou 4 œufs déposés dans un trou d'arbre laissé à nu, et le couple couve 19 jours environ.

Couroucou à joues vertes ou Narina, *Apaloderma narina*
Distribution : Afrique du Sud (régions côtières du Sud et de l'Est)
Habitat : forêts, broussailles
Taille : 29 cm

Le couroucou à joues vertes vit dans les étages inférieurs des forêts épaisses, où il reste perché longuement, dans une posture caractéristique. Il mange surtout des insectes.

La ponte est de 2 ou 3 œufs couvés 20 jours environ.

ROLLIERS, ROLLIERS TERRESTRES, COUROL, MOMOTS, TODIERS ET GUÊPIERS

ORDRE DES CORACIIFORMES

Cet ordre comprend 9 familles : coraciidés, brachypteraciidés, leptosomatidés, momotidés, todidés, meropidés, alcedinidés, dacelonidés et cerylidés. La plupart de ces oiseaux se signalent par la taille de leur bec et les brillantes couleurs de leur plumage.

FAMILLE DES CORACIIDAE : ROLLIERS

La plupart des 12 espèces de rolliers vivent en Afrique ; ils sont cependant présents dans les régions tempérées – chaudes et tropicales de l'Ancien Monde, de l'Europe à l'Australie. Brillamment colorés, robustes, ils ont une tête volumineuse, un bec long et recourbé, et de longues ailes. Ils doivent leur nom aux roulades acrobatiques de leurs parades nuptiales. Les deux sexes sont identiques.

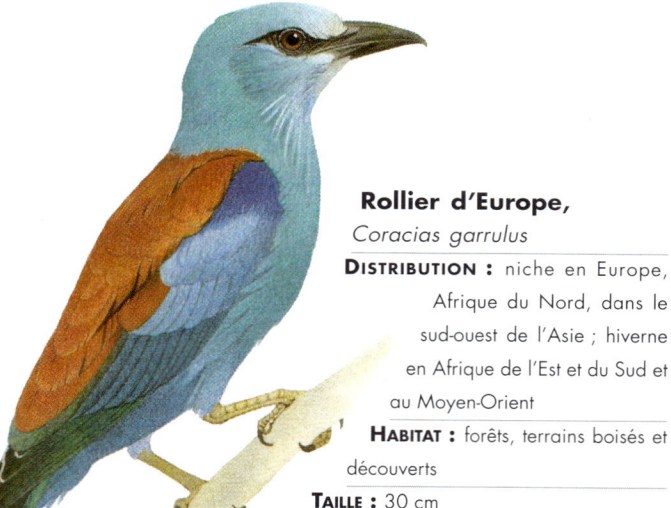

Rollier d'Europe, *Coracias garrulus*
DISTRIBUTION : niche en Europe, Afrique du Nord, dans le sud-ouest de l'Asie ; hiverne en Afrique de l'Est et du Sud et au Moyen-Orient
HABITAT : forêts, terrains boisés et découverts
TAILLE : 30 cm

Ces oiseaux robustes et grégaires aiment se percher sur les fils télégraphiques pour guetter leurs proies (insectes, petits lézards, grenouilles et oiseaux). Ils fondent dessus à l'improviste et retournent les manger sur leur perchoir. Les fruits leur conviennent aussi.

Pour séduire sa partenaire, le rollier plonge dans les airs d'une très grande hauteur, en faisant toute une série de culbutes et de sauts périlleux.

Le nid est dans un trou d'arbre ou de talus, ou le vieux nid d'un autre oiseau. Le couple couve 4 à 7 œufs pendant 18 ou 19 jours, et soigne les poussins.

FAMILLE DES BRACHYPTERACIIDAE : ROLLIERS TERRESTRES

Ces 5 espèces endémiques de Madagascar se distinguent des rolliers par le fait qu'elles sont terrestres et non arboricoles.

Rollier terrestre à pattes courtes, *Brachypteracias leptosomus* **VU**
DISTRIBUTION : est de Madagascar
HABITAT : forêts, jusqu'à 1 800 m
TAILLE : 25,5 à 30,5 cm

Typique de la famille, ce rollier trapu a des ailes courtes, des pattes solides et un bec fort et recourbé. Il vit au sol dans les forêts, et se nourrit d'insectes et de reptiles. Il ne va se poser dans un arbre qu'en cas d'alerte.

FAMILLE DES LEPTOSOMATIDAE : COUROL

L'unique espèce de la famille est proche des rolliers vrais et des rolliers terrestres, mais elle s'en distingue par le fait que les sexes sont dissemblables.

Courol malgache, *Leptosomus discolor*
DISTRIBUTION : Madagascar, Comores
HABITAT : forêts, savane
TAILLE : 41 à 46 cm

Le courol malgache est un oiseau arboricole, bruyant, qui vit d'insectes, surtout de chenilles velues, et de lézards. Il a les pattes courtes et fines, mais il est vigoureux et il est capable de manœuvres spectaculaires au-dessus de la cime des arbres. La femelle, moins colorée que le mâle, est roux marqué de noir.

Famille des Momotidae : Momots

Les momots sont des oiseaux au plumage magnifique, à la queue longue et aux couleurs vives. Il en existe 9 espèces, répandues du Mexique au nord-est de l'Argentine. Ils ont tous un bec légèrement recourbé vers le bas, qui leur permet de saisir leur proie dans la végétation dense. Mâle et femelle sont quasiment semblables.

Momot, *Momotus momota*

Distribution : Mexique, Amérique centrale, Amérique du Sud, jusqu'au nord-ouest de l'Argentine, Trinité et Tobago
Habitat : forêts pluviales, plantations
Taille : 38 à 41 cm

Le momot a deux plumes centrales de sa queue fortement allongées, avec l'extrémité en raquette. Bien qu'à l'origine les plumes aient des lames sur toute leur longueur, celles qui se situent juste avant l'extrémité de la plume sont faiblement attachées et tombent quand l'oiseau se lisse les plumes ou les frotte contre de la végétation, laissant seulement l'extrémité en raquette. Les momots se perchent pour repérer leurs proies, telles que lézards, araignées, insectes, souvent en balançant leur queue, tel un pendule, pendant qu'ils attendent. Ils s'élancent de leur perchoir pour saisir leur proie et y retournent pour la dévorer, après l'avoir rapidement tapée contre une branche.

Les momots nichent dans un terrier qui est creusé par le mâle et la femelle, dans un talus ou à l'entrée d'un terrier de mammifère. Ce trou peut atteindre 4 m de long et présenter des sections courbes. Dans une chambre dégagée à la fin du tunnel, la femelle dépose ses 3 œufs sur la terre nue. Les deux membres du couple couvent les œufs pendant environ 21 jours.

Famille des Todidae : Todiers

Les 5 espèces vivent aux Antilles et sont très semblables de taille et de plumage, principalement vert et rouge. Les deux sexes sont identiques. Insectivores, ces oiseaux happent leur proie au vol, à la manière des gobe-mouches.

Todier de Jamaïque, *Todus todus*

Distribution : Jamaïque
Habitat : collines et montagnes boisées
Taille : 10 cm

Le todier typique de la famille a un corps petit et compact, une tête assez grosse, un bec long et pointu. Il chasse en rase-mottes et happe des insectes en vol, et à l'occasion de jeunes lézards.

Farouchement territorial, il vit en couple ou solitaire. Il niche dans un terrier creusé avec son bec, généralement dans un talus. La galerie de 30 cm de long environ a une minuscule entrée pour le passage des oiseaux, et s'élargit à l'extrémité pour former une cavité destinée à la couvée de 3 ou 4 œufs. Le couple couve et élève les poussins.

Famille des Meropidae : Guêpiers

Cette famille compte 26 espèces d'oiseaux au plumage brillant, au corps profilé, aux ailes longues et aux pattes courtes et fines, qui vivent dans les zones tropicales et tempérées-chaudes de l'Ancien Monde. Comme leur nom le suggère, ce sont des experts dans la capture en vol des insectes, tels que guêpes et abeilles, qu'ils saisissent avec leur long bec recourbé. Les apiculteurs les considèrent comme une menace, mais ils sont très appréciés sous les tropiques, où ils consomment une grande quantité de criquets.

Grégaires, ils se nourrissent ensemble et nichent en colonies, parfois de plusieurs centaines de couples. Les deux sexes sont identiques. Beaucoup d'espèces sont migratrices.

Guêpier d'Europe, *Merops apiaster*

Distribution : niche en Europe, au sud de la Russie, en Afrique du Nord, au sud-ouest de l'Asie ; hiverne en Afrique tropicale et au Moyen-Orient
Habitat : terrains découverts ou boisés
Taille : 28 cm

Cette espèce à la livrée superbement colorée est l'un des oiseaux européens qui rappellent le plus les oiseaux tropicaux. Le guêpier d'Europe s'élance de son perchoir et fond comme l'éclair sur sa proie, abeille ou guêpe le plus souvent. Puis, avant de l'avaler, il la frotte brièvement contre une branche ou au sol, probablement pour en neutraliser le dard.

Le guêpier niche en colonie. Chacun des couples fait une galerie de 1 à 3 m de long, souvent dans un talus au bord de l'eau. La ponte est de 4 à 7 œufs, qui sont déposés à l'extrémité de la galerie. Le couple couve 20 jours environ. Les deux parents veillent sur les poussins et les nourrissent.

MARTINS-PÊCHEURS

Famille des Alcedinidae : Martins-pêcheurs

On rencontre des martins-pêcheurs dans le monde entier, mais la majorité des quelque 86 espèces connues habite les régions les plus chaudes de l'Ancien Monde. La taille varie entre 10 et 46 cm de long. Le corps est trapu, la tête volumineuse, et le cou ramassé. Le bec, presque toujours droit, est en épée, et il est gros par rapport à la taille du corps. Les ailes sont courtes et arrondies, et la longueur de la queue varie. La plupart des individus sont multicolores, largement tachés de bleu irisé, vert, violet ou rouge. Chez certaines espèces, les deux sexes ont un plumage quelque peu différent.

Comme le suggère le nom du groupe, plusieurs espèces sont piscivores. On trouve généralement ces oiseaux à l'intérieur des terres, ou près de l'eau, où ils attrapent invertébrés aquatiques et poissons, en plongeant d'un perchoir. Fait surprenant pour des plongeurs, ils ne nagent pas vraiment. La plupart, néanmoins, se nourrissent au sol d'insectes, de lézards, de serpents, et même d'oiseaux et de rongeurs. Ils piquent brusquement sur leur proie en s'élançant d'un tremplin élevé.

Ils nichent dans des galeries, souvent dans les berges d'un cours d'eau, ou dans le creux d'un arbre ou d'une termitière, n'utilisant que peu ou pas de matériaux. Certaines populations septentrionales migrent vers le sud en hiver.

Il y a 3 familles de martins-pêcheurs : les alcédinidés, les dacélonidés et les cérylidés. Les 24 espèces de la famille des alcédinidés vivent près des lacs et des rivières, dans une aire qui va de l'Eurasie tempérée à l'Australie et à l'Afrique.

Martin-pêcheur, *Alcedo atthis*
Distribution : Europe, de l'Afrique à l'Asie, Nouvelle-Guinée et îles Salomon
Habitat : cours d'eau intérieurs, marais, mangroves, côtes
Taille : 16 cm

C'est le seul martin-pêcheur d'Europe. Il est largement réparti et reconnaissable au premier coup d'œil à son plumage brillant et son long bec en forme de poignard. Solitaire, il vit près de l'eau. Pour chasser, il se perche à l'affût sur une branche en surplomb, ou vole au ras de l'eau, planant souvent quelques secondes avant de plonger sur un poisson.

À la saison des nids, le couple fait une galerie légèrement en pente, qui peut atteindre 61 cm de long, au bord de l'eau. À l'extrémité, il y a une cavité pour les œufs, de 15 cm de large environ. Les deux partenaires commencent à creuser en se jetant à plusieurs reprises contre la berge, en faisant porter leur bec pointu toujours au même endroit. La ponte est de 4 à 8 œufs.

Les deux membres du couple couvent 19 à 21 jours et se partagent les soins et le nourrissage des poussins.

Martin-pêcheur pygmée, *Ispidina picta*
Distribution : Afrique (du sud du Sahara à la Zambie)
Habitat : brousse, terrains boisés
Taille : 12,5 cm

C'est l'un des plus petits martins-pêcheurs de la famille. Il a la curieuse habitude de plonger de son perchoir dans l'herbe, comme d'autres dans l'eau. Sauterelles, chenilles, scarabées et autres insectes, ainsi que quelques lézards composent son régime. Il capture les insectes, au vol ou au sol.

Le nid est au bout d'une galerie, dans une berge, une termitière ou une fourmilière. La ponte est de 3 à 5 œufs.

Famille des Dacelonidae : Martins-chasseurs, Halcyons

Les dacélonidés sont des oiseaux trapus, qui ont une longue queue et un gros bec. Les 61 espèces habitent une aire qui va de l'Asie méridionale à l'Australie, aux Philippines et aux îles du Pacifique, et qui comprend, vers l'ouest, certaines régions d'Afrique. La famille rassemble notamment les kookaburras et les halcyons. Certaines espèces sont aquatiques ; d'autres vivent dans les zones sèches de broussailles, la forêt ou la campagne ouverte.

Martin-chasseur géant ou Kookaburra, *Dacelo novaeguineae*
Distribution : Australie ; introduit en Tasmanie
Habitat : lisières de forêts sèches, savane, tout terrain découvert avec arbres
Taille : 46 cm

C'est le plus gros des martins-pêcheurs. Le kookaburra est réputé pour son cri retentissant, qui rappelle le rire humain. Dès qu'un oiseau se met à crier, tous ceux du voisinage se joignent à lui, particulièrement à l'aube ou au crépuscule. Le kookaburra mange pratiquement n'importe quoi, de gros insectes, des crabes, de petits reptiles, mammifères et oiseaux, et est utile à l'homme, qu'il débarrasse des rongeurs et autres nuisibles.

Il niche dans des trous d'arbres, parfois dans des nids de termites arboricoles, dans le creux d'un talus ou sur un bâtiment. La ponte est de 3 ou 4 œufs.

Martin-chasseur à bec en cuillère, *Clytoceyx rex* **DD**
DISTRIBUTION : Nouvelle-Guinée
HABITAT : forêts
TAILLE : 30,5 cm

Le martin-chasseur à bec en cuillère est un oiseau sobrement coloré, solitaire ; il habite les forêts d'altitude, et on peut le rencontrer jusqu'à 2 350 m. Il reste perché durant de longues périodes sur des branches, et pique brusquement sur de gros insectes, des larves et de mulots. À l'aide de son bec puissant, court, qu'il utilise comme une sorte de pelle, il fouille aussi la vase au bord des torrents et des rivières, en quête de vers, de crabes et de reptiles. On connaît mal sa nidification, mais on pense qu'il édifie un nid sur le sol.

Halcyon à collier blanc, *Todirhamphus chloris*
DISTRIBUTION : de l'Éthiopie à l'Inde, sud-est de la Chine, Australie, îles du sud-ouest du Pacifique
HABITAT : mangroves, estuaires, rivières, clairières
TAILLE : 25,5 cm

Largement répandu, le halcyon à collier blanc fréquente des milieux variés, mais c'est dans la mangrove qu'il est le plus commun. Perché sur des branches, il guette patiemment ses proies. Il pique ensuite sur la vase des marécages, ou plonge dans l'eau à la poursuite des crabes et petits poissons, qui représentent l'essentiel de son régime alimentaire. Avant d'absorber un crabe, il le jette plusieurs fois violemment contre une branche pour en écraser la carapace.

Il niche dans des trous d'arbres, parmi des racines de fougère arborescente, ou dans des termitières ou des fourmilières. La ponte est de 3 ou 4 œufs.

Halcyon de paradis,
Tanysiptera galatea
DISTRIBUTION : de la Nouvelle-Guinée aux Moluques
HABITAT : forêts
TAILLE : 28 cm

C'est un oiseau aux rectrices très allongées, dont il ferait usage en parade nuptiale. Tout au fond des sous-bois, il se perche sur une branche, à l'affût de mille-pattes et de lézards surtout, et de quelques insectes et autres invertébrés.

Ce bel oiseau est plutôt solitaire, mais, à la saison des nids, les deux partenaires creusent ensemble un trou dans un nid de termites arboricoles pour y pondre. Sinon, ils nichent dans une touffe de végétation en lisière de forêt. La ponte est de 3 à 5 œufs, couvés par le couple.

FAMILLE DES CERYLIDAE

Les 9 espèces de cérylidés sont plus grandes que les martins-pêcheurs de la famille des alcédinidés, et leur queue est plus longue. Ces oiseaux vivent près des lacs et des rivières, ou le long des côtes, en Amérique, en Afrique et en Asie du Sud-Est.

Martin-pêcheur d'Amérique,
Megaceryle alcyon
DISTRIBUTION : Alaska, Canada, États-Unis, au sud jusqu'au Mexique et à Panama, Antilles
HABITAT : eaux douces, côtes
TAILLE : 28 à 35,5 cm

Seul martin-pêcheur au nord du Texas et de l'Arizona, cet oiseau commun vit n'importe où près de l'eau. Les deux sexes se ressemblent, mais la femelle a une barre châtaine sur la poitrine jusqu'aux flancs, dont le mâle est dépourvu. Solitaire hors de la saison des nids, chaque oiseau a son territoire et une série de perchoirs fixes au-dessus de l'eau. Il mange de petits poissons, crabes, écrevisses, têtards, lézards et quelques insectes. Il vole sur place au-dessus de l'eau, avant de plonger sur sa proie.

S'aidant du bec et des pattes, les partenaires creusent une galerie de 1,20 à 2,40 m de long dans une berge, avec une cavité au bout, pour la couvée. La ponte est de 5 à 8 œufs, dont l'incubation dure 23 jours environ.

COLIOUS ET COUCOUS

ORDRE DES COLIIFORMES

Famille des Coliidae : Colious

Six espèces composent cette famille caractéristique que les taxinomistes modernes placent dans un ordre à part. Toutes les formes se ressemblent, et les deux sexes sont identiques chez toutes les espèces. Le corps est à peu près de la taille de celle du moineau domestique, mais la queue en dégradé est extrêmement longue. Le plumage est doux et n'adhère que peu à la peau. Tous ont une huppe et un bec court, recourbé et très fort. Les colious vivent dans les savanes africaines, au sud du Sahara. Sociables, ils forment de petits groupes et perchent ensemble, en se blottissant les uns contre les autres pour se tenir chaud.

Coliou strié, *Colius striatus*

Distribution : Afrique, au sud du Sahara
Habitat : savane, forêts denses
Taille : corps, 12 cm ; queue, 18 à 20 cm

Ce coliou a la queue presque deux fois plus longue que le corps. Il passe beaucoup de temps dans les arbres et grimpe adroitement parmi les branches, s'aidant de ses solides pieds, dont il peut faire pivoter les doigts arrière vers l'avant, et de ses griffes acérées. Comme tous les colious, celui-ci est très grégaire ; il se nourrit et perche en petite bande. Fruits et végétaux tendres, en particulier de jeunes pousses, composent son régime alimentaire habituel, parfois agrémenté d'insectes.

Il fait un nid de brindilles et de radicelles garni de feuilles, dans un arbre ou un buisson. La ponte est en moyenne de 3 œufs, que le couple couve pendant 12 à 14 jours. Les jeunes quittent le nid quelques jours après l'éclosion et volent vers l'âge de 16 à 18 jours.

ORDRE DES CUCULIFORMES

Cet ordre comprend 6 familles de coucous, qui rassemblent au total 143 espèces : les cuculidés (coucous de l'Ancien Monde), les centropopidés (coucals), les coccyzidés (coucous d'Amérique), les opisthocomidés (hoatzin), les crotophagidés (anis) et les néomorphidés (coureur des routes et coucous terrestres). Ces oiseaux mesurent entre 15 et 71 cm de long ; la plupart ont un corps effilé, une longue queue et de courtes pattes. Dans la plupart des espèces, le mâle et la femelle se ressemblent. Les quelque 50 espèces de coucous de l'Ancien Monde parasitent les nids.

Famille des Cuculidae : Coucous

Les 79 espèces de cette famille vivent dans une aire qui va de l'Eurasie jusqu'en Afrique et en Australie. Diversifiée, la famille des cuculidés comprend à la fois des espèces arboricoles et des espèces terrestres. Si quelques coucous construisent des nids et élèvent eux-mêmes leurs petits, les femelles de nombreuses espèces pondent leurs œufs dans les nids d'autres espèces, qui les couvent puis élèvent les poussins. Chez certaines espèces, cette pratique est maintenant très développée, et les œufs du coucou ressemblent aux œufs de l'hôte. Comme les coucous parasites pondent généralement dans le nid de passereaux beaucoup plus petits qu'eux, leurs œufs doivent être plus petits et éclore plus vite que ceux des coucous non parasites.

Coucou gris, *Cuculus canorus*

Distribution : Europe, Afrique du Nord, nord et sud-est de l'Asie
Habitat : forêts, bois, landes
Taille : 33 cm

Le chant familier du coucou mâle annonce l'arrivée du printemps, quand l'oiseau vole vers le nord pour nicher en Europe et en Asie. Cet oiseau élancé, à la queue longue, est solitaire en dehors de la saison des nids, et hante les arbres, les haies et les fourrés, où il mange de gros insectes, en particulier des chenilles velues.

À la mi-mai, la femelle recherche, dans un territoire bien défini, des nids dans lesquels pondre ses œufs. Elle utilise toute sa vie les mêmes espèces comme hôtes : en général, de petits passereaux tels que l'accenteur mouchet, la bergeronnette ou le rouge-queue, et semble choisir plutôt l'espèce qui l'a elle-même adoptée. Elle pond 1 œuf tous les 2 jours, à chaque fois dans un nid différent, et enlève en même temps un des œufs de son hôte, jusqu'à ce que la couvée atteigne 8 à 12 œufs. Il lui faut pondre furtivement, sans que son hôte s'en aperçoive, car, en cas d'alerte, celui-ci peut rejeter la couvée entière. Le jeune coucou naît environ 12 jours plus tard et, comme il est de loin le plus gros, le plus fort et celui qui grandit le plus vite, il peut évincer du nid les poussins de ses parents adoptifs et réclamer toute l'attention de ces derniers. Les hôtes s'activent beaucoup pour satisfaire les besoins en nourriture du jeune coucou, qui est beaucoup plus gros qu'eux.

Coucou émeraude, *Chrysococcyx cupreus*

Distribution : Afrique, au sud du Sahara
Habitat : lisières de forêts et clairières
Taille : 20 cm

C'est un oiseau extrêmement craintif, qui hante le feuillage épais des grands arbres des forêts, et qu'on entend plus qu'on ne voit, car il se cache à la moindre alerte. Il est considéré comme l'un des plus beaux oiseaux africains. Le mâle a le ventre jaune d'or et le dos vert émeraude, la femelle les parties supérieures vert mousse, une calotte marron et le ventre blanc, barré de vert mousse. Ces oiseaux mangent divers insectes, dont des chenilles, des fourmis et des scarabées.

La femelle pond ses œufs dans le nid d'un bulbul, d'un loriot, d'une pie-grièche ou d'un tisserin à tête noire. Il semble que le coucou émeraude soit migrateur, et une espèce apparentée, plus petite, le coucou luisant, *C. lucidus*, migre sur quelque 3 200 km au travers de l'océan Pacifique, de la Nouvelle-Zélande aux îles Salomon.

Coucou-drongo, *Surniculus lugubris*

Distribution : Inde, Asie du Sud-Est, sud de la Chine, Indonésie
Habitat : forêts, broussailles, terres cultivées
Taille : 25,5 cm

Il ressemble au drongo, *Dicrurus macrocercus*, par son plumage et sa queue fourchue, uniques chez les coucous, et l'utilise comme parent adoptif dans certaines régions. Solitaire, surtout nocturne, il vit d'insectes, en particulier de sauterelles et de chenilles, et de fruits, entre autres de figues. Il attrape également des insectes ailés en bondissant dessus à la manière d'un drongo.

La femelle pond dans le nid de diverses espèces de drongo ainsi que d'autres oiseaux. Les jeunes sont noirs, avec des mouchetures blanches qui disparaissent à l'âge adulte.

Koel, *Eudynamys scolopacea*

Distribution : Inde, Pakistan, Sri Lanka, sud de la Chine, Asie du Sud-Est, Nouvelle-Guinée, Australie
Habitat : lisières de forêts, broussailles, terres cultivées, jardins
Taille : 43 cm

Cet oiseau solitaire demeure dans les arbres feuillus et descend très rarement au sol. Il consomme des fruits, en particulier des figues, mais aussi des insectes et de petits invertébrés tels que des escargots. Il y a un net dimorphisme sexuel : le mâle est noir, brillant, tandis que le plumage de la femelle est plutôt marron, tacheté et rayé de blanc et de jaune clair.

La femelle pond dans le nid d'un corbeau domestique, *Corvus splendens*, d'un oiseau-moine ou d'un sucrier. Les oiseaux qui utilisent le corbeau comme parent adoptif pondent plusieurs œufs qui ressemblent à ceux de leur hôte, mais plus petits, et les jeunes koels sont noirs comme de jeunes corbeaux.

Scythrops géant, *Scythrops novaehollandiae*

Distribution : Australie, Nouvelle-Guinée, Indonésie
Habitat : forêts, terrains boisés
Taille : 63,5 cm

Le plus grand coucou d'Australasie rappelle, avec son gros et grand bec, le toucan ou le calao. Il dévore presque n'importe quelle nourriture, mais préfère les insectes, les fruits et les baies.

Il émigre au nord en mars, et retourne au sud en septembre pour y nicher. La femelle pond 2 œufs ou davantage, qu'elle dépose dans le nid d'un corbeau, d'une pie ou d'un grand réveilleur. Au début, les poussins aveugles et nus tentent de se pousser l'un l'autre hors du nid, mais, comme ils ne peuvent en général pas y parvenir, ils sont tous deux élevés par l'oiseau hôte.

COUCOUS SUITE

Malkoha à bec vert, *Phaenicophaeus viridirostris*
Distribution : sud de l'Inde, Sri Lanka
Habitat : forêts, broussailles, forêts de bambous
Taille : 38 cm

Connu aussi sous le nom de malkoha à face bleue, ce singulier coucou, avec son bec vert et son anneau oculaire bleu ciel, est extrêmement commun en Inde. Il vole assez mal et le moins possible, et passe la plupart de son temps à l'abri de buissons et de sous-bois. De gros insectes, sauterelles, mantes et chenilles, forment l'essentiel de son régime alimentaire, mais il capture parfois également de petits lézards.

Non parasite, il fait un nid peu profond de branchages, garni de feuilles. La ponte est de 2 œufs.

Coua coureur, *Coua cursor*
Distribution : sud-ouest de Madagascar
Habitat : brousse aride
Taille : 36 cm

Cet oiseau terrestre se déplace le plus souvent à pied, mais son vol, bien que laborieux, est assez efficace. Seul ou en groupe, il va çà et là en quête d'insectes, de chenilles entre autres. En cas d'alerte, il court vite, mêlant des sautillements à ses enjambées. Non parasite, le coua coureur fait son propre nid, mais on connaît encore très mal son mode de reproduction.

Famille des Centropodidae : Coucals

Les 30 espèces de coucals sont des coucous terrestres qui vivent dans les forêts et les prairies. Leur aire de distribution s'étend du sud de l'Asie jusqu'aux Philippines, en Australie et en Afrique subsaharienne. Dotés de fortes pattes, les coucals se déplacent au sol en marchant ou rôdent dans les fourrés.

Coucal à tête fauve, *Centropus milo*
Distribution : îles Salomon
Habitat : forêts
Taille : 66 cm

C'est l'un des plus gros coucous. Les ailes sont courtes, la queue est longue, et le bec gros et recourbé. Il vole mal et reste au sol la plupart du temps, où il se déplace aussi malaisément. Parfois, il monte dans un arbre en battant des ailes, va d'une branche à l'autre, puis se laisse glisser maladroitement au sol. Il se nourrit de gros insectes, de grenouilles et de reptiles.

Son nid est un dôme arrondi à base d'herbe, situé dans les broussailles juste au-dessus du sol. La ponte est de 3 à 5 œufs.

Famille des Coccyzidae : Coucous d'Amérique

Ces oiseaux arboricoles de taille moyenne ressemblent aux coucous de l'Ancien Monde, mais aucune des 18 espèces ne parasite les nids. On les retrouve du sud du Canada jusqu'au nord de l'Argentine.

Coulicou à bec jaune, *Coccyzus americanus*
Distribution : niche du Canada au Mexique et aux Caraïbes ; hiverne en Amérique centrale et du Sud
Habitat : terrains boisés, vergers, fourrés
Taille : 28 à 33 cm

Le couliou à bec jaune est un oiseau discret et craintif, qui fréquente sous-bois et broussailles, en quête de chenilles velues, sa nourriture préférée, et de scarabées, de sauterelles, de criquets arboricoles, de fourmis, de guêpes et de mouches, et, en été, de fruits, de petites grenouilles et de lézards.

Non parasite, il construit son propre nid de branchages dans un arbre ou un buisson et le garnit de feuilles, d'herbe ou même de bouts de chiffon. La femelle pond 3 ou 4 œufs, un tous les 2 ou 3 jours, et le couple couve jusqu'à l'éclosion, 14 jours plus tard. Les poussins, à peine couverts d'un duvet clairsemé à l'éclosion, sont nourris et élevés par le couple.

FAMILLE DES OPISTHOCOMIDAE : HOATZIN

L'hoatzin est l'unique espèce de cette famille.

Hoatzin, *Opisthocomus hoazin*
DISTRIBUTION : Amérique du Sud (bassins de l'Amazone et de l'Orénoque)
HABITAT : rives boisées des rivières
TAILLE : 61 cm

Cet oiseau singulier, aux ailes et à la queue développées, a le cou long ainsi que la tête petite pour sa taille et surmontée d'une crête déchiquetée. Les deux sexes sont identiques. Plutôt arboricole, il vole mal et se sert plus de ses ailes pour se soutenir et garder l'équilibre quand il grimpe ou se perche que pour voler. En bandes de 10 à 20, les hoatzins sont surtout actifs le matin et le soir. Ils mangent fruits et feuilles, surtout du palétuvier et de l'arum.

Le nid sommaire de branchages est dans un arbre au-dessus de l'eau, afin qu'en cas de danger les jeunes, qui savent nager à la naissance, s'y laissent choir. La ponte est de 2 ou 3 œufs que les deux parents semblent couver.

FAMILLE DES CROTOPHAGIDAE : ANIS

Les 4 espèces de cette famille sont des oiseaux grégaires, qui se retrouvent du sud des États-Unis au nord de l'Argentine.

Ani à bec lisse ou Ani des savanes,
Crotophaga ani
DISTRIBUTION : du centre de la Floride jusqu'en Amérique centrale et en Amérique du Sud, Antilles
HABITAT : lisières des forêts, prairies, pâturages
TAILLE : 33 cm

Les anis sont des coucous non parasites, à la queue longue et carrée, au bec gros et crochu, et aux ailes courtes. Leur vol est médiocre, aussi se nourrissent-ils surtout au sol d'insectes, de fruits et de baies tombés. On les voit souvent près du bétail en pâture, qui dérange les insectes au sol. Grégaires, ils vivent en bandes comprenant jusqu'à 25 oiseaux et bâtissent même un nid collectif de branchages, d'herbe et de graminées, placé au pied d'un arbuste ou d'un buisson. Un groupe de femelles, dont chacune pond 3 ou 4 œufs, remplit le nid d'une vingtaine d'œufs et se partage ensuite l'incubation. Les poussins naissent après 14 jours environ, et le groupe contribue à les nourrir.

FAMILLE DES NEOMORPHIDAE : COUREURS DES ROUTES

Ces grands coucous vivent dans une aire qui va du sud-ouest des États-Unis au nord de l'Argentine. La plupart sont des oiseaux terrestres, qui poursuivent leurs proies au sol. Sur les 11 espèces de la famille, 3 parasitent les nids.

Coucou tacheté,
Tapera naevia
DISTRIBUTION : sud du Mexique, Amérique centrale, Amérique du Sud jusqu'au nord de l'Argentine
HABITAT : savane, marécages
TAILLE : 30,5 cm

Cet oiseau timide se perche dans un arbre et chante des heures durant, souvent aux heures les plus chaudes. Son chant est un sifflement mélancolique et prenant, qui semble dire « ceci ». C'est l'un des 3 coucous parasites de cette famille, mais on dispose de peu de données à son sujet.

Coureur des routes ou Chemineau, *Geococcyx californianus*
DISTRIBUTION : sud-ouest des États-Unis (sud de la Californie, Utah, Kansas, puis au sud jusqu'au Mexique)
HABITAT : terrains découverts semi-arides
TAILLE : 50 à 60 cm

Svelte, avec une petite huppe hirsute, une longue queue et de longues pattes, c'est un oiseau terrestre rapide à la course (24 km/h ou même davantage). Ses ailes courtes et arrondies lui permettent cependant de voler, quoique maladroitement. Comme son cousin, le petit coureur des routes, *G. velox*, du Mexique et d'Amérique centrale, il vit dans des endroits découverts secs, et se nourrit au sol d'insectes tels que criquets et sauterelles et autres petits invertébrés, d'œufs d'oiseaux, de lézards, de serpents (y compris de serpents à sonnettes) et de fruits, comme les figues de Barbarie. Généralement, il tue sa proie en sautant brusquement dessus.

Il établit des liens de couple permanents et vit toute l'année sur un territoire. Le nid est peu profond et soigné, fait de branchages, feuilles et plumes dans des arbres ou des massifs de cactus. La ponte est de 2 à 6 œufs en avril ou mai, couvés près de 20 jours. Le couple s'occupe des poussins, qui naissent nus et dépendants. Les petits savent se nourrir vers 16 jours.

PERROQUETS

ORDRE DES PSITTACIFORMES

Famille des Psittacidae : Perroquets

Quelque 358 espèces de perroquets composent l'un des groupes d'oiseaux les plus facilement identifiables. Leur taille s'échelonne entre 10 cm et 1 m, mais toutes les espèces présentent des similitudes d'aspect et de structure interne.

La plupart des psittacidés sont des oiseaux arboricoles au plumage brillamment coloré. Ils ont le bec court, solide et très crochu, avec la base – ou cire – bombée. La partie supérieure du bec est articulée et actionnée par des muscles. Rendu ainsi flexible, le bec est comme un troisième membre fonctionnel que l'oiseau utilise pour se hisser et se nourrir. De nombreuses espèces ont un bec articulé, mais ce trait est cependant plus marqué chez les perroquets à bec court. Les deux sexes ont généralement le même plumage.

Présents dans toute la zone tropicale et subtropicale des deux hémisphères, c'est en Australasie et dans la région amazonienne de l'Amérique du Sud qu'ils sont le plus nombreux. Dans les forêts de ces régions, ils se nourrissent surtout de fruits, de noix, de graines, de nectar et de champignons. Ils manipulent la nourriture à l'aide de leurs pieds, de leur bec et de leur langue vigoureuse et mobile. Beaucoup sont très grégaires et aiment faire entendre des cris perçants et des appels discordants. Bien qu'ils soient des imitateurs réputés en captivité, ils ne sont pas capables, semble-t-il, d'imiter les sons dans la nature.

Lori tricolore, *Lorius lory*
Distribution : Nouvelle-Guinée, îles de Papouasie
Habitat : forêts
Taille : 31 cm

Plusieurs sous-espèces de cet oiseau, avec de légères différences de plumage, sont présentes dans les nombreuses îles de son aire de répartition. Craintif, il fréquente les parties basses des forêts et se déplace surtout en couple ou en petit groupe d'une douzaine d'individus au plus. Il se nourrit de pollen, de nectar, de fleurs et de fruits, ainsi que d'insectes et de leurs larves.

On connaît mal son mode de reproduction, mais la ponte serait de 2 œufs dont on pense qu'ils sont couvés pendant 24 jours par la femelle.

Loriquet de Swainson ou à collier rouge, *Trichoglossus haematodus*
Distribution : est et nord de l'Australie, Tasmanie, Bali, puis vers l'est jusqu'aux Nouvelles-Hébrides
Habitat : forêts, plantations de cocotiers, jardins, parcs
Taille : 26 cm

Il figure parmi les oiseaux les plus joliment colorés de l'ordre et a su s'adapter à la vie dans n'importe quel terrain boisé. On le rencontre généralement en couple ou en bande de 3 ou 4 individus à une centaine. Actif et bruyant, le loriquet de Swainson vole continuellement parmi les arbres, en quête de nourriture, et émet des cris sonores. Son régime alimentaire se compose de pollen, de nectar, de fruits, de baies, de graines, de feuilles, d'insectes et de larves, et il n'hésite pas à manger le grain des récoltes et à envahir les vergers.

Il niche dans des trous d'arbres, loin du sol. La ponte est de 2 œufs, rarement de 3, et la femelle couve 25 jours environ. Le couple nourrit les poussins, qui restent au nid jusqu'à 7 ou 8 semaines.

Perruche calopsitte, *Nymphicus hollandicus*
Distribution : Australie
Habitat : terrains découverts
Taille : 32 cm

C'est une perruche svelte à la queue et aux ailes longues et à la huppe effilée. Les deux sexes ont de légères différences de plumage, et le mâle est plus vivement coloré. En couple ou en petit groupe, elle cherche des graines de graminées au sol et mange aussi fruits et baies.

Elle niche entre août et décembre, selon les conditions climatiques, en particulier selon les chutes de pluie. La ponte, de 4 à 7 œufs, a lieu dans un trou d'arbre et le couple couve 21 à 23 jours. Les jeunes quittent le nid à 4 ou 5 semaines, et les mâles acquièrent leurs marques colorées sur la face à l'âge de 6 mois environ.

Grand Cacatoès à huppe jaune, *Cacatua galerita*

Distribution : Nouvelle-Guinée et îles au large, îles Aru, nord et est de l'Australie, Tasmanie ; introduit en Nouvelle-Zélande
Habitat : forêts, savane, terres agricoles
Taille : 50 cm

Kea ou Nestor, *Nestor notabilis* **LR : nt**

Distribution : sud de la Nouvelle-Zélande
Habitat : forêts, terrains découverts
Taille : 48 cm

Cet oiseau effronté et trapu est doté d'un bec dont la mandibule supérieure est longue et recourbée ; plus court et moins recourbé chez la femelle. Les keas volent vigoureusement en décrivant de larges cercles, même par temps orageux ou par grand vent. Ils trouvent dans les arbres et au sol fruits, baies, feuilles, insectes et larves, fouillent les tas de détritus et mangent des charognes. On a longtemps cru que les keas attaquaient les moutons pour les tuer, aussi ont-ils été massacrés en grand nombre par les fermiers. S'il leur arrive d'attaquer des moutons malades, blessés ou pris au piège, il semble qu'on ait exagéré l'importance de cette activité, et ils sont désormais protégés.

La nidification peut avoir lieu n'importe quand dans l'année, mais se produit généralement entre juillet et janvier. Les mâles, polygames, s'accouplent parfois avec plusieurs femelles. Le nid est édifié dans une crevasse, sous des rochers, parmi les racines d'un arbre ou dans une souche creuse. La ponte est de 2 à 4 œufs, qui sont couvés par la femelle pendant 21 à 28 jours.

Bruyants et grégaires, les grands cacatoès à huppe jaune se déplacent en couples ou en famille à la saison des nids, mais se retrouvent en bandes le reste de l'année. En terrain découvert, ces bandes peuvent atteindre plusieurs centaines d'oiseaux. Chacune de ces troupes établit un site pour le dortoir, que les oiseaux quittent au lever du soleil pour chercher graines, fruits, noix, fleurs, feuilles, insectes et larves.

Après une brève parade nuptiale, qui culmine en un lissage de plumes mutuel, ils nichent dans un trou d'arbre. Le couple couve 2 ou 3 œufs pendant 30 jours environ, et les poussins restent au nid 6 à 9 semaines.

Perruche pygmée de Bruijin, *Micropsitta bruijnii*

Distribution : Buru, Seram, Nouvelle-Guinée, archipel Bismarck, îles Salomon
Habitat : forêts de montagne
Taille : 9 cm

En couple ou en petit groupe, elle grimpe sur les branches des arbres pour se nourrir avec avidité de lichens et de champignons. Sa courte queue, dotée de plumes aux tiges raides, lui sert de support. Elle se nourrit à l'occasion d'autres végétaux et d'insectes.

PERROQUETS SUITE

Éclectus, *Eclectus roratus*
Distribution : Nouvelle-Guinée, îles Salomon, petites îles de la Sonde, Australie (extrême nord du Queensland)
Habitat : forêts des terres basses
Taille : 35 cm

Mâle et femelle ont chez l'éclectus un plumage tellement différent qu'on a longtemps cru qu'il s'agissait d'espèces distinctes. Tous deux ont un plumage lustré très vivement coloré, essentiellement vert chez le mâle et rouge chez la femelle. Le corps est trapu, et la queue courte et carrée. Criards et grégaires, ils perchent en bandes, parfois jusqu'à 80 individus, et s'envolent au lever du soleil par deux ou en petits groupes pour chercher fruits, noix, baies, feuilles, fleurs et nectar.

Le nid est placé haut dans un arbre, en lisière de forêt ou dans une clairière. La ponte est de 2 œufs, dans la cavité d'un tronc. La femelle couve 26 jours environ.

Perroquet cendré ou Jaco, *Psittacus erithacus*
Distribution : Afrique centrale (de la côte Ouest jusqu'au Kenya et au nord-ouest de la Tanzanie)
Habitat : forêts des terres basses, savane, mangroves
Taille : 33 cm

Ils perchent dans des arbres hauts en lisière de forêt ou sur les petites îles au milieu des rivières et des lacs. À l'aube, ils s'envolent par deux ou en petits groupes pour aller se nourrir en suivant des itinéraires fixes. Se hissant de branche en branche, ils mangent dans les arbres graines, noix, baies et fruits, en particulier les fruits du palmier à huile.

La saison des nids varie selon la région ; il y a parfois 2 couvées dans l'année. On a peu étudié la nidification à l'état sauvage, mais la femelle couverait 3 ou 4 œufs dans un trou d'arbre.

Inséparable à face rose, *Agapornis roseicollis*
Distribution : sud-ouest de l'Afrique (Angola, Namibie), Afrique du Sud (province du Cap)
Habitat : terrains découverts secs
Taille : 15 cm

En grandes bandes criardes, les inséparables évoluent avec adresse et rapidité parmi les arbres et les buissons. Ils mangent des graines et des baies, et ne s'éloignent jamais d'un point d'eau.

C'est à leur habitude singulière de se lisser mutuellement les plumes qu'ils doivent leur nom. Ils nichent en colonie dans des crevasses, dans les falaises ou dans des bâtiments, ou reprennent de grandes portions des nids collectifs des tisserins. La ponte serait de 3 à 6 œufs couvés 23 jours par la femelle.

Perroquet-hibou ou Kakapo, *Strigops habroptilus* EW
Distribution : Nouvelle-Zélande (autrefois dans toutes les îles, actuellement dans certaines régions des îles du Sud et Stewart ; moins menacé sur cette dernière)
Habitat : forêts de montagne, jusqu'à 1 250 m
Taille : 64 cm

Bien qu'on ait donné la plus grande priorité à sa protection, le kakapo est sérieusement menacé d'extinction. Sa population a régulièrement décru au cours du deuxième millénaire, avec le peuplement de la Nouvelle-Zélande, le défrichement qui a suivi et l'introduction de prédateurs tels que les hermines et les rats. Malgré les efforts déployés pour introduire des kakapos sur des îles situées au large, l'UICN considère aujourd'hui que l'espèce a disparu à l'état sauvage. Ce singulier perroquet est un oiseau terrestre, aptère et nocturne. Le jour, il se réfugie dans les rochers ou les buissons, ou dans un terrier dont il sort au crépuscule pour se nourrir de fruits, de baies, de noix, de graines, de pousses, de feuilles, de mousses et de champignons. Il grimpe avec adresse en s'aidant du bec et des pieds, et sait battre des ailes pour garder son équilibre quand il grimpe ou saute d'un arbre à l'autre.

Les parades nuptiales diffèrent de celles des autres perroquets, car les mâles paradent en groupe dans des arènes fixes, ou «leks». Chacun creuse plusieurs aires en forme de cuvette peu profonde dans lesquelles il parade : la cuvette contribue à amplifier les appels particulièrement sonores qui accompagnent sa démonstration.

Le nid est un terrier creusé dans des rochers ou des racines d'arbres. On pense que la femelle couve seule 1 ou 2 œufs, plus rarement 3, et s'occupe des poussins. Apparemment, la ponte n'a pas lieu chaque année, et serait directement liée à la quantité de nourriture disponible.

Perruche à collier rose,
Psittacula krameri

DISTRIBUTION : Afrique centrale, Inde et Sri Lanka ; introduite à l'île Maurice, au Moyen-Orient, à Singapour, Hong Kong, Hawaii

HABITAT : bois, terres cultivées

TAILLE : 40 cm

On voit ces oiseaux effrontés et bruyants généralement en petits groupes, mais c'est par centaines qu'ils se regroupent pour percher ou se nourrir. Ils volent bien, mais n'aiment pas s'éloigner. Leur régime se compose surtout de graines, baies, fruits, fleurs et nectar, et ils s'acharnent à envahir vergers et plantations, à décimer cultures de tournesol et rizières, et même à crever des sacs de grains entreposés.

Les deux sexes diffèrent légèrement par le plumage : la femelle est dépourvue du collier rose caractéristique et des marques noires sur la face, et ses rectrices centrales sont plus courtes que celles du mâle.

Au début de la saison des nids, le couple exécute des rites nuptiaux : la femelle roule des yeux et de la tête jusqu'à ce que le mâle approche, frotte son bec contre le sien et la nourrisse.

Ils nichent dans un trou d'arbre, qu'ils creusent ou reprennent à des pics ou des barbus, ou sous le toit d'un bâtiment. La femelle couve 3 à 5 œufs pendant 22 jours. Les poussins quittent le nid à 7 semaines environ.

Perruche de Pennant, *Platycercus elegans*

DISTRIBUTION : est et sud-est de l'Australie ; introduite en Nouvelle-Zélande et sur l'île Norfolk

HABITAT : forêts côtières et de montagne, jardins, parcs

TAILLE : 36 cm

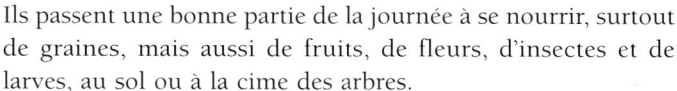

Ces perruches effrontées et très colorées abondent dans la majeure partie de leur aire. Les adultes vivent en couples ou en groupes jusqu'à 5 individus ; les jeunes forment de plus grandes bandes.

Ils passent une bonne partie de la journée à se nourrir, surtout de graines, mais aussi de fruits, de fleurs, d'insectes et de larves, au sol ou à la cime des arbres.

La saison des nids commence fin août ou début septembre. En parade nuptiale, le mâle laisse traîner ses ailes tout en faisant balancer sa queue déployée. La femelle niche dans un trou d'arbre et couve 5 à 8 œufs pendant 21 jours, ne quittant le nid que brièvement chaque matin pour se faire nourrir par le mâle. Les petits quittent le nid à l'âge de 5 semaines environ, mais restent avec les parents 5 semaines de plus, jusqu'à ce qu'ils soient autonomes. Ils rejoignent alors un groupe de jeunes.

Perruche ondulée, *Melopsittacus undulatus*

DISTRIBUTION : Australie (intérieur) ; introduite aux États-Unis (Floride)

HABITAT : buissons, terrains découverts

TAILLE : 18 cm

La perruche ondulée, si populaire comme oiseau de volière, au plumage très variable, est à l'état sauvage un petit perroquet à prédominance verte. Sa population varie en fonction des conditions de l'habitat, mais c'est un oiseau en général commun, et, les années où la nourriture abonde, c'est l'une des espèces les plus nombreuses d'Australie. Actives tôt le matin et tard l'après-midi, elles explorent en bandes le sol en quête de graines de graminées. Ces oiseaux vifs, agiles en vol, forment des bandes nomades qui vont d'une région à l'autre à la recherche d'eau et de nourriture.

La ponte a lieu à n'importe quel moment de l'année, en général après les pluies. Le nid est dans la cavité d'une souche d'arbre. La femelle couve 4 à 6 œufs, parfois 8, pendant 18 jours, et les jeunes quittent le nid à 1 mois.

PERROQUETS SUITE

Ara macao ou Ara rouge, *Ara macao*
Distribution : Mexique, Amérique centrale, du nord de l'Amérique du Sud au Brésil et à la Bolivie
Habitat : forêts, savane, plantations
Taille : 85 cm

Cet oiseau au plumage éclatant est l'un des plus gros et des plus remarquables de sa famille. Le plus familier des perroquets d'Amérique du Sud, souvent photographié ou peint, voit sa population décroître par suite de la destruction à grande échelle de son milieu – la forêt humide –, et de la collecte intensive de jeunes oiseaux et d'oisillons pour le commerce rentable des oiseaux de volière. Il est déjà rare sur une partie de son aire.

Les liens de couple sont solides chez les aras macao. On les voit généralement en couples, en familles ou en bandes, jusqu'à 20 individus. Sur le parcours quotidien qui va de leur dortoir au terrain où ils vont se nourrir, les couples volent côte à côte, leurs ailes se touchant presque. Ils se nourrissent dans les arbres de graines, fruits, noix, baies et autres végétaux. Silencieux quand ils mangent, ils s'envolent en poussant de retentissants cris rauques à la moindre alerte.

Fait surprenant, on connaît mal leur mode de reproduction. On a observé des nids dans des cavités de troncs d'arbres, à bonne distance du sol, mais on a peu de données fiables sur la taille des couvées ou l'incubation.

Perruche-moineau à lunettes, *Forpus conspicillatus*
Distribution : Amérique centrale et du Sud (est du Panama, Colombie sauf le sud-est, ouest du Venezuela)
Habitat : forêts découvertes, buissons épineux
Taille : 12 cm

Trois sous-espèces, au plumage légèrement différent, sont présentes dans l'aire. Les mâles ont presque tous les parties supérieures ternes, verdâtres, le front, les joues et la gorge marqués de jaune et d'un peu de bleu. Les femelles ont les parties supérieures d'un vert plus vif et sont dépourvues de bleu. En dehors de la saison des nids, ces perruches se déplacent en petites bandes de 5 à 20 individus et caquettent sans arrêt. Très actives et affairées, elles cherchent dans les arbres et les buissons baies, fruits, bourgeons et fleurs, ou explorent le sol en quête de graines de graminées ou de plantes basses qui complètent leur régime alimentaire. Le vol de ces oiseaux est rapide et irrégulier.

Pendant la saison des nids, les perruches-moineaux à lunettes vivent en couples. On connaît mal leur mode de nidification, mais elles feraient leur nid dans les cavités naturelles d'arbres ou de poteaux. La ponte serait de 2 à 4 œufs. Il existe plusieurs espèces de perruches-moineaux du genre *Forpus*, d'aspect et de mœurs semblables.

Perruche-soleil, *Aratinga solstitialis*
Distribution : Amérique du Sud (Guyana, Surinam, Guyane française, nord-est du Brésil)
Habitat : forêts découvertes, savane
Taille : 30 cm

C'est un bel oiseau au plumage d'un jaune vibrant, peu commun, dont on connaît mal les mœurs. On le rencontre généralement en petite bande bruyante qui émet des cris perçants et répétés. Ces oiseaux se nourrissent de graines, fruits, noix et baies, souvent à la cime des arbres.

Selon les quelques observations qui ont été faites sur leur mode de reproduction, la femelle couve 3 ou 4 œufs pendant 4 semaines et le couple nourrit les poussins au nid près de 8 semaines.

La perruche à calotte noire, *A. aurocapilla*, et la perruche-jendaya, *A. jendaya*, sont toutes deux semblables à la perruche-soleil et pourraient même n'être que des sous-espèces d'une même espèce nominale.

Amazone à tête jaune, Amazona ochrocephala

Distribution : Mexique, Amérique centrale, puis au sud jusqu'à l'est du Pérou, au nord de la Bolivie et du Brésil, Trinité et Tobago
Habitat : forêts, grande variété d'habitats boisés
Taille : 35 cm

C'est l'une des quelque 29 espèces du genre *Amazona*. La plupart sont des perroquets de taille moyenne, à prédominance verte, avec quelques marques aux couleurs éclatantes. Comme de nombreuses amazones, cette espèce décroît fortement, en raison de la destruction de son habitat forestier et, dans certaines régions, de la collecte intensive de jeunes oiseaux pour le trafic d'animaux de volière. Les amazones à tête jaune sont en effet particulièrement recherchées comme imitateurs et parleurs.

Le jour, elles se nourrissent en petits groupes dans la cime des arbres, de fruits, graines, noix, baies et fleurs, et descendent parfois jusqu'à 2 m du sol pour chercher de quoi se nourrir. Ces vigoureux oiseaux montent bien au-delà de la cime des arbres, sauf lorsqu'ils parcourent de petites distances. Au crépuscule, ils retournent à leur dortoir.

À la saison des nids, le couple se met en quête d'un trou dans un tronc d'arbre, qu'il élargit, et la femelle y dépose 3 ou 4 œufs. Elle couve 29 jours, avec le mâle à proximité. Deux fois par jour, elle laisse ses œufs un instant pour rejoindre son partenaire, qui la nourrit par régurgitation.

Perruche-moine ou Perruche-souris, Myiopsitta monachus

Distribution : Amérique du Sud (centre de la Bolivie, du sud du Brésil au centre de l'Argentine) ; introduite à Porto Rico et dans le nord-est des États-Unis
Habitat : bois clairsemés, palmeraies, terres cultivées, plantations d'eucalyptus
Taille : 29 cm

Cet oiseau de volière apprécié est abondant à l'état sauvage. C'est un perroquet de taille moyenne, aux rectrices longues et au bec volumineux. Cette espèce, qui s'adapte facilement, habite volontiers dans les arbres plantés dans des vergers ou des prairies d'élevage, même à proximité d'un habitat humain. Très grégaires, les perruches-moines évoluent en bandes d'une dizaine à une centaine d'individus, et construisent d'énormes nids collectifs, fait unique chez les perroquets. Ce nid servant à la fois à la ponte et comme dortoir, il se trouve donc habité toute l'année, et c'est un centre d'activités intenses et bruyantes, où les oiseaux vont et viennent, en poussant des cris perçants.

Ils quittent le nid en petits groupes pour chercher leur nourriture, et lorsqu'ils se nourrissent en terrain découvert ou dans des champs, quelques-uns montent la garde à proximité, dans les arbres. En cas de danger, ils donnent l'alerte, et les autres interrompent alors leur repas pour se disperser rapidement. Le régime se compose de graines, fruits, baies, noix et noisettes, fleurs, feuilles, d'insectes et de larves, et les perruches peuvent causer beaucoup de dégâts lorsqu'elles pillent les cultures de céréales et les vergers.

Les oiseaux utilisent leur nid toute l'année, mais, avant la ponte, ils le complètent et, si nécessaire, le réparent. Généralement situé en haut d'un arbre, le nid est fait de brindilles, surtout épineuses, bien imbriquées, pour décourager les prédateurs. La construction débute par quelques alvéoles, auxquels d'autres s'ajoutent peu à peu jusqu'à atteindre la vingtaine, chacun est occupé par un couple. À la base du nid, chaque alvéole est doté d'une ouverture menant à la couvée. L'ensemble de la construction est si solide qu'il n'est pas rare que d'autres oiseaux s'installent dessus.

La ponte est de 5 à 8 œufs, mais, compte tenu des difficultés à observer les oiseaux dans un tel édifice, on connaît mal l'incubation et l'éducation des poussins. Ceux-ci quittent le nid à 6 semaines environ.

MARTINETS ET MARTINETS HUPPÉS

ORDRE DES APODIFORMES

Cet ordre comprend 2 familles : les martinets et les martinets huppés. Tous ces oiseaux ont des capacités de vol extrêmement développées. Ces rois des airs, tournoyant haut dans le ciel, peuvent atteindre des vitesses prodigieuses.

Famille des Apodidae : Martinets

Ce sont les plus aériens des oiseaux. Les 99 espèces de cette famille de rapides voiliers semblent pouvoir mener toutes leurs activités en vol, sauf la nidification, bien entendu. Ils se nourrissent, boivent, rassemblent les matériaux pour le nid, et même s'accouplent en vol. Certaines espèces peuvent aussi dormir en vol. Ils s'envolent difficilement d'un sol plat et ne se posent que sur des surfaces verticales, falaises ou bâtiments. Ils ne peuvent pas se percher. Ils sont en général actifs le jour et se nourrissent d'insectes.

Leur taille va de 9 à 25,5 cm. Les deux sexes sont identiques. Les martinets ressemblent apparemment aux hirondelles par leurs mœurs, sans leur être apparentés. Ils en ont les ailes étroites et pointues, quoique plus longues, et la queue courte et fourchue.

Ne marchant pas, ou peu, ces oiseaux ont les pattes et les pieds frêles, mais ils sont cependant dotés de solides griffes recourbées qui leur permettent de s'agripper fermement aux surfaces contre lesquelles ils se posent ou nichent. La plupart ont les quatre doigts dirigés vers l'avant. Le bec, court et légèrement recourbé, s'ouvre très largement.

Tous les martinets agglomèrent leur nid avec leur salive, particulièrement collante.

Martinet géant,
Hirundapus giganteus
Distribution : de l'Inde aux Philippines par l'Asie du Sud-Est
Habitat : forêts, jusqu'à 1 800 m
Taille : 25,5 cm

Le martinet géant est l'un des oiseaux les plus rapides. Il pourrait en effet atteindre la vitesse de 250 à 300 km/h. Il se nourrit d'insectes et, comme un faucon, peut voler sur place à l'affût d'une proie.

La ponte est de 3 à 5 œufs, qui sont déposés dans un nid bâti au sol.

Martinet à gorge blanche, *Aeronautes saxatalis*
Distribution : de l'ouest du Canada et des États-Unis jusqu'au Mexique et au Salvador
Habitat : près des montagnes et falaises en bord de mer, canyons
Taille : 15 à 18 cm

Avec des pointes de 300 km/h, le martinet à gorge blanche est sans doute l'oiseau le plus rapide d'Amérique du Nord. Il capture en vol des insectes, mouches, scarabées, guêpes, fourmis et sauterelles.

C'est en vol que le mâle recherche sa partenaire. Tous deux s'accouplent sur le site de nichage, ou dans les airs, en se laissant choir, étroitement pressés l'un contre l'autre. Le nid, qui est édifié dans une fissure ou une crevasse de falaise en bord de mer ou en montagne, est une coupe constituée de plumes et d'herbe solidement agglomérées avec de la salive. La ponte se déroule en mai ou juin. Elle est composée de 4 ou 5 œufs, qui sont couvés tour à tour par les deux membres du couple.

Martinet des palmes,
Cypsiurus parvus
Distribution : Afrique subsaharienne
Habitat : terrains découverts
Taille : 18 cm

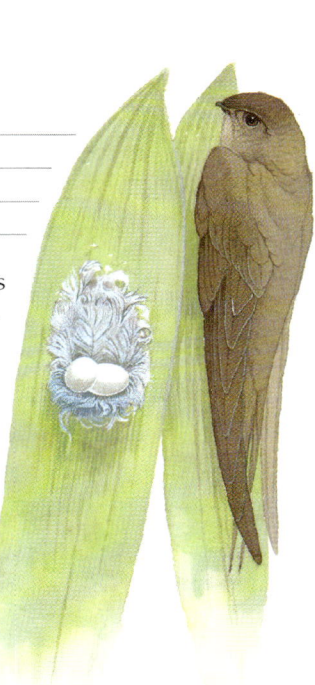

Grégaires, les martinets des palmes se déplacent en bandes. On les reconnaît facilement à leur queue d'une longueur inhabituelle. Ils sont surtout actifs au crépuscule, quand les insectes qui constituent leur régime alimentaire grouillent.

Sous des feuilles de palmier, le couple fait un coussin de plumes qu'il agglomère et colle à la feuille avec de la salive, et 1 ou 2 œufs sont également collés au nid avec de la salive. Les parents se relaient pour couver, en s'agrippant au nid avec leurs griffes. Les poussins doivent aussi s'agripper au nid dès la naissance, jusqu'à ce qu'ils aient toutes leurs plumes et qu'ils soient enfin capables de voler.

Salangane à nid comestible, *Collocalia fuciphaga*

Distribution : îles Andaman et Nicobar, Asie du Sud-Est, Philippines
Habitat : côtes, îles ; se nourrit dans la forêt et les broussailles
Taille : 12,5 cm

C'est l'une des quelque 31 espèces semblables du genre *Collocalia* que l'on trouve en Asie du Sud-Est et dans les îles du Pacifique. La différenciation des espèces, très malaisée, a maintenant été clarifiée en tenant compte de la construction des nids, des sites de nichage et de la faculté à se repérer par l'écho.

Les salanganes font leur nid dans des grottes (très souvent par colonies de plusieurs milliers d'individus). Faculté rare chez les oiseaux, elles se dirigent parfaitement dans l'obscurité des grottes les plus profondes, à l'aide de leur « radar ». Elles émettent en vol des cliquetis brefs et se repèrent aux échos à haute fréquence que renvoient les parois rocheuses.

Si tous les nids de martinets sont agglomérés et collés aux parois des grottes à l'aide de salive, ceux des salanganes sont presque entièrement faits de salive solidifiée, avec quelques plumes. On récolte ces nids en énormes quantités pour en faire le potage aux nids d'hirondelle que les gourmets chinois considèrent comme un mets raffiné – d'où le nom commun de cette espèce. La ponte est de 2 ou 3 œufs.

Martinet noir, *Apus apus*

Distribution : niche d'Europe en Chine et en Afrique du Nord ; hiverne en Afrique
Habitat : au-dessus de terrains découverts, de l'eau douce, des zones urbaines
Taille : 16 cm

Cet oiseau très commun et grégaire est presque toujours en vol, et, à l'occasion, posé sur des murs, des rochers ou des bâtiments. Il vole en poussant des cris perçants, en quête d'insectes, en alternant de rapides coups d'ailes avec de longues périodes de vol plané.

La saison des nids débute mi-mai. Les oiseaux choisissent un site de nichage sous un pignon de bâtiment ou dans une fissure de rocher et font des nids en forme de coupe peu profonds, à l'aide d'herbe et de plumes agglomérées avec de la salive. La couvée est de 3 œufs, pondus à 2 ou 3 jours d'intervalle. L'éclosion a lieu 14 à 20 jours après. Le couple nourrit les petits, mais les laisse parfois seuls plusieurs jours de suite. Ils consomment alors leur réserve de graisse et leur croissance est ralentie. Si le jeûne se prolonge, la température de leur corps peut descendre jusqu'à 27,5 °C, et ils tombent dans un coma léthargique, sans conséquence néfaste, jusqu'à ce qu'on les nourrisse à nouveau.

Famille des Hemiprocnidae : Martinets huppés

Ils se répartissent en 4 espèces dotées d'une huppe et d'une longue queue très fourchue. Le plumage est plus doux et plus brillant que chez les autres martinets, et ils sont moins aériens. Ils peuvent se percher. Les deux sexes diffèrent quelque peu par le plumage. Ils sont présents en Inde et en Asie du Sud-Est, et, vers le sud, jusqu'en Nouvelle-Guinée et aux îles Salomon.

Martinet huppé de Java ou Martinet indien, *Hemiprocne longipennis*

Distribution : péninsule malaise, Indonésie jusqu'aux Célèbes
Habitat : lisières de forêts, bois dégagés
Taille : 20,5 cm

Le martinet huppé de Java peut se percher sur les branches et les fils télégraphiques, d'où il fond brusquement sur les insectes ailés dont il se nourrit. Les deux sexes sont semblables, mais le mâle a une tache châtaine derrière l'œil, verte chez la femelle. Le nid est une coupe minuscule de copeaux d'écorce agglomérés et fixés à une branche avec de la salive. Il ne peut contenir qu'un seul œuf, que les parents couvent tour à tour, assis sur la branche et ébouriffant les plumes de leur gorge pour en recouvrir l'œuf. Ils élèvent le poussin ensemble.

OISEAUX-MOUCHES

ORDRE DES TROCHILIFORMES

Famille des Trochilidae : Oiseaux-mouches (Colibris)

Cette famille est la seule de l'ordre. Les oiseaux-mouches sont des oiseaux spectaculaires, qui doivent leur nom au bourdonnement produit par les battements extrêmement rapides de leurs ailes. Ils sont présents sur tout le continent américain, de l'Alaska à la Terre de Feu et dans les hauteurs andines, mais surtout sous les tropiques. Les quelque 319 espèces comportent les plus petits et parmi les plus remarquables des oiseaux connus.

Leur taille varie de 5,7 à 21,5 cm de long, la queue comptant souvent à elle seule pour moitié. Les ailes sont étroites et longues par rapport à la taille du corps, et ces oiseaux sont des virtuoses absolument inégalés de la manœuvre aérienne. Ils pratiquent le vol sur place, leurs ailes battant si vite qu'elles en sont pratiquement invisibles, volent à la verticale vers le haut, vers le bas, de côté et, fait unique, même à reculons. La carène de leur bréchet est proportionnellement plus grande que celle des autres oiseaux et conçue pour soutenir leurs volumineux muscles voiliers.

L'essentiel du régime de l'oiseau-mouche comporte des insectes et du nectar, qu'il recueille en plongeant son long bec mince, souvent recourbé et particulièrement adapté à cette tâche au fond de la fleur. Sa langue tubulaire l'aide à extraire le nectar, et la forme de son bec et de sa langue est souvent liée à celle de fleurs spécifiques.

La forme de la queue est très variable chez les mâles. Ils font usage de leurs plumes ornementales dans les parades nuptiales. Les femelles, plus ternes, en sont dépourvues. En dehors de la saison des nids, ils sont solitaires et défendent leur territoire avec agressivité. La femelle construit un nid en coupe sur une branche, une feuille de palmier ou un rocher, et chez toutes les espèces, sauf une, elle pond 2 œufs en moyenne. Elle couve et élève seule les poussins.

Colibri porte-épée, *Ensifera ensifera*
Distribution : Andes (Venezuela, Colombie, Équateur, Pérou, Bolivie)
Habitat : pentes buissonneuses, de 2 500 à 3 000 m d'altitude
Taille : corps, 7,5 cm ; bec, 12,5 cm

Le colibri porte-épée a le bec le plus long, par rapport à la taille de son corps, de tous les oiseaux. Ce bec caractéristique lui permet de sonder les fleurs pour en extraire le nectar.

Bec-en-faucille, *Eutoxeres aquila*
Distribution : Costa Rica, Panama, Colombie, Équateur, nord-est du Pérou
Habitat : forêts
Taille : 12,5 cm

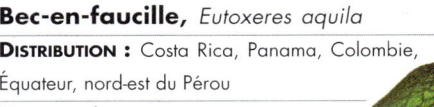

Le bec fortement recourbé de ce petit oiseau-mouche est conçu pour extraire le nectar de fleurs à la forme irrégulière, telles que les orchidées du genre *Coryanthes*. Il arrive aussi que l'oiseau s'agrippe maladroitement à des *Heliconia* pour en sonder les fleurs avec son bec.

Colibri à gorge rubis, *Archilochus colubris*
Distribution : niche dans le sud-est du Canada et l'est des États-Unis ; hiverne au Mexique, en Amérique centrale et aux Antilles
Habitat : bois, jardins
Taille : 9 cm

Ce minuscule oiseau parcourt 800 km ou davantage à travers le golfe du Mexique pour rejoindre ses quartiers d'hiver, exploit extraordinaire pour une telle créature. Le mâle se caractérise par sa gorge rubis ; la femelle a la gorge blanche et la queue arrondie.

Calypte d'Hélène, *Calypte helenae*
Distribution : Cuba, île des Pins
Habitat : forêts
Taille : 5,7 cm

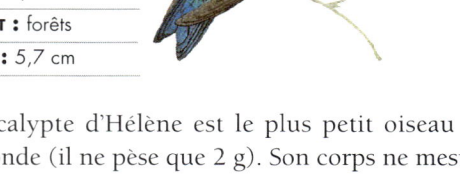

Le calypte d'Hélène est le plus petit oiseau du monde (il ne pèse que 2 g). Son corps ne mesure en réalité que 1,25 cm de long. C'est son bec, de même taille, et sa queue qui lui donnent en fait sa longueur totale.

Les ailes minuscules du calypte d'Hélène battent 50 à 80 fois par seconde lorsqu'il vole sur place au-dessus de fleurs pour se nourrir de nectar et d'insectes.

Oiseau-mouche géant, *Patagona gigas*

Distribution : de l'Équateur au Chili et à l'Argentine
Habitat : terres arides
Taille : 21,5 cm

Avec un poids de 20 g, c'est le plus gros des oiseaux-mouches. Ses battements d'ailes sont de 8 à 10 par seconde. Il se nourrit à l'intérieur des fleurs et attrape aussi des insectes en vol.

Colibri rubis-topaze, *Chrysolampis mosquitus*

Distribution : Colombie, Venezuela, Guyanes, Brésil, nord-est de la Bolivie, Trinité et Tobago
Habitat : forêts, buissons, savane
Taille : 9 cm

Le mâle, chez cette espèce, a un plumage coloré étincelant, tandis que celui de la femelle est gris-vert.
Il se nourrit de nectar et d'insectes, dans une végétation basse ou de grands arbres.

Hausse-col splendide, *Lophornis magnifica*

Distribution : est et centre du Brésil
Habitat : forêts, buissons
Taille : 7 cm

Le hausse-col splendide peut facilement être pris pour un papillon. En effet, il vole sur place au-dessus d'une fleur pour se nourrir et, à la saison des amours, le mâle poursuit la femelle jusqu'à ce qu'elle ralentisse, puis ils volettent ensemble, sans avancer, de haut en bas. La femelle fait un nid en forme de coupe dans une végétation basse et le camoufle soigneusement en le recouvrant de toiles d'araignée, de morceaux d'écorce et de fibres végétales.

Ermite à longue queue, *Aglaiocercus kingi*

Distribution : du Venezuela à la Bolivie, au Pérou et à l'Équateur
Habitat : forêts, buissons
Taille : mâle, 18 cm ; femelle, 9,5 cm

Chez cette espèce, les rectrices externes du mâle peuvent atteindre 12,5 cm. Il en fait largement usage dans la parade nuptiale. La femelle en est dépourvue, sa gorge est blanc cassé et ses parties inférieures sont couleur cannelle.

Loddigésie admirable, *Loddigesia mirabilis* VU

Distribution : Andes péruviennes
Habitat : forêts, à 2 300 - 2 600 m d'altitude
Taille : corps, 12,5 cm ; queue, 14 cm

C'est une espèce mal connue dont le mâle est doté d'une queue extraordinaire, de 4 plumes seulement, dont 2 sont allongées et filiformes, avec l'extrémité en forme de raquette. En parade nuptiale, le mâle s'en sert pour encadrer sa gorge irisée, et vole d'avant en arrière devant sa future partenaire pour attirer son attention.

Colibri topaze, *Topaza pella*

Distribution : Guyanes, Venezuela, Brésil, Équateur (est des Andes)
Habitat : forêts pluviales
Taille : 20 cm

C'est un oiseau au plumage coloré et scintillant. Le mâle a la queue dotée de 2 rectrices noires allongées qui dépassent de 6 cm. La femelle est moins spectaculaire, mais a aussi du vert et du rouge brillants dans son plumage, et des plumes vert bronze et violet à la queue.

Oiseau-mouche d'Estella, *Oreotrochilus estella*

Distribution : Andes (de l'Équateur à l'Argentine, au Chili et au nord du Pérou)
Habitat : pentes rocailleuses
Taille : 12 cm

Chez cette espèce, les plumes du cou et de la gorge du mâle varient, mais elles comportent généralement du vert brillant ou du violet, parfois les deux. La femelle a le plumage du dos et de la tête d'un vert olive sombre, et les parties inférieures plutôt grises.

TOURACOS, EFFRAIES, CHOUETTES ET HIBOUX

ORDRE DES MUSOPHAGIFORMES

Famille des Musophagidae : Touracos

Les 23 espèces de touracos sont des oiseaux arboricoles d'Afrique tropicale qui ressemblent à des oiseaux de basse-cour. Le touraco gris uniforme mis à part, ils sont lustrés et vivement colorés, avec une queue longue et large, et des ailes courtes et arrondies. Beaucoup ont une crête hirsute et le tour de l'œil nu. Le rouge vif de la tête et des ailes de certaines espèces résulte de la présence d'un pigment cuivré complexe – unique dans le règne animal – qui est soluble dans l'alcali. Totalement différent, le pigment vert est également unique.

Les touracos ont un bec court et solide, et ils consomment surtout des insectes et des fruits. Les deux sexes sont identiques chez toutes les espèces.

Touraco à huppe rouge, *Tauraco erythrolophus*
Distribution : Afrique (Angola, Congo)
Habitat : bois, savane
Taille : 40,5 cm

Cet oiseau frugivore vit dans les arbres et descend rarement au sol. Comme les autres touracos, il vole mal, mais il est agile et vif dans les arbres, où il court, saute et grimpe parmi les branches. En plus des fruits, il mange des graines, des insectes et des escargots.

D'aspect, il est presque identique au touraco de Bannerman, *T. bannermani*, ce qui les différencie le mieux étant leurs narines. Rondes chez le touraco à huppe rouge, elles sont allongées chez celui de Bannerman. On ne sait rien du mode de reproduction de ces deux espèces.

Touraco gris uniforme, *Corythaixoides concolor*
Distribution : Afrique (Tanzanie, du bassin du Congo à l'Afrique du Sud)
Habitat : brousse découverte, buissons d'acacia
Taille : 51 cm

Bien que méfiant, le touraco gris uniforme n'est pas timide et, au moindre signe de danger, il alerte tous les animaux du voisinage par son cri perçant. En couple ou en petit groupe, il se perche à la cime des arbres ou vole maladroitement d'un arbre à l'autre. Il se nourrit de baies, de fruits et d'insectes.

La saison des nids est entre octobre et janvier. En parade, l'un des partenaires est perché à la cime d'un arbre, tandis qu'au-dessus l'autre vole sur place. Ils construisent un nid de branchages dans un enchevêtrement de plantes grimpantes, ou au sommet d'un acacia. La ponte est de 2 ou 3 gros œufs que le couple couve 18 jours environ.

ORDRE DES STRIGIFORMES

Cet ordre comprend 9 familles et 291 espèces. Les deux premières familles rassemblent les effraies (tytonidés) et les chouettes et hiboux (strigidés). Avec leur face aplatie, leur yeux immenses, leurs pattes armées de serres et leurs mœurs de prédateurs, le plus souvent nocturnes, les effraies, chouettes et hiboux sont les équivalents nocturnes des buses, aigles et faucons. Ces oiseaux tuent à l'aide de leurs serres. Chacun de leurs doigts porte en effet à son extrémité une griffe acérée et recourbée. Avalant leur proie tout entière, ils régurgitent sous forme de pelote les os, les poils et les plumes indigestes. Chez la plupart des espèces, le mâle et la femelle se ressemblent ; la femelle est parfois plus grande.

Les 7 autres familles de l'ordre des strigiformes sont des aegothilidés (aegothèles), les podargidés (podarges d'Australie), les batrachostomidés (podarges d'Asie), les steatornithidés (guacharo), les nyctibiidés (ibijaux), les eurostopodidés (engoulevents oreillards) et les caprimulgidés (engoulevents).

Famille des Tytonidae : Effraies

Les 17 espèces se distinguent des chouettes au sens strict par leur «visage» en forme de cœur, leurs yeux relativement petits et leurs longues pattes minces. Leur long bec crochu est presque entièrement emplumé, et leurs doigts sont dotés de griffes pointues et recourbées. Toutes les effraies sont des chasseurs nocturnes.

Chouette baie, *Phodilus badius*
Distribution : nord de l'Inde, Sri Lanka, Asie du Sud-Est, grandes îles de la Sonde
Habitat : forêts
Taille : 29 cm

Par sa forme et son aspect, la chouette baie ressemble à l'effraie, avec laquelle elle est désormais

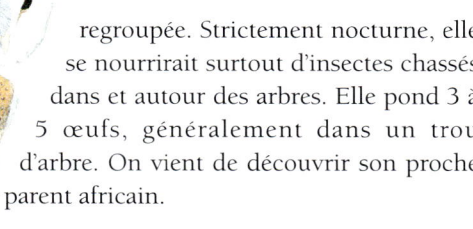

regroupée. Strictement nocturne, elle se nourrirait surtout d'insectes chassés dans et autour des arbres. Elle pond 3 à 5 œufs, généralement dans un trou d'arbre. On vient de découvrir son proche parent africain.

Chouette effraie, *Tyto alba*
Distribution : partout dans le monde, sauf les zones tempérées de l'Asie et de nombreuses îles du Pacifique
Habitat : terrains découverts, bois, zones habitées
Taille : 34 cm

Cet oiseau aux pattes longues et au plumage généralement pâle présente un « visage » blanc. Plus de 30 sous-espèces se partagent l'aire. Les effraies vivent seules ou en couples. Elles dorment pendant la journée dans des bâtiments agricoles, des arbres creux ou des grottes. La nuit, elles sortent chasser, surtout des petits rongeurs qu'elles capturent et tuent au sol, ainsi que des petits oiseaux.

La saison des nids commence en avril dans le Nord. La femelle niche dans un vieux bâtiment, un tronc d'arbre creux ou une fissure de rocher et pond 4 à 7 œufs, qu'elle couve 33 jours. Le mâle la nourrit pendant cette période, et tous deux s'occupent ensuite des poussins.

Famille des Strigidae : Chouettes et Hiboux

Rien moins que 161 espèces de chouettes et hiboux sont répandues dans le monde entier, sauf sur quelques îles océaniques. Ces oiseaux au plumage doux ont la queue courte, la tête volumineuse et de très grands yeux qui ressortent dans leur face ronde. Tous ont le bec recourbé et partiellement caché par des plumes. La plupart chassent la nuit et se nourrissent exclusivement d'animaux, des insectes et invertébrés aux oiseaux et mammifères de la taille d'un lapin. Leur vue est perçante, et leur ouïe très fine.

Hibou pêcheur, *Ketupa zeylonensis*
Distribution : du Moyen-Orient jusqu'au sud de la Chine, Sri Lanka, Asie du Sud-Est
Habitat : torrents et lacs de forêt
Taille : 56 cm

Ce hibou spécialisé et semi-aquatique se nourrit de poissons ainsi que des proies habituelles aux autres espèces de hibou. Ses pieds et ses chevilles sont dépourvus de plumes, ce qui lui permet de marcher en eau peu profonde sans jamais mouiller son plumage.

La saison des nids débute en février ou mars. Il construit dans un arbre un nid ressemblant à une plate-forme, en entremêlant des branches, ou niche sur une corniche ou un rocher. La ponte est de 1 ou 2 œufs que le couple couve 33 jours.

Chouette-elfe ou Chouette des cactus, *Micrathene whitneyi*
Distribution : sud-est des États-Unis, Mexique
Habitat : canyons boisés, déserts plantés de cactus saguaros
Taille : 12,5 à 15 cm

C'est l'une des plus petites chouettes du monde, qui se différencie de celles des mêmes régions par sa queue courte. Elle dort le jour dans un arbre ou un buisson et sort chasser au crépuscule. Les insectes, dont beaucoup sont capturés en vol à l'aide des serres, sont ses principales proies. Une autre technique de cet oiseau consiste à planer au-dessus du feuillage ou à foncer de son perchoir tel un gobe-mouches. Scarabées, papillons de nuit, sauterelles, criquets et scorpions (dont elle ôte ou écrase le dard) sont des proies fréquentes, et elle attrape parfois des petits serpents et des lézards.

Elle niche dans un trou déserté par un pic dans une tige de cactus ou un tronc d'arbre. Une fois qu'il a trouvé un site convenable, le mâle chante pour attirer une femelle, qui répond et entre dans le nid. En avril ou mai, elle pond 1 à 5 œufs, qu'elle couve 24 jours. Le mâle la nourrit, puis lui apporte de quoi nourrir les poussins.

Scops d'Amérique, *Otus asio*
Distribution : Amérique du Nord (du Canada au Mexique)
Habitat : terrains boisés découverts, déserts plantés de cactus
Taille : 18 à 25,5 cm

C'est un petit hibou aux singulières « oreilles », qui dort le jour perché dans un arbre creux ou un vieux bâtiment, et chasse au crépuscule insectes, souris, musaraignes et autres petits mammifères, ainsi que des grenouilles, lézards et oiseaux.

Entre février et juillet, selon la région, il niche dans un trou d'arbre déserté par un pic, sans y ajouter de matériau. La ponte moyenne est de 4 ou 5 œufs, parfois jusqu'à 8. Le mâle nourrit la femelle tant qu'elle couve ; lorsque les œufs ont éclos, le couple alimente les petits.

CHOUETTES SUITE

Harfang des neiges ou Chouette Harfang, *Nyctea scandiaca*

Distribution : circumpolaire (Canada arctique, Groenland, nord de l'Eurasie)
Habitat : toundra, marais, côtes
Taille : 52 à 65 cm

Le harfang se caractérise par son plumage presque tout blanc ; la femelle est plus marquée de sombre que le mâle. Il chasse pendant la journée et capture des proies aussi grosses que des lièvres arctiques et des lemmings, ainsi que des rongeurs moins gros et des oiseaux. Le harfang des neiges commence à nicher à la mi-mai. Il dégage une cavité peu profonde au sol ou sur un rocher, la garnit de mousse et de plumes, et pond 4 à 10 œufs. Si la quantité de nourriture disponible est particulièrement importante, la ponte peut atteindre une quinzaine d'œufs. Le mâle nourrit la femelle pendant les 32 ou 33 jours d'incubation.

Grand Duc d'Amérique ou de Virginie, *Bubo virginianus*

Distribution : Amérique du Nord, centrale et du Sud
Habitat : bois, forêts, parcs urbains, banlieues
Taille : 46 à 64 cm

Ces oiseaux sont parmi les plus gros et les plus forts des hiboux d'Amérique. Leurs « oreilles » proéminentes ne sont que des plumes, sans lien avec l'appareil auditif. Ils perchent dans des arbres et, bien qu'ils chassent surtout la nuit, il leur arrive de sortir de jour dans les régions inhabitées. Ils capturent des mammifères de la taille d'un chat, ainsi que des oiseaux, des insectes et des reptiles.

La saison des nids varie selon les régions, parfois dès janvier. Le grand duc utilise le nid d'une autre espèce ou niche dans une grotte, un trou d'arbre ou une corniche. La ponte est en moyenne de 3 œufs, parfois jusqu'à 6. Le couple couve 30 à 35 jours, puis nourrit et défend ses petits.

Chouette boobook, *Ninox novaeseelandiae*

Distribution : Nouvelle-Zélande, Australie, Tasmanie, sud de la Nouvelle-Guinée, petites îles de la Sonde
Habitat : forêts, broussailles, terrains découverts avec des grottes où percher
Taille : 29 cm

C'est la chouette la plus répandue en Nouvelle-Zélande et en Australie. On l'aperçoit généralement au crépuscule, quand elle part chasser ses proies, pour la plupart des insectes, des phalènes, des araignées, des lézards, de petits oiseaux, des rats et des souris. Elle chasse parfois le jour. Elle doit son nom à l'un de ses cris, « boobook ». Une sous-espèce, la chouette boobook de l'île de Norfolk, est maintenant considérée comme rare.

La chouette boobook niche en novembre et pond 3 ou 4 œufs dans un nid situé dans un arbre creux ou une épaisse végétation. La femelle entreprend la période d'incubation de 30 ou 31 jours juste après la ponte du premier œuf. Elle pond les suivants tous les 2 jours. Après l'éclosion, les jeunes restent au nid 5 semaines environ, nourris et protégés par les parents.

Hibou moyen duc, *Asio otus*

Distribution : Amérique du Nord, Europe, nord-ouest de l'Afrique, Asie
Habitat : forêts de conifères, bois, parcs
Taille : 33 à 40,5 cm

Le hibou moyen duc est de stature plus fine que la chouette hulotte et se distingue par ses « oreilles ». Celles-ci ne sont d'ailleurs que des plumes, et n'ont rien à voir avec ses vraies oreilles. Il vole en les tenant rabattues. C'est l'un des hiboux les plus nocturnes, et il chasse rats, souris, musaraignes, taupes, chauves-souris, écureuils, lapins et autres petits mammifères, ainsi que des oiseaux et des insectes. De jour, il perche dans les arbres, et son plumage brun tacheté l'aide à se fondre dans la végétation environnante.

Il niche de mars à mai, selon la région. Quand la nourriture abonde il lui arrive de produire 2 couvées. La ponte est de 3 à 10 œufs, en moyenne 4 ou 5, dans l'ancien nid d'une autre espèce ou même celui d'un écureuil. Si de tels nids ne sont pas disponibles, la femelle pond au sol sous un arbre ou un buisson. Elle couve 26 à 28 jours et le mâle la nourrit pendant cette période et après l'éclosion. Les jeunes quittent le nid à 3 ou 4 semaines.

En hiver, certaines populations septentrionales de moyens ducs migrent au sud de leur aire de reproduction, au Mexique, au nord de l'Égypte et en Inde, et retournent vers le nord au printemps.

Chouette épervière, *Surnia ulula*

Distribution : Canada, extrême nord des États-Unis, nord de l'Asie, Scandinavie
Habitat : parcelles découvertes dans les forêts de conifères
Taille : 36 à 43 cm

La chouette épervière est facilement reconnaissable à sa queue, plus longue que celle des autres chouettes, et à son disque facial pâle, bordé de noir. Elle a les ailes assez courtes et pointues, ce qui, en vol, la fait ressembler à un faucon. Elle chasse le jour souris, lemmings, écureuils ou autres petits mammifères ; elle consomme également des oiseaux et quelques insectes.

La nidification a lieu entre avril et juin, selon la région, et la taille de la couvée varie avec la nourriture disponible. La femelle pond 5 ou 6 œufs, parfois jusqu'à 9, au sommet d'une branche creuse, dans un nid abandonné ou le trou d'un pic. L'incubation dure 25 à 30 jours.

Chouette chevêchette, *Glaucidium passerinum*

Distribution : nord de l'Europe, puis vers l'est à travers la Russie et l'Asie centrale jusqu'en Chine
Habitat : forêts clairsemées
Taille : 16 cm

C'est la plus petite des chouettes européennes. Elle a la tête petite et la queue longue. Elle chasse surtout le soir et se nourrit de petits rongeurs et d'oiseaux, qu'elle attrape souvent en vol.

La chouette chevêchette se reproduit de mars à mai et niche souvent dans un trou abandonné par des pics. Le mâle nourrit la femelle tant qu'elle couve ses 2 à 7 œufs, pendant 28 jours environ, puis il nourrit les poussins.

Chouette chevêche, *Athene noctua*

Distribution : Europe, Afrique, ouest et centre de l'Asie, puis vers l'est jusqu'en Chine
Habitat : forêts, terrains découverts, zones urbanisées
Taille : 21 cm

Cette chouette de petite taille a la tête aplatie au sommet, le front bas, de larges yeux jaunes, et l'air austère. Elle est active le jour. Elle mange surtout insectes et petits rongeurs, parfois petits oiseaux et charognes.

En Europe, elle niche dès la mi-avril. La femelle pond 3 à 5 œufs et les couve près de 29 jours. Le mâle doit nourrir tout le monde les quelques jours qui suivent l'éclosion, puis les deux parents chassent tour à tour.

Chouette hulotte, *Strix aluco*

Distribution : Grande-Bretagne, France, Afrique du Nord, ouest et centre de l'Asie, jusqu'en Corée
Habitat : bois, jardins, parcs, zones urbanisées
Taille : 38 cm

Cet oiseau robuste au plumage tacheté a la tête ronde et les yeux noirs. C'est l'une des chouettes les plus communes en Europe, et elle se distingue des chouettes à « oreilles » par l'absence d'aigrettes sur la tête et par ses yeux sombres. Exclusivement nocturne, elle dort le jour dans un arbre et chasse la nuit petits rongeurs, oiseaux et insectes.

La nidification débute fin mars. La hulotte niche dans un trou d'arbre, au sol ou dans le vieux nid d'un autre oiseau. La ponte est en moyenne de 2 à 4 œufs, parfois jusqu'à 8. La femelle couve seule 28 à 30 jours. Le mâle apporte la nourriture des poussins dans les premières semaines, puis le couple va chasser. Les jeunes quittent le nid vers 5 semaines.

Chouette des terriers, *Speotyto cunicularia*

Distribution : sud-ouest du Canada, ouest des États-Unis, Floride, Amérique centrale et du Sud
Habitat : zones semi-désertiques, prairies sans arbres
Taille : 23 à 28 cm

Cette petite chouette terrestre a la queue courte et les pattes longues, bien adaptées à sa vie au sol. Elle vit souvent dans un terrier abandonné, qu'elle adapte à ses besoins en l'élargissant avec ses griffes et en y ménageant une cavité pour sa couvée. Quand les terriers sont nombreux, les chouettes forment une colonie. Contrairement à la croyance populaire, elles ne partagent pas leur terrier avec les chiens de prairie.

Elles chassent la nuit, mais on peut souvent les voir de jour devant leur terrier. Elles mangent insectes, phalènes, libellules, sauterelles, scarabées et criquets, et petits rongeurs, oiseaux, grenouilles et reptiles. Elles suivent fréquemment des chiens ou des chevaux, sans doute pour attraper les proies qu'ils débusquent à leur passage.

Elles nichent de mars à juillet. La ponte est de 6 à 11 œufs, 8 ou 9 en moyenne, au fond du terrier situé dans une cavité garnie d'excréments desséchés. Le couple couve près de 28 jours. Les populations du Nord migrent au sud de leur aire de reproduction en hiver.

AEGOTHÈLES, PODARGES, GUACHARO ET IBIJAUX

Famille des Aegothelidae : Aegothèles

Ces petits oiseaux trapus évoquent leurs cousins les engoulevents par bien des aspects, mais ils ont la face plate des chouettes. Ils chassent en vol, à l'aube et au crépuscule, des insectes, ou plus souvent au sol, où ils se déplacent avec aisance. Les 8 espèces vivent en Nouvelle-Guinée, en Australie et sur quelques îles voisines.

Aegothèle huppé, *Aegotheles cristatus*
Distribution : Australie, Tasmanie, sud de la Nouvelle-Guinée
Habitat : forêts, terrains boisés, broussailles
Taille : 20 à 24 cm

Craintif et solitaire, l'aegothèle huppé est perché le jour, très droit sur une branche, camouflé par son plumage tacheté et strié. Au crépuscule, il part en quête d'insectes et d'invertébrés, qu'il trouve surtout au sol et poursuit parfois en vol. Son bec, petit et plat, presque entièrement masqué par des soies rigides, s'ouvre démesurément.

La ponte est de 3 ou 4 œufs, dans un trou d'arbre ou de talus, garni de feuilles fraîches changées au fur et à mesure qu'elles sèchent. Il peut y avoir plus de 1 couvée au cours de l'année.

Famille des Podargidae : Podarges d'Australie

Les podarges sont des oiseaux terrestres qui occupent une aire s'étendant de l'Inde et de l'Asie du Sud-Est à la Nouvelle-Guinée et à l'Australie. Ils se signalent par leur tête plate et huppée, et par leurs grands yeux. Ils volent mal. Ils ont des ailes courtes et arrondies, une queue réduite, ainsi qu'un large bec, entouré de vibrisses, qui peut s'ouvrir fortement. Se nourrissant au crépuscule ou durant la nuit, ils guettent leurs proies dans les branches ou sur le sol, puis s'abattent sur elles. On connaît 2 familles de podarges : les podarges d'Australie, qui vivent en Australie, en Nouvelle-Guinée et dans les îles Salomon, et les podarges d'Asie.

Grand Podarge d'Australie, *Podargus strigoides*
Distribution : Australie, Tasmanie
Habitat : forêts, bois clairsemés, arbres de la brousse, jardins, parcs
Taille : 33 à 47 cm

Cet oiseau nocturne se repose le jour dans un arbre, où son plumage tacheté et strié lui permet de se fondre parfaitement dans les branches couvertes de lichens. À la moindre alerte, il étire le corps et se tient immobile, tête et bec pointés vers le haut, et il est impossible de le distinguer d'une branche brisée ou coupée. Il chasse surtout au crépuscule, guettant sa proie d'un arbre ou d'un poteau, puis s'abattant silencieusement dessus pour la capturer au sol. Insectes, escargots, grenouilles et même petits mammifères et oiseaux constituent son régime. Il y a au moins 7 sous-espèces quelque peu différentes par la taille et le plumage.

Le nid du grand podarge est une grossière plate-forme de branchages et de feuilles édifiée sur une branche fourchue, ou l'ancien nid d'un autre oiseau. La femelle pond 2 œufs qu'elle couve pendant environ 30 jours, et le couple nourrit et prend soin des petits.

Famille des Batrachostomidae : Podarges d'Asie

Les 11 espèces de cette famille ressemblent aux espèces de la famille australienne. Leur aire de distribution s'étend de l'Himalaya aux Philippines.

Podarge de Ceylan, *Batrachostomus moniliger*
Distribution : Sri Lanka, sud-ouest de l'Inde
Habitat : forêts
Taille : 19 à 23 cm

C'est un oiseau arboricole, mais qui trouve sa nourriture au sol en faisant de brefs aller-retour à partir de son perchoir. Les podarges de ce genre semblent être plus doués pour le vol que

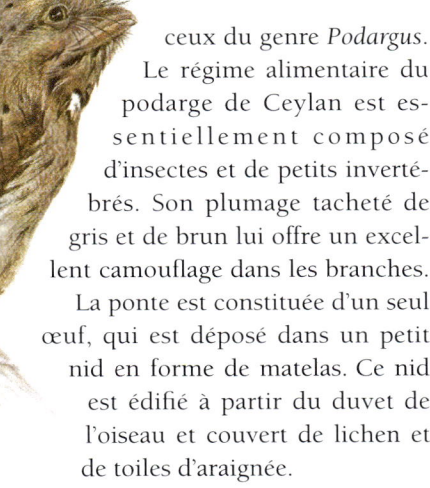

ceux du genre *Podargus*. Le régime alimentaire du podarge de Ceylan est essentiellement composé d'insectes et de petits invertébrés. Son plumage tacheté de gris et de brun lui offre un excellent camouflage dans les branches. La ponte est constituée d'un seul œuf, qui est déposé dans un petit nid en forme de matelas. Ce nid est édifié à partir du duvet de l'oiseau et couvert de lichen et de toiles d'araignée.

FAMILLE DES STEATORNITHIDAE : GUACHARO

L'unique espèce de guacharo est assez singulière pour mériter d'être classée dans une famille à part. Cet oiseau nocturne, aux grands yeux, a une distribution sporadique dans le nord de l'Amérique du Sud. Les deux sexes sont identiques.

Guacharo, *Steatornis caripensis*
DISTRIBUTION : localement au Pérou, de l'Équateur à la Guyane française par la Colombie et le Venezuela, Trinité
HABITAT : grottes de bord de mer et de montagne
TAILLE : 43 cm

Le guacharo a les ailes et la queue longues, ses pattes et ses pieds courts lui étant presque inutiles. Il vit dans des grottes profondes, à l'obscurité quasi totale, où même ses grands yeux, conçus pour une vision nocturne, sont inefficaces. Il parvient cependant à y faire son nid et y voler avec aisance, grâce à un « radar » semblable à celui des chauves-souris. Les cliquetis aigus qu'il émet en vol se répercutent sur les parois, ce qui lui permet de se diriger. La nuit tombée, il sort se nourrir de fruits, ceux du palmier à huile surtout. Il saisit le fruit de son bec solide, l'avale tout rond et, de retour sur son perchoir, digère pendant la journée qui suit toute la ration ingérée la nuit. Son odorat développé et sa bonne vision de nuit l'aident probablement à trouver des fruits mûrs.

Les colonies de guacharos peuvent atteindre 50 couples.

Le nid, composé de déjections mêlées à des fruits régurgités, est édifié sur une falaise. La ponte est de 2 à 4 œufs. Les deux membres du couple couvent pendant près de 33 jours et nourrissent les petits de fruits du palmier.

Tant qu'ils sont encore au nid (ils ne volent pas jusqu'à l'âge de 4 mois environ), les petits deviennent excessivement gras, jusqu'à peser au moins moitié plus qu'un adulte. Les indigènes capturaient autrefois les poussins et leur faisaient rendre leur graisse, qu'ils utilisaient pour la cuisine. (Ces pratiques sont maintenant prohibées par la loi presque partout.) On trouve là l'origine du nom scientifique de l'espèce – *Steatornis* –, qui signifie « oiseau porteur de graisse ».

FAMILLE DES NYCTIBIIDAE : IBIJAUX

Les 7 espèces de cette famille vivent aux Antilles et dans les régions avoisinantes d'Amérique centrale et du Sud. Bien que proches des engoulevents et assez semblables, les ibijaux chassent comme les gobe-mouches, en fondant brusquement sur les insectes depuis leur perchoir. Les deux sexes sont identiques ou presque.

Ibijau gris, *Nyctibius griseus*
DISTRIBUTION : Jamaïque, Hispaniola, Trinité et Tobago, Mexique, Amérique centrale, Amérique du Sud tropicale
HABITAT : lisières de forêts, forêts dégagées, terres cultivées plantées d'arbres
TAILLE : 41 cm

L'ibijau gris a une longue queue, qui représente parfois plus de la moitié de sa longueur totale, et des pattes très courtes. Son plumage gris et brun, grossièrement tacheté et strié, le rend presque invisible parmi les branches couvertes de lichen.

Durant le jour, l'oiseau se tient souvent à la verticale sur une branche brisée ou coupée, tête et bec pointés vers le haut, au point de se confondre parfaitement avec l'écorce de l'arbre. La nuit, il chasse, en quittant son perchoir le temps de capturer des insectes et y retournant les manger.

La ponte est de 1 œuf, qui est déposé sur une souche d'arbre et couvé par le couple. Lorsqu'il est surpris sur son perchoir, l'oiseau qui couve s'immobilise complètement en se tenant tout droit, ou bien ouvre grands les yeux et le bec, en hérissant les plumes de façon à avoir une apparence menaçante. Le couple nourrit et prend soin du poussin, qui se tient lui aussi tout droit dans le nid. Le petit peut voler à l'âge de 44 jours environ.

ENGOULEVENTS

Famille des Eurostopodidae : Engoulevents oreillards

Les 7 espèces de cette famille ressemblent aux engoulevents, même si leur bec est dépourvu de vibrisses. Ils vivent dans la forêt, dans une aire qui s'étend du sud de l'Asie à l'Australie.

Grand Engoulevent oreillard, *Eurostopodus macrotis*

Distribution : Inde (de l'Assam à l'Asie du Sud-Est), Philippines, Célèbes

Habitat : forêts, brousse

Taille : 41 cm

Solitaires la plupart du temps, ces grands engoulevents forment néanmoins de petites bandes occasionnelles. Ils vivent d'insectes, qu'ils capturent en vol à l'aube ou au crépuscule, lors d'adroites acrobaties aériennes qu'ils exécutent autour de la cime des arbres en émettant sans cesse un sifflement distinct.

La ponte est de 1 œuf sur des feuilles mortes.

Famille des Caprimulgidae : Engoulevents

Ces 76 espèces d'oiseaux nocturnes se trouvent presque dans le monde entier. Elles ne sont absentes que de Nouvelle-Zélande, de quelques îles du Pacifique, ainsi que des latitudes élevées. Beaucoup ont des noms évocateurs : engoulevent, bois pourri, engoulevent-lyre, qu'ils doivent souvent à leur chant sonore et répétitif.

Ils ont des ailes longues et pointues, et des yeux larges, conçus pour une bonne vision de nuit. Le bec est court et faible, mais il est pourvu de vibrisses sensibles et s'ouvre démesurément. La plupart des engoulevents crient au crépuscule avant de partir en chasse. Leur vol est silencieux et lent, mais ils savent fondre sur les insectes. Ils ont une grande maîtrise du vol, mais, comme leurs pattes sont faibles, ils évitent de marcher.

Le jour, ils restent au sol ou dans les arbres – soustraits au regard des prédateurs par leur plumage –, et posés sur les branches, dans le sens de la longueur. Tous ont la tête et le dos finement mouchetés de gris, de noir et de brun, ce qui les confond avec le feuillage ou la végétation au sol. Chez la plupart, les deux sexes ont le plumage quelque peu différent.

Engoulevent de Californie ou Bois pourri, *Phalaenoptilus nuttallii*

Distribution : niche dans le sud-ouest du Canada et l'ouest des États-Unis ; hiverne dans le sud des États-Unis et au Mexique

Habitat : brousse aride de colline et de montagne, bois clairsemés

Taille : 18 à 21,5 cm

Le petit bois pourri, à la queue courte, volette çà et là la nuit, capturant phalènes, scarabées et sauterelles au sol ou à proximité. Il perche le jour dans des buissons ou des futaies, et émet son cri, « po-ouil, po-ouil », à l'aube et au crépuscule. C'est le seul oiseau connu pour hiberner. Chaque année, en octobre, il cherche, souvent au même endroit, une crevasse de rocher dans laquelle passer l'hiver. La température de son corps tombe de 40-41 °C à 18-19 °C, et son rythme cardiaque et respiratoire diminue jusqu'à être à peine perceptible.

Il niche au début de l'été. La ponte est de 2 œufs, à même le sol ou le gravier. Le couple couve.

Engoulevent-lyre, *Uropsalis lyra*

Distribution : Amérique du Sud (Andes du Venezuela, Colombie, Équateur, Pérou)

Habitat : forêts de montagne, savane, bois clairsemés

Taille : mâle, 79 cm ; femelle, 25,5 cm

Ses deux rectrices externes extrêmement longues représentent, chez le mâle, jusqu'à 66 cm de sa longueur totale. Comme son nom l'indique, elles sont en forme de lyre, et il en ferait usage lors de la parade nuptiale. La femelle en est dépourvue. Nocturne et solitaire, il perche sur des branches basses, souvent près de l'eau, et chante au crépuscule. On connaît mal ses mœurs.

Engoulevent à balanciers, *Macrodipteryx longipennis*

DISTRIBUTION : Afrique (Tchad, Soudan, Éthiopie, nord de l'Ouganda, Kenya)
HABITAT : savane boisée, broussailles
TAILLE : 23 cm

L'engoulevent à balanciers vit d'insectes, qu'il capture au vol. Migrateur, il niche dans la partie sud de son aire de répartition de janvier à mars, puis il migre vers le nord, au Tchad et au nord du Soudan.

A la saison des nids, le mâle a sur chaque aile une longue plume qui mesure près de 23 cm. Il s'en sert au cours de la parade nuptiale, quand il vole autour de la femelle et soulève ses plumes, en se cambrant et en faisant vibrer ses ailes. On pense qu'il s'accouple avec plusieurs femelles. Chacune pond 2 œufs, à même le sol ; elles sont parfois plusieurs sur le même site. Ensuite, le mâle migre et laisse la femelle couver et élever seule les poussins.

Engoulevent pauraque ou Engoulevent à col blanc, *Nyctidromus albicollis*

DISTRIBUTION : sud-ouest des États-Unis, Mexique, Amérique centrale et du Sud jusqu'au nord-est de l'Argentine
HABITAT : brousse semi-boisée, clairières de bois clairsemés
TAILLE : 28 cm

Perché la nuit dans un arbre, le pauraque guette sa proie, puis se lance dans les airs pour voler ensuite au ras du sol, happant des insectes (phalènes, guêpes, abeilles et scarabées) dans son large bec grand ouvert. Il dort le jour dans les feuilles mortes qui jonchent les bois, où il est complètement invisible. Les deux sexes sont quelque peu différents. La femelle a les ailes et la queue noires marquées de brun-roux, tandis qu'elles sont marron, barrées de blanc et très visibles en vol chez le mâle.

Ces oiseaux vivent seuls ou en couple. La ponte est de 2 œufs au sol, à l'abri des buissons, et les deux parents couvent. Ils nourrissent les poussins en régurgitant les insectes en réserve dans leur gosier. Les jeunes sautent du nid à 2 ou 3 jours, mais ne volent pas aussitôt.

Engoulevent d'Europe, *Caprimulgus europaeus*

DISTRIBUTION : niche en Europe, Afrique du Nord, Asie Mineure et centrale ; hiverne en Afrique tropicale
HABITAT : terrains découverts, lisières de forêts, landes
TAILLE : 26 cm

C'est un engoulevent à la queue et aux ailes longues. Il est le seul à être largement répandu en Europe, où il s'adapte à des habitats extrêmement variés. Le mâle a le bout des ailes et de la queue marqué de petites taches blanches. Autrement, les deux sexes sont identiques.

Après une journée inactive passée au sol ou perché sur une branche, cet engoulevent s'envole au crépuscule, et on peut alors le voir tournoyer et glisser longuement dans les airs, puis fondre comme l'éclair sur des phalènes ou autres insectes nocturnes en émettant une sorte de ronronnement continu, « tchurr », caractéristique.

La saison des nids débute à la mi-mai. Le mâle parade devant la femelle en battant ses ailes l'une contre l'autre, et les deux partenaires agitent la queue d'un côté et de l'autre avant de s'accoupler.

La ponte est de 2 œufs, qui sont déposés dans une légère cavité au sol ou sur un buisson. Les deux membres du couple couvent, la femelle de jour, le mâle de nuit, 18 jours. Ils élèvent tous deux les poussins, qui volent à l'âge de 17 ou 18 jours. Il y a 2 couvées successives.

PIGEONS

ORDRE DES COLUMBIFORMES

Cet ordre comprend la famille des columbidés (pigeons), ainsi que la famille des raphidés (drontes) – qui est aujourd'hui éteinte.

Famille des Columbidae : Pigeons

Les columbidés rassemblent quelque 310 espèces de pigeons et de tourterelles, qui vivent dans presque toutes les régions du monde, sauf l'Antarctique et quelques îles océaniques. L'Asie et l'Australasie en offrent la plus large diversité, et beaucoup sont d'une grande beauté. Le nom de « pigeon » est généralement utilisé pour les plus gros oiseaux de la famille, celui de « tourterelle » s'applique aux formes plus petites. Pigeons et tourterelles ont une taille variable, qui va de celle du moineau à celle du dindon. La plupart ont un plumage dense et doux, un corps rond et compact, et une tête relativement petite. Les deux sexes sont identiques chez beaucoup d'espèces, les mâles de certaines espèces ont cependant un plumage plus remarquable.

Les deux sexes ont en commun un trait caractéristique inhabituel : à la saison des nids, l'intérieur de leur jabot sécrète un « lait de pigeon » dont ils nourrissent leurs petits les premiers jours. Ce liquide nutritif, à odeur de fromage, contient un taux élevé de protéines et de graisses. Les pigeons et les tourterelles ne pondent généralement que 1 ou 2 œufs, dans un nid sommaire, mais efficace, fait de branchages.

De nombreuses espèces restent longuement dans et autour des arbres, se nourrissant de graines, fruits, bourgeons et autres végétaux. D'autres vivent à terre, mais ont sensiblement le même régime. Pigeons et tourterelles sont de bons voiliers et d'excellents voyageurs.

Colombine à queue noire, *Columbina passerina*
Distribution : sud des États-Unis, du Mexique jusqu'au centre de l'Équateur, nord du Brésil, Antilles
Habitat : brousse dégagée, terres cultivées
Taille : 15 à 17 cm

La colombine à queue noire vagabonde d'une allure vive par deux ou en petit groupe, en hochant la tête et en picorant des graines, du grain, des insectes, de petites baies et même les miettes de la nourriture de l'homme. Le corps est dodu et compact, la queue courte et large, et les ailes sont arrondies. La femelle est beaucoup plus terne.

La ponte a lieu entre février et octobre, selon la région. Le mâle courtise la femelle en la poursuivant au sol et en hochant son cou tendu au rythme de son roucoulement. Le nid est dans un buisson, un arbre bas ou au sol, et la ponte est de 2 œufs. Les parents en assurent l'incubation 13 ou 14 jours.

Pigeon biset, *Columba livia*
Distribution : îles et côtes de l'ouest de la Grande-Bretagne, bassin méditerranéen, est de l'Europe, est de l'Inde et Sri Lanka
Habitat : falaises des côtes et de l'intérieur, champs
Taille : 33 à 35,5 cm

C'est l'ancêtre de tous les pigeons domestiques, y compris le pigeon voyageur et le pigeon féral (oiseau sauvage descendant d'oiseaux élevés en captivité). Il se déplace généralement en couple ou en petit groupe, mais les grandes bandes sont très fréquentes. Ces oiseaux se nourrissent en terrain découvert, surtout de graines, en particulier de grains de culture, mais aussi d'herbes, d'escargots et autres mollusques.

Les accouplements ont lieu toute l'année, après de nombreux saluts, hochements de tête, frottements de bec et roucoulements. Le nid sommaire est fait de brindilles et d'herbe sur une corniche de falaise abritée ou dans la cavité d'une falaise, dans un bâtiment et parfois dans un arbre. La ponte est de 2 œufs et l'incubation dure 17 ou 18 jours.

Ces oiseaux se déplacent généralement en couples ou en petits groupes. Terrestres, ils mangent surtout des graines de mauvaises herbes ou du grain répandu lors de la récolte, mais aussi des escargots et autres invertébrés.

Cette tourterelle doit son nom commun au roucoulement doux et mélancolique du mâle avant le vol nuptial. La saison des nids commence en janvier au sud des régions où elle vit, jusqu'en avril au nord. Le nid est une construction sommaire de brindilles, dans un arbre ou un buisson, une gouttière ou le coin d'un tuyau de cheminée, ou même au sol. La ponte est de 2 œufs, qui sont couvés par les deux parents durant 14 ou 15 jours. Il y a 2 ou 3 couvées par an.

Pigeon à queue rayée, *Columba fasciata*
Distribution : ouest de l'Amérique du Nord, vers le sud jusqu'au Mexique, Amérique centrale, Colombie
Habitat : forêts de conifères, bois de chênes des régions montagneuses
Taille : 36 à 39 cm

Ce pigeon a la queue rayée de façon caractéristique, avec une extrémité pâle, une bande sombre au milieu et la base bleu-gris, très visible en vol.

Son vol est vigoureux et rapide, et il reste longuement perché dans les arbres, où il cherche noix, baies, graines, bourgeons et fleurs. Il mange aussi des sauterelles et d'autres insectes, et, en automne, des glands.

Selon la région, la saison des nids a lieu entre mars et septembre. La femelle pond 1 œuf, parfois 2, que les deux parents couvent 18 à 20 jours.

Colombe à tête bleue, *Starnoenas cyanocephala* **EN**
Distribution : Cuba, et autrefois la Jamaïque
Habitat : forêts des basses terres et buissons
Taille : 30,5 à 33 cm

La colombe à tête bleue est en déclin, en raison de la destruction de son habitat. Elle se nourrit à terre dans les régions où elle peut avancer sans obstacles, en picorant surtout des graines, des escargots et des baies. Le nid est placé assez bas dans un arbre ou un buisson, ou directement au sol, et la ponte est généralement de 2 œufs.

Tourterelle triste, *Zenaida macroura*
Distribution : régions tempérées du Canada, États-Unis, Mexique, Bahamas, Cuba, Hispaniola
Habitat : bois, terres à céréales avec des arbres, semi-déserts, zones rurales et urbaines
Taille : 28 à 33 cm

La tourterelle triste a des pattes courtes, un corps rondelet, une tête fine, un bec mince et délicat. Les deux sexes paraissent semblables, mais les rectrices centrales sont très longues chez le mâle, et les ailes sont longues et pointues. En vol, les plumes externes blanches de la queue sont très visibles. Les jeunes ont les ailes marquées de larges taches.

PIGEONS SUITE

Tourterelle turque, *Streptopelia decaocto*
DISTRIBUTION : Europe (sauf Espagne et Portugal), Inde, Sri Lanka, Myanmar ; introduite au Moyen-Orient, en Chine, au Japon
HABITAT : villes, villages, terres cultivées, terrains broussailleux arides, palmeraies (Inde)
TAILLE : 31,5 cm

La tourterelle turque a grandement accru son aire ces dernières années, en s'adaptant à une vie en étroite association avec l'homme. Elle niche maintenant en France. On la reconnaît à son plumage gris-brun, sa queue bordée de blanc et ses plumes primaires sombres, longues par rapport à sa taille. C'est au sol qu'elle se nourrit, surtout de graines, souvent de grain répandu, mais aussi de débris de nourriture humaine, de baies et d'autres végétaux.

En Inde, cette tourterelle niche tout au long de l'année ; en Europe, de mars à octobre. A la saison des nids, le mâle exécute de fréquents vols de parade, avec ostentation, s'élevant avec des battements d'ailes, puis se laissant glisser au sol, souvent en spirale, les ailes et la queue largement déployées. Le nid de brindilles, sommaire, est édifié dans un arbre ou un buisson, ou sur une corniche de bâtiment.

La ponte est de 2 œufs et l'incubation dure 14 à 16 jours, assurée par la femelle seule.

Nicobar, *Caloenas nicobarica* LR : nt
DISTRIBUTION : îles Nicobar et Andaman, vers l'est jusqu'aux Philippines, à la Nouvelle-Guinée et aux îles Salomon
HABITAT : petites îles boisées au large des côtes
TAILLE : 40 cm

C'est un oiseau assez gros, doté de longues pattes, d'une courte queue blanche et d'un gros bec. Il se tient plutôt comme un vautour, et ses plumes sont courtes et dures, sauf sur le cou, où elles sont allongées au point de former une collerette qui recouvre presque tout le corps. La femelle est légèrement plus petite que le mâle, et la cire de son bec est plus petite. Le jeune ressemble à la femelle, mais il est plus terne et n'en a pas la queue blanche.

Sur toute leur aire, on ne trouve ces oiseaux que dans de petites îles ou des îlots au large d'îles plus grandes, mais leur vol est rapide et vigoureux, aussi vagabondent-ils librement d'un groupe d'îles à l'autre. On connaît mal leur comportement, mais ils semblent se nourrir au sol, de graines, de fruits et de quelques invertébrés, généralement au crépuscule, ou de jour dans la pénombre des forêts. La queue blanche et les yeux larges semblent conçus pour ce mode de vie.

On sait peu de chose de leur nidification ; ils nicheraient en larges colonies et construiraient leurs nids dans des arbres ou des buissons. La ponte est de 1 œuf.

Colombar à pied jaune, *Treron phoenicoptera*
DISTRIBUTION : Inde, Sri Lanka, Asie du Sud-Est jusqu'au Viêt-nam (sauf Malaisie)
HABITAT : forêts, broussailles, arbres fruitiers, parcs et jardins
TAILLE : 33 cm

Cet oiseau multicolore est à peu près de la taille d'un pigeon féral, mais plus lourd et plus vigoureux. La femelle est identique au mâle, quoique légèrement moins colorée ; le jeune, plus terne et plus pâle, n'a pas l'épaule tachée de mauve. Ces oiseaux ont un vol rapide et vigoureux, et se déplacent généralement en groupes d'une dizaine au maximum, mais se réunissent dans les arbres en énormes bandes pour se nourrir. Ils grimpent dans les branches, s'y agrippent et s'y suspendent, parfois la tête en bas, pour saisir les baies, les fruits (notamment des figues sauvages), les bourgeons et les pousses. Ils sont aussi capables de boire en se suspendant aux branches.

En Inde, les colombars à pied jaune nichent de mars à juin. Avant l'accouplement, le mâle va et vient sans cesse, paradant devant la femelle en faisant gonfler ses ailes et en émettant une série de notes modulées. Le nid, fait de brindilles, est édifié dans un buisson ou dans un arbre. La ponte est constituée de 2 œufs et l'incubation dure 14 jours environ.

Carpophage argenté, *Ducula spilorrhoa*

Distribution : Nouvelle-Guinée, îles et archipels s'étendant jusqu'au nord-est et à l'est de l'Australie
Habitat : terrains boisés, mangroves, savane, lisières des forêts, plantations
Taille : 39 à 44,5 cm

Il vit et niche en vastes colonies sur de petites îles au large des côtes, mais certains couvrent chaque jour de longues distances au-dessus de la mer pour aller se nourrir sur des îles plus grandes ou sur les côtes continentales. Ils cherchent des fruits et des baies, et mangent des noix muscades sauvages (qui ne constituent qu'une petite part de leur alimentation). Selon des observations, les oiseaux qui nichent sur les îles de la Grande Barrière partent se nourrir en grandes troupes volant haut dans le ciel, mais reviennent le soir en un flot continu de petits groupes qui rasent la surface de l'eau.

Les mâles paradent devant les femelles, se propulsent vivement vers le ciel, puis se laissent glisser au sol et recommencent. La saison des nids est de septembre à janvier en Nouvelle-Guinée, et d'octobre à novembre en Australie. Le nid de brindilles est dans un buisson ou un arbre. La femelle pond 1 œuf, que le couple couve 26 à 28 jours.

Ptilinope superbe, *Ptilinopus superbus*

Distribution : Célèbes, Sulu, îles à l'ouest de la Papouasie et Nouvelle-Guinée jusqu'au nord-est de l'Australie
Habitat : forêts, lisières des forêts, bordures de rivière, terres cultivées et arborées
Taille : 22 à 24 cm

Cette tourterelle, de forme très compacte, de taille moyenne, est une splendeur, avec son plumage vert et cuivré. La femelle est d'un bleu-vert plus uniforme, tandis que le jeune est jaune-vert. Les ptilinopes superbes volent d'arbre en arbre dans un frémissement d'ailes, généralement seules ou par deux, mais elles se rassemblent parfois en groupes constitués d'une douzaine d'individus pour se nourrir de baies et de petits fruits mûrs.

Le nid est habituellement un petit tas de brindilles, posé sur des branches basses, et la femelle pond un seul œuf. Le couple couve pendant près de 14 jours, le mâle de jour, et la femelle de nuit.

Tourterelle diamant, *Geopelia cuneata*

Distribution : nord et intérieur de l'Australie, occasionnellement régions côtières du sud de l'Australie
Habitat : terrains boisés découverts, buissons de mulga (acacia), terrains découverts avec arbres, près de l'eau
Taille : 19 à 21,5 cm

Cette tourterelle à l'aspect délicat, plutôt dodue, est le plus petit de tous les pigeons. Elle est grégaire ; on la voit donc rarement seule, le plus souvent par deux, pas toujours de sexe opposé, ou en groupe qui peut atteindre la vingtaine d'individus. Ces tourterelles perchent et nichent généralement dans les arbres, mais se nourrissent à terre et vont, à petits pas rapides, en quête de petites graines d'herbes ou de plantes herbacées, sans oublier celles, plus grosses, de l'acacia, et probablement de feuilles et de pousses ainsi que d'herbe. Elles se prélassent souvent au soleil, même au plus fort de la chaleur. Leur vol est rapide et tout en piqués.

Le mâle a un comportement inhabituel à l'accouplement : il parade devant la femelle en soulevant les ailes, puis monte sur elle et en descend immédiatement pour donner un coup d'aile au-dessus de sa tête. Il recommence et répète le geste de l'autre côté du corps de la femelle. Il monte sur elle une troisième fois, et copule alors. Une fois de plus, il semble attaquer la femelle, mais sans la toucher. Le nid, bien que petit, est le plus souvent dans un buisson ou un arbre. C'est parfois un enchevêtrement de branches tombées et d'herbe sèche. La ponte est de 2 œufs, qui éclosent au bout de 12 ou 13 jours. Les jeunes volent 11 ou 12 jours plus tard.

PIGEONS SUITE

Pigeon brun,
Macropygia phasianella
Distribution : est de l'Australie, Java, Sumatra et îles voisines, nord de Bornéo jusqu'aux Philippines
Habitat : clairières et forêts défrichées
Taille : 38 à 43,5 cm

C'est un pigeon au plumage richement coloré de brun-roux, légèrement barré et tacheté de gris sur le cou, la poitrine et les parties inférieures. Les taches sont plus marquées chez la femelle, et les barres encore plus visibles chez les jeunes. Dans l'est de l'Australie, c'est un des pigeons les plus communs dans les poches de forêt humide qui subsistent, mais il est en déclin, à cause du défrichage des forêts et de la chasse. Sa longue queue lui donne une allure très maladroite quand il vole parmi les arbres, mais, en fait, elle semble plutôt conçue pour son mode de vie largement arboricole, l'aidant, une fois déployée, à maintenir son équilibre. Il vit de fruits et de baies, qu'il ramasse au sol ou cueille sur les arbres et arbustes.

Dans le Queensland, en Australie, où l'on a observé la reproduction de cet oiseau, l'accouplement se produit entre juillet et janvier. La ponte est de 1 œuf, et l'incubation dure de 16 à 18 jours.

Pigeon huppé ou Colombine longup, *Geophaps lophotes*
Distribution : Australie
Habitat : zones arides (prairies légèrement boisées, terrains découverts et terres agricoles avec quelques arbres et arbustes, près de l'eau)
Taille : 31 à 35 cm

C'est un pigeon à l'allure gracile, à la queue plutôt allongée et à la longue crête sombre comme celle d'un vanneau, aux bandes alaires très marquées et à l'air très vif. L'impression de vivacité est accentuée par la rapidité de son vol caractéristique, où alternent des séries de battements d'ailes rapides et des vols planés, ailes immobiles, presque horizontales. Comme il vit en zone aride, il est essentiel qu'il puisse compter sur des points d'eau tels que torrents réguliers, barrages ou même abreuvoirs. Il s'y rend généralement avant de manger, une heure environ après le lever du soleil, et en période de sécheresse il n'est pas rare de voir réunis des centaines, voire un millier d'oiseaux. Cependant, ils se déplacent en général par deux ou en groupes de 4 à 30 individus, qui se nourrissent au sol de graines de plantes herbacées et d'acacia, de jeunes pousses vertes et de petits bulbes.

C'est généralement au printemps et en été que les pigeons huppés nichent, mais parfois à d'autres périodes de l'année, surtout lorsqu'il y a eu de fortes pluies. La ponte est composée de 2 œufs et l'incubation dure 18 jours. Il peut y avoir jusqu'à 7 couvées successives.

Colombe poignardée,
Gallicolumba luzonica **LR : nt**
Distribution : Philippines (îles Luçon et Polillo)
Habitat : forêts
Taille : 30,5 cm

La caractéristique la plus frappante de cette colombe est la touffe de fines plumes rouge sang qu'elle a au milieu de la poitrine et dont elle tire son nom. L'impression que sa poitrine saigne est renforcée par le fait que les plumes rouges de la « blessure » forment une dentelure sur les plumes blanches voisines. Mâle et femelle sont tous deux ainsi « poignardés ». La colombe poignardée a le corps rond et compact, les ailes et la queue courtes ou de moyenne longueur, et de longues pattes. En cas d'alerte, elle s'envole généralement sur une courte distance, puis se pose et se met à courir rapidement, ou bien se tapit en rentrant la tête et en relevant la queue. Bien qu'elle perche dans les arbres, elle est surtout terrestre, vit de graines, de fruits tombés et probablement de nombreux insectes et d'autres invertébrés. Les pigeons de ce genre semblent consommer beaucoup plus de nourriture d'origine animale que les autres pigeons.

On pense que ces oiseaux nichent assez bas dans les buissons, les arbres ou les plantes grimpantes, et qu'ils pondent 2 œufs par couvée.

On trouve sur les îles voisines d'autres espèces de *Gallicolumba*, très proches de celle-ci. Il en existe 3 espèces en Nouvelle-Guinée, mais la plupart des îles et des archipels n'en abritent en général qu'une seule.

Goura de Victoria, *Goura victoria* **VU**

Distribution : nord de la Nouvelle-Guinée (de la rivière Siriwo jusqu'à la baie de l'Astrolabe), îles Yapen et Biak

Habitat : forêts humides, plaines envasées des basses terres

Taille : 58,5 à 73,5 cm

Les 3 espèces de gouras se singularisent surtout par leur taille, qui est à peu près celle d'une grosse volaille, et par leur huppe dressée, comprimée latéralement en forme d'éventail. Les plumes en sont longues et munies de barbes dont les extrémités sont légèrement écartées, ce qui leur donne un bel aspect de dentelle. Les deux sexes sont identiques, les jeunes sont beaucoup plus ternes. On connaît mal les mœurs du goura de Victoria à l'état sauvage, mais il se comporte probablement de façon comparable à celle des espèces proches de la même région, restant surtout au sol, vivant de fruits tombés, de baies et vraisemblablement de petits invertébrés. En captivité, il consomme aussi laitues, maïs, carottes et cacahuètes, et se montre particulièrement friand de figues sauvages. À l'occasion, il se perche sur des branches et, surpris, va se poser en haut d'un arbre.

La parade nuptiale semble comprendre des saluts et une « danse » qu'exécute le mâle. La femelle y répond en déployant ses ailes et en les relevant assez haut ; elle se met à courir autour du mâle, les pattes légèrement fléchies, en poussant de petits chuintements. Le nid, volumineux pour la taille de l'oiseau, est dans un arbre. Il est plus compact et moins sommaire qu'un nid typique de pigeon. En captivité, on a observé que la ponte était de 1 œuf, couvé par les deux parents pendant 30 jours. Le jeune quitte le nid à l'âge de 4 semaines environ, mais est nourri par le couple jusqu'à 13 semaines.

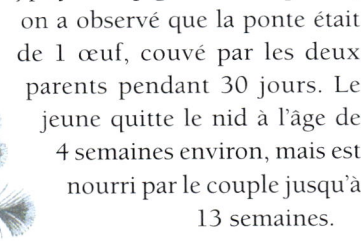

Diduncule strigirostre, *Didunculus strigirostris* **VU**

Distribution : Samoa (Upolu et Savaii)

Habitat : montagnes boisées

Taille : 38 cm

Cette espèce doit son nom à son bec, unique en son genre, fort et recourbé, avec 2 crochets et 3 petits appendices, ou dents, de chaque côté de la mandibule inférieure. Le nom scientifique, *strigirostris*, signifie « bec de hibou ». Trapu, de la taille d'un pigeon féral, cet oiseau a la queue courte, les pattes plutôt longues et le plumage serré, à reflets argentés sur la tête et la poitrine. La femelle a moins de reflets, et le jeune, beaucoup plus brun, a des stries plus marquées.

Ce pigeon vit au sol, où il se nourrit de graines, fruits, baies, et du plantain de montagne de son habitat. Il maintient la nourriture au sol avec ses pieds et la déchire ou la hache en petits morceaux avant de l'avaler, et l'on pense que la forme de son bec a évolué en fonction de cette façon de se nourrir. Quand cet oiseau était encore abondant, on en rencontrait des bandes de 10 à 20 individus.

Surpris, l'oiseau s'envole en battant bruyamment des ailes sur une trentaine de mètres, sous les branches basses de grands arbres, puis se laisse glisser et se pose en général dans un arbre bas, bien qu'il semble plutôt percher dans de grands arbres. Il vole avec aisance dans les sous-bois. On pense qu'il nichait autrefois au sol, mais qu'à présent, du fait des préjudices causés par l'introduction des porcs, il niche désormais dans les arbres. On ne dispose d'aucune donnée précise en ce qui concerne sa nidification.

CAURALE-SOLEIL, OUTARDES, GRUES ET AGAMIS

ORDRE DES GRUIFORMES

Cet ordre, qui rassemble divers oiseaux échassiers et terrestres, est formé de 9 familles, dont 2 ne comprennent qu'une seule espèce.

Famille des Eurypygidae : Caurale-soleil

Le caurale-soleil, d'Amérique centrale et du Sud, est la seule espèce de cette famille. Il est parent des râles et des outardes, mais leurs affinités ne sont pas exactement définies. Les deux sexes ont le même plumage.

Caurale-soleil, *Eurypyga helias*

Distribution : Amérique centrale, Amérique du Sud jusqu'au Brésil
Habitat : torrents des forêts et criques
Taille : 46 cm

Cet oiseau élégant au long bec, au cou mince et aux pattes longues, fréquente les rives boisées des torrents, où son plumage tacheté le dissimule parfaitement dans les miroitements du soleil. Poissons, insectes et crustacés forment l'essentiel de son régime. Il les attrape de la rive ou les saisit d'un rapide coup de bec tandis qu'il patauge en eau peu profonde.

En parade nuptiale, il déploie ses belles ailes, en révélant les taches de couleur et en maintenant leur extrémité en avant, encadrant sa tête et son cou. Les oiseaux exécutent une danse nuptiale, queue et ailes déployées. Le couple construit un gros nid en dôme dans un arbre et couve 2 ou 3 œufs 28 jours environ.

Famille des Otididae : Outardes

Les outardes sont des oiseaux terrestres très vigoureux, qui tendent à courir ou à marcher plutôt qu'à voler, bien que capables d'un vol puissant. La plupart des 24 espèces se trouvent en Afrique, mais il y en a aussi dans le sud de l'Europe, en Asie et en Australie. Le plumage des mâles est plus contrasté que celui des femelles.

Grande Outarde, *Otis tarda* **VU**

Distribution : localement dans le sud et le centre de l'Europe, puis en Asie jusqu'en Sibérie et à l'est de la Chine
Habitat : prairies, champs de céréales
Taille : 75 cm à 1 m

C'est un gros oiseau, au cou épais et aux pattes robustes ; la femelle est plus petite et plus mince, et n'a pas la « moustache » et la poitrine châtaines du mâle. Insectes et graines forment l'essentiel de leur régime, mais ils sont omnivores.

La parade nuptiale du mâle est remarquable : il lève les ailes et la queue, et fait gonfler son plumage jusqu'à ressembler à une boule de plumes. La ponte est de 2 ou 3 œufs, dans une cavité nue creusée au sol ; l'incubation dure 25 à 28 jours.

Outarde noire, *Eupodotis afra*

Distribution : Afrique du Sud
Habitat : prairies, buissons
Taille : 53 cm

Le mâle de cette espèce est plutôt voyant ; sa tête et son cou ont un plumage tout à fait caractéristique ; la femelle, plus discrète, est généreusement tachetée de noir, fauve et roux, avec seules les parties inférieures d'un noir pur. Ils vivent généralement en couple dans un territoire défini et se nourrissent surtout de végétaux et de quelques insectes.

La ponte est de 1 œuf, déposé au sol et couvé par la femelle.

OISEAUX : CAURALE-SOLEIL, OUTARDES, GRUES ET AGAMIS

FAMILLE DES GRUIDAE : GRUES

Les grues se répartissent en 15 espèces de splendides oiseaux aux pattes longues, au cou long, dotés d'un « masque » de peau nue vivement coloré et de plumes ornementales sur la tête. L'espèce la plus grande atteint 1,50 m de haut. On les trouve dans presque toutes les régions du monde, sauf l'Amérique du Sud, Madagascar, la Malaisie, la Polynésie et la Nouvelle-Zélande.

En dehors de la saison des nids, où on ne les voit qu'en couples, ce sont des oiseaux grégaires, qui, après la reproduction, migrent en formation en V ou en ligne, cou et pattes allongés. Les deux sexes ont un plumage identique.

Grue couronnée,
Balearica pavonina

DISTRIBUTION : Afrique, au sud du Sahara
HABITAT : marais
TAILLE : 1 m

Cet élégant oiseau tire son nom de la magnifique huppe de plumes jaunes qui orne sa tête. Toutes les grues exécutent des danses rituelles à la saison des nids, et, sous une forme plus simple, pendant toute l'année. Mais la grue couronnée est surtout spectaculaire lorsqu'elle déploie les ailes pour exhiber ses plumes, puis se pavane et bondit en l'air. Le couple couve 2 ou 3 œufs et s'occupe des poussins.

Grue blanche d'Amérique,
Grus americana **EN**

DISTRIBUTION : Amérique du Nord
HABITAT : terres humides des prairies et autres milieux ouverts
TAILLE : 1,20 à 1,40 m

Extrêmement rares à l'état sauvage, les grues blanches d'Amérique sont en voie d'extinction, quoique vigoureusement protégées depuis les années 30, où elles avaient presque disparu. Elles nichent au Canada et hivernent sur la côte du golfe du Texas, et leurs migrations sont soigneusement surveillées.

Omnivore, la grue blanche mange graines, plantes, insectes, grenouilles et autres petits animaux. La ponte est de 2 œufs, sur un nid plat de branchages au sol. Le couple couve et élève les poussins.

FAMILLE DES PSOPHIIDAE : AGAMIS

Il en existe 3 espèces au plumage soyeux presque entièrement noir, aux ailes arrondies. Les agamis vivent dans les forêts de basse altitude d'Amérique du Sud. Ils volent rarement, mais courent avec agilité sur leurs longues pattes. Le mâle est identique à la femelle ; il émet des cris claironnants.

Agami trompette, *Psophia crepitans*

DISTRIBUTION : Amérique du Sud (bassin de l'Amazone)
HABITAT : forêts
TAILLE : 53 cm

Sociable, cet oiseau se déplace en groupe dans les forêts, cherchant au sol les fruits, baies et insectes dont il se nourrit. Il exécute des parades dansées et ferait son nid dans un trou d'arbre. La ponte est de 6 à 10 œufs couvés par la femelle.

GRÉBIFOULQUES, CARIAMAS, KAGOU ET MÉSITES

Famille des Heliornithidae : Grébifoulques

Cette famille comprend 4 espèces. Le courlan est un oiseau des régions marécageuses, semblable à la grue. On le trouve dans le sud des États-Unis jusqu'en Argentine. Après avoir été chassé et menacé d'extinction au début du XXe siècle, il est aujourd'hui protégé. Il existe par ailleurs 3 espèces de grébifoulques, qui vivent chacune dans une des grandes régions tropicales : Amérique centrale et Amérique du Sud, Afrique, Asie (de l'Inde à Sumatra). Les grébifoulques habitent les sous-bois qui bordent les lacs et les rivières, et sont d'excellents nageurs.

Courlan, *Aramus guarauna*
Distribution : États-Unis (sud de la Géorgie, Floride), Mexique, Amérique du Sud et centrale, Caraïbes
Habitat : marais
Taille : 59 à 71 cm

C'est un oiseau aux pattes longues, aux doigts longs et aux griffes acérées, qui vole peu et lentement. Il est surtout actif au crépuscule et la nuit, où il fouille la vase en quête d'escargots d'eau à l'aide de son bec, légèrement recourbé.
Il niche entre janvier et août, selon la région, entre mars et avril aux États-Unis. Le nid peu profond, fait de branchages, est généralement au sol, au bord de l'eau, et le couple couve 4 à 8 œufs.

Grébifoulque du Sénégal, *Podica senegalensis*
Distribution : Afrique, au sud du Sahara
Habitat : torrents dans les bois, mares, mangroves
Taille : 53 à 63,5 cm

Cet oiseau se cache dans la végétation luxuriante des torrents et nage le corps immergé, avec parfois seuls la tête et le cou qui dépassent. C'est un bon plongeur. Son vol est vigoureux, et il quitte l'eau pour grimper dans la végétation et dans les arbres. Insectes et petits invertébrés, batraciens et poissons forment l'essentiel de son régime. Les deux sexes ont à peu près le même plumage, mais le mâle est plus gros et a l'avant du cou gris-beige, tandis que la femelle a la gorge et le cou blanchâtres.
Le nid est fait de brindilles et de joncs sur une branche au-dessus de l'eau, ou dans les débris rejetés sur la rive. La ponte est de 2 œufs.

Grébifoulque d'Amérique, *Heliornis fulica*
Distribution : sud du Mexique, Amérique centrale et du Sud jusqu'au nord de l'Argentine
Habitat : eaux stagnantes, rivières boisées
Taille : 28 cm

Bien qu'il soit plus petit que le grébifoulque du Sénégal, cet oiseau en a le corps allongé et les doigts palmés. Il fréquente les bords ombragés des torrents et des rivières, et il se montre rarement.
Il se nourrit essentiellement d'insectes, en particulier de larves, qu'il glane sur les feuilles, mais aussi de petits invertébrés, batraciens et poissons. Son vol est puissant, mais il tend à se cacher dans les sous-bois plutôt qu'à prendre son envol quand il se sent menacé.
La ponte est de 4 œufs, déposés dans un buisson ou un arbre au-dessus de l'eau.

Famille des Cariamidae : Cariamas (ou Sériemas)

Les 2 espèces d'oiseaux terrestres d'Amérique du Sud sont dotées de longues pattes. Les cariamas seraient les seuls descendants de certains oiseaux terrestres carnivores depuis longtemps disparus, dont l'existence a été révélée par des fossiles. Les deux sexes sont identiques ou presque.

Cariama huppé, *Cariama cristata*
Distribution : est de la Bolivie, Brésil, Paraguay, Uruguay, nord de l'Argentine
Habitat : prairies
Taille : 70 cm

Ce grand oiseau gracieux court vite, mais vole rarement, et compte plutôt sur sa rapidité au sol pour échapper au danger. Son bec pointu et large, sous la huppe en touffe, rappelle fortement celui d'un rapace, et il s'en sert pour tuer divers reptiles et batraciens, ainsi que pour se nourrir d'insectes, de feuilles et de graines.

Le nid de branchages est édifié dans un arbre. Le couple couve 2 ou 3 œufs durant 25 ou 26 jours.

Famille des Rhynochetidae : Kagou

La classification et la parenté du kagou, unique membre de sa famille, ont été l'objet de nombreuses controverses.

Kagou huppé, *Rhynochetos jubatus* **EN**
Distribution : Nouvelle-Calédonie
Habitat : forêts
Taille : 56 cm

Autrefois abondant, cet oiseau nocturne, pratiquement aptère, est maintenant rare, du fait de sa destruction par les chiens, chats et rats introduits. Le kagou se nourrit d'insectes, de vers et d'escargots, qu'il trouve sur ou dans le sol en fouillant de son long bec. Les deux sexes sont plus ou moins identiques.

En parade, les deux oiseaux se font face, déployant leurs ailes pour exhiber leur plumage noir, blanc et châtain. Ils exécutent parfois des danses remarquables, tournoyant en tenant dans leur bec le bout de leur queue ou de leur aile. Le nid est édifié au sol, et les deux membres du couple couvent l'œuf unique pendant 36 jours environ.

Famille des Mesitornithidae : Mésites

Les 3 espèces vivent dans les forêts de Madagascar. Elles courent avec facilité, mais volent rarement, et une espèce, le mésite de Bensch, *Monias benschi*, n'a encore jamais été vue en vol. Les deux sexes sont identiques, sauf chez le mésite de Bensch.

Mésite à gorge blanche, *Mesitornis variegata* **VU**
Distribution : nord-ouest de Madagascar
Habitat : forêts sèches
Taille : 25,5 cm

Le mésite à gorge blanche est un oiseau terrestre qui explore longuement le sol de la forêt, en quête d'insectes et de graines, qui constituent son régime alimentaire.

Il se déplace généralement en couple, sortant et rentrant le cou tandis qu'il marche.

Le nid du mésite est construit dans un buisson ou un arbre bas, ce qui permet aux oiseaux d'y grimper facilement. Il consiste en une plate-forme de brindilles, garnie de feuilles. La ponte est de 1 à 3 œufs. On ne sait pas de façon précise si c'est le mâle ou la femelle qui couve.

RÂLES ET FOULQUES

Famille des Rallidae : Râles et Foulques

C'est une famille singulière et cosmopolite, qui comporte 142 espèces de râles, gallinules et foulques.

Toutes ces espèces vivent au sol, souvent dans ou près de l'eau et dans des terres marécageuses, et sont adaptés à une vie en végétation dense. De taille petite à moyenne, 14 à 51 cm de long, les espèces caractéristiques ont les pattes et les pieds modérément longs, et les ailes courtes et arrondies. Le corps est comprimé latéralement, ce qui leur permet de se glisser à travers les touffes de végétation. Les deux sexes sont identiques ou presque chez la plupart. Le mâle est parfois plus gros. Ce sont des oiseaux solitaires et discrets.

La famille se compose de 2 groupes : les râles et marouettes d'une part, dont le plumage tacheté facilite le camouflage ; les gallinules et foulques, plus sombres, au comportement beaucoup plus aquatique, d'autre part. La plupart de ces espèces volent assez bien, mais peuvent se refuser à voler en temps normal, bien que beaucoup effectuent de longues migrations entre leurs habitats d'hiver et d'été. Les râles qui vivaient sur des îles étaient particulièrement exposés au risque de devenir inaptes au vol, ce qui a provoqué leur extinction.

Le régime est varié. Les espèces dotées d'un long bec mince fouillent la vase et les débris végétaux en quête d'insectes, d'araignées, de mollusques, de vers et autres invertébrés ; les espèces à bec plus court et plus épais mangent des végétaux. Les foulques se nourrissent dans l'eau et plongent ou barbotent à la recherche de plantes et d'animaux aquatiques.

Takahé, *Porphyrio mantelli* **EN**

Distribution : Nouvelle-Zélande, actuellement limité aux monts Murchison (sud de l'île)
Habitat : hautes vallées, entre 750 et 1 200 m d'altitude
Taille : 63 cm

Découvert en 1849, le takahé ne fut aperçu que quatre fois dans les 50 années qui suivirent, et l'on supposa donc l'espèce disparue, jusqu'à sa redécouverte en 1948. En dépit de sérieuses mesures de protection, on estimait à 100 couples seulement le nombre d'oiseaux existants en 1977. La concurrence du daim, espèce introduite, qui se nourrit des mêmes végétaux que lui, et sa destruction par les hermines, également introduites, sont les causes principales de son déclin.

Cet oiseau robuste court bien, mais ne vole pas. Il s'aventure parfois en eau peu profonde, mais ne nage généralement pas. Il se nourrit de la grossière végétation fibreuse de son milieu, en particulier d'herbe des neiges (*Danthonia*), dont il retire les épis et les tiges. En maintenant la gerbe au sol, il coupe les tiges avec son bec puissant et en consomme la base.

Les couples sont formés à vie et nichent généralement en novembre. Après des essais, ils construisent un nid de tiges et d'herbe, à l'abri entre des buissons ou en dessous. Les deux parents couvent 2 œufs pendant près de 28 jours, mais de nombreux nids sont détruits par les intempéries ou les prédateurs, et il ne reste en général qu'un seul poussin à élever.

Poule d'eau ou Gallinule, *Gallinula chloropus*

Distribution : monde entier (sauf Australasie)
Habitat : étangs, marais, mares, rivières lentes aux berges touffues
Taille : 33 cm

Cet oiseau aquatique familier est l'un des plus adaptables et des plus prolifiques de la famille. On le retrouve dans presque toutes les étendues d'eau douce et les terrains avoisinants, et il s'adapte volontiers aux environnements créés par l'homme. C'est un oiseau très actif, toujours affairé, qui nage en eaux découvertes. Les végétaux, plantes aquatiques, baies et fruits tombés constituent l'essentiel de son régime alimentaire, complété par quelques insectes.

Pendant la saison des nids, dont la date varie selon la région, le couple défend un territoire et exécute des parades compliquées sur l'eau et au sol. Les deux sexes construisent ensemble un nid de roseaux secs et d'autres plantes aquatiques, édifié au milieu des roseaux ou dans un buisson au bord de l'eau. La ponte, répartie sur plusieurs jours, est de 5 à 11 œufs, et les deux parents couvent pendant 19 à 22 jours. Certains couples produisent parfois une deuxième couvée pendant cette période. Les populations les plus nordiques migrent au sud en hiver.

Râle d'eau, *Rallus aquaticus*
Distribution : Europe, Afrique du Nord, du nord de l'Asie au Japon
Habitat : marais, roselières
Taille : 28 cm

Avec son corps mince, le râle d'eau se meut avec aisance et habileté dans la végétation enchevêtrée des milieux aquatiques qu'il fréquente. Craintif, il court se mettre à l'abri en cas d'alerte, mais se montre moins méfiant que les petits râles, et vient souvent à découvert sur les étangs gelés en hiver ou nage brièvement non loin du bord. Son régime, varié, comporte des végétaux tels que racines, graines et baies, ainsi que des insectes, des crustacés, des petits poissons et des vers.

La saison des nids est normalement d'avril à juillet dans la plupart des régions où il vit, et il y a parfois 2 couvées. Le nid, de roseaux secs et autres végétaux, est flottant. Les deux parents couvent 6 à 11 œufs pendant 19 à 21 jours.

Râle ypecaha, *Aramides ypecaha*
Distribution : Amérique du Sud (est du Brésil, Paraguay, Uruguay, est de l'Argentine)
Habitat : marais, roselières, rivières
Taille : 53 cm

Ce gros et bel oiseau est abondant dans son aire. Ces râles se nourrissent le jour, en solitaires, de plantes et d'animalcules, mais la nuit ils forment des petites bandes qui crient en chœur dans les marais. Le nid, fait d'herbe et de plantes, est édifié dans un buisson bas, juste au-dessus de l'eau. La ponte est d'environ 5 œufs.

Foulque d'Amérique, *Fulica americana*
Distribution : centre et sud du Canada, États-Unis, Amérique centrale et du Sud, le long de la cordillère des Andes, Hawaii, Caraïbes, Bahamas
Habitat : marais, mares, lacs, rivières
Taille : 33 à 40 cm

C'est un curieux oiseau aquatique, bruyant, au plumage sombre et au bec blanc. Bien qu'il vole rarement loin, si ce n'est pour migrer, son vol est puissant. C'est aussi un excellent nageur et un bon marcheur, comme c'est le cas de tous les foulques, grâce à ses doigts lobés.

Il se nourrit de plantes aquatiques, mais aussi d'insectes aquatiques, de mollusques et de quelques plantes terrestres. Les foulques se nourrissent souvent dans l'eau, en bandes de centaines d'oiseaux.

En Amérique du Nord, ils nichent d'avril à mai. Ils construisent un nid en forme de coupe, fait de plantes aquatiques sèches, dans une roselière ou sur de la végétation flottante. Le mâle et la femelle couvent 8 à 12 œufs pendant 21 ou 22 jours. Les populations les plus nordiques migrent au sud en hiver.

Râle des genêts, *Crex crex* VU
Distribution : Europe, Asie occidentale, Afrique
Habitat : prairies, terres cultivées
Taille : 26,5 cm

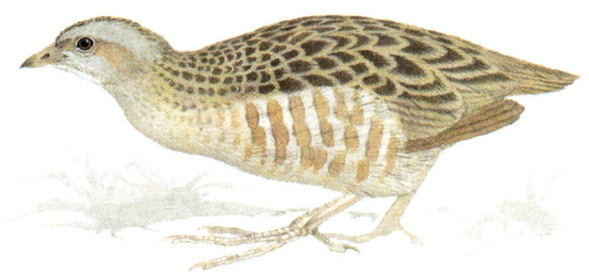

Ce petit râle, à l'aspect frêle, vole rarement d'ordinaire, bien qu'il migre à plusieurs milliers de kilomètres pour hiverner en Afrique tropicale. Il vit sur la terre sèche et court avec agilité dans la végétation, en quête de graines, de céréales et d'insectes. Il est surtout actif au crépuscule et à l'aube, mais au printemps le mâle fait entendre son cri jour et nuit. On ne le voit que seul ou en couple, et il n'est grégaire qu'en migration.

La femelle construit le nid au sol avec des graminées et autres plantes, et couve 8 à 12 œufs entre 14 et 21 jours. Les poussins sont nourris quelque temps par la mère ou les deux parents.

GANGAS, THINOCORES, ATTAGIS, PÉDIONOME, BÉCASSINES PEINTES ET JACANAS

ORDRE DES CICONIIFORMES

Vaste et diversifié, l'ordre des ciconiiformes comprend 1 027 espèces réparties en 2 sous-ordres. Le sous-ordre des charadriiformes, qui rassemble tous les oiseaux côtiers, comprend 10 familles : thinocoridés (thinocores et attagis), pédionomidés (pédionomes), scolopacidés (bécasses), rostratulidés (bécassines peintes), jacanidés (jacanas), chionididés (becs-en-fourreau), burhinidés (œdicnèmes), charadriidés (pluviers et vanneaux), glaréolidés (glaréoles) et laridés (mouettes, goélands et sternes). Le sous-ordre des ciconiiformes, qui rassemble les échassiers, se compose de 18 familles : accipitridés (vautours, aigles, buses), sagittariidés (grand serpentaire), falconidés (faucons), podicipédidés (grèbes), phaethontidés (phaétons), sulidés (fous), anhingidés (anhingas), phalacrocoracidés (cormorans), ardeidés (hérons), scopidés (ombrette), phoenicoptéridés (flamants), threskiornithidés (ibis et spatules), pélécanidés (pélicans), ciconiidés (vautours du Nouveau Monde, cigognes), frégatidés (frégates), sphéniscidés (manchots), gaviidés (plongeons) et procellariidés (pétrels et albatros).

FAMILLE DES PTEROCLIDIDAE : GANGAS

Les 16 espèces de gangas sont des oiseaux terrestres qui vivent dans les déserts et les plaines ouvertes du sud de l'Europe, d'Asie et d'Afrique. Robustes, ils ont le cou engoncé, la tête petite, et les ailes longues et pointues. Leurs pattes sont courtes, et ils se déplacent rapidement. La plupart ont un plumage sable, avec des plumes striées et tachetées leur procurant un camouflage efficace. La femelle est souvent plus petite.

C'est un oiseau rondelet, avec des pattes courtes. Les rectrices centrales et les rémiges externes, longues et pointues, indiquent qu'il s'agit d'un voilier vigoureux et rapide. Il se distingue des autres syrrhaptes par la tache noire sur son ventre. L'adulte se nourrit de graines et de pousses dures de plantes du désert, et absorbe aussi quantité de gravier.

Les syrrhaptes nichent en larges colonies d'avril à juin, et pondent 3 ou 4 œufs dans une cavité au sol. Le couple couve pendant 22 à 27 jours et nourrit les jeunes par régurgitation. Il y a, semble-t-il, 2 ou 3 couvées par an.

FAMILLE DES THINOCORIDAE : THINOCORES ET ATTAGIS

Les 4 espèces de cette famille sont des oiseaux granivores qui vivent en Amérique du Sud ; leur vol en zigzag rappelle celui des bécasses.

Ces oiseaux terrestres, dodus, mesurent entre 17 et 28 cm. Les ailes sont longues et pointues, la queue est courte, et le bec est fort et conique. Le plumage, discret, rappelle celui de la perdrix et diffère selon les sexes.

Thinocore de Patagonie,
Thinocorus rumicivorus
DISTRIBUTION : Andes (de l'Équateur à la Terre de Feu, jusqu'en Patagonie et en Uruguay), îles Falkland
HABITAT : plaines sèches des côtes et de l'intérieur
TAILLE : 17 cm

Syrrhapte paradoxal,
Syrrhaptes paradoxus
DISTRIBUTION : Asie centrale, sud de la Sibérie, du sud de la Mongolie au nord de la Chine
HABITAT : zones semi-désertiques d'altitude, steppe
TAILLE : 35 à 40 cm

C'est la plus petite des thinocores. Le plumage tacheté typique de la famille favorise le camouflage ; le mâle a une « cravate » noire. Essentiellement terrestre, cet oiseau est extrêmement rapide, malgré ses pattes courtes. Il se fond si bien avec l'environnement qu'en cas de danger il reste coi, parfaitement immobile, et devient ainsi presque invisible, ne s'envolant qu'à la dernière minute. La saison des nids varie selon la latitude. La ponte est de 4 œufs, dans une dépression au sol. C'est la femelle qui couve et, si elle doit laisser ses œufs quelques instants, elle les enterre à demi dans le sable. Les poussins courent peu de temps après l'éclosion.

Famille des Pedionomidae : Pédionome

La seule espèce de cette famille ressemble au turnix. Le pédionome a cependant des pieds à 4 doigts et pond des œufs de forme allongée, et non ovale. Le pédionome errant vit en Australie, à l'intérieur des terres.

Pédionome errant, *Pedionomus torquatus* VU
Distribution : sud-est de l'Australie
Habitat : prairies dégagées
Taille : 15 à 17 cm

C'est un petit oiseau trapu, aux courtes ailes arrondies. La femelle du pédionome a la poitrine châtaine et se caractérise par un collier de taches noires. Ces oiseaux volent rarement, mais fouillent le sol en quête de nourriture : insectes, graines, plantes.

Le nid est une simple cavité au sol, garnie d'herbe. La ponte est de 3 ou 4 œufs, que le mâle couve.

Famille des Rostratulidae : Bécassines peintes (Rhynchées)

Il y a 2 espèces seulement de rostratulidés, l'une dans l'Ancien Monde, et l'autre, la rhynchée mineure, *Rostratula semicollaris*, en Amérique du Sud. C'est une famille singulière, où les rôles sexuels sont inversés.

Bécassine peinte ou Rhynchée peinte, *Rostratula benghalensis*
Distribution : Afrique, au sud du Sahara, Madagascar, sud de l'Asie, Australie
Habitat : marais
Taille : 24 cm

On voit rarement à découvert cet oiseau discret, aux mœurs crépusculaires, qui se nourrit d'insectes, d'escargots et de vers, qu'il trouve surtout dans des terrains vaseux, à l'aide de son bec très sensible, ainsi que de quelques végétaux.

La femelle est la plus voyante des deux sexes, le mâle étant plus petit et plutôt brun. Elle exécute une étonnante parade nuptiale, où elle déploie ses ailes en avant et écarte les plumes de sa queue pour en exhiber les taches. Les femelles se disputent âprement les mâles.

Le mâle fait un matelas d'herbe en guise de nid, et, quand la femelle a pondu ses 3 ou 4 œufs, c'est lui qui les couve et qui prend soin des poussins.

Famille des Jacanidae : Jacanas

Cette famille se compose de 8 espèces d'oiseaux aquatiques que l'on trouve dans les zones tropicales et subtropicales. Leurs extraordinaires pieds sont un trait d'adaptation. La longueur impressionnante de leurs doigts et de leurs ongles en augmente la surface portante et leur permet ainsi de véritablement marcher sur les précaires matelas de nénuphars. Les deux sexes ont le même plumage, mais la femelle est légèrement plus grosse.

Jacana d'Amérique, *Jacana spinosa*
Distribution : Amérique centrale, Antilles, États-Unis (sud du Texas)
Habitat : lacs, mares
Taille : 25 cm

Le jacana vit d'insectes et d'autres créatures aquatiques, ainsi que de graines de plantes aquatiques, qu'il prend à la surface de l'eau ou sur les plantes mêmes. Il nage et plonge bien, mais il vole plutôt lentement.

Le nid est fait de plantes aquatiques, et la ponte de 3 à 5 œufs, généralement 4, est couvée par le couple pendant 22 à 24 jours.

BÉCASSES, BÉCASSINES, CHEVALIERS ET COURLIS

Famille des Scolopacidae : Bécasses

Cette famille, la plus diverse de toutes les familles de l'ordre, comporte 88 espèces. Sous une grande variété de dénominations, on rencontre ces espèces dans le monde entier. La plupart sont des échassiers, qui vivent au sol et trouvent l'essentiel de leur nourriture dans l'eau. Les deux sexes sont en général identiques, mais certaines espèces acquièrent un plumage particulier à la saison des nids.

Courlis corlieu, *Numenius phaeopus*
Distribution : niche au Canada, en Alaska, en Asie, dans le nord de l'Europe ; hiverne en Amérique du Sud, Afrique, Asie du Sud-Est, Australasie
Habitat : niche sur des landes, la toundra ; hiverne sur côtes sablonneuses et envasées
Taille : 40 cm

Faisant partie du groupe des courlis, le corlieu se distingue par sa tête rayée sur le sommet et par son long bec recourbé. Il se nourrit de petits invertébrés, dont des crabes, qu'il décortique partiellement. Au printemps et en été, il mange également insectes et baies.

Il niche dans la toundra subarctique et subalpine, et arrive sur le site de reproduction au printemps, reprenant souvent le même territoire d'année en année. À la fonte des neiges, les mâles commencent à parader. Le nid est au sol, généralement à découvert, et la ponte est de 4 œufs, que les deux parents couvent 27 ou 28 jours. Quand les poussins ont toutes leurs plumes, à 5 ou 6 semaines, les adultes partent presque immédiatement et migrent au sud pour l'hiver. Les jeunes les suivent quelques semaines plus tard.

Bécassine d'Amérique, *Scolopax minor*
Distribution : Amérique du Nord (niche du Manitoba à la Louisiane et à la Floride ; hiverne du sud de sa région de nidification au golfe du Mexique)
Habitat : régions boisées, forêts
Taille : 28 cm

C'est un habitant des bois et des forêts de l'intérieur des terres, beaucoup moins aquatique que la plupart de ceux de la famille. C'est un oiseau craintif et discret, au long bec, aux ailes arrondies et au corps trapu. Il trouve sa nourriture en fouillant le sol de son bec étroit, dont il peut ouvrir le bout, très flexible, dans la terre, et préfère les régions à la végétation basse et buissonnante, qui recèlent les vers de terre constituant les deux tiers de son régime, avec les scarabées et les larves de mouches.

Les mâles arrivent généralement sur les sites de reproduction en mars et avril. Ils attirent les femelles sur l'aire de parade par leurs cris, et il est fréquent qu'un mâle s'accouple avec plusieurs femelles. La femelle fait le nid sous un arbuste ou un buisson et y pond 4 œufs, qu'elle couve 21 jours. Les poussins sont presque développés vers 4 semaines.

Chevalier gambette, *Tringa totanus*
Distribution : niche en Europe, Asie centrale, Extrême-Orient ; hiverne dans le sud de l'Europe, de l'Asie et en Afrique du Nord
Habitat : niche sur landes et marais ; hiverne sur bancs de vase, prés, estuaires
Taille : 28 cm

Abondant et largement répandu, il s'adapte à presque tous les types d'habitat au bord de l'eau. Le rouge vif de ses pattes permet d'identifier cet oiseau immédiatement. La tête et le cou, rayés, sont plus pâles en été. Les insectes dominent dans son régime, mais il mange aussi mollusques et crustacés.

Il arrive sur les lieux de nidification entre

mars et mai, et les couples se forment après la parade nuptiale. La ponte est de 4 œufs dans un nid creusé dans le sol, et l'incubation dure 23 jours.

Bécassine des marais, *Gallinago gallinago*

Distribution : niche au Canada, dans le nord des États-Unis, et de l'Europe au nord-est de l'Asie ; hiverne en Amérique centrale et du Sud, Afrique, Inde, Indonésie
Habitat : marais, prairies humides, landes
Taille : 25,5 cm

Elle a le bec long et le plumage rayé et marqueté, ce qui lui permet de se camoufler dans la végétation. Les insectes forment son alimentation, avec des vers, petits crustacés et escargots.

Les mâles arrivent sur les lieux de nidification avant les femelles et établissent des territoires. Dans les parades courantes, le mâle plonge dans les airs à grande vitesse, ce qui produit un son vibrant dû au passage de l'air à travers ses rectrices externes. Le nid est fait sur un sol sec et à proximité de touffes d'herbe, dont les oiseaux le recouvrent. La femelle couve généralement seule, 3 ou 4 œufs, 17 à 19 jours.

Chevalier combattant, *Philomachus pugnax*

Distribution : niche dans le nord de l'Europe, en Asie ; hiverne en Europe, dans le sud de l'Afrique, en Australie, en Asie

Habitat : toundra, prairies, marécages
Taille : 23 à 30,5 cm

Les mâles s'assemblent pour exécuter des parades compliquées, afin d'attirer des compagnes. Pendant la saison des nids, les mâles acquièrent de larges collerettes autour de la tête et du cou et s'assemblent sur une arène de parade (le lek). Ces collerettes offrent de grandes variations de couleur selon les individus. Le plus âgé des mâles, dit dominant, occupe une aire à l'intérieur du lek et peut être entouré de plusieurs mâles, qui doivent parader avec lui et lui rendre hommage dans l'espoir de s'accoupler avec une de ses femelles.

Après l'accouplement, la femelle quitte l'aire de parade et entreprend d'édifier un nid dans des herbes hautes. Elle couve 4 œufs pendant 20 à 23 jours.

Tourne-pierre, *Arenaria interpres*

Distribution : circumpolaire (niche sur les côtes de l'Arctique et hiverne au sud de son aire de nidification)
Habitat : niche dans les marais, la toundra ; hiverne sur les côtes rocheuses
Taille : 18 à 23 cm

À la saison des nids, le tourne-pierre a des stries contrastées, noires, blanches et brun-roux. Les insectes et quelques végétaux sont sa principale nourriture en été, mais, en hiver, il explore les bords de mer, en retournant les pierres et les déchets avec le bec, en quête de mollusques, de crustacés et de petites charognes.

Fin mai ou début juin, l'oiseau quitte ses quartiers d'hiver pour aller nicher. La ponte est de 4 œufs, qui sont déposés dans une dépression garnie de végétation, et les deux parents couvent pendant 21 à 23 jours.

Phalarope à bec large, *Phalaropus fulicarius*

Distribution : niche en Amérique du Nord (de l'Alaska à la baie d'Hudson et aux îles de l'Arctique) ; hiverne au large de l'Afrique de l'Ouest et du Chili
Habitat : niche dans la toundra et les prairies humides ; hiverne en mer
Taille : 18 cm

C'est le seul oiseau de la famille à nager, grâce au bord de ses doigts, qui est garni d'écailles plates. Le phalarope ne vient à terre que pour nicher. La femelle est plus vivement colorée que le mâle avec, à de la saison des nids, la gorge et les parties inférieures rousses ; le mâle est plus petit. En hiver, les deux sexes sont plutôt gris. Ils mangent des scarabées, des mouches, des crustacés et des petits poissons.

Les rôles sexuels sont inversés. C'est le mâle qui couve les 4 œufs pendant 19 jours environ et qui s'occupe des poussins.

BECS-EN-FOURREAU, ŒDICNÈMES ET GLARÉOLES

Famille des Chionididae : Becs-en-fourreau

Cette famille se compose de 2 espèces d'oiseaux de taille moyenne, de 35,5 à 43 cm, au plumage blanc, qui vivent sur les rivages des îles des lointaines mers du Sud. Trapus et massifs, les becs-en-fourreau ressemblent aux pigeons et ont la partie supérieure du bec recouverte d'une sorte de peigne, auquel ils doivent leur nom. Ils ont les pattes courtes et robustes, et les pieds solides. Les deux sexes ont le même plumage ; la femelle, cependant, est généralement plus petite.

Les ornithologues considèrent le bec-en-fourreau comme proche de l'ancêtre commun aux mouettes et aux échassiers, et comme faisant le lien entre les deux familles.

Bec-en-fourreau blanc, *Chionis alba*
Distribution : îles subantarctiques de l'Atlantique Sud, jusqu'à la terre de Graham et au sud de l'Amérique du Sud, sauf en nidification
Habitat : côtes
Taille : 39 cm

Grégaires et agressifs, les becs-en-fourreau vivent, hors de la saison des nids, en petites bandes souvent querelleuses qui se nourrissent ensemble.

Bien que bons voiliers et capables de longs voyages au-dessus des mers, ils sont la plupart du temps au sol. Ce sont aussi de bons nageurs, malgré leurs palmes rudimentaires. Pillards avides, ils hantent les colonies de phoques et de manchots pour s'emparer des poussins faibles ou des nouveau-nés et explorent le rivage en quête de poissons, d'invertébrés, de carcasses et de toutes sortes de déchets, consommant des quantités d'algues pour les invertébrés qu'elles abritent.

Les becs-en-fourreau nichent par couples isolés dans une crevasse ou parmi les rochers. La ponte est de 2 ou 3 œufs, sur des plumes, des algues et autres matériaux doux. Mâle et femelle couvent 28 jours, mais semblent n'élever qu'un seul poussin.

En hiver, les oiseaux de l'extrême sud de l'aire de répartition migrent au nord, mais ceux des îles subantarctiques restent sur place. L'autre espèce de la famille des chionididés, le bec-en-fourreau noir, *C. minor*, vit dans la partie subantarctique de l'océan Indien.

Famille des Burhinidae : Œdicnèmes

Les 9 espèces qui composent cette famille ont en commun une articulation épaisse caractéristique entre le tarse et le tibia. Ces oiseaux ressemblent aux pluviers par l'aspect, mais aussi, à certains égards, aux outardes (otididés). Les pieds sont tridactyles et partiellement palmés. Les œdicnèmes ont des mœurs crépusculaires et nocturnes, et leurs yeux jaunes, d'une taille peu commune, les adaptent à la vision nocturne. Les deux sexes sont identiques. Cette famille est largement répandue dans l'Ancien Monde, et l'on trouve 2 espèces en Amérique du Sud et centrale.

Œdicnème de plage, *Burhinus giganteus*
Distribution : Asie du Sud-Est, Australie
Habitat : côtes et rivières
Taille : 50 cm

C'est un oiseau robuste, à la tête volumineuse, au bec puissant légèrement incurvé et aux grands yeux jaunes. Il se nourrit surtout la nuit, d'insectes, de vers, de mollusques et de crustacés, et de quelques petits vertébrés. Comme tous les œdicnèmes, il court vite, mais par à-coups, et, bien que bon voilier, il se montre réticent à voler. Pour échapper au danger, il lui arrive de s'accroupir au sol ou de s'y tapir, en étirant la tête et le cou.

La ponte est de 2, parfois 3 œufs, dans un trou peu profond au sol. La femelle couve aidée parfois par le mâle, et tous deux s'occupent des poussins, qui peuvent cependant se débrouiller presque immédiatement après la naissance.

Œdicnème criard, *Burhinus oedicnemus*
Distribution : sud de l'Angleterre, Europe, Afrique du Nord, sud-ouest de l'Asie ; hiverne au sud
Habitat : terrains découverts, bruyères, terres cultivées
Taille : 41 cm

Bien que quelques populations nordiques migrent pour passer l'hiver en Afrique de l'Est, l'œdicnème criard est le seul œdicnème migrateur. Comme tous ceux de sa famille, son plumage le protège des prédateurs en le confondant avec l'environnement. Ses deux barres alaires, bien contrastées, sont néanmoins visibles en vol. Il a le bec court et droit, et vit surtout d'invertébrés, d'escargots et de vers.

La femelle pond 2 œufs, dans une dépression au sol.

Famille des Glareolidae : Glaréoles

Cette famille englobe 18 espèces : glaréoles, courvites, pluviers crabiers, etc. Ce sont des oiseaux assez petits, qui rappellent les pluviers, avec un bec très pointu. Glaréoles et courvites diffèrent quelque peu : les premiers ont le bec court, les ailes étroites et pointues, la queue fourchue, les pattes courtes et des pieds à 4 doigts ; les seconds ont le bec plus long, les ailes et la queue plus larges, et les pattes plus longues, avec des pieds tridactyles, sans doigt arrière. Tous vivent d'insectes, de mollusques, de sangsues, de petits lézards et de graines. On les rencontre dans les régions les plus chaudes de l'Ancien Monde, y compris l'Australie. Mâle et femelle sont de taille différente.

Courvite isabelle,
Cursorius cursor

Distribution : Afrique, Canaries et cap Vert, sud-ouest de l'Asie, ouest de l'Inde
Habitat : déserts et zones semi-désertiques
Taille : 23 cm

Cet oiseau élancé, au plumage clair, avec des « sourcils » caractéristiques se fond bien dans son environnement désertique. Bien que son vol soit rapide, il tend à courir plutôt qu'à voler et s'accroupit entre deux élans de course.

Les courvites ne sont pas des migrateurs réguliers, mais ils s'aventurent hors de leur aire, volant parfois jusqu'en Europe, sans y nicher. La ponte est de 2 ou 3 œufs, au sol, sur du sable ou des rocailles. La femelle ne couve que de nuit, mais doit parfois se tenir le jour près de ses œufs pour les abriter du soleil.

Pluvian d'Égypte, *Pluvianus aegyptius*

Distribution : nord-est, ouest et centre-ouest de l'Afrique
Habitat : rivages et bancs de sable de rivières et de lacs
Taille : 20 cm

Le pluvian se distingue des courvites, avec lesquels on le regroupe, par son plumage plus frappant et ses pattes plutôt courtes. On le rencontre généralement près de l'eau, et il est connu depuis des siècles comme étant l'oiseau des crocodiles, à cause de la croyance selon laquelle il se nourrirait de débris de nourriture dans la bouche des crocodiles qui dorment au soleil. Cela reste à confirmer, bien que cet insectivore se nourrisse souvent près des crocodiles et de leurs parasites.

La femelle pond 2 ou 3 œufs qu'elle recouvre légèrement de sable. Elle fait parfois de même avec les poussins pour les protéger.

Glaréole à collier,
Glareola pratincola

Distribution : sud de l'Europe, sud-ouest de l'Asie, Afrique
Habitat : terrains découverts, bancs de vase séchée, rivages d'eau douce
Taille : 25 cm

Par sa queue très fourchue et son vol vif et agile, cet oiseau rappelle les sternes, et les pluviers par son aisance à courir au sol. Sa gorge est claire, avec un collier noir caractéristique, moins visible en hiver. Au crépuscule, cet oiseau grégaire se joint à une bande pour se nourrir d'insectes qu'il poursuit et capture au sol, souvent non loin de l'eau.

Il niche en colonie, de quelques couples à plusieurs centaines d'oiseaux, généralement après la saison des pluies. La ponte est de 2 à 4 œufs, au sol, bien camouflés par leur coloration neutre et tachetée, qui se confond avec le sable ou la rocaille. Les deux parents couvent 17 ou 18 jours. Les petits peuvent courir dès la naissance. Après les nids, les espèces européennes migrent en Afrique.

Pluvier crabier,
Dromas ardeola

Distribution : niche sur des îles de l'Afrique de l'Est au golfe Persique ; hiverne sur les côtes et les îles de l'ouest de l'océan Indien
Habitat : estuaires, récifs
Taille : 38 cm

Cet oiseau trapu au bec lourd et comprimé a un vol énergique et court avec agilité. Ses marques noires et blanches, caractéristiques, apparaissent clairement en vol ; il a les pattes longues et les doigts partiellement palmés. Les crabes composent l'essentiel de son régime, mais il mange aussi d'autres crustacés et des mollusques, qu'il ouvre à l'aide de son puissant bec pointu. Ce sont des oiseaux bruyants et grégaires, qui nichent en colonies.

La femelle pond son œuf unique à l'extrémité d'un terrier, dans un banc de sable. Le poussin est nourri par ses parents.

AVOCETTES, PLUVIERS ET VANNEAUX

Famille des Charadriidae : Avocettes, Pluviers et Vanneaux

Les 89 espèces d'échassiers de cette famille sont réparties en 2 sous-familles : les recurvirostrinés (avocettes) et les charadriinés (pluviers et vanneaux)

Sous-famille des Recurvirostrinae : Avocettes

Cette sous-famille comprend les huîtriers, les avocettes et les échasses. Les huîtriers sont de grands échassiers qui vivent près des côtes. On les trouve dans le monde entier, sauf sur certaines îles océaniques et dans les régions polaires. Les 11 espèces ne montrent que de faibles différences entre les sexes, et leur plumage ne varie guère avec les saisons. Les avocettes et les échasses, qui comptent également 11 espèces, sont des échassiers au long bec et aux longues pattes qui fréquentent de nombreuses régions du monde, à l'exception des régions les plus septentrionales. Bons voiliers, parfois bons nageurs, ils vivent en général près de l'eau. Insectes aquatiques, mollusques, poissons, grenouilles et quelques végétaux composent l'essentiel de leur régime. De nombreuses espèces ont un plumage noir et blanc, et les deux sexes sont plus ou moins identiques. Le bec d'ibis se distingue des avocettes et des échasses par son bec recourbé et par son habitat de haute altitude.

Huîtrier-pie, *Haematopus ostralegus*
Distribution : niche en Eurasie ; hiverne au sud jusqu'en Afrique, en Inde et dans le sud de la Chine
Habitat : côtes, estuaires
Taille : 46 cm

L'huîtrier-pie est de loin l'oiseau le plus répandu de la famille et il en existe plusieurs sous-espèces. Comme tous les huîtriers, il a un long bec aplati dont la pointe émoussée lui sert à décoller les patelles des rochers. Mollusques et crustacés forment l'essentiel de son régime, mais il a aussi appris à chercher insectes et vers dans les terres cultivées de l'intérieur. Grégaire, il vit et se déplace en larges bandes.

Le nid est un trou dans le sol, souvent tapissé d'herbe ou décoré de mousse. La ponte est de 2 à 4 œufs couvés pendant 24 à 27 jours par le couple.

Avocette, *Recurvirostra avosetta*
Distribution : Europe, Asie occidentale et centrale ; en hiver, populations nordiques en Afrique, en Chine et dans le sud de l'Asie
Habitat : lits de vase, estuaires, bancs de sable
Taille : 42 cm

Cet oiseau est reconnaissable de suite à son plumage noir et blanc et à son long bec incurvé. En vol, les longues pattes dépassent généralement la queue. Elle se nourrit d'insectes, de petits animaux aquatiques et de quelques végétaux, qu'elle saisit en promenant son bec latéralement au ras de la vase ou d'une eau peu profonde. En eau plus profonde, elle plonge la tête sous l'eau, et peut nager et barboter comme un canard.

Les avocettes nichent en colonies. Les partenaires s'accouplent à l'issue de parades mutuelles. Le nid est en général une simple cavité dans le sol, près de l'eau. La ponte est de 3 à 5 œufs. Les deux parents couvent et défendent les poussins contre les prédateurs. Les jeunes sont identiques aux adultes, avec quelques plumes marron. L'avocette américaine, *R. americana*, ressemble à celle-ci, avec la tête, le cou et la poitrine cannelle pendant la saison des nids.

Échasse blanche, *Himantopus himantopus*
Distribution : Ancien Monde, jusqu'à 50° de latitude nord environ
Habitat : surtout marais d'eau douce, marécages, lagunes
Taille : 38 cm

Elle est dotée de longues pattes roses, plus longues proportionnellement à la taille de son corps que celles des autres oiseaux, flamant rose excepté. En vol, les pattes dépassent largement la queue. Elle marche vite, à longues enjambées, et va dans l'eau pour recueillir insectes et petits animaux à la surface ou sur la

OISEAUX : AVOCETTES, PLUVIERS ET VANNEAUX 275

végétation, une opération à laquelle son bec mince est adapté. Les échasses nichent à plusieurs colonies près de l'eau. Certains nids sont des édifices solides de branchages et de boue en eau peu profonde ; d'autres de petits nids fragiles au sol. Entre avril et juin, la femelle pond de 3 à 5 œufs, que le couple couve pendant 26 jours.

Bec d'ibis ou Falcirostre de Struthers, *Ibidorhyncha struthersii*

Distribution : hauts plateaux d'Asie centrale, Himalaya
Habitat : bancs de galets, îlots de galets des torrents de montagne
Taille : 38 cm

Il se sert de son bec recourbé pour chercher sa nourriture sous les galets des rivières qu'il fréquente. Il marche souvent dans l'eau, y plongeant la tête et le cou. Il vit et se nourrit généralement en petit groupe. La ponte est de 4 gros œufs dans une cavité au sol, et les deux parents couvent.

SOUS-FAMILLE DES CHARADRIINAE : PLUVIERS ET VANNEAUX

On retrouve les représentants de cette sous-famille dans le monde entier, sauf en Antarctique. Les 67 espèces de pluviers et de vanneaux sont des échassiers plutôt rondelets, de petite taille ou de taille moyenne. Le pluvier a un bec court et droit, une tête ronde et de courtes pattes. Si le mâle et la femelle sont presque identiques, certaines espèces offrent des différences de plumage selon les saisons. Les pluviers vivent dans la végétation clairsemée ; ils se nourrissent d'insectes et de petits invertébrés.

Grand Gravelot, *Charadrius hiaticula*
Distribution : niche en Arctique, dans l'est du Canada et en Eurasie ; hiverne en Afrique et dans le sud de l'Europe
Habitat : bord de mer
Taille : 19 cm

Cet oiseau familier des côtes nordiques se distingue, en plumage d'été, par les barres de la tête et de la poitrine. Il vit de mollusques, d'insectes, de vers et de quelques végétaux. La femelle pond 3 à 5 œufs et défend ses œufs ou ses poussins par la technique de détournement qu'utilisent de nombreux pluviers. Quand un prédateur approche du nid, le parent s'en éloigne en battant maladroitement de l'aile comme s'il était blessé, afin de le détourner des poussins.

Vanneau huppé, *Vanellus vanellus*
Distribution : Europe, ouest et nord de l'Afrique, Asie
Habitat : prairies, terres cultivées, marais
Taille : 30 cm

Le vanneau huppé, que l'on reconnaît à sa huppe et ses larges ailes arrondies, se nourrit surtout d'insectes, mais aussi de vers, d'escargots et de quelques végétaux.
Lors de la parade, le mâle creuse une dépression au sol pour inciter la femelle à la ponte. Celle-ci complète le nid et pond 3 à 5 œufs qu'elle couve pendant 24 à 31 jours.

Pluvier doré américain (ou asiatique), *Pluvialis dominica*
Distribution : Amérique du Nord, Asie ; hiverne en Amérique du Sud, à Hawaii et dans les îles du Pacifique, en Australie, Nouvelle-Zélande et dans le sud de l'Asie
Habitat : toundra, marais, champs, terrains découverts
Taille : 23 à 28 cm

C'est un oiseau champion de la migration, puisqu'il va passer l'hiver à 12 800 km au sud de son lieu de nidification.
Les pluviers dorés américains vivent d'insectes et de quelques mollusques et crustacés. Ils pondent 3 ou 4 œufs, dans une cavité peu profonde de la toundra, garnie de mousse et d'herbe. Les deux parents couvent 20 à 30 jours.

Pluvier à bec dévié, *Anarhynchus frontalis* **VU**
Distribution : Nouvelle-Zélande
Habitat : lits de rivières, terrains découverts
Taille : 20 cm

Ce pluvier présente un bec au bout recourbé vers la droite. Pour saisir les insectes dont il se nourrit, il incline la tête vers la gauche et balaie la surface du bout de son bec avec un mouvement horizontal de ciseaux. La ponte est de 2 ou 3 œufs parmi les galets, en octobre.

LABBES, MOUETTES, BECS-EN-CISEAUX, STERNES

Famille des Laridae : Mouettes et Pingouins

La plupart des 129 espèces qui composent cette famille sont des oiseaux de mer. La famille est divisée en 2 sous-familles.

Sous-famille des Larinae : Labbes, Mouettes et Goélands, Becs-en-ciseaux, Sternes

Cette sous-famille se compose de 4 groupes ou tribus. Les 8 espèces de labbes sont des oiseaux de mer au plumage sombre, qui se caractérisent par leur façon de rançonner les autres oiseaux, comme les mouettes et les sternes, qu'ils poursuivent dans les airs et forcent à dégorger leur proie. Les labbes vivent dans la toundra et dans les régions polaires, où ils nichent, et dans les mers ouvertes, où ils séjournent le reste du temps. Si le mâle et la femelle se ressemblent, la femelle est parfois plus grande.

Les 3 espèces de bec-en-ciseaux ressemblent à de grandes sternes. Deux espèces sont des oiseaux tropicaux d'eau douce ; l'une se retrouve en Afrique et l'autre dans une aire qui va de l'Inde au sud de la Chine. La troisième espèce, qui habite le continent américain, se retrouve le long des côtes. Fait unique chez les oiseaux : les becs-en-ciseaux ont des pupilles fendues verticalement.

Les mouettes sont de robustes oiseaux de mer, qui ont des ailes longues et larges, de longues pattes, et des pieds palmés. La plupart sont blanches, avec des taches noires ou grises. C'est l'animal caractéristique des bords de mer. Les mouettes plongent rarement, et seules de rares espèces pêchent des poissons. La plupart se contentent de récupérer ou de voler la nourriture d'autres oiseaux, ou de chasser de petites proies. Les 50 espèces de mouettes et de goélands vivent le long des côtes du monde entier, même si elles se retrouvent le plus souvent dans les régions froides.

Les sternes ressemblent aux mouettes, mais elles sont plus petites, leurs ailes sont plus étroites, leur bec est court, et leur queue est fourchue. Elles plongent pour attraper du poisson ; la plupart des espèces chassent aussi les insectes, en l'air ou sur l'eau. Les 45 espèces de sternes se retrouvent dans le monde entier, en mer, près des côtes et sur les lacs des arrière-pays.

Grand Labbe, *Catharacta skua*
Distribution : Atlantique Nord (Islande, Féroé, Shetland, Orcades) ; hiverne au sud jusqu'au tropique du Cancer
Habitat : océanique, eaux côtières
Taille : 51 à 56 cm

C'est un oiseau solidement bâti, au bec crochu et aux griffes recourbées. Il en attaque d'autres pour leur voler leur proie, mais aussi tue et mange canards et mouettes, et dérobe œufs et poussins. Il suit les navires pour dévorer les détritus déversés et ramasse des charognes.

Habituellement solitaire, il niche en colonie. Il dégage une légère cavité dans un escarpement rocheux ou au pied d'une falaise. La ponte est de 1 à 3 œufs, le plus souvent de 2. Le couple couve 26 à 29 jours et élève les poussins.

Bec-en-ciseaux noir, *Rynchops niger*
Distribution : États-Unis ; hiverne dans le sud des États-Unis, en Amérique centrale et du Sud
Habitat : eaux côtières, bancs de sables des rivières et des lacs
Taille : 41 à 51 cm

Il a une modification anatomique unique chez les oiseaux : la partie inférieure de son bec a les bords aplatis et elle est beaucoup plus longue que la partie supérieure. L'oiseau vole juste au-dessus de la surface lisse de l'eau et laisse sa mandibule inférieure, en forme de lame, y tracer un sillon. Quand son bec heurte un petit poisson ou un crustacé, il ferme soudain sa mandibule supérieure et renverse sa tête en arrière pour avaler sa proie sans interrompre son vol.

À la saison des nids, au printemps, les colonies de becs-en-ciseaux peuvent atteindre 200 couples. Le nid est un creux dans le sable, et la ponte est de 2 à 4 œufs.

Goéland sénateur, *Pagophila eburnea*
Distribution : côtes et îles de l'Arctique ; hiverne dans les bancs de glace, parfois au sud du cercle arctique
Habitat : côtes, banquise
Taille : 35,5 à 43 cm

Seul de la famille au plumage entièrement blanc, il se distingue par son corps rondelet et ses pattes noires. Il nage rarement, mais peut courir sur la glace. Il vit de poissons, d'invertébrés, de débris et de charognes. Il niche en colonie et pond 2 œufs, au sol ou sur une falaise.

OISEAUX : LABBES, MOUETTES, BECS-EN-CISEAUX ET STERNES

Goéland argenté, *Larus argentatus*

DISTRIBUTION : presque tout l'hémisphère Nord

HABITAT : côtes, estuaires, étendues d'eau et champs à l'intérieur des terres

TAILLE : 55 à 66 cm

C'est le goéland le plus commun des côtes d'Amérique du Nord et d'Europe. Il mange des petits poissons de surface, fouille les débris et les égouts, s'attaque aux œufs, aux poussins et petits mammifères, et ne manque pas d'aller à l'intérieur des terres pour s'y nourrir de vers et autres invertébrés.

Il niche en colonie sur des escarpements de falaise, des îlots ou des plages. Le nid fait de plantes et d'herbe est disposé dans une cavité au sol, dans un arbre ou sur un bâtiment. Le couple couve 2 ou 3 œufs pendant 25 à 27 jours. La première année, les jeunes sont brun sombre, ils n'ont leur plumage d'adulte qu'au bout de 3 ans. Les deux sexes sont identiques, mais le mâle est souvent un peu plus gros. Les poussins prennent leur envol vers l'âge de 6 à 8 semaines.

Mouette rieuse, *Larus ridibundus*

DISTRIBUTION : Islande, nord de l'Europe et de l'Asie ; hiverne au sud jusqu'en Afrique du Nord, dans le sud de l'Asie et aux Philippines

HABITAT : côtes, marais de l'intérieur

TAILLE : 35,5 à 38 cm

Cette petite mouette active se rencontre souvent à l'intérieur des terres en hiver (elle n'a alors pas de calotte noire), et prospère en eau douce, où elle se nourrit d'insectes et d'invertébrés. Elle fouille les tas d'ordures et se nourrit aussi sur les côtes, comme les autres espèces de mouettes.

Elle niche en colonie dans les marais, les landes et les côtes au printemps. Le couple fait un nid de débris végétaux, généralement à terre. La ponte est de 3 œufs, que la femelle couve pendant 20 à 24 jours. Les petits quittent le nid au bout de quelques jours.

Mouette tridactyle, *Rissa tridactyla*

DISTRIBUTION : nord des océans Pacifique et Atlantique, certaines parties de l'océan Arctique

HABITAT : océanique

TAILLE : 41 à 46 cm

Elle a des mœurs beaucoup plus océaniques que les mouettes du genre *Larus* et ne vient à terre que pour nicher. Comme elle marche rarement, ses pattes sont beaucoup plus courtes que celles de la plupart des mouettes ; celles-ci ne sont dotées que de 3 doigts. Elle se nourrit de poissons, de petits mollusques et crustacés, et fouille les déchets déversés par les bateaux.

Les mouettes tridactyles nichent par milliers en colonies, généralement sur de hautes falaises. Le couple fait un nid de plantes, d'algues et de guano, qu'il fixe à une corniche de falaise avec de la boue. La ponte moyenne est de 2 œufs, couvés par les deux parents 23 à 32 jours. Les jeunes prennent leur envol à l'âge de 35 à 50 jours.

Sterne pierregarin, *Sterna hirundo*

DISTRIBUTION : est de l'Amérique du Nord, nord de l'Europe, Asie ; hiverne au sud jusqu'aux tropiques

HABITAT : îles côtières, côtes, rivières et lacs

TAILLE : 33 à 41 cm

Commune et répandue sur les côtes, elle vit de petits poissons et autres créatures marines. Elle plane sur place au-dessus de sa proie, puis plonge dans l'eau pour la saisir dans son bec.

Les sternes nichent en colonies de plusieurs centaines de milliers sur des plages, des îlots ou des falaises isolés. Le couple dégage un creux dans le sol, qu'il garnit de végétation, et se partage l'incubation de 2 ou 3 œufs durant 21 à 26 jours. Les petits quittent le nid presque aussitôt.

Noddi brun ou Noddi niais, *Anous stolidus*

DISTRIBUTION : mers tropicales

HABITAT : eaux et îles du large

TAILLE : 41 à 43 cm

Les 5 espèces vivent dans les mers tropicales. Le noddi brun plonge rarement, mais il se pose à la surface de l'eau ou sur du bois flottant ou des récifs, à l'affût. Il vole souvent juste au ras de l'eau, ce qui lui permet d'attraper le fretin poussé vers la surface par de plus gros poissons.

Les noddis font un nid sommaire de brindilles. Le couple couve l'œuf unique.

PINGOUINS, GUILLEMOTS ET MACAREUX

SOUS-FAMILLE DES ALCINAE : PINGOUINS, GUILLEMOTS, MACAREUX (ALQUES)

Ces oiseaux de mer plongeurs, au cou et à la queue courts, vivent dans le Pacifique Nord, l'Atlantique Nord et l'Arctique. Ils ne viennent à terre que pour nicher sur les côtes. Les 23 espèces englobent les guillemots, les petits pingouins, les macareux, les puffins, les marmettes et les alques. Tous sont brun foncé ou noir, avec en général les parties inférieures blanches. Bons nageurs, ils plongent de la surface et poursuivent leur proie sous l'eau, en se propulsant avec leurs ailes courtes et étroites. À terre, leur posture très droite en fait les cousins nordiques des manchots.

En réalité, le nom de manchot fut d'abord donné par les marins au plus gros représentant de la famille, le grand pingouin. Ce n'est que plus tard qu'il fut employé pour désigner les oiseaux aux mœurs semblables que nous connaissons maintenant sous le nom de manchots. Le grand pingouin, aptère, n'utilisait ses courtes et puissantes ailes que pour se propulser sous l'eau. De ce fait, il lui était difficile d'échapper à l'homme, aussi fut-il sans cesse tué comme gibier. Il a disparu depuis plus d'un siècle.

Les alcinés ne sont pourtant pas très proches parents des manchots sur le plan de l'évolution : leur ressemblance est l'exemple type de deux groupes d'oiseaux qui se sont adaptés d'une manière convergente pour occuper la même niche écologique dans les deux hémisphères.

Grégaires, les alcinés nichent en immenses colonies de centaines ou même de milliers d'oiseaux sur des falaises ou des rochers. Ils volent vite, avec de rapides battements d'ailes, mais certaines petites espèces sont beaucoup mieux adaptées à la nage qu'au vol. Quelques espèces migrent au sud de leur habitat en hiver. Les deux sexes sont identiques, malgré des différences de plumage saisonnières.

Pendant la mue annuelle, la plupart des espèces perdent leurs plumes volières et cessent de voler temporairement.

Guillemot de Troïl ou Marmette commune, *Uria aalge*

DISTRIBUTION : Atlantique Nord, Pacifique Nord
HABITAT : au large des côtes océaniques
TAILLE : 41 à 43 cm

Le guillemot de Troïl, un des alcinés les plus communs, a le bec plus long et plus étroit que la plupart des représentants de cette sous-famille, et le corps moins volumineux. En plumage nuptial, la tête, le cou et les parties supérieures sont brun sombre, mais, en hiver, la gorge, l'avant et les côtés de la face ainsi que le cou sont entièrement blancs, avec une ligne sombre partant de l'œil vers l'arrière. Cet oiseau se nourrit de poissons, mollusques et vers, qu'il attrape sous l'eau.

Fin mai, des colonies de guillemots se rassemblent sur les sites de nidification, sur des rochers ou des falaises. La ponte est de 1 œuf par femelle. On a longtemps pensé que l'œuf, piriforme, ne pouvait tomber de la falaise, du fait qu'il décrivait un cercle en roulant. Ce n'est, cependant, probablement pas le cas, et l'œuf pourrait bien être piriforme à cause de sa taille et de l'étroitesse du pelvis de la femelle. Les œufs sont de couleurs et de motifs très variables, ce qui aide peut-être l'oiseau à reconnaître les siens dans la colonie surpeuplée. Les deux membres du couple couvent l'œuf pendant 28 à 30 jours. Les petits prennent leur envol au bout d'environ 3 semaines. En hiver, les guillemots de Troïl migrent au sud de leur site de reproduction.

Macareux moine, *Fratercula arctica*

DISTRIBUTION : Atlantique Nord (côtes arctiques du nord-est de l'Amérique et de l'ouest de l'Eurasie)
HABITAT : haute mer, côtes rocheuses
TAILLE : 29 à 36 cm

Ce petit alciné a le corps rond, la tête volumineuse et un fascinant bec rayé, dont il se sert pour se nourrir et en parade. En été, le bec du macareux est multicolore, les parties supérieures de son corps et son cou sont noirs, et les parties inférieures blanches. En hiver, la face est grisâtre et le bec est plus petit et moins coloré. Les jeunes ressemblent aux adultes en plumage d'hiver, avec un bec plus petit et plus sombre. Le macareux moine se nourrit exclusivement de poissons et de crustacés, et il peut en rapporter au nid plusieurs à la fois dans son ample bec. Son vol est vigoureux et rapide, mais, comme tous les alcinés, il a des pattes courtes implantées très à l'arrière du corps, et il se dandine très maladroitement au sol.

Les macareux moines se rassemblent en mai, en vastes colonies, sur les sites de nidification, au sommet des falaises ou sur des îles. La femelle pond 1 œuf, rarement 2. Les deux parents couvent pendant 40 à 43 jours. Les petits quittent le nid vers l'âge de 6 semaines. La plupart de ces oiseaux passent l'hiver en mer, mais certains migrent vers le sud.

Macareux huppé, *Aethia cristatella*

Distribution : océan Pacifique Nord, mer de Béring
Habitat : océans, falaises
Taille : 24 à 27 cm

À la saison des nids, le macareux huppé porte une longue huppe de plumes sombres qui retombent sur son bec vivement coloré, et une touffe blanche derrière l'œil. En hiver, huppe et touffe sont nettement plus petites, et le bec est d'un jaune terne. Les jeunes sont dépourvus de huppe. Cet oiseau mange surtout des crustacés et niche en colonie sur des falaises.

La ponte est de 1 œuf, dans une anfractuosité de rocher ou des amoncellements de pierres.

Pingouin torda ou Petit Pingouin, *Alca torda*

Distribution : Atlantique Nord
Habitat : côtes, haute mer
Taille : 40 à 42 cm

C'est un pingouin assez trapu, à la tête massive et au cou épais, au robuste bec comprimé aux marques blanches caractéristiques. En été, la tête, le cou et les parties supérieures sont noirs, avec des traits blancs très marqués du bec aux yeux. En hiver, les joues et le front sont blancs. Chez les jeunes, la partie supérieure est marron foncé. Ces pingouins se nourrissent de poissons, de crustacés et de mollusques. Excellents plongeurs, ils capturent adroitement leurs proies sous l'eau.

Ils nichent en colonies sur les falaises et les côtes rocheuses de l'Atlantique en Europe et en Amérique du Nord, souvent près des colonies de guillemots. La saison des nids débute mi-mai, et la ponte est de 1 œuf, rarement 2, dans une cavité ou une crevasse. Le couple couve 25 jours environ, et le poussin quitte le nid à l'âge de 15 jours.

Mergule nain, *Alle alle*

Distribution : océan Arctique ; hiverne dans l'Atlantique Nord
Habitat : côtes, haute mer
Taille : 20 cm

C'est le plus petit alciné. Le corps est ramassé et rondelet, le cou engoncé, et le bec court et solide. En hiver, la gorge et la poitrine, sombres en été, sont blanches. Il se nourrit de crustacés, petits poissons et mollusques. Excellent nageur, il plonge vite en cas d'alerte.

Dès la mi-juin, des milliers de mergules nains forment d'énormes colonies sur les côtes et les falaises de l'Arctique. Ils ne font pas de nid, et la ponte est de 1 œuf, parfois 2, dans une fissure de rocher. Les parents se relaient pour couver pendant 24 à 30 jours.

Ces oiseaux passent l'hiver en mer et descendent vers le sud jusqu'en Islande et en Norvège. On les voit parfois à l'intérieur des terres par très mauvais temps. Cette espèce, abondante dans son habitat arctique, est considérée comme l'une des plus nombreuses du monde.

Murrelet marmoré ou Alque marbrée, *Brachyramphus marmoratus*

Distribution : Pacifique Nord
Habitat : côtes, îles
Taille : 24 à 25 cm

À la saison des nids, l'alque marbrée se reconnaît à ses parties inférieures barrées et tachetées, qui sont blanches en hiver. Comme les autres alcinés, elle vit de poissons et d'autres créatures marines. Posée sur l'eau, elle tient son bec mince et sa queue pointés vers le ciel.

Fait inhabituel chez un alciné, elle vole vers l'intérieur des terres pour nicher dans les zones montagneuses ou forestières et pond 1 œuf, sur une plate-forme de brindilles, qui est déposé sur de la mousse ou dans un nid abandonné.

VAUTOURS, AIGLES, BUSES, ETC.

Famille des Accipitridae : Vautours, Aigles, Buses, etc.

Avec 239 espèces de prédateurs et charognards, cette famille est la plus importante de l'ordre des falconiformes. Ses représentants sont présents presque partout dans le monde, sauf l'Antarctique, le nord de l'Arctique et les petites îles océaniques. Il est difficile d'établir des généralités sur l'accipitridé type, puisque la famille rassemble des oiseaux de genre et de taille divers, et qu'aux prédateurs il faut ajouter les quelque 14 vautours de l'Ancien Monde. Les vautours mis à part, il faut inclure les busards, aigles, serpentaires, buses, éperviers, milans, aigles pêcheurs, bondrées apivores et quelques autres types spécialisés, comme les balbuzards pêcheurs. Chez la plupart de ces oiseaux, la femelle est considérablement plus grosse que le mâle, sauf chez les vautours. Ils ont un bec busqué et crochu, à la base recouverte d'une cire charnue porteuse de narines externes, et de grandes ailes au bout arrondi, au dessous souvent barré ou strié. Tous ont les doigts largement écartés, de longues serres acérées, et des renflements rugueux sous les pieds. La plupart nichent dans des arbres, mais certains des plus gros aigles et busards choisissent des corniches de falaises. Ces espèces vivent longtemps. La famille est divisée en 2 sous-familles : la première comprend le balbuzard pêcheur, et la seconde les autres espèces.

Balbuzard pêcheur, *Pandion haliaetus*
Distribution : presque mondiale
Habitat : lacs, rivières, côtes
Taille : 53 à 62 cm

Les spicules qui garnissent le dessous de ses pieds lui permettent de maintenir sa prise sur une proie glissante. Sa technique de chasse consiste à voler au-dessus de l'eau, en planant sur place quelques instants quand il a aperçu un poisson. Puis il plonge, pattes en avant, et s'immerge complètement, ou bien se pose en douceur et saisit la proie entre ses deux serres puis retourne la manger sur son perchoir.

À la saison des nids, le couple fait un gros nid au sol, de branchages, d'algues et autres matériaux. Parfois, le même nid est réparé chaque année et finit par devenir énorme. La ponte est de 2 à 4 œufs, couvés surtout par la femelle. Le mâle apporte la nourriture pendant l'incubation et les 4 semaines qui suivent. Après les nids, les populations nordiques migrent au sud pour l'hiver.

Percnoptère d'Égypte, *Neophron percnopterus*
Distribution : sud de l'Europe, Afrique, Moyen-Orient, Inde
Habitat : terrains découverts
Taille : 60 à 70 cm

De taille réduite, le percnoptère d'Égypte doit s'effacer près des carcasses devant les vautours plus gros et donc se contenter souvent des restes. Il se nourrit aussi d'insectes et d'œufs d'autruche et de flamant, et c'est un des rares oiseaux à se servir d'outils, car il brise la coquille des énormes œufs d'autruche en lâchant des pierres dessus. Il mange toutes sortes de déchets, y compris des excréments humains.

Des vols de parades en piqués et en plongées précèdent l'accouplement. Le couple construit un nid sur un rocher à pic ou sur un bâtiment. La ponte est de 1 ou 2 œufs. Les deux parents couvent 42 jours environ.

Gypaète barbu, *Gypaetus barbatus*
Distribution : sud de l'Europe, Afrique, du Moyen-Orient à l'Asie centrale
Habitat : montagnes
Taille : 95 cm à 1,05 m

Peu commun et somptueux, il ne descend des montagnes que pour se nourrir. Il passe la plus grande partie de sa journée en vol, planant avec une grâce vraiment inégalée. Il se nourrit de cadavres de toutes sortes, y compris humains, mais demeure en retrait, près des carcasses, devant des vautours plus gros. Il est un des derniers servis et, comme il se retrouve avec les os, il est passé maître dans l'art de les laisser choir sur des rochers pour les briser et en extraire la moelle.

Le couple détient un territoire à la saison des nids et exécute des vols nuptiaux spectaculaires, en piqués et en plongées. Il niche dans une caverne ou une corniche. La ponte est de 1 ou 2 œufs, couvés 53 jours. Le couple n'élève normalement qu'un seul poussin.

Vautour oricou, *Torgos tracheliotus*

Distribution : Afrique, Israël, certaines régions de la péninsule arabique
Habitat : buissons, déserts
Taille : 1 à 1,15 m

C'est un vautour typique de l'Ancien Monde, adapté à la vie de charognard. Son puissant bec crochu découpe aisément la chair des cadavres, et sa tête et son cou dénudés lui épargnent une toilette prolongée après avoir fouillé profondément à l'intérieur des carcasses fétides. Ses immenses ailes aux plumes primaires largement espacées sont idéales pour s'élancer dans les airs et planer pendant de longues périodes, en ayant peu à battre des ailes.

Aucune vraie parade nuptiale n'a été observée. Un vaste nid de branchages est construit au sommet d'un arbre, ou sur un rocher, et la femelle y dépose 1 œuf.

Bondrée apivore, *Pernis apivorus*

Distribution : Eurasie ; hiverne au sud jusqu'en Afrique du Sud
Habitat : bois
Taille : 52 à 61 cm

La bondrée apivore a de larges ailes barrées, une queue longue et des plumes spéciales qui la protègent des piqûres d'abeilles et de guêpes, dont elle attaque les nids. Larves et miel constituent l'essentiel de son régime alimentaire, mais elle capture aussi des guêpes vivantes, qu'elle avale après leur avoir adroitement arraché le dard, ainsi que des petits vertébrés et des termites volants.

Le couple détient un territoire à la saison des nids, et le mâle exécute un vol nuptial au cours duquel il bat les ailes l'une contre l'autre, au-dessus de la tête. Les oiseaux font un nid de branchages et de feuilles dans un arbre. La ponte est de 1 à 3 œufs. Le couple couve 30 à 35 jours et nourrit les jeunes. Les populations du nord de l'Europe et de l'Asie migrent vers le sud pour hiverner en Afrique.

Milan royal, *Milvus milvus* **LR : lc**

Distribution : Europe, Moyen-Orient, Afrique du Nord
Habitat : bois, terrains découverts
Taille : 61 à 66 cm

Ce gros oiseau aux ailes longues est reconnaissable à sa queue profondément échancrée. Il niche dans les bois, mais chasse en terrain découvert ; l'oiseau vole bas, à l'affût de proies, puis plane sur place quelques instants avant de poursuivre son gibier avec beaucoup d'agilité (petits mammifères jusqu'à la taille d'une belette, oiseaux, reptiles, grenouilles, poissons, insectes et charognes) ; il s'attaque également à la volaille.

Le couple niche dans un arbre, généralement sur un vieux nid auquel il ajoute branchages et débris divers. La ponte est de 1 à 5 œufs, le plus souvent 3, que la femelle couve 28 à 30 jours. Le mâle la nourrit et la relaie de temps à autre. Les jeunes prennent leur envol à l'âge de 50 à 55 jours.

Milan des brahmanes, *Haliastur indus*

Distribution : Inde, sud de la Chine, Asie du Sud-Est, Australasie
Habitat : près de l'eau, côtes
Taille : 46 cm

Le milan des brahmanes vit de grenouilles, de crabes, de serpents, de poissons, d'insectes et de quelques charognes. Il fouille les abords des habitations en quête de toutes sortes de restes et de déchets.

Sur le site de nidification, les milans exécutent des vols nuptiaux avant de construire le nid de branchages, garni de feuilles, dans un arbre ou dans la mangrove. La femelle pond 1 à 4 œufs, qu'elle couve pendant 26 ou 27 jours ; elle est nourrie par le mâle durant cette période.

Milan des Everglades, *Rostrhamus sociabilis*

Distribution : États-Unis (Floride), Caraïbes, Mexique, Amérique centrale et du Sud
Habitat : marais d'eau douce
Taille : 38 cm

Il se nourrit uniquement d'escargots d'eau du genre *Pomacea*. Sa mandibule supérieure plus longue est adaptée à ce régime. Il vole au-dessus de l'eau en battant lentement des ailes, qu'il a grandes et larges, puis, l'escargot repéré, pique dessus, l'attrape d'une patte et le rapporte sur son perchoir. Perché sur un pied, il le tient de façon qu'il puisse sortir de sa coquille. Dès qu'il apparaît, un coup de bec pointu endommage le système nerveux du mollusque et le paralyse. Une secousse le dépouille alors de sa coquille.

Les nids sont de simples assemblages dans l'herbe ou les buissons des marais. La ponte est de 3 ou 4 œufs, couvés par le couple, qui élève les poussins. Cet oiseau devenu rare, en particulier en Floride, est protégé par la loi.

VAUTOURS, AIGLES, BUSES, ETC. suite

Pygargue à tête blanche, *Haliaeetus leucocephalus*

Distribution : Amérique du Nord
Habitat : côtes, rivières et lacs
Taille : 81 cm à 1,02 m

Emblème des États-Unis, le pygargue à tête blanche est l'une des 8 espèces d'aigles du genre *Haliaeetus*, tous amateurs de poissons. La plupart des autres sont dénommés « pêcheurs » et sont des oiseaux côtiers. Les poissons morts ou malades forment l'essentiel de son régime, mais il pêche aussi des poissons bien vivants et capture oiseaux et mammifères. Des bandes de ces oiseaux se forment là où ils trouvent de la nourriture, en particulier au bord des rivières sur la côte de l'Alaska, où ils s'attaquent aux saumons épuisés par la remontée des cours d'eau vers leurs lieux de frai.

Ils nichent dans les régions nordiques de l'Amérique du Nord, sur les lacs intérieurs, et, si nécessaire, migrent vers le sud en hiver, pour se nourrir. Le couple est durable et renoue chaque année par des parades nuptiales spectaculaires, au cours desquelles les oiseaux s'agrippent par les serres en plein vol et exécutent un saut périlleux. Le nid de branchages est dans un gros arbre ou sur des rochers. Il est agrandi chaque année, jusqu'à atteindre parfois 2,50 m de diamètre et 3,50 m de profondeur, ce qui en fait un des plus gros nids d'oiseaux. La femelle couve 1 à 3 œufs, relayée parfois par le mâle. Les jeunes, qui restent au nid 10 à 11 semaines, se montrent extrêmement agressifs et querelleurs ; souvent, le plus faible meurt de faim ou est tué.

Ce bel aigle a vu partout sa population diminuer, de façon alarmante dans certaines régions. Il a souffert de la contamination de son habitat et de sa nourriture par des produits chimiques toxiques ; comme son taux de natalité est bas, il est difficile à l'espèce de se reconstituer.

Vautour palmiste, *Gypohierax angolensis*

Distribution : Afrique, au sud du Sahara
Habitat : forêts, mangroves, savane
Taille : 71 cm

Ce curieux oiseau tient à la fois des vautours et des pygargues ; certains spécialistes pensent qu'il constitue un maillon entre les deux. Il se nourrit presque exclusivement de la coque des fruits du palmier à huile, *Elaeis guineensis*, et sa répartition coïncide en fait avec celle de l'arbre. Son régime se complète des fruits du palmier à raphia, de crabes, de mollusques, d'escargots et de sauterelles. Sédentaire, il demeure parfois près de son site de nichage toute l'année.

Le couple fait un nid de branchages et de bouts de palmes, dans un arbre, ou répare un vieux nid. La ponte est de 1 œuf, que la femelle couve pendant 44 jours.

Aigle bateleur, *Terathopius ecaudatus*

Distribution : Afrique, au sud du Sahara, sud-ouest de l'Arabie
Habitat : savane et plaines
Taille : 55 à 70 cm ; envergure, 1,70 à 1,80 m

L'aigle bateleur, le plus intéressant des rapaces du groupe dit des serpentaires, a une silhouette tout à fait caractéristique en vol, qui ne peut prêter à confusion, avec ses ailes d'une longueur exceptionnelle et sa queue très courte. En vol, les pieds dépassent la queue. Contrairement aux autres serpentaires, il vit essentiellement de charognes, mais peut aussi attaquer férocement et tuer d'autres charognards pour leur dérober leur butin. Cet oiseau est particulièrement spectaculaire en vol ; il plane sans effort des heures durant, et parcourt, pense-t-on, près de 320 km par jour. Parvenu à bonne altitude en quelques rapides coups d'ailes, le bateleur bat à peine des ailes et, glissant dans les airs, fait des acrobaties et des sauts périlleux.

Le couple construit un nid de branchages, compact, en forme de cuvette, dans un arbre. Un troisième adulte est souvent présent tant que dure la nidification, fait inhabituel chez les oiseaux, et en partie inexpliqué. Cet adulte ne couve pas, ne va pas au nid, mais reste perché à proximité avec le mâle, et se montre près du nid lorsqu'un intrus vient déranger les parents. Cette habitude est peut-être le prolongement de celle des jeunes et des subadultes, qui restent près du nid des parents pendant la reproduction. L'œuf unique est normalement couvé par la femelle pendant 42 jours environ. Le jeune oiseau est vulnérable et manque de force au début, et ses parents le nourrissent longtemps. Il effectue son premier vol à l'âge de 90 à 125 jours.

Aigle serpentaire huppé, *Spilornis cheela*

Distribution : de l'Inde au sud de la Chine, Asie du Sud-Est, Indonésie, Philippines
Habitat : forêts
Taille : 51 à 71 cm

C'est une espèce variable, dont les nombreuses races diffèrent par la taille et le plumage. L'aigle serpentaire plane en émettant quelques cris, mais ne chasse pas en vol. Il attrape généralement sa proie en se laissant simplement tomber dessus d'un perchoir. Comme d'autres serpentaires, celui-ci se nourrit surtout de reptiles, en particulier de serpents arboricoles. Ses doigts courts, puissants et rugueux lui permettent de bien saisir ses proies glissantes.

Le couple reste souvent ensemble toute l'année, et construit, à la saison des nids, après le vol nuptial, un petit nid de branchages dans un arbre. La femelle couve l'unique œuf 35 jours environ. Pendant cette période, le mâle se charge de lui apporter de la nourriture.

Petit Serpentaire africain, *Polyboroides typus*

Distribution : Afrique, au sud du Sahara
Habitat : forêts, savane, prairies
Taille : 63 cm

Cet oiseau a la queue et les pattes longues, et la face dénudée. Les poussins des autres espèces sont sa principale source de nourriture. Il consomme cependant d'autres animaux et les fruits du palmier à huile. Grimpant le long des arbres avec une grande agilité, en quête de nids, il se suspend tête en bas, en battant des ailes, pour attaquer les nids des tisserins.

Son propre nid est construit dans un arbre. Les deux parents couvent 1 à 5 œufs pendant 40 jours environ.

Busard Saint-Martin, *Circus cyaneus*

Distribution : Amérique du Nord, Eurasie
Habitat : landes, marais, plaines
Taille : 44 à 52 cm

Largement répandu, le busard Saint-Martin niche en Amérique du Nord, en Europe et en Asie, puis migre vers le sud de son aire de nidification en hiver. Il existe 14 espèces de busards, toutes du genre *Circus*. Tous chassent en volant bas, scrutant attentivement le sol en quête d'une proie, puis en se laissant choir dessus pour la tuer au sol. Le busard Saint-Martin vit de petits mammifères, d'oiseaux, même blessés par les chasseurs, et de quelques reptiles, grenouilles et insectes.

Au cours de la parade nuptiale, le mâle exécute de gracieuses acrobaties, glissant dans les airs et plongeant en de saisissants piqués. Le nid est construit au sol, dans des terrains marécageux ou des herbes courtes. La ponte est en moyenne de 4 à 6 œufs. La femelle couve et le mâle va chasser pour elle, pendant et après l'incubation.

Autour chanteur, *Melierax metabates*

Distribution : ouest de l'Afrique centrale, Afrique orientale, sud de l'Arabie
Habitat : buissons, broussailles
Taille : 38 à 48 cm

L'élégant autour chanteur se perche en observation sur un arbre ou un buisson, prêt à se laisser glisser promptement pour fondre sur une proie au sol. Ses longues pattes lui permettent de courser aisément son gibier, comme un petit serpentaire. Il chasse surtout des lézards, des serpents et des insectes, ainsi que des petits mammifères et des oiseaux terrestres.

À la saison des nids, le mâle attire la femelle par son chant particulièrement mélodieux, et tous deux volent au-dessus du site de nidification. Le nid, petit, fait de branchages et de boue, est édifié dans un arbre. La ponte est de 1 ou 2 œufs, qui sont généralement couvés par la femelle. Le mâle se charge de la nourrir pendant le temps de l'incubation.

Un proche parent de cette espèce, l'autour chanteur pâle, *M. canorus*, a des mœurs assez semblables.

VAUTOURS, AIGLES, BUSES SUITE

Autour des palombes, *Accipiter gentilis*
Distribution : Amérique du Nord, Europe, nord de l'Asie, Turquie, Iran, Tibet, centre et sud de la Chine, Japon
Habitat : forêts, bois
Taille : 51 à 66 cm ; envergure, 1,20 m

Ce rapace agressif, le plus gros du genre *Accipiter*, est un habile et redoutable chasseur qui vole dans la forêt, en virevoltant entre les arbres et en se laissant par moments planer au-dessus. Il tue sa proie en l'étreignant violemment entre ses serres puissantes, puis la plume (si c'est un oiseau) et la mange au sol. Un autour des palombes peut tuer des oiseaux de la taille d'un faisan ou d'un tétras, et des mammifères de la taille d'un lapin ou d'un lièvre, et on l'utilise souvent en fauconnerie.

Les couples d'autours sont généralement unis pour la vie. Les partenaires hivernent seuls, et, au printemps, se retrouvent sur les sites de reproduction, où ils exécutent des vols nuptiaux. Ils construisent alors un nouveau nid dans un arbre, ou réparent un vieux nid. Pendant la construction, ils perchent ensemble et, chaque jour, avant le lever du soleil, ils font entendre des cris aigus. Ils s'accouplent près de dix fois par jour pendant la saison, qui dure 6 à 8 semaines.

La ponte est de 1 à 5 œufs, 3 en moyenne, mais le nombre est fonction du gibier disponible. La femelle couve pendant 36 à 38 jours, nourrie par le mâle, qui parfois la relaie. Certaines populations nordiques migrent vers le sud après la saison des nids.

Épervier de Cooper, *Accipiter cooperii*
Distribution : sud du Canada, États-Unis, nord du Mexique
Habitat : bois
Taille : 36 à 51 cm

C'est un oiseau de taille moyenne, aux ailes et à la queue arrondies, dont les mœurs sont typiques de celles des accipitridés. Il vit dans les sous-bois et en sort pour se nourrir. L'épervier de Cooper en chasse guette sa proie d'un perchoir, en attendant qu'elle tourne la tête, pour fondre dessus et s'en emparer. La caille, l'étourneau, le merle, le tamia rayé et l'écureuil sont ses proies habituelles. Il poursuit aussi le gibier au sol, moitié à la course, moitié en vol.

À la saison des nids, le mâle défend vigoureusement un territoire, et, quand une femelle apparaît, il la nourrit. Tous deux exécutent ensuite un vol nuptial. La ponte est généralement de 4 ou 5 œufs, parfois 6, qui sont couvés par la femelle surtout. Cette mère attentionnée aide les poussins à sortir de l'œuf, les nourrit et les surveille de près au cours des premières semaines. Certaines populations nordiques migrent vers le sud après la nidification.

Buse pêcheuse, *Busarellus nigricollis*
Distribution : terres basses tropicales, du Mexique au Paraguay et à l'Argentine
Habitat : terrains découverts, près de l'eau
Taille : 46 à 51 cm

C'est un rapace extrêmement spécialisé. La buse pêcheuse a les ailes longues et larges, la queue courte et large, le bec légèrement crochu, et le dessous des pieds recouvert de spicules qui lui permettent d'attraper et de bien tenir le poisson. En terrain découvert, elle peut piquer et saisir sa proie en mouillant à peine son plumage. Ailleurs, elle plonge pour pêcher, puis regagne rapidement son perchoir et laisse sécher ses ailes.

Buse variable, *Buteo buteo*
Distribution : niche en Europe, en Asie jusqu'au Japon ; hiverne en Afrique orientale, Inde, Malaisie et dans le sud de la Chine
Habitat : bois et landes
Taille : 51 à 56 cm

La buse variable n'a rien d'un chasseur audacieux, et elle est plus souvent perchée qu'en vol. Une fois en hauteur, elle plane cependant avec facilité. Elle vit surtout de petits rongeurs et de lapins, de reptiles, d'insectes, de charognes et de quelques oiseaux terrestres. Elle chasse en volant sur place ou en se laissant choir d'un perchoir sur sa proie, qu'elle tue le plus souvent au sol.

La taille du territoire à la saison des nids varie chaque année selon la quantité de nourriture disponible. Lors des vols nuptiaux, les buses font preuve d'une énergie rare et plongent en vigoureux piqués. Le nid est dans un arbre ou un rocher à pic. La ponte est de 2 à 6 œufs, qui sont couvés pendant environ 1 mois par les deux parents.

OISEAUX : VAUTOURS, AIGLES, BUSES, ETC.

Buse à queue rousse d'Amérique du Nord, *Buteo jamaicensis*

Distribution : Amérique du Nord et centrale, Antilles
Habitat : varié, déserts, forêts, montagnes
Taille : 46 à 61 cm

Cette buse puissante, trapue et agressive, à la queue châtaine caractéristique, s'adapte à des habitats très variés. C'est un chasseur opportuniste, et, bien que son régime de base se compose de rongeurs et de lapins, elle mange aussi serpents, lézards, oiseaux et insectes. Elle chasse en vol ou fond sur sa proie depuis un poste d'affût.

Le nid de brindilles est dans le haut d'un arbre, ou, dans le désert, sur un cactus. La femelle reste sur le nid ou à proximité quelques semaines avant de pondre 1 à 4 œufs, nourrie par le mâle. Ils se partagent l'incubation 28 à 32 jours.

Harpyie féroce, *Harpia harpyia* LR : nt

Distribution : du sud du Mexique au nord de l'Argentine
Habitat : forêts pluviales de basse altitude
Taille : 90 cm

Cet oiseau redoutable est le plus gros aigle du monde. Ses énormes pieds, de la taille d'une main d'homme, sont courts pour un oiseau de cette taille, lui permettant ainsi de manœuvrer dans l'épaisse forêt, où elle vole d'arbre en arbre, à l'affût d'une proie qu'elle peut pourchasser à travers les branches avec grande agilité. Les mammifères arboricoles, tels singes et opossums, sont sa principale source de nourriture, avec les gros oiseaux.

Le nid est une plate-forme de branchages dans le haut des plus grands arbres, à peu près à 45 m du sol. On a donc peu d'informations sur la ponte et l'élevage des poussins, mais la ponte serait de 2 œufs. Les jeunes restent avec les parents 1 an, et il semble établi que les harpyies ne se reproduisent que tous les 2 ans. Leur nombre a décru en raison de la destruction de leur habitat et de la chasse.

Aigle royal, *Aquila chrysaetos*

Distribution : holarctique, puis au sud jusqu'à l'Afrique du Nord et au Mexique
Habitat : landes, forêts d'altitude
Taille : 76 à 89 cm

Cet oiseau splendide est probablement le plus répandu des grands aigles. C'est un redoutable prédateur, armé d'énormes serres longues et acérées, d'un bec crochu et d'une vue exceptionnellement perçante. En chasse, il plane en quête d'une proie, puis pique dessus et l'étreint dans ses serres. Il trouve sa nourriture surtout au sol, et les lièvres et lapins sont ses proies les plus fréquentes. Il capture aussi des coqs de bruyère et autres oiseaux, et les charognes font partie de son régime.

Les aigles royaux exécutent de spectaculaires vols nuptiaux au-dessus du site de nichage. Le nid est situé en hauteur sur une corniche ou un arbre et souvent réparé ou réutilisé. Certains couples ont plusieurs nids, qu'ils occupent tour à tour. Les 2 œufs sont couvés par la femelle, relayée parfois par le mâle.

FAMILLE DES SAGITTARIIDAE : GRAND SERPENTAIRE

Cette famille ne compte que 1 espèce, un oiseau à l'allure d'un aigle, avec une huppe caractéristique, une queue allongée par les rectrices et de longues pattes.

Grand Serpentaire ou Secrétaire, *Sagittarius serpentarius*

Distribution : Afrique, au sud du Sahara
Habitat : terrains herbeux découverts
Taille : 1,50 m

Il passe le plus clair de son temps à arpenter le sol à grandes enjambées, parcourant parfois plus de 30 km par jour. Il court après sa proie, qu'il saisit d'un brusque mouvement de tête, et tue les animaux plus gros en les foulant aux pieds. Il mange petits mammifères, insectes, certains oiseaux et leurs œufs, reptiles.

Le nid, de brindilles et de boue, est édifié au sommet d'un arbre. La femelle couve seule ses 2 ou 3 œufs.

FAUCONS

Famille des Falconidae : Faucons

Les 63 espèces de rapaces diurnes sont présentes presque dans le monde entier. D'aspect, ils sont proches des accipitridés de même taille, dont ils ont les serres crochues et acérées et le puissant bec recourbé. La plupart ont cependant des ailes longues et pointues qui contrastent avec celles plus arrondies et fendues des accipitridés. Les deux groupes diffèrent aussi par le squelette, dans des détails du crâne et le bréchet. De nombreux faucons ont ce que l'on appelle des dents « tomiales », soit la partie supérieure du bec dentée en scie, avec les entailles correspondantes à la partie inférieure. Mâle et femelle ont le même plumage. La femelle est en général plus grosse.

La famille comprend les caracaras, les faucons rieurs, les faucons forestiers, les fauconnets, les faucons pygmées, ainsi que les faucons typiques du genre *Falco*, dont il existe quelque 39 espèces. À l'exception des caracaras, les falconidés ne construisent pas de nid.

Caracara, *Polyborus plancus*
Distribution : sud des États-Unis, Amérique centrale et du Sud
Habitat : terrains découverts
Taille : 56 à 61 cm

Ces oiseaux néotropicaux sont assez différents des autres espèces de la famille. Ils mangent toutes sortes de nourriture animale. Le couple construit un nid, dans un arbre ou au sol. La ponte est de 2 à 4 œufs. Les deux parents couvent 28 jours et élèvent les poussins, qui restent au nid 2 ou 3 mois.

Faucon forestier à col roux, *Micrastur ruficollis*
Distribution : du sud du Mexique au nord de l'Argentine
Habitat : forêts
Taille : 33 à 38 cm

C'est l'un des 6 faucons forestiers néotropicaux. Il a les pattes longues typiques des espèces sylvicoles, les ailes courtes et larges, qui lui permettent de voler et de manœuvrer aisément parmi les arbres, et attend caché le passage d'une proie. Il se nourrit de petits mammifères, de lézards et d'oiseaux, parfois des oiseaux qui suivent les fourmis nomades. On connaît mal sa nidification.

Fauconnet à collier ou Fauconnet à pattes rouges, *Microhierax caerulescens*
Distribution : Himalaya, nord de l'Inde, Asie du Sud-Est
Habitat : forêts
Taille : 19 cm

Les fauconnets, répartis en 5 espèces, sont les plus petits rapaces. Celui-ci, pour se nourrir, chasse plus à la manière d'un gobe-mouches que d'un faucon vrai, puisqu'il quitte son perchoir en brèves envolées pour attraper des insectes ; à l'occasion, il ne néglige pas les petits oiseaux.

La ponte est constituée de 4 ou 5 œufs, que la femelle dépose dans un trou d'arbre.

Faucon crécerelle, *Falco tinnunculus*
Distribution : Europe, Asie, Afrique
Habitat : terrains découverts, plaines, terres cultivées
Taille : 34 à 38 cm

Les crécerelles chassent en terrain découvert et sont les spécialistes de la famille en ce qui concerne le vol sur place. Ils volent entre 10 à 15 m au-dessus du sol, planent sur place en le scrutant, et, leur proie repérée, se laissent doucement choir dessus. Leur régime alimentaire de base se compose de petits mammifères, mais aussi de petits oiseaux, de reptiles et d'insectes.

La ponte de 4 à 9 œufs a lieu sur une corniche, dans un trou d'arbre ou dans le vieux nid d'un autre oiseau. La femelle assure la plus grande partie de l'incubation, qui dure 27 à 29 jours. Elle reste avec les poussins un certain temps après l'éclosion, tandis que le mâle apporte la nourriture, puis elle les laisse pour aider son partenaire à chasser.

Faucon hobereau, *Falco subbuteo*

Distribution : de la Grande-Bretagne à la Chine ; hiverne en Afrique et en Extrême-Orient

Habitat : terrains découverts, buissons, savane

Taille : 30 à 36 cm

Ce sont de petits faucons aux ailes longues, présents dans le monde entier. Extrêmement vifs, ils saisissent presque toutes leurs proies au vol. Ils sont maîtres dans l'art d'attraper des proies ailées (oiseaux, insectes, chauves-souris) au milieu d'un essaim ou d'une bande, et vont jusqu'à capturer des hirondelles et des martinets.

À la saison des nids, les couples font des parades aériennes, impressionnantes démonstrations où dominent vitesse et agilité. La ponte est de 2 ou 3 œufs, que la femelle dépose dans le nid abandonné d'un autre oiseau. Le mâle nourrit la femelle, qui assure seule presque toute l'incubation.

Faucon brun, *Falco berigora*

Distribution : Australie, Tasmanie, Nouvelle-Guinée, île de Dampier

Habitat : terrains découverts

Taille : 40 à 51 cm

C'est l'un des rapaces les plus communs d'Australie. Son aspect et son comportement rappellent ceux d'un accipitridé. Moins actif que les autres faucons, il est souvent perché, mais sait voler avec rapidité. Il tue cependant ses proies au sol. Mammifères (lapins), jeunes oiseaux, reptiles, insectes et quelques charognes constituent son régime.

La ponte est de 2 à 4 œufs, que la femelle dépose dans le nid abandonné d'un autre oiseau. Les deux membres du couple assurent l'incubation des œufs.

Faucon gerfaut, *Falco rusticolus*

Distribution : zones arctiques de l'Europe, l'Asie, l'Amérique du Nord, Groenland, Islande

Habitat : montagnes, toundra, falaises côtières

Taille : 51 à 63 cm

Cet oiseau impressionnant est le plus grand de tous les faucons. Le faucon gerfaut est plus trapu que le pèlerin. Son plumage peut être sombre, blanc ou gris. La plupart des gerfauts nichent au nord du cercle polaire et demeurent dans l'Arctique toute l'année, mais certaines populations migrent vers le sud pour y passer l'hiver. En chasse, cet oiseau a un vol très rapide au ras du sol. Il peut piquer à grande vitesse sur ses proies, à la manière du faucon pèlerin, mais de façon moins caractéristique. Il s'attaque à des oiseaux et, surtout en hiver, à des mammifères. Les lagopèdes alpins et des saules constituent cependant l'essentiel de son régime, et leur nombre peut affecter son taux de natalité : les années où le gibier est abondant, les gerfauts ont de grandes couvées ; s'il est rare, la ponte n'est que de 2 œufs ou même nulle.

Les gerfauts exécutent des vols nuptiaux pour faire leur cour. La ponte est de 2 à 7 œufs, qui sont déposés sur une corniche ou dans un vieux nid sur une falaise. La femelle couve pendant 27 à 29 jours, nourrie par le mâle, et c'est le couple qui chasse pour les poussins.

Faucon pèlerin, *Falco peregrinus*

Distribution : presque mondiale

Habitat : varié, souvent montagnes et falaises en bord de mer

Taille : 38 à 51 cm

La couleur du plumage est très variable chez les 17 races de cette espèce largement répandue. Les ailes du pèlerin sont larges et pointues, sa queue est courte et étroite, ce qui lui donne en vol une silhouette caractéristique. La vitesse et la précision de son vol sont inégalées, il règne sans partage dans l'espace. Le faucon pèlerin s'attaque surtout aux oiseaux. Dans un piqué vertigineux, presque à la verticale, ce maître du ciel plonge sur sa proie, qu'il tue immédiatement entre ses serres ou emporte vivante pour la manger à terre. Il peut aussi poursuivre ses victimes en vol en effectuant de brusques virages avec une extrême aisance. C'est l'oiseau le plus prisé par les fauconniers, car il allie grâce et puissance.

Au début de la saison des nids, les faucons pèlerins exécutent de spectaculaires vols nuptiaux. Les représentants de l'espèce n'édifient pas de nid, et la ponte, de 2 à 6 œufs, a lieu directement sur une corniche, au sol ou même sur un bâtiment. C'est surtout la femelle qui couve, relayée parfois par le mâle, qui la nourrit pendant la durée de l'incubation. Quand les poussins ont 2 semaines, elle les laisse au nid et aide le mâle à chasser. Les jeunes volent à 40 jours environ.

Ces oiseaux ont disparu en grand nombre, en partie intoxiqués par les pesticides qu'ils absorbent par le biais des insectivores qu'ils mangent, ce qui entraîne des anomalies dans leur cycle de reproduction. Cependant, les populations de pèlerins semblent être en augmentation ces dernières années.

GRÈBES, PHAÉTONS ET FOUS

Famille des Podicipedidae : Grèbes

Cette famille se compose de 21 espèces d'oiseaux aquatiques au plumage satiné, réparties à travers le monde, certaines étant très répandues. Tous ses représentants nichent en eau douce, généralement dans un nid flottant de végétation en décomposition. Les grèbes ont un corps qui se prête à la nage rapide, avec les pattes assez en arrière du corps. Les grands grèbes ont une silhouette effilée, et ils poursuivent le poisson sous l'eau avant de le saisir dans leur long bec fin et pointu. D'autres se nourrissent de mollusques de vase, et ont le corps plus petit et plus ramassé, ainsi que le bec épais et court. Les deux sexes sont identiques. Les jeunes ont la tête et le cou rayés.

Grèbe castagneux, *Tachybaptus ruficollis*
DISTRIBUTION : Europe, Afrique, Madagascar, Asie, Indonésie, Nouvelle-Guinée
HABITAT : lacs, étangs, rivières
TAILLE : 27 cm

C'est l'un des plus petits grèbes, dont la forme arrondie rappelle celle d'un canard. Il se nourrit d'insectes, de crustacés et de mollusques. En hiver, le plumage est gris-brun et blanc, mais à la saison des nids la gorge et le jabot sont rougeâtres.

La ponte est de 2 à 10 œufs, dans un tas flottant de végétation en eau peu profonde, ou parmi les plantes aquatiques. Le couple couve 23 à 25 jours.

Grèbe huppé, *Podiceps cristatus*
DISTRIBUTION : Europe, Asie, Afrique (sud du Sahara), Australie, Nouvelle-Zélande
HABITAT : lacs, étangs, rivières, eaux côtières
TAILLE : 51 cm

Facilement reconnaissable sur l'eau à son long cou élancé et à son bec en épée, le grèbe huppé se rencontre rarement à terre (où il se déplace maladroitement) ou en vol. Il mange surtout des poissons, qu'il attrape en plongeant de la surface. C'est l'un des plus gros grèbes. À la saison des nids, les adultes ont un plumage particulièrement étonnant, une huppe divisée et une collerette. En hiver, la huppe est très réduite, la collerette disparaît et la tête devient presque entièrement blanche. Les deux sexes ont le même plumage, mais le mâle a généralement le bec plus long, et la huppe et la collerette plus grandes.

Avant l'accouplement, ils exécutent une élégante danse nuptiale afin d'établir le lien. Les deux partenaires remuent la tête de part et d'autre, tiennent des roseaux dans leur bec et réalisent une série de figures rituelles. Ils s'accouplent sur une plate-forme de roseaux, près du nid. La ponte est de 2 à 7 œufs. Les deux parents couvent 27 à 29 jours.

Famille des Phaethontidae : Phaétons (Pailles-en-queue)

Ces élégants oiseaux de mer blancs sont facilement identifiables à leur queue allongée par deux rectrices centrales. On trouve les 3 espèces de cette famille dans les mers tropicales, où elles volent très au large et nichent sur des îles. Mauvais nageurs, les phaétons pêchent en volant sur place, puis en plongeant sur leur proie. Poissons, encornets et crustacés forment l'essentiel de leur régime. Les deux sexes sont identiques.

Phaéton à brins rouges, *Phaethon rubricauda*
DISTRIBUTION : océans Indien et Pacifique
HABITAT : océanique
TAILLE : corps, 41 cm ; queue, 51 cm

Ce phaéton est remarquable, avec sa queue rouge sombre. À la saison des nids, le plumage blanc prend une nuance rose. Comme il se déplace maladroitement à terre, il niche plutôt sur des parois ou des falaises, d'où il peut facilement s'envoler. Habituellement solitaires en mer, les phaétons se retrouvent néanmoins nombreux sur les sites de nichage, où ils se disputent nids et partenaires. Ils ne font pas de véritable nid et pondent un seul œuf, à même le sol. Le couple couve 42 jours environ et nourrit le poussin, couvert de duvet, jusqu'à son départ du nid, vers 12 à 15 semaines.

Famille des Sulidae : Fous

Les 9 espèces d'oiseaux sont réparties en 2 groupes distincts : 6 espèces de fous et 3 espèces de fous de Bassan. On les rencontre sur toutes les mers du monde, les fous en zones tropicale et subtropicale, et les fous de Bassan généralement en zone tempérée. Tous sont d'impressionnants oiseaux de mer qui plongent en piquant sur leur proie. La plupart sont robustes et ont de longues ailes pointues et des pattes courtes. Les deux sexes, identiques la plupart du temps, ont parfois de légères différences de couleur du bec et des pieds. Les jeunes sont d'abord bruns et prennent leur plumage d'adultes au bout de quelques années seulement.

Fou brun, *Sula leucogaster*
Distribution : partie tropicale de l'Atlantique et du Pacifique
Habitat : surtout côtier
Taille : 75 à 80 cm

Les fous doivent leur nom commun à la folie dont ils font apparemment preuve en laissant les marins s'approcher et les tuer pour les manger. Comme les fous de Bassan, ceux-ci piquent sur poissons et encornets, mais ils sont surtout spécialistes de la pêche en eau peu profonde et de la capture des poissons volants. Le fou brun reste plus près des côtes que le fou de Bassan, et niche sur des falaises et des rochers, ou même sur des plages et des récifs de coraux.

La ponte est de 1 ou 2 œufs, dans une cavité au sol ou dans les rochers, et le couple couve et nourrit les poussins.

Fou de Bassan, *Morus bassanus*
Distribution : Atlantique Nord
Habitat : eaux côtières
Taille : 87 à 100 cm

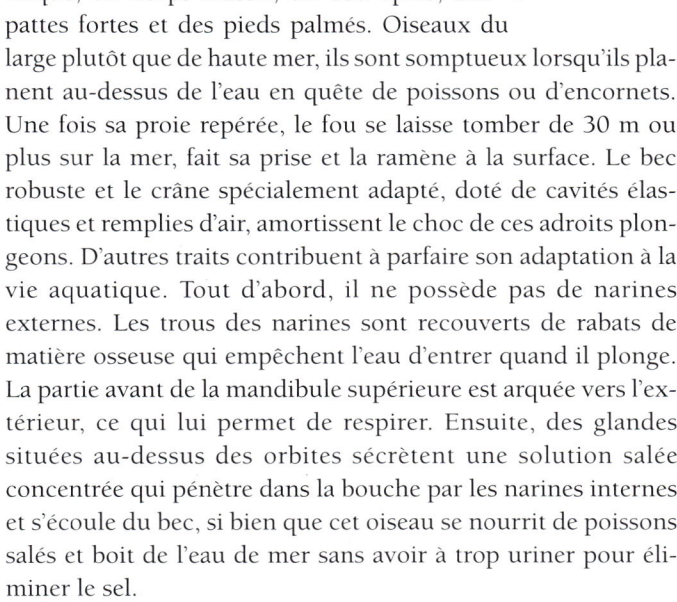

Ces oiseaux de mer ont une forme aérodynamique, un corps massif, un cou épais, des pattes fortes et des pieds palmés. Oiseaux du large plutôt que de haute mer, ils sont somptueux lorsqu'ils planent au-dessus de l'eau en quête de poissons ou d'encornets. Une fois sa proie repérée, le fou se laisse tomber de 30 m ou plus sur la mer, fait sa prise et la ramène à la surface. Le bec robuste et le crâne spécialement adapté, doté de cavités élastiques et remplies d'air, amortissent le choc de ces adroits plongeons. D'autres traits contribuent à parfaire son adaptation à la vie aquatique. Tout d'abord, il ne possède pas de narines externes. Les trous des narines sont recouverts de rabats de matière osseuse qui empêchent l'eau d'entrer quand il plonge. La partie avant de la mandibule supérieure est arquée vers l'extérieur, ce qui lui permet de respirer. Ensuite, des glandes situées au-dessus des orbites sécrètent une solution salée concentrée qui pénètre dans la bouche par les narines internes et s'écoule du bec, si bien que cet oiseau se nourrit de poissons salés et boit de l'eau de mer sans avoir à trop uriner pour éliminer le sel.

Très grégaires, les fous de Bassan nichent en colonies de plusieurs milliers sur des rochers ou des îles. On a tenté en vain de faire se reproduire des fous en petits groupes, et on peut supposer que la stimulation sociale que représente la colonie est un facteur essentiel pour le succès de la reproduction. Les fous paradent pour établir et maintenir le lien de couple, et chaque couple défend, à la saison des nids, un territoire. Les nids sont si serrés que, lorsqu'ils sont assis dessus, les oiseaux peuvent se toucher simplement en tendant le cou. La ponte est de 1 œuf. Le couple couve pendant 43 à 45 jours.

ANHINGAS ET CORMORANS

Famille des Anhingidae : Anhingas

Ces superbes oiseaux poursuivent les poissons sous l'eau. Leur silhouette élancée rappelle celle des cormorans, dont ils diffèrent par leur cou mince et allongé et leur bec très effilé. Il existe 4 espèces, que l'on trouve sous les tropiques, dans des habitats d'eau douce variés. Les deux sexes ont quelques différences de plumage, et à la saison des nids les mâles ont un léger plumet sur la tête et le cou.

plus embrochée. L'anhinga nage profondément enfoncé dans l'eau, et seuls sont visibles sa tête et son cou sinueux, ce qui lui vaut son nom d'« oiseau serpent ». Crustacés, batraciens et insectes font aussi partie de son régime.

Les anhingas nichent en colonies, souvent près d'autres gros oiseaux aquatiques. Le nid est édifié dans un arbre au bord de l'eau ou en surplomb. La ponte est de 3 à 6 œufs, couvés par les deux parents pendant environ 35 jours.

Famille des Phalacrocoracidae : Cormorans

Cette famille se compose de 38 espèces d'oiseaux aquatiques qui sont presque entièrement noirs et se caractérisent par un cou et un corps élancés, des pattes courtes et de grands pieds palmés. Les deux sexes se ressemblent, avec de légères différences de plumage à la saison des nids. Tous les cormorans sont des spécialistes de la pêche en milieu marin et en eau douce. Ce sont des oiseaux côtiers que l'on voit rarement en pleine mer. Bons nageurs, ils plongent de la surface pour pêcher. Ils volent souvent en ligne ou en formation en V.

Les cormorans sont grégaires et nichent en colonies, chacun défendant un petit territoire. Au retour des expéditions de pêche, ils se reposent sur des rochers, des arbres ou des falaises, en déployant leurs ailes chargées d'eau pour les faire sécher.

Anhinga noir, *Anhinga anhinga*
Distribution : du sud des États-Unis à l'Argentine
Habitat : lacs, rivières
Taille : 90 cm

Comme les cormorans, les anhingas plongent en profondeur à la poursuite de poissons, les ailes ramenées le long du corps, en se propulsant avec leurs pieds palmés. Sous l'eau, l'anhinga garde son long cou replié, prêt à le détendre brusquement et à embrocher sa proie sur son bec pointu. Les bords du bec, dentés en scie, maintiennent fermement sa prise quand elle n'est

Grand Cormoran,
Phalacrocorax carbo
Distribution : est de l'Amérique du Nord, Europe, Afrique, Asie, Australie
Habitat : côtes, marais, lacs
Taille : 80 cm à 1 m

Il est parfois appelé cormoran noir. C'est le plus gros de la famille et le plus répandu. Son aire de distribution étendue lui offre des habitats et des sites de nidification très variés. Le grand cormoran est doté d'un long cou et d'un long bec à pointe recourbée. Comme tous les cormorans, il est maladroit au sol. Les deux sexes sont identiques, mais à la saison des nids le mâle acquiert quelques plumes blanches sur la tête et le cou, et les flancs sont tachés de blanc. Les jeunes sont brunâtres, avec les parties inférieures pâles.

Les cormorans vivent essentiellement de poissons, mais aussi de crustacés et de batraciens. Ils vont chercher leur proie sous l'eau, où ils se propulsent à l'aide de leurs palmes en se servant de leur queue comme gouvernail. Un tel plongeon dure 20 à 30 secondes. Le plus souvent, ils ramènent leur proie à la surface et la secouent avant de l'avaler. Au sol, les cormorans ont une façon caractéristique d'ouvrir leurs ailes pour les faire sécher au soleil.

Les couples font les nids dans des arbres, des corniches rocheuses ou au sol, sur une côte ou à l'intérieur des terres, selon ce qu'offre leur habitat. Ces nids sont souvent volumineux, constitués de branchages et tapissés de substances végétales diverses. La ponte est de 3 ou 4 œufs, parfois jusqu'à 6. Le couple couve les œufs pendant 28 ou 29 jours et nourrit les poussins. Les petits volent à l'âge de 50 jours environ, mais ne sont indépendants que 12 à 13 semaines après.

Cormoran africain, *Phalacrocorax africanus*
Distribution : Afrique, Madagascar
Habitat : rivières, lagunes
Taille : 58 cm

C'est l'une des 4 espèces de petits cormorans à longue queue et au cou relativement court. Le cormoran africain est essentiellement un oiseau aquatique de l'intérieur, que l'on trouve néanmoins sur la côte ouest de l'Afrique du Sud. Les deux sexes sont en général semblables, mais, à la saison des nids, le plumage du mâle s'assombrit, et il acquiert une huppe sur le front, ainsi que des plumes blanches sur la face et le cou. Les jeunes sont bruns et blanc-jaune.

Les cormorans africains ont un régime alimentaire composé exclusivement de poissons et de crustacés, qu'ils prennent sous l'eau en plongeant de la surface ; puis, comme les autres cormorans, ils retournent à la surface afin d'avaler leur proie.

Le nid, fait de branchages et de matière végétale, est édifié au sol ou dans un arbre. La ponte est de 2 à 4 œufs qui sont couvés par les deux parents pendant environ 28 jours.

Cormoran aptère, *Phalacrocorax harrisi* VU
Distribution : îles Galapagos
Habitat : eaux côtières
Taille : 91 à 99 cm

Le cormoran aptère est un gros oiseau, extrêmement maladroit au sol, mais véritablement majestueux quand il est dans l'eau. Il a perdu sa faculté de voler. Ses ailes minuscules n'ont plus que de rares plumes volières.

Il sait cependant trouver toute la nourriture dont il a besoin dans les eaux riches en éléments nutritifs qui baignent les îles, et il n'a aucun prédateur parmi les mammifères des Galapagos. Ainsi, il n'a pas besoin de couvrir de grandes distances pour se nourrir ou pour échapper au danger. Ses populations sont cependant réduites et il est aujourd'hui rare.

Le cormoran aptère peut se reproduire tout au long de l'année, avec toutefois un pic entre mars et septembre. Les deux membres du couple se chargent de couver les œufs. Les oiseaux observent un rituel de présentation de la nourriture : l'un d'eux offre un fragment d'algue à celui qui couve. Il peut y avoir plusieurs couvées par an.

HÉRONS

Famille des Ardeidae : Hérons

Il existe 65 espèces ou davantage de hérons, de butors et d'aigrettes. Ce sont des oiseaux de moyenne à grande taille, au corps élancé, au cou et aux pattes longs, aux grandes et larges ailes. Chez la plupart, les deux sexes sont identiques. Tous ont la poitrine et le croupion couverts d'un duvet poudreux, qui leur permet de lisser leur plumage en le débarrassant des viscosités dues à leur régime (poissons et batraciens) particulièrement chargé en mucus.

Ils chassent en eaux de profondeur variable, debout, immobiles ou en pataugeant, et ils attrapent leur proie, sans l'embrocher, avec leur bec puissant en forme de poignard. Ils nichent généralement en colonies. À la saison des nids, de nombreux oiseaux changent de couleur et acquièrent de longues plumes sur la tête ou le dos.

Butor d'Amérique, *Botaurus lentiginosus*
Distribution : centre de l'Amérique du Nord ; hiverne dans le sud des États-Unis et en Amérique centrale
Habitat : marais
Taille : 66 cm

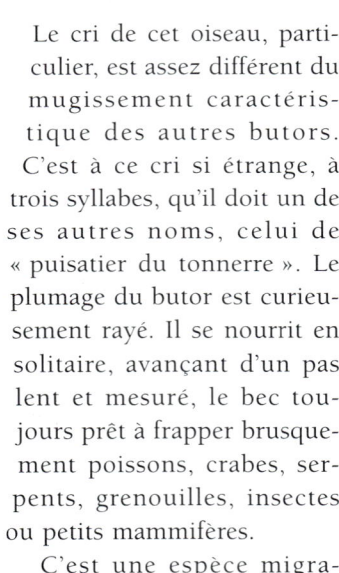

Le cri de cet oiseau, particulier, est assez différent du mugissement caractéristique des autres butors. C'est à ce cri si étrange, à trois syllabes, qu'il doit un de ses autres noms, celui de « puisatier du tonnerre ». Le plumage du butor est curieusement rayé. Il se nourrit en solitaire, avançant d'un pas lent et mesuré, le bec toujours prêt à frapper brusquement poissons, crabes, serpents, grenouilles, insectes ou petits mammifères.

C'est une espèce migratrice. Bien que les oiseaux des zones tempérées ne migrent pas vraiment, ils se dispersent toujours après les nids. La ponte est de 4 à 6 œufs, qui sont déposés sur une plate-forme de roseaux édifiée à terre ou sur l'eau. La femelle semble assurer seule les soins aux poussins.

Héron bihoreau, *Nycticorax nycticorax*
Distribution : Europe, Asie, Afrique, Amérique du Nord et du Sud
Habitat : varié, en général près des marais
Taille : 61 cm

C'est probablement l'espèce la plus répandue chez les hérons. Ce bel oiseau robuste a la nuque ornée de plumes blanches retombantes, qu'il porte érigées à la saison des nids. Surtout nocturne et crépusculaire, il vit de poissons, de reptiles, de grenouilles et d'insectes, et pille parfois le nid d'autres oiseaux.

À la saison des nids, le mâle choisit un emplacement, généralement dans les roseaux, un buisson ou un arbre, qui lui sert ensuite d'aire de parade. Sa partenaire en achève la construction et pond 3 à 5 œufs, couvés environ 21 jours. Les deux membres du couple nourrissent et élèvent les poussins.

Héron cendré, *Ardea cinerea*
Distribution : Europe, Asie, Afrique
Habitat : varié, près d'eaux peu profondes
Taille : 92 cm

Ce gros oiseau aux pattes et au bec longs, est familier dans presque tout l'Ancien Monde. Son homologue du Nouveau Monde, le grand héron, *A. herodias*, lui ressemble, bien qu'il soit légèrement plus grand, avec le cou et les flancs roux. Il vit de poissons, d'anguilles, de poussins, d'œufs, de reptiles et de végétaux. Il pêche depuis la berge, la tête en avant touchant l'eau, ou patauge dans l'eau. Une fois sa proie repérée, il la harponne d'un coup de bec brusque et meurtrier.

Il niche en colonie, et la ponte est de 3 à 5 œufs, qui sont déposés dans un nid sommaire. Le couple couve pendant 25 ou 26 jours et nourrit les poussins.

Héron garde-bœufs, *Bubulcus ibis*
Distribution : péninsule Ibérique, Afrique, Asie, Indonésie, Amérique du Nord et du Sud, Australie
Taille : 50 cm

Cette espèce très prolifique s'est répandue dans le monde entier, en partie grâce à son association avec des animaux herbivores. Ces hérons suivent en effet les animaux sauvages ou domestiques, pour attraper les insectes, en particulier les sauterelles, que ceux-ci font lever en paissant. Grâce à cette technique, ils absorbent près de 50 p. cent de plus de nourriture que les autres oiseaux, pour un effort moindre. Le bétail ne bénéficie pas vraiment de cette association, les garde-bœufs ne les débarrassant pas de leurs parasites. Néanmoins, ils peuvent leur donner l'alerte en cas de danger. Les garde-bœufs ont maintenant compris tout le profit qu'ils pouvaient tirer à suivre aussi les machines agricoles. Dans l'eau, ils attrapent des grenouilles et des poissons.

De mœurs grégaires, les hérons garde-bœufs nichent en colonies. Le mâle rassemble les matériaux, et la femelle construit le nid, le plus souvent dans un petit arbre. L'accouplement a lieu sur le nid, et la ponte est de 2 à 5 œufs, qui sont couvés 21 à 24 jours par les deux parents.

Grande Aigrette, *Casmerodius albus*
Distribution : presque dans le monde entier, mais absente de la plupart des pays d'Europe
Habitat : eaux peu profondes
Taille : 90 cm à 1,20 m

Cette aigrette, connue aussi sous le nom d'aigrette d'Amérique, est l'une des plus répandues. Elles porte un plumage tout blanc. Les adultes et les jeunes ont le bec jaune, mais, à l'approche de la saison des nids, celui de l'adulte devient noir. La grande aigrette trouve sa nourriture, poissons, mollusques, insectes, petits mammifères, oiseaux et végétaux, à l'affût debout dans l'eau ou à l'approche.

Elle fait son nid dans un arbre ou une roselière. La ponte est de 2 à 5 œufs. Les deux membres du couple se relaient pour couver pendant 25 ou 26 jours.

Héron ardoisé, *Egretta ardesiaca*
Distribution : Afrique (sud du Sahara), Madagascar
Habitat : marais, mangroves, plages de vase
Taille : 48 à 50 cm

En apparence, c'est une version noire de l'aigrette. Cet oiseau est célèbre pour son étrange façon de pêcher. Debout, en eau peu profonde, le bec pointé vers le bas, il déploie ses ailes en arc de cercle, formant ainsi une large coupole au-dessus de sa tête. Ses rémiges particulièrement larges en facilitent l'exécution. On ignore le but exact de la manœuvre, mais on pense que les poissons sont attirés par cette ombre apparemment protectrice, ce qui fait d'eux des proies faciles. Il se peut aussi que l'ombre formée par cette coupole rende plus visibles à l'oiseau les poissons qui passent. Les jeunes hérons qui commencent à pêcher ne se servent que d'une aile. Cette coupole figure aussi dans la parade nuptiale. Le nid de brindilles est édifié au-dessus de l'eau, dans un arbre ou un buisson. La ponte est composée en moyenne de 3 ou 4 œufs.

Bec-en-cuiller ou Savacou huppé, *Cochlearius cochlearius*
Distribution : du Mexique à la Bolivie et au nord de l'Argentine
Habitat : marais et terres inondées
Taille : 45 à 50 cm

Le seul trait qui distingue vraiment cette espèce des autres hérons est son bec large et aplati en forme de cuiller. L'oiseau se nourrit généralement au crépuscule et la nuit, de poissons et de crevettes. Son bec, apparemment très sensible, s'ouvre au moindre contact et se remplit ainsi d'eau et de proies. Il s'en sert aussi comme d'une cuiller.

Lors des parades nuptiales, les oiseaux claquent du bec et se lissent le plumage en émettant des signaux sonores. Généralement, les becs-en-cuiller vivent solitaires ou en couples. Ils nichent dans des arbres ou des buissons. La ponte est de 2 à 4 œufs, qui sont couvés par le couple.

OMBRETTE, FLAMANTS, IBIS, SPATULES ET PÉLICANS

Famille des Scopidae : Ombrette

La classification de l'unique espèce de cette famille a été très controversée.

Ombrette, *Scopus umbretta*
Distribution : Afrique, Madagascar, Moyen-Orient
Habitat : torrents bordés d'arbres
Taille : 50 cm

Cet oiseau au long bec lourd, massif et légèrement crochu est doté d'une huppe rejetée vers l'arrière. En vol, il tient le cou un peu rentré. Son vol est lent et ondulant. Les deux sexes sont identiques. De mœurs crépusculaire, il se nourrit de batraciens, de poissons, d'insectes et de crustacés. L'ombrette vit en couple. Le nid est un édifice remarquablement élaboré, de branchages et de boue, doté d'un toit, qui peut atteindre 1,80 m de large, situé dans les branches d'un arbre. La ponte est de 3 à 6 œufs, qui sont couvés pendant 30 jours environ. Le couple élève les poussins, qui naissent couverts de duvet.

Famille des Phoenicopteridae : Flamants

Cette famille comprend 5 espèces d'oiseaux de haute taille, blanc rosé, au long cou, aux grandes ailes et à la queue courte. Les pieds, courts, sont palmés. Tous sont de bons nageurs et de bons voiliers, tendant cou et pattes en vol. Les deux sexes sont identiques.

Ces oiseaux sont généralement grégaires ; ils vivent et nichent en énormes colonies. En Afrique, une colonie de petits flamants, *P. minor*, comporte plus de 1 million d'oiseaux. Ils se reproduisent irrégulièrement et n'y parviennent parfois que tous les 2 ou 3 ans.

Les flamants se nourrissent dans l'eau, de façon très particulière, en ne retenant que de minuscules particules de nourriture avec leur bec recourbé de manière caractéristique, hautement adapté à ce mode d'alimentation.

Flamant rose, *Phoenicopterus ruber*
Distribution : Caraïbes, Galapagos, sud de l'Europe, sud-ouest de l'Asie, Afrique occidentale, orientale et du Nord
Habitat : lagunes, lacs
Taille : 1,25 à 1,45 m

Oiseau remarquable par son aspect, le flamant rose est parfaitement adapté à son mode de vie. Ses longues pattes lui permettent de rester immobile en eau peu profonde, en retenant la nourriture à l'aide de son étrange bec maintenu horizontal sous l'eau, la partie supérieure sous la partie inférieure. Il laisse l'eau circuler dans sa bouche et, de sa langue large et charnue, la repousse vers les bords, où de fines lamelles retiennent les particules de nourriture. Son régime comporte mollusques, crustacés, insectes, poissons et minuscules végétaux aquatiques.

Le nid est un cône de boue et de sable, que la femelle construit en grattant le sol du bec. La ponte est composée de 1 ou 2 œufs, qui sont déposés dans une légère cavité au sommet du cône. L'incubation, assurée par le mâle et la femelle, dure 28 à 32 jours. Les jeunes sont dépendants jusqu'à ce que leur bec s'arme des lamelles de filtration et qu'ils sachent voler, vers 65 à 70 jours. Les petits sont brun blanchâtre.

Famille des Threskiornithidae : Ibis et Spatules

Ibis et spatules sont des échassiers de taille moyenne, au cou modérément long, aux ailes longues, à la queue courte et aux doigts palmés à la base. Les deux sexes sont plus ou moins identiques. Certaines espèces ont la face ou même la tête entièrement nue. Tous ces oiseaux sont de bons voiliers, qui volent le cou tendu. Il y a 28 espèces environ d'ibis, au long bec recourbé, et 6 espèces de spatules, au bec large et spatulé. La plupart sont grégaires. Seules migrent les espèces nordiques.

Ibis falcinelle,
Plegadis falcinellus

Distribution : Eurasie (zones tempérées et tropicales), Indonésie, Australie, Afrique, Antilles, Caraïbes
Habitat : marais, lacs
Taille : 55 à 65 cm

C'est l'espèce la plus répandue de la famille. Elle se nourrit d'insectes et de petits animaux aquatiques. La ponte est de 3 ou 4 œufs. Le nid est situé dans un arbre ou un lit de roseaux. Le couple couve pendant 21 jours et élève les poussins. Cette espèce a vu sa population diminuer à la suite du drainage intensif des marais.

FAMILLE DES PELECANIDAE : PÉLICANS

Les pélicans, auxquels cet ordre doit son nom, représentent 8 espèces que l'on trouve sur les grands lacs et les bords de mer. Oiseaux grégaires au vol puissant, ils vivent de poissons, qu'ils attrapent en nageant en eau peu profonde, ou, chez l'une des espèces, en plongeant en vol. Leur caractéristique anatomique la plus spectaculaire est l'énorme poche jugulaire sous leur long et large bec. Les deux sexes sont identiques.

Bec-en-sabot, *Balaeniceps rex* LR : nt

Distribution : est de l'Afrique centrale
Habitat : marais
Taille : 1,17 m

Le bec-en-sabot était autrefois classé dans une famille à part, mais il est aujourd'hui rangé parmi les pélicans. Le trait le plus frappant de ce gros oiseau est un bec en forme de pelle, à l'extrémité recourbée. Il semble s'en servir pour chercher sa nourriture – poissons, grenouilles, escargots, mollusques et charognes – dans la vase de son habitat marécageux.

Solitaire et nocturne, le bec-en-sabot vole facilement et peut même planer, en rentrant le cou, comme un pélican. La ponte est de 2 œufs, au sol dans un nid de joncs et d'herbe.

Pélican blanc,
Pelecanus onocrotalus

Distribution : sud-est de l'Europe, Asie, Afrique
Habitat : lacs intérieurs, marais
Taille : 1,40 à 1,75 m

Ce gros oiseau blanc au bec caractéristique en forme de poche, est bien adapté à la vie aquatique. Ses pattes courtes et fortes et ses pieds palmés l'aident à se propulser dans l'eau et facilitent son envol, plutôt maladroit, de la surface de l'eau. Ses longues ailes en font un puissant voilier qui voyage souvent en spectaculaires formations en V. La poche du pélican est tout simplement une épuisette. Quand il introduit son bec dans l'eau, la mandibule inférieure se creuse, formant une vaste poche qui se remplit d'eau et de poissons. Il relève la tête et la poche se contracte, laissant échapper l'eau, mais retenant les poissons. Il est fréquent qu'un groupe de 6 à 8 pélicans se dispose en fer à cheval. Les oiseaux immergent leur bec grand ouvert en même temps et capturent ainsi tous les poissons.

Beaucoup nichent en colonies. La ponte est de 2 à 4 œufs, qui sont déposés dans un nid de branchages situé dans un arbre ou dans l'herbe. Le couple couve pendant 29 ou 30 jours et élève les poussins.

Pélican brun,
Pelecanus occidentalis

Distribution : États-Unis, Caraïbes, Amérique du Sud, îles Galapagos
Habitat : côtes maritimes
Taille : 127 cm

C'est le plus petit pélican et celui qui se démarque de l'ensemble de la famille. C'est un oiseau de mer, et il pêche en piquant parfois de 15 m de haut. Il plonge les ailes rabattues et le cou incurvé en S, si bien que l'avant de son corps, équipé de coussins d'air, amortit le choc du plongeon. Il vient généralement manger sa prise à la surface.

La ponte est de 2 ou 3 œufs, couvés 28 jours environ par couple.

VAUTOURS DU NOUVEAU MONDE ET CIGOGNES

Famille des Ciconiidae

Cette famille comprend 2 sous-familles : les vautours du Nouveau Monde et les cigognes.

Sous-famille des Cathartinae : Vautours du Nouveau Monde

Il y a 7 espèces de vautours du Nouveau Monde et de condors, présentes de la Terre de Feu et des Falkland au sud du Canada. Les vautours cathartides sont apparemment semblables à ceux de l'Ancien Monde, mais leurs différences anatomiques les placent dans une famille à part. Pourtant, comme leurs cousins africains, ils se nourrissent de charognes, et leur tête et leur cou nus leur permettent d'y plonger sans souiller leur plumage. Leurs doigts longs et leurs serres peu crochues les aident beaucoup plus à se tenir perchés qu'à saisir. Vautours et condors sont des oiseaux solitaires, même si certains perchent en colonies. Le nid est généralement édifié dans un arbre creux. Les deux sexes sont identiques.

Vautour pape, *Sarcoramphus papa*

Distribution :	du Mexique jusqu'à l'Argentine
Habitat :	forêts tropicales, savane
Taille :	79 cm

C'est un vautour de taille moyenne, aux ailes et à la queue larges. La peau nue qui recouvre sa tête présente d'extraordinaires motifs aux couleurs criardes. Il a une réputation de tueur, mais il vit surtout de charognes. Ainsi que son nom le suggère, ce vautour, au bec puissant, est prioritaire sur les autres vautours pour s'approprier les carcasses. Celles-ci sont parfois difficiles à repérer dans l'épaisse forêt tropicale, et c'est l'un des rares oiseaux qui puisse se fier à son odorat pour détecter la présence de nourriture. Les poissons échoués au bord des rivières sont une part importante de son régime.

On connaît mal la nidification de cette espèce, mais on sait qu'elle construit un nid dans les arbres, souvent très grands, et peut-être aussi sur les rochers. On a pu observer la ponte d'un seul œuf dans une souche d'arbre creux. L'incubation a été assurée par le couple. Le petit, nourri par les deux parents, a duré 58 jours. Les jeunes sont d'abord noirs ; ils acquièrent les motifs éclatants de la face et le plumage beige au cours des deux années suivantes.

Condor de Californie, *Gymnogyps californianus* **CR**

Distribution :	États-Unis (Californie)
Habitat :	montagnes
Taille :	1,14 à 1,40 m

Cet immense vautour, l'un des plus grands oiseaux du monde, est aussi l'un des plus lourds à voler (il pèse plus de 11 kg). Autrefois plus largement répartie, l'espèce a décliné de façon dramatique, à cause de la destruction de son milieu et de la chasse. Elle est probablement proche de l'extinction. Le condor est protégé par le règlement de protection des espèces en danger des États-Unis et par la loi californienne. Des projets sont en cours pour l'élever en captivité, dernière chance de sauver l'espèce.

Véritablement spectaculaire en vol, avec ses ailes immenses, le condor de Californie plane à haute altitude et peut se laisser glisser sur près de 16 km sans effectuer un seul mouvement d'ailes. Il lui faut de bonnes conditions pour planer, et, les jours de mauvais temps ou sans vent, il reste parfois à dormir. Hors de la saison des nids, ses principales activités consistent à se nourrir et à dormir ; il reste perché jusqu'à 15 heures par jour. Il vit exclusivement de charognes, de gros animaux surtout, et ne semble pas s'attaquer aux créatures vivantes.

Au début de la saison des nids, le mâle parade devant sa future compagne. La ponte est de 1 œuf, qui est déposé sur le sol d'une grotte ou dans une anfractuosité de falaise. Les parents se relaient pour couver, et nourrissent et soignent le jeune oiseau plus de 1 an. Ils ne peuvent donc se reproduire que tous les 2 ans.

Vautour aura, *Cathartes aura*

DISTRIBUTION : zones tempérées d'Amérique du Nord et du Sud
HABITAT : plaines, déserts, forêts
TAILLE : 66 cm à 1,32 m

Appelé aussi busard aura et très largement répandu, ce vautour plane au-dessus de terrains découverts, en quête de charognes. Il vit de déchets de toutes sortes, y compris d'excréments d'otaries, de fruits et légumes pourris, et de petites charognes. Dans bien des régions, cet oiseau est capturé et massacré, car on croit, à tort, qu'il transmet l'anthrax, ainsi que d'autres maladies, au bétail. Il est néanmoins nuisible sur certaines îles du Pérou, où il s'attaque aux œufs et aux poussins.

La nuit, il perche en bande, d'une trentaine d'oiseaux, au plus, mais c'est là sa seule activité de groupe. Il ne fait pas de vrai nid et la ponte est de 2 œufs, dans une grotte ou une souche d'arbre creux. Le couple couve et élève les poussins.

SOUS-FAMILLE DES CICONIINAE : CIGOGNES

Ce sont de grands oiseaux aux pattes longues, au cou allongé et aux ailes longues et larges. La base palmée des pieds dénote des habitudes aquatiques. Ils se nourrissent cependant dans des terrains plus secs que la plupart des oiseaux du même ordre. Leur vol, extrêmement puissant, est saisissant : le cou et les pattes sont étendus à l'horizontale, ces dernières traînant légèrement. Les deux sexes sont identiques. Il existe 17 espèces de cigognes, toutes sauf 3 se trouvent dans l'Ancien Monde. Les populations nordiques sont migratrices.

Cigogne blanche, *Ciconia ciconia*

DISTRIBUTION : Europe, Asie Mineure ; hiverne en Afrique
HABITAT : forêts et voisinage de l'homme
TAILLE : 1 à 1,15 m ; hauteur, 1,20 m

Selon la légende, les cigognes apportent les bébés, et, pour cette raison, elles ont toujours été populaires et quelque peu protégées. Elles sont grégaires et familières de la présence de l'homme. Leur régime comporte surtout grenouilles, reptiles, insectes et mollusques. Le nid est une énorme construction de branchages située dans un arbre ou sur un bâtiment. La ponte est de 1 à 7 œufs, qui sont couvés par le couple pendant 25 à 30 jours. Les jeunes sont élevés par les deux parents et quittent le nid à l'âge de 53 à 55 jours.

Les cigognes ne sont pas des oiseaux chanteurs, mais lorsqu'elles prennent leur tour sur le nid, elles exécutent un salut rituel, avec des claquements de bec qui produisent un bruit caractéristique. Elles détournent en même temps la tête, et donc le bec, comme s'il s'agissait d'une épée. Ce geste, à l'opposé de la posture de menace, bec en avant, désamorce toute agressivité entre partenaires. En hiver, les cigognes migrent au sud, la plupart en Afrique par Gibraltar ou Istanbul, évitant ainsi les longues traversées auxquelles leur vol, planant, n'est pas adapté. En France, leurs populations se sont dramatiquement raréfiées, en raison de l'assèchement des marais et de la chasse dont elles font l'objet en Afrique.

Bec-ouvert asiatique, *Anastomus oscitans*

DISTRIBUTION : Inde et Asie du Sud-Est
HABITAT : eaux intérieures
TAILLE : 81 cm ; hauteur, 61 cm

Le bec-ouvert, comme son nom l'indique, a un bec remarquable, dont les mandibules ne se touchent qu'aux extrémités, laissant un vide entre elles. Cette structure particulière, qui ne se développe que lentement, n'apparaît pas chez les jeunes. Elle serait une adaptation à la prise des gros et gluants escargots d'eau dont il se nourrit. Plus aquatiques que la plupart des cigognes, ces oiseaux font pourtant leur nid dans les arbres, au milieu des buissons ou des cannaies. La ponte, de 3 à 6 œufs, est couvée par le couple. L'espèce africaine, *A. lamelligerus*, a la même forme de bec.

FRÉGATES, MANCHOTS ET PLONGEONS

Famille des Fregatidae : Frégates

Ce sont les plus aériens des oiseaux aquatiques. Les frégates au vol gracieux et spectaculaire font preuve, au-dessus de la mer, d'une grande maîtrise des courants aériens et planent sur des distances considérables au-dessus des océans. Ce sont de grands oiseaux aux ailes pointues, extrêmement longues, à la queue longue et fourchue, dont les 5 espèces vivent en zone tropicale et subtropicale. Les femelles, généralement plus grosses que les mâles, ont le poitrail et les flancs blancs. Les mâles ont une poche pectorale rouge vif, qu'ils gonflent pendant la parade nuptiale.

Frégate superbe, *Fregata magnificens*
Distribution : Amérique centrale et du Sud, îles Galapagos
Habitat : eaux côtières, îles, baies, estuaires
Taille : 95 cm à 1,10 m ; envergure, 2,15 à 2,45 m

Le mâle possède une poche pectorale particulièrement belle et volumineuse, et la plus grande surface d'ailes par rapport à la taille du corps que l'on puisse trouver chez un oiseau. Cette frégate vit essentiellement de poissons, d'encornets, de crustacés et de méduses, qu'elle attrape en piquant à la surface de l'eau. On la voit rarement posée sur l'eau. Elle complète son régime en volant leur prise à d'autres oiseaux. Après avoir repéré un fou ou un autre oiseau de mer de retour de sa pêche, la frégate le prend en chasse et le force à régurgiter sa prise, qu'elle saisit alors en plein vol.

Le nid est une fragile construction de branchages. La ponte est de 1 œuf. Le couple couve environ 40 jours et élève le poussin jusqu'à ce qu'il vole, à 4 ou 5 mois, et l'alimente encore quelques semaines.

Famille des Spheniscidae : Manchots

C'est un groupe primitif de 17 espèces aptères, extraordinairement adaptées à la vie en mer. Les ailes ont évolué vers une forme en rames plates et rigides, que les manchots utilisent pour se propulser rapidement sous l'eau à la poursuite de poissons et d'encornets. Les plumes, courtes et brillantes, forment un manteau épais qui a la consistance d'une fourrure ; il est imperméable et profilé pour la nage, et c'est un remarquable isolant thermique. Les pattes courtes, aux pieds palmés, sont implantées très à l'arrière du corps et leur servent de gouvernail lorsqu'ils nagent, mais cette implantation oblige les oiseaux à se tenir debout très droits ou à s'allonger à terre sur le ventre.

Ne venant généralement à terre que pour nicher et muer, ils passent tout le reste de l'année en mer. Tous, sauf le manchot des Galapagos, nichent sur le continent antarctique, les îles subantarctiques ou les côtes méridionales de l'Amérique du Sud, de l'Afrique du Sud ou de l'Australie.

Manchot pygmée, *Eudyptula minor*
Distribution : Nouvelle-Zélande, Tasmanie, sud de l'Australie
Habitat : eaux côtières
Taille : 40 cm

C'est le plus petit des manchots. Il vit près des côtes et des îles de son aire, et se nourrit en eau peu profonde. À la saison des nids, les oiseaux ont tendance à retourner chaque année aux mêmes sites et avec le même partenaire. Le nid est dans des rochers ou un terrier. La ponte est de 2 œufs, que le couple couve 33 à 40 jours.

Manchot empereur, *Aptenodytes forsteri*

DISTRIBUTION : côtes de l'Antarctique

HABITAT : océan et banquise

TAILLE : 1,20 m

Ce sont les plus grands de la famille des manchots. Ils ne viennent jamais vraiment à terre, mais forment de gigantesques colonies sur la banquise de l'Antarctique.

Après l'accouplement, la femelle pond son œuf unique au début de l'hiver et retourne immédiatement en mer. Son partenaire couve alors l'œuf, posé sur ses pieds, à l'abri sous un jabot de peau et de plumes. Tant que dure l'incubation (64 jours), les mâles de la colonie se tiennent blottis les uns contre les autres afin de trouver chaleur et protection dans le froid mordant et l'obscurité totale de l'hiver austral. Comme il ne peut abandonner son œuf, le mâle est astreint au jeûne. Après l'éclosion, il nourrit le poussin, à l'abri sur ses pieds, de sécrétions produites dans son jabot. C'est alors que la banquise se détache et que la femelle revient pour relayer le mâle. Le couple élève ensuite le poussin.

Manchot des Galapagos, *Spheniscus mendiculus* **VU**

DISTRIBUTION : îles Galapagos

HABITAT : eaux côtières

TAILLE : 51 cm de haut

C'est le plus rare des manchots, et seul de l'espèce à s'aventurer près de l'équateur. Les Galapagos sont en effet baignées par les eaux froides du courant de Humboldt, ce qui en fait une zone hospitalière pour un manchot épris de froid.

Ce courant lui fournit aussi une abondante nourriture. Les oiseaux nichent de mai à juillet. Le nid de pierres est édifié dans une grotte ou une crevasse. La ponte est de 2 œufs.

FAMILLE DES GAVIIDAE : PLONGEONS

Ces oiseaux plongeurs nagent en se propulsant avec les pieds, et les 4 ou 5 espèces vivent sous les hautes latitudes de l'hémisphère Nord. Ils sont dans ces régions les homologues des grèbes sur le plan écologique. Ils vivent surtout de poissons. Les deux sexes sont identiques.

Plongeon catmarin, *Gavia stellata*

DISTRIBUTION : circumpolaire (Amérique du Nord, nord de l'Europe et de l'Asie)

HABITAT : lacs, étangs, mers

TAILLE : 53 à 69 cm

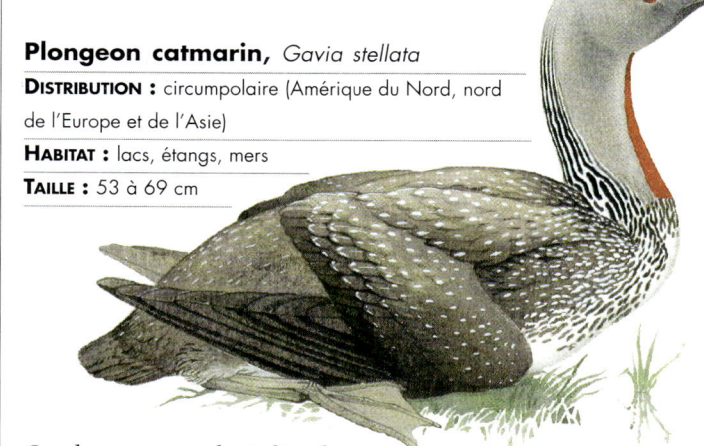

Ce plongeon est doté d'un bec mince qui est comparable à celui du grèbe. En hiver, le dos est tacheté de blanc, et la tête est gris et blanc. Comme tous ceux de sa famille, le plongeon catmarin a un vol vigoureux, et sa petite taille lui permet de s'envoler de l'eau facilement.

Lors de la parade nuptiale, les oiseaux trempent leur bec dans l'eau et plongent. La ponte est de 1 à 3 œufs dans un coussin de mousse ou d'autres végétaux, ou dans une cavité peu profonde à terre. Les deux parents assurent l'incubation pendant 24 à 29 jours et nourrissent les poussins.

PÉTRELS, PRIONS ET PUFFINS

Famille des Procellariidae : Pétrels, Albatros, Pétrels tempête

Cette famille se compose de 3 sous-familles : les procellariinés, les diomedeinés et les hydrobatinés. Ce sont des oiseaux exclusivement marins, aux pieds palmés et au bec crochu surmonté de narines tubées allongées tout à fait caractéristiques.

Quelque 115 espèces de ces « nez tubés » sont réparties sur les océans à travers le monde. La plupart des espèces gardent une huile dans leur estomac, comme provision alimentaire pour les vols de longue distance ; par son odeur nauséabonde, cette huile constitue aussi un mécanisme de défense. Les espèces caractéristiques de cet ordre se signalent par de faibles taux de reproduction, par de longues périodes d'immaturité et par une durée de vie élevée.

Sous-famille des Procellariinae : Pétrels, Prions, Puffins

Cette famille constitue, avec ses 80 espèces, le plus grand groupe d'oiseaux à narines tubées. La plupart ont les ailes longues et étroites et la queue courte. Les deux sexes ont le même plumage. Cette famille est représentée dans tous les océans. La plupart des espèces sont migratrices. Les oiseaux viennent peu à terre, si ce n'est pour nicher, et passent la majeure partie de leur vie en vol au-dessus de la mer. Ils ont une grande maîtrise du vol par très gros temps.

À l'intérieur de la famille, les espèces se sont adaptées à des modes d'alimentation divers. Les fulmars vivent de plancton et fouillent les déchets des flottilles de pêche. Les prions extraient le plancton de l'eau. Les pétrels du genre *Pterodroma* attrapent la nuit encornets et poulpes, et les puffins pêchent à la surface de l'eau.

La plupart nichent dans des terriers ou des fissures de rochers, et certains sur des corniches de falaises ou au sol, à découvert. La ponte est généralement d'un seul œuf, que les deux parents couvent chacun leur tour 2 à 12 jours. Les pétrels nichent le plus souvent en colonies.

Les pétrels plongeurs constituent un groupe très caractéristique de 4 oiseaux aux narines tubées, tous classés dans le genre *Pelecanoides*. Ils ont le corps compact, le cou réduit, les ailes, les pattes et la queue courtes, et leur allure générale rappelle celle des alcidés, dont ils ont également le mode d'alimentation. Comme eux, ils plongent de haut dans la mer et se servent de leurs courtes ailes pour nager sous l'eau à la poursuite des proies. Leur régime compte des crustacés et des petits poissons en bancs comme les anchois. Ils volent avec de rapides battements d'ailes. Tous vivent dans les mers du Sud et le long de la côte ouest de l'Amérique du Sud en remontant jusqu'au Pérou.

Prion à large bec ou Prion de Forster, *Pachyptila vittata*

Distribution :	mers du Sud
Habitat :	océanique
Taille :	31 cm

Les 6 espèces de prions, toutes du genre *Pachyptila*, sont tout à fait semblables d'aspect et de taille et, de ce fait, impossibles à différencier en mer. Ce prion, légèrement plus gros que les autres espèces, se distingue à son bec nettement plus large. Il se nourrit des animalcules du plancton, qu'il extrait de l'eau en la filtrant à travers les lamelles qui bordent son bec.

D'énormes bandes de ces oiseaux se forment généralement là où l'eau est riche en plancton. Les prions à large bec nichent en vastes colonies l'été sur les îles de l'Atlantique Sud, du sud de l'océan Indien et au large de la Nouvelle-Zélande.

Puffin des Anglais, *Puffinus puffinus*

Distribution :	océans Atlantique et Pacifique, Méditerranée
Habitat :	océanique et côtier
Taille :	30 à 38 cm

Il existe plusieurs sous-espèces de puffins des Anglais géographiquement distinctes, avec de légères différences de plumage. Les puffins se nourrissent de jour, en attrapant poissons, encornets, crustacés et déchets à la surface de l'eau ou en plongeant à la poursuite de leur proie. Ils ont des trajets de migration complexes d'un site de nourrissage à l'autre, et parcourent de larges distances. Un puffin, pris dans un terrier en Grande-Bretagne et emmené aux États-Unis, a effectué le voyage de retour, soit 4 500 km, en 13 jours.

Ces oiseaux nichent en énormes colonies sur des îles au large des côtes. La ponte est de 1 œuf dans un terrier. Les deux parents couvent 52 à 54 jours et élèvent le poussin.

Fulmar ou Pétrel glacial, *Fulmarus glacialis*
Distribution : Atlantique Nord, Pacifique Nord
Habitat : océanique
Taille : 45 à 50 cm

Les fulmars se repaissent des déchets de la pêche industrielle, et, du fait du développement de cette dernière, ces grands et robustes pétrels se sont multipliés de façon dramatique. Nageurs, mais rarement plongeurs, ils attrapent l'essentiel de leur nourriture à la surface de l'eau. Les deux sexes ont le même plumage, mais le mâle a un bec plus gros.

Ils nichent sur des corniches de falaises sur des côtes ou des îles. La ponte est d'un seul œuf, que le couple couve environ 53 jours. Il nourrit le poussin et le défend en crachant une huile nauséabonde sur les prédateurs.

Pétrel moucheté ou Pétrel de Peale,
Pterodroma inexpectata
Distribution : Pacifique Sud et Nord jusqu'à 55° de latitude nord
Habitat : océanique
Taille : 36 cm

C'est une espèce assez petite, avec de longues ailes minces. Le vol est rapide, et le pétrel moucheté effectue piqués et plongées avec beaucoup d'aisance. Ce pêcheur nocturne vit principalement d'encornets et de poulpes. C'est sur les îles Stewart et Snares qu'il niche, et il migre vers le nord en hiver, à l'ouest du Pacifique Nord. Comme la plupart des pétrels, il ne pond qu'un seul œuf.

Pétrel plongeur commun, *Pelecanoides urinatrix*
Distribution : Atlantique Sud, océan Indien, océan Pacifique
Habitat : eaux côtières
Taille : 18 à 21 cm

Comme les autres, ce pétrel plongeur est côtier plutôt que pélagique. C'est sur les îles de l'Atlantique Sud, des Falkland à l'Australie et à la Nouvelle-Guinée, qu'il niche, parfois en colonies.

Le couple creuse un terrier de plusieurs dizaines de centimètres, se relaie pour couver l'unique œuf, 8 semaines environ, et nourrit le poussin, qui quitte le nid à 7 ou 8 semaines.

ALBATROS ET PÉTRELS TEMPÊTE

SOUS-FAMILLE DES DIOMEDEINAE : ALBATROS

Elle se compose de 14 espèces de grands oiseaux pélagiques, au spectaculaire vol glissé sur d'immenses distances marines. La plupart se trouvent dans l'hémisphère Sud, mais quelques-unes vivent dans l'océan Pacifique Nord. Ces oiseaux ont une silhouette immédiatement reconnaissable à leurs ailes étroites extrêmement longues. Leur bec est gros et crochu. Les deux sexes sont identiques chez tous, sauf l'albatros hurleur. Ils vivent de poissons, d'encornets et autres créatures marines. La plupart sont migrateurs.

Albatros hurleur, *Diomedea exulans* **VU**

DISTRIBUTION : océans du Sud, 60° à 25° de latitude sud environ
HABITAT : océanique
TAILLE : 1,10 à 1,35 m ; envergure, 2,90 à 3,24 m

Albatros fuligineux, *Phoebetria palpebrata*
DISTRIBUTION : mers du Sud jusqu'à 33° de latitude sud
HABITAT : océanique
TAILLE : 72 cm

Ce gracieux petit albatros est plus habile à manœuvrer dans les airs que les gros oiseaux de mer. Il niche sur les îles antarctiques et subantarctiques, et son nid est une coupe de forme régulière faite de végétaux. La ponte est de 1 œuf, et les deux parents élèvent le poussin pendant quelques mois.

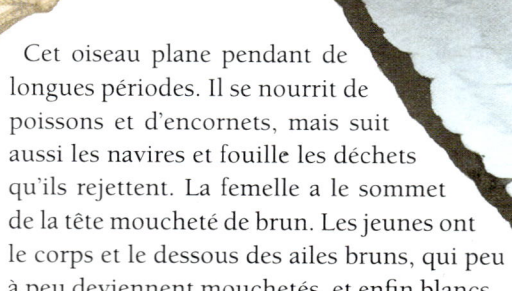

Cet oiseau plane pendant de longues périodes. Il se nourrit de poissons et d'encornets, mais suit aussi les navires et fouille les déchets qu'ils rejettent. La femelle a le sommet de la tête moucheté de brun. Les jeunes ont le corps et le dessous des ailes bruns, qui peu à peu deviennent mouchetés, et enfin blancs.

L'albatros hurleur ne vient à terre, sur les îles subantarctiques, que pour nicher. Les parades nuptiales sont élaborées : les oiseaux claquent bruyamment du bec, en déployant leurs ailes immenses. Le couple couve un seul œuf 80 jours environ. Comme les parents nourrissent le poussin pendant près de 1 an, ils ne peuvent se reproduire que tous les 2 ans.

SOUS-FAMILLE DES HYDROBATINAE : PÉTRELS TEMPÊTE (OCÉANITES)

Ces petits oiseaux de mer sont présents sur la plupart des océans, principalement au sud du cercle arctique. Il y a près de 21 espèces réparties en 2 groupes, selon qu'elles sont dans l'hémisphère Nord ou Sud. Leurs aires de distribution débordent sur les tropiques. Les oiseaux de l'hémisphère Nord ont les pattes courtes, les ailes longues et effilées, et la queue fourchue. Ils plongent et volent au ras de l'eau pour se nourrir. Ceux de l'hémisphère Sud ont les pattes longues et minces, les ailes courtes et arrondies, et la queue carrée. Ils se nourrissent en « marchant » à la surface de l'eau, les ailes déployées. Tous les pétrels tempête présentent un plumage noir, ou noir et brun, et un croupion blanc. Les deux sexes sont identiques, et tous les oiseaux ont une odeur musquée caractéristique. La plupart des espèces sont des oiseaux de haute mer et ne viennent à terre et sur les eaux intérieures que pour nicher. Ils nichent en colonies, toujours sur les mêmes sites. Les couples durables sont la règle.

OISEAUX : ALBATROS ET PÉTRELS TEMPÊTE 303

Pétrel tempête noir, *Oceanodroma melania*
DISTRIBUTION : nord-est de l'océan Pacifique (de la Californie au Pérou)
HABITAT : eaux côtières et haute mer
TAILLE : 21 à 23 cm

Avec sa queue très échancrée, le pétrel tempête noir est typique du groupe des pétrels du Nord, et c'est l'une des espèces qui vivent dans les eaux riches du Pacifique. Il se nourrit de plancton et de larves de langoustes. Il niche sur les îles côtières de Basse-Californie. La ponte est de 1 œuf. Le nid est dans un terrier ou une fissure de rocher.

Pétrel tempête, *Hydrobates pelagicus*
DISTRIBUTION : nord-est de l'océan Atlantique, ouest de la Méditerranée
HABITAT : océanique
TAILLE : 14 à 18 cm

C'est le plus petit des oiseaux de mer européens et l'une des 3 espèces de pétrels tempête. Plus aérien qu'aquatique, il lui arrive cependant de nager quelques instants, et ce par tous les temps. Il vit de poissons, encornets et crustacés, et suit souvent les navires, pour les déchets. Il ne vient à terre que pour nicher, sur des îles et des promontoires rocheux au large. Le nid est un terrier creusé par les deux partenaires ou une cavité dans une paroi de falaise. La ponte est de 1 œuf. Le couple couve 38 à 40 jours et élève le poussin. En hiver, ils migrent au sud de leur aire de nidification, vers la mer Rouge et les côtes de l'Afrique occidentale.

Pétrel océanite, *Oceanites oceanicus*
DISTRIBUTION : Antarctique, océan Indien, Atlantique
HABITAT : océanique
TAILLE : 15 à 19 cm

Le pétrel océanite est typique du groupe des pétrels tempête de l'hémisphère Sud. Ses longues pattes et ses doigts courts lui permettent de sautiller et de ramer à la surface de l'eau lorsqu'il pêche, mais il vole parfois sur place au-dessus de l'eau. Il se nourrit surtout de plancton et de l'huile, ainsi que des graisses rejetées par les stations baleinières. Le nid est dans un terrier ou sous des rochers. La ponte est de 1 œuf, couvé 39 à 48 jours par le couple.

Pétrel tempête des Andes, *Oceanodroma hornbyi* **DD**
DISTRIBUTION : côte pacifique de l'Amérique du Sud
HABITAT : océanique
TAILLE : 20 à 22 cm

Ce pétrel tempête a un plumage caractéristique, avec un collier blanc et la poitrine barrée de sombre. C'est un oiseau de mer qui vole néanmoins à l'intérieur des terres pour aller nicher dans les Andes chiliennes.

Pétrel frégate, *Pelagodroma marina*
DISTRIBUTION : océans Atlantique, Indien et Pacifique
HABITAT : océanique
TAILLE : 20,5 cm

Cette espèce est reconnaissable à son plumage noir et blanc. Comme tous les pétrels tempête de l'hémisphère Sud, celui-ci laisse pendre ses longues pattes en vol et s'abat à la surface de l'eau pour pêcher du plancton et de petits encornets. Des colonies nichent sur de nombreuses îles de l'Atlantique et près des côtes de l'Australie et de la Nouvelle-Zélande. La ponte est de 1 œuf, dans un terrier creusé dans un sol meuble.

XÉNIQUES, BRÈVES EURYLAIMES ET ASITES

ORDRE DES PASSÉRIFORMES

Le plus important de tous les ordres est connu généralement comme celui des oiseaux percheurs ou chanteurs. Il comporte la moitié environ des 9 000 espèces d'oiseaux existants et se compose de 47 familles dont quelque 35 ou davantage, les plus évoluées, sont regroupées comme oscines ou vrais chanteurs. Les autres sont connues comme pseudoscines ou chanteurs primitifs, avec un organe de chant plus simple. Les oiseaux percheurs sont généralement petits ; ils se sont adaptés à presque tous les types d'habitats terrestres.

Le groupe se distingue par un certain nombre de caractères morphologiques et comportementaux. Les pieds sont conformés pour agripper un perchoir aussi étroit qu'une brindille ou une herbe. Les quatre doigts sont au même niveau, avec un pouce vers l'arrière, et ne sont jamais palmés.

Les oiseaux percheurs mâles sont normalement capable de chants complexes et d'émissions vocales en parade nuptiale ou pour défendre leur territoire.

SOUS-ORDRE DES TYRANNI : PASSEREAUX PRIMITIFS

FAMILLE DES ACANTHISITTIDAE : XÉNIQUES

Cette famille de 4 espèces est confinée aux forêts et terrains broussailleux de Nouvelle-Zélande.

Xénique grimpeur, *Acanthisitta chloris*

DISTRIBUTION : Nouvelle-Zélande et îles voisines

HABITAT : forêts et habitats modifiés avec restes de forêt

TAILLE : 7,5 à 10 cm

Ce petit xénique vit surtout dans les arbres, dont il fouille les fissures des troncs et des branches en quête d'insectes et d'araignées. À l'occasion, il vient au sol. Les deux sexes diffèrent par le plumage, la femelle ayant le dessus strié marron clair et marron foncé, au lieu de vert jaunâtre.

Le nid est édifié dans une fissure d'arbre. Le couple couve les 4 ou 5 œufs et nourrit les petits.

FAMILLE DES PITTIDAE : BRÈVES

Il existe 31 espèces de brèves, présentes en Afrique, en Asie et d'Asie du Sud-Est en Australie. Ce sont des oiseaux robustes, aux pattes longues et au plumage brillant pour la plupart. Les deux sexes sont tantôt semblables, tantôt différenciés.

Brève du Bengale, *Pitta brachyura*

DISTRIBUTION : nord et centre de l'Inde ; hiverne dans le sud de l'Inde et au Sri Lanka

HABITAT : varié, y compris terres à demi cultivées et forêts

TAILLE : 18 cm

Ce petit oiseau au plumage brillant va en quête d'insectes et d'araignées sur le sol de la forêt ou juste au-dessus, où il remue feuilles et débris végétaux. Il mange aussi vers et asticots sur les tas d'excréments.

En cas d'alerte, la brève du Bengale vole se réfugier dans un arbre en émettant un curieux ronflement, puis elle se tient coite en hochant lentement la queue.

Le nid est un globe avec un dôme, fait de mousse et couvert de brindilles. Il est garni de végétaux et comporte une entrée latérale. Le couple couve 4 à 6 œufs et nourrit les poussins, qui naissent nus et totalement dépendants. De vastes bandes de brèves du Bengale migrent au sud en hiver.

Brève grenadine, *Pitta granatina*

DISTRIBUTION : Malaisie, Sumatra, Bornéo
HABITAT : forêts des basses terres, marais
TAILLE : 15 cm

Les brèves grenadines, mâle et femelle, ont un plumage brillant, qui scintille de tous ses feux, tandis que les jeunes sont d'une teinte brunâtre et n'acquièrent les magnifiques couleurs de l'adulte que progressivement.

Une grande partie de la vie de la brève grenadine se passe au sol, à courir en quête de fourmis, de scarabées et autres insectes, ainsi que d'escargots, et de graines, mais il lui arrive de voler sur de courtes distances.

Le nid est édifié au sol. C'est une structure en dôme, faite de feuilles pourrissantes et de fibres, avec un toit de brindilles et de feuilles. Une entrée conduit à la cavité, où la femelle pond 2 œufs.

Les populations de cette espèce sont en déclin, en raison de la destruction de son habitat.

FAMILLE DES EURYLAIMIDAE : EURYLAIMES

Près de 14 espèces d'eurylaimes ont été répertoriées dans les forêts et les terrains boisés d'Afrique, du sud et du sud-est de l'Asie. Ce sont de petits oiseaux rondelets, au plumage brillamment coloré, au bec lourd et large, et aux pattes et à la queue courtes. Les deux sexes sont dissemblables chez la plupart des espèces. Les eurylaimes vivent de fruits, d'insectes, de graines et autres végétaux.

La plupart des espèces font un nid en forme de poire, suspendu à des branches ou des brindilles, souvent au-dessus de l'eau. Les couvées sont généralement de 2 à 8 œufs.

Eurylaime vert, *Calyptomena viridis*

DISTRIBUTION : Malaisie, Sumatra, Bornéo
HABITAT : forêts de basses terres et de collines
TAILLE : 19 cm

L'eurylaime vert passe une bonne partie de sa vie en quête de fruits, dont il se nourrit exclusivement. Il se tient dans le haut des arbres de la forêt, où il est difficile de le repérer parmi les feuilles. Le mâle est brillant et irisé, la femelle est d'un vert plus terne et souvent plus grosse.

Le nid est fait de fibres végétales grossières, feutrées, et suspendu à de fines brindilles au-dessus du sol. Le sommet, plus large que le fond, comporte une ouverture. La ponte est de 2 œufs, que les deux parents couveraient.

FAMILLE DES PHILEPITTIDAE : ASITES (PHILEPITTES)

Les 4 espèces de cette famille forment 2 groupes distincts : les asites et les faux souï-mangas. On trouve ces petits oiseaux arboricoles dodus à Madagascar. Chez toutes les espèces, les deux sexes ont un plumage différent.

Philepitte souï-manga, *Neodrepanis coruscans*

DISTRIBUTION : est de Madagascar
HABITAT : forêts
TAILLE : 9 cm

Le long bec recourbé de la philepitte souï-manga la fait ressembler fortement à un souï-manga (nectariniidés), d'où son nom commun. Elle se sert de son bec dans le même dessein, c'est-à-dire qu'elle le plonge dans la corolle des fleurs pour boire le nectar. Elle se nourrit également de fruits, insectes et d'araignées.

TYRANS ET MOUCHEROLLES

Famille des Tyrannidae : Tyrans et Moucherolles

Les 537 espèces de cette grande famille d'oiseaux percheurs ne se retrouvent qu'en Amérique. La famille des tyrannidés est divisée en 5 sous-familles : pipromorphinés, tyrannines, tityrinés, cotingines et piprinés.

Sous-famille des Pipromorphinae

Les 53 espèces de cette sous-famille se retrouvent dans les forêts et les bois clairsemés des régions tropicales d'Amérique centrale et d'Amérique du Sud. La plupart sont insectivores, même si certaines espèces appartenant au genre *Mionectus* se nourrissent aussi de petites baies.

Tyran pipra, *Mionectus oleaginus*

Distribution : du sud du Mexique au Pérou et au Brésil

Habitat : forêts, clairières

Taille : 12 cm

C'est un tyran élancé et doté d'une longue queue, au manteau vert olive, avec la gorge grise et les parties inférieures ocre-jaune. Le bec est long et mince, avec un bout crochu. Petit et remuant, il se caractérise par l'habitude de tordre constamment ses ailes en les ramenant, l'une après l'autre, au-dessus de son dos. Contrairement aux autres tyrans, celui-ci ne happe pas ses proies au vol, mais cueille insectes et araignées à même le feuillage, en voletant d'un arbre à l'autre. Il se nourrit aussi de fruits et de baies, en particulier du gui. Extrêmement solitaire, il n'est jamais en groupe ni même en couple, sinon pendant la brève saison des amours et de l'accouplement.

Habituellement silencieux, les mâles, à la saison des nids, s'emparent d'un territoire, où ils se perchent et chantent inlassablement pour attirer des partenaires ; il arrive que plusieurs mâles chantent à portée de voix les uns des autres. Ils n'aident les femelles ni dans la construction du nid ni dans l'éducation des jeunes.

Le nid, piriforme, couvert de mousse, est suspendu à une branche mince, à une plante grimpante ou à une racine aérienne, et sa construction occupe la femelle pendant 2 semaines. Elle couve les 2 ou 3 œufs durant 19 à 21 jours et nourrit les poussins 2 à 3 semaines.

Tyran cendré, *Todirostrum cinereum*

Distribution : sud du Mexique, Amérique centrale et du Sud jusqu'en Bolivie et au Brésil

Habitat : terrains découverts, plantations, parcs

Taille : 10 cm

Son long bec droit et les plumes de sa queue mince et dégradée représentent plus de la moitié de la longueur du corps de cet oiseau. Évitant les bois touffus, il se nourrit partout où il y a des arbres disséminés, s'élançant de branche en branche et attrapant insectes et baies sur le feuillage et l'écorce des arbres. Il sautille de côté le long des branches, en agitant la queue continuellement. Mâle et femelle sont identiques et vivent en couple toute l'année.

Le couple construit le nid suspendu à une mince brindille ou à une tige grimpante. Il ne tisse pas, mais emmêle des fibres végétales, puis dégage une entrée et une cavité centrale dans la masse. La femelle couve les 2 ou 3 œufs pendant 17 ou 18 jours, et les deux parents nourrissent les poussins.

Sous-famille des Tyranninae

Les 340 espèces de cette sous-famille forment l'une des plus vastes sous-familles d'oiseaux percheurs. On ne les trouve que sur le continent américain, où ils remplacent les gobe-mouches de l'Ancien Monde (muscicapidés), auxquels ils ressemblent sur bien des points. Les forêts pluviales du bassin de l'Amazone en offrent la plus grande variété, mais, comme certains se sont répandus partout où ils avaient de quoi se nourrir, on en trouve jusqu'en Alaska et en Terre de Feu.

La plupart capturent des insectes au vol, mais certains se nourrissent, outre d'insectes, de fruits, de petits mammifères et de poissons. Chez les insectivores, le bec est plutôt aplati et crochu, avec de belles vibrisses à la base. Les deux sexes sont identiques chez la majorité des espèces.

Moucherolle à queue en ciseaux, *Tyrannus forficatus*

Distribution : centre et sud des États-Unis ; hiverne dans le sud du Texas, du Mexique au Panama

Habitat : pâturages découverts (prairies), terres d'élevage

Taille : 28 à 38 cm de long, queue comprise (jusqu'à 23 cm)

Quand ces élégants oiseaux volent, les plumes noires de leur très longue queue s'ouvrent et se ferment comme les lames d'une paire de ciseaux. Perchés, ils les tiennent fermées. La femelle, plus petite, a la queue plus courte. Ces oiseaux restent

OISEAUX : TYRANS ET MOUCHEROLLES 307

longuement perchés sur des barrières, des fils télégraphiques et des arbres, d'où ils s'élancent brusquement pour attraper des insectes en vol ou au sol, surtout des sauterelles et des criquets (50 p. cent de leur ration), mais aussi des abeilles, guêpes, phalènes, chenilles et araignées, ainsi que des baies et graines.

Le nid, très volumineux, est fait de mauvaises herbes, de radicelles et de coton, et est garni de poils et de radicelles. La femelle couve 4 à 6 œufs, généralement 5, pendant 14 jours.

Grand Keskidi, *Pitangus sulphuratus*
Distribution : sud-est du Texas, Amérique centrale et du Sud jusqu'au centre de l'Argentine
Habitat : bosquets, vergers, rives boisées des cours d'eau
Taille : 23 à 26,5 cm

Ce gros oiseau, à la tête volumineuse, remuant et bruyant signale sa présence par son cri sonore : « Qu'est-ce qu'il dit ? », qui est à l'origine de son nom commun. On le rencontre à l'aube et au crépuscule, et son comportement rappelle celui du martin-pêcheur, perché immobile au-dessus de l'eau et plongeant en quête de poissons et de têtards. Après trois plongeons, il lui faut sécher son plumage ; aussi se met-il alors à la capture d'insectes, tels que scarabées et guêpes, en vol. En hiver, quand ceux-ci sont rares, il se nourrit de fruits et de baies.

Son grand nid ovale est édifié dans un arbre, à 6 m environ du sol. La ponte est de 2 à 5 œufs, généralement 4.

Tyran à tête blanche, *Arundinicola leucocephala*
Distribution : Amérique du Sud (de l'est des Andes au nord de l'Argentine), Trinité
Habitat : berges de rivières, marais, prairies humides
Taille : 11,5 cm

Ce sont des oiseaux sociables, qui vivent en couples ou en groupes familiaux et se nourrissent d'insectes qu'ils capturent en vol. Ils font leur nid dans des buissons ou des touffes d'herbe. La ponte est de 2 ou 3 œufs.

Moucherolle phébi, *Sayornis phoebe*
Distribution : est de l'Amérique du Nord ; hiverne dans le sud des États-Unis et au Mexique
Habitat : bois près de l'eau, ravins rocailleux, terres agricoles boisées
Taille : 16 à 18,5 cm

Cet oiseau se distingue par sa posture très droite et sa façon de remuer la queue latéralement quand il se pose. Il n'est pas craintif, et on peut le voir en été sur les routes, en quête de scarabées, fourmis, abeilles, guêpes et autres invertébrés. Le nid, une coupe de boue et de mousse, est sur une corniche rocheuse ou un appui de fenêtre. La ponte est de 3 à 8 œufs, 5 en moyenne, couvés 16 jours.

Tyran tritri, *Tyrannus tyrannus*
Distribution : du centre du Canada au Mexique ; hiverne en Amérique centrale et du Sud jusqu'au nord de l'Argentine
Habitat : terrains découverts avec arbres, vergers, jardins
Taille : 20 à 23 cm

Agressif et bruyant, il s'attaque à d'autres oiseaux, faucons, vautours et corbeaux, en se posant parfois sur leur dos. On l'a même vu s'en prendre à des avions volant à basse altitude. Selon certaines observations, il mangerait plus de 200 sortes d'insectes différentes, en vol ou en écopant l'eau. Il cueille aussi des baies, en volant sur place.

Le couple couve 3 à 5 œufs pendant 2 semaines environ et nourrit les poussins.

TYRANS ET MOUCHEROLLES SUITE

Moucherolle des saules, *Empidonax traillii*

DISTRIBUTION : sud du Canada, États-Unis (du Maine à la Virginie, à l'ouest vers l'Arkansas et la Californie)

HABITAT : terrains découverts près de l'eau, jusqu'à 2 400 m d'altitude

TAILLE : 13,5 à 15 cm

Comme son nom l'indique, on trouve cet oiseau le plus souvent là où les saules abondent, dans des îlots sur des rivières, sur des buissons le long des torrents et dans les prairies à castors. Il ressemble au moucherolle des aulnes (*E. alnorum*), mais son bec est plus long et ses ailes sont plus arrondies. Ce prodigieux insectivore attrape 65 espèces au moins de coléoptères, ainsi que des pucerons, abeilles, guêpes, tipules, chenilles, araignées et mille-pattes, qu'il happe adroitement en vol. Il mange également quelques baies.

Le nid est généralement à 2,50 m environ du sol, dans une fourche verticale de buisson ou de branche d'arbre, là où poussent saules et arbustes de la famille des rosiers. Des copeaux d'écorce de laiteron, de massette, et des chatons soyeux de tremble et de saule entrent dans sa construction, et il est garni d'herbe et de plumes douces. La ponte est de 3 ou 4 œufs, qui sont couvés pendant 12 jours environ. Les jeunes quittent le nid à l'âge de 2 semaines.

Tyran d'Azara, *Tachuris rubrigastra*

DISTRIBUTION : Amérique du Sud (Pérou, sud-est du Brésil, Paraguay, Uruguay, Argentine, Chili)

HABITAT : champs, prairies près de l'eau, sols marécageux

TAILLE : 10,5 cm

Le plumage de ce joli petit oiseau offre aux regards sept couleurs différentes :

jaune, bleu, blanc, bronze, noir, carmin et vert. Il est très vif et voltige constamment parmi les herbes hautes, en particulier les massettes, en quête de petits insectes, qui constituent son régime. Bien qu'il soit particulièrement actif, on le voit rarement, et seul son cri aigu, retentissant et répété, permet de le localiser.

Le nid, de forme conique, est fixé à une tige de massette ou un roseau, entre 50 et 80 cm au-dessus de l'eau, la pointe vers le bas. C'est un tissu extrêmement serré de brins de roseau sec agglomérés par une substance collante, ce qui lui donne une surface lisse et brillante. Curieusement, la ponte est toujours par multiples de 3 : 3, 6 ou 9 œufs.

Moucherolle couronné, *Onychorhynchus coronatus*

DISTRIBUTION : Amérique centrale et du Sud (du Mexique jusqu'aux Guyanes, à la Bolivie et au Brésil)

HABITAT : forêts pluviales et moussues, lisières de forêts

TAILLE : 16,5 cm

Le moucherolle couronné est un oiseau remarquable, avec sa grande huppe de plumes pourpres dont l'extrémité en anneau est irisée de bleu ; la huppe est orange ou jaune chez la femelle. Il la porte normalement à plat, mais, en parade, il l'ouvre et la ferme alternativement, un peu comme un éventail.

Son bec large et plat s'ouvre largement ; il est donc parfaitement adapté pour happer les insectes en vol. On le trouve généralement seul ou en couple, en forêt secondaire ou en lisière de forêt, où il se perche sur les branches basses.

Le nid, en forme de longue poche – qui peut atteindre 1,80 m de long –, est dans un arbre, souvent près d'un torrent. La ponte est de 2 œufs.

Pioui de l'Est, *Contopus virens*

Distribution : niche dans le sud-est du Canada et l'est des États-Unis ; hiverne en Amérique centrale et dans le nord de l'Amérique du Sud

Habitat : bois mixtes ou de feuillus, jardins ombragés avec de grands arbres

Taille : 15 à 17 cm

Le pioui de l'Est est si semblable à celui de l'Ouest (*C. sordidulus*) que, dans l'ouest du Manitoba et au Nebraska, où leurs aires de distribution se chevauchent, on ne le distingue qu'à son sifflement plaintif. Il se perche dans l'ombre épaisse de grands arbres, d'où il s'élance pour happer des insectes ailés, scarabées et sauterelles surtout.

Le nid, en coupe, aux parois épaisses, est construit sur les hautes branches horizontales d'un arbre. Il est fait de mauvaises herbes et de fibres, garni de laine, d'herbe et de poils, et bien recouvert de lichen, qui le rend invisible depuis le sol. La ponte est généralement de 3 œufs, couvés 13 jours.

Tyranneau à queue courte, *Myiornis ecaudatus*

Distribution : nord de l'Amérique du Sud, est des Andes, Amazonie brésilienne, Pérou, Bolivie, Trinité

Habitat : forêts pluviales hautes et clairsemées, clairières de forêts, plantations

Taille : 6,5 cm

Cet oiseau minuscule est le plus petit des tyrans. Sa queue très courte dépasse à peine les caudales supérieures. Les deux sexes sont identiques. Seul ou en couple, il s'élance comme un trait parmi les arbres de la forêt, des étages inférieurs à la couronne, en quête d'insectes.

Le tyranneau à queue courte n'est pas craintif, mais on peut difficilement le voir dans cette végétation, et l'on n'a aucune donnée sur sa reproduction et sa nidification.

Platyrhynque brun, *Platyrinchus platyrhynchos*

Distribution : du nord de l'Amérique du Sud au bassin de l'Amazone

Habitat : forêts pluviales, lisières de forêts

Taille : 7,5 cm

C'est un oiseau de petite taille, mais vigoureux, à la tête ronde et au bec court et large, reconnaissable aux plumes blanches qu'il a sur la tête. Le couple reste formé toute l'année, et s'affaire à voleter dans les buissons et les branches basses des arbres de la forêt en quête d'insectes et d'araignées. On le voit aussi parmi les nombreux oiseaux qui suivent les colonnes de fourmis nomades.

La femelle construit un nid volumineux en coupe, assez semblable à celui d'un oiseau-mouche, à l'aide de fougères arborescentes, de fibres végétales et de toiles d'araignées. Il est généralement dans la fourche verticale d'un arbre, à 2 m du sol environ. La femelle pond 2 œufs, à 2 jours d'intervalle, qu'elle couve seule 17 jours environ. Le couple nourrit les petits, qui volent vers l'âge de 2 semaines.

Élaène à ventre jaune, *Elaenia flavogaster*

Distribution : Amérique centrale et du Sud (du sud du Mexique au nord de l'Argentine), Trinité, Tobago

Habitat : pâturages ombragés, savane, parcs, plantations, jusqu'à 1 800 m d'altitude

Taille : 16 cm

Malgré son nom, ce qui caractérise le mieux cet oiseau est sa double huppe de plumes grises, rigides, qui se dresse de chaque côté de la tête et met en valeur la marque blanche de la calotte. Il a le poitrail et le ventre jaune pâle, la queue longue et le bec court. Les deux sexes sont identiques. Les élaènes vivent en couples toute l'année, toujours en terrains découverts, plantés d'arbres, où ils se nourrissent d'insectes qu'ils prennent en vol, et de toutes sortes de baies.

Le couple fait le nid sur une fourche d'arbre, en général 2 à 4,50 m au-dessus du sol. C'est une construction peu profonde, ouverte, faite de racines, de fibres végétales et de toiles d'araignée, couverte de lichen et de mousse, et garnie de plumes. La femelle couve 2 œufs pendant 15 jours environ. Les poussins, nourris par le couple, quittent le nid à 17 ou 18 jours. Il y a souvent 2 couvées dans l'année.

TYRANS, MOUCHEROLLES ET COTINGAS

Moucherolle hirondelle, *Hirundinea ferruginea*
Distribution : du nord de l'Amérique du Sud au Brésil et au nord de l'Argentine
Habitat : collines arides, ravins, falaises, bois dégagés
Taille : 18,5 cm

C'est un oiseau surtout brun et noir, aux parties inférieures et aux taches alaires d'un châtain lumineux, visibles en vol. Ses longues ailes rappellent celles des hirondelles. Il attrape une bonne partie des insectes qu'il mange en piquant adroitement dessus.

Le nid est dans une faille de rocher ou de falaise.

Tyran livide, *Agriornis livida*
Distribution : Amérique du Sud (sud de l'Argentine, Chili)
Habitat : brousse découverte, champs
Taille : 28 cm, queue comprise (11 cm)

Cet oiseau silencieux et solitaire évite les bois et les régions habitées, et hante les terrains découverts. Il a un bec puissant et se nourrit d'insectes, de petits animaux – tritons, crapauds, souris – et des œufs d'autres oiseaux.

Dans les zones côtières, il commence à nicher en octobre, mais, plus à l'intérieur, dans les contreforts andins, en novembre seulement. Le nid, volumineux, fait d'herbe et de branchages, garni de laine de mouton, est édifié dans un buisson épais. La ponte est de 2 à 4 œufs, 3 en moyenne.

Tyran écarlate, *Pyrocephalus rubinus*
Distribution : sud-ouest des États-Unis, Mexique, Amérique centrale et du Sud jusqu'en Argentine, Galapagos
Habitat : broussailles, savane, rives boisées
Taille : 14 à 17 cm

Le mâle frappe par le rouge vermillon de sa tête et de ses parties inférieures. La femelle a le dessus brun, et le ventre et le poitrail striés et plus clairs. Ils se nourrissent d'insectes ailés, d'abeilles en particulier, qu'ils poursuivent en fondant dessus d'un perchoir élevé. Ils prennent aussi au sol sauterelles et scarabées, surtout là où la végétation est clairsemée.

En parade, le mâle s'élève de la cime d'un arbre, en chantant, comme en extase, sa huppe vermillon érigée et les plumes de son poitrail hérissées. Il vole quelques instants sur place, puis descend en voletant vers la femelle.

Le nid, une coupe assez plate, fait de brindilles, d'herbe et de racines, est sur la fourche horizontale d'une branche. Pendant que la femelle couve 2 à 4 œufs, le mâle défend vigoureusement le nid. Les poussins quittent le nid à 2 semaines environ.

Tyran pirate, *Legatus leucophaius*
Distribution : du sud du Mexique au nord de l'Argentine
Habitat : bois clairsemés
Taille : 14,5 cm

Cet oiseau sans éclat, voire terne, ne passe cependant pas inaperçu, puisque c'est l'un des plus bruyants tyrans, avec un large répertoire de cris. Il vit d'insectes, de libellules en particulier, qu'il attrape au vol, et de baies.

C'est le seul à ne pas avoir adopté les techniques de construction du nid propres à la famille, d'où son nom commun. Il ne construit en effet pas de nid, mais usurpe le nid tout neuf d'un autre oiseau, souvent un tyran d'une autre espèce. Une fois qu'il a choisi ses victimes, le couple se perche à proximité pour observer l'avancement des travaux. Il jacasse bruyamment et fait sentir sa présence, mais n'attaque généralement pas avant que le nid soit achevé. Puis il harcèle les propriétaires jusqu'à ce qu'ils abandonnent le nid. Il jette ensuite les œufs, s'il y en a, et la femelle du tyran pirate pond 2 ou 3 œufs, qu'elle couve 16 jours environ. Le couple nourrit les petits de baies et d'insectes jusqu'à ce qu'ils quittent le nid, près de 3 semaines après l'éclosion. Les populations d'Amérique centrale et du nord de l'Amérique du Sud migrent au sud après les nids.

Tyranneau des torrents, *Serpophaga cinerea*

Distribution : Amérique centrale et du Sud (montagnes du Costa Rica et du Panama, Andes du Venezuela à la Bolivie)

Habitat : torrents rocailleux

Taille : 10 cm

Le tyran des torrents vit au milieu des rapides cours d'eau de montagne, et son plumage gris et noir fait écho à la rocaille de son habitat sauvage. Il attrape avec adresse des insectes au vol, mais aussi sur de glissants rochers au milieu de l'écume, et se retrouve souvent trempé après l'opération. Sur les rochers mouillés, il cherche de minuscules invertébrés. Mâle et femelle sont identiques et restent ensemble toute l'année sur une portion de rivière constituée comme territoire.

Le nid, une coupe de végétation couverte de mousse, surplombe l'eau, mais rarement au-delà de la berge. La femelle couve 2 œufs pendant 17 ou 18 jours, avec le mâle à proximité. Tous deux nourrissent les jeunes d'insectes durant 2 ou 3 semaines, et ceux-ci restent encore 5 ou 6 semaines avec les parents avant de se chercher un territoire.

Sous-famille des Cotinginae : Cotingas

Cette sous-famille de 69 espèces, qui comprend l'oxyramphe, les raras et les cotingas, est représentée du sud du Mexique jusqu'au Brésil. Le petit oxyramphe au bec conique, dont l'espèce est unique, vit dans les étages supérieurs des forêts humides, dans une aire qui s'étend du Costa Rica au Paraguay. Les raras, dont on connaît 3 espèces, vivent dans les régions moins boisées de l'ouest de l'Amérique du Sud. Malgré leur proche parenté avec les cotingas, ces oiseaux au bec solide et conique ressemblent davantage aux pinsons de l'Ancien Monde. Le bord de leur bec est finement dentelé, ce qui les aide à couper les bourgeons, les fruits et les feuilles, qui forment l'essentiel de leur alimentation. Frugivores, les raras sont souvent considérés comme des oiseaux nuisibles par les agriculteurs. Les 65 espèces de cotingas forment un groupe particulièrement diversifié, qui comprend notamment l'araponga, la coracine, le fruitier et le coq-de-roche. La variété de la nomenclature reflète une égale diversité des silhouettes et des mœurs. Ces oiseaux sylvestres sédentaires restent longuement dans la couronne de la forêt, à se nourrir de fruits et d'insectes.

Tête de feu ou Oxyramphe huppé, *Oxyruncus cristatus*

Distribution : localement au Costa Rica, du Panama au Paraguay, Amazonie brésilienne

Habitat : forêts tropicales humides, entre 400 et 1 800 m d'altitude

Taille : 16,5 à 18 cm

Cet oiseau a un bec droit et pointu, des ailes longues plutôt arrondies, et il vole bien. Les deux sexes sont identiques, mais le mâle a une huppe noir et écarlate, bordée de noir, qui est claire chez la femelle. Les têtes de feu sont des oiseaux très discrets, qui s'affairent, à la recherche de fruits, aux étages moyens et à la couronne des arbres.

Rara du Chili, *Phytotoma rara*

Distribution : centre du Chili, ouest de l'Argentine

Habitat : brousse découverte, vergers, jardins, vallées montagneuses

Taille : 20,5 cm

Les raras du Chili sont des oiseaux courts sur pattes, aux yeux d'un rouge orangé vif et au bec robuste denté en scie. Le mâle a les parties inférieures et la queue châtain-roux. La femelle, plus pâle, a la gorge et les parties inférieures chamois. On voit les raras seuls ou en petits groupes, volant paresseusement parmi les arbres fruitiers, dont ils mangent les bourgeons.

Au printemps, ils vont dans les vallées de haute montagne, où ils s'accouplent entre octobre et décembre. La ponte est de 2 à 4 œufs, qui sont déposés dans un nid en coupe, fait de brindilles et garni de fines brindilles et de radicelles.

COTINGAS ET MANAKINS

Coq-de-roche du Pérou, *Rupicola peruviana*
Distribution : Andes, du nord du Venezuela au nord de la Bolivie, entre 500 et 2 400 m d'altitude
Habitat : forêts bordant des gorges de rivières
Taille : 38 cm

Le mâle, avec son plumage orangé ou rouge éclatant et son solide bec jaune d'or, est l'un des oiseaux les plus brillamment colorés qui soient. Il a la tête ornée d'une huppe dont les plumes dissimulent presque son bec. Les deux sexes ont des pattes puissantes et des griffes acérées. Il vit aux étages inférieurs de la forêt, où son vol rapide en guirlande et son art de la manœuvre lui permettent de circuler aisément en quête de fruits. Les femelles capturent aussi grenouilles et lézards pour leurs poussins.

Les mâles mènent une existence indépendante : ils perchent seuls la nuit, cherchent leur nourriture à deux, et paradent à deux à l'aube et au crépuscule sur les leks (arènes) traditionnels, où chaque mâle a sa place propre, près de son associé. Seul le mâle dominant s'accouple. La femelle construit seule le nid, souvent groupé avec d'autres, sur une paroi de falaise rocheuse. Le nid est un grand cône tronqué fait de boue, avec une cavité profonde (6,5 cm) tapissée. La ponte est de 2 œufs.

Cotinga barré ou Fruitier barré, *Pipreola arcuata*
Distribution : Andes (du nord-ouest du Venezuela au nord-ouest de la Bolivie)
Habitat : forêts moussues, entre 1 200 et 3 300 m d'altitude
Taille : 21,5 cm

Cet oiseau au corps massif est le plus gros des fruitiers. On le trouve à des altitudes plus élevées que tous les autres. Le mâle attire l'œil par ses couleurs, la femelle est surtout vert olive. Le bec est plutôt faible, légèrement crochu, et pattes et pieds sont rouges. Il vit aux étages moyens et inférieurs des forêts, où il se nourrit surtout de fruits et d'insectes, seul ou à deux. On n'a aucune donnée sur la reproduction et la nidification.

Araponga avérano, *Procnias averano*
Distribution : localement en Colombie, Guyana, Venezuela, nord du Brésil, Trinité
Habitat : forêts d'altitude
Taille : 25,5 cm

Mâle et femelle ont à la gorge une frange de caroncules noires qui pendent, telle une barbe. Ces oiseaux craintifs se nourrissent, seuls ou à deux, de grosses baies à une seule graine, en particulier du laurier, qu'ils cueillent en vol et vont manger perchés sur une branche.

À la saison des nids, les mâles paradent devant d'autres mâles et femelles sur des perchoirs « de visite » situés aux étages inférieurs de la forêt. Ils font des bonds (jusqu'à 1,20 m de haut) et retombent sur un autre perchoir en déployant la queue. Après l'accouplement, la femelle fait un nid, en coupe mince et légère, réalisé avec des brindilles d'arbres spécifiques. Il est édifié dans la fourche d'une branche horizontale, entre 2,50 et 15,50 m du sol. La femelle couve un seul œuf pendant 23 jours environ.

Cotinga de Cayenne, *Cotinga cayana*
Distribution : Amérique du Sud (est des Andes, de la Colombie et des Guyanes à la Bolivie et à l'Amazonie brésilienne)
Habitat : forêts, jusqu'à 1 200 m d'altitude
Taille : 21,5 cm

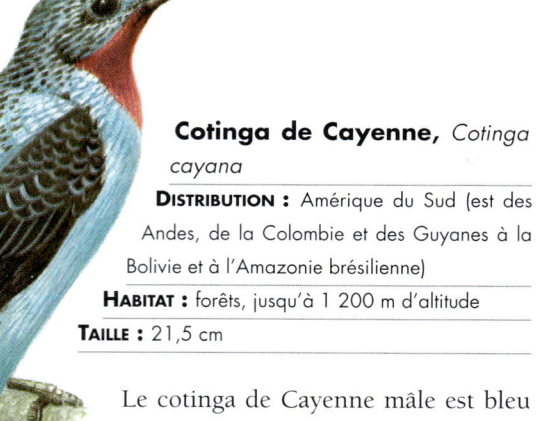

Le cotinga de Cayenne mâle est bleu irisé. Grégaire, cet oiseau se joint à une bande pour se nourrir de baies, parfois avec des oiseaux d'autres espèces.

La femelle bâtit seule le nid de brindilles et de radicelles, peu profond et sommaire, recouvert de filaments de mycélium blancs. Elle couve 1 œuf, parfois 2.

Coracine ornée,
Cephalopterus ornatus

Distribution : du nord de l'Amérique du Sud jusqu'à l'Amazonie brésilienne, nord de la Bolivie

Habitat : forêts vierges, jusqu'à 1 400 m d'altitude, îles des grandes rivières

Taille : 40,5 à 48 cm

C'est le plus gros des cotingas. Il se distingue par sa huppe érigée, de longues plumes soyeuses, et la caroncule à la base de son cou. La femelle, plus terne, a des caroncules et un « parapluie » plus petits. Leurs ailes sont courtes. Ces oiseaux vivent dans la couronne de la forêt et sautent bruyamment parmi les branches, en quête de fruits et d'insectes.

Les mâles ont leurs perchoirs de chant favoris, où ils déploient leur « parapluie » et, en gonflant d'air les sacs aériens spéciaux de leur trachée, émettent de puissantes manifestations sonores. Le nid, ouvert et peu profond, est fait de brindilles et situé dans une fourche d'arbre bas. La ponte est de 1 œuf, qui est couvé par la femelle.

SOUS-FAMILLE DES PIPRINAE : MANAKINS

Cette famille vit dans les forêts tropicales d'Amérique centrale et du Sud. Elle est composée de 52 espèces, qui atteignent rarement plus de 12,5 à 15 cm de long. Mâle et femelle sont extrêmement différents d'aspect. Les mâles se caractérisent par un plumage d'une seule couleur de fond, généralement noire, avec des zones de couleurs primaires qui tranchent avec beaucoup d'éclat. Les femelles, plus ternes, sont en général vert olive. Les mâles font largement usage de leur plumage dans des danses nuptiales compliquées.

Manakin à dos bleu (ou tigé),
Chiroxiphia pareola

Distribution : du nord de l'Amérique du Sud au sud-est du Brésil, nord de la Bolivie, Tobago

Habitat : forêts pluviales, forêts secondaires

Taille : 10 cm

Ces petits oiseaux vifs et agiles vont par couples ou en groupes, en quête d'insectes et de fruits dans des buissons bas, souvent près de terrains humides ou de torrents. Ils ont la queue carrée, et le mâle a d'éblouissantes traces bleu pâle et rouge sur le dos et la couronne.

Le mâle a un perchoir de parade ou « arceau », qu'il maintient bien dégagé en arrachant régulièrement toutes les feuilles alentour sans cesser de voler et en en épluchant l'écorce quand il est perché dessus. Il le maintient lisse à force de se déplacer dessus. Avant la parade, le mâle dominant appelle à ses côtés un mâle subordonné, puis entonne un duo avec lui, le subordonné le suivant d'une fraction de seconde. Ils dansent ensemble, mais la danse ne se développe pleinement que lorsqu'une femelle se montre. L'autre oiseau s'écarte alors, et laisse le mâle dominant s'accoupler avec la femelle à l'issue d'une parade en solo totalement différente. La ponte est de 2 œufs, déposés dans un nid de fines fibres végétales, si arachnéen que l'on peut voir œufs et poussins à travers.

Manakin à queue effilée, *Pipra filicauda*

Distribution : Amérique du Sud (est des Andes, de la Colombie et du Venezuela au nord-est du Pérou, ouest du Brésil)

Habitat : forêts pluviales, plantations

Taille : 11,5 cm

Le mâle de cette espèce se distingue par les vibrantes couleurs noire, rouge et jaune de son plumage, typiques de cette famille ; mâle et femelle ont à l'extrémité de la queue de longs filaments, d'où le nom de l'oiseau. Ils préfèrent les zones humides, et on les trouve de l'étage moyen à la couronne des arbres, ainsi que dans les clairières et les plantations de cacao. Ils se déplacent seuls, en quête d'insectes et de fruits.

FOURMILIERS ET FOURMILIERS TERRESTRES

Famille des Thamnophilidae : Fourmiliers

On ne trouve de fourmiliers qu'en Amérique centrale et en Amérique du Sud, essentiellement au sol et dans les étages inférieurs des forêts tropicales pluviales ou le bassin de l'Amazone, ainsi que dans quelques habitats plus secs et plus découverts. Quelque 240 espèces d'oiseaux de petite à moyenne taille ont été répertoriées et divisées en 2 familles : les thamnophilidés (fourmiliers) et les formicariidés (fourmiliers terrestres). Les 188 espèces qui composent la famille des thamnophilidés vivent principalement dans la forêt tropicale et dans les taillis des forêts. De nombreux fourmiliers se nourrissent réellement de fourmis et d'autres insectes sociaux. Certains mangent les invertébrés dérangés par les colonnes de fourmis nomades, tandis que d'autres, bien qu'insectivores, n'ont pas de prédilection marquée pour les fourmis.

Le plumage est généralement terne et très différent selon le sexe. On connaît mal leur mode de reproduction, mais les nids ouverts, en coupe, semblent être la règle ; les couples couveraient 2 œufs en moyenne, 15 ou 16 jours.

Fourmilier ocellé, *Phaenostictus mcleannani*

Distribution : du Nicaragua tropical au Panama, sud de la Colombie, nord-ouest de l'Équateur
Habitat : taillis des forêts humides de basse altitude
Taille : 19 à 20 cm

Les marques sombres du plumage de cet oiseau donnent l'impression qu'il est entièrement tacheté. La queue est plutôt longue pour sa taille. Les yeux sont entourés d'une zone de peau nue de couleur vive, et ce sont ces deux cercles colorés et concentriques qui donnent à l'oiseau son nom. Les deux sexes sont identiques.

Cet oiseau peu commun, plutôt craintif, se rencontre associé aux fourmiliers bicolores. On le voit rarement loin des colonnes de fourmis nomades qui défilent à travers les forêts où il vit, car il se nourrit des invertébrés, blattes et araignées, dérangés par leur passage. Le cri est une série de sifflements rapides en crescendo.

Les liens des couples sont durables. Avant l'accouplement, le mâle nourrit la femelle de friandises.

Fourmilier à joues blanches, *Gymnopithys leucaspis*

Distribution : sud-est de la Colombie, est de l'Équateur, nord du Pérou, Amazonie brésilienne
Habitat : taillis des forêts, jusqu'à 2 000 m d'altitude
Taille : 14 cm

Bien qu'il y ait quelque désaccord à ce sujet, on pense généralement que cet oiseau appartient à la même espèce que le fourmilier bicolore, *G. bicolor*, qui vit en Amérique centrale, dans le nord de la Colombie et dans l'ouest de l'Équateur. Les deux sexes ont un plumage identique et des plaques de peau nue autour des yeux. Assez commune, c'est habituellement la plus nombreuse et la plus bruyante des quelques espèces qui suivent les fourmis nomades. Le fourmilier à joues blanches passe beaucoup de temps à terre, mais va se percher juste au-dessus du sol pour guetter les insectes, araignées et autres invertébrés que les fourmis soulèvent à leur passage, et attrape de temps à autre une petite grenouille.

Le nid du fourmilier à joues blanches est généralement établi un peu au-dessus du sol, dans le tronc d'un palmier pourrissant. Il est fait de petits morceaux de feuilles, de palmier surtout, et garni de radicelles et de fibres végétales. La ponte est de 2 œufs que les deux partenaires couvent 15 jours environ.

Myrmidon du Surinam, *Myrmotherula surinamensis*

Distribution : de l'Amazonie brésilienne à la côte ouest de l'Amérique du Sud
Habitat : clairières des forêts pluviales, lisières de forêts, terrains boisés, régions marécageuses
Taille : 10 cm

Le mâle de cette espèce est surtout noir et blanc, tandis que la femelle a la tête et la nuque rouge orangé vif et les parties inférieures chamois orangé pâle. Les deux sexes ont deux raies blanches sur les ailes. On rencontre cet oiseau assez commun souvent près des cours d'eau et sur des sols humides, généralement en couple occupé à chercher sauterelles et araignées dans les taillis, les plantes grimpantes et les feuilles. Le chant, en crescendo, est bref et enlevé.

Le nid est édifié dans un arbre, et la ponte est de 2 œufs.

Grand Taraba, *Taraba major*

DISTRIBUTION : zones tropicales du sud du Mexique, d'Amérique centrale et du Sud jusqu'au nord de l'Argentine
HABITAT : taillis de forêts humides, de brousse et de prairies, jusqu'à 2 000 m
TAILLE : 20 cm

C'est un oiseau assez gros, au bec épais et crochu, doté d'une huppe. Les deux sexes diffèrent grandement par la couleur du plumage. Bien que commun, le grand taraba est timide, et on n'observe que des couples, parfois des individus seuls. Il se déplace furtivement à travers les buissons et les branches basses de petits arbres, en quête de scarabées, de sauterelles, d'abeilles et même de petits lézards. Surpris, le mâle se met en posture de menace, pointant le bec vers le haut et hérissant sa huppe en laissant apparaître clairement la partie de son dos qui est cachée en temps normal.

Le nid, peu solide, est une coupe d'herbe sèche et de racines, parfois garnie de feuilles, et de près de 6,5 cm de profondeur. La ponte est de 2 ou 3 œufs, couvés par les parents 2 à 3 semaines. Le couple nourrit les poussins jusqu'à ce qu'ils quittent le nid, à 2 semaines environ.

Taraba rayé, *Thamnophilus doliatus*

DISTRIBUTION : Mexique tropical, Amérique centrale et du Sud jusqu'au nord de l'Argentine, Trinité et Tobago
HABITAT : varié, forêts, brousse, savane, jardins, rarement au-dessus de 2 000 m
TAILLE : 15 cm

Comme le nom de l'oiseau l'indique, le plumage de ce fourmilier est rayé de façon très marquée. Le mâle est surtout noir et blanc, la femelle châtain nuancé de chamois, rayé de noir. Les deux sexes ont une huppe, que le mâle porte toujours partiellement érigée, et un bec denté. On les rencontre généralement en couples. Mais comme ils se tiennent cachés et se déplacent sans arrêt à travers buissons et branches dans des taillis et à la lisière des forêts, à 4 ou 5 m environ du sol, on les entend généralement s'appeler avant même de les apercevoir. Ils se nourrissent d'insectes, de scarabées, de sauterelles, d'abeilles et de chenilles, et de baies.

Il semble que la saison des nids ne soit pas clairement établie, mais le mâle alimente la femelle pour lui faire sa cour, et les liens de couple peuvent être permanents. La ponte est de 2, parfois 3 œufs, dans un nid en forme de coupe profonde, d'herbe et de fibres végétales, suspendu par le bord à la fourche d'une branche basse. Les deux parents couvent 14 jours environ, la femelle prenant son tour la nuit. Les jeunes quittent le nid à 2 ou 3 semaines.

FAMILLE DES FORMICARIIDAE : FOURMILIERS TERRESTRES

Cette famille de 56 espèces de fourmiliers, dont la plupart sont des oiseaux terrestres, est représentée depuis le Mexique jusqu'au nord de l'Argentine. Le tapis forestier des forêts humides et des bois de bambous constitue son habitat de prédilection.

Grallaire à tête rousse, *Grallaria ruficapilla*

DISTRIBUTION : zones tropicales et subtropicales, du Venezuela au nord-ouest du Pérou
HABITAT : épaisses forêts moussues, zones boisées humides et prairies découvertes
TAILLE : 20 cm

La grallaire à tête rousse a les pattes longues, la queue courte et la tête volumineuse. La tête et le cou sont brun-roux. C'est un oiseau terrestre, que l'on voit plutôt seul, à la recherche des insectes dont il se nourrit. Bien que difficile à observer, il n'est pas craintif, et l'on peut fréquemment entendre les trois notes de son cri. Il répond aux imitations que l'on fait de son propre cri, ce qui lui a valu de nombreux surnoms locaux, tel celui de « seco estoy » (je suis sec).

FOURNIERS

Famille des Furnariidae : Fourniers et Grimpars

Cette famille, qui rassemble des oiseaux de taille petite ou moyenne, est représentée en Amérique centrale et en Amérique du Sud. Elle est divisée en 2 sous-familles : les furnariidés (fourniers) et les dendrocolaptinés (grimpars).

Sous-famille des Furnariinae : Fourniers

Quelque 231 espèces sont présentes du sud du Mexique à l'Amérique centrale et du Sud, dans des habitats très variés. En plus des fourniers proprement dits, la famille englobe des oiseaux tels que les synallaxes, les géosittes et les anabates.

Tous ont un plumage gris, plutôt brun ou roussâtre, et mesurent entre 12 et 28 cm. Ils se déplacent assez rapidement, quoique discrètement, et restent cachés dans la végétation.

Cette famille montre sa diversité surtout dans les comportements pendant la nidification. Les fourniers vrais font des nids de boue en forme de four, qui durcissent au soleil. D'autres font des nids en dôme, d'herbe ou de branchages. D'autres encore tapissent avec soin des cavités au sol ou dans les arbres. La ponte est de 2 à 5 œufs, et les deux parents élèvent les poussins. Chez la plupart des espèces, les deux sexes sont plus ou moins identiques.

Fournier roux ou Hornero roux, *Furnarius rufus*
Distribution : Brésil, Bolivie, Paraguay, Uruguay, Argentine
Habitat : arbres, le plus souvent près des habitations
Taille : 19 à 20,5 cm

On a de plus en plus tendance à appeler les fourniers par leur nom sud-américain (hornero), pour éviter la confusion avec une fauvette nord-américaine appelée également fournier. Le fournier roux se tient très droit et marche à longues enjambées mesurées, gardant le pied relevé quand il hésite à avancer. Il vit de larves, d'insectes et de vers, et fait entendre son chant tout au long de l'année.

Le couple reste formé toute l'année, souvent à vie, et niche à la saison humide. Chaque année, il construit un nid en forme de four conique, sur une branche, un poteau ou un bâtiment, à l'aide d'un mélange d'argile et de quelques végétaux, qui durcit ensuite au soleil. Une petite ouverture conduit à l'intérieur, qui est garni d'herbe douce.

La ponte peut aller jusqu'à 5 œufs, mais est plus généralement de 3 ou 4 œufs. Le couple couve pendant 14 à 18 jours, et, quand ils ont quitté le nid, les jeunes restent avec les parents durant encore quelques mois.

Sittine brune, *Xenops minutus*
Distribution : sud du Mexique, puis Amérique centrale et du Sud jusqu'au nord de l'Argentine
Habitat : forêts humides, lisières de forêts
Taille : 12,5 cm

La sittine brune se distingue des quelques autres sittines par son dos uni. Ce petit oiseau actif fouille les buissons et les branches frêles en quête d'insectes, dont elle se nourrit.

Le couple fait un nid dans la cavité d'un vieil arbre pourrissant, qu'il garnit de petits bouts de végétaux. Mais il reprend parfois le trou laissé par un autre oiseau. Les deux parents couvent 2 œufs pendant 16 jours environ.

Synallaxe guiouti, *Synallaxis cinnamomea*
Distribution : Venezuela, Colombie, Trinité et Tobago
Habitat : forêts, taillis, bois clairsemés
Taille : 16,5 cm

Ce synallaxe se distingue par son poitrail cannelle strié. Il va en quête d'araignées et de petits insectes en alternant sautillements et brèves envolées au ras du sol. Pour améliorer son régime, il bondit de temps à autre sur des fourmis volantes.

Le couple construit le nid sur la fourche d'une branche ou dans un buisson bas, ou encore au sol.

C'est une construction toute ronde, réalisée avec des brindilles, garnie d'herbe douce et dotée d'une galerie d'entrée. Les deux membres du couple couvent les 2 ou 3 œufs.

Synallaxe à face rouge, *Cranioleuca erythrops*
Distribution : du Costa Rica à l'Équateur
Habitat : forêts de montagne humides
Taille : 14 à 16,5 cm

Les adultes ont la couronne et les côtés de la tête marqués de rougeâtre. La couronne est brune chez les jeunes. Ce sont des oiseaux actifs et acrobates, qui restent longuement à l'étage inférieur de la forêt, cherchant insectes et autres petits invertébrés dans les haies et les taillis. Ils se déplacent plutôt seuls ou en couples, et parfois se mêlent à d'autres oiseaux d'altitude.

Le nid volumineux, en boule, fait de plantes grimpantes, pend au bout d'une branche mince, loin du sol. Le couple couve 2 œufs et nourrit les petits.

Annumbi alouette, *Coryphistera alaudina*
Distribution : sud du Brésil, Bolivie, Paraguay, Uruguay, nord de l'Argentine
Habitat : terrains broussailleux secs
Taille : 15 cm

Reconnaissable à sa huppe proéminente et à sa poitrine striée, l'annumbi alouette se déplace en groupe (apparemment familial) de 3 à 6 oiseaux. Actifs au sol comme dans les buissons et les arbres bas, ils avancent à grands pas à découvert, mais, en cas d'alerte, ils vont immédiatement se cacher dans les arbres ou les buissons hauts.

Le nid arrondi est fait de brindilles épineuses entrelacées et est situé dans un arbre bas. Un petit tunnel d'accès mène à la cavité centrale où a lieu la ponte.

Anabate des palmiers, *Berlepschia rikeri*
Distribution : Amazonie brésilienne, Venezuela, Guyana, nord de la Bolivie
Habitat : palmeraies, souvent près de l'eau
Taille : 21,5 cm

L'anabate des palmiers est un oiseau élégant au remarquable plumage noir, blanc et châtain et aux rectrices pointues. En couple ou en petit groupe, il hante les palmiers du genre *Mauritia* et y cherche des insectes sur les troncs et les feuilles. Il bat violemment les insectes qu'il attrape contre un tronc ou une branche avant de les avaler.

Synallaxe de Des Murs, *Sylviorthorhynchus desmursii*
Distribution : ouest de l'Argentine, région adjacente du Chili
Habitat : forêts humides avec sous-bois épais
Taille : 24 cm

La queue de cet oiseau, formée de 2 paires de rectrices seulement, plus 1 paire rudimentaire, est longue et décorative, et fait plus des deux tiers de sa longueur totale. C'est un petit oiseau discret, dont seuls les appels persistants révèlent la présence, qui hante les épais sous-bois de la forêt et semble se déplacer sans cesse en quête de nourriture.

Le nid sphérique est juste au-dessus du sol, parmi herbes et brindilles. Fait de matière végétale sèche, garni de plumes douces, il comporte une entrée latérale. La ponte est de 3 œufs. Lorsqu'il couve, l'oiseau relève sa queue.

GRIMPARS, CONOPOPHAGES, TAPACULOS ET GRIMPEREAUX AUSTRALIENS

Sous-famille des Dendrocolaptinae : Grimpars

On trouve les quelque 49 espèces dans les zones boisées d'Amérique centrale et du Sud, du Mexique à l'Argentine. Ils sont à beaucoup d'égards, dans le Nouveau Monde, les équivalents des grimpereaux de l'Ancien. Ces oiseaux, connus aussi sous le nom de picucules, mesurent entre 15 et 38 cm, et les deux sexes sont très ressemblants. Le bec, comprimé latéralement, est de forme variable, de court et droit à long et recourbé, et les pattes et les pieds sont robustes.

Insectivores, ils picorent dans les fissures de l'écorce tout en escaladant les troncs d'arbres à l'aide de leurs griffes acérées et en s'appuyant sur leur queue rigide. Solitaires le plus souvent, ils se joignent parfois à des bandes, et on peut les observer par deux ou trois se nourrissant sur des troncs d'arbres. Comme les fourmiliers, ils suivent fidèlement les cohortes de fourmis nomades et s'approchent du sol pour saisir les insectes qu'elles soulèvent à leur passage.

La ponte est de 2 œufs, qui sont déposés dans un creux ou la crevasse d'un arbre, et leur incubation dure 14 ou 15 jours.

Grimpar colibri, *Campylorhamphus trochilirostris*
Distribution : de l'est du Panama au nord de l'Argentine
Habitat : forêts marécageuses et humides, zones boisées
Taille : 20,5 à 30,5 cm, bec inclus (7,5 cm)

Ce sont des oiseaux timides, arboricoles, qui vivent entre l'étage médian et la couronne de la forêt. On les trouve généralement seuls, mais ils se nourrissent parfois en compagnie d'autres oiseaux insectivores. C'est grâce à leurs robustes pattes et à leur queue rigide qu'ils grimpent prestement, et leur long bec recourbé leur permet de sonder l'écorce des arbres et la corolle des broméliacées.

La ponte est de 2 ou 3 œufs, dans le creux d'un arbre ou dans une fissure, et l'incubation dure 14 jours environ.

Grimpar barré, *Dendrocolaptes certhia*
Distribution : des zones tropicales du sud du Mexique à la Bolivie et à l'Amazonie brésilienne
Habitat : forêts pluviales, jusqu'à 1 400 m d'altitude, lisières de forêts
Taille : 26,5 cm

Ce grimpar, dont le mâle et la femelle sont robustes, a un plumage marqué de brun olive clair. Le bec, de taille moyenne, est gros et légèrement recourbé. Ces oiseaux vivent dans les taillis et la végétation secondaire haute des forêts pluviales. Ils sont peu craintifs,

Grimpar nasican, *Nasica longirostris*
Distribution : nord tropical de l'Amérique du Sud jusqu'au Brésil et à la Bolivie
Habitat : forêts pluviales, entre 100 et 200 m d'altitude
Taille : 35,5 cm, bec compris (6,5 cm)

Le solitaire grimpar nasican est un oiseau agile, qui grimpe de-ci de-là dans les arbres, en quête d'insectes cachés sous l'écorce ou dans les broméliacées. Les deux sexes ont le même plumage et un long bec recourbé.

La femelle niche dans la cavité d'un arbre, où elle pond 2 œufs. L'incubation est de 2 semaines environ.

Grimpar fauvette, *Sittasomus griseicapillus*
Distribution : du Mexique tropical et subtropical au nord de l'Argentine
Habitat : forêts épaisses, lisières de forêts, bois clairsemés, jusqu'à 2 300 m d'altitude
Taille : 15 à 16,5 cm

Ce sont des petits grimpars actifs, avec des bandes alaires chamois visibles en vol. Mâle et femelle sont identiques. Plus ou moins solitaires, ils s'associent avec d'autres espèces. Avec affairement, ils vont en quête d'insectes sur les troncs d'arbres à écorce tendre, aux étages inférieurs et moyens de la forêt, s'élançant parfois à la poursuite d'un insecte qui vole.

Il n'a été trouvé qu'un seul nid de grimpar fauvette, mais il était vide.

Famille des Conopophagidae : Conopophages

C'est un petit groupe d'oiseaux sylvestres très proches des fourmiliers et des fourniers. Près de 8 espèces ont été identifiées, toutes d'Amérique centrale et du Sud. La plupart ont le corps rond, la queue courte, les pattes longues et un plumage brun. Ils vivent beaucoup à terre, où ils capturent des insectes à l'aide de leur bec, qui rappelle celui des gobe-mouches. Les deux sexes sont tantôt ressemblants, tantôt différenciés.

Conopophage à joues noires, *Conopophaga melanops*
Distribution : est du Brésil
Habitat : forêts pluviales
Taille : 12,5 cm

Ces ravissants petits oiseaux ont les pattes longues et le cou extrêmement réduit ; la femelle est plus brun olive que le mâle. Bien qu'assez peu farouches, on les voit rarement, car ils affectionnent les sous-bois, où ils trouvent des insectes, principalement au sol.

Les conopophages à joues noires font un nid à terre, en forme de coupe ouverte, à l'aide de grosses feuilles, et le tapissent de fibres végétales. La ponte est de 2 œufs, couvés par les deux parents. En cas de danger, l'oiseau laisse ses œufs et éloigne le prédateur en simulant une blessure.

Famille des Rhinocryptidae : Tapaculos

Il y a environ 28 espèces décrites, qui vivent dans des végétations à croissance lente et dans des habitats aussi variés que la forêt épaisse, les prairies herbeuses et les terrains arides semi-dégagés d'Amérique centrale et du Sud. Ce sont des oiseaux terrestres, aux faibles capacités de vol, mais rapides à la course. La taille varie entre 12,5 et 25,5 cm, et le corps est rond. Ils tiennent souvent la queue dressée, à la manière des troglodytes. Ils ont une étrange caractéristique à laquelle le nom scientifique fait référence : des rabats mobiles qui couvrent les narines. On n'en connaît pas la fonction exacte, mais ils sont censés protéger les orifices de la poussière. Les deux sexes sont identiques ou presque.

Cordon-noir élégant, *Melanopareia elegans*
Distribution : de l'ouest de l'Équateur au nord-ouest du Pérou
Habitat : brousse aride, taillis des forêts décidues
Taille : 14 cm

Ces petits oiseaux volent rarement, mais, dotés de pattes longues et de pieds volumineux, ils courent rapidement tout en recueillant des insectes, avec la queue relevée s'ils sont agités. Les cordons-noirs sont craintifs, et, bien que l'on puisse entendre leurs cris, on ne les voit que rarement.

On ne dispose d'aucune information sur la reproduction chez ces oiseaux.

Tourco huet-huet, *Pteroptochos castaneus*
Distribution : Chili
Habitat : forêts
Taille : 25,5 cm

C'est un oiseau de taille moyenne, au corps rondelet, aux pattes longues et à la queue longue proportionnellement à sa taille (10 cm environ). Les parties supérieures sont essentiellement d'un brun noirâtre, et les parties inférieures d'un brun rougeâtre foncé strié de noir et de chamois. Les deux sexes sont identiques. Ces tourcos sont terrestres et volent peu. Ils courent plutôt qu'ils ne sautillent, en quête d'insectes.

Le nid est fait de racines et d'herbe douce, dans un creux au sol ou une souche. La ponte est de 2 œufs.

Famille des Climacteridae : Grimpereaux australiens (Échelets)

Ses 7 espèces ressemblent aux grimpereaux de la famille des certhiidés, par l'aspect et les mœurs. Leur long bec arqué leur permet d'extraire, pour s'en nourrir, les insectes qui vivent sous l'écorce des arbres ; certains se nourrissent aussi au sol. On les trouve en Nouvelle-Guinée et en Australie. Les deux sexes diffèrent par le plumage.

Échelet picumne, *Climacteris picumnus*
Distribution : Australie (du Queensland au Victoria)
Habitat : forêts, bois
Taille : 15 cm

L'échelet picumne se nourrit surtout d'insectes, attrapés dans les crevasses de l'écorce des troncs qu'il escalade en spirale. Il voltige rapidement d'un arbre à l'autre, et va parfois se nourrir au sol. Les deux sexes sont plus ou moins identiques, mais la femelle a la gorge tachetée de châtain et non de noir.

Le nid est une coupe faite dans un trou d'arbre, assez bas, ou dans une souche ou un poteau pourrissants. La ponte est de 3 ou 4 œufs.

OISEAUX-LYRES, OISEAUX À BERCEAU, MALURES ET AMYTORNIS

SOUS-ORDRE DES PASSERI : PASSEREAUX SUPÉRIEURS

FAMILLE DES MENURIDAE

Cette petite famille de passereaux australiens comprend 2 sous-familles : les ménurinés (oiseaux-lyres) et les atrichornithidés (atrichornes).

SOUS-FAMILLE DES MENURINAE : OISEAUX-LYRES (MÉNURES)

Les 2 espèces d'oiseaux-lyres vivent dans les forêts de montagne du sud-est de l'Australie. Les deux sexes ont le même plumage brunâtre, mais seuls les mâles ont une queue extraordinairement longue et élaborée.

Oiseau-lyre superbe, *Menura novaehollandiea*
DISTRIBUTION : Australie (du sud-est du Queensland au Victoria), introduit en Tasmanie
HABITAT : forêts de montagne
TAILLE : mâle, 80 à 95 cm ; femelle, 74 à 84 cm

Mâle et femelle sont semblables par la taille et l'allure générale, mais la queue du mâle (jusqu'à 55 cm de long) est une éblouissante composition de plumes en forme de lyre, aux motifs superbes, et de délicates plumes filiformes. Surtout arboricoles, ces oiseaux volent peu et se contentent de quelques coups d'ailes pour aller percher dans les arbres. Ils explorent le sol en quête d'insectes et de larves, le grattant à l'aide de leurs grandes et robustes pattes.

Avant de s'accoupler, le mâle fait des tumulus de terre près desquels il parade. Il danse tout en ramenant sa queue déployée en avant et en la faisant vibrer. Le nid est un vaste dôme, fait d'herbe et de fibres végétales, et garni de radicelles. Il est au sol près de rochers ou de bûches, parfois dans un arbre. La femelle couve 1 œuf durant 6 semaines et soigne les poussins.

FAMILLE DES PTILONORHYNCHIDAE : OISEAUX À BERCEAU

Les 20 espèces d'oiseaux à berceau vivent en Nouvelle-Guinée et en Australie et sont apparentées aux oiseaux de paradis de ces régions. Les oiseaux à berceau ont un bec fort, droit ou arqué, et les pattes et les pieds solides. Ils passent beaucoup de temps au sol, mais se nourrissent et nichent dans les arbres. Les femelles sont beaucoup plus ternes que les mâles, plutôt brunes et grises.

La famille doit son nom à l'habitude qu'ont la plupart des mâles de « construire un berceau » ou arceau au sol, puis de l'orner avec des objets colorés pour attirer l'attention de la femelle.

Oiseau-jardinier de McGregor, *Amblyornis macgregoriae*
DISTRIBUTION : montagnes de Nouvelle-Guinée (sauf nord-ouest)
HABITAT : forêts
TAILLE : 25,5 cm

Le mâle de l'oiseau-jardinier de McGregor se distingue par sa huppe spectaculaire, qui contraste avec son sobre plumage. La femelle lui ressemble, mais n'a pas de huppe. Ces oiseaux craintifs sont communs et se nourrissent de fruits. L'arceau du mâle consiste en une plate-forme en forme de soucoupe, faite de mousse, avec une colonne centrale de brindilles. La colonne et le bord extérieur de la soucoupe sont décorés. L'oiseau entretient son arceau chaque jour, le répare et en ôte les déchets. Dès qu'il a attiré une femelle, il parade, puis la poursuit avant de s'accoupler.

La femelle fait un vrai nid en forme de coupe, édifié dans un arbre, et couve un seul œuf.

Oiseau-satin, *Ptilonorhynchus violaceus*

Distribution : Australie (du Queensland au Victoria)
Habitat : forêts
Taille : 27 à 33 cm

L'oiseau-satin mâle a des reflets violets sur son plumage noir, d'où son nom, tandis que la femelle est surtout vert olive teinté de jaune. Bruyants et grégaires hors de la saison des nids, ils vivent de fruits et d'insectes et pillent souvent les vergers. Ces imitateurs ont néanmoins des cris variés. L'arceau du mâle est du genre « avenue », aux bords relevés, et abondamment décoré de baies, de fleurs et autres objets de couleur vive. Il est particulièrement attiré par le bleu et ramasse des bouts de verre, de papier ou de plastique bleus. Dès qu'une femelle lui témoigne de l'intérêt, il danse dans son arceau, en relevant et en abaissant ses ailes et en gonflant ses plumes.

La femelle fait un nid de brindilles et de feuilles, et couve 2 œufs pendant 19 à 23 jours.

FAMILLE DES MALURIDAE : MALURES ET AMYTORNIS

Cette famille comprend 26 espèces, qui se répartissent en 2 sous-familles : les malurinés (malures) et les amytornithinés (amytornis). Les malures sont représentés en Australie et en Nouvelle-Guinée. Ces petits passereaux, dont la plupart sont insectivores, vivent dans des habitats variés, qui vont de la forêt tropicale au semi-désert.

Les mâles ont un plumage coloré ou contrasté, avec une queue longue et mince. Certains ont un comportement social et de reproduction étrange, ce qui est peut-être une adaptation aux conditions souvent rudes de leur habitat. Ils détiennent en groupe un territoire qu'ils défendent, et chaque groupe bâtit un seul nid, sphérique, dans lequel pond la femelle dominante. Tous les autres adultes participent à la couvaison et aux soins des poussins. Des couples nichent parfois seuls, mais ils ont un taux d'échec plu-

tôt élevé. La sous-famille des amytornithinés est composée de 8 espèces qui vivent dans les régions sèches d'Australie, sur des affleurements rocheux ou des sols herbeux. Les amytornis volent rarement, et passent leur temps à creuser le sol à la recherche de graines et d'insectes, qui constituent leur régime alimentaire.

Malure superbe, *Malurus cyaneus*

Distribution : Australie (du Victoria au Queensland), Tasmanie
Habitat : terrains boisés, savane, parcs
Taille : 13 cm

Le nom de ce petit oiseau trouve son origine dans le plumage du mâle à la saison des nids, qui est d'un beau bleu brillant autour de la tête et du cou, et qui contraste avec quelques taches noires. Les mâles dominants, plus âgés, tendent à garder ce plumage toute l'année. Le mâle en plumage post-nuptial et la femelle sont surtout brunâtre et blanc terne. Ils vivent en groupes, menés par un couple dominant, et ensemble défendent le territoire contre les intrus. Sautillant çà et là, la queue relevée, ils cherchent des insectes au sol et dans la végétation.

Tous les membres du groupe participent à la construction du nid en dôme, édifié près du sol dans un buisson ou une touffe, et fait d'herbe, de racines et d'écorce, maintenues par des toiles d'araignée. La femelle dominante pond 3 ou 4 œufs, et le groupe participe à l'incubation de 14 jours et aux soins des petits. Les poussins sont nourris durant plusieurs semaines après leur départ du nid.

Amytornis du lac Eyre, *Amytornis goyderi* LR : lc

Distribution : certaines régions du centre de l'Australie
Habitat : ajoncs sur les dunes
Taille : 14 cm

L'amytornis du lac Eyre est apparemment une espèce rare. En 1976, on en avait signalé un certain nombre dans les dunes du désert Simpson, dans le sud de l'Australie, mais, l'année suivante, l'habitat s'était détérioré et ils étaient partis. Avant 1976, on ne l'avait signalé que lors de sa découverte en 1874, puis en 1931 et en 1961.

Ce petit oiseau furtif reste bien caché dans la végétation. On connaît mal sa reproduction, mais les nids qui ont pu être observés étaient faits d'herbe et de tiges entrelacées.

ATRICHORNES ET MÉLIPHAGES

Sous-famille des Atrichornithinae : Atrichornes

Les 2 espèces se trouvent en Australie ; elles ont les ailes petites, la queue longue et large, et les pattes fortes. Les deux sexes diffèrent par le plumage, et les femelles sont plus petites.

Atrichorne bruyant, *Atrichornis clamosus* VU

Distribution : extrémité sud-ouest de l'Australie occidentale
Habitat : brousse côtière, ravins avec végétation
Taille : 23 cm

Maintenant extrêmement rare, il fut considéré comme disparu pendant 70 ans, jusqu'à sa redécouverte en 1961. Il est aujourd'hui protégé.

Il préfère une végétation épaisse, sur le sol ou non loin, et se nourrit d'insectes et de graines. Il vit généralement seul et s'éloigne peu. La femelle fait un nid en forme de dôme, à l'aide de joncs séchés. Elle couve 1 œuf durant 36 à 38 jours.

Famille des Meliphagidae : Méliphages

Les 182 espèces de méliphages vivent en Australie, en Nouvelle-Guinée et dans les îles du sud-ouest du Pacifique, dans une aire qui s'étend des Samoa à Bali.

Ainsi que leur nom le suggère indirectement, les méliphages consomment le nectar des fleurs à la manière des souï-mangas. Ils sont souvent plus grands que ces derniers, cependant, et la plupart ont un plumage plus terne, vert ou brun. Ils sont aussi beaucoup plus variés, s'étant adaptés à divers habitats. Les méliphages sont remarquablement équipés pour extraire le nectar. La taille de leur corps et la forme de leur bec sont variables, mais tous ont une longue langue saillante hautement adaptée. La base peut s'enrouler pour former deux gouttières qui laissent passer le nectar. Le bout se divise en quatre parties toutes froncées qui en font un véritable pinceau propre à absorber le nectar. Les méliphages mangent aussi des insectes et des fruits.

Généralement arboricoles, ils sont grégaires et agressifs envers les autres espèces. Les deux sexes sont tantôt ressemblants, tantôt différenciés.

Moho de Kauai, *Moho braccatus* CR

Distribution : îles Hawaii (Kauai)
Habitat : forêts pluviales de montagne
Taille : 19 à 21,5 cm

Considéré comme éteint, de la même manière que les 2 autres espèces de moho de Hawaii, celui de Kauai fut redécouvert en 1960, dans l'étang d'Alaka'i. Capturées en grand nombre pour leurs vives plumes jaunes, les autres espèces furent décimées, mais la coloration plus sombre de celle-ci l'a sauvée de l'extinction. Elle a souffert néanmoins de l'introduction d'autres oiseaux et prédateurs, et semble mal supporter toute modification de son habitat. Ainsi, l'introduction d'herbivores et de plantes exotiques est une sérieuse menace à la survie de cet oiseau. La population actuelle est protégée, mais très réduite, de quelques oiseaux seulement peut-être.

Le moho de Kauai vit de nectar, de baies, d'araignées, d'insectes et d'escargots. Le nid est édifié dans la cavité d'un ohia, et la ponte est de 2 œufs, qui sont déposés sur un lit de végétaux séchés. Le couple nourrit les petits.

Méliphage de Bali, *Lichmera indistincta*

Distribution : Australie, Nouvelle-Guinée, îles Aru
Habitat : forêts, bois, mangroves, terres cultivées, jardins
Taille : 12 à 15 cm

Cet oiseau actif et affairé se nourrit de nectar et d'insectes dans les arbres et les buissons en fleurs, et de quelques insectes au vol. Il vit toujours près de l'eau. Sa voix est l'une des plus belles de tous les oiseaux chanteurs australiens.

Le nid est en coupe et fait de copeaux d'écorce et d'herbe, très serrés et entrelacés de toiles d'araignée. Il est suspendu à une brindille ou placé dans le feuillage d'un buisson ou d'un arbre. La ponte est de 2 œufs.

Méliphage à bec dur, *Melithreptus validirostris*

Distribution : Tasmanie, îles du détroit de Bass

Habitat : forêts clairsemées, bois

Taille : 14 cm

Il a la singulière habitude de sautiller sur les troncs d'arbres, en épluchant l'écorce dans sa quête avide d'insectes. On le voit souvent sur les eucalyptus. Le nectar ne tient qu'une petite place dans son régime. Les deux sexes sont identiques.

Le nid est suspendu à une branche tombante et fait de bandes d'écorce et d'herbe. La ponte est de 2, parfois 3 œufs.

Méliphage cardinal, *Myzomela cardinalis*

Distribution : Vanuatu, îles Samoa, îles Santa Cruz, îles Salomon

Habitat : forêts, bois clairsemés, terres cultivées

Taille : 13 cm

C'est l'un des plus petits méliphages, comme tous ceux du genre *Myzomela*, et qui par ses couleurs vives ressemble à un souï-manga. Il recherche les petits insectes et le nectar, et se rend en vaste bande à ses sites de nourrissage préférés. Son vol est rapide et direct. Les deux sexes diffèrent par le plumage : le mâle est éclatant, rouge et noir ; la femelle est surtout gris olive, tachée de rouge sur le croupion et le bas du dos.

Le nid, en petite coupe, fait de tiges d'herbe, est sur une branche fourchue. La ponte est de 1 ou 2 œufs.

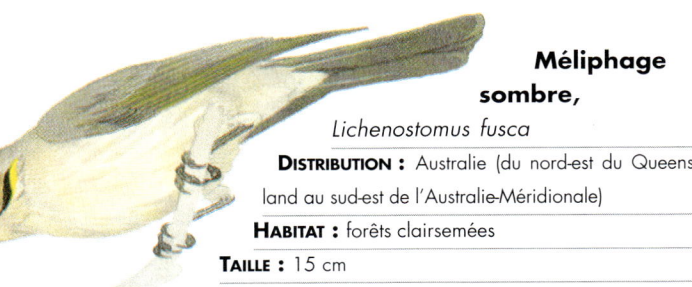

Méliphage sombre, *Lichenostomus fusca*

Distribution : Australie (du nord-est du Queensland au sud-est de l'Australie-Méridionale)

Habitat : forêts clairsemées

Taille : 15 cm

Il explore avec affairement le feuillage des divers étages de la forêt, en quête de nectar et d'insectes, et s'élance parfois dans les airs pour happer des insectes en vol. Assez commun, il vit généralement seul ou en petit groupe. Les deux sexes sont identiques, avec un plumage brun olive avivé de touches de jaune et de marques noires sur les joues.

La ponte est de 2 ou 3 œufs, dans un nid en coupe, fait de fibres et d'herbe, suspendu à un arbre.

Petit Philémon, *Philemon citreogularis*

Distribution : est et nord de l'Australie, sud de la Nouvelle-Guinée, îles de la mer de Banda

Habitat : forêts clairsemées, terrains boisés

Taille : 25 à 28 cm

Ce petit philémon a, comme tous les autres, une zone de peau nue sur la tête. Mâle et femelle sont identiques, et, malgré le qualificatif de « petit », ne sont pas beaucoup plus petits que les autres philémons. L'oiseau explore arbres et buissons en quête de fruits, d'insectes et de nectar. Quand il se querelle avec les individus de sa bande, il émet toutes sortes de cris rauques, mais il a aussi un chant mélodieux et plus plaisant. On pense que, dans le sud de l'Australie, ces oiseaux font des migrations saisonnières régulières.

Le nid, en coupe, est fait de bandes d'écorce et de fibres, et situé sur une branche fourchue ou suspendu à une branche, souvent en surplomb de l'eau. La ponte est de 2 à 4 œufs.

Méliphage barbu, *Melidectes princeps*

Distribution : Nouvelle-Guinée

Habitat : forêts de montagne, prairies de l'étage alpin

Taille : 26,5 cm

Reconnaissable à la « barbe » blanche de sa gorge, ce méliphage est surtout noir, avec des zones de peau claire autour des yeux. Moins arboricole que les autres méliphages, il reste longuement au sol, fouillant l'humus de son long bec arqué, en quête d'insectes et de graines de laîche. Il va d'un arbre à l'autre d'un vol saccadé et parfois y grimpe pour s'y nourrir de baies et de fruits.

Le nid est plutôt volumineux, fait de mousse et de filaments de champignons. Il est édifié dans un arbre ou un buisson, à environ 1 m du sol. La ponte est de 1 œuf.

MÉLIPHAGES SUITE

Méliphage fumé, *Melipotes fumigatus*
DISTRIBUTION : montagnes du centre de la Nouvelle-Guinée
HABITAT : forêts, entre 1 300 et 2 700 m d'altitude
TAILLE : 21,5 cm

Cet oiseau tranquille, aux mouvements lents, se déplace parmi les arbres en quête d'insectes sédentaires plutôt qu'actifs, mais n'hésite pas à poursuivre tout insecte ailé qu'il a pu déranger. Il se nourrit aussi de fruits, mais on le voit rarement sur un arbre en fleur, et sa langue n'a pas le bout en pinceau qui facilite l'extraction du nectar. Il vit seul ou en couple, parfois en bande. Les deux sexes se ressemblent, avec un bec court et une caroncule jaune orangé sur la face.

Le nid est en coupe profonde, fait de mousse et de fibres végétales, garni de feuilles mortes et de fougères. Il est attaché par un bord au bout d'une branche. Comme beaucoup de méliphages des montagnes qui ne disposent pas de grandes réserves de nourriture, celui-ci ne pond que 1 œuf. Le poussin est nourri de baies.

Tui, *Prosthemadera novaeseelandiae*
DISTRIBUTION : Nouvelle-Zélande et îles côtières, îles Kermadec, Chatham et Auckland
HABITAT : forêts, zones suburbaines
TAILLE : 29 à 32 cm

Le tui porte bien son autre nom d'oiseau-pasteur, avec sa bavette de touffes blanches à la gorge et un anneau de fines plumes en dentelle formant collerette. La femelle a des touffes plus petites et le ventre plus clair. Les jeunes acquièrent les touffes de la gorge dans le mois qui suit l'éclosion, et leur plumage d'adulte à l'âge de 3 mois.

Ces oiseaux vigoureux sont particulièrement bruyants. Ils volent à grande vitesse parmi les arbres, en se laissant parfois tomber d'une hauteur considérable. Ils se nourrissent d'insectes et de fruits, mais également, grâce à leur langue en pinceau, de nectar. Extrêmement agressifs, ils défendent vigoureusement leur nourriture et leur nid contre les intrus.

À la saison des nids, le mâle entreprend sa parade en exécutant de spectaculaires plongeons aériens, des roulades et des boucles. Le nid, situé généralement à la fourche d'un arbre, est fait de branchages et de brindilles et est garni de fins végétaux. La femelle couve 2 à 4 œufs, durant 14 jours environ. Pendant la couvaison, le mâle semble chanter presque sans arrêt d'un arbre voisin, mais en fait il aide la femelle à nourrir les poussins dès l'éclosion. Il y a souvent 2 couvées successives.

Méliphage à caroncules rouges, *Anthochaera carunculata*
DISTRIBUTION : Australie (de la Nouvelle-Galles-du-Sud à l'ouest de l'Australie)
HABITAT : forêts clairsemées, terrains boisés, parcs et jardins
TAILLE : 32 à 35 cm, queue comprise (16 cm)

Cet oiseau agressif et bruyant est le plus gros méliphage d'Australie. Très actif dans les arbres, avec une préférence pour les banksias et les eucalyptus, il se nourrit de fruits, de nectar et d'insectes. Il vit seul ou erre en petite bande. Les oiseaux de l'Ouest effectuent des mouvements nord-sud réguliers. Les deux sexes sont identiques ; mâle et femelle portent des caroncules charnues à l'arrière des yeux.

Le nid est constitué de branchages et de brindilles, et il est édifié sur une branche horizontale dans un buisson ou un arbre, et parfois garni d'herbe. La ponte est de 2 ou 3 œufs.

Bec-en-épine oriental, *Acanthorhynchus tenuirostris*

Distribution : Australie (du Queensland au Victoria et à l'Australie-Méridionale), Tasmanie, îles du détroit de Bass

Habitat : forêts pluviales, buissons, terres cultivées et jardins

Taille : 12 à 15 cm

Cet oiseau remuant, au vol rapide, volette d'arbre en arbre en quête d'insectes et de nectar. Le bec-en-épine vole souvent sur place à côté d'une fleur, dont il sonde la corolle de son long bec recourbé pour en extraire le nectar. Essentiellement arboricole, il vit seul ou en groupe, et semble effectuer des mouvements saisonniers réguliers. La femelle est beaucoup plus terne que le mâle, au brillant plumage.

Le nid, en coupe, fait par la femelle à l'aide d'herbe, d'écorce et de mousse, est suspendu à une brindille mince et fourchue dans un arbuste ou un buisson. La femelle couve 2 ou 3 œufs tandis que le mâle défend le territoire. Le couple nourrit les petits et peut produire 2 couvées successives.

Méliphage à tête noire, *Manorina melanocephala*

Distribution : Australie (du Queensland au Victoria), Tasmanie, îles du détroit de Bass

Habitat : bois, parcs urbains

Taille : 26 à 28 cm

S'il passe beaucoup de temps dans les arbres, cet oiseau explore néanmoins le sol en quête d'insectes, de fruits et de nectar, qui constituent son régime alimentaire. Actif, curieux, il harcèle souvent d'autres oiseaux et, en bande, attaque chouettes et buses. Les méliphages à tête noire se regroupent presque toujours en colonies, qui vont en quête d'insectes, se nourrissent et perchent ensemble.

Le nid en coupe, fait d'herbe, de brindilles et de bouts d'écorce, est sur une branche d'arbre ou d'arbuste fourchue et garni de végétaux doux. La ponte est de 2 à 4 œufs.

Epthianure tricolore, *Epthianura tricolor*

Distribution : régions intérieures et occidentales de l'Australie

Habitat : plaines herbeuses avec buissons

Taille : 10 à 11 cm

Le mâle de l'epthianure tricolore est un petit oiseau au plumage éclatant, marqué de rouge vif, de blanc et de brun-noir. La femelle, beaucoup plus terne, est plus brune, mais elle a cependant le croupion cramoisi.

L'oiseau se déplace au sol ou à proximité, dans l'herbe ou les arbres et les buissons bas, et plonge parfois le bec dans la corolle des fleurs pour en retirer des insectes. S'il s'agit d'un gros insecte, il l'empale préalablement sur une brindille fourchue, puis il le dévore en le déchirant.

La saison des nids fait suite à de fortes chutes de pluie, quand les réserves de nourriture sont assurées, et les oiseaux nichent généralement en colonies lâches. En vol nuptial, le mâle tient érigées les plumes cramoisies de sa couronne. Le nid est une coupe d'herbe et de brindilles placée dans un buisson ou sur une touffe. Le couple couve 3 ou 4 œufs et soigne les poussins.

PARDALOTES, ROUGES-GORGES D'AUSTRALASIE ET VERDINS

Famille des Pardalotidae : Pardalotes

Les 68 espèces de cette famille sont représentées en Australie, en Nouvelle-Guinée, en Indonésie et dans les îles du Pacifique occidental. Ces petits oiseaux vivent dans des habitats extrêmement variés : forêts, landes, taillis, semi-déserts. La plupart des espèces sont insectivores.

Pardalote pointillé, *Pardalotus punctatus*
Distribution : Australie, Tasmanie
Habitat : forêts, terrains boisés
Taille : 9 cm

C'est un oiseau coloré, aux taches caractéristiques, surtout blanches chez le mâle et jaunes chez la femelle. Il vit d'insectes qu'il trouve au sol et dans les arbres, car cet agile grimpeur s'accroche aux brindilles dans n'importe quelle position pour inspecter très soigneusement le feuillage. Hors de la saison des nids, le pardalote pointillé vit seul ou en petite bande, mêlé parfois à d'autres espèces.

Le couple creuse une galerie dans un talus ou une pente, et fait un nid sphérique d'écorce et d'herbe dans une cavité située à l'extrémité. La ponte est généralement de 4 œufs, couvés par le couple 14 à 16 jours.

Séricorne à sourcils blancs, *Sericornis frontalis*
Distribution : est, sud-est et sud-ouest de l'Australie, îles du détroit de Bass
Habitat : taillis des forêts denses, végétation côtière broussailleuse
Taille : 11 cm

Cet oiseau vit au sol ou à proximité, caché dans d'épais fourrés où il sautille en quête d'insectes et autres petits invertébrés, qui constituent son régime alimentaire.

Le nid, en forme de dôme, est construit dans les fourrés, sur le sol ou juste au-dessus. Il est fait de feuilles et de fibres entrelacées, et il comporte une entrée latérale. La ponte du séricorne à sourcils blancs est généralement de 3 œufs.

Acanthiza à croupion jaune, *Acanthiza chrysorrhoa*
Distribution : Australie, sud du tropique du Capricorne
Habitat : bois clairsemés, savane
Taille : 10 cm

Chez cette espèce, les deux sexes ont un plumage plutôt sobre, mais ils présentent cependant un croupion jaune vif, auquel ils doivent leur nom. Ils vivent d'insectes et de végétaux, de graines entre autres, qu'ils trouvent au sol ou dans les arbres et les buissons.

Le nid, vaste et peu soigné, est fait d'herbe et de fibres végétales, avec une cavité recouverte d'un capuchon qui en surplombe l'entrée, plutôt basse. Il est généralement édifié dans un buisson bas. La femelle couve les 3 œufs pendant 18 à 20 jours, et les deux membres du couple soignent les petits. Il peut y avoir jusqu'à 4 couvées successives, et les jeunes des premières couvées aident aux soins des poussins suivants. Cette singulière habitude est propre à plusieurs espèces de cette sous-famille.

Gerygone à gorge blanche, *Gerygone olivacea*
Distribution : sud-est de la Nouvelle-Guinée, côtes nord et est de l'Australie
Habitat : forêts clairsemées, terrains boisés
Taille : 11 cm

Ce petit oiseau arboricole cherche les insectes, qui constituent son régime alimentaire, sur l'écorce et le feuillage, et chasse parfois ses proies en vol. On le rencontre généralement seul ou en groupe lâche et dispersé. Les deux sexes sont identiques, mâle et femelle ont le dessus gris-brun et le dessous jaune.

Le nid long et ovale est suspendu à des brindilles, et il peut être édifié jusqu'à 15 m au-dessus du sol. Il est réalisé avec des fibres végétales et des bandes d'écorce, entremêlées de toiles d'araignée, et garni de plumes ou de matériel végétal suffisamment doux. L'entrée du nid, qui se trouve tout près du sommet, est couverte. La ponte est généralement de 2 ou 3 œufs.

Famille des Eopsaltriidae : Rouges-gorges d'Australasie

Cette famille de petits passereaux arboricoles est surtout représentée en Australie et en Nouvelle-Guinée. Une espèce est observable en Malaisie, et une autre dans l'Himalaya et le sud de la Chine. La plupart des 46 espèces occupent les étages inférieurs des forêts et se nourrissent d'insectes.

Rouge-gorge flammé, *Petroica phoenicea*
Distribution : Tasmanie, sud-est de l'Australie
Habitat : forêts sèches, bois, terrains découverts
Taille : 13 à 14 cm

C'est au rouge brillant de la gorge et du ventre du mâle, qui rappellent ceux du rouge-gorge européen, que cet oiseau doit son nom. La femelle a le dessous chamois clair et parfois une touche de rouge orangé sur le ventre. Cet oiseau vit d'insectes pris au sol et dans les arbres, et volette sans cesse d'un perchoir à l'autre. Normalement solitaire, il peut se joindre à des bandes, parfois du même sexe, en dehors de la saison des nids.

Le nid est fait d'herbe et de bandes d'écorce, reliées par des toiles d'araignée. Il est édifié dans la fourche d'un arbre ou une cavité, ou parmi les racines d'un arbre. La ponte est de 3 œufs.

Gobe-mouches canari, *Culicicapa helianthea*
Distribution : Philippines, grandes îles de la Sonde
Habitat : forêts, bois
Taille : 10 cm environ

Appelé également gobe-mouches tournesol, cet oiseau a un plumage qui offre toute une variété de jaunes ; le jeune a le dessus plutôt plus sombre et plus vert que l'adulte. Il se perche sur les branches des arbres et fond brièvement sur les insectes.

Famille des Irenidae : Verdins

Cette famille se compose de 10 espèces, qui sont réparties en 2 groupes relativement distincts d'oiseaux chanteurs. On les trouve dans les forêts du sud et du sud-est de l'Asie. Les verdins se nourrissent de fruits et de baies, d'insectes, de pollen et de nectar. Grégaires, ils se déplacent en bandes dans la couronne de la forêt. Les oiseaux bleus des fées, qui se répartissent en 2 espèces, sont des passereaux d'un bleu brillant. Arboricoles et grégaires, ils se rassemblent en petites bandes. Ce sont des frugivores. Chez toutes les espèces, mâle et femelle diffèrent.

Verdin à front d'or, *Chloropsis aurifrons*
Distribution : Inde, Sri Lanka, Asie du Sud-Est, Sumatra
Habitat : lisières de forêts, terrains découverts, jardins, collines humides, jusqu'à 900 m d'altitude
Taille : 18 cm

Malgré leurs couleurs vives, on peut rarement voir ces oiseaux arboricoles, sauf lorsqu'ils volent brièvement d'un bosquet à l'autre, ou attirent l'attention en appelant ou en imitant d'autres oiseaux. Le mâle, vert vif, a la gorge tachée de bleu et une couronne orange vif. Grâce à ce plumage à dominante verte, les verdins se fondent bien dans le feuillage. Ils sont extrêmement agiles et font des acrobaties dans les arbres, allant jusqu'à se balancer sur les branches comme sur un trapèze. Ils vivent en couples ou en petits groupes et se nourrissent dans les feuilles, d'insectes, surtout de chenilles, d'araignées et de baies, ainsi que du nectar des fleurs de l'arbre à corail (*Erythrina*), du loranthus et de l'arbre à coton soyeux. En cherchant du nectar, il leur arrive de polliniser involontairement les plantes.

Le nid, une petite coupe, est construit dans un feuillage épais, à l'extrémité d'une branche haute, il est donc difficile à trouver. La femelle couverait seule 2 ou 3 œufs.

Oiseau bleu des fées ou Irène vierge, *Irena puella*
Distribution : de l'Inde à l'Asie du Sud-Est, grandes îles de la Sonde et îles Andaman, Philippines (Palawan)
Habitat : forêts de collines, jusqu'à 1 700 m
Taille : 25,5 cm

Les oiseaux bleus des fées sont presque entièrement arboricoles et préfèrent passer leur temps dans le haut d'arbres sempervirents, près d'un cours d'eau. Le mâle surtout est craintif, et on ne le voit pas souvent distinctement, sauf lorsqu'il descend boire ou se baigner ; c'est alors que l'on admire ses couleurs magnifiques (avec les parties supérieures bleu outre-mer vif et le dessous d'un noir velouté), et ses yeux rouges attirent le regard. La femelle est plus terne, vert paon et brun-noir. Ils se nourrissent surtout du nectar des fleurs de l'arbre à corail (*Erythrina*) et de fruits, en particulier de figues mûres, souvent en compagnie des toucans et des pigeons.

Le nid est construit entre 3 et 6,50 m du sol, dans un arbre, poussant au cœur d'une épaisse forêt. Il est réalisé à partir de racines et de brindilles, et recouvert de mousse. La ponte est généralement de 2 œufs.

PIES-GRIÈCHES ET VIRÉOS

Famille des Laniidae : Pies-grièches

Les 30 espèces qui composent la famille des laniidés sont représentées en Amérique du Nord et en Eurasie, jusqu'en Indonésie, dans les Philippines et en Nouvelle-Guinée. Ce sont des oiseaux chanteurs de taille moyenne, qui se nourrissent principalement de grands insectes, mais sont aussi capables d'attraper des reptiles, des oiseaux et des mammifères de petites dimensions. Ils se distinguent par leur grosse tête et par leur puissant bec recourbé, dont ils se servent pour emporter leur proie. Ils ont des pattes et des pieds robustes, dotés de griffes acérées, avec lesquelles ils manipulent leur proie lorsqu'ils la dépècent. Ce sont des oiseaux agressifs.

La plupart des espèces habitent des régions où se mêlent une végétation haute et des espaces découverts. Les pies-grièches font le guet d'un poste d'observation élevé et piquent vers le sol pour y attraper leur proie, ou encore la capturent à la façon des gobe-mouches, en vol, puis retournent se percher. Quelques espèces empalent leur proie sur des épineux avant de la consommer.

Pie-grièche grise, *Lanius excubitor*
Distribution : répandue en Amérique du Nord, en Asie, en Europe, en Afrique du Nord ; hiverne au sud
Habitat : varié, terrains boisés, terrains découverts, marais, toundra, savane, désert
Taille : 24 cm

Les pies-grièches grises se tiennent perchées sur une éminence, d'où elles s'envolent à la poursuite des insectes, mais également de petits oiseaux, de mammifères, de reptiles et de grenouilles. Normalement, elles retournent sur leur perchoir pour les manger, mais vont parfois les mettre en réserve. Elles défendent leur territoire contre tout intrus, y compris les faucons, et, comme eux, pratiquent le vol sur place quand elles chassent. La femelle ressemble au mâle, mais en plus terne, avec une marque en forme de croissant sur les parties inférieures. Le jeune a des marques plus prononcées.

Le nid, volumineux, est construit par les deux partenaires, à l'aide de brindilles, de mousse et d'herbe, généralement à 12 m environ du sol. Dans le Nord, la femelle couve 5 à 7 œufs pendant 14 à 16 jours. La ponte est moindre dans le Sud, mais il y en a parfois 2 dans l'année. C'est l'une des deux seules espèces que l'on trouve en Amérique du Nord, l'autre étant la pie-grièche migratrice, *L. ludovicianus*, assez semblable d'aspect et de mœurs à celle-ci.

Pie-grièche (ou Corvinelle) noire et blanche, *Corvinella melanoleuca*
Distribution : Afrique (Kenya, Tanzanie, du Mozambique au sud de l'Angola)
Habitat : terrains découverts parsemés d'arbres et de buissons, terres agricoles à l'abandon
Taille : 45 cm

Le plumage noir et blanc de cet oiseau ressemble à celui d'une pie. Les deux sexes sont identiques, mais le jeune est plus terne. La pie-grièche noire et blanche a l'habitude de se percher à la cime des arbres. C'est une espèce plutôt craintive, même si elle se perche de façon bien visible au sommet des arbres. Elle se déplace généralement en couple ou en petit groupe, souvent avec d'autres espèces, et se nourrit d'insectes qu'elle attrape au sol en se laissant tomber dessus depuis un perchoir élevé. La plupart du temps, elle suspend sa proie à une épine avant de la manger.

Le nid, volumineux, est généralement fait de brindilles épineuses grossièrement assemblées. La ponte est normalement de 3 ou 4 œufs.

Famille des Vireonidae : Viréos

Les 51 espèces sont toutes du Nouveau Monde. Avec 45 espèces, les viréos vrais dominent le groupe. Ils se nourrissent tous d'insectes dans le feuillage des forêts et des bois. Même s'ils ressemblent aux fauvettes américaines, ils sont plus vigoureux, leur bec est plus fort, et leurs mouvements sont plus lents.

Les autres oiseaux de la famille forment 2 groupes : les 2 espèces de cyclarhis et les 4 viréos-pies-grièches. Tous sont légèrement plus grands que les viréos et ont un bec fort et crochu. Ils se nourrissent dans les arbres, essentiellement d'insectes et de fruits. Chez toutes les espèces, les deux sexes sont identiques ou presque.

Viréo aux yeux rouges, *Vireo olivaceus*
Distribution : Canada, largement aux États-Unis (sauf sud-ouest), Amérique centrale et du Sud jusqu'en Argentine, Antilles
Habitat : forêts et bois de feuillus, jardins, parcs, vergers
Taille : 14 à 17 cm

Ce viréo très abondant se distingue par ses yeux couleur de rubis, marron chez le jeune. Il est présent pratiquement partout où il y a des arbres à feuilles caduques. Il se déplace lentement dans les étages inférieurs et les sous-bois, en quête

d'insectes et de baies. C'est un chanteur obstiné qui, par les jours de grande chaleur, chante plus que n'importe quel autre.

Le nid est soigné, en forme de coupe et suspendu entre les brindilles d'une fourche horizontale, dans un arbre ou un buisson. La femelle couve 4 œufs, 11 à 14 jours. Les poussins quittent le nid à 10 ou 12 jours environ.

Hylophile à couronne fauve, *Hylophilus ochraceiceps*

Distribution : du sud du Mexique à la Bolivie
Habitat : forêts pluviales, terrains boisés
Taille : 11 cm

Ce petit viréo surtout brun et jaune-beige a le front et la couronne fauves. Il va en quête d'insectes et autres petits invertébrés dans le feuillage des buissons et des arbustes, et se déplace généralement en petit groupe, le plus souvent avec d'autres oiseaux sylvestres.

La ponte est de 2 œufs, dans un nid solide, en coupe, suspendu par le bord à une brindille fourchue. Les parents nourrissent les petits d'insectes et de larves jusqu'à leur départ du nid, à 14 jours environ.

Cyclarhis à sourcils roux, *Cyclarhis gujanensis*

Distribution : du nord-est du Mexique au nord de l'Argentine, Trinité
Habitat : forêts, terrains boisés, terres cultivées
Taille : 15 cm

C'est un cyclarhis au corps lourd, à la tête volumineuse et aux pattes et aux pieds forts. C'est un bon grimpeur, qui va en quête d'insectes dans les arbres, mais son vol est faible. Il cherche insectes et baies à l'extrémité des branches et des rameaux, avec des mouvements lents. Quand il capture un gros insecte, il le déchire à l'aide de son solide bec crochu tout en le maintenant sous son pied. Cet oiseau craintif vient rarement à découvert et il est difficile de l'observer, mais on l'entend souvent chanter avec force et obstination de son perchoir. Il vit généralement seul ou en couple.

Le nid est une sorte de tissu d'écorce et d'herbe suspendu à la fourche d'une branche. Les deux parents couvent chacun leur tour les 2 ou 3 œufs et nourrissent les petits.

Viréo (ou Viréo-pie-grièche) à sourcils jaunes, *Vireolanius melitophrys* LR : nt

Distribution : du Mexique au Guatemala
Habitat : forêts
Taille : 18 cm

Les 4 espèces de viréos-pies-grièches ont un plumage beaucoup plus brillant que les viréos typiques, et celui-ci est particulièrement joli avec son dos vert, ses flancs châtains et sa tête aux stries marquées. Il a un bec robuste et crochu, et des pattes et des pieds forts. On le voit peu, car il vit dans la couronne de la forêt, ne vole à découvert et ne se perche bien en vue que rarement. Il mange des insectes, dont il déchire les plus gros avec le bec en les maintenant sous son pied, ainsi que des fruits.

Le nid est suspendu à une branche d'arbre fourchue, mais on connaît mal la reproduction de cet oiseau.

CINCLOSOMES, OISEAUX-APÔTRES ET SIFFLEURS

Famille des Corvidae : Corbeaux

Les représentants de cette grande famille, diversifiée, se retrouvent dans le monde entier. On compte 647 espèces, réparties entre 7 sous-familles.

Sous-famille des Clinclosomatinae : Cinclosomes

Cette famille comprend 15 espèces. À l'exception d'une seule, représentée en Asie du Sud-Est, toutes vivent en Australie et en Nouvelle-Guinée.

Oiseau-fouet, *Psophodes olivaceus*
Distribution : Australie (du Queensland au Victoria)
Habitat : halliers, dans ou près des forêts
Taille : 25 à 28 cm

L'oiseau-fouet a un plumage à dominante sombre, avec quelques touches de blanc et la queue longue et large. Les deux sexes sont identiques. Il vit au sol ou non loin, mais reste généralement dans les sous-bois épais, en quête d'insectes, de larves et d'araignées dans les feuilles qui jonchent le sol. Il sautille et court rapidement, et peut parfaitement grimper dans les buissons, mais il ne vole que rarement et toujours sur de courtes distances.

Le nid, de brindilles et de radicelles, est près du sol, dans d'épais fourrés. La ponte est de 2 œufs.

Cinclosome cannelle, *Cinclosoma cinnamomeum*
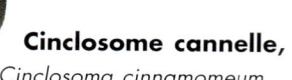
Distribution : Australie (zones sèches, de l'ouest de l'Australie au Queensland et au Victoria)
Habitat : zones semi-désertiques, broussailles
Taille : 20 cm

Seul ou en petit groupe familial, le cinclosome cannelle vit caché parmi les buissons ou dans des trous et des terriers pour échapper à ses prédateurs et à la chaleur. Il se nourrit généralement de graines et d'insectes, aux heures fraîches de l'aube et du crépuscule. Parfois, il pourchasse aussi les insectes à découvert, en volant bas avec des battements d'ailes bruyants et ronflants. Les deux sexes ont un plumage différent. La femelle n'a pas les marques noires typiques du mâle.

Le nid est dans une dépression au sol, ou sous un buisson ou une branche tombée. Il est fait d'herbe et de brindilles, et garni d'écorce et de feuilles. La ponte est de 3 œufs.

Sous-famille des Corcoracinae : Oiseaux-apôtres

Cette sous-famille se compose de 2 espèces. Ce sont des oiseaux grégaires qui vivent dans l'est de l'Australie. Ils creusent le sol à la recherche de graines, d'insectes et d'autres invertébrés. Ces oiseaux volent rarement, mais perchent dans les arbres, où ils bâtissent des nids de boue communautaires.

Oiseau-apôtre, *Struthidea cinerea*
Distribution : Australie (Victoria, Nouvelle-Galles-du-Sud, Queensland)
Habitat : bois clairsemés, brousse, terres cultivées
Taille : 33 cm

Le grégaire oiseau-apôtre vit généralement en groupe de 12 oiseaux environ (d'où son nom), qui restent ensemble même à la saison des nids, parfois dirigés par un couple dominant. Ils se nourrissent surtout au sol d'insectes et de graines, mais peuvent sauter de branche en branche et voler sur de courtes distances.

Le nid de boue, en forme de cuvette, est garni d'herbe et placé dans un arbre, généralement près d'autres nids. La ponte est constituée de 4 ou 5 œufs, et parfois plusieurs femelles pondent dans le même nid. L'incubation est de 19 jours. Le groupe nourrit les petits.

Sous-famille des Pachycephalinae : Siffleurs

Cette sous-famille rassemble 59 espèces d'oiseaux siffleurs, qui vivent en Nouvelle-Zélande, en Australasie et en Asie du Sud-Est. Ces oiseaux sont principalement arboricoles.

OISEAUX : CINCLOSOMES, OISEAUX-APÔTRES ET SIFFLEURS 331

Néositte variée, *Neositta chrysoptera*
DISTRIBUTION : Australie
HABITAT : forêts découvertes, bois
TAILLE : 10 à 12 cm

Ce petit oiseau agile escalade ou descend les troncs d'arbres avec la même facilité. Il passe l'essentiel de son temps dans les arbres, voletant çà et là, inspectant les fissures des écorces, en quête d'insectes. Grégaire, il se déplace en petite bande. Il en existe de nombreuses formes, qui offrent de grandes différences de coloration.

Le nid, en forme de coupe, est édifié sur une branche fourchue et camouflé par des bouts d'écorce. Le couple couve les 3 ou 4 œufs et nourrit les petits.

Ce siffleur vit d'insectes et de baies qu'il trouve dans les arbres. Il reste longuement perché et se montre plutôt inactif pour un insectivore.

Les deux partenaires édifient le nid, généralement dans la fourche d'un arbre ou d'un buisson. Il est fait d'herbe, d'écorce et de feuilles, et garni d'herbe douce. Le couple couve 2 ou 3 œufs et soigne les petits.

Pie-grièche mésange, *Falcunculus frontatus*
DISTRIBUTION : Australie (localement)
HABITAT : forêts sèches, terrains boisés
TAILLE : 17 à 19 cm

Le bec de la pie-grièche mésange est plutôt inhabituel pour un insectivore : profond, comprimé latéralement et légèrement crochu. L'oiseau s'agrippe à un tronc d'arbre et s'en sert pour arracher l'écorce et en extraire larves et insectes. Il explore aussi le feuillage et se rend utile à l'homme en mangeant quantité de larves du ver qui attaque les pommes.

Le nid est une coupe profonde placée dans une fourche d'arbre, dont le mâle maintient l'accès dégagé en cassant les brindilles situées au-dessus. La ponte est de 2 ou 3 œufs.

Grive harmonieuse, *Colluricincla harmonica*
DISTRIBUTION : Australie, Tasmanie, îles du détroit de Bass, sud-est de la Nouvelle-Guinée
HABITAT : forêts, bois, prairies, parcs
TAILLE : 23 cm

Assez répandue et commune en Australie, la grive harmonieuse est très localisée en Nouvelle-Guinée. Elle se nourrit en solitaire dans les sous-bois et les branches basses des arbres, ainsi qu'au sol. Son chant est harmonieux, et les notes en sont limpides et mélodieuses. La femelle diffère légèrement du mâle, avec une touche de brun sur le dessous, et les marques de la face et les stries blanches du poitrail moins nettes.

Le nid, en forme de cuvette, est au sol, dans un arbre ou un buisson, ou sur une corniche rocheuse ; il est fait de bandes d'écorce et d'herbe. Parfois, le couple reprend le vieux nid d'une autre espèce. La ponte est de 2 ou 3 œufs et il peut y avoir plus de 1 couvée.

Pachycéphale à collier ou Siffleur doré, *Pachycephala pectoralis*
DISTRIBUTION : Indonésie (de Java aux Moluques), de l'archipel Bismarck aux Fidji et Tonga, est, sud et sud-ouest de l'Australie, Tasmanie
HABITAT : forêts, bois clairsemés, buissons, dans les bois d'eucalyptus (mallee)
TAILLE : 18 cm

Représenté par 70 ou 80 populations et réparti sur de nombreuses îles, l'espèce du siffleur doré est peut-être composée de plus de sous-espèces que tout autre oiseau, certaines étant autant diversifiées que des espèces proprement dites. Le plumage, en particulier celui de la tête, varie beaucoup d'une sous-espèce à l'autre, mais le mâle est généralement vert olive, jaune et noir ou gris. La femelle a le dessous qui va du brun olive au gris olive, avec la gorge grisâtre et le ventre blanchâtre.

Pitohui rouille, *Pitohui ferrugineus*
DISTRIBUTION : Nouvelle-Guinée et alentours, îles Aru
HABITAT : forêts de basse altitude
TAILLE : 25,5 à 28 cm

C'est un des plus gros siffleurs. Grégaire, il vit en couple ou en petite bande et se déplace lentement à travers l'étage inférieur de la forêt, en quête d'insectes et de fruits, en émettant un cri doux. Les deux sexes ont le même plumage.

Le nid, en coupe profonde, est construit sur une branche d'arbre à plusieurs fourches, assez haut dans les arbres. Il est fait de brindilles, de bouts de plantes grimpantes et de fibres, garni de feuilles mortes, et tapissé de matière végétale douce. La ponte est de 1 œuf.

CORBEAUX, GEAIS ET PIES

SOUS-FAMILLE DES CORVINAE : CORBEAUX, OISEAUX DE PARADIS, CURRAWONGS ET LORIOTS

Avec 297 espèces, la sous-famille des corvinés est la plus grande de la famille des corvidés. Elle est divisée en 4 tribus.

Les 117 espèces de corbeaux, de geais et de pies forment une famille développée et très prolifique d'oiseaux chanteurs robustes, intelligents et ubiquistes. On les trouve dans le monde entier, sauf dans les régions polaires. Tous sont de grande taille pour des oiseaux chanteurs, avec un bec puissant, souvent crochu. Les geais, qui vivent en terrains boisés, sont les plus brillamment colorés ; les casse-noix sont mouchetés, tandis que les corbeaux sont à dominante noire.

Les oiseaux de paradis sont des oiseaux arboricoles, de taille moyenne ou grande, qui vivent dans les forêts pluviales de Nouvelle-Guinée, du nord-est de l'Australie et des Moluques. On distingue 45 espèces, et ce groupe comprend les oiseaux les plus spectaculaires qui soient. Les mâles sont réputés pour leur plumage extraordinairement varié et coloré, souvent avec de longues plumes ornementales à la queue et à la tête. Ils s'en servent lors des danses nuptiales compliquées qu'ils exécutent pour attirer des femelles. Celles-ci, très différentes des mâles, sont ternes et plutôt brunes.

La troisième tribu de la sous-famille des corvinés rassemble 24 espèces en 2 groupes distincts : les currawongs, les cassicans des mangroves et les corbeaux-flûteurs, qui ressemblent aux corbeaux ; les langrayens, qui ressemblent aux pseudolangrayens. Les currawongs et apparentés comprennent à la fois des espèces arboricoles et des espèces terrestres, qui sont représentées en Australie et en Nouvelle-Guinée ; les corbeaux-flûteurs se retrouvent aussi en Nouvelle-Zélande et sur les îles Fidji. La plupart de ces oiseaux se nourrissent d'insectes ou d'autres petits invertébrés. Les langrayens occupent une grande variété d'habitats, dans une aire qui s'étend de l'Australie et des îles Fidji au sud de la Chine et à l'Inde. Ils ont le corps trapu, les ailes longues et pointues, et volent très bien.

La tribu des loriots et des échenilleurs se compose de 2 groupes distincts. Les 29 espèces de loriots sont représentées dans une aire qui va de l'Eurasie tempérée à l'Australie et à l'Afrique tropicale. Les loriots sont connus pour leur chant mélodieux. Les 82 espèces d'échenilleurs et de minivets sont représentées du nord de l'Inde jusqu'en Australie et aux îles du Pacifique occidental, et en Afrique. La plupart sont des oiseaux arboricoles, qui vivent dans les forêts et les bois clairsemés. Les échenilleurs ont un plumage gris-brun plutôt terne, un bec solide et entaillé, des ailes longues et pointues, et la base du bec dotée de vibrisses. Les minivets ont un plumage aux couleurs vives, souvent rouge et noir chez le mâle, et jaune ou orange et gris chez la femelle. De nombreux échenilleurs et minivets possèdent des plumes érectiles sur le dos et le croupion.

Corneille d'Amérique, *Corvus brachyrhynchos*
DISTRIBUTION : sud du Canada, États-Unis
HABITAT : terrains découverts, agricoles, bois clairsemés, lisières de bois, parcs
TAILLE : 43 à 53 cm

Noire, trapue, extrêmement répandue, elle s'adapte à la plupart des habitats. Presque omnivore, elle se nourrit d'insectes, à terre et dans les arbres, où elle trouve également des araignées, des grenouilles, des reptiles, des petits mammifères, des oiseaux et leurs œufs ainsi que des charognes. Elle mange aussi du grain, des fruits et des noix, et fouille les déchets. Ces corneilles vont en quête de nourriture par deux, mais, à la saison des nids, on peut voir des mâles solitaires. En hiver, c'est en énormes bandes qu'elles se rendent à leurs dortoirs.

Le nid est fait de branchages dans un arbre. La femelle couverait 3 à 6 œufs pendant 18 jours. Les populations nordiques migrent au sud en hiver.

Corbeau freux, *Corvus frugilegus*
DISTRIBUTION : Europe, Moyen-Orient, Asie centrale, Extrême-Orient
HABITAT : terrains découverts et agricoles avec bosquets d'arbres, petits bois
TAILLE : 45 cm

Il se distingue par la plaque dénudée entre ses yeux et les plumes hirsutes et lâches de ses pattes. Il se nourrit surtout de céréales et de vers de terre. Sa technique consiste à enfoncer le bec dans la terre, puis à l'ouvrir en force pour saisir le ver. Insectes et autres invertébrés, petits mammifères, jeunes oiseaux, œufs, noix et fruits entrent aussi dans son régime. Il se nourrit essentiellement à terre, mais vole pour cueillir des noix et autres fruits. Les freux vivent en couples, mais forment des dortoirs en automne et en hiver.

Le mâle nourrit la femelle pendant les 16 à 18 jours qu'elle couve ses 3 à 5 œufs. Les oiseaux nordiques migrent en hiver.

Geai terrestre de Hume, *Pseudopodoces humilis*
DISTRIBUTION : ouest de la Chine, Tibet, nord-est de l'Inde
HABITAT : terrains découverts sablonneux
TAILLE : 20 cm

C'est un rapide coureur. Le bec est lourd, et l'oiseau s'en sert pour atteindre des insectes.
Le nid est au sol. La ponte est de 4 à 6 œufs.

OISEAUX : CORBEAUX, GEAIS ET PIES   333

Pie bavarde, *Pica pica*

DISTRIBUTION : Europe, Afrique du Nord, de l'Asie à l'Himalaya et au début de l'Asie du Sud-Est, Alaska, ouest du Canada et États-Unis jusqu'à l'Utah
HABITAT : terrains découverts avec arbres, lisières de bois, prairies
TAILLE : 44 à 57 cm

C'est une pie vive, au plumage noir et blanc, et dotée d'une longue queue. Ses nombreuses sous-espèces montrent de légères variations de plumage. Elle se nourrit à terre d'insectes, d'escargots, de limaces et d'araignées, auxquels s'ajoutent céréales, petits mammifères et charognes, et vole vers les arbres pour y trouver des fruits, des noix et de jeunes oiseaux. Certaines pies restent toute l'année dans leur territoire de nidification, en couples ou en petits groupes, tandis que d'autres se rassemblent dans des dortoirs collectifs hors de la saison des nids.

Le nid vaste, en dôme, est fait dans un arbre ou un buisson par les deux partenaires. Le mâle nourrit la femelle, qui couve ses 5 à 8 œufs pendant 17 ou 18 jours.

Geai bleu, *Cyanocitta cristata*

DISTRIBUTION : sud-est du Canada, est des États-Unis jusqu'au golfe du Mexique
HABITAT : bois, parcs urbains, jardins
TAILLE : 30 cm

C'est un oiseau coloré, bleu dans l'ensemble, avec du noir et du blanc sur les ailes et la queue, et des taches noires sur la face. Il se nourrit au sol et dans les arbres, de noix, de graines, de céréales, de fruits, de baies, d'insectes et d'invertébrés, et des œufs et poussins d'autres oiseaux. C'est en groupes familiaux qu'on voit les geais bleus en été, mais à l'automne ils forment des groupes plus larges, bruyants.

Le nid est dans un arbre ou un buisson. La femelle couve 2 à 6 œufs pendant 16 à 18 jours. Le mâle la nourrit.

Geai des chênes, *Garrulus glandarius*

DISTRIBUTION : de l'Europe à l'Afrique du Nord, Asie centrale, Extrême-Orient, Asie du Sud-Est
HABITAT : forêts, terrains boisés, vergers
TAILLE : 34 cm

Le plumage de cette espèce largement répartie varie grandement selon les localités. Le geai d'Europe a généralement le corps brun rosé, avec de beaux motifs barrés bleu et noir sur les ailes. Il se nourrit seul ou en couple, dans les arbres et au sol, d'insectes et autres petits invertébrés, araignées, limaces et escargots, ainsi que de glands, de baies et de grain.

Le nid est dans un arbre. La femelle couve 3 à 7 œufs, 16 à 19 jours. Le mâle la nourrit alors et apporte de quoi nourrir la couvée jusqu'à ce qu'elle puisse quitter le nid et l'aider.

Geai vert des Incas, *Cyanocorax yncas*

DISTRIBUTION : États-Unis (sud du Texas), du Mexique au Brésil et à la Bolivie
HABITAT : forêts, bois, halliers
TAILLE : 30 cm

Ses rectrices vertes permettent de l'identifier en vol. Ses nombreuses sous-espèces offrent de légères variations de plumage. Il vit en couple ou en petit groupe et se nourrit surtout d'insectes, ainsi que de glands, de graines, voire des œufs et poussins d'autres oiseaux.

La ponte est de 3 à 5 œufs, dans un nid situé dans un arbre ou un buisson. La femelle couve seule et le couple s'occupe des poussins et les nourrit.

Pie bleue ornée, *Urocissa ornata*

DISTRIBUTION : Sri Lanka
HABITAT : forêts, jardins
TAILLE : 46 cm

L'élégante pie bleue ornée, au plumage châtain-roux et bleu, vit seule, en couple ou en petit groupe. Elle se nourrit dans les arbres et au sol, d'insectes, d'invertébrés et également de fruits.

Le nid est généralement édifié dans un petit arbre. La ponte est composée de 3 à 5 œufs.

Piapiac, *Ptilostomus afer*

DISTRIBUTION : Afrique (du Sénégal au Nigeria, à l'est en Éthiopie)
HABITAT : terrains découverts, palmeraies
TAILLE : 46 cm

Cet oiseau élancé, à la queue longue et au bec épais, vit en bande de 10 oiseaux ou davantage. Il se nourrit surtout au sol d'insectes et d'invertébrés, et suit souvent des troupeaux de gros animaux pour s'emparer des insectes que ceux-ci dérangent. Il recueille également des insectes sur le dos de gros mammifères et mange les fruits du palmier à huile, dont il est friand.

Le nid est édifié dans un palmier ou un autre arbre. La ponte est composée de 3 à 7 œufs.

OISEAUX DE PARADIS ET CURRAWONGS

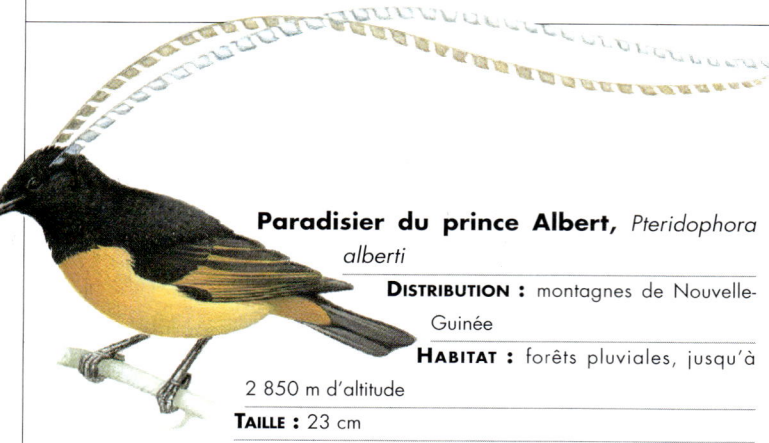

Paradisier du prince Albert, *Pteridophora alberti*
Distribution : montagnes de Nouvelle-Guinée
Habitat : forêts pluviales, jusqu'à 2 850 m d'altitude
Taille : 23 cm

Le paradisier du prince Albert mâle a la tête encadrée de deux aigrettes, uniques chez les oiseaux. Ce sont des brins filiformes porteurs d'une série de plaques cornées et qui font deux ou trois fois la longueur de son corps. L'oiseau choisit une aire de parade sur une branche haute, relève ses aigrettes, et rebondit en soulevant et en abaissant les plumes de son dos avec des chuintements. L'effet est spectaculaire. Dès que la femelle approche, il agite majestueusement ses aigrettes devant elle, puis la suit pour s'accoupler.

La femelle est gris-brun, avec le dessous blanc barré de noir. Ils vivent aux étages moyen et supérieur de la forêt et se nourrissent de fruits.

Manucode calibé, *Manucodia chalybata*
Distribution : Nouvelle-Guinée, île Misoöl
Habitat : forêts pluviales
Taille : 37 cm

Cet oiseau d'un noir pourpré brillant, a la tête et le cou ornés de plumes bouclées vertes. Les deux sexes sont semblables et n'ont aucun des ornements spectaculaires qui sont propres aux oiseaux de paradis. Ils fréquentent les étages moyen et supérieur des forêts et vivent de fruits.

Les couples sont monogames. Le nid est sur une branche fourchue et la ponte serait de 1 œuf.

Paradisier bleu, *Paradisaea rudolphi* **VU**
Distribution : montagnes du sud-est de la Nouvelle-Guinée
Habitat : forêts pluviales
Taille : corps, 28 cm ; queue, 34 cm

Le mâle a le poitrail d'un noir velouté, des faisceaux de longues plumes en dentelle sur les flancs et des rectrices particulières. Celles-ci, en forme de rubans étroits, comptent beaucoup lors de la danse nuptiale qui doit attirer la femelle, beaucoup moins colorée.

L'oiseau se suspend tête en bas à une branche, déployant les plumes de ses flancs et relevant celles de sa queue en courbes gracieuses. Il se balance d'avant en arrière dans cette position, sans cesser d'émettre un étrange cri grinçant.

La femelle construit un nid dans un arbre bas. La ponte serait de 1 œuf.

Paradisier royal, *Cicinnurus regius*
Distribution : Nouvelle-Guinée, îles Yapen, Misoöl, Sulawati et Aru
Habitat : forêts pluviales des basses terres
Taille : 30,5 cm, queue comprise

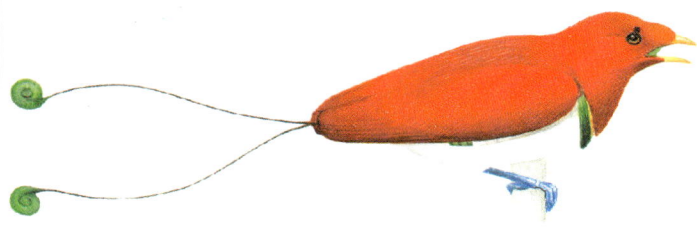

Ce spectaculaire oiseau au plumage cramoisi a la queue ornée de deux plumes filiformes, au bout vert irisé en forme de lyre, et un faisceau de plumes sur chaque flanc. La femelle n'a pas les longs brins à la queue, et son plumage est brun bordé de châtain et d'olive. Ils mangent des fruits à tous les étages des forêts. Le mâle choisit une branche horizontale comme aire de parade et y passe beaucoup de temps. Pour s'attirer une compagne, il adopte des postures variées, relève les brins de sa queue, se suspend tête en bas ou fait vibrer ses ailes.

La femelle bâtit le nid dans un trou d'arbre, fait unique chez les paradisiers, et couverait 2 œufs pendant 12 jours.

Paradisier à queue rubanée, *Astrapia mayeri* VU

DISTRIBUTION : montagnes du centre de la Nouvelle-Guinée
HABITAT : forêts pluviales
TAILLE : 1,20 m (91,5 cm pour la queue)

Les rectrices centrales en ruban – qui sont à l'origine du nom commun de l'espèce – sont le trait caractéristique du mâle, qui est surtout noir avec des plumes d'un vert iridescent sur la tête et la gorge. Les plumes de sa queue, qu'il tord d'un côté et de l'autre pour attirer l'attention de la femelle, jouent un grand rôle dans la parade nuptiale. La femelle a la queue beaucoup plus courte et un plumage noir brillant, vert et brun.

Cette espèce, l'une des dernières découvertes parmi les paradisiers, fut décrite pour la première fois en 1939, et cela seulement à partir des deux plumes caudales qui avaient été retrouvées. Elle vit dans une zone très limitée des hautes terres du centre de la Nouvelle-Guinée. Elle hante les branches des arbres hauts et vit de fruits, d'insectes, d'araignées, de petits mammifères et de reptiles.

Le nid, en coupe peu profonde, est fait de mousse et de vigne vierge sur un fond de feuilles.

Grand Réveilleur ou Currawong, *Strepera graculina*

DISTRIBUTION : Australie (du Queensland au Victoria), île de Lord-Howe
HABITAT : forêts, bosquets d'arbres dans les parcs, terrains suburbains
TAILLE : 45 cm

Essentiellement arboricole, le grand réveilleur grimpe dans les arbres en quête d'insectes, de larves et de fruits, et s'en prend aussi aux poussins et aux œufs d'autres espèces. Il va en volant sans cesse d'un site de nourrissage à l'autre et parfois mange au sol en retournant les débris pour trouver des insectes. Bruyant et grégaire, cet oiseau vit en bande et vole en poussant fréquemment le cri étrange auquel il doit son nom de « currawong ».

Le nid est dans un arbre. La ponte est de 3 ou 4 œufs.

Cassican des mangroves ou Oiseau-boucher noir, *Cracticus quoyi*

DISTRIBUTION : Australie (Queensland, côte du Territoire-du-Nord), Nouvelle-Guinée, îles Yapen et Aru
HABITAT : forêts
TAILLE : 32 à 36 cm

Effronté et souvent agressif, l'oiseau-boucher noir se nourrit surtout au sol, où il se déplace en sautillant sur ses courtes pattes. À l'aide de son bec acéré et crochu, il déchire les proies trop grosses pour être avalées telles quelles, les gros insectes, en particulier les sauterelles, et les petits vertébrés. Les deux sexes sont identiques. Il vit seul ou en petite famille.

Le nid de brindilles est sur une branche fourchue. La ponte est de 3 ou 4 œufs.

Corbeau-flûteur à dos noir, *Gymnorhina tibicen*

DISTRIBUTION : sud de la Nouvelle-Guinée, Australie, Tasmanie ; introduit en Nouvelle-Zélande
HABITAT : bois clairsemés, prairies, parcs, jardins
TAILLE : 36 à 40 cm

Bien qu'il perche et niche dans les arbres, cet oiseau se nourrit largement à terre, de larves, de scarabées et de sauterelles. Fruits et végétaux entrent aussi dans son régime. Les corbeaux-flûteurs à dos noir sont des oiseaux grégaires, qui vivent en groupes de deux couples adultes ou de nombreux oiseaux conduits par un mâle dominant et polygame. Les deux sexes sont plus ou moins semblables.

Le nid est dans un arbre. La femelle couve les 3 œufs pendant 20 ou 21 jours. C'est elle surtout qui nourrit et prend soin des petits.

ÉCHENILLEURS ET MINIVETS

Échenilleur géant, *Coracina maxima*
Distribution : régions intérieures de l'Australie
Habitat : terrains découverts secs
Taille : 33 cm

L'échenilleur géant est beaucoup plus terrestre que les autres échenilleurs, qui ne cherchent leur nourriture au sol que de façon occasionnelle. Cet oiseau aux pattes robustes marche et court bien quand il est en quête d'insectes. Il vit le plus souvent en groupe familial.

Le nid, généralement placé dans la fourche d'un arbre, est fait d'herbe, de tiges et de radicelles, parfois maintenues par des toiles d'araignée. Il peut aussi être construit sur l'ancien nid d'un oiseau d'une autre espèce. La femelle pond 2 ou 3 œufs, et d'autres femelles viennent parfois pondre dans le même nid.

Oiseau-cigale, *Coracina tenuirostris*
Distribution : des Célèbes aux îles Salomon, Nouvelle-Guinée, Australie
Habitat : lisières de forêts, prairies, mangroves
Taille : 25,5 cm

Surnommé oiseau-cigale à cause de son chant aigu et perçant, cet oiseau est plutôt craintif, et on l'entend plus souvent qu'on ne le voit. Il est généralement silencieux en dehors de la période de reproduction. Les insectes, qu'il trouve surtout dans les arbres, forment l'essentiel de son régime.

Le nid, de brindilles et de toiles d'araignée, camouflées par des lichens, ne fait que 7,5 cm de diamètre. Il est généralement placé sur une branche horizontale, fourchue. La ponte est d'un seul œuf. Le mâle défend le nid et son territoire contre les intrus, et nourrit sa compagne pendant qu'elle couve.

Échenilleur d'Australie, *Coracina novaehollandiae*
Distribution : de l'Inde à l'Asie du Sud-Est et à l'Australie
Habitat : forêts clairsemées, jardins de banlieue, plantations
Taille : 33 cm

Le mâle est plutôt lourd, presque entièrement gris, avec la tête marquée de noir. La femelle lui ressemble, mais avec la tête marquée de gris sombre. En petits groupes, les échenilleurs cherchent leur nourriture, principalement des fruits, des figues par exemple, des insectes et des larves d'insectes à la cime des arbres. Parfois, ils s'élancent pour picorer au sol ou attraper des insectes au vol. Leur vol est onduleux et ils traînent les ailes de manière caractéristique. Ils communiquent entre eux par des sifflements roulés, et par des trilles haut perchés lors des parades nuptiales.

Ils ont tendance à retourner chaque année au même site de reproduction, voire à la même branche. Le nid est en forme de soucoupe et fait de brindilles et de toiles d'araignée, généralement édifié dans la fourche d'une branche. La ponte est de 2 ou 3 œufs.

Échenilleur-pie rayé, *Hemipus picatus*

Distribution : Inde, Sri Lanka, Asie du Sud-Est, Sumatra, Bornéo

Habitat : bois, forêts, lisières de forêts

Taille : 12,5 cm

Ce petit échenilleur poursuit les insectes en vol avec autant d'adresse qu'un vrai gobe-mouches. En sautillant autour des branches, il glane aussi les insectes sur les feuilles et, bien qu'essentiellement arboricole, il se nourrit parfois au sol. En dehors de la période de reproduction, il vit généralement en petit groupe de 6 oiseaux, et s'associe parfois à d'autres espèces. Mâle et femelle sont identiques, mais le plumage noir du mâle est remplacé par du marron foncé chez les femelles de certaines populations.

Le nid peu profond, en forme de soucoupe, est construit sur une branche d'arbre et fait d'herbe et de radicelles, maintenues par des toiles d'araignée. L'oiseau utilise du lichen pour en camoufler l'extérieur, si bien que l'on croit le voir posé sur une touffe de lichen plutôt qu'en train de couver. La ponte est de 2 ou 3 œufs. Une fois que les œufs ont éclos, les oisillons restent assis, parfaitement immobiles, les yeux clos et la tête relevée, et l'observateur de passage peut facilement les prendre pour un simple morceau de bois mort.

Échenilleur à épaulettes rouges, *Campephaga phoenicea*

Distribution : Afrique, au sud du Sahara

Habitat : forêts, bois

Taille : 20,5 cm

Seules certaines populations de ces échenilleurs ont les marques rouges caractéristiques auxquelles l'espèce doit son nom ; d'autres ont des marques jaunes ou en sont totalement dépourvues. Les mâles ont un plumage noir lustré tandis que les femelles sont essentiellement brun olive ou grises, avec les ailes et la queue bordées de jaune.

Ces oiseaux particulièrement remuants et agités sont toujours en mouvement. Ils vivent généralement en couples ou encore groupés avec d'autres espèces. Ils se nourrissent de chenilles et d'insectes glanés sur les feuilles ou au sol, ou qu'ils attrapent parfois en vol.

Le nid en forme de coupe, fait de mousse et de lichen liés ensemble par des toiles d'araignée, est construit dans la fourche d'une branche. La femelle couve 2 ou 3 œufs pendant une vingtaine de jours. Les deux parents nourrissent les nouveau-nés à tour de rôle.

Échenilleur à ailes blanches ou Échenilleur de Lesueur, *Lalage sueurii*

Distribution : Java, petites îles de la Sonde, Célèbes, Australie, Nouvelle-Guinée

Habitat : forêts dégagées, bois

Taille : 18 cm

Il émet des appels mélodieux tout en volant d'un arbre à l'autre tandis qu'il glane des insectes sur les feuilles et les branches. Mâle et femelle diffèrent par le plumage. La femelle est surtout marron, le mâle noir lustré, gris et blanc.

Le couple construit un nid de matières végétales, généralement dans la fourche d'une branche. Tous deux couvent les œufs, au nombre de 1 à 3, pendant 14 jours environ et nourrissent les poussins.

Grand Minivet, *Pericrocotus flammeus*

Distribution : Inde, Sri Lanka, sud de la Chine, Asie du Sud-Est jusqu'aux Philippines, Bali et Lombok

Habitat : forêts, bois

Taille : 23 cm

C'est une des 13 espèces de minivets. Il est, par son plumage brillant, typique du groupe. Le mâle est rouge et noir, et la femelle gris sombre et jaune. Tous deux sont reconnaissables à la tache ovale sur les ailes, rouge chez le mâle, et jaune chez la femelle. Arboricoles, ils cherchent à la cime des arbres les gros insectes au corps mou dont ils se nourrissent, et qu'ils attrapent souvent au vol.

Le nid peu profond, en forme de coupe, est construit sur une branche d'arbre à l'aide de brindilles, de racines et d'herbe reliées par des toiles d'araignée. Il est camouflé par le lichen et les fragments d'écorce qui le recouvrent. La femelle couve 2 ou 3 œufs et le couple nourrit les poussins.

LANGRAYENS, LORIOTS, RHIPIDURES, MONARQUES ET DRONGOS

Langrayen à poitrine blanche, *Artamus leucorynchus*
Distribution : Australie et Nouvelle-Guinée, Philippines, îles Andaman, Palau et Fidji
Habitat : terrains boisés, mangroves
Taille : 17 cm

Cet oiseau grégaire vit en bande de 10 ou davantage. Les oiseaux sont souvent assis blottis les uns contre les autres sur une branche, guettant le passage d'une proie. Ensemble, ils attaquent les oiseaux de passage et, individuellement, s'élancent à la poursuite d'insectes, puis retournent manger leur prise sur leur perchoir. Si les insectes volants font défaut, ils se contentent d'insectes terrestres et de larves.

Le couple construit un nid en coupe dans la fourche d'un arbre, une cavité dans un tronc ou une branche, ou dans le nid laissé par une gralline-pie. Les parents couvent 3 ou 4 œufs pendant 19 jours environ.

Langrayen à sourcils blancs, *Artamus superciliosus*
Distribution : Australie (niche dans le Victoria, de la Nouvelle-Galles-du-Sud au sud-est du Queensland) ; hiverne sur tout le continent
Habitat : brousse aride, savane
Taille : 18 à 20 cm

Très nomade, le langrayen à sourcils blancs circule largement sur le continent en dehors de la saison des nids, et s'y déplace souvent en bande, mêlé à des langrayens d'autres espèces. Comme eux, il se perche en groupe sur les branches et s'élance pour capturer des insectes en vol. La femelle est plus terne et ses « sourcils » sont moins marqués.

Le nid est dans un arbre ou une souche et fait de branchages et d'herbe sèche. Le couple couve 2 ou 3 œufs, 16 jours environ.

Pie-grièche chauve, *Pityriasis gymnocephala* **LR : nt**
Distribution : Bornéo
Habitat : forêts des basses terres, jusqu'à 1 200 m, tourbières, forêts
Taille : 25,5 cm

C'est une espèce rare de pie-grièche, au bec volumineux, très fort et crochu, et à la queue relativement courte, ce qui donne à sa partie antérieure une allure trapue. D'aspect massif, cet oiseau vole lourdement et se cantonne aux étages moyens de la forêt. Il se nourrit d'insectes et de leurs larves, qu'il happe d'un bruyant coup de bec.

Loriot d'Europe, *Oriolus oriolus*
Distribution : niche en Europe (au nord jusqu'en Finlande, Suède et Grande-Bretagne), Afrique du Nord, Asie ; hiverne en Afrique et dans le nord-ouest de l'Inde
Habitat : forêts, bois, vergers
Taille : 24 cm

Le loriot d'Europe fréquente la cime des arbres, s'y nourrissant de fruits et d'insectes, et, malgré son brillant plumage, on voit rarement le mâle. Femelle et jeune sont plus ternes, avec le dessus vert-jaune et le dessous plus clair, gris-blanc. Ils descendent rarement au sol, et leur vol est rapide et onduleux. Bien qu'ils restent quelque temps en petits groupes familiaux après la nidification, ils vivent généralement seuls ou en couples.

Le mâle fait sa cour en poursuivant la femelle à une vitesse vertigineuse à travers les branches. Elle construit presque seule le nid en forme de hamac, suspendu par son bord à une branche fourchue. Le couple, mais surtout la femelle, couve 3 ou 4 œufs, 14 ou 15 jours, et nourrit les petits 14 jours.

Sphécothère à ventre jaune, *Sphecotheres viridis*
Distribution : petites îles de la Sonde, sud-est de la Nouvelle-Guinée, îles Kei
Habitat : forêts, savane, arbres en fructification
Taille : 28 cm

Même si elles diffèrent fortement d'aspect extérieur, toutes les formes de *Sphecotheres*, de Timor au sud de la Nouvelle-Guinée et à la Nouvelle-Galles-du-Sud, sont considérées comme conspécifiques sous le nom de *S. viridis*. Chez toutes, la femelle est plus terne que le mâle. Arboricole, l'oiseau se déplace en bande bruyante, en quête de figues et autres fruits. Il capture aussi des insectes en vol.

Le nid est sommaire, en forme de soucoupe et fait de brindilles et de vrilles de plantes. Il est sur une branche externe élevée. La ponte est de 3 œufs.

Sous-famille des Dicrurinae : Rhipidures, Monarques et Drongos

Cette sous-famille d'oiseaux insectivores comprend 3 groupes distincts. Les 42 espèces de rhipidures sont des oiseaux arboricoles qui vivent surtout en Australasie, même si quelques espèces sont représentées en Asie. Ils ont une façon caractéristique de déployer et d'agiter constamment la queue lorsqu'ils se déplacent dans la végétation basse. Ils attrapent des insectes en vol ou au sol ; dans ce dernier cas, ils délogent leur proie avec leur queue en secouant la végétation et la maintiennent immobile en se servant d'une patte.

Les monarques sont des oiseaux dotés de plumage aux couleurs vives, qui vivent dans les régions forestières d'une aire qui s'étend d'Asie centrale et du nord de la Chine jusqu'à l'Australie et aux îles du Pacifique occidental, ainsi qu'en Afrique. Les 98 espèces comprennent aussi les gobe-mouches de paradis, les gobe-mouches d'Australie, les grallines-pies et la lamprolie de Victoria. La plupart des espèces sont des gobe-mouches arboricoles ; certaines espèces capturent leurs proies en s'élançant de leur perchoir, d'autres simplement en explorant le feuillage des arbres.

Les drongos sont représentés en Afrique et dans une aire qui va du sud de l'Asie à l'Australie. Les 24 espèces sont des oiseaux arboricoles au plumage sombre, aux ailes pointues et à la queue carrée ou fourchue, souvent dotée de longues plumes ornementales. Les drongos passent beaucoup de temps perchés à l'affût d'insectes, qu'ils capturent au vol. Le vol est adroit, mais peu soutenu. Les sexes sont ressemblants, avec la femelle légèrement plus petite.

Chelidorhynx à ventre jaune, *Rhipidura hypoxantha*
Distribution : de l'Himalaya au sud-ouest de la Chine, nord de l'Asie du Sud-Est (Myanmar, Thaïlande, Laos)
Habitat : forêts, buissons de rhododendrons
Taille : 13 cm

Son dessous jaune vif et le bout blanc de certaines de ses caudales caractérisent cet oiseau. Les deux sexes sont identiques, si ce n'est que le mâle a un masque noir, brun olive chez la femelle.

Ce petit oiseau vif et agité hante les forêts, des taillis au dessous de la couronne des arbres, et s'y pavane, la queue en éventail, à l'affût d'insectes. En de brefs vols acrobatiques, il happe de minuscules insectes ou en débusque de la végétation avec ses ailes déployées.

Le nid est de la même largeur que la branche qui le soutient, ce qui assure son camouflage. Il est fait de mousse, couvert de lichen et de toiles d'araignée, et garni de poils et de plumes. La ponte est de 3 œufs.

Rhipidure à sourcils blancs, *Rhipidura leucophrys*
Distribution : Australie, Tasmanie, Nouvelle-Guinée, îles Salomon, Moluques, petites îles de la Sonde
Habitat : des lisières de forêts aux lisières de déserts, parcs, jardins, terres cultivées

Taille : 20 cm

Le rhipidure à sourcils blancs est une espèce éminemment adaptable et commune. Cet oiseau a appris à tirer profit de l'environnement humain. Les deux sexes sont semblables et rappellent, par leur plumage noir et blanc, la bergeronnette grise. L'oiseau vit généralement seul en dehors de la saison des nids, et il se nourrit à terre autant qu'en vol. Il se pose parfois sur le dos du bétail afin de picorer tout à son aise les insectes dérangés par le passage de celui-ci.

Le nid est construit à partir d'herbe, de bandes d'écorce ou de fibres végétales maintenues par des toiles d'araignée. Il est généralement édifié sur une branche horizontale, mais il peut également se trouver dans n'importe quel endroit au-dessus du sol. La ponte est de 4 œufs.

Rhipidure à front rouge, *Rhipidura rufifrons*
Distribution : petites îles de la Sonde et îles à l'ouest de la Papouasie, nord et est de l'Australie, régions côtières de Nouvelle-Guinée, archipel Louisiade, îles Salomon et Santa Cruz, Micronésie
Habitat : forêts, mangroves
Taille : 16,5 cm

Avec la queue largement déployée, le rhipidure à front rouge vole avec rapidité et dextérité à travers les sous-bois, capturant des insectes au passage ou les recueillant sur les feuilles. Bien que cet oiseau soit essentiellement arboricole, il se nourrit également au sol.

Le nid, en forme de poire, est construit à partir de végétaux grossiers liés par des toiles d'araignée. Il est édifié sur une branche mince et fourchue, à 9 m du sol au moins. Les deux membres du couple couvent 2 œufs pendant 15 jours environ, et nourrissent les petits, qui savent voler à l'âge de 15 jours environ. Selon les réserves de nourriture, il peut se produire 1 à 5 couvées dans l'année.

GOBE-MOUCHES MONARQUES, GRALLINE-PIE ET LAMPROLIE

Gobe-mouches (monarque) azuré, *Hypothymis azurea*
Distribution : Inde, sud de la Chine, de l'Asie du Sud-Est aux petites îles de la Sonde, Philippines
Habitat : forêts, buissons, bambous, terres cultivées
Taille : 16,5 cm

Le gobe-mouches azuré mâle a le corps bleu vif, avec quelques plumes noires sur la nuque, qu'il tient érigées quand il est excité, et un étroit collier noir sur la poitrine. La femelle n'en diffère que par son dessous gris-brun et l'absence de marques noires.

Ce gobe-mouches se perche plutôt dans des arbres plus élevés que les autres espèces et vole avec agilité, en spirale, à la poursuite d'insectes tels que papillons et phalènes. Il explore également les taillis et le sol. Avant de les consommer, l'oiseau déchire ses plus grosses proies en les maintenant avec le pied. C'est généralement seul ou en couple qu'on aperçoit ce gobe-mouches très actif et remuant, qui volette sans cesse d'un perchoir à l'autre.

Le nid est une coupe bien faite, posée sur une branche fourchue et fixée par des toiles d'araignée, dans un buisson, un arbuste ou un massif de bambous. La femelle accomplit l'essentiel du travail et recouvre de mousse, de toiles d'araignée et de coquilles d'œufs, le nid fait d'herbe et d'écorce. Le mâle reste près d'elle pendant la construction, mais elle assure seule l'incubation des 3 ou 4 œufs pendant 15 ou 16 jours. Les deux membres du couple élèvent les poussins.

Gobe-mouches huppé à queue blanche, *Trochocercus albonotatus*
Distribution : Afrique (Ouganda, de l'ouest du Kenya au Malawi, Zambie, Zimbabwe)
Habitat : forêts d'altitude
Taille : 10 cm

Ce joli petit gobe-mouches a un plumage noir, gris et blanc chez les deux sexes. Cet insectivore poursuit ses proies en un vol bref et saccadé ou survole rapidement le feuillage. Le mâle en parade sautille autour de la femelle, la queue dressée et les ailes traînant légèrement.

Le nid est en mousse tissée tenue par des toiles d'araignée, et bâti autour d'une fourche d'arbre bas. La ponte est de 2 œufs.

Gobe-mouches de paradis asiatique, *Terpsiphone paradisi*
Distribution : du Turkestan au nord-est de la Chine, Asie du Sud-Est, Indonésie
Habitat : forêts clairsemées, mangroves, terres cultivées, jardins
Taille : 22,5 cm

Le mâle est un bel oiseau dont les rectrices centrales allongées ajoutent au moins 25,5 cm à sa longueur. Il se présente sous deux formes : blanc ou roux. Le mâle blanc a le corps et la queue blancs, la tête, la huppe et la gorge noires. Le mâle roux, plus variable selon la race, a la queue, le dos et les ailes roux. La femelle ressemble à ce dernier, mais est dépourvue de la huppe et de la longue queue.

Seul, en couple ou en groupe mêlé, le gobe-mouches de paradis fréquente les branches élevées des arbres, voletant d'un perchoir à l'autre. Son vol est agile et il s'élance en brèves envolées de son perchoir à la poursuite d'un insecte, qu'il retourne consommer sur le même arbre ou sur un autre. Il peut aussi lever des insectes au sol. Mouches, scarabées, libellules, phalènes et papillons sont ses proies favorites.

En parade, le mâle arque gracieusement les longues plumes de sa queue en chantant et en battant des ailes. Les deux partenaires aménagent le nid, un cône profond inversé, sur une branche d'arbre fourchue horizontalement, à proximité de l'eau ou en surplomb. C'est surtout la femelle qui assure l'incubation des 3 ou 4 œufs, 15 ou 16 jours, mais, fait rare chez une espèce aussi ornementale, il arrive que le mâle y participe et reste assis à couver en laissant pendre sa longue queue derrière lui. Il aide également aux soins des poussins.

Gobe-mouches à poitrine jaune,
Machaerirhynchus flaviventer

Distribution : Australie (nord-est du Queensland), Nouvelle-Guinée et îles voisines
Habitat : forêts pluviales
Taille : 12 cm

Contrairement à ce que pourrait supposer son nom, c'est en réalité son bec large et aplati qui caractérise ce gobe-mouches. Les deux sexes diffèrent quelque peu ; la femelle a le dessus olive et jaunâtre, avec des traces brun-noir, le mâle est plus jaune, avec moins de marques blanches.

Cet oiseau arboricole glane des insectes sur les feuilles en passant vivement d'une branche à l'autre, essentiellement à la couronne des arbres ou lors de brèves envolées. Au cours de ces vols, il émet des trilles mélodieux.

Le nid est en forme de coupe peu profonde, et fait de bandes d'écorce, reliées par des toiles d'araignée et décoré de lichen, ce qui assure un camouflage efficace. L'intérieur est garni de vrilles de vigne vierge. Il est plutôt édifié assez haut dans les arbres, sur une branche mince et fourchue. La ponte est généralement de 2 œufs.

Monarque à lunettes,
Monarcha trivirgatus

Distribution : est de l'Australie, Nouvelle-Guinée, Moluques, Timor, Flores
Habitat : forêts humides, mangroves, bois
Taille : 15 cm

Les deux sexes portent sur la face un masque noir, tout à fait caractéristique, qui est à l'origine du nom commun de l'espèce. Solitaire et arboricole, le monarque à lunettes hante la végétation basse et épaisse des zones boisées, où il se déplace rapidement, mais avec grande agilité, en quête d'insectes, et il se nourrit parfois également au sol.

Le nid, en coupe, est fait de bandes d'écorce garnies de toiles d'araignée ; il est placé bas, dans un buisson ou un arbuste. La ponte est de 2 œufs.

Gralline-pie ou Alouette peewee,
Grallina cyanoleuca

Distribution : Australie, sud de la Nouvelle-Guinée
Habitat : bois clairsemés, parcs
Taille : 25 à 28 cm

Ce singulier oiseau noir et blanc passe beaucoup de son temps à terre à se nourrir d'insectes. Comme il n'est pas farouche, on le voit communément près des habitations et au bord des routes. Beaucoup des insectes qu'il mange sont considérés comme nuisibles par l'homme, qu'il débarrasse aussi des escargots d'eau douce porteurs de la douve du foie.

La femelle se distingue du mâle par sa gorge et son front blancs, et par l'absence de tache blanche sur et sous l'œil.

Les grallines-pies s'accouplent pour la vie et tendent à nicher dans le même arbre chaque année, à proximité d'autres couples. Le nid en forme de cuvette est fait de boue garnie d'herbe et placé sur une branche. Le couple couve 3 à 5 œufs et nourrit les petits, qui sont indépendants à 4 semaines.

Lamprolie de Victoria, *Lamprolia victoriae* VU

Distribution : îles Fidji
Habitat : forêts d'altitude
Taille : 12 cm

Cet oiseau est étonnant par son plumage sombre et velouté, parsemé de paillettes bleu irisé, et son croupion blanc. Il recherche des insectes sur le feuillage des taillis forestiers et descend parfois se nourrir à terre. D'un vol rapide et agile, la lamprolie peut aussi s'élancer entre les arbres et poursuivre des insectes au vol lent.

Le nid de fibres, de radicelles, de vrilles et de copeaux d'écorce, garni de plumes, est dans un arbre. La ponte est d'un seul œuf.

DRONGOS, IORAS ET GLADIATEURS

Drongo à dos brillant, *Dicrurus adsimilis*
Distribution : Afrique, au sud du Sahara
Habitat : brousse découverte
Taille : 23 à 25,5 cm

C'est un drongo typique, avec son plumage noir et sa queue profondément échancrée, et commun dans presque tous les types de terrains boisés, y compris les cocoteraies. Il s'élance de son perchoir sur un insecte, puis y retourne. Il mange des insectes très variés, dont des papillons. En vol, il est rapide et manœuvre avec aisance.

Le nid, fait en tiges de plantes tissées, est édifié sur une branche d'arbre fourchue, et contient généralement 3 œufs. Comme tous les drongos, celui-ci défend agressivement son nid et pourchasse des oiseaux beaucoup plus gros que lui.

Drongo à raquettes, *Dicrurus paradiseus*
Distribution : Inde, Sri Lanka, îles Andaman et Nicobar, sud-ouest de la Chine, Hainan, Asie du Sud-Est, Sumatra, Java, Bornéo
Habitat : forêts, terres cultivées
Taille : 33 cm

Cet oiseau possède des rectrices externes allongées, munies de « raquettes » à leur extrémité, qui doivent ajouter 32 cm au moins à la longueur. Celles de la femelle sont légèrement plus courtes. Sinon, elle est semblable au mâle. On reconnaît aussi ce drongo à sa huppe proéminente, plus petite chez les jeunes. Audacieux et bruyant, il chasse les insectes surtout au crépuscule, fondant de la cime des arbres sur phalènes, termites et libellules. Il glane aussi des larves sur les troncs d'arbres et les branches, et mange parfois des lézards et même de petits oiseaux. Le nectar des fleurs constitue une part importante de son régime alimentaire.

Le nid est une coupe légère, sur une branche d'arbre fourchue. Il y a généralement 3 œufs, et il semble que le couple couve et nourrisse les petits. Il est extrêmement batailleur quand il doit défendre le nid et les petits.

Drongo pygmée ou Papou des montagnes, *Chaetorhynchus papuensis*
Distribution : Nouvelle-Guinée
Habitat : forêts des pentes montagneuses
Taille : 20,5 cm

Assez différent des autres drongos, et seule espèce de son genre, le drongo pygmée a le bec plus fort et plus crochu que les autres, et 12, au lieu de 10, plumes caudales. Il se perche à l'affût d'insectes, puis fond dessus pour les saisir au vol. On peut le confondre avec le gobe-mouches monarque.

Sous-famille des Aegithininae : Ioras

Les ioras, qui se répartissent entre 4 espèces, sont de petits oiseaux arboricoles. On les trouve depuis le sud de l'Asie jusqu'en Indonésie et aux Philippines. Insectivores, ils se nourrissent aussi de nectar.

Petit Iora ou Iora du Bengale, *Aegithina tiphia*
Distribution : de l'Inde à l'Asie du Sud-Est, Java, Sumatra, Bornéo
Habitat : terrains découverts et jardins, jusqu'à 1 700 m d'altitude
Taille : 12,5 cm

Cette espèce présente de grandes variations de plumage, selon le sexe et la saison. En hiver, le mâle a tendance à perdre presque toutes ses plumes noires, et les jaunes deviennent plus claires. La femelle a le dessus vert et le dessous jaune toute l'année, mais devient plus claire en hiver. Les deux sexes ont des plumes abondantes et remarquablement douces sur le croupion. Ils se nourrissent d'insectes tels que chenilles, fourmis et scarabées, et également de graines.

À la saison des amours, le mâle en parade vole vers le ciel, les plumes, en particulier celles du croupion, hérissées jusqu'à le faire ressembler à une boule, puis il descend en spirale se percher. Il émet en même temps un étrange coassement. Le nid est une construction soignée, délicatement faite d'herbe douce, couverte de toiles d'araignée. La ponte est de 2 à 4 œufs.

Sous-famille des Malaconthinae : Gladiateurs, Bagadais et Vangas

Cette sous-famille d'insectivores est divisée en 2 groupes : les gladiateurs ; les bagadais et les vangas.

Les gladiateurs occupent une grande variété d'habitats, en Afrique et dans le sud de la péninsule arabique. Ils cherchent généralement leur nourriture parmi les feuillages et la végétation au sol. Les 48 espèces de ce groupe comprennent les cublas, les gonoleks et les tchagras.

Le second groupe rassemble les 58 espèces de bagadais et de vangas. Les bagadais sont des oiseaux arboricoles qui vivent dans les bois clairsemés, la savane et les taillis d'Asie du Sud et du Sud-Est. Leur groupe comprend les gobe-mouches nains et les gobe-mouches caronculés. Certaines espèces chassent les insectes dans la végétation, alors que d'autres les attrapent en vol. Les vangas, qui vivent à Madagascar, incluent également la sitelle malgache.

Cubla boule de neige ou Pie-grièche à poitrine blanche, *Dryoscopus cubla*

Distribution : Afrique (Kenya, jusqu'en Angola et en Afrique du Sud)
Habitat : terrains boisés clairsemés, jardins, brousse
Taille : 15 cm

Il en existe 4 sous-espèces. Celle décrite ici vit en Afrique du Sud, et les autres sur tout le reste de l'aire. La femelle est plus terne et plus pâle, avec des yeux jaune clair. Quand il est agité, l'oiseau hérisse les plumes de son dos et de son croupion. On le rencontre en couple ou en petit groupe avec d'autres espèces, dans le feuillage des buissons et des arbres, en quête de larves. Il prend des insectes au vol, et, à la saison des nids, mange les œufs et les poussins de petits oiseaux.

Le nid en forme de coupe, fait de fibres d'écorce et de radicelles, est bien caché et attaché à une fourche de branche d'arbre avec des toiles d'araignée. La ponte est de 2 ou 3 œufs.

Pie-grièche à ventre cramoisi ou Gonolek rouge et noir, *Laniarius atrococcineus*

Distribution : certaines régions du sud de l'Afrique
Habitat : veld épineux, buissons d'acacias
Taille : 20,5 cm

Fait surprenant, ces oiseaux au plumage frappant ne sont pas faciles à voir dans l'épaisseur des buissons épineux qu'ils recherchent, mais ils ne sont pas farouches et attirent l'œil dès qu'ils sont à découvert. Mâle et femelle sont identiques. Le jeune est plus terne et n'a de plumes cramoisies que sous la queue. Les pies-grièches se déplacent souvent en couples et gardent le contact en s'appelant : le mâle émet un sifflement net et profond, auquel la femelle répond par un cri guttural. Elles sont surtout insectivores.

Le nid est une coupe peu profonde d'herbe, de fibres végétales et d'écorce sèche, sur la fourche d'une branche d'épineux. La ponte est de 2 ou 3 œufs.

Gladiateur géant, *Malaconotus blanchoti*

Distribution : Afrique, au sud du Sahara (sauf extrême sud)
Habitat : terrains boisés, acacias, souvent non loin de l'eau (Afrique orientale)
Taille : 25,5 cm

En dépit de leur taille et de leurs couleurs très vives, on ne les voit pas facilement dans leur habitat. On les repère à leurs cris, un pépiement rapide ou un sifflement à deux ou trois notes. Leur bec est crochu et volumineux et, en Afrique du Sud, on sait qu'ils capturent des proies de la taille d'une souris ou d'un lézard, qu'ils trouvent dans les feuilles qui jonchent le sol. Les deux sexes sont identiques.

Le nid, très visible, est construit près du sol. C'est un tas grossier d'herbe et de feuilles ou une plate-forme de brindilles avec une cavité en coupe. La ponte est généralement de 2 ou 3 œufs, plus rarement 4.

BAGADAIS, VANGAS ET CORNEILLES CARONCULÉES

Bagadais casqué,
Prionops plumata

DISTRIBUTION : Afrique (du sud de l'Éthiopie à l'Angola, Namibie, nord de l'Afrique du Sud)
HABITAT : terrains broussailleux découverts, terrains boisés
TAILLE : 20,5 cm

Familiers et grégaires, les bagadais vivent en bandes de 8 à 10 oiseaux. Ils se déplacent toujours ensemble dans les branches basses des arbres et des buissons, en quête d'insectes, souvent avec des oiseaux d'autres espèces. Les deux sexes sont identiques.

De nombreux oiseaux participent à l'incubation et au nourrissage d'une même couvée. La ponte est de 3 ou 4 œufs.

Gobe-mouches nain à tête noire, *Batis minor*

DISTRIBUTION : Afrique (du Soudan à la Somalie, au sud jusqu'au Cameroun et en Angola)
HABITAT : bois clairsemés, brousse
TAILLE : 10 cm

Plutôt ramassé, il peut gonfler les plumes de son dos et se faire ainsi tout rond et duveteux. Les deux sexes sont semblables, mais la femelle est dépourvue de plumes noires sur la tête et a la poitrine marquée d'une bande brun foncé, et non noire. Ils se déplacent en couple et fouillent le feuillage à l'affût d'insectes ou font de brefs piqués de chasse, comme de vrais gobe-mouches.

Le nid est fait de fibres et de lichen liés par des toiles d'araignée. Il est généralement situé sur la branche fourchue d'un arbre. La ponte est de 2 ou 3 œufs.

Gobe-mouches caronculé,
Platysteira cyanea

DISTRIBUTION : ouest, centre et nord-ouest de l'Afrique
HABITAT : forêts, bois, champs cultivés
TAILLE : 13 cm

Des caroncules rouges au-dessus des yeux rendent cet oiseau facilement reconnaissable. Il rappelle plus la timalie que le gobe-mouches quand il survole en couple feuilles ou brindilles à l'affût d'insectes. C'est cependant en bandes bruyantes et jacassantes que se font les quelques migrations saisonnières.

Le nid est une coupe faite d'herbes fines, de fibres et de lichen, fixée à une branche par des toiles d'araignée. La ponte est de 2 œufs.

Gobe-mouches à poitrail brun,
Philentoma velata

DISTRIBUTION : Malaisie, Sumatra, Java, Bornéo
HABITAT : forêts
TAILLE : 20,5 cm

Ce gobe-mouches actif et bruyant hante les étages inférieur et moyen de la forêt, souvent perché sur des branches basses, des vignes vierges et des plantes grimpantes, mais capture toutes ses proies en vol. Il vit habituellement en couple. Les deux sexes ont le même cri strident, mais diffèrent légèrement par le plumage. La femelle, d'un bleu plus sombre, a le poitrail dépourvu de la tache marron du mâle. Presque toujours près de l'eau, ces gobe-mouches adorent se baigner.

Le nid est sur une branche d'arbre fourchue.

Sittelle malgache, *Hypositta corallirostris*

DISTRIBUTION : est de Madagascar
HABITAT : forêts humides
TAILLE : 13 cm

La sittelle malgache constitue un problème taxinomique pour les ornithologues. Elle se nourrit comme un grimpereau et ressemble quelque peu à une sittelle torchepot, mais depuis peu on la considère comme proche parente, quoique très atypique, des vangas.

Ce petit oiseau brillamment coloré s'agrippe avec les pieds à l'écorce du haut des troncs d'arbres, en fouillant avec diligence fissures et crevasses, en quête d'insectes. La femelle et les jeunes ont le dessus bleu et les parties inférieures grises.

Vanga écorcheur, *Vanga curvirostris*
Distribution : nord-est et sud-ouest de Madagascar
Habitat : forêts et brousse secondaire, jusqu'à 1 800 m, mangroves
Taille : 25 cm

On voit généralement ces oiseaux seuls ou par deux parmi les plus grosses branches des arbres, où ils se déplacent lentement et posément en quête de proies. Leur bec fort au bout recourbé et acéré associé au fait qu'ils réagissent aux petits cris aigus et aux piaulements suggèrent qu'ils agrémentent leur régime alimentaire de petits mammifères et de jeunes oiseaux, en plus des caméléons, lézards, grenouilles et insectes déjà connus comme faisant partie de leur alimentation.

Falculie mantelée, *Falculea palliata*
Distribution : Madagascar
Habitat : terrains boisés, savane épaisse, lisières de forêts, mangroves
Taille : 32 cm, bec inclus

Ce vanga rappelle plus le moqueur du genre *Phoeniculus*, par l'allure et les mœurs, que les vangas, pies-grièches ou étourneaux avec lesquels il est classé. Des bandes atteignant parfois 25 oiseaux font soudain irruption dans un bosquet, où, comme les moqueurs, ils courent çà et là sur les troncs et les branches. Suspendus tête en bas par leurs griffes, ils introduisent leur long bec arqué dans les crevasses de l'écorce, en quête d'insectes.

La femelle fait un nid de brindilles bien camouflé à une douzaine de mètres au-dessus du sol, dans un grand arbre isolé. On n'a aucune donnée sur la ponte, puisqu'on n'a encore jamais trouvé d'œufs.

Famille des Callaeitidae : Corneilles caronculées

Les corneilles caronculées doivent leur nom aux caroncules charnues et colorées qui encadrent leur bec, et vivent dans les forêts de Nouvelle-Zélande. Elles ont de grandes pattes fortes, et seraient parentes des étourneaux. On distingue aujourd'hui 2 espèces ; une troisième espèce, le huia, *Heteralocha acutirostris*, a disparu au début du XXᵉ siècle. Comme de nombreuses espèces insulaires, les corneilles caronculées ont souffert de la colonisation de la Nouvelle-Zélande et de l'introduction d'animaux étrangers. La survie des espèces qui restent exige donc une protection vigilante.

Kokako, *Callaeas cinerea* EN
Distribution : Nouvelle-Zélande
Habitat : forêts
Taille : 38 cm

Le kokako a sévèrement souffert de l'introduction en Nouvelle-Zélande de prédateurs susceptibles de s'attaquer aux oiseaux, à leurs œufs et à leurs poussins. La population de l'île du Sud est sérieusement menacée et peut-être même éteinte, mais, sur l'île du Nord, les kokakos, bien que vulnérables, sont encore assez abondants. Ils sont néanmoins menacés en permanence par les prédateurs et par la destruction de la forêt, et doivent être activement protégés. Un autre facteur de leur déclin pourrait être l'introduction d'herbivores concurrents. La race de l'île du Sud a des caroncules orange, celle du Nord les a bleues.

Comme toutes les corneilles caronculées, les kokakos volent peu, mais sautillent avec énergie de branche en branche et se nourrissent au sol et dans les arbres. Parfois, ils volent en glissant d'un arbre à l'autre. Ils se nourrissent exclusivement de feuilles, de fleurs, de fruits et d'insectes. En couples ou en petits groupes, ils signalent leur présence par toute une série de cris mélodieux et variés.

Le nid est fait de branchages et garni de végétaux, et se trouve sur une branche d'arbre fourchue. La femelle couve 2 ou 3 œufs, 25 jours environ, et les parents nourrissent les petits jusqu'à leur départ du nid, à 27 ou 28 jours.

PICATHARTES, JASEURS ET CINCLES

Famille des Picathartidae : Picathartes

Les 2 espèces qui forment la famille des picathartes ou corbeaux chauves sont de gros oiseaux à queue longue, qui vivent dans les forêts de l'ouest de l'Afrique. Ces oiseaux sont d'aspect et de mœurs semblables. Ils présentent une plaque dénudée tout à fait caractéristique sur la tête.

Les picathartes ont de fortes pattes et sautillent vivement à terre, à la recherche d'insectes et autres proies.

Picatharte à tête nue, *Picathartes gymnocephalus* **VU**
Distribution : ouest de l'Afrique (de la Guinée et la Sierra Leone au Togo)
Habitat : forêts
Taille : 38 à 41 cm

Ces oiseaux sont reconnaissables à leur tête jaune caronculée, avec deux taches noires à l'arrière. Les deux sexes ont un plumage gris et blanc, et des pattes et des pieds puissants. Ils passent beaucoup de temps au sol, où ils se déplacent par bonds gracieux, en quête d'insectes, d'escargots, de crustacés et de petites grenouilles.

L'espèce devient rare, en partie à cause de la déforestation et de la capture des oiseaux pour les zoos et les collectionneurs privés. Elle est protégée au Ghana.

Cet oiseau niche en colonie dans des grottes, dans des nids édifiés avec de la boue et des fibres végétales, et fixés aux parois ou au plafond. Malheureusement, ce mode de nichage en colonie en fait des proies particulièrement faciles pour les collectionneurs, qui en découvrent rapidement les sites.

Le couple couve 2 œufs pendant 21 jours environ, et nourrit les poussins d'insectes.

Famille des Bombycillidae : Jaseurs et apparentés

Cette famille complexe d'oiseaux chanteurs est divisée en 3 tribus. Les jaseurs proprement dits, qui se répartissent en 3 espèces, vivent sous les latitudes élevées de l'hémisphère Nord, mais migrent parfois vers le sud jusqu'en Europe, dans le centre de la Chine, au Japon et même en Amérique centrale en hiver. Les deux sexes sont presque identiques, avec un plumage doux et soyeux et une huppe. Ils vivent de fruits et de baies, ainsi que d'insectes.

Les ptilogones, phénopèples et jaseurs du Nouveau Monde comportent 4 espèces dotées également de huppes proéminentes, qui sont friandes de baies. L'oiseau palmiste, dont on ne connaît qu'une seule espèce, vit dans les Antilles. Sociables, ces oiseaux perchent, se nourrissent et nichent ensemble.

Ptilogone cendré, *Ptilogonys cinereus*
Distribution : du nord du Mexique au Guatemala
Habitat : forêts de chênes et de pins, entre 1 200 et 3 000 m
Taille : 21 cm

Avec son plumage soyeux, ce ptilogone rappelle le jaseur, mais sa longue queue étroite évoque celle du gobe-mouches. En réalité, il mange surtout des fruits et des baies, celles du gui en particulier, et capture quelques insectes en vol. On le trouve généralement en petit groupe hors de la saison des nids.

La femelle fait un nid de brindilles et de fibres reliées par des toiles d'araignée, qui est placé assez haut dans un arbre. Elle pond 2 ou 3 œufs.

Jaseur boréal ou Jaseur de Bohême, *Bombycilla garrulus*

DISTRIBUTION : régions circumpolaires d'Amérique du Nord, d'Europe et d'Asie
HABITAT : grandes forêts de conifères de la taïga
TAILLE : 18 cm

Les extrémités des rémiges secondaires de cet oiseau ressemblent à des gouttes de cire, qui sont en fait le prolongement de la tige des plumes. Les deux sexes sont assez semblables, mais la femelle est plus terne. Les jaseurs vivent normalement de fruits et de baies, et, à la saison des nids, prennent des insectes en vol. Parfois, en hiver, ils migrent au sud.

Lors de la parade nuptiale, le mâle offre à la femelle une baie ou une nymphe de fourmi, que les partenaires se passent et se repassent du bec, mais qu'ils n'avalent pas. Le volumineux nid, construit à partir de brindilles, de mousse et de fibres végétales est fait surtout par la femelle. Il est édifié sur des arbres, généralement des conifères. La femelle couve seule 3 à 7 œufs, pendant 13 ou 14 jours.

Oiseau palmiste, *Dulus dominicus*

DISTRIBUTION : Antilles (Hispaniola, Gonave)
HABITAT : terrains découverts avec palmiers royaux *(Roystonea)*
TAILLE : 17,5 cm

Le plumage de l'oiseau palmiste, épais et rugueux, est très différent de celui d'un jaseur. Les deux sexes sont identiques, mais le jeune a la gorge et le cou sombres, et le croupion chamois. Cet oiseau sociable vit en couple ou en groupe de 2 à 5 couples dans un grand nid collectif de 1 m de diamètre environ.

Le nid est lâche, fait de brindilles sèches tissées autour du tronc et de la base des feuilles d'un palmier royal. À l'intérieur de l'édifice, chaque couple se réserve un emplacement séparé des autres, avec sa propre entrée. C'est là qu'il perche et élève ses 2 à 4 poussins. Il consomme des baies du palmier et d'autres plantes, ainsi que des fleurs.

FAMILLE DES CINCLIDAE : CINCLES

Les 5 espèces vivent en Europe, en Asie et en Amérique du Nord et du Sud, généralement en altitude, près de rapides torrents de montagne.

Ce sont les seuls passériformes à avoir adopté un mode de vie vraiment aquatique. Ils n'ont cependant pas les pieds palmés et présentent peu de traits d'adaptation à ce mode de vie, excepté des rabats mobiles qui ferment leurs narines sous l'eau. Ils nagent et plongent dans l'eau en se propulsant avec les ailes et sont capables de marcher au fond du lit des torrents. Les deux sexes sont semblables chez toutes les espèces.

Cincle d'Amérique, *Cinclus mexicanus*

DISTRIBUTION : Alaska, nord-ouest de l'Amérique jusqu'au Panama
HABITAT : torrents de montagne
TAILLE : 18 à 22 cm

Avec une silhouette de troglodyte, il a un corps compact, des pattes longues et robustes, une queue courte et carrée, et un bec crochu et entaillé au bout. Il fréquente les torrents de montagne, marche et plonge dans l'eau, nage sous l'eau et même marche au fond pour attraper insectes et autres invertébrés, en particulier des larves de phryganes.

La femelle construit un gros nid globulaire de mousse et d'herbe. Il est édifié sur un rocher, au milieu ou au bord du torrent, parmi des racines d'arbre ou des cailloux, et il comporte une entrée latérale. La femelle pond 3 à 6 œufs, qu'elle couve pendant 15 à 17 jours.

GRIVES

Famille des Muscicapidae : Grives et Gobe-mouches de l'Ancien Monde

Cette grande famille d'oiseaux chanteurs comprend 449 espèces, qui sont réparties en 2 sous-familles : les turdinés (grives) et les muscicapinés (gobe-mouches de l'Ancien Monde).

Sous-famille des Turdinae : Grives

Les 179 espèces de cette sous-famille se retrouvent dans le monde entier, sauf sur les calottes glaciaires des pôles et quelques îles du Pacifique. Autrefois absentes de Nouvelle-Zélande, elles y ont été introduites. Le groupe comporte non seulement les grives proprement dites, du genre *Turdus*, mais aussi, entre autres, les rouges-gorges, les rouges-queues, les traquets, les rossignols et les solitaires. Les deux sexes sont tantôt ressemblants, tantôt différenciés.

La plupart des oiseaux de cette sous-famille sont des oiseaux chanteurs de petite à moyenne taille, au bec mince. Ils volent très bien, et beaucoup migrent régulièrement sur de longues distances. Les insectes et autres invertébrés, tels que limaces, escargots, vers et crustacés, forment l'essentiel du régime de la plupart des grives, sans oublier les baies et autre végétation.

Merle de roche du Cap, *Monticola rupestris*

Distribution : Afrique du Sud (du Transvaal à la province du Cap)
Habitat : brousse, terrains rocailleux
Taille : 22 cm

Le mâle est reconnaissable à sa tête, son cou et sa gorge gris-bleu, tandis que la tête de la femelle est tachetée de brun et de noir. Ce sont des oiseaux relativement communs, que l'on voit par deux ou en petits groupes, souvent perchés sur des rochers, de gros galets ou au sommet des buissons. Ils trouvent au sol insectes et petits mollusques.

Le nid, en coupe peu profonde, est fait d'herbe, de brindilles et de fibres végétales, et garni de radicelles. Il est souvent placé dans une fissure de rocher ou sous un auvent. La ponte est de 3 à 5 œufs, qui sont couvés pendant environ 15 jours.

Grive dorée, *Zoothera dauma*

Distribution : Europe de l'Est, Russie (accidentel jusqu'en Grande-Bretagne), Inde, Chine, Taiwan, Philippines, Sumatra et Java, puis Australie, nord de la Mélanésie
Habitat : forêts, terrains boisés
Taille : 11 cm

La grive dorée se caractérise par les dessins en forme de croissant qui donnent à son dos et ses parties inférieures un aspect écailleux. Le jeune a un plumage strié. Particulièrement craintive et vivant cachée, cette grive reste longuement au sol, où elle se nourrit d'insectes et de baies, qui forment l'essentiel de son régime alimentaire. Certaines populations de grives dorées migrent au cours de l'hiver, et certains oiseaux s'égarent parfois en Europe.

Le nid diffère assez de celui que l'on rencontre chez la plupart des grives. Placé dans un arbre jusqu'à 4 m au-dessus du sol, il est gros et plat, et fait surtout d'aiguilles de pin, sur une base de boue et de mousse qui le fixe à une branche. La ponte est composée de 3 à 5 œufs.

Grive rossignol fauve, *Catharus fuscescens*

Distribution : sud du Canada, États-Unis (de l'Oregon au Nouveau-Mexique, région des Grands Lacs et Nouvelle-Angleterre, au sud jusqu'en Géorgie) ; hiverne en Amérique du Sud
Habitat : terrains boisés humides
Taille : 16 à 18 cm

On entend plus souvent qu'on ne voit ce petit oiseau extrêmement discret, au beau chant mélodieux. Son régime alimentaire se compose d'insectes, d'araignées et de vers, mais également de fruits et de baies, qu'il trouve dans les arbres et à terre, sous les feuilles.

Le nid volumineux, en forme de coupe, est fait de tiges de mauvaises herbes, de graminées, de bouts d'écorce et de brindilles, puis il est garni de feuilles sèches et de radicelles. Il est situé sur le sol ou non loin, dans un buisson épais ou encore dans une touffe d'herbe.

La femelle couve 3 à 6 œufs, généralement 4, pendant 11 ou 12 jours. Les deux membres du couple élèvent les poussins, qui quittent le nid à 10 ou 12 jours.

Merle d'Amérique,
Turdus migratorius

Distribution : Amérique du Nord, Mexique, Guatemala
Habitat : bois clairsemés, lisières de forêts, jardins, parcs des villes
Taille : 23 à 28 cm

Le merle d'Amérique vit en zone urbaine. Sa couleur est variable. À la saison des nids, le mâle a généralement le dessus gris, la tête et la queue noires, et la poitrine rougeâtre. La femelle est plus terne et plus pâle. Ils se nourrissent d'insectes, de vers, de fruits et de baies.

Certains hivernent dans les États du Nord, mais la plupart sont des migrateurs, qui nichent au nord de la côte du golfe du Mexique. Le nid est une coupe profonde de boue, entourée de brindilles, de mauvaises herbes et de tiges, et garnie d'herbe. La femelle couve 3 à 6 œufs, 4 en général, 12 à 14 jours.

Merle noir, *Turdus merula*

Distribution : Europe, Afrique du Nord, certaines régions d'Asie ; introduit en Nouvelle-Zélande, Australie
Habitat : forêts, terrains boisés, broussailles, jardins, parcs
Taille : 25,5 cm

Le merle s'est bien adapté à l'environnement humain, en découvrant que l'herbe courte des pelouses, des parcs et des terrains de jeux était l'endroit rêvé pour chercher insectes et vers. Il vit aussi de fruits et baies. Beaucoup de son temps se passe au sol, mais il a toujours un perchoir. Le mâle est noir, avec un bec et un cercle orbital jaune orangé, la femelle est marron.

Le nid est dans des emplacements variés : branches d'arbres bas et buissons, corniches à l'extérieur ou à l'intérieur de bâtiments, et fissure de rochers ou de murs. La femelle fait le nid : c'est une coupe de boue et de végétaux garnie d'herbe douce ou de feuilles mortes et recouverte de tiges, de brindilles et de feuilles. Elle pond jusqu'à 9 œufs par jour, le plus souvent 3 à 5, qu'elle couve seule 12 à 15 jours. Les parents élèvent les poussins les 12 à 15 jours qu'ils passent au nid, puis 3 semaines encore.

Grivette olive, *Turdus olivaceus*

Distribution : Afrique (sud du Sahara)
Habitat : forêts, terres cultivées
Taille : 24 cm

Le grivette olive se présente sous plusieurs formes qui varient par le plumage. Les deux sexes sont identiques, mais les jeunes ont le dessus strié et le dessous taché de sombre. Cet oiseau adaptable s'est bien fait à la vie dans les jardins publics, où il tend à dominer les autres oiseaux. Il trouve une bonne partie de sa nourriture en grattant le sol pour atteindre insectes et invertébrés – escargots et vers –, et mange quelques fruits.

Le mâle en parade fait gonfler son plumage, puis marche en traînant les pattes autour de la femelle, les ailes légèrement tombantes. Le nid est fait d'herbe sur une base de brindilles, de racines et de terre, et placé sur une branche, une souche ou un buisson. Les 2 ou 3 œufs sont couvés pendant 14 jours.

Merle austral,
Turdus falcklandii

Distribution : Amérique du Sud (sud de l'Argentine et du Chili), îles Falkland et Juan Fernandez
Habitat : terrains découverts avec buissons
Taille : 28 à 29 cm

Le merle austral est au sud l'homologue du rouge-gorge d'Amérique du Nord. Il est commun de part et d'autre des Andes, jusqu'à 2 000 m d'altitude environ. Il rappelle le rouge-gorge par ses mœurs, car il cherche vers et autres invertébrés en grattant le sol des prairies et des terrains humides, et mange également quelques fruits.

Le nid, une coupe de brindilles maintenues par de l'herbe et de la boue, est caché dans une épaisse végétation. Il y a 2, parfois 3 couvées successives, de 2 ou 3 œufs chacune.

Merle des îles, *Turdus poliocephalus*

Distribution : de l'île Christmas, à travers l'Indonésie et la Nouvelle-Guinée jusqu'à la Nouvelle-Calédonie, Fidji et Samoa
Habitat : lisières de forêts
Taille : 23 à 25,5 cm

Il y a au moins 50 sous-espèces de merles des îles, qui diffèrent légèrement d'aspect, dont certaines ne se trouvent que sur une île ou un petit groupe d'îles. Les mâles sont pour la plupart largement noirs, les femelles aussi, mais plus ternes. Craintif, cet oiseau se réfugie dans les arbres, mais va se nourrir au sol, à découvert, de végétaux et d'insectes.

La ponte est de 1 œuf, dans un nid placé sur un buisson ou une corniche rocheuse.

GRIVES ET GOBE-MOUCHES DE L'ANCIEN MONDE

Rouge-gorge bleu, *Sialia sialis*

Distribution : Amérique du Nord (sud du Canada, de l'est des Rocheuses à la côte du golfe du Mexique, États-Unis), Mexique, Amérique centrale

Habitat : terrains découverts ou agricoles, jardins, parcs

Taille : 16,5 à 19 cm

Le mâle de cette belle espèce se distingue par le bleu vif de ses parties supérieures. La femelle est de même couleur, mais plus pâle et plus terne. Le jeune est presque entièrement brun, avec un panachage blanc sur la poitrine. Ce rouge-gorge est apprécié non seulement pour sa beauté, mais aussi pour son chant particulièrement mélodieux.

Il est souvent perché dans une attitude bossue sur les fils et les barrières, mais c'est au sol qu'il trouve la plupart des insectes qu'il mange. En automne et en hiver, les baies comptent aussi beaucoup dans son régime.

Pour faire sa cour, le mâle exécute des vols nuptiaux afin d'attirer l'attention des femelles, puis, une fois que le couple est formé, il fait un nid d'herbe, de brindilles et d'autres végétaux, et le garnit de poils, d'herbe douce et de plumes. Ce nid est édifié dans un trou d'arbre ou de souche, ou dans celui laissé par un pic ou même parfois dans un nichoir. La compétition pour les sites de nidification a provoqué un certain déclin de l'espèce au cours de ces récentes années, et les nichoirs constituent une mesure de protection importante pour la préservation de ces petits oiseaux.

La femelle couve 3 à 7 œufs, 4 ou 5 en général, entre 13 et 15 jours ; elle est parfois aidée dans cette tâche par le mâle. Le couple nourrit les petits, qui partent du nid après 15 à 20 jours. Il y a le plus souvent 2 couvées chaque année. L'hiver, certaines populations nordiques migrent au sud.

Solitaire des Andes, *Myadestes ralloides*

Distribution : Amérique du Sud (de la Colombie et du Venezuela jusqu'à l'Équateur, au Pérou et à la Bolivie)

Habitat : forêts de montagne

Taille : 18 cm

Le craintif et discret solitaire des Andes vit en général entre 900 et 4 500 m d'altitude. Cet excellent chanteur fait entendre plus ou moins toute l'année sa voix claire et cristalline. Fidèle à son nom, le solitaire tend à vivre seul une bonne partie de son temps, mais on observe également des oiseaux en couple. Il a le bec plutôt court et large, et il se nourrit exclusivement de fruits et d'insectes.

Le nid est au sol ou dans un arbre. La ponte est de 3 œufs, couvés 12 ou 13 jours.

Grive bleue à ailes courtes, *Brachypteryx montana*

Distribution : de l'est du Népal à l'ouest et au sud de la Chine, Asie du Sud-Est, Indonésie et Philippines

Habitat : broussailles des forêts

Taille : 15 cm

Le mâle de cette espèce est un petit oiseau qui se reconnaît à son plumage bleu foncé et à ses longs et voyants « sourcils » blancs. La femelle est marron, avec des marques rouille sur le front et des sourcils peu marqués. Dans certaines régions, le mâle est comme la femelle, mais garde les sourcils blancs. Craintive et solitaire, cette grive se maintient au sol ou non loin, cachée dans d'épais sous-bois.

Le nid en dôme est sur un tronc ou une paroi rocheuse. La ponte est de 3 œufs.

Alethe à diadème, *Alethe castanea*

Distribution : Afrique (du Nigeria au Congo et à l'Ouganda)
Habitat : forêts des basses terres
Taille : 18 cm

C'est l'une des quelque 7 espèces d'alethe qui vivent en Afrique. L'alethe à diadème est un oiseau des forêts épaisses et des sous-bois ombragés. Il ne se nourrit pas vraiment de fourmis, mais guette le passage des fourmis nomades pour s'emparer des insectes qu'elles débusquent. Les deux sexes se ressemblent, tous deux brun sombre avec une rangée de plumes orange sur la couronne, que l'oiseau tient dressée quand il est agité, tout en déployant la queue.

Le nid est une coupe de mousse et de racines, garnie de radicelles souples et placée dans une souche ou un tas de débris végétaux. La ponte est de 2 ou 3 œufs.

SOUS-FAMILLE DES MUSCICAPINAE : GOBE-MOUCHES DE L'ANCIEN MONDE

Cette vaste sous-famille de la famille des muscicapidés comporte 270 espèces d'oiseaux chanteurs insectivores. Les 115 espèces de gobe-mouches sont toutes présentes dans l'Ancien Monde, et l'on en trouve la plus grande diversité en Afrique, en Asie et en Australasie. Le plumage varie considérablement selon les espèces. Certaines ont un brillant plumage, vivement coloré, d'autres sont ternes, et les gobe-mouches se sont largement diversifiés pour acquérir des formes et des mœurs très variées afin de s'adapter à différentes niches écologiques. Les deux sexes sont tantôt semblables, tantôt différenciés. La gamme de leurs chants est très vaste : simples et monotones ou beaucoup plus complexes.

Le gobe-mouches typique, dont on trouve quelques exemples en Europe, a un bec large et aplati, dont la base est entourée de vibrisses proéminentes. Il capture les insectes avec une technique très caractéristique : perché bien en vue sur un poste d'affût, il guette le passage des insectes, sur lesquels il s'élance en une brève et agile envolée. Il capture prestement l'insecte dans son bec et retourne le manger sur son perchoir. Certains, bien sûr, ont d'autres techniques et se nourrissent au sol ou dans la végétation.

La sous-famille des muscicapinés comprend par ailleurs quelque 155 espèces de traquets, énicures, rouges-queues, rouges-gorges et rossignols, qui sont représentées en Eurasie, en Indonésie, en Nouvelle-Guinée, dans les Philippines, ainsi qu'en Afrique. Une espèce, le traquet motteux, vit en Alaska et au Canada. Ces oiseaux, qui ressemblent aux grives, occupent une grande variété d'habitats : des bois et berges des rivières jusqu'aux zones semi-désertiques. La plupart se nourrissent d'insectes, qu'ils attrapent habilement en vol avec leur bec très fin, ou au sol, en s'élançant d'un perchoir.

Gobe-mouches gris, *Muscicapa striata*

Distribution : Europe (de la Scandinavie jusqu'au sud-ouest de la Sibérie et aux pays méditerranéens), d'Afrique du Nord en Asie centrale ; hiverne en Afrique tropicale et dans le sud-ouest de l'Asie
Habitat : lisières de forêts, bois, buissons, jardins, parcs
Taille : 14 cm

Le gobe-mouches gris se nourrit de la façon propre à son groupe, perché bien en vue et fondant brusquement sur les insectes. Quand il est à l'affût, il remue constamment les ailes et la queue. Les deux sexes sont identiques, et portent un plumage gris-brun.

Le nid est surtout l'œuvre de la femelle. C'est un édifice particulièrement soigné, réalisé à partir de mousse, d'écorce et de fibres, puis garni de radicelles et de plumes. On le trouve dans des endroits variés – corniche, cavité, fourche d'arbre, mur ou rocher. Le couple couve 4 à 6 œufs, pendant 12 à 14 jours, et soigne les petits. Il y a souvent 2 couvées chaque année.

Gobe-mouches à queue rousse, *Rhinomyias ruficauda*

Distribution : Philippines, Bornéo
Habitat : forêts
Taille : 14 cm

Cet oiseau plutôt rare hante les taillis épais et s'y nourrit d'insectes et d'araignées. C'est sur le feuillage qu'il glane une bonne partie de sa nourriture, mais, parfois, il s'élance en brèves envolées à la recherche des insectes volants. Le plumage des sous-espèces varie légèrement, mais toutes ont la queue châtaine caractéristique. La femelle est presque semblable au mâle.

On ne dispose d'aucune donnée en ce qui concerne la reproduction de cette espèce.

GOBE-MOUCHES DE L'ANCIEN MONDE SUITE

Niltava à gorge bleue, *Cyornis rubeculoides*
Distribution : de l'Himalaya à la Chine par le nord de l'Asie du Sud-Est ; hiverne au sud
Habitat : forêts, jardins
Taille : 14 cm

Le niltava à gorge bleue vit dans des régions bien boisées où les taillis abondent. Il s'élance brièvement après les insectes et ne retourne que rarement au même perchoir, ou sur le même arbre, pour consommer sa proie. Parfois, l'oiseau se laisse tomber au sol sur une proie ou débusque, en ouvrant ses ailes, un criquet ou une sauterelle. Les deux sexes diffèrent par le plumage. La femelle est dans l'ensemble brun olive et chamois, et le mâle est d'un bleu remarquable.

Le nid est édifié dans une cavité, dans un talus moussu, une fissure de rocher ou un trou d'arbre ou de bambou. Les deux membres du couple couvent de 3 à 5 œufs, généralement 4, pendant 11 ou 12 jours.

Gobe-mouches pâle, *Bradornis pallidus*
Distribution : Afrique, au sud du Sahara
Habitat : terrains boisés, buissons sur les côtes, jardins, champ de maïs
Taille : 15 à 18 cm

Le gris-brun domine chez le gobe-mouches pâle, qui est plus discret que beaucoup d'autres gobe-mouches ; le jeune est légèrement strié et tacheté. En couple ou en petit groupe lâche, il cherche sa nourriture, araignées et termites, surtout au sol, mais capture également mouches et phalènes au vol. Cet oiseau est plutôt silencieux et n'émet que de rares gazouillements.

La période des nids débute avec la saison des pluies ou peu de temps avant. Le nid, petit et soigné, est en coupe, fait de radicelles, et placé sur une branche d'arbre ou de buisson fourchue. La ponte est de 2 ou 3 œufs, couvés par les parents pendant 11 à 15 jours. On sait que d'autres oiseaux partagent avec les parents l'éducation de leurs poussins.

Traquet pâtre, *Saxicola torquata*
Distribution : Europe, Afrique, Asie Mineure et centrale
Habitat : landes, champs, collines buissonneuses, terres agricoles
Taille : 13 cm

Ce petit oiseau dodu est vif et remuant. Le traquet pâtre marche rarement au sol, mais vole vite et se tient perché bien en vue, sur un poteau ou en haut d'un buisson, à l'affût des insectes dont il se nourrit. Il mange également des végétaux et des graines. La femelle est plus pâle et plus marron que le mâle, avec les marques blanches du plumage moins prononcées.

La saison des nids débute entre la fin mars et le début juin, selon la région. Le mâle parade devant la femelle en déployant largement les ailes et la queue pour en exhiber les motifs. C'est généralement la femelle qui fait le nid, réalisé à partir d'herbe grossière, de mousse et de tiges, garni de poils, d'herbe douce ou de plumes. Il est édifié à découvert au sol, à l'abri d'un buisson. La femelle, parfois aidée du mâle, couve 5 ou 6 œufs, pendant 14 jours. Les jeunes restent au nid pendant 12 ou 13 jours, et sont nourris d'insectes par les deux parents.

Certaines populations de traquets pâtres des régions nordiques migrent parfois au sud en hiver.

Traquet motteux, *Oenanthe oenanthe*
Distribution : Europe, nord-ouest de l'Afrique, Asie Mineure et centrale, Amérique du Nord (arctique) ; hiverne surtout en Afrique
Habitat : terrains découverts, landes, toundra, bruyères
Taille : 14 cm

Cette espèce largement répartie est la seule parmi les traquets à s'être établie dans le Nouveau Monde. En plumage nuptial d'été, le mâle a une couronne grisâtre, des joues noires et des sourcils blancs. Les deux sexes ont un croupion blanc, mais la femelle est brunâtre et chamois. En plumage d'hiver, le mâle lui ressemble. Surtout terrestre, ce traquet trouve l'essentiel de son régime alimentaire au sol : insectes, araignées, mille-pattes et petits mollusques. Il volette sans cesse d'un perchoir à l'autre, s'élançant parfois dans les airs pour capturer un insecte au vol.

Le mâle en parade exhibe son croupion à la femelle et danse, ailes déployées. Le nid est construit en terrain découvert, dans un trou au sol, un rocher, un mur, un vieux bidon ou un tuyau. La femelle couve, pendant 14 jours environ, ses 5 ou 6 œufs, jusqu'à 8 parfois, aidée dans cette tâche par le mâle à l'occasion. Les deux membres du couple nourrissent les petits, qui restent au nid durant près de 15 jours.

Merle shama, *Copsychus saularis*
Distribution : Inde, sud de la Chine, Asie du Sud-Est, largement en Indonésie, puis aux Philippines
Habitat : brousse, jardins, terres cultivées
Taille : 21,5 cm

C'est un oiseau commun et répandu ; le mâle se reconnaît à son plumage noir et blanc. La femelle, apparemment semblable, a

du gris sombre et non du noir. Le merle shama vit souvent près de l'homme et se nourrit à découvert au sol ou non loin. Bon imitateur, il reproduit le chant des autres oiseaux, mais possède aussi un chant sonore et mélodieux, dont il use pour se manifester. Il se nourrit surtout d'insectes, tels que criquets, scarabées et fourmis.

Le nid est vaste, en coupe, fait de fines racines et situé parmi des racines ou dans une cavité à l'abri. Le couple couve 12 ou 13 jours ses 3 à 6 œufs, le plus souvent 5.

Énicure couronné ou Énicure de Leschenault, *Enicurus leschenaulti*
Distribution : du Sikkim au sud de la Chine et au Hainan, Asie du Sud-Est jusqu'à Bali
Habitat : torrents rocailleux en forêt
Taille : 20,5 à 28 cm

Mâle et femelle ont le même plumage très contrasté et une longue queue. Les pattes sont longues. Ces oiseaux fréquentent les torrents et se nourrissent d'insectes aquatiques qu'ils trouvent à la surface de l'eau ou sur le lit des torrents. Ils pataugent, allant d'une pierre à l'autre, et parfois même plongent à la poursuite de leur proie.

Le nid, en coupe, est toujours bâti en terrain humide, souvent près d'un torrent et généralement sur un rocher, dans une crevasse, parmi des pierres ou les racines d'un arbre. La ponte est de 2 œufs.

GOBE-MOUCHES DE L'ANCIEN MONDE suite

Rouge-queue noir ou Titys, *Phoenicurus ochruros*
Distribution : Europe, Afrique du Nord, Asie, à l'est jusqu'en Chine et dans le nord de l'Inde
Habitat : régions rocailleuses découvertes, près d'habitations humaines.
Taille : 14 cm

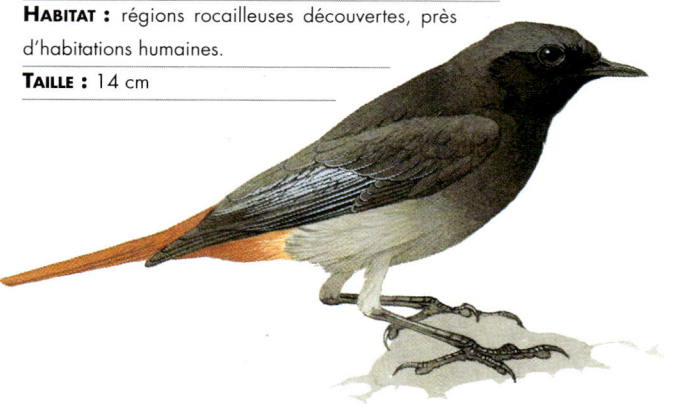

Dans certaines régions, cet oiseau adaptable a appris à vivre près de l'homme, et habite fréquemment dans les villes et les villages. Mâle et femelle ont tous deux la queue rouille, mais elle est d'une teinte plus vive chez le mâle. Celui-ci a un plumage d'un noir terne sur le dessus, et la femelle est marron. Les pattes et le bec sont foncés.

Le rouge-queue noir reste longuement au sol pour se nourrir, et se perche sur rochers et bâtiments pour y passer la nuit. Cet insectivore capture ses proies à terre ou en vol et mange à l'occasion quelques baies. La nuit, il perche dans des cavités de rochers ou des bâtiments.

La saison des nids commence entre le début et la fin avril, selon la région. La femelle fait un nid en coupe, assez lâche, d'herbe sèche, de mousse et de fibres, garni de poils, de laine et de plumes. Il est édifié sur une falaise, un rocher ou un bâtiment, ou encore dans un arbre creux. Elle couve 4 à 6 œufs pendant 12 à 16 jours. Les deux parents nourrissent les poussins jusqu'à ce qu'ils quittent le nid, c'est-à-dire entre 12 et 19 jours après l'éclosion. Il y a généralement 2 couvées chaque année, parfois 3.

Rouge-queue coryphée, *Cercotrichas coryphaeus*
Distribution : Afrique (de la Namibie jusqu'à l'Afrique du Sud : province du Cap)
Habitat : régions sablonneuses arides
Taille : 16 cm

Cet oiseau vif et abondant reste longuement au sol en quête d'insectes et, s'il y en a, de graines et de baies. Il court vite et plonge se mettre à l'abri en cas d'alerte, non sans avoir dansé et agité la queue un instant.

Le nid d'herbe, en coupe, est édifié dans une cavité au sol, un buisson ou sous la végétation. La ponte est de 2 ou 3 œufs, qui sont couvés 14 ou 15 jours.

Rossignol, *Luscinia megarhynchos*
Distribution : Afrique du Nord, Europe (sud-est de la Grande-Bretagne jusqu'au bassin méditerranéen), puis à l'est jusqu'au sud-ouest de la Sibérie, Afghanistan ; hiverne en Afrique tropicale
Habitat : forêts, bosquets, haies
Taille : 16 cm

Le rossignol chante de l'aube au crépuscule, voire tard dans la nuit, et son chant mélodieux est ce qui le caractérise le mieux. Les deux sexes sont identiques, brunâtre et crème. Cet oiseau robuste et solitaire vit caché dans la végétation épaisse et cherche au sol insectes, larves et baies. Il se déplace à grands bonds et vole peu et brièvement.

La saison des nids débute fin avril ou en mai, et la femelle fait un nid très soigné, en forme de coupe, avec des herbes sèches, des radicelles, des crins et diverses matières végétales. Il est édifié au sol ou non loin, parmi la végétation. Elle le garnit d'herbe ou de poils. Elle couve 4 ou 5 œufs pendant 13 ou 14 jours. Les deux membres du couple nourrissent les petits, qui volent à l'âge de 11 ou 12 jours.

Rouge-gorge, *Erithacus rubecula*

Distribution : Europe, îles de la Méditerranée, Afrique du Nord, vers l'est jusqu'à la Sibérie occidentale et l'Iran

Habitat : forêts, terrains boisés, jardins

Taille : 14 cm

Le familier rouge-gorge se reconnaît aisément à son poitrail et à son front roux orangé, séparés des parties supérieures brun olive par une bande grise. Les deux sexes sont identiques. Craintif dans bien des régions, cet oiseau sylvestre a cependant appris à tirer parti de l'homme et de ses jardins dans une partie de l'Europe occidentale, et est devenu effronté et facile à apprivoiser. Ce petit oiseau agressif vit seul en hiver et défend son territoire en se tournant vers l'intrus, les plumes de la gorge rouge hérissées, puis se balance d'un côté et de l'autre en guise d'avertissement. Il se nourrit surtout au sol de petits insectes, de larves, d'araignées, de vers et d'escargots, et de baies et de petits fruits, selon la saison.

Les couples se forment à la saison des nids, qui débute en avril ou mai. Le mâle, qui parade avant de s'accoupler, offre une version beaucoup moins agressive de la posture de menace. La femelle fait un nid en coupe sur un talus recouvert de lierre, un buisson ou une haie, dans un trou d'arbre ou une branche coupée, ou encore sur un bâtiment ou une corniche. Elle couve seule ses 5 à 7 œufs pendant 12 à 14 jours, et les deux membres du couple nourrissent les petits. Les jeunes quittent le nid à l'âge de 12 à 15 jours. Il peut y avoir 2 ou 3 couvées par an.

Rossignol à flancs roux, *Tarsiger cyanurus*

Distribution : Laponie, nord de l'Asie ; hiverne dans le sud de l'Asie ; population distincte dans l'Himalaya et l'ouest de la Chine

Habitat : forêts de conifères marécageuses, bois clairsemés

Taille : 14 cm

Ce joli petit oiseau a des taches rousses caractéristiques sur les flancs. Le mâle est surtout bleu, et la femelle brun olive, sauf la queue, qui reste bleue. Il cherche sa nourriture, principalement des insectes, à terre et dans la végétation basse, sans cesser d'agiter la queue pendant qu'il s'affaire. Parfois, il capture également ses proies en vol.

Le nid est réalisé à partir de mousse et est édifié au sol, dissimulé dans un creux, parmi la mousse ou des racines. La femelle couve 3 à 7 œufs.

Petit Cossyphe, *Cossypha caffra*

Distribution : sud et est de l'Afrique (du sud du Soudan jusqu'au cap de Bonne-Espérance)

Habitat : forêts, brousse, zones cultivées, massifs d'arbustes en ville

Taille : 18 cm

La silhouette du petit cossyphe rappelle le rouge-gorge. C'est un oiseau généralement craintif, solitaire, mais il s'est laissé apprivoiser et s'est accoutumé à l'homme dans les régions habitées. Les deux sexes se ressemblent et ont tous deux des sourcils blancs. Ils mangent surtout au sol, insectes, araignées, vers, petites grenouilles, lézards et baies, mais courent se mettre à l'abri à la moindre alerte.

Le nid de mousse et de radicelles est dans une souche d'arbre cachée ou sur un talus recouvert de végétation. La femelle couve 2 ou 3 œufs pendant 13 à 19 jours. Le couple nourrit les poussins 14 à 18 jours.

ÉTOURNEAUX ET MOQUEURS

Famille des Sturnidae : Étourneaux et Moqueurs

Cette famille de 148 espèces est divisée en 2 groupes : les étourneaux et les moqueurs. Les espèces introduites ailleurs par l'homme mises à part, 114 espèces d'étourneaux sont présentes dans l'Ancien Monde, avec la plus grande diversité en Asie. La famille comporte également les mainates et les 2 espèces de pique-bœufs. Les étourneaux sont des oiseaux chanteurs de taille moyenne, d'allure robuste et de mœurs actives. La plupart ont le bec long, et les pattes et les pieds forts. Les ailes sont soit arrondies et courtes, soit longues et pointues, et la queue généralement courte et carrée peut être longue et dégradée chez certaines espèces. Le plumage est typiquement sombre, souvent avivé par de beaux reflets irisés bleus, verts ou violets, surtout à la saison des nids. Les deux sexes sont tantôt ressemblants, tantôt légèrement différenciés.

Beaucoup vivent en terrain découvert et se nourrissent au sol, mais on rencontre des arboricoles qui vivent dans des zones plus boisées. Ils sont omnivores, avec une préférence pour les insectes, les fruits, les céréales, les œufs d'oiseaux et les lézards. Leur vol est rapide, et ils marchent et courent à terre. Généralement grégaires, ils se rendent à leurs dortoirs en gigantesques bandes, en émettant des sifflements sonores caractéristiques. La plupart nichent dans des trous d'arbres ou de bâtiments, certains creusent un terrier dans une berge ou font un nid en dôme dans un arbre.

Les 34 espèces appartenant à la tribu des moqueurs sont toutes représentées en Amérique. Parmi ces oiseaux, qui ressemblent aux grives, on trouve, aux côtés des moqueurs proprement dits, des oiseaux-chats et des moqueurs trembleurs. La plupart vivent dans les terrains boisés ou les taillis, et se nourrissent au sol, ou juste au-dessus, d'insectes et d'autres invertébrés, de fruits et de graines. Les moqueurs se caractérisent par un corps mince, des pattes et une queue longues, et sont connus pour leur faculté à imiter les chants d'autres oiseaux et des sons variés : notes de piano, aboiements, sirènes. Les deux sexes sont identiques, ou presque.

Étourneau sansonnet, *Sturnus vulgaris*

Distribution : Europe, Asie ; introduit dans presque le monde entier

Habitat : près des habitations, terres cultivées

Taille : 21,5 cm

Les étourneaux, qui sont parmi les oiseaux les plus familiers des zones urbaines, perchent en grand nombre sur les bâtiments, souvent après un spectaculaire vol groupé au-dessus des lieux. En plumage nuptial, mâle et femelle sont noirâtres, avec des reflets irisés verts ou pourpres. En hiver, le plumage est lourdement tacheté de blanc, surtout chez la femelle. Les jeunes sont gris-brun avec la gorge pâle. Adaptables, les étourneaux apprécient des habitats très divers avec, à la saison des nids, une préférence pour les forêts caducifoliées et les zones bâties. Ils se nourrissent au sol d'insectes, de larves, de vers, de limaces, d'escargots et de mille-pattes entre autres invertébrés, et tâtent sans cesse de leur bec la surface. Fruits, grain, baies et graines entrent aussi dans leur régime très varié. Ils se nourrissent parfois dans les arbres et, d'un vol rapide et bondissant, poursuivent des insectes.

Ils nichent en colonies ou en couples. Le nid est dans la cavité d'un arbre ou d'un bâtiment, ou dans des rochers ; il est fait de tiges, de feuilles et autres végétaux. Le couple couve 4 à 9 œufs, généralement 5 à 7, pendant 12 ou 13 jours. Il nourrit les petits 3 semaines environ, mais, même après leur départ du nid, les jeunes suivent les parents et réclament à manger. Il peut y avoir 2 couvées successives. Les populations nordiques migrent au sud l'hiver.

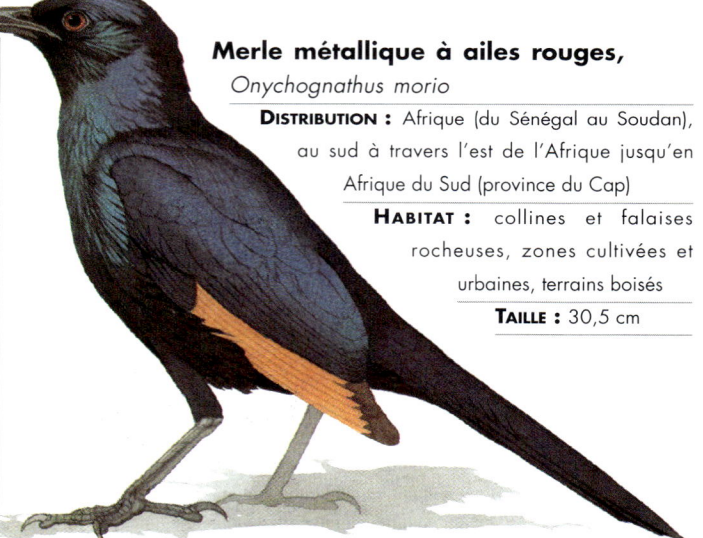

Merle métallique à ailes rouges, *Onychognathus morio*

Distribution : Afrique (du Sénégal au Soudan), au sud à travers l'est de l'Afrique jusqu'en Afrique du Sud (province du Cap)

Habitat : collines et falaises rocheuses, zones cultivées et urbaines, terrains boisés

Taille : 30,5 cm

Bruyant et actif, ce merle se déplace en couple ou en petite bande, en quête de ses principales nourritures, les fruits et les insectes. Son vol est rapide et plongeant, et il émet constamment un sifflement en vol. Le mâle est surtout bleu-noir, avec des plumes alaires rousses au bout brun. La femelle a la tête et le cou gris, et la poitrine striée de gris ; à part cela, elle est identique au mâle.

Le nid d'herbe et de boue est dans un trou de falaise, de grotte ou de bâtiment, ou dans le toit d'une cabane. La femelle couve 3 à 5 œufs durant 12 à 23 jours.

Mainate religieux, *Gracula religiosa*

DISTRIBUTION : Inde, Sri Lanka, îles Andaman et Nicobar, sud de la Chine, Hainan, Asie du Sud-Est, Indonésie ; introduit ailleurs
HABITAT : forêts
TAILLE : 30,5 cm

Cet oiseau d'allure trapue, a un plumage noir brillant, avec des caroncules jaune d'or vif sur la tête, et une tache alaire blanche marquée. Les deux sexes sont semblables. Bruyant et sociable, il vit en groupe de 6 oiseaux au plus en dehors de la saison des nids, mais en plus grande bande quand il se nourrit dans les arbres. Il passe son temps dans les arbres et les buissons à se nourrir de fruits, figues surtout, baies, bourgeons, nectar, et d'insectes et de lézards. Il descend peu à terre. Ces mainates ont un large répertoire de cris, mais, bien que ces oiseaux soient d'excellents imitateurs en captivité, ils n'imitent pas les sons à l'état sauvage.

Le nid est édifié dans le trou d'un tronc, souvent celui d'un pic. Le couple couve 2 ou 3 œufs et nourrit les petits. Les poussins quittent le nid à l'âge d'environ 4 semaines.

Spréo superbe, *Lamprotornis superbus*

DISTRIBUTION : Afrique (Éthiopie, du Soudan à la Tanzanie)
HABITAT : brousse, non loin des habitations
TAILLE : 18 cm

Avec son plumage vert et bleu irisés, le spréo superbe est l'un des étourneaux les plus brillamment colorés. Les deux sexes sont semblables, mais les jeunes ont la tête, le cou et le poitrail d'un noir terne. Cet oiseau grégaire ne craint pas l'homme quand il vit près des villes et villages. Il se nourrit au sol d'insectes et de baies.

Le nid en boule, d'herbe et de brindilles épineuses, est généralement sur une branche d'arbre épineux ou dans un buisson, parfois dans un trou d'arbre ou l'ancien nid d'un autre oiseau. Une couvée comporte 4 œufs.

Étourneau métallique de Nouvelle-Guinée, *Aplonis metallica*

DISTRIBUTION : Moluques, région de la Nouvelle-Guinée, jusqu'à l'archipel Bismarck et les îles Salomon ; migre sur la côte nord de l'Australie
HABITAT : forêts pluviales
TAILLE : 25 cm

Cet oiseau au plumage noir à reflets pourpres et verts se caractérise aussi par sa longue queue étagée en pointe et ses yeux rouges. Il est grégaire et bruyant. Cet étourneau arboricole peut néanmoins venir se nourrir à terre. Fruits et insectes forment l'essentiel de son régime. À la saison des nids, les colonies peuvent comporter jusqu'à 300 couples.

Les nids, vastes et en dôme, sont faits de vrilles de plantes et suspendus à des branches. La ponte est de 2 à 4 œufs.

Pique-bœuf à bec jaune, *Buphagus africanus*

DISTRIBUTION : Afrique, au sud du Sahara (sauf extrême sud)
HABITAT : terrains découverts secs
TAILLE : 23 cm

Spectacle courant des réserves de chasse africaines, le pique-bœuf à bec jaune et son jumeau, le pique-bœuf à bec rouge, *B. erythrorhynchus*, sont tous deux des oiseaux spécialisés qui se nourrissent de tiques qu'ils enlèvent aux buffles, zèbres et autres gros mammifères. Leur bec lourd est bien adapté à cette activité, et leurs longues griffes acérées leur permettent de s'accrocher à la peau de l'animal. Ils en parcourent prestement le corps et, dans leur quête, explorent même le nez et les oreilles. Ils mangent également des mouches. Lorsqu'ils sont dérangés, ils émettent un cri d'alarme, qui souvent avertit l'animal du danger. Mâle et femelle sont semblables.

Le nid est dans un trou d'arbre ou de rocher, ou sous un avant-toit. La ponte est de 2 à 5 œufs, couvés 12 jours environ.

MOQUEURS, SITTELLES ET TICHODROME

Moqueur de Charles ou Moqueur des Galapagos, *Nesomimus trifasciatus* EN

Distribution : îles Galapagos
Habitat : varié
Taille : 25,5 cm

Les moqueurs des Galapagos se répartissent en 4 espèces. *Nesomimus trifasciatus*, maintenant rare, ne se trouve que sur les îlots Champion et Gardner. Ces oiseaux semblent tirer parti de tout habitat disponible sur les îles et se nourrir de tout ce qu'ils peuvent trouver, des insectes surtout, des fruits et des baies, mais aussi des charognes et des œufs d'oiseaux de mer.

Le nid de brindilles est dans un cactus ou un arbre bas. La ponte est de 2 à 5 œufs.

Moqueur polyglotte, *Mimus polyglottus*

Distribution : sud du Canada, États-Unis, Mexique, Antilles ; introduit à Hawaii
Habitat : bois clairsemés, jardins, vergers
Taille : 23 à 28 cm

C'est l'un des oiseaux chanteurs les plus connus d'Amérique, et c'est également l'oiseau mascotte de cinq États américains. Le moqueur polyglotte mâle chante jour et nuit, imitant souvent d'autres oiseaux et des sons divers. Particulièrement agressif, il défend violemment son territoire contre les intrus, et, en hiver, la femelle a son propre territoire. Ils vivent d'insectes, en particulier de sauterelles et de scarabées, et aussi d'araignées, d'escargots et de petits reptiles ; enfin, les fruits constituent une part importante de leur régime alimentaire.

Au début de la saison des nids, le mâle parade et vole en exhibant le blanc de ses ailes pour attirer l'attention des femelles. Le couple fait un nid constitué de brindilles, de feuilles, et de débris, de bouts de papier, de laine, etc., dans un arbre bas ou un buisson. La femelle couve 3 à 6 œufs, généralement 4 ou 5, pendant 12 jours, et les deux membres du couple nourrissent les jeunes. Les poussins prennent leur envol à l'âge de 10 à 12 jours. Il peut y avoir 2 ou 3 couvées successives.

Moqueur de Californie, *Toxostoma redivivum*

Distribution : États-Unis (Californie), Mexique (Basse-Californie)
Habitat : chaparral, contreforts montagneux, parcs, jardins
Taille : 28 à 33 cm

Le moqueur de Californie se distingue par son bec recourbé, en faucille, dont il se sert pour ratisser les feuilles et fouiller le sol, en quête d'insectes et de baies, qui composent son régime alimentaire. Il a les ailes plutôt courtes et, maladroit en vol, il vit surtout au sol, où il court en gardant sa longue queue relevée. Le mâle chante par longues périodes, perché sur un buisson. Son chant se compose de notes variées, très musicales. C'est aussi un excellent imitateur. La femelle chante également.

Le couple fait un nid volumineux à partir de végétaux, en forme de coupe. Il est édifié à 1 m environ du sol, dans un arbre bas ou un buisson. Les deux parents couvent 2 à 4 œufs pendant 14 jours environ. Les jeunes quittent le nid à l'âge de 12 à 14 jours, mais le mâle les nourrit encore pendant quelques jours quand la femelle couve sa seconde nichée.

OISEAUX : MOQUEURS, SITTELLES ET TICHODROME

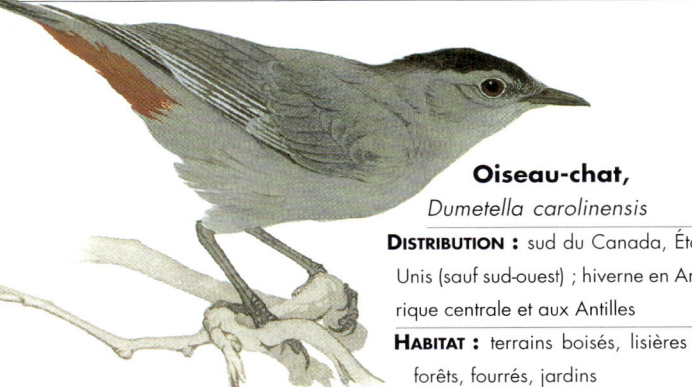

Oiseau-chat, *Dumetella carolinensis*
DISTRIBUTION : sud du Canada, États-Unis (sauf sud-ouest) ; hiverne en Amérique centrale et aux Antilles
HABITAT : terrains boisés, lisières de forêts, fourrés, jardins
TAILLE : 20,5 à 24 cm

L'oiseau-chat doit son nom à son cri miaulant. Il vit généralement dans une végétation dense, où il cherche insectes et baies, au sol surtout. À la fin de l'hiver, il migre au nord, souvent de nuit, en énorme bande, vers les sites de nidification.

Une fois sur place, les mâles chantent pour attirer les femelles, paradent et poursuivent leur partenaire. Puis le couple fait un nid grossier à l'aide de végétaux, dans un arbre bas ou un buisson. La femelle surtout couve 2 à 6 œufs, en général 4, durant 12 à 15 jours. Le mâle l'aide à nourrir les poussins. Il y a généralement 2 couvées de suite.

Moqueur trembleur, *Cinclocerthia ruficauda*
DISTRIBUTION : Petites Antilles
HABITAT : forêts pluviales, terrains boisés
TAILLE : 23 à 25,5 cm

Les moqueurs trembleurs doivent leur nom à leur habitude de secouer violemment les ailes et le corps. Ils se nourrissent surtout d'insectes et d'invertébrés, trouvés pour la plupart à terre, dans les forêts.

Le nid est dans un creux d'arbre ou de fougère arborescente. La ponte est de 2 ou 3 œufs.

FAMILLE DES SITTIDAE : SITTELLES ET TICHODROME

Les 25 espèces de cette famille se retrouvent en Amérique du Nord, en Europe et en Asie. On distingue 2 sous-familles : les sittelles et les tichodromes, ces derniers se réduisant à une seule espèce.

Ce sont des petits oiseaux robustes, aux pattes et aux pieds solides dont les ongles acérés les aident à grimper. Les sittelles sont les seuls oiseaux qui ont l'habitude de descendre le tronc des arbres la tête en avant pour chercher leur nourriture. Le bec fort et pointu est parfait pour fouiller les crevasses des écorces ou des rochers à l'affût d'insectes. Le mâle et la femelle sont plus ou moins semblables chez beaucoup d'espèces, ou varient légèrement chez d'autres.

Sittelle du Canada, *Sitta canadensis*
DISTRIBUTION : Alaska, Canada, États-Unis
HABITAT : terrains boisés de conifères ou mixtes
TAILLE : 11 à 12 cm

Le mâle est reconnaissable à sa calotte noire bordée de blanc, son sourcil noir et son poitrail rouille, tandis que la femelle a une calotte gris sombre. Ils parcourent les troncs et les branches, en quête de graines et d'insectes, sondant adroitement les pommes de pin pour en extraire de quoi se nourrir et calant les très gros insectes dans des fissures de l'écorce pour les déchirer avec le bec. Ils poursuivent aussi des insectes au vol et ramassent des graines au sol.

La saison des nids débute en avril-mai. Le nid est dans un trou d'arbre, une souche ou une branche d'arbre mort. Les abords de l'entrée sont enduits de résine de conifère. Le couple couve 4 à 7 œufs, 12 jours environ.

Tichodrome échelette, *Tichodroma muraria*
DISTRIBUTION : centre et sud de l'Europe, Asie jusqu'en Mongolie et à l'ouest de la Chine
HABITAT : falaises de montagne
TAILLE : 16,5 cm

Le tichodrome échelette offre des similitudes à la fois avec les sittelles et les grimpereaux. Il est parfois classé dans une famille distincte. Il a le bec long et arqué, et les ailes larges et arrondies, panachées de rouge. À l'affût d'insectes, il escalade les falaises, inspectant chaque faille, puis volette au pied de la falaise et repart. Il cherche aussi ses proies au sol, sous les pierres, mais on le voit rarement dans un arbre.

Le mâle courtise la femelle lors de vols nuptiaux qui mettent en valeur les marques colorées de ses ailes. Il aide la femelle à faire un nid de mousse, d'herbe et de radicelles, dans une fissure de rocher. Celle-ci couve 3 à 5 œufs pendant 18 ou 19 jours, et le couple nourrit les petits.

TROGLODYTES ET GRIMPEREAUX

Famille des Certhiidae : Troglodytes, Grimpereaux et Gobe-moucherons

Ces petits oiseaux chanteurs sont représentés en Amérique et en Eurasie ; 1 espèce vit en Afrique. La famille est divisée en 3 sous-familles.

Sous-famille des Troglodytinae : Troglodytes

Il y a environ 75 espèces de troglodytes dans le monde, dont toutes – sauf une, le troglodyte européen – sont confinées au continent américain.

La plupart mesurent entre 10 et 23 cm de long, et sont généralement bruns et striés. Les ailes sont courtes, et le corps rondelet. De nombreuses espèces ont une queue réduite tenue parfois relevée. Les deux sexes sont identiques ou presque.

On les trouve dans des habitats très variés, forêts pluviales, zones boisées plus fraîches, marais, déserts, landes et montagnes. Quand cela est possible, ils fréquentent une végétation basse et épaisse. Ce sont d'excellents chanteurs. Chez de nombreuses espèces, la femelle chante aussi. Les troglodytes produisent 2 couvées successives ou plus. C'est la femelle qui couve chez la plupart, mais le couple élève les poussins.

Troglodyte européen, *Troglodytes troglodytes*
Distribution : Islande, Europe, nord-ouest de l'Afrique, Moyen-Orient, puis, vers l'est, Chine orientale, Japon, sud du Canada, est des États-Unis et côte pacifique
Habitat : sous-bois de forêts de conifères, jardins, bruyères et parcs
Taille : 8 cm

Seul troglodyte de l'Ancien Monde, mais l'un des nombreux troglodytes d'Amérique, c'est un oiseau dodu à la queue courte, qu'il tient presque toujours dressée, et au chant sonore. Ce petit oiseau fouille les sous-bois épais en quête d'insectes, de larves surtout, d'araignées et de baies.

La saison des nids commence en avril. Les troglodytes sont polygames dans certaines régions, et le mâle fait plusieurs nids. Le nid, volumineux, est un dôme de brindilles, de mousse, d'herbe et de radicelles, placé dans une cavité d'un talus ou parmi les racines d'un arbre ou d'une souche creuse. Le mâle fait parfois des nids factices qui ne sont pas utilisés, mais peuvent feinter les prédateurs. Une fois qu'elle a garni de poils et de plumes le nid choisi, la femelle pond 4 à 16 œufs (5 ou 6 le plus souvent), qu'elle couve 14 à 16 jours. Les jeunes, nourris par elle, volent à 16 ou 17 jours. Certaines populations migrent au sud en hiver.

Troglodyte familier, *Troglodytes aedon*
Distribution : sud du Canada, États-Unis et Amérique centrale et du Sud, Trinité et Tobago
Habitat : terrains boisés, jardins, parcs
Taille : 11 à 14 cm

Ce troglodyte commun et répandu est l'un des plus ternes, avec un plumage gris-brun et un léger trait au-dessus de l'œil. Il vit d'insectes variés, ainsi que de quelques araignées et escargots. Il hiverne au sud et remonte vers le nord au printemps.

Les mâles font des nids de brindilles, de feuilles et d'autres végétaux. Ils sont généralement situés dans un trou d'arbre ou de rocher. À leur arrivée, les femelles choisissent un nid, qu'elles garnissent de plumes, de laine et de poils. La ponte va jusqu'à 9 œufs, 6 à 8 en moyenne, couvés par la femelle 13 à 15 jours. Les jeunes quittent le nid 12 à 18 jours après l'éclosion.

Il existe de nombreuses sous-espèces. Deux populations des Caraïbes sont menacées et, selon certains, presque éteintes.

Troglodyte des cactus, *Campylorhynchus brunneicapillus*
Distribution : du sud-ouest des États-Unis au centre du Mexique
Habitat : déserts, terrains broussailleux
Taille : 18 à 22 cm

Cet oiseau a un sourcil blanc et une queue plus longue que de nombreux troglodytes, qu'il ne tient généralement pas relevée. Il fréquente les régions de buissons épineux, de cactus et d'arbres, et cherche, surtout au sol, scarabées, fourmis, guêpes et sauterelles, parfois des lézards ou de petites grenouilles. S'y ajoutent les fruits des cactus, des baies et des graines. Il court vite, et s'envole s'il doit parcourir une certaine distance.

La saison des nids débute en mars ou avril, et il y a parfois 2 ou 3 couvées. Le nid est un dôme de fibres végétales, de brindilles et de feuilles mortes. Il est garni de poils ou de plumes, et situé sur un cactus cholla épineux ou parmi les feuilles acérées d'un yucca. La femelle couve 3 à 7 œufs, généralement 4 ou 5, pendant 16 jours.

OISEAUX : TROGLODYTES ET GRIMPEREAUX   361

Troglodyte des marais, *Cistothorus palustris*

DISTRIBUTION : sud du Canada, États-Unis, Mexique
HABITAT : marais
TAILLE : 10 à 14 cm

Ce petit troglodyte se distingue par sa tête noire, les stries de son dos, et son sourcil blanc. Il vit dans la végétation épaisse des marécages et se nourrit d'insectes aquatiques.

Le mâle fait plusieurs nids factices avant l'arrivée de la femelle au site de nichage. C'est elle cependant qui construit l'essentiel du nid qui servira réellement : une construction volumineuse en forme de noix de coco, attachée à des joncs ou à toute autre végétation verticale, et faite de carex et d'herbes détrempées, entremêlés de radicelles et de tiges. L'ouverture latérale est en couloir, et la cavité interne est garnie de plumes et de copeaux de végétaux. La femelle couve 13 à 16 jours ses 3 à 10 œufs, généralement 5 ou 6.

Troglodyte de Bewick, *Thryomanes bewickii*

DISTRIBUTION : sud-ouest et centre du Canada, États-Unis, Mexique
HABITAT : bois clairsemés, fourrés, jardins, pâturages
TAILLE : 14 cm

Ce troglodyte est doté d'un long bec mince, dont il se sert pour chercher au sol et dans la végétation insectes, scarabées, fourmis, chenilles et araignées, et pour inspecter aussi les fissures de bâtiments à la recherche de nourriture.

Le nid est construit par les deux partenaires dans un trou d'arbre, de rocher ou de bâtiment, ou dans un objet creux. C'est une coupe de branchages, d'écorce, de feuilles, de mousse et d'autres végétaux, garnie de plumes. La femelle couve 4 à 11 œufs, le plus souvent 5 à 7, pendant 14 jours.

Troglodyte des rochers, *Salpinctes obsoletus*

DISTRIBUTION : sud-ouest du Canada, ouest des États-Unis, jusqu'au Costa Rica
HABITAT : vallées rocailleuses sèches, falaises
TAILLE : 13 à 15 cm

Son plumage clair permet à ce troglodyte de bien se fondre dans l'environnement de terrains arides et nus, où il escalade avec agilité les rochers, en quête d'insectes et d'araignées.

Le nid est fait par le couple, dans une crevasse de rocher, un tas de pierres ou un terrier, à l'aide d'herbe, de radicelles et de tiges, et il est garni de poils et de plumes. Il est soigneusement dissimulé, mais parfois un chemin de petits cailloux y conduit, et l'entrée peut être garnie de cailloux, d'os et autres débris. La ponte est de 5 ou 6 œufs, couvés par la femelle.

SOUS-FAMILLE DES CERTHIINAE : GRIMPEREAUX

Les 6 espèces sont présentes dans tout l'hémisphère Nord, en Amérique du Nord et centrale, en Europe, Afrique du Nord et Asie. Une espèce, le grimpereau tacheté, vit en Afrique, au sud du Sahara. On le classe parfois dans une famille à part. Les grimpereaux sont des oiseaux arboricoles, qui grimpent le long des troncs en quête d'insectes. Leurs griffes acérées leur permettent de s'agripper à l'écorce, et leur long bec mince à sonder les trous d'insectes. Tous, sauf le grimpereau tacheté, ont une queue rigide qui les soutient dans leur ascension. Les deux sexes sont identiques ou presque.

Grimpereau des bois, *Certhia familiaris*

DISTRIBUTION : Europe et Asie, de la Grande-Bretagne au Japon et, vers le sud, jusqu'à l'Himalaya
HABITAT : forêts, parcs
TAILLE : 12 cm

Utilisant sa queue rigide comme point d'appui, il grimpe lentement en spirale le long des troncs d'arbres, inspectant chaque crevasse de l'écorce à l'affût des insectes. Une fois qu'il a atteint le sommet d'un arbre, il vole vers un autre pour recommencer depuis la base. Il mange également noix et graines. Les deux sexes sont identiques et ont des griffes longues ainsi qu'un bec fin et arqué.

Le nid est généralement placé sous une écorce soulevée et garni de mousse et de plumes. La femelle couve 5 ou 6 œufs pendant 14 ou 15 jours, parfois aidée du mâle.

Grimpereau tacheté, *Salpornis spilonotus*

DISTRIBUTION : Afrique (irrégulièrement du sud du Sahara à l'Angola et au Zimbabwe), nord de l'Inde
HABITAT : forêts, savane, terrains boisés
TAILLE : 13 cm

Ce grimpereau diffère des autres par sa queue souple, qu'il maintient à l'écart du tronc d'arbre quand il grimpe à l'affût d'insectes et que, de son long bec arqué, il inspecte chaque crevasse de l'écorce.

Le nid, en coupe, est situé sur une branche fourchue verticale. Les deux parents couvent 2 ou 3 œufs.

GOBE-MOUCHERONS, MÉSANGES RÉMIZ ET MÉSANGES À LONGUE QUEUE

SOUS-FAMILLE DES POLIOPTILINAE : GOBE-MOUCHERONS

Quelque 15 espèces forment cette sous-famille de la famille des certhiidés. On les trouve en Amérique du Nord, en Amérique centrale et en Amérique du Sud. Ce sont de petits oiseaux délicats qui sont apparentés aux fauvettes de l'Ancien Monde et leur ressemblent, mais avec un plumage bleu-gris et blanc. Les deux sexes ont un aspect parfois légèrement différent.

Gobe-moucherons gris-bleu, *Polioptila caerulea*
DISTRIBUTION : États-Unis, Mexique, Cuba et Bahamas
HABITAT : forêts, bois, marais, zones habitées
TAILLE : 10 à 13 cm

Ce petit oiseau svelte et vif a une longue queue, qu'il tient souvent dressée à la manière du troglodyte. Les deux sexes se ressemblent, mais la femelle est plutôt moins bleue et n'a pas à la tête les taches noires du mâle en plumage nuptial. Les oiseaux cherchent insectes, larves et araignées dans les arbres, et parfois s'élancent dans les airs pour capturer une proie.

Le nid, en coupe, est généralement sur une branche d'arbre horizontale, fait de fibres végétales et garni d'écorce fine, d'herbe et de plumes. Les parents se relaient pendant 14 jours environ pour couver les 3 à 6 œufs.

FAMILLE DES PARIDAE : MÉSANGES

Les 65 espèces de cette famille se subdivisent en 2 sous-familles. On trouve ces oiseaux en Eurasie, Afrique, Amérique centrale et Amérique du Nord.

SOUS-FAMILLE DES REMIZINAE : MÉSANGES RÉMIZ

Les 12 espèces sont parentes des 2 autres familles de mésanges, même si on les classe parfois loin d'elles. Elles en diffèrent par leur bec fin et pointu. La plupart vivent en Afrique ou en Asie, mais l'Europe et l'Amérique du Nord en ont chacune 1 espèce. Elles habitent des terrains plus découverts que les mésanges. Les deux sexes sont généralement identiques.

Mésange rémiz jaune, *Anthoscopus parvulus*
DISTRIBUTION : Afrique (du Sénégal au Soudan, au Congo et à l'Ouganda)
HABITAT : savane sèche et bois d'acacias
TAILLE : 7,5 cm

Cette espèce rare est mal connue. Cet oiseau actif, quoique lent, vit de chenilles et d'autres insectes et larves, qu'il trouve en explorant le feuillage et les grosses fleurs.

Le nid, élaboré, est suspendu à une branche. Il est fait de matière végétale feutrée et comporte un court tunnel d'accès près du sommet, qui se referme tout seul. La ponte est de 4 œufs.

Verdin, *Auriparus flaviceps*
DISTRIBUTION : sud-ouest des États-Unis (du sud-est de la Californie au sud du Texas), centre du Mexique
HABITAT : déserts
TAILLE : 10 à 11 cm

Il se distingue par sa tête et sa gorge jaunes, et une tache châtaine au coude de l'aile, visible quand les ailes sont ouvertes. Le plumage de la femelle est légèrement plus terne, et le jeune n'a pas de marques jaunes et marron. Il vit dans les buissons épineux et les cactus de son habitat, et se comporte comme les mésanges, voletant çà et là en quête d'insectes, de leurs œufs et de leurs larves, et trouvant un peu de fraîcheur dans les fruits et les baies.

Le nid, sphérique, est fait de brindilles épineuses, garni de plumes et de feuilles, et a une petite entrée latérale. Il est suspendu aux branches les plus épineuses, ou à une fourche d'arbre ou de cactus, et éloigne les prédateurs à la fois par son environnement et les épines qui ressortent du nid lui-même. La ponte est de 3 à 6 œufs, couvés semble-t-il pendant 10 jours.

SOUS-FAMILLE DES PARINAE : MÉSANGES

Ce sont de petits oiseaux chanteurs trapus que l'on trouve dans tout l'hémisphère Nord et en Afrique, généralement en terrain boisé. Il y en a 53 espèces. Beaucoup se sont adaptées à vivre près de l'homme et ont appris à tirer profit de tout supplément de nourriture qu'il peut leur apporter. Leur régime habituel est fait d'insectes et de graines. Actives, les mésanges sont sans cesse en mouvement, voletant autour des arbres, en quête de nourriture. Les deux sexes sont identiques ou ne présentent que de légères différences de plumage.

OISEAUX : GOBE-MOUCHERONS, MÉSANGES RÉMIZ ET MÉSANGES À LONGUE QUEUE   363

Mésange à tête noire, *Parus atricapillus*

DISTRIBUTION : Alaska, Canada, au sud jusqu'au centre des États-Unis
HABITAT : forêts de conifères, bois
TAILLE : 12 à 15 cm

Reconnaissable à son appel, « chicadi-di-di », cette mésange a la gorge et la calotte noires – d'où son nom commun –, et la face blanche. Toujours en mouvement, elle sautille prestement par-dessus brindilles et branches, en quête de chenilles, de larves d'insectes, d'araignées, d'escargots, de graines et de baies.

Le nid est une cavité creusée par le couple dans une souche ou une branche pourrissante. La femelle la garnit de fibres végétales, de mousse ou de plumes. C'est parfois un trou laissé par un pic ou même un nichoir. La ponte est de 5 à 10 œufs, couvés 11 à 13 jours.

Mésange sultan, *Melanochlora sultanea*

DISTRIBUTION : Himalaya, montagnes de Chine et d'Asie du Sud-Est, Sumatra
HABITAT : forêts des contreforts, arbres près de terres cultivées
TAILLE : 20 cm

Grand pour une espèce de cette famille, c'est un oiseau remarquable, qui se distingue par sa huppe jaune. Les deux sexes se ressemblent, mais la femelle a la gorge olive plutôt que noire, et le dos teinté d'olive. Le comportement est néanmoins typique de la famille : en couple ou en petit groupe, l'oiseau cherche insectes, graines et baies dans le feuillage. Il se tient souvent la tête en bas pour regarder dans les fissures et sous les feuilles.

La ponte est de 6 ou 7 œufs, sur un épais matelas de mousse et de végétaux, dans un trou d'arbre.

Mésange à gorge rouge, *Parus fringillinus*

DISTRIBUTION : Afrique (sud du Kenya, Tanzanie)
HABITAT : savane avec arbres dispersés
TAILLE : 11,5 cm

La mésange à gorge rouge vit en couple ou en petit groupe familial et recherche insectes et larves sur la végétation. La ponte est de 3 œufs, dans un trou d'arbre garni de duvet et de fibres végétales.

Mésange charbonnière, *Parus major*

DISTRIBUTION : Europe, nord-ouest de l'Afrique, Asie (sauf le nord), Asie du Sud-Est, Indonésie
HABITAT : forêts, bois, terres cultivées, parcs, jardins
TAILLE : 14 cm

On trouve de nombreuses formes de mésange charbonnière, qui varient par le plumage ; mais de façon typique le plumage est bleu et jaune, la calotte noire, et le plastron noir, plus large sur le ventre du mâle. Bruyante, elle vit en large groupe familial après les nids et se joint même parfois à des bandes mêlées. Elle se nourrit, dans les arbres et au sol, d'insectes, d'araignées, de vers et de petits mollusques, ainsi que de graines, de noix et de bourgeons.

Les deux partenaires font un nid de mousse et d'herbe dans un trou d'arbre ou de mur, un nichoir ou autre, qu'ils garnissent de poils ou de duvet. La femelle couve 13 ou 14 jours ses 5 à 11 œufs, et le mâle l'aide à nourrir les poussins. Il y a parfois 2 couvées successives.

FAMILLE DES AEGITHALIDAE : MÉSANGES À LONGUE QUEUE

Les 8 espèces de cette famille sont très proches des mésanges vraies (paridés) et sont présentes en Asie et en Amérique du Nord et centrale. Ce sont de petits oiseaux dont la queue est souvent aussi longue ou plus longue que le corps, et le bec minuscule.

Mésange à longue queue, *Aegithalos caudatus*

DISTRIBUTION : Europe (sauf nord de la Scandinavie et Islande), Asie jusqu'au Japon
HABITAT : bois, buissons, bruyères broussailleuses, halliers, parcs
TAILLE : 14 cm

Le plumage de cette mésange varie selon les régions, mais c'est généralement un mélange de noir, de blanc et de rose. Les deux sexes sont identiques. Infatigable, elle se nourrit, dans les arbres et les taillis, d'insectes et de leurs larves, d'araignées, de graines et de bourgeons. Le nid, long et ovale, est dans un arbre, un buisson épineux ou toute autre végétation. Il est construit par le couple et fait de mousse retenue par des toiles d'araignée et couverte de lichen. La femelle couve 12 à 14 jours ses 8 à 12 œufs, aidée parfois du mâle.

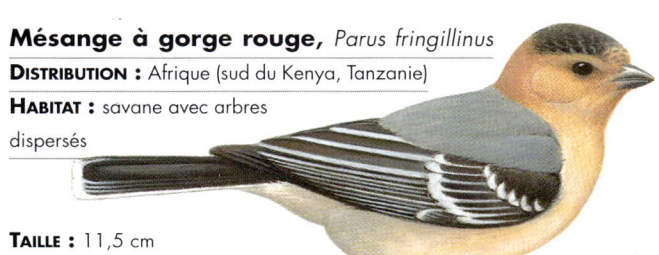

HIRONDELLES

Famille des Hirundinidae : Hirondelles

Les 89 espèces de cette famille sont des oiseaux au vol rapide, qui montrent une grande agilité dans les airs. On les trouve presque dans le monde entier, et beaucoup migrent régulièrement entre leur aire de reproduction et leurs quartiers d'hiver, parcourant parfois jusqu'à 13 000 km.

On distingue 2 sous-familles : les pseudolangrayens, dont il existe 2 espèces, et les hirondelles proprement dites. Tous ces oiseaux sont petits, avec le cou réduit et de longues ailes pointues. Ils ont un vol rapide et agile, et capturent leur proie au vol dans leur bouche démesurée. Les hirondelles sont les équivalents des martinets chez les passereaux. Les deux familles doivent leur ressemblance à l'adaptation consécutive à leur commun mode de vie dans les airs.

Au sol, leurs pattes courtes et leurs pieds faibles leur permettent de réussir à peine mieux qu'une faible marche traînante, cependant elles peuvent se percher. Elles nichent souvent près ou dans des habitations humaines, ou prennent des cavités naturelles dans des arbres, des grottes ou des falaises, pour y faire un terrier. Le couple couve 3 à 7 œufs.

Les hirondelles sont plutôt grégaires et se nourrissent, nichent et migrent en vastes bandes. Les deux sexes sont plus ou moins identiques, avec de légères différences chez certaines espèces, comme une queue plus longue chez le mâle.

Pseudolangrayen à lunettes, *Pseudochelidon sirintarae* CR

Distribution : hiverne au centre de la Thaïlande
Habitat : roselières des marais
Taille : 24 cm, queue comprise

Cet oiseau se reconnaît à ses « lunettes » et son croupion blancs, et aux plumes en rubans qui prolongent sa queue arrondie. Il est également doté d'un gros bec jaune, gonflé, inhabituel chez les hirondelles. Le jeune a la tête plus sombre et des « rubans » très courts. Cette espèce rare n'a été découverte qu'en 1968, et l'on pense qu'il s'agit d'une espèce qui migre au nord. Son plus proche parent et seul autre membre de sa sous-famille est *P. eurystomina*, qui vit en Afrique, en Zambie. Le pseudolangrayen à lunettes hiverne au centre de la Thaïlande, à Bung Boraphet, où il perche la nuit dans de grandes roselières au bord des lacs, en bande avec des hirondelles d'autres espèces. De jour, il est perché sur des arbres ou des fils télégraphiques, happant des insectes au vol.

Sa migration d'été et sa reproduction restent un mystère, bien qu'il niche parfois dans des trous de berges des rivières, en Thaïlande ou en Chine.

Hirondelle de cheminée, *Hirundo rustica*

Distribution : presque mondiale. Niche entre 30° et 70° de latitude nord ; hiverne dans l'hémisphère Sud
Habitat : terrains cultivés découverts avec des bâtiments, près de l'eau
Taille : 19,5 cm

Cette hirondelle n'est absente que des latitudes très élevées et de certaines îles océaniques. Le mâle est bleu métallique, avec une queue très échancrée tachetée de blanc, et le poitrail blanc. La femelle et les jeunes ont la queue plus courte et un plumage moins remarquable. L'hirondelle de cheminée vit d'insectes, qu'elle happe au vol ou à la surface de l'eau.

En été, on les voit en couples ou en petites bandes, mais, en automne, ce sont d'énormes bandes qui perchent dans les roselières avant de migrer vers le sud. Les populations de l'Ancien Monde hivernent en Afrique, au sud du Sahara, dans le sous-continent indien et dans le nord de l'Australie. Les oiseaux nord-américains descendent jusqu'au Panama, au centre du Chili et dans le nord de l'Argentine.

Les deux partenaires construisent un nid de boue et de paille, garni de plumes. Ils semblent maintenant préférer les corniches de bâtiments à leurs sites d'origine, les grottes et les falaises. La femelle, aidée du mâle, couve 4 ou 5 œufs pendant 15 jours environ. Les deux membres du couple nourrissent les poussins, qui sont capables de voler à l'âge de 3 semaines environ. Il y a parfois 2 ou 3 couvées successives au cours de l'année.

Hirondelle de rivage, *Riparia riparia*

Distribution : zones tempérées d'Eurasie, Amérique du Nord ; hiverne en Amérique du Sud, en Afrique, dans le nord de l'Inde et en Asie du Sud-Est

Habitat : talus abrupts de sable ou de graviers, près de l'eau

Taille : 12 à 14 cm

C'est la plus petite hirondelle d'Amérique du Nord, avec une envergure de 25,5 à 28 cm seulement. Ce petit oiseau énergique pique, vire et zigzague en vol, en happant toutes sortes d'insectes ailés, notamment des termites, des criquets et des moustiques.

Ces hirondelles vivent dans des terriers creusés droit dans des talus de sable ou de graviers, au bord de l'eau ou le long des routes ou des voies ferrées. Elles commencent à creuser avec le bec, et mâle et femelle se relaient pour déblayer jusqu'à ce que le terrier atteigne 1 m de long. Chaque printemps, elles volent en bandes vers le nord et reviennent souvent au terrier de l'année précédente. Les disputes quant à la propriété des lieux sont fréquentes.

Le nid, d'herbe douce, de plumes, de poils et de racines, est au bout du terrier. La ponte peut aller jusqu'à 8 œufs, 4 ou 5 en moyenne, couvés alternativement par les deux parents durant 16 jours. Les jeunes volent à 3 semaines.

Progné pourpre ou Hirondelle pourprée, *Progne subis*

Distribution : niche du Canada au Mexique ; hiverne au sud jusqu'aux Antilles, au Venezuela, au Brésil

Habitat : jardins, terres agricoles

Taille : 18 cm

C'est l'un des oiseaux les plus familiers de cette famille. Le plumage bleu métallique du mâle tourne peu à peu au brun sur les ailes et la queue. La femelle est surtout marron, et les jeunes sont gris-brun. Cette espèce complète son régime d'insectes pris au vol par des escargots, probablement parce qu'il s'agit là d'une source de calcium.

Le nid est édifié dans un arbre ou un trou de falaise et fait d'herbe, de plumes et souvent de feuilles vertes, ce qui peut contribuer à le garder frais et humide. La femelle couve 3 à 5 œufs pendant 13 jours, pratiquement seule, et les jeunes quittent le nid dans le mois qui suit l'éclosion.

Il existe 2 sous-espèces de progné pourpre. *P. s. subis* niche dans le sud du Canada, le long de la côte ouest des États-Unis jusqu'au centre du Mexique et à l'est, jusqu'à la côte du golfe du Mexique et en Floride ; il hiverne au Venezuela et dans le sud-est du Brésil. *P. s. hesperia*, quant à lui, niche dans les basses terres de l'Arizona, de la Basse-Californie et de la côte du Mexique, mais on ignore où il hiverne.

Hirondelle hérissée, *Psalidoprocne pristoptera*

Distribution : Afrique (Éthiopie)

Habitat : hauts plateaux

Taille : 18 cm

Cet oiseau a le corps d'un bleu-noir brillant dessus, diapré de vert aux ailes et à la queue. La queue est large et moins échancrée chez la femelle. Le jeune est d'un brun sombre et d'un bleu terne. On voit souvent cet oiseau en couple, piquant brusquement au-dessus des torrents et fondant sur les insectes pour les capturer en vol.

Le nid est une cavité au bout d'une galerie creusée dans la berge d'une rivière ou la paroi d'une falaise, tapissée d'un épais matelas d'herbe douce. La ponte est de 3 œufs.

Hirondelle dorée, *Tachycineta euchrysea* **LR : nt**

Distribution : Jamaïque, Hispaniola

Habitat : collines calcaires sèches et boisées

Taille : 12,5 cm

L'hirondelle dorée doit son nom au brillant lustre doré de son plumage vert olive. Les jeunes conservent leurs couleurs plus ternes et la bande grise de leur poitrail jusqu'à l'âge adulte. On considère aujourd'hui la population jamaïcaine de cette hirondelle comme extrêmement rare, bien que l'on manque d'informations pour vraiment se faire une idée sur les effectifs exacts de l'espèce.

L'hirondelle dorée se nourrit exclusivement en vol. Elle construit un nid dans des trous d'arbres ou sous l'auvent des maisons. La ponte est de 3 œufs.

BULBULS

Famille des Pycnonotidae : Bulbuls

Les bulbuls forment une famille de 137 espèces environ, que l'on trouve dans les forêts, les vergers et les terres cultivées des régions tropicales d'Afrique, mais aussi à Madagascar, en Asie du Sud et du Sud-Est. À quelques exceptions près, ce sont des oiseaux de taille moyenne, bruyants, grégaires, aux ailes plutôt courtes et à la queue relativement longue. Le bec est long et crochu, doté à la base de soies raides (vibrisses). Certaines espèces ont une huppe. Les deux sexes sont identiques, mais le mâle est parfois plus gros.

Le régime alimentaire des bulbuls comporte surtout des fruits, des baies, des bourgeons, du nectar de fleurs et les insectes qu'ils glanent sur la végétation.

Bulbul à poitrine jaune, *Chlorocichla flaviventris*
Distribution : Afrique (de la Tanzanie à la Namibie)
Habitat : forêts, terrains boisés avec épais sous-bois, buissons sur les côtes
Taille : 22 cm

Extrêmement craintifs et d'une discrétion inattendue chez des oiseaux de cette famille, les bulbuls à poitrine jaune ne se rencontrent que par deux ou en petits groupes, bien qu'ils soient très répandus. Les deux sexes sont identiques, avec des parties inférieures plutôt jaunes, et le dos, les ailes et la tête vert olive. Chez les jeunes, tête et dessus sont de la même couleur. Ces oiseaux se faufilent habilement à travers les sous-bois, en quête de graines et de baies, et s'agrippent aux troncs des arbres pour chercher des insectes qu'ils dénichent sous l'écorce.

Le nid, peu solide, est soigneusement fait avec des vrilles de plantes grimpantes, de l'herbe et quelques tiges. Les oiseaux l'édifient de manière qu'il soit bien caché par une épaisse végétation. La ponte est de 2 œufs.

Bulbul à queue rousse, *Phyllastrephus scandens*
Distribution : Afrique (du Sénégal au Soudan, Ouganda, Tanzanie)
Habitat : forêts
Taille : 22 cm

Cet oiseau est d'un vert-gris sombre, avec les parties inférieures blanc-beige et jaune. Les deux sexes sont identiques, les jeunes sont plus ternes et plus clairs. Ces oiseaux exclusivement arboricoles fréquentent les fourrés, souvent près des torrents, et montent dans le feuillage pour y chercher des insectes. Ils se déplacent en petits groupes qui jacassent sans cesse et deviennent excessivement bruyants quand on les dérange.

Le nid, en coupe, fait d'herbe fine et de feuilles, est souvent accroché entre les tiges d'une vigne vierge ou d'une plante grimpante. La ponte est généralement de 2 œufs.

Bulbul des jardins ou commun, ou gris, *Pycnonotus barbatus*
Distribution : Afrique
Habitat : jardins, terrains boisés, brousse côtière, forêts clairsemées
Taille : 18 cm

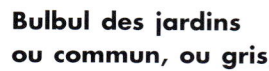

Mâle et femelle ont le plumage gris-blanc sur la poitrine, et le ventre et les sous-caudales blancs. Les albinos ne sont pas rares. Quand les plumes de la nuque sont relevées, ils ont l'air d'avoir une légère huppe. Ils sont vifs et faciles à approcher, et ils ont coutume de gazouiller brièvement et de relever légèrement les ailes quand ils se posent. Ils semblent être aussi insectivores que frugivores.

Le nid est une coupe aérée de forme soignée, faite d'herbe et de feuilles mortes, souvent suspendue à la fourche formée par deux ramilles. La ponte est de 2 ou 3 œufs.

Bulbul orphée, *Pycnonotus jocosus*

Distribution : Inde, Asie du Sud-Est, sud de la Chine, îles Andaman ; introduit aux États-Unis, en Australie, dans les îles Nicobar, à l'île Maurice
Habitat : buissons bas, terres cultivées près des villages, jardins, vergers
Taille : 20,5 cm

Cet oiseau largement répandu n'est que localement abondant. Il a des touffes de plumes rouge sombre qui ressortent comme des moustaches, ainsi que des sous-caudales rouges. Les deux sexes sont identiques, mais les jeunes ont des touffes blanches. C'est un oiseau très vif, au cri mélodieux. L'été, on en voit des douzaines, qui festoient dans les arbres fruitiers. Ils causent beaucoup de dégâts aux cultures, puisqu'ils mangent les fruits aussi bien verts que mûrs. Ils ne dédaignent pas non plus les insectes qu'ils trouvent au passage.

Le nid, en coupe, est fait d'herbe, de racines et de tiges, garni d'herbe fine. De façon caractéristique, des feuilles sèches et des bouts de fougères sont entremêlés dans le fond. La ponte est de 2 à 4 œufs.

Bulbul à gros bec, *Spizixos canifrons*

Distribution : de l'Assam au sud-ouest de la Chine, Myanmar, Laos, Tonkin
Habitat : forêts de caducs et de persistants
Taille : 20,5 cm

Cet oiseau élégant est doté d'une huppe noire qui, érigée, retombe en avant comme une sorte de casquette, et d'un bec épais comme celui du pinson, assez caractéristique pour qu'il lui doive son nom commun. Les deux sexes sont identiques. Malgré son bec de pinson, toutefois, c'est typiquement un bulbul par ses mœurs, voyageant en bande de parfois près d'une centaine d'oiseaux à travers arbres et sous-bois, avec des appels continus qui ressemblent à un bavardage. Le bulbul à gros bec vit de graines, de fruits et d'insectes qu'il capture souvent en vol, à la manière d'un gobe-mouches. C'est l'un des rares oiseaux à profiter de l'écobuage pratiqué par les populations humaines semi-nomades de son habitat, car il prolifère là où poussent des arbres bas dispersés parmi d'épais sous-bois.

Le nid, en coupe, en vrilles de vigne vierge, avec parfois quelques brindilles, est placé bas dans un enchevêtrement de buissons et de ronces. On y trouve 2 ou 3 œufs, plus rarement 4.

Bulbul noir ou Bulbul de Madagascar, *Hypsipetes madagascarensis*

Distribution : Madagascar, îles Aldabra, îles Glorieuses, Comores
Habitat : forêts de montagne, jusqu'à 2 000 m d'altitude
Taille : 25,5 cm

Le bruyant et effronté bulbul noir vit exclusivement dans les arbres et en descend rarement, même pour aller dans les fourrés. Son vol est rapide, mais il a des pattes et des pieds faibles, aussi ne sautille-t-il pas dans les branches, mais préfère-t-il voler. Il se nourrit de baies, de préférence des mûres, et happe quelques mouches et autres insectes qui cherchent du nectar dans les fleurs.

Le nid est une coupe d'herbe grossière, de feuilles sèches et de mousse, dont l'extérieur est entrelacé de toiles d'araignée et qui est garni d'herbe fine, de racines, de mousse et d'aiguilles de pin. Le couple semble très lié, et le mâle reste aux côtés de la femelle tant qu'elle couve ses 2 à 4 œufs.

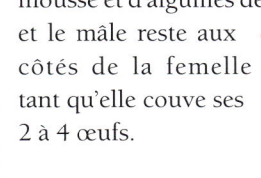

Bulbul flavéole, *Alophoixus flaveolus*

Distribution : Inde (Himalaya), Chine (province du Yunnan), Myanmar
Habitat : forêts humides à sous-bois épais
Taille : 23 cm

On trouve ces gros bulbuls huppés en groupes assez restreints, généralement composés de 6 à 15 oiseaux. Ils se comportent plutôt comme des garrulaxes, grimpent dans les arbres et les buissons, ou volent dans la jungle en un flot continu, d'un épais sous-bois à l'autre, en jacassant bruyamment. On les voit rarement à plus de 3 m du sol, où ils cherchent leur nourriture, des baies, des figues sauvages et des insectes, qu'ils capturent parfois dans les airs. Leur vol est puissant et direct, et ils déploient leur queue en éventail dès qu'ils sont perchés.

Les deux partenaires construisent un nid assez volumineux, fait à partir de petites racines, de feuilles de bambous et de feuilles mortes, qu'ils dissimulent soigneusement sous les vignes vierges ou parmi les ronces, à 1 m du sol environ. Les deux membres du couple couvent les 3 ou 4 œufs pendant 13 jours.

BULBULS, ROITELETS, HYPOCOLIUS ET FAUVETTES AFRICAINES

Bulbul moustac, *Bleda syndactyla*
Distribution : Afrique (du Sénégal au Soudan, Kenya, Ouganda, Congo)
Habitat : forêts épaisses
Taille : 21,5 cm

C'est un gros oiseau, solidement bâti, avec les parties supérieures brun olive, et la gorge et le ventre jaunes. Comme tous les bulbuls, il a des vibrisses à la base du bec. Mâle et femelle sont identiques. Le jeune est plus terne, et sa couleur plus rouille. Le mâle a le bec plus gros et plus crochu que la femelle. Ces oiseaux peu communs sont craintifs, donc très vifs et difficiles à observer lorsqu'ils se déplacent dans les arbustes et les sous-bois de la forêt.

On connaît très mal leurs mœurs. On sait qu'ils font un nid peu profond en forme de coupe, à l'aide de feuilles, de branchages et de fibres végétales, et qu'ils pondent 2 œufs.

Nicator à gorge blanche, *Nicator chloris*
Distribution : Afrique occidentale et centrale
Habitat : forêts tropicales, terrains boisés épais, broussailles
Taille : 21,5 cm

Ce farouche oiseau sylvestre, peu visible, ne signale généralement sa présence qu'en émettant soudain son chant limpide et bavard, ou en grognant à la manière d'un écureuil. Il vit dans les branches les plus basses des arbres ou dans des sous-bois épais, où il se nourrit de végétaux et d'insectes. Mâle et femelle sont identiques, mais le jeune a les parties supérieures plus pâles, et sa queue est plus étroite et plus pointue.

La ponte est normalement de 2 œufs. Le nid est une coupe d'herbe, peu profonde, ou une plate-forme de tiges et de vrilles, qui est à l'abri dans une épaisse végétation.

Bulbul à long bec, *Setornis criniger*
Distribution : Bornéo, Sumatra, île Bangka
Habitat : forêts primaires des basses terres
Taille : 19 cm

Cet oiseau audacieux et affairé est facilement visible lorsqu'il se déplace parmi les branches, en quête de scarabées, de chrysalides de libellules et de petites baies sans noyau. Les bulbuls à long bec, que l'on rencontre généralement seuls, parfois en couples, sont silencieux, et n'émettent que rarement leurs cris sonores et stridents. Mâle, femelle et jeunes sont identiques, seuls les poussins ont un plumage plus terne.

On n'a aucune donnée sur l'accouplement et la nidification.

Famille des Regulidae : Roitelets

Les 6 espèces de la famille des régulidés rassemblent de petits passereaux insectivores et arboricoles. On les trouve dans les forêts de conifères et dans les forêts mixtes d'Eurasie et d'Amérique du Nord.

Roitelet à couronne dorée ou Roitelet satrape, *Regulus satrapa*
Distribution : Alaska, sud du Canada, États-Unis ; hiverne au Mexique et en Amérique centrale
Habitat : forêts, généralement de conifères
Taille : 8 à 10 cm

Ce minuscule oiseau a un plumage discret dans l'ensemble, mais on remarque la couronne bordée de noir, orange chez le mâle et jaune chez la femelle. Le jeune acquiert la couronne au cours de la croissance. Les satrapes se joignent à des bandes mêlées pour chercher insectes et larves dans les arbres et les buissons.

Ces oiseaux nichent en haut d'un conifère. La femelle fait un nid sphérique de mousse, de lichen, d'aiguilles de pin et d'herbe, liés par des toiles d'araignée, garni de radicelles, de fibres et de plumes. Il comporte une entrée au sommet et est suspendu à des brindilles. La femelle semble couver seule 8 à 10 œufs 14 à 17 jours. Le couple soigne les petits.

FAMILLE DES HYPOCOLIIDAE : HYPOCOLIUS

L'hypocolius gris, le seul représentant de cette famille, est un oiseau qui ressemble à la pie-grièche et qui vit en Irak, en Iran et dans le nord de l'Inde.

Faux jaseur d'Arabie ou Hypocolius gris, *Hypocolius ampelinus*

DISTRIBUTION : de l'Afrique du nord à l'Iran et à l'Inde
HABITAT : zones semi-désertiques
TAILLE : 23 cm

Le faux jaseur d'Arabie est un oiseau généralement sociable, et que, en dehors de la saison des nids, on rencontre en petite bande qui se nourrit de fruits et de baies, de morelles, de mûres, de figues et surtout de dattes, ainsi que de quelques insectes. La femelle ressemble beaucoup au mâle, mais elle n'en a pas les plumes noires sur la tête, qu'il érige parfois en petite huppe. Les jeunes sont brun chamois et dépourvus de noir sur la queue. Ce sont des oiseaux particulièrement craintifs et lents, mais leur vol est puissant.

Les deux partenaires construisent le gros nid en forme de coupe, généralement bien caché dans les feuilles d'un palmier. Il est grossièrement fait de brindilles et garni de végétaux doux et de poils. La ponte est généralement de 4 ou 5 œufs. Lorsqu'ils sont dérangés, les oiseaux abandonnent le nid et on dit qu'ils retournent le détruire, pour en construire un autre 1 semaine plus tard environ.

FAMILLE DES CISTICOLIDAE : FAUVETTES AFRICAINES

Cette famille de fauvettes africaines rassemble notamment les cisticoles, les prinias et les apalis. La plupart des 119 espèces se retrouvent en Afrique, bien que 2 espèces de cisticoles se soient aussi répandues jusqu'en Eurasie et en Australie.

Cisticole des joncs, *Cisticola juncidis*

DISTRIBUTION : Afrique (sud du Sahara), sud de l'Europe, Inde, Chine, Japon, de l'Asie du Sud-Est au nord de l'Australie
HABITAT : prairies, buissons, rizières, terres cultivées
TAILLE : 10 cm

La cisticole des joncs est un oiseau terrestre qui vit caché dans l'herbe. Elle se nourrit d'insectes et ne vole que si elle est dérangée ou au moment de la parade nuptiale.

Les deux sexes sont identiques, mais à la saison des nids les mâles ont des stries plus marquées sur la tête. Ils exécutent alors diverses figures de parade, telles qu'un vol plongeant saccadé, accompagné d'un chant particulier. Le nid est singulier, édifié dans des herbes assez hautes pour le camoufler. Il est en poire, avec l'entrée au sommet, fait d'herbe douce liée par des toiles d'araignée, et garni de duvet végétal. Quelques brins d'herbe entremêlés au nid le maintiennent. Le couple couve 3 à 6 œufs pendant 10 jours environ.

Prinia gracile, *Prinia gracilis*

DISTRIBUTION : est de l'Afrique (d'Égypte en Somalie), puis à l'est, sud de l'Asie jusqu'au nord de l'Inde
HABITAT : brousse, zones buissonnantes
TAILLE : 10 cm

La moitié de la longueur totale de cet oiseau est représentée par sa queue étagée aux rectrices tachées de blanc au bout. Il fréquente plutôt les terrains sablonneux près des rivières, où il trouve herbe et buissons où s'abriter. C'est dans la végétation qu'il va en quête d'insectes, et il ne vient à découvert que pour voler maladroitement d'un massif à l'autre.

Le mâle en parade a un chant quelque peu monotone, qu'il émet perché sur une tige d'herbe haute. Le nid, petit et muni d'un dôme, est fait d'herbe fine et tissé dans un épais bouquet de brins d'herbe, à 1 m environ au-dessus du sol. L'entrée est latérale. Le couple couve 3 ou 4 œufs pendant environ 12 jours. Il y a généralement 2 couvées par an.

Apalis à gorge jaune, *Apalis flavida*

DISTRIBUTION : Afrique (du sud du Sahara à l'Afrique du Sud : Transvaal)
HABITAT : forêts, brousse
TAILLE : 11 cm

Cet oiseau fréquente toutes sortes de terrains largement couverts de végétation. Il se déplace habituellement en couple ou en petit groupe familial, et il explore soigneusement le feuillage en quête d'insectes, qui forment l'essentiel de son régime alimentaire.

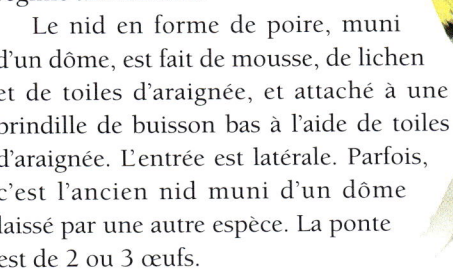

Le nid en forme de poire, muni d'un dôme, est fait de mousse, de lichen et de toiles d'araignée, et attaché à une brindille de buisson bas à l'aide de toiles d'araignée. L'entrée est latérale. Parfois, c'est l'ancien nid muni d'un dôme laissé par une autre espèce. La ponte est de 2 ou 3 œufs.

ZOSTÉROPS ET FAUVETTES

Famille des Zosteropidae : Zostérops (Oiseaux à lunettes)

Les quelque 96 espèces de zostérops forment un groupe remarquablement homogène. La plupart sont petits, avec les ailes arrondies et les pattes courtes, le dos plutôt vert, les parties inférieures jaunes et des cercles orbitaux blancs caractéristiques. Quelques oiseaux, plus grands et plus ternes, font exception. Le centre de leur aire de répartition est l'Indonésie, mais on en trouve jusqu'en Afrique, en Nouvelle-Zélande, au Japon et dans les îles du Pacifique. Ils vivent plutôt dans les régions boisées et les jardins, qu'ils préfèrent aux forêts, et se nourrissent d'insectes, de fruits et de nectar. Les deux sexes sont identiques.

Zostérops du Japon, *Zosterops japonicus*
Distribution : Japon, est et sud de la Chine, Taiwan, Hainan, Philippines, Corée
Habitat : bois, broussailles
Taille : 11,5 cm

Le zostérops du Japon a des traces grises sur le bas-ventre, et le bec mince et pointu. Ce petit oiseau actif explore en groupe arbres et buissons, en quête d'insectes, des fourmis surtout, de leurs œufs et de leurs larves. Voletant d'un arbre à l'autre, il émet constamment un cri timide et plaintif, et ne se pose jamais au sol.

Le nid en forme de coupe, fait de brins d'herbe et de fibres, garni de mousse, est situé dans la fourche d'une branche mince. La ponte est de 3 ou 4 œufs.

Zostérops à dos gris, *Zosterops lateralis*
Distribution : est, sud-est, sud et sud-ouest de l'Australie, Tasmanie, Nouvelle-Zélande, Vanuatu, Fidji
Habitat : varié, avec arbres
Taille : 12 cm

Le zostérops à dos gris, très adaptable, tolère presque n'importe quel habitat, quelle que soit l'altitude, sur les îles où on le trouve. Il se nourrit à tous les étages des arbres, sur les terres cultivées ou dans les jardins, de fruits, d'insectes et du nectar des fleurs. Il vient parfois se nourrir au sol, même en terrain découvert. Les deux sexes sont identiques, avec le même bec très pointu et légèrement arqué.

Le nid est fait de fibres végétales et d'herbe, liées par des toiles d'araignée et attaché par le bord à des brindilles dans un arbre ou un buisson. Le couple couve 2 à 4 œufs pendant 11 jours environ.

Speirops de Principe, *Speirops leucophoeus* **VU**
Distribution : île de Principe (golfe de Guinée)
Habitat : forêts
Taille : 13,5 cm

C'est l'un des quelques zostérops africains, à dominante beige et gris, avec des traces de blanc sur la gorge et le ventre. Ce petit oiseau très actif se nourrit en petite bande dans les arbres, inspectant le feuillage à l'affût d'insectes et ne dédaignant pas les graines. Ses mouvements sont vifs et agiles, accompagnés de nombreux petits battements d'ailes.

Le nid d'herbe est attaché à une branche à l'aide de toiles d'araignée ou de fines fibres végétales. La ponte est de 2 œufs.

Famille des Sylviidae : Fauvettes

Cette très grande famille d'oiseaux chanteurs comprend 552 espèces, qui sont réparties en 4 sous-familles : les acrocéphalinés, les mégalurinés, les garrulacinés et les sylviinés. Les fauvettes sont de petits oiseaux, souvent ternes, dont certains sont réputés pour la qualité de leur chant. La plupart des espèces vivent en Europe, en Asie et en Afrique, mais on en trouve plusieurs en Australie, et une espèce vit en Amérique du Nord. La majorité des fauvettes sont des oiseaux actifs, aux mouvements rapides, qui vivent dans les bois, les landes, les marais et les roselières, et se nourrissent d'insectes et de fruits. Les deux sexes sont en général identiques.

Sous-famille des Acrocephalinae : Fauvettes de l'Ancien Monde

Cette sous-famille comprend 221 espèces, parmi lesquelles on trouve notamment les locustelles, la fauvette à long bec, les pouillots et la fauvette couturière. Ces oiseaux se retrouvent dans une aire qui s'étend de l'Eurasie à la Nouvelle-Guinée et aux îles Salomon, ainsi qu'en Afrique.

Fauvette à long bec, *Acrocephalus caffer* VU

Distribution : îles de la Société et Marquises
Habitat : bois en bordure de rivière, forêts de collines
Taille : 22 cm

C'est l'une des plus grandes fauvettes de la famille. Elle se distingue essentiellement par son bec, qui peut atteindre 4 cm de long. La couleur du plumage des sous-espèces varie considérablement d'une île à l'autre, et rien qu'à Tahiti on trouve des oiseaux avec les parties supérieures vert olive et le dessous jaune, et d'autres qui sont entièrement brun-noir.

La fauvette à long bec cherche des insectes dans les arbres et les buissons, mais jamais au sol. D'un perchoir élevé, elle émet un chant mélodieux et varié. Le nid est généralement dans un massif de bambous, à 9 m au moins du sol.

Fauvette gobe-mouches à couronne marron, *Seicercus castaniceps*

Distribution : Himalaya, sud de la Chine, Asie du Sud-Est, Sumatra
Habitat : forêts
Taille : 10 cm

Ce joli petit oiseau a la couronne châtain-roux, avec une bande sombre sur les côtés de la tête et le dessous jaunâtre. Les deux sexes sont semblables. Ils vivent en forêt épaisse ; hors de la saison des nids, ils se déplacent en bandes mêlées, en quête d'insectes, dans les étages moyens et la couronne de la forêt.

Dans l'Himalaya, les fauvettes gobe-mouches à couronne marron nichent entre 1 800 et 2 400 m, et descendent à faible altitude durant les mois d'hiver.

Le nid compact et ovale est édifié au sol, bien caché par la mousse ou par des plantes grimpantes, dans un creux au pied d'un arbre ou d'un buisson, ou dans un talus ou une pente. Les deux membres du couple font un nid de mousse tissée très serrée et couvent 4 ou 5 œufs.

Le coucou émeraude, *Chrysococcyx maculatus*, dépose souvent ses œufs dans le nid de la fauvette gobe-mouches à couronne marron.

Locustelle tachetée, *Locustella naevia*

Distribution : Europe (de la Grande-Bretagne et du sud de la Suède au sud jusqu'au nord de l'Espagne et de l'Italie, à l'est jusqu'au sud de la Sibérie), ouest de la Chine, sud de la Russie, Asie centrale ; hiverne en Afrique et en Asie
Habitat : bords des marais, bois clairsemés
Taille : 13 cm

La locustelle tachetée est un oiseau farouche qui vit caché et disparaît vite dans la végétation quand on le dérange. Elle se nourrit surtout d'insectes et de larves. Les deux sexes ont le même plumage, à dessus brun rayé de sombre, et dessous blanc jaunâtre taché de brun à la poitrine, avec les sous-caudales tachées de roux.

Le mâle en parade nuptiale déploie la queue et bat des ailes. Le nid, fait par les deux partenaires, est caché dans une épaisse végétation au sol ou juste au-dessus, dans les herbes et les joncs. Il est fait de brindilles et d'herbe sur un fond de feuilles mortes, et tapissé de matériaux plus fins.

Les deux membres du couple couvent 4 à 7 œufs, 6 généralement, pendant 13 à 15 jours, et ce sont également les parents qui soignent et nourrissent les poussins. Ceux-ci restent 10 à 12 jours au nid avant de pouvoir voler. Les oiseaux du Sud ont 2 couvées, et ceux du Nord généralement une seule. En automne, les oiseaux migrent au sud pour l'hiver.

FAUVETTES DE L'ANCIEN MONDE, FAUVETTES DES HERBES ET GARRULAXES

Pouillot fitis, *Phylloscopus trochilus*

Distribution : nord de l'Europe et Asie (Grande-Bretagne et Scandinavie, au sud jusqu'au centre de la France, à l'est jusqu'en Russie) ; hiverne en Afrique et dans le sud de l'Asie

Habitat : bois clairsemés, terres cultivées avec arbres dispersés et buissons

Taille : 11 cm

Typique de nombreuses espèces du genre *Phylloscopus*, par son allure, ce pouillot est particulièrement difficile à distinguer du pouillot véloce, *P. collybita*, si ce n'est par le chant. On dit également qu'il a l'air plus «net» que le pouillot véloce, et son sourcil est nettement plus marqué.

C'est un oiseau extrêmement discret, et il n'est pas aisé de l'observer. Les deux sexes sont ressemblants. Le jeune a plus de jaune sur les parties inférieures. Le pouillot fitis explore longuement la végétation, en quête d'insectes, qu'il attrape aussi en vol. En automne, il mange des baies ; c'est à cette époque qu'il s'apprête à migrer au sud pour l'hiver. Certains oiseaux des populations nordiques couvrent jusqu'à 12 000 km pour hiverner dans la forêt et la savane africaines.

Le pouillot fitis niche au sol ou un peu au-dessus, dans la végétation sous un buisson, un arbre ou une haie, ou sur un mur couvert de feuillage. La femelle construit le nid, qui est fait d'herbe, de mousse, de tiges et de plumes. Elle couve 6 ou 7 œufs pendant 13 jours. Le couple soigne les poussins, qui restent 13 à 16 jours au nid. Les oiseaux des populations méridionales ont parfois 2 couvées au cours de l'année.

Fauvette de Ceylan, *Bradypterus palliseri* **LR : nt**

Distribution : Sri Lanka

Habitat : sous-bois des forêts de montagne, bambous, maïs

Taille : 16 cm

Les fauvettes de Ceylan vivent à plus de 900 m d'altitude, en couples, cachées dans les sous-bois épais, où elles vont en quête d'insectes et de vers sous les feuilles et dans les herbes hautes, et s'élèvent rarement à plus de 2 m du sol.

La parade du mâle est sommaire : il grimpe le long d'une brindille, un peu plus haut que d'habitude, et émet un chant bref, puis vole d'un massif de végétation à l'autre. Le nid, relativement gros par rapport à la taille de ces oiseaux, est fait de mousse, d'herbe et de feuilles de bambou, et garni de fibres fines. Il est dans un buisson près du sol. La ponte est de 2 œufs.

Bouscarle à flancs bruns, *Cettia fortipes*

Distribution : Himalaya, sud de la Chine, Asie du Sud-Est

Habitat : forêts découvertes, jungle marécageuse, jardins

Taille : 10 cm

Cette petite fauvette vit cachée dans les fourrées et les buissons, et on la reconnaît à son chant caractéristique, un sifflement qui culmine en une phrase sonore et explosive. Elle cherche en solitaire des insectes, des larves et des vers dans les épais sous-bois de son habitat, sautille parfois dans les buissons, mais grimpe rarement dans les arbres. Les populations montagnardes ont des mouvements saisonniers. Elles descendent en hiver et remontent nicher entre 2 000 et 3 000 m d'altitude.

Le nid, peu soigné, est édifié dans un buisson à moins de 1 m du sol. Il peut être en coupe ou en dôme, avec une entrée près du sommet. Le couple couve 3 à 5 œufs, le plus souvent 4, pendant 13 jours environ.

Fauvette couturière, *Orthotomus sutorius*

Distribution : Inde, sud de la Chine, Asie du Sud-Est jusqu'à Java
Habitat : buissons, bambous, jardins
Taille : 12 cm

Reconnaissables à leur calotte rousse, mâle et femelle ont le même plumage, mais à la saison des nids les rectrices centrales du mâle s'allongent d'environ 4 cm. Cette fauvette répandue et commune passe beaucoup de son temps à sautiller dans les buissons et les arbres bas, en quête d'insectes, de larves, de petites araignées et de nectar, qui constituent son régime alimentaire.

Le couple est formé à vie et niche sur un buisson ou une branche basse. Le nid est dans un berceau formé par une large feuille ou deux feuilles plus petites dont les bords sont « cousus » ensemble. L'oiseau fait avec son bec une série de petits trous dans les bords de la feuille, puis il les rapproche en faisant passer des brins de laine, de toiles d'araignée, ou de fil du ver à soie, point par point. Les 2 ou 3 œufs sont pondus sur des fibres douces. Le couple couve et soigne les poussins.

SOUS-FAMILLE DES MEGALURINAE : FAUVETTES DES HERBES

Les 21 espèces de cette sous-famille occupent une grande variété d'habitats, qui vont de la forêt au semi-désert. On les retrouve en Asie du Sud-Est, dans les îles du Pacifique occidental, en Afrique et à Madagascar. La plupart sont des oiseaux assez minces, aux ailes courtes, qui vivent dans les roseaux et les herbes hautes.

Petite Fauvette des herbes, *Megalurus gramineus*

Distribution : Australie (sauf le Nord), Tasmanie
Habitat : marais
Taille : 14 cm

Ce petit oiseau vit dans la végétation des marais côtiers et intérieurs. Furtif, il reste caché pour chercher insectes et petites créatures aquatiques. Il vole rarement en temps normal, mais, comme il vit dans des étangs temporaires, il lui faut parfois voler loin pour trouver un nouvel abri quand le sien est asséché. Les oiseaux des étangs permanents sont sédentaires. Les deux sexes sont identiques, avec un plumage brun strié et de larges « sourcils » blancs. La longueur de la queue représente près de la moitié de celle du corps.

Le nid est dans une végétation épaisse, parfois au-dessus de l'eau du marais. Il est en coupe, fait d'herbe et garni de plumes. La ponte est de 3 ou 4 œufs.

SOUS-FAMILLE DES GARRULACINAE : GARRULAXES

Ces oiseaux sociables communiquent par des cris perçants qui leur ont valu leur nom. Les 54 espèces de garrulaxes se retrouvent du Pakistan à Bornéo ; la plupart des espèces vivent dans la forêt ou les taillis.

Garrulaxe à huppe blanche, *Garrulax leucolophus*

Distribution : Himalaya, sud-ouest de la Chine, Asie du Sud-Est, ouest de Sumatra
Habitat : forêts
Taille : 30,5 cm

Ce garrulaxe possède une crête érectile sur sa tête blanche, une gorge et un poitrail blancs, et un masque noir caractéristique. Les populations diffèrent légèrement par la nuance des parties sombres du plumage. Comme la plupart des garrulaxes, ils sont sociables et se déplacent en petites bandes, en quête, dans les sous-bois et au sol, d'insectes, de baies et de graines, mais aussi de nectar et de petits reptiles qui composent leur régime. Ils maintiennent les grosses proies au sol et les déchirent avec le bec. Ils semblent préférer les zones couvertes de végétation épaisse et, en bandes, ils communiquent par des jacassements suivis de caquètements.

Le nid est bien caché dans un arbre bas ou un buisson. Il est en coupe et fait d'herbe, de feuilles de bambou, de racines et de mousse liées par des vrilles de vigne vierge et garni de radicelles. Le couple couve 3 à 6 œufs, 4 généralement, 14 jours environ. On sait que le coucou à collier, *Clamator coromandus*, pond ses œufs dans le nid de ce garrulaxe et le force ainsi à adopter ses poussins.

TIMALIES

SOUS-FAMILLE DES SYLVIINAE : TIMALIES

Cette sous-famille vaste et diversifiée comprend 256 espèces, qui sont réparties en 3 tribus : les timalies, la chama et les fauvettes typiques.

Les 233 espèces de timalies vivent dans les zones les plus chaudes de l'Ancien Monde. C'est en Afrique et dans le sud de l'Asie que les espèces sont les plus diversifiées. La plupart sont des oiseaux qui se font entendre bruyamment, et certains sont de bons chanteurs.

Les timalies, qui ressemblent à la fois aux fauvettes et aux grives, ont les ailes plutôt courtes et arrondies. Ces oiseaux volent mal et passent beaucoup de temps au sol ou à grimper de-ci de-là dans le bas des arbres et les buissons. Le plumage, soyeux, va de brun terne à des couleurs vives, avec des marques contrastées sur la tête et le cou. Chez la plupart, le corps est trapu, et la queue assez longue par rapport aux grives. Les pattes et les pieds sont forts, ce qui leur permet de fouiller et de creuser dans une épaisse végétation et dans l'humus forestier pour trouver invertébrés et petites baies et fruits. Des babillages bruyants et variés accompagnent cette activité. On peut supposer que ces appels répétés visent à maintenir la cohésion des petites bandes d'oiseaux vaquant dans une végétation épaisse.

Les deux sexes sont tantôt ressemblants, tantôt différenciés. Le nid est généralement en coupe ou en dôme. Chez certaines espèces, c'est le couple qui couve, chez d'autres, c'est seulement la femelle qui assure cette tâche. Les deux parents soignent les poussins à tour de rôle.

La chama, dont il n'existe qu'une seule espèce, est une timalie d'Amérique du Nord, qui ressemble aux fauvettes.

Les 22 espèces de fauvettes typiques, qui comprennent notamment les fauvettes à tête noire et les fauvettes à gorge blanche, sont représentées en Eurasie, en Afrique, au Moyen-Orient et dans le nord de l'Inde. La plupart sont des oiseaux arboricoles, au corps allongé, qui vivent dans les buissons ou les bois, où ils se nourrissent d'insectes et de fruits. Presque toutes les fauvettes migrent et passent l'hiver dans les régions méridionales de leur aire de distribution.

Alcippe à tête grise, *Alcippe poioicephala*

Distribution : de l'Inde au sud-ouest de la Chine, Asie du Sud-Est

Habitat : forêts, buissons, bambous

Taille : 15 cm

Ce petit oiseau plutôt banal, brun chamois, a le sommet de la tête gris chez les deux sexes. Ces timalies explorent les sous-bois forestiers en bandes de 4 à 20 oiseaux, en quête d'insectes, descendent rarement sinon jamais au sol, mais montent parfois jusqu'à la couronne des arbres. Les oiseaux s'interpellent pour rester en contact et sont très méfiants.

Le nid est fait sur une branche d'arbre ou de buisson, à quelques mètres du sol, ou suspendu à quelques brindilles. Il est en forme de coupe, fait de mousse et de feuilles mortes, et garni de mousse fine et de fougères. Le couple couve 2 œufs en moyenne.

Yuhina à gorge striée, *Yuhina gularis*

Distribution : de l'Himalaya au nord de l'Asie du Sud-Est et à l'ouest de la Chine

Habitat : forêts

Taille : 15 cm

Le yuhina à gorge striée se singularise par sa huppe proéminente, les stries sombres de sa gorge et la barre roux orangé de ses ailes. Les deux sexes sont identiques. En petites bandes, ces oiseaux très actifs explorent les arbres, en quête d'insectes, notamment scarabées et guêpes, et s'associent parfois avec des bandes de timalies d'autres espèces. Ils mangent aussi des graines et du nectar, et, quand ils volent de fleur en fleur, leur huppe se couvre de pollen.

On connaît mal la reproduction de l'espèce, mais des nids ont été décrits comme étant faits de racines et de mousse. La ponte serait de 4 œufs.

Cratérope brun, *Turdoides plebejus*

Distribution : Afrique (Sénégal, jusqu'au Soudan à l'est, Éthiopie et ouest du Kenya)

Habitat : brousse, savane

Taille : 23 cm

Les deux sexes sont gris-brun chez cet oiseau, marqués de blanc et avec le dessous clair. En timalies typiques, les cratéropes forment des bandes bruyantes qui volent d'un buisson à l'autre sans cesser de jacasser et de babiller. Ils vivent d'insectes et de quelques fruits qu'ils trouvent dans le bas des buissons ou en grattant le sol.

Le nid est une coupe de racines, garnie de matière végétale douce dans un buisson épais. La ponte est de 2 à 4 œufs.

Rossignol du Japon, *Leiothrix lutea*

Distribution : Himalaya, régions montagneuses du nord de l'Asie du Sud-Est et du sud de la Chine ; introduit à Hawaii

Habitat : taillis des forêts, buissons, herbe

Taille : 15 cm

Le rossignol du Japon mâle est un oiseau ravissant, au bec rouge orangé, à la gorge, au poitrail et aux ailes orange et jaune vif. Le bec a la base noirâtre en hiver. La femelle a un plumage beaucoup plus terne, avec la gorge et le poitrail plus pâles, et elle est dépourvue de couleurs vives sur les ailes. Ce rossignol vit dans des forêts de types variés, où il cherche des insectes dans les taillis. Sauf à la saison des nids, pendant laquelle il s'isole en couple, on rencontre cet oiseau affairé et grégaire généralement en petite bande.

Le mâle en parade se perche au sommet d'un buisson et émet ce que l'on a décrit comme « une délicieuse mélodie » en gonflant ses plumes pour attirer sa partenaire. Le nid est en coupe, fait de plumes, de mousse et de lichen, ou seulement de mousse ou de feuilles de bambou, selon les matériaux disponibles, et garni de fin mycélium. Plutôt discret, il est édifié sur une branche fourchue horizontale ou verticale, ou fixé à des brindilles ou des tiges verticales. La ponte est de 3 œufs, et il y a généralement plus de 1 couvée par an.

Ce rossignol est un oiseau de volière familier, connu comme rossignol de Pékin.

Timalie à queue de feu, *Myzornis pyrrhoura*

Distribution : Himalaya, du Népal au Myanmar, sud-ouest de la Chine

Habitat : buissons, forêts

Taille : 12,5 cm

La timalie à queue de feu est un délicieux petit oiseau, avec des traces de noir, de blanc et de rouge sur un plumage essentiellement vert. La femelle ressemble au mâle, mais en plus terne, avec la gorge et le ventre lavés d'ocre. On trouve cet oiseau seul ou en bande de 3 ou 4 individus, parfois mêlés à d'autres timalies et fauvettes, généralement en forêt, au-dessus de 1 800 m d'altitude.

Cette timalie se montre très adaptable dans ses habitudes alimentaires : elle explore le feuillage et les fleurs, en quête d'insectes et d'araignées, comme les autres timalies, mais peut aussi courir le long d'un tronc moussu pour capturer une proie ou voler sur place comme un souï-manga devant une fleur. À l'aide de sa langue munie de soies, elle sonde les fleurs des buissons, comme les rhododendrons, pour en extraire le nectar et mange aussi la sève qui coule des arbres.

On connaît très mal la reproduction de cette espèce, la seule représentante de son genre. L'unique nid qu'on ait trouvé était édifié dans une forêt épaisse et moussue, et les deux parents semblaient nourrir les petits.

TIMALIES SUITE

Timalie à oreilles blanches, *Stachyris leucotis*
Distribution : péninsule malaise, Sumatra, Bornéo
Habitat : forêts
Taille : 15 cm

Cette timalie se reconnaît à ses sourcils blancs prolongés par une rangée de taches blanches sur le côté du cou (les « oreilles »). Les deux sexes sont identiques. Cet oiseau surtout terrestre vit dans les taillis de la forêt et ne vole pas bien. Il se nourrit exclusivement d'insectes tels que scarabées noirs et mouches.

Le nid, soigné, est une coupe faite d'herbe, de racines et de fibres végétales, édifiée dans un arbre ou des sous-bois épais. La ponte semble être de 3 œufs, mais peu de nids ont pu faire l'objet d'observations.

Grande Timalie, *Napothera macrodactyla* LR : nt
Distribution : péninsule malaise, Sumatra, Java
Habitat : forêts des basses terres
Taille : 19 cm

C'est une grosse timalie, dodue et dotée d'une queue courte, avec des taches blanches entre le bec et les yeux, la gorge blanche, et des écailles caractéristiques sur le poitrail et le dessous. Elle a un bec robuste et de grands pieds forts. Peu commune, elle vit dans les sous-bois et se nourrit d'insectes au sol ou au-dessus. Elle chante perchée sur les buissons.

On connaît mal la nidification de cette espèce, mais on pense que la ponte est de 2 œufs.

Timalie à gorge écailleuse, *Illadopsis albipectus*
Distribution : Afrique (sud du Soudan, Congo, à l'est jusqu'au Kenya)
Habitat : forêts, buissons hauts et épais
Taille : 14 cm

La timalie à gorge écailleuse vit au sol ou dans les sous-bois des forêts épaisses, souvent associée à la timalie à gorge pâle, *T. rufipennis*, à laquelle elle ressemble fortement. Plutôt silencieuse pour une représentante de cette famille, elle se déplace en petit groupe au sol ou à proximité, à la recherche de fourmis, de scarabées et autres insectes qui composent son régime alimentaire. Les deux sexes sont identiques, avec des plumes claires bordées de gris sur la poitrine, qui donnent un aspect écailleux auquel l'espèce doit son nom commun.

Le nid est une coupe de feuilles mortes, soigneusement cachée parmi les feuilles ou sur une souche dissimulée par la végétation. La ponte est de 2 œufs.

Timalie géante, *Malacopteron magnum*
Distribution : péninsule malaise, Sumatra, Bornéo
Habitat : forêts
Taille : 18 cm

La timalie géante se reconnaît à sa couronne brun-roux et à sa nuque noire. Les ailes et la queue sont plus longues que chez de nombreuses timalies. Arboricole, elle descend rarement au

Timalie à tête rousse, *Timalia pileata*
DISTRIBUTION : Népal, Asie du Sud-Est (sauf péninsule malaise), Java
HABITAT : massifs de bambous, forêts, buissons
TAILLE : 18 cm

sol, mais fréquente plutôt les branches basses des grands arbres et les taillis des forêts, en quête d'insectes, tels que scarabées noirs et sauterelles, qui constituent l'essentiel de son régime alimentaire, ainsi que de graines.

Le nid est une coupe de brindilles et de radicelles, garnie de filaments de champignons (mycélium) et située dans un arbuste. La ponte est de 2 œufs.

En petites bandes, les timalies à tête rousse fouillent les sous-bois épais en quête d'insectes, en se cachant dans la végétation. Elles restent plutôt juste au-dessus du sol. Si on les dérange, elles se dispersent et plongent se mettre à l'abri, puis se regroupent une fois le danger passé. On les reconnaît à leur couronne brun-roux, leur bec noir et leurs plumes blanches sur le front, la gorge et le poitrail.

La ponte est de 3 ou 4 œufs dans un nid en boule, fait de feuilles de bambou ou de graminées et garni d'herbe douce ou de poils, souvent au pied d'un massif de bambous.

Pomathorin à bec de corail, *Pomatorhinus ferruginosus*
DISTRIBUTION : Himalaya, du nord de l'Asie du Sud-Est à la Thaïlande
HABITAT : taillis des forêts
TAILLE : 24 cm

Cette grande timalie est reconnaissable à son gros bec rouge et aux marques noires caractéristiques de chaque côté de ses sourcils blancs. C'est en bande bruyante qu'elle cherche insectes et larves au sol, dans la forêt ou dans les taillis. Elle sautille d'un perchoir à l'autre et ne vole que rarement, sauf si elle y est vraiment obligée.

Le nid, conique, édifié au sol ou dans un buisson bas, est fait de feuilles de bambou, d'herbe et de fibres végétales, retenues par des tiges ou des plantes grimpantes, et garni d'herbe douce et de fibres. La ponte est de 3 à 5 œufs.

Timalie aux yeux d'or, *Chrysomma sinense*
DISTRIBUTION : est du Pakistan, Inde et Asie du Sud-Est (sauf péninsule malaise) jusque dans le sud de la Chine
HABITAT : bambous, buissons, terres cultivées
TAILLE : 18 cm

Fidèle à son nom, la timalie aux yeux d'or a des yeux jaunes et un cercle orbital orange. Par deux ou en petit groupe, elle cherche insectes et larves dans le feuillage des sous-bois. Souvent cachée, elle émerge cependant pour se prélasser un instant au soleil, parfois pour chanter.

Le nid compact est un entrelacs d'herbe et de bandes d'écorce couvert de toiles d'araignée et parfois garni d'herbe plus douce et de tiges. Il est généralement construit au-dessus du sol, dans un buisson ou un arbre, mais il peut également être accroché à d'épaisses brindilles verticales. La ponte est de 5 œufs.

TIMALIES, CHAMA ET FAUVETTES TYPIQUES

Timalie à calotte noire, *Lioptilus nigricapillus* **LR : nt**
Distribution : Afrique du Sud (est de la province du Cap, Natal, nord-est du Transvaal)
Habitat : forêts humides
Taille : 16,5 à 18 cm

Cette timalie rare et mal connue est plus calme et moins visible que beaucoup de ses congénères. Seule ou en couple, elle cherche baies et fruits, principalement à terre ou juste au-dessus, dans l'épais sous-bois. Les deux sexes ont la tête marquée de noir, et le reste du plumage brunâtre et gris.

Le nid, soigneusement édifié, est une coupe réalisée à partir de brindilles et de mousse, et garnie de petites racines, généralement dans un buisson juste au-dessus du sol. La ponte est de 2 œufs.

Mésange à moustache, *Panurus biarmicus*
Distribution : localement en Europe méridionale et centrale, puis à l'est en Russie et au sud de l'Asie centrale jusqu'en Mandchourie
Habitat : roselières, étangs, près de lacs et de torrents
Taille : 16 cm

C'est le seul oiseau proche des timalies que l'on trouve en Europe. Elle a une queue longue pour sa taille, et le bec plus petit et plus faible que celui des autres paradoxornis. Le mâle se distingue par sa tête grise, avec un caractéristique trait noir en moustache ; la femelle a la tête brune et n'a pas de trait noir.

Ce petit oiseau actif se meut avec agilité dans les roseaux, où il s'accroche souvent à deux tiges en même temps pour picorer des insectes. Il vient parfois gratter le sol, en quête d'insectes et, en hiver, de graines. Bien que son vol semble laborieux, il va souvent errer sur de longues distances, et en hiver les populations nordiques migreraient.

Pour s'attirer une partenaire, le mâle en parade dresse fièrement les plumes de sa tête, hérisse sa « moustache » et déploie largement sa queue. Les deux membres du couple font un nid de roseaux et de brins d'herbe, garni d'extrémités florales de roseaux, qu'ils cachent soigneusement parmi les roseaux ou la végétation aquatique. Le couple couve 5 à 7 œufs pendant 12 ou 13 jours et nourrit les poussins 9 à 12 jours. Il y a parfois 2 couvées successives ou davantage.

Paradoxornis à poitrine fléchée, *Paradoxornis guttaticollis*
Distribution : nord-est de l'Inde (Assam), sud-ouest de la Chine, nord de l'Asie du Sud-Est
Habitat : buissons, herbe, bambous
Taille : 20,5 cm

Son bec jaune semblable à celui d'un perroquet, le dessus de sa tête brun-roux et sa gorge et sa poitrine « à fléchettes » sombres permettent d'identifier cet oiseau. Les sexes sont semblables. Les paradoxornis cherchent en bandes bruyantes insectes, graines et baies, dans la végétation épaisse.

Le nid est en coupe, au-dessus du sol, et fait de feuilles de bambou et d'herbe, liées par des toiles d'araignée. La ponte est de 2 à 4 œufs.

Grimpereau à tête striée, *Rhabdornis mysticalis*

Distribution : Philippines
Habitat : forêts
Taille : 15 cm

Le grimpereau à tête striée a des pattes et des pieds forts, qui l'aident bien à grimper le long des troncs d'arbres, et un long bec légèrement arqué, avec lequel il inspecte l'écorce, en quête d'insectes. Il se nourrit en montant graduellement à la cime d'un arbre. Il extrait le nectar des fleurs avec sa langue en pinceau et mange des fruits. La femelle, plus claire que le mâle, est marron là où il est noir.

On connaît mal la reproduction chez cet oiseau, mais on sait qu'il fait son nid dans un trou d'arbre.

Chama brune ou Timalie d'Amérique, *Chamaea fasciata*

Distribution : États-Unis (côte pacifique, de l'Oregon à la Californie), côte de Basse-Californie
Habitat : buissons, chaparral
Taille : 15 à 17 cm

L'unique espèce de chama est incluse dans la principale sous-famille des timalies, les timaliidés, mais elle est parfois classée dans sa propre sous-famille. On pense que la chama est une proche parente des timalies et des paradoxornis (panurinés), ainsi sa parenté et sa classification ont-elles été très controversées jusqu'à ce jour.

Ce petit oiseau craintif et insaisissable vit caché. Il passe toute sa vie dans le territoire qu'il s'est choisi et qu'il défend toute l'année contre les intrus. Il ne vole pas très bien et s'aventure rarement longtemps à découvert. Les couples sont formés pour la vie, se nourrissent et perchent ensemble. Ils vivent surtout d'insectes et d'araignées, mais ne dédaignent pas d'agrémenter leur régime alimentaire par quelques baies.

Les partenaires font un nid soigné, en coupe, d'écorce, de fibre végétale et d'herbe entremêlées de toiles d'araignée, généralement au-dessus du sol, dans un buisson ou un arbuste. La femelle, parfois relayée par le mâle, couve 3 ou 5 œufs, 4 en général, pendant 15 ou 16 jours.

Fauvette à tête noire, *Sylvia atricapilla*

Distribution : niche en Europe, de la Grande-Bretagne et de la Scandinavie aux pays méditerranéens, jusqu'en Iran et Sibérie ; hiverne au sud et en Afrique
Habitat : terrains boisés, jardins, vergers
Taille : 14 cm

Le mâle de cette espèce se distingue des autres fauvettes du genre *Sylvia* par sa brillante couronne noire et son cou gris. La femelle et les jeunes ont une couronne brun rouille et sont semblables au mâle, mais en plus brun. La fauvette à tête noire est particulièrement difficile à observer. Très craintive, elle se complaît dans les broussailles, où sa livrée la rend pratiquement invisible. Mais on peut cependant la repérer à son chant flûté et mélodieux. Ce petit oiseau actif explore arbres et buissons, en quête d'insectes, et mange plus de fruits que la plupart des autres fauvettes.

Le mâle en parade a les plumes de la tête et du dos dressées et alternativement bat des ailes, puis les laisse traîner. Le nid, édifié dans un petit buisson ou des herbes basses, est essentiellement l'œuvre de la femelle. C'est une petite coupe assez lâche, réalisée à partir de tiges sèches, de toiles d'araignée et de laine. Les deux membres du couple couvent 3 à 6 œufs pendant 10 à 15 jours et nourrissent les poussins.

L'espèce de fauvette à tête noire que l'on trouve à Madère, *S. a. heineken*, a un plumage plus sombre.

ALOUETTES

Famille des Alaudidae : Alouettes

Les alouettes, 91 espèces environ, sont regroupées dans l'Ancien Monde, sauf une, l'alouette hausse-col, que l'on trouve aussi sur le continent américain. Les ailes, caractéristiques, sont assez longues et pointues, et le bec est plutôt long et légèrement recourbé. Les deux sexes sont plus ou moins identiques, la femelle étant souvent plus petite.

La plupart recherchent un habitat découvert avec une végétation basse, comme la toundra, les prairies ou le désert, où on les voit fréquemment marcher ou courir. Elles vivent de graines, de bourgeons, d'insectes et de petits invertébrés de vase qu'elles trouvent en tâtant le sol ou en le fouillant du bec.

Ammomane du désert, *Ammomanes deserti*

Distribution : Afrique (Sahara), Moyen-Orient, de l'Iran au nord-ouest de l'Inde

Habitat : déserts rocailleux, collines désertiques, pentes boisées arides

Taille : 15 cm

Son plumage est le meilleur exemple de camouflage au sol chez les oiseaux. La sous-espèce très sombre, *A. d. annae*, se fond dans le sable noir de la lave des déserts du centre de l'Arabie, tandis que la race pâle, *A. d. isabellina*, ne s'écarte pas des régions de sable blanc.

Le nid est généralement contre un rocher ou une touffe d'herbe et consolidé du côté exposé au vent par de petits cailloux décoratifs. Dans l'âpre désert intérieur, la ponte est de 3 œufs, tandis qu'elle peut être de 4 ou 5 à sa périphérie.

Alouette chantante, *Mirafra cantillans*

Distribution : Afrique centrale, occidentale et orientale, Moyen-Orient, Pakistan, Inde

Habitat : brousse, terrains broussailleux découverts, rizières

Taille : 16 cm

On peut souvent entendre le chant vibrant de cette alouette bien nommée s'élever des buissons, même par les nuits très claires. Plus sombre et plus uniforme que les autres alouettes, cet oiseau dodu et grégaire a un bec fort, dont il se sert pour cueillir des graines de graminées et capturer des insectes. En raison de sa morphologie, de son pas rapide et de son vol faible, il est parfaitement bien adapté à la vie au sol.

Le nid d'herbe, en forme d'igloo, à l'abri d'un rocher ou d'une touffe d'herbe, a une ouverture latérale, et il est tapissé d'herbe douce. La ponte est de 3 à 5 œufs.

Alouette de Clotbey, *Ramphocoris clotbey*

Distribution : de l'Afrique du Nord à la Syrie

Habitat : déserts rocailleux

Taille : 17 cm

Elle se caractérise par un gros bec robuste, qui lui est fort utile pour écraser la dure enveloppe des graines et la solide carapace des insectes du désert. Pour contrebalancer le poids de son bec, elle tient la tête très droite ou rejetée en arrière. Le mâle est couleur sable, avec les parties inférieures tachées de noir, la femelle est plus rousse et moins tachetée.

Bien que l'espèce soit sédentaire, certains oiseaux s'éloignent de la chaleur du désert en dehors de la période de reproduction. Le nid est contre une pierre ou une touffe d'herbe. Au début, c'est une petite cavité, remplie de végétaux doux au toucher. Quand il commence à déborder, il est consolidé avec des petits cailloux. La ponte est de 2 à 5 œufs.

Alouette calandrelle, *Calandrella cinerea*

Distribution : est et sud de l'Afrique

Habitat : plaines découvertes sablonneuses ou rocailleuses

Taille : 14 cm

Il existe 3 autres espèces de calandrelle, qui sont représentées dans le sud de l'Europe, au Moyen-Orient, en Asie centrale et en Extrême-Orient. Pour certains ornithologues, elles appartiennent à la même espèce que *C. cinerea*. Au sein des quelque 14 sous-espèces, le plumage varie du sable au roux. L'alouette calandrelle vit au sol et s'y montre rapide à la course. Surprise, elle s'enfuit cependant en volant bas, pour se poser soudain et courir à toute vitesse. Elle se nourrit à terre de graines et d'insectes, mais effectue de longs vols onduleux en chantant à une quinzaine de mètres du sol. Les alouettes calandrelles vivent en grandes bandes hors de la saison des nids, mais se dispersent pour s'accoupler.

Le nid, une coupe profonde, contient 2 couvées par an, de 3 à 5 œufs. L'incubation dure 11 à 13 jours.

Alouette des champs, *Alauda arvensis*

Distribution : Europe, Asie, Afrique du Nord ; introduite en Australie, au Canada et à Hawaii

Habitat : landes, marécages, dunes de sable, terres cultivables et pâturages

Taille : 18 cm

Elle a des ailes sombres et une longue queue bordée de blanc, la poitrine nettement striée et une huppe courte, mais proéminente. Terrestre, elle passe la nuit au sol. Elle marche plutôt qu'elle ne sautille, s'accroupit quand elle est inquiète, et émet un pépiement coulé quand on la débusque. Elle apprécie les bains de poussière et perche sur des murs bas, des barrières ou des fils télégraphiques. Elle chante au petit matin, lors d'un vol de chant caractéristique, en plein ciel, pendant lequel elle ne cesse de battre des ailes tout en soutenant son chant sur de longues périodes. Son régime comporte graines et invertébrés.

La femelle fait un nid d'herbe qu'elle camoufle bien et couve 3 à 5 œufs pendant 11 jours. Il y a 2 ou 3 couvées annuelles. Les populations nordiques migrent au sud en hiver.

Alouette hausse-col, *Eremophila alpestris*

Distribution : Amérique du Nord, Europe, Afrique du Nord, Asie

Habitat : varié : prairies rocheuses de l'étage alpin jusqu'à 5 275 m, steppe rocailleuse, toundra et déserts, prairies découvertes

Taille : 16 cm

Seule alouette native du continent américain, elle rassemble 40 sous-espèces largement répandues. Le mâle a une tête jaune et noir, avec de courtes touffes de plumes, ou « cornes ». La femelle et les jeunes sont moins noirs. En hiver, les groupes septentrionaux migrent vers leurs sites de nichage au sud, et la plupart des populations hivernent dans les champs des basses terres, parfois regroupées avec les bruants. En été, elles se nourrissent de graines, de bourgeons, d'insectes et de leurs larves, qu'elles complètent par de petits crustacés et mollusques en hiver.

Le nid est un simple assemblage de tiges, garni de végétaux doux. Il est au sol et entouré de déjections de mouton, de débris végétaux et de cailloux. Il y a généralement 2 couvées, de 4 œufs chacune. La femelle couve 10 à 14 jours.

Sirli du désert, *Alaemon alaudipes*

Distribution : cap Vert, du Sahara jusqu'au Moyen-Orient, ouest de l'Inde

Habitat : déserts de sable

Taille : 20,5 cm

C'est l'une des espèces les plus grandes, avec des pattes longues, un bec grand, et qui se distingue par les touffes blanches de ses sourcils. Son robuste bec recourbé lui permet de creuser le sol (jusqu'à 5 cm) pour trouver des larves, des chrysalides de criquets et des graines.

Cet oiseau effronté sait défendre son territoire. Il émet un long cri mélodieux, mais son chant est une série de gazouillis et de sifflements. Le sirli ne vole généralement que pour chanter, en s'élevant extrêmement haut dans le ciel pour se laisser retomber ensuite.

Il niche au sol, mais, dans les régions les plus chaudes, le nid, sommaire ou solide, est légèrement surélevé, dans les branches basses d'un buisson. La ponte est de 2 œufs.

SOUÏ-MANGAS

Famille des Nectariniidae : Souï-mangas, Dicées et Promérops

Cette famille rassemble quelque 169 espèces, qui se répartissent en 2 sous-familles : les nectariniinés (souï-mangas et dicées) et les promeropinés (promérops).

Les souï-mangas sont, dans l'Ancien Monde, les homologues des oiseaux-mouches d'Amérique. On compte 123 espèces, dont plus de la moitié vivent en Afrique, au sud du Sahara ; on trouve les autres dans le sud de l'Asie et en Australasie. Chez toutes les espèces (sauf le groupe des arachnothères, qui sont tous sobrement colorés), les mâles ont un plumage beaucoup plus voyant que leurs compagnes. Le souï-manga typique a les ailes courtes et arrondies, les pattes et les pieds forts, et le bec long et recourbé. Le bec est, chez presque tous, adapté à l'extraction du nectar et également des insectes. L'oiseau insère son bec dans la fleur et aspire le liquide sirupeux avec sa langue tubulaire à l'extrémité bifide. Quand il ne peut atteindre le nectar, il perce la base de la fleur pour le faire couler. Les souï-mangas ne peuvent voler sur place que brièvement.

Les 44 espèces de dicées vivent en Asie, de l'Inde à la Chine et, vers le sud, jusqu'en Australie. C'est en Nouvelle-Guinée et aux Philippines que l'on observe la plus grande variété d'espèces. Les dicées sont de petits oiseaux dont les pattes et la queue sont courtes. Leur bec est de forme variable, mais est toujours partiellement dentelé. La langue, fourchue, a les bords presque complètement enroulés, ce qui facilite l'extraction du nectar. Certains dicées sont plutôt ternes et, chez certaines espèces, les deux sexes sont identiques ; chez d'autres, le mâle présente des couleurs vives.

Les 2 espèces de promérops vivent en Afrique du Sud. On les trouve sur les versants montagneux où poussent les *Protea*.

Souï-manga siparaja ou rouge, *Aethopyga siparaja*

Distribution : Inde, Asie du Sud-Est, Sumatra, Java, Bornéo, Célèbes, Philippines
Habitat : forêts, terres cultivées
Taille : 11 cm

Le mâle a la queue allongée par ses rectrices vert irisé. La femelle, dépourvue de son brillant plumage cramoisi, est vert olive, avec les parties inférieures jaunâtres. Ils aspirent le nectar et mangent insectes et araignées.

Le nid, piriforme, fait de duvet végétal, de radicelles, de mousse et d'herbe, est suspendu à une branche ou une brindille. La ponte est de 2 ou 3 œufs.

Souï-manga à joues rubis ou de Ceylan, *Anthreptes singalensis*

Distribution : de l'est de l'Himalaya au Myanmar, Thaïlande, Malaisie, Sumatra, Java, Bornéo et îles voisines
Habitat : forêts clairsemées, broussailles
Taille : 11,5 cm

Mâle et femelle ont la gorge orange clair et le ventre jaune, mais la femelle, moins brillamment colorée, a le plumage vert olive dans l'ensemble. Les souï-mangas à joues rubis volettent vivement au-dessus du feuillage en cherchant à déloger des insectes. Ils sondent également la corolle des fleurs pour en extraire le nectar.

Le nid, en forme de poire, est construit dans un buisson, suspendu à des brindilles proches du sol. Il est fait de fines fibres végétales et de tiges, et il comporte une entrée latérale, laquelle est abritée par une sorte de porche. La ponte est généralement composée de 2 œufs.

Arachnothère à long bec, *Arachnothera robusta*

Distribution : Thaïlande, Malaisie, Sumatra, Java, Bornéo
Habitat : forêts
Taille : 19 à 21,5 cm

Ce grand souï-manga a un bec extrêmement long et épais. Comme tous les arachnothères, il est plus terne que les autres souï-mangas. Les deux sexes se ressemblent, mais de petites touffes jaune orangé encadrent le poitrail du mâle. Il fréquente surtout la cime des arbres hauts, s'élançant de l'un à l'autre en quête d'insectes et d'araignées ou se perchant sur les branches élevées. Son vol est puissant et direct.

Le nid est situé sous une large feuille – par exemple, une feuille de bananier –, qui fait office de toit. C'est un assemblage de fibres grossières, soigneusement attaché à la feuille par des filaments végétaux, qui sont passés au travers et tordus en nœuds à la surface. Une ouverture est laissée libre à l'extrémité de la feuille. La ponte est composée de 2 œufs.

Souï-manga à gorge bleue, *Nectarinia jugularis*

Distribution : sud-est de la Chine, Asie du Sud-Est, Indonésie, Nouvelle-Guinée, archipel Bismarck, îles Salomon, Australie (nord-est du Queensland)
Habitat : forêts, broussailles, mangroves
Taille : 12 cm

C'est le seul souï-manga d'Australie. L'espèce est commune partout où elle est présente. En s'élançant d'un arbre à l'autre, l'oiseau inspecte les fleurs à l'affût d'insectes et de nectar, et happe également quelques insectes au vol. Il lui arrive de voler brièvement sur place au-dessus d'une fleur, mais il préfère le plus souvent s'accrocher au feuillage.

Les deux sexes diffèrent ; la femelle a le dos olive du mâle, mais la gorge et les parties inférieures sont jaune vif. En plumage ordinaire, le mâle est parfois identique à la femelle, avec en plus une bande bleu-noir qui descend au milieu de la gorge, et une trace orangée à la gorge, et sur le haut du poitrail.

Le nid, de fibres et d'écorce liées par des toiles d'araignée, est suspendu à une brindille, sur un buisson ou un arbre bas. La ponte est de 2 ou 3 œufs.

Souï-manga à gorge rouge, *Nectarinia sperata*

Distribution : Assam, Bangladesh, Myanmar, Thaïlande, Laos, Malaisie, Sumatra, Java, Bornéo, Célèbes, Philippines
Habitat : broussailles, forêts secondaires, mangroves, jardins
Taille : 10 cm

Le mâle de cette espèce de souï-manga se distingue par sa gorge scintillante couleur d'améthyste, tandis que la femelle présente des parties supérieures olive et un ventre jaune.

L'oiseau mange bien des insectes, mais sa principale nourriture est le nectar, qu'il extrait des fleurs à l'aide de son mince bec recourbé. Il sautille et grimpe aisément dans les arbres et les buissons, mais son vol est faible.

Le nid, de forme ovale, est réalisé à partir de fibres végétales et de radicelles entrelacées de toiles d'araignée. Il est suspendu à une branche ou une palme et édifié jusqu'à 6 m du sol. La ponte est de 2 œufs.

Souï-manga de Johnston, *Nectarinia johnstoni*

Distribution : Afrique (chaînes montagneuses de l'est du Congo, de l'ouest de l'Ouganda, du Kenya, de Tanzanie, du Malawi, de Zambie)
Habitat : étage alpin des montagnes jusqu'à la lisière de la végétation
Taille : mâle, 25,5 à 30,5 cm ; femelle, 14 à 15 cm

Les rectrices médianes allongées du mâle de cette espèce expliquent la différence de taille entre les deux sexes. En dehors de la saison des nids, les magnifiques plumes irisées du mâle deviennent brun foncé, mais les longues rectrices demeurent. La femelle est brun foncé, mais, comme le mâle, elle a des touffes rouges de chaque côté du poitrail.

Le souï-manga de Johnston est très attiré par les fleurs de protée et les lobélias géants, mais il se nourrit surtout d'insectes, qu'il capture en vol.

Le nid ovale est édifié dans un buisson bas et fait de duvet végétal, de tiges sèches et de radicelles. La ponte est de 1 ou 2 œufs.

Souï-manga superbe, *Nectarinia superba*

Distribution : Afrique (de la Sierra Leone à l'Angola, Ouganda)
Habitat : lisières de forêts, clairières
Taille : 14 cm

Il explore la couronne de la forêt, à l'affût d'insectes, et extrait du nectar des fleurs. Il a une préférence pour les fleurs d'érythrine, que l'on trouve aux abords des forêts, et pour les fleurs grimpantes des forêts. Le mâle a un plumage multicolore, avec des reflets métalliques, tandis que la femelle est vert olive avec les parties inférieures jaune-vert.

Le nid, grossier, est fait d'herbe, de feuilles et de lichen, et suspendu à une branche. La ponte est de 1 ou 2 œufs.

DICÉES, PROMÉROPS, MELANOCHARIS, MÉLIPHAGES ET ACCENTEURS

Dicée à poitrine pourpre, *Prionochilus percussus*
Distribution : Malaisie, Bornéo, Java, Sumatra ainsi que petites îles voisines
Habitat : forêts, végétation secondaire
Taille : 10 cm

Une tache rouge sur la poitrine et une sur la couronne caractérisent le mâle chez cet oiseau, qui a aussi le ventre jaune vif et les parties supérieures bleues. La femelle est surtout vert olive, avec des traces de gris et une vague tache orange sur la couronne. Petits, actifs, ces jolis oiseaux volent en piqués rapides et se nourrissent dans le haut des arbres, surtout de baies.

Le nid, en forme de bourse, est suspendu à une branche, il est fait de morceaux de fougères. On connaît mal la ponte chez cette espèce, mais elle semble être de 1 œuf.

Dicée hirondelle, *Dicaeum hirundinaceum*
Distribution : Australie, îles Aru
Habitat : forêts, broussailles
Taille : 10 cm

L'élégant dicée hirondelle mâle a un plumage luisant, bleu-noir, rouge et blanc, tandis que la femelle est d'un gris-brun terne. L'espèce est arboricole et explore le haut des arbres, en quête de baies, en particulier celles du gui. Les jeunes mangent en outre des insectes. La partie charnue des baies passe dans l'estomac, tandis que les pépins, durs, traversent l'appareil digestif, qui est spécialement adapté pour les rejeter rapidement. Ces oiseaux facilitent ainsi la dispersion des graines. Solitaires, les dicées hirondelles vagabondent là où ils peuvent trouver des baies de gui.

La femelle fait un nid en cône inversé suspendu à une branche d'arbre. Elle couve 3 œufs pendant 12 jours, et c'est le couple qui nourrit les petits.

Promérops du Cap, *Promerops cafer*
Distribution : Afrique du Sud (province du Cap)
Habitat : pentes montagneuses avec buissons de protées
Taille : mâle, 43 cm ; femelle, 23 à 28 cm

La queue particulièrement longue du mâle explique la différence de taille existant entre les deux sexes, qui ont d'ailleurs le même plumage. On trouve ces oiseaux généralement en association avec les buissons de protées, où ils se nourrissent d'insectes et du nectar des fleurs. Ils explorent cependant d'autres arbres et buissons, et capturent des insectes au vol. Leur vol est vif et rapide, et ils se tiennent la queue tendue. Hors de la saison des nids, ils sont grégaires et vivent en petits groupes.

La reproduction des promérops a lieu en hiver, d'avril à juin. Le mâle établit un territoire et se perche sur un buisson de protée pour chanter ; cela lui permet de le délimiter et ainsi de garder à distance les autres mâles. Quand il est en parade nuptiale devant la femelle au-dessus du site de nichage, le mâle tord et retourne les plumes de sa queue, qu'il tient arquées par-dessus son dos, et bat des ailes.

La femelle fait un nid en coupe, de brindilles, d'herbe et de tiges, garni de végétaux doux et du duvet des feuilles de protée. Le nid est situé sur une branche fourchue de buisson, de protée généralement. La femelle couve 2 œufs pendant 17 jours, et c'est elle surtout qui nourrit les petits, d'insectes, d'araignées et de nectar. Les jeunes sont capables de voler à 20 jours environ, mais ils sont nourris par les parents 2 semaines de plus. Le couple produit généralement 2 couvées successives.

Famille des Melanocharitidae : Melanocharis et Méliphages

Les forêts de Nouvelle-Guinée et des îles voisines abritent les 10 espèces qui composent cette famille. Les melanocharis vivent dans les forêts et à l'orée des bois, où ils creusent le tronc des arbres à la recherche de petits insectes. Leur régime alimentaire comprend également des fruits.

Les 4 espèces de méliphages ont un bec plus long et plus incurvé que celui des melanocharis. On les trouve à tous les étages de la forêt. Comme les melanocharis, ils rôdent dans les arbres à la recherche d'insectes et de petits invertébrés. Ils se nourrissent aussi de nectar.

Melanocharis noir, *Melanocharis nigra*
Distribution : Nouvelle-Guinée et îles voisines, y compris les îles Aru
Habitat : forêts de basses terres
Taille : 11,5 cm

Agile et preste, le melanocharis noir se nourrit généralement à l'étage inférieur des forêts, surtout de baies et de fruits, mais aussi d'araignées et d'insectes. Occasionnellement, il boit également du nectar. De temps à autre, il va se nourrir dans un arbre isolé, hors de la forêt.

Bien que solitaire, cet oiseau se joint quelquefois à une bande pour aller en quête d'insectes dans les arbres. Les deux sexes diffèrent, le mâle est entièrement noir ou noir et vert, la femelle est vert terne et gris.

Méliphage pygmée, *Oedistoma pygmaeum*
Distribution : Nouvelle-Guinée et îles voisines
Habitat : forêts
Taille : 7,5 cm

C'est l'un des plus petits oiseaux de Nouvelle-Guinée. Le mâle est olive, avec les parties inférieures plus claires et la gorge blanche ; la femelle est plus petite et plus terne. La queue est courte, et le bec arqué. Les méliphages pygmées hantent les étages inférieurs des forêts ainsi que les plus grands arbres en fleurs, à l'affût de nectar, d'insectes et d'araignées.

Famille des Passeridae : Accenteurs, Bergeronnettes, Moineaux, Tisserins et Bengalis

Cette famille de petits oiseaux comprend 386 espèces, qui sont représentées dans tout l'Ancien Monde. Certaines espèces ont été introduites dans d'autres régions du monde. On distingue 5 sous-familles : les prunellinés (accenteurs), les motacillinés (bergeronnettes), les passerinés (moineaux), les ploceinés (tisserins) et les estreldinés (bengalis, diamants, etc.).

Sous-famille des Prunellinae : Accenteurs

Les accenteurs sont des petits oiseaux d'Europe et d'Asie au plumage discret, qui rappellent les moineaux. Il y en a 13 espèces, toutes faisant partie du genre *Prunella*. Les deux sexes sont identiques.

Accenteur mouchet, *Prunella modularis*
Distribution : Europe, Asie, vers l'est jusqu'à l'Oural et jusqu'au Moyen-Orient
Habitat : terrains boisés, buissons, jardins
Taille : 15 cm

L'accenteur mouchet est brun et se reconnaît à son bec mince et son dessous gris. Le dessus du corps est brun-roux tacheté de sombre. La femelle diffère peu du mâle. Oiseau essentiellement terrestre, il cherche dans les feuilles mortes et autres débris des insectes, des larves et, surtout en hiver, des graines.

Le nid, soigné, en coupe, de brindilles, d'herbe et de racines, est placé dans un buisson. La femelle couve 3 à 6 œufs pendant 12 à 14 jours. Le mâle l'aide à nourrir les petits. Il y a parfois 2 couvées de suite.

PIPITS ET BERGERONNETTES

Sous-famille des Motacillinae : Pipits et Bergeronnettes

Cette famille n'est absente que de l'extrême Nord et des petites îles océaniques. La plupart des 65 espèces sont caractérisées par une longue queue qu'elles agitent de haut en bas, et certaines par une longue griffe à l'arrière du pied. Toutes sont essentiellement des oiseaux terrestres aux pieds forts, au bec étroit et pointu, et au corps mince qui leur donne, même chez les bergeronnettes, une silhouette élancée. Les deux sexes sont identiques chez certaines espèces.

Sentinelle à gorge jaune, *Macronyx croceus*
Distribution : Afrique, au sud du Sahara
Habitat : prairies humides, bois clairsemés, marais, terres cultivées
Taille : 20,5 cm

Il s'agit d'une espèce répandue. L'arrière du pied est muni d'une griffe de près de 5 cm de long. Mâle et femelle sont identiques, mais le jeune n'a pas le poitrail marqué de noir de l'adulte ; il est seulement tacheté.

Les sentinelles vivent en couples, et on les rencontre souvent perchées dans les arbres ou sur les terres cultivées. En vol, elles battent des ailes à la manière des alouettes, et plongent parfois dans l'herbe en quête d'insectes. En vol nuptial, le mâle vole nonchalamment en chantant, la queue en éventail.

Le nid, construit de façon lâche, fait d'herbes et de racines, est généralement caché dans de hautes graminées ou sous une touffe. La femelle pond 3 ou 4 œufs.

Pipit doré, *Tmetothylacus tenellus*
Distribution : Afrique (Éthiopie, Somalie, du Soudan à la Tanzanie)
Habitat : brousse sèche
Taille : 15 cm

Le timide pipit doré est jaune vif, mais les bandes et les taches plus sombres de son plumage l'aident à se fondre dans son habitat. La femelle et les jeunes sont plus bruns et plus pâles. Tous ont une longue griffe à l'arrière du pied. On rencontre ces oiseaux seuls ou en petits groupes familiaux, perchés au-dessus du sol, hochant la queue, en guettant les insectes.

Pendant sa parade nuptiale, le mâle descend d'un arbre en volant, les ailes relevées en V, en émettant des sifflements. La femelle fait un nid d'herbe, garni de radicelles, juste au-dessus du sol, dans une touffe d'herbe. La ponte est de 2 à 4 œufs.

Bergeronnette de forêt, *Dendronanthus indicus*
Distribution : Asie orientale (niche de la Sibérie au nord de la Chine ; hiverne vers le sud, de l'Inde et de la Chine jusqu'aux Philippines)
Habitat : clairières et éclaircies dans les forêts de montagne, non loin de l'eau
Taille : 20,5 cm

Elle se reconnaît au gazouillement sonore qu'elle émet lorsqu'elle vole, se perche ou court au sol à la recherche d'escargots, de limaces, de vers et d'insectes. Debout, elle se dandine en agitant la queue d'un côté et de l'autre, plutôt que de haut en bas comme le font les autres bergeronnettes.

Des faisceaux de matière végétale sont maintenus par des toiles d'araignée pour former un nid compact, souvent construit sur une branche horizontale au-dessus de l'eau. La ponte est de 4 œufs.

OISEAUX : PIPITS ET BERGERONNETTES

Pipit farlouse, *Anthus pratensis*

DISTRIBUTION : Europe, Asie ; hiverne en Afrique du Nord, au Moyen-Orient

HABITAT : toundra, prairies herbeuses, bruyères

TAILLE : 15 cm

Il a du pipit commun les dessins du plumage, avec des rectrices blanches, mais la couleur du corps cependant est très variable. Dans leurs quartiers d'hiver, au sud, ces pipits se rassemblent en petits groupes lâches. En été, on peut les voir seuls, perchés sur les fils télégraphiques, par exemple, ou au sol en prairie découverte ou dans les pâturages alpins. Leur régime alimentaire comporte mouches, moustiques, araignées, vers et quelques graines.

Pour attirer une femelle, le mâle parade en s'élevant du sol, puis, les ailes déployées et la queue dressée, il se laisse glisser tout en émettant un chant très simple. Le nid est fait et garni d'herbe douce, et souvent caché dans une touffe de bruyère ou d'herbe. La femelle couve deux fois 4 ou 5 œufs, 2 semaines. Le mâle aide au nourrissage des poussins.

Pipit spioncelle, *Anthus spinoletta*

DISTRIBUTION : montagnes du sud de l'Europe ; vers l'est jusqu'en Asie centrale et en Extrême-Orient ; hiverne dans le sud de l'Asie

HABITAT : été : régions marécageuses de la toundra, montagnes et côtes ; hiver : plaines et basses terres

TAILLE : 15 à 18 cm

Le pipit a le corps mince et le bec étroit et pointu. Mâle et femelle sont identiques, gris-brun, avec les parties inférieures blanc crème. Ils hochent la tête et balancent la queue d'un côté et de l'autre en marchant. Ils se nourrissent de vers et d'insectes aquatiques, qu'ils trouvent en pataugeant dans les flaques peu profondes, les bancs de vase et les lits d'algues flottantes. Ils apprécient aussi les graines et les autres insectes. Au printemps, on peut voir jusqu'à 500 oiseaux en bande, qui s'alimentent avant de s'envoler vers leurs aires de nidification.

La femelle construit seule le nid d'herbe sèche et de brindilles, à l'abri d'un rocher, d'un talus ou d'une touffe d'herbe. Parfois, c'est une simple cavité creusée au sol. C'est elle qui couve ses 4 ou 5 œufs près de 2 semaines, et les jeunes volent à 2 semaines.

À l'automne, les pipits spioncelles montagnards descendent dans le fond des vallées.

Bergeronnette printanière, *Motacilla flava*

DISTRIBUTION : Europe, Asie jusqu'à l'ouest de l'Alaska ; hiverne en Afrique et en Asie tropicales

HABITAT : prairies marécageuses, bruyères, landes, steppe, toundra

TAILLE : 16,5 cm

C'est la bergeronnette la plus proche des pipits. Toutes les formes en sont plutôt vert et noir, avec les parties inférieures jaunes, mais chez les mâles la tête offre toute une variété de couleurs : noir, vert et gris. La femelle a une tache claire au-dessus de l'œil, et les jeunes ont la gorge tachetée de sombre. Plusieurs sous-espèces d'oiseaux se réunissent pour migrer vers les tropiques, où ils s'installent au bord de rivières et de lacs pour l'hiver. Ils se nourrissent d'insectes au sol ou en vol, en particulier ceux que les animaux en pâture débusquent.

Lors de son vol nuptial, le mâle gonfle ses plumes, déploie sa queue en éventail, en la tenant arquée, et fait vibrer ses ailes comme s'il frissonnait. Le nid est fait de fibres végétales, garni délicatement de poils et de laine, et bien caché au sol. La femelle couve 5 ou 6 œufs pendant 13 jours.

Bergeronnette grise, *Motacilla alba*

DISTRIBUTION : Europe, Asie, Afrique du Nord ; hiverne au sud jusqu'en Afrique du Sud et dans le sud de l'Asie

HABITAT : bords de rivières, steppe, toundra, pâturages alpins, terres cultivées, jardins à proximité de l'eau

TAILLE : 18 cm

Il en existe 2 sous-espèces distinctes, toutes deux marquées de noir et blanc, avec la gorge blanche en hiver. Le dessus et le croupion de la bergeronnette grise nominale, *M. a. alba*, d'Europe continentale, sont néanmoins gris, tandis que ceux de la bergeronnette de Yarrell, *M. a. yarrellii*, des îles Britanniques, sont noirs, ou gris sombre chez la femelle. Ces bergeronnettes perchent par centaines dans les arbres et les roselières, et vont parfois patauger en eau peu profonde. Le vol est onduleux, précédé d'une course rapide avec des hochements de queue, et c'est avec dextérité qu'elles happent les insectes au vol. Le nid, en coupe, fait d'herbe et garni de laine, de poils et de plumes, est situé dans une cavité sur un talus abrupt, sur un bâtiment ou sur un sol plat. Il abrite 2, parfois 3 couvées de 5 ou 6 œufs, incubés 2 semaines par la femelle.

MOINEAUX ET TISSERINS

SOUS-FAMILLE DES PASSERINAE : MOINEAUX

Les moineaux et apparentés vivent en Afrique et en Eurasie jusqu'à l'Indonésie ; quelques espèces ont été introduites dans d'autres régions du monde. Grégaires, les moineaux perchent, se nourrissent et nichent ensemble. La plupart des 36 espèces sont des oiseaux terrestres qui vivent dans des habitats ouverts ; quelques espèces sont arboricoles.

Moineau à tête grise, *Passer griseus*
DISTRIBUTION : Afrique occidentale et centrale
HABITAT : brousse, terres cultivées, près des habitations de l'homme
TAILLE : 15 cm

C'est un petit oiseau effronté et commun, au comportement semblable à celui du moineau domestique. Il se nourrit de céréales, végétaux et insectes, et nuit aux récoltes. Le mâle est légèrement plus gros que la femelle, mais ils ont le même plumage, avec la tête grise distinctive et les ailes mouchetées.

Le nid, peu soigné, est fait d'herbe et bâti dans un arbre, un toit de chaume ou tout autre emplacement. Parfois, l'oiseau prend le vieux nid d'une autre espèce. La couvée contient généralement 2 à 4 œufs.

Moineau domestique, *Passer domesticus*
DISTRIBUTION : Europe et Asie tempérées, Afrique, nord du Sahara ; implanté dans le monde entier
HABITAT : terres cultivées, habitations
TAILLE : 14,5 cm

Omniprésent et extrêmement prolifique, le moineau domestique vit étroitement associé à l'homme dans le monde entier, et c'est l'un des oiseaux les plus familiers. On le trouve partout, à la ville comme à la campagne, mais il ne se plaît guère en forêt. Il fut introduit aux États-Unis en 1850, quand on relâcha quelques oiseaux dans Central Park, à New York. Depuis, l'espèce s'est répandue à travers tout le continent américain, et les oiseaux semblent s'adapter remarquablement vite à de nouveaux environnements.

Les moineaux sont souvent perchés sur des arbres et des bâtiments, mais se nourrissent au sol, de pratiquement n'importe quoi : grains, graines de plantes, insectes, déchets et miettes de nourriture. Grégaires, ils se déplacent habituellement en bandes et perchent en groupes serrés. On reconnaît le mâle à sa couronne grise, bordée de châtain, son plastron noir et brun, et son dos et ses ailes rayés de noir. La femelle est plus terne, gris-brun, avec le dessous gris.

Le couple construit le nid, mais c'est le mâle qui fait l'essentiel du travail. Placé dans une cavité ou une fissure dans un bâtiment ou un mur, sous un avant-toit ou dans un tuyau, par exemple, parfois dans un arbre ou un buisson, le nid est fait de paille, de tiges, de papier, de chiffon ou tout autre matériau. La femelle couve, presque seule, 3 à 5 œufs pendant 11 à 14 jours. Le couple nourrit les petits d'insectes, essentiellement. Il y a généralement 2 ou 3 couvées par an. Les jeunes moineaux quittent le nid et prennent leur envol vers l'âge de 2 semaines.

Moineau soulcie, *Petronia petronia*
DISTRIBUTION : Afrique du Nord, Madère et Canaries, sud-ouest de l'Europe, Balkans et Asie centrale au nord de la Chine
HABITAT : pentes montagneuses rocailleuses, ruines, zones semi-désertiques
TAILLE : 14 cm

Sans être aussi effronté que le moineau domestique, le moineau soulcie vit souvent près des villages et des maisons. Il est grégaire et se déplace en bande, en quête d'insectes, de graines et de baies. Les deux sexes sont semblables.

Le nid est dans une fissure de rocher, de mur ou de bâtiment, parfois dans un arbre ou le terrier d'un rongeur. La ponte est de 4 à 8 œufs, le plus souvent 5 ou 6. Le couple soigne et nourrit les petits, et il y a parfois une seconde couvée.

Niverolle ou Pinson des neiges, *Montifringilla nivalis*
Distribution : sud de l'Europe, Asie centrale jusqu'à l'Himalaya
Habitat : sol dénudé et rocailleux des montagnes, entre 1 800 et 2 100 m d'altitude.
Taille : 18 cm

Bien qu'il quitte peu son habitat montagnard, cet oiseau descend parfois dans les vallées alpines quand l'hiver est rude. En quête d'insectes et, en été, de graines de plantes alpines, il se perche sur rochers et bâtiments, et sautille ou marche à terre à pas pressés. Les skieurs voient souvent dans les stations de montagne ce petit oiseau effronté qui vient volontiers picorer les miettes. Le mâle se reconnaît à sa tête grise, à sa gorge noire et aux plumes noires et blanches de ses ailes et de sa queue. La femelle a la tête brune et moins de blanc aux ailes et à la queue. Les adultes ont le bec noir à la saison des nids, et jaune orangé en automne et en hiver.

Un nid de plumes, d'herbe sèche et de mousse est fait dans un trou de rocher ou de bâtiment, ou le terrier d'un mammifère. La ponte est de 4 ou 5 œufs sur un doux tapis de plumes et de poils. Le couple couve 13 ou 14 jours et nourrit les petits. Il y a parfois une seconde couvée.

Sous-famille des Ploceinae : Tisserins

Cette sous-famille, qui rassemble les tisserins, les queleas, les évêques et les veuves, comprend 117 espèces. Les tisserins doivent leur nom à leurs nids de branchages, souvent collectifs, qui sont « tissés » par des membres du groupe. On les trouve, dans des habitats variés, dans les régions tropicales et subtropicales d'Afrique, de Madagascar, d'Asie méridionale et du Sud-Est. Certaines espèces vivent dans les forêts ; d'autres, terrestres, vivent dans les herbes et les taillis. Comme les moineaux, les tisserins se servent de leur bec court et trapu pour se nourrir de graines, d'insectes, de parties de fleurs et de nectar. Durant la saison de reproduction, les mâles portent souvent des couleurs vives.

Tisserin des buffles, *Bubalornis albirostris*
Distribution : Afrique (du Sénégal à l'Éthiopie ; vers le sud jusqu'à l'Ouganda et au Kenya)
Habitat : savane, brousse, terres cultivées
Taille : 24 cm

C'est un tisserin que l'on voit généralement en petite bande, cherchant à terre toutes sortes de graines et d'insectes. Le mâle est noir, avec la base des plumes blanche, et le bec noir et blanc ou rougeâtre. La femelle est brun tacheté avec le bec noirâtre ou rouge.

Le nid est un énorme nid collectif, dans un arbre, abritant jusqu'à 8 couples, entretenu toute l'année et utilisé plusieurs années de suite. La structure est réalisée avec des branchages épineux, et, à l'intérieur, chaque nid individuel est garni d'herbe fine et de radicelles. Les femelles pondent généralement 2 à 4 œufs et nourrissent les petits d'insectes.

Républicain social, *Philetairus socius*
Distribution : Afrique (Namibie, Afrique du Sud)
Habitat : brousse sèche
Taille : 14 cm

Les bandes de républicains sociaux peuvent atteindre plusieurs centaines d'oiseaux. Ils vivent d'insectes et de graines qu'ils trouvent au sol. Les deux sexes sont semblables et identifiables à leur couronne gris-brun, leur plastron noir et les plumes sombres bordées de beige qui donnent un aspect écailleux à leur plumage.

Ce qui est le plus remarquable chez ces oiseaux, c'est leur énorme nid collectif, généralement situé dans un acacia, qui peut abriter jusqu'à une centaine de couples. Ils ne s'en servent pas seulement pour la ponte, mais y vivent et y perchent toute l'année. Les nids sont constamment réparés et rebâtis et servent parfois plusieurs années de suite. Ces oiseaux sont monogames et, dans le nid collectif, chaque couple a sa cavité et son entrée propres. La couvée moyenne est de 3 ou 4 œufs.

TISSERINS SUITE

Malimbe à tête rouge, *Malimbus rubriceps*
DISTRIBUTION : Afrique, au sud du Sahara
HABITAT : bois clairsemés, brousse, savane, terres cultivées
TAILLE : 14 cm

En plumage nuptial, le mâle a la tête, le cou et le poitrail rouge vif. La femelle lui ressemble, mais elle est jaune là où le mâle est rouge. D'ordinaire, le mâle est semblable à la femelle. Craintif et calme, comparé à la plupart des tisserins, ce malimbe vit en couple ou en petit groupe et va dans les branches, en quête d'insectes et de graines.

Polygame, le mâle tisse pour chacune de ses femelles un nid doté d'un long tunnel d'accès et suspendu au bout d'une branche haute. Chaque femelle pond 2 ou 3 œufs.

Tisserin à gros bec, *Amblyospiza albifrons*
DISTRIBUTION : Afrique, au sud du Sahara
HABITAT : brousse, marais
TAILLE : 19 cm

Identifiable à son bec épais et lourd, c'est un oiseau assez commun, qui vit en petit groupe ou en couple. Surtout granivore, il mange des baies à l'occasion. Le mâle a le front blanc, des taches alaires blanches et un plumage qui varie dans les tons de brun. La femelle est marron, avec le dessous densément strié.

Les tisserins à gros bec nichent généralement en colonies composées de 6 nids environ. Le mâle est parfois polygame. Il tisse un nid soigné de petites herbes, suspendu entre deux roseaux ou dans l'herbe. La femelle assure seule l'incubation de ses 3 œufs.

Tisserin parasite ou Tisserin coucou, *Anomalospiza imberbis*
DISTRIBUTION : Afrique (de la Sierra Leone à l'Éthiopie), jusqu'en Afrique du Sud (Transvaal)

HABITAT : prairies, brousse, terres cultivées
TAILLE : 11,5 cm

Grégaire, le tisserin parasite vit en large bande en dehors de la saison des nids. Il se nourrit surtout de graines de graminées. Les deux sexes ont des plumages dissemblables ; la femelle n'a pas les marques jaune vif du mâle, et son plumage est brun et chamois. Les jeunes, qui se démarquent fortement des adultes, sont d'un vert olive terne strié de noir, avec les plumes lisérées de sombre.

Ces tisserins sont parasites : ils pondent dans le nid d'autres oiseaux et laissent les parents adoptifs couver et élever leurs petits. Doté d'un plumage très différent de celui de l'adulte, le jeune tisserin parasite ressemble au petit de la cisticole (fauvette), qui lui sert souvent de parent adoptif.

Tisserin bahia, *Ploceus philippinus*
DISTRIBUTION : Inde, du Sri Lanka au sud-ouest de la Chine, localement en Asie du Sud-Est, Sumatra, Java
HABITAT : terres cultivées, pâturages, brousse secondaire
TAILLE : 15 cm

Cet oiseau commun et grégaire vit en bande toute l'année et niche en colonie. Le tisserin bahia se nourrit de graines de graminées et de plantes sauvages, tout en sautillant au sol, mais il pille aussi les récoltes de céréales. Il compense néanmoins les dégâts ainsi causés par son énorme consommation

d'insectes, dont certains sont nuisibles. En plumage nuptial, le mâle a une calotte jaune et un masque facial noirâtre ; en hiver, il ressemble à la femelle, qui porte une couronne brun chamois.

Le mâle fait un nid sphérique avec un long tunnel d'accès au fond, suspendu à une branche. Un seul arbre peut contenir jusqu'à 200 nids. La femelle couve 3 œufs pendant 14 ou 15 jours. Le mâle, polygame, peut avoir plusieurs femelles et plusieurs nids.

Tisserin villageois, *Ploceus cucullatus*

DISTRIBUTION : Afrique, au sud du Sahara (sauf extrême sud), île de Principe
HABITAT : forêts, brousse, terres cultivées et régions habitées
TAILLE : 18 cm

Quelea à bec rouge ou Travailleur à bec rouge, *Quelea quelea*

DISTRIBUTION : Afrique, au sud du Sahara
HABITAT : savane, terres cultivées, tout paysage avec arbres
TAILLE : 12,5 cm

C'est une espèce extrêmement abondante et grégaire. Des nuées de queleas à bec rouge s'abattent sur les récoltes de grain, causant d'incroyables dégâts. Ils mangent également des graines de mauvaises herbes. Considérés comme un problème majeur pour l'agriculture africaine, ils ont été détruits à grande échelle, mais leur nombre a récemment décru, apparemment de façon naturelle, au point que l'on a pu relâcher les contrôles de populations.

En plumage nuptial, le mâle a la couronne et la poitrine teintées de rouge, et la face, le menton et la gorge blancs, chamois ou noirs. Hors de la saison des nids, le bec du mâle reste rouge ; sinon, il est identique à la femelle, striée brun et beige, avec la couronne brunâtre.

Ils sont monogames et nichent en colonies serrées. Le mâle fait un nid en forme de haricot, pendu à une branche, avec une entrée latérale. La femelle couve 2 ou 3 œufs pendant 12 jours, et le couple nourrit les petits.

Évêque rouge, *Euplectes orix*

DISTRIBUTION : Afrique, au sud du Sahara
HABITAT : prairies découvertes, souvent non loin de l'eau
TAILLE : 12,5 cm

Les tisserins villageois vivent en bandes et nichent en colonies. Ils hantent généralement les étages inférieurs des arbres, non loin de l'eau. Bien qu'ils soient extrêmement nuisibles aux récoltes de grain, ils se rachètent quelque peu en mangeant énormément de graines de mauvaises herbes et des insectes. Le brillant plumage du mâle est surtout jaune, avec la gorge et un masque noirs, et des mouchetures sur le dos. La femelle est plus terne, avec le dessus brun et le dessous blanc-jaune.

Ces oiseaux nichent en vastes colonies, un seul arbre pouvant réunir jusqu'à 100 nids. Les mâles sont le plus souvent polygames et peuvent s'accoupler plusieurs fois. Le nid est tissé avec de longs brins d'herbe et pend d'une branche externe. L'accès est en bas. La femelle couve 1 à 3 œufs.

Ce sont des tisserins abondants, qui, hors de la saison des nids, forment de gigantesques bandes et sont capables d'infliger d'énormes dégâts aux récoltes de grain. Ils mangent aussi des graines de graminées. En plumage nuptial, le mâle est surtout rouge et noir, tandis que la femelle est striée beige et brun. En plumage postnuptial, il ressemble à la femelle, en plus sombre.

Chaque mâle a 3 ou 4 compagnes, qui toutes nichent dans son territoire. Il tisse un nid ovale, d'herbe, parmi les joncs ou les roseaux, ou dans les plantations de maïs ou de canne à sucre. La femelle garnit le nid et couve 3 œufs pendant 11 à 14 jours. Elle nourrit ses petits d'insectes jusqu'à ce qu'ils volent, entre 13 et 16 jours après l'éclosion.

BENGALIS, DIAMANTS, CORDON-BLEU, PAPE TRICOLORE ET VEUVES DE PARADIS

Sous-famille des Estrildinae : Bengalis, Diamants, etc.

Les 155 espèces de cette sous-famille rassemblent de petits oiseaux granivores qui vivent dans des habitats généralement ouverts, de l'Afrique à l'Australasie et aux îles du Pacifique occidental. Si la plupart ont un plumage coloré, quelques-uns sont ternes, mais ont des taches de couleur. Chez certaines espèces, le mâle et la femelle se ressemblent. On distingue 2 tribus. La première comprend les bengalis, les diamants, le cordon-bleu et le pape tricolore ; la seconde les 15 espèces de veuve de paradis.

Amarante du Sénégal ou Bengali amarante, *Lagonosticta senegala*

Distribution : Afrique, au sud du Sahara (sauf extrême sud)
Habitat : brousse, fourrés, terres cultivées, près d'habitations
Taille : 9 cm

L'un des oiseaux les plus abondants d'Afrique, l'amarante se nourrit à terre, d'herbe et de graines. La femelle n'a qu'une touche de rouge sur la face et le croupion, avec le dessous chamois et des taches blanches sur le poitrail. Hors de la saison des nids, on rencontre ces oiseaux en petites bandes.

Le nid sphérique est fait d'herbe sèche sur un mur bas, dans un buisson ou sous un toit de chaume. Le couple couve 3 à 6 œufs, 4 le plus souvent.

Cordon-bleu, *Uraeginthus bengalus*

Distribution : Afrique (du Sénégal à l'Éthiopie, puis de l'est de l'Afrique à la Zambie)
Habitat : terrains découverts ou cultivés
Taille : 12,5 cm

Le cordon-bleu mâle se reconnaît aux taches cramoisies de ses joues. La femelle et les jeunes sont plus ternes. Cet oiseau mange au sol toutes sortes de graines. Il vit en couple ou en groupe familial.

Le nid, sphérique ou ovale, avec une entrée latérale, est fait d'herbes sèches. Il est dans un buisson, un arbre ou un toit de chaume. La ponte est de 4 ou 5 œufs.

Bengali rouge, *Amandava amandava*

Distribution : Inde, Pakistan, sud-ouest de la Chine, Hainan, Asie du Sud-Est (introduit en Malaisie), Java, petites îles de la Sonde
Habitat : brousse, prairies, roselières, terres cultivées
Taille : 9 à 10 cm

Remarquable en plumage nuptial, le bengali rouge mâle arbore un plumage cramoisi vif, abondamment tacheté de blanc. Ses ailes sombres sont aussi tachetées. En plumage postnuptial, il ressemble à la femelle, avec la gorge et le poitrail beige grisâtre. Les deux sexes ont le bec rouge et une tache rouge à la base de la queue. On les rencontre souvent en terrain marécageux, où ils se nourrissent de graines d'herbe. Ils vivent en couples ou en bandes, jusqu'à 30 oiseaux, souvent avec d'autres becs-de-cire.

Le nid en boule, avec une entrée latérale, se trouve dans le bas d'un buisson ou parmi les joncs ou les herbes. La femelle couve 6 à 10 œufs.

Calfat ou Moineau de Java, *Padda oryzivora* VU

Distribution : Java, Bali ; introduit en Inde, au Sri Lanka, en Chine, en Asie du Sud-Est, en Malaisie, à Sumatra, aux Célèbes, dans les petites îles de la Sonde, aux Philippines, aux Moluques, à Hawaii, aux Fidji, en Floride et à Porto Rico.
Habitat : rizières, brousse, mangroves, zones urbaines
Taille : 16 cm

Du groupe des mannikins, le calfat s'est largement répandu en dehors de son aire d'origine, parfois délibérément implanté, parfois du fait de l'évasion de nombreux oiseaux de volière. Les deux sexes se ressemblent, avec le bec rouge rosé et la tête marquée de noir et blanc. Comme le calfat vit surtout de riz, il est considéré comme nuisible dans de nombreuses régions de son aire de distribution. Il mange également les graines tombées d'autres plantes et grimpe avec agilité aux tiges et aux arbres. Grégaire, il se déplace en bande.

Le nid, fait d'herbe, est édifié sur un mur, sous un toit ou dans un arbre. La ponte est de 7 ou 8 œufs, couvés pendant 13 ou 14 jours. Les petits sont nourris d'insectes jusqu'à ce qu'ils puissent voler.

Pape tricolore, *Erythrura trichroa*

Distribution : Célèbes, Moluques, Nouvelle-Guinée, archipel Bismarck, îles Salomon (Guadalcanal), nord-est de l'Australie, îles Carolines, Vanuatu, îles de la Loyauté
Habitat : forêts pluviales, mangroves
Taille : 12 cm

Le pape tricolore vit seul ou en petit groupe et fréquente les buissons, les arbustes et la végétation basse, où il se nourrit de toutes sortes de graines. Les deux sexes se ressemblent, avec un somptueux plumage bleu, vert, écarlate et noir.

Le nid, en dôme ou en poire, est fait de mousse et de fibre végétale, avec une entrée latérale, dans un arbre ou un buisson. Une couvée comporte 3 à 6 œufs.

Diamant mandarin, *Taeniopygia guttata*

Distribution : Australie, petites îles de la Sonde
Habitat : terrains boisés, terrains découverts secs avec arbres et buissons
Taille : 9 cm

Cet oiseau est commun dans toute l'Australie. Grégaire, il se présente parfois en vaste bande. Il se nourrit dans les arbres et à terre de graines et, particulièrement à la saison des nids, d'insectes. Les deux sexes sont dissemblables. La femelle n'a pas les marques de la face ni les flancs châtains du mâle, et sa gorge est brun grisâtre sans stries grises.

La date et la fréquence des couvées sont fonction des pluies ; en cas de sécheresse, les oiseaux peuvent vagabonder à la recherche de meilleures conditions. Le nid, en dôme, est fait d'herbe et de brindilles, au bas d'un arbre ou d'un buisson. La couvée est généralement de 4 à 6 œufs.

Diamant de Gould, *Chloebia gouldiae* EN

Distribution : nord tropical de l'Australie
Habitat : savane
Taille : 14 cm

C'est un oiseau au somptueux plumage. Le diamant de Gould se présente sous 3 formes qui varient par la couleur du front et de la face, noirs, écarlates et plus rarement jaunes. Les deux sexes se ressemblent, mais la femelle est plus terne. Il se nourrit surtout de graines, qu'il prend directement dans les inflorescences des plantes.

Venant peu au sol, il préfère s'accrocher aux tiges ou aux brindilles basses des buissons et des arbres, avec les plantes à portée de bec. Il mange aussi des insectes à la saison des nids, seule période où cet oiseau grégaire ne vit pas en bande. Il s'éloigne rarement de l'eau et, en cas de sécheresse, il erre en quête d'eau.

La ponte est de 4 à 8 œufs dans un trou d'arbre ou une termitière.

Veuve de paradis, *Vidua paradisaea*

Distribution : est et sud de l'Afrique (du Soudan à l'Angola), Afrique du Sud (Natal)
Habitat : terrains découverts secs
Taille : mâle, 38 cm ; femelle, 15 cm

Les magnifiques rectrices centrales allongées de la queue du mâle expliquent la différence de taille entre le mâle et la femelle de cette espèce. En période de reproduction, le mâle arbore un plumage remarquable, noir dans les parties supérieures, avec la nuque et les côtés du cou jaunâtres, la poitrine rougeâtre et les parties inférieures de couleur claire. La femelle a un plumage moucheté de brun et de beige, comme le mâle hors de la saison des nids, mais plus terne. Les veuves de paradis se groupent le plus souvent en petites bandes pour se nourrir au sol de graines.

En parade nuptiale, le mâle vole en tenant les longues plumes de sa queue presque à angle droit, parfois sur place, près de la femelle, en battant lentement des ailes. Comme toutes les veuves, celle-ci est parasite : elle pond dans le nid d'une autre espèce, généralement celui du diamant melba. Les petits du diamant melba ont le gosier marqué de dessins complexes qui incitent leurs parents à les nourrir, et l'association du parasite avec son hôte est devenue si forte que les poussins de la veuve de paradis ont les mêmes dessins dans le gosier. Ils peuvent aussi imiter les comportements et les attitudes de leurs frères adoptifs, parvenant même à reproduire leurs expressions vocales.

FRINGILLES, BRUANTS ET TANGARAS

Famille des Fringillidae : Fringilles, Bruants et Tangaras

Cette famille vaste et diversifiée d'oiseaux chanteurs de taille petite ou moyenne rassemble 993 espèces, qui sont réparties en 3 sous-familles : les peucédraminés (fauvette olive), les fringillinés (fringilles et drépanis des Hawaii) et les emberezinés (bruants, fauvettes américaines, tangaras, cardinaux).

Sous-famille des Fringillinae : Fringilles et Drépanis des Hawaii

Les fringilles forment un groupe nombreux de petits oiseaux chanteurs, arboricoles et granivores. C'est en Europe et dans le nord de l'Asie qu'ils sont le plus nombreux, mais l'on trouve certaines espèces dans d'autres régions de l'Ancien Monde et sur le continent américain. Les 139 espèces comprennent le pinson des arbres, le chardonneret, le bec-croisé, le durbec, le sizerin et le bouvreuil. La forme du bec varie grandement selon les espèces. Les deux sexes diffèrent généralement.

Il semble hautement probable que les 22 espèces de drépanis existantes, ainsi que les espèces aujourd'hui éteintes, proviennent de la colonisation de l'archipel par un type de fauvette américaine. Les espèces existantes se répartissent en 2 groupes : les représentants du premier groupe se nourrissent de nectar et d'insectes, et ont un plumage rougeâtre et noir ; les oiseaux du second groupe rappellent les pinsons, sont granivores et ont un plumage jaune-vert. La forme du bec varie selon les habitudes alimentaires. Les deux sexes diffèrent chez certaines espèces. La plupart des espèces sont menacées.

Pinson des arbres, *Fringilla coelebs*
Distribution : Europe, à travers l'Asie jusqu'en Afghanistan, région méditerranéenne, Afrique du Nord, Canaries, Açores
Habitat : forêts, bois, jardins
Taille : 15 cm

C'est un oiseau très répandu, au plumage variable selon les régions, et dont le chant mélodieux offre diverses modulations. La femelle, plus terne que le mâle, est gris et brun olive. Il cherche sa nourriture dans les arbres et au sol, où il sautille à petits pas rapides. Son vol onduleux est typique des fringilles. Les trois quarts de sa ration alimentaire proviennent de végétaux, graines, fruits et céréales surtout, mais il mange aussi insectes, araignées et vers de terre.

Il fait un nid soigné et bien construit, dans un arbre ou un buisson, et la femelle couve 4 ou 5 œufs pendant 11 à 13 jours. Les populations nordiques migrent au sud pour l'hiver.

Roselin pourpré, *Carpodacus purpureus*
Distribution : Amérique du Nord (Colombie-Britannique, au sud jusqu'à la Basse-Californie, à l'est jusqu'au Québec, Terre-Neuve, Minnesota et New Jersey) ; hiverne dans le sud des États-Unis et au Mexique
Habitat : bois, forêts de conifères
Taille : 14 à 16 cm

Le mâle du roselin pourpré se distingue à sa riche couleur rouge, tandis que la femelle est surtout gris et marron. Hors de la saison des nids, les roselins forment de vastes bandes pour se nourrir, et vont en quête de graines de plantes et d'arbres, auxquelles ils ajoutent, au printemps et en été, des scarabées et des chenilles.

À la saison des nids, le mâle parade devant la femelle, danse autour d'elle et bat des ailes en émettant un mélodieux gazouillement. Le nid de brindilles et d'herbe est édifié dans un conifère, et la femelle couve 13 jours ses 4 ou 5 œufs.

Canari ou Serin des Canaries, *Serinus canaria*
Distribution : Canaries, Madère, Açores ; introduit aux Bermudes
Habitat : régions boisées, jardins
Taille : 12,5 cm

Toutes les formes de canaris domestiques descendent de cette espèce, qui fut rendue populaire comme oiseau de volière par les conquérants espagnols des îles Canaries. La femelle est généralement marron, plus terne que le mâle, jaune vif et brun. Ils se nourrissent de graines et restent cachés dans les arbres.

Le nid est en coupe, dans un arbre ou un buisson, et la femelle couve pendant 13 ou 14 jours ses 4 ou 5 œufs.

Bec-croisé des sapins, *Loxia curvirostra*

Distribution : nord-ouest de l'Afrique, Europe, Asie, au sud jusqu'à l'Himalaya, Japon, Viêt-nam, Philippines, Amérique du Nord, vers le sud jusqu'au Nicaragua

Habitat : forêts de conifères

Taille : 13 à 16 cm

Le bec-croisé se nourrit presque exclusivement de graines de conifères, qu'il extrait des cônes grâce à ses mandibules croisées. Il se suspend tête en bas pour décortiquer les cônes ou les détache pour les tenir dans une patte. Il vient rarement au sol, où il se déplace maladroitement. En été, il mange également des insectes. Les deux sexes diffèrent par le plumage ; la femelle est gris-vert, alors que le mâle est rouge, taché de brun sur le dos.

Les couples se forment dans les groupes, puis le nid est bâti en forme de coupe dans un conifère. La femelle couve 3 ou 4 œufs, 13 à 16 jours, et le couple nourrit les poussins, qui naissent avec le bec droit.

Chardonneret, *Carduelis carduelis*

Distribution : Europe, Afrique du Nord, Açores, Canaries, Madère, Asie (à l'est jusqu'au lac Baïkal, au sud jusqu'à l'Himalaya)

Habitat : bois clairsemés, jardins, vergers, terres cultivées

Taille : 12 cm

Avec leur face rouge et leur tête noir et blanc, ces oiseaux ne peuvent prêter à confusion. Ils ont les ailes longues et pointues, et le bec fort, presque conique. Hors de la saison des nids, ils volent vers les paysages découverts pour se nourrir de chardons et de graines de plantes sauvages, et, à l'occasion, ils ne négligent pas les insectes.

La femelle fait le nid sur une branche d'arbre en zone boisée, et couve pendant 12 ou 13 jours ses 5 ou 6 œufs, nourrie par le mâle.

Durbec des sapins, *Pinicola enucleator*

Distribution : nord de la Scandinavie, Russie, Asie, Alaska, Canada, nord des États-Unis

Habitat : forêts de conifères et mixtes

Taille : 20 cm

Ce gros fringille, à la queue longue, se sert de son gros et robuste bec pour écraser les noyaux des fruits, de cerises et de prunes, par exemple. Il mange également des graines, des bourgeons et des insectes en été, au sol et dans les arbres. C'est un oiseau au vol vigoureux. Les deux sexes diffèrent par le plumage, plutôt bronze chez la femelle. Le mâle a les parties supérieures, la tête et la poitrine rouge moucheté de brun, et les ailes brunes, marquées de barres alaires blanches.

Le nid est bâti dans un conifère ou un bouleau, et la femelle couve pendant 13 ou 14 jours ses 4 œufs. Le mâle la nourrit alors, puis aide à nourrir les petits par régurgitation.

Sizerin flammé, *Carduelis flammea*

Distribution : niche en Islande, Irlande, Grande-Bretagne, Scandinavie, dans les montagnes de l'Europe centrale, le nord de l'Asie jusqu'au détroit de Béring, le nord de l'Amérique du Nord ; hiverne au sud

Habitat : bois, forêts, toundra

Taille : 13 à 15 cm

Il résiste à des températures plus basses que n'importe quel oiseau chanteur, sauf le sizerin blanchâtre, *C. hornemanni*. Il vit de graines, surtout celles du bouleau et de l'aulne, et se met tête en bas pour saisir les chatons. Il gratte aussi le sol pour y trouver des graines et, en été, des insectes.

Au début de la saison des nids, au printemps, le mâle exécute un vol nuptial. La femelle fait le nid sur une branche fourchue, d'aulne souvent, ou de saule ou d'épicéa, et pond 4 ou 5 œufs, qu'elle couve pendant 10 ou 11 jours.

Bouvreuil pivoine, *Pyrrhula pyrrhula*

Distribution : Scandinavie, Grande-Bretagne, au sud région méditerranéenne (sauf sud de l'Espagne), Asie jusqu'au Japon

Habitat : forêts de conifères, bois, parcs, jardins, terres cultivées

Taille : 14 à 16 cm

On reconnaît le mâle à sa calotte noire, son dessous rouge rosé et ses ailes noir et blanc. La femelle ne diffère que par le dessous gris rosé. Craintif, il se perche à l'abri d'un arbre et vient peu au sol. Au printemps, il se nourrit largement de bourgeons d'arbres fruitiers. Il ne dédaigne cependant pas d'autres sortes de bourgeons, ni les baies et les graines.

La femelle fait un nid de brindilles et de mousse dans un buisson ou une haie, et elle couve 4 ou 5 œufs durant 12 à 14 jours.

FRINGILLES, BRUANTS ET TANGARAS suite

Palila,
Loxioides bailleui **EN**

Distribution : Hawaii (Mauna Kea)
Habitat : forêts
Taille : 15 cm

Le palila ne se trouve plus aujourd'hui que sur le versant ouest du Mauna Kea. Il est sérieusement menacé, par le bruit et la destruction de son habitat. Son existence dépend d'un arbre de sa forêt d'origine, le mamane, dont il mange les graines et les fleurs.

La femelle fait le nid dans un mamane et couve 2 œufs, 21 à 27 jours. Les parents nourrissent les petits.

Akepa, *Loxops coccineus* **EN**

Distribution : Hawaii, Maui, Kauai
Habitat : forêts
Taille : 10 à 12,5 cm

Abondante dans certaines parties des îles Hawaii jusqu'à la fin du siècle dernier, la population d'akepas décline sérieusement, et la population de l'île Oahu est déjà éteinte. L'akepa, ce petit oiseau vif, au bec court, conique, vit surtout de chenilles et d'araignées, qu'il glane sur les feuilles et les brindilles, et boit aussi du nectar.

La ponte est de 3 œufs dans un trou d'arbre.

Akiapolaau,
Hemignathus wilsoni **EN**

Distribution : Hawaii
Habitat : forêts
Taille : 14 cm

On ne trouve aujourd'hui ce drépani qu'en petit nombre dans quelques régions. Les causes principales de son déclin sont la détérioration de son habitat forestier et l'introduction de prédateurs, les rats arboricoles en particulier. Il va en quête d'insectes sur les grosses branches et les troncs d'arbres, qu'il escalade et dégringole avec autant d'aisance. Le bec est singulier : la mandibule supérieure en est longue et recourbée, et l'inférieure courte, droite et cunéiforme. À l'aide de ce bec, il ouvre les galeries des insectes xylophages, puis en extrait ses proies avec sa mince langue en pinceau.

Sous-famille des Emberizinae : Bruants, Tangaras, Cardinaux, Fauvettes américaines et Troupiales

Cette grande sous-famille, qui est la plus diversifiée de la famille des fringillidés, comprend 823 espèces, réparties en 5 tribus.

Les 156 espèces de bruants rassemblent de petits oiseaux dont le plumage, généralement brun foncé ou noir, est parfois coloré par des taches de jaune et d'orange-brun. Leur bec est court et conique. Les bruants, qui se nourrissent de graines et d'insectes, vivent dans des habitats variés en Amérique, en Afrique et en Eurasie.

Les 413 espèces de tangaras sont représentées sur tout le continent américain, sauf dans les régions polaires. Leur plumage présente des couleurs vives. Chez de nombreuses espèces, les deux sexes se ressemblent, mais ils diffèrent sensiblement chez 4 espèces des régions tempérées d'Amérique du Nord. Les tangaras occupent les étages supérieurs des forêts et des bois. Leurs pieds et leurs pattes sont bien développés. Ils se nourrissent habituellement de fruits et d'insectes.

Les cardinaux, qui comprennent aussi les grosbecs, les saltators et les dickcissels, vivent dans le Nouveau Monde, du Canada à l'Argentine. Les 42 espèces rassemblent des oiseaux trapus munis d'un bec court et solide. Les mâles portent des couleurs vives, alors que les femelles sont plus sombres. Les 115 espèces de fauvettes américaines sont représentées de l'Alaska et du nord du Canada jusqu'au sud de l'Amérique latine. Petits, minces, ces oiseaux au bec pointu portent généralement des couleurs vives, en particulier durant la saison de reproduction. Les deux sexes se ressemblent chez certaines espèces et diffèrent chez d'autres.

Les 97 espèces de troupiales se retrouvent sur tout le continent américain. Leur tribu comprend notamment les cassiques, les mainates et les orioles. La plupart vivent dans les forêts et dans les bois, même si certaines espèces se retrouvent dans tous les types d'habitat.

Bruant des roseaux,
Emberiza schoeniclus

Distribution : Europe, Afrique du Nord, centre, nord et est de l'Asie
Habitat : roselières, marais ; en hiver, terres agricoles et terrains découverts
Taille : 15 cm

Le mâle est reconnaissable à sa tête et sa gorge noires et à son collier blanc, et la femelle à sa tête et sa gorge marron et chamois, avec des « moustaches » noir et blanc. Dans la végétation basse et les roseaux, il sautille vivement au sol, en quête de graines de plantes aquatiques, d'herbes et de grain. Au printemps et en été, il mange également insectes et larves.

La femelle fait un nid au sol et pond 4 ou 5 œufs. Elle couve presque seule 13 ou 14 jours, mais le mâle l'aide à nourrir les petits.

Bruant jaune, *Emberiza citrinella*

Distribution : Europe, ouest de l'Asie jusqu'à l'Oural

Habitat : prairies, terres agricoles, terrains découverts avec buissons et broussailles

Taille : 16 cm

Ce bruant se nourrit surtout au sol de graines, de grain, de baies, de feuilles et de quelques insectes et invertébrés. On reconnaît le mâle à sa tête jaune et à son croupion châtain.

À l'issue d'une poursuite et d'une parade nuptiales, le nid est fait à terre ou à proximité, souvent dans une haie ou sous un buisson. La ponte est de 3 ou 4 œufs, couvés surtout par la femelle pendant 12 à 14 jours. Il y a parfois 2 ou 3 couvées.

Junco ardoisé, *Junco hyemalis*

Distribution : Amérique du Nord (de l'Alaska, à l'est jusqu'à Terre-Neuve, au sud jusqu'au Mexique)

Habitat : clairières, lisière des bois, bords de routes, parcs, jardins

Taille : 13 à 16 cm

Il y a 4 sous-espèces de ce junco, avec de grandes variations de plumage. Chez toutes, la femelle est moins colorée. Ce petit oiseau très vif se nourrit surtout au sol, de graines en hiver, et de graines, de baies, d'insectes et d'araignées en été.

Le mâle établit un territoire de nichage, et sa compagne fait un nid au sol, près de plantes ou de racines d'arbres ou à l'abri d'un talus ou d'une corniche. Elle pond 3 à 6 œufs qu'elle couve 11 ou 12 jours. Les oiseaux produisent le plus souvent 2 couvées. Les populations les plus nordiques migrent au sud des États-Unis en hiver.

Moineau-savannah, *Passerculus sandwichensis*

Distribution : Alaska, Canada, largement aux États-Unis (ne niche pas dans le Sud-Est), Mexique, Guatemala

Habitat : toundra, prairies découvertes, marais

Taille : 11 à 15 cm

Il existe de nombreuses sous-espèces qui diffèrent légèrement par le plumage et le chant. L'oiseau se nourrit surtout au sol, où il sautille en grattant et en fourrageant, ou court à travers les herbes. Son régime est de graines et d'insectes (scarabées, sauterelles et fourmis).

La femelle fait un nid d'herbe à terre, souvent dans une cavité naturelle. La ponte est de 4 ou 5 œufs, et les deux parents se relaient pour les couver pendant 12 jours environ. Les populations nordiques migrent pour hiverner au sud des États-Unis et en Amérique centrale.

Bruant des neiges, *Plectrophenax nivalis*

Distribution : niche en Islande, en Scandinavie, dans le nord de l'Écosse, en Asie arctique et subarctique, en Amérique du Nord ; hiverne au sud.

Habitat : terrains rocailleux découverts, toundra, montagnes ; hiverne aussi sur les côtes et en terrains découverts

Taille : 16 cm

En plumage nuptial, le mâle est d'un blanc presque pur, cassé seulement par le noir de son dos, de ses rectrices centrales et de ses rémiges primaires. En hiver, son plumage blanc est tacheté de brun rouille. La femelle a la tête et le dos gris-brun en été, et elle est plus claire et plus terne en hiver. Ils passent beaucoup de temps à se nourrir de graines et d'insectes, au sol, où ils sont capables de course rapide et de sautillements.

Le nid d'herbe sèche, de mousse et de lichen est caché parmi les pierres. La ponte est de 4 à 6 œufs, couvés par la femelle 10 à 15 jours. Le mâle la nourrit et l'aide à nourrir les petits.

FRINGILLES, BRUANTS ET TANGARAS SUITE

Pinson familier ou Moineau-sauterelle, *Spizella passerina*

DISTRIBUTION : Canada, États-Unis, Mexique, d'Amérique centrale au Nicaragua

HABITAT : terrains découverts boisés, clairières de forêts, jardins, parcs

TAILLE : 13 à 15 cm

Ces pinsons se distinguent par leur calotte châtaine, bordée de « sourcils » blancs. Ce sont des petits oiseaux discrets, qui vivent souvent dans les zones habitées. Les graines de graminées constituent leur nourriture principale, mais ils mangent aussi des graines d'autres plantes sauvages, ainsi que des insectes et des araignées.

Le nid est fait par la femelle, dans une plante grimpante ou sur une branche d'arbre ou de buisson. Elle pond 3 à 5 œufs. Son compagnon la nourrit pendant l'incubation, soit 11 à 14 jours. Il peut y avoir 2 couvées successives.

Bruant à calotte blanche, *Atlapetes albinucha*

DISTRIBUTION : du Mexique à la Colombie

HABITAT : lisières de forêts, broussailles

TAILLE : 18 cm

Chez cette espèce, le mâle et la femelle sont identiques, et reconnaissables à leur tête noir et blanc. Essentiellement terrestres, ces oiseaux volettent et sautillent au sol, montant sur les tiges et les branches basses. D'un mouvement du bec, ils font voler les feuilles qui jonchent le sol de la forêt pour dégager des graines et des insectes.

Le nid d'herbe est fait par la femelle, dans un buisson bas. La ponte normale est de 2 œufs.

Pipilo à flancs roux, *Pipilo erythrophthalmus*

DISTRIBUTION : sud du Canada, États-Unis, Mexique, Guatemala

HABITAT : lisières de forêts, terrains boisés, parcs, jardins

TAILLE : 20 à 22 cm

Le mâle du pipilo à flancs roux est aisément reconnaissable à son plumage noir et blanc et aux taches rousses qu'il présente de chaque côté du ventre. La femelle a les mêmes dessins, avec du brun à la place du noir. Les yeux sont rouges chez les deux sexes. Ces oiseaux trouvent leur nourriture – insectes, chenilles, scarabées, fourmis, escargots, petits lézards, serpents et salamandres, araignées, mille-pattes, graines et baies – en grattant le sol ou en fouillant sous la végétation.

À la saison des amours, le mâle poursuit la femelle et déploie la queue pour exhiber les taches blanches qui la ponctuent. Perché sur un buisson ou un arbre, il chante pour attirer son attention. La femelle fait un nid sur le sol ou tout près, à l'aide d'herbe, de radicelles, de feuilles, de copeaux d'écorce et de brindilles. Elle pond 3 ou 4 œufs, qu'elle couve pendant 12 ou 13 jours. Les jeunes quittent le nid 10 à 12 jours après l'éclosion, et il y a parfois une autre couvée. Les oiseaux du nord de l'aire de distribution et des zones montagneuses migrent au sud en hiver.

Tangara écarlate, *Piranga olivacea*

DISTRIBUTION : extrême sud-est du Canada, est des États du centre des États-Unis ; hiverne dans l'est de l'Amérique du Sud

HABITAT : bois, parcs et jardins

TAILLE : 19 cm

Le mâle en plumage nuptial d'été se reconnaît de suite à sa tête et son corps d'un rouge luisant, et à ses ailes et sa queue noires. En hiver, il est identique à la femelle, avec un plumage à domi-

nante vert olive, mais garde les ailes et la queue noires. Malgré son éclat, le tangara écarlate est difficile à voir lorsqu'il se perche ou se déplace lentement dans le haut des arbres pour y manger baies et fruits. Il vit aussi d'insectes, de limaces, d'escargots et d'araignées, qu'il attrape en grand nombre au sol.

Les mâles reviennent des quartiers d'hiver quelques jours avant les femelles, et chacun établit un territoire dans les arbres. À leur arrivée, les femelles sont accueillies par des chants nuptiaux. La femelle fait un nid dans un arbre, à l'aide de brindilles, de radicelles, de tiges de chiendent et d'herbe. Elle couve 3 à 5 œufs pendant 13 ou 14 jours.

Grand Tangara, *Cissopis leveriana*

DISTRIBUTION : nord de l'Amérique du Sud, jusqu'au Brésil et au nord-est de l'Argentine
HABITAT : forêts pluviales, brousse, terres cultivées
TAILLE : 28 cm

Ce tangara se démarque des autres et ressemble à une pie. Il est noir et blanc, avec une longue queue étagée, blanche à l'extrémité. Les deux sexes se ressemblent, avec des yeux noirs. On connaît mal cet oiseau, qui dans certaines régions vit jusqu'à 2 000 m d'altitude. En couple ou en petit groupe, il hante les étages moyens de la forêt, volant d'un arbre à l'autre en se nourrissant d'insectes et de baies.

On n'a aucune donnée sur sa reproduction.

Pinson chanteur, *Melospiza melodia*

DISTRIBUTION : Amérique du Nord (Aléoutiennes, à l'est jusqu'à Terre-Neuve, au sud jusqu'au Mexique)
HABITAT : lisières de forêts, broussailles non loin de l'eau, zones cultivées et banlieues
TAILLE : 13 à 18 cm

On trouve plus de 30 sous-espèces de cet oiseau nord-américain très répandu et familier. Elles vont du petit oiseau couleur sable des broussailles et du désert aux variétés plus grandes et sombres du Nord. Le pinson chanteur vit d'insectes, l'été surtout, mais mange aussi des fruits sauvages et des baies, et cherche des graines au sol.

À la saison des nids, le mâle établit un territoire. Sa compagne édifie un nid soigné, fait à partir de tiges de graminées, d'herbe, de mousse et autre matériel végétal, qui est soigneusement caché dans la végétation au sol ou dans un buisson. Elle couve 3 à 6 œufs pendant 12 ou 13 jours. Il peut y avoir 2 ou 3 couvées au cours de la saison.

Hemispingus à calotte noire, *Hemispingus atropileus*

DISTRIBUTION : Andes, du nord-ouest du Venezuela au Pérou
HABITAT : forêts, entre 2 300 et 3 000 m d'altitude
TAILLE : 16,5 cm

Ce tangara vit dans les forêts moussues de haute altitude, et les bois clairsemés et rabougris au-dessus. Il cherche, seul ou en petite bande, fruits et insectes parmi les arbres. Les deux sexes sont identiques, avec une couronne noire et un plumage à dominante olive. Le nid, en coupe, est fait dans un arbre.

Tangara à épaules blanches, *Tachyphonus luctuosus*

DISTRIBUTION : du Honduras au Panama, au sud jusqu'au nord de la Bolivie, Amazonie brésilienne
HABITAT : forêts pluviales, bois clairsemés, plantations, clairières
TAILLE : 13 cm

Malgré de légères variations de plumage, comme la couronne jaune ou fauve des mâles de l'ouest du Panama, la plupart des mâles de cette espèce sont bleu-noir, avec les épaules blanches, comme leur nom l'indique, et les femelles gris, olive et jaune. Ces oiseaux remuants et bruyants vivent en couples ou en petits groupes, se joignant parfois à des bandes mêlées d'autres espèces. Ils cherchent fruits et insectes de la cime des arbres au sous-bois, en s'appelant avec des cris stridents.

Le nid, en coupe, est fait de feuilles et d'herbe, dans un arbre non loin du sol. La femelle couve ses 2 œufs, et le couple nourrit les petits.

FRINGILLES, BRUANTS, ET TANGARAS suite

Tangara évêque,
Thraupis episcopus

Distribution : sud-est du Mexique, Amérique centrale et du Sud, jusqu'au Brésil et à la Bolivie, Trinité et Tobago

Habitat : terrains boisés dégagés avec clairières, terres cultivées, parcs, jardins

Taille : 16,5 cm

Cet oiseau très répandu est autant à l'aise dans les régions sèches que dans les zones humides, dans les basses terres côtières qu'à 2 200 m d'altitude. Il reste en couple l'année durant ; à deux ou en petite bande, ces oiseaux vont dans les arbres, en quête de baies, de fruits, tels que les figues sauvages et les bananes, et d'insectes qu'ils glanent sur les feuilles ou attrapent au vol.

Le nid en forme de coupe est situé dans le haut d'un arbre, dans un buisson bas, ou même dans un appentis ouvert ou le nid laissé par un oiseau d'une autre espèce. Il est fait de racines, de fibres végétales, de mousse et d'herbe entrelacées de toiles d'araignée. Il arrive que le tangara évêque prenne le nid d'un autre tangara, et couve ses œufs avec les siens. La femelle couve 2 ou 3 œufs pendant 13 ou 14 jours. Les deux parents nourrissent les petits jusqu'à ce qu'ils quittent le nid, 17 à 20 jours après l'éclosion. Il y a au moins 2 couvées dans l'année.

Tangara à tête brune, *Chlorospingus ophthalmicus*

Distribution : Mexique, Amérique centrale et du Sud jusqu'au nord de l'Argentine

Habitat : forêts pluviales et moussues, terrains boisés

Taille : 14,5 cm

Cet oiseau bruyant et remuant est commun dans de nombreuses régions. On le voit errer dans les forêts en petite bande, en quête d'insectes et de fruits, essentiellement dans la végétation basse. Il se hisse parfois à la cime des arbres, et rejoint à l'occasion des bandes diversifiées. Les deux sexes ont le même plumage.

La femelle construit le nid sur une branche, sous une broméliacée ou une fougère, sur un tronc d'arbre moussu, ou à terre sous un buisson. La ponte est de 2 œufs, couvés par la femelle, et le couple nourrit les poussins.

Bruant de Patagonie, *Phrygilus patagonicus*

Distribution : Amérique du Sud (Chili, du centre de l'Argentine à la Terre de Feu)

Habitat : ravins

Taille : 15 à 16 cm

C'est un bruant très spécialisé qui préfère les régions plantées de buissons de graminées et les affleurements rocheux recouverts de plantes grimpantes. Il est surtout granivore, mais mange quelques insectes. La femelle diffère légèrement du mâle par l'olive sombre du dessus du corps et le jaune-vert du dessous.

Le nid d'herbe est caché dans un amas de racines. La ponte est de 2 à 4 œufs.

Sporophile variable,
Sporophila americana

Distribution : Amérique du Sud et centrale (du Mexique au Pérou et au Brésil)

Habitat : forêts, prairies, parcs, jardins

Taille : 11,5 cm

En petites bandes, les sporophiles variables associés avec des sporophiles d'autres espèces sautillent de tige en tige, se perchent sur buissons et arbustes, et volent brièvement à découvert avec de rapides battements d'ailes. Ils vivent de graines et d'insectes, ainsi que des chatons du *Cecropia*. Le plumage des mâles est variable, généralement noir et blanc, et les femelles sont brun olive, avec des traces de blanc-chamois sur le bas-ventre.

La femelle fait un nid de radicelles et de fibres, attaché à une branche avec des toiles d'araignée dans un arbre ou un buisson. La ponte normale est de 2 œufs, qu'elle couve 12 ou 13 jours. Le mâle la nourrit parfois pendant l'incubation, et tous deux nourrissent les petits. Il y a au moins 2 couvées par an.

Pinson jaune des prairies, *Sicalis luteola*

Distribution : du sud du Mexique au Brésil
Habitat : prairies, pâturages découverts, falaises
Taille : 11,5 à 14 cm

Ce pinson essentiellement terrestre sautille plus qu'il ne court. À l'occasion, il se perche sur des branches basses d'arbres et de buissons, et vole à découvert. Il se nourrit des graines de diverses plantes. Au Chili et en Argentine, c'est le plus abondant des petits oiseaux, et, en hiver et au printemps, de vastes bandes se forment et chantent. La femelle est plus terne que le mâle. Ses parties supérieures sont teintées de brun, et elle est gris pâle lavé de jaune dessous.

Le mâle fait sa cour par un vol nuptial qu'il accompagne d'un chant. La ponte est de 3 à 5 œufs, qui sont déposés dans un nid en coupe, caché parmi l'herbe ou les plantes basses. Il y a 2, parfois 3 couvées. Les oiseaux du sud de l'aire de distribution migrent au nord en hiver.

Pinson de Darwin à gros bec, *Geospiza magnirostris*

Distribution : îles Galapagos
Habitat : zones arides
Taille : 16,5 cm

C'est l'une des 13 espèces connues sous le nom de pinsons de Darwin que l'on ne trouve que dans les lointaines îles Galapagos. Ces oiseaux ont joué un rôle clef dans l'élaboration de la théorie de Darwin. Il est presque certain que toutes les espèces descendent d'une même forme de pinson qui vivait dans ces îles il y a moins de 1 million d'années. Comme il y a peu de passereaux aux Galapagos, de nombreuses niches écologiques étaient disponibles, d'où la division graduelle en différentes espèces. La plupart ont le même plumage, mais leurs modes de vie et d'alimentation diffèrent, ce que reflète la diversité de formes de leurs becs. Certains ont un bec énorme, fait pour casser des graines dures ; d'autres un bec qui rappelle celui des perroquets, pour déchirer des plantes souples ; d'autres encore un bec fin, pour attraper des insectes.

Le bec massif et puissant de celui-ci est parfaitement adapté à son régime, constitué de graines dures. Il ne mange que peu d'insectes. Les deux sexes diffèrent, le mâle étant largement coloré de noir, et la femelle étant grise.

Il se comporte à la saison des nids comme tous les pinsons de Darwin. Le mâle établit un territoire et construit plusieurs nids en dôme. Il parade devant la femelle, qui choisit un nid ou l'aide à en faire un autre. Le mâle nourrit la femelle pendant la période qui précède la ponte de 2 à 5 œufs, puis pendant les 12 jours d'incubation. Le couple nourrit les poussins jusqu'à ce qu'ils quittent le nid, à l'âge de 13 ou 14 jours. Si les réserves de nourriture le permettent, il peut y avoir plusieurs couvées au cours de la saison.

Pinson olive, *Certhidea olivacea*

Distribution : îles Galapagos
Habitat : zones humides à sèches
Taille : 10 cm

Le pinson olive, le plus agile et le plus vif des pinsons de Darwin, évolue avec adresse tandis qu'il volette à travers la végétation, en quête d'insectes et d'araignées, qui constituent l'essentiel de son régime alimentaire. Son bec est mince et pointu comme celui d'une fauvette, et sa façon de glaner la nourriture sur le feuillage est identique à celle, très caractéristique, de la fauvette. Certains mâles ont la gorge tachée d'orange ; sinon, les deux sexes sont identiques.

Le mâle choisit un territoire et fait plusieurs nids dans des buissons ou des arbustes, et la femelle en sélectionne un. Elle couve 2 à 5 œufs pendant 12 jours environ.

FRINGILLES, BRUANTS ET TANGARAS SUITE

Euphone vert à calotte bleue, *Chlorophonia occipitalis*

Distribution : du sud-est du Mexique à l'ouest du Panama

Habitat : forêts, généralement au-dessus de 1 500 m d'altitude

Taille : 14 cm

Le mâle est de taille réduite, mais son plumage bleu et vert brillant rehaussé de touches de jaune est d'une certaine beauté. La femelle est surtout verte, avec moins de bleu et de jaune, et les jeunes mâles ressemblent aux femelles jusqu'à ce qu'ils acquièrent leur plumage d'adulte, à 1 an environ. Ces oiseaux arboricoles fréquentent la cime des arbres et s'y nourrissent de fruits. Quand ceux-ci sont rares dans leur habitat de haute altitude, il leur arrive de descendre dans les vallées. Après la saison des nids, en juillet, ils se déplacent quelques mois en bandes, à une douzaine d'oiseaux au maximum, mais vivent en couples le reste du temps.

La saison des nids débute en mars. Les deux partenaires font un nid soigné en forme de dôme, haut dans un arbre, généralement caché par la mousse et les plantes épiphytes, qui abondent dans ces forêts d'altitude. Le nid est fait de mousse, de racines d'épiphytes et de toiles d'araignée. Il semble y avoir 3 œufs ou davantage, couvés par la femelle seule, qui, chaque fois qu'elle quitte le nid pour se nourrir, se laisse tomber presque jusqu'au sol avant de s'envoler, afin de tromper les prédateurs. Les petits sont nourris par les parents par régurgitation et restent au nid 24 ou 25 jours. Il peut se produire une deuxième couvée.

Dacnis bleu, *Dacnis cayana*

Distribution : de l'est du Nicaragua au Panama, Amérique du Sud tropicale jusqu'au nord de l'Argentine

Habitat : forêts clairsemées, végétation secondaire, orangeraies

Taille : 11,5 cm

Le dacnis appartient au groupe des sucriers, mais il s'en distingue par son bec court et conique. Le mâle est bleu vif et noir, la femelle vert vif, avec quelques plumes bleues, grises et noires. Ces petits oiseaux remuants vont en quête d'insectes à la cime des arbres, seuls ou en petits groupes, parfois mêlés à des bandes d'autres tangaras et sucriers. Ils vivent de nectar, de fruits et d'insectes, qu'ils capturent parfois en vol, et sont très friands de fleurs de manguier et de figues sauvages.

La femelle fait un nid en coupe ouverte, à l'aide de végétaux doux. Elle couve les 2 ou 3 œufs et nourrit presque seule les petits, qui quittent le nid à 12 jours environ.

Tangara organiste, *Euphonia minuta*

Distribution : Mexique, Amérique centrale et nord de l'Amérique du Sud jusqu'en Amazonie brésilienne

Habitat : forêts pluviales, végétation secondaire, brousse, clairières

Taille : 9 cm

Le tangara organiste vit en couple ou en petit groupe dans le haut des arbres, et se nourrit surtout de baies du gui, d'insectes et d'araignées. Il lui faut parfois couvrir des distances considérables pour trouver ces baies. Les graines dures du gui sont excrétées en temps voulu, généralement dans les arbres, où elles se collent aux branches et germent. Toutes les espèces du genre *Euphonia* se nourrissent des baies du gui et sont les oiseaux qui propagent le plus cette plante parasite. Le mâle a un plumage coloré de jaune, de blanc, de noir et de gris-bleu, et la femelle est vert, gris et jaune. Le bec et la queue sont courts.

Comme les euphones, le tangara organiste construit un nid arrondi avec une entrée latérale, fait de mousse ou de plantes sèches et placé dans une fissure d'écorce ou de rocher, ou un creux dans un tronc d'arbre. La femelle couve 2 à 5 œufs pendant 14 à 18 jours, et les deux parents nourrissent les petits par régurgitation.

OISEAUX : FRINGILLES, BRUANTS ET TANGARAS 403

Tangara à bec d'argent, *Ramphocelus carbo*
DISTRIBUTION : du nord de l'Amérique du Sud (est des Andes) à la Bolivie, au Paraguay, au Brésil
HABITAT : bois, végétation secondaire, terres cultivées
TAILLE : 18 cm

Le trait distinctif de ce tangara est la base blanc argenté que l'on ne peut manquer de voir à la mandibule inférieure de son bec noir. Le plumage du mâle, variable suivant la région, est noir ou marron foncé sur les parties supérieures, avec la gorge et la poitrine rouges. Les femelles semblent toutes être marron foncé. On les trouve souvent près de l'eau, et ils tendent à vivre à la lisière de zones boisées, ou non loin, plutôt qu'à l'intérieur. Ils vont seuls ou en petits groupes en quête d'insectes et de fruits, passant des branches les plus basses à l'étage moyen des arbres.

La femelle fait un nid volumineux, qui est édifié dans un buisson ou un fourré. Le mâle la nourrit pendant qu'elle couve ses 2 œufs, 12 jours environ. Les jeunes quittent le nid 11 à 13 jours après l'éclosion.

Tangara septicolore, *Tangara chilensis*
DISTRIBUTION : du nord de l'Amérique du Sud (est des Andes) à la Bolivie et à l'Amazonie brésilienne
HABITAT : forêts pluviales
TAILLE : 14 cm

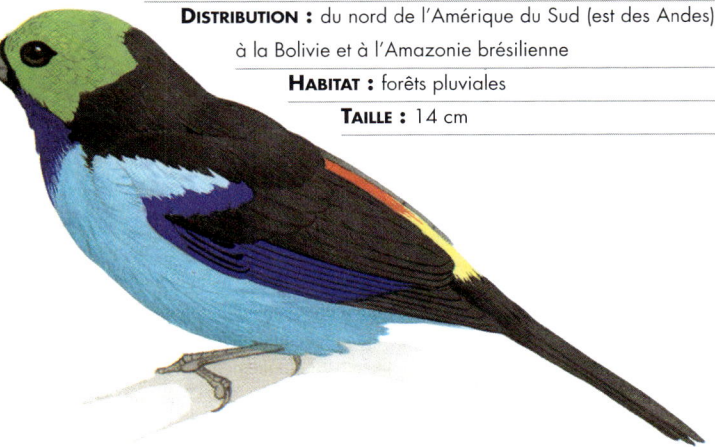

C'est un oiseau d'une extrême beauté, avec son plumage à reflets multicolores. Les deux sexes sont identiques. En groupes, souvent avec d'autres espèces, les tangaras septicolores vont en quête de baies, d'araignées et d'insectes dans les étages moyen et supérieur de la forêt.

La reproduction de cette espèce est probablement semblable à celle des autres tangaras.

Sucrier bleu, *Cyanerpes caeruleus*
DISTRIBUTION : Trinité, du nord de l'Amérique du Sud à la Bolivie, au Paraguay et au Brésil
HABITAT : forêts pluviales, lisières de forêts, mangroves, plantations
TAILLE : 10 cm

Des groupes de sucriers bleus hantent les arbres en fleurs de toutes sortes de régions boisées. Les fruits, les bananes en particulier, et les insectes comptent beaucoup dans leur régime, mais ces oiseaux se perchent aussi près des fleurs pour en extraire le nectar à l'aide de leur long bec arqué. Les deux sexes diffèrent par le plumage, mais sont également beaux : le mâle est à dominante bleu-mauve et noir, avec les pattes jaunes, et la femelle d'un vert profond, avec des taches chamois et bleues sur la tête et le poitrail.

Le nid, en coupe, est construit par la femelle, dans une fourche d'arbre ou de buisson. La ponte est de 2 œufs, qu'elle couve 12 à 14 jours. Les poussins quittent le nid vers 14 jours.

Bec-en-cône géant, *Oreomanes fraseri* **LR : nt**
DISTRIBUTION : Amérique du Sud (Andes, du sud de la Colombie à la Bolivie)
HABITAT : pentes couvertes de forêts et de broussailles
TAILLE : 17 à 18,5 cm

Sans être véritablement géant, il est nettement plus grand que les autres tangaras. Le plumage est plutôt sobre, surtout gris et châtain, et le bec, droit et pointu, mesure environ 25 cm. On connaît mal cet oiseau, qui habite les bois de *Polylepsis* de haute altitude dans les Andes, entre 3 000 et 4 000 m. Ces bois, froids et inhospitaliers, ont comme seule végétation les *Polylepsis* et quelques mousses et fougères. Le bec-en-cône y explore les troncs et les branches des arbres, à l'affût d'insectes, bien camouflé contre l'écorce par son plumage. On le trouve généralement dans des groupes caquetants, parfois mêlé à des bandes de gobe-mouches.

FRINGILLES, BRUANTS, ET TANGARAS SUITE

Tangara-hirondelle, *Tersina viridis*
DISTRIBUTION : de l'est du Panama à la Bolivie, Paraguay, nord-est de l'Argentine, sud-est du Brésil
HABITAT : forêts clairsemées, clairières, parcs
TAILLE : 14 cm

Le tangara-hirondelle, hors de la saison des nids, est un oiseau grégaire, qui se déplace par deux ou en petit groupe. Il explore tous les niveaux, du sol aux plus hautes branches des arbres, pour se nourrir de fruits et attraper des insectes au vol. Les oiseaux des deux sexes attirent le regard : le mâle est surtout turquoise et noir, et la femelle vert brillant, avec la face et la gorge marron, et des traces de jaune sur les flancs et le ventre.

Le mâle établit et défend un territoire de nidification. La femelle fait un nid en coupe, au bout d'un terrier qu'elle creuse dans un talus ou dans le trou d'un mur. Elle couve 3 œufs entre 14 et 17 jours. Dans certaines régions, ces oiseaux nichent dans les hautes terres et passent le reste de l'année à basse altitude.

Tangara à diadème, *Catamblyrhynchus diadema*
DISTRIBUTION : Andes, du Venezuela au nord-ouest de l'Argentine
HABITAT : forêts moussues, lisières de forêts, clairières
TAILLE : 14 cm

Sa huppe courte et érigée, jaune orangé, caractérise cet oiseau. Les deux sexes sont identiques. On connaît mal ce tangara, qui vit dans des forêts de montagne inaccessibles, mais il paraît vivre seul ou en couple et chercher dans la végétation basse ou au sol les insectes dont il se nourrit. On ne dispose d'aucune information sur sa reproduction.

Gros-bec à poitrine rose, *Pheucticus ludovicianus*
DISTRIBUTION : sud du Canada, centre et est des États-Unis jusqu'au nord de la Géorgie ; hiverne du Mexique au nord de l'Amérique du Sud
HABITAT : terrains boisés, bords des marais et des torrents, terres cultivées
TAILLE : 20,5 cm

Le mâle du gros-bec à poitrine rose est un bel oiseau, facilement reconnaissable à son plumage noir et blanc et au rouge de sa gorge. La femelle est striée de brun et de blanc. Cet oiseau recherche graines, bourgeons, fleurs et insectes dans les arbres. Il aime particulièrement les scarabées ; les fermiers l'apprécient, car il mange les doryphores et leurs larves. Le nid est sur une branche basse d'arbuste ou de buisson, et généralement fait par la femelle. Le couple couve 3 ou 4 œufs 12 ou 13 jours.

Saltator à gorge beige, *Saltator maximus*
DISTRIBUTION : Mexique, Amérique centrale et du Sud, du Panama au Brésil
HABITAT : lisières de forêts, végétation secondaire enchevêtrée, plantations
TAILLE : 20,5 cm

Cet oiseau à la queue longue et au bec épais est reconnaissable à la tache chamois bordée de noir de sa gorge. Les deux sexes sont identiques. En couples ou en petites bandes, ils cherchent des baies et des fruits, comme les chatons en fructification du *Cecropia*, dans la cime des arbres.

La femelle fait un nid volumineux dans un arbre ou un buisson, près du sol. Le mâle reste près d'elle, chante et la nourrit. Elle couve 2 œufs pendant 13 ou 14 jours, et les deux parents nourrissent et prennent soin des petits. Il y a parfois 2 couvées ou plus au cours de la saison.

Bruant non-pareil ou Pape de la Louisiane, *Passerina ciris*

Distribution : sud des États-Unis, Mexique ; hiverne des États du golfe du Mexique à l'Amérique centrale

Habitat : lisières de bois, fourrés près de torrents, jardins, routes

Taille : 13 à 14 cm

Le mâle très coloré serait tout à fait à sa place dans une forêt tropicale. La femelle est d'un jaune-vert brillant. Ils vivent de graines de graminées variées, d'araignées et d'insectes, sauterelles, chenilles et mouches. Le mâle défend farouchement son territoire.

Le nid, en coupe, fait d'herbe, de tiges et de feuilles, est situé dans un buisson, un arbre bas ou une plante grimpante, à 1 m du sol. La femelle couve ses 3 ou 4 œufs 11 ou 12 jours.

Dickcissel, *Spiza americana*

Distribution : États-Unis (Grands Lacs, au sud jusqu'aux États du golfe du Mexique) ; hiverne du Mexique au nord de l'Amérique du Sud

Habitat : prairies, champs de céréales et de luzerne

Taille : 15 à 18 cm

Ce petit oiseau doit son nom commun à son cri incessant, « dick-dick-cissel ». Le mâle est caractérisé par son gros bec, sa poitrine jaune, sa gorge marquée d'une bavette noire et les taches châtaines de ses ailes. La femelle lui ressemble, mais elle est plus terne, avec un plumage rayé et des taches alaires plus petites. Les dickcissels se nourrissent surtout au sol, notamment de graines de chiendent, de céréales, d'araignées et d'insectes, criquets et sauterelles.

Au moment de la reproduction, le mâle établit un territoire de nidification en criant d'un poste bien en vue. Le nid, en coupe, fait de tiges de chiendent, d'herbe et de feuilles, est édifié au sol, souvent à l'abri de récoltes de luzerne ou de céréales, ou dans un arbre ou un buisson. La ponte est normalement de 4 œufs, qui sont couvés pendant 12 ou 13 jours par la femelle. Il y a généralement 2 couvées par an.

Cardinal (rouge), *Cardinalis cardinalis*

Distribution : Canada (sud de l'Ontario), est des États-Unis (Grands Lacs et Nouvelle-Angleterre jusqu'au golfe du Mexique, sud du Texas et Arizona), Mexique, Guatemala

Habitat : lisières de bois, fourrés, parcs, jardins

Taille : 20 à 23 cm

Le mâle est d'un rouge éclatant, tandis que la femelle est brun chamois, avec une trace de rouge sur les ailes et la huppe, et a le bec rouge. Le cardinal est agressif et a un grand sens du territoire. Son répertoire de chants est riche et varié. On entend chanter mâle et femelle toute l'année. Ils se nourrissent de graines et de baies, et, à la saison des nids, ils capturent également des insectes.

La femelle fait un nid sur une branche d'arbuste ou de buisson, dans un amas de feuillage et de plantes grimpantes. Elle couve 3 ou 4 œufs pendant 12 ou 13 jours et peut produire 2 ou 3 couvées de plus.

FRINGILLES, BRUANTS, ET TANGARAS SUITE

Sucrier à ventre jaune, *Coereba flaveola*
Distribution : Mexique, puis jusqu'en Argentine, Antilles
Habitat : forêts, mangroves, jardins, parcs, plantations
Taille : 9,5 cm

Ce sucrier extrêmement accommodant est très répandu. Il se trouve aussi à l'aise dans l'épaisse forêt pluviale que dans les régions côtières sèches, à condition qu'il y ait des endroits où il puisse se cacher. Il vit seul ou en couple et ne forme jamais de bande. Il se nourrit surtout d'insectes et de fruits, mais aussi de nectar, en sondant les fleurs de son bec légèrement recourbé ou en perçant les grosses inflorescences à leur base pour en retirer le précieux breuvage.

Le nid est une construction sphérique, généralement suspendue à une branche ou une plante grimpante. La femelle couve 2 ou 3 œufs pendant 12 ou 13 jours, et les deux membres du couple nourrissent les poussins de nectar ou d'insectes. Il y a au moins 2 couvées par an.

Fauvette (ou Sylvette) noire et blanche, *Mniotilta varia*
Distribution : niche dans le sud du Canada, aux États-Unis, à l'est des Rocheuses ; hiverne du sud des États-Unis au nord-ouest de l'Amérique du Sud
Habitat : forêts de feuillus et mixtes, parcs, jardins
Taille : 11,5 à 14 cm

Mâle et femelle sont striés de noir et de blanc, mais la gorge du mâle est noire, et celle de la femelle blanche. Ils se nourrissent surtout d'insectes et grimpent sur les branches et les troncs d'arbres, en quête de chenilles, de fourmis, de mouches, de scarabées et d'araignées. Le nid est en coupe, au sol, au pied d'un arbre ou d'un rocher, et la femelle couve 4 ou 5 œufs pendant 10 à 12 jours. Les poussins sont soignés par les parents jusqu'à leur départ du nid, soit durant quelque 8 à 12 jours après l'éclosion.

Fauvette (ou Sylvette) à ailes dorées, *Vermivora chrysoptera*
Distribution : niche dans le nord-est des États-Unis ; hiverne au sud jusqu'en Amérique centrale et au Venezuela
Habitat : terrains boisés, halliers
Taille : 11 à 14 cm

Reconnaissables à leurs taches alaires et leur couronne jaunes, mâle et femelle se ressemblent, mais la femelle a la gorge et le cercle oculaire plus clairs. Ils vont en quête d'insectes et d'araignées dans le feuillage, à tous les niveaux des arbres et des buissons.

Le nid est au sol ou juste au-dessus, dans la végétation, et la femelle couve 4 ou 5 œufs, parfois 6 ou 7, durant 10 jours environ. Cette fauvette s'hybride souvent avec la fauvette à ailes bleues, *V. pinus*, là où leurs zones de répartition se chevauchent.

Fauvette (ou Sylvette) parula, *Parula americana*
Distribution : niche dans le sud-est du Canada, l'est des États-Unis ; hiverne dans le sud de la Floride, aux Antilles, du Mexique au Nicaragua
Habitat : forêts de conifères, marais, bois variés en hiver
Taille : 11 cm

C'est une petite fauvette calme, qui part à la recherche d'insectes et de chenilles, surtout, dans les arbres, grimpant sur les branches et sautillant d'un perchoir à l'autre. Elle mange aussi des araignées. Les deux sexes ont le même plumage, mais la femelle est un peu plus terne.

Le nid est fait dans les lichens des arbres ou dans la mousse. La femelle couve ses 4 ou 5 œufs pendant 12 ou 13 jours. Le couple soigne les petits.

OISEAUX : FRINGILLES, BRUANTS ET TANGARAS 407

Sylvette (ou Figuier) jaune, *Dendroica petechia*
DISTRIBUTION : Alaska, largement au Canada, États-Unis, Mexique, puis jusqu'au Pérou, Antilles
HABITAT : halliers humides, marais
TAILLE : 11 à 13 cm

Cette espèce très répandue est très variable. Le plumage nuptial du mâle est, de façon typique, jaune vif strié de châtain ou d'orangé. Les mâles sont plus ternes en dehors de la saison des nids, et les femelles généralement davantage teintées de vert. Ils vont dans le feuillage des arbres et des buissons, en quête d'insectes, beaucoup de chenilles, mais aussi des scarabées des écorces, des phalènes et des araignées.

La femelle fait un nid en coupe dans un arbre ou un buisson, et couve 4 ou 5 œufs pendant 11 jours environ.

Fauvette (ou Sylvette) couronnée, *Seiurus aurocapillus*
DISTRIBUTION : niche du centre et de l'est du Canada et des États-Unis jusqu'aux États du nord du golfe du Mexique ; hiverne du golfe du Mexique au nord de l'Amérique du Sud
HABITAT : forêts
TAILLE : 14 à 15 cm

Cette fauvette est reconnaissable à sa couronne brun orangé bordée de noir et à ses cercles orbitaux blancs. Elle trouve sa nourriture en fouillant sous les feuilles mortes et autres débris, à l'affût d'insectes, d'araignées, de limaces, d'escargots et autres petites créatures. Elle ne dédaigne pas les graines ni les baies.

La femelle fait un nid en dôme, au sol, avec une entrée latérale. Elle couve 4 ou 5 œufs pendant 11 à 14 jours.

Fauvette (ou Sylvette) triste, *Oporornis philadelphia*
DISTRIBUTION : niche dans le centre et l'est du Canada, le nord-est des États-Unis ; hiverne du Nicaragua à l'Équateur et au Venezuela
HABITAT : halliers, terrains boisés humides
TAILLE : 12,5 à 14,5 cm

Mâle et femelle ont un capuchon gris, et le mâle a la gorge marquée de noir. La fauvette triste vit cachée et va à la recherche d'insectes et d'araignées dans la végétation basse.

Le nid, volumineux, est édifié au sol ou dans un buisson bas, et la femelle couve 3 à 5 œufs pendant 12 ou 13 jours.

Fauvette peinte, *Myioborus pictus*
DISTRIBUTION : sud-ouest des États-Unis, du Mexique au Nicaragua
HABITAT : bois, canyons
TAILLE : 12,5 à 14,5 cm

C'est un petit oiseau très vif, avec le poitrail rouge vif et la gorge blanche chez les deux sexes. Les fauvettes peintes vivent exclusivement d'insectes, qu'elles attrapent surtout au vol en s'élançant de leur perchoir.

Le nid est édifié au sol, dans un trou près d'un rocher ou d'une touffe d'herbe. La femelle couve seule ses 3 ou 4 œufs pendant 13 ou 14 jours.

Fauvette à couronne d'or, *Basileuterus culicivorus*
DISTRIBUTION : du Mexique au nord de l'Argentine, Trinité
HABITAT : forêts pluviales, plantations, brousse
TAILLE : 12,5 cm

Le trait distinctif de la fauvette à couronne d'or est justement sa couronne jaune ou roux orangé, lisérée de noir. Elle va en quête d'insectes – qui constituent l'essentiel de son régime – plutôt près du sol, dans la végétation serrée, et elle ne vole que très rarement à découvert.

La femelle bâtit un nid en dôme, en forme de four, à terre, et couve seule ses 3 œufs pendant 14 à 17 jours.

FRINGILLES, BRUANTS, ET TANGARAS SUITE

Cassique de Wagler, *Psarocolius wagleri*
Distribution : du sud du Mexique au nord-ouest de l'Équateur
Habitat : forêts, clairières
Taille : 28 à 35,5 cm

Il est sombre, avec une tête caractéristique châtaine et la queue jaune. Le mâle est plus gros que la femelle et orné d'une huppe de plumes filiformes. Arboricole, il sautille et volette aux étages moyen et supérieur, en quête de fruits, de graines et d'insectes.

Ces cassiques nichent à plusieurs colonies, et une cinquantaine à une centaine de couples font leur nid dans le même arbre ou le même bosquet, isolé ou bien en vue. La femelle tisse un nid allongé en forme de bourse, suspendu à une branche.

Oriole orangé, *Icterus galbula*
Distribution : sud du Canada, largement aux États-Unis, sauf la côte du golfe du Mexique et la Floride, nord du Mexique ; hiverne du sud du Mexique à la Colombie
Habitat : terrains boisés, parcs, jardins
Taille : 18 à 21 cm

L'espèce comporte 2 formes : l'oriole de Baltimore à l'est, et celui de Bullock à l'ouest. L'oriole de Baltimore est celui représenté ici. La population occidentale est identique, mais le mâle a la tête orangée et une tache alaire blanche. Ces oiseaux se nourrissent d'insectes, de fruits et de baies.

La femelle fait le nid ; c'est une poche profonde tissée de fibres végétales et d'autres matériaux à longs brins, suspendue à une ramille fourchue. Elle pond 3 à 6 œufs, 4 ou 5 généralement, qu'elle couve 14 jours environ.

Cassique à dos jaune, *Cacicus cela*
Distribution : du Panama au nord de la Bolivie, est du Brésil, Trinité
Habitat : forêts pluviales, végétation secondaire, terrains découverts avec des arbres dispersés
Taille : 23 à 28 cm

Cet oiseau grégaire se nourrit, niche et perche en groupe. Il trouve une bonne part de sa nourriture dans les arbres, fruits et insectes, entre autres. Mais il n'hésite pas à piquer sur des termites volants.

Il niche en colonie et la femelle tisse un long nid en forme de bourse, d'herbe et de fibres végétales, qui est suspendu à une branche tout près des autres nids. La ponte est de 2 œufs couvés 12 jours par la femelle.

Mainate bronzé ou Quiscale bronzé, *Quiscalus quiscula*
Distribution : sud du Canada, États-Unis (est des Rocheuses)
Habitat : bois clairsemés, champs, parcs, jardins, vergers
Taille : 28 à 34 cm

Cet oiseau noir brillant a des reflets irisés pourpres ou d'autres couleurs, selon la race. La femelle est plus petite que le mâle. Grégaires, ils vont en vastes bandes bruyantes et perchent en groupes. Ils recherchent noix, fruits, mais aussi œufs et poussins de petits oiseaux, dans les arbres et les buissons. Ils fouillent le sol à l'affût de vers, poursuivent insectes, souris et lézards, et vont même patauger dans les mares ou les torrents pour attraper des animaux aquatiques.

Le nid volumineux de brindilles, de tiges et d'herbe est dans un buisson, un arbre ou sur un bâtiment. Les oiseaux nichent généralement en colonies. La femelle couve 5 ou 6 œufs 13 ou 14 jours, et les parents soignent les poussins.

Goglu bobolink, *Dolichonyx oryzivorus*

Distribution : sud du Canada, États-Unis (au sud jusqu'en Pennsylvanie, Colorado, Californie) ; hiverne en Amérique du Sud
Habitat : prairies, terres cultivées
Taille : 15 à 20 cm

Le mâle en plumage nuptial est surtout noir, avec le croupion blanc, une ligne blanche sur le dos et la nuque jaune. En hiver, on dirait une version agrandie de la femelle, avec un plumage jaune-brun. Les insectes sont sa principale nourriture en été, mais en hiver, quand il migre au sud, il se nourrit du grain des récoltes, autrefois de riz, en particulier.

Le goglu réalise la plus longue migration qui soit dans la famille, en parcourant 8 000 km au moins de l'Argentine au nord des États-Unis et au Canada.

Une fois sur les sites de nichage, le mâle courtise la femelle en exécutant un vol nuptial accompagné de gloussements sonores. Un mâle a parfois plusieurs compagnes. La femelle fait un nid au sol et couve 5 ou 6 œufs, qui éclosent après 13 jours d'incubation.

Vacher à tête brune, *Molothrus ater*

Distribution : sud du Canada, États-Unis ; hiverne au sud de son aire de nichage, du Maryland au Texas et à la Californie, Mexique
Habitat : bois, terres agricoles, champs, terrains découverts
Taille : 15 à 20 cm

Ainsi que le suggère son nom, le mâle se distingue par sa tête brune luisante. La femelle est uniformément grise. Ces oiseaux grégaires forment de vastes bandes en hiver, et des groupes de 6 individus au plus à la saison des nids. Ils vivent surtout de végétaux, grain, graines, baies et fruits, et de quelques insectes, araignées et escargots.

Les vachers sont parasites, puisque la femelle pond dans le nid d'autres oiseaux. Elle pond jusqu'à 12 œufs, chacun étant déposé dans un nid différent, qui doivent être couvés pendant 11 ou 12 jours. On sait que ce vacher a plus de 185 espèces comme hôtes, la plupart avec des œufs plus petits que les siens. Ses poussins naissent plus tôt et sont plus gros que ceux de l'hôte, qui généralement meurent.

Sturnelle des prés, *Sturnella magna*

Distribution : sud-est du Canada, États-Unis (de la Nouvelle-Angleterre au Minnesota, puis au sud, Floride, Texas et Nouveau-Mexique), du Mexique au Brésil
Habitat : terrains découverts (prairies, champs, pâturages)
Taille : 21,5 à 28 cm

La sturnelle des prés offre une forte ressemblance avec la sentinelle à gorge jaune, *Macronyx croceus*, qui fait partie de la famille des pipits et bergeronnettes. Elles ne sont pas parentes, mais se sont adaptées à un mode de vie semblable dans un habitat semblable. Celle-ci se perche souvent bien en vue sur des fils ou des poteaux, mais trouve l'essentiel de sa nourriture au sol : des sauterelles, fourmis, scarabées, chenilles, diverses céréales, graines de chiendent, ainsi que des cadavres d'oiseaux tués sur la route.

Après avoir hiverné juste au sud de leur aire de reproduction, les sturnelles des prés y retournent au printemps, les mâles arrivant sur place avant les femelles pour établir un territoire. Un mâle a parfois plusieurs femelles. Le nid, fait d'herbe, est édifié dans une cavité au sol, à découvert, et est souvent en dôme. La femelle couve 5 œufs pendant 13 ou 14 jours. Les deux membres du couple nourrissent les petits.

Reptiles

Des survivants de la préhistoire

Les reptiles qui peuplent aujourd'hui notre planète jouent le rôle de survivants dans l'histoire de l'évolution animale. Le passage des amphibiens aux reptiles s'est effectué progressivement, il y a environ 250 millions d'années. De la souche primitive riche en capacités évolutives est issu un ensemble de géants qui ont longtemps prédominé sur terre (dinosaures), dans l'air (ptérosaures) ou dans l'eau (ichtyosaures et plésiosaures), pour disparaître ensuite en l'espace de quelques siècles. Les survivants de cette disparition brutale sont nos reptiles actuels. À partir de la souche primitive se sont également développés les ancêtres des deux groupes actuels de vertébrés terrestres : les mammifères et les oiseaux. Les reptiles constituent donc le chaînon qui relie les amphibiens – et les débuts de la vie animale terrestre – aux vertébrés, qui constituent le groupe le plus récent dans l'histoire de l'évolution.

Graptemys pseudogeographica

Il existe différents systèmes de classification des reptiles. La classification la plus récente, fondée sur les méthodes cladistiques, ne reconnaît pas les « reptiles » comme un groupe taxonomique, mais les considère simplement comme un groupe au sein duquel ont été rassemblés des animaux issus d'ancêtres différents. On continuera néanmoins de se servir ici du terme « reptile », tant il est resté familier. La plupart des classifications existantes distinguent 16 ou 17 ordres, dont 4 seulement d'animaux actuels : les chéloniens ou tortues ; les crocodiliens ; les squamates, lézards, serpents et amphisbènes ; et les rhynchocéphales représentés par 2 espèces reliques, les hattérias de Nouvelle-Zélande.

Les chéloniens constituent un ensemble varié et prospère de quelque 250 espèces connues. On peut les définir comme des reptiles au corps trapu, inséré dans une carapace à l'intérieur de laquelle ils peuvent, dans des mesures diverses, rentrer la tête, la queue et les membres. La carapace est constituée de plaques osseuses recouvertes d'une couche d'une matière cornée similaire à celle des écailles des autres reptiles. Totalement dépourvus de dents, les chéloniens saisissent leur nourriture (animale ou végétale) à l'aide de leurs mâchoires revêtues d'un étui corné, le tout formant un bec aux bords tranchants.

Les crocodiles et leurs alliés sont les seuls descendants actuels des archosauriens de la préhistoire. Représentés par les dinosaures et les ptérosaures, les archosauriens ont régné sur le milieu terrestre pendant quelque 130 millions d'années. Avec leur corps allongé caractéristique et leur tête massive, les crocodiliens étaient déjà d'efficaces prédateurs amphibies il y a 200 millions d'années. Ce sont actuellement les plus grands reptiles vivants. Ils sont tous carnivores, équipés de dents acérées qui se régénèrent en permanence.

Lézards, serpents et amphisbènes constituent l'ordre des squamates, un terme qui rappelle que leur corps est couvert d'écailles. Le corps mince et allongé des lézards, terminé par une longue queue, est le résultat d'une adaptation à des milieux variés. Les lézards sont capables de s'enfouir dans le sol, de courir, de nager et de grimper, quelques-uns – rares – parvenant même à planer sur de courtes distances grâce à un repli cutané qui frange leurs membres. Les espèces carnivores – les plus nombreuses – se nourrissent d'invertébrés et de petits vertébrés, les autres de végétaux. Les serpents ont un corps long et cylindrique, dépourvu de membres, et une tête qui constitue un prodige d'adaptation. L'armature

Gavial du Gange

Serpent d'arbre

du crâne permet une étonnante dilatation de la bouche, ce qui donne à l'animal la possibilité d'engloutir une proie d'une taille très grande par rapport à la largeur de sa tête. Certains disposent de crochets à venin, d'autres étouffent leur proie dans la puissante étreinte de leur corps flexible.

Le dernier ordre des reptiles est représenté par les hattérias de Nouvelle-Zélande, qui semblent avoir peu évolué depuis 200 millions d'années.

Comparés aux amphibiens, les reptiles marquent de nets progrès du point de vue de l'évolution. Les plus déterminants concernent le contrôle de la température du corps, la structure de la peau, et la méthode de reproduction adoptée.

Animaux à sang froid comme les amphibiens, les reptiles ont une température variable, très proche de celle de leur environnement. Ils se procurent de la chaleur en « lézardant » au soleil ou sur des rochers chauffés par celui-ci, et ils sont ainsi capables d'ajuster, dans une certaine mesure, la température de leur corps. Quand la chaleur est insuffisante, ils réduisent leur activité. Mais le fait qu'ils soient, en fin de compte, dépendants du soleil explique que les reptiles soient surtout abondants sous les climats tropicaux et tempérés-chauds.

Si l'humidité de la peau des amphibiens joue un rôle important dans leur respiration, les reptiles ont en revanche développé un épiderme superficiellement corné, imperméable, qui leur permet de subsister dans des biotopes très secs.

Comparées à celles des amphibiens, les méthodes de reproduction des reptiles constituent un grand bond en avant vers la résolution du problème de la reproduction sexuelle en milieu terrestre. Les reptiles ne sont plus dépendants de l'eau pour ce qui est de provoquer la rencontre des œufs et du sperme ; chez la totalité d'entre eux, la fécondation est interne et s'opère grâce à un organe copulateur mâle (deux chez les lézards et les serpents, dont un seul pénètre dans les voies génitales femelles). Mais le grand progrès des reptiles dans le domaine de la reproduction consiste en ce que leurs œufs sont protégés par une coque, parfois imprégnée de sels minéraux, qui les met à l'abri de l'abrasion, de l'évaporation et d'autres dommages éventuellement encourus du fait du milieu terrestre dans lequel ils sont pondus. L'œuf contient du liquide et des réserves nutritives en quantité suffisante pour donner directement naissance à un adulte en miniature, sans passer par la phase larvaire intermédiaire que connaissent les amphibiens. Les vaisseaux sanguins qui parcourent les membranes entourant l'embryon assurent le transfert des réserves alimentaires, les échanges d'oxygène et de gaz carbonique avec l'extérieur – via la coquille –, les déchets azotés étant accumulés dans un sac spécial qui reste solidaire de la coquille au moment de l'éclosion du reptile. Pour sortir de l'œuf, celui-ci dispose d'une dent d'éclosion, qui lui permet de briser l'enveloppe et qui tombe 2 ou 3 jours plus tard.

Chez certains reptiles, les œufs sont entourés d'une membrane mince et se développent à l'intérieur du corps de la femelle. L'éclosion est interne ou se produit au moment de l'expulsion (ovoviviparité). Chez quelques espèces plus évoluées encore, l'embryon est entouré d'une forme primitive de placenta (viviparité). Les jeunes qui se développent à l'intérieur du corps de la mère sont ainsi protégés des prédateurs et de tous autres risques physiques, et sont assurés d'un développement rapide grâce à la chaleur que se procure la femelle. Certaines familles essentiellement ovipares comptent aussi des espèces vivipares, en particulier dans les biotopes d'altitude ou sous les climats rigoureux.

Au cours de leur évolution, les reptiles ont engendré les principales modifications physiologiques nécessaires à la vie terrestre ; ils ont érigé le tremplin à partir duquel mammifères et oiseaux se sont élancés pour amener les capacités d'adaptation des vertébrés à leur plus haut niveau de sophistication.

Lézard-caïman

RÉFÉRENCES DU CLADOGRAMME A DES REPTILES

1. Chéloniens (tortues)
2. Sphénodontidés (hattérias) et squamates (lézards, serpents)
3. Crocodiliens (crocodiles, alligators)
4. Oiseaux
5. Mammifères

CLADOGRAMME A

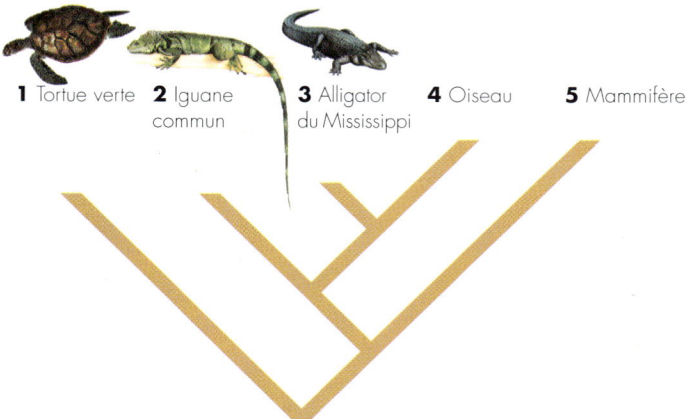

1 Tortue verte 2 Iguane commun 3 Alligator du Mississippi 4 Oiseau 5 Mammifère

Cladogramme montrant les parentés phylogénétiques possibles entre les « reptiles ». La classification traditionnelle place les tortues, les crocodiles, les lézards et les serpents dans la classe des reptiles, et les oiseaux dans un groupe de même importance hiérarchique. Pour les cladistes, le groupe des reptiles est un assemblage artificiel qui comprend des membres appartenant à plus d'un groupe monophylétique. Ce cladogramme montre les parentés possibles entre les tortues, les crocodiles, les lézards et les serpents. Il met en lumière le particularisme des tortues, qui présentent des caractères distincts (le crâne et la carapace), les parentés entre les lézards, les serpents et les crocodiles, et l'égalité de rang des oiseaux avec le taxon « reptilien » illustré ici. Les autres cladogrammes de cette double page montrent les parentés probables à l'intérieur des tortues, des lézards et des serpents, respectivement.

RÉFÉRENCES DU CLADOGRAMME B DES REPTILES

1. Chélidés (matamatas)
2. Pélomédusidés (tortues pleurodines)
3. Chélydridés (tortues nappantes)
4. Dermochélyidés (tortues-luths)
5. Chélonidés (tortues marines)
6. Kinosternidés (tortues boueuses, tortues musquées)
7. Dermatémyidés (tortues d'eau douce d'Amérique centrale)
8. Carettochélyidés (tortues à carapace molle de Nouvelle-Guinée)
9. Trionychidés (tortues à carapace molle)
10. Testudinités (tortues terrestres)
11. Emydidés (tortues d'eau douce)

CLADOGRAMME B

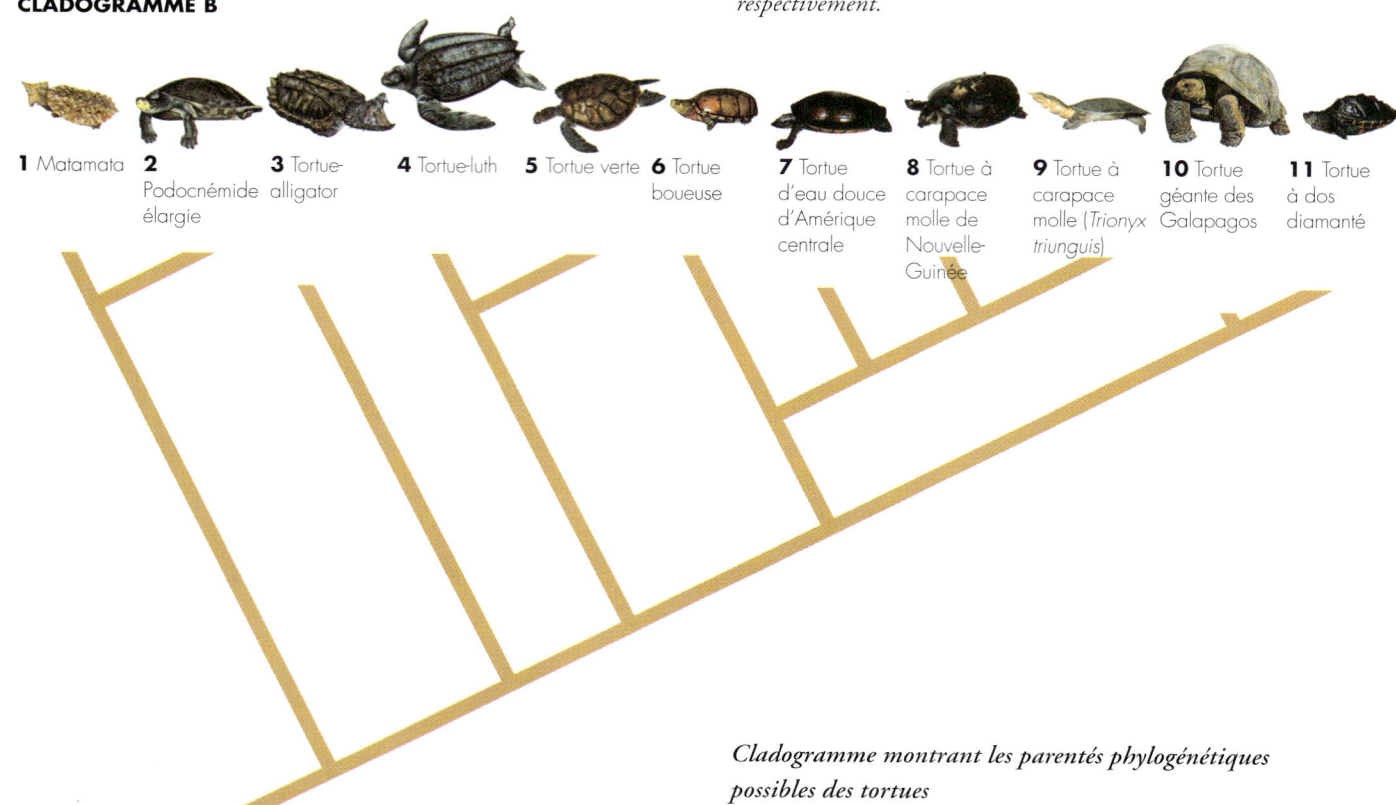

1 Matamata 2 Podocnémide élargie 3 Tortue-alligator 4 Tortue-luth 5 Tortue verte 6 Tortue boueuse 7 Tortue d'eau douce d'Amérique centrale 8 Tortue à carapace molle de Nouvelle-Guinée 9 Tortue à carapace molle (*Trionyx triunguis*) 10 Tortue géante des Galapagos 11 Tortue à dos diamanté

Cladogramme montrant les parentés phylogénétiques possibles des tortues

CLADOGRAMME C

1 Hattéria 2 Iguane commun 3 Gecko (tokay) 4 Scinque géant à langue bleue 5 Varan de Gould 6 Serpents

Cladogramme montrant les parentés phylogénétiques possibles des hattérias et des lézards. Les iguanidés comprennent les iguanes, les agames et les caméléons. Les gekkonidés regroupent les geckos et les pygopodes. Les scincomorphes rassemblent les téiidés, les lacertidés, les scinques et les cordylidés. Les anguimorphes englobent les orvets, les lézards-crocodiles, les lézards apodes, les hélodermes et les varans.

RÉFÉRENCES DU CLADOGRAMME C DES REPTILES

1 Sphénodontidés (hattérias)
2 Iguanidés (iguanes, agames, caméléons)
3 Gekkonidés (geckos, pygopodes)
4 Scincomorphes (téiidés, lacertidés, scinques)
5 Anguimorphes (varans, hélodermes, orvets)
6 Serpents

RÉFÉRENCES DU CLADOGRAMME D DES REPTILES

1 Leptotyphlopidés (serpents filiformes)
2 Typhlopidés (serpents aveugles)
3 Anomalépidés (serpents aveugles d'Amérique du Sud)
4 Aniliidés (serpents-tubes)
5 Uropeltidés (serpents à queue armée)
6 Xénopeltidés (serpents arc-en-ciel)
7 Boïdés (boas, pythons)
8 Acrochordidés (serpents aquatiques d'Orient)
9 Atractaspidés (vipères-taupes)
10 Colubridés (couleuvres)
11 Élapidés (cobras, serpents de mer)
12 Vipédirés (vipères, crotales)

CLADOGRAMME D

1 Leptotyphlops du Mexique 2 Typhlops de Schlegel 3 *Anomalepis* sp. 4 Faux serpent corail 5 *Uropeltis biomaculatus* 6 Serpent arc-en-ciel 7 Boa émeraude 8 Acrochorde de Java 9 Vipère-taupe 10 Serpent-jarretière 11 Cobra royal 12 Serpent à sonnette du désert

Cladogramme montrant les parentés phylogénétiques possibles des serpents

ÉMYDIDÉS

ORDRE DES CHÉLONIENS OU TORTUES

Cet ordre rassemble environ 230 espèces actuelles. Les tortues ont le corps inséré dans une carapace faite d'écailles cornées modifiées et d'os. Elle est composée de deux parties : un plastron plat et ventral soudé au bouclier dorsal, ou dossière, bombé. Les côtes, insérées entre les vertèbres, sont soudées à la dossière (sauf chez la tortue-luth). Les quatre pattes cylindriques émergent latéralement. Chez la plupart des familles (les cryptodires), le cou, long et flexible, est rentré sous la carapace par flexion dans le plan vertical médian ; chez les pélomédusidés ou les chélidés (pleurodires), il est rentré par flexion latérale.

Les tortues ont des mâchoires sans dents, revêtues d'un étui corné formant un bec aux bords tranchants. Elles pondent des œufs qu'elles enfouissent dans le sable ou dans une cavité. Les nouveau-nés doivent se frayer un chemin jusqu'à la surface.

FAMILLE DES EMYDIDAE : TORTUES D'EAU DOUCE

Avec 85 espèces environ, les émydidés constituent le plus vaste groupe actuel de tortues d'eau douce et semi-terrestres. Cette famille est étroitement liée à celle des tortues terrestres (testudinidés) et certains auteurs rassemblent ces deux familles en un seul groupe. Néanmoins, le trait qui caractérise les émydidés est l'adaptation de leurs pattes postérieures à la nage plutôt qu'à la marche. La majorité des espèces vivent dans l'hémisphère Nord.

Le régime alimentaire des émydidés est varié, la plupart consomment à la fois des animaux et des végétaux. Certaines espèces carnivores à l'état jeune deviennent principalement herbivores au stade adulte.

Tortue à oreilles rouges, *Trachemys scripta* LR : nt

Distribution : États-Unis (de la Virginie au nord de la Floride, vers l'ouest jusqu'au Nouveau-Mexique) ; de l'Amérique centrale au Brésil
Habitat : cours d'eau lents, étangs, marais
Taille : 13 à 30 cm

Essentiellement aquatique, la tortue à oreilles rouges s'aventure rarement loin de l'eau. On la rencontre souvent en train de se chauffer sur un tronc flottant. La carapace est ovale, les dessins sont variables. Le mâle, généralement plus petit que la femelle, montre des griffes courbes et allongées. Les jeunes se nourrissent d'insectes, de crustacés, de mollusques et de têtards ; les adultes sont végétariens.

En juin et juillet, la femelle pond jusqu'à 3 nichées qui comportent de 4 à 23 œufs.

Graptemys pseudogeographica

Distribution : États-Unis (du Minnesota à la Louisiane et au Texas)
Habitat : cours d'eau, lacs et étangs
Taille : 8 à 25 cm

La carapace de cette graptémyde montre des dessins élaborés, la tête est marquée de clair. Chez le mâle, plus petit que la femelle, les griffes antérieures sont plus grosses. Cette tortue préfère les habitats riches en végétation et se nourrit de plantes aquatiques, de crustacés et de mollusques.

L'accouplement a lieu après une parade nuptiale, au cours de laquelle le mâle, après avoir nagé au-dessus de la femelle, se place face à elle et lui tapote le museau de ses pattes. La période de ponte (jusqu'à 3 par saison) s'étend de mai à juillet. À l'aide des pattes postérieures, la femelle creuse une cavité dans la berge et y dépose de 6 à 15 œufs. Cette espèce est devenue aujourd'hui beaucoup moins commune, du fait de la pollution de ses habitats.

Tortue à dos diamanté, *Malaclemys terrapin* LR : nt

Distribution : États-Unis (côtes de l'Atlantique et du golfe du Mexique)
Habitat : eaux saumâtres, estuaires, lagunes
Taille : 10 à 23 cm

C'est le seul émydidé nord-américain adapté aux eaux saumâtres ou salées. Ses fortes pattes postérieures en font un excellent nageur. La femelle est la plus grosse des deux.

La tortue à dos diamanté se nourrit de gastéropodes, de

peignes (mollusques), de vers et de certaines pousses de végétaux. La nuit, elle s'enfouit dans la vase, et, dans la partie nord de son aire de répartition, elle hiberne ainsi.

L'accouplement a lieu au printemps ; la femelle pond de 5 à 18 œufs, qui sont déposés dans des cavités qu'elle creuse dans les marais ou les dunes.

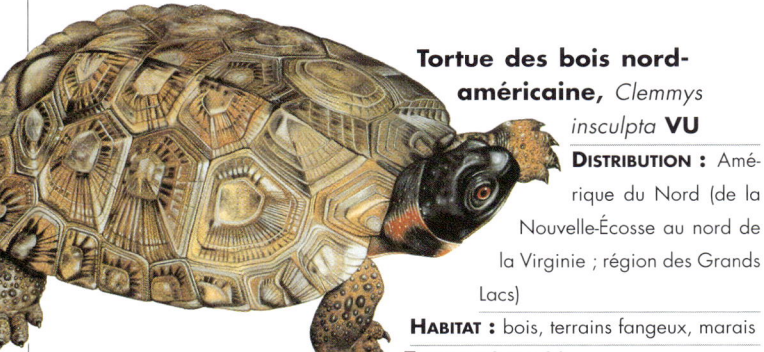

Tortue des bois nord-américaine, *Clemmys insculpta* VU
DISTRIBUTION : Amérique du Nord (de la Nouvelle-Écosse au nord de la Virginie ; région des Grands Lacs)
HABITAT : bois, terrains fangeux, marais
TAILLE : 12,5 à 23 cm

Cette tortue nord-américaine passe sa vie sur terre, mais généralement au voisinage de l'eau. Bonne grimpeuse ; elle se nourrit de fruits aussi bien que de vers, de limaces et d'insectes. En mai-juin, la femelle pond de 6 à 8 œufs qui éclosent vers octobre, ou au printemps suivant dans le Nord. Dans le nord de l'aire de distribution, les adultes hibernent.

Populaire comme animal familier, la tortue des bois a été abusivement chassée ; devenue rare, elle est protégée dans certains États des États-Unis.

Tortue-boîte, *Terrapene carolina* LR : nt
DISTRIBUTION : États-Unis (États de l'Est, ouest du Texas)
HABITAT : régions boisées humides
TAILLE : 10 à 20 cm

Piètre nageuse, cette tortue-boîte ne s'aventure qu'en eaux peu profondes et passe le plus clair de sa vie en milieu terrestre. La carapace aux couleurs et dessins variables a une dossière fortement bombée. Si elles mangent à peu près n'importe quoi, les tortues-boîtes sont friandes de fruits, de lombrics et de limaces ; elles absorbent même des champignons vénéneux pour les humains, lesquels risquent ensuite de s'empoisonner en consommant leur chair. Généralement actives le jour ou après la pluie, elles se réfugient durant les brûlantes journées d'été dans des régions marécageuses.

Au printemps, au sortir de la période d'hibernation, les tortues-boîtes procèdent à des parades nuptiales élaborées. La femelle pond de 3 à 8 œufs dans un entonnoir qu'elle a creusé. Les jeunes passent souvent l'hiver suivant dans ce nid. La femelle conserve vivants pendant plusieurs années les spermatozoïdes reçus lors d'un coït.

Cistude d'Europe, *Emys orbicularis* LR : nt
DISTRIBUTION : une grande partie de l'Europe, Asie occidentale, nord-ouest de l'Afrique
HABITAT : eaux stagnantes ou lentes
TAILLE : 13 à 15 cm

La cistude d'Europe affectionne les eaux riches en plantes aquatiques, aime se chauffer sur la berge et chasse sur terre aussi bien que dans l'eau. Exclusivement carnivore, elle se nourrit de poissons, de grenouilles, d'escargots et de vers.

Elle hiberne enfouie dans la vase ou dans une chambre creusée dans la berge. L'accouplement a lieu au printemps. Dans un trou creusé avec sa queue, la femelle dépose de 3 à 16 œufs. Elle utilise généralement le même site de ponte chaque année.

Batagur, *Batagur baska* EN
DISTRIBUTION : Asie du Sud-Est, du Bengale au Viêt-nam
HABITAT : zones des marées, estuaires
TAILLE : 58 cm

Grosse tortue herbivore à lourde carapace lisse, la batagur se rencontre souvent dans les eaux saumâtres, voire salées. Chaque patte porte 4 griffes.

Les batagurs qui nichent sur les berges sableuses ont généralement 3 pontes de 50 à 60 œufs par saison. La consommation excessive de ces tortues en a provoqué la raréfaction ; elles ont aujourd'hui totalement disparu dans certaines parties de leur aire de distribution.

TORTUES TERRESTRES

Famille des Testudinidae : Tortues terrestres

Il existe environ 39 espèces de tortues terrestres réparties en Amérique du Nord, en Europe, en Asie, en Afrique et à Madagascar. Ces tortues, strictement terrestres, ont des pattes massives recouvertes de petites écailles d'où ne font saillie que les griffes des doigts ; quand les pattes et la tête sont rétractées sous la carapace, l'animal ne forme qu'un seul bloc. Bien protégées, ces tortues ne montrent aucune agressivité et ne tentent généralement pas de fuir lorsqu'elles sont dérangées. Leur régime alimentaire est essentiellement herbivore.

Tortue à carapace flexible, *Malocochersus tornieri* VU

Distribution : Afrique (Kenya, Tanzanie)
Habitat : formations rocheuses des régions arides
Taille : 15 cm

C'est l'une des espèces les plus originales du globe. La carapace est très plate et lisse ; dérangée, la tortue se presse d'aller se réfugier dans une anfractuosité rocheuse. Là, elle gonfle ses poumons, ce qui augmente sa taille et la rend quasi impossible à déloger. Lorsqu'elle se retourne à la suite d'une chute, elle est capable de se redresser grâce à la forme plate de sa carapace et à la flexibilité de ses membres. La femelle est légèrement plus grosse que le mâle.

La tortue à carapace flexible se nourrit d'herbe sèche. La femelle pond un seul œuf à la fois, à deux reprises et plus par saison. Les œufs éclosent environ 6 mois plus tard.

Tortue du désert, *Gopherus polyphemus* VU

Distribution : États-Unis (de la Caroline-du-Sud à la Floride, vers l'ouest jusqu'à la Louisiane)
Habitat : régions sablonneuses entre prairies et forêts
Taille : 23,5 à 37 cm

La carapace est fortement bombée. Les pattes antérieures spatulées, fortement écailleuses, font de cette tortue une excellente fouisseuse ; elle creuse une galerie inhabituellement longue et aboutissant à une chambre-refuge dans laquelle l'humidité et la température demeurent relativement constantes. On a découvert des tunnels dépassant 14 m. La tortue du désert partage parfois cet abri avec d'autres petits animaux.

La tortue du désert sort de son terrier durant le jour, pour se chauffer au soleil et se nourrir d'herbe et de feuilles. L'accouplement a lieu au printemps. D'avril à juillet, la femelle a plusieurs pontes se composant de 2 à 7 œufs, qu'elle dépose dans un trou peu profond.

Chersine angulata
Distribution : Afrique australe
Habitat : régions côtières
Taille : 15 à 18 cm

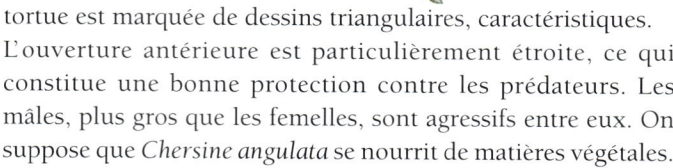

La carapace de cette tortue est marquée de dessins triangulaires, caractéristiques. L'ouverture antérieure est particulièrement étroite, ce qui constitue une bonne protection contre les prédateurs. Les mâles, plus gros que les femelles, sont agressifs entre eux. On suppose que *Chersine angulata* se nourrit de matières végétales.

En août, 1 ou 2 œufs sont déposés dans un trou de 10 cm environ de profondeur ; ils éclosent environ 1 an plus tard.

Tortue géante des Galapagos, *Geochelone nigra* VU

Distribution : îles Galapagos
Habitat : varié, des forêts fraîches et humides aux terres arides
Taille : jusqu'à 1,20 m

Il existe au moins 13 sous-espèces de ces tortues géantes pouvant dépasser les 225 kg. Du fait de l'isolement insulaire, les populations se sont diversifiées au fil des millénaires et adaptées à leurs environnements respectifs. Darwin s'est d'ailleurs largement appuyé sur ses observations faites sur les diverses sous-espèces pour élaborer sa théorie sur l'origine des espèces.

Chez les tortues géantes, la taille, la longueur et l'épaisseur des membres et, surtout, la forme de la carapace sont variables. Chez certaines, un ensellement de la carapace permet à l'animal de dresser la tête pour atteindre des plantes plus élevées – cela pour les espèces peuplant des îles où la végétation est haute. Les mâles sont toujours notablement plus gros que les femelles.

Les tortues des Galapagos consomment toutes sortes de végétaux qu'elles vont rechercher dans les hautes terres, plus fertiles. Elles s'accouplent à toute période de

REPTILES : TORTUES TERRESTRES 417

Kinixys rongée, *Kinixys erosa* **DD**
DISTRIBUTION : ouest et centre de l'Afrique
HABITAT : forêts pluviales, marais, berges de cours d'eau
TAILLE : 33 cm

Une charnière située entre la deuxième et la troisième plaque de la dossière permet à l'arrière de la carapace de s'abaisser en cas de danger. Cette charnière est absente chez les jeunes. Pendant la majeure partie de sa vie, l'adulte reste à demi enfoui dans les débris végétaux. Les kinixys rongées se nourrissent de végétaux, mais aussi de petits animaux. La femelle libère généralement 4 œufs par ponte.

l'année, le mâle, de par sa taille, n'ayant aucune difficulté à se rendre maître de la femelle. La nidification a été soigneusement observée sur l'île Indéfatigable, où une réserve a été instaurée. Après le coït, la femelle rejoint les basses terres, le plein soleil et le sol nu ; elle ramollit le sol en urinant et, à l'aide de ses pattes postérieures, creuse un trou pouvant atteindre 30,5 cm de profondeur. Après avoir pondu jusqu'à 17 œufs, elle referme la cavité. Au moment de l'éclosion, les nouveau-nés doivent se frayer par eux-mêmes un chemin vers la surface.

Tortue-panthère, *Geochelone pardalis*
DISTRIBUTION : Afrique (du Soudan et de l'Éthiopie à l'Afrique du Sud)
HABITAT : savane, terres boisées
TAILLE : 61 cm

La carapace à dossière fortement bombée arbore des dessins élaborés. La tortue-panthère se nourrit d'une grande diversité de matière végétale, y compris de fruits et de fèves.

À la saison des amours, les mâles se livrent entre eux des combats furieux, tendant à renverser l'adversaire. La période de nidification, qui se situe en septembre et octobre en Afrique australe, est plus longue en Afrique tropicale. La femelle ramollit le sol avec son urine, puis y creuse une cavité à l'aide de ses pattes postérieures. Elle a plusieurs pontes par saison, de 5 à 30 œufs chacune.

Tortue grecque, *Testudo graeca* **VU**
DISTRIBUTION : nord de l'Afrique, extrêmes sud-est et sud-ouest de l'Europe, Moyen-Orient
HABITAT : champs, régions boisées
TAILLE : 15 cm

La dossière est modérément bombée, et on note la présence d'éperons bien visibles sur les cuisses. La femelle est plus grosse que le mâle. La tortue grecque hiberne, mais, dans les régions côtières, émerge dès février. Au printemps, lors de la parade nuptiale, le mâle pousse et mordille la femelle avant l'accouplement. Les œufs, généralement pondus par 2 ou 3 en mai et juin, éclosent vers septembre ou octobre, cette période pouvant varier en fonction du climat. Chez les jeunes, la dossière est nettement plus arrondie et les dessins sont plus clairs. Ces tortues sont vendues en masse comme animaux d'agrément et ne survivent souvent pas, en raison des conditions défavorables dans lesquelles elles sont alors maintenues.

TORTUES À CARAPACE MOLLE, TORTUES BOUEUSES ET TORTUES MUSQUÉES

Famille des Trionychidae : Tortues à carapace molle

Cette famille rassemble quelque 22 espèces de tortues aquatiques à 3 griffes seulement par patte, à carapace arrondie, flexible, dépourvue de plaques cornées. Chez la plupart des espèces, le cou est long et mobile. Les trionychidés passent le plus clair de leur temps dans l'eau, mais sont capables de déplacements rapides sur terre. Ils sont présents dans la partie orientale de l'Amérique du Nord, en Asie du Sud-Est et, pour une unique espèce, au Moyen-Orient.

Les femelles pondent jusqu'à trois fois par an des œufs à coquille dure. Elles deviennent généralement plus grosses que les mâles ; à maturité, leur carapace se marbre de sombre alors que celle des mâles tend à conserver ses dessins clairs.

Trionyx épineux, *Trionyx spiniferus*

Distribution : Amérique du Nord (Ontario et Québec, vers le sud jusqu'à la Floride et au Colorado)
Habitat : cours d'eau, criques, étangs
Taille : 15 à 46 cm

Les projections coniques qui frangent le bord antérieur de la carapace sont à l'origine du nom de cette tortue, dont on compte 6 sous-espèces, plus ou moins épineuses. Les femelles sont notablement plus grosses que les mâles.

L'espèce, essentiellement aquatique, se nourrit d'insectes, d'écrevisses et, accessoirement, de poissons et de matière végétale. Au printemps, ou en été, la femelle pond une vingtaine d'œufs sur le bord des étangs ou des rivières.

Chitra indica VU

Distribution : Inde, Pakistan, Thaïlande
Habitat : cours d'eau
Taille : 91 cm

Cette grosse tortue aux membres en forme de rames est une bonne nageuse. La tête est allongée, les yeux sont situés très en avant. Elle semble préférer les fonds clairs et sableux. C'est une tortue carnivore, et elle se nourrit principalement de poissons et de mollusques.

Trionyx triunguis

Distribution : Afrique (de l'Égypte au Sénégal)
Habitat : étangs, lacs, cours d'eau
Taille : 91 cm

Cette tortue qui peut atteindre le poids impressionnant de 45 kg est chassée pour sa chair dans certaines parties de son aire de distribution. Essentiellement dulçaquicole, elle est pourtant présente au large des côtes de la Turquie. Omnivore, elle se nourrit indifféremment de mollusques, de poissons, d'insectes et de fruits.

En Égypte, la femelle pond, en avril, de 50 à 60 œufs ; ailleurs, elle est beaucoup moins prolifique.

Cycloderma frenatum LR : nt

Distribution : Afrique (Tanzanie, Mozambique, Zambie, Malawi)
Habitat : étangs, lacs, cours d'eau
Taille : 51 cm

Cycloderma frenatum est une tortue carnivore et elle se nourrit principalement de mollusques. Elle pond de 15 à 20 œufs, entre décembre et mars, et est surtout active par temps de pluie. Chez les nouveau-nés, la carapace est vert pâle et la tête est marquée de lignes sombres. Chez les adultes, ces marques sont soulignées de points blancs qui s'estompent avec l'âge.

C. aubryi, la seule autre espèce du genre, est présente en Afrique occidentale.

Famille des Carettochelyidae : Tortue à carapace molle de Nouvelle-Guinée

Autrefois largement répartie, comme en témoignent les fossiles trouvés en Europe, en Asie et en Amérique du Nord, cette famille n'est plus représentée que par une seule espèce, dont l'aire de distribution est limitée.

Tortue à carapace molle de Nouvelle-Guinée *Carettochelys insculpta* VU

Distribution : Nouvelle-Guinée (région de la Fly)
Habitat : cours d'eau
Taille : 46 cm

Cette espèce typique de Nouvelle-Guinée a été également découverte dans le nord de l'Australie. C'est l'une des tortues les mieux adaptées à la vie aquatique. Ses membres spatulés sont munis de 2 griffes et rappellent ceux des tortues marines.

Les mœurs reproductrices sont mal connues ; on sait que la femelle pond de 17 à 27 œufs, les jeunes mesurant 6 cm.

Famille des Dermatemyidae

De cette famille autrefois prospère en Amérique du Nord et centrale, en Europe et en Afrique, ne survit plus aujourd'hui qu'une seule espèce.

Dermatemys mawii EN

Distribution : du Mexique au Guatemala et au Belize (absente du Yucatan)
Habitat : eaux limpides et lacs
Taille : 46 cm

Abusivement chassée pour sa viande, cette tortue est aujourd'hui rare dans la majeure partie de son aire. Bien que des mesures aient été prises, la conservation de l'espèce demeure extrêmement problématique.

La carapace est lisse, la tête petite, terminée en museau pointu muni de grosses narines. La tête des mâles est marquée de jaune doré ; elle est grisâtre chez les femelles et les jeunes. Les grosses pattes palmées font de cette tortue la plus aquatique des espèces d'eau douce ; elle grimpe rarement sur la berge, préférant se laisser flotter à la surface de l'eau. Maladroite sur terre, elle nage très bien et peut demeurer longtemps immergée. La végétation aquatique constitue sa principale nourriture. La reproduction a lieu à la saison des crues, la femelle pondant de 6 à 16 œufs.

Famille des Kinosternidae : Tortues boueuses, Tortues musquées

Les 20 espèces, essentiellement aquatiques, qui constituent cette famille se rencontrent en Amérique du Nord, en Amérique centrale et dans la partie septentrionale de l'Amérique du Sud. La tête est rétractile. Deux paires de glandes disposées de part et d'autre du corps donnent à ces tortues leur senteur musquée.

Tortue boueuse, *Kinosternon flavescens*

Distribution : États-Unis (du Nebraska au Texas), Mexique
Habitat : eaux lentes
Taille : 9 à 16 cm

Cette tortue semble affectionner tout particulièrement les fonds des cours d'eau envasés, mais on la rencontre également dans les plans d'eau artificiels et les fossés. Elle se nourrit indifféremment d'invertébrés terrestres et aquatiques.

La femelle pond de 2 à 4 œufs.

Tortue musquée commune, *Sternotherus odoratus*

Distribution : États-Unis (États de l'Est, ouest du Texas)
Habitat : eaux lentes, peu profondes
Taille : 8 à 13 cm

Lorsque cette tortue est malmenée, ses glandes à musc libèrent un fluide à l'odeur prononcée. Cette espèce, essentiellement aquatique, se rencontre rarement loin de l'eau, mais émerge pour se chauffer sur la végétation surplombante. Elle se nourrit de charognes, d'insectes et de mollusques, accessoirement de poissons et de plantes.

La reproduction a lieu de février à juin, en fonction de la latitude. La femelle pond de 1 à 9 œufs sous les arbres, les troncs, les feuilles.

TORTUE-LUTH ET TORTUES MARINES

Famille des Dermochelyidae : Tortue-luth

Cette famille n'est représentée aujourd'hui que par la seule tortue-luth qui se rapproche des autres tortues marines par la structure du crâne et les mœurs reproductrices, mais qui s'en distingue par de nombreux caractères spécifiques.

Tortue-luth, *Dermochelys coriacea* **EN**

Distribution : mondiale, généralement dans les mers chaudes
Habitat : océanique
Taille : 1,55 m

D'un poids moyen de 360 kg, la tortue-luth peut atteindre 590 kg. Les palettes natatoires antérieures sont très longues (2,70 m d'envergure environ). La carapace se compose de plaques osseuses, non revêtues de corne ; la dossière est parcourue de 7 carènes longitudinales ; l'épiderme, dépourvu d'écailles, présente l'aspect du cuir ; les pattes n'ont pas de griffes. La tortue-luth se nourrit principalement de méduses, un régime alimentaire parfaitement adapté à la faiblesse de ses mâchoires en ciseaux.

Le luth paraît capable d'accomplir de longs déplacements. Il ne vient à terre que pour pondre. La femelle dépose de 80 à 100 œufs dans une cavité creusée dans le sable, puis décrit un ou plusieurs cercles autour du site avant de rejoindre la mer ; elle effectue plusieurs pontes par saison, à 10 jours d'intervalle environ. Les nouveau-nés, longs de 6 cm environ, ont l'épiderme et le plastron recouverts de petites écailles qui disparaissent en l'espace de 2 mois.

Famille des Chelonidae : Tortues marines

Les chélonidés comptent 6 espèces de tortues marines qui peuplent généralement les eaux tropicales ou subtropicales. Chez ces tortues, la tête et les membres ne sont pas rétractiles. Les pattes antérieures sont transformées en palettes natatoires, à 1 ou 2 griffes. Sur terre, la tortue verte est particulièrement pataude et se traîne grâce à des mouvements simultanés des membres antérieurs, les autres espèces procédant par mouvements alternatifs, comme les quadrupèdes.

Chacune des 6 espèces a son aire de ponte et son régime alimentaire spécifiques, comme pour compenser l'inévitable chevauchement des aires de répartition dans les océans.

Tortue verte ou Tortue comestible, *Chelonia mydas* **EN**

Distribution : toutes les mers dont la température ne descend pas au-dessous de 20 °C
Habitat : côtes, pleine mer
Taille : 1,02 à 1,27 m

Cette grosse tortue marine ne vient à terre que pour se chauffer au soleil et pondre. Chez les mâles, un peu plus longs que les femelles, la carapace est plus étroite, les griffes des pattes antérieures courbes et plus développées, de manière à pouvoir agripper la femelle lors de l'accouplement.

Essentiellement herbivore, la tortue verte possède des mâchoires à la surface denticulée parfaitement adaptée à son régime alimentaire ; elle consomme également des crustacés et des méduses. Les zones riches en végétation marine étant souvent éloignées des sites de ponte, la tortue verte a développé d'étonnantes mœurs migratoires. La saison venue, elle parcourt des milliers de kilomètres pour rejoindre son lieu de naissance et y pondre ses œufs, d'où un nombre limité de sites importants où viennent se rassembler des centaines de tortues. L'île de l'Ascension constitue l'un de ces sites.

L'accouplement de la tortue verte a lieu tous les 2 ou 3 ans. La femelle se hisse sur la plage à bonne distance de la zone des marées ; à l'aide de ses membres antérieurs, elle creuse sous elle une cavité peu profonde, de manière que sa carapace soit au niveau de la surface. De ses pattes postérieures, elle creuse sous sa queue une seconde cavité, profonde de 40 cm environ ; elle y dépose 106 œufs environ, qu'elle recouvre de sable avant de reprendre le chemin de la mer ; elle effectue souvent plusieurs pontes par saison, à 2 semaines d'intervalle.

Après 2 à 3 mois d'incubation, les nouveau-nés se fraient un chemin vers la surface ; ils trouvent sans jamais se tromper la route qui les mènera vers la mer, mais ils doivent affronter les prédateurs, sur leur parcours et une fois dans l'eau, d'où un taux de mortalité élevé.

La tortue verte est aujourd'hui menacée d'extinction – certaines populations ayant même disparu, du fait que la chair et les œufs de l'espèce sont très appréciés. Dans la région indo-malaise, le prélèvement est réglementé, et l'importation de cette espèce interdite dans de nombreux pays.

Une espèce voisine, *C. depressa*, un peu plus petite, vit au large des côtes septentrionales de l'Australie.

Caouanne ou Caret, *Caretta caretta* EN

Distribution : régions tempérées et tropicales du Pacifique, de l'Atlantique et de l'océan Indien

Habitat : côtes, pleine mer

Taille : 76 cm à 1,02 m

Grosse tortue à la carapace légèrement effilée vers l'arrière, la caouanne se signale par sa grosse tête, qui abrite de puissantes

mâchoires capables de broyer les coquilles les plus dures ; elle se nourrit de crabes et de mollusques, ainsi que d'éponges, de méduses et de plantes aquatiques.

L'accouplement a généralement lieu chaque année, la femelle effectuant 3 à 4 pontes d'une centaine d'œufs, qui sont déposés dans des trous profonds creusés dans le sable.

Le ramassage excessif des œufs et l'absence de contrôle de la chasse ont provoqué sa raréfaction, mais, dans le sud-est de l'Afrique, où elle est protégée depuis plus de 10 ans, le nombre de ces tortues a augmenté de plus de 50 p. cent.

Tortue de Ridley ou Tortue bâtarde, *Lepidochelys olivacea* EN

Distribution : régions tropicales du Pacifique, de l'Atlantique et de l'océan Indien

Habitat : côtes et pleine mer

Taille : 66 cm

Petite, presque frêle par rapport aux autres tortues marines, la tortue de Ridley se nourrit de crevettes, de méduses, de crabes, de gastéropodes et de poissons, qu'elle broie dans ses fortes mâchoires. Comme sa cousine, *L. kempi*, elle retourne chaque année vers le même site de ponte. La femelle dépose une centaine d'œufs dans une cavité creusée dans le sable. Elle les recouvre, puis entame un curieux balancement latéral, spécifique du genre. Du fait de leur prédation par l'homme, ces tortues sont aujourd'hui menacées d'extinction.

Tortue à écailles ou Tortue à bec de faucon, *Eretmochelys imbricata* CR

Distribution : régions tropicales de l'Atlantique, du Pacifique et de l'océan Indien, mer des Caraïbes

Habitat : récifs de corail, côtes rocheuses

Taille : 76 à 91 cm

Le revêtement épidermique de la carapace de cette tortue fournit l'écaille translucide employée pour la confection de nombreux ornements, d'où la menace qui plane sur cette espèce qui fait l'objet, depuis de nombreuses années, de mesures de protection. La carapace, dentelée à l'arrière, est revêtue d'une épaisse couche cornée. La tête, conique, est adaptée à la recherche des mollusques et crustacés dans les anfractuosités rocheuses.

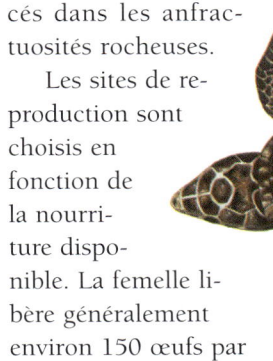

Les sites de reproduction sont choisis en fonction de la nourriture disponible. La femelle libère environ 150 œufs par ponte, soit plus que toute autre tortue.

TORTUES HAPPANTES ET PLEURODIRES

Famille des Chelydridae : Tortues happantes

Les 3 espèces que compte cette famille sont des prédateurs d'eau douce. Leur tête forte, non entièrement rétractile, est équipée de puissantes mâchoires. La tortue à grosse tête est parfois classée dans une famille à part : les platysternidés.

Tortue vorace ou Tortue hargneuse, *Chelydra serpentina*
Distribution : du sud du Canada à l'Équateur
Habitat : marécages, étangs, fleuves, lacs
Taille : 20 à 47 cm

Cette espèce très agressive se nourrit de proies vivantes – poissons, amphibiens, mammifères et oiseaux – aussi bien que de plantes aquatiques. On la rencontre généralement sur le fond, masquée par la végétation aquatique. C'est une excellente nageuse. Mâles et femelles sont similaires, les mâles devenant généralement un peu plus grands.

La tortue vorace niche en début de printemps, après une période d'hibernation. Elle libère généralement de 25 à 50 œufs par ponte et les enfouit dans un entonnoir creusé par la femelle, qui pousse les œufs à l'aide de ses pattes postérieures. L'incubation dure de 9 à 18 semaines, en fonction du milieu et des conditions climatiques ; dans les régions les plus froides, les nouveau-nés passent souvent l'hiver au nid.

Tortue-alligator ou Tortue de Temminck, *Macroclemys temmincki* **VU**
Distribution : centre des États-Unis
Habitat : cours d'eau profonds, lacs
Taille : 33 à 66 cm

La carapace porte 3 crêtes élevées, et la tête et le cou sont rugueux. La forme de la carapace permet à la tête de se dresser. La tortue-alligator chasse à l'affût, camouflée par sa carapace qui évoque une végétation d'algues ; complètement immobile sur le fond, elle ouvre largement sa bouche, laissant apparaître

un appendice vermiforme, rose vif, qu'elle agite, attirant ainsi les poissons qu'elle n'a plus qu'à happer. Elle se nourrit également de crustacés.

La tortue-alligator continue à se développer une fois la maturité atteinte ; on a vu de vieux spécimens dépasser 76 cm de long et peser jusqu'à 100 kg, ce qui fait de cette espèce la plus grosse tortue d'eau douce nord-américaine. La ponte a lieu d'avril à juin ; la femelle dépose de 15 à 50 œufs dans un entonnoir creusé à proximité de l'eau. Les jeunes possèdent déjà une carapace rugueuse et sont équipés de l'appât à poissons.

Tortue à grosse tête ou Platysterne, *Platysternon megacephalum* **DD**
Distribution : Myanmar, Thaïlande, sud de la Chine
Habitat : rivières de montagne, fleuves
Taille : 15 à 18 cm

La tête de cette tortue est énorme par rapport à la taille de la carapace (presque la moitié de sa largeur). Cette tête n'est pas rétractile, mais la forme de la carapace permet au cou épais et court de se redresser. Les pattes sont petites, partiellement palmées, les antérieures couvertes de larges écailles aplaties.

Grimpeuse experte, la tortue à grosse tête se déplace sur branches et rochers à la recherche de nourriture et de soleil. La femelle libère 2 œufs par ponte.

Famille des Pelomedusidae

C'est l'une des 2 familles de tortues pleurodires, c'est-à-dire de tortues qui replient le cou latéralement. Les pélomédusidés comptent 19 espèces. La manière dont ces tortues replient le cou sous la carapace laisse à découvert une portion du cou et de la tête ; cette vulnérabilité aux mammifères prédateurs a peut-être constitué un obstacle majeur à l'adaptation de ces tortues au milieu terrestre. Tous ces représentants de la famille peuplent les eaux douces de l'Afrique, de Madagascar, de l'Amérique du Sud et des Andes orientales.

Podocnémide élargie, *Podocnemis expansa* LR : cd
Distribution : régions septentrionales de l'Amérique du Sud
Habitat : système hydrographique de l'Orénoque et de l'Amazone
Taille : 61 à 76 cm

Cette espèce peut atteindre 45 kg, ce qui en fait la plus grosse des tortues pleurodires. Les femelles, à la large carapace aplatie, sont plus grandes et plus nombreuses que les mâles. Les adultes sont exclusivement végétariens.

À la saison des amours, les podocnémides se rassemblent en grand nombre pour rejoindre les sites de reproduction. Les œufs sont pondus sur les berges sablonneuses découvertes à la seule saison sèche, et les sites sont peu nombreux. La femelle escalade la berge la nuit pour pondre de 90 à 100 œufs à coquille molle, puis rejoint l'eau. Les nouveau-nés, longs de 5 cm environ, doivent affronter de nombreux prédateurs, aussi, en l'absence d'intervention humaine, 5 p. cent d'entre eux seulement survivent-ils.

La chasse sauvage des adultes et le ramassage des œufs ont sérieusement réduit la population de cette espèce, qui, menacée, est aujourd'hui protégée dans de très nombreuses régions de son aire.

Famille des Chelidae : Tortues serpentines

Cette deuxième famille de tortues pleurodires (qui replient le cou latéralement) compte 30 espèces, qui sont présentes en Amérique du Sud, en Australie et en Nouvelle-Guinée. Comparés aux pélomédusidés, les chélidés marquent de nets progrès dans la structure. Ce sont des carnivores qui vivent dans les rivières et les marais. Chez certaines espèces, il y a 2 couvées ou davantage.

Matamata ou Tortue à franges, *Chelys fimbriatus*
Distribution : zone septentrionale de l'Amérique du Sud
Habitat : marais et rivières lentes
Taille : 41 cm

La matamata est certainement l'une des plus étranges tortues qui soient. Sa carapace est hérissée de cônes ; vue de dessus, la tête est plate, quasi triangulaire ; la bouche est large et les mâchoires sont dépourvues de l'excroissance cornée dont sont dotées les autres tortues. Les yeux minuscules sont situés près du mince « museau » tubulaire. Le long cou, épais et musculeux, est entouré d'une peau lâche et rugueuse portant sur les côtés des expansions rubanées : la « frange » ; c'est peut-être cette frange qui attire les petits poissons, agissant comme un leurre. Les pattes sont petites.

La matamata à l'affût garde la gueule béante ; elle est sédentaire au point que les algues poussent sur sa carapace et contribuent à parfaire son camouflage. Lorsqu'une proie passe à portée, la matamata ferme soudainement la gueule, l'engloutissant sans la mâcher.

Les matamatas pondent de 12 à 28 œufs ; chez les jeunes, la carapace est d'un brun roux clair.

Émydure de Macquarr, *Emydura macquarri*
Distribution : sud-est de l'Australie
Habitat : cours d'eau
Taille : 30 cm

Cette espèce fait partie des tortues dites « à cou de serpent », bien connues en Australie. La forme de sa carapace varie avec l'âge : presque circulaire chez les nouveau-nés, elle s'élargit vers l'arrière chez les jeunes, pour devenir quasi ovale chez les adultes. La tête est relativement petite, munie d'yeux vifs et marquée d'une bande claire en arrière de la bouche. Active, cette espèce se nourrit de têtards et de grenouilles, mais également de plantes.

En été, après une parade nuptiale faite de caresses hors de l'eau et sous l'eau, la femelle pond de 10 à 15 œufs, qui sont déposés à l'intérieur d'une chambre creusée dans la berge. Les œufs éclosent normalement après 10 ou 11 semaines.

HATTÉRIAS ET IGUANES

ORDRE DES RHYNCHOCÉPHALES

Cet ordre est représenté par des espèces fossiles, à l'exception de 2 espèces d'hattéria.

Famille des Sphenodontidae : Hattérias

L'unique famille de rhynchocéphales ne comprend que 2 espèces, qui semblent extrêmement proches des espèces voisines d'il y a 130 millions d'années. Le nom générique de ces animaux, qui signifie : « ceux qui ont une bordure dentée », fait référence aux dents aiguës de leurs maxillaires.

Hattéria, *Sphenodon punctatus* **LR : lc**
Distribution : Nouvelle-Zélande
Habitat : zones broussailleuses
Taille : jusqu'à 65 cm

L'hattéria est un robuste reptile à grosse tête et corps surmonté d'une crête. Le mâle est généralement plus grand que la femelle. L'hattéria réclame moins de chaleur que les autres reptiles, se contentant de 12 °C quand les autres préfèrent au moins 25 °C. En conséquence, le métabolisme de cette espèce est lent, de même que sa croissance.

Les hattérias creusent des terriers ou s'emparent de ceux des pétrels. Ils se nourrissent de grillons, de lombrics, d'escargots, d'oisillons et de jeunes lézards.

La femelle pond jusqu'à 15 œufs dans un trou qu'elle creuse dans le sol. Le développement dure de 13 à 15 mois – soit la plus longue période d'incubation chez les reptiles. L'accouplement n'a probablement pas lieu chaque année. Les hattérias jouissent d'une grande longévité, n'atteignant la maturité sexuelle qu'au bout de 20 ans. Naguère menacés d'extinction par l'introduction de prédateurs, les hattérias prospèrent aujourd'hui dans des îles-réserves.

ORDRE DES SQUAMATES

Avec plus de 6 000 espèces, les squamates constituent le plus vaste des ordres de reptiles.

Famille des Iguanidae : Iguanes

Cette famille compte plus de 600 espèces, américaines pour la plupart, de Madagascar et des îles Fidji pour quelques-unes. Les iguanidés sont pour le Nouveau Monde l'équivalent des agamidés pour l'Ancien – les aires de répartition des deux familles étant distinctes.

Terrestres ou arboricoles pour la plupart, les iguanes se nourrissent d'insectes et de petits invertébrés. Ils arborent souvent des couleurs vives, et élaborent des parades nuptiales particulièrement sophistiquées.

Iguane commun ou Iguane vert, *Iguana iguana*
Distribution : Amérique centrale, nord de l'Amérique du Sud ; introduit aux États-Unis (Floride)
Habitat : forêts, arbres en bordure de cours d'eau
Taille : 1 à 2 m

Il est aisément identifiable à la crête d'épines qui frange son dos et sa queue. Les bandes qui barrent les épaules et la queue s'obscurcissent avec l'âge ; les jeunes sont vert vif. Actifs de jour, ces iguanes essentiellement arboricoles sont aussi de bons nageurs. Herbivores, ils se défendent des prédateurs à l'aide de leurs griffes et de leurs dents aiguës.

À l'automne, la femelle pond de 28 à 40 œufs dans un trou qu'elle creuse dans le sol. L'éclosion a lieu 3 mois plus tard.

Lézard des haies d'Amérique du Nord, *Sceloporus undulatus*
Distribution : États-Unis (de la Virginie à la Floride, vers l'ouest jusqu'au Nouveau-Mexique), Mexique
Habitat : terrains boisés ou herbeux
Taille : 9 à 20 cm

Cet iguane compte de nombreuses sous-espèces dont la coloration varie selon l'aire de répartition, mais reste identifiable par la surface rugueuse que constituent les écailles carénées. Arboricole ou terrestre selon l'habitat, le lézard des haies a une activité diurne et se nourrit de multiples insectes, d'araignées, de scolopendres et d'escargots.

Avant l'accouplement, le mâle adopte un territoire, qu'il défend vigoureusement tandis qu'il attire la femelle. Celle-ci pond de 3 à 12 œufs sous un tronc ou des débris végétaux et peut avoir jusqu'à 4 pontes par saison.

Chuckwalla, *Sauromalus obesus*
Distribution : États-Unis (sud de la Californie, Nevada, Utah, Arizona), Mexique
Habitat : déserts rocheux
Taille : 28 à 42 cm

Lézard dodu au corps sombre, le chuckwalla est doté d'une épaisse queue jaune pâle, à extrémité obtuse. Le mâle, souvent plus grand que la femelle, a le corps faiblement marqué de rouge ou de jaune. Femelles et jeunes sont fréquemment barrés de sombre. Le chuckwalla passe la nuit caché dans une anfractuosité rocheuse. Herbivore, il se nourrit de feuilles, de bourgeons et de fleurs.

Le chuckwalla est parfaitement adapté au désert ; les replis de peau situés de part et d'autre de son corps sont des glandes lymphatiques annexes qui lui permettent d'emmagasiner du liquide, qu'il utilise lors de périodes prolongées de sécheresse.

On suppose que la femelle s'accouple chaque année et libère de 5 à 10 œufs par ponte.

Anolis vert ou Anolis à gorge rouge, *Anolis carolinensis*
Distribution : États-Unis (de la Virginie à la Floride, vers l'ouest jusqu'au Texas)
Habitat : lisières de forêts, bords de routes
Taille : 12 à 20 cm

Le corps est élancé, les doigts munis de pelotes parfaitement adaptées à la vie arboricole. Généralement vert, cet anolis peut prendre très rapidement une teinte brune. Il a une activité diurne, se nourrit d'insectes et d'araignées.

L'étonnant repli rose en forme d'éventail qui orne la gorge des mâles sert, lors de la parade sexuelle, à déclencher la réceptivité de la femelle et son ovulation. La femelle pond ses œufs un par un, à 2 semaines d'intervalle, d'avril à septembre. L'incubation dure de 5 à 7 semaines.

Lézard à collier ou Lézard à collerette, *Crotaphytus Collaris*
Distribution : États-Unis (Utah, Colorado, vers le sud jusqu'au Texas), Mexique
Habitat : collines rocheuses, forêts
Taille : 20 à 35,5 cm

Chez le robuste lézard à collier, la tête est grande, soulignée d'une collerette de marques claires et sombres. Actif de jour, ce lézard adore se chauffer au soleil à proximité d'anfractuosités rocheuses, qui sont autant de refuges éventuels. Il se nourrit d'insectes et de petits lézards.

La femelle pond jusqu'à 12 œufs, à la mi-été ; ils éclosent 2 à 3 mois plus tard ; les jeunes mesurent environ 9 cm.

Crapaud cornu, *Phrynosoma cornutum*
Distribution : États-Unis (du Kansas au Texas ; Arizona ; introduit en Floride)
Habitat : régions arides
Taille : 6 à 18 cm

Le corps de cette espèce est aplati, latéralement frangé d'écailles pointues. L'arrière de la tête montre 2 cornes flanquées d'écailles hypertrophiées. Dans son habitat aride, ce crapaud cornu peut s'enfouir dans le sable ou se cacher sous les buissons. Il se nourrit surtout de fourmis.

À la mi-été, la femelle creuse un trou et y dépose de 14 à 36 œufs, qui éclosent quelque 6 semaines plus tard.

Polychrus gutterosus
Distribution : régions tropicales d'Amérique du Sud
Habitat : forêts
Taille : jusqu'à 50 cm, queue comprise (37 cm maximum)

Cet iguane arboricole à longues pattes se tient généralement appliqué sur une branche, à l'affût des insectes. Bon grimpeur, il est capable de se suspendre par ses pattes postérieures, mais il est lent dans ses déplacements.

Chaque ponte est de 7 ou 8 œufs.

IGUANES SUITE

Iguane marin, *Amblyrhynchus cristatus* **VU**

DISTRIBUTION :	îles Galapagos
HABITAT :	roches volcaniques en bord de mer
TAILLE :	1,20 à 1,50 m

Seul lézard actuel qui ait la mer comme habitat principal, l'iguane marin se nourrit presque exclusivement d'algues. Adapté au milieu marin, il possède des glandes nasales qui filtrent l'excès de sel de sa nourriture ; celui-ci est expulsé par les narines dans un jet d'eau vaporisée. Dans l'eau, l'animal se propulse à l'aide de sa puissante queue, utilisant accessoirement ses pattes pour se diriger. Lorsqu'il plonge, son rythme cardiaque se ralentit, ralentissant par là même la circulation sanguine de manière à économiser l'oxygène.

Les mâles adoptent un territoire qu'ils défendent énergiquement. Lors des combats qu'ils se livrent entre eux, chaque individu tente de renverser l'adversaire de la tête. Chez une race d'iguanes marins, les mâles développent en période nuptiale une crête verte, et leurs flancs virent au rouge. Après l'accouplement, la femelle choisit un site sablonneux et enfouit 2 ou 3 œufs dans un trou d'une trentaine de centimètres de profondeur, avant de les recouvrir de sable. L'incubation dure environ 112 jours.

Autrefois prospère du fait de l'absence de prédateurs, l'iguane marin est aujourd'hui menacé par les mammifères qu'ont introduits colons et marins.

Iguane terrestre des îles Galapagos, *Conolophus subcristatus* **VU**

DISTRIBUTION :	îles Galapagos
HABITAT :	régions arides, de la côte aux volcans
TAILLE :	jusqu'à 1,20 m

Autrefois commun dans toutes les îles Galapagos, cet iguane est aujourd'hui éteint dans certaines, rare dans d'autres, victime de la chasse et de l'introduction des prédateurs. Des mesures de sauvegarde ont néanmoins été prises.

Animal à corps trapu et queue arrondie, l'iguane terrestre est généralement jaune ou brun, marqué de taches irrégulières. Une crête surmonte le cou, bourrelé de graisse chez les vieux sujets. Cet iguane de régions semi-désertiques creuse des terriers dans le sol pour s'abriter. Il se nourrit principalement de plantes, y compris de cactées, mais consomme aussi de petits animaux.

La femelle libère environ 9 œufs par ponte.

Basilic vert, *Basiliscus plumifrons*

DISTRIBUTION :	Amérique du Sud
HABITAT :	forêts
TAILLE :	80 cm

Chez le mâle, le dos et la queue arborent d'impressionnantes crêtes, la tête est surmontée d'un cimier osseux. Les 5 espèces du genre sont très voisines d'apparence, et seule la forme caractéristique du cimier des mâles permet de les distinguer ; ces crêtes osseuses sont peu développées chez les femelles, absentes chez les jeunes.

Dotés de longues pattes, les basilics sont parmi les rares quadrupèdes à courir en position bipède, semi-dressés sur leurs pattes postérieures, leur longue queue servant de balancier. Cet effet de contrepoids paraît vital et, lorsqu'une trop grande partie de la queue est amputée, l'iguane est incapable de se dresser sur ses pattes postérieures. Sur de courtes distances seulement, les adultes peuvent atteindre 11 km/h à la course. Ils peuvent même parcourir quelques mètres en marchant sur l'eau calme, puis se mettre à nager quand la pellicule de surface ne les soutient plus.

Actifs de jour, les basilics se nourrissent de fruits et de petits animaux, escaladant souvent les arbres pour se procurer leur nourriture. À la saison des amours, la femelle pond de 10 à 15 œufs, qui éclosent après 80 jours environ d'incubation.

Iguane-rhinocéros ou Iguane cornu,
Cyclura cornuta **VU**

Distribution : Haïti et autres îles des Petites Antilles
Habitat : broussailles des régions arides
Taille : jusqu'à 1,20 m

Le mâle de cette espèce est aisément identifiable aux caractéristiques protubérances formées d'écailles hypertrophiées qui ornent l'extrémité de son museau. Ces protubérances sont peu évidentes chez la femelle.

Grand et puissant, l'iguane-rhinocéros a une queue épaisse, un corps latéralement comprimé. Des bourrelets de graisse se développent à l'arrière de la tête chez certains sujets, en particulier les vieux mâles. Les diverses races de l'espèce diffèrent peu dans leur apparence. L'iguane-rhinocéros est parmi les plus primitifs des iguanidés.

Terrestre, l'iguane-rhinocéros vit parmi les épineux et cactées, se nourrissant de plantes, de vers et de souris. La femelle libère environ 120 œufs par ponte, l'incubation durant 120 jours et plus. Dans certaines îles, cet iguane a été supplanté par l'iguane commun récemment établi.

Iguane à queue épineuse, *Ctenosaura pectinata*

Distribution : Mexique, Amérique centrale
Habitat : forêts
Taille : 1 m

Terrestre, cet iguane doit son nom commun aux écailles épineuses disposées en verticilles le long de sa queue et qui en font une arme redoutable. Il se nourrit surtout de matière végétale, et particulièrement de fèves, mais peut aussi attraper de petits animaux. Son régime alimentaire est riche en sels de potassium, c'est pourquoi il est équipé de glandes nasales destinées à filtrer l'excès de sel qui s'amasse sous forme d'incrustations autour des narines.

Foncièrement grégaires, ces iguanes vivent en colonies régies par des règles strictes et comptant un mâle dominant ; chaque mâle adopte un territoire qu'il défend contre ses congénères, mais jamais contre le mâle dominant. À la saison des amours, la femelle creuse un terrier dans lequel elle dépose environ 50 œufs par ponte.

Brachylophus fasciatus **EN**

Distribution : îles Fidji et Tonga
Habitat : forêts, régions boisées
Taille : 90 cm

Ce grand iguane des îles Fidji a la queue très longue – souvent deux fois la longueur du corps élancé – et le dos surmonté d'une courte crête sur toute sa longueur.

Les longs doigts munis de griffes aiguës de l'iguane sont parfaitement adaptés à la vie arboricole. La femelle est uniformément verte, le mâle zoné de bandes plus claires, et sa tête tachée également de vert clair. Ces lézards se nourrissent de feuilles et autres matières végétales.

Espèce mal connue, *Brachylophus fasciatus* est menacé d'extinction, du fait de l'abattage massif des forêts et de l'introduction de mangoustes, qui dévorent iguanes et œufs.

Hoplure de Madagascar, *Oplurus* sp.

Distribution : Madagascar et îles voisines
Habitat : forêts
Taille : jusqu'à 38 cm

Madagascar et les îles voisines possèdent 2 genres d'iguanes : *Oplurus*, à fortes écailles carénées autour de la queue, et *Chalarodon*, à écailles lisses et courte crête. Le genre *Oplurus* compte 6 espèces, très semblables d'apparence.

Foncièrement terrestres, les hoplures sont néanmoins capables de grimper et cherchent souvent refuge dans les buissons et les arbres.

AGAMES

Famille des Agamidae : Agames

La famille des agamidés forme un ensemble cohérent de quelque 300 espèces qui habitent l'Ancien Monde, surtout les régions tropicales, à l'exception toutefois de Madagascar et de la Nouvelle-Zélande.

La plupart des agames ont une queue mince, de longues pattes, une tête triangulaire. Ils vivent sur terre, dans les arbres ou parmi les rochers, se nourrissent d'insectes et d'autres petits invertébrés, mais également de matière végétale.

Agame des colons ou Margouillat, *Agama agama*
Distribution : Afrique centrale
Habitat : forêts tropicales
Taille : 12 cm

Les agames vivent dans un territoire bien défini, en groupes de 2 à 25 individus, régis par un mâle dominant. Actifs de jour, ils émergent dès l'aube pour se chauffer au soleil et se nourrir, d'insectes principalement. Provoqué par l'un de ses congénères, le mâle dominant adopte une attitude d'intimidation, le corps dressé, les replis de son cou largement étendus, la tête s'agitant de bas en haut.

L'accouplement coïncide généralement avec la saison des pluies, alors que le sol est suffisamment mou pour que la femelle y creuse une petite cavité dans laquelle elle dépose de 4 à 6 œufs ; elle les recouvre et lisse le sol pour masquer le nid. Les œufs se développent en absorbant l'humidité du sol. L'éclosion a lieu au bout de 2 ou 3 mois.

Dragon volant, *Draco volans*
Distribution : des Philippines à la Malaisie et à l'Indonésie
Habitat : forêts pluviales, plantations de caoutchouc
Taille : 19 à 22 cm

Arboricole, le dragon volant doit son nom à ce qu'il plane d'arbre en arbre, soutenu par les larges replis de peau situés de part et d'autre du corps et que maintiennent étendus des côtes mobiles. Au repos, ces « ailes » sont repliées contre les flancs de l'animal, qui les étend pour bondir, presque à l'horizontale, et planer sur plusieurs mètres. Le dragon volant se nourrit exclusivement d'insectes, surtout de fourmis.

À la saison des amours, la femelle rejoint le sol, dans lequel elle enfouit de 1 à 4 œufs.

Dragon d'Australie, *Chlamydosaurus kingii*
Distribution : Australie (nord de l'Australie-Occidentale, nord du Territoire-du-Nord, est du Queensland), Nouvelle-Guinée
Habitat : forêts sèches, terrains boisés
Taille : 66 cm, queue comprise (44 cm)

Ce lézard élancé à longue queue arbore, en arrière du goitre et des côtés du cou, une membrane, ou fraise, qui, déployée, peut atteindre 22,5 cm de diamètre. Au repos, elle est plissée et appliquée contre le corps. Quand il est dérangé, le dragon ouvre démesurément la gueule et déploie sa collerette colorée, ce qui lui confère un aspect vraiment terrifiant, propre à faire déguerpir l'ennemi.

Diurne, le dragon d'Australie passe ses journées dans les arbres ou à terre, à la recherche d'insectes et autres petits animaux dont il se nourrit.

Moloch ou Diable cornu, *Moloch horridus*
Distribution : nord, ouest et sud de l'Australie, Queensland
Habitat : zones sablonneuses des déserts
Taille : 16 cm

Seule espèce du genre, le moloch est bariolé de jaune et de brun, tout hérissé d'épines coniques, plus développées au-dessus des yeux et derrière la tête ; la queue elle-même est épineuse. Créature extrêmement lente, le moloch fouille le sol à la recherche de sa nourriture, qui est constituée essentiellement de fourmis et de termites.

La femelle pond de 3 à 10 œufs, généralement 8, en novembre ou décembre. Les nouveau-nés, minuscules, sont des répliques exactes de leurs parents.

Hydrosaure d'Amboine, *Hydrosaurus amboinensis*

Distribution : Nouvelle-Guinée, îles Moluques, Célèbes
Habitat : forêts pluviales
Taille : 1,10 m, queue comprise (75 cm)

L'un des plus grands agamidés, l'hydrosaure d'Amboine est doté de puissants membres antérieurs. Les mâles adultes arborent à la base de la queue une crête érectile, sous-tendue par des extensions osseuses des vertèbres caudales. De mœurs aquatiques, l'hydrosaure d'Amboine habite les forêts bordant les fleuves. Bon nageur, il se propulse dans l'eau à l'aide de sa queue latéralement comprimée ; à terre, il court sur ses membres postérieurs.

En dépit de sa formidable apparence, ce lézard se nourrit surtout de plantes et, en particulier, de feuilles tendres ; pour compléter son régime alimentaire, il consomme également insectes et mille-pattes. Il est ovipare.

Dragon d'eau australien, *Physignathus lesueuri*

Distribution : est de l'Australie
Habitat : côtes, pentes boisées
Taille : 73 cm, queue comprise (50 cm)

Si sa coloration varie selon les régions, ce lézard montre toujours une longue et puissante queue, et une crête qui court le long du dos et de la queue. Semi-aquatique et arboricole, il affectionne les branches surplombantes, d'où il peut se laisser tomber à l'eau s'il est dérangé. Il fréquente également les berges rocheuses. Il se nourrit d'insectes, de petits animaux aquatiques, d'animaux terrestres, de fruits et de baies.

La femelle pond environ 8 œufs sous un rocher ou dans un terrier qu'elle creuse dans le sol. L'incubation dure de 10 à 14 semaines.

Agame à tête de crapaud, *Phrynocephalus nejdensis*

Distribution : sud-ouest de l'Asie
Habitat : zones désertiques ou semi-désertiques
Taille : jusqu'à 12,5 cm

Cet agame à tête arrondie, longs membres élancés et queue à extrémité obtuse est un fouisseur qui creuse de courts tunnels dans lesquels il trouve abri ; par des mouvements latéraux du corps, il parvient aussi à s'enfouir dans le sable. Dérangé, il adopte une posture défensive, dresse la queue avant de l'enrouler et de la dérouler alternativement. Il se nourrit surtout d'insectes, parfois de fleurs, de fruits et de feuilles.

La femelle a plusieurs pontes par an.

Lézard barbu d'Australie, *Amphibolurus barbatus*

Distribution : est et sud-est de l'Australie (sauf Tasmanie et péninsule d'York)
Habitat : des zones arides à la forêt
Taille : 44,5 cm, queue comprise (19,5 cm)

La « barbe » de ce formidable lézard consiste en un revêtement de longues écailles pointues disposées sur le goitre et les côtés du cou. Le corps est revêtu d'un mélange de petites et de grosses écailles carénées. Menacé, l'animal ouvre la gueule, gonfle son goitre qui s'étale en éventail, tandis que les pointes des écailles se soulèvent. Semi-arboricoles, les lézards barbus se nourrissent d'insectes, de fleurs et de pousses basses.

La femelle pond de 10 à 20 œufs dans un nid qu'elle creuse dans le sol. Elle les recouvre, et les œufs se développent pendant 3 mois environ, à la chaleur du soleil.

Fouette-queue, *Uromastyx princeps*

Distribution : Afrique (Somalie)
Habitat : zones arides et rocheuses
Taille : environ 23 cm

Ce lézard a un corps lourd, une queue courte et épaisse, garnie de verticilles de grandes épines, et une tête petite, évoquant celle d'une tortue. De mœurs diurnes, cet *Uromastyx* s'abrite la nuit dans des trous ou des anfractuosités rocheuses. Son régime alimentaire se compose surtout d'herbe, de fleurs, de fruits et de feuilles. Attaqué, il se défend en usant de sa queue comme d'un fouet, d'où le nom commun du genre.

CAMÉLÉONS

Famille des Chamaeleonidae : Caméléons

Tant par leur morphologie que par leur mode de vie, les caméléons sont probablement les mieux adaptés des lézards à la vie arboricole. On en connaît quelque 85 espèces, dont la plupart vivent en Afrique et à Madagascar, quelques-unes en Asie et une seule en Europe. Ce groupe d'animaux fondamentalement arboricoles compte néanmoins quelques espèces dont les mœurs sont terrestres.

Si les caméléons mesurent en moyenne entre 15 et 30 cm, quelques espèces sont plus petites, et une espèce malgache atteint 70 à 80 cm. Quelle que soit leur taille, les caméléons sont aisément reconnaissables à certaines caractéristiques physiques. Le corps et la tête sont comprimés dans le sens transversal, la tête portant souvent une crête ou des cornes ; les yeux, très saillants, s'orientent à volonté et indépendamment l'un de l'autre. Les pieds et les mains réalisent une pince à mors griffus, propre à saisir les branches : l'axe de la pince est transversal par rapport au grand axe du membre (deux doigts d'un côté, trois de l'autre). La queue préhensile s'enroule autour des branches, permettant au caméléon de rester des heures à l'affût de ses proies.

S'ils ne sont pas seuls à pouvoir changer de couleur, les caméléons possèdent au plus haut point cette capacité de camouflage : ils s'en servent pour masquer leur approche d'une proie et se dérober au regard des prédateurs. Le mécanisme de changement de couleur du caméléon est très complexe, le système nerveux commandant la concentration ou l'étalement de pigments et éclaircissant ou assombrissant ainsi la couleur de la peau. L'intensité lumineuse semble jouer un rôle important dans ce mécanisme.

Mode de chasse à peu près unique dans le monde animal, le caméléon capture les insectes par projection brusque de la langue longue et fine, couverte de salive, hors de la gueule ; très contractile, la langue rentre dans une gaine qui se prolonge loin dans la cavité viscérale ; son extrémité libre est renflée en massue. Grâce à son excellente vue, le caméléon atteint infailliblement sa proie.

Les caméléons sont généralement ovipares, la mère enfouissant ses œufs dans un trou du sol ; quelques espèces africaines sont ovovivipares : chez ces espèces, les jeunes se développent à l'intérieur de la membrane de l'œuf, dont ils se libèrent sitôt après l'expulsion. L'accouplement peut se dérouler périodiquement ou tout au long de l'année. Chez la plupart des espèces, le mâle se livre à une parade nuptiale, au cours de laquelle il affirme son tempérament dominateur.

Caméléon de Jackson, *Chamaeleo jacksonii*
Distribution : est de l'Afrique (Ouganda, de la Tanzanie au nord du Mozambique)
Habitat : savane
Taille : 11 à 12 cm

Le caméléon de Jackson est aisément identifiable aux 3 cornes que porte la tête. La femelle ne montre qu'une petite corne sur le museau et une autre, rudimentaire, près de chaque œil. D'ordinaire vert-gris, ce caméléon évoque du lichen sur l'écorce d'un arbre.

Le caméléon de Jackson est ovovivipare. La femelle peut porter de 20 à 40 œufs, sur lesquels une dizaine seulement de jeunes survivront. Longs de 5,5 cm environ, les nouveau-nés montrent une minuscule corne devant chaque œil et une écaille conique en place de la corne médiane.

Caméléon de Meller, *Chamaeleo melleri*
Distribution : est de l'Afrique (Tanzanie, Malawi)
Habitat : savane
Taille : 54 à 58 cm, queue comprise (28 à 29 cm)

C'est le plus grand caméléon rencontré hors de Madagascar. Mâle et femelle portent une minuscule corne sur le museau. Le corps est marqué de larges raies jaunes et de points noirs. Installé sur une branche, ce caméléon a coutume de se balancer comme le ferait une feuille agitée par la brise, ce qui, outre le camouflage que constituent coloration et dessins, le rend difficilement détectable parmi le feuillage, en dépit de sa taille. Le caméléon de Meller se nourrit d'insectes et de petits oiseaux.

Caméléon bilobé, *Chamaeleo dilepis*

Distribution : Afrique tropicale et australe
Habitat : forêts, broussailles
Taille : 25 à 36,5 cm

Agressif, ce caméléon porte à l'arrière de la tête des lobes membraneux qu'il dresse en signe de menace lorsqu'il rencontre un autre membre de l'espèce. Il peut ne soulever que le lobe situé du côté de son adversaire. Il fréquente arbres et buissons, ne touchant terre que pour rejoindre un autre arbre ou pondre ses œufs. Sa coloration varie en fonction du milieu, du vert au jaune ou au brun rougeâtre. Furieux ou menacé – par exemple face au boomslang africain (un serpent), son principal ennemi –, il vire au vert noirâtre taché de jaune et de blanc, et siffle.

La femelle pond de 30 à 40 œufs dans un trou qu'elle creuse dans le sol, puis masque le nid à l'aide d'herbe et de brindilles. L'incubation dure 3 mois.

Caméléon commun, *Chamaeleo chamaeleon*

Distribution : sud de l'Espagne et du Portugal, Crète, Afrique du Nord, îles Canaries
Habitat : zones buissonnantes des régions sèches
Taille : 25 à 28 cm

Seul caméléon européen, cette espèce est généralement brun rougeâtre marqué de raies sombres, mais peut virer au vert parmi la verdure. Menacé, le caméléon commun devient très foncé et gonfle son corps pour paraître plus gros qu'il n'est. Dans les zones de végétation, il vit dans les buissons, ne rejoignant le sol que pour y pondre. Dans les régions de maigre végétation de l'Afrique du Nord, en revanche, il est terrestre et vit dans des trous qu'il creuse en bordure des oasis. Il se nourrit d'insectes, surtout de criquets.

À la saison des amours, les mâles se battent entre eux pour la possession des femelles, des combats pouvant aussi opposer mâle et femelle appariés. La femelle pond de 20 à 30 œufs.

Brookesia spectrum

Distribution : Cameroun, du Gabon à l'est de l'Afrique
Habitat : sol des forêts
Taille : 7,5 à 9 cm

Tout petit et brun-gris, ce caméléon évoque l'une des feuilles mortes parmi lesquelles il vit. L'effet est accentué par la queue courte, arquée en virgule, et les lignes irrégulières qui marquent son corps. Le museau porte deux petits appendices. Les pattes sont très fines et osseuses, la queue n'est pas préhensile, ce qui, avec le fait qu'il change rarement de couleur, reflète les mœurs strictement terrestres de ce caméléon parfaitement camouflé. Comme tous les caméléons, il se déplace avec lenteur et peut demeurer immobile durant des heures. Il se nourrit d'insectes.

On connaît mal ses mœurs de reproduction ; la femelle pondrait de 3 à 6 œufs.

Rhampholeon marshalli

Distribution : Afrique (Zimbabwe, Mozambique)
Habitat : forêts de montagne
Taille : 3,5 à 7,5 cm

Le corps aplati et le dos fortement arqué de ce caméléon contribuent à lui conférer l'apparence d'une feuille lorsqu'il est au repos, occupé à agiter doucement la tête de part et d'autre, comme sous la caresse du vent. Les tubercules clairs disposés en lignes sur le corps sont particulièrement évidents chez les mâles, généralement deux fois plus petits que les femelles. La majeure partie de la vie de ce caméléon se passe sur la litière de feuilles de la forêt.

La femelle pond de 12 à 18 œufs.

GECKOS

Famille des Gekkonidae : Geckos

Les quelque 700 espèces qui constituent cette famille habitent les régions tropicales, subtropicales et tempérées-chaudes du globe ; on les rencontre dans les forêts, les marécages, les déserts ou les zones montagneuses, où la population d'insectes est suffisante et où les nuits ne sont pas trop froides. Leur longueur varie de 5 à 30 cm, plus généralement de 7 à 15 cm.

Chez le gecko typique, la tête est aplatie, le corps recouvert d'une peau souple, comportant de nombreuses écailles, très petites. En majorité, les geckos ont une activité nocturne ; ils ont d'énormes yeux, recouverts en permanence d'une paupière transparente. Leurs doigts larges ont, à leur face interne, des pelotes adhésives qui leur permettent de tenir sur des surfaces aussi lisses qu'un plafond de plâtre.

Chez la plupart des espèces nocturnes, le larynx muni de cordes vocales leur donne la faculté d'émettre des appels sonores et répétés. La femelle ne pond que de 1 à 3 œufs, mais peut avoir plusieurs pontes par an ; les nouveau-nés mesurent déjà la moitié de la longueur de l'adulte. Chez la plupart des geckos, la coquille des œufs est plus dure que chez les autres lézards ; molle au moment de la ponte, elle durcit au contact de l'air.

Tokay ou Gecko des habitations, *Gekko gekko*

Distribution : Asie, Indonésie
Habitat : près ou dans les habitations
Taille : 28 cm

Le tokay, l'un des geckos les plus grands et les plus communs, est considéré comme un porte-bonheur. On le découvre fréquemment sur les murs des habitations. Il se nourrit d'insectes, particulièrement de blattes, de jeunes lézards, de souris et d'oisillons, et de tout ce qu'il peut saisir dans sa gueule. En toute saison, mais plus fréquemment à celle des amours, le mâle lance son appel : « tokeh » ou « gek-oh » ; la femelle est muette.

La femelle du tokay pond 2 œufs à coquille gluante, qui se fixent sur une surface verticale et qu'il devient ensuite quasi impossible de décrocher sans les briser. Le site de ponte est réutilisé année après année, et il est courant de trouver des groupes de 8 à 10 œufs à des stades d'incubation divers.

Tarentola annularis
Distribution : Afrique (Libye, Égypte, Soudan, Éthiopie, Somalie)
Habitat : arbres, rochers, ruines, zones semi-désertiques
Taille : 20,5 cm

La couleur de ce gecko varie en fonction du milieu dans lequel il se trouve ; il est noir, par exemple, sur les rochers noirs qui dominent la première cataracte du Nil, et presque blanc sur fond de mur blanchi.

Particulièrement agressif et actif, ce gecko se nourrit principalement d'insectes, mais il consomme aussi des araignées et des lézards. Il résiste de longues périodes à la soif, pour s'abreuver d'abondance dès qu'il le peut.

L'accouplement est déclenché par l'arrivée des pluies. La femelle pond ses œufs dans les crevasses des rochers ou les anfractuosités des murs.

Gecko-panthère ou Gecko à paupières mobiles, *Eublepharis macularius*

Distribution : Afghanistan, sud du Turkestan
Habitat : régions rocheuses, sèches
Taille : jusqu'à 30 cm

Lézard à corps massif, marqué de taches et à grosse tête, le gecko-panthère diffère de la presque totalité des autres espèces en ce que la paupière de l'œil est mobile et non soudée. Les pattes sont longues et minces ; l'animal court, le corps bien élevé au-dessus du sol. Il se nourrit de sauterelles, de scorpions, de coléoptères et d'araignées. De mœurs nocturnes, il passe la journée sous les rochers ou dans un terrier creusé dans le sable.

La femelle a plusieurs pontes par an, de 2 œufs chacune.

Gecko à pieds palmés ou Gecko du désert, *Palmatogecko rangei*

Distribution : sud-ouest de l'Afrique (désert du Namib)
Habitat : dunes de sable, rochers
Taille : 12,5 cm

Cette espèce rarissime, qui vit dans la portion occidentale du désert du Namib, où la pluie est quasi inconnue, absorbe l'humidité qu'apportent brises et brouillards marins ; elle recueille également la rosée sur les rochers et se lèche les yeux pour les humidifier.

Strictement terrestre, ce gecko est dépourvu de pelotes adhésives ; en revanche, ses pattes presque privées de griffes sont palmées et jouent le rôle de raquettes sur le sable mou. Quand il court, le gecko du désert soulève haut son corps au-dessus du sable brûlant ; il laisse derrière lui peu ou pas de traces, du fait de la palmure des pattes qui lui servent aussi à creuser le sable et à s'enfouir pour échapper aux prédateurs et à la brûlure du soleil.

Dans son terrier, le gecko, la tête dirigée vers l'ouverture, guette termites, coléoptères, mouches et vers, qui constituent l'essentiel de son régime alimentaire. Si un prédateur tente de le déloger, il se cramponne à la paroi du terrier avec sa queue et oppose à l'adversaire une solide résistance.

Gecko volant ou Gecko-parachute, *Ptychozoon kuhli*

Distribution : Asie du Sud-Est, Indonésie, Bornéo
Habitat : forêts
Taille : 15 cm

Le genre doit ses noms communs au pli cutané qui frange les membres et à la palmure des pattes qui permettent à ces geckos d'effectuer des sauts planés du haut des arbres, la frange et le corps plat faisant alors parachute. La frange sert également de camouflage au lézard qui, lorsqu'il se tient sur un arbre, l'applique étroitement contre l'écorce, éliminant toute ombre et changeant les contours de son corps. Cette espèce aux mœurs nocturnes est exclusivement arboricole.

La femelle pond en novembre des œufs recouverts d'une pellicule gluante qui les colle les uns aux autres, ainsi qu'aux branches, et qui se transforme progressivement en une coquille dure. L'éclosion a lieu au mois de mai suivant.

Phyllodactyle marbré, *Phyllodactylus porphyreus*

Distribution : Afrique du Sud, Australie
Habitat : pentes arides des montagnes
Taille : 11,5 cm

Ce petit gecko actif vit dans les anfractuosités rocheuses ou sous les pierres, et sa coloration varie en fonction de l'environnement. Il se nourrit d'insectes et est souvent parasité par les acariens.

La femelle pond ses œufs sous une pierre ou sur un arbre, et l'éclosion a lieu environ 3 mois plus tard. Les nouveau-nés mesurent à peu près 2 cm de long, la queue représentant plus de la moitié de la longueur du corps.

Hémidactyle de Brook, *Hemidactylus brookii*

Distribution : Asie, Afrique, Amérique du Sud, Antilles, Inde
Habitat : des plaines côtières aux savanes d'altitude, jusqu'à 2 100 m
Taille : 15 cm

Ce gecko très cosmopolite vit sous les pierres, dans les anfractuosités rocheuses, dans les termitières abandonnées, sous les troncs abattus, voire sous les débris végétaux des jardins.

Les griffes fortement incurvées de ce lézard lui confèrent une grande agilité pour escalader les surfaces, même verticales. La nuit, il se nourrit d'insectes, s'aventurant jusque dans les habitations pour capturer ceux qu'attire la lumière. La longueur exacte des adultes est difficile à évaluer, dans la mesure où ils conservent rarement leur queue intacte ; celle-ci se brise facilement, mais, dans ce cas, des muscles de la principale artère caudale se contractent pour éviter une hémorragie trop importante.

À la saison des amours, la femelle pond 2 œufs.

GECKOS ET PYGOPODES

Gecko à queue plate ou Gecko frangé, ou Gecko-écorce, *Uroplatus fimbriatus*

DISTRIBUTION : Madagascar
HABITAT : forêts
TAILLE : 20,5 cm

Ce gecko à gros yeux saillants a le corps plat et moucheté, frangé, ainsi que les pattes, de petites écailles et qui, appliqué contre une branche ou un tronc, se confond avec l'écorce. Il peut, de plus, changer sa coloration : il est plus sombre la nuit, plus clair le matin, ce qui ajoute à son camouflage. S'il se sent menacé, il devient brun foncé ou noir. Sa large queue plate s'enroule sur elle-même et lui sert à s'agripper aux branches.

Surtout actif de nuit, ce gecko se nourrit d'insectes. Chaque individu a un site privilégié, où il se retire après le repas pour faire sa toilette complète – y compris le nettoyage des yeux – à l'aide de sa longue langue.

La femelle met au monde 2, parfois un seul, petits entièrement formés, répliques exactes de l'animal adulte.

Cette espèce connaît aujourd'hui une raréfaction de ses populations, du fait de la régression de la forêt, conséquence du développement.

Phelsuma vinsoni

DISTRIBUTION : île Maurice et îles voisines
HABITAT : forêts
TAILLE : 17,5 cm

Original par sa coloration, le mâle de *Phelsuma vinsoni* montre un dos bleu et vert parsemé de taches rouge vif ; la tête et le cou sont marqués de raies brunes. La femelle est teintée de brun ou de gris et présente des dessins similaires, mais aux couleurs moins éclatantes. Ce gecko a une activité diurne, ce qui le distingue également de la plupart des autres espèces. Il est bon grimpeur, et on le rencontre fréquemment sur le pandanus, dont les fruits attirent les insectes qui constituent l'essentiel de sa nourriture ; il complète parfois son régime alimentaire par des bananes ou du nectar.

La femelle pond généralement 2 œufs à surface visqueuse, qu'elle fixe sur une branche. L'incubation dure entre 9 à 12 semaines, selon la température. Les nouveau-nés mesurent environ 12 cm, longueur dont la majeure partie est constituée par la queue.

Heteropholis manukanus

DISTRIBUTION : nord de la Nouvelle-Zélande (Malborough Sound, île Stephens)
HABITAT : forêts, broussailles
TAILLE : 12,5 à 16,5 cm

Contrairement aux autres, ce gecko a une activité diurne ; il vit dans les arbres, à la recherche d'insectes et de petits invertébrés. On le trouve principalement sur le manuka (*Leptospermum scoparium*). Le dos est vert vif teinté de jaune, le ventre vert jaunâtre chez la femelle, vert bleuâtre chez le mâle ; la face interne des pattes est jaunâtre chez les deux sexes. La tête est relativement grande, le museau développé et obtus.

FAMILLE DES PYGOPODIDAE : PYGOPODES

Les pygopodes, ou lézards-serpents, constituent un groupe de lézards apodes, à corps serpentiforme, mais dont l'anatomie diffère largement de celle des serpents. On en connaît 30 espèces, toutes d'Australie et de Nouvelle-Guinée.

Les pygopodes sont plus éloignés des serpents que des geckos, dont ils possèdent certaines caractéristiques telles que les paupières soudées et la faculté d'émettre des sons. Les membres postérieurs sont présents sous forme de vestiges d'excroissances squameuses, et la queue est extrêmement longue. La langue, plate, charnue, est légèrement fourchue et peut être étendue très loin hors de la bouche.

Lézard-serpent à nez pointu ou Lialis de Burton,
Lialis burtonis

Distribution : Australie (centre, Queensland), Nouvelle-Guinée
Habitat : zones semi-désertiques, forêts pluviales
Taille : jusqu'à 61 cm

Espèce la plus répandue de sa famille, ce lézard-serpent s'adapte à des habitats aussi contrastés que les zones semi-désertiques et la forêt pluviale. De mœurs terrestres, il se cache dans les touffes d'herbe ou sous les débris de végétaux. Si la coloration et les dessins varient en fonction de l'aire de répartition, l'animal montre toujours une bande brune de part et d'autre de la tête. Le museau est long et pointu.

Actif de jour comme de nuit, ce lézard-serpent se nourrit d'insectes, de scinques et d'autres petits lézards. Ses longues dents, pointues et recourbées vers l'arrière, lui permettent de s'emparer de proies relativement grandes, qu'il avale tout entières.

Contrairement aux autres lézards-serpents, qui émettent des cris courts et répétés comme les geckos, celui-ci lance un appel long et soutenu. La femelle pond 2 ou 3 œufs de forme oblongue, à coquille parcheminée.

Pygopus nigriceps

Distribution : ouest de l'Australie
Habitat : zones sèches de l'intérieur et forêts côtières
Taille : 46 cm

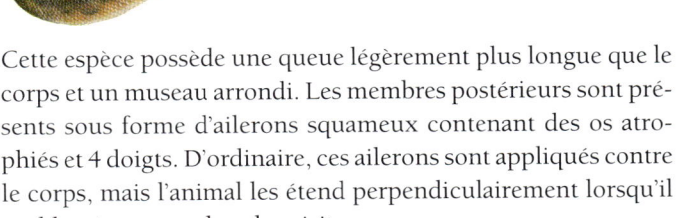

Cette espèce possède une queue légèrement plus longue que le corps et un museau arrondi. Les membres postérieurs sont présents sous forme d'ailerons squameux contenant des os atrophiés et 4 doigts. D'ordinaire, ces ailerons sont appliqués contre le corps, mais l'animal les étend perpendiculairement lorsqu'il est blessé ou quand on le saisit.

Menacé, *Pygopus nigriceps* imite *Denisonia gouldii*, un serpent venimeux de la famille des élapidés, pour tromper son ennemi : il ploie le cou en forme de « S », rejette la tête vers l'arrière, gonfle légèrement la gorge et lance des sifflements.

Il se nourrit d'insectes et de petits lézards, et il est surtout actif au crépuscule et la nuit. La femelle pond 2 œufs.

Delma nasuta

Distribution : Australie (Australie-Occidentale, Territoire-du-Nord, Australie-Méridionale)
Habitat : déserts sableux et pierreux, broussailles des zones arides
Taille : 30 cm, queue comprise (22 cm)

Les 3 espèces de lézards-serpents du genre *Delma* ont toutes le corps élancé et se déplacent exactement à la manière des élapidés d'Australie, des serpents plus petits que ces lézards. Actifs de nuit comme de jour, les *Delma* se nourrissent d'insectes et de petits lézards ; toutefois, les espèces qui habitent les déserts brûlants de l'Australie centrale sont de mœurs strictement nocturnes. Les membres postérieurs sont présents sous forme de minuscules ailerons mobiles, appliqués contre le corps.

La femelle pond 2 œufs.

Aprasia striolata

Distribution : Australie (populations isolées dans le sud-ouest de l'Australie-Occidentale, l'Australie-Méridionale à l'ouest du Victoria, Territoire-du-Nord)
Habitat : diversifié ; sols sableux et argileux
Taille : 15 cm

Le genre *Aprasia* compte 4 espèces de mœurs et d'apparence très similaires. Petite créature fouisseuse, cette espèce a un museau arrondi et des vestiges de membres postérieurs, peu évidents. La queue est courte. *Aprasia striolata* se nourrit exclusivement d'insectes et de lézards ; il est actif de jour.

Les femelles du genre pondent généralement 2 œufs.

LÉZARDS FOUISSEURS ET TÉIIDÉS

Famille des Dibamidae : Lézards fouisseurs de l'Ancien Monde

Cette petite famille ne compte que 3 espèces de lézards vermiformes, apodes et fouisseurs, tous du genre *Dibamus*, qui vivent dans certaines parties de l'Asie du Sud-Est, aux Philippines et en Nouvelle-Guinée.

Dibamus novaeguineae
Distribution : Nouvelle-Guinée
Habitat : forêts
Taille : jusqu'à 30 cm

Les 3 espèces du genre sont des serpents aveugles, apodes, particulièrement adaptés à la vie souterraine. Le corps est vermiforme, les yeux et les oreilles sont recouverts de peau. Les narines sont disposées sur une écaille hypertrophiée, à l'extrémité du museau ; les dents sont petites, recourbées vers l'arrière. Le mâle a des vestiges de membres inférieurs qui lui servent à agripper la femelle lors de l'accouplement. Les dibamidés s'enfouissent dans le bois en décomposition ou le sol.

Les mœurs des dibamidés sont mal connues. Des œufs que l'on suppose être de *Dibamus* ont été retrouvés dans de l'humus et du bois en décomposition.

Famille des Teiidae

Cette famille exclusivement américaine compte quelque 80 espèces, dont la majorité vit en Amérique du Sud. Les téiidés sont des lézards élancés, à la queue mince, à la langue caractéristique, profondément divisée, qui leur sert à se procurer leur nourriture. Chez la plupart des espèces, le dos et le ventre sont couverts d'écailles.

Les téiidés sont au Nouveau Monde ce que sont les lacertidés à l'Ancien : des lézards typiques. Terrestres pour la plupart, ils se nourrissent d'une grande variété de petits animaux, mais se sont spécialisés dans leurs mœurs : ainsi le lézard-caïman, par exemple, qui est semi-aquatique et se nourrit de gastéropodes.

Les téiidés sont ovipares, mais certaines espèces ont un mode de reproduction parthénogénétique, tous les individus étant alors du sexe femelle et susceptibles de pondre des œufs qui n'ont pas besoin d'être fécondés et donnent naissance à des individus femelles eux aussi.

Lézard-caïman, *Dracaena guianensis*
Distribution : nord-est de l'Amérique du Sud
Habitat : zones inondées marécageuses, souvent régions boisées en bordure de cours d'eau
Taille : 1,20 m

Les puissants lézards-caïmans ont une large queue, aplatie dans le sens transversal et portant une double crête écailleuse, un corps revêtu de plaques écailleuses cornées et rugueuses. Le lézard-caïman habite les flaques laissées par la baisse du niveau des cours d'eau. Il passe la journée dans l'eau, sa queue lui servant à se propulser ; il nage et plonge bien. La nuit, il trouve abri hors de l'eau, souvent dans les arbres et les buissons. Il se nourrit presque exclusivement de gastéropodes aquatiques, qu'il broie entre ses dents à couronne aplatie ; il recrache les débris de coquille, puis avale le corps mou de l'animal.

Après l'accouplement, la femelle de ce lézard pond des œufs qu'elle enfouit, le plus souvent dans un nid déserté de termites arboricoles.

Tégu ou Sauvegarde, *Tupinambis teguixin*
Distribution : Amérique centrale, nord de l'Amérique du Sud
Habitat : forêts, régions boisées
Taille : 1,20 à 1,40 m, queue comprise (70 à 85 cm)

Robuste lézard à longue queue cylindrique, le tégu est de couleur sombre, marqué d'évidents dessins jaunes. S'il fréquente les épais sous-bois, on le trouve aussi dans les zones cultivées, voire au voisinage des habitations ; il s'attaque aux volailles, mange aussi œufs, petits mammifères, batraciens, gros insectes, vers et, accessoirement, fruits et feuilles. Il chasse de jour et, sous les cli-

mats moins chauds, s'enfouit la nuit. Adversaire redoutable, le tégu fouette son ennemi à grands coups de sa puissante queue, avant de l'attaquer de la gueule. Néanmoins, il fuit le danger chaque fois qu'il le peut. Les jeunes sont capables de courir sur leurs pattes postérieures. Les populations locales chassent le tégu, dont elles utilisent la graisse jaune pour soigner les inflammations.

La femelle du tégu pond dans les nids de termites arboricoles, dont elle perce la paroi extérieure pour y déposer de 6 à 8 œufs. Toujours vigilants, les termites réparent la paroi endommagée, mettant ainsi les œufs de tégu à l'abri des prédateurs, des variations de température ou d'humidité, et leur assurant un développement idéal – à charge pour les nouveau-nés de s'ouvrir une brèche dans le nid pour rejoindre l'extérieur.

Ameive, *Ameiva ameiva*

Distribution : Amérique centrale, Amérique du Sud, est des Andes ; introduit aux États-Unis (Floride)

Habitat : zones herbeuses

Taille : 15 à 20 cm

Ce lézard terrestre, extrêmement actif, émerge dès l'aurore pour explorer le sol de sa longue langue fourchue, à la recherche d'insectes, d'araignées, d'escargots et autres petits lézards et invertébrés qui constituent son régime alimentaire. Sa langue protractile lui sert aussi à détecter les odeurs. Dans les régions côtières, il arrive qu'on le trouve dans des terriers tels ceux creusés par les crabes. Au Panama, on l'a vu étendre son aire géographique en s'introduisant dans les zones récemment défrichées par l'homme.

Le mâle est généralement plus grand que la femelle et marqué d'évidentes taches claires, alors que le corps de la femelle est barré de raies longitudinales. Après l'accouplement, la femelle pond de 1 à 4 œufs.

Ameive tétradactyle, *Teius teyou*

Distribution : du sud-est du Brésil à l'Argentine

Habitat : zones rocheuses dégagées

Taille : 30 cm

C'est l'un des téiidés les plus nombreux et les plus répandus d'Amérique du Sud ; il fréquente les zones dégagées pourvues d'abris rocheux : sous une grosse pierre, il creuse une galerie qui aboutit à une chambre d'environ 2,5 cm sur 4 cm ; il s'y replie en forme de « U », la tête et la queue dans la galerie. Il se nourrit d'insectes et, accessoirement, d'araignées.

Cnémidophore ponctué, *Cnemidophorus lemniscatus*

Distribution : de l'Amérique centrale au nord de l'Amérique du Sud, Trinité et Tobago

Habitat : plaines de basse altitude, zones dégagées des forêts de plaines d'inondation

Taille : 30 cm

Lézard aux déplacements extrêmement rapides, le cnémidophore ponctué n'est jamais immobile ; parfois même, il court sur ses pattes postérieures et peut atteindre jusqu'à 24 à 28 km/h sur de courtes distances. Diurne et essentiellement terrestre, ce cnémidophore est extrêmement agile, et il lui arrive d'escalader arbustes et buissons à la recherche de nourriture. Le corps est long ; la queue en fouet est cannelée, longuement conique ; le museau peut être pointu ou obtus.

Lors de l'accouplement, le mâle chevauche la femelle, dont il agrippe fermement le cou avec sa gueule, et il incurve son corps autour d'elle pour le coït. La femelle pond de 4 à 6 œufs, qui éclosent après une période d'environ 8 à 10 semaines d'incubation.

LACERTIDÉS ET LÉZARDS NOCTURNES

Famille des Lacertidae

Cette famille compte quelque 180 espèces de lézards typiques, répartis en Europe, en Asie et en Afrique, à l'exception de Madagascar. Dans cette aire de distribution, les lacertidés sont présents des régions tropicales les plus chaudes jusqu'au-delà du cercle polaire arctique. La plupart des représentants de cette famille sont terrestres, mais quelques espèces vivent dans les arbres ou parmi les rochers.

Lézards élancés, à longue queue, les lacertidés ont une longueur totale variant entre 10 et 75 cm, de grandes écailles sur la tête et le ventre. Extérieurement, les mâles se distinguent généralement des femelles par une tête plus grande et un corps plus court. Presque tous ovipares, les lacertidés déposent leurs œufs dans la terre ou le sable.

Ces lézards ont des mœurs territoriales prononcées. Les mâles, en particulier, adoptent devant l'intrus une attitude d'intimidation, tête dressée et gorge gonflée.

Comme la majorité des autres lézards, les lacertidés se nourrissent de petits animaux, et spécialement d'invertébrés. Quelques espèces, surtout parmi les formes insulaires, consomment également de grandes quantités de matière végétale.

Lézard vert, *Lacerta viridis*

Distribution : Europe (des îles Anglo-Normandes au nord de l'Espagne, à la Sicile et à la Sardaigne ; vers l'est jusqu'au sud-ouest de la Russie)
Habitat : bois clairs, lisières de champs, berges, bords de routes
Taille : 30 à 45 cm, queue comprise (20 à 30 cm)

C'est le plus grand lézard présent au nord des Alpes. Les mâles sont en général presque entièrement verts, mouchetés de noir ; les femelles sont très variables, parfois vertes ou brun uniforme. La coloration des adultes est prononcée au printemps et se ternit au fil de l'année.

Doué de bonnes facultés d'adaptation, le lézard vert se rencontre typiquement dans une végétation buissonnante touffue et fuit les zones arides. Agile grimpeur, il escalade arbres, buissons et murs pour se chauffer au soleil. Son régime alimentaire se compose essentiellement d'insectes et de larves, de petits invertébrés et particulièrement d'araignées.

Solitaires la majeure partie de l'année, les lézards verts s'accouplent au printemps, après de féroces batailles entre mâles. Pour copuler, le mâle saisit la femelle avec ses mâchoires. Celle-ci pond ensuite de 4 à 21 œufs dans un trou qu'elle creuse dans le sol, puis les recouvre de terre. L'incubation dure plusieurs mois. Les lézards verts hibernent dans des anfractuosités.

Lézard vivipare, *Lacerta vivipara*

Distribution : Europe (régions arctiques de la Scandinavie, de la Grande-Bretagne au nord de l'Espagne, nord de l'Italie, Yougoslavie), nord de l'Asie
Habitat : toutes zones herbeuses, bois clairs, marais
Taille : 14 à 18 cm

C'est le seul lézard à vivre au-delà du cercle polaire. Le dessin est très variable selon les régions, mais la coloration de fond est généralement brune, parfois grise ou vert olive, le dos marqué de points clairs et de lignes sombres. Sous les climats les plus chauds, on le rencontre rarement au-dessous de 500 m, sauf dans les régions humides, mais il aime lézarder au soleil une bonne partie du jour. Il vit essentiellement sur le sol, mais est assez bon grimpeur et excellent nageur. Insectes, araignées, lombrics, limaces et autres petits invertébrés font partie de son régime alimentaire. Il est solitaire, excepté lors de l'hibernation et à la saison des amours.

Unique lézard vivipare de la famille, il met au monde de 5 à 8 petits entièrement formés, mais, dans les Pyrénées et le Massif central, il lui arrive de pondre des œufs.

Lézard des murailles ou Lézard gris, *Lacerta muralis*

Distribution : Europe (du nord de la France au nord de l'Espagne, au sud de l'Italie, à la Grèce, vers l'est jusqu'à la Roumanie)
Habitat : zones sèches et ensoleillées, murs, rochers, troncs d'arbres
Taille : jusqu'à 23 cm

Reptile élancé, à corps aplati, le lézard des murailles a une queue qui peut atteindre jusqu'à deux fois la longueur du corps. La coloration et le dessin sont extrêmement variables selon les régions, mais la plupart des individus sont brun rougeâtre ou gris, marqués de sombre. Ce lézard affectionne les murs ensoleillés, même proches des habitations ; en plein midi, il cherche l'ombre. Très actif, vif et excellent grimpeur, il se nourrit d'insectes tels que mouches et coléoptères, et de petits invertébrés (lombrics, araignées, escargots et limaces). Grégaire, il vit en petite colonie.

Au sortir de l'hibernation, les mâles se disputent les femelles avant l'accouplement. La femelle pond de 2 à 10 œufs dans un trou qu'elle recouvre de terre. L'incubation dure 2 ou 3 mois. Lorsque le printemps est chaud et la nourriture abondante, le lézard des murailles a plusieurs pontes par saison.

Acanthodactyle, *Acanthodactylus boskianus*

Distribution : Égypte, Arabie Saoudite
Habitat : déserts
Taille : 12,5 cm

De couleur sable, comme le désert qui constitue son habitat, ce lézard a de longs orteils, largement frangés d'écailles, ce qui augmente sa surface portante et lui assure une bonne assise sur le sable. Il court vite et peut s'enfouir profondément dans le sol pour s'abriter.

La femelle pond de 2 à 4 œufs dans un trou qu'elle creuse.

Psammodrome algérien, *Psammodromus algirus*

Distribution : Espagne, Portugal, sud-ouest de la France, Afrique du Nord
Habitat : végétation dense des zones sableuses, bois, jardins, parcs
Taille : 30 cm

Le psammodrome algérien est le reptile le plus commun dans les zones urbaines de son aire de répartition. Il est brun métallique, ses flancs sont longitudinalement barrés de clair. La queue est longue, rigide, souvent d'une couleur orangée chez les jeunes. Au matin, il paresse au soleil, puis, une fois qu'il s'est réchauffé, il retrouve toute sa vivacité et se met en chasse d'invertébrés parmi la végétation et sur le sol.

La femelle du psammodrome pond 6 œufs ou davantage, qui éclosent 2 mois plus tard.

Eremias sp.

Distribution : Europe, de l'Asie centrale à la Mongolie, Afrique
Habitat : déserts, broussailles des zones semi-arides, zones herbeuses
Taille : 15 à 22 cm

Le genre compte de nombreuses espèces, dont la classification reste encore imparfaite. Ce sont, pour la plupart, des lézards à corps écailleux, pattes postérieures bien développées, marqués de points disposés en lignes transversales. Ils préfèrent les régions sèches et se nourrissent d'invertébrés, surtout d'insectes et d'araignées.

Certaines espèces de *Eremias* sont ovipares et pondent de 2 à 12 œufs ; les autres donnent naissance à des petits entièrement formés.

Tropidosaure, *Tropidosaura essexi*

Distribution : Afrique australe
Habitat : montagnes
Taille : 14 cm

Ce petit lézard à museau arrondi, obtus, est marqué longitudinalement de bandes pâles, de l'arrière de la tête à l'extrémité de la queue. Il vit sur le sol, est très véloce et se nourrit d'insectes et de petits invertébrés.

Famille des Xantusiidae : Lézards nocturnes

Nocturnes, comme l'indique leur nom, ces lézards attendent le crépuscule pour se mettre en chasse et passent la journée cachés parmi les rochers et sous les pierres. La famille compte environ 18 espèces, que l'on rencontre dans le sud-ouest des États-Unis, en Amérique centrale et à Cuba, principalement dans les habitats arides et rocheux. Ces lézards se nourrissent d'insectes nocturnes.

Les xantusiidés présentent une ressemblance superficielle avec les geckos, avec leurs paupières fixes dont l'inférieure comporte des « fenêtres » transparentes. À la différence de ceux-ci, ils ont le dos et le ventre revêtus d'écailles, et la tête montre un bouclier. Ces lézards de mœurs exclusivement nocturnes sont vivipares.

Xantusie du désert, *Xantusia vigilis*

Distribution : sud-ouest des États-Unis (Nevada, Utah à Californie), Mexique
Habitat : zones rocheuses, arides et semi-arides
Taille : 9,5 à 12,5 cm

Si sa coloration varie selon les régions, ce lézard est toujours tacheté de sombre. Il fréquente yuccas et agaves, se nourrit de termites, de fourmis, de coléoptères et de diptères.

L'accouplement a lieu généralement en mai ou juin. Quelques mois plus tard, la femelle met au monde de 1 à 3 jeunes, qui naissent la queue la première.

SCINQUES

Famille des Scincidae : Scinques

Les scincidés forment une immense famille qui englobe plus de 600 espèces, réparties dans le monde entier, à l'exception de l'Antarctique. C'est en Asie du Sud-Est et en Australie qu'ils sont le plus nombreux.

Adaptés à la vie aérienne ou souterraine, les scinques ont généralement le corps cylindrique et allongé, couvert d'écailles lisses ; la queue est longue et conique. Les membres sont courts, extrêmement réduits ou absents chez certains scinques fouisseurs. De nombreuses familles de lézards comptent des espèces apodes ou aux membres réduits, mais cette caractéristique est particulièrement commune chez les scinques. En majorité, les scincidés mesurent entre 8 et 35 cm de long, mais il en existe quelques formes géantes.

La plupart des scinques se nourrissent d'insectes et de petits invertébrés (les formes géantes sont herbivores) ; ils sont en majorité ovipares, mais certains donnent naissance à des petits entièrement formés.

Acontias sp.
Distribution : Madagascar, côtes de l'Afrique australe
Habitat : zones sableuses
Taille : 10 cm

Les lézards apodes du genre *Acontias* passent le plus clair de leur temps enfouis dans le sol. Le corps est cylindrique, la queue courte. Yeux et oreilles sont protégés par des écailles, et les paupières inférieures sont équipées de « fenêtres » transparentes qui permettent la vision tandis que l'animal creuse. Le corps est recouvert d'écailles dures et lisses, qui facilitent la progression souterraine. À la surface, ces lézards se déplacent comme les serpents, par des mouvements de reptation. Largement insectivores, les *Acontias* se nourrissent aussi de petits invertébrés et de batraciens.

Les femelles mettent au monde 3 ou 4 petits par portée, entièrement formés.

Seps d'Espagne, *Chalcides bedriagai*
Distribution : Espagne, Portugal
Habitat : varié (zones arides, sablonneuses ou herbeuses, collines)
Taille : jusqu'à 16 cm

Ce lézard au corps allongé, avec une petite tête et des membres réduits, vit parmi la végétation basse ou enfoui dans le sable meuble. Il est généralement chamois ou brun-gris, avec souvent une bande pâle de chaque côté. Les écailles sont grandes, lisses et luisantes. On relève quelques variations régionales : les spécimens du sud de l'Espagne, par exemple, ont souvent les pattes très courtes. Le seps se nourrit d'invertébrés.

Les embryons se développent – nourris par une forme de placenta – dans les voies génitales de la femelle, qui met au monde 2 ou 3 petits entièrement formés.

Scinque de Sundeval, *Riopa sundevalli*
Distribution : Afrique (de la Zambie à l'Afrique du Sud)
Habitat : plaines dégagées, savane sableuse
Taille : jusqu'à 18 cm

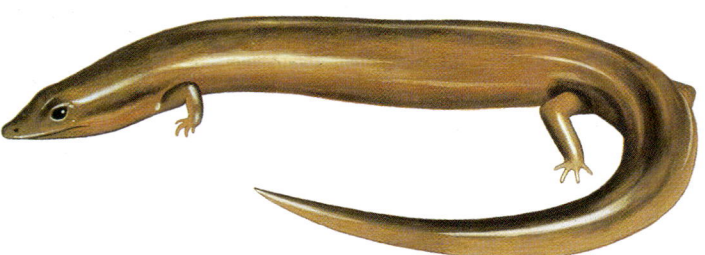

Espèce fouisseuse, le scinque de Sundeval a des membres très réduits, des écailles lisses. Il vient à la surface chercher sa nourriture – insectes et larves, araignées, cloportes, gastéropodes – et peut se cacher sous les pierres ou la litière de feuilles. Il affectionne également termitières et tas de fumier. Au sol, le scinque de Sundeval se déplace par des mouvements de reptation, à la manière d'un serpent, et il se sert rarement de ses pattes. La queue est très fragile et se brise facilement ; il est rare qu'elle soit entière chez les adultes.

La femelle pond de 2 à 6 œufs, généralement 4, dans un nid souterrain ou une termitière. Les nouveau-nés mesurent environ 5 cm.

Scinque d'Arabie, *Scincus philbyi*

DISTRIBUTION : Arabie Saoudite
HABITAT : déserts de sable
TAILLE : jusqu'à 21 cm

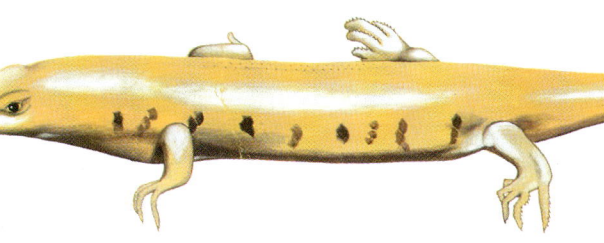

À la différence de la plupart des scinques fouisseurs, cette espèce a des membres bien développés, des doigts aplatis, frangés d'écailles, qui lui rendent facile la pénétration dans le sable meuble. Le corps est robuste et cylindrique, le museau large et cunéiforme. Actif de jour, le scinque d'Arabie passe le plus clair de son temps sous le sable, à chercher coléoptères et mille-pattes. Les espèces du genre semblent littéralement nager dans le sable, ce qui leur a valu le surnom de « poissons des sables ».

Le développement des embryons s'opère dans les voies génitales de la femelle, qui met au monde des petits entièrement formés.

Feylinia cussori

DISTRIBUTION : Afrique tropicale
HABITAT : forêts
TAILLE : 35 cm

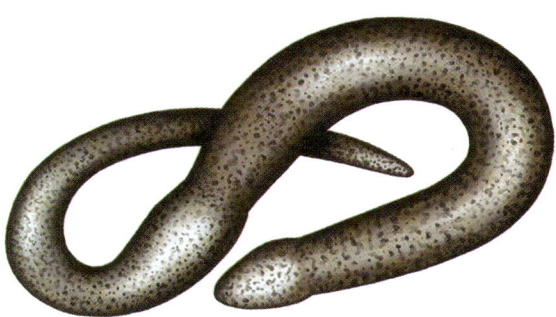

Grand scinque fouisseur et apode, *Feylinia cussori* a une tête relativement aplatie qui se fond dans le corps cylindrique, et des yeux minuscules protégés par des écailles transparentes. On le rencontre souvent sous le bois en décomposition ; il se nourrit essentiellement de termites, qu'il détecte au bruit qu'ils font en creusant le bois.

Le développement des embryons s'opère dans les voies génitales de la femelle, qui donne naissance à 2 ou 3 petits. Une superstition veut que *Feylinia* pénètre à volonté dans le corps humain et qu'en le quittant il provoque la mort de l'individu.

Eumeces obsoletus

DISTRIBUTION : centre-sud des États-Unis (du Wyoming et du Nebraska à l'Arizona et au Texas), Mexique
HABITAT : zones herbeuses rocheuses, généralement au voisinage de l'eau
TAILLE : 16,5 à 35 cm

C'est le plus grand des scinques nord-américains. Les pattes sont robustes, bien développées, le corps est tacheté de brun foncé ou de noir ; par endroits, les taches groupées donnent l'impression de lignes continues. Actif de jour, *Eumeces obsoletus* se nourrit d'insectes, d'araignées et de petits lézards. Agressif, il mord s'il est dérangé.

Par rapport aux autres lézards, ce scinque fait preuve d'un instinct maternel très développé. Quelques semaines après l'accouplement, qui a lieu en avril ou mai, la femelle pond de 17 à 21 œufs qu'elle dépose dans un nid, sous un rocher. Elle les surveille tout le temps que dure l'incubation, les retournant de temps à autre pour leur assurer une température régulière. Quelque 2 mois plus tard, au moment de l'éclosion, elle les frotte et les presse de son corps pour encourager les nouveaux-nés à se libérer de leur coquille. Durant 10 jours encore, elle prend soin des petits et fait leur toilette. Les jeunes sont généralement noirs à queue bleue, faiblement marqués de blanc.

Néoseps de Reynolds, *Neoseps reynoldsi* VU

DISTRIBUTION : États-Unis (centre de la Floride)
HABITAT : dunes de sable
TAILLE : 10 à 13 cm

Ce petit scinque est un excellent fouisseur : à l'aide de son museau formant ciseaux, il creuse le sable, dans lequel il s'enfonce par des mouvements ondulatoires rappelant la nage. Les membres sont très réduits, les pattes antérieures munies d'un seul doigt contre 2 pour les membres postérieurs. Le néoseps de Reynolds se nourrit de termites et de larves de coléoptères, qu'il repère au son naissant de leurs mouvements. Bien qu'il soit actif de jour et vienne à la surface s'abriter sous les troncs morts et autres débris végétaux, ce scinque se laisse rarement apercevoir et s'enterre dès qu'il est dérangé.

L'accouplement a lieu au printemps ; la femelle pond 2 œufs.

SCINQUES SUITE

Mabouia, *Mabuya wrightii*
DISTRIBUTION : Seychelles
HABITAT : îles granitiques avec dépôts de guano
TAILLE : 31 cm, y compris la queue (jusqu'à 18 cm)

Ce mabouia au corps trapu a des pattes bien développées, munies de longs doigts. Le museau est légèrement allongé, à extrémité obtuse. Terrestre et rapide, ce lézard à activité diurne a besoin de beaucoup de chaleur. On le rencontre généralement dans les petites îles des Seychelles, où il vit souvent en association avec les nichées d'oiseaux de mer, dont il mange les œufs – surtout ceux de sternes – après les avoir brisés en les faisant tomber du haut des rochers ou des branches. Hors la période de reproduction des oiseaux, le régime alimentaire de ce scinque est inconnu.

La plupart des mabouias donnent naissance à des petits entièrement formés, mais les mœurs reproductives précises de cette espèce n'ont jamais été observées. *M. trivittata*, une espèce sud-africaine, est l'un des rares reptiles à faciliter la naissance de ses petits, la femelle déchirant de ses dents la membrane souple qui les entoure pour les aider à s'en dégager.

Égernie, *Egernia stokesii*
DISTRIBUTION : de l'Australie-Occidentale au Queensland, à la Nouvelle-Galles-du-Sud et à l'Australie-Méridionale
HABITAT : collines pierreuses, montagnes
TAILLE : jusqu'à 27 cm

Ce scinque est des plus inhabituels, avec son corps trapu couvert d'écailles à marge rugueuse, parfois épineuses. La queue est courte, très aplatie, particulièrement bien dotée en écailles épineuses. Les quatre membres sont robustes, bien développés.

Ce scinque fréquente les zones rocheuses, où il trouve abri dans les fissures ou sous les blocs, d'où, grâce aux épines de sa queue, il est pratiquement impossible à déloger. Il passe ses journées à proximité de son refuge, à se chauffer au soleil et à attraper des insectes. Grégaire, il vit en colonie, qui signale sa présence dans une zone par ses sites de défécation, où s'accumulent de petits tas de fèces.

Les égernies sont vivipares. Dans les voies génitales de la mère, les embryons – généralement 5 – se développent, nourris par une forme de placenta. À la naissance, les jeunes mesurent environ 6 cm.

Emoia cyanogaster
DISTRIBUTION : Australie (extrême nord du Queensland), Indonésie
HABITAT : forêts, bananeraies
TAILLE : jusqu'à 27 cm

Scinque au corps élancé et lustré, à la mince queue conique, *Emoia cyanogaster* a un museau pointu, légèrement aplati. Ses membres, et particulièrement les pattes postérieures, sont longs et bien formés, munis de doigts allongés. Agile et essentiellement arboricole, ce scinque saute aisément de branche en branche. Sa journée se passe en grande partie à se chauffer au soleil sur la végétation basse ou à s'abriter sous les feuilles traînantes des bananiers, mais il rejoint souvent le sol pour se nourrir.

Ces scinques s'accouplent tout au long de l'année, avec toutefois des fluctuations saisonnières. La femelle dépose généralement 2 œufs par ponte.

Leiolopisma infrapunctatum

Distribution : Nouvelle-Zélande

Habitat : terrains découverts avec quelque végétation

Taille : 24 cm

Scinque caréné, *Tropidophorus queenslandiae*

Distribution : Australie (nord du Queensland)

Habitat : forêts pluviales

Taille : 13 à 20 cm

Ce scinque à écailles lisses a le corps joliment marqué de dessins dont la configuration est constante, mais dont la coloration connaît quelques variations ; les plus remarquables sont les larges lignes brisées, brun rougeâtre, qui joignent l'arrière de l'œil à la queue et marquent également les membres. Tête et corps sont allongés, le cou est indistinct.

Actif de jour, ce scinque vit souvent au voisinage des sites de nidification des pétrels. Il se chauffe au soleil, mais s'effarouche et prend la fuite au moindre signe de danger. Il se nourrit de petits invertébrés terrestres et d'insectes. L'accouplement a lieu au printemps ; 4 mois plus tard environ, la femelle met au monde une portée de petits entièrement formés.

Cette espèce se distingue aisément des autres scinques australiens par les petites écailles fortement carénées qui couvrent son corps ainsi que sa queue arrondie ; ses membres sont bien développés. Nocturne, le scinque caréné vit sous les débris de plantes ou les troncs en décomposition sur le sol de la forêt, où son corps sombre, irrégulièrement marqué de pâle, lui sert de camouflage. Il est extrêmement lent dans ses déplacements, et il ne recherche pas le soleil ; on le trouve le plus souvent dans un état de semi-torpeur. Vers et insectes à corps mou constituent sa nourriture essentielle.

Si la biologie reproductive de ce scinque est aujourd'hui encore mal connue, on sait cependant que plusieurs espèces du genre mettent au monde des portées comportant de 6 à 9 petits, qui se développent dans le corps de la mère et se libèrent de leur coquille au moment de l'expulsion.

Scinque géant à langue bleue, *Tiliqua occipitalis*

Distribution : sud de l'Australie

Habitat : zones arides

Taille : 45 cm

Scincella lateralis
(anciennement *Lygosoma lateralis*)

Distribution : États-Unis (du New Jersey à la Floride, vers l'ouest jusqu'au Nebraska et au Texas)

Habitat : forêts humides, zones herbeuses boisées

Taille : 8 à 13 cm

Ce scinque lisse et lustré a les flancs marqués de raies sombres, le ventre pâle, souvent jaunâtre ou blanchâtre. Le corps est long et élancé, les pattes postérieures bien développées et munies de longs doigts. Comme beaucoup d'autres, ce scinque a des paupières mobiles ; une fenêtre transparente sur chaque paupière inférieure lui permet de voir tout en étant protégé pendant qu'il creuse le sol. Il vit sur le sol, préfère les zones riches en litière de feuilles où trouver abri. Diurne, surtout par temps chaud et humide, il se nourrit essentiellement d'insectes et d'araignées.

Une espèce très voisine de *Scincella lateralis* habite l'Amérique centrale et l'Australie.

Ce scinque au corps puissamment bâti a une grande tête, mais des membres relativement réduits. Des bandes d'écailles brun foncé barrent son corps et sa queue, l'arrière de l'œil est marqué d'une tache allongée. La langue, assez large, est d'une couleur bleue caractéristique. Ce scinque passe ses journées à fouiller le sol à la recherche d'insectes, de gastéropodes et de baies. Il lui arrive de s'abriter dans les terriers de lapins.

La femelle donne naissance à quelque 5 petits formés, au corps distinctement strié de jaune et de brun foncé.

Prolifique, la femelle pond de 1 à 7 œufs à 4 ou 5 semaines d'intervalle, avec un maximum de 5 pontes par saison, soit d'avril à août dans la plupart des régions. Au moment de la ponte, le développement embryonnaire est déjà bien avancé et la femelle ne surveille pas les œufs.

CORDYLIDÉS

FAMILLE DES CORDYLIDAE

Les représentants de cette famille africaine de quelque 40 espèces se rencontrent essentiellement dans les habitats rocheux et arides, au sud du Sahara et à Madagascar. Ce sont des espèces actives de jour et parfaitement adaptées à leur environnement.

Le cordylidé typique a le corps couvert de plaques osseuses sur lesquelles s'insèrent les écailles externes, visibles. Cette armure laisse libres deux sillons latéraux qui permettent l'expansion du corps, lors de l'ingestion de nourriture, par exemple, ou lorsque la femelle fécondée a le ventre distendu par les œufs. Les diverses espèces montrent de grandes variations dans l'apparence : les zonures ont une queue courte, protégée par des verticilles d'épines, une tête souvent épineuse ; les lézards du genre *Platysaurus* ont le corps aplati, l'épiderme couvert de granules lisses ; les lézards serpentiformes du genre *Chamaesaura* sont très allongés, avec une queue dont la longueur peut représenter les trois quarts de celle du corps. Chez certains cordylidés, les membres sont bien développés, chez d'autres, ils sont très réduits, voire absents.

Les lézards de cette famille se nourrissent largement d'insectes et de petits invertébrés tels que mille-pattes. Les formes les plus grandes consomment également de petits lézards, d'autres sont exclusivement végétariennes. Enfin, certaines espèces sont ovipares, d'autres mettent au monde des jeunes entièrement formés.

Cordylosaurus subtessellatus
DISTRIBUTION : Afrique (sud de l'Angola, Namibie)
HABITAT : zones sèches, rocheuses
TAILLE : 15 cm

Ce lézard a la tête et le corps fortement comprimés, ce qui lui facilite la pénétration dans les fissures de rochers, où il s'abrite pour se protéger de ses ennemis, de la forte chaleur ou du froid intense de la nuit. Il lui arrive aussi de se réfugier sous les pierres. La paupière inférieure est munie d'une « fenêtre » transparente qui protège l'œil de la poussière par fort vent. La face inférieure des doigts montre des écailles carénées, peut-être pour renforcer la prise de l'animal sur la roche. La queue se régénère aussi aisément qu'elle se brise.

Agile, ce lézard terrestre se nourrit d'insectes et autres petits invertébrés. Il est ovipare.

Platysaure impérial, *Platysaurus imperator*
DISTRIBUTION : Afrique (nord-est du Zimbabwe et région contiguë du Mozambique)
HABITAT : élévations de granit ou de grès dans les zones herbeuses
TAILLE : 39 cm

La tête, le corps, les membres et la queue de ce lézard sont latéralement aplatis, ce qui lui permet de trouver refuge dans les moindres anfractuosités rocheuses. Quand il s'est enfoncé dans une fissure, le platysaure gonfle son corps d'air, et il devient pratiquement impossible à un prédateur de le déloger de son abri. Contrairement aux autres platysaures qui fréquentent la base des élévations rocheuses, l'espèce s'aventure plutôt dans les hauteurs.

Plus grande espèce du genre, le platysaure impérial a le dos lisse, le cou recouvert de larges écailles. Jaune, rouge et noir, le mâle est plus vivement coloré que la femelle, qui est en grande partie noire et dont la tête est marquée de 3 raies jaunes très visibles qui convergent vers l'arrière. Les mâles délimitent un territoire qu'ils défendent en adoptant une posture agressive : dressés sur leurs membres postérieures, ils dévoilent les couleurs de leur gorge et de leur poitrine.

De mœurs diurnes, les platysaures se nourrissent exclusivement d'insectes, spécialement de criquets et de coléoptères. Ils s'abritent aux heures les plus chaudes de la journée et émergent dans l'après-midi pour chasser.

La femelle pond 2 œufs, de forme oblongue, dans une fissure de rocher.

Chamésaure du Transvaal, *Chamaesaura aena*
DISTRIBUTION : Afrique du Sud
HABITAT : zones herbeuses
TAILLE : 40 cm

Ce lézard a un corps serpentiforme, allongé, la queue représentant les trois quarts de la longueur totale. Les quatre membres réduits portent 5 doigts griffus ; les 3 autres espèces du genre ont au plus 2 doigts par patte, et l'une d'entre elles,

C. macrolepsis, est totalement dépourvue de membres antérieurs. Diurne, le chamésaure du Transvaal se déplace rapidement parmi les herbes, par des ondulations serpentines du corps, la tête et les membres antérieurs étant souvent dressés au-dessus du sol. Il se nourrit d'insectes, d'araignées, de vers et autres petits invertébrés.

L'incubation des embryons s'opère dans l'oviducte de la femelle. Les 2 à 4 jeunes complètement formés qui constituent la portée déchirent l'enveloppe mince qui les entoure quand la mère les expulse.

Lézard-tatou ou Zonure épineux, *Cordylus cataphractus* VU

Distribution : Afrique du Sud (ouest de la province du Cap)
Habitat : zones rocheuses arides
Taille : 21 cm

Ce lézard est recouvert de fortes épines, de l'arrière de la tête – aplatie et triangulaire – à l'extrémité de la queue. La tête, le corps et la queue claviforme sont aplatis, ce qui permet à l'animal de se faufiler dans les moindres fissures. Les narines sont allongées en petits tubes.

Le lézard-tatou vit sur le sol ; il a une activité diurne et se nourrit d'une grande diversité d'insectes, d'araignées et d'autres invertébrés. Il peut rester de longs moments immobile, exposé aux rayons du soleil matinal. Lorsqu'il atteint la température optimale, il devient très actif et entreprend de chasser. Il est relativement lent ; lorsqu'il se sent menacé, il ne fuit pas, mais il adopte une étrange posture de défense : il s'enroule sur lui-même comme un tatou, la queue entre les mâchoires, ne présentant plus au prédateur qu'un anneau épineux qui protège efficacement le ventre.

De 1 à 3 embryons se développent dans les voies génitales de la femelle. Les petits, qui naissent entièrement formés, brisent l'enveloppe membraneuse qui les entoure au moment de l'expulsion.

Gerrhosaure, *Gerrhosaurus flavigularis*

Distribution : Afrique (du Soudan et de l'Éthiopie jusqu'à l'Afrique du Sud – province du Cap –, à travers l'Afrique orientale)
Habitat : zones herbeuses, brousse
Taille : 45,5 cm

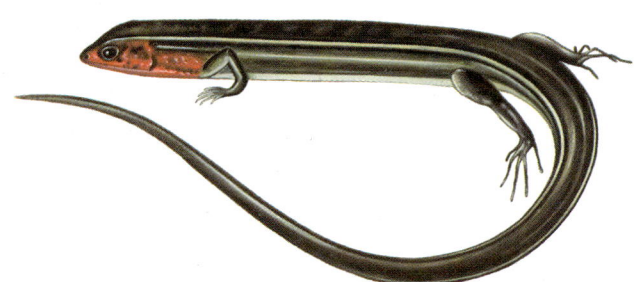

Terrestre et fouisseur, ce gerrhosaure est généralement gris verdâtre ou brunâtre, à gorge rouge ou jaune ; une étroite ligne suit souvent les flancs. Le corps est protégé par des plaques dures. Les membres, bien développés, sont terminés par 5 doigts, mais ne sont pas particulièrement adaptés au fouissage ; il est probable que ce lézard ne creuse ses galeries qu'après la pluie, lorsque le sol est meuble. Il chasse les insectes durant le jour, mais, en dépit de sa grande taille, se laisse rarement apercevoir. Il se déplace rapidement dans l'herbe et, au moindre signe de danger, file se réfugier dans son gîte, généralement creusé sous un buisson.

La femelle dépose 4 ou 5 œufs par ponte, dans un trou peu profond qu'elle a creusé.

Zonosaure de Madagascar, *Zonosaurus* sp.

Distribution : Madagascar
Habitat : forêts
Taille : 38 à 61 cm

Le genre compte 3 espèces de lézards terrestres. Ce sont des animaux puissants, aux membres bien développés. Sur les flancs, 2 sillons permettent l'expansion du corps. On connaît mal la biologie de ces lézards.

LÉZARDS-CROCODILES, ORVETS ET LÉZARDS APODES

Famille des Xenosauridae : Lézards-crocodiles

C'est une famille de 4 espèces : 3 se trouvent en Amérique centrale et au Mexique, 1 en Chine méridionale. Ce sont des cousins des anguidés ; les écailles recouvrent des plaques osseuses, grandes ou petites, mais non jointives. Les membres sont, en revanche, bien développés, ce qui n'est pas le cas chez la plupart des anguidés.

Xenosaurus sp.
Distribution : Mexique, Guatemala
Habitat : forêts pluviales denses
Taille : environ 20 cm

Ce genre de lézard présente un corps et des membres robustes et puissants, et une tête aplatie. Ce sont des créatures craintives, qui ne se laissent pas souvent voir et passent la majeure partie de leur temps cachées sous les racines ou dans les anfractuosités rocheuses. Elles séjournent également de longues périodes dans l'eau. Nocturnes, elles se nourrissent d'insectes, et particulièrement de termites et de fourmis ailés. Menacé, *Xenosaurus* adopte une posture d'intimidation, la gueule largement ouverte et révélant une membrane noire.

La femelle met au monde des portées de 3 petits entièrement formés, qui mesurent environ 4 cm à la naissance.

Famille des Anguidae : Orvets et Lézards-alligators

Cette famille compte quelque 80 espèces de lézards serpentiformes, présents en Amérique, aux Antilles, en Europe, en Afrique du Nord et en Asie. L'anguidé typique a un corps et une queue allongés et lisses, des paupières mobiles, des oreilles extérieurement visibles. Les anguidés vivent sur ou dans le sol ; certains, tels les orvets, sont vraiment apodes ou ont des vestiges de membres, alors que chez les lézards-alligators, les pattes sont au contraire bien développées.

Le corps de ces lézards est souvent caparaçonné de plaques osseuses que recouvre la peau, des sillons d'écailles souples permettant l'expansion. La longue queue se détache aisément lorsqu'elle est saisie par un attaquant (autotomie), généralement au niveau de l'un des plans de clivage ; elle se régénère – mais pas intégralement – en l'espace de quelques semaines.

La plupart des anguidés se nourrissent d'insectes, de petits invertébrés, voire de petits lézards et de mammifères. Ils se reproduisent en pondant des œufs, quelques espèces – spécialement de haute altitude – donnant naissance à des petits entièrement formés.

Diploglosse, *Diploglossus lessorae*
Distribution : Amérique centrale, nord de l'Amérique du Sud
Habitat : forêts
Taille : jusqu'à 35 cm

Le corps lisse et luisant de ce lézard rappelle celui des lézards-alligators, mais les sillons latéraux sont absents. Le diploglosse vit sur le sol, a une activité diurne et se nourrit d'insectes, de lombrics et de mollusques. On n'a pas d'informations concernant sa reproduction, mais on suppose qu'il est ovipare.

Gerrhonote multicaréné, *Gerrhonotus multicarinatus*
Distribution : ouest des États-Unis (État de Washington), Basse-Californie
Habitat : zones herbeuses, bois clairs
Taille : 25,5 à 43 cm

C'est un lézard-alligator agile, à forte queue préhensile qu'il peut enrouler autour des branches et qu'il utilise pour escalader les buissons. On en connaît 5 sous-espèces, de brun rougeâtre à gris jaunâtre, avec, en général, quelques marques sombres. De part et d'autre du corps, 2 replis couverts d'écailles flexibles permettent l'expansion du corps, par ailleurs raide. Ces lézards diurnes chassent les insectes et toutes autres créatures de taille proportionnée à celle de leur gueule, y compris scorpions et veuves noires.

Lorsqu'il est attaqué, le gerrhonote multicaréné réagit en projetant violemment ses fèces et en mordant l'adversaire.

Au cours de la saison de reproduction – soit en été –, la femelle a plusieurs pontes de 12 œufs en moyenne, parfois 40.

Orvet des Balkans, *Ophisaurus apodus*

Distribution : Europe (de l'ex-Yougoslavie et de la Grèce à la région de la mer Noire, vers l'est jusqu'à certaines régions du sud-ouest de l'Asie)

Habitat : endroits assez secs, collines rocheuses, bois ouverts, murs de pierres sèches, talus, etc.

Taille : jusqu'à 1,20 m

Plus grand représentant de sa famille, l'orvet des Balkans a un corps épais, serpentiforme, muni de vestiges de membres, assez raide, avec une carapace osseuse que recouvrent les écailles lisses. Des sillons latéraux d'écailles flexibles permettent l'expansion du corps. Actif de l'aube au crépuscule, cet orvet se nourrit de lézards, souris et autres petits animaux.

À la saison des amours, les mâles luttent férocement entre eux pour la possession des femelles. La femelle pond de 5 à 7 œufs dans une cavité pratiquée sous un rocher, un tronc mort, un tas de végétation en décomposition. Elle se love autour de sa couvée pour la protéger des prédateurs. L'incubation dure environ 4 semaines. Les petits mesurent à peu près 12,5 cm de long.

Orvet ou Serpent de verre, *Anguis fragilis*

Distribution : Europe (sauf Irlande, sud de l'Espagne et du Portugal, nord de la Scandinavie), à l'est jusqu'au centre et au sud-ouest de l'Asie, nord-ouest de l'Afrique

Habitat : pâturages, broussailles, bruyères, talus, jusqu'à 2 400 m

Taille : 35 à 54 cm

C'est un animal d'aspect serpentiforme, à écailles très lisses, sans membres apparents, dont la couleur varie avec l'âge, généralement brun rougeâtre, brun ou gris au-dessus. Les femelles ont fréquemment une ligne vertébrale foncée, les mâles montrent occasionnellement des points bleus. Les orvets nouveau-nés sont jaunâtres, bronze, brun doré ou vert argenté, avec également une raie vertébrale foncée. L'orvet se déplace par des ondulations serpentines ; sa queue s'autotomise facilement, mais ne se régénère pas intégralement. L'orvet passe la nuit et les heures les plus chaudes à l'abri sous un rocher ou un tronc ; il en émerge pour chasser limaces, vers, araignées, insectes et larves. Plus lent que la plupart des lézards, il est néanmoins capable de filer pour se mettre à couvert.

En fin de printemps, les mâles se livrent des combats pour la possession des femelles. Durant le coït, le mâle agrippe la tête ou le cou de la femelle entre ses mâchoires. Quelque 3 mois plus tard, la femelle met au monde des petits déjà éclos – de 6 à 12, parfois 20 –, qui se libèrent de leur enveloppe membraneuse au moment de l'expulsion et mesurent de 6 à 9 cm.

Lézard apode de Californie, *Anniella pulchra*

Distribution : États-Unis (Californie), Mexique (Basse-Californie)

Habitat : plages, dunes, berges de cours d'eau, sols argileux

Taille : 15 à 23 cm

Ce lézard apode a un corps très lisse, ce qui lui permet de se faufiler aisément dans le sol, et un museau en forme de pelle qui lui sert à creuser. Les yeux, petits, sont munis de paupières mobiles. La vie de ce lézard se passe presque entièrement dans le sol ou la litière de feuilles, à la recherche d'insectes et de larves. L'une des races de l'espèce, *A. pulchra nigra*, est menacée d'extinction.

La femelle met au monde jusqu'à 4 petits, entièrement formés, par portée.

VARANS ET HÉLODERMES

Famille des Varanidae : Varans

Habitants de l'Ancien Monde, les varans comptent parmi eux les plus grands des lézards, dont le dragon de Komodo, qui peut atteindre 3 m de long et peser jusqu'à 163 kg ; plusieurs espèces dépassent 2 m de long. Le genre, unique, rassemble environ 30 espèces de varans, ainsi que l'unique espèce de varan sans oreilles, qui est parfois classée dans une famille à part (les lanthanotidés). Tous ces lézards présentent les mêmes caractéristiques : corps allongé, cou long et bien dégagé des épaules, longue queue et membres bien développés. La langue, bifide comme celle des serpents, est extensible et peut être rétractée à l'intérieur de la bouche.

Les varans sont présents en Afrique (sauf à Madagascar), au Moyen-Orient, en Asie méridionale, en Indonésie et en Australasie. Ce sont tous des carnivores voraces. Pour affirmer leur prédominance, les mâles se livrent des combats rituels spectaculaires : dressés sur leurs pattes postérieures, ils se battent à l'aide de leurs membres antérieurs jusqu'à la défaite de l'un des adversaires. Les varans sont tous ovipares ; plusieurs espèces creusent des cavités dans le sol et y enfouissent leurs œufs.

Dragon de Komodo, *Varanus komodensis* VU

Distribution : îles de la Sonde (Komodo, Florès, Pintja et Padar, est de Java)
Habitat : zones herbeuses
Taille : 3 m

C'est de loin le plus grand des lézards actuels. Il a un corps massif, une queue longue et épaisse, des membres bien développés terminés par des griffes formant serres. Les dents sont grandes, à couronne dentelée, la langue est bifide et extensible. Bon grimpeur en dépit de sa taille, ce lézard est très rapide ; bon nageur, il affectionne le voisinage de l'eau. Diurne, il s'attaque aux sangliers, cervidés et porcins, ainsi qu'aux oiseaux. Le dragon de Komodo chasse toujours ses proies à l'affût.

La femelle pond environ 15 œufs, qu'elle enfouit dans le sol. Il y a plusieurs portées chaque année.

Varan du Nil, *Varanus niloticus*

Distribution : Afrique (sud et est du Sahara jusqu'à la province du Cap)
Habitat : forêts, terrains découverts
Taille : plus de 2 m

Ce reptile robuste et puissant est typique du groupe des varans. Il nage et plonge à la perfection, en se servant de sa queue comme d'un gouvernail, escalade les arbres à l'aide de ses énormes griffes, utilise sa forte queue préhensile pour s'agripper aux branches. Il creuse son gîte dans la berge des cours d'eau et fuit les zones désertiques. Il se nourrit de poissons, de crabes, de grenouilles, de reptiles, d'escargots et d'oiseaux, ainsi que d'œufs et de petits de crocodile.

L'une des plus prolifiques parmi les lézards, la femelle pond jusqu'à 60 œufs dans une termitière, après y avoir pratiqué une ouverture. Les termites alertés colmatent la brèche, mettant ainsi les œufs à l'abri, à charge pour les nouveau-nés de se frayer un chemin vers l'extérieur.

petits, dotés de paupières mobiles, dont l'inférieure montre une « fenêtre » transparente. Les oreilles ne sont pas extérieurement visibles. Ce lézard passe le plus clair de son temps à fouir le sol ou à nager ; il fuit la forte lumière et réclame peu de chaleur. En captivité, il se nourrit de poissons, mais son régime alimentaire naturel est inconnu.

Famille des Helodermatidae : Hélodermes

La famille ne compte que 2 espèces de lézards, proches cousins des varans. Le monstre de Gila vit dans le sud-ouest de l'Amérique du Nord, et le lézard perlé dans le Mexique oriental.

Varan de Gould, *Varanus gouldi*
Distribution : Australie
Habitat : des forêts côtières aux déserts de sable
Taille : environ 1,50 m

Très répandu, le varan de Gould est de taille, de coloration et de dessin variables selon les régions. Comme chez tous les varans, les membres sont puissants ; la queue, cannelée, est latéralement comprimée, excepté à la base. Terrestre, le varan de Gould s'abrite dans un gîte qu'il creuse ou emprunte à un autre animal ; on le trouve aussi sous les troncs abattus ou les débris végétaux. Pour se nourrir, il doit arpenter de vastes zones de terrain, à la recherche d'oiseaux, de mammifères, de reptiles, d'insectes et même de charogne. Comme les autres varans, il est ovipare.

Varan sans oreilles, *Lanthanotus borneensis*
Distribution : Sarawak
Habitat : forêts
Taille : jusqu'à 43 cm

Monstre de Gila, *Heloderma suspectum* **VU**
Distribution : sud-ouest des États-Unis (sud de l'Utah, Arizona, Nouveau-Mexique), Mexique
Habitat : zones arides et semi-arides pourvues de quelque végétation
Taille : 45 à 61 cm

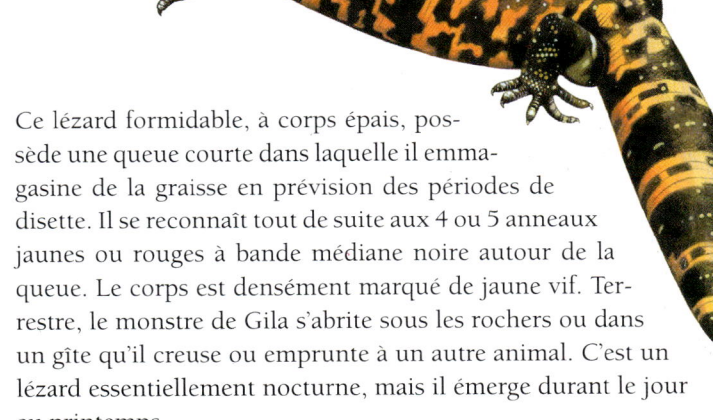

Ce lézard formidable, à corps épais, possède une queue courte dans laquelle il emmagasine de la graisse en prévision des périodes de disette. Il se reconnaît tout de suite aux 4 ou 5 anneaux jaunes ou rouges à bande médiane noire autour de la queue. Le corps est densément marqué de jaune vif. Terrestre, le monstre de Gila s'abrite sous les rochers ou dans un gîte qu'il creuse ou emprunte à un autre animal. C'est un lézard essentiellement nocturne, mais il émerge durant le jour au printemps.

Les hélodermes sont les seuls lézards venimeux. Le venin est sécrété par des glandes situées sur les faces externes de la mâchoire et se déverse dans la proie – rongeurs, lagomorphes, oiseaux au nid – par 5 ou 6 canalicules s'ouvrant à la base des dents, au moment de la morsure. Le monstre de Gila se nourrit également d'œufs d'oiseaux et de reptiles.

L'accouplement a lieu en été, après quoi la femelle pond de 3 à 5 œufs, à l'automne ou en hiver.

Le corps est allongé, assez aplati, les membres sont courts, mais forts, munis de 5 doigts. Chaque écaille du corps présente un petit tubercule. Les yeux sont très

AMPHISBÉNIENS

Famille des Amphisbaenidae : Amphisbènes

Les quelque 150 espèces de la famille des amphisbéniens rassemblent des reptiles vermiformes et fouisseurs qui constituent un sous-ordre de l'ordre des squamates, aux côtés des lacertiliens et des serpents.

On distingue 3 familles d'amphisbéniens : les amphisbénidés, les bipedidés (3 espèces) et les trogonophiidés (6 espèces). La plupart des espèces d'amphisbéniens vivent en Amérique centrale, en Amérique du Sud et en Afrique, mais quelques espèces vivent dans les régions chaudes d'Amérique du Nord et d'Europe. Ces étranges animaux préfèrent les habitats humides, dans lesquels ils peuvent creuser des réseaux de galeries semi-permanentes qui ne s'effondrent pas après leur passage. Dans le sol sec, ils se déshydratent rapidement. Ils absorbent l'eau par la bouche et non par la peau, comme on l'avait d'abord cru.

La plupart des amphisbéniens sont apodes. La peau est fixée lâchement sur un corps cylindrique, recouvert de petites écailles ou d'une cuirasse de kératine dure, ce qui facilite la pénétration dans le sol. La queue est pointue chez certains, tronquée chez d'autres, mais toujours couverte d'écailles cornées. Ils n'ont pas d'oreilles extérieurement visibles, et les yeux le sont à peine, car les paupières sont soudées, et ils sont enfoncés sous la peau transparente. Les narines sont dirigées vers l'arrière, si bien que, fermées sous l'effet de la pression, elles ne sont pas obstruées par la terre lorsque l'animal creuse.

Animaux fouisseurs par excellence, les amphisbéniens passent la majeure partie de leur vie sous terre ; ils creusent leurs galeries à coups de tête, souvent au voisinage des nids de termites ou de fourmis. Ils progressent ou reculent (ce qui leur a valu leur nom d'amphisbéniens, d'un terme grec signifiant « qui va dans les deux directions ») dans leurs galeries par des mouvements du corps qui évoquent ceux des lombrics (d'où leur nom anglo-saxon de « serpents-vers »). Ils doivent leur autre nom de « serpents à deux têtes » à ce que la queue, tronquée, ressemble à la tête.

Les amphisbéniens se procurent leur nourriture – principalement insectes et lombrics – sous terre ; les espèces de grande taille ajoutent à leur régime de petits vertébrés. Ces animaux repèrent leur proie par l'ouïe, mais il semble que l'odorat joue également un rôle en la matière. La proie saisie, elle est déchiquetée entre les fortes dents de l'animal.

La reproduction des amphisbéniens est assez mal connue ; on pense toutefois que la majorité des espèces pondent des œufs qui incubent dans les terriers souterrains. Chez les espèces vivipares, l'embryon est enroulé à l'intérieur de l'œuf, de la même manière que chez les serpents.

Rhineura de Floride, *Rhineura floridana*

Distribution : États-Unis (nord et centre de la Floride)
Habitat : zones sablonneuses, boisées
Taille : 18 à 40,5 cm

Seul lézard aveugle d'Amérique du Nord, cette espèce apode ne mesure que 0,5 cm de diamètre. Sa tête spatulée est bien adaptée au fouissage. Il vit sous le sol, se nourrissant de vers, d'araignées et de termites, et vient rarement à la surface, sinon poussé par la pluie ou dérangé par les cultures. Au contraire du lombric, il creuse des galeries qui ne se referment pas derrière lui, repoussant et tassant la terre au fur et à mesure de sa progression.

En été, la femelle pond jusqu'à 3 œufs longs et minces dans un terrier. Au moment de l'éclosion – soit à l'automne –, les nouveau-nés mesurent environ 10 cm.

La découverte de fossiles a montré que cet amphisbène était autrefois largement réparti en Amérique du Nord.

Monopeltis capensis

Distribution : Afrique (région centrale de l'Afrique du Sud, Zimbabwe)
Habitat : sols sableux
Taille : 30 cm

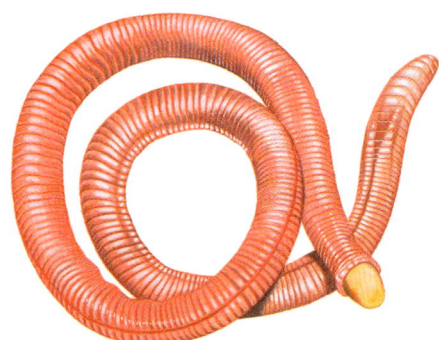

Les épaisses plaques cornées qui recouvrent la tête spatulée de cet amphisbène lui permettent de creuser dans les sols durs plus aisément que bien d'autres espèces. Il s'enfonce jusqu'à quelque 20 cm de profondeur, n'émerge que poussé par la pluie ou attaqué par des fourmis, et devient alors la proie d'oiseaux tels que corbeaux et milans. Lui-même se nourrit de termites, de coléoptères et d'autres insectes terrestres.

Amphisbène cendré,
Blanus cinereus

Distribution : Espagne, Portugal, nord-ouest de l'Afrique
Habitat : sable ou humus, souvent dans les zones boisées
Taille : 22 à 30 cm

Seul amphisbène européen, *Blanus cinereus* a une petite tête pointue et une queue conique. Il mène une vie souterraine et n'est visible à la surface qu'après une forte pluie, ou lorsqu'il est dérangé par le travail de la terre. Il se nourrit de petits invertébrés, spécialement de fourmis.

Amphisbène blanc, *Amphisbaena alba*

Distribution : régions tropicales de l'Amérique du Sud
Habitat : forêts pluviales denses
Taille : 61 cm

Cet amphisbène, le plus répandu en Amérique du Sud, a un corps cylindrique sur toute sa longueur ; de par la forme de sa queue, presque aussi épaisse et tronquée que sa tête, il mérite bien le nom de « lézard à deux têtes » qui lui est parfois donné. Il mesure plus de 2,5 cm de diamètre.

Bien que fouisseur et souterrain, cet amphisbène s'aventure fréquemment à la surface, particulièrement après de fortes pluies. Il se nourrit de lombrics et de fourmis dans les nids desquels on le rencontre fréquemment. Les populations locales le croient élevé par les fourmis et le surnomment « roi des fourmis » ou « mère des fourmis ». Menacé, il dresse la queue comme il le ferait de la tête, probablement pour tromper l'ennemi, qui, en délaissant la tête, vulnérable, lui permet de contre-attaquer.

FAMILLE DES BIPEDIDAE : BIPES

Les 3 espèces de cette famille vivent au Mexique. Ce sont les seuls amphisbéniens qui ont conservé des membres antérieurs.

Bipes à deux pores, *Bipes biporus*

Distribution : Mexique (Basse-Californie)
Habitat : zones arides
Taille : 20 cm

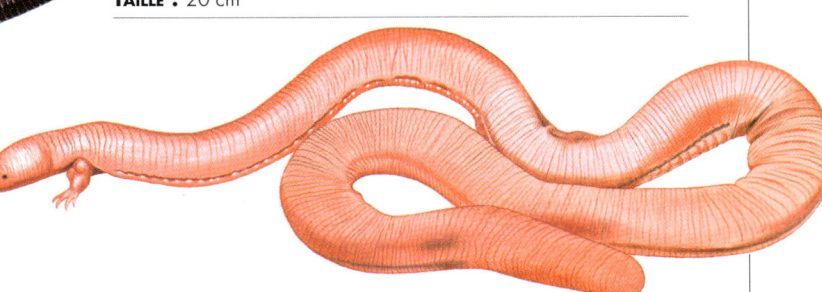

Les amphisbènes du genre *Bipes* sont les seuls à être dotés de membres. Ils ont des pattes antérieures terminées par 5 doigts griffus, adaptés au fouissage et au grimper. Comme tous les amphisbéniens, le bipes à deux pores mène une vie souterraine ; ses pattes lui servent à entamer le creusement de la galerie, après quoi il poursuit sa tâche à l'aide de sa tête arrondie, en tassant le sol au fur et à mesure. Il s'aide également des pattes lorsqu'il s'agit de creuser un tunnel de grandes dimensions.

Les bipes se nourrissent de vers et de termites. Bien que leur mode de reproduction soit mal connu, on les suppose ovipares.

FAMILLE DES TROGONOPHIIDAE

Les 6 espèces de cette famille vivent en Afrique du Nord et en Asie occidentale. Pour creuser le sol, ces animaux se servent d'un mouvement oscillant de la tête.

Agamodon anguliceps

Distribution : Afrique (Somalie, sud-est de l'Éthiopie)
Habitat : sols sableux
Taille : 11 cm

Le corps est plus épais que chez la majorité des amphisbéniens ; la queue est courte et conique, la tête tronquée et spatulée, particulièrement adaptée au fouissage dans les sols durs. L'avant de la tête montre 2 arêtes verticales aiguës, que l'animal utilise comme des forets pour creuser sa galerie. La nuit, il s'enfonce à 5 à 7 cm sous la surface, pour descendre jusqu'à 15 à 30 cm de profondeur aux heures chaudes du jour. Il émerge occasionnellement ; à la surface, il se déplace par des ondulations du corps dans un plan vertical.

SERPENTS FILIFORMES, AVEUGLES, -TUBES, À QUEUE ARMÉE, ARC-EN-CIEL

Famille des Leptotyphlopidae : Serpents filiformes

C'est une famille de petits serpents vermiformes et fouisseurs qui atteignent au plus 38 cm de long et possèdent des vestiges de bassin et de membres postérieurs. Leurs yeux, minuscules et rudimentaires, sont masqués par des écailles. Comme leurs cousins les typhlopidés et les anomalépidés, ces serpents sont adaptés à une vie souterraine et à un type d'aliments, les fourmis et les termites – d'où la petitesse de leur bouche (la moitié de la longueur de la tête), qui les différencie de manière très nette des autres serpents, chez lesquels la bouche est très grande.

La famille comporte 80 espèces qui vivent en Afrique, en Asie tropicale, et du sud des États-Unis à l'Argentine.

Leptotyphlops du Mexique, *Leptotyphlops humilis*
Distribution : sud-ouest des États-Unis (sud-ouest de l'Utah), au sud jusqu'au nord du Mexique et à la Basse-Californie
Habitat : déserts, zones herbeuses, broussailles, canyons
Taille : 18 à 38 cm

Ce serpent a un corps cylindrique et lisse, une tête et une queue obtuses. Il vit dans les sols sableux et graveleux et s'y enfouit, n'émergeant qu'occasionnellement au crépuscule des jours tièdes ou par ciel couvert. Il repère par l'odorat les nids souterrains de termites et de fourmis.

L'accouplement a lieu au printemps, après quoi la femelle pond de 2 à 6 œufs, parfois dans un nid communautaire, qu'elle surveille durant l'incubation.

Famille des Typhlopidae : Serpents aveugles

C'est une famille de quelque 150 espèces de serpents fouisseurs des régions tropicales et tempérées-chaudes du globe. Leur longueur excède rarement 60 cm. Adaptés au fouissage, ils ont un corps mince et cylindrique, des écailles lisses et polies, une tête étroite, fuselée. Les yeux, très petits, sont recouverts d'une écaille translucide. Les typhlopidés se nourrissent de petits invertébrés, et particulièrement de fourmis.

Typhlops de Schlegel, *Typhlops schlegelii*
Distribution : Afrique (du Kenya à l'Afrique du Sud)
Habitat : sols sableux et argileux
Taille : 60 cm

L'extrémité de la queue de ce serpent présente une épine qui lui sert de levier lorsqu'il creuse le sol. Le typhlops de Schlegel mène une vie essentiellement souterraine, mais vient à la surface par temps humide.

La femelle pond de 12 à 60 œufs, dont l'incubation est déjà bien avancée et qui éclosent de 4 à 6 semaines plus tard.

Famille des Anomalepidae

Parfois intégré à la famille des typhlopidés, ce groupe rassemble environ 20 espèces, toutes d'Amérique centrale ou d'Amérique du Sud. Les anomalépidés sont proches des serpents aveugles comme des serpents filiformes.

Anomalepis sp.
Distribution : du Mexique au Pérou
Habitat : forêts
Taille : jusqu'à 40 cm

Le genre compte 4 espèces de serpents vermiformes et fouisseurs, à corps cylindrique, mal connus. Ils passent la majeure partie du temps enfouis dans l'humus humide, et viennent rarement à la surface, sinon après la pluie. Ils se nourrissent de fourmis, de termites et d'autres petits invertébrés.

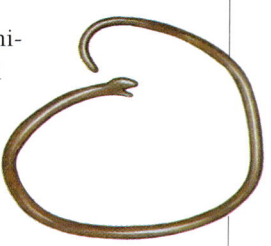

Famille des Aniliidae : Serpents-tubes

Cette famille rassemble 10 espèces de serpents présentant des caractères anatomiques archaïques, dont un pelvis et des vestiges de membres postérieurs, qui prennent la forme d'éperons situés à proximité du cloaque. À l'exception d'une espèce sud-américaine, ce sont tous des serpents du Sud-Est asiatique. Ce sont d'excellents fouisseurs, et ils se nourrissent de vertébrés.

Faux Serpent corail, *Anilius scytale*
Distribution : nord de l'Amérique du Sud, est des Andes
Habitat : forêts
Taille : 75 à 85 cm

Fouisseur, le faux serpent corail a un corps cylindrique, une petite tête, des écailles lisses. Ses yeux minuscules sont recouverts d'écailles transparentes. La bouche, petite, est peu extensible, ce qui limite son régime alimentaire à des proies telles que serpents, cécilies (amphibiens apodes et vermiformes) et amphisbènes.

Le développement des embryons s'opère dans les voies génitales de la femelle, qui met bas des petits formés.

Famille des Uropeltidae : Serpents à queue armée

La famille rassemble environ 40 espèces de serpents fouisseurs, tous d'Inde et du Sri Lanka.

Uropeltis biomaculatus
Distribution : Inde, Sri Lanka
Habitat : forêts de montagne
Taille : jusqu'à 30,5 cm

Le corps cylindrique est typique d'un serpent fouisseur. Pour creuser ses galeries, ce serpent plisse son corps en accordéon et s'en sert pour s'arc-bouter contre les parois tandis qu'il poursuit son travail de creusement à coups de tête. Discret et totalement inoffensif, il se nourrit essentiellement de lombrics et de larves.

La femelle met au monde de 3 à 8 petits entièrement formés, qui se débarrassent de leur membrane coquillière au moment de l'expulsion.

Rhinophis blythis
Distribution : Sri Lanka
Habitat : forêts
Taille : jusqu'à 35,5 cm

Ce serpent utilise la même méthode de fouissage que l'espèce précédente. Il mène une vie essentiellement souterraine et se nourrit de lombrics. La queue est généralement plus longue chez le mâle. La femelle met au monde des portées de 3 à 6 petits entièrement formés, qui mesurent environ 1 cm à la naissance.

Famille des Xenopeltidae : Serpent arc-en-ciel

Le serpent arc-en-ciel d'Asie du Sud-Est montre des caractères anatomiques archaïques à côté de caractéristiques évoluées, ce qui lui vaut d'avoir sa propre famille. Si la structure du crâne est en grande partie primitive et rigide, la mandibule est flexible, ce qui permet un régime alimentaire varié. À l'image des serpents les plus évolués, il n'a pas de ceinture pelvienne.

Serpent arc-en-ciel, *Xenopeltis unicolor*
Distribution : Asie du Sud-Est (du Myanmar à l'Indonésie)
Habitat : rizières, terres cultivées
Taille : jusqu'à 1 m

Ce serpent doit son nom commun à ses écailles lisses, d'un magnifique bleu iridescent. Il est essentiellement souterrain et se sert de sa tête pour creuser le sol meuble. Sa mandibule flexible lui permet de se nourrir de proies relativement grandes telles que grenouilles, petits rongeurs et oiseaux.

SERPENTS CONSTRICTEURS ET SERPENTS AQUATIQUES D'ORIENT

Famille des Boidae : Serpents constricteurs

Cette famille rassemble environ 60 espèces de serpents, bien connus pour la plupart et qui, par plusieurs de leurs caractères anatomiques, attestent un état archaïque. Ainsi, par exemple, certaines espèces portent-elles de part et d'autre du cloaque 2 petites griffes articulées avec 3 osselets internes, deux correspondant aux membres postérieurs, l'autre au bassin ; tous ont 2 poumons, alors que chez les serpents évolués le poumon gauche a disparu.

La famille rassemble 2 groupes : les boas et les pythons (classés par certains dans une famille distincte : les pythonidés). Les 20 espèces de pythons habitent les régions les plus tropicales de l'Ancien Monde. On les rencontre souvent dans ou au voisinage de l'eau, mais ils passent une grande part de leur temps dans les arbres, certains possédant une queue préhensile. Tous sont ovipares. Les boas se rencontrent surtout dans le Nouveau Monde ; ils vivent sur le sol, dans les arbres, dans ou près de l'eau. Ils sont ovovivipares ou ovipares.

Non venimeux, les boïdés capturent leurs proies au moyen de leurs dents ou les tuent par constriction, c'est-à-dire en les enserrant pour les étouffer.

Boa émeraude ou Boa des perroquets, *Boa caninus*
Distribution : Amérique du Sud (Guyana, au sud jusqu'au Brésil et à la Bolivie)
Habitat : forêts pluviales denses
Taille : 1,20 m

Ce boa vert vif passe la majeure partie de son temps dans les arbres. Le corps appliqué sur une branche autour de laquelle s'enroule sa queue préhensile, il guette le passage de l'une de ses proies favorites – lézard ou chauve-souris –, qu'il saisit et tue à l'aide de ses fortes dents antérieures. Il a une détente très rapide et est également bon nageur.

Boa constricteur, *Boa constrictor*
Distribution : du Mexique au Paraguay, nord de l'Argentine, Antilles
Habitat : du désert à la forêt pluviale dense
Taille : jusqu'à 5,60 m

Deuxième serpent américain par la taille, le boa constricteur s'adapte à une grande diversité de conditions climatiques, mais semble préférer la forêt dense marécageuse. Essentiellement terrestre, il lui arrive néanmoins d'escalader les arbres, sa queue faiblement préhensile lui permettant de se maintenir en équilibre sur une branche. Il tue ses proies – surtout oiseaux et mammifères – en se lovant autour d'elles jusqu'à les étouffer ou les broyer.

Charina bottae
Distribution : ouest des États-Unis (du Washington au sud de la Californie, à l'est jusqu'au Montana et à l'Utah)
Habitat : zones boisées, forêts de conifères, prairies, berges sablonneuses
Taille : 35 à 84 cm

C'est un boa nain des régions tempérées de l'Amérique du Nord. Sa coloration varie de brun-roux à vert olive. Le museau est large et tronqué, l'extrémité de la queue obtuse.

Charina bottae est généralement actif le soir et la nuit. Bon fouisseur et bon nageur, il peut également grimper aux arbres en s'aidant de sa queue préhensile. Durant le jour, il se cache sous les rochers ou les arbres abattus, quand il ne s'enfouit pas dans le sable ou la litière de feuilles. Il se nourrit de petits mammifères, d'oiseaux et de lézards, qu'il tue par constriction.

En fin d'été, la femelle met bas de 2 à 8 petits actifs mesurant de 15 à 23 cm.

Anaconda, *Eunectes murinus*

Distribution : Amérique du Sud (Amazonie, bassin de l'Orénoque et Guyanes)
Habitat : vallées marécageuses, berges de cours d'eau
Taille : 9 m

C'est l'un des plus grands serpents du globe. L'anaconda hante les rivages des cours d'eau, escaladant arbustes et buissons en s'aidant de sa queue légèrement préhensile. Il s'embusque dans l'eau trouble, guettant oiseaux et autres animaux qui viennent s'abreuver. Il tue sa victime par constriction. Incapable de demeurer plus d'une dizaine de minutes en immersion, il se laisse généralement porter en ne laissant émerger que le haut de sa tête.

À la saison des amours, le mâle attire sa partenaire par des appels retentissants. La femelle met bas jusqu'à 40 jeunes actifs mesurant environ 66 cm.

Python-tapis, *Morelia argus*

Distribution : Australie, Nouvelle-Guinée
Habitat : forêts, végétation broussailleuse ou buissonnante
Taille : 3,40 m

Cette espèce commune, largement distribuée vit généralement à l'intérieur des terres, plus rarement sur les côtes. Le dessin de la robe imite celui des feuilles mortes et sert de camouflage à l'animal. Il vit aussi bien sur le sol que dans les arbres ou l'eau. Nocturne, il passe ses journées dans un arbre ou un tronc creux et vient occasionnellement se chauffer au soleil.

Non venimeux, le python-tapis tue avec ses dents aiguës de petits mammifères tels que souris et lapins, et des oiseaux.

La femelle pond jusqu'à 35 œufs.

Python indien ou Python-tigre, *Python molurus* **LR : nt**

Distribution : Inde, Asie du Sud-Est, Indonésie
Habitat : mangroves d'estuaires, jungle broussailleuse, forêts denses fraîches
Taille : 5 à 6,10 m

Activement chassé pour sa peau, ce très grand serpent a vu sa population diminuer dans certaines régions. Le corps est épais et lisse, la tête en forme de fer de lance. On pense que le genre possède au voisinage des narines des détecteurs de chaleur servant à repérer les animaux à sang chaud. La coloration varie localement. La race gris pâle d'Inde occidentale est réputée beaucoup moins irritable que les autres et est choisie pour cela par les « charmeurs de serpents ».

Le python indien passe la journée au soleil, ou dans une grotte, un terrier abandonné, etc. La nuit, il se met en chasse ou s'embusque dans un trou d'eau ou tout autre endroit où il est assuré de rencontrer souris, civettes, petits cervidés, sangliers ou oiseaux. Il se faufile jusqu'à l'animal, l'enserre dans ses anneaux puissants et l'étouffe avant de l'avaler.

La femelle pond jusqu'à 100 œufs dans une grotte, un trou ou un arbre creux et demeure lovée autour d'eux durant toute la période de l'incubation – soit de 60 à 80 jours. Par des contractions musculaires rythmées, elle se déplace en permanence de manière à leur assurer, selon les besoins, de la chaleur ou de l'ombre.

FAMILLE DES ACROCHORDIDAE : SERPENTS AQUATIQUES D'ORIENT

Il s'agit d'une famille de 3 espèces aquatiques, non venimeuses, qui vivent en Inde, en Asie du Sud-Est et en Australie. Ces serpents se distinguent par leur peau flasque, comme flétrie, leur corps nettement conique. Hautement adaptés à la vie aquatique, les acrochordidés ont dans la voûte du palais des volets qui obturent les conduits nasaux lors de l'immersion. De même pour l'échancrure de la lèvre supérieure, qui est destinée à laisser passer la langue et qui peut être obturée par une excroissance du menton.

Acrochorde de Java, *Acrochordus javanicus*

Distribution : Inde, Asie du Sud-Est, Nouvelle-Guinée
Habitat : cours d'eau et canaux
Taille : 1,50 m

Ce serpent trapu est essentiellement aquatique. Il est généralement plus actif de nuit et se nourrit exclusivement de poissons. La femelle met bas de 25 à 30 jeunes, qui sont actifs et capables de se nourrir immédiatement après la naissance.

VIPÈRES-TAUPES ET COULEUVRES

Famille des Atractaspidae : Vipères-taupes

Ces serpents de taille petite ou moyenne, au corps mince, ont une tête pointue et une courte queue. Les 16 espèces de vipères-taupes vivent en Afrique et au Moyen-Orient.

Vipère-taupe, *Atractaspis bibroni*
Distribution : Afrique du Sud
Habitat : régions sableuses sèches
Taille : jusqu'à 80 cm

Les vipères-taupes sont des serpents à petite tête spatulée et petits yeux. Elles ont un cou indistinct, un corps effilé et arrondi, tubulaire, et une courte queue. Ces caractéristiques anatomiques sont le résultat d'une adaptation au mode de vie fouisseur de ces animaux.

Toutes les espèces de vipères-taupes sont venimeuses. Elles possèdent un dispositif à venin extrêmement sophistiqué, similaire à celui des vipères vraies, auxquelles elles furent d'ailleurs longtemps assimilées. Les crochets sont très grands par rapport à la taille de la tête, et ils peuvent être sortis ou rétractés vers la voûte buccale indépendamment l'un de l'autre. Ces serpents attaquent en frappant vivement leur proie de leurs crochets pour injecter leur venin.

Les vipères-taupes fouissent le sol de leur museau puissant et n'émergent généralement à la surface que de nuit, après la pluie ; si le soleil brille, elles s'enroulent sur elles-mêmes, la tête cachée dans les anneaux. Elles se nourrissent de reptiles tels que lézards fouisseurs et serpents aveugles, qu'elles tuent de leur morsure venimeuse.

Les vipères-taupes sont ovipares.

Famille des Colubridae : Couleuvres

Avec quelque 1 600 espèces, soit les deux tiers de l'ensemble des serpents, cette famille est le plus vaste des 3 groupes de serpents évolués. Très diversifiée, elle est souvent divisée en sous-familles, mais le classificateur n'est pas encore parvenu à en dégager avec certitude les principales lignées évolutives. Les couleuvres sont présentes sur tous les continents, à l'exception de l'Antarctique.

Les variations sont tout aussi importantes à l'intérieur de la famille qu'avec les deux autres groupes de serpents évolués que sont les vipéridés et les élapidés, mais les caractères communs sont plus nombreux. Les couleuvres n'ont ni bassin ni membres postérieurs, et le poumon gauche est réduit, voire absent. La mandibule est flexible ; dans la majorité des espèces, les dents sont de même taille, et non spécialisées en crochets venimeux, mais, dans certaines, des dents postérieures cannelées sont affectées à la fonction venimeuse (opisthoglyphes).

Dans leur majorité, les couleuvres sont inoffensives, et seul le continent africain compte des espèces venimeuses comme le boomslang africain (*Dispholidus typus*) et le serpent-liane (*Thelotornis kirtlandii*).

Les couleuvres fréquentent tous les types d'habitats ; elles sont terrestres, arboricoles, fouisseuses, voire aquatiques. Ce sont des prédateurs qui se nourrissent aussi bien d'insectes que de petits mammifères ou de poissons. La plupart sont ovipares, mais certaines espèces mettent bas des petits formés.

Fimbrios klossi
Distribution : Viêt-nam, Cambodge
Habitat : montagnes avec végétation basse
Taille : 40 cm

Ce serpent terrestre, peu connu, est probablement nocturne. Les écailles entourant la bouche sont recourbées, formant une frange de projections souples dont on ignore la fonction exacte. *Fimbrios* se nourrit essentiellement de vers de terre.

Comme tous les membres de sa sous-famille, les xénodermatinés, *F. klossi* pond probablement de 2 à 4 œufs.

Pareas sp.
Distribution : Asie du Sud-Est
Habitat : forêts
Taille : 30,5 à 76 cm

C'est un genre de serpents essentiellement nocturnes, à corps court et élancé, à tête large. Ils se nourrissent surtout de limaces et d'escargots que leur mandibule inférieure, indépendante, leur permet d'extraire de leur coquille. Le serpent insère sa mandibule à l'intérieur de la coquille jusqu'à pouvoir ficher ses dents antérieures courbes dans le corps mou de l'animal, qu'il arrache ensuite à son abri en rétractant sa mandibule.

Le sillon mentonnier, situé sous le menton et qui permet à la plupart des serpents de distendre leur mâchoire lorsqu'ils veulent absorber une proie de grandes dimensions, est absent chez *Pareas*, ce qui restreint son régime alimentaire aux gastéropodes, pour la consommation desquels il est admirablement spécialisé. Pour autant que l'on sache, les *Pareas* sont ovipares.

Dipsas indica
Distribution : Amérique du Sud tropicale
Habitat : forêts
Taille : environ 68 cm

Ce serpent à corps puissant, grande tête, museau court et tronqué, vit sur le sol. La mâchoire supérieure est courte, avec quelques dents, la mandibule est allongée, avec des dents courbes. La structure particulière des mâchoires permet à la mandibule inférieure d'avancer ou de reculer indépendamment du maxillaire supérieur.

Dipsas indica se nourrit exclusivement d'escargots, qu'il extrait de leur coquille en y insérant sa mandibule pour planter ses dents dans le corps mou, puis l'arracher. Pour se défendre, l'escargot sécrète une grande quantité de bave, qui obture les narines du serpent, c'est pourquoi, durant toute l'opération, *D. indica* vit exclusivement sur les réserves d'air emmagasinées dans ses poumons.

Serpent d'eau ponctué, *Enhydris punctata*
Distribution : Australie (côtes du Territoire-du-Nord)
Habitat : criques, marais, cours d'eau
Taille : 30 à 50 cm

Le serpent d'eau ponctué fait partie d'une sous-famille d'environ 34 couleuvres qui témoignent d'une spécialisation pour la vie aquatique. Il se déplace aussi aisément sur terre et vient se chauffer sur les berges. Les yeux, petits, sont dirigés vers le haut, et les narines s'ouvrent sur le dessus de la tête. En plongée, elles sont hermétiquement obturées par des lobes de peau.

Moyennement venimeux, ce serpent d'eau est un opisthoglyphe, les dents postérieures de son maxillaire supérieur communiquant avec des glandes à venin. Il se nourrit de créatures aquatiques telles que poissons et grenouilles. La femelle met bas des petits actifs.

Serpent d'eau à ventre blanc, *Fordonia leucobalia*
Distribution : côtes septentrionales de l'Australie, Asie du Sud-Est
Habitat : mangroves
Taille : 60 cm à 1 m

Comme les autres membres de la sous-famille des serpents aquatiques, le serpent d'eau à ventre blanc a les yeux dirigés vers le haut, les narines insérées sur le dessus de la tête. Il fréquente en grand nombre le bord des marécages et fouille parmi les racines à la recherche de sa nourriture. C'est un opisthoglyphe ; il se nourrit de crabes, qui semblent très sensibles à son venin, ce qui n'est pas le cas des grenouilles et des mammifères. Il consomme également des poissons. Dérangé, il cherche refuge dans un trou de crabe.

COULEUVRES SUITE

Couleuvre verte et jaune,
Coluber viridiflavus

Distribution : Europe (nord-est de l'Espagne, sud et centre de la France, Italie, sud de la Suisse, ex-Yougoslavie, Corse, Sardaigne)

Habitat : endroits secs couverts de végétation (collines, lisières de bois, jardins)

Taille : jusqu'à 1,90 m

Ce serpent est long et élancé, à museau arrondi, grands yeux et longue queue conique. Certains individus peuvent être presque noirs au lieu de vert foncé. Les mâles sont généralement plus grands que les femelles. C'est un serpent diurne, qui vit sur le sol, mais escalade aisément rochers et buissons. Il localise sa proie par la vue et se nourrit généralement de lézards, de grenouilles, de mammifères, d'oiseaux et de serpents.

À la saison des amours, les mâles se livrent des combats féroces pour la possession des femelles, qui pondent de 5 à 15 œufs parmi rochers ou fissures du sol. L'incubation dure de 6 à 8 semaines.

Serpent mangeur d'œufs,
Dasypeltis scabra

Distribution : Afrique (sud et est du Sahara)

Habitat : zones boisées, broussailles

Taille : 75 cm

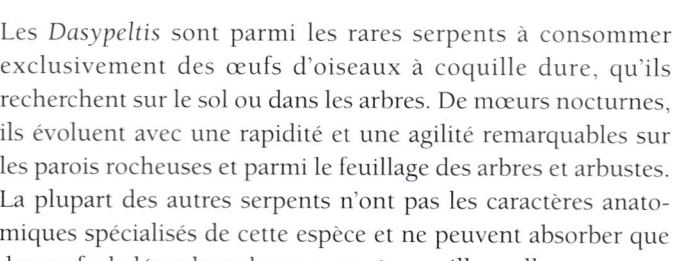

Les *Dasypeltis* sont parmi les rares serpents à consommer exclusivement des œufs d'oiseaux à coquille dure, qu'ils recherchent sur le sol ou dans les arbres. De mœurs nocturnes, ils évoluent avec une rapidité et une agilité remarquables sur les parois rocheuses et parmi le feuillage des arbres et arbustes. La plupart des autres serpents n'ont pas les caractères anatomiques spécialisés de cette espèce et ne peuvent absorber que des œufs de lézards et de serpents, à coquille molle.

La bouche et le cou des serpents mangeurs d'œufs sont extrêmement extensibles : grâce à un ligament élastique qui relie les deux maxillaires, la bouche peut s'ouvrir démesurément, jusqu'à ingurgiter des œufs deux fois plus gros que son diamètre initial. Lorsque l'œuf a atteint la gorge du serpent, les vertèbres du cou envoient ventralement des apophyses aiguës formant dents de scie ; ce sont ces pointes qui rompent la coquille de l'œuf. Une fois que celui-ci a été ingurgité et brisé par les « dents » vertébrales, son contenu s'écoule dans l'estomac tandis que les membranes et les débris de coquille sont vomis par le serpent.

Quand la nourriture est abondante, le serpent mangeur d'œufs emmagasine des réserves graisseuses en prévision d'une éventuelle période de disette.

La femelle de l'espèce pond de 8 à 14 œufs, qu'elle dépose un par un et non en nichées, comme c'est généralement le cas chez les serpents.

Couleuvre à collier, *Natrix natrix*

Distribution : Europe (Scandinavie, au sud jusqu'aux régions méditerranéennes), nord-ouest de l'Afrique, ouest de l'Asie jusqu'au lac Baïkal

Habitat : endroits très humides, marécages, fossés, berges

Taille : jusqu'à 1,20 m, occasionnellement jusqu'à 2 m

La couleuvre à collier appartient à un groupe de serpents adaptés à la vie aquatique. Quoique bonne nageuse, elle est nettement moins tributaire de l'eau que certaines autres espèces du genre ; en région agricole ou en zone boisée, elle peut se tenir à une certaine distance de l'eau. C'est le plus commun et le plus répandu des serpents européens ; il en existe 3 sous-espèces, qui diffèrent par la coloration et le dessin. Les femelles sont généralement plus longues et ont un corps plus épais que les mâles.

De mœurs diurnes, cette couleuvre recherche sa nourriture indifféremment dans l'eau et sur le sol. Elle chasse essentiellement amphibiens et poissons, occasionnellement petits mammifères et oisillons. Elle avale ses proies entières, après leur avoir injecté un venin qui est totalement inoffensif pour l'homme.

La saison de reproduction de la couleuvre à collier débute en avril, mais elle varie en fonction de la latitude. Avant le coït, le mâle courtise la femelle en la frottant de son menton muni de nombreux tubercules sensitifs.

Quelque 8 semaines plus tard, la femelle pond de 30 à 40 œufs dont le développement embryonnaire est déjà bien avancé. Elle les dépose dans un endroit chaud, de préférence dans de la matière organique en décomposition telle que fumier ou compost. En fonction de la température ambiante, les jeunes éclosent de 1 à 2 mois plus tard.

Storeria occipitomaculata

Distribution : extrême sud du Canada, est des États-Unis (du Maine au Minnesota, vers le sud jusqu'au Texas et à la Floride)

Habitat : collines et montagnes boisées, fondrières

Taille : 20 à 40,5 cm

Il existe 3 sous-espèces de ce serpent, variables dans la coloration et la disposition des taches de couleur vive marquant le cou ; chez la sous-espèce de Floride, ces taches peuvent se fondre, formant un collier. Ce serpent vit du niveau de la mer jusqu'à 1 700 m d'altitude ; essentiellement nocturne, il se nourrit d'insectes et de petits invertébrés tels que vers de terre et limaces. Quand il est dérangé, il recourbe la lèvre supérieure en signe de menace, tandis que l'ouverture cloacale décharge une sécrétion musquée.

La période d'accouplement s'étend du printemps à l'automne ; avant le coït, le mâle entame une série de mouvements ondulatoires et frotte le corps de la femelle avec son menton muni de tubercules sensitifs. La région cloacale est également entourée de ces tubercules, qui semblent jouer un rôle de guidage dans le positionnement du mâle. La femelle met bas des petits entièrement formés mesurant de 7 à 10 cm.

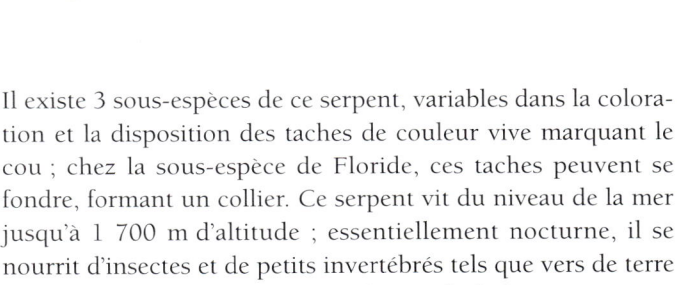

Serpent-jarretière,
Thamnophis sirtalis

Distribution : sud du Canada, États-Unis, sauf régions désertiques

Habitat : terrains très humides, souvent au voisinage de l'eau : rives des cours d'eau, mares et lacs, prés et bois humides, prairies inondées

Taille : 45 cm à 1,30 m

C'est le serpent nord-américain le plus largement distribué et l'un des plus communs. Il en existe de nombreuses sous-espèces régionales, d'où des colorations extrêmement variables, mais presque toujours des lignes dorsales et latérales longeant le corps. Diurne, le serpent-jarretière chasse amphibiens et petits invertébrés parmi la végétation. Par temps chaud, il est actif de nuit. Quand il fait frais, il passe les premières heures de la matinée à se chauffer au soleil, sur une pierre ou une souche.

C'est l'un des rares serpents à s'aventurer jusqu'à 67° de latitude nord. Au sud de son aire, il peut rester actif toute l'année, mais dans le nord il hiverne dans des gîtes communautaires.

Les serpents-jarretières s'accouplent généralement au printemps, dès la reprise de l'activité, parfois à l'automne. Dans ce dernier cas, le sperme est conservé durant l'hiver dans l'oviducte de la femelle, pour ne rejoindre les œufs et les féconder qu'au printemps. Avant le coït, le mâle se lance dans une série d'ondulations et frotte du menton le corps de la femelle, ses tubercules sensitifs mentonniers devant recevoir la réponse sensorielle adéquate pour que l'accouplement ait lieu. Les embryons se développent, nourris par une forme de placenta, dans les voies génitales de la femelle, qui met bas jusqu'à 80 jeunes entièrement formés.

Elaphe obsoleta

Distribution : sud du Canada, États-Unis (du Vermont au Minnesota, au sud jusqu'au Texas et à la Floride), nord du Mexique

Habitat : forêts, marais, terres arables, pentes boisées

Taille : 86 cm à 2,50 m

Grande et puissante, cette couleuvre s'adapte à des habitats extrêmement variés, qu'ils soient humides ou secs. Il en existe au moins 6 sous-espèces, à robe unie, rayée ou maculée. Agile et bon grimpeur, ce serpent chasse rongeurs et autres mammifères, oiseaux et lézards, dans les granges ou les constructions en ruine. Généralement de mœurs diurnes, il peut cependant avoir une activité nocturne en été. Il hiberne dans la majeure partie de son aire de distribution.

Elaphe obsoleta s'accouple au printemps et à l'automne. La femelle pond de 5 à 30 œufs dans des débris de feuilles, sous un rocher ou encore un arbre abattu. L'incubation dure de 2 à 4 mois, selon la température ; plus il fait chaud, plus la durée d'incubation est réduite.

COULEUVRES SUITE

Coronelle légère ou lisse, *Coronella austriaca*

Distribution : Europe (sud de la Scandinavie, de l'Angleterre, vers le sud jusqu'au nord de l'Espagne, Italie et Grèce ; vers l'est jusqu'à la Russie), nord de l'Iran

Habitat : zones rocheuses sèches, bruyères, bois ouverts

Taille : 50 à 80 cm

La coronelle légère est un serpent mince à corps cylindrique et lisse. La coloration est variable, mais presque toujours une ligne foncée suit chaque côté du cou. La tête est plutôt petite, le museau pointu, le cou mal défini. Cette couleuvre diurne mais discrète est présente dans divers habitats jusqu'à 1 800 m d'altitude. Si elle s'expose rarement au soleil, elle aime la tiédeur ombreuse que lui procure l'abri des rochers ou des pierres. Elle consomme essentiellement des lézards, occasionnellement de petits serpents, de jeunes mammifères et des insectes. Elle tue généralement ses proies en les étouffant.

À la saison des amours, les mâles se battent férocement pour la possession des femelles. À l'automne, la femelle met bas de 2 à 15 jeunes entièrement formés, qui se libèrent immédiatement après l'expulsion de la membrane coquillière transparente dont ils sont entourés. Les nouveau-nés mesurent entre 12 et 20 cm. L'âge de la maturité sexuelle se situe à 3 ans pour les mâles, 4 ans pour les femelles.

Serpent-roi, *Lampropeltis getulus*

Distribution : États-Unis (du New Jersey à la Floride à l'est, de l'Oregon à la Californie à l'ouest), Mexique

Habitat : varié ; forêts, zones boisées, déserts, prairies, marais

Taille : 90 cm à 2 m

C'est un grand serpent à écailles lisses et luisantes, généralement marqué d'anneaux alternativement clairs et foncés, parfois à dessin plus irrégulier. Essentiellement terrestre, il lui arrive pourtant d'escalader arbustes et buissons. Il est généralement actif en début de matinée et au crépuscule. Durant les jours les plus chauds, il chasse la nuit. On le trouve dans des habitats très variés ; il cherche refuge sous les rochers, parmi la végétation et sous le bois coupé. Il se nourrit de serpents, y compris de crotales et de serpents corail, de lézards, de souris et d'oiseaux, qu'il tue par constriction, en les étouffant grâce à ses puissants muscles constricteurs. Il semble que la dénomination de « roi » ne s'applique qu'à cette catégorie de serpents qui se nourrissent d'autres serpents.

Les serpents-rois s'accouplent au printemps. La femelle pond de 3 à 24 œufs qui éclosent 2 ou 3 mois plus tard, selon la température ambiante.

Serpent des pins, *Pituophis melanoleucas*

Distribution : sud-ouest du Canada, États-Unis (États de l'Ouest et du Centre, Floride), Mexique

Habitat : régions boisées sèches, herbages, déserts rocheux

Taille : 1,20 à 2,50 m

Grand et robuste, le serpent des pins est présent dans des habitats variés ; c'est un bon grimpeur et un fouisseur. La tête est petite, plutôt pointue, et si la coloration varie chez les diverses sous-espèces régionales, le corps est généralement pâle, marqué de brun, de noir ou de rougeâtre.

Généralement diurne, le serpent des pins peut avoir une activité nocturne par temps chaud. Il se nourrit largement de rongeurs, mais aussi de lapins, d'oiseaux et de lézards, qu'il tue par constriction. Il peut creuser un abri dans le sol ou emprunter le gîte d'un mammifère ou d'une tortue. Menacé, le serpent des pins aplatit sa tête, lance un fort sifflement et fait vibrer sa queue avant de se lancer à l'attaque de l'ennemi.

L'accouplement a lieu au printemps. La femelle pond jusqu'à 24 œufs dans une cavité pratiquée sous un rocher ou un tronc. Les jeunes éclosent après 9 à 11 semaines d'incubation ; ils mesurent jusqu'à 45 cm.

Chrysopelea paradisi
Distribution : Asie du Sud-Est (des Philippines à l'Indonésie)
Habitat : forêts
Taille : jusqu'à 1,20 m

Ce serpent arboricole est capable de réaliser des sauts planés. Il s'élance d'une hauteur d'une vingtaine de mètres, le corps étendu et le ventre rentré de manière à présenter une surface concave et à offrir la plus grande résistance possible à l'air. Il plane ainsi, selon un angle de 50 à 60 degrés avec le sol, sur lequel il atterrit sain et sauf. Il ne contrôle pourtant que très faiblement ce « vol » : il est aussi incapable de s'élever que de diriger efficacement sa descente.

Autre adaptation à la vie arboricole : les écailles cannelées qui tapissent le ventre de ce serpent et lui permettent d'escalader les troncs verticaux. Les arêtes font prise sur l'écorce, et le serpent utilise donc la moindre irrégularité de la surface pour atteindre des endroits inaccessibles aux autres serpents. Il dispose ainsi en abondance des lézards qui constituent sa nourriture. L'un de ses cousins, le serpent oriental, ou *C. ornata*, plane et grimpe de la même manière.

La femelle pond jusqu'à 12 œufs.

Serpent d'arbre, *Boiga dendrophila*
Distribution : Asie du Sud-Est (des Philippines à l'Indonésie)
Habitat : forêts, mangroves
Taille : 2,50 m

Ce très beau serpent a un corps élancé, couvert sur le dos et les flancs d'écailles hexagonales. Essentiellement arboricole, il chasse les oiseaux dans les arbres, mais il lui arrive de rejoindre le sol à la recherche de rongeurs. Venimeux, c'est un opisthoglyphe : lorsqu'il mord, des dents postérieures cannelées véhiculent le venin sécrété par des glandes jusque dans le corps de sa proie.

La femelle pond de 4 à 7 œufs.

Boomslang africain ou Serpent d'arbre du Cap,
Dispholidus typus
Distribution : de l'Afrique centrale à l'Afrique du Sud
Habitat : savane
Taille : jusqu'à 2 m

Le boomslang africain est l'une des deux couleuvres venimeuses. Il dispose de 3 crochets situés très en avant et par lesquels s'écoule un venin extrêmement toxique qui provoque blocages respiratoires et hémorragies, et peut même tuer un être humain. En temps normal, le serpent n'utilise son venin que sur les lézards (en particulier les caméléons), les grenouilles et les oiseaux.

Ce serpent arboricole a généralement une activité diurne. Sa coloration est variable, mais le dos est essentiellement noir, brun ou gris.

La femelle pond de 10 à 14 œufs.

Oxybelis fulgidus
Distribution : Amérique centrale et nord de l'Amérique du Sud
Habitat : forêts pluviales denses, terres cultivées
Taille : 1,50 à 2 m

C'est un serpent très mince, de 1,25 cm d'épaisseur au plus, et très long. De par ses proportions et sa coloration brun-vert, il est aisé de le confondre avec une liane. La tête est également petite et allongée. C'est un opisthoglyphe à venin peu toxique.

Ce prédateur lent dans ses déplacements a une activité mi-diurne, mi-nocturne ; il se nourrit d'oisillons au nid et de lézards. Menacé, il enfle l'avant de son corps, révélant sa couleur vive généralement masquée par les écailles, et ouvre toute grande la gueule ; il lui arrive aussi, lorsqu'il est effrayé, de se balancer latéralement comme une brindille agitée par le vent.

COBRAS ET SERPENTS DE MER

Famille des Elapidae : Cobras et Serpents de mer

Cette famille rassemble quelque 250 espèces de serpents extrêmement venimeux, présents dans les zones tropicales et subtropicales d'Australie, d'Asie, d'Afrique (sauf à Madagascar) et d'Amérique. Les élapidés sont particulièrement abondants en Australie.

La famille est souvent divisée en 2 groupes : les élapidés proprement dits – cobras, najas et serpents corail –, tous terrestres ou arboricoles, et les serpents de mer, qui comptent une cinquantaine d'espèces et mènent une vie exclusivement aquatique – marine pour la plupart d'entre eux, dulçaquicole pour certains. Les élapidés ont tous, à l'avant du maxillaire supérieur, des dents profondément cannelées servant au transport du venin.

Mamba vert, *Dendroaspis angusticeps*

Distribution : est et sud de l'Afrique

Habitat : savane

Taille : 2 m

Minces et rapides, les mambas vivent surtout dans les arbres, où ils se nourrissent d'oiseaux et de lézards. Leur venin est extrêmement toxique, mais ces serpents ne se montrent agressifs que s'ils sont provoqués.

À la saison des amours, les mâles se livrent par deux ou trois à des combats pour la possession des femelles : ils s'enroulent les uns aux autres, se menaçant de leur tête dressée. Le coït peut durer plusieurs heures. La femelle pond de 10 à 15 œufs dans une cavité du sol ou un arbre creux. L'incubation dure 17 ou 18 semaines.

Denisonia devisii

Distribution : Australie (nord de la Nouvelle-Galles-du-Sud, sud du Queensland)

Habitat : zones boisées, sèches

Taille : 50 cm

Ce serpent passe la journée à l'abri de la litière de feuilles ou sous un tronc abattu, et émerge la nuit pour chasser, surtout des lézards qu'il tue au moyen de son venin toxique. On le reconnaît à l'attitude de défense qu'il adopte lorsqu'il est menacé : il aplatit son corps en une série de courbes raides et se détend pour mordre quiconque s'approche.

La femelle met bas environ 8 jeunes actifs ; les embryons se développent dans les voies génitales de la mère.

Cobra royal, *Ophiophagus hannah*

Distribution : Inde, sud de la Chine, de la Malaisie aux Philippines et à l'Indonésie

Habitat : forêts, souvent près de l'eau

Taille : 4 à 5,50 m

Le cobra royal est le plus grand des serpents venimeux : sa tête peut atteindre la taille d'un homme. Il n'est pas spécialement agressif, mais, lorsqu'il est acculé, il adopte l'attitude d'intimidation typique des cobras : dressé à la verticale sur la région postérieure du corps lovée sur elle-même, il relève les côtes de sa région collaire, ce qui a pour effet de lui élargir fortement le cou, tout en l'aplatissant. Il déploie alors son capuchon et frappe, inoculant un venin extrêmement toxique. Agile en dépit de sa taille, il choisit souvent la fuite lorsqu'il est poursuivi, et il lui arrive même de se réfugier dans l'eau. Comme l'indique son nom générique (*Ophiophagus* signifie « mangeur de serpents »), il se nourrit de serpents, mais aussi de varans.

Il est le seul élapidé à nicher dans le sol. La femelle creuse une cuvette qu'elle garnit de feuilles et de brindilles. Le nid est divisé en deux compartiments : l'inférieur, où reposent de 18 à 40 œufs ; le supérieur, où la femelle monte la garde.

Cobra indien ou Naja, *Naja naja*

Distribution : Inde, Asie centrale et du Sud-Est
Habitat : forêts pluviales denses, rizières, terres cultivées
Taille : 1,80 à 2,20 m

Grand serpent extrêmement venimeux, le cobra indien se nourrit de rongeurs, de lézards et de grenouilles. C'est un serpent mordeur, mais aussi « cracheur » : en présence de l'ennemi, il projette à grande distance son venin en contractant fortement le muscle qui entoure la glande venimeuse – visant les yeux de son adversaire – dont le venin irrite fortement la conjonctive.

Comme le cobra royal, le cobra indien adopte l'attitude d'intimidation dite «en capuchon», la face dorsale du capuchon exhibant alors des marques noires, comme des yeux.

Les cobras indiens prêtent plus d'attention à leurs œufs que ne le font généralement les serpents. La femelle pond de 8 à 45 œufs (généralement de 12 à 20) dans un arbre creux, une termitière ou dans le sol. Elle monte la garde, n'abandonnant le nid que durant de courtes périodes, pour se nourrir. L'incubation dure de 50 à 60 jours.

Serpent brun, *Pseudonaja textilis*

Distribution : est de l'Australie et de la Nouvelle-Guinée
Habitat : forêts humides, collines rocheuses
Taille : 1,50 m

Rapide et venimeux, le serpent brun vit aussi bien dans les zones sèches que dans les habitats très humides. Il est diurne et se nourrit de petits mammifères, grenouilles et lézards. La robe est jaune à brun foncé, marquée de bandes transversales.

Bandy-Bandy, *Vermicella annulata*

Distribution : Australie (extrêmes sud-est et sud-ouest et nord-ouest exceptés)
Habitat : varié ; des forêts humides aux collines arides
Taille : 40 cm

C'est un serpent noir et blanc, annelé de bandes dont la largeur et le nombre sont variables selon le sexe ou la région. Nocturne, il se nourrit essentiellement de serpents aveugles (typhlopidés). Il possède un dispositif venimeux, mais qui, par sa taille réduite, ne peut causer de dommages qu'aux petits animaux. Ovipare, la femelle dépose ses œufs sous un rocher ou un tronc.

Serpent corail du Texas, *Micrurus fulvius*

Distribution : États-Unis (de la Caroline-du-Nord à la Floride, vers l'ouest jusqu'au Texas), Mexique
Habitat : forêts, souvent au voisinage de l'eau, collines rocheuses
Taille : 56 cm à 1,20 m

C'est l'une des deux seules espèces d'élapidés nord-américains. Ses anneaux noirs, jaunes et rouges sont ordonnés par trois – ces couleurs vives semblant jouer un rôle dissuasif vis-à-vis d'éventuels prédateurs. Ce serpent venimeux est extrêmement dangereux, car son venin est particulièrement toxique. Il vit souvent caché dans le sable ou la litière de feuilles. Discret, le serpent corail est rarement observé. C'est au printemps et en automne qu'il est le plus actif. Il émerge le matin et le soir pour chasser lézards et serpents de petite taille, qu'il empoisonne par morsure.

La femelle pond de 3 à 12 œufs, qui éclosent après environ 3 mois d'incubation.

Hydrophide à bandes bleues, *Hydrophis cyanocinctus*

Distribution : golfe Persique, océan Indien, Pacifique jusqu'au Japon
Habitat : eaux côtières
Taille : 2 m

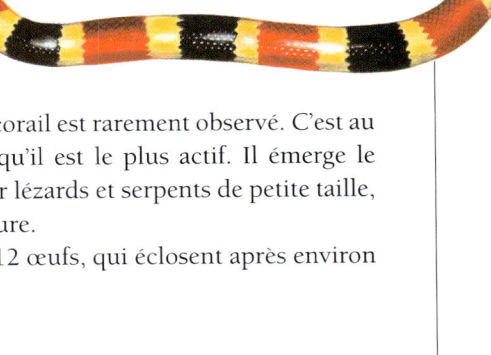

Ce serpent passe la totalité de son temps en mer. Il est hautement adapté à la vie aquatique. Le corps et surtout la queue sont aplatis dans le sens transversal et adaptés à la nage. Les narines s'ouvrent vers le haut ; lors de la plongée, qui peut durer jusqu'à 2 heures, elles sont obturées par des valves mobiles. Les muscles atrophiés du serpent le laissent sans défense lorsqu'il est rejeté à la côte. Comme tous les serpents de mer, celui-ci se nourrit de poissons. Son venin est extrêmement toxique, moins cependant que celui d'une espèce voisine, *Enhydrina schistosa*, qui, testé en laboratoire, s'est révélé le plus puissant des venins de serpents.

À une exception près, les serpents de mer mettent bas dans l'eau des petits actifs – ils sont au nombre de 2 à 6 pour cette espèce.

VIPÈRES

Famille des Viperidae : Vipères et Crotales

Cette famille se compose de 2 sous-familles : les vipérinés (vipères) et les crotalinés (crotales). Il existe environ 50 espèces de vipères, présentes dans tout l'Ancien Monde, à l'exception de l'Australie et de Madagascar. Ce sont pour la plupart des serpents terrestres, à corps court, plutôt lourd ; quelques espèces sont arboricoles et possèdent une queue préhensile.

Les vipères ne chassent pas leurs proies – lézards, petits mammifères et oiseaux –, mais les guettent à l'affût pour leur inoculer profondément leur venin, au moyen de crochets canaliculés communiquant chacun avec une glande à venin insérée à sa base. Lorsque la bouche est fermée, les crochets sont repliés vers l'arrière de la bouche, et il y a érection des crochets quand le serpent frappe.

Les 120 espèces de crotales sont particulièrement venimeuses. Ces serpents vivent en Europe de l'Est, en Asie continentale et au Japon. Même s'ils sont apparentés de près aux vipères, certains spécialistes les classent dans une famille à part. Contrairement aux vipères, les crotales ne vivent pas en Afrique. Quelques différences anatomiques les séparent également des vipères. La principale différence est l'existence, chez les crotales, de fossettes faciales, organes sensoriels logés entre l'œil et la narine, dans une excavation du maxillaire supérieur, et qui sont extrêmement sensibles aux variations de température. Un crotale privé de la vue et de l'odorat est capable de détecter une souris à distance (2 m) au seul moyen de ses fossettes faciales. Sa proie localisée, le crotale se détend et frappe avec les crochets venimeux courbes qui ornent son maxillaire supérieur. Les proies de petite taille sont avalées entières, sans morsure toxique préalable, les plus grosses sont d'abord empoisonnées.

Les serpents à sonnette ont la queue terminée par un organe sonore caractéristique : le crotalon, qui est fait d'une succession d'anneaux articulés, chacun d'eux étant la partie terminale d'une peau qui, lors de la mue, est restée accrochée au corps. En faisant « grelotter » ces anneaux, le serpent produit le son qui lui a valu son nom de serpent à sonnette et qui est destiné à dissuader un éventuel ennemi d'approcher.

Vipère péliade ou Vipère d'Europe,
Vipera berus

Distribution : Europe (de la Grande-Bretagne à la Sibérie)
Habitat : landes marécageuses, bruyères, dunes, lisières de bois et de champs, etc.
Taille : jusqu'à 50 cm

Ce serpent largement distribué est actif de jour dans la partie septentrionale de son aire, où il ne manque aucune occasion de se chauffer au soleil. Plus au sud, la péliade a une activité vespérale et nocturne. Elle passe l'hiver en hibernation, souvent dans un gîte abandonné, pour reprendre son activité lorsque la température dépasse 8 °C. C'est une vipère lente, qui ne grimpe pas, mais nage bien. Elle se nourrit de souris, campagnols, musaraignes, lézards et grenouilles, qu'elle tue de son puissant venin, occasionnellement elle ne dédaigne pas les œufs d'oiseaux.

A la saison de l'accouplement, les mâles se livrent rituellement à des simulacres de duels : dressés l'un contre l'autre, ils se balancent et se poussent jusqu'à l'abandon de l'un d'entre eux. L'incubation des œufs s'opère dans les voies génitales de la femelle. Les vipereaux, au nombre de 3 à 20, mesurent environ 18 cm à la naissance et sont déjà pourvus de leur appareil venimeux.

Vipère de Peringuey,
Vipera peringueyi

Distribution : Afrique (Namibie)
Habitat : déserts
Taille : 25,5 cm

Cette vipère rare, de petite taille, vit dans les dunes côtières du désert du Namib. Elle se déplace par des ondulations latérales du corps, laissant derrière elle deux sillons parallèles correspondant à la surface de contact de son corps avec le sable. Durant le jour, elle s'enfouit à demi dans le sable pour s'abriter du soleil ou s'embusquer dans l'attente d'une proie telle que rongeur ou lézard.

Vipère des sables ou Vipère ammodyte,
Vipera ammodytes

Distribution : Europe (Autriche, Hongrie, péninsule des Balkans)
Habitat : zones sableuses, arides
Taille : 76 cm

Identifiable à la petite corne qui orne son museau, cette vipère affectionne les régions sablonneuses. Comme nombre de vipères européennes, elle préfère aux bois les clairières, les sentiers, voire les vignobles. Lente dans ses déplacements, elle peut pourtant se détendre très rapidement pour tuer petits mammifères, lézards, serpents et oiseaux. Elle passe l'hiver en hibernation. La femelle met bas 6 à 12 petits.

Vipère du Gabon, *Vipera gabonica*

Distribution : Afrique occidentale (du sud du Sahara à l'Afrique du Sud)
Habitat : forêts pluviales
Taille : 1,20 à 2 m

C'est l'une des plus grandes vipères. Ses couleurs vives mais fondues la rendent homochrome avec les feuilles mortes tombées sur le sol. La tête est large, le cou étroit, le corps trapu terminé par une queue fortement conique. Les crochets mesurent jusqu'à 5 cm de long et inoculent un venin très toxique provoquant hémorragies, arrêts cardiaques et respiratoires.

Nocturne, la vipère du Gabon se déplace peu, le sol de la forêt lui procurant en abondance rongeurs, grenouilles et crapauds, ainsi que des oiseaux terrestres.

La femelle met bas des portées de petits actifs. Les nouveau-nés sont au nombre de 30 au maximum et mesurent environ 30,5 cm à la naissance.

Vipère aspic ou Aspic, *Vipera aspis*

Distribution : Europe (France, Allemagne, Suisse, Italie, Sicile)
Habitat : zones sèches et chaudes, jusqu'à 3 000 m d'altitude
Taille : jusqu'à 76 cm

Cette vipère très répandue est très variable dans la coloration, selon les régions. Quand elle n'est pas dérangée, elle adore se chauffer au soleil, sur un tronc ou un rocher, surtout en début de matinée ou en fin d'après-midi. Elle se nourrit essentiellement de petits mammifères, de lézards, d'oisillons au nid.

L'accouplement a lieu au printemps, après des combats rituels entre mâles. Les femelles pondent de 4 à 18 œufs. La vipère aspic hiberne, seule ou en groupe, dans un gîte souterrain ou une anfractuosité rocheuse.

Vipère heurtante, *Bitis arietans*

Distribution : Afrique (Maroc, du sud du Sahara à l'Afrique du Sud), Moyen-Orient
Habitat : savane, jusqu'à 1 800 m d'altitude
Taille : 1,40 à 2 m

Probablement le plus commun et le plus répandu des serpents africains, la vipère heurtante s'adapte à l'humidité comme aux climats arides, exceptions faites du désert et de la forêt pluviale dense. C'est l'une des plus grosses vipères (jusqu'à 23 cm de diamètre), et elle peut encore enfler son corps lorsqu'elle attaque. Les crochets mesurent environ 1,25 cm et inoculent un venin qui provoque des hémorragies.

La vipère heurtante vit essentiellement sur le sol, efficacement camouflée par le dessin de sa robe. Bonne nageuse, il lui arrive aussi d'escalader les arbres. Son régime alimentaire se compose surtout de mammifères terrestres tels que rats et souris, ainsi que d'oiseaux, de lézards, de grenouilles et de crapauds, qu'elle chasse au crépuscule et la nuit.

La femelle pond de 20 à 40 œufs qui éclosent quelques minutes après l'expulsion. Les nouveau-nés mesurent de 15 à 20 cm et sont immédiatement capables de tuer de petites souris.

Vipère des pyramides ou Efa, *Echis carinatus*

Distribution : de l'Afrique du Nord à la Syrie et l'Iran, vers l'est jusqu'à l'Inde
Habitat : régions sablonneuses, arides
Taille : 53 à 72 cm

Extrêmement dangereuse, la vipère des pyramides est dotée d'un venin redoutable, ce qui fait qu'elle est responsable, en Afrique du Nord, de la majorité des décès humains par morsure de serpent. Elle utilise les écailles denticulées de ses flancs pour produire un son d'intimidation : enroulée en spirale, elle frotte ses anneaux les uns contre les autres, produisant une sorte de raclement sonore. Ce comportement est souvent suivi de violentes attaques.

Sur le sable, la vipère des pyramides se déplace souvent par des mouvements latéraux – son corps ne reposant sur le sol que par deux courtes sections sur lesquelles elle prend appui pour se projeter de côté.

Cette vipère passe ses journées à l'abri de la chaleur, sous un tronc ou un rocher, quand elle ne s'enfouit pas dans le sable au moyen des écailles latérales formant carène. Elle se nourrit la nuit de petits rongeurs, scinques, geckos, grenouilles et grands invertébrés tels que scolopendres et scorpions.

L'accouplement a généralement lieu à la saison des pluies, et la femelle pond environ 5 œufs. Les nouveau-nés mesurent quelque 20 cm de long.

CROTALES

Massasauga, *Sistrurus catenatus*

Distribution : États-Unis (du nord-ouest de la Pennsylvanie à l'Arizona), nord du Mexique

Habitat : varié ; zones marécageuses, herbeuses, boisées

Taille : 45 cm à 1 m

Le massasauga s'accommode d'habitats variés, et s'il semble affectionner les zones marécageuses, on le rencontre même dans les prairies maigres et sèches qui occupent la partie occidentale de son aire géographique. Le crotalon compte jusqu'à 8 anneaux cornés, la tête montre 9 écailles élargies qui distinguent cette espèce des autres serpents à sonnette. Il se nourrit de lézards, de grenouilles, d'insectes, de petits mammifères et d'oiseaux.

L'accouplement a lieu en avril ou mai ; à l'automne, la femelle met bas des portées de 2 à 19 petits entièrement formés.

Serpent à sonnette du désert ou Crotale cornu, *Crotalus cerastes*

Distribution : sud-ouest des États-Unis

Habitat : déserts, collines rocheuses

Taille : 43 à 82 cm

Ce petit serpent agile a des yeux surmontés d'une projection cornée caractéristique, ce qui lui vaut l'un de ses noms communs. Essentiellement nocturne, le serpent à sonnette du désert passe ses journées dans un gîte emprunté ou sous un buisson et émerge la nuit, à la recherche de sa nourriture, essentiellement composée de petits rongeurs, tels que souris à poches et rats-kangourous, et de lézards. Cet habitant du désert se déplace sur le sable par des ondulations latérales tout à fait typiques, le corps ne prenant appui que par deux courtes sections. Il laisse derrière lui des traces parallèles en forme de « J ». Ce mode de déplacement présente l'intérêt de réduire la surface de contact entre le corps du serpent et le sable brûlant.

L'accouplement a lieu en avril ou mai ; 3 mois plus tard environ, la femelle met bas de 5 à 18 petits entièrement formés.

Fer-de-lance, *Bothrops atrox*

Distribution : du sud du Mexique à l'Amérique du Sud, Antilles

Habitat : zones côtières de basse altitude

Taille : 2,45 m

C'est un crotalidé commun, dont la coloration et le dessin connaissent des variations régionales. Les crochets sont habituellement rétractés dans une gaine membraneuse et se découvrent pour mordre. Le fer-de-lance se nourrit de petits mammifères, sur lesquels le venin provoque de fortes hémorragies internes.

La femelle, très prolifique par rapport aux autres crotalidés, met bas chaque année une portée comptant jusqu'à 50 petits complètement développés.

Crotale diamantin de l'Est, *Crotalus adamanteus*

Distribution : est des États-Unis (de la Caroline-du-Nord aux Keys de Floride, vers l'est jusqu'à la Louisiane)

Habitat : régions boisées, terres arables

Taille : 91 cm à 2,40 m

C'est le plus grand des serpents à sonnette et le plus dangereux d'Amérique du Nord : son venin redoutable s'attaque rapidement aux cellules du sang. Les losanges qui marquent la robe

servent à l'animal de camouflage lorsqu'il se tient lové parmi la végétation, à l'affût des lapins et des oiseaux dont il se nourrit. Au printemps et en automne, il est actif le matin et en fin d'après-midi. En été, ses mœurs deviennent plus nocturnes.

En fin d'été, la femelle met bas de 8 à 12 petits entièrement formés, mesurant de 30 à 36 cm, qu'elle défend farouchement contre les prédateurs.

Mocassin aquatique, *Agkistrodon piscivorus*

Distribution : sud et sud-est des États-Unis
Habitat : marais, cours d'eau, lacs
Taille : 51 cm à 1,90 m

Ce serpent à corps lourd passe le plus clair de son temps au bord de l'eau et nage bien, seule la tête émergeant en surface. Il est surtout actif la nuit et se nourrit alors d'amphibiens, de poissons, de serpents, d'oiseaux et, phénomène rare chez les serpents, de charogne.

Le mocassin aquatique est extrêmement dangereux : son venin détruit les globules rouges du sang et provoque une coagulation aux abords de la morsure. L'élément actif de ce venin a été isolé et est utilisé en médecine pour ses propriétés antihémorragiques.

La femelle met bas jusqu'à 15 jeunes, qui mesurent de 18 à 33 cm à la naissance.

Vipère de l'Halys, *Agkistrodon halys*

Distribution : bassin de la mer Caspienne, sud de la Russie, Chine
Habitat : steppe, zones semi-désertiques, forêts de conifères
Taille : 46 à 76 cm

C'est l'un des rares crotalidés de l'Ancien Monde. On le rencontre jusqu'à 51° de latitude nord. Essentiellement nocturne, la vipère de l'Halys émerge au crépuscule pour chasser, principalement de petits mammifères. Son venin est fatal pour les petites créatures comme les souris, mais rarement dangereux pour les animaux plus gros ; sur l'homme, il provoque des paralysies temporaires.

La vipère de l'Halys hiberne, les mâles reprenant leur activité au mois de mars, généralement 1 ou 2 semaines avant les femelles. L'accouplement a lieu peu de temps après la reprise de l'activité, et la femelle pond de 3 à 10 œufs, qui éclosent environ 3 mois plus tard.

Maître de la brousse ou Surucucú, *Lachesis muta*

Distribution : du sud du Nicaragua au bassin de l'Amazone
Habitat : forêts denses
Taille : 2,45 m à 3,50 m

C'est le plus grand serpent de la famille. Le maître de la brousse est une espèce rare, mais dont la morsure est mortelle. De mœurs strictement nocturnes, il passe ses journées caché dans une grotte ou un arbre creux. La nuit, il émerge de sa cachette pour chasser petits rongeurs et autres mammifères, y compris des petits cervidés.

Si le venin de ce serpent n'est pas aussi toxique que celui de certains crotales, le surucucú en produit d'énormes quantités et l'injecte profondément à l'aide de ses énormes crochets, ce qui fait de lui le plus dangereux des serpents. Le maître de la brousse est la seule espèce ovipare du Nouveau Monde.

CROCODILES, ALLIGATORS, CAÏMANS ET GAVIAL

ORDRE DES CROCODILIENS

Les crocodiles, les alligators, les caïmans, ainsi que le gavial, sont répartis dans 3 familles dont l'ensemble constitue l'ordre. Les crocodiliens sont les plus grands et les plus dangereux parmi les reptiles actuels. Ce sont tous des carnivores amphibies dont le régime alimentaire est constitué de divers vertébrés, auxquels s'ajoutent, pour les jeunes, insectes et autres petits invertébrés. Les crocodiliens sont les descendants les plus directs des archosauriens – forme de vie animale dominante du trias jusqu'à la fin du crétacé. Cet ordre compte aujourd'hui 21 espèces – 13 crocodiles, 7 alligators et caïmans et 1 gavial –, toutes des régions tropicales et subtropicales du globe. Mâles et femelles sont similaires, ce qui rend difficile la détermination du sexe. Les mâles tendent cependant à devenir plus grands que les femelles.

Chez tous les crocodiliens, le corps allongé porte des membres courts. Le dos est couvert de plaques osseuses épaissies qui renforcent la protection de l'animal. Le museau est allongé, les mâchoires garnies de nombreuses dents coniques. L'appareil respiratoire est adapté à la chasse en immersion : les narines externes qui s'ouvrent sur une projection située à l'avant du museau sont munies de valves de fermeture, tandis qu'une autre valve située dans la gorge permet à l'animal de tenir sa proie dans sa gueule ouverte sans inhaler d'eau.

Crocodiles et alligators possèdent, à l'avant de la mâchoire inférieure, une paire de dents particulièrement développées qui leur sert à saisir leur proie. Chez les crocodiles, ces dents se logent, quand la gueule se ferme, dans une échancrure de la lèvre supérieure, et restent parfaitement visibles à l'extérieur ; tandis que, chez les alligators, elles s'engagent dans un sillon latéral du maxillaire supérieur et ne sont absolument pas visibles quand la gueule est fermée.

Gavial du Gange, *Gavialis gangeticus* EN
Distribution : nord de l'Inde
Habitat : grands fleuves
Taille : 7 m

Le gavial du Gange possède un museau étroit, extrêmement long ; les mâchoires garnies d'une centaine de petites dents peuvent aisément saisir sous l'eau poissons et batraciens. Chassée pour sa peau, comme tous les crocodiliens, cette espèce est actuellement l'une des plus rares de l'Asie. Les pattes postérieures sont spatulées et le gavial ne semble quitter l'eau que pour se reproduire.

La femelle pond ses œufs la nuit, dans une cavité de la berge.

Alligator du Mississippi, *Alligator mississipiensis*
Distribution : sud-est des États-Unis
Habitat : marais, fleuves
Taille : jusqu'à 5,50 m

Autrefois menacée d'extinction en raison de la chasse et de la destruction de son habitat, la population de cet alligator est aujourd'hui en progression du fait de la mise en place de mesures efficaces de sauvegarde.

L'accouplement a généralement lieu en eaux basses, en avril. Le mâle passe les quelques jours précédents auprès de la femelle, qu'il flatte de temps à autre de ses pattes antérieures. Lorsqu'elle est consentante, il lui frotte la gorge de la tête et lui souffle des bulles dans le museau. La femelle trouve un site à proximité de l'eau, puis, de la queue, rassemble les débris végétaux disponibles dont elle forme un monticule creusé d'une cavité. Elle y pond de 28 à 52 œufs, et les recouvre de végétaux en rampant sur le nid, qu'elle surveille durant toute la période d'incubation, soit 65 jours environ. À l'appel des nouveau-nés, elle ouvre le nid et les libère. Ils demeurent jusqu'à 3 ans auprès de leur mère.

Caïman d'Amérique du Sud ou Caïman à lunettes, *Caiman crocodilus*
Distribution : du Venezuela au sud du bassin de l'Amazone
Habitat : eaux très lentes, lacs, marécages
Taille : 1,50 à 2 m

Le genre *Caiman* compte plusieurs espèces et sous-espèces, d'où de nombreuses controverses quant aux noms scientifiques à leur attribuer. Le caïman à lunettes, également désigné sous le nom de *C. sclerops*, doit l'un de ses noms communs à l'excroissance qui, entre ses yeux, évoque la partie centrale d'une paire de lunettes. La population des caïmans a sévèrement décliné depuis qu'à la chasse pour la peau s'est ajoutée la vente des jeunes comme animaux d'agrément.

La femelle pond en moyenne 30 œufs dans un nid fait avec des débris végétaux amoncelés.

Crocodile nain ou Crocodile cuirassé,
Osteolaemus tetraspis **VU**

Distribution : Afrique occidentale, au sud du Sahara
Habitat : cours d'eau, lacs
Taille : 1,50 m

Également connu sous le nom de crocodile à front large, cet animal se distingue par un museau particulièrement court. Du fait de la chasse et de la destruction de son habitat, il est aujourd'hui très rare. Bien qu'appartenant à la famille des crocodiles, il rappelle par sa taille et son apparence les alligators du Nouveau Monde. Sa biologie et ses mœurs de reproduction sont mal connues.

Crocodile marin ou Crocodile d'estuaire,
Crocodylus porosus **LR : lc**

Distribution : du sud de l'Inde à l'Indonésie, sud de l'Australie
Habitat : estuaires, côtes, mangroves
Taille : jusqu'à 6 m

Le crocodile marin est l'un des plus grands et des plus dangereux ; on l'a vu s'attaquer à l'homme. Sa peau étant l'une des plus recherchées, cet animal était voué à une extinction rapide. Bien que sa chasse ait été interdite dans de nombreuses régions, la population demeure encore faible. Là où la chasse est autorisée, elle est néanmoins limitée, et l'exportation des peaux est contrôlée.

Ce crocodile, le plus aquatique et le plus marin de tous, vient peu à terre et n'hésite pas à parcourir de longues distances à la nage.

La femelle pond de 25 à 90 œufs à proximité de l'eau, dans un monticule de débris de végétaux accumulés ; elle surveille le nid durant toute la durée de l'incubation, soit 3 mois environ.

Crocodile du Nil, *Crocodilus niloticus*
Distribution : Afrique (absent du Sahara et du Nord-Ouest)
Habitat : grands fleuves, lacs, marais
Taille : 4,50 à 5 m

La population de cette espèce et son aire de distribution ont été sévèrement réduites du fait de la demande en peaux et de la destruction de son habitat. Le crocodile du Nil est un redoutable tueur, qui chasse petits et grands mammifères et oiseaux lorsqu'ils viennent boire en bordure de l'eau. Il n'hésite pas à s'attaquer à l'homme, qui constitue sa nourriture préférée. Sa proie attrapée, le crocodile la noie, puis en arrache des morceaux de chair en tournoyant dans l'eau. Les crocodiles adultes avalent des pierres servant de lest lorsque l'animal est dans l'eau.

Le crocodile du Nil passe la nuit dans l'eau et en sort dès l'aube pour se chauffer au soleil. Du fait de son activité réduite, il n'éprouve pas le besoin de s'alimenter chaque jour.

À la saison des amours, le mâle adopte un territoire qu'il défend férocement contre les intrus. Il parade devant la femelle avant l'accouplement ; souvent, tous deux nagent de concert, puis le mâle enlace sa partenaire avec ses quatre pattes. Celle-ci pond ensuite de 25 à 75 œufs dans un trou qu'elle creuse à proximité de l'eau et dont l'entrée forme une sorte de goulet d'étranglement. Elle recouvre soigneusement les œufs et surveille l'incubation, qui dure 3 mois. Au moment de l'éclosion, les nouveau-nés, qui reconnaissent les pas de leur mère, l'appellent ; elle les libère, les transporte jusqu'à un site sûr où elle les élève pendant 3 à 6 mois. Les jeunes se nourrissent d'abord d'insectes, puis de crabes, d'oiseaux et de poissons, avant d'adopter le régime des adultes.

Amphibiens

Premiers vertébrés terrestres

Comparés aux poissons, aux reptiles, aux oiseaux ou aux mammifères, les amphibiens constituent un groupe relativement peu nombreux, qui compte environ 4 350 espèces.

Triton granuleux

Les amphibiens actuels sont regroupés dans 3 ordres que certains naturalistes élèvent au rang de sous-classe : les urodèles ou candatas (salamandres et tritons), les anoures (grenouilles et crapauds) et les apodes ou gymnophiones, qui regroupent plusieurs familles d'amphibiens fouisseurs à corps allongé dépourvu de membres.

Les amphibiens ont été les premiers vertébrés à coloniser la terre ferme. La classe est issue, semble-t-il, de poissons qui vivaient il y a 350 à 375 millions d'années dans des marécages soumis à un dessèchement saisonnier. Ce que l'on sait des poissons crossoptérygiens permet de penser que certains de ceux-ci, pourvus à la fois de branchies et de poumons, ont pu développer des membres marcheurs et passer de l'habitat aquatique à l'habitat terrestre.

On a de bonnes raisons de croire que, dans leur écrasante majorité, les premiers amphibiens étaient exclusivement, ou pour l'essentiel, aquatiques et piscivores, comme leurs ancêtres, les poissons aux nageoires lobées, et que les espèces strictement terrestres étaient rares.

Parmi les amphibiens modernes, ce sont les salamandres et les tritons qui ont conservé le plus de caractères archaïques, avec leur corps allongé, leurs mouvements natatoires sinueux et leurs nageoires. Chez les urodèles, larves et adultes sont relativement similaires, et il est fréquent de voir les adultes conserver certaines caractéristiques larvaires.

Chez les anoures – grenouilles, crapauds, rainettes –, le corps s'est raccourci de manière caractéristique et la queue a disparu au stade adulte. Cette évolution a ouvert la voie à une large variété de modifications adaptatives. En général, les membres se sont développés pour permettre le saut, le grimper ou le fouissage. Les gymnophiones sont d'extraordinaires amphibiens vermiformes dont l'anatomie est hautement adaptée à la vie souterraine : le crâne est massif et osseux, les membres ont totalement disparu.

On constate, à l'intérieur du groupe, une grande diversité dans les modes de locomotion, certains sont proches de la nage des poissons, d'autres fondamentalement adaptés à la vie terrestre. À terre, les salamandres et les tritons ont deux types de déplacement : pressés, ils progressent par des ondulations du corps, utilisant très peu leurs membres ; mais, pour des déplacements plus lents, ils adoptent une marche quadrupède.

Grenouilles et crapauds ont un mode de progression tout différent. Ils nagent dans l'eau, et sur le sol se déplacent par bonds, dans la détente simultanée de leurs longues pattes postérieures ; ils sont également capables de marcher. Une proportion considérable d'anoures a adopté l'habitat arboricole et développé les modifications anatomiques adéquates, telles les pelotes adhésives qui terminent les doigts allongés des rainettes. Enfin, les amphibiens apodes progressent par des ondulations sinueuses du corps qui évoquent celles des serpents.

Grenouille-taureau d'Amérique

Sonneur oriental

Sur le plan de la respiration, les amphibiens offrent à l'examen un étonnant mélange de « technologies ». Certains possèdent des branchies extérieurement visibles ou masquées par un repli cutané – branchies non assimilables à celles des poissons –, mais qui, au stade larvaire comme au stade adulte, assurent les échanges gazeux par absorption d'oxygène et rejet du gaz carbonique, lorsque l'amphibien se trouve dans l'eau. Sur terre, la fonction respiratoire est assumée par deux types de mécanismes. La plupart des amphibiens possèdent des poumons, deux sacs à grands alvéoles qui débouchent dans la cavité buccale : la bouche étant fermée, la langue s'abaisse, créant un appel d'air ; l'air est alors inhalé par les narines et effectue plusieurs circuits dans les poumons avant d'être rejeté par celles-ci. La paroi de la cavité buccale, bien irriguée en vaisseaux sanguins, constitue une petite extension à la surface respiratoire des poumons.

La peau joue également un rôle très important dans la respiration des amphibiens sur le plan des échanges gazeux. Elle doit impérativement demeurer humide pour conserver sa perméabilité et remplir sa fonction, ce qui implique pour les amphibiens des contraintes dans le choix de l'habitat et constitue un facteur limitatif quant à la dimension de ces animaux. En effet, plus la taille augmente, plus le rapport entre la surface cutanée et le volume du corps diminue. Plus un amphibien est grand, moins est important le rôle respiratoire joué par sa peau.

Comme les reptiles, et à la différence des oiseaux et des mammifères, les amphibiens ont une température corporelle qui avoisine celle du milieu environnant – air ou eau –, et ils dépendent du soleil pour se procurer l'énergie qui leur est nécessaire. En revanche, leur biologie d'animaux à sang froid réduit leurs besoins en nourriture par rapport à ceux des oiseaux et des mammifères.

Hormis deux espèces de tritons connues pour avoir un mode de reproduction parthénogénétique et ne compter donc que des individus de même sexe, les amphibiens sont sexués. Les femelles pondent des œufs ou mettent bas des jeunes déjà actifs. Presque tous les amphibiens, y compris les plus strictement terrestres, doivent rejoindre le milieu aquatique pour se reproduire. Quelques espèces ont élaboré des moyens particulièrement originaux pour échapper à cette contrainte : par exemple, par la présence d'un sac dorsal à l'intérieur duquel s'opère le développement des œufs.

Les mâles et les femelles d'amphibiens présentent souvent un dimorphisme sexuel, tant dans l'aspect que dans le comportement. Chez les grenouilles et les crapauds, il est fréquent que le mâle rejoigne l'eau avant la femelle et y attire cette dernière par des appels sexuels caractéristiques à chaque espèce. Lors du coït, le mâle chevauche la femelle, qu'il ceinture au moyen des pelotes rugueuses présentes sur la face inférieure des mains ; la fécondation est externe et se produit lors de l'expulsion des œufs. Chez les urodèles, une parade nuptiale élaborée précède l'émission du spermatophore – masse compacte de spermatozoïdes –, que la femelle recueille dans son orifice génital, réalisant ainsi la fécondation interne des œufs.

Dans leur majorité, les amphibiens émergent de l'œuf sous forme de larves mobiles ou têtards, très différents des adultes et destinés à subir par la suite une véritable métamorphose. Durant cette phase larvaire, le têtard est pourvu de nageoires et strictement aquatique. Lorsqu'il a atteint une certaine taille, il

Ambystome tacheté

subit un profond changement anatomique, notamment par l'apparition des membres et des poumons. Chez certaines espèces d'amphibiens caudés, la maturité sexuelle est atteinte alors que l'animal en est encore à sa morphe de têtard. À cette faculté de se reproduire dans un état qui n'est pas celui de l'adulte, on a donné le nom de néoténie. La néoténie est en rapport avec l'activité thyroïdienne, dans la mesure où la thyroxine joue un rôle dans le déclenchement de la métamorphose.

S'ils sont moins « évolués » et soumis à des contraintes d'habitat plus strictes que les reptiles, les oiseaux ou les mammifères, les amphibiens n'en sont pas moins en mesure de tenir leur rang dans le monde des vertébrés, ne serait-ce que grâce à leurs très faibles besoins alimentaires, qui leur permettent de s'accommoder de la rareté, voire de la carence saisonnière des ressources nutritives.

Cladogramme montrant les parentés phylogénétiques possibles des amphibiens. Les trois lignées d'amphibiens (grenouilles, salamandres et cécilies), en dépit de leurs apparentes différences présentent des caractères communs, notamment une peau perméable humide, qui indiquent qu'ils partagent, en tant que groupe, un ancêtre commun.

CLADOGRAMME A

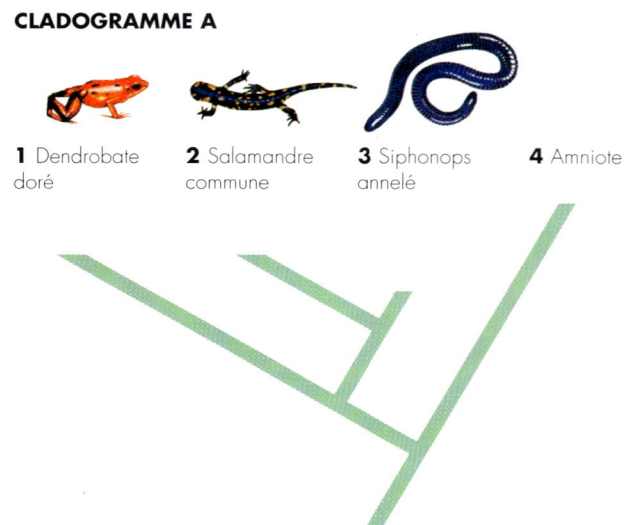

1 Dendrobate doré **2** Salamandre commune **3** Siphonops annelé **4** Amniote

RÉFÉRENCES DU CLADOGRAMME A DES AMPHIBIENS

1 Anoures (grenouilles, crapauds)
2 Urodèles (salamandres)
3 Cécilidés (cécilies)
4 Amniotes (tortues, lézards, serpents, crocodiliens, oiseaux, mammifères)

Cladogramme montrant les parentés phylogénétiques possibles des grenouilles et des crapauds. Les bufonidés regroupent plusieurs familles, avec notamment les crapauds d'Europe (crapaud commun, crapaud des joncs, crapaud vert) et d'autres régions, des grenouilles arboricoles tropicales et d'autres espèces. Les ranidés rassemblent plusieurs familles, avec notamment la grenouille verte, la grenouille rousse, la grenouille volante (grenouille arboricole sauteuse) et l'hyperolius (grenouille africaine).

RÉFÉRENCES DU CLADOGRAMME B DES AMPHIBIENS

1 Ascaphidés (grenouilles à queue)
2 Léiopelmidés (grenouilles de Nouvelle-Zélande)
3 Discoglossidés (grenouilles peintes, crapauds accoucheurs, sonneurs)
4 Pipidés (anoures sans langue)
5 Rhinophrynidés (crapauds fouisseurs du Mexique)
6 Pélodytidés (pélodytes)
7 Pélobatidés (crapauds à couteaux)
8 Bufonidés (crapauds typiques)
9 Ranidés (grenouilles typiques)

Cladogramme montrant les parentés phylogénétiques possibles des salamandres

RÉFÉFENCES DU CLADOGRAMME C DES AMPHIBIENS

1 Sirénidés (sirénides, pseudobranchus)
2 Cryptobranchidés (salamandres géantes)
3 Hynobiidés (salamandres terrestres asiatiques)
4 Amphiumidés (amphiumes, serpents du Congo)
5 Protéidés (protées, nectures)
6 Pléthodontidés (salamandres sans poumons)
7 Amblystomidés (amblystomes)
8 Dicamptodontidés (salamandres géantes du Pacifique)
9 Salamandridés (salamandres, tritons)

AMPHIBIENS 473

CLADOGRAMME B

1 Grenouille à queue **2** Grenouille d'Hochstetter **3** Crapaud accoucheur **4** Dactylèthre à griffes **5** Crapaud fouisseur du Mexique **6** Pélodyte ponctué **7** Pied-en-bêche occidental **8** *Hyla crucifer* **9** Dendrobate doré

CLADOGRAMME C

1 Sirène lacertine **2** Ménopome **3** *Hynobius stejnegeri* **4** Amphiume pénétrant **5** Protée anguillard **6** Salamandre rouge des prés **7** Ambystome marbré **8** *Dicamptodon ensatus* **9** Triton crêté

GRENOUILLES DE NOUVELLE-ZÉLANDE, DISCOGLOSSIDÉS ET AGLOSSES

ORDRE DES ANOURES

Il existe plus de 3 500 grenouilles et crapauds, similaires par l'aspect sinon par les mœurs. Au stade adulte, ils ne possèdent plus de queue et ont des membres bien développés. Ils se reproduisent généralement dans l'eau. La femelle pond des œufs d'où éclosent des têtards caudés, aquatiques et herbivores, qui subiront une métamorphose.

À l'origine, le terme de grenouille était réservé aux ranidés, et celui de crapaud aux bufonidés, mais l'usage de ces termes a été étendu aux représentants d'autres familles d'anoures.

Famille des Ascaphidae : Grenouille à queue

Cette famille de grenouilles primitives ne comprend qu'une seule espèce, qui partage de nombreuses caractéristiques avec les leiopalmatidés, mais qui en diffère suffisamment pour être classée dans une famille à part.

Famille des Leiopalmatidae : Grenouilles de Nouvelle-Zélande

Les 3 espèces de cette famille sont des grenouilles primitives.

Grenouille d'Hochstetter, *Leiopelma hochstetteri* **LR : lc**
Distribution : Nouvelle-Zélande
Habitat : montagnes et rivières de montagne
Taille : 4,5 cm

Le genre compte les 3 seules espèces de grenouilles indigènes de Nouvelle-Zélande. Aujourd'hui rares, elles sont rigoureusement protégées.

Découverte en 1852, la grenouille d'Hochstetter est une espèce robuste, aux membres postérieurs partiellement palmés. Si elle vit généralement dans l'eau ou à son voisinage, on la trouve aussi en montagne, à une certaine distance des points d'eau. Nocturne, elle se nourrit de coléoptères, de fourmis, de lombrics, d'araignées et de limaces.

La méthode de reproduction de cette grenouille résulte probablement d'une adaptation à son habitat. Des groupes de 2 à 8 œufs sont pondus dans le sol humide. Chaque œuf est entouré d'une enveloppe gélatineuse emplie d'eau, à l'intérieur de laquelle l'embryon traverse le stade larvaire et dont émerge, environ 40 jours après la ponte, un adulte miniature pourvu d'une queue qui se résorbe 1 mois plus tard.

Famille des Discoglossidae : Grenouilles peintes, Sonneurs et Crapauds accoucheurs

Cette famille compte 14 espèces réparties en Europe, en Afrique du Nord et dans le sud-est de l'Asie. Tous les discoglossidés ont une langue de forme discoïdale, qui ne peut pas être projetée hors de la bouche pour capturer les proies, comme la langue de beaucoup d'autres anoures.

Crapaud accoucheur, *Alytes obstetricans*
Distribution : de l'ouest de l'Europe à l'Allemagne et vers le sud jusqu'aux Alpes et à la péninsule Ibérique
Habitat : terrains boisés ou cultivés
Taille : jusqu'à 5 cm

Ce petit crapaud massif est de couleur grise à olive ou brune, avec souvent quelques petites marques plus foncées. Nocturne, il se cache le jour dans les crevasses, sous les rondins ou les pierres, ou dans des terriers creusés au moyen des membres antérieurs. Il se nourrit d'insectes et de petits invertébrés.

Les crapauds accoucheurs mâles émettent des coassements évoquant des ululements pour attirer les femelles. Ils s'accouplent à terre, pendant la nuit. Le mâle embrasse sa conjointe au niveau du cou et, tandis qu'elle pond une soixantaine d'œufs disposés en deux chapelets englués dans un mucus épais, il féconde les œufs et les enroule autour de ses membres postérieurs. Il les transporte ainsi durant tout le temps de leur développement, en prenant soin de les humidifier de temps à autre en les trempant dans une mare ou un quelconque plan d'eau. Entre 18 et 49 jours plus tard, selon la température ambiante, il les dépose en eau peu profonde, où ils donnent naissance à des têtards.

Sonneur oriental, *Bombina orientalis*

Distribution :	Sibérie, nord-est de la Chine, Corée
Habitat :	ruisseaux de montagne, rizières
Taille :	5 cm

Vivement coloré, le sonneur oriental a une peau rugueuse qui exsude une sécrétion laiteuse, extrêmement irritante pour les yeux et la bouche de ses prédateurs.

À la saison des amours, le mâle émet un coassement lugubre, qui crée des ondes de vibration dans l'eau. Durant l'accouplement, la femelle, étreinte par le mâle, pond ses œufs en petits amas comportant de 2 à 8 œufs chacun, qu'elle fixe sur la face inférieure des pierres et des plantes immergées.

Famille des Pipidae ou Aglosses : Anoures sans langue

Cette famille compte une vingtaine d'espèces d'anoures d'Amérique du Sud et d'Afrique (au sud du Sahara) réparties en 2 genres. Tous ont des membres postérieurs bien développés, à pieds palmés, des membres antérieurs plus réduits. Lorsqu'ils nagent, leurs membres antérieurs étendus vers l'avant jouent le rôle de sondes tactiles et leur servent à repérer la nourriture.

Dactylèthre à griffes ou Dactylèthre du Cap, *Xenopus laevis*

Distribution :	Afrique du Sud
Habitat :	étangs, lacs
Taille :	6,5 à 12,5 cm

La forme hydrodynamique du dactylèthre à griffes en fait un nageur aussi rapide qu'un poisson, capable même de déplacements à reculons. Pour se confondre avec l'environnement, le dactylèthre peut passer de noir à gris ou marbré. Les 4 doigts des pattes antérieures sont terminés par des griffes au moyen desquelles l'animal fouille la vase à la recherche de matière animale.

L'accouplement a lieu dans l'eau, le mâle produisant un doux bourdonnement pour attirer la femelle. Les œufs, enclos individuellement dans un mucus translucide, se fixent sur la végétation et éclosent 7 jours plus tard.

Pipa américain ou Pipa du Surinam, *Pipa pipa*

Distribution :	nord de l'Amérique du Sud
Habitat :	cours d'eau
Taille :	12 à 20 cm

Actif et bon nageur, ce pipa est un féroce prédateur, qui mange à peu près tout ce que peuvent attraper ses minces doigts tactiles, y compris la charogne. Le corps et la tête sont plats, les membres antérieurs sont courts et plutôt grêles, les membres postérieurs sont longs et trapus, les pieds sont munis de palmures.

Lors des amours, le mâle agrippe la femelle par les pattes postérieures, ce qui stimule un gonflement de la peau du dos de celle-ci. Ainsi enlacé, le couple effectue des culbutes dans l'eau, au cours desquelles la femelle pond de 3 à 10 œufs sur le ventre du mâle, d'où, toujours grâce aux culbutes, ils viennent se déposer sur le dos de la femelle et où ils se fixent. L'opération est répétée jusqu'à ce que 40 à 100 œufs aient été pondus. La peau du dos de la femelle s'épaissit et se soulève autour de chacun d'eux, l'enfermant dans une sorte d'alvéole. Quelque 2 à 4 mois plus tard, le jeune naît dans un état proche de la forme adulte et est autonome.

CRAPAUD FOUISSEUR, PÉLODYTES, CRAPAUDS À COUTEAUX, CENTROLÉNIDÉS ET HÉLÉOPHRYNIDÉS

FAMILLE DES RHINOPHRYNIDAE : CRAPAUD FOUISSEUR DU MEXIQUE

L'unique espèce de la famille est hautement spécialisée pour la vie souterraine, mais retourne à l'eau pour se reproduire.

Crapaud fouisseur du Mexique, *Rhinophrynus dorsalis*
DISTRIBUTION : Mexique, Guatemala
HABITAT : terrains boisés
TAILLE : 6,5 cm

Les appendices cornés qui terminent les pattes de ce crapaud en font un excellent fouisseur. Il émerge la nuit de son gîte pour chasser les termites qui viennent se coller sur sa langue.

À l'époque des amours, le mâle attire la femelle par des appels gutturaux. L'accouplement a lieu dans l'eau. Agrippé au dos de la femelle, le mâle féconde les œufs au moment de leur expulsion. Les têtards possèdent, autour de la bouche, des barbillons tactiles, mais sont dépourvus des lèvres dont sont généralement dotés la plupart des têtards.

FAMILLE DES PELODYTIDAE : PÉLODYTES

Cette famille européenne comprend 2 espèces de petites grenouilles terrestres dont les larves sont aquatiques.

Pélodyte ponctué, *Pelodytes punctatus*
DISTRIBUTION : Europe (péninsule Ibérique, France, ouest de la Belgique, nord de l'Italie)
HABITAT : milieux légèrement humides
TAILLE : jusqu'à 5 cm

Principalement nocturne et terrestre en dehors de la saison de reproduction, le pélodyte ponctué se rencontre souvent au pied des murs, parmi la végétation, parfois près des ruisseaux. Il est petit, agile, à peau verruqueuse. La palmure des orteils est presque inexistante. Il grimpe, nage et saute bien, creuse même de petits terriers, bien qu'il soit dépourvu de couteaux.

Le pélodyte ponctué se reproduit au printemps. Il peut y avoir plusieurs pontes. Les cordons d'œufs agglomérés par une épaisse substance gélatineuse se fixent sur la végétation et y restent jusqu'à la naissance des têtards.

FAMILLE DES PELOBATIDAE : CRAPAUDS À COUTEAUX

Cette famille compte environ 80 espèces, réparties en Amérique du Nord, en Europe, en Afrique du Nord et en Asie méridionale. Essentiellement terrestres et nocturnes, les crapauds à couteaux se cachent durant le jour dans des terriers qu'ils creusent à l'aide du tubercule modifié en « couteau » de leurs pattes postérieures.

Les pélobatidés se reproduisent dans les trous d'eau laissés par la pluie. Du fait de l'assèchement rapide de ces mares, le développement doit être accéléré : 2 semaines pour passer de l'embryon à l'adulte.

Pélobate brun, *Pelobates fuscus*
DISTRIBUTION : ouest, centre et est de l'Europe, à l'est jusqu'à l'Asie occidentale
HABITAT : sols sableux ou cultivés
TAILLE : jusqu'à 8 cm

Ce crapaud de forme ramassée a des pieds entièrement palmés et équipés d'un grand « couteau ». Les mâles sont souvent plus petits que les femelles. Ils ont une grande glande ovale en relief sur le dessus du bras. Comme la plu-

part des crapauds à couteaux, l'espèce est strictement nocturne hors des périodes de reproduction.

Tous les pélobates se reproduisent au printemps, souvent dans des étangs profonds, et pendant cette période il leur arrive d'être aussi actifs durant le jour. Bien que dépourvus de coussinets nuptiaux, les mâles enlacent leur femelle et fécondent les œufs au moment de leur expulsion.

Pied-en-bêche occidental, *Scaphiopus hammondi*

DISTRIBUTION : ouest des États-Unis (Californie, Arizona, Nouveau-Mexique), Mexique

HABITAT : varié ; plaines, zones sablonneuses

TAILLE : 3,5 à 6,5 cm

Excellent fouisseur, le pied-en-bêche occidental doit son nom commun à la forme du couteau qui orne ses pieds. Nocturne, il vit le jour dans un terrier, préservé ainsi de la chaleur et de la sécheresse qui règnent dans la majeure partie de son aire de distribution.

La reproduction peut avoir lieu entre janvier et août ; elle dépend des pluies, puisqu'elle se déroule dans les mares temporaires qui en résultent. Les œufs sont pondus en amas globuleux qui se fixent sur la végétation. Les têtards naissent environ 2 jours plus tard et accomplissent leur métamorphose en 6 semaines.

FAMILLE DES CENTROLENIDAE

Les grenouilles de cette famille ont une peau si faiblement pigmentée qu'elle laisse voir les organes internes. Les quelque 70 espèces vivent dans les régions tropicales d'Amérique centrale et d'Amérique du Sud.

Centrolenella albomaculata

DISTRIBUTION : nord de l'Amérique du Sud

HABITAT : forêts

TAILLE : jusqu'à 3 cm

De mœurs très semblables à celles des rainettes, *Centrolenella albomaculata* vit dans les arbustes et les buissons, généralement près de l'eau courante. Ses doigts sont terminés par des disques adhésifs qui lui permettent de grimper sans glisser.

Les œufs sont pondus en grappes sur la face inférieure des feuilles qui surplombent les cours d'eau et gardés par le mâle. À leur naissance, les têtards se laissent choir dans l'eau, où ils achèvent leur développement.

FAMILLE DES HELEOPHRYNIDAE

On connaît environ 3 ou 4 espèces de cette famille présente exclusivement dans les rivières à fort courant des montagnes de l'Afrique du Sud. Ce sont des créatures à corps aplati et à membres allongés, ce qui leur permet de se glisser dans la moindre anfractuosité rocheuse ; grâce à leurs doigts très développés, elles peuvent se déplacer sur les surfaces glissantes.

Heleophryne natalensis

DISTRIBUTION : nord-est de l'Afrique du Sud

HABITAT : cours d'eau forestiers

TAILLE : jusqu'à 5 cm

Nocturne, cette espèce trouve refuge durant le jour parmi rochers et graviers, où elle est bien camouflée par son dessin de taches et de marbrures.

À la saison des amours, le mâle développe des coussinets nuptiaux sur les membres postérieurs, et, sur les doigts et les aisselles, se forment des épines qui lui servent à agripper fermement la femelle. Les œufs sont pondus dans les trous d'eau, voire hors de l'eau parmi le gravier humide. Dès leur naissance, les têtards rejoignent les cours d'eau rapides, dans lesquels ils résistent au courant grâce à leur bouche qui fait ventouse.

CRAPAUDS TYPIQUES ET BRACHYCÉPHALIDÉS

Famille des Bufonidae : Crapauds typiques

Originellement réservé aux quelque 330 espèces qui constituent cette famille, le terme de crapaud a été étendu à de nombreux autres anoures terrestres à peau verruqueuse.

Les bufonidés sont présents dans la majeure partie du globe, à l'exception de l'extrême Nord, de Madagascar et de la Polynésie. Ils étaient également absents d'Australie, jusqu'à ce que l'on y introduise une espèce.

Le crapaud typique a un corps compact et de courtes pattes. La peau est sèche, couverte de caractéristiques tubercules verruqueux dans lesquels s'ouvrent des glandes venimeuses. La substance toxique qu'elles sécrètent protège efficacement l'animal contre les prédateurs.

Avec leurs courtes pattes, les crapauds marchent plus qu'ils ne sautent, et se déplacent lentement. En période de reproduction, les mâles portent des pelotes nuptiales qui leur servent à ceinturer la femelle durant l'amplexus.

Atélope de Boulenger, *Atelopus boulengeri*
Distribution : Amérique du Sud (Équateur, Pérou)
Habitat : pentes boisées des Andes, près des rivières rapides
Taille : environ 2,5 cm

Le dessin noir et orange du corps de l'atélope de Boulenger avertit les prédateurs du danger qu'ils encourent à rester à proximité des sécrétions venimeuses de ce crapaud. C'est un animal particulièrement lent, à activité diurne, auquel il arrive de trouver refuge la nuit dans les buissons.

Ses mœurs reproductives sont mal connues, mais on pense qu'il pond ses œufs sous des pierres immergées. Il est probable que les têtards se fixent sur les rochers grâce à leur bouche suceuse, ce qui leur permet de résister au courant et de ne pas se laisser emporter.

Crapaud américain, *Bufo americanus*
Distribution : sud-est du Canada (du Manitoba au Labrador, vers le sud jusqu'aux Grands Lacs), États-Unis (vers le sud jusqu'à la Géorgie, vers l'est jusqu'au Kansas)
Habitat : zones herbeuses, forêts, jardins
Taille : 5 à 11 cm

C'est un crapaud massif, à tête large, densément couvert de verrues. Les femelles sont généralement plus grandes que les mâles. Essentiellement nocturne, le crapaud américain s'abrite durant le jour sous les pierres, les débris végétaux, ou s'enfouit dans le sol. Il se nourrit d'insectes, mais aussi de petits invertébrés.

Le crapaud américain se reproduit habituellement entre mars et juillet, dans les mares ou les rivières. La femelle pond deux chapelets d'œufs (jusqu'à 8 000) insérés dans une gangue muqueuse commune et qui donnent naissance aux têtards de 3 à 12 jours plus tard. La métamorphose est accomplie en l'espace de 2 mois environ.

Crapaud géant ou Agua, *Bufo marinus*
Distribution : États-Unis (extrême sud du Texas), Mexique à Amérique centrale et du Sud ; introduit dans beaucoup de régions du globe, dont l'Australie
Habitat : varié : marais, voisinage d'étangs
Taille : 10 à 24 cm

Ce crapaud, l'un des plus grands, a souvent été introduit pour lutter contre les insectes et protéger les cultures en régulant leurs populations. Il s'adapte à de nombreux habitats. Essentiellement nocturne, il est extrêmement vorace et se nourrit de nombreux insectes – en particulier de coléoptères –, mais aussi d'oiseaux et de petits rongeurs.

Les sécrétions venimeuses de ses glandes parotoïdes (en arrière de l'œil) irritent fortement les muqueuses et peuvent être fatales aux mammifères prédateurs.

La reproduction a généralement lieu au printemps, mais, dans des conditions suffisantes de chaleur et d'humidité, il se reproduit à n'importe quelle période de l'année. L'accouplement et la ponte s'effectuent en eau stagnante ou lente. La femelle pond des chapelets d'œufs (jusqu'à 35 000 par an) d'où, 3 jours plus tard, sortent les têtards.

Crapaud vert, *Bufo viridis*

DISTRIBUTION : Europe (du sud de la Suède à l'Allemagne, l'Italie et aux îles de la Méditerranée), Afrique du Nord, Asie centrale
HABITAT : varié ; souvent basses terres sablonneuses ; absent des forêts
TAILLE : 8 à 10 cm

D'allure robuste, mais moins lourd que le crapaud commun, le crapaud vert a une peau verruqueuse, pâle, avec de fortes taches vertes clairement marquées. La femelle est plus grande que le mâle, marquée de vert plus vif ; le mâle possède un sac vocal externe. Surtout nocturne, le crapaud vert émerge parfois durant le jour pour se nourrir d'insectes. Il est essentiellement terrestre, mais ses orteils partiellement palmés lui permettent de survivre en eau saumâtre.

Les crapauds verts se reproduisent d'avril à juin. Après avoir attiré la femelle par son cri trillé, le mâle l'enlace au niveau des aisselles tandis qu'elle pond deux longs chapelets composés chacun de 10 000 à 20 000 œufs.

Crapaud calamite ou Crapaud des joncs, *Bufo calamita*

DISTRIBUTION : ouest et centre de l'Europe (dont la Grande-Bretagne), jusqu'à la Russie occidentale
HABITAT : varié ; souvent zones sableuses
TAILLE : 7 à 10 cm

Ce crapaud d'aspect robuste a des membres relativement courts ; les femelles sont plus grandes que les mâles. Le cri du mâle est un coassement sonore et vibrant qui porte à plus de 2 km. Bien qu'essentiellement terrestre, ce crapaud se rencontre souvent près de la mer et peut même se reproduire en eau saumâtre. Il tend à se déplacer par courses très brèves et a une activité principalement nocturne.

La saison de reproduction s'étend de mars à août. Les crapauds calamites s'accouplent la nuit, la femelle pondant en eau peu profonde des chapelets gélatineux contenant jusqu'à 4 000 œufs. Les têtards naissent au bout de 10 jours et se métamorphosent en adultes en l'espace de 4 à 8 semaines. La maturité sexuelle n'est atteinte qu'à 4 ou 5 ans.

Crapaud commun, *Bufo bufo*

DISTRIBUTION : Europe (dont la Grande-Bretagne et la Scandinavie), Afrique du Nord, du nord de l'Asie au Japon
HABITAT : varié, souvent assez sec
TAILLE : jusqu'à 15 cm

C'est le plus grand crapaud européen. La taille connaît toutefois une variation régionale ; les femelles sont généralement plus grandes que les mâles. Le crapaud commun est lourdement bâti, avec une peau très verruqueuse ; les mâles n'ont pas de sac vocal externe. Nocturne, ce crapaud vit caché sous une pierre ou dans un terrier durant le jour et émerge au crépuscule, pour se nourrir d'invertébrés. Il se déplace en marchant, mais saute s'il est effrayé.

Dans la plus grande partie de leur aire de distribution, les crapauds communs hibernent, puis, vers le début du mois de mars, se rassemblent en grand nombre pour se reproduire, retournant souvent vers les mêmes mares d'une année sur l'autre. Au cours de l'accouplement, durant lequel le mâle enserre la femelle avec les pattes antérieures, les œufs sont pondus en longs chapelets (jusqu'à 3 m) gélatineux. Les têtards naissent au bout de 10 jours environ ; par temps chaud, ils se métamorphosent en adultes en l'espace de 2 mois environ, moins rapidement par temps froid.

FAMILLE DES BRACHYCEPHALIDAE

Cette famille, proche cousine des bufonidés, compte 3 espèces.

Brachycephalus ephippium

DISTRIBUTION : Amérique du Sud (sud-est du Brésil)
HABITAT : forêts de montagne
TAILLE : jusqu'à 2 cm

Cette espèce toute petite, mais très jolie, vit communément sur la litière de feuilles de la forêt, mais, par temps sec, peut aussi se cacher dans les crevasses des arbres ou des rochers. Le dos montre un bouclier osseux, fait de plaques qui sont soudées aux vertèbres et que l'animal peut utiliser pour obstruer l'ouverture de son gîte, de façon à y maintenir le taux d'humidité.

Les mœurs reproductives sont inconnues, mais du fait que les têtards sont aquatiques on en a déduit que les œufs doivent être pondus dans ou près de l'eau.

RAINETTES ET RHINODERMES

Famille des Hylidae : Rainettes

La famille regroupe environ 600 espèces répandues dans presque toutes les régions tropicales et tempérées, et est particulièrement bien représentée dans les régions tropicales du Nouveau Monde. Arboricoles pour la majorité d'entre elles, les rainettes sont extrêmement bien adaptées à leur milieu, par leur anatomie et leurs mœurs.

Les doigts des rainettes constituent l'une de ces merveilles d'adaptation à la vie arboricole ; chacun porte, du côté ventral, une pelote adhésive, tandis qu'à l'intérieur une zone cartilagineuse en forme de disque assure la mobilité de la dernière phalange en forme de griffe.

Rainette verte ou Graisset, Hyla arborea **LR : nt**
Distribution : majeure partie de l'Europe (sauf le nord de la Turquie et le sud de la Russie jusqu'à la mer Caspienne)
Habitat : buissons, arbres, roselières
Taille : jusqu'à 5 cm

Cette petite grenouille à la peau lisse vit surtout dans les arbres, où elle excelle à capturer les insectes volants. Elle grimpe avec agilité et effectue de longs sauts dans le feuillage et les fourrés. Elle change de couleur très rapidement : elle est vert vif au soleil, gris foncé à l'ombre.

En début d'été, les rainettes vertes se rassemblent dans les petites étendues d'eau douce pour se reproduire. Le mâle ceinture la femelle juste derrière les membres antérieurs et féconde les œufs (jusqu'à 1 000) au moment de leur expulsion ; ceux-ci flottent sur l'eau jusqu'à la naissance des têtards.

Hyla versicolor
Distribution : sud-est du Canada, États-Unis (Dakota-du-Nord, vers l'est jusqu'au Maine, vers le sud jusqu'au Texas et à la Floride)
Habitat : buissons, arbres bordant l'eau
Taille : 3 à 6 cm

Cette rainette à peau rugueuse vit dans la végétation haute, où elle se camoufle en changeant de couleur, quand elle ne révèle pas brusquement la face interne, orange vif, de ses cuisses pour tromper les prédateurs. Nocturne, elle se nourrit d'insectes.

Elle ne rejoint guère le sol que pour lancer ses appels amoureux et se reproduire. Les œufs sont pondus dans l'eau, par grappes de 10 à 40. Les têtards naissent 4 ou 5 jours plus tard.

Hyla crucifer
Distribution : sud-est du Canada, États-Unis (jusqu'au centre de la Floride au sud, jusqu'au Texas à l'ouest)
Habitat : zones boisées, près des étangs, marais
Taille : 2 à 3 cm

Dans le nord de son aire, le chant de *Hyla crucifer* – la grenouille la plus abondante de l'est des États-Unis – salue l'arrivée du printemps. Cette agile petite rainette escalade arbres et buissons en s'aidant de ses pelotes adhésives et peut sauter jusqu'à 17 fois sa taille. Elle se nourrit surtout de petites araignées et d'insectes.

À la saison des amours, les mâles lancent en chœur leur appel tintinnabulant à partir des arbres surplombant l'eau ; ils se juchent ensuite sur les femelles, qui rejoignent l'eau et pondent de 800 à 1 000 œufs chacune, un par un, sur les tiges aquatiques. Les œufs fécondés donnent naissance quelques jours plus tard à des têtards, qui se métamorphosent en 3 mois, puis abandonnent l'eau.

Crapaud-criquet occidental,
Acris crepitans
Distribution : États-Unis (New York, vers le sud jusqu'au nord de la Floride, vers l'ouest jusqu'au Minnesota et au Texas)
Habitat : étangs peu profonds, rivières lentes
Taille : 1,5 à 4 cm

Cette rainette à peau rugueuse est une piètre grimpeuse, mi-terrestre mi-aquatique. Elle se déplace par bonds et peut sauter jusqu'à 36 fois sa taille.

La saison des amours débute en avril dans le nord de l'aire de distribution, dès février dans le sud. Les crapauds-criquets se rassemblent par milliers pour lancer leur appel cliquetant, à sonorité métallique, puis s'accoupler. Les œufs sont déposés, individuellement ou en grappes, dans l'eau ou sur la végétation immergée. Ils éclosent au bout de 4 jours par temps chaud, plus tard si la température est inférieure à 22 °C.

Litoria cyclorhynchus

Distribution : côte méridionale de l'Australie-Occidentale
Habitat : grands étangs
Taille : jusqu'à 8 cm

Cette grenouille au dessin caractéristique n'escalade que rarement la végétation et vit surtout dans l'eau ou les roselières. Elle ne vient à terre que lors de fortes pluies. Diurne, c'est un prédateur vorace qui se nourrit de n'importe quels animaux.

À la saison des amours, les mâles attirent les femelles dans l'eau par leurs cris caractéristiques, qui rappellent le bruit de sciage d'une pièce de bois. La femelle pond ses œufs parmi la végétation aquatique.

Rainette Maki de Lutz, *Phyllomedusa appendiculata*

Distribution : Amérique du Sud (sud-est du Brésil)
Habitat : forêts, près de l'eau courante
Taille : 4 cm

Arboricole, cette rainette possède, à chaque talon, une excroissance cutanée de forme triangulaire, peut-être destinée à déformer sa silhouette lorsqu'elle se tient sur une branche. Elle peut révéler brusquement le rouge de ses flancs et de l'intérieur de ses cuisses pour surprendre les prédateurs. Elle est insectivore.

À la saison des amours, le couple choisit une feuille surplombant la pièce d'eau et qui, repliée sur elle-même, constitue un nid pour les quelque 50 œufs qui y sont pondus, entourés d'un mucus gélatineux. À leur naissance, soit 2 ou 3 jours plus tard, les têtards se laissent tomber dans l'eau.

Rainette-kangourou, *Gastrotheca marsupiata*

Distribution : Amérique du Sud (Équateur, Pérou)
Habitat : forêts
Taille : jusqu'à 4 cm

Les rainettes-kangourous ont mis au point un dispositif étonnant destiné au développement des œufs. Chez la femelle, plus grande que le mâle, deux plis cutanés des flancs soudés en avant forment une poche étroitement ouverte vers l'arrière. Les œufs venant d'être fécondés – environ 200 au total – sont déposés dans la poche par le mâle juché sur le dos de sa compagne ; la femelle relève alors l'extrémité postérieure du corps, tandis que le mâle, s'aidant de ses pattes postérieures, fait glisser les œufs dans la poche, qui se referme.

Quelques semaines plus tard, la femelle trouve une mare peu profonde. Elle soulève une patte postérieure et, s'aidant de son quatrième orteil – le plus long –, elle ouvre la poche et libère les têtards, qui achèvent leur développement dans l'eau.

Famille des Rhinodermatidae : Rhinodermes

Cette famille sud-américaine compte 2 espèces et est probablement proche cousine des leptodactylidés. En fait partie le rhinoderme de Darwin, aux étranges mœurs reproductives : lorsque les têtards naissent, ils sont aussitôt happés par les mâles, qui les introduisent dans leur sac vocal ; ils y demeurent jusqu'à ce que leur développement soit complètement achevé.

Rhinoderme de Darwin, *Rhinoderma darwinii* **DD**

Distribution : sud du Chili et de l'Argentine
Habitat : rivières forestières froides et peu profondes
Taille : 3 cm

Petit et élancé, le rhinoderme porte sur la tête une extension cutanée pointue. Les doigts sont longs ; seuls ceux des pattes postérieures sont palmés.

Le mode de reproduction est unique chez les amphibiens. Les œufs, par paquets de 20 à 45, sont pondus sur le sol et gardés par plusieurs mâles durant les 10 à 20 jours nécessaires pour voir les embryons commencer à bouger à l'intérieur de leur enveloppe transparente. Chaque mâle, s'aidant de sa langue, introduit alors dans son sac vocal une quinzaine d'œufs ; les têtards poursuivent leur développement, nourris de leur propre vitellus, à l'intérieur du sac, qui se détend au fur et à mesure ; lorsqu'ils se sont métamorphosés en petits adultes de 1,25 cm, le mâle les vomit dans l'eau.

LEPTODACTYLIDÉS, MYOBRATRACHIDÉS, SOOGLOSSIDÉS, DENDROBATES ET HYPEROLIIDÉS

Famille des Leptodactylidae

Cette famille nombreuse et variée comptant plusieurs centaines d'espèces est essentiellement représentée en Amérique centrale et du Sud, en Afrique et en Australie. Les leptodactylidés présentent de nombreuses ressemblances anatomiques avec les rainettes (hylidés), sinon qu'il leur manque la structure interne qui, chez ces dernières, permet une étonnante flexibilité des doigts.

Grenouille cornue, *Ceratophrys cornuta*
Distribution : nord et centre de l'Amérique du Sud
Habitat : litière du sol de la forêt
Taille : 20 cm

C'est une grenouille à corps extrêmement ramassé, presque aussi large que long, à tête puissante munie d'une grande bouche. Les yeux sont relativement petits, la paupière supérieure montre une petite protubérance. Bien que vivant la plupart du temps à demi enfouie dans le sol, elle a des orteils partiellement palmés. Elle se nourrit d'escargots, de petites grenouilles et de rongeurs.

Crapaud-bœuf, *Leptodactylus pentadactylus*
Distribution : Amérique centrale et du Sud (du Costa Rica au Brésil)
Habitat : forêts, près de l'eau
Taille : jusqu'à 20,5 cm

C'est l'espèce la plus grande de la famille. Ses pattes postérieures, particulièrement puissantes, sont consommées par l'homme dans certaines parties de son aire. Chez le mâle, les muscles des membres antérieurs sont puissants et servent à maintenir la femelle lors de l'accouplement. Ce crapaud en livrée nuptiale a les côtés des pattes postérieures jaune intense ou rouges. La ponte s'accompagne de l'émission d'un mucus, qui permet aux œufs de flotter à la surface de l'eau. Les têtards demeurent à l'abri dans ce nid d'écume.

Famille des Myobatrachidae

Les espèces qui constituent cette petite famille présentent des affinités avec les bufonidés, dont elles constituaient autrefois une sous-famille. Les représentants de la famille se déplacent assez maladroitement, sur l'extrémité de leurs orteils.

Pseudophryne corroboree
Distribution : Australie (Victoria, Nouvelle-Galles-du-Sud)
Habitat : forêts de montagne, herbages marécageux
Taille : 3 cm

Cette espèce vit à terre, mais près de l'eau, souvent à plus de 1 500 m d'altitude ; elle s'abrite sous les rondins ou dans un terrier creusé par ses soins.

En été, *Pseudophryne corroboree* se met en quête d'une fondrière riche en sphaigne pour creuser un nid. La femelle dépose jusqu'à 12 gros œufs dans le nid, qui est généralement gardé ensuite par l'un des parents. Les œufs n'éclosent qu'au moment où une forte pluie les a transportés jusqu'à un ruisseau ; ils donnent alors immédiatement naissance aux têtards.

Cyclorana cultripes
Distribution : Australie (côtes septentrionales, d'Australie-Occidentale au Queensland)
Habitat : souterrain
Taille : 5 cm

Cette espèce fouisseuse n'émerge que pour se reproduire et se nourrir.

L'accouplement a lieu après les fortes pluies d'été, souvent dans les mares temporaires. Pondus dans l'eau, les œufs se fixent sur la végétation immergée et donnent naissance à des têtards replets.

Famille des Sooglossidae

La détermination des origines et la classification des représentants de cette petite famille des îles Seychelles ont soulevé de nombreuses controverses.

Grenouille des Seychelles, *Sooglossus sechellensis* VU

Distribution : Seychelles (îles Mahé et Silhouette)
Habitat : forêts moussues de montagne
Taille : jusqu'à 2,5 cm

La minuscule grenouille des Seychelles a des membres antérieurs faibles, des membres postérieurs plus puissants, terminés par de longs doigts. Elle vit dans la matière en décomposition du sol de la forêt, n'ayant besoin d'eau que durant la courte phase larvaire. Elle se nourrit de petits invertébrés.

La reproduction a lieu à la saison des pluies. La femelle pond ses œufs sur le sol humide, dans de petits amas de substance gélatineuse. Le mâle garde les œufs durant les 2 semaines que dure l'incubation ; à leur naissance, les têtards escaladent son dos. Dépourvus de branchies, les têtards respirent par la peau, protégés de la déshydratation par des sécrétions muqueuses qu'exsude la peau de leur père, sur le dos duquel s'accomplit la plus grande part de leur développement. Le mâle les transporte néanmoins dans l'eau pour qu'ils y parachèvent brièvement leur métamorphose avant de rejoindre la terre ferme.

Famille des Dendrobatidae : Dendrobates

La plupart des quelque 120 espèces de cette famille vivent dans les forêts d'Amérique centrale et d'Amérique du Sud. Ce sont de petites grenouilles aux couleurs vives.

Dendrobate doré, *Dendrobates auratus*

Distribution : Amérique centrale et du Sud (du Nicaragua au Panama et à la Colombie)
Habitat : forêts
Taille : 4 cm

Cette grenouille terrestre produit des sécrétions venimeuses, ce dont elle avertit les prédateurs par ses couleurs vives. Ce venin est utilisé par les tribus locales pour enduire leurs pointes de flèches.

Avant la ponte, mâles et femelles se livrent à un curieux manège : ils sautent vivement les uns contre les autres. La femelle dépose directement les œufs sur le sol, où le mâle les féconde ; il vient ensuite les surveiller à intervalles réguliers durant les 2 semaines que dure l'incubation. Sitôt nés, les têtards escaladent le dos de leur père, qui les transporte jusqu'à un trou d'arbre contenant un peu d'eau. C'est là que, durant environ 6 semaines, ils achèvent leur développement.

Famille des Hyperoliidae

C'est un groupe de grenouilles grimpeuses, proches des ranidés, mais que leurs caractères anatomiques adaptés au grimper rapprochent des rainettes : une zone cartilagineuse assure à chaque doigt une étonnante souplesse, et donc une excellente adhérence des pelotes. La famille compte 220 espèces, africaines pour la plupart, et vivant en bordure de l'eau, parmi les joncs.

Rainette des oiseaux, *Hyperolius horstockii*

Distribution : Afrique du Sud (sud et ouest de la province du Cap)
Habitat : marais, barrages, cours d'eau pourvus de végétation
Taille : jusqu'à 6 cm

Les deux lignes qui longent la tête et les flancs de cette grenouille trapue, à membres longs, caractérisent l'espèce. Les pattes partiellement palmées sont terminées par des disques adhésifs. Le dessous des membres est orange. Le reste du corps change de couleur en fonction du milieu : il est crème au soleil, brun à l'ombre. Cette capacité est utilisée par la grenouille pour contrôler sa température par absorption ou réflection de la lumière.

L'accouplement a lieu dans l'eau ; les œufs sont pondus sur les plantes immergées.

Afrixales brachycnemis

Distribution : Afrique du Sud (régions côtières du Sud, du Sud-Est et de l'Est)
Habitat : pièces d'eau, marais
Taille : 2 cm

C'est une grenouille toute petite, aux doigts munis de disques adhésifs. Son dos peut être parfois couvert de minuscules épines sombres.

Chaque femelle pond un paquet d'œufs sur une feuille, en surface ou sous l'eau. Quand les œufs ont été fécondés, la feuille est enroulée sur elle-même et collée par une substance sécrétée par l'oviducte de la femelle.

MICROHYLIDÉS ET GRENOUILLES TYPIQUES

Famille des Microhylidae

La famille des microhylidés compte plus de 300 espèces fouisseuses, terrestres ou arboricoles des régions tropicales du globe, ainsi que des zones tempérées d'Amérique du Nord et du Sud. Les espèces arboricoles ont les doigts et les orteils équipés de pelotes adhésives.

Hypopachus cuneus

Distribution : États-Unis (sud-est du Texas), Mexique
Habitat : en lisière des zones humides de régions arides
Taille : 2,5 à 4,5 cm

C'est une espèce petite, trapue, à museau pointu. *Hypopachus cuneus* passe ses journées caché sous les rochers, les débris végétaux ou dans le gîte d'un rongeur ; il émerge la nuit pour se nourrir de fourmis et de termites.

L'accouplement peut avoir à lieu à n'importe quelle période de l'année, si les pluies sont suffisantes. Après avoir attiré la femelle par des sortes de bêlements, le mâle la chevauche, fermement maintenu en position par ses sécrétions cutanées visqueuses, et arrose les œufs de son sperme tandis que celle-ci pond jusqu'à 700 œufs.

Blaasops fouisseur d'Afrique du Sud, *Breviceps adspersus*

Distribution : Afrique du Sud, Namibie, Zimbabwe, Botswana
Habitat : savane
Taille : 3 cm

Le blaasops fouisseur d'Afrique du Sud est une espèce à corps très arrondi, museau court et petites pattes trapues. Le dos est couvert de protubérances verruqueuses, la coloration et le dessin sont variables.

Cette espèce creuse le sol de ses pattes postérieures et n'émerge que rarement, uniquement lorsqu'il pleut. Elle se nourrit d'insectes et de petits invertébrés.

Lors des amours, le mâle attire la femelle dans un terrier par de petits coassements. Le couple étant bien lié par une sécrétion visqueuse, la femelle pond quelques œufs rassemblés par une épaisse gelée en amas compact. Les embryons se développent et se métamorphosent dans l'œuf ; ils naissent sous forme de petits adultes terrestres.

Gastrophryne carolinensis

Distribution : sud-est des États-Unis (Missouri et Maryland, vers le sud jusqu'à la Floride, au golfe du Mexique et au Texas)
Habitat : berges d'étangs et de fossés, sous la végétation humide
Taille : 2 à 4 cm

Excellente fouisseuse, cette petite espèce à peau lisse est dotée d'un museau pointu et peut disparaître dans le sol en un éclair. Elle passe la journée dans son gîte et n'en sort que la nuit pour chasser les insectes, principalement les fourmis et les termites.

Déclenché par la pluie, l'accouplement a lieu entre avril et octobre. Le mâle, à gorge sombre, appelle la femelle par des coassements qui ressemblent à des bêlements, généralement à partir de l'eau, et poursuit ses appels durant tout le temps que dure l'accouplement. La femelle pond 10 à 90 œufs. Les œufs flottent à la surface pendant 3 jours avant de donner naissance à des têtards.

Phrynomère à deux bandes, *Phrynomerus bifasciatus*

Distribution : Afrique, au sud du Sahara
Habitat : savane
Taille : 5 cm

Le corps du phrynomère à deux bandes est plus allongé que chez les autres membres de la famille, la tête est inhabituellement mobile et peut pivoter. Le dessin caractéristique sert de repère dissuasif pour les prédateurs : en effet, cet animal exsude une sécrétion cutanée fétide et toxique qui irrite la peau et les muqueuses de ses prédateurs éventuels.

Terrestre, il peut escalader souches et rochers ou encore fouiller le sol à la recherche de nourriture – surtout fourmis et termites – ou d'un abri. Les petits œufs enveloppés de mucus sont pondus en amas de 400 à 1 500 chacun, dans un plan d'eau peu profond ; ils se fixent sur les plantes aquatiques ou tombent sur le fond et donnent ensuite naissance à des têtards.

FAMILLE DES RANIDAE : GRENOUILLES TYPIQUES

Cette famille de plus de 600 espèces est absente de l'Antarctique, mais elle est très commune dans la majeure partie du monde, à l'exception toutefois de l'Australasie et du sud de l'Amérique latine. Le ranidé typique est une grenouille à corps mince et fuselé, à tête pointue ; les membres postérieurs sont longs, terminés par des pieds partiellement palmés ; la peau est généralement de coloration verte ou brune.

La plupart des ranidés vivent au voisinage de l'eau et y pénètrent fréquemment pour se nourrir ou fuir le danger. Quelques espèces tolèrent les eaux saumâtres ou les sources chaudes sulfureuses, d'autres sont fouisseuses, comme les crapauds à couteaux ; il existe enfin des espèces arboricoles aux orteils munis de pelotes adhésives destinées au grimper, comme chez les rainettes. Toutes sont carnivores au stade adulte, se nourrissant d'insectes, d'araignées et de petits crustacés.

Les ranidés se rassemblent souvent en très grand nombre pour la reproduction. Les mâles se font entendre en chœur et portent des pelotes nuptiales sur les membres postérieurs et les pouces – pelotes qui leur servent à ceinturer la femelle. La plupart des espèces pondent leurs œufs dans l'eau. Les œufs sont généralement enveloppés d'une substance gélatineuse qui leur évite la déshydratation. Bien que pondus par milliers, ils sont en grande partie victimes des mauvaises conditions atmosphériques ou des prédateurs, et donc relativement peu nombreux à atteindre le stade ultime de leur développement.

Grenouille rousse, *Rana temporaria*

DISTRIBUTION : Europe (dont la Grande-Bretagne et la Scandinavie, mais à l'exclusion de la majeure partie de l'Espagne et de l'Italie), vers l'est jusqu'à l'Asie

HABITAT : zones humides près des étangs et des marais

TAILLE : jusqu'à 10 cm

La grenouille rousse est l'une des grenouilles brunes d'Europe, généralement plus terrestres et moins bruyantes que les grenouilles vertes. Habituellement râblée, la grenouille rousse est de coloration très variable : gris, brun, rose, vert olive ou jaune, le plus souvent avec des taches ou des raies brun foncé. Elle s'accommode parfaitement du froid et s'étend en altitude, parfois jusqu'à la limite des neiges. Elle est principalement terrestre, et on ne la trouve guère dans l'eau qu'à l'époque de la reproduction, ou lorsqu'elle est en hibernation, enfoncée dans la vase.

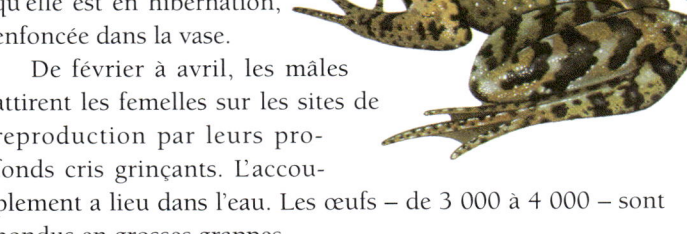

De février à avril, les mâles attirent les femelles sur les sites de reproduction par leurs profonds cris grinçants. L'accouplement a lieu dans l'eau. Les œufs – de 3 000 à 4 000 – sont pondus en grosses grappes.

Grenouille-taureau d'Amérique, *Rana catesbeiana*

DISTRIBUTION : est des États-Unis ; introduite au centre et à l'est, au Mexique, à Cuba, dans le nord de l'Italie

HABITAT : lacs, étangs, petites rivières

TAILLE : 9 à 20,5 cm

Très grande espèce aquatique, la grenouille-taureau d'Amérique émet un appel très profond et gémissant, amplifié par le sac vocal placé sous le menton. Elle se trouve généralement au bord des plans d'eau, mais elle vient parfois à terre. Elle est plus active la nuit et chasse insectes, poissons, petites grenouilles, crustacés, occasionnellement petits oiseaux et serpents. Comme tous les ranidés américains, elle saute extrêmement bien.

La saison de reproduction se situe entre mai et juillet dans le nord de l'aire de distribution ; elle est plus longue dans le sud. Dans l'eau, la femelle pond de 10 000 à 20 000 œufs qui flottent à la surface ou se fixent sur la végétation, donnant naissance, 5 ou 6 jours plus tard, à des têtards qui ne seront adultes qu'au bout de 2 à 5 années.

GRENOUILLES TYPIQUES ET RHACOPHORIDÉS

Grenouille-léopard ou Grenouille mugissante, *Rana pipiens*

DISTRIBUTION : Amérique du Nord septentrionale (absente de la côte pacifique)
HABITAT : varié ; eaux douces à marais saumâtres des zones arides
TAILLE : 5 à 12,5 cm

C'est une grenouille mince, au dos caractéristiquement parcouru de crêtes allant de l'œil jusqu'à l'aine et marqué de grosses taches dont le dessin et l'intensité varient régionalement. C'est l'amphibien le plus commun en Amérique du Nord. La grenouille-léopard s'accommode d'à peu près n'importe quel habitat en bordure d'eau et dévore pratiquement tout ce qu'elle trouve, avec une préférence pour les insectes, les araignées et les crustacés. Cette grenouille est essentiellement nocturne, mais il lui arrive pourtant de chasser le jour. Lorsqu'elle est dérangée, elle fuit vers l'eau par bonds en zigzag.

La saison de reproduction se situe entre avril et juin dans le nord de l'aire, mais dans les régions arides du sud de la zone de distribution, la grenouille-léopard profite des pluies pour s'accoupler, à quelque période que ce soit. Les mâles, rassemblés sur les sites de reproduction, attirent les femelles par des mugissements sourds. Chaque femelle pond des amas d'à peu près 20 000 œufs, qui, une fois fécondés par le mâle, tombent sur le fond ou se posent sur la végétation immergée pour éclore environ 4 semaines plus tard. Selon les conditions atmosphériques, il faut de 6 mois à 2 ans aux têtards pour se métamorphoser en adultes.

Grenouille rieuse, *Rana ridibunda*

DISTRIBUTION : sud-ouest de l'Europe (sud-ouest de la France, Espagne, Portugal), est de l'Europe (de l'est de l'Allemagne à la Russie et aux Balkans)
HABITAT : mares, fossés, lacs, rivières et ruisseaux
TAILLE : jusqu'à 15 cm

C'est une des grenouilles vertes européennes, aquatiques, grégaires et bruyantes, qui, outre par sa couleur, se différencie des grenouilles brunes par la présence chez les mâles de sacs vocaux externes aux deux coins de la bouche. La grenouille rieuse a de longs membres postérieurs ; elle vit surtout dans l'eau, mais vient souvent se chauffer sur la berge ou les feuilles de nénuphar. Elle se nourrit d'invertébrés, mais aussi de petits oiseaux et de mammifères.

Elle se fait entendre le jour et la nuit, spécialement en période de reproduction, soit en avril ou mai. Les œufs sont pondus par milliers, en grosses grappes.

Grenouille-taureau d'Afrique du Sud, *Pyxicephalus adspersus*

DISTRIBUTION : est de l'Afrique du Sud
HABITAT : zones herbeuses (veld), pièces d'eau temporaires
TAILLE : jusqu'à 20 cm

Chez la plus grande grenouille d'Afrique du Sud, le corps est massif, la tête large. La gorge est crème chez la femelle, généralement jaune chez le mâle. La mâchoire inférieure montre des projections denticulées qui servent à immobiliser les proies : souris, lézards ou grenouilles. Les orteils sont palmés.

Puissante fouisseuse, cette grenouille-taureau vit sous terre la majeure partie de l'année, mais vient à la surface après les fortes pluies pour se reproduire. Les mâles attirent les femelles en eau peu profonde par leurs appels ; les œufs sont pondus en grandes quantités, un par un.

Ptychadena porosissima

DISTRIBUTION : Afrique (des régions tropicales à l'est de l'Afrique du Sud)
HABITAT : zones marécageuses
TAILLE : 4 cm

Cette petite grenouille a un corps fuselé, un museau pointu, un dos cannelé. Ses puissants membres postérieurs font d'elle une bonne grimpeuse et une nageuse experte. Elle est souvent cachée dans l'épaisseur de la végétation.

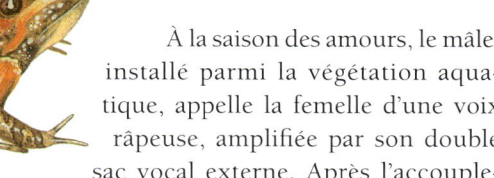

À la saison des amours, le mâle, installé parmi la végétation aquatique, appelle la femelle d'une voix râpeuse, amplifiée par son double sac vocal externe. Après l'accouplement, les œufs sont pondus un par un dans l'eau, sur laquelle ils flottent avant de s'enfoncer. Les têtards nagent et se nourrissent près du fond.

Hémise marmorée, *Hemisus marmoratum*

Distribution : nord-est de l'Afrique du Sud
Habitat : terrains découverts, près des pièces d'eau
Taille : jusqu'à 3 cm

Cette grenouille massive et courtaude a une petite tête pointue et un museau dur, propre au fouissage. Tandis qu'elle repousse la terre du museau, l'hémise s'aide pour progresser dans le sol de ses puissantes pattes antérieures. Capable de se déplacer très rapidement sur le sol, elle émerge pourtant rarement.

À la saison des amours, le mâle s'installe dans un petit trou, souvent dans une berge envasée, et appelle la femelle. Celle-ci, après avoir creusé un nid souterrain, y dépose de gros œufs entourés individuellement d'une substance gélatineuse. Puis, 10 à 12 jours plus tard, lors de l'éclosion des œufs, la femelle creuse une galerie permettant aux jeunes têtards de rejoindre la pièce d'eau dans laquelle ils achèvent leur développement.

Arthroleptis wahlbergi

Distribution : sud-est de l'Afrique du Sud
Habitat : brousse côtière ou de l'intérieur, parmi la litière de feuilles et la végétation basse
Taille : jusqu'à 3 cm

Il s'agit d'une petite espèce terrestre à corps arrondi. Les membres postérieurs sont courts, mais terminés par des orteils allongés – le troisième, en particulier – que la grenouille utilise pour fouiller la  végétation à la recherche de nourriture. Lors de la reproduction, les œufs, enclos individuellement dans une capsule gélatineuse rigide, sont déposés dans la végétation en décomposition. La métamorphose s'opère à l'intérieur de la capsule de sorte que, 4 mois plus tard, les œufs donnent naissance à de minuscules adultes.

Famille des Rhacophoridae

Cette famille compte quelque 200 espèces, qui vivent en Afrique, à Madagascar et en Asie.

Grenouille volante, *Rhacophorus nigropalmatus*

Distribution : Asie du Sud-Est
Habitat : forêts pluviales
Taille : 10 cm

Cette grenouille présente une étonnante adaptation au saut plané : la tête est large, le corps mince, les membres allongés ; pieds et mains sont très développés, entièrement palmés, avec des doigts terminés en disques ; des plis cutanés frangent membres antérieurs et talons. Toutes ces modifications anatomiques contribuent à augmenter la surface portante tout en ajoutant fort peu au poids de l'animal, qui peut s'élancer du haut des branches, palmures et franges étendues formant comme un parachute, et atterrir en douceur sur une autre branche ou sur le sol. Des expériences ont montré que, lâchée d'une hauteur de 5,40 m, la grenouille volante se laissait alors glisser suivant la diagonale sur une distance de 7,30 m.

Si l'on connaît mal les mœurs reproductives de l'espèce, on les suppose similaires à celles des autres représentants du genre. Ces grenouilles construisent, à proximité de l'eau, un nid fait d'une masse d'écume et dans lequel les œufs sont protégés de la chaleur excessive. La femelle pond et, en même temps, rejette un mucus ; battu par le mâle qui la couvre, ce mucus se change en une masse écumeuse. Les têtards naissent dans ce nid, et, tandis que l'écume se liquéfie, ils sont entraînés dans les eaux avoisinantes, ou achèvent leur développement dans la mare miniature ainsi formée.

SIRÈNES, AMPHIUMES ET PROTÉES

ORDRE DES URODÈLES

On distingue, au sein de cet ordre, 10 familles de salamandres, tritons et apparentés. Tous ces amphibiens ont un corps allongé et une longue queue.

FAMILLE DES SIRENIDAE : SIRÈNES

Les 3 espèces de sirènes sont des salamandres aquatiques qui respirent par des branchies plumeuses persistantes, de part et d'autre du cou. Elles ont un corps anguilliforme, des membres antérieurs très réduits et pas de membres postérieurs. Toutes habitent les États-Unis et le nord du Mexique. Les sirènes progressent par de puissantes ondulations. Nocturnes, elles cherchent leur nourriture parmi les herbes aquatiques.

Sirène naine, *Pseudobranchus striatus*
DISTRIBUTION : États-Unis (plaine côtière de Caroline-du-Sud, Géorgie, Floride)
HABITAT : étangs, marais, fossés
TAILLE : 10 à 25 cm

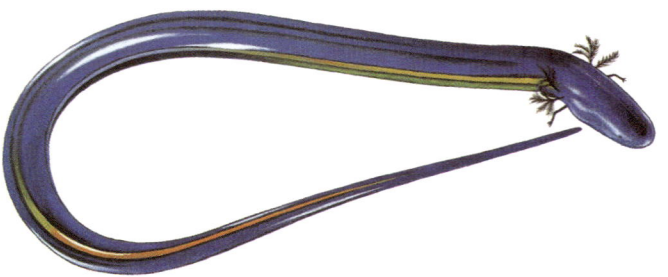

Très petite, la sirène naine est une créature au corps mince, anguilliforme, qui vit parmi la végétation aquatique dense. Les membres antérieurs ont 3 doigts. Les branchies externes sont permanentes. Nocturne, cette sirène se nourrit de très petits invertébrés qu'elle trouve parmi les débris végétaux du fond. En période de sécheresse, lorsqu'il y a risque d'assèchement de son habitat, elle peut s'enfouir dans la vase et y demeurer jusqu'à 2 mois, engourdie, protégée de la dessiccation par un mucus que sécrètent ses glandes cutanées.

La femelle pond ses œufs un par un sur les plantes aquatiques. Les œufs éclosent environ 4 semaines plus tard, donnant naissance à des larves. Il existe environ 5 races de sirènes naines, variables dans la coloration de base, ainsi que dans la teinte et la distribution des raies qui barrent les flancs.

Sirène lacertine, *Siren lacertina*
DISTRIBUTION : États-Unis (plaines côtières de la Virginie à la Floride et au sud de l'Alabama)
HABITAT : eaux douces, peu profondes, envasées, riches en végétation
TAILLE : 50 à 97,5 cm

C'est une grande sirène au corps trapu, aux branchies externes permanentes et à la queue aplatie. Les membres antérieurs sont munis de 4 doigts. De jour, cette sirène vit cachée sous les rochers ou les débris végétaux, ou encore enfouie dans la vase ; elle émerge la nuit pour se nourrir de gastéropodes, de larves d'insectes et de petits poissons, et accessoirement de plantes aquatiques. En période de sécheresse, elle estive : elle s'enfouit dans le fond et attend, engourdie dans une logette faite de sécrétions glandulaires cutanées, le retour de l'humidité.

En février ou mars, la femelle pond des œufs d'où, 2 ou 3 mois après, émergent des larves d'environ 1,25 cm.

FAMILLE DES AMPHIUMIDAE : AMPHIUMES

Cette famille compte 3 espèces d'amphibiens à corps allongé, anguilliforme, qui sont parmi les plus grandes salamandres aquatiques. Leur distribution est limitée au sud-est des États-Unis. Le corps est cylindrique, les membres extrêmement réduits, à 1, 2 ou 3 doigts ; ils ne jouent probablement aucun rôle dans la locomotion. La peau est lisse et visqueuse.

On ne connaissait que 2 espèces d'amphiumes jusqu'en 1950, date à laquelle fut découvert l'amphiume à un doigt, *Amphiuma pholeter*.

Amphiume pénétrant, *Amphiuma means*
DISTRIBUTION : États-Unis (du sud-est de la Virginie à la Floride et à l'est de la Louisiane)
HABITAT : marais, bayous, fossés de drainage
TAILLE : 45 cm à 1,15 m

Cette salamandre aquatique possède des membres très réduits, pratiquement dépourvus de fonction, à 2 doigts. Essentiellement nocturne, elle chasse dans l'eau les écrevisses, les grenouilles, les petits serpents et les poissons ; par temps très

humide, elle vient parfois à terre. De jour, elle vit réfugiée dans un gîte creusé dans la boue ou emprunté à un autre animal.

L'accouplement a lieu dans l'eau. La femelle pond environ 200 œufs, assemblés en longs filaments. Elle se love sur les œufs posés sur le fond et les protège jusqu'à la naissance, 5 mois plus tard, de larves de 5 cm de long, dont les membres sont relativement fonctionnels. Celles-ci se métamorphosent ensuite en adultes de 7,5 cm. L'amphiume à trois doigts, *A. tridactylum*, présent dans le sud des États-Unis, ressemble à *A. means* par ses mœurs et son aspect, sinon par les 3 doigts qui terminent ses membres.

Famille des Proteidae : Protées

La famille compte 5 espèces des eaux libres nord-américaines et 1 espèce cavernicole d'Europe. Ces amphibiens vivant en permanence dans l'eau sont tous néoténiques, c'est-à-dire qu'ils gardent en permanence des caractères larvaires – notamment les branchies externes plumeuses –, et, contrairement aux salamandres normales, ils peuvent se reproduire dans cet état.

Protée anguillard, *Proteus anguinus* VU
Distribution : ex-Yougoslavie (côte est de l'Adriatique), nord-est de l'Italie
Habitat : cavernes calcaires souterraines de cours d'eau et lacs
Taille : 20 à 30 cm

C'est une grande salamandre aquatique de couleur pâle, avec de grandes branchies rose saumon, plumeuses. Le corps est allongé et cylindrique, la queue est comprimée, les membres sont faibles, peu développés, avec 3 doigts aux membres antérieurs et 2 orteils aux postérieurs. Le protée anguillard, qui vit dans l'obscurité totale, est quasiment aveugle ; ses yeux, tout petits, sont cachés sous la peau. Il se nourrit de petits vers et de crustacés aquatiques.

La femelle expulse de 12 à 70 œufs par ponte ; déposés sous une pierre, ils sont gardés par les deux parents et éclosent après 90 jours. Il arrive que le développement s'opère dans les voies génitales de la femelle, qui met alors bas 2 petits, adultes miniatures aux yeux rudimentaires.

Autrefois commune, l'espèce se raréfie du fait de sa commercialisation comme animal d'agrément et de la pollution de l'eau dans son habitat restreint.

Protée américain, *Necturus maculosus*
Distribution : sud du Canada (du Manitoba au Québec), États-Unis (Grands Lacs, vers le sud jusqu'à la Géorgie et la Louisiane)
Habitat : lacs et cours d'eau
Taille : 20 à 43 cm

Le protée américain est une salamandre aquatique qui vit dans divers habitats dulçaquicoles, des eaux peu profondes, dormantes et fangeuses aux cours d'eau clairs et froids. La queue est aplatie, les membres sont terminés par 4 doigts. Les branchies plumeuses sont plus ou moins développées selon l'habitat – relativement courtes dans les eaux froides et bien oxygénées, plus longues dans les eaux chaudes et boueuses au faible

taux d'oxygénation. Le protée américain chasse, principalement la nuit, les vers, les écrevisses, les insectes et les petits poissons ; il lui arrive toutefois de se mettre en quête de poissons durant le jour.

La saison de reproduction s'étend d'avril à juin. La femelle pond de 30 à 190 œufs qui se fixent séparément sur un tronçon de bois ou un rocher. Le mâle garde les œufs pendant les 5 à 9 semaines que dure l'incubation. Les larves ne parviennent à maturité qu'au bout de 4 à 6 années.

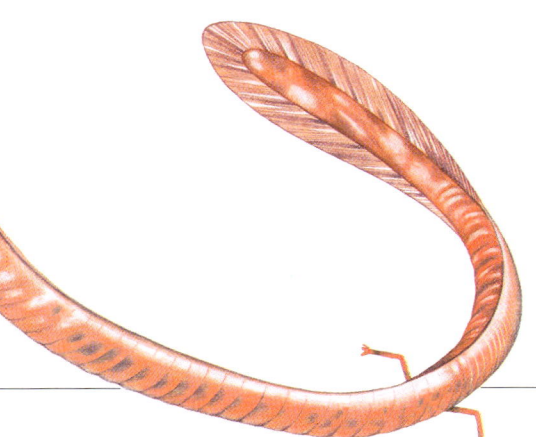

SALAMANDRES SANS POUMONS

Famille des Plethodontidae : Salamandres sans poumons

Cette famille, qui forme le groupe le plus important de salamandres actuelles, comprend plus de 200 des quelque 350 espèces connues d'amphibiens caudés. Ces salamandres se caractérisent en premier lieu par leur absence de poumons. L'artère pulmonaire, qui chez les amphibiens pulmonés véhicule le sang vers les poumons, est très réduite chez ces espèces, qui respirent exclusivement par la peau et la face interne de la cavité buccale, l'une et l'autre particulièrement bien irriguées en vaisseaux sanguins.

Les salamandres sans poumons sont presque toutes américaines, à l'exception de 2 espèces européennes cavernicoles qui vivent en Sardaigne et en Italie et se distinguent des autres salamandres européennes essentiellement par leurs pattes partiellement palmées.

Salamandre aveugle du Texas, *Typhlomolge rathbuni* **VU**
Distribution : États-Unis (extrême sud du Texas)
Habitat : cours d'eau souterrains
Taille : 9 à 13,5 cm

Espèce rare à l'aire de distribution très restreinte, cette salamandre est typiquement cavernicole, avec son corps pâle, ses yeux extrêmement réduits. Les branchies externes sont rouges et plumeuses, les pattes longues et minces.

Les grottes que fréquente l'espèce sont peuplées de nombreuses chauves-souris, dont les déjections servent à alimenter les invertébrés dont elle se nourrit. On ignore le mode de reproduction de cette espèce.

Salamandre à dos rouge, *Plethodon cinereus*
Distribution : sud-est du Canada, nord-est des États-Unis, vers le sud jusqu'à la Caroline-du-Nord et le sud de l'Indiana
Habitat : forêts humides et froides
Taille : 6,5 à 12,5 cm

Abondante et répandue, cette salamandre passe toute sa vie sur la terre ferme. Elle est dite à dos rouge en raison d'une bande dont la couleur varie en réalité de rouge à gris ou à jaune ; le corps est gris, et la bande absente chez certaines formes. Nocturne, elle vit le jour cachée sous les pierres ou la litière du sol et émerge la nuit pour se nourrir d'insectes et d'invertébrés.

Préludes nuptiaux et accouplement se déroulant tous les 2 ans, en juin ou juillet. La femelle pond de 6 à 12 œufs qui adhèrent en grappe dans une fente, sous un rocher ou une souche en décomposition. Elle se love sur les œufs et les protège durant les 8 ou 9 semaines que dure l'incubation. Les larves ne traversent pas de stade aquatique et sont adultes au bout de 2 ans.

Salamandre visqueuse, *Plethodon glutinosus*
Distribution : est et sud-est des États-Unis (de New York à la Floride, au Missouri et à l'Oklahoma)
Habitat : plaines d'inondation, entrées de grottes
Taille : 11,5 à 20,5 cm

C'est une espèce terrestre. La peau de cette salamandre sécrète une substance visqueuse qui a probablement une fonction protectrice. De jour, l'animal vit sous un rocher, un tronc ou dans un trou, et elle émerge la nuit, particulièrement après la pluie, à la recherche d'invertébrés dont elle se nourrit.

Chaque année dans le Sud et tous les 2 ans seulement dans le Nord, la femelle pond de 6 à 36 œufs dans un trou ou un tronc en décomposition et les garde durant tout leur développement.

Salamandre pourpre, *Gyrinophilus porphyriticus*
Distribution : Québec, États-Unis (du Maine à la Géorgie et au Mississippi)
Habitat : grottes humides, sources de montagne claires et froides
Taille : 10 à 22 cm

C'est l'une des plus grandes espèces de la famille. Il en existe plusieurs sous-espèces, variables dans la coloration et le dessin. La salamandre pourpre est essentiellement aquatique, mais peut, par les nuits pluvieuses, venir à terre pour se nourrir. Elle mange de grands insectes, des vers et des salamandres.

En juillet ou en août, la femelle pond de 20 à 60 œufs qui se fixent individuellement sur la face inférieure des rochers immergés. Elle les garde durant les 3 mois que dure l'incubation. Les larves n'atteignent leur aspect et leur coloration d'adultes qu'au bout de 3 ans environ.

Salamandre rouge des prés, *Pseudotriton ruber*
Distribution : est des États-Unis (au sud de New York, vers l'ouest jusqu'à l'Indiana, vers le sud jusqu'à la Louisiane)
Habitat : sources, bois et prés humides, marécages
Taille : 9,5 à 18 cm

La salamandre rouge des prés est une espèce à corps trapu, vivement coloré, à queue et pattes courtes. Essentiellement terrestre, elle vit néanmoins au voisinage de l'eau, se nourrit essentiellement de lombrics, d'insectes et de petites salamandres. Durant les jours chauds, elle s'abrite sous des pierres ou des débris végétaux.

Après l'accouplement estival, la femelle pond, en automne, de 50 à 100 œufs, qui sont déposés dans une anfractuosité, sous une pierre immergée. L'incubation dure environ 2 mois. Les larves atteignent la forme adulte 2 ans plus tard, et les femelles peuvent se reproduire à l'âge de 5 ans.

Ensatina eschscholtzi croceator
Distribution : États-Unis (Californie)
Habitat : forêts humides, canyons
Taille : 7,5 à 15 cm

Il s'agit d'une sous-espèce parmi d'autres de *Ensatina eschscholtzi*, très variable dans la coloration et le dessin, mais parfaitement identifiable à sa queue comprimée à la base, plus longue chez le mâle.

Terrestre, cette sous-espèce s'abrite sous les rochers et les troncs quand elle n'est pas en quête de sa nourriture, constituée d'araignées et de grands insectes tels que les coléoptères et les grillons.

Au printemps ou en début d'été, la femelle pond entre 7 et 25 œufs dans un trou ou du bois en décomposition. Elle les garde durant toute la période de l'incubation. Les larves, terrestres, n'ont pas de phase aquatique ; elles atteignent la maturité au bout de 2 à 3 ans.

Salamandre obscure, *Desmognathus fuscus*
Distribution : sud du Canada, nord-est des États-Unis, vers le sud jusqu'à la Louisiane
Habitat : sources, ruisseaux forestiers, plaines d'inondation
Taille : 6,5 à 14 cm

Les jeunes ont le dos pointillé de rouge ou de jaune ; ces points s'obscurcissent à la maturité. Dérangée, la salamandre obscure peut effectuer des bonds de plusieurs fois sa longueur pour échapper à son ennemi. Elle se nourrit essentiellement de larves d'insectes et de lombrics.

En été, la femelle pond une grappe de 12 à 36 œufs près de l'eau, généralement sous un rocher ou un tronc. Les larves naissent 2 ou 3 mois plus tard ; elles atteignent la maturité au bout de 3 ou 4 ans.

Batrachoseps attenuatus
Distribution : États-Unis (sud-ouest de l'Oregon, Californie, versant occidental de la Sierra Nevada)
Habitat : forêts de séquoias, herbages, montagnes et collines
Taille : 7,5 à 14 cm

C'est une salamandre à corps et queue minces et allongés, et à membres très réduits, à 4 doigts. La coloration connaît des variations régionales. Espèce la plus commune de Californie, elle est terrestre et se déplace essentiellement par des ondulations du corps. Le jour, elle vit cachée parmi la végétation humide et les racines, puis émerge la nuit pour chasser les vers, les araignées et autres invertébrés. Elle est particulièrement active en période de pluies.

En fin d'automne ou en hiver, la femelle, stimulée par les pluies, pond de 4 à 21 œufs sous un rocher ou un tronc. Les œufs éclosent au printemps et les larves ne traversent pas de phase aquatique.

AMBYSTOMATIDÉS ET DICAMPTODONTIDÉS

Famille des Ambystomatidae

Les ambystomatidés forment une famille nord-américaine d'environ 32 espèces que l'on rencontre du Canada au Mexique. Ils ont typiquement une grosse tête, un corps épais d'aspect robuste. Beaucoup sont fouisseurs et se laissent rarement apercevoir, sinon à la saison des amours, alors qu'ils rejoignent étangs et cours d'eau pour s'accoupler et pondre. D'autres ont développé des mœurs plus aquatiques et vivent dans ou près de l'eau durant la plus grande partie de l'année. Les larves sont aquatiques ; elles ont des branchies externes et plumeuses, une nageoire caudale bien développée.

Chez la plupart des salamandres, les larves mènent une existence aquatique alors que les adultes sont nettement terrestres ; au cours de leur métamorphose, les larves perdent les caractéristiques anatomiques spécifiquement adaptées au milieu aquatique telles que branchies et queue aplatie. Certaines espèces, en revanche, conservent ces caractères larvaires et continuent à vivre dans l'eau après être parvenues à la maturité sexuelle : ce phénomène est dit néoténique. On a observé des phénomènes néoténiques d'ampleur variée. Ainsi, la salamandre-tigre, *Ambystoma tigrinum*, est habituellement néoténique dans les régions froides des montagnes Rocheuses, tandis qu'elle se métamorphose dans les plaines de l'Est américain.

Les ambystomatidés se nourrissent surtout d'insectes et autres petits invertébrés. Les deux sexes sont semblables, mais la queue du mâle est plus longue.

Ambystome tacheté, *Ambystoma maculatum*
Distribution : sud-est du Canada, de l'est des États-Unis à la Géorgie et à l'est du Texas
Habitat : forêts de feuillus, régions montueuses près des plans d'eau
Taille : 15 à 24 cm

Cette salamandre trapue est reconnaissable aux taches qui courent de la tête à la queue. Rarement visible, elle vit presque entièrement sous terre et se nourrit de limaces et de vers.

Les fortes pluies de début de printemps poussent les ambystomes tachetés à rejoindre les plans d'eau où ils se reproduisent. La femelle pond une masse (parfois plusieurs) compacte d'environ 100 œufs qui adhère à la végétation. Quelque 4 à 8 semaines plus tard, les œufs produisent des larves de 1,25 cm, qui atteignent le stade adulte en l'espace de 2 à 4 mois. Un ambystome tacheté peut vivre jusqu'à 20 ans.

Dans certaines régions, l'espèce se raréfie en raison des pluies acides qui polluent les sites de pontes et entravent le développement normal des œufs. Les acides nitrique et sulfurique en solution dans l'eau de pluie et résultant de la combustion des combustibles fossiles sont pour les biologistes une source croissante d'inquiétude. Ces substances portent le degré d'acidité des plans d'eau à un taux très élevé, d'où une diminution spectaculaire des incubations achevées et l'apparition de déformations chez les survivants.

Ambystome marbré, *Ambystoma opacum*
Distribution : est des États-Unis (du New Hampshire à la Floride, vers l'ouest jusqu'au Texas)
Habitat : zones boisées, marécageuses à basse altitude, plus sèches plus haut
Taille : 9 à 12,5 cm.

Cette salamandre robuste est sombre et marquée de marbrures claires qui lui valent son nom, plus vives chez le mâle que chez la femelle ; les jeunes sont gris foncé à brun, éclaboussés de clair. L'ambystome marbré chasse la nuit limaces et vers, mais retourne avant l'aube se cacher sous des pierres ou des rondins.

Les ambystomes marbrés se reproduisent entre septembre et décembre, selon la latitude ; ils s'accouplent et nichent sur le sol. La femelle pond, un par un, de 50 à 200 œufs ; ils sont déposés dans un trou que viendra ensuite emplir l'eau de pluie. La femelle attend la venue de cette pluie lovée sur les œufs, pour les protéger. Les larves naissent quelques jours après l'ondée, à moins que celle-ci n'ait pas été suffisamment abondante pour remplir le nid, auquel cas il arrive qu'elles ne voient le jour qu'au printemps suivant. La métamorphose s'opère en l'espace de 4 à 6 mois.

Ambystome tigré ou Salamandre-tigre,
Ambystoma tigrinum
Distribution : centre-sud du Canada, centre des États-Unis, vers le sud jusqu'au nord de la Floride et au Mexique
Habitat : plaines arides, terrains très humides, forêts d'altitude
Taille : 15 à 40 cm

C'est la plus grande salamandre terrestre. Le corps est robuste, la tête bien développée, les yeux sont petits. La coloration et le dessin sont très variables. Présente dans des habitats très divers, du niveau de la mer jusqu'à 3 350 m d'altitude, elle est souvent active de nuit, particulièrement après les fortes pluies. Elle se nourrit de lombrics, d'insectes, de souris et de certains petits amphibiens.

La période des amours varie suivant les régions, mais est généralement inaugurée par la pluie. Les salamandres-tigres s'accouplent dans l'eau. La femelle pond ses œufs en amas qui se figent sur la végétation immergée.

Axolotl, *Ambystoma mexicanum* VU
Distribution : Mexique (lac Xochimilco)
Habitat : plans d'eau de haute altitude
Taille : jusqu'à 29 cm

Aujourd'hui rare, l'axolotl est menacé par la destruction de son habitat, l'introduction de poissons prédateurs comme la carpe et le fait qu'il est commercialisé comme animal d'agrément. Cette créature curieuse a une nageoire dorsale qui débute à l'arrière de la tête et va contourner la queue, ainsi que 3 paires de branchies externes plumeuses. Les membres sont petits et faibles. Son nom vernaculaire, d'origine aztèque, signifie monstre aquatique.

Les axolotls se reproduisent dans l'eau. Le mâle possède des glandes abdominales qui libèrent des sécrétions odorantes. En agitant sa queue en direction de la femelle, il disperse l'odeur dans l'eau, attirant la femelle, qui vient renifler les glandes. Le mâle expulse alors un spermatophore qui se dépose sur le fond, où il est récupéré par l'orifice génital de la femelle, réalisant ainsi la fécondation interne des œufs. Dans son milieu naturel l'axolotl pond jusqu'à 400 œufs, mais parfois des milliers, lorsqu'il se trouve en captivité.

L'axolotl se reproduit normalement à l'état néoténique, alors qu'il vit dans l'eau et possède des branchies. Néanmoins, certains individus se métamorphosent en adultes terrestres et sans branchies.

Famille des Dicamptodontidae

Les 4 espèces de cette famille de salamandres semi-aquatiques vivent dans les forêts côtières du Pacifique Nord. Comme les ambystomatidés, les dicamptodontidés présentent des caractéristiques néoténiques ; une seule espèce, *Dicamptodon copei*, est en permanence néoténique.

Dicamptodon ensatus
Distribution : côte du Pacifique de l'Amérique du Nord (de la Colombie-Britannique à la Californie), Idaho, Montana
Habitat : forêts humides et fraîches, cours d'eau et lacs
Taille : 7 à 30 cm

Alors que les salamandres sont généralement muettes, celle-ci émet un cri sourd. Le corps est lisse. Les adultes vivent sur le sol, sous les bois, les rochers, les débris végétaux ; ils escaladent parfois arbres et buissons. Nocturnes, ils se nourrissent d'escargots, de limaces, d'insectes, de souris, de petits serpents et d'autres espèces de salamandres.

Dicamptodon ensatus se reproduit au printemps, dans l'eau, généralement au voisinage des sources. La femelle pond environ 100 œufs sur une branche immergée. Les larves vivent dans les lacs et les cours d'eau. Elles atteignent la maturité sexuelle la seconde année, au stade adulte ou à l'état néoténique, alors qu'elles mesurent environ 20 cm.

SALAMANDRES ET TRITONS

Famille des Salamandridae : Salamandres vraies et Tritons

La famille compte environ 49 espèces des régions tempérées du nord-ouest de l'Afrique, de l'Europe, de l'Asie et de l'Amérique du Nord. Toutes ont des membres bien développés, à 4 ou 5 doigts, des paupières mobiles. Les adultes ont des poumons fonctionnels et sont dépourvus de branchies externes. Terrestres ou aquatiques selon les espèces, les salamandridés se rencontrent souvent au voisinage de l'eau, qu'ils rejoignent à la saison des amours.

Pleurodèle de Waltl, *Pleurodeles waltl*
Distribution : Espagne (sauf nord et nord-est), Portugal, Maroc
Habitat : cours d'eau lents, étangs, fossés
Taille : 15 à 30 cm

C'est l'un des plus grands amphibiens urodèles d'Europe. La tête est large, très plate, le corps trapu à peau rugueuse. Les flancs portent une rangée de protubérances verruqueuses, à travers lesquelles on peut sentir l'extrémité des côtes. Le pleurodèle de Waltl a une existence presque exclusivement aquatique. Bon nageur, il a en général une activité nocturne. Il se nourrit de petits invertébrés.

En période de reproduction, qui se situe de septembre à juin, le mâle transporte la femelle sur son dos jusqu'à l'eau avant de déposer son spermatophore sur le fond. Par son orifice génital, la femelle recueille celui-ci, réalisant la fécondation interne des 700 à 800 œufs qui seront pondus sur une pierre immergée.

Salamandre commune ou tachetée, ou terrestre, *Salamandra salamandra*
Distribution : centre, ouest et sud de l'Europe, nord-ouest de l'Afrique, parties de l'Asie du Sud-Ouest
Habitat : forêts de l'étage collinéen à montagnard
Taille : 20 à 28 cm

Cette grande salamandre d'aspect robuste a une queue assez courte, bien colorée de taches ou de bandes jaune vif, orange ou rougeâtres. Elle est protégée par une sécrétion cutanée nocive qui irrite la bouche et les yeux des prédateurs et peut même leur être fatale. Bien que terrestre, elle se cantonne dans les endroits humides ou proches de l'eau. Elle sort la nuit pour chasser les invertébrés.

La fécondation se déroule sur la terre. Le mâle porte la femelle sur son dos pendant un certain temps, puis il dépose sur le sol son spermatophore, sur lequel il abaisse la région cloacale de la femelle, réalisant la fécondation interne des œufs. Environ 10 mois plus tard, la femelle met bas, dans l'eau, 10 à 50 larves, parfois des jeunes déjà métamorphosés.

Triton crêté, *Triturus cristatus* **LR : cd**
Distribution : Europe (sauf sud et sud-ouest de la France, péninsule Ibérique, Irlande, sud de la Grèce)
Habitat : eaux lentes ou dormantes, régions boisées
Taille : 14 à 18 cm

C'est un grand triton à peau généralement rugueuse. Les mâles en livrée nuptiale ont une crête haute et dentelée ; les femelles sont souvent plus grandes que les mâles, non crêtées. Le triton crêté se nourrit d'invertébrés aquatiques et terrestres, parfois de petits poissons, d'autres amphibiens et de leurs œufs.

À la saison des amours – qui se situe en hiver ou au printemps, selon le climat et la latitude –, après une parade élaborée et énergique, le mâle expulse un spermatophore sur lequel la femelle vient placer son ouverture cloacale. Elle pond ensuite, un par un, 200 à 300 œufs qui éclosent 4 ou 5 mois après.

Triton ponctué nord-américain, *Notophthalmus viridescens*

Distribution : sud-est du Canada, est des États-Unis (des Grands Lacs à la Floride et au Texas)
Habitat : lacs et étangs riches en végétation, fossés, marais
Taille : 6,5 à 14 cm

Ce triton présente des variétés régionales dans le dessin et les couleurs. Aquatiques, les adultes sont d'actifs prédateurs qui fouillent les eaux peu profondes à la recherche de vers, d'insectes, de crustacés, d'œufs et de jeunes amphibiens.

L'accouplement a lieu de février à mai, après quoi la femelle pond, un par an, de 200 à 400 œufs parmi la végétation immergée. L'incubation dure jusqu'à 2 mois. En fin d'été, les larves se transforment en subadultes qui abandonnent le milieu aquatique et passent 3 ans à terre, où ils se nourrissent essentiellement d'insectes. Ils retournent ensuite à l'eau pour parachever leur métamorphose.

Triton granuleux, *Taricha granulosa*

Distribution : ouest de l'Amérique du Nord, de l'Alaska à la Californie
Habitat : étangs, lacs, cours d'eau lents et zones boisées ou herbeuses voisines
Taille : 6,5 à 12,5 cm

C'est le plus aquatique des salamandridés de la région pacifique du continent nord-américain. Il a une peau granuleuse – comme son nom commun l'indique –, de petits yeux à paupière inférieure sombre. Il se nourrit de petits invertébrés, qu'il recherche dans l'eau et à terre. Sa peau sécrète une substance toxique.

Au moment des amours, la peau du mâle devient temporairement lisse et son cloaque se gonfle. À la différence des autres tritons de cette région, la femelle pond ses œufs un par un parmi les plantes et les débris végétaux immergés. Les œufs donnent naissance à des larves.

FAMILLE DES CRYPTOBRANCHIDAE : SALAMANDRES GÉANTES

Cette famille rassemble les plus grands amphibiens actuels. On n'en connaît que 3 espèces : les salamandres géantes de Chine et du Japon, et le ménopome de la partie orientale des États-Unis. Les espèces asiatiques peuvent atteindre 1,50 m de long.

Ménopome, *Cryptobranchus alleghaniensis*

Distribution : est des États-Unis (du sud de New York au nord de l'Alabama et du Missouri)
Habitat : cours d'eau à fond rocheux
Taille : 30,5 à 74 cm

Cette salamandre géante à la tête aplatie caractéristique de la famille, et les flancs frangés de lâches replis de peau. Elle se nourrit d'écrevisses, de gastéropodes et de vers.

De mœurs nocturnes, le ménopome passe ses journées caché sous les rochers immergés. Ses yeux situés très en arrière et de côté ne lui permettent pas une accommodation visuelle correcte sur une proie, et il repère sa nourriture au moyen de l'ouïe et du toucher.

Le ménopome se reproduit en août-septembre. Le mâle creuse une cavité sous un rocher du fond ; il est stimulé à éjaculer par la présence des 200 à 500 œufs que la femelle dépose à son voisinage. Il garde le nid jusqu'à l'éclosion des œufs, qui a lieu 2 ou 3 mois plus tard.

FAMILLE DES HYNOBIIDAE : SALAMANDRES TERRESTRES D'ASIE

Les 35 espèces qui constituent la famille sont considérées comme les plus primitives des salamandres actuelles. Toutes habitent le centre et l'est du continent asiatique.

Hynobius stejnegeri DD

Distribution : Japon
Habitat : cours d'eau de montagne
Taille : 14 cm

Chez *Hynobius stejnegeri*, comme chez tous les membres de la famille, la fécondation est externe. La femelle pond ses œufs dans des sacs reliés par deux et contenant chacun de 35 à 70 œufs. Le mâle s'empare des sacs et féconde les œufs, mais il n'entretient aucun rapport direct avec la femelle.

AMPHIBIENS APODES

ORDRE DES APODES

Cet ordre comprend 6 familles qui rassemblent plus de 170 espèces d'amphibiens à corps cylindrique, annelé, dépourvu de membres, et qui ressemblent à des vers de terre géants. À l'exception d'une famille, aquatique, ce sont des créatures aveugles et fouisseuses qui creusent le sol riche et meuble des forêts tropicales ou tempérées-chaudes, à la recherche de vers, d'insectes et autres invertébrés. Chez les adultes s'ouvre, entre l'œil et la bouche, une fente dans laquelle se rétracte un tentacule tactile et, chez beaucoup d'espèces, la peau est parsemée de minuscules écailles internes, qui sont la survivance d'un caractère archaïque.

FAMILLE DES ICHTHYOPHIDAE

C'est une famille de 43 espèces d'amphibiens apodes terrestres, présents en Asie du Sud-Est, en Amérique centrale et dans les régions tropicales de l'Amérique du Sud. La queue est courte, le corps écailleux.

Ichthyophis sp.
DISTRIBUTION : Asie du Sud-Est
HABITAT : forêts
TAILLE : jusqu'à 38 cm

Les spécimens adultes du genre vivent enfouis dans le sol et se nourrissent de lombrics et de petits serpents fouisseurs. Ils se reproduisent au printemps. La femelle pond 20 œufs et plus dans un trou creusé dans le sol humide, au voisinage de l'eau. Elle se love autour des œufs pour les protéger des prédateurs durant leur développement, au cours duquel ces œufs doublent de volume par absorption de l'humidité ambiante. À son éclosion, la larve pèse quatre fois le poids d'un œuf nouvellement pondu, et sa tête porte une paire de pores respiratoires. Elle traverse une longue phase aquatique avant de devenir adulte.

FAMILLE DES SCOLECOMORPHIDAE

Cette famille regroupe 6 espèces réunies dans un seul genre et exclusivement en Afrique centrale. Dépourvus de queue, ces apodes n'ont pas d'écailles. Tous vivent dans le sol.

Scolecomorphus kirkii
DISTRIBUTION : Afrique (Tanzanie, Malawi, Zambie)
HABITAT : forêts de montagne
TAILLE : jusqu'à 41 cm

Cet amphibien apode vit dans des gîtes qu'il creuse sous la litière en décomposition. À la différence des autres représentants de l'ordre, il ne vient même pas à la surface après la pluie. Il se nourrit essentiellement de termites et de vers.

On connaît mal les mœurs reproductives de la famille. Le mâle possède un organe copulateur permettant la fécondation interne ; il est probable que le développement des œufs est proche de celui des *Typhlonectes* et qu'ils éclosent à un stade avancé de leur développement.

FAMILLE DES CAECILIAIDAE : CÉCILIES

Cette famille rassemble quelque 190 espèces terrestres et fouisseuses, dont la peau présente souvent des écailles. Les femelles pondent des œufs ou les conservent dans leurs voies génitales, où ils se développent et éclosent : ce sont alors des jeunes actifs qui sont expulsés. Les jeunes possèdent des branchies et traversent parfois un stade de larves aquatiques pour achever leur métamorphose. Les cécilies habitent les régions tropicales de l'Ancien et du Nouveau Monde.

Cécilie du Panama, *Caecilia ochrocephala*
DISTRIBUTION : centre et sud de l'Amérique (est du Panama, nord de la Colombie)
HABITAT : forêts
TAILLE : jusqu'à 61 cm

Cette espèce à petite tête et museau cunéiforme s'enfouit dans le sol meuble, généralement humide, et n'apparaît guère à la surface que lorsque son gîte est inondé. Elle se nourrit essen-

tiellement d'insectes et de lombrics ; elle peut être la proie de serpents qui s'introduisent dans son gîte.

On connaît mal les mœurs reproductives de cette cécilie ; on suppose que les femelles sont ovipares et que les jeunes naissent à un stade avancé de développement.

Siphonops annelé, *Siphonops annulatus*

Distribution : Amérique du Sud, de l'est des Andes à l'Argentine
Habitat : varié, souvent forestier
Taille : 35 cm

Cette espèce répandue a un corps court et épais, dépourvu d'écailles. Elle mène une vie essentiellement souterraine et se nourrit principalement de lombrics. La femelle est ovipare, mais on ignore si les jeunes traversent un stade larvaire.

Schistometopum thomensis

Distribution : île de São Tomé, dans le golfe de Guinée
Habitat : forêts
Taille : jusqu'à 30,5 cm

Le corps, vivement coloré, mesure environ 1,25 cm de diamètre. Le museau est arrondi, la queue absente. Comme tous les membres de cette famille, cet amphibien mène une existence souterraine et se nourrit d'invertébrés, surtout d'insectes et de vers. Le développement des œufs s'opère dans les voies génitales de la femelle, qui expulse des jeunes à un stade avancé de leur développement.

Cécilie des Seychelles, *Hypogeophis rostratus*

Distribution : Seychelles
Habitat : régions côtières marécageuses
Taille : 20 cm

Le corps légèrement aplati est effilé aux deux extrémités et s'obscurcit à maturité. La cécilie des Seychelles s'enfouit là où le sol est humide ; ailleurs, elle vit sous les rochers et les souches, ou encore creuse dans le bois en décomposition. Elle se nourrit de petits invertébrés et de grenouilles telles que *Sooglossus sechellensis*.

L'accouplement a lieu à n'importe quelle période de l'année, à condition que les pluies soient abondantes. La femelle pond de 6 à 30 gros œufs qu'elle garde, lovée autour d'eux, durant toute la période de leur développement. Les jeunes ne traversent pas de stade larvaire.

Famille des Typhlonectidae

C'est une famille de 18 espèces d'amphibiens apodes aquatiques, tous des régions tropicales de l'Amérique du Sud. Dulçaquicoles, ils habitent rivières et étangs, et utilisent leur queue latéralement aplatie pour se propulser dans l'eau. La peau n'a pas d'écailles.

Typhlonectes compressicauda

Distribution : Guyanes, Brésil
Habitat : cours et plans d'eau
Taille : 52 cm

Typique de sa famille, *Typhlonectes compressicauda* progresse par des ondulations de sa queue latéralement comprimée. Le mâle possède un organe copulateur permettant la fécondation interne. Le développement des œufs s'opère dans les voies génitales de la femelle.

Le vitellus de l'œuf épuisé, les jeunes naissent dans l'oviducte de la mère et s'y nourrissent de cellules et de gouttes d'huile qu'ils recueillent sur la paroi utérine au moyen des plaques râpeuses de leur bouche, ou qu'ils absorbent par leur peau, fine et très perméable ; ils ont également de grandes branchies sacciformes qui disparaissent avant l'expulsion. À ce moment-là, ils ont une peau plus épaisse et les plaques râpeuses ont été remplacées par des dents.

Poissons

Les premiers vertébrés

Les poissons comptent au moins pour moitié dans les quelque 45 000 espèces répertoriées de vertébrés. Dans leur environnement aquatique, ils ont développé des spécialisations au moins aussi diverses que celles des quadrupèdes. La première division majeure du groupe sépare les agnathes, dépourvus de mâchoire inférieure, représentés uniquement à notre époque par les myxines et les lamproies, des gnathostomes ou poissons à mâchoires. Les agnathes sont des vertébrés archaïques qui forment une classe particulière. Les gnathostomes, qui sont apparus il y a 400 millions d'années, sont répartis en groupes fort différenciés. Les chondrichthyens, ou poissons cartilagineux, rassemblent requins, raies et chimères. Les ostéichthyens, ou poissons osseux, regroupent des poissons aussi différents que les dipneustes (poissons à double respiration), les crossoptérygiens ou poissons « à pattes » — qui ne sont plus représentés que par le cœlacanthe (*Latimeria*) — et les actinoptérygiens, qui forment la masse des poissons modernes — des poissons aux nageoires bien développées, renforcées par des rayons osseux.

Ange de mer impérial

Comme les vertébrés qui les ont précédées, les myxines et les lamproies n'ont pas de mâchoires. Leur corps est cylindrique, pourvu d'une nageoire verticale échancrée ou non et éventuellement d'une nageoire anale ; le squelette est entièrement cartilagineux. Les lamproies modernes comptent environ 30 espèces marines ou dulçaquicoles des régions tempérées-froides, contre 32 espèces de myxines, exclusivement marines. Les lamproies vivent en parasites des poissons, dont elles sucent le sang au moyen de leur bouche circulaire formant ventouse, garnie de dents cornées et d'un piston lingual qui sert à inciser le corps de l'hôte. Au stade larvaire, les lamproies sont dulçaquicoles et se nourrissent exclusivement de micro-organismes. Après la métamorphose, elles poursuivent leur croissance sans toutefois quitter les eaux douces. Les myxines forment un groupe strictement marin. Bien qu'on les connaisse surtout comme nécrophages qui aspirent le contenu du corps des poissons morts ou mourants, elles consomment principalement des crustacés et des vers.

Les lamproies et les myxines se déplacent par des ondulations latérales du corps ; celles-ci sont rendues possibles par un chaînon de masses musculaires longeant les flancs. De part et d'autre de la tête s'ouvre une série de fentes branchiales, au nombre de 7 chez les lamproies, qui débouchent dans le pharynx. Quand la ventouse buccale de la lamproie est en action, l'eau respiratoire circule à travers les ouvertures branchiales

Congre

Piranha rouge

et oxygène le sang, qui est véhiculé du cœur vers les branchies par l'intermédiaire de 8 paires d'artères branchiales.

Les poissons cartilagineux, dont on connaît environ 850 espèces, sont des poissons marins dont la taille peut varier entre 30 cm et plus de 15 m (requins géants). Ce sont, pour la plupart, d'actifs prédateurs d'autres poissons, qu'ils déchirent au moyen de leurs mâchoires garnies de dents acérées. Le corps de ces poissons, bien qu'à squelette cartilagineux et non osseux, est structuré comme celui de tous les poissons à mâchoires, avec une colonne vertébrale et des nageoires paires. Le corps est fusiforme, terminé par une nageoire caudale bifurquée que le poisson actionne latéralement pour se propulser. Chez nombre de poissons cartilagineux, le lobe dorsal de la queue est plus développé que le lobe ventral ; les nageoires pectorales, paires, jouent le rôle de gouvernail, tandis que les nageoires impaires – 1 ou 2 dorsales et 1 ou pas d'anale – font fonction de stabilisateurs. Par ailleurs, les poissons cartilagineux montrent, de part et d'autre de la tête, de 5 à 7 fentes branchiales. L'eau respiratoire pénètre par la bouche et est rejetée par les fentes branchiales.

Au nombre de 24 000 environ, les poissons osseux sont présents en eau douce comme en mer. Le schéma corporel de ces poissons, similaire pour l'essentiel à celui des poissons cartilagineux, comporte néanmoins des différences notables. Le squelette, y compris les rayons des nageoires, est entièrement osseux ; les deux lobes de la queue sont caractéristiquement – mais pas toujours – de même taille, et ces poissons possèdent souvent une vessie natatoire : organe d'équilibre empli d'air qui leur permet de demeurer immobiles sans couler. Le système de branchies diffère également de celui des poissons cartilagineux. Les poissons osseux ont généralement, de part et d'autre du pharynx, 4 branchies recouvertes par un lobe cutané : l'opercule, qui fonctionne comme une valve. Enfin, le corps est le plus souvent recouvert d'écailles imbriquées qui constituent une protection sans gêner la nage.

Le régime alimentaire des poissons osseux est très variable suivant les espèces. Certaines sont herbivores et se nourrissent de végétation aquatique. Chez les espèces planctophages, des branchiospines particulièrement bien développées, fixées sur les arcs branchiaux, constituent un tamis qui retient les particules nutritives. Les espèces carnivores sont rapides et équipées de dents acérées. Enfin, des poissons comme les baudroies et les poissons plats chassent à l'affût, masqués par un camouflage efficace.

De nombreux poissons se reproduisent simplement par la dispersion d'un grand nombre d'œufs dans l'eau, où ils sont fécondés par le sperme du mâle. Il est rare que les parents surveillent l'incubation de leur progéniture. Chez certains mâles, pourtant, les requins notamment, les nageoires ventrales pourvues d'un organe copulateur permettent la fécondation interne. Dans ce cas, le développement des œufs peut s'opérer dans les voies génitales de la femelle, qui met bas des jeunes entièrement formés.

Écureuil de la mer des Caraïbes

Outre les actinoptérygiens, les poissons osseux comptent également un genre relictuel marin, à nageoires lobées : le cœlacanthe, et 3 genres de dipneustes, véritables fossiles vivants, tous dulçaquicoles.

Les dipneustes présentent la particularité d'avoir une double respiration, branchiale et pulmonaire. Lors du dessèchement saisonnier des lacs et cours d'eau de leur habitat tropical, ils ont la capacité d'estiver. Ils s'enfouissent généralement dans le fond et y survivent, en état d'activité réduite, jusqu'au retour des pluies, grâce à leur vessie natatoire reliée

Tête de mouton

Cladogramme montrant les parentés phylogénétiques possibles entre les poissons. *Bien que nous utilisions le terme « poisson » pour désigner tout vertébré aquatique ayant la forme d'un poisson, le mot recouvre en fait un ensemble diversifié de vertébrés qui ont suivi des voies évolutives différentes.*

RÉFÉRENCES DU CLADOGRAMME A DES POISSONS

1 Myxinidés (myxines)
2 Céphalaspidomorphes (lamproies)
3 Chondrichtyens (poissons cartilagineux)
4 Actinoptérygiens (poissons à nageoires rayonnées)
5 Cœlacanthidés (cœlacanthes)
6 Dipneustes
7 Tétrapodes

CLADOGRAMME A

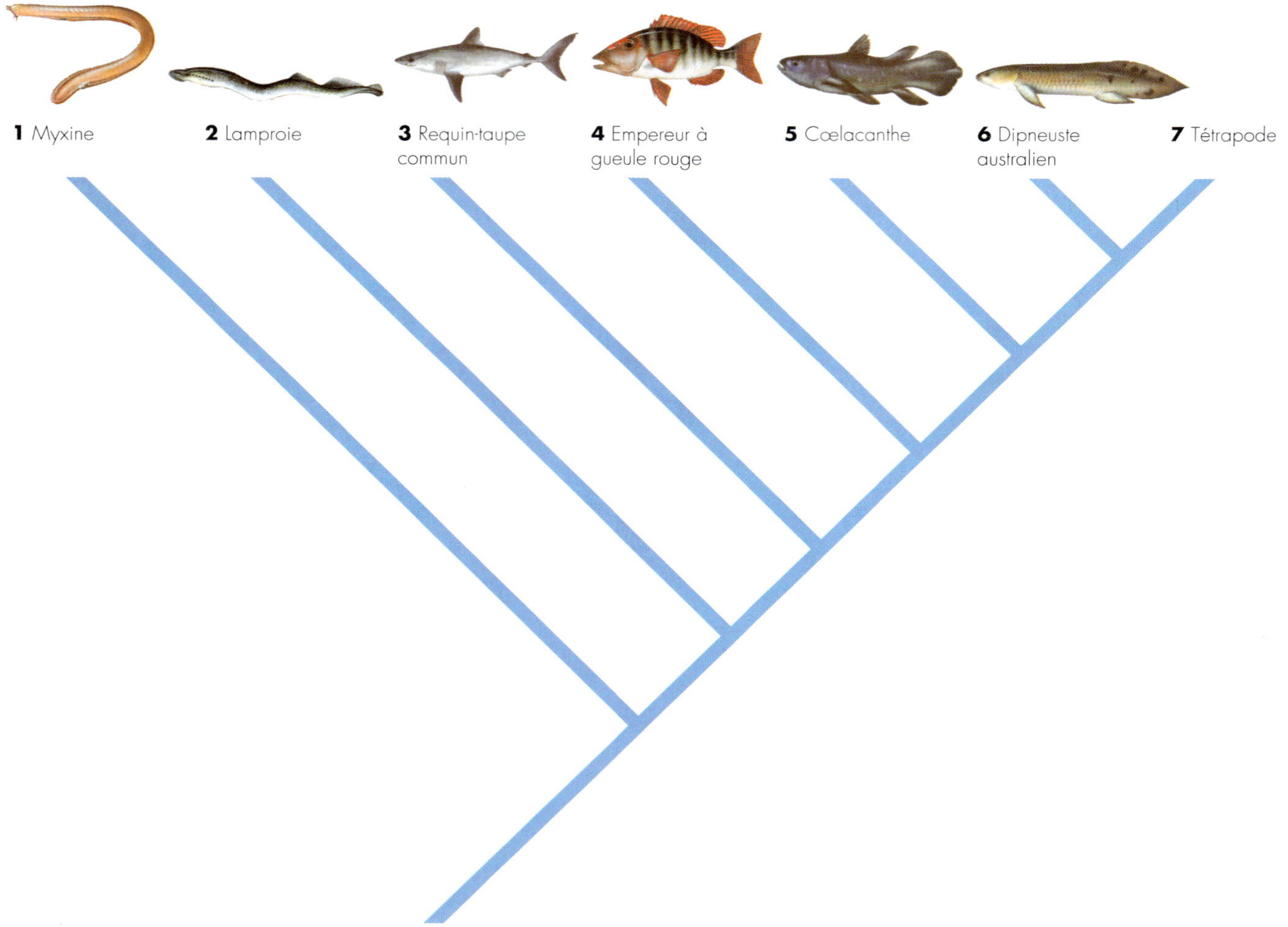

1 Myxine   2 Lamproie   3 Requin-taupe commun   4 Empereur à gueule rouge   5 Cœlacanthe   6 Dipneuste australien   7 Tétrapode

à l'œsophage par un canal pneumatique et qui fait fonction de poumon.

Compte tenu du nombre considérable d'espèces de poissons existantes, et de familles dans lesquelles elles ont été classées, il n'a pas été possible, dans cette partie de l'ouvrage, d'offrir au lecteur une présentation par famille, comme c'est le cas pour les animaux décrits dans les chapitres précédents ; cette présentation a été réalisée au niveau des ordres. Toutefois, les familles sont mentionnées dans le cas des ordres les plus vastes.

Baliste-léopard ou Baliste-clown

Cladogramme montrant les parentés phylogénétiques possibles entre les actinoptérygiens (poissons à nageoires rayonnées). Les poissons osseux forment le groupe le plus vaste des poissons, et ils présentent, dans leur majorité, des nageoires rayonnées. Du point de vue de l'évolution, on distingue deux groupes chez les actinoptérygiens : les chondrostéens, qui comprennent les bichirs et les esturgeons, et les néoptérygiens, groupe le plus évolué, qui englobe la majorité des poissons osseux actuels. A part les lépisostées et les amies, la majorité des poissons de ce groupe appartiennent aux téléostéens, qui rassemblent les principaux poissons osseux.

RÉFÉRENCES DU CLADOGRAMME B DES POISSONS

1 Polyptériformes (bichirs)
2 Acipensériformes (esturgeons)
3 Lépisostéiformes (lépisostées)
4 Amiiformes (amies)
5 Ostéoglossiformes (ostéoglosses)
6 Élopomorphes (murènes, tarpons, anguilles)
7 Clupéomorphes (harengs)
8 Ostariophysiens (carpes, poissons-chats)
9 Protacanthoptérygiens (brochets, saumons)
10 Lophiiformes (baudroies, poissons grenouilles)
11 Athériniformes (prêtres, poissons volants)
12 Percomorphes (perches, mulets)

CLADOGRAMME B

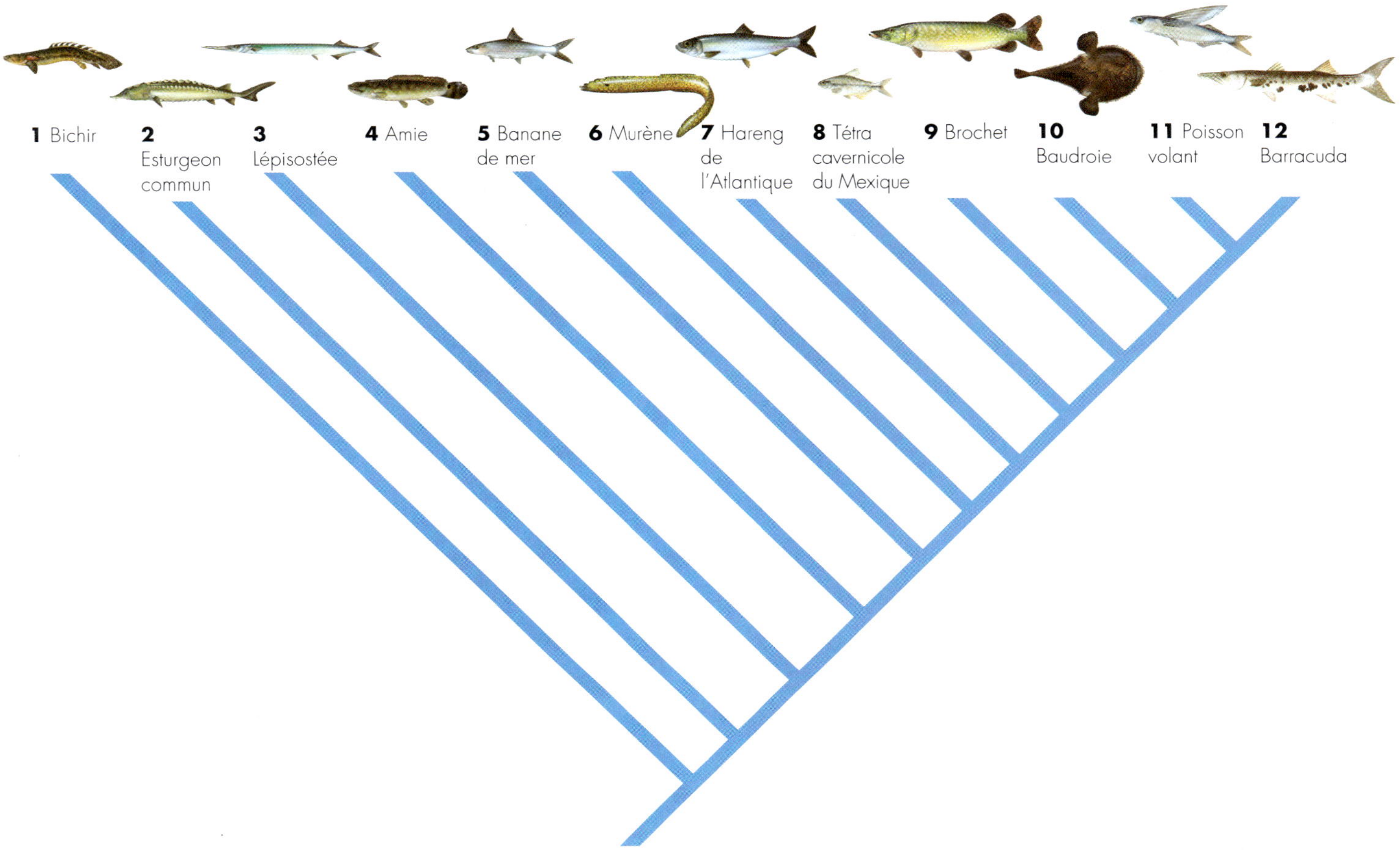

1 Bichir
2 Esturgeon commun
3 Lépisostée
4 Amie
5 Banane de mer
6 Murène
7 Hareng de l'Atlantique
8 Tétra cavernicole du Mexique
9 Brochet
10 Baudroie
11 Poisson volant
12 Barracuda

MYXINES, LAMPROIES ET REQUINS

ORDRE DES MYXINIFORMES : MYXINES

Les myxines comptent 43 espèces réparties en 2 familles. Toutes marines, les myxines se rencontrent dans les eaux tempérées et subtropicales de l'Atlantique, du Pacifique et de l'océan Indien. Ces vertébrés sans mâchoires ont une bouche en forme de fente, entourée de barbillons charnus. Certains zoologistes ne considèrent pas les myxines comme des vertébrés, parce qu'elles sont privées de vertèbres, et les rangent dans le clade des cordés.

Myxine glutineuse, *Myxine glutinosa*
Distribution : Atlantique Nord, océan Arctique
Habitat : fonds océaniques
Taille : 61 cm

Les myxines vivent en eaux assez profondes à fond meuble, dans lequel elles peuvent s'enfouir. Elles n'ont ni écailles ni nageoires paires ; leurs yeux sont atrophiés sous la peau. Chez cette espèce, la peau est rendue particulièrement visqueuse par une sécrétion muqueuse. Les myxines se nourrissent partiellement de vers et de crustacés marins, mais elles sont surtout connues pour s'attaquer aux poissons morts, mourants ou pris dans les filets de pêche ; elles arrachent à leur proie de menus morceaux grâce à leur langue dentée, puis elles parviennent finalement à se frayer un chemin à l'intérieur du corps de leur victime, dont elles ne laissent que la peau et les os.

ORDRE DES PÉTROMYZONIFORMES : LAMPROIES

Cet ordre ne comprend qu'une seule famille : les lamproies, qui rassemblent quelque 41 espèces. Ces vertébrés primitifs sont dépourvus de mâchoires, mais possèdent une bouche tubulaire, formant ventouse, garnie de petites dents – les espèces parasites se nourrissant du sang des poissons. Certaines sont dulçaquicoles, d'autres anadromes – c'est-à-dire vivant en mer, mais rejoignant les cours d'eau pour se reproduire. La plupart des lamproies habitent l'hémisphère Nord, mais on trouve quelques espèces en Amérique du Sud, au sud de l'Australie et en Nouvelle-Zélande.

Lamproie de rivière, *Lampetra fluviatilis* LR : nt
Distribution : Grande-Bretagne, nord-ouest de l'Europe
Habitat : eaux côtières, rivières
Taille : 30 à 50 cm

Cette lamproie parasite suce le sang des poissons sur lesquels elle se fixe au moyen d'un disque buccal muni de quelques pointes solides et d'une lame cornée à 2 pointes.

D'août à novembre, les lamproies migrent de la mer dans les cours d'eau. Au printemps, la femelle pond ses œufs dans une cavité peu profonde creusée dans le gravier du fond. Après l'éclosion, les larves vivent jusqu'à 5 ans dans les cours d'eau, enfouies dans la vase, se nourrissant de micro-organismes, pour rejoindre la mer à maturité et y rester 1 ou 2 ans.

Lamproie marine, *Petromyzon marinus*
Distribution : côte atlantique d'Europe et d'Amérique du Nord, Méditerranée occidentale
Habitat : eaux côtières, cours d'eau
Taille : 60 à 90 cm

Adulte, la lamproie marine vit en parasite sur les poissons. Elle sécrète une substance qui empêche la coagulation du sang.

Les lamproies adultes remontent les fleuves pour y frayer. Les œufs sont pondus dans un nid peu profond que la femelle creuse. Aveugles et dépourvues de dents, les larves passent 4 à 6 ans dans la vase, se nourrissant de micro-organismes, après quoi les jeunes redescendent vers la mer. On rencontre également des lamproies dans les lacs, où elles font des ravages parmi les poissons de pêche ; aussi des efforts ont-ils été accomplis pour limiter leur nombre dans cet habitat.

ORDRE DES HÉTÉRODONTIFORMES : REQUINS À TÊTE DE TAUREAU

Cet ordre est représenté par une unique famille comportant 8 espèces de requins assez primitifs des zones tropicales du Pacifique et de l'océan Indien. Tous ont 2 nageoires dorsales, précédées d'une forte épine.

POISSONS : MYXINES, LAMPROIES ET REQUINS 503

Heterodontus portusjacksoni
Distribution : Pacifique Sud et océan Indien (côtes australiennes, du sud du Queensland au sud-ouest de l'Australie-Occidentale)
Habitat : eaux côtières, jusqu'à 180 m de profondeur
Taille : jusqu'à 1,50 m

Ce requin a la tête épaisse, le front proéminent et les yeux surmontés d'une crête, typiques des requins à tête de taureau. Autres traits caractéristiques : les marques brun foncé qui ceinturent le corps brun grisâtre et les épines épaisses qui précèdent chacune des nageoires dorsales. La petite bouche est garnie de dents pointues à l'avant, et molariformes sur les côtés, ce qui suggère que ce requin se nourrit d'animaux à coquille dure tels que mollusques, oursins et crustacés. Il s'alimente surtout pendant la nuit.

Selon ce que l'on sait, ce requin retourne chaque année vers les eaux peu profondes des mêmes récifs pour se reproduire. Il est ovipare. Les œufs sont protégés par une solide coque cornée à bords recourbés en spirale, ce qui permet à l'œuf de se bloquer dans une crevasse rocheuse et de s'y développer jusqu'à la naissance du jeune.

ORDRE DES LAMNIFORMES : REQUINS TYPIQUES

Ce groupe compte 7 familles réunissant 16 espèces de requins à 2 nageoires dorsales, non épineuses, 1 anale, et 5 fentes branchiales, tous marins.

Requin-taureau, *Odontaspis taurus*
Distribution : Atlantique (côtes de l'Amérique du Nord et de l'Afrique)
Habitat : eaux côtières
Taille : 3,20 m

Ce requin agressif tend à vivre sur le fond, en eau peu profonde, et se nourrit de poissons. Le corps présente des taches jaunes caractéristiques. Dorsales, pelviennes et anale sont à peu près de même taille. Les longues dents sont orientées vers l'avant.

La femelle met bas 2 jeunes, nourris durant 12 mois dans ses voies génitales du vitellus des ovules non fécondés. Les nouveau-nés mesurent environ 1 m.

Une espèce proche, le requin féroce, *O. ferox*, vit en Méditerranée et au large des côtes européennes de l'Atlantique, ainsi que sur la côte pacifique des États-Unis.

Renard de mer, *Alopias vulpinus*
Distribution : océans tropicaux et tempérés
Habitat : en surface, plus ou moins loin des côtes
Taille : 6 m

Ce requin est identifiable à sa queue, aussi longue que le corps, dont il se sert pour rassembler, puis étourdir ses victimes. Il est solitaire ou se réunit en meute pour chasser les bancs de poissons, s'aventurant parfois dans les eaux côtières, particulièrement en été le long des côtes atlantiques américaines.

La femelle met bas 2 à 4 jeunes entièrement formés, qui peuvent mesurer jusqu'à 1,50 m à la naissance.

En Australie, le renard de mer est connu sous les noms scientifiques de *A. caudatus* et *A. greyi*.

Requin-pèlerin, *Cetorhinus maximus* **VU**
Distribution : cosmopolite, mais absent des eaux tropicales
Habitat : océanique
Taille : 10,40 m

Deuxième des poissons actuels par la taille, le requin-pèlerin a le corps hydrodynamique des requins, mais se distingue par ses fentes branchiales, particulièrement grandes, puisqu'elles atteignent la hauteur de la tête. Il se nourrit exclusivement de plancton, en filtrant l'eau en quantité énorme (jusqu'à 2 000 tonnes d'eau par heure) par des épines cornées longues et serrées sur les arcs branchiaux. Ce requin doit son nom commun aux replis cutanés qui font se recouvrir l'une l'autre les fentes branchiales, faisant songer au col festonné des pèlerins.

Si l'on connaît mal les mœurs reproductives de l'espèce, on pense que les œufs se développent dans les voies génitales de la femelle et éclosent au moment de l'expulsion. Les nouveau-nés mesurent environ 1,50 m.

REQUINS SUITE

Requin-taupe commun, *Lamna nasus* VU
DISTRIBUTION : Atlantique Nord (Terre-Neuve, vers le sud jusqu'à la Caroline-du-Nord, Islande, vers le sud jusqu'à l'Afrique du Nord), Méditerranée
HABITAT : haute mer, eaux côtières
TAILLE : 1,80 à 3 m

C'est un requin rapide, à corps lourd, à 5 fentes branchiales. Il se nourrit de poissons de surface tels que maquereaux et harengs, ainsi que de céphalopodes et de certains poissons de profondeur. On l'identifie à la position de la première nageoire dorsale (débutant au niveau de l'arrière de la pectorale) et à sa seconde dorsale (au-dessus de l'anale). Comme ses cousins, le grand requin blanc et le requin-taupe bleu, le requin-taupe commun a une température interne supérieure à celle de son environnement, ce qui augmente l'activité musculaire et fait de lui un nageur particulièrement efficace.

Les œufs éclosent dans le corps de la mère et y achèvent brièvement leur développement, après quoi la femelle met bas des jeunes entièrement formés (de 1 à 5) qui vivent durant quelques semaines sur leurs réserves.

L. ditropis, du Pacifique, ressemble à *L. nasus* par l'aspect et les mœurs.

Requin-taupe bleu, *Isurus oxyrhinchus*
DISTRIBUTION : Atlantique, Pacifique et océan Indien (zones tropicales et tempérées)
HABITAT : haute mer
TAILLE : 3 à 4 m

C'est un requin puissant, à corps élancé, hydrodynamique, et museau pointu. Nageur rapide – probablement le poisson le plus rapide du monde –, le requin-taupe bleu est identifiable à sa première dorsale, légèrement arrondie et débutant au niveau du bord postérieur de la pectorale ; seconde dorsale et anale sont opposées. Il est généralement gris bleuté en dessus, blanc en dessous.

Ce requin évolue entre la surface et 200 à 300 m de profondeur, et se nourrit principalement en surface, de thons, de maquereaux, de harengs et de sardines, ainsi que de calmars.

Souvent solitaire, le requin-taupe bleu est recherché par les pêcheurs sportifs pour sa combativité. Il nage souvent dorsale et caudale hors de l'eau et il lui arrive même de bondir au-dessus de la surface.

Cette espèce est vivipare. Les embryons se développent dans les voies génitales de la femelle, qui met bas des jeunes entièrement développés et actifs.

Grand Requin blanc, *Carcharodon carcharias* VU
DISTRIBUTION : Atlantique, Pacifique, océan Indien (eaux côtières chaudes et tempérées)
HABITAT : haute mer ; pénétration saisonnière dans les eaux côtières
TAILLE : 6 m

Le grand requin blanc est, en réalité, de couleur gris brunâtre ou bleuâtre en dessus et blanc en dessous. Son museau est long et pointu, ses dents sont larges, triangulaires, à bord crénelé, et lui permettent d'arracher de gros morceaux de chair. Le lobe dorsal de la queue est légèrement plus long que le lobe ventral.

Ce requin cannibale se nourrit d'animaux aquatiques tels que poissons (dont d'autres espèces de requins), phoques et dauphins, mais aussi de charognes. Il suit les bateaux, engloutissant tout ce qui tombe à l'eau. C'est l'un des requins les plus dangereux, réputé mangeur d'hommes. Ce redoutable tueur attaque par surprise, infligeant de violentes morsures.

La reproduction de ce requin est mal connue. On sait, toutefois, que la femelle est vivipare et peut mettre bas jusqu'à 9 jeunes actifs.

ORDRE DES CARCHARINIFORMES

Avec 210 espèces, les 8 familles qui composent cet ordre rassemblent plus de la moitié des 350 espèces de requins. La plupart des espèces présentent la forme caractéristique du requin.

Carcharhinus leucas
Distribution : ouest de l'Atlantique (de la Caroline-du-Nord au Brésil)
Habitat : eaux littorales ; peut occasionnellement remonter les rivières, jusqu'aux lacs
Taille : 2,50 à 3,50 m

Ce requin a un corps massif et la première nageoire dorsale débutant très en avant. Assez lent, il vit en eau peu profonde et s'introduit régulièrement dans les rivières. Le fait qu'on le rencontre fréquemment le rend dangereux pour les humains. Il se nourrit d'une grande variété de poissons – dont les raies et les petits requins –, ainsi que de crevettes, de crabes, d'oursins, voire de détritus.

La femelle met bas des jeunes actifs, généralement de mai à juillet, dans les eaux saumâtres des estuaires.

Requin-marteau commun, *Sphyrna zygaena*
Distribution : Atlantique, Pacifique et océan Indien (zones tropicales et tempérées-chaudes)
Habitat : près des côtes, voire en eaux saumâtres
Taille : 4,30 m

C'est l'une des 10 espèces de requins-marteaux, identifiables à leur tête caractéristique, prolongée latéralement par deux expansions sur lesquelles s'ouvrent les narines et, sur le bord externe, les yeux. On connaît mal les avantages que présente cette curieuse forme de tête ; peut-être le large espacement séparant les yeux des narines améliore-t-il les facultés sensorielles du requin, ou cette forme augmente-t-elle la manœuvrabilité de l'animal.

Le requin-marteau commun se nourrit de poissons, en particulier de pastenagues. Il effectue des migrations estivales en eaux tempérées. On considère les requins-marteaux comme dangereux pour l'homme.

Petite Roussette, *Scyliorhinus canicula*
Distribution : Atlantique Nord (côtes de la Norvège, de la Grande-Bretagne, du reste de l'Europe, de l'Afrique du Nord), Méditerranée
Habitat : fonds sableux ou graveleux
Taille : 60 cm à 1 m

Très commune, la petite roussette appartient à une famille de petits requins côtiers d'eau chaude et tempérée, comptant 60 espèces. Ses nageoires dorsales sont placées assez en retrait, et sa caudale est peu développée et peu relevée. Elle est généralement de couleur gris jaunâtre, marquée de taches brun foncé, à ventre blanc ou crème. On la rencontre couramment du littoral jusqu'à 100 m, parfois jusqu'à 400 m. Son régime alimentaire varié se compose d'invertébrés de fond tels que crustacés, mollusques et vers, ainsi que de poissons.

Ovipare, la petite roussette peut se reproduire à n'importe quelle période de l'année, mais, dans l'hémisphère Nord, les œufs sont généralement pondus entre novembre et juillet ; ils sont entourés d'une coque cornée que prolongent à leurs ailes des filaments qui s'enroulent sur eux-mêmes ou autour des algues. L'incubation dure de 5 à 11 mois ; les nouveau-nés mesurent 10 cm de long ; ils sont sexuellement matures lorsqu'ils atteignent environ 50 cm.

Peau bleue, *Prionace glauca*
Distribution : Atlantique, Pacifique et océan Indien (zones tempérées et tropicales)
Habitat : haute mer, eaux de surface
Taille : 6 m

Ce requin long et fusiforme est identifiable à ses longues nageoires pectorales, son museau pointu et sa coloration bleue (lorsqu'il est vivant). Il se nourrit de poissons de surface tels que maquereaux, harengs et sardines, ainsi que de céphalopodes et des détritus rejetés des bateaux.

La femelle met bas des jeunes actifs, à raison de 50, voire 60 par portée. Durant les mois d'hiver, le peau bleue émigre fréquemment vers les eaux plus chaudes.

REQUINS SUITE

ORDRE DES ORECTOLOBIFORMES

Cet ordre diversifié comprend 7 familles de requins, qui rassemblent au total 31 espèces, dont le requin-baleine, le plus grand de tous les poissons.

Requin-baleine, *Rhincodon typus* **DD**
Distribution : toutes mers tropicales
Habitat : eaux de surface
Taille : 15,20 m

C'est le plus grand des poissons actuels (20 m ont été avancés par des observateurs dignes de foi). Il se nourrit de petits poissons et de plancton ; le requin ouvre largement la bouche et, tandis que l'eau est rejetée par les fentes branchiales, les micro-organismes constituant le plancton sont retenus par les épines branchiales. On connaît très mal les mœurs reproductives de ce poisson géant.

ORDRE DES SQUATINIFORMES

Les 13 espèces de cet ordre, qui se distinguent par leur forme plate, ressemblent davantage à des raies qu'à des requins, mais, à la différence des raies, leurs grandes nageoires pectorales ne se prolongent pas jusqu'à la tête.

Ange de mer commun, *Squatina squatina*
Distribution : mer du Nord, est de l'Atlantique (de l'Écosse à l'Afrique du Nord et aux îles Canaries), Méditerranée
Habitat : eaux côtières, fonds
Taille : 1,80 m

Cette espèce semblerait presque issue du croisement d'un requin et d'une raie, s'il n'y avait les fentes branchiales latérales, la bouche terminale et les nageoires dorsales bien développées caractéristiques des requins (chez les raies, bouche et fentes branchiales sont ventrales). Les larges nageoires pectorales, en revanche, rappellent fortement celles des raies.

L'ange de mer commun vit la plupart du temps sur le fond, à demi enfoui dans le sable ou la vase, mais c'est pourtant un bon nageur. Il se nourrit de poissons benthiques – dorades, plies, soles et raies –, de crabes et de mollusques. Les œufs se développent et éclosent dans les voies génitales de la mère, qui met bas des portées de 9 à 20 jeunes immédiatement actifs.

Au large des côtes de l'Amérique du Nord, on rencontre deux espèces très voisines : *S. dumerili* et *S. californica*, plus petites que *S. squatina*, mais similaires par l'aspect et les mœurs.

ORDRE DES HEXANCHIFORMES

Les 5 espèces qui constituent cet ordre sont des requins primitifs, à corps long, à une seule nageoire dorsale. Ils montrent 6 ou 7 paires de fentes branchiales, contre 5 chez la plupart des requins. Ce sont surtout des poissons des profondeurs, dont les mœurs sont mal connues.

Requin-griset ou Griset, *Hexanchus griseus* **VU**
Distribution : Atlantique, Pacifique et océan Indien (zones chaudes et tempérées), Méditerranée
Habitat : pleine mer, eaux littorales
Taille : 1,80 à 5 m

C'est un requin à corps allongé, à dorsale unique, très reculée, et à 6 fentes branchiales. Bien qu'apparemment plutôt sédentaire et indolent, c'est un requin puissant, qui se nourrit de nombreux poissons benthiques tels que les raies, ainsi que de crustacés. On suppose qu'il se reproduit au printemps ; les œufs se développent et éclosent dans les voies génitales de la femelle, qui met bas 40 jeunes et plus, actifs, mesurant entre 45 et 60 cm.

ORDRE DES SQUALIFORMES

Cet ordre rassemble 74 espèces de requins – réparties en 3 familles : requins-scies, aiguillats et requins-coffres, anges de mer –, à 2 nageoires dorsales, pas d'anale et 5 ou 6 paires de fentes branchiales. Cet ordre cosmopolite compte dans ses rangs les plus petits requins du globe, tel le requin nain, *Squaliolus laticaudus*, qui ne mesure que 23 cm.

Aiguillat commun, *Squalus acanthias*

Distribution : Atlantique Nord (côtes de la Norvège, de la Grande-Bretagne à l'Afrique du Nord, du Groenland occidental à la Floride), Méditerranée, Pacifique Nord

Habitat : eaux littorales, près du fond

Taille : 1 à 1,20 m

L'aiguillat commun est aisément identifiable à la grande épine qui précède chacune des nageoires dorsales. Le corps est long et élancé ; il a un museau pointu et de grands yeux. Les femelles, plus grandes et plus lourdes que les mâles, n'atteignent la maturité sexuelle qu'à l'âge de 19 ou 20 ans, contre 11 ans pour les mâles. Il se nourrit essentiellement sur les bancs de poissons (harengs et merlans) et consomme aussi des invertébrés benthiques. Il se déplace en banc comptant parfois des milliers d'individus, souvent de même sexe, qui peuvent accomplir des migrations en eaux plus chaudes ou plus froides ou, pour les femelles, en eaux peu profondes pour mettre bas.

Après un développement interne des embryons qui dure de 18 à 22 mois (la gestation est l'une des plus longues du règne animal), la femelle met bas de 3 à 11 jeunes – mais le nombre de jeunes et la durée du développement sont fonction de la taille de la mère. La petitesse des portées alliée à la durée prolongée de la gestation et à la maturité tardive constituent des facteurs de vulnérabilité extrême à l'activité de pêche pour cette espèce autrefois capturée en quantités considérables.

Dormeur du Groenland, *Somniosus microcephalus*

Distribution : Atlantique Nord (des eaux polaires vers le sud jusqu'à la Grande-Bretagne)

Habitat : fonds, à des profondeurs de 180 à 550 m

Taille : 6,40 m

Géant de son groupe, le dormeur du Groenland n'a pourtant que de petites nageoires dorsales, non précédées d'une épine. Indolent, il vient pourtant fréquemment à la surface pour se nourrir, particulièrement en hiver. Il consomme poissons benthiques ou de surface, mollusques, crustacés et céphalopodes. Selon certains témoignages, il se nourrirait également de phoques, de marsouins et d'oiseaux de mer. Du temps des grandes chasses à la baleine dans l'Arctique, il s'était taillé une solide réputation de charognard.

Les œufs se développent et éclosent dans les voies génitales de la femelle, qui met bas des portées généralement composées d'une dizaine de jeunes.

ORDRE DES PRISTIPHORIFORMES

Cet ordre ne comprend qu'une seule famille, rassemblant 5 espèces de requins-scies. Ces requins sont pourvus d'un long rostre et de dents rostrales, ainsi que de 1 paire de barbillons longs et fins.

Requin-scie commun, *Pristiophorus cirratus*

Distribution : sud du Pacifique et de l'océan Indien

Habitat : fonds océaniques

Taille : 1,20 m

Les requins-scies sont pourvus d'un rostre céphalique allongé, caractéristique de la famille, garni de chaque côté d'une rangée d'écailles hypertrophiées simulant des dents. Ils ont 2 nageoires dorsales énormes, pas de nageoire anale. Ce sont de vrais requins, en dépit de leur étrange nez allongé, avec des fentes branchiales latérales.

Sédentaire, ce requin fouit le fond à l'aide de son rostre, à la recherche d'invertébrés et de poissons benthiques, qu'il détecte grâce à deux barbillons encadrant le rostre.

Le requin-scie est ovovivipare, et la femelle donne naissance à une douzaine de petits par portée.

RAIES ET CHIMÈRES

ORDRE DES RAJIFORMES

Cet ordre se compose de 12 familles, qui comprennent 456 espèces de poissons cartilagineux, pour la plupart des mers tropicales et tempérées. À l'exception des poissons-scies, tous ont un corps large et aplati, des nageoires pectorales très développées, soudées sur toute leur longueur à la tête et au tronc. La nageoire caudale est petite, les dorsales très réduites. La bouche et les fentes branchiales sont situées sur la face ventrale du poisson, qui, lorsqu'il est posé sur le fond, respire par de petites ouvertures dorsales, ou spiracles. La plupart des espèces vivent sur ou près du fond et se nourrissent de mollusques et de crustacés.

Les hypotrèmes produisent des œufs qui peuvent être abandonnés dans les flots, protégés par une capsule cornée, ou se développer et éclore dans les voies génitales de la mère, qui met alors bas des jeunes entièrement formés et actifs.

Poisson-scie, *Pristis pectinata* EN
Distribution : océans tropicaux et tempérés
Habitat : eaux côtières peu profondes
Taille : 7,70 m

Répandu au large de la côte atlantique des États-Unis et de la côte de l'Afrique orientale, *Pristis pectinata* est la plus grande des 6 espèces de poissons-scies, dont il a la lame rostrale caractéristique, armée de chaque côté pour l'espèce de 24 à 32 dents d'égale longueur et le corps plus squaliforme que rajiforme, exceptions faites des nageoires pectorales élargies et des fentes branchiales ventrales.

Les poissons-scies vivent en eau peu profonde, sur le fond qu'ils fouillent de leur scie à la recherche de petits invertébrés. On avance qu'ils s'attaqueraient aux bancs de poissons, mais cette information n'est pas confirmée. Pris dans les filets, les poissons-scies causent de sérieux dommages.

Guitare de mer, *Rhinobatus lentiginosus*
Distribution : ouest de l'Atlantique
Habitat : eaux peu profondes, baies, estuaires
Taille : 76 cm

Commune le long de la côte atlantique américaine, de la Caroline-du-Nord au Yucatan, cette guitare de mer a un aspect qui la situe à mi-chemin entre le requin et la raie. Elle est longue et arrondie, avec des nageoires dorsales bien développées, mais les pectorales sont élargies, et les fentes branchiales ventrales. Benthique, elle se nourrit essentiellement de crustacés et de mollusques. Il existe environ 45 espèces de guitares de mer.

Pocheteau gris, *Raja batis*
Distribution : Atlantique jusqu'à l'Arctique, Méditerranée
Habitat : eaux profondes
Taille : 2,40 m

Recherché pour sa chair, le pocheteau gris est pêché en grandes quantités. On le rencontre de 30 à 60 m de profondeur ; seuls les jeunes s'aventurent en eaux moins profondes. Le corps de cette raie est aplati, avec de larges pectorales, une queue toute petite, parsemée, ainsi que la face ventrale, de petites épines ; les adultes montrent aussi des épines sur le bord antérieur (femelles) ou le dos (mâles).

Les raies sont des poissons de fond qui se nourrissent de poissons, de crabes, de homards et de pieuvres. Leurs œufs, déposés sur le fond, sont enclos dans une capsule cornée effilée à chaque coin. Les nouveau-nés mesurent environ 21 cm.

Pastenague, *Dasyatis americana*
Distribution : côte atlantique (du New Jersey au Mexique), golfe du Mexique, mer des Caraïbes
Habitat : eaux côtières peu profondes
Taille : 1,50 m d'envergure

Les pastenagues sont des raies presque rectangulaires, à queue longue et mince, et ne présentent ni dorsale ni anale. La base de la queue est armée d'une épine acérée, denticulée, dont la face inférieure sécrète un venin redoutable et qui peut être fatal, y compris pour les humains. L'épine caudale n'est pas mobile, mais, en projetant fortement sa queue, la pastenague peut la planter dans le corps de sa victime.

Les pastenagues vivent généralement enfouies dans le sable du fond ; elles se nourrissent de poissons, crustacés et mollusques, qu'elles broient entre leurs fortes dents aplaties. Les embryons, de 3 à 5, se développent dans les voies génitales de la femelle et mesurent environ 18 cm d'envergure à la naissance.

Aigle de mer commun ou Mourine, *Myliobatis aquila*

Distribution : est de l'Atlantique (de la Grande-Bretagne au Sénégal), Méditerranée, Adriatique
Habitat : eaux côtières
Taille : 1,80 m

Les aigles de mer sont de grands et gracieux poissons à longue queue mince, à nageoires agrandies en ailes. Ils se nourrissent sur le fond de crustacés et de mollusques ; ils semblent littéralement « voler » entre deux eaux.

Dans le nord de son aire, l'aigle de mer n'est guère visible qu'en été ; en hiver, il émigre vers le sud pour se reproduire. La femelle met bas jusqu'à 7 jeunes actifs. Ils sont nourris avant leur naissance par des sécrétions de la membrane utérine.

Raie-vampire ou Chauve-souris de mer, *Manta birostris*

Distribution : Atlantique (de la Caroline-du-Nord au Brésil, de Madère à l'Afrique occidentale)
Habitat : eaux côtières, haute mer
Taille : 5,20 m ; envergure, 6,70 m

Également appelée raie-diable géante, *Manta birostris* est la plus grande des raies actuelles. Elle présente d'énormes nageoires pectorales pointues, une courte dorsale et une queue assez courte également. La région de la tête est large et montre 2 appendices charnus de part et d'autre de la bouche. Ces nageoires céphaliques ont pour rôle de canaliser le courant planctonique vers la large bouche de l'animal.

Les raies-diables se nourrissent d'organismes planctoniques microscopiques qui sont tamisés par les arcs branchiaux. Elles consomment également des poissons et de gros crustacés. Les jeunes éclosent dans les voies génitales de la mère et naissent bien développés.

Torpille noire, *Torpedo nobiliana*

Distribution : Atlantique (de l'Écosse à l'Afrique du Sud, de la Nouvelle-Écosse à la Caroline-du-Nord), Méditerranée
Habitat : fonds océaniques
Taille : 1,80 m

Les torpilles sont capables d'infliger des décharges électriques de l'ordre de 70 à 220 volts, ce qui est suffisant pour paralyser ou assommer une proie, voire jeter un homme à terre. Leurs organes électriques, réniformes et disposés de part et d'autre de la tête, sont formés de tissus musculaires modifiés. Elles se nourrissent de poissons qu'elles enveloppent de leurs nageoires pectorales pour les paralyser.

Les femelles mettent bas des jeunes actifs, mesurant environ 25 cm à la naissance.

ORDRE DES CHIMÉRIFORMES : CHIMÈRES

Cet ordre rassemble 31 espèces de poissons cartilagineux, marins, répartis dans le monde entier. Les chimères ont le corps progressivement effilé et la queue terminée en flagelle. Les branchies s'ouvrent de part et d'autre par une unique fente branchiale recouverte par un repli cutané. Les mâles sont pourvus d'organes copulateurs.

Chimère commune, *Chimaera monstrosa*

Distribution : est et nord de l'Atlantique (de l'Islande aux Açores), Méditerranée
Habitat : eaux profondes
Taille : 1,50 m

C'est une espèce typique de l'ordre, avec sa nageoire dorsale proéminente, ses grandes pectorales triangulaires et ses gros yeux. L'aiguillon qui précède la dorsale est relié à une glande à venin. Le mâle est souvent plus petit que la femelle, et sa tête montre un appendice claviforme.

Les chimères se nourrissent d'astéries, de mollusques et de crustacés. Les œufs, enclos dans une capsule conique, se déposent sur le fond.

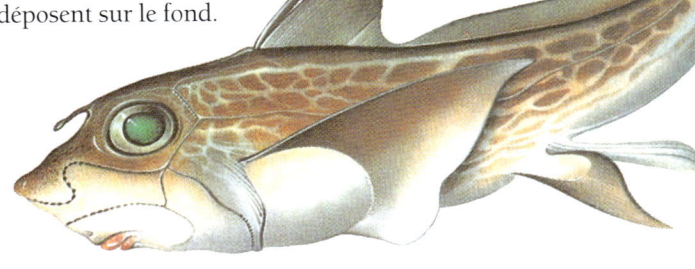

BICHIRS, ESTURGEONS, LÉPISOSTÉES ET AMIE

ORDRE DES POLYPTÉRIFORMES : POISSONS À NAGEOIRES LOBÉES OU BICHIRS

L'ordre compte une seule famille réunissant 11 espèces de poissons, tous dulçaquicoles et africains. Ces poissons montrent de nombreux caractères archaïques tels qu'une vessie natatoire faisant fonction de poumon.

Bichir, *Polypterus weeksi*

Distribution : Afrique centrale (cours supérieur du Congo)

Habitat : lacs et cours d'eau

Taille : 40 cm

Ce poisson long est couvert d'écailles en forme de losange. Comme les autres bichirs, *Polypterus weeksi* vit au bord des cours d'eau envahis par la végétation. Sa nageoire dorsale caractéristique est constituée de lobes ressemblant à des drapeaux et supportés par un rayon osseux. Les pectorales sont insérées sur des lobes charnus. Les bichirs se nourrissent de poissons et d'amphibiens.

ORDRE DES ACIPENSÉRIFORMES : ESTURGEONS

L'ordre compte 2 familles. Les acipenséridés (24 espèces) sont pour la plupart des poissons d'eau douce ou côtiers des régions tempérées, les espèces marines remontant les cours d'eau pour frayer. Le corps porte 5 rangées longitudinales d'écussons, osseux en principe. Les polyodontidés (2 espèces, toutes deux d'eau douce) ont le corps nu, sans écussons, le museau élargi et plus ou moins aplati.

Bélouga, *Huso huso* **EN**

Distribution : bassins de la Caspienne et de la mer Noire, Adriatique, mer d'Azov

Habitat : mer, cours d'eau

Taille : 5 m

C'est le géant de la famille : il peut atteindre 9 m et 1 300 kg. Le bélouga s'est raréfié, du fait de la pollution des cours d'eau qui influe sur la migration et de la pêche intensive dont il est l'objet. La récolte des œufs destinés à la fabrication du caviar est un autre facteur de raréfaction de ses populations, d'autant plus que la maturité sexuelle est tardive chez cette espèce (14 ans pour le mâle, 18 ans pour la femelle). Chaque femelle peut porter jusqu'à 7 millions d'œufs.

En hiver ou au printemps, les bélougas remontent les cours d'eau pour frayer sur les fonds rocheux. Dès la naissance, les jeunes entreprennent leur descente vers la mer ; ils se nourrissent de petits invertébrés de fond. En mer, les adultes sont piscivores et se nourrissent surtout de clupéidés et de cyprinidés.

Spatule américaine, *Polyodon spathula* **VU**

Distribution : États-Unis (bassin du Mississippi)

Habitat : grands cours d'eau et lacs

Taille : 2 m

La spatule américaine est un poisson à long museau élargi et aplati, qui nage la bouche grande ouverte et la mandibule tombante, pour tamiser les organismes planctoniques à l'aide de ses branchiospines ; elle referme périodiquement la bouche pour avaler. Son squelette est essentiellement cartilagineux, et sa peau montre quelques écussons dispersés.

Polyodon spathula fraye en avril et mai sur fond sableux ou graveleux. La femelle dépose les œufs, qui sont ensuite fécondés par le mâle et produisent une enveloppe adhésive grâce à laquelle ils s'enfoncent et se fixent. Le museau allongé est absent chez les nouveau-nés, mais se développe en l'espace de 2 ou 3 semaines. L'autre espèce, *Psephurus gladius*, vit en Chine, où elle est gravement menacée d'extinction.

Poissons : bichirs, esturgeons, lépisostées et amie 511

Esturgeon commun, *Acipenser sturio* **CR**

Distribution : côtes européennes (de la Norvège et de la Baltique à la Méditerranée et à la mer Noire)

Habitat : eaux peu profondes, cours d'eau

Taille : 3 m

De plus en plus rares en Europe, les esturgeons doivent être aujourd'hui protégés. Ils sont pêchés depuis des siècles pour leur chair et le frai de la femelle, à partir duquel on prépare le caviar. À cette pêche incontrôlée sont venus s'ajouter des facteurs aggravants, comme la pollution des cours d'eau et la construction de barrages.

Poissons de fond, les esturgeons se nourrissent d'invertébrés tels que vers, mollusques et crustacés, accessoirement de poissons. Au printemps, les esturgeons remontent les cours d'eau pour frayer. Une femelle de grande taille peut porter de 800 000 à 2 400 000 œufs noirs et visqueux, qu'elle dépose sur le gravier du fond et qui éclosent 1 semaine plus tard. Les jeunes demeurent jusqu'à 3 ans en eau douce, se nourrissant de larves d'insectes et de crustacés. Sur la côte atlantique de l'Amérique du Nord, on rencontre une espèce très voisine, sinon identique : *A. oxyrhynchus*.

ORDRE DES LÉPISOSTÉIFORMES : LÉPISOSTÉES

Toutes les formes modernes appartiennent au genre *Lepisosteus,* comptant 7 espèces, nord-américaines, surtout dulçaquicoles ; certaines supportent l'eau saumâtre, voire l'eau de mer. Ce sont des poissons à corps long, mâchoires allongées, pourvus d'une dorsale et d'une anale reculées et opposées. Leur corps est couvert d'écailles dures.

Lépisostée au long nez ou Brochet-lance, *Lepisosteus osseus*

Distribution : Amérique du Nord (du Québec et des Grands Lacs à la Floride et au Nouveau-Mexique)

Habitat : cours d'eau et lacs

Taille : 1,50 m

C'est l'espèce la plus abondante et la plus largement distribuée. Poisson vorace aux longues mâchoires armées de dents aiguës, il chasse à l'affût, masqué par la végétation. À l'approche d'un poisson ou d'un crustacé, il bondit sur sa proie.

Au printemps, ces poissons s'assemblent en eaux peu profondes pour frayer. Les œufs gluants se fixent sur les pierres ou la végétation. Les alevins ont un appareil adhésif sous le museau, qui leur sert à se fixer sur un objet flottant, jusqu'à ce que, leurs réserves de vitellus épuisées, ils se mettent à chasser.

ORDRE DES AMIIFORMES : AMIE

Une seule famille et une seule espèce demeurent pour représenter cet ordre autrefois constitué d'au moins 7 autres familles aujourd'hui éteintes. L'amie moderne partage plusieurs des caractéristiques anatomiques de ses cousins fossiles découverts en Europe, en Asie et en Amérique du Nord.

Amie américaine, *Amia calva*

Distribution : nord-est de l'Amérique

Habitat : rivières lentes, étangs

Taille : 91 cm

L'amie est un poisson à corps assez haut et comprimé, longue nageoire dorsale et queue arrondie. Un caractère archaïque : les

deux plaques osseuses situées sous la gorge. Les mâles sont généralement plus petits que les femelles et montrent à la base de la queue une tache sombre ocellée d'orange.

L'amie vit généralement dans les eaux lentes ou stagnantes, riches en végétation, qui sont donc très peu oxygénées. Elle compense ce grave déficit en oxygène en utilisant sa vessie natatoire comme un poumon. Elle se nourrit essentiellement de poissons et, accessoirement, d'écrevisses.

Au printemps, le mâle creuse un nid dans le fond, qu'il garnit de racines et de gravier. Il défend farouchement son territoire de nidification contre les autres mâles. Gardés par le mâle, les œufs – au nombre d'environ 30 000 – éclosent de 8 à 10 jours plus tard. Chaque larve se fixe sur le nid par une glande située sur la tête et vit sur ses réserves de vitellus. Quelque 9 jours plus tard, les alevins sont capables de nager et de se nourrir, mais leur père les surveille jusqu'à ce qu'ils mesurent environ 10 cm.

OSTÉOGLOSSIFORMES, ÉLOPIFORMES ET ALBULIFORMES

ORDRE DES OSTÉOGLOSSIFORMES

Les ostéoglosses sont des poissons d'eau douce tropicaux, répartis en Amérique du Sud, en Afrique occidentale, en Asie du Sud-Est et en Australasie, avec 2 espèces isolées en Amérique du Nord. Essentiellement prédateurs, ces poissons se nourrissent de poissons et d'insectes, et sont caractérisés par la présence d'un os lingual bien développé.

Sur les quelque 220 espèces de cet ordre, environ 200 appartiennent à une famille africaine : les mormyridés (mormyres).

Pirarucu, *Arapaima gigas* DD
Distribution : bassin de l'Amazone
Habitat : cours d'eau, marais
Taille : jusqu'à 4 m

C'est l'un des plus grands poissons d'eau douce du monde, puisque sa taille peut atteindre 5 m et son poids 200 kg. C'est un poisson au corps allongé, recouvert de grandes écailles (la tête est nue). Les nageoires dorsale et anale sont longues et basses, très reculées. Souvent présent dans les eaux à faible taux d'oxygénation, le pirarucu respire grâce à un vaste poumon résultant de la cellularisation très poussée de la vessie natatoire.

Les pirarucus frayent dans les eaux à fond sableux ; déposés dans une cavité creusée dans le fond, les œufs sont gardés jusqu'à leur éclosion.

Arawana, *Osteoglossum bicirrhosum*
Distribution : Amérique du Sud tropicale
Habitat : lacs, cours d'eau lents
Taille : 1 m

Ce poisson est aisément identifiable à ses barbillons mentonniers et à sa grande bouche, très oblique, dirigée vers le haut. Le dos est pratiquement aligné avec la tête, les nageoires dorsale et anale sont longues et basses.

L'arawana montre sur la mandibule une poche semblable à celle que portent les espèces du genre voisin, *Scleropages* – des poissons d'Australie et d'Asie du Sud-Est qui pratiquent l'incubation buccale des œufs ; on suppose donc que l'arawana procède de la même manière.

Hiodon alosoides
Distribution : Amérique du Nord (du sud du Canada au bassin du Mississippi)
Habitat : cours d'eau et lacs
Taille : 30,5 à 41 cm

Ce poisson est caractérisé par ses grands yeux dorés et les nombreuses petites dents qui tapissent sa bouche. De couleur argentée, il a l'allure d'un hareng, avec une longue nageoire anale. Généralement nocturne, il se nourrit essentiellement d'insectes et de leurs larves, ainsi que de petits poissons.

Mormyre à trompe d'éléphant, *Mormyrus kannume*
Distribution : Afrique (bassin du Nil)
Habitat : cours d'eau et lacs
Taille : 80 cm

Ce poisson a le museau allongé en trompe, ce qui lui vaut son nom commun. Tous ces mormyres sont dotés d'un énorme cerveau et semblent posséder de bonnes facultés d'apprentissage : proportionnellement, leur cerveau est de taille comparable à celui d'un humain. Ce poisson peut produire de faibles impulsions électriques et détecter la présence d'un obstacle ou d'un animal par l'intermédiaire de pores spécialisés de la région céphalique. Il se nourrit essentiellement de larves d'insectes.

Gymnarchus niloticus
Distribution : Afrique (cours supérieur du Nil, Ouest africain ; absent du bassin du Congo)
Habitat : marais, lacs
Taille : 90 cm à 1,50 m

C'est un poisson à corps allongé, dépourvu de nageoires anale, pelviennes et caudale ; la dorsale est longue et peu élevée. Il se propulse par des ondulations de la nageoire dorsale et peut nager à reculons en inversant le sens de ces ondulations. Capable de générer autour de lui un champ électrique, *Gymnarchus niloticus* détecte les déformations subies par ce champ et peut ainsi naviguer et chasser les poissons en eaux troubles.

À la saison des amours, cette espèce fabrique un nid de fibres végétales, dans lequel sont pondus environ 1 000 œufs. Les œufs sont gardés par les parents.

ORDRE DES ÉLOPIFORMES

Les 8 espèces de tarpons et de formes voisines sont regroupées en 2 familles. Ce sont des poissons marins ; certains pénètrent en eau saumâtre ou douce. Ils ressemblent au hareng, mais le corps est plus élancé et la queue est très échancrée.

Tarpon ou Roi d'argent, *Tarpon atlanticus*
Distribution : ouest de l'Atlantique (de la Nouvelle-Écosse au golfe du Mexique et au Brésil), est de l'Atlantique (au large de l'Afrique occidentale)
Habitat : eaux côtières et océaniques
Taille : 1,20 à 2,40 m

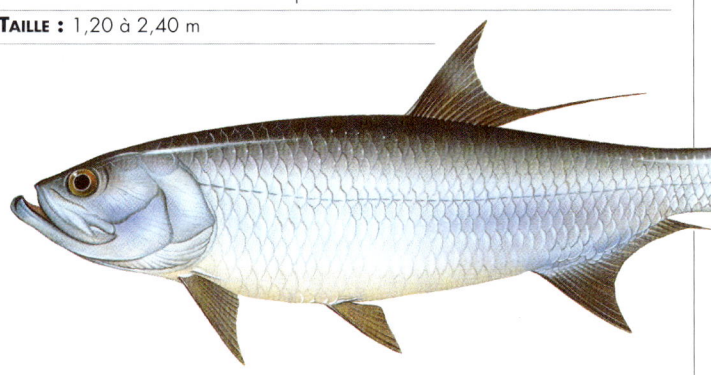

Cet énorme poisson argenté est caractérisé par son corps comprimé, couvert de grandes écailles, ses flancs aplatis, sa mandibule proéminente et sa nageoire dorsale à dernier rayon très allongé. Il se nourrit de poissons et de crabes.

Le tarpon est un poisson extrêmement prolifique : une femelle peut en effet porter plus de 12 millions d'œufs, qui sont dispersés dans la mer au moment de l'expulsion. Les larves dérivent vers le rivage et vivent dans les estuaires, les marais et les embouchures de rivières. Les tarpons ne sont sexuellement matures que vers 6 ou 7 ans.

Élops, *Elops saurus*
Distribution : zones tropicales de l'Atlantique, de l'ouest du Pacifique et de l'océan Indien
Habitat : eaux littorales, estuaires

Taille : 1,20 m

C'est un poisson fusiforme, bleu argenté, à écailles fines, nageoires relativement hautes et queue profondément échancrée. Il se nourrit essentiellement de poissons et de crustacés. Ses bonds et sa combativité en font un bon poisson de pêche sportive.

L'élops fraye en haute mer, mais les larves dérivent vers la côte et poursuivent leur développement dans les baies et les eaux saumâtres, voire en eau douce.

ORDRE DES ALBULIFORMES

Les 29 espèces de cet ordre sont réparties en 2 groupes : les albulidés, d'une part ; les notacanthidés et les halosauridés, d'autre part. Les premiers sont des prédateurs qui ressemblent aux tarpons et qui vivent dans les eaux profondes des mers tropicales. Les 25 espèces du second groupe, qui ont un corps allongé, sont généralement des poissons d'eau profonde, qui se nourrissent des petits invertébrés du fond des mers.

Banane de mer, *Albula vulpes*
Distribution : mers tropicales
Habitat : eaux littorales, surtout à fond plat et sableux
Taille : 90 cm

La banane de mer a un corps fuselé, couvert d'écailles sombres et argentées, à queue profondément échancrée. La bouche est petite, infère, terminée par un rostre conique. Ce poisson se nourrit en banc, la tête fouillant le fond à la recherche de palourdes, crabes et crevettes, la queue affleurant la surface.

Les minces larves anguilliformes dérivent vers les eaux littorales, où elles se métamorphosent en adultes.

Notacanthus chemnitzii
Distribution : Atlantique Nord (zones tempérées) et peut-être dans les zones tempérées des autres océans
Habitat : grands fonds
Taille : 1,20 m

Ce notacanthidé a un corps extrêmement allongé, et un museau arrondi qui déborde la bouche en position ventrale. Le dos et la partie située en avant de la nageoire anale portent une série de courtes épines pointues. *Notacanthus chemnitzii* est généralement brun à grisâtre. Les notacanthidés sont supposés se nourrir d'invertébrés de fond et essentiellement d'anémones de mer.

On connaît mal la biologie de cette espèce, que l'on rencontre assez rarement.

ANGUILLES, MURÈNES ET CONGRES

ORDRE DES ANGUILLIFORMES

Constitué de 15 familles totalisant plus de 730 espèces, l'ordre des anguilliformes regroupe des poissons tels que anguilles, murènes, congres et serpents de mer. L'ordre est représenté sur tout le globe, à l'exception des régions polaires, par des poissons marins pour la plupart, bien qu'il existe quelques espèces d'eau douce. Ce sont tous des poissons à corps long et fin, pourvus d'une dorsale et d'une anale très longues ; les nageoires pelviennes sont absentes. Toutes ces espèces pondent des œufs qui donnent naissance à de minces larves transparentes.

Murène à chaînons, *Echidna catenata*
DISTRIBUTION : ouest de l'Atlantique (des Bermudes au Brésil en passant par les Caraïbes)
HABITAT : eaux côtières
TAILLE : 90 cm

Les murènes du genre *Echidna* sont particulièrement abondantes dans le Pacifique et l'océan Indien, mais certaines vivent dans l'Atlantique tropical. La murène à chaînons est commune dans la mer des Caraïbes, où elle mène une vie sédentaire le long des côtes rocheuses et sur les récifs coralliens. Le corps est étonnamment marbré de noir brunâtre et de jaune ou de blanc ; les jeunes montrent beaucoup plus de marbrures claires.

Les murènes à chaînons sont caractérisées par la présence de dents aplaties, molariformes, qui leur permettent de broyer les coquilles ou les carapaces des mollusques et des crabes.

Murène méditerranéenne, *Muraena helena*
DISTRIBUTION : Méditerranée, est de l'Atlantique (des Açores et des îles du Cap-Vert au golfe de Gascogne)
HABITAT : côtes rocheuses
TAILLE : 1,30 m

Les quelque 100 espèces de murènes sont largement distribuées dans les océans tropicaux et tempérés. La murène méditerranéenne est typique de son groupe, avec son corps nu, orné de dessins, aux flancs quelque peu comprimés. Elle n'a aucune nageoire paire, mais dorsale et anale sont bien développées ; sa bouche est garnie de fortes dents pointues.

Vorace, la murène chasse généralement à l'affût, cachée dans une crevasse rocheuse et ne laissant dépasser que sa tête ; elle se nourrit surtout de poissons, de calmars et de seiches. Agressive, elle est capable d'infliger de cruelles blessures au nageur qui la dérangerait.

Les murènes frayent de juillet à septembre et abandonnent leurs œufs, qui flottent à la surface jusqu'à leur éclosion.

Anguille européenne, *Anguilla anguilla*
DISTRIBUTION : Atlantique Nord (des côtes de l'Islande à l'Afrique du Nord), Méditerranée, mer Noire, eaux douces d'Europe et d'Afrique du Nord
HABITAT : eaux côtières, estuaires, eaux douces (fleuves et rivières)
TAILLE : 50 cm à 1 m

Seul poisson serpentiforme à fréquenter les eaux douces, l'anguille européenne y est facilement identifiable. En mer, en revanche, on la reconnaît à ses nageoires pectorales arrondies, à sa dorsale qui débute en arrière de l'anale et à ses petites dents. Son corps est couvert de très petites écailles.

La maturité sexuelle approchant, l'anguille européenne gagne la côte et rejoint la mer des Sargasses (au milieu de l'Atlantique) pour y frayer, puis mourir. Après l'éclosion des œufs, les larves sont transportées par le Gulf Stream jusqu'aux rivages européens – une migration qui dure 3 ans. Là, elles se métamorphosent en jeunes semblables aux adultes, mais transparents (civelles). Les civelles pénètrent dans les estuaires, où elles acquièrent leur pigmentation ; elles peuvent alors remonter les cours d'eau, dans lesquels elles grandissent et parviennent à maturité, se nourrissant d'insectes, de crustacés et de poissons. Si elles sont brun jaunâtre à cette période, elles subissent une dernière transformation à l'approche de la maturité : le dos devient noirâtre, le ventre argenté.

Recherchée pour sa chair, l'anguille européenne est pêchée en grandes quantités. L'anguille américaine, *A. rostrata*, des côtes atlantiques de l'Amérique du Nord, ressemble à l'espèce européenne. Il ne faut que 1 an aux larves pour rejoindre les eaux côtières.

Congre, *Conger conger*
Distribution : Atlantique Nord, côtes de l'Islande à l'Afrique du Nord, Méditerranée
Habitat : eaux peu profondes, souvent près des rochers
Taille : 2,70 m

Ce grand poisson des côtes rocheuses est assez commun. Il a un corps nu et cylindrique. Les nageoires pectorales sont bien développées et l'origine de la longue dorsale est située au-dessus de l'extrémité postérieure des pectorales. La mâchoire supérieure déborde sur la mandibule. Le congre se nourrit de poissons, de crustacés (surtout de crabes) et de pieuvres.

L'adulte vit généralement en eaux peu profondes, mais émigre vers les grands fonds pour frayer. Les œufs donnent naissance à des larves transparentes qui flottent en surface pendant 1 ou 2 ans avant de se transformer en petits adultes.

ORDRE DES SACCOPHARYNGIFORMES

Cet ordre rassemble des anguilles d'eaux profondes, réparties en 26 espèces. La plupart de ces poissons ont une bouche et un pharynx de grandes dimensions, qui leur permettent d'attraper des proies plus grandes qu'eux. Pour attirer leur proie dans l'obscurité des eaux profondes de leur habitat, ils produisent de la lumière grâce à un organe situé à l'extrémité de leur queue.

Nemichthys scolopaceus
Distribution : Atlantique, Pacifique et océan Indien (mers tempérées et tropicales)
Habitat : haute mer, jusqu'à 1 000 m de profondeur
Taille : 1 à 1,20 m

Habitué des grandes profondeurs, *Nemichthys scolopaceus* est un poisson à corps très long et mince. Les nageoires dorsale et anale longent la quasi-totalité du corps. Les longues mâchoires sont retroussées en une sorte de bec et garnies de dents pointues, recourbées vers l'arrière, qui constituent des pièges extrêmement efficaces pour attraper les poissons et les crustacés.

On connaît encore très mal la biologie de ce poisson pourtant assez commun.

Grandgousier,
Eurypharynx pelecanoides
Distribution : zones tempérées-chaudes et tropicales des océans (surtout Atlantique)
Habitat : grandes profondeurs (1 400 m et davantage)
Taille : 61 cm

Ce poisson abyssal a une allure très caractéristique, avec son long corps mince, terminé en fouet, et son énorme bouche. Malgré ses piètres talents de nageur, il parvient à se procurer des proies d'assez grande taille. On pense qu'il nage la bouche grande ouverte et engouffre au passage poissons et crustacés qui passent à sa portée.

HARENGS, SARDINES, ALOSES ET ANCHOIS

ORDRE DES CLUPÉIFORMES : HARENGS

Cet ordre est composé de 5 familles. Alors que les denticipidés ne comptent qu'une seule espèce, les chirocentridés se répartissent entre 2 espèces. Les engraulidés regroupent les anchois, tandis que les clupéidés, de loin les plus nombreux et les plus importants sur le plan commercial, rassemblent harengs, sardines, sprats et aloses, soit plus de 180 espèces répertoriées. À eux seuls, harengs, sardines et anchois constituent une forte proportion du volume mondial de la pêche. Pêchées à l'excès, certaines populations, dont celle du hareng de la mer Noire, ont fortement décliné.

Les clupéidés sont pour la plupart des poissons marins et grégaires vivant près de la surface, en haute mer ou dans les eaux littorales. Les populations locales de certaines espèces retournent chaque année vers les mêmes sites de ponte, d'où un certain isolement génétique qui a conduit à la constitution de sous-espèces distinctes. Le clupéidé typique se nourrit de plancton, qui est tamisé par ses longues branchiospines ; il a le ventre comprimé, le corps couvert de grandes écailles argentées qui scintillent au soleil. Le bord de l'abdomen est rétréci en carène recouverte d'écailles en chevron, formant une crête en dents de scie.

Alose feinte ou Finte, *Alosa fallax* DD
Distribution : Atlantique, du Maroc à la Scandinavie
Habitat : haute mer, eaux côtières, estuaires
Taille : 55 cm

Ce poisson a un corps massif couvert de grandes écailles fragiles. Il se distingue essentiellement de l'alose vraie, *A. alosa*, par le nombre de branchiospines insérées sur le premier arc branchial – de 40 à 60 pour l'alose feinte, contre 80 à 130 pour l'alose vraie. L'espèce se nourrit de crustacés et petits poissons.

Elle remonte les cours d'eau soumis à l'influence de la marée pour frayer, mais la pollution a fortement affecté ces migrations dans certaines régions. Les aloses feintes frayent la nuit, et leurs œufs sont déposés sur le gravier du fond. Les nouveau-nés redescendent lentement vers la mer.

Alosa pseudoharengus
Distribution : côte atlantique de l'Amérique du Nord, Grands Lacs
Habitat : eaux côtières, cours d'eau
Taille : 38 cm

Bien qu'essentiellement marine, cette alose remonte les cours d'eau pour frayer et se rencontre souvent en eau douce. Elle entreprend sa migration en février et a généralement rejoint la mer vers le mois de mai.

Il existe quelques populations exclusivement dulçaquicoles et lacustres de cette espèce, par exemple dans les Grands Lacs. Ces aloses sont plus petites que les formes marines et se nourrissent essentiellement de plancton et de petits poissons.

Sardine ou Pilchard, *Sardina pilchardus*
Distribution : côtes européennes, Méditerranée, mer Noire
Habitat : haute mer, eaux côtières
Taille : 25 cm

Le corps est plus arrondi et les écailles sont plus grandes que chez le hareng. Les opercules sont distinctement marqués de crêtes rayonnantes. Les sardines se déplacent en bancs à la surface et effectuent des migrations saisonnières, vers le nord en été, vers le sud en hiver. Elles frayent au printemps et en été, après quoi elles rejoignent généralement des eaux moins profondes. Les jeunes se nourrissent essentiellement de plancton végétal, les adultes de plancton animal.

Les sardines revêtent une grande importance commerciale. *Sardinops*, un genre très voisin, est présent au large du Chili, du Pérou, de l'Afrique du Sud, du Japon, de l'Australie et le long de la côte du Pacifique, aux États-Unis.

Hareng de l'Atlantique, *Clupea harengus*

Distribution :	Atlantique Nord
Habitat :	haute mer, eaux côtières
Taille :	41 cm

Sous-espèce nominale de *Clupea harengus*, *C. harengus harengus* se subdivise en un certain nombre de populations ayant chacune leurs caractéristiques et leur saison de reproduction propres. Certains populations frayent dans les eaux peu profondes des baies, d'autres au large. Les œufs se déposent en couche sur le fond. Les larves nouveau-nées, longues de 5 mm environ, viennent nager en surface en vastes bancs et se rencontrent généralement dans les eaux littorales au cours de la première année. Les adultes nagent également en surface.

Le hareng se nourrit de plancton animal (il sélectionne au fil de sa croissance des animalcules planctoniques différents), de petits crustacés et de petits poissons. Ses immenses bancs sont exploités par de nombreux oiseaux, poissons et mammifères marins, et par l'homme. Au point de vue économique, le hareng est le poisson le plus important au monde. La sous-espèce du Pacifique, *C. harengus pallasi*, est très voisine du hareng de l'Atlantique et a les mêmes mœurs que lui.

Dorab, *Chirocentrus dorab*

Distribution :	Pacifique et océan Indien (de la mer Rouge à l'Australie)
Habitat :	eaux de surface, mers peu profondes
Taille :	3,70 m

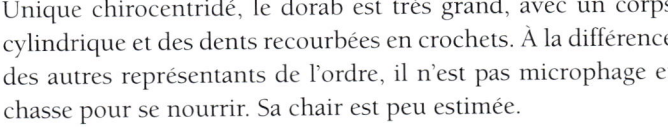

Unique chirocentridé, le dorab est très grand, avec un corps cylindrique et des dents recourbées en crochets. À la différence des autres représentants de l'ordre, il n'est pas microphage et chasse pour se nourrir. Sa chair est peu estimée.

Brevoortia tyrannus

Distribution :	côte atlantique nord-américaine
Habitat :	eaux de surface
Taille :	46 cm

Ce poisson abondant se déplace en banc de centaines de milliers d'individus, vers le nord au printemps et en été, et vers les eaux plus chaudes du Sud en hiver. L'adulte a une grosse tête, des écailles à bord rectiligne et des dents à bord libre, formant peigne. *Brevoortia tyrannus* est toujours marqué, en arrière de la tête, d'une tache noire et de plusieurs taches, plus petites, sur le haut des flancs. Il consomme indistinctement tous les animalcules planctoniques. De sa chair grasse, on extrait une huile ; on transforme également cette chair en nourriture pour poissons et en engrais.

Ce poisson est la proie de nombreux prédateurs – oiseaux, requins, morues ou mammifères marins – et est donc souvent utilisé comme appât.

Anchois, *Engraulis encrasicolus*

Distribution :	mers d'Europe
Habitat :	eaux de surface
Taille :	20 cm

La famille des engraulidés rassemble 110 espèces des mers tempérées à tropicales du globe. La tête de l'anchois a une forme pointue caractéristique, avec une mandibule raccourcie et une très grande bouche. Le corps est arrondi. Les anchois servent de nourriture à de nombreux animaux marins, dont le thon. Également appréciés des humains, ils sont pêchés en grandes quantités, en particulier le long des côtes du Pérou.

L'anchois est un poisson très fin, couvert de grandes écailles fragiles. Il se déplace en banc de plusieurs milliers d'individus et se nourrit d'animaux planctoniques, en particulier de petits crustacés, de larves d'insectes et d'invertébrés. S'il passe l'hiver au large des côtes, l'anchois vient dans les eaux littorales en été pour frayer. La femelle pond 10 000 à 20 000 œufs, qui éclosent au bout de 2 à 4 jours. Œufs et larves flottent à la surface de l'eau.

E. mordax, commun dans le Pacifique, ressemble à l'espèce européenne.

GONORYNCHIFORMES ET CYPRINIFORMES

ORDRE DES GONORYNCHIFORMES

Cet ordre est composé d'environ 35 espèces de poissons qui vivent le plus souvent dans les eaux douces de l'Afrique tropicale, et dans celles du Pacifique et de l'océan Indien.

Outre la famille des chanidés, dont *Chanos chanos* est le représentant le plus grand et le plus important, l'ordre des gonorynchiformes compte également les knériidés, qui rassemblent 27 espèces de poissons des eaux fraîches et rapides d'Afrique ; les mâles de cette famille portent sur l'opercule un double appareil adhésif qui leur permet de se coller latéralement à la femelle au moment de la ponte.

Chanos chanos
Distribution : océan Indien et zone tropicale du Pacifique
Habitat : haute mer, côtes, estuaires ; occasionnellement en eau douce
Taille : 1,80 m

Bon nageur, ce poisson a une queue pointue et une nageoire dorsale haute. Dépourvu de dents, il se nourrit de matière phytoplanctonique. Ce poisson de haute mer vient frayer dans les eaux côtières et s'aventure même parfois en eau douce. Une femelle peut pondre jusqu'à 6 millions d'œufs par saison.

Chanos chanos est très recherché pour sa chair en Asie du Sud-Est, et alimente une industrie active dans certaines régions de l'Indonésie et des Philippines, où les nouveau-nés sont souvent élevés dans les étangs côtiers.

ORDRE DES CYPRINIFORMES

Cet ordre, qui rassemble environ 2 700 espèces de poissons d'eau douce, comprend notamment les carpes, les barbeaux, les gardons, les goujons et les loches. Ces poissons vivent dans les lacs et les cours d'eau d'Eurasie et d'Amérique du Nord ; certains se retrouvent aussi en Afrique. Les cypriniformes ont le corps couvert d'écailles et la tête nue ; ils ont une seule nageoire dorsale ; leur vessie natatoire est reliée à l'oreille interne, ce qui accroît leur acuité auditive. Parmi les 5 familles de cypriniformes, les cyprinidés (carpes), qui comptent environ 2 000 espèces, sont les plus nombreux.

Vandoise, *Leuciscus leuciscus*
Distribution : Asie et Europe du Nord (de l'Irlande à la Sibérie, au nord vers la Suède, au sud vers le sud de la France)
Habitat : fleuves et rivières
Taille : 15 à 30 cm

Le corps est mince, le bord de la dorsale et de l'anale est caractéristiquement concave. La vandoise se déplace en grand banc et se nourrit d'insectes et de leurs larves, de matière végétale, ainsi que d'araignées et autres invertébrés terrestres tombés à l'eau. Il existe des populations lacustres.

La vandoise fraye au printemps, souvent sur fond graveleux, généralement après s'être assemblée en grand nombre sur les sites de ponte. Les œufs se logent parmi le gravier et éclosent environ 25 jours plus tard.

Carpe, *Cyprinus carpio*
Distribution : originaire du sud de l'Europe et du bassin de la mer Noire ; introduite en Europe du Nord, en Amérique, en Australie, en Nouvelle-Zélande et dans certaines régions d'Asie et d'Afrique
Habitat : lacs et cours d'eau de basse altitude
Taille : 51 cm à 1 m

Elle appartient à la grande famille dulçaquicole des cyprinidés. Le corps est élevé, couvert de grandes écailles, sauf chez

les créations artificielles : la carpe cuir, dépourvue d'écailles, et la carpe miroir (représentée ici), à quelques grandes écailles seulement sur les flancs et à la base de la dorsale.

La carpe habite les eaux calmes ou à courant lent, avec fond vaseux et végétation dense, et tolère un très faible taux d'oxygénation. Elle se nourrit surtout de crustacés, de larves d'insectes et de mollusques, accessoirement de graines ou d'algues.

Le frai a lieu au printemps et en été. Les œufs sont pondus en eau peu profonde et se fixent sur la végétation aquatique jusqu'à leur éclosion.

Poisson rouge, *Carassius auratus*

DISTRIBUTION : originaire d'Asie et d'Europe de l'Est ; introduit mondialement dans les régions tempérées

HABITAT : pièces d'eau riches en végétation, lacs

TAILLE : jusqu'à 30,55 cm

Cette espèce est très familière en tant que poisson ornemental. C'est un cyprinidé typique par la forme du corps et les dents

insérées sur les os pharyngiens, mais l'avant de la dorsale et de l'anale porte une forte épine.

Les poissons rouges frayent en été parmi la végétation aquatique. Les œufs se fixent sur les plantes et éclosent au bout de 1 semaine environ.

Barbeau commun, *Barbus barbus*

DISTRIBUTION : Europe (Grande-Bretagne, vers le sud jusqu'aux Alpes et aux Pyrénées, vers l'est jusqu'à la Hongrie)

HABITAT : région moyenne des cours d'eau

TAILLE : 50 à 91 cm

C'est un cyprinidé long et fuselé, à dorsale haute, de forme caractéristique, à 4 barbillons à la lèvre supérieure. Ce poisson de fond est particulièrement actif la nuit et au crépuscule ; il se nourrit de larves d'insectes, de mollusques et de crustacés.

Les barbeaux frayent en fin de printemps, souvent après une migration qui les conduit vers le cours supérieur des rivières. Les œufs sont pondus en eau peu profonde, sur fond graveleux ; ils se déposent parmi les pierres et éclosent de 10 à 15 jours plus tard.

Barbus tor

DISTRIBUTION : nord de l'Inde

HABITAT : varié (des eaux très lentes aux ruisseaux rapides de montagne)

TAILLE : 1,20 m

Ce cyprinidé au corps massif, couvert de grandes écailles, est commun dans son aire de distribution. Il se nourrit d'invertébrés, et particulièrement de mollusques, mais aussi d'algues et autres plantes aquatiques.

Barbeau-tigre ou Barbus de Sumatra, *Barbus tetrazona*

DISTRIBUTION : Sumatra, Bornéo

HABITAT : rivières et ruisseaux

TAILLE : 7 cm

C'est un tout petit cyprinidé à la robe annelée de 4 bandes noires et aux nageoires dorsale et ventrales marquées de rouge. Bien qu'assez agressif, le barbeau-tigre est recherché comme poisson d'aquarium.

Tanche, *Tinca tinca*

DISTRIBUTION : Europe (Grande-Bretagne, sud de la Suède et du Danemark, vers le sud jusqu'aux régions méditerranéennes, vers l'est jusqu'à l'Asie centrale) ; introduite en Nouvelle-Zélande, Australie, Amérique du Nord

HABITAT : lacs, étangs, parfois cours d'eau lents de basse altitude

TAILLE : jusqu'à 70 cm

La tanche se distingue par un corps lourd, très épais, des nageoires arrondies, de petites écailles revêtues d'un épais mucus. Chez les mâles, les nageoires pelviennes sont plus longues et leur deuxième rayon s'épaissit, devenant plus fort que les autres. La tanche se nourrit sur le fond, surtout de larves d'insectes, de mollusques et de crustacés ; elle tolère les eaux faiblement oxygénées.

Le frai a lieu en eau peu profonde, au printemps et en été. Les œufs, souvent pondus sur la végétation aquatique, éclosent au bout de 6 à 8 jours.

CYPRINIFORMES SUITE

Brème commune, *Abramis brama*
Distribution : nord de l'Europe (Grande-Bretagne, France, vers l'est jusqu'au centre de la Russie)
Habitat : rivières lentes, étangs et lacs
Taille : 40,5 à 62 cm

La brème a le corps haut et comprimé, le dos arrondi. Le bord de la nageoire anale est caractéristiquement concave. La tête est proportionnellement petite, et la bouche allongée en tube de manière à pouvoir saisir sur le fond larves d'insectes, mollusques et vers, mais également débris végétaux. Généralement nocturne, la brème vit en banc.

Le frai des brèmes a lieu en fin de printemps ou en été, généralement en eau peu profonde, comportant une abondante végétation. Les œufs se fixent sur les plantes immergées et éclosent environ 12 jours plus tard.

Gardon commun, *Rutilus rutilus*
Distribution : Europe, Asie occidentale (de l'Angleterre au centre de la Russie, du nord de la Suède à la mer Noire et à la Caspienne)
Habitat : cours d'eau de basse altitude, lacs
Taille : 35 à 46 cm

Très commun et répandu, le gardon tolère les eaux mal oxygénées, faiblement polluées ou même saumâtres. Sa présence presque exclusive dans certaines eaux en fait la proie favorite des oiseaux et mammifères piscivores autant que des poissons.

Joliment coloré, le gardon a un corps relativement haut et une petite tête. Sa nourriture est en partie animale : larves d'insectes, mollusques, crustacés, et en partie végétale.

Il fraye en eau peu profonde bien fournie en végétation. Les œufs se fixent sur les plantes et éclosent de 4 à 10 jours plus tard ; en revanche, le rythme de croissance des larves varie énormément en fonction des conditions.

Goujon commun, *Gobio gobio*
Distribution : Europe (de la Grande-Bretagne au sud de la Suède, au sud jusqu'à la France, à l'est jusqu'à la Russie)
Habitat : cours d'eau rapides, lacs, étangs, marais
Taille : 10 à 20 cm

Poisson à corps arrondi et grosse tête, le goujon montre un bar-

billon à chaque coin de sa bouche à lèvres épaisses. C'est nettement un poisson de fond, qui se nourrit de larves d'insectes, de mollusques et de crustacés.

Il fraye la nuit en début d'été. Les œufs gluants se fixent sur les plantes et les rochers, et éclosent jusqu'à 4 semaines plus tard. Les jeunes se nourrissent de crustacés planctoniques.

Bouvière, *Rhodeus sericeus*
Distribution : nord et est de l'Europe (nord de la France, Allemagne, vers l'est aux bassins de la mer Noire et de la Caspienne) ; introduite en Amérique du Nord
Habitat : lacs, étangs, cours d'eau lents
Taille : 6 à 9 cm

Petit poisson à corps haut et comprimé, joliment coloré, la bouvière vit dans l'épaisse végétation du bord et tolère une eau faiblement oxygénée. Elle se nourrit de plantes et de petits invertébrés.

Le mode de reproduction des bouvières est des plus inhabituels. Les mâles en livrée de noce présentent toutes les couleurs de l'arc-en-ciel, et, chez la femelle, on voit se développer un tube de ponte qui lui sert à insérer les œufs dans les branchies d'un mollusque bivalve. Le mâle lâche sa laitance sur le mollusque, qui l'aspire avec l'eau de respiration. Les œufs se développent à l'intérieur du mollusque, à l'abri des prédateurs, pendant 2 ou 3 semaines ; 2 jours après l'éclosion, les jeunes abandonnent leur hôte sans que celui-ci ait subi le moindre dommage.

Vairon, *Phoxinus phoxinus*

Distribution : Europe, nord de l'Asie (des îles Britanniques vers l'est à la Sibérie, vers le sud aux Pyrénées, vers le nord à la Suède)

Habitat : ruisseaux et lacs

Taille : 9 cm ; rarement 12 cm

Ce petit poisson fusiforme a les flancs caractéristiquement marqués d'une ligne de taches sombres. Abondant, il vit l'été en eau peu profonde, en banc, près de la surface ; l'hiver, il rejoint les eaux plus profondes. Il se nourrit surtout de larves d'insectes et de crustacés, accessoirement de plantes.

Le frai a lieu en fin de printemps. Les mâles en livrée nuptiale ont le ventre rouge vif. Les vairons frayent sur fond graveleux. Les œufs déposés parmi les cailloux éclosent de 5 à 10 jours plus tard.

Carpe herbivore, *Ctenopharyngodon idella*

Distribution : Chine ; introduite en Asie du Sud-Est, en Russie, en Europe et aux États-Unis

Habitat : cours d'eau

Taille : 1 à 1,25 m

Originaire de Chine, elle a été introduite dans de nombreuses régions : en Asie du Sud-Est comme espèce commercialisée, en Europe et en Russie pour contrôler la végétation dans les canaux et les lacs-réservoirs. En réalité, si les adultes sont exclusivement herbivores, les jeunes se nourrissent de larves d'insectes et de crustacés.

La carpe herbivore fraye en été. Les œufs, qui flottent à la surface, doivent disposer d'une eau suffisamment chaude pour se développer correctement.

Campostoma anomalum

Distribution : est des États-Unis, vers l'ouest jusqu'au Minnesota et au Texas

Habitat : cours d'eau clairs

Taille : 10 à 18 cm

Il vit dans les petits cours d'eau peu profonds, où le courant est brisé par les pierres et les graviers du fond. Il se nourrit sur le fond de petites plantes, de larves d'insectes et de mollusques.

Au printemps, les nageoires dorsale et anale des mâles deviennent rouge vif et noir, et des tubercules de frai se développent sur la moitié supérieure du corps. Les mâles creusent une petite cavité dans le fond des cours d'eau, et les femelles y pondent leurs œufs.

Semotilus margarita

Distribution : Canada, nord des États-Unis, au sud jusqu'à la Virginie, au Wisconsin et au Montana

Habitat : rivières et lacs

Taille : 15 cm

Semotilus margarita est un petit poisson à museau obtus, arrondi à l'extrémité. Il se nourrit d'insectes, d'invertébrés planctoniques, voire de petits poissons.

À la saison des amours, le mâle choisit un territoire de reproduction sur le fond et le défend énergiquement contre les intrusions de ses congénères. Les femelles sont ensuite attirées vers ces lieux de frai.

Ptychocheilus oregonensis

Distribution : Amérique du Nord (système du fleuve Columbia, cours d'eau côtiers des États de l'Oregon et de Washington)

Habitat : lacs, cours d'eau lents

Taille : 90 cm à 1,20 m

Le genre *Ptychocheilus* (les « squawfishes » américains) rassemble les plus grands vairons nord-américains. *P. oregonensis* est un poisson long et élancé, qui vit sur le fond ou à son voisinage. Prédateur vorace, il se nourrit surtout de poissons, y compris de jeunes truites et saumons.

CYPRINIFORMES SUITE

Notropis cornutus
Distribution : sud du Canada, nord des États-Unis, vers le sud jusqu'au Colorado et à la Virginie
Habitat : cours d'eau clairs
Taille : 6 à 10 cm

Le genre rassemble le plus vaste groupe de cyprins américains (les « shiners »). *Notropis cornutus* est généralement présent dans les eaux à fort courant, parfois dans les lacs et leurs tributaires. Il se nourrit d'insectes terrestres et aquatiques, occasionnellement d'algues.

Au printemps ou en début d'été, les adultes viennent en bancs s'assembler sur les sites de frai des rivières. Les mâles en livrée nuptiale sont bleu vif, à nageoires rosâtres. Les femelles déposent leurs œufs dans une cavité peu profonde creusée dans le gravier du fond, où ils sont fécondés par le mâle.

Semotilus corporalis
Distribution : sud-est du Canada, États-Unis (côte atlantique, vers le sud jusqu'à la Virginie)
Habitat : rivières claires, lacs
Taille : 10 à 30,5 cm

Semotilus corporalis ressemble à un autre cyprin nord-américain, *S. atromaculatus*, mais s'en distingue par l'absence de tache noire à la base de la dorsale. Il se nourrit surtout d'insectes aquatiques, mais aussi de petits invertébrés. Les jeunes vivent en bancs dans les eaux peu profondes, alors que les adultes préfèrent les eaux plus profondes.

Au printemps, les mâles en livrée nuptiale ont les flancs légèrement rosés et portent sur la tête de petites projections verruqueuses. En eau calme et peu profonde, mâle et femelle construisent un nid à l'aide de cailloux qu'ils transportent dans leur bouche. Les œufs pondus sont recouverts de cailloux par le mâle, de manière qu'ils soient protégés durant l'incubation et jusqu'à l'éclosion.

Poisson-arlequin ou Rasbora, *Rasbora heteromorpha*
Distribution : Thaïlande, Malaisie, est de Sumatra
Habitat : rivières, lacs
Taille : 4,5 cm

Le poisson-arlequin est un très joli petit poisson, apprécié comme espèce d'aquarium. Dans son habitat naturel, il se déplace en banc et se nourrit de larves d'insectes.

À la saison de reproduction, la femelle attirée par le mâle choisit une plante aquatique à grandes feuilles ; elle dépose ses œufs visqueux sur la face inférieure d'une feuille, où ils se fixent et restent jusqu'à l'éclosion.

Catostomus commersoni
Distribution : Canada (du Labrador à la Nouvelle-Écosse), nord des États-Unis, au sud jusqu'à la Géorgie et au Nouveau-Mexique, à l'ouest jusqu'au Montana
Habitat : grandes rivières, lacs
Taille : 30,5 à 52 cm

Les catostominés, sous-famille à laquelle appartient cette espèce, ressemblent à nos cyprins européens, mais présentent une conformation particulière de la bouche, disposée pour la succion. *Catostomus commersoni* tolère une légère pollution et une eau mal oxygénée. C'est un poisson de fond, qui se nourrit de crustacés, larves d'insectes, mollusques et matière végétale.

Le frai a lieu au printemps. Les œufs, légèrement collants, sont déposés nuitamment sur le fond rocheux ou graveleux et légèrement recouverts de gravier déplacé par des mouvements vigoureux des parents.

Moxostoma macrolepidotum
Distribution : est et centre du Canada, États-Unis (des Grands Lacs à l'État de New York, vers le sud jusqu'à l'Arkansas et au Texas)
Habitat : rivières, ruisseaux, lacs
Taille : jusqu'à 61 cm

C'est l'une des 18 espèces de ce genre de catostominés. Les *Moxostoma* sont tous des poissons argenté à brun rougeâtre, à grosse tête et bouche adaptée à la succion. Ils se nourrissent surtout de larves d'insectes et de mollusques. *M. macrolepido-*

Poissons : Cypriniformes 523

tum affectionne les eaux claires et rapides et ne tolère pas les cours d'eau envasés ou pollués ; cette caractéristique est à l'origine de la raréfaction de l'espèce.

En avril ou mai, *M. macrolepidotum* émigre vers les ruisseaux ou les zones peu profondes des lacs pour frayer. La femelle pond de 10 000 à 50 000 œufs qu'elle abandonne sur le site ; ils éclosent au bout de 2 semaines. Les jeunes se nourrissent de micro-organismes planctoniques jusqu'à ce qu'ils atteignent une taille suffisante pour adopter le régime alimentaire des adultes.

Ictiobus cyprinellus

Distribution : sud du Canada, États-Unis (Dakota-du-Nord, vers l'est jusqu'à la Pennsylvanie, vers le sud au golfe du Mexique)

Habitat : grands cours d'eau, lacs

Taille : 1 m

Ictiobus cyprinellus est le plus grand des catostominés nord-américains. C'est un poisson puissant, à corps élevé, qui dans des conditions convenables peut se multiplier aux dépens d'autres espèces. Il est reconnaissable à sa longue dorsale et à sa grande bouche oblique dont la lèvre supérieure atteint presque le niveau des yeux. Il se nourrit de crustacés et de matière végétale, voire de larves d'insectes.

Le frai a lieu en avril ou mai. Les adultes se rassemblent en bancs et rejoignent des eaux peu profondes, riches en végétation. La femelle pond jusqu'à 500 000 œufs, qui se dispersent dans l'eau, puis se fixent sur les plantes et les débris végétaux. Ils éclosent jusqu'à 2 semaines plus tard. Les jeunes restent quelques mois sur le site de leur naissance et se nourrissent de plancton. Ils sont matures vers l'âge de 3 ans.

Loche franche ou Loche-pierre, *Noemacheilus barbatulus*

Distribution : de l'Angleterre au sud de la France

Habitat : rivières et ruisseaux rapides, lacs

Taille : 10 à 15 cm

C'est un indolent poisson de fond. La loche franche vit le jour cachée parmi les pierres, bien camouflée par son dessin irrégulier. Elle sort à la nuit tombée ou par temps couvert pour se nourrir de crustacés, de larves d'insectes ou de vers.

Le frai a lieu en avril ou mai. Les œufs visqueux se déposent sur les pierres et les plantes, et ils éclosent un peu plus de 2 semaines plus tard.

Kuhli ou Chenille, *Acanthophtalmus kuhlii*

Distribution : Thaïlande, Singapour, Sumatra, Java

Habitat : rivières

Taille : 8 cm

Le kuhli est un tout petit poisson au corps allongé, serpentiforme au dos marqué d'une dizaine de taches digitées. Les yeux sont recouverts d'une pellicule transparente. Le mâle est plus petit que la femelle. C'est un poisson craintif, qui vit exclusivement près du fond, souvent parmi la végétation dense, et qui est rarement visible à l'état sauvage. Le kuhli est une bonne espèce d'aquarium, très appréciée.

Loche de rivière ou Loche épineuse, *Cobitis taenia*

Distribution : Europe (dont est de l'Angleterre, sud de la Suède et pays méditerranéens), Asie centrale jusqu'à la Chine et au Japon

Habitat : lacs, canaux, rivières lentes

Taille : 11,5 cm

La loche de rivière est un poisson long, à corps latéralement comprimé. La tête est petite, avec 3 paires de courts barbillons et, au-dessous de chaque œil, 1 épine mobile généralement enfouie dans la peau. Sédentaire, la loche de rivière vit la plupart du temps dans la vase ou la végétation du fond et se nourrit de crustacés. Elle serait plus active au crépuscule et la nuit.

La période de frai débute en avril. On n'a pas d'informations concernant la reproduction de cette espèce. On sait seulement que les œufs se déposent sur les plantes et les algues.

CYPRINIFORMES SUITE

ORDRE DES CHARACIFORMES

Les quelque 1 400 espèces de characiformes vivent dans les eaux douces d'Amérique centrale, d'Amérique du Sud et d'Afrique. La plupart sont des prédateurs dotés de grands yeux et de nombreuses dents. Beaucoup d'espèces possèdent une petite nageoire adipeuse entre la nageoire dorsale et la queue. Les 10 familles qui composent cet ordre montrent une étonnante diversité. La famille la plus grande, celle des characidés, comprend les characins et les tétras, ainsi que les piranhas d'Amérique du Sud.

Jaraqui, *Semaprochilodus insignis*

Distribution : nord de l'Amérique latine (bassin de l'Amazone)
Habitat : fleuves et affluents
Taille : jusqu'à 35,5 cm

Les jaraquis, qui appartiennent à la famille sud-américaine des corimatidés, ressemblent beaucoup aux characins, mais sont dépourvus de la denture complexe de ces derniers. Le jaraqui se nourrit sur le fond de débris végétaux et autres matériaux de petite taille.

À la saison des crues, les adultes rejoignent le fleuve pour frayer dans les eaux limoneuses – la faible visibilité servant, à ce que l'on pense, de protection aux œufs contre les nombreux prédateurs. Le jaraqui rejoint ensuite un affluent et, généralement, la forêt inondée pour se nourrir. Plus tard dans l'année, les adultes descendront à nouveau vers le fleuve, après quoi ils rejoindront un affluent différent, le précédent étant réempoissonné par les jeunes emportés par le courant.

Curimbata, *Prochilodus platensis*

Distribution : centre de l'Amérique latine
Habitat : cours d'eau
Taille : 51 cm

Membre de la famille des curimatidés, le curimbata est un poisson abondant qui vit en énorme banc. Il se nourrit des détritus du fond et de matière végétale, sa petite bouche garnie de fines dents étant parfaitement bien adaptée à ce régime alimentaire. Les curimbatas effectuent de fréquentes migrations en direction du cours supérieur des cours d'eau pour frayer. Il semblerait que, parvenus sur les sites de frai, les mâles émettent des sons pour attirer les femelles, mais cela n'est pas confirmé. Les œufs dérivent au fil du courant jusqu'à se trouver en eau peu profonde, où ils demeurent pour se développer.

Piranha rouge, *Serrasalmus nattereri*

Distribution : nord de l'Amérique latine (bassin de l'Amazone)
Habitat : cours d'eau
Taille : jusqu'à 30,5 cm

Les piranhas sont des characidés carnivores. Poissons de petite taille, les piranhas rouges chassent en bancs énormes, qui constituent des meutes redoutables. Avec leurs fortes mâchoires armées de dents triangulaires, tranchantes comme des lames de rasoir, ils arrachent des morceaux de leur victime avec une terrible efficacité. En dépit de leur réputation de carnivores assoiffés de sang, les piranhas se nourrissent largement de poissons, de graines et de fruits ; ils s'attaquent, en revanche, aux animaux blessés, dont ils ne laissent que la carcasse.

Poisson-tigre ou Chien d'eau, *Hydrocynus goliath*

Distribution : Afrique (bassin du Congo, lac Tanganyika)
Habitat : fleuves, rivières, lacs
Taille : 1,50 à 1,80 m

C'est le plus grand characin. Le poisson-tigre a le corps allongé, entièrement écailleux, la nageoire caudale fourchue, bien développée. La mâchoire est équipée d'un petit nombre de grandes dents aiguës et d'une seconde rangée de dents de remplacement, à demi développées. Ce prédateur vorace se nourrit d'une large variété de petits poissons.

Pacu, *Colossoma nigripinnis*

Distribution : nord-est de l'Amérique du Sud
Habitat : cours d'eau
Taille : 70 cm

En dépit de son allure de piranha, le pacu est un poisson végétarien qui se nourrit de fruits et graines tombés en bordure d'eau, et que ses fortes mâchoires équipées de dents solides lui permettent de broyer.

Tétra rouge ou Poisson flamme, ou Tétra de Rio, *Hyphessobrycon flammeus*

Distribution : Amérique du Sud (région de Rio de Janeiro, au Brésil)
Habitat : zones marécageuses
Taille : 4,5 cm

Comme les autres *Hyphessobrycon*, le tétra rouge est un très beau characidé d'aquarium, à nageoires rouge vif et corps partiellement coloré de rouge. La bordure noire de l'anale des mâles est réduite ou absente chez les femelles.

Tétra cavernicole du Mexique, *Astyanax mexicanus*

Distribution : États-Unis (Texas, Nouveau-Mexique), Mexique, Amérique centrale, vers le sud jusqu'au Panama
Habitat : rivières côtières
Taille : 8 à 10 cm

Seul characin à vivre aux États-Unis, le tétra cavernicole du Mexique a une robe assez unie comparée à celle des tétras sud-américains. On le considère parfois comme une sous-espèce de *A. fasciatus*, dont certaines populations cavernicoles sont dépourvues d'yeux.

Tétra-néon ou Poisson-néon, *Pracheirodon innesi*

Distribution : nord de l'Amérique du Sud (cours supérieur du système de l'Amazone)
Habitat : fleuves et rivières
Taille : 4 cm

Le corps du tétra-néon est longitudinalement souligné d'une bande bleu vif ou vert bleuâtre et d'une seconde bande, rouge, dans la partie postérieure. Comme les autres tétras, c'est un characidé.

Triportheus elongatus

Distribution : nord de l'Amérique du Sud (bassin de l'Amazone)
Habitat : fleuves, rivières, forêts inondées
Taille : 20 à 28 cm

Le genre *Triportheus* regroupe des poissons à long corps comprimé et nageoires pectorales bien développées. *T. elongatus* est un poisson de surface, capable de se nourrir de fruits, de graines et d'invertébrés. Sa petite bouche garnie de nombreuses dents fines lui permet de saisir les invertébrés de surface, mais le contraint à se limiter aux fruits et graines tendres. Lorsque les fruits manquent, il consomme feuilles et fleurs. Il emmagasine des réserves graisseuses durant la saison où la forêt est inondée et où il dispose de nourriture en abondance ; il vit sur ces réserves en période de disette.

Boulengerella lucius

Distribution : nord de l'Amérique du Sud (bassin de l'Amazone)
Habitat : cours d'eau
Taille : 61 cm

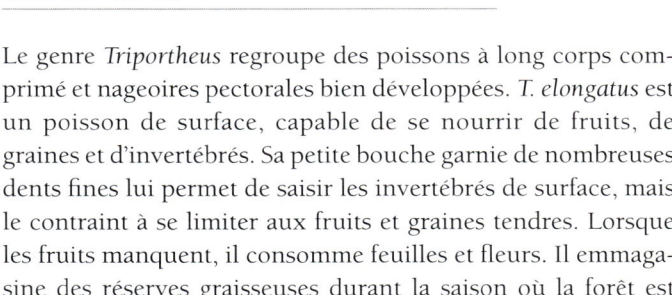

Le genre *Boulengerella* appartient à la famille des cténoluciidés – un petit groupe de poissons d'eau douce sud-américains. *B. lucius* est un prédateur à museau pointu et à longues mâchoires – dont la supérieure débordant sur la mandibule – garnies de dents aiguës.

Poisson-hachette commun, *Gasteropelecus sternicla*

Distribution : nord de l'Amérique latine
Habitat : cours d'eau
Taille : 6,5 cm

Ce poisson a une allure tout à fait caractéristique, avec son dos presque rectiligne et son ventre spectaculairement bombé. Comme les autres gastéropélécidés, le poisson-hachette est un véritable poisson volant d'eau douce. Il peut parcourir plusieurs mètres au-dessus de la surface de l'eau en battant bruyamment des « ailes », qui sont en fait ses nageoires pectorales sous-tendues par des muscles puissants.

Les poissons-hachettes se nourrissent en surface. Leur régime alimentaire est essentiellement composé d'insectes et de crustacés.

POISSONS-CHATS

ORDRE DES SILURIFORMES : POISSONS-CHATS

Ces poissons de fond dulçaquicoles doivent leur nom aux longs barbillons qui ornent le pourtour de leur bouche et leur servent à apprécier la présence et la qualité de la nourriture. Les poissons-chats ne sont absents que de l'extrémité occidentale de l'Europe, de la région arctique, de la pointe de l'Amérique du Sud, de la Nouvelle-Zélande et de certaines parties de l'Australie. Plus de 2 400 espèces de poissons-chats ont été répertoriées – certaines très petites, d'autres pouvant dépasser 1,50 m et 45 kg.

Les poissons-chats sont dépourvus d'écailles, mais celles-ci sont parfois remplacées par des écussons osseux qui forment une carapace protectrice.

Noturus gyrinus
Distribution : sud du Canada, États-Unis (du Dakota-du-Nord au Texas, de l'État de New York à la Floride)
Habitat : lacs, rivières calmes, étangs, marais
Taille : 10 cm

Ce petit poisson-chat est pourvu de glandes à venin insérées à la base de l'épine des pectorales et est identifiable, comme les autres espèces du genre, à la longue nageoire adipeuse qui orne son dos et qui se fond presque dans le lobe supérieur de la caudale. *Noturus gyrinus* affectionne les fonds envasés des cours d'eau riches en végétation et chasse souvent sous les pierres et les rondins. Il se nourrit de petits poissons, de crustacés et de larves d'insectes.

Il fraye en début d'été ; les œufs sont déposés dans une cavité peu profonde creusée dans le fond.

Bagrus docmac
Distribution : ouest et centre de l'Afrique
Habitat : cours d'eau lents, bras morts, lacs
Taille : 1 m

Bagrus docmac appartient à la famille pantropicale des bagridés – des poissons généralement fusiformes, à peau nue, à dorsale et pectorales armées d'une épine. *B. docmac* présente sur le dos une longue nageoire adipeuse. La tête est aplatie ; le lobe supérieur de la caudale montre une extension filamenteuse.

Prédateurs de fond, les adultes sont essentiellement piscivores, les jeunes se nourrissent de larves d'insectes et de crustacés. Dans son aire de distribution, *B. docmac* est une espèce dont la valeur commerciale est importante.

Ictalurus furcatus
Distribution : États-Unis (Minnesota et Ohio, vers le sud jusqu'au système du Mississippi et au golfe du Mexique), Mexique
Habitat : cours d'eau et lacs
Taille : 1,50 m

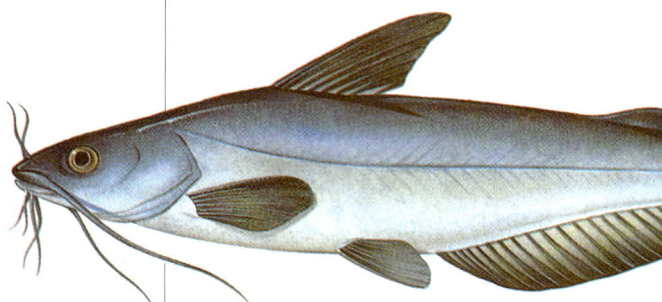

C'est un poisson-chat de la famille des ictaluridés, qui dominent en Amérique du Nord. *Ictalurus furcatus* peut dépasser les 45 kg ; c'est une espèce commerciale importante. Le corps est élancé, généralement bleu argenté mat, à ventre blanchâtre, caudale profondément échancrée et nageoire adipeuse. Plusieurs paires de barbillons entourent la bouche. Il fréquente des eaux plus rapides et plus claires que les autres poissons-chats, éventuellement les rapides et les chutes ; il se nourrit surtout de poissons et d'écrevisses.

I. furcatus dépose ses œufs dans un nid, à l'abri d'un rocher ou d'un tronc immergé d'un cours d'eau ou d'un lac. Les parents gardent le nid et les nouveau-nés.

Poisson-chat brun ou Bullhead brun,
Ictalurus nebulosus
Distribution : sud du Canada, est des États-Unis jusqu'à la Floride ; introduit dans l'ouest des États-Unis, en Nouvelle-Zélande et en Europe
Habitat : étangs et cours d'eau à fond vaseux
Taille : 30 à 46 cm

Les « bullheads » américains auxquels appartient cette espèce se distinguent essentiellement des autres pois-

sons-chats par leur caudale arrondie. De taille moyenne, le poisson-chat brun a un corps élancé, brunâtre marbré de clair, un ventre plus clair, une longue anale, une petite nageoire adipeuse et plusieurs barbillons autour de la bouche. On le trouve généralement sur le fond, parmi la végétation dense. Il se nourrit surtout d'invertébrés tels que larves d'insectes et mollusques, accessoirement de matière végétale et de poissons. De mœurs nocturnes, il repère ses proies au moyen de ses barbillons.

Le frai a lieu au printemps. Les œufs sont déposés dans une cavité peu profonde creusée dans la vase, et gardés par le mâle. Les nouveau-nés vivent en bancs, surveillés par l'un ou l'autre des parents, jusqu'à ce qu'ils mesurent 2,5 cm.

Bien que n'étant pas pêché commercialement, le poisson-chat brun a été largement introduit hors de son aire d'origine.

Silure glane ou Salut, *Silurus glanis*

Distribution : centre et est de l'Europe jusqu'au sud de la Russie ; introduit en Grande-Bretagne

Habitat : grands cours d'eau, lacs, marais, eaux saumâtres de la Baltique et de la mer Noire

Taille : 1 à 3 m

Ce grand poisson a un corps long, une tête très large et une longue anale. Le silure glane vit dans les eaux lentes ou stagnantes. Essentiellement nocturne, il passe le jour près du fond, caché parmi la végétation ou dans un trou. Il se nourrit surtout de poissons, mais aussi de grenouilles, d'oiseaux et de petits mammifères tels que le rat musqué.

Le frai a lieu en début d'été. Le mâle creuse un trou dans le fond ; la femelle y dépose ses œufs, puis les garde jusqu'à l'éclosion des jeunes, qui se nourrissent de plancton.

Poisson de verre, *Kryptopterus bicirrhis*

Distribution : Malaisie, Indonésie

Habitat : cours d'eau

Taille : 10 cm

Contrairement aux autres poissons-chats, le poisson de verre se déplace durant le jour, à la surface ou entre deux eaux, en petit banc. Mis à part les yeux et le sac viscéral, il est entièrement transparent, comme le suggère son nom commun, avec les flancs irisés. Il a une longue anale, une dorsale très petite, une caudale recourbée vers le bas.

Certains individus ont été observés dans une curieuse attitude : ils se tiennent en position verticale ou oblique, en équilibre sur le lobe inférieur de la nageoire caudale. Ces jolis poissons originaux sont appréciés pour agrémenter les aquariums.

Schilbe mystus

Distribution : ouest et centre de l'Afrique

Habitat : lacs et cours d'eau

Taille : 36 cm

Représentant d'une famille afro-asiatique de poissons-chats, *Schilbe mystus* a le corps nu, la bouche entourée de 4 paires de barbillons. L'anale est longue, la dorsale très réduite. Il vit généralement en eau peu profonde et se nourrit de petits poissons et de larves d'insectes. Il fraye durant la saison des pluies.

Si les petits spécimens sont réservés aux aquariums, les grands sont pêchés pour leur chair.

Poisson cristal africain, *Physailia pellucida*

Distribution : Afrique (partie supérieure du bassin du Nil)

Habitat : eaux douces

Taille : 10 cm

Comme l'indique son nom commun, c'est un poisson transparent, dont on peut clairement voir le squelette, les organes et les vaisseaux sanguins. L'anale est longue, la nageoire adipeuse très réduite, la dorsale absente. Le poisson cristal est une espèce très appréciée en aquariophilie.

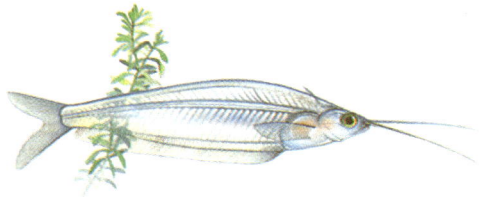

POISSONS-CHATS SUITE

Clarias batrachus
Distribution : Inde, Sri Lanka, Asie du Sud-Est ; introduit en Floride (États-Unis)
Habitat : eaux lentes, souvent eaux stagnantes
Taille : 30,5 cm

Cette espèce a la faculté de respirer l'air atmosphérique, ce qui lui permet de survivre à une désoxygénation de l'eau et de se déplacer sur la terre ferme. Cela est rendu possible grâce à la présence, comme chez les autres clariidés, d'un appareil respiratoire ramifié surmontant les arcs branchiaux et pourvu d'une riche vascularisation qui favorise l'oxygénation du sang.

Clarias batrachus possède un corps allongé, une dorsale et une anale longues, et plusieurs paires de barbillons. La peau est nue et recouverte d'un épais mucus qui protège le poisson lorsqu'il est hors de l'eau. Il vit dans la boue des étangs, même non recouverte d'eau en saison sèche. En cas d'assèchement total des plans d'eau, le poisson peut parfaitement se déplacer à terre en utilisant ses pectorales comme « jambes » et rejoindre une étendue d'eau. Il est également capable de s'enfouir dans le fond et d'estiver jusqu'au retour de la pluie. Il se nourrit d'invertébrés aquatiques et de poissons.

Silure géant, *Pangasianodon gigas* **EN**
Distribution : Chine, Asie du Sud-Est
Habitat : lacs et cours d'eau
Taille : jusqu'à 2,40 m

Le silure géant est une des quelque 25 espèces de pangasidés – une famille de poissons dulçaquicoles asiatiques. Ce poisson caractéristique, avec son dos aplati et son ventre fortement bombé, se distingue des autres membres de la famille par la disposition des yeux, qui sont insérés très bas sur la tête. Il est totalement dépourvu de dents.

Cette espèce remonte les cours d'eau pour frayer dans les lacs ou leurs tributaires.

Pangasius pangasius
Distribution : Inde, Myanmar, Thaïlande, Java
Habitat : cours d'eau et estuaires
Taille : 1,20 m

C'est un membre de la famille des pangasidés, à corps assez élancé, dos aplati et ventre bombé. La dorsale est courte, mais haute. Une seule paire de barbillons entoure la bouche. De mœurs nocturnes, à ce qu'il semble, il se nourrit sur le fond de détritus et d'invertébrés.

Silure électrique, *Malapterurus electricus*
Distribution : Afrique tropicale
Habitat : marais et roselières des cours d'eau
Taille : 20,5 cm à 1,20 m

Le silure électrique est un poisson à corps râblé, dépourvu d'écailles, sans nageoire dorsale, mais doté d'une nageoire adipeuse près de la queue. Le corps est marbré de taches noires irrégulières. La bouche est entourée de plusieurs paires de petits barbillons. Les jeunes sont caractéristiquement marqués d'une bande noire près de la nageoire caudale. Avec *M. microstoma*, une autre espèce d'origine africaine, le silure électrique constitue la famille des malaptéruridés.

Le silure électrique est pourvu d'un gros organe graisseux enveloppant les flancs, qui occupe la plus grande partie de la longueur du corps et lui permet de produire des décharges électriques de plusieurs centaines de volts, ce qui est amplement suffisant pour plonger un humain dans l'inconscience ; le poisson s'en sert pour se défendre contre les prédateurs ou pour étourdir des proies que son indolence naturelle ne lui permettrait probablement pas d'attraper sans cela.

Bagre marinus

Distribution : ouest de l'Atlantique (du cap Cod au Panama en passant par le golfe du Mexique)

Habitat : eaux côtières, baies, estuaires

Taille : 61 cm

C'est un représentant des ariidés, l'une des plus vastes familles de poissons-chats. *Bagre marinus* se caractérise par une longue nageoire dorsale, dont le premier rayon est allongé en mince filament. Le premier rayon des pectorales est allongé en une épine susceptible d'infliger de cruelles blessures. Deux paires de barbillons – l'une courte, l'autre longue et rubanée – entourent la bouche. S'il se montre nettement plus actif que la plupart des poissons-chats d'eau douce, *B. marinus* ne s'en nourrit pas moins essentiellement sur le fond, de crabes, de crevettes et de poissons.

Le mode de reproduction de ce poisson-chat est remarquable. Le frai a lieu en été ; après avoir fécondé les œufs, le mâle les conserve dans sa bouche jusqu'à leur éclosion. Au nombre de 10 à 30, les œufs empêchent le poisson de se nourrir durant toute la période de l'incubation. Même après l'éclosion, les jeunes utilisent la bouche des parents comme abri durant plusieurs semaines.

Arius felis

Distribution : ouest de l'Atlantique (du cap Cod au Panama ; rare au nord de la Virginie)

Habitat : eaux côtières, estuaires

Taille : 30,5 cm

Arius felis est un représentant de la famille marine des ariidés. C'est un poisson à corps allongé et élancé, à dorsale courte et haute, et caudale profondément échancrée. Surtout actif de nuit, il se nourrit de crabes, accessoirement de crevettes et de poissons. Il se déplace en vaste banc ; ces poissons assemblés font entendre une sorte de bourdonnement, qu'ils produisent en faisant vibrer leur vessie natatoire au moyen de muscles spécialisés.

Le frai a lieu en été ; le mâle recueille les œufs dans sa bouche et les y conserve durant toute la période d'incubation, ce qui le force à jeûner. Les jeunes utilisent la bouche de leur père comme abri après l'éclosion.

Poisson-chat à ventre noir, *Synodontis nigriventris*

Distribution : Afrique (bassin du Congo)

Habitat : rivières

Taille : 6 cm

La famille des mochokidés, à laquelle appartient le poisson-chat à ventre noir rassemble environ 150 espèces de poissons dulçaquicoles africains à corps dépourvu d'écailles, à nageoires généralement longues, à queue fourchue et à plusieurs paires de barbillons.

Si plusieurs poissons de la famille sont susceptibles de nager durant un certain temps sur le dos, celui-ci se déplace couramment dans cette position, probablement pour se nourrir commodément des algues qui poussent sur la face inférieure des feuilles ; les jeunes nagent en position normale, pour adopter de plus en plus fréquemment la position inversée au fur et à mesure de leur croissance.

Les mœurs originales de ce poisson en font une espèce recherchée des aquariophiles.

Cuiu-cuiu, *Oxydoras niger*

Distribution : Amérique du Sud (bassin de l'Amazone)

Habitat : cours d'eau, lacs, forêts inondées

Taille : 1,20 m

Le cuiu-cuiu est l'une des quelque 130 espèces de doradidés – une famille de poissons-chats sud-américains dont les flancs montrent des rangées de plaques osseuses, épineuses pour la plupart ; le premier rayon de la dorsale et des pectorales est une épine denticulée.

Poisson de fond assez indolent, le cuiu-cuiu est dépourvu de dents et se nourrit de larves d'insectes qu'il extrait de la vase ou des feuilles en décomposition.

POISSONS-CHATS SUITE

Chat de mer rayé, *Plotosus lineatus*

Distribution : océans Indien et Pacifique (de l'est de l'Afrique au Sri Lanka et à l'Asie du Sud-Est)

Habitat : eaux côtières, estuaires, récifs

Taille : 30 cm (en aquarium)

C'est l'une des espèces anguilliformes de la zone indo-pacifique. Le chat de mer rayé a le corps allongé et 2 nageoires dorsales – l'une derrière la tête, l'autre confondue avec la caudale et l'anale. Les épines de la dorsale et des pectorales peuvent infliger des blessures douloureuses. Plusieurs paires de barbillons entourent la bouche.

Les jeunes de l'espèce sont caractéristiques, avec leur corps longitudinalement rayé de bandes claires du museau à la queue. Les poissons plus âgés ont le dos brun, le ventre brun clair à blanc.

Tandanus tandanus

Distribution : sud et est de l'Australie

Habitat : cours d'eau

Taille : 61 cm

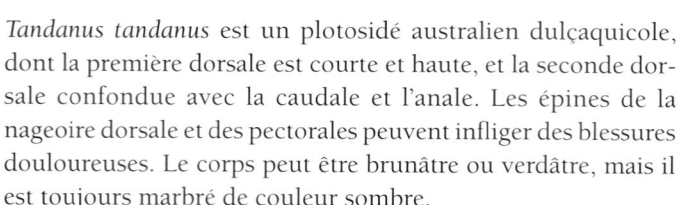

Tandanus tandanus est un plotosidé australien dulçaquicole, dont la première dorsale est courte et haute, et la seconde dorsale confondue avec la caudale et l'anale. Les épines de la nageoire dorsale et des pectorales peuvent infliger des blessures douloureuses. Le corps peut être brunâtre ou verdâtre, mais il est toujours marbré de couleur sombre.

Plusieurs paires de barbillons entourent la bouche et servent au poisson-chat à trouver sa nourriture, composée essentiellement d'invertébrés tels que moules, crevettes et vers.

À la saison des amours, les œufs sont pondus dans un nid circulaire creusé dans le sable ou le gravier et gardés par l'un des parents, généralement le mâle.

Mandi, *Pimelodus blodii*

Distribution : Amérique du Sud (bassin de l'Amazone)

Habitat : cours d'eau, forêts inondées

Taille : 20 cm

Le mandi est l'une des quelque 300 espèces de pimélodidés sud-américains. C'est un poisson tout à fait typique de la famille, avec un corps dépourvu d'écailles, 3 paires de barbillons entourant la bouche, dont l'une est presque aussi longue que le poisson lui-même.

Surtout actif la nuit ou au crépuscule, ce poisson utilise ses barbillons pour trouver sa nourriture. Contrairement à la plupart des poissons-chats, qui fréquentent le fond, le mandi se nourrit à la fois à la surface, de fruits et de graines tombés à l'eau, et sur le fond, de détritus et de feuilles en décomposition ; il consomme également des invertébrés.

Surubim, *Pseudoplatystoma fasciatum*

Distribution : Amérique du Sud (bassin de l'Amazone)

Habitat : cours d'eau, lacs, forêts inondées

Taille : 50 à 90 cm

Le surubim fait partie de la famille des pimélodidés. Il a un museau allongé, un corps élancé, marqué de bandes sombres irrégulières et de taches sombres sur les nageoires et le nez. La distribution de ces marques varie considérablement.

Comme la plupart des poissons-chats, c'est un poisson de fond supposé se nourrir essentiellement d'invertébrés, qu'il trouve au moyen des paires de barbillons entourant sa bouche. À la différence de nombreux poissons amazoniens, il ne semble pas consommer de matière végétale.

Vieja, *Plecostomus commersonii*

Distribution : Amérique du Sud (sud du Brésil, Uruguay, Paraguay, nord de l'Argentine)
Habitat : cours d'eau
Taille : 53 cm

La vieja est l'un des représentants de la vaste famille sud- et centre-américaine des loricariidés – des poissons cuirassés à ventre nu. Chez la vieja, le corps est long et fusiforme, et les plaques osseuses sont imbriquées. Les nageoires sont bien développées, et la haute dorsale montre quelques taches sombres ; la queue est grande, avec un lobe inférieur plus long que le supérieur. La bouche arrondie est ventrale.

Le frai a lieu au printemps. Les adultes se nourrissent de vers, de crustacés, ainsi que de plantes aquatiques ; les jeunes consomment des algues.

Cascarudo, *Callichthys callichthys*

Distribution : Amérique du Sud tropicale (des Guyanes au Paraguay et à l'Uruguay)
Habitat : cours d'eau
Taille : 18 cm

Cette espèce largement distribuée appartient à une famille de poissons cuirassés – les callichthyidés – chez lesquels les plaques osseuses sont imbriquées, ce qui leur permet d'éviter la déshydratation lorsque leur plan d'eau s'assèche. Le cascarudo a un corps plus élancé que la plupart des callichthyidés, une tête nettement pointue et 2 paires de barbillons autour de la bouche. Il vit sur le fond des cours d'eau et est particulièrement actif à l'aube et au crépuscule.

Lors du frai, le mâle fait un nid, généralement parmi la végétation flottante, en soufflant des bulles d'air et de mucus de manière à former une masse écumeuse, après quoi les œufs sont déposés dans ce nid.

Cascadura, *Hoplosternum littorale*

Distribution : Amérique du Sud (du Venezuela et des Guyanes au Pérou et à l'Argentine), Trinité
Habitat : cours d'eau, marais
Taille : 20 cm

C'est un callichthyidé au corps cuirassé de plaques osseuses imbriquées en forme de chevron. C'est un poisson massif, gris verdâtre, à plusieurs paires de longs barbillons. Comme de nombreux représentants de sa famille, il vit sur le fond, souvent en eau stagnante et mal oxygénée ; il peut respirer comme les loches, par l'intestin, et en conséquence vient en surface pour inhaler de l'air quand il en ressent la nécessité. Il peut même parcourir une certaine distance sur la terre ferme. Il se nourrit de plantes aquatiques.

Lors du frai, les œufs sont déposés dans un nid fait de bulles d'air et de mucus. Le mâle garde les œufs durant l'incubation, puis les jeunes.

Candirú, *Vandellia cirrhosa*

Distribution : Amérique du Sud (bassin de l'Amazone)
Habitat : cours d'eau
Taille : 2,5 cm

Ce délicat petit poisson appartient à une famille sud-américaine de poissons parasites : les trichomyctéridés. Son corps dépourvu d'écailles est long et fin, pratiquement transparent, sa nageoire dorsale est très reculée, près de la queue. Il porte 2 paires de barbillons assez courts.

Comme les autres trichomyctéridés, le candirú se nourrit en parasite du sang d'autres poissons. Lorsque sa victime est de petite taille, il se contente de percer sa peau au moyen de ses dents fines et coupantes, mais il peut également pénétrer dans les branchies des grands poissons : les dents et les épines operculaires provoquent l'hémorragie, et la bouche aspire le sang. Il est généralement actif à l'aube et au crépuscule et, lorsqu'il n'est pas en train de se nourrir, il peut s'enfouir dans le sable ou le fond des cours d'eau.

Le candirú est redouté des baigneurs, à cause de sa détestable habitude de pénétrer dans l'urètre d'un homme ou d'un mammifère en train d'uriner, confondant probablement l'urine avec l'eau de respiration d'un poisson. Une fois le candirú engagé dans les voies urinaires, on ne peut l'en retirer qu'au moyen d'une intervention chirurgicale, à cause de ses épines operculaires érectiles.

GYMNOTIFORMES, ÉSOCIFORMES, OSMÉRIFORMES ET SALMONIFORMES

ORDRE DES GYMNOTIFORMES

Cet ordre comprend 62 espèces de poissons d'eau douce qui vivent tous dans les régions tropicales d'Amérique du Sud. On distingue 6 familles ; l'une d'entre elles, les électrophoridés, ne comprend qu'un seul représentant : l'anguille électrique. Comme les mormyridés d'Afrique, les gymnotidés, ou poissons-couteaux, possèdent des organes électriques qui leur servent à s'orienter et à chasser leurs proies en eaux troubles.

Anguille électrique ou Tremblador, *Electrophorus electricus*
Distribution : nord-est de l'Amérique du Sud, dont le bassin de l'Amazone
Habitat : rivières et pièces d'eau envasées
Taille : jusqu'à 2,40 m

Seule espèce de sa famille, les électrophoridés, ce poisson n'est pas une véritable anguille, mais il en a le corps allongé et cylindrique. Il n'a ni dorsale, ni caudale, ni pelviennes, mais une nageoire anale qui s'étend sur presque toute la longueur du ventre. Habitante des eaux troubles et mal oxygénées, l'anguille électrique vient avaler de l'air à la surface – air dont l'oxygène est absorbé par des vaisseaux sanguins spécialisés de la bouche.

Un organe électrique triple court tout le long des quatre cinquièmes du corps, formé d'un empilement de plaques de « tissus électrogènes » et susceptible d'infliger des décharges de l'ordre de 500 volts ; c'est assez pour tuer les poissons et provoquer l'évanouissement d'un être humain. Les petits organes latéraux sont des émetteurs de faible intensité utilisés comme sondeurs dans le milieu trouble où vit le poisson. Les jeunes se nourrissent d'invertébrés de fond ; les adultes consomment essentiellement des poissons.

Carapo ou Poisson-couteau américain, *Gymnotus carapo*
Distribution : Amérique centrale et du Sud (jusqu'au nord de l'Argentine)
Habitat : criques, eaux lentes et envasées
Taille : 61 cm

Le carapo a un corps anguilliforme, une nageoire anale qui court sur presque toute la longueur du ventre et de petites pectorales. Il peut avancer ou reculer par des ondulations de sa nageoire anale. Il est généralement actif à l'aube et au crépuscule, surtout par temps nuageux. Sa vision est peu développée, mais ses organes électriques lui servent à se diriger. Les adultes se nourrissent de poissons et de crustacés, les jeunes de crustacés et de larves d'insectes.

ORDRE DES ÉSOCIFORMES

Ce petit ordre, qui rassemble des poissons d'eau douce d'Eurasie et d'Amérique du Nord, ne comprend que 2 familles : les ésocidés et les umbridés, qui se composent chacune de 5 espèces. Tous ces poissons sont des prédateurs qui chassent à l'affût.

Brochet commun, *Esox lucius*
Distribution : Alaska, Canada, nord des États-Unis, Europe (de la Grande-Bretagne à la Russie)
Habitat : lacs, cours d'eau lents
Taille : jusqu'à 1,50 m

C'est un poisson à corps allongé, grandes mâchoires garnies de dents aiguës et museau pointu. La dorsale et l'anale sont semblables, très reculées et opposées. La femelle est plus grande que le mâle, mais dépasse rarement 1,50 m pour 35 kg. Prédateur, le brochet s'embusque, camouflé dans la végétation du bord par ses marbrures, pour bondir sur sa proie le moment venu. Les jeunes se nourrissent essentiellement d'invertébrés ; les adultes ajoutent à leur régime alimentaire poissons, oiseaux et même mammifères.

Dès la fonte des neiges, le brochet fraye en lisière des cours d'eau, voire dans les champs inondés. Les œufs sont pondus par milliers sur la végétation.

ORDRE DES OSMÉRIFORMES

Cet ordre comprend 13 familles et près de 240 espèces d'éperlans. Ces poissons argentés, de forme allongée, vivent dans les eaux douces ou dans les eaux marines ; certaines espèces remontent l'embouchure des fleuves pour frayer. La plupart des éperlans sont des prédateurs et se nourrissent de plancton et de petits poissons.

Éperlan, *Osmerus eperlanus* DD
Distribution : Atlantique Nord (du golfe de Gascogne à la Norvège), Baltique
Habitat : eaux côtières, estuaires, rivières, eaux douces
Taille : 30 cm

L'éperlan est un poisson marin qui se reproduit en eau douce. Il a une allure générale de truite avec, derrière la première dorsale reculée, une nageoire adipeuse. Sa grande bouche garnie de dents acérées en fait un prédateur efficace. Il se nourrit de petits crustacés ; les grands spécimens consomment aussi de jeunes poissons.

En hiver, les éperlans adultes s'introduisent dans les rivières ; ils frayent au printemps – les œufs se fixant momentanément sur le fond ou les plantes aquatiques. Plus tard, ils sont capables de flotter, grâce à une membrane formant parachute. Après l'éclosion, les jeunes descendent vers la mer pour y grandir et atteindre la maturité.

Il existe des groupes d'éperlans isolés dans les lacs scandinaves. Ce sont des poissons non migrateurs, à croissance lente.

Truite australe, *Galaxias maculatus*
Distribution : Nouvelle-Zélande, Tasmanie, Australie, sud de l'Amérique latine
Habitat : cours d'eau, estuaires, eaux côtières
Taille : 20 cm

Cette truite a un corps allongé, une petite tête, des nageoires dorsale et anale très reculées. Ses mœurs reproductives tiennent compte du cycle des marées. Les adultes descendent le courant pour frayer parmi la végétation des estuaires envahis par les grandes marées de nouvelle lune. Les œufs restent fixés sur les plantes jusqu'à la grande marée suivante ; si celle-ci n'est pas assez importante, les jeunes peuvent attendre 2 semaines dans les œufs, afin que ceux-ci soient immergés. Après quelques mois passés en mer, les jeunes remontent les rivières, où ils grandissent et parviennent à maturité.

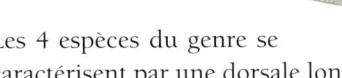

ORDRE DES SALMONIFORMES

Cet ordre se compose d'une seule famille, les salmonidés, qui comprend environ 76 espèces. Ces poissons vivent dans les eaux douces ou les eaux marines de l'hémisphère Nord. Certaines espèces remontent les cours d'eau pour frayer. La plupart des salmoniformes sont des prédateurs.

Powan, *Coregonus lavaretus* DD
Distribution : bassins de la Baltique et de la mer du Nord (Grande-Bretagne, nord de l'Europe, nord de la Russie), Alpes suisses
Habitat : mer, eaux saumâtres, lacs
Taille : 20 à 70 cm

Le powan appartient au groupe des corégones – des salmonidés à grandes écailles et queue fourchue, dépourvus de dents, d'aspect et de taille très variables selon l'habitat et les disponibilités en nourriture. L'isolement des populations lacustres a conduit à une diversification des caractères anatomiques.

Le powan se nourrit essentiellement de crustacés planctoniques. Les formes migratrices remontent les embouchures des cours d'eau pour frayer en hiver.

Ombre commun, *Thymallus thymallus*
Distribution : Angleterre, nord de l'Europe, France, Scandinavie, Russie
Habitat : rivières à fort courant, grands lacs
Taille : 46 cm

Les 4 espèces du genre se caractérisent par une dorsale longue et haute, une queue fourchue, une petite nageoire adipeuse insérée près de la base de la queue, typique des salmonidés. Les mâchoires sont dotées de petites dents ; les ombres se nourrissent d'insectes et de leurs larves, de crustacés et de mollusques.

Au printemps, le mâle revêt souvent une livrée nuptiale. La reproduction a lieu sur fond graveleux ou sableux. Les œufs sont déposés dans un trou creusé par la femelle et éclosent de 3 à 4 semaines après la ponte.

L'espèce américaine, *T. arcticus*, ressemble à *T. thymallus* par l'aspect et les mœurs.

SALMONIFORMES ET STOMIIFORMES

Omble chevalier, *Salvelinus alpinus*

Distribution : circumpolaire (océans Arctique et Atlantique Nord), nord de l'Europe, Russie, Amérique du Nord

Habitat : haute mer, cours d'eau et lacs

Taille : 25 à 96 cm

L'omble chevalier est une espèce très variable, avec un grand nombre de sous-espèces. Dans le nord de son aire, ce poisson est marin et atteint de grandes tailles, du fait de l'abondance de nourriture. En revanche, dans beaucoup de lacs, on rencontre des populations de petite taille – les formes lacustres se nourrissant de crustacés planctoniques, d'insectes et de leurs larves, et de mollusques.

Les races migratrices viennent frayer sur le fond graveleux des rivières. La femelle fait un nid dans le territoire du mâle, qui féconde les œufs pondus. Les populations lacustres procèdent de la même manière. Le rythme de croissance de ces poissons, assez lent, varie néanmoins d'une population à l'autre – c'est ainsi que les races migratrices n'atteignent leur taille maximale qu'après 20 ans environ.

Poisson à la chair estimée, l'omble chevalier revêt une grande importance commerciale dans la zone arctique du Canada.

Truite de lac d'Amérique, *Salvelinus namaycush*

Distribution : Canada, nord des États-Unis

Habitat : lacs et cours d'eau

Taille : jusqu'à 1,20 m

C'est l'une des espèces dulçaquicoles nord-américaines les plus recherchées par les pêcheurs sportifs. En réalité, il s'agit d'un omble, et non d'une véritable truite. Ce beau poisson, introduit avec succès dans de nombreux lacs, a la tête, le dos et les flancs marqués de taches claires irrégulières. Il se nourrit de poissons, d'insectes, de crustacés et de plancton.

De la fin de l'été au mois de décembre, la truite de lac fraye en eau peu profonde, sur fond graveleux, débarrassé des débris par le mâle.

Les œufs se posent sur le fond et y restent jusqu'à leur éclosion, qui a lieu au début du printemps.

Truite, *Salmo trutta*

Distribution : Europe ; introduite dans le monde entier

Habitat : mers, lacs et rivières

Taille : 23 cm à 1,40 m

La truite est divisée en une série de sous-espèces et de formes. La truite de mer est une forme migratrice, qui, après être descendue vers la mer, retourne en eau douce pour frayer ; la truite de rivière est une forme naine sédentaire. La robe argentée de la truite de mer est marquée de quelques points sombres, plus nombreux chez la truite de rivière. La truite se nourrit de poissons et de crustacés.

Elle fraye en hiver sur fond graveleux. Les œufs, déposés dans une cavité peu profonde, éclosent au printemps ; les jeunes restent sur place durant quelques semaines.

Truite arc-en-ciel, *Salmo gairdneri*

Distribution : nord-ouest de l'Amérique, est du Pacifique ; introduite dans le monde entier

Habitat : mer, cours d'eau

Taille : jusqu'à 1 m

C'est surtout un poisson de pisciculture. La forme migratrice, nommée « tête d'acier » en Amérique, est une population côtière dont la biologie correspond à celle de la truite de lac. La sous-espèce *S. gairdneri shasta* est plus sédentaire, comme la truite de rivière. La truite arc-en-ciel se nourrit surtout de larves d'insectes, de mollusques et de crustacés.

Dans son aire naturelle, la truite arc-en-ciel fraye au printemps, en eau douce et peu profonde, sur fond graveleux. La femelle creuse une petite cavité et y dépose les œufs, qui sont fécondés par le mâle, puis recouverts.

Saumon de l'Atlantique, *Salmo salar*

DISTRIBUTION : Atlantique Nord (du Groenland au cap Cod), côte arctique de la Russie, vers le sud jusqu'au nord de l'Espagne
HABITAT : haute mer, rivières
TAILLE : jusqu'à 1,50 m

C'est un poisson à corps allongé et arrondi, à caudale plus échancrée que chez la truite. S'il existe des populations lacustres isolées, le saumon est généralement migrateur : il descend vers la mer, puis remonte les rivières pour frayer.

Le frai a lieu en hiver. Le mâle en livrée nuptiale porte des tubercules de frai sur la mandibule. La femelle creuse une cavité dans le fond et y pond ses œufs, qui sont fécondés par le mâle. Ils éclosent au printemps. Après 2 à 6 ans, les jeunes descendent vers la mer, d'où ils reviennent de 1 à 4 ans plus tard pour frayer. Le saumon de l'Atlantique peut se reproduire plusieurs fois au cours de sa vie.

Saumon sockeye, *Oncorhynchus nerka*

DISTRIBUTION : Pacifique Nord (côte nord-américaine, de l'Alaska à la Californie), côtes de Russie et du Japon (Hokkaido)
HABITAT : haute mer, eaux côtières, rivières et lacs
TAILLE : 84 cm

Ce poisson océanique se nourrit de petites crevettes durant les 4 à 6 premières années, après quoi, en fin de printemps, les adultes remontent les cours d'eau pour rejoindre leurs sites de frai, parfois jusqu'à 2 400 km à l'intérieur des terres. Ils choisissent de préférence les rivières alimentées par les lacs ou les lacs eux-mêmes. Le mâle en livrée nuptiale a le dos et les flancs rouge vif, le dos bossu et la bouche en forme de crochet. Les femelles se colorent légèrement de rouge.

Après avoir creusé un nid dans le gravier par des mouvements de la queue et du corps, la femelle y pond ses œufs, qui sont fécondés par le mâle. Le couple réitère l'opération un peu plus en amont et, peu à peu, les œufs se recouvrent de gravier. Les adultes meurent après le frai. Les œufs éclosent après 6 à 9 semaines, et les jeunes passent de 1 à 3 ans en eau douce, se nourrissant de crustacés, avant de descendre vers la mer.

ORDRE DES STOMIIFORMES

L'ordre des stomiiformes, qui compte environ 320 espèces, rassemble des poissons marins qui vivent en eau profonde. La plupart ont une grande bouche, de longues dents et un organe lumineux, qui leur sert à attirer leurs proies dans l'obscurité des profondeurs marines.

Hache d'argent, *Argyropelecus aculeatus*

DISTRIBUTION : Atlantique, Pacifique et océan Indien (mers tropicales et subtropicales)
HABITAT : haute mer, de 100 à 600 m de profondeur
TAILLE : 7 cm

Le hache d'argent a le corps argenté, haut et latéralement comprimé, et la carène ventrale des sternoptychidés. Les yeux sont grands, la bouche est fendue presque verticalement. Le ventre montre une série d'organes lumineux (photophores) dont le dessin, différent chez chaque espèce, sert aux poissons à se reconnaître entre eux.

Les haches d'argent sont la proie régulière de nombreux poissons de grande taille. Ils vivent durant le jour à des profondeurs de 400 à 600 m, mais se rapprochent de la surface la nuit pour se nourrir.

Chauliodus sloani

DISTRIBUTION : Atlantique, Pacifique et océan Indien (zones tropicales et tempérées)
HABITAT : grandes profondeurs
TAILLE : 30 cm

Ce poisson est une des 6 espèces de chauliodontidés – des poissons abyssaux à longues dents en forme de crochet. Ces prédateurs sont hautement spécialisés. La tête peut basculer vers le haut pour augmenter l'ouverture de la bouche. La dorsale, située juste derrière la tête, a un premier rayon filamenteux muni d'un photophore qui joue le rôle d'appât pour entraîner les proies vers les profondeurs. Les chauliodontidés se nourrissent, entre autres, de poissons-lanternes, qu'ils suivent dans leurs migrations nocturnes, alors que ces derniers se rapprochent de la surface pour se nourrir de plancton.

AULOPIFORMES, MYCTOPHIFORMES ET PERCOPSIFORMES

ORDRE DES AULOPIFORMES

L'ordre des aulopiformes, qui compte quelque 219 espèces, comprend surtout des poissons marins qui vivent dans les eaux profondes, même si une famille, les poissons-lézards, fréquente les eaux de surface. Les espèces vivant dans les profondeurs sont le plus souvent de petits prédateurs ; c'est le cas des barracudinas, qui ressemblent à de petits barracudas. Les poissons-lézards habitent les eaux peu profondes des mers tropicales et subtropicales ; on les trouve souvent dans les récifs coralliens, où ils se cachent pour surprendre leurs proies.

Poisson-lézard, *Synodus synodus*
DISTRIBUTION : Atlantique (de la Floride au golfe du Mexique et à l'Uruguay)
HABITAT : eaux côtières
TAILLE : 32 cm

Harpadon nehereus
DISTRIBUTION : nord de l'océan Indien
HABITAT : estuaires, eaux côtières peu profondes
TAILLE : 41 cm

C'est un des représentants d'une petite famille de l'océan Indien comptant 4 ou 5 espèces. *Harpadon nehereus* a un corps allongé, de grandes mâchoires garnies de dents courbes et acérées, des nageoires pectorales et pelviennes hautes. On le rencontre le plus souvent près des embouchures des grands fleuves tels que le Gange ; il s'y nourrit de petits poissons et de crustacés.
Ce poisson est pêché pour sa chair. Il est connu sous le nom de « canard de Bombay » lorsqu'il a été découpé, séché au soleil, et qu'il est servi en curry.

C'est l'une des quelque 34 espèces de synodidés, ou poissons-lézards, des eaux peu profondes des mers tropicales et tempérées-chaudes. C'est un poisson à grosse tête et à larges mâchoires dotées de longues dents aiguës. Ses épaisses écailles luisantes lui confèrent une apparence reptilienne – d'où son nom commun –, et la queue est faiblement colorée de rougeâtre. Les nageoires pelviennes sont particulièrement longues, et le poisson se tient généralement sur le fond, juché sur ces nageoires ; il peut aussi s'enfouir partiellement. Vorace carnivore, il jaillit brusquement de sa cachette et attrape ses proies par surprise.

ORDRE DES MYCTOPHIFORMES

La plupart des 240 espèces de myctophiformes appartiennent à l'une des 2 familles de l'ordre : les poissons-lanternes. Ces petits poissons ont une tête allongée, de grands yeux et des organes lumineux (photophores), qui sont disposés en rangées sur la tête et sur le corps. La disposition des photophores, spécifique à chaque espèce, est un critère essentiel de classification. Les myctophiformes, qui vivent dans les eaux profondes des océans, se retrouvent dans le monde entier, de l'Arctique à l'Antarctique. Ils sont la proie d'autres poissons et de certains mammifères marins.

Poisson-lanterne, *Myctophum punctatum*

DISTRIBUTION : Atlantique Nord et Méditerranée
HABITAT : grandes profondeurs
TAILLE : 10 cm

Amblyopsis spelaea
DISTRIBUTION : États-Unis (Kentucky et Indiana)
HABITAT : grottes immergées, en eaux douces
TAILLE : 10 cm

Représentant d'une petite famille de 10 espèces – dont la plupart sont cavernicoles –, *Amblyopsis spelaea* a été découvert en 1842. C'est un poisson élancé à tête sans écailles, mais à corps couvert de petites écailles irrégulières. Ce poisson cavernicole n'utilisant pas sa vue, du fait de son habitat, ne possède que des yeux rudimentaires et recouverts d'un repli cutané. Il est pratiquement aveugle, mais son corps est parsemé de minuscules protubérances sensitives qui détectent le moindre mouvement et lui servent à repérer sa proie ou à éviter les obstacles.

Le mâle possède un organe copulateur qui permet la fécondation interne de la femelle ; une fois les œufs fécondés et pondus, la femelle les recueille dans ses branchies et les y conserve jusqu'à l'éclosion.

Ce poisson-lanterne est un représentant typique de sa famille, avec sa tête arrondie et obtuse, et ses grands yeux. Les nombreux photophores sont disposés en lignes courtes et en groupes sur le corps ; ils commencent à se développer chez les jeunes mesurant au moins 2 cm, et leur répartition est différente selon le sexe.

La fonction de ces organes lumineux est encore imparfaitement connue ; peut-être le poisson s'en sert-il pour éclairer les profondeurs et trouver plus facilement sa proie ou pour tromper les prédateurs ; selon certains spécialistes, le poisson-lanterne agiterait sa queue munie de photophores pour étourdir ses ennemis.

Les poissons-lanternes sont carnivores et se nourrissent de micro-organismes planctoniques ; ils sont capables d'effectuer des migrations verticales de l'ordre de 400 m et parfois davantage pour suivre les mouvements nocturnes du plancton en direction de la surface.

Ils se déplacent en troupes nombreuses. On sait qu'en Méditerranée ils frayent d'avril à juillet.

ORDRE DES PERCOPSIFORMES : TRUITES-PERCHES

L'ordre compte environ 9 espèces qui sont regroupées en 3 familles. Ce sont tous des poissons dulçaquicoles nord-américains, qui fréquentent des cours d'eau larges, des lacs et des grottes immergées.

Comme leur nom commun l'indique, les truites-perches partagent certains des caractères anatomiques des truites – nageoire adipeuse – et des perches – épines sur la partie antérieure –, mais ne mesurent jamais plus de 15 cm de long et ne sont apparentées ni aux unes ni aux autres.

Les truites-perches se nourrissent généralement d'insectes et de crustacés aquatiques, mais certaines espèces mangent également de petits poissons.

Truite-perche, *Percopsis omiscomaycus*
DISTRIBUTION : Amérique du Nord (de l'Alaska au Québec, des Grands Lacs au Kentucky, au Missouri et au Kansas)
HABITAT : lacs, cours d'eau envasés
TAILLE : 20 cm

L'une des 2 espèces de truites-perches, celle-ci a le corps argenté, translucide par endroits. La tête est nue, le corps couvert d'écailles rugueuses, en dents de scie. Nocturne, ce poisson se nourrit d'insectes, de mollusques et de crustacés aquatiques. Il fraye au printemps ou en début d'été dans les rivières ou les lacs peu profonds. Les œufs s'enfoncent dans le fond et y restent jusqu'à leur éclosion.

L'autre espèce de truite-perche, *P. transmontana*, ne vit que dans le système du fleuve Columbia. Elle ressemble à *P. omiscomaycus*, sinon qu'elle est généralement jaune verdâtre.

OPHIDIIFORMES ET GADIFORMES

ORDRE DES OPHIDIIFORMES

La plupart des ophidiiformes, qui se répartissent en 355 espèces, sont des poissons allongés, munis d'une queue effilée. Les 6 familles d'ophidiiformes comprennent des espèces de brotulidés, qui vivent dans des habitats fort variés, depuis les eaux saumâtres des rivières souterraines jusqu'aux profondeurs océaniques, ainsi que les 27 espèces d'aurins, qui occupent la cavité viscérale de certains invertébrés marins.

Aurin méditerranéen, *Carapus acus*

Distribution :	Méditerranée, Adriatique
Habitat :	fonds marins
Taille :	20 cm

Les aurins ou fierasfers sont de petits poissons élancés à peau translucide et marbrée, qui fréquentent les eaux tropicales et tempérées. Ils ont la curieuse habitude de s'introduire et de demeurer dans la cavité viscérale des concombres de mer, astéries, oursins ou même huîtres perlières. L'aurin méditerranéen est typique de sa famille (carapidés), avec son corps allongé et terminé en fouet, ses nageoires dorsale, caudale et anale formant une ligne continue. Les adultes s'installent dans la cavité viscérale des holothuries (concombres de mer) en pénétrant par l'anus, la queue en avant. Plusieurs aurins peuvent infester la même holothurie, dont ils grignotent les organes internes.

Les larves sont différentes des adultes et vivent en pleine eau, puis se transforment en jeunes benthiques avant d'acquérir leur forme définitive. Quand ils ne parasitent pas une holothurie, les adultes se nourrissent de crustacés.

Lucifuga spelaeotes **VU**

Distribution :	Bahamas (près de Nassau)
Habitat :	pièces d'eau douce en terrain calcaire
Taille :	11 cm

Découverte en 1967, cette espèce semble proche de deux autres espèces de brotulidés qui habitent les cours d'eau souterrains de Cuba. C'est un petit poisson au dos très bombé immédiatement derrière la grosse tête aplatie ; dorsale, caudale et anale forment une ligne continue. La tête est presque entièrement nue, mais le corps est couvert de petites écailles. Les espèces cubaines sont aveugles, mais *Lucifuga spelaeotes* a de petits yeux bien développés.

Étant donné sa distribution restreinte, il semble que cette espèce soit menacée d'extinction.

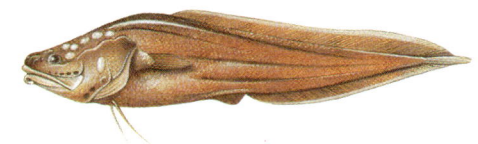

Genypterus blacodes

Distribution :	mers baignant l'Australie et la Nouvelle-Zélande
Habitat :	eaux côtières
Taille :	90 cm

C'est un long poisson à queue fuselée, à nageoires dorsale, caudale et anale soudées, formant une bande continue. La tête est aplatie et la mandibule est soulignée par de minces nageoires pelviennes. L'anus est situé derrière la tête.

ORDRE DES GADIFORMES

Cet ordre rassemble 480 espèces – dont 5 seulement d'eau douce – groupées en 12 familles, qui comptent des poissons de consommation extrêmement courants, tels que la morue, le lieu, le colin ou le merlan.

Les gadiformes sont, en majorité, des poissons de l'hémisphère Nord, qui habitent les eaux relativement peu profondes du plateau continental ; certaines espèces, notamment les grenadiers ou rats, vivent pourtant dans les profondeurs océaniques. Carnivores, les gadiformes se nourrissent de poissons, de crustacés ou autres organismes marins.

Le gadiforme typique a le corps couvert de petites écailles et des nageoires à rayons mous ; nombreux sont les représentants du groupe à posséder des barbillons mentonniers équipés de bourgeons gustatifs.

En général, les gadiformes se rassemblent en vastes bancs pour se reproduire. Les œufs et le sperme sont expulsés dans l'eau. Les œufs sont abandonnés par les deux partenaires, si bien qu'ils sont en grande partie détruits par les éléments ou mangés par les poissons. Dans le cas de la morue, par exemple, on estime à seulement 1 sur 1 million le nombre d'œufs qui atteignent le stade de larve.

Grenadier ou Rat, *Macrourus berglax*
Distribution : Atlantique Nord (de la Nouvelle-Écosse au Groenland, à l'Islande et à la Norvège)
Habitat : en eaux profondes, entre 200 et 1 000 m
Taille : 90 cm à 1 m

C'est l'une des quelque 15 espèces de grenadiers ou rats qui constituent la famille des macrouridés. Chez bon nombre de ces gadiformes abyssaux, les mâles sont capables de produire des grognements surprenants, en actionnant leur vessie natatoire par des muscles stridulateurs spécialisés. On suppose qu'il s'agit d'un moyen de communication, utilisé surtout en période de reproduction.

Caractéristique de sa famille, avec sa tête massive, son corps effilé et terminé en pointe sur l'arrière, *Macrourus berglax* a une première nageoire dorsale haute, la seconde étant soudée à la caudale et à l'anale et formant une ligne continue. En arrière des yeux, la tête est striée ; les écailles du corps sont rugueuses et dentelées.

Ce grenadier se nourrit de crustacés et de mollusques ainsi que d'étoiles de mer. On ne dispose pas d'informations en ce qui concerne ses mœurs reproductives. Il est supposé se reproduire en hiver ou au début du printemps.

Motelle de la Méditerranée, *Gaidropsarus mediterraneus*
Distribution : côtes européennes (du sud de la Norvège et de l'ouest des îles Britanniques à la Méditerranée et à la mer Noire)
Habitat : côtes rocheuses
Taille : 15 à 35 cm

Cette motelle porte 3 barbillons – un sur le menton et deux sur le museau. Elle est typique de son groupe, avec un corps long et élancé, 2 dorsales – la première courte, la seconde longue – et une longue nageoire anale.

Abondante sur beaucoup de côtes, cette motelle vit presque toujours sur les fonds rocheux et sableux, et se nourrit de crustacés – surtout des crevettes –, de vers, de gastéropodes et de petits poissons.

La ponte a lieu au large ; les œufs et les larves flottent à la surface. Lorsque les jeunes ont atteint environ 4 cm, ils adoptent les mœurs des adultes.

Lotte, *Lota lota*
Distribution : Canada, nord des États-Unis, nord de l'Europe, Asie
Habitat : cours d'eau et lacs
Taille : 51 à 99 cm

L'un des rares gadidés d'eau douce, la lotte ressemble aux espèces marines, avec son corps long, son barbillon mentonnier, ses longues nageoires dorsale et anale. C'est un poisson assez sédentaire, qui vit le jour caché parmi les rochers et la végétation, et émerge à l'aube et au crépuscule pour se nourrir. Les adultes consomment des poissons et leurs œufs, des alevins, des crustacés et des insectes ; les jeunes se nourrissent de larves d'insectes et de petits crustacés.

La lotte pond la nuit, en eau peu profonde, en cours d'hiver. C'est une espèce très prolifique : une femelle peut pondre jusqu'à 3 millions d'œufs qui s'enfoncent sur le fond, où ils restent pendant toute la durée de l'incubation.

GADIFORMES SUITE

Merlu, *Merluccius merluccius*

DISTRIBUTION : Atlantique Nord (de l'Islande et la Norvège à l'Afrique du Nord), Méditerranée
HABITAT : eaux profondes, entre 165 et 550 m
TAILLE : 1 à 1,80 m

C'est un poisson de la famille des gadidés, à corps élancé, à grosse tête et à 2 dorsales – la première triangulaire, la seconde longue, à bord arrondi à l'arrière. Le merlu vit près du fond, mais effectue la nuit des migrations verticales pour se nourrir près de la surface, de poissons et de calmars.

La ponte a lieu au printemps ou en été. Les œufs et les larves flottent à la surface jusqu'à être portés près de la côte, où les jeunes passent la première année de leur vie, se nourrissant essentiellement de crustacés.

Le merlu du Pacifique, *M. productus*, ressemble par son aspect et ses mœurs à l'espèce de l'Atlantique.

Urophycis tenuis

DISTRIBUTION : nord-ouest de l'Atlantique (de la baie du Saint-Laurent à la Caroline-du-Nord)
HABITAT : près des côtes et au large, jusqu'à 1 000 m de profondeur
TAILLE : 1,20 m

Ce poisson allongé a 2 dorsales – dont la seconde longue –, une petite caudale arrondie et une longue anale. On le rencontre couramment près des fonds vaseux, sur lesquels il se nourrit de crustacés, de calmars et de petits poissons.

La ponte a lieu en fin d'hiver ; les œufs et les larves flottent à la surface.

Cette espèce ainsi que l'espèce très voisine *U. chuss* sont pêchées et commercialisées en grandes quantités.

Lingue commune ou Grande Lingue, *Molva molva*

DISTRIBUTION : nord-est de l'Atlantique (de l'Islande et de la Norvège au golfe de Gascogne)
HABITAT : eaux profondes (300 à 400 m)
TAILLE : 1,50 à 2 m

La lingue commune est un poisson long et effilé, à 2 dorsales, la première assez basse et ronde, et longue anale. Le barbillon mentonnier est présent. La lingue est fréquente sur les fonds rocheux. Elle se nourrit de poissons et de grands crustacés. On la rencontre parfois dans les eaux moins profondes.

Entre mars et juillet, la femelle pond jusqu'à 60 millions d'œufs qui flottent à la surface.

La lingue est une espèce commercialement importante.

Morue ou Cabillaud, *Gadus morhua* **VU**

DISTRIBUTION : Atlantique Nord (du Groenland et de la baie d'Hudson à la Caroline-du-Nord, de la Baltique au golfe de Gascogne)
HABITAT : eaux côtières
TAILLE : 1,20 m

Poisson à corps trapu, la morue est aisément identifiable à ses 3 dorsales, ses 2 anales et son unique barbillon mentonnier. La bouche est grande et dotée de nombreuses petites dents ; la coloration est variable, avec ou sans mouchetis sombres, selon les sous-espèces. Elle nage généralement en banc à la surface, mais s'enfonce pour chercher sa nourriture, constituée de crustacés, vers et poissons.

La ponte, précédée d'une parade nuptiale, a lieu entre février et avril – de nombreuses populations effectuant auparavant des migrations en direction des sites de ponte. Les œufs flottent à la surface ; les jeunes se nourrissent de petits crustacés.

Très important poisson de consommation, la morue est pêchée depuis le IXe siècle.

Églefin ou Morue noire, *Melanogrammus aeglefinus* **VU**
DISTRIBUTION : Atlantique Nord (de la mer de Barents et d'Islande au golfe de Gascogne, de Terre-Neuve au cap Cod)
HABITAT : eaux côtières, près du fond
TAILLE : 76 cm

L'églefin a 3 dorsales et 2 anales – la première dorsale étant triangulaire et marquée de chaque côté d'une tache noire. Il vit près du fond et se nourrit d'animaux benthiques comme les étoiles de mer, les vers, les mollusques, voire de petits poissons.

La ponte a lieu entre janvier et juin ; les œufs sont abandonnés et flottent librement à la surface. Les jeunes trouvent souvent refuge parmi les tentacules des grandes méduses. Certaines populations effectuent des migrations hivernales vers le sud, ou des eaux peu profondes vers les eaux du large.

Merlan bleu ou Poutassou, *Micromesistius poutassou*
DISTRIBUTION : Atlantique (du Maroc à la mer de Barents), Méditerranée, Adriatique
HABITAT : océans
TAILLE : 35 à 41 cm

Grégaire, il vit entre 300 m de profondeur, ou plus, et la surface. Élancé, il possède 3 dorsales bien séparées et 2 anales, dont la première est longue. Il se nourrit surtout de crustacés, voire de petits poissons, et est lui-même mangé par de nombreux poissons plus gros que lui.

Merlan, *Merlangus merlangus*
DISTRIBUTION : côtes européennes, de l'Islande à l'Espagne, Méditerranée, mer Noire
HABITAT : près des côtes, jusqu'à 100 m de profondeur
TAILLE : 30 à 40 cm

C'est un poisson élancé à 3 dorsales et 2 anales, dont la première est longue. La mâchoire supérieure est plus longue que la mandibule, et chaque pectorale est marquée d'une tache noire caractéristique. Les adultes se nourrissent de poissons et de crustacés, les jeunes essentiellement de petits crustacés. La reproduction a lieu au printemps, en eau peu profonde.

Commun, le merlan est estimé pour sa chair et chassé par de nombreux poissons plus gros que lui et par des oiseaux.

Theragra chalcogramma
DISTRIBUTION : Pacifique Nord (du nord-ouest de l'Alaska à la Californie), mer du Japon
HABITAT : de la surface à 360 m
TAILLE : 90 cm

Largement distribué, il a un corps fusiforme, 3 dorsales bien séparées et 2 anales. La tête et la bouche sont grandes, les yeux plus gros que chez la plupart des gadidés. Il vit peu près du fond, et se nourrit à mi-profondeur de crustacés et autres invertébrés marins, ainsi que de petits poissons.

Lieu noir ou Colin, *Pollachius virens*
DISTRIBUTION : Atlantique Nord (Islande, du Groenland et de la mer de Barents au golfe de Gascogne, du Labrador à la Caroline-du-Nord)
HABITAT : eaux de surface (près des côtes ou au large)
TAILLE : 70 à 80 cm

S'il possède les nageoires typiques des gadidés, le lieu noir se caractérise par une queue légèrement fourchue, une mandibule faiblement proéminente et l'absence de barbillon mentonnier. Il se déplace par petit groupe et se nourrit de poissons, surtout d'autres gadidés et de harengs ; les jeunes consomment des crustacés et de petits poissons.

De janvier à avril, les lieus noirs effectuent des migrations de ponte vers le large et les eaux profondes. Les œufs, puis les larves, flottent en surface et sont peu à peu portés vers les eaux littorales dans lesquelles on rencontre les jeunes l'été suivant.

Bon poisson de consommation, le lieu noir est recherché par les amateurs de pêche en mer.

POISSONS-CRAPAUDS ET BAUDROIES

ORDRE DES BATRACHOÏDIFORMES : POISSONS-CRAPAUDS

Au nombre de 69 environ, les poissons-crapauds habitent les fonds de nombreuses mers, essentiellement dans les régions tropicales ou tempérées. Leur nom commun vient de ce que leur grosse tête aplatie, avec sa grande bouche et ses yeux proéminents, les fait ressembler à des crapauds.

Porichthys porosissimus

Distribution : ouest de l'Atlantique (côtes du Brésil et de l'Argentine)

Habitat : eaux littorales

Taille : 30 cm

Ce poisson de fond a une grande tête déprimée et des yeux au sommet de la tête. Le corps dépourvu d'écailles montre sur les flancs plusieurs centaines d'organes lumineux ou photophores à la disposition régulière et caractéristique. Les *Porichthys* sont parmi les rares poissons littoraux à posséder des organes lumineux.

En contractant des muscles qui tapissent la paroi de sa vessie natatoire, ce poisson produit des grognements et des sifflements, qui lui valent son surnom américain de « poisson chantant ».

ORDRE DES LOPHIIFORMES : BAUDROIES

L'ordre compte environ 300 espèces de baudroies, représentées à toutes les profondeurs des mers tropicales et tempérées. Toutes ont une grosse tête, une bouche largement fendue et garnie de nombreuses petites dents, des branchies et ouvertures branchiales de taille réduite. Le corps est arrondi chez les formes d'eaux profondes, déprimé chez les autres.

Chez nombre de baudroies, le premier rayon de la dorsale est modifié en un filament pêcheur terminé par un lobe cutané. La baudroie d'eaux peu profondes se tient sur le fond et agite doucement sa « canne à pêche » pour attirer une éventuelle proie afin qu'elle vienne se jeter dans son énorme bouche.

Les baudroies abyssales ou cératioïdes ont un mode de reproduction original. Le mâle, beaucoup plus petit que la femelle, vient se fixer et se greffer à la peau de cette dernière.

Baudroie commune, *Lophius piscatorius*

Distribution : côtes européennes, de la Scandinavie et l'Islande à l'Afrique du Nord, Méditerranée, mer Noire

Habitat : eaux côtières

Taille : 1 à 2 m

C'est un grand poisson aisément identifiable, à corps déprimé dominé par une énorme tête aplatie. La bouche est très largement fendue et les dents sont bien développées. La tête et la bouche sont frangées d'expansions cutanées qui servent de camouflage à la baudroie lorsqu'elle est appliquée sur le fond. Les pectorales s'insèrent sur de petits pédicules charnus, et le premier rayon de la dorsale est modifié en filament pêcheur.

La baudroie commune est un poisson de fond des eaux peu profondes, jusqu'à 500 m environ. À demi enfouie dans le sol, elle agite son filament pêcheur pour attirer les proies ; lorsqu'elle ouvre son énorme bouche, il se crée un courant d'eau qui aspire l'infortunée victime.

Au printemps ou en début d'été, les baudroies communes effectuent une migration de ponte vers les eaux plus profondes. Les œufs enclos dans un ruban de mucus gélatineux flottent près de la surface. Plus tard, les larves se laissent également porter en s'aidant de leur nageoire dorsale très développée. *L. americanus*, qui vit sur la côte atlantique de l'Amérique du Nord, ressemble à l'espèce européenne par l'aspect et les mœurs.

Pêcheur des Sargasses ou Poisson-souris, *Histrio histrio*

Distribution : zones tropicales de l'Atlantique, du Pacifique et de l'océan Indien

Habitat : eaux de surface, parmi les algues (sargasses)

Taille : 19 cm

Ce poisson fait partie des antennariidés ou poissons-grenouilles – des poissons à corps typiquement globuleux parsemé de prolongements cutanés ; grâce à ces prolongements et à leur capacité de changer de couleur, ces poissons se confondent avec leur milieu : les expansions du museau imitent les algues, et les points blancs qui parsèment le corps rappellent les animalcules qui vivent incrustés sur les sargasses. Le poisson utilise ses nageoires pectorales flexibles et pédonculées pour s'agripper aux algues.

Le pêcheur des Sargasses se nourrit surtout de petits invertébrés, qu'il attire au moyen de son filament pêcheur. Attaqué par un prédateur, il se gonfle d'eau comme un ballon et devient impossible à avaler.

Poisson-grenouille, *Antennarius multiocellatus*

Distribution : zone tropicale de l'ouest de l'Atlantique, mer des Caraïbes

Habitat : fonds marins

Taille : 15 cm

C'est un poisson au corps trapu, caractéristique de la famille, et porteur d'un filament pêcheur très développé. Sa coloration variable lui permet de se confondre avec le milieu : rochers, récifs coralliens ou algues. Poisson de fond assez indolent, il rampe à l'aide de ses nageoires pectorales pédiculées, à la recherche de petits poissons et de crustacés.

Chauve-souris de mer, *Ogcocephalus nasutus*

Distribution : mer des Caraïbes

Habitat : fonds marins

Taille : 28 cm

C'est l'une des quelque 55 espèces d'ogcocéphalidés ou chauves-souris de mer. *O. nasutus* est typique de la famille, avec son corps très déprimé, presque triangulaire, ses nageoires pectorales grandes et flexibles insérées sur de forts pédoncules et imitant des pattes. Le museau est pointu, la bouche petite, la peau garnie de tubercules rugueux au toucher.

Lourde et mauvaise nageuse, la chauve-souris de mer marche sur le fond à l'aide de ses nageoires pectorales et pelviennes, appuyée sur sa nageoire caudale. Elle se nourrit de poissons, mollusques, crustacés et vers.

Himantolophus groenlandicus

Distribution : cosmopolite (mais peu commun)

Habitat : profondeurs marines (100 à 300 m)

Taille : 61 cm

Cette baudroie abyssale a un corps très globuleux et parcouru de plaques osseuses portant chacune une épine centrale. Seul vestige de la nageoire dorsale, le filament pêcheur est fort, à bulbe très ramifié et porteur d'un organe lumineux. L'espèce se nourrit des proies attirées par son filament pêcheur. Les mâles sont plus petits que les femelles, mais non parasites.

Linophryne arborifera

Distribution : Atlantique, Pacifique, océan Indien

Habitat : mers profondes

Taille : 7 cm

Les linophrynidés forment une famille d'une vingtaine d'espèces de baudroies abyssales. Le genre *Linophryne* possède un grand barbillon ventral ramifié, rappelant une algue. Le filament pêcheur est épais, et son bulbe porteur d'un organe lumineux. Très petits, les mâles de l'espèce vivent en parasites sur les femelles et subissent alors une dégénérescence de la vision et de l'odorat.

BÉLONIFORMES

ORDRE DES BÉLONIFORMES

L'ordre des béloniformes, qui rassemble environ 190 espèces, compte 5 familles : les exocets, les demi-becs, les orphies, les balaous et les médakas. La plupart de ces poissons sont actifs en surface ou hors de l'eau. Les exocets sont les vrais poissons volants des océans : ils se projettent hors de l'eau grâce à leur forte queue et planent en étendant leurs immenses nageoires pectorales. Les demi-becs peuvent aussi sauter hors de l'eau, mais sont incapables de planer comme les exocets. Les exocets sortent généralement de l'eau pour échapper à leurs prédateurs, en particulier aux dauphins. Les orphies et les balaous sont des poissons qui se déplacent rapidement à la surface de l'eau, où ils se nourrissent de petits poissons. Quant aux médakas, ils habitent le plus souvent les eaux douces ou les eaux saumâtres d'Asie tropicale.

Exocet, *Cypsilurus heterurus*
DISTRIBUTION : ouest de l'Atlantique (du sud du Canada au Brésil), est de l'Atlantique (du Danemark à l'Afrique du Nord), Méditerranée
HABITAT : eaux de surface, près des côtes ou en haute mer
TAILLE : 30 à 43 cm

Chez ce poisson volant, la portance est assurée par les pelviennes et les pectorales très hautes lorsqu'il plane ; lorsqu'il nage, les pectorales sont accolées au corps. Dorsale et anale sont petites et très reculées ; le lobe inférieur de la caudale est plus long que le supérieur. Le corps est entièrement écailleux. Avant un vol, le poisson prend de la vitesse dans l'eau, puis s'élance, pectorales et pelviennes largement étendues ; il peut accomplir des bonds de 90 m, à 1,50 m au-dessus de la surface, et planer ainsi pendant 10 secondes en moyenne.

Au printemps, les œufs sont pondus parmi les algues ou les débris végétaux. Ils sont pourvus de filaments grâce auxquels ils s'arriment les uns aux autres et se fixent sur les corps flottants. À la naissance, les jeunes présentent 2 courts barbillons mentonniers.

Exocet, *Exocetus volitans*
DISTRIBUTION : zones tropicales et subtropicales de tous les océans
HABITAT : haute mer
TAILLE : 30 cm

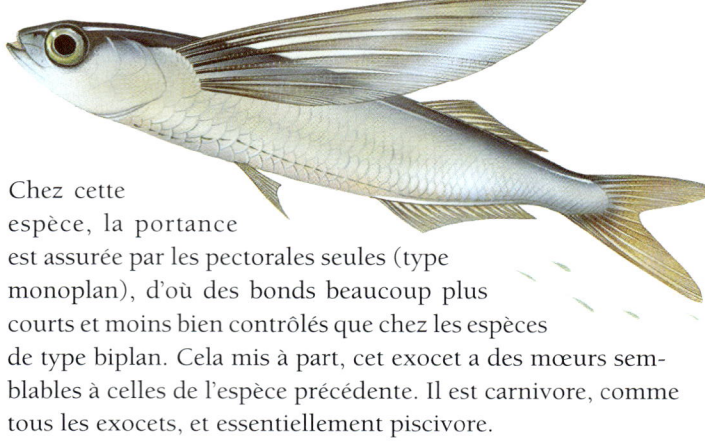

Chez cette espèce, la portance est assurée par les pectorales seules (type monoplan), d'où des bonds beaucoup plus courts et moins bien contrôlés que chez les espèces de type biplan. Cela mis à part, cet exocet a des mœurs semblables à celles de l'espèce précédente. Il est carnivore, comme tous les exocets, et essentiellement piscivore.

Demi-bec de combat, *Dermogenys pusillus*
DISTRIBUTION : Thaïlande, Malaisie, Singapour, îles de la Sonde
HABITAT : eaux douces
TAILLE : 7 cm

Le demi-bec de combat est un petit poisson élancé, à dorsale et anale très reculées, caudale arrondie, et mandibule allongée typique du groupe. C'est l'un des rares demi-becs d'eau douce. Il se nourrit surtout de larves de moustiques, empêchant ainsi la prolifération de ces insectes nuisibles pour l'homme.

Les mâles sont agressifs et se battent entre eux au moyen de leur mandibule. L'anale du mâle est modifiée en organe copulateur qui sert à la fécondation interne de la femelle. Environ 8 semaines après la fécondation des œufs, la femelle met bas 12 à 20 jeunes actifs, qui mesurent 1 cm de long.

Demi-bec, *Hemiramphus brasiliensis*
DISTRIBUTION : Atlantique (Nouvelle-Angleterre, des États-Unis au Brésil, golfe du Mexique, mer des Caraïbes, côtes de l'Afrique occidentale)
HABITAT : eaux côtières
TAILLE : 45 cm

C'est un poisson à corps effilé et mandibule très allongée, nageoires dorsale et anale très reculées. C'est un demi-bec typique, avec de petites pectorales qui lui permettent, sinon de planer, du moins de bondir à fleur d'eau. Grégaire, il vit en surface, se nourrissant de plantes marines et de petits poissons. Peut-être la forme de sa mandibule lui sert-elle à « écumer » la surface pour se procurer sa nourriture.

Orphie, *Belone belone*
Distribution : Atlantique Nord (de l'Islande à l'Espagne et à la Scandinavie), Méditerranée, mer Noire
Habitat : eaux de surface, surtout au large
Taille : 94 cm

Cette orphie longue et mince a des mâchoires effilées dotées de nombreuses dents fines. Dorsale et anale sont longues, très reculées. Prédateur actif, l'espèce se nourrit de nombreuses espèces de petits poissons et de crustacés.

Belone belone se reproduit en fin de printemps ou début d'été, après s'être rapproché des côtes. Les petits œufs ronds portent de nombreux filaments qui leur servent à se fixer sur les algues ou les débris flottants.

Orphie, *Belonion apodion*
Distribution : Amérique du Sud
Habitat : lacs et cours d'eau
Taille : 5 cm

Ce poisson fragile et tout petit, découvert en 1966, est l'une des quelque 30 espèces de bélonidés – orphies ou aiguillettes –, marins pour la plupart. Il est typique de sa famille, avec son corps extrêmement fin, ses nageoires dorsale et anale très reculées, mais, à la différence des autres orphies, seule sa mandibule est allongée.

Orphie, *Tylosaurus crocodilus*
Distribution : tous océans
Habitat : eaux littorales de surface
Taille : 1,50 m

C'est la plus grande et la plus massive des orphies. Le « bec » formé par les mâchoires est plus court et plus épais que chez les autres espèces. Ce poisson bondit parfois au-dessus de la surface et devient alors dangereux pour l'homme, en raison de sa taille et de la puissance de ses mâchoires. Il se nourrit de poissons qu'il saisit transversalement, puis fait pivoter pour les avaler la tête la première.

Balaou ou Orphie-maquereau, *Scomberesox saurus*
Distribution : Atlantique Nord (des côtes américaines à celles de l'Europe), Méditerranée, eaux tempérées de l'hémisphère Sud
Habitat : plein océan, eaux côtières
Taille : 40 à 50 cm

Ce balaou est un poisson long et mince, aux mâchoires effilées formant un bec, l'inférieure étant plus longue que la supérieure. Ses nageoires dorsale et anale sont suivies d'une série de petites nageoires indépendantes, comme chez le maquereau. Le balaou nage en banc à la surface, se nourrissant de petits crustacés et de petits poissons.

Les balaous se reproduisent en haute mer. Les œufs, petits, ronds et pourvus de nombreux filaments, flottent et se développent à la surface. Chez les jeunes, les deux mâchoires sont d'égale longueur, l'inférieure s'allongeant au fur et à mesure de la croissance.

Médaka du Japon, *Oryzias latipes*
Distribution : Japon
Habitat : marais côtiers, rizières
Taille : 4 cm

C'est l'une des 8 espèces de médakas – une petite famille d'Asie du Sud-Est et du Japon. Le médaka du Japon est un petit poisson au corps élancé, à la tête aplatie et au dos presque rectiligne. Le ventre est nettement bombé, la nageoire anale est longue. La dorsale est pointue chez le mâle, arrondie chez la femelle. Les médakas sont des poissons extrêmement utiles à l'homme, car ils se nourrissent de larves d'insectes aussi bien que d'autres petits invertébrés.

Les médakas sont des espèces ovipares. Tout d'abord, la femelle transporte précieusement les œufs sur son ventre, dans un fourreau muqueux, puis elle les dépose sur les plantes immergées, où ils achèvent leur développement. Les œufs éclosent jusqu'à 12 jours après la ponte.

CYPRINODONTIFORMES

ORDRE DES CYPRINODONTIFORMES

L'ordre des cyprinodontiformes, qui comprend 8 familles, rassemble 807 espèces de poissons d'eau douce. La plupart sont omnivores, même si certaines familles comprennent aussi des espèces de prédateurs et d'herbivores.

Les cyprinodontiformes sont capables de vivre, dans des régions tempérées ou tropicales, dans des habitats qui ne conviennent pas à la plupart des poissons, par exemple dans des eaux stagnantes, salées ou hypersalées. La plupart de ces poissons vivent dans les eaux de surface, où ils se nourrissent de dépôts végétaux. Pour cette raison, on les a parfois rapprochés des cyprinidés, avec lesquels ils n'ont pourtant aucun lien de parenté. Les cyprinodontiformes ont aussi été rapprochés des carpes à dents (cyprinodontidés), parce qu'ils possèdent de petites dents et que leur aspect ressemble à celui de la carpe.

Cyprinidon variegatus
Distribution : côtes des États-Unis (du cap Cod au Texas, vers le sud jusqu'au Mexique)
Habitat : baies, ports, marais saumâtres
Taille : 7,5 cm

Cyprinidon variegatus est une espèce à corps court et trapu, dos élevé et dorsale bien développée. En dehors de la saison des amours, mâle et femelle se ressemblent, sinon que la femelle est plus sombre. Le mâle en livrée nuptiale est coloré de bleu acier et vert, son ventre est orange ou rouge. Ils se nourrissent de petits invertébrés et de plantes aquatiques.

La période de reproduction s'étend d'avril à septembre. Les mâles se disputent l'attention des femelles. Celles-ci pondent des œufs, par petits paquets que le mâle féconde au fur et à mesure de l'expulsion. Les œufs sont pourvus de filaments visqueux au moyen desquels ils se fixent les uns aux autres, ainsi que sur les plantes ou objets immergés.

Fundule, *Fundulus heteroclitus*
Distribution : côtes nord-américaines (du Labrador au Mexique)
Habitat : baies, marais, embouchures de cours d'eau
Taille : 8 cm

Le fundule tolère aussi bien les eaux saumâtres ou salées que l'eau douce.

Vorace, ce poisson consomme quasiment tout animal ou végétal passant à sa portée.

La reproduction a lieu d'avril à août, en eau peu profonde. Le mâle fait à la femelle une cour assidue, puis l'enserre au moyen de ses nageoires et féconde les œufs au fur et à mesure qu'ils sont pondus. Les œufs, visqueux en surface, se fixent en grappes sur le fond.

Aphanius dispar
Distribution : océan Indien (côtes d'Afrique orientale et Moyen-Orient), mer Rouge
Habitat : eaux côtières
Taille : 8 cm

Dans son aire de distribution, ce poisson vit aussi bien dans les pièces d'eau douce ou saumâtre que dans la mer. La coloration varie légèrement selon le sexe : les mâles sont bleu brunâtre, marqués de sombre dans la région caudale, les femelles sont bleu grisâtre, avec des marques sur les flancs. *Aphanius dispar* se nourrit de petits invertébrés et d'algues.

La femelle pond sur les plantes immergées. Les œufs éclosent moins de 2 semaines plus tard ; les jeunes se nourrissent d'algues et de phytoplancton.

Quatre-yeux, *Anableps anableps*

Distribution : sud du Mexique, Amérique centrale, nord de l'Amérique du Sud
Habitat : côtes, estuaires, lacs
Taille : 30 cm

Ce poisson présente des yeux faisant saillie au-dessus de la tête et divisés en deux parties égales par une cloison horizontale. La partie supérieure est adaptée à la vision en surface, l'inférieure à la vision dans l'eau. Le poisson nage en surface, la cloison oculaire au niveau de l'eau ; il peut ainsi voir et saisir aussi bien les insectes volant au ras de l'eau que les poissons nageant juste sous la surface.

Les quatre-yeux sont vivipares et pratiquent la fécondation interne. L'anale du mâle est modifiée en un organe copulateur à mobilité latérale. L'orifice génital de la femelle est recouvert d'une écaille spécialisée s'ouvrant à gauche ou à droite. Il semble que les mâles « droitiers » ne puissent copuler qu'avec des femelles « gauchères », et vice versa ; heureusement, il apparaît qu'il existe à peu près autant de gauchers que de droitiers de chaque sexe. Les œufs se développent dans les voies génitales de la mère, qui met bas 4 ou 5 jeunes actifs.

Guppy, *Poecilia reticulata*

Distribution : du nord de l'Amérique au sud du Brésil, Barbade, île de la Trinité ; introduit dans de nombreuses parties du monde, y compris en Europe
Habitat : rivières, petites étendues d'eau
Taille : 6 cm

Le guppy est un poisson à l'aire de distribution naturelle étendue et qui a été introduit dans de très nombreuses régions pour contrôler la pullulation des moustiques. Extrêmement abondant, il vit en grandes quantités dans les eaux douces ou même saumâtres.

Le mâle est plus petit et beaucoup plus coloré que la femelle. Outre les larves de moustiques, le guppy consomme des larves d'autres insectes, des petits crustacés, des œufs de poisson et des alevins.

Les guppys se reproduisent plusieurs fois par an et mettent bas des jeunes actifs. Le mâle féconde la femelle à l'aide de son organe copulateur. Les embryons – jusqu'à 24 – se développent dans les voies génitales de la mère, leur membrane fœtale se déchirant au moment de l'expulsion. Les jeunes atteignent la maturité sexuelle de 4 à 10 semaines plus tard, selon la température. Cette maturité précoce et la faculté de se reproduire plusieurs fois par an sont des facteurs déterminants de l'abondance des populations de guppys, qui, dans certaines régions, se comptent par millions d'individus. Des mutations ont donné naissance à des races d'aquarium diversement colorées, très appréciées.

Cap Lopez, *Aphyosemion australe*

Distribution : Afrique (Gabon, région du cap Lopez)
Habitat : marais et fossés
Taille : 6 cm

Le cap Lopez mâle est un joli poisson de couleurs vives, à nageoires dorsale et anale pointues, et caudale à 2 lobes allongés. La femelle est plus uniforme, sans les points colorés et les extensions du mâle.

Le cap Lopez dépose ses œufs parmi la vase et les détritus qui couvrent le fond de son habitat. En cas de sécheresse prolongée, les embryons interrompent leur développement et attendent en état de vie latente, protégés par leur membrane. Le développement reprend dès l'arrivée des pluies, et les œufs éclosent peu de temps après.

Poisson-moustique, *Heterandria formosa*

Distribution : rivières, mares, fossés, marais
Habitat : États-Unis (Caroline-du-Sud et Floride)
Taille : 2 à 3,5 cm

Les mâles de l'espèce sont plus petits que les femelles et ne dépassent guère 2 cm de long. Le poisson-moustique vit parmi la végétation aquatique dense ; il se nourrit de moustiques et de minuscules crustacés.

La méthode de reproduction de ce poisson est originale : après l'accouplement et la fécondation interne, les œufs se développent par petits groupes, et la mise bas s'échelonne sur plus de 1 semaine, à raison de 2 ou 3 nouveau-nés par jour. Le poisson-moustique est recherché par les aquariophiles.

CYPRINODONTIFORMES ET ATHÉRINIFORMES

Brochet vivipare, *Belonesox belizanus*
Distribution : Mexique, Amérique centrale jusqu'au Honduras
Habitat : bras morts envasés, marais, lacs
Taille : 10 à 20 cm

C'est un poisson à corps long, museau pointu et grande bouche, qui ressemble à un petit brochet et qui, comme lui, s'embusque dans la végétation pour bondir sur sa proie le moment venu. Les femelles de l'espèce sont plus grandes que les mâles (parfois jusqu'à deux fois leur taille).

On attribue aux pulvérisations d'insecticides destinées à lutter contre les moustiques la diminution considérable du nombre des brochets vivipares.

Les femelles mettent bas de 20 à 80 jeunes actifs. Le brochet vivipare est apprécié des aquariophiles, bien qu'il s'attaque assez souvent aux autres poissons.

Porte-épée ou Porte-glaive, ou Xipho, *Xiphophorus helleri*
Distribution : Mexique, Guatemala
Habitat : sources, cours d'eau, lagunes, marais
Taille : 12,5 cm

Chez le mâle de l'espèce, le lobe inférieur de la caudale est allongé en forme d'épée, d'où le nom commun de ce poisson. Ce prolongement est absent chez la femelle, qui est par ailleurs moins vivement colorée.

La diversité des habitats de l'espèce se reflète dans la variété de la coloration, de la forme et du développement de la caudale. Les xiphos se nourrissent de plantes aquatiques.

Comme les autres poeciliidés, les xiphos sont vivipares. Le mâle féconde la femelle à l'aide de son « gonopode », et les jeunes se développent dans la cavité ovarienne de la mère. Une autre particularité curieuse des xiphos est l'inversion sexuelle, dont on ne s'explique d'ailleurs pas la raison. Une femelle ayant pondu plusieurs fois manifeste petit à petit des caractères du mâle : sa nageoire caudale s'allonge, elle adopte la coloration du mâle et, finalement, elle se transforme en un mâle fonctionnel parfait.

Les porte-épées sont devenus des poissons recherchés des aquariophiles.

ORDRE DES ATHÉRINIFORMES

La plupart des athériniformes sont de petits poissons argentés dotés de grands yeux et de 2 nageoires dorsales. On compte quelque 285 espèces. Ces poissons, qui se nourrissent de plancton, vivent en bancs dans les lacs, les estuaires et les eaux marines peu profondes.

Atherinomorus stipes
Distribution : Atlantique Nord (de la Floride au Brésil, y compris les Caraïbes)
Habitat : eaux littorales
Taille : 12,5 cm

Atherinomorus stipes est un poisson à corps cylindrique et allongé, et à 2 nageoires dorsales, dont la première est épineuse. Les yeux sont grands et la coloration est variable : de jour, *A. stipes* est presque transparent et marqué d'une bande longitudinale argentée ; il est plus foncé la nuit.

Cette espèce d'athérine est abondante et vit en grands groupes. Elle pond des œufs porteurs de filaments qui se fixent sur les plantes aquatiques.

Phenacostethus smithi

Distribution : Thaïlande

Habitat : eaux douces (mares, fossés, canaux)

Taille : 2 cm

C'est un poisson très petit, mais abondant, qui vit en petite troupe et se nourrit de micro-organismes planctoniques. Il a de minuscules écailles et 2 dorsales (l'une d'entre elles est réduite à une simple épine), et une anale proportionnellement très longue. Le corps est pratiquement transparent, de sorte que les organes internes sont visibles.

Ces poissons sont dépourvus de pelviennes, mais s'accouplent grâce à la présence, sous la gorge du mâle, d'un organe copulateur partiellement constitué par des os pelviens. L'orifice urogénital de la femelle, couvert d'écailles spécialisées, s'ouvre entre les deux pectorales. La période de reproduction s'étend de mai à décembre ; le mâle enserre la femelle et féconde les œufs lors de leur expulsion.

Grunion, *Leuresthes tenuis*

Distribution : Pacifique (côtes de Californie et de Basse-Californie)

Habitat : eaux littorales

Taille : 18 cm

Le grunion est un petit poisson élancé aux mœurs reproductives peu communes, étroitement liées au cycle des marées. Au sein d'un groupe constitué de milliers d'individus, il attend les marées de vive-eau pour se laisser porter vers la plage, dans le haut de la zone des marées. La femelle peut ainsi pénétrer dans le sable humide, ne laissant que sa tête à découvert. Le mâle vient alors la rejoindre et répand son sperme près de la tête de la femelle, les spermatozoïdes pénétrant dans le sable par imbibition. Le mâle retourne rapidement à l'eau à la faveur de la vague suivante, mais la femelle demeure un peu plus longtemps sur place. La ponte reste telle quelle jusqu'à la grande marée suivante (soit 2 semaines), qui, en découvrant les œufs, en déclenche l'éclosion. Les grunions se reproduisent la nuit, de mars à août, avec un maximum en mai et juin.

Le grand nombre de grunions qui, de quinzaine en quinzaine, rejoignent la plage attire de nombreux prédateurs et, parmi eux, l'homme, de sorte que des mesures ont dû être prises pour limiter la pêche de cette espèce.

Prêtre, *Atherina presbyter*

Distribution : est de l'Atlantique (côtes de Grande-Bretagne, d'Irlande, de France, d'Espagne, du Portugal et d'Afrique du Nord)

Habitat : eaux littorales, estuaires

Taille : 15 à 21 cm

Ce petit poisson grégaire est présent un peu partout dans le monde, et particulièrement dans les zones tropicales et tempérées-chaudes. C'est l'un des rares poissons à fréquenter les eaux froides. Il est assez typique de sa famille (athérinidés), avec son corps long et élancé, ses dorsales largement espacées, la première comportant 7 ou 8 épines. Les bancs de prêtres sont très communs sur les fonds vaseux ou sableux, et l'on rencontre parfois les jeunes dans les trous d'eau rocheux des côtes. Le prêtre a des mâchoires protractiles et se nourrit essentiellement de petits crustacés, accessoirement de très petits poissons. Il est lui-même la proie de certains grands poissons et d'oiseaux de mer comme les sternes.

La période de reproduction s'étend de la fin du printemps à la mi-été. Les prêtres viennent souvent dans les trous d'eau du littoral, pour y pondre leurs œufs assemblés en longs filaments qui s'accrochent aux algues. Les nouveau-nés mesurent environ 7 mm de long.

Melanotaenia fluviatilis

Distribution : Australie (Australie-Méridionale, Nouvelle-Galles-du-Sud, Queensland)

Habitat : rivières et ruisseaux

Taille : 9 cm

Il s'agit de l'une des quelque 53 espèces de poissons arc-en-ciel, tous d'Australie et de Nouvelle-Guinée. Ce poisson joliment coloré pond en début d'été des œufs qui s'accrochent aux plantes aquatiques au moyen de fins filaments et éclosent au bout de 9 jours environ.

Le beau poisson arc-en-ciel est recherché des aquariophiles.

LAMPRIDIFORMES, STÉPHANO-BÉRYCIFORMES ET BÉRYCIFORMES

ORDRE DES LAMPRIDIFORMES

Cet ordre rassemble environ 19 espèces de poissons répartis en 3 familles : les lamprididés, les lophotidés et les trachiptéridés. Certains de ces poissons sont très grands ; ainsi, par exemple, le régalec, qui peut parfois dépasser les 6 m de long.

Les lampridiformes sont des poissons à corps comprimé, généralement dépourvu d'écailles ou portant de fragiles écailles modifiées ; il est élevé chez le lampris, allongé chez beaucoup d'autres espèces. Les nageoires ne sont pas véritablement épineuses.

Régalec ou Roi des harengs, *Regalecus glesne*
Distribution : Atlantique, Pacifique et océan Indien (zones tropicales et tempérées)
Habitat : haute mer, 300 à 600 m de profondeur
Taille : jusqu'à 7 m

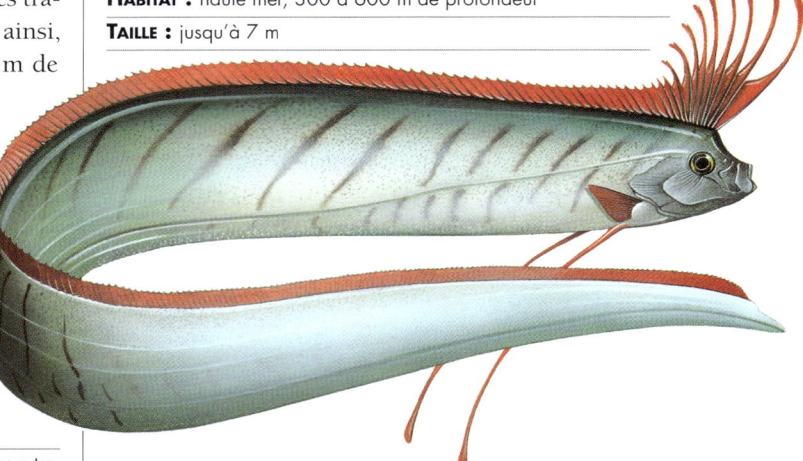

Ce poisson est très caractéristique, avec son long corps rubané et comprimé. La dorsale débute immédiatement derrière le museau et suit tout le dos ; ses premiers rayons sont allongés en forme de crête. L'anale est absente ; les pelviennes sont très allongées, terminées par des lobes cutanés. Le régalec se déplace par des mouvements ondulatoires et est probablement à l'origine de maintes histoires de « serpents de mer ».

Le régalec a une petite bouche protractile dépourvue de dents et se nourrit de crevettes et autres crustacés. On suppose qu'il n'existe que 1 ou 2 espèces du genre.

Lampris ou Opah, *Lampris guttatus*
Distribution : cosmopolite (sauf l'Antarctique), plus commun dans les mers tropicales ou tempérées
Habitat : haute mer, 100 à 400 m de profondeur
Taille : 1,50 m

Cet étonnant poisson a un corps haut, formant un ovale, bleu vif ponctué de blanc sur le haut des flancs, et des nageoires rouges, bien développées. L'ensemble de la livrée présente de superbes reflets saumon. Un adulte peut peser jusqu'à 73 kg.

L'opah a une bouche protractile dépourvue de dents, mais, en dépit de son allure maladroite, c'est un redoutable prédateur et un excellent nageur, qui se nourrit surtout de calmars et de poissons tels que merlus et merlans bleus.

On connaît mal la biologie et les mœurs de ce poisson rarement visible.

Trachyptère ou Argentin, *Trachipterus arcticus*
Distribution : nord-est de l'Atlantique (du Groenland et de l'Islande à Madère et l'Afrique du Nord)
Habitat : haute mer, à mi-profondeur
Taille : 2,50 m

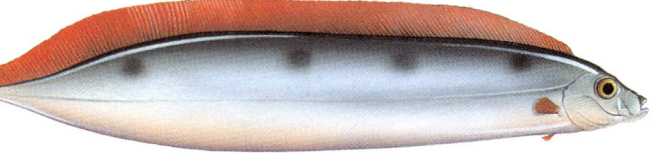

Ce long poisson a un corps comprimé et une dorsale rougeâtre courant sur la quasi-totalité du dos arqué. Les pelviennes sont réduites, l'anale est absente, et la partie inférieure de la caudale atrophiée chez les adultes. Les flancs argentés montrent plusieurs taches rondes caractéristiques. Il a une bouche protractile et se nourrit de poissons, de calmars et de crustacés. Généralement solitaire, il lui arrive de se déplacer en petite troupe.

POISSONS : LAMPRIDIFORMES, STÉPHANOBÉRYCIFORMES ET BÉRYCIFORMES   **551**

Atelopus japonicus
DISTRIBUTION : Pacifique et océan Indien (de la côte de l'Afrique orientale au Japon)
HABITAT : entre 180 et 550 m de profondeur
TAILLE : 61 cm

C'est un poisson à corps long, effilé vers la queue, et à tête relativement grande. Il a des pelviennes filiformes, une dorsale courte et haute, une longue anale soudée à la caudale réduite. Le corps est mou et fragile, ce qui explique que les spécimens découverts étaient endommagés. Seule la mâchoire supérieure est munie des dents ; elle déborde sur la mandibule.

Les mœurs de ce poisson sont mal connues, mais on pense qu'il pourrait se nourrir d'invertébrés de fond.

ORDRE DES STÉPHANOBÉRYCIFORMES

L'ordre des stéphanobéryciformes compte 86 espèces. La plupart de ces poissons sont des prédateurs nocturnes qui vivent dans les eaux profondes des mers et qui ont des organes lumineux. L'épine des nageoires est fragile ou absente.

Cetomimus indagator
DISTRIBUTION : océan Indien
HABITAT : profondeurs
TAILLE : 14 cm

Cetomimus indagator est l'une des quelque 10 espèces de cétomimidés – une petite famille de poissons abyssaux à corps généralement assez trapu, tête et mâchoires bien développées, dépourvus d'écailles et de nageoires pelviennes. Il a une tête plus petite et plus pointue que la moyenne, mais possède les grandes mâchoires caractéristiques de la famille, et de nombreuses petites dents. Comme tous les cétomimidés, il a des yeux très réduits. Il est également identifiable à sa ligne latérale – série d'organes sensoriels longeant les flancs – constituée d'un grand tube s'ouvrant par 12 grands orifices.

Les cétomimidés montrent à la base de la dorsale et de l'anale des cellules lumineuses supposées briller dans l'obscurité. Ce sont des poissons que l'on peut rarement pêcher sans les endommager, donc leur biologie est mal connue.

ORDRE DES BÉRYCIFORMES

Cet ordre assez hétérogène comporte environ 123 espèces de poissons marins, groupés en 7 familles, dont les bérycidés, les holocentridés, les anomalopidés et les trachichthyidés. Ce sont, pour la plupart, des poissons à corps haut, grands yeux et nageoires épineuses. La plupart des familles comptent moins d'une douzaine d'espèces, abyssales dans leur majorité. La famille des holocentridés, la plus nombreuse, compte plus de 60 espèces.

Pomme de pin japonaise, *Monocentris japonicus*
DISTRIBUTION : Pacifique et océan Indien (du sud de l'Afrique au Japon)
HABITAT : haute mer, de 30 à 180 m de profondeur
TAILLE : 12,5 cm

La pomme de pin japonaise est un poisson à corps haut et dodu, couvert de fortes plaques épineuses imbriquées à la manière des écailles d'une pomme de pin, ce qui est à l'origine de son nom commun. La nageoire dorsale est constituée de fortes épines inclinées alternativement à gauche et à droite, et l'épine des pelviennes est grande. Il n'a pas de photophores à proprement parler, mais sous sa mandibule se trouvent 2 fossettes contenant des bactéries phosphorescentes.

La pomme de pin japonaise nage en banc près du fond. La famille ne compte qu'une seule autre espèce, qui vit également dans le Pacifique et l'océan Indien.

Écureuil de la mer des Caraïbes, *Holocentrus ascensionis*
DISTRIBUTION : mer des Caraïbes, Floride, Bermudes
HABITAT : eaux côtières des régions tropicales et tempérées-chaudes
TAILLE : 61 cm

Ce poisson de couleur vive est particulièrement commun sur les récifs coralliens et les fonds rocheux. Les écailles sont grandes et rugueuses, l'opercule est pourvu d'une forte épine. Nocturne, il vit le jour caché dans les crevasses rocheuses et émerge la nuit pour se nourrir de petits crustacés.

En faisant vibrer leur vessie natatoire au moyen de muscles spécialisés, les poissons-écureuils produisent des sons, que l'on suppose jouer un rôle dans les mœurs territoriales et reproductives de l'espèce.

BÉRYCIFORMES ET ZÉIFORMES

Écureuil de mer d'Hawaii, *Adioryx xantherythrus*
Distribution : Pacifique (Hawaii)
Habitat : récifs coralliens
Taille : 18 cm

C'est un écureuil de mer à corps rose et rougeâtre, et nageoire dorsale pourvue de fortes épines. De mœurs nocturnes, il vit le jour caché dans les récifs et émerge la nuit pour se nourrir de petits invertébrés.

Comme les autres écureuils de mer, ce poisson est capable de produire des sons qui semblent jouer un rôle dans la parade nuptiale.

Anomalops kaptoptron
Distribution : Pacifique Sud (côtes indonésiennes)
Habitat : eaux côtières peu profondes
Taille : 30 cm

Anomalops kaptoptron est l'une des 3 espèces d'anomalopidés – une petite famille de poissons littoraux pourvus sous chaque œil d'un organe lumineux contenant des bactéries phosphorescentes qui vivent en symbiose avec le poisson ; l'organe peut être éclipsé sous une paupière spéciale. La nuit, mus par un pivotement de l'ensemble de la glande, ces organes clignotent en émettant une lumière bleu-vert. En faisant clignoter ses organes lumineux, le poisson est peut-être alors en mesure de communiquer avec ses congénères ou d'attirer une proie.

C'est un poisson à corps lourd et haut, et fortes épines dorsales. Il a la tête massive et les gros yeux caractéristiques de l'ordre. De mœurs nocturnes, il nage en petite troupe évoluant dans les eaux peu profondes des récifs coralliens. Dans certains villages indonésiens, ce poisson est pêché pour ses glandes lumineuses, qui sont récupérées et servent d'appât.

Hoplostète, *Hoplostethus atlanticus*
Distribution : Atlantique Nord
Habitat : eaux profondes, entre 500 et 1 000 m
Taille : 30 cm

Ce poisson de couleur vive a un corps ovale et comprimé, une grosse tête et un museau tronqué. Entre les pelviennes et l'anale, la carène ventrale est bordée d'écailles modifiées en écussons épineux. La bouche est oblique, largement fendue, les mâchoires sont dotées de nombreuses dents fines et serrées. Ce poisson est supposé se nourrir surtout de crustacés, mais on connaît mal ses habitudes alimentaires.

Chez les poissons de la famille des trachichthyidés, à laquelle appartient cet hoplostète, le squelette céphalique est creusé de nombreuses cavités sécrétant un mucus abondant.

Photoblepharon palpebratus
Distribution : Pacifique et océan Indien
Habitat : eaux côtières peu profondes
Taille : 8 cm

Poisson trapu à nageoires bien développées et queue fourchue, *Photoblepharon palpebratus* est un anomalopidé exclusivement nocturne. Comme toutes les autres espèces de la famille, il montre sous chaque œil un organe lumineux qui apparaît blanc le jour, mais qui brille la nuit. Cet organe comporte intérieurement des conduits contenant des bactéries phosphorescentes qui vivent en symbiose avec le poisson. L'organe peut être éclipsé par une paupière spéciale ou photoblepharon.

Les pêcheurs locaux savent extirper l'organe, qui reste lumineux durant plusieurs heures, et s'en servir comme appât.

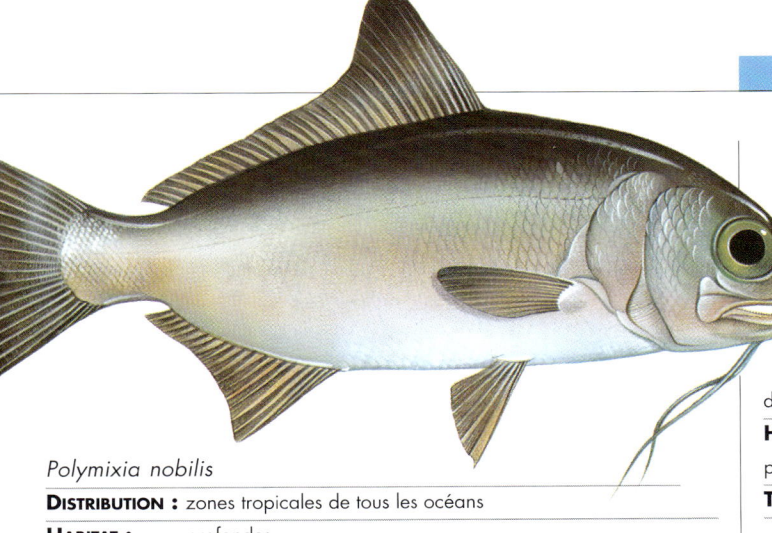

Polymixia nobilis

Distribution : zones tropicales de tous les océans
Habitat : eaux profondes
Taille : 25 cm

Ce poisson vit dans les régions tropicales et subtropicales de l'océan Indien, du Pacifique et de l'Atlantique. On le trouve habituellement entre 180 et 640 m de profondeur. C'est un poisson à corps élevé, qui utilise probablement ses deux longs barbillons mentonniers pour trouver sa nourriture sur le fond de la mer. Le corps est entièrement écailleux, de couleur variable, à l'exception de la caudale et de l'extrémité de la dorsale, qui sont généralement sombres, presque noires. Quasiment identique, *P. japonicus* vit dans la mer du Japon.

ORDRE DES ZÉIFORMES

Cet ordre rassemble 39 espèces de poissons, dont le saint-pierre, le sanglier de mer et d'autres poissons des profondeurs moins connus. Ce sont tous des poissons de mer. Le zéiforme typique a un corps relativement haut et comprimé, de gros yeux proéminents. La partie antérieure de la dorsale et de l'anale est souvent fortement épineuse. La bouche s'ouvre très largement pour faciliter la capture des proies.

Saint-pierre américain, *Zenopsis ocellata*

Distribution : ouest de l'Atlantique de la Nouvelle-Écosse à la baie de Chesapeake
Habitat : au large des côtes
Taille : 61 cm

Ce poisson a un corps haut et très comprimé. La mandibule protractile est fortement oblique, la bouche s'ouvrant presque à la hauteur des yeux. La première dorsale compte 9 ou 10 épines : les trois ou quatre premières sont allongées, les suivantes se raccourcissant progressivement ; l'anale montre 3 ou 4 épines fortes et courtes. Les adultes sont argentés ; les jeunes ont les flancs marqués de taches sombres irrégulières qui s'estompent progressivement, ne laissant chez les adultes qu'une tache de chaque côté, près de l'ouverture branchiale.

Comme tous les zéidés, ce poisson suit lentement sa proie jusqu'à ce qu'il puisse l'engloutir dans ses énormes mâchoires.

Saint-pierre ou Dorée, *Zeus faber*

Distribution : est de l'Atlantique (du nord de l'Écosse à l'Afrique du Sud), Méditerranée
Habitat : eaux littorales, de 10 à 50 m de profondeur
Taille : 40 à 66 cm

Le saint-pierre doit son nom à la tache ronde que porte chaque flanc et qui serait, selon la tradition, la trace des doigts de l'apôtre. C'est un poisson à corps haut, grosse tête, bouche protractile fortement oblique. Dans sa partie antérieure, la dorsale montre 9 ou 10 fortes épines, contre 3 ou 4 précédant l'anale.

Généralement solitaire, le saint-pierre se déplace parfois en petite troupe. Il n'est pas bon nageur et chasse plutôt à l'affût. Couché sur le flanc, et donc moins aisément repérable, il approche doucement et engloutit sa proie, souvent en provoquant un courant d'eau qui aspire l'animal ; il se nourrit essentiellement de petits poissons et de crustacés.

Bien que rarement pêché en grandes quantités, le saint-pierre est, en Europe, très estimé pour sa chair délicate. Une espèce presque identique, *Z. japonicus*, vit dans le Pacifique et l'océan Indien.

Sanglier de mer, *Capros aper*

Distribution : est de l'Atlantique (de l'Irlande au Sénégal), Méditerranée
Habitat : haute mer sur fonds rocheux, de 100 à 400 m de profondeur
Taille : 10 à 16 cm

Ce petit caproïdé, voisin des zéidés, a un corps haut et latéralement comprimé, une tête pointue, à petite bouche très protractile et garnie de fines dents. Le premier rayon des pelviennes est fort et dentelé. La première partie de la dorsale porte de fortes épines. Les petites écailles finement dentées rendent le corps rugueux au toucher. Comme les autres caproïdés, le sanglier de mer est de couleur rougeâtre.

Les sangliers de mer se nourrissent de crustacés, de vers et de mollusques. Ils se reproduisent en été, les œufs flottant librement à la surface de l'eau jusqu'à leur éclosion.

GASTÉROSTÉIFORMES

ORDRE DES GASTÉROSTÉIFORMES

L'ordre des gastérostéiformes compte environ 260 espèces, dont les plus connues sont les épinoches. Ces poissons à nageoires épineuses vivent dans les eaux douces ou dans les eaux marines de l'hémisphère Nord. A la saison de reproduction, ils gardent jalousement leur nid. On les reconnaît à la présence de 3 à 16 aiguillons libres en avant de la dorsale. Parmi les 8 espèces d'épinoches, 2 espèces, *Gasterosteus aculeatus* et *Pungitius pungitius*, sont particulièrement diversifiées.

Les hippocampes, qui se répartissent en 225 espèces, ne peuvent se déplacer rapidement. Afin d'échapper à leurs prédateurs, ils doivent compter sur leur cuirasse et leur énigmatique comportement pour se camoufler. La plupart vivent dans les eaux peu profondes des océans.

Épinoche, *Gasterosteus aculeatus*

Distribution : Amérique du Nord (côtes du Pacifique, de l'Atlantique et eaux douces), Europe (côtes et eaux douces, jusqu'au cercle polaire), nord de l'Asie, Pacifique Nord (du détroit de Béring à la Corée)

Habitat : eaux côtières, lacs et cours d'eau

Taille : 5 à 10 cm

L'épinoche est un petit poisson ayant 2 à 4, généralement 3, aiguillons libres en avant de la dorsale, à corps cuirassé de plaques osseuses. Vorace, l'épinoche se nourrit de crustacés, de vers, de mollusques, d'œufs et d'alevins, et même de matière végétale.

À la saison des amours – soit en fin de printemps et en début d'été en Europe et en Amérique du Nord –, le mâle a le ventre rouge vif. Il construit sur le fond un nid d'herbes agglutinées par une sécrétion muqueuse et y fait pondre plusieurs femelles. Après avoir fécondé les œufs, il les garde jalousement en agitant l'eau pour ventiler les œufs, qui éclosent au bout de 3 semaines environ.

Épinoche de mer, *Spinachia spinachia*

Distribution : côtes de la Scandinavie, de la Grande-Bretagne et du nord de l'Europe

Habitat : eaux côtières peu profondes

Taille : 15 à 19 cm

C'est une épinoche longue et effilée, à museau pointu et 14 à 17 (généralement 15) aiguillons libres en avant de la dorsale. Marine, elle vit surtout dans les baies herbeuses et les herbiers marins, où elle se nourrit de petits crustacés.

Le mâle construit un nid fait de fibres végétales agglomérées par des sécrétions muqueuses et y fait pondre plusieurs femelles. Il féconde les œufs et les garde jusqu'à leur éclosion, soit de 18 à 21 jours.

Épinoche marine d'Amérique, *Apeltes quadracus*

Distribution : ouest de l'Atlantique (côte est de l'Amérique du Nord, de la Nouvelle-Écosse à la Virginie)

Habitat : eaux côtières, saumâtres ou douces

Taille : 6 cm

Aussi appelée épinoche à quatre épines, cette espèce est présente en eau douce comme en eau salée et affectionne les zones riches en végétation aquatique. Le corps est nu, à l'exception du ventre, qui est bordé de crêtes osseuses. Elle se nourrit surtout de petits crustacés.

Comme toutes les autres épinoches, celle-ci se reproduit au printemps et en début d'été. Le mâle construit un nid dans lequel pondent les femelles et qu'il garde ensuite jusqu'à l'éclosion des œufs.

Aulorhynchus flavidus

Distribution : Pacifique (côtes de l'Amérique du Nord, de l'Alaska à la Basse-Californie)

Habitat : eaux littorales

Taille : 16 cm

C'est un poisson à long corps cylindrique et pédoncule caudal effilé. La bouche est insérée à

l'extrémité du long museau rigide. La dorsale, opposée à l'anale, est précédée de 24 à 26 épines isolées constituant une première nageoire dorsale. *Aulorhynchus flavidus* nage en banc de centaines, voire de milliers d'individus, et se nourrit de petits crustacés ou d'organismes planctoniques.

La femelle dépose ses œufs dans un nid d'algues agglutinées par des filaments de mucus sécrétés par le mâle.

Pégase, *Pegasus volitans* DD
DISTRIBUTION : océans Indien et Pacifique, de l'est de l'Afrique au nord de l'Australie
HABITAT : eaux peu profondes à fond sableux
TAILLE : 14 cm

C'est un poisson à long museau étroit, à corps aplati et annelé de plaques osseuses, à queue effilée. La bouche est petite et ventrale. Ses nageoires pectorales sont très développées et lui permettent de glisser sur l'eau sur une longue distance ; les autres nageoires sont relativement petites.

Poisson-rasoir, *Aeoliscus strigatus*
DISTRIBUTION : océans Indien et Pacifique jusqu'au nord de l'Australie
HABITAT : récifs coralliens et zones côtières adjacentes
TAILLE : 15 cm

Ce poisson a un corps plat et comprimé, et un ventre caréné. Le corps se termine à l'arrière par une épine rigide, qui est en fait le premier rayon de la dorsale, le reste de la nageoire, ainsi que la caudale, étant repoussé en dessous du corps. Le poisson-rasoir nage souvent la tête en bas, au voisinage des oursins diadèmes, entre les longs piquants desquels il se réfugie en cas de danger. Les raies sombres qui marquent le corps du poisson imitent des épines et lui servent de camouflage.

Grande Aiguille de mer, *Syngnathus acus*
DISTRIBUTION : Atlantique (de la Norvège à l'Afrique du Nord), Méditerranée, Adriatique
HABITAT : eaux peu profondes à fond sableux ou vaseux
TAILLE : 30 à 47 cm

Ce poisson a le corps cuirassé de plaques osseuses formant des segments bien distincts. Le museau est long et tubuleux, terminé par une petite bouche. La nageoire dorsale sert à la propulsion du poisson, qui se nourrit de petits crustacés et autres micro-organismes planctoniques, ainsi que de jeunes poissons.

La reproduction s'opère de mai à août. Le mâle incube les œufs dans une poche qui est un double repli cutané situé sous la queue. Les œufs éclosent au bout d'environ 5 semaines, et les jeunes s'échappent par la fente située à la jointure des replis.

Hippocampe nain, *Hippocampus zosterae* VU
DISTRIBUTION : ouest de l'Atlantique (de la Floride à la mer des Caraïbes)
HABITAT : eaux peu profondes
TAILLE : 4 cm

C'est le plus petit des hippocampes – des poissons instantanément identifiables à leur tête de cheval de jeu d'échecs, et à leur queue enroulable et préhensile. L'hippocampe nain se déplace lentement, par des mouvements souples de sa nageoire caudale, et peut se fixer sur la végétation au moyen de sa queue. Il se nourrit surtout de larves et de petits crustacés.

La saison de reproduction des hippocampes nains s'étend de février à octobre. La femelle pond 50 œufs et davantage, qu'elle dépose dans la poche incubatrice du mâle.

Hippocampe, *Phyllopteryx taeniolatus* DD
DISTRIBUTION : côtes méridionales de l'Australie
HABITAT : eaux peu profondes
TAILLE : 46 cm

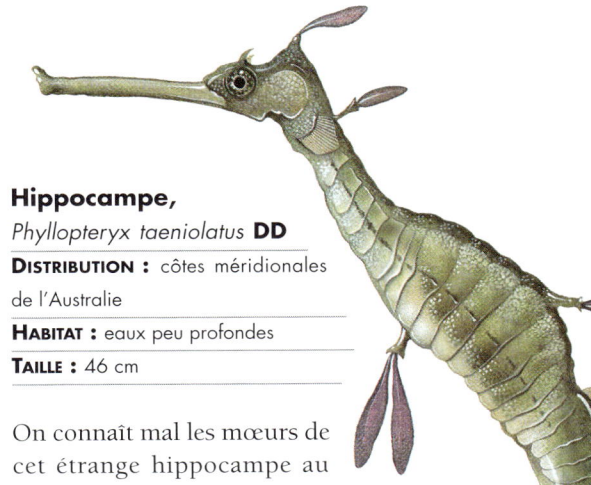

On connaît mal les mœurs de cet étrange hippocampe au corps parsemé de lobes cutanés, divisés comme les thalles des algues et qui lui servent probablement de camouflage.

Le mâle incube les œufs dans un repli cutané disposé sous la queue.

SYMBRANCHIFORMES, DACTYLO-PTÉRIFORMES ET SCORPÉNIFORMES

ORDRE DES SYMBRANCHIFORMES

Cet ordre compte environ 87 espèces, dont 7 marines, groupées en 3 familles. En dépit de leur nom, les anguilles symbranches ne se rapprochent des anguilles que par la forme de leur corps et leurs nageoires extrêmement réduites. Leur système branchial est très réduit et relié à divers organes destinés à la respiration aérienne.

Symbranche de rizière, *Monopterus alba*
Distribution : Japon, du nord de la Chine à la Thaïlande et au Myanmar
Habitat : cours d'eau, étangs et rizières
Taille : 91 cm

Ce poisson a un corps nu et allongé, sans pelviennes ni pectorales. La dorsale et l'anale sont basses et soudées à la caudale. La gorge porte 1 ou 2 orifices branchiaux, mais, dans les eaux stagnantes et mal oxygénées où il vit, ce symbranche vient souvent respirer à la surface. En cas de sécheresse prolongée, il peut s'enfouir dans le fond et y attendre le retour de la pluie, à condition que sa peau reste humide.

Le mâle construit un nid de bulles d'air et de mucus, dans lequel les œufs sont déposés et qui flotte à la surface, puis il le garde jusqu'à l'éclosion.

Anguille épineuse cuirassée, *Mastacembelus armatus*
Distribution : Inde, Sri Lanka, Asie du Sud-Est, Chine, Sumatra, Java, Bornéo
Habitat : marais, cours d'eau et lacs
Taille : 75 cm

Ce poisson anguilliforme est identifiable à la ligne d'épines libres qui précède la nageoire dorsale. Les pelviennes sont absentes ; la dorsale et l'anale sont très reculées, jouxtant la caudale. La tête est étroite et pointue, la partie supérieure du museau prolongée en appendice charnu. Cette anguille se nourrit d'insectes et de crustacés ; les adultes mangent aussi du poisson.

ORDRE DES DACTYLOPTÉRIFORMES

Ce petit ordre compte seulement 1 famille de 7 espèces de grondins volants. Ces poissons vivent dans les régions tropicales et tempérées-chaudes de l'Atlantique et des océans Indien et Pacifique. Les grondins volants ont des nageoires pectorales très développées, en forme d'ailes, mais rien ne prouve qu'ils soient capables de s'élever au-dessus de l'eau.

Grondin volant, *Dactylopterus volitans*
Distribution : ouest de l'Atlantique (des Bermudes à l'Argentine à travers les Caraïbes), est de l'Atlantique (du Portugal à l'Afrique occidentale), Méditerranée
Habitat : fond des eaux peu profondes
Taille : 30 à 40,5 cm

C'est un poisson de fond, qui se sert de ses nageoires pelviennes pour « marcher » à la recherche de crustacés. Sa tête osseuse est relativement grande, ses nageoires pectorales sont agrandies en ailes. Dérangé, il peut les étendre, révélant les points bleu vif qui en marquent la face interne pour impressionner son adversaire.

ORDRE DES SCORPÉNIFORMES

Cet ordre vaste et largement distribué compte 24 familles rassemblant quelque 1 300 espèces, dont la plupart sont des espèces marines. Le corps est de forme variable, généralement massif et épineux ; les épines ont le plus souvent des cellules à venin.

Rascasse brune, *Scorpaena porcus*
Distribution : Méditerranée, mer Noire, Atlantique Nord (du golfe de Gascogne à Madère)
Habitat : eaux peu profondes
Taille : 25 cm

La rascasse brune vit sur les fonds rocheux ou herbeux, efficacement camouflée par sa coloration et les extensions cutanées ramifiées de sa tête. La dorsale montre des rayons épineux communiquant avec des glandes à venin.

La reproduction de l'espèce a lieu au printemps ou en début d'été. Les œufs sont agglutinés par un mucus gélatineux.

Comme celle de la rascasse rouge, S. scrofa, la chair de la rascasse brune est très appréciée des amateurs de bouillabaisse.

Grand Sébaste ou Sébaste doré, *Sebastes marinus*

Distribution : Atlantique Nord (de l'Arctique jusqu'en mer du Nord), États-Unis (New Jersey)

Habitat : eaux profondes, de 100 à 400 m

Taille : 81 cm à 1 m

Le grand sébaste est un poisson à corps lourd, à grosse tête et mandibule proéminente. La dorsale est fortement épineuse, l'anale compte 3 épines. Il passe ses journées près du fond et vient la nuit à la surface pour se nourrir de morues et harengs.

Dans le nord de l'aire, le mâle réalise la fécondation interne de la femelle en fin d'été. Les femelles passent ensuite l'hiver dans le sud de l'aire, et, en mai ou juin suivant, elles mettent bas jusqu'à 40 000 alevins mesurant environ 8 mm. Les jeunes se nourrissent d'abord de plancton, puis de crustacés.

Rascasse volante ou Dragon des mers, *Pterois volitans*

Distribution : mer Rouge, océans Indien et Pacifique

Habitat : eaux peu profondes, récifs coralliens

Taille : 38 cm

Ce poisson est instantanément identifiable à ses immenses nageoires pectorales filamenteuses et aux admirables coloris de sa livrée. Cette coloration avertit l'ennemi de la présence d'épines venimeuses, qui peuvent infliger des piqûres très sérieuses, voire fatales, même pour les humains.

Poisson-pierre verruqueux, *Synanceia verrucosa*

Distribution : océans Indien et Pacifique (de l'Afrique et la mer Rouge au nord de l'Australie)

Habitat : eaux peu profondes, récifs coralliens

Taille : 30 cm

Au nombre de 20 espèces, les poissons-pierres vivent dans la zone indo-pacifique. À la base des rayons durs de leur nageoire dorsale se trouvent des glandes venimeuses dont le venin très puissant peut parfois provoquer la mort d'un homme. Cette espèce est typique de la famille, avec son corps nu et rugueux, sa grande tête oblique et ses yeux proéminents. Elle doit son nom à ce qu'elle présente un camouflage tel qu'elle ressemble à des pierres sur le fond.

Grondin perlon ou Trigle hirondelle, *Trigla lucerna*

Distribution : est de l'Atlantique (Norvège, des îles Britanniques à l'Afrique du Nord), côtes de la mer Noire, de l'Adriatique et de la Méditerranée

Habitat : eaux littorales à fonds sableux et vaseux

Taille : 50 à 75 cm

Membre de la famille des triglidés ou grondins, le grondin perlon a une tête osseuse, un museau pointu, des nageoires bien formées. Les pectorales montrent plusieurs rayons allongés et libres, utilisés par le poisson pour chercher sa nourriture sur le fond et comme support. Le grondin perlon se nourrit habituellement de crustacés, de mollusques et de poissons de fond.

Prionotus carolinus

Distribution : ouest de l'Atlantique (de la baie de Fundy au Venezuela)

Habitat : fonds marins, eaux côtières

Taille : 41 cm

Ce grondin américain est typique de sa famille, avec sa grosse tête couverte de plaques osseuses et ses pectorales en forme d'éventail, dont les 3 rayons inférieurs, libres, servent au poisson à repérer sa proie (poissons et crustacés) sur le fond. La coloration varie de grisâtre à brun ; le dos est toujours marqué de taches sombres, en forme de selle.

Ce poisson de fond se tient souvent appuyé sur ses pectorales ; menacé, il s'enfuit rapidement, ne laissant dépasser que le haut de sa tête et ses yeux.

Les grondins doivent leur nom à ce qu'ils émettent des grognements en actionnant leur vessie natatoire, et ce surtout à la saison des amours, qui s'étend de juin à septembre.

Les œufs flottent à la surface jusqu'à leur éclosion. Les jeunes se développent très rapidement.

SCORPÉNIFORMES SUITE

Rascasse charbon, *Anoplopoma fimbria*
Distribution : Pacifique (du Japon à la mer de Béring, au sud jusqu'à la Basse-Californie)
Habitat : eaux littorales et haute mer
Taille : jusqu'à 1 m

La rascasse charbon est un long poisson fuselé, à 2 dorsales bien séparées. La tête est lisse, sans épines ni arêtes. Les adultes vivent généralement près du fond, sur le plateau continental, les jeunes nagent en surface, souvent en haute mer.

La reproduction a lieu en hiver et au début du printemps.

Rascasse verte, *Hexagrammos decagrammus*
Distribution : côte pacifique de l'Amérique du Nord (de l'Alaska jusqu'à la Californie)
Habitat : eaux peu profondes sur fonds de rochers ou de varech
Taille : 53 cm

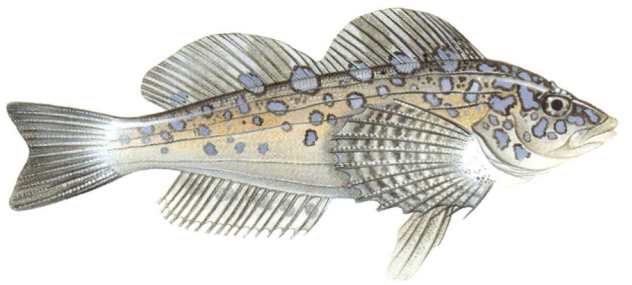

C'est l'une des 11 espèces de rascasses vertes, toutes du Pacifique Nord. La tête est lisse. Les pectorales sont grandes, la dorsale est longue et échancrée à mi-longueur. Les mâles montrent des points bleus sur la partie antérieure, les femelles des points brun rougeâtre. Cette espèce montre curieusement 5 lignes latérales (séries d'organes sensoriels) de chaque côté, contre une seule chez la plupart des poissons.

La rascasse verte se nourrit de vers, de crustacés et de petits poissons. Elle est la proie de nombreux gros poissons et d'oiseaux piscivores. Elle se reproduit en automne et pond des grappes d'œufs parmi les rochers. Les jeunes nagent en surface, en haute mer.

Chabot, *Myoxocephalus scorpius*
Distribution : Atlantique Nord (du Labrador au cap Cod), côtes de l'Europe du Nord (du golfe de Gascogne à la mer Blanche)
Habitat : eaux littorales, jusqu'à 60 m de profondeur
Taille : 25 à 60 cm

C'est un grand représentant de la famille des cottidés, ou chabots. La tête est large, les nageoires sont bien développées, la région operculaire et les flancs sont hérissés de petites épines. Les femelles sont généralement plus grandes que les mâles ; leur ventre est taché de jaunâtre, celui des mâles pointillé d'orangé. Poisson de fond, *Myoxocephalus scorpius* se nourrit surtout de crustacés benthiques, mais également de vers et de petits poissons.

La reproduction a lieu en hiver. Les œufs visqueux sont déposés en grappes sur les algues ou dans les crevasses rocheuses. Gardés par le mâle, ils éclosent de 4 à 12 semaines plus tard, en fonction de la température.

Chabot de rivière ou Chaboisseau, *Cottus gobio*
Distribution : Europe (de la Suède et la Finlande à l'Angleterre et au pays de Galles, vers le sud aux Pyrénées, aux Alpes et à l'ex-Yougoslavie)
Habitat : rivières à fort courant, lacs limpides
Taille : 10 cm

Ce petit chabot a une grande tête plate, hérissée de part et d'autre d'une petite épine. Il affectionne les fonds pierreux, trouvant refuge le jour sous les rochers et les pierres pour émerger la nuit, à la recherche de crustacés et de larves d'insectes.

La reproduction a lieu de mars à mai. Le mâle creuse sous un rocher pour que la femelle puisse déposer ses œufs dans la cavité. Gardés par le mâle, les œufs éclosent de 3 à 4 semaines plus tard. Les nouveau-nés se dispersent immédiatement et trouvent abri parmi les pierres.

Cabézon, *Scorpaenichthys marmoratus*

Distribution : Pacifique Nord (de l'Alaska à la Basse-Californie)
Habitat : eaux littorales peu profondes, jusqu'à 60 m
Taille : 76 cm

C'est l'un des plus grands chabots. Il a un corps lourd, lisse et nu, une dorsale profondément échancrée. La tête et la bouche sont larges, le museau montre un lobe proéminent. La coloration est très variable, le dessin est généralement fait de marbrures et de zones claires. S'il est surtout commun sur les fonds rocheux, le cabézon vit aussi sur les fonds sableux ou les prairies de varech. Il se nourrit surtout de crabes, mais aussi d'autres crustacés ainsi que de petits poissons.

La reproduction a lieu de novembre à mars, très souvent dans des sites communautaires. La femelle dépose jusqu'à 100 000 œufs en amas, sur les rochers. Les mâles restent sur place pour les garder jusqu'à leur éclosion.

Grand Rouvet, *Comephorus baicalensis*

Distribution : Russie (lac Baïkal)
Habitat : eaux profondes
Taille : 19 cm

Le grand rouvet est l'une des 2 espèces de coméphoridés, voisins des cottidés – des poissons d'eau douce à corps long, dépourvus de nageoires pelviennes, mais à dorsale et anale longues et opposées. La tête est couverte d'une délicate peau translucide, la bouche est grande. Ce poisson des profondeurs effectue la nuit des migrations verticales pour venir se nourrir en surface de petits crustacés.

Comme l'autre espèce du genre, *C. dybowski*, qui vit également dans le lac Baïkal, le grand rouvet est vivipare et se reproduit en été, en surface.

Souris de mer, *Agonus acipenserinus*

Distribution : Pacifique Nord (côte nord-américaine, de la mer de Béring à la Californie)
Habitat : côtes à fond vaseux, à des profondeurs de 18 à 55 m
Taille : jusqu'à 30 cm

La souris de mer est un poisson à corps très effilé, cuirassé de plaques osseuses non imbriquées. La grande tête semblable à celle d'un esturgeon porte plusieurs épines et des paquets de barbillons autour de la bouche. La souris de mer vit près du fond et se nourrit surtout de crustacés et de vers. Bien que commune et abondante, cette espèce n'a aucune valeur commerciale et n'est donc pas pêchée.

Lompe ou Lièvre de mer, *Cyclopterus lumpus*

Distribution : Atlantique Nord (de l'Arctique à la Scandinavie, l'Islande et les îles Britanniques, de Terre-Neuve au New Jersey)
Habitat : eaux peu profondes, jusqu'à 200 m, généralement sur le fond
Taille : 30 à 60 cm

Le lompe est un poisson à corps rond et haut, aux flancs hérissés de rangées de plaques épineuses. Les nageoires ventrales modifiées forment une ventouse au moyen de laquelle le lompe se fixe sur le fond, les rochers ou les débris. Il se nourrit essentiellement de crustacés, de méduses et autres invertébrés, occasionnellement, il ne néglige pas les petits poissons. Les femelles sont souvent plus grandes que les mâles.

En hiver ou au début du printemps, les lompes rejoignent par couples les eaux côtières pour se reproduire dans la zone de marée basse. La femelle pond jusqu'à 200 000 œufs à surface visqueuse et formant une masse spongieuse qui s'enfonce progressivement sur le fond. Le mâle garde les œufs et les ventile jusqu'à l'éclosion.

Les jeunes restent tout l'été sur le littoral et rejoignent les eaux profondes pour y passer l'hiver.

Grande Limace de mer, *Liparis liparis*

Distribution : Atlantique Nord (de l'Arctique aux côtes de Scandinavie, à l'Islande et aux îles Britanniques, du Groenland à la Virginie)
Habitat : eaux littorales, de 5 à 150 m de profondeur
Taille : 10 à 18 cm

Apparentée au lompe, la grande limace de mer est un poisson rond dont les longues nageoires dorsale et anale rejoignent la nageoire caudale. La peau est visqueuse et nue, le ventre porte une forte ventouse que la grande limace de mer utilise pour se fixer sur le fond ou les algues. Elle se nourrit surtout de petits crustacés et de vers.

Les limaces de mer se reproduisent en hiver ou au printemps. Les œufs se déposent en petites grappes sur les algues ou sur les rochers et leur éclosion a lieu au bout de 6 à 8 semaines environ.

PERCIFORMES

ORDRE DES PERCIFORMES

C'est le plus vaste et le plus diversifié des ordres de poissons. Les perciformes regroupent quelque 148 familles et comptent au moins 9 300 espèces répertoriées, dont la plupart sont des espèces marines. Les 5 familles les plus nombreuses sont celles des serranidés ou perches de mer (450 espèces), des cichlidés (1 300 espèces), des gobiidés ou gobies (1 875 espèces), des labridés ou labres (500 espèces) et enfin des blenniidés ou blennies (345 espèces).

Les perciformes se sont établis dans les habitats les plus divers et ont évolué en conséquence du point de vue des mœurs et de la biologie. L'ordre regroupe des poissons aussi différents que le barracuda, l'ange de mer, l'espadon et le combattant du Siam, de sorte qu'il est difficile d'en donner une définition simple. Toutefois, notons que ses représentants sont tous des poissons à 1 ou 2 nageoires dorsales. Dans les formes à 1 dorsale, celle-ci est allongée et épineuse dans sa partie antérieure ; lorsqu'il y a 2 dorsales, la première est généralement épineuse, la seconde à rayons mous. La plupart des perciformes sont pourvus de nageoires pelviennes, insérées à proximité de la tête, à 1 épine et 5 rayons chacune. Les écailles sont, le plus souvent, cténoïdes : le bord antérieur en est arrondi, le bord postérieur denticulé.

Les perciformes sont présents en eau douce et en mer ; les trois quarts des espèces vivent à proximité des côtes. L'ordre des perciformes est divisé en 18 sous-ordres.

SOUS-ORDRE DES PERCOÏDES

Avec 2 850 espèces réparties en 71 familles, ce sous-ordre est le plus important de l'ordre de perciformes. La plupart de ses représentants présentent l'aspect caractéristique des perciformes : corps allongé, large bouche, grands yeux, 2 nageoires dorsales. Poissons côtiers, les percoïdes sont généralement des prédateurs.

Snook olive, *Centropomus undecimalis*

Distribution : mer des Caraïbes, au nord jusqu'à la Floride et à la Caroline-du-Sud, au sud jusqu'au Brésil

Habitat : eaux côtières, estuaires, baies, eaux saumâtres

Taille : 1,40 m

Parmi les 30 espèces de centropomidés, le snook olive est l'un des plus grands et des plus communs. C'est un poisson à long corps fuselé, museau un peu aplati et mandibule proéminente. Il se nourrit surtout de crustacés et de poissons ; les adultes tolèrent des habitats variés, certains s'aventurant presque jusqu'en eau douce.

Les snooks se reproduisent de juillet à novembre ; les jeunes de moins de 1 an fréquentent généralement les lagunes côtières ; ils sont adultes au cours de leur troisième année.

Perche du Nil ou Capitaine, *Lates niloticus*

Distribution : Afrique (bassins du Congo, de la Volta et du Niger, lac Tchad)

Habitat : cours d'eau et lacs

Taille : 2 m

Ce centropomidé a été introduit dans de nombreux lacs-réservoirs pour la pêche commerciale ou sportive. Grand poisson à corps lourd, la perche du Nil a la première nageoire épineuse caractéristique des perciformes et une anale à 3 épines. Elle se nourrit surtout de poissons.

Bar rayé ou Loup rayé, *Roccus saxatilis*

Distribution : Amérique du Nord (côte atlantique, de la baie du Saint-Laurent au nord de la Floride, côte pacifique, de l'État de Washington à la Californie)

Habitat : eaux littorales, estuaires, baies, deltas

Taille : jusqu'à 1,20 m

Ce percichthyidé a une coloration variable, mais montre toujours 7 ou 8 raies longitudinales sombres. La tête et le corps sont longs, le museau est pointu, la mandibule proéminente. La femelle est généralement plus grande et plus lourde que le mâle, et certains spécimens atteignent 30 kg. Ce bar se nourrit de poissons et de crustacés. Originaire de la côte atlantique, il a été introduit en 1886 sur la côte pacifique et y est aujourd'hui solidement établi.

À la saison des amours, soit d'avril à juillet, le bar rayé pénètre dans les

POISSONS : PERCIFORMES 561

estuaires et remonte les cours d'eau pour se reproduire. La femelle, courtisée par plusieurs mâles, pond ses œufs dans l'eau. Ils flottent à la dérive jusqu'à leur éclosion, soit environ 3 jours plus tard. Une femelle peut pondre plusieurs millions d'œufs par saison.

Maccullochella macquariensis **EN**

DISTRIBUTION : Australie (Nouvelle-Galles-du-Sud, Queensland)

HABITAT : cours d'eau et lacs ; introduit dans les lacs-réservoirs

TAILLE : 1,80 m

L'un des plus grands poissons d'eau douce australiens, *Maccullochella macquariensis* a un corps long et puissant, généralement à dos et flancs marbrés, un museau allongé. Il se nourrit surtout de poissons et de crustacés, et revêt une certaine importance alimentaire. C'est un membre de la famille des percichthyidés.

La femelle de cette espèce pond souvent sur les arbres et les branches tombés à l'eau ; les œufs adhèrent à l'écorce et aux branches.

Poisson juif de Californie, *Stereolepis gigas*

DISTRIBUTION : Pacifique (au large des côtes de la Californie et du Mexique)

HABITAT : eaux littorales

TAILLE : 2,10 m

C'est un énorme poisson pouvant atteindre 250 kg et vivre jusqu'à 70 ou 75 ans. Il se nourrit de poissons et de crustacés ; c'est un poisson de pêche commerciale et sportive.

Le poisson juif de Californie est adulte à 11-13 ans et pèse alors 23 kg environ. Il se reproduit en été. Les jeunes sont rougeâtres, à corps plus haut que les adultes. Ils adoptent l'aspect et la coloration des adultes en se développant.

Mérou géant, *Epinephelus itajara*

DISTRIBUTION : ouest de l'Atlantique (côtes de Floride, des Bermudes, des Bahamas, des Antilles), Pacifique

HABITAT : eaux côtières, autour des corniches, des grottes et des épaves

TAILLE : 2,40 m

C'est l'un des plus grands mérous – un groupe de serranidés. Le mérou géant peut peser jusqu'à 318 kg. Il a un corps robuste et une grosse tête, est généralement brun foncé, marqué de lignes et de points irréguliers. Il erre parmi les crevasses rocheuses et se nourrit de crustacés, de poissons, voire de tortues marines.

Le mérou géant est recherché pour sa chair et apprécié des pêcheurs de gros.

Mycteroperca bonaci

DISTRIBUTION : ouest de l'Atlantique (Nouvelle-Angleterre, États-Unis, vers le sud jusqu'au Brésil à travers le golfe du Mexique et la mer des Caraïbes)

HABITAT : eaux côtières et plus profondes, sur fonds rocheux

TAILLE : 1,20 m

Ce grand mérou, assez commun, peut peser jusqu'à 23 kg. Avec son corps lourd et sa dorsale à rayons épineux, il a l'aspect typique d'un serranidé, famille à laquelle il appartient. Ses flancs sont marqués de taches irrégulières.

Il est pêché commercialement et apprécié pour sa chair.

Mérou de roche, *Cephalopholis fulvus*

DISTRIBUTION : ouest de l'Atlantique (de la Floride au Brésil, à travers la mer des Caraïbes et le golfe du Mexique)

HABITAT : eaux côtières, récifs coralliens

TAILLE : 30 cm

C'est l'un des mérous les plus petits, mais les plus abondants. La coloration varie de rouge à jaune ou à brun, généralement pointillée de bleu. La queue montre toujours 2 taches noires. Ce mérou de roche se nourrit essentiellement de crustacés ; il est recherché pour sa chair.

PERCIFORMES SUITE

Poisson-savon, *Rypticus saponaceus*

Distribution : est de l'Atlantique (au large des côtes tropicales de l'Afrique orientale et de l'île de l'Ascension), ouest de l'Atlantique (de la Floride au Brésil)

Habitat : eaux côtières peu profondes

Taille : 30 cm

Le poisson-savon, qui appartient à la famille des serranidés, doit son nom commun à sa peau très visqueuse, comme savonneuse ; le mucus qui la recouvre est toxique, ce qui a pour effet d'éloigner les prédateurs.

Le poisson-savon est généralement de couleur brunâtre, marqué de quelques taches grises. Plusieurs épines précèdent la nageoire dorsale. De mœurs nocturnes, ce poisson se nourrit de poissons et de crustacés ; il s'abrite le jour dans les crevasses rocheuses.

Perche-soleil « graine de citrouille », *Lepomis gibbosus*

Distribution : sud du Canada, États-Unis (du Dakota-du-Nord et des Grands Lacs, vers l'est à la côte atlantique, vers le sud au Texas et à la Floride) ; introduite sur la côte ouest des États-Unis et en Europe

Habitat : ruisseaux, étangs limpides, riches en végétation

Taille : 15 à 23 cm

Les perches-soleils, dont la « graine de citrouille », appartiennent à la famille des centrarchidés. Cette espèce est un très joli poisson, aisément identifiable à son opercule noir, ocellé d'orange ou de rouge, aux lignes bleues qui irradient à partir du museau et de la région oculaire, et aux 3 épines de sa nageoire anale. Elle se nourrit de gastéropodes et d'insectes aquatiques, ainsi que de jeunes poissons et d'alevins.

La reproduction de cette perche-soleil a lieu de mai à juin, parfois en petites colonies, sur fond sableux. Le mâle creuse avec sa queue une cavité peu profonde et y attire une ou plusieurs femelles. Sous sa surveillance, les œufs éclosent de 5 à 10 jours plus tard, selon la température de l'eau. Le mâle continue à garder les jeunes jusqu'à leur dispersion.

Ambloplites rupestris

Distribution : centre-est de l'Amérique du Nord ; introduit dans le sud de l'Angleterre et en Europe continentale (rare)

Habitat : rivières à fond rocheux, lacs peu profonds

Taille : 15 à 25,5 cm

Ambloplites rupestris est un centrarchidé à corps haut, avec une large bouche à la mandibule proéminente, qui vit sur les fonds rocheux et pierreux, et se nourrit d'insectes, d'écrevisses et de poissons.

Lors des amours, le mâle creuse un nid sur le fond, souvent parmi des racines et des plantes aquatiques. La femelle y pond jusqu'à 5 000 œufs. Ceux-ci sont gardés par le mâle, qui défend aussi les nouveau-nés.

Black-bass à large bouche, *Micropterus salmoides*

Distribution : à l'origine, Grands Lacs et système du Mississippi ; aujourd'hui, introduit dans d'autres régions des États-Unis, en Europe et en Afrique

Habitat : lacs peu profonds, étangs et cours d'eau lents

Taille : 25,5 à 46 cm

C'est un centrarchidé généralement vert olive à argenté, aux flancs marqués d'une bande longitudinale sombre ; la dorsale est presque divisée en deux par une échancrure. Les jeunes se nourrissent de crustacés et autres invertébrés, puis adoptent progressivement le régime des adultes, composé de poissons, de grenouilles et d'invertébrés de plus grande taille.

Le black-bass se reproduit au printemps ou en début d'été, en fonction de la température et de la latitude. Le mâle creuse un nid dans le sable ou le gravier, en eau peu profonde, et y attire la femelle, qui pond généralement quelques centaines d'œufs. Le mâle féconde le frai, puis attire d'autres femelles dans le nid. Les œufs visqueux se fixent sur le fond du nid ; gardés par le mâle, ils éclosent de 7 à 10 jours plus tard.

Perche, *Perca fluviatilis*

Distribution : Europe (de la Grande-Bretagne à la Sibérie, sauf dans la plus grande partie de la Norvège, l'Espagne et l'Italie) ; introduite en Irlande, Australie, Nouvelle-Zélande et Afrique du Sud

Habitat : lacs, étangs, rivières lentes

Taille : 35 à 51 cm

C'est un membre de la famille des percidés, ou perches, qui compte 162 espèces d'eau douce. Le corps de la perche est haut, à 2 nageoires dorsales soudées à la base par une membrane ; l'extrémité de la nageoire épineuse est caractéristiquement marquée de noir. La perche vit parmi la végétation aquatique, les racines et autres débris immergés, camouflée par les lignes sombres barrant son dos et ses flancs ; elle est piscivore.

Le frai a lieu en eau peu profonde, en avril et mai. Les œufs sont pondus en longs filaments qui s'enroulent autour de la végétation et éclosent au bout de 8 jours environ. Les jeunes se nourrissent de plancton, plus tard d'insectes et de crustacés plus grands, pour adopter enfin le régime des adultes.

Dard à gorge orange, *Etheostoma spectabile*

Distribution : centre des États-Unis (systèmes du Mississippi et du Missouri)

Habitat : rivières

Taille : 8 cm

Ce poisson est l'une des nombreuses espèces de dards nord-américains, tous membres de la famille des percidés. Il se nourrit d'insectes et de crustacés planctoniques.

Le mâle en livrée nuptiale a la gorge légèrement colorée d'orange, alors qu'elle est ordinairement pâle. Lors des amours, le mâle choisit un site de ponte, sur lequel la femelle creuse un nid peu profond, puis y dépose plusieurs centaines d'œufs qui sont fécondés et gardés par le mâle.

Astrapogon stellatus

Distribution : ouest de l'Atlantique tropical, des Bahamas à la mer des Caraïbes

Habitat : eaux peu profondes

Taille : 5 cm

C'est un membre de la famille des apogonidés, ou poissons-cardinaux, qui compte environ 320 espèces des mers tropicales et subtropicales.

Ce très petit poisson est coloré de sombre, d'un peu d'argent et légèrement pointillé de sombre sur les flancs. Certains poissons-cardinaux vivent dans les crevasses rocheuses ou les coquilles vides de mollusques. *Astrapogon stellatus* se cache durant le jour dans la cavité palléale du grand mollusque *Strombus gigas* et quitte cette cachette la nuit pour aller se nourrir, une association qui ne semble pas gêner le mollusque.

Sandre, *Stizostedion lucioperca*

Distribution : centre et est de l'Europe (de la Suède et de la Finlande à la mer Noire, la Caspienne et la Russie) ; introduit en Angleterre et en Europe occidentale

Habitat : grands lacs, cours d'eau lents

Taille : 60 cm à 1,30 m

Ce percidé possède les 2 nageoires dorsales caractéristiques de sa famille, la première étant légèrement séparée de la seconde. Le sandre affectionne les eaux troubles et ne chasse guère qu'à l'aube et au crépuscule ; le reste du temps, il demeure passif, près du fond ; il se nourrit de toutes sortes de poissons.

Le frai a lieu d'avril à juin, dans les eaux à fond sableux ou pierreux. Les œufs sont pondus dans un nid peu profond et gardés par le mâle.

PERCIFORMES SUITE

Tassergal, *Pomatomus saltatrix*

Distribution : Atlantique, Pacifique Nord et océan Indien (zones tropicales et tempérées-chaudes)

Habitat : eaux côtières, haute mer

Taille : jusqu'à 1,20 m

Le tassergal a une solide réputation de prédateur ; il semble qu'il tue plus qu'il ne peut manger, s'attaquant même aux individus plus petits de son espèce. C'est un poisson d'aspect robuste, à corps écailleux et mâchoires amples garnies de dents très développées.

Les tassergals forment des groupes d'individus de même taille qui s'attaquent aux bancs de poissons. Les jeunes forment eux-mêmes des bancs ; en général, plus les individus sont petits, plus le banc est vaste.

Kobia, *Rachycentron canadum*

Distribution : Atlantique, ouest du Pacifique et océan Indien (zones tropicales)

Habitat : haute mer, occasionnellement eaux littorales et estuaires

Taille : 1,80 m

Seule espèce de sa famille, le kobia est un poisson allongé, à corps hydrodynamique, identifiable à son dessin de bandes brun foncé sur fond clair et à l'alignement d'épines insérées en avant de la nageoire dorsale.

C'est un prédateur actif qui se nourrit surtout de poissons, mais aussi de crabes, calmars et crevettes.

Rémora, *Remora remora*

Distribution : Atlantique, Pacifique Nord et océan Indien (zones tropicales et tempérées-chaudes)

Habitat : où le transporte son hôte, généralement au large

Taille : 15 à 46 cm

Ce poisson est une des 7 ou 8 espèces d'échénéidés ou rémoras, qui ont la particularité de vivre en étroite association avec un autre animal. Les rémoras se collent sur un animal marin de grande taille – par exemple requin, cétacé, tortue – au moyen d'une ventouse céphalique et se laissent ainsi transporter. Le disque résulte de la modification de la première nageoire épineuse ; 2 rangées de lamelles intérieures, généralement bordées d'épines, créent par leur érection la dépression nécessaire à l'adhérence. Cette ventouse résiste à une force de traction très puissante.

Chaque espèce de rémora semble avoir ses hôtes de prédilection, et celle-ci paraît presque toujours associée au peau bleue. Elle grappille les crustacés parasites sur ou à l'intérieur de son hôte, qu'elle abandonne parfois provisoirement pour chasser petits poissons et crustacés.

Rémora, *Echenis naucrates*

Distribution : Atlantique, ouest du Pacifique et océan Indien (zones tropicales)

Habitat : où le transporte son hôte

Taille : jusqu'à 92 cm

C'est le plus grand des échénéidés. Ce poisson long est caractéristiquement marqué d'une bande noire bordée de blanc, qui court du museau à la queue. La tête, assez aplatie, est surmontée d'un disque formant ventouse, au moyen duquel le rémora se colle solidement sur son hôte – requin, raie, poisson-lune ou tortue ; il se laisse ainsi transporter confortablement, bénéficiant de surcroît de la protection du grand animal et de ses crustacés parasites.

Comme d'autres rémoras, celui-ci était utilisé autrefois, lâché d'une embarcation et retenu par une cordelette, pour repérer et capturer les tortues.

Sériole, *Seriola dumerili*
Distribution : ouest de l'Atlantique (de la Nouvelle-Angleterre au Brésil), est de l'Atlantique (de la Méditerranée aux côtes de l'Afrique occidentale)
Habitat : eaux littorales de surface
Taille : jusqu'à 1,80 m

Ce poisson est un représentant de la vaste famille des carangidés, qui regroupe environ 140 espèces de poissons dont les liches, les carangues et les chinchards. La sériole est un poisson dont le corps est assez haut, gris bleuté ou violacé, à flancs marqués de jaune ou de blanchâtre. Une ligne sombre caractéristique barre l'œil, depuis le museau jusqu'au sommet de la tête. La sériole est piscivore.

Carangue, *Caranx hippos*
Distribution : probablement toutes les mers tropicales et subtropicales
Habitat : eaux littorales pour les juvéniles ; au large, surtout près des récifs, pour les adultes
Taille : 80 cm à 1 m

On ignore la distribution exacte de ce poisson, dans la mesure où plusieurs espèces de ce genre de carangidés se ressemblent beaucoup. Néanmoins, *Caranx hippos* est certainement abondant des deux côtés de l'Atlantique.

Il est gris verdâtre sur le dos, jaunâtre sur les flancs, marqué d'une tache noire sur l'opercule ; la base des pectorales est également ponctuée de noirâtre. Le front est très bombé. Il est essentiellement piscivore, mais ajoute à son régime alimentaire crustacés et autres invertébrés.

Elagatis bipinnulata
Distribution : Atlantique, Pacifique Nord et océan Indien (zones tropicales et subtropicales)
Habitat : haute mer
Taille : jusqu'à 1,20 m

Reconnaissable à sa belle coloration, ce carangidé montre un dos vivement coloré de bleu et une bande longitudinale dorée, bordée de bleu. Le corps est élancé, très effilé vers la caudale, laquelle est fortement fourchue. Comme beaucoup de membres de sa famille, celui-ci est un poisson particulièrement apprécié des pêcheurs sportifs.

Pompano, *Trachinotus carolinus*
Distribution : ouest de l'Atlantique (du cap Cod au Brésil)
Habitat : eaux peu profondes, près du rivage
Taille : 46 à 63,5 cm

C'est un carangidé du groupe des liches – des poissons puissants et rapides, recherchés pour la pêche sportive et la chasse sous-marine. Le pompano a un museau arrondi, un corps haut, très rétréci au niveau du pédoncule caudal, une nageoire caudale fourchue. Il se nourrit surtout de poissons et de crustacés, qu'il recherche dans le sable et la vase du fond. La chair du pompano est particulièrement appréciée et fait donc l'objet d'une pêche commerciale.

On pense que la reproduction a lieu au large, de mars à septembre, suivant la latitude. Les jeunes rejoignent le littoral, où ils se nourrissent d'invertébrés de fond et de petits poissons.

Selene vomer
Distribution : ouest de l'Atlantique (Nouvelle-Angleterre, vers le sud jusqu'aux Bermudes et à l'Uruguay), est de l'Atlantique (au large de l'Afrique occidentale)
Habitat : eaux peu profondes à fond sableux ou vaseux
Taille : 30 cm

Selene vomer est un poisson d'allure très originale, à corps très haut, se rétrécissant spectaculairement vers l'avant et l'arrière. La tête s'arque fortement au-dessus du museau : elle est presque une fois et demie plus haute que longue. Les nageoires dorsale et anale montrent de longues extensions dirigées vers la queue, laquelle est fortement fourchue.

PERCIFORMES SUITE

Grande Coryphène,
Coryphaena hippurus

DISTRIBUTION : Atlantique, Pacifique, océan Indien (zones tropicales et tempérées-chaudes)

HABITAT : haute mer

TAILLE : jusqu'à 1,50 m

Immédiatement identifiable à la longue nageoire dorsale qui prend naissance juste derrière la tête, la grande coryphène est un très beau poisson bleu turquoise, vert et jaune. Le mâle devient souvent plus grand que la femelle et, en vieillissant, la pente de son front atteint presque la verticale. Les coryphènes s'assemblent en petits bancs pour chasser poissons, calmars et crustacés, souvent autour des étendues d'algues flottantes susceptibles d'abriter quelque proie.

Estimée pour sa chair, la grande coryphène est un bon poisson de pêche. La famille des coryphénidés, à laquelle appartient *Coryphaena hippurus*, ne compte qu'une seule autre espèce, *C. equisetis* – la petite coryphène –, de taille plus réduite et plus rare. Les coryphènes sont appelées improprement dorades par les Français, et tout aussi improprement dauphins par les Anglo-Saxons.

Grande Castagnole, *Brama brama*

DISTRIBUTION : Atlantique Nord (de l'Islande et de la Scandinavie à l'Afrique du Nord), Méditerranée, au large des côtes du Chili, de l'Afrique du Sud, de l'Australie et de la Nouvelle-Zélande

HABITAT : haute mer

TAILLE : 40 à 70 cm

C'est un membre de la famille des bramidés, qui compte 18 espèces. La grande castagnole a un corps élevé, à pédoncule caudal très rétréci et nageoire caudale fortement échancrée. En été, elle migre vers la partie nord de son aire – des migrations irrégulières qui paraissent dépendre de la température de l'eau. Prédateur non sélectif, ce bramidé se nourrit de toutes sortes de poissons et crustacés.

Lutjan, *Lutjanus analis*

DISTRIBUTION : ouest de l'Atlantique (Floride et Bahamas, au sud jusqu'aux Caraïbes, au golfe du Mexique et au Brésil)

HABITAT : eaux côtières, baies

TAILLE : jusqu'à 76 cm

Commun au large des côtes américaines, ce lutjan est un membre de la famille des lutjanidés ou happeurs, qui compte quelque 125 espèces. C'est un très joli poisson à corps vert et rougeâtre ou rose, avec quelques marques bleues et une tache noire sur les flancs, au-dessous de la nageoire dorsale. Comme la plupart des lutjanidés, il possède de grandes dents pointues implantées en rangées sur les mâchoires. Il fréquente généralement les eaux peu profondes, les prairies d'algues et les mangroves, et se nourrit de poissons et de crustacés qu'il trouve parmi la végétation.

La chair de certains lutjanidés peut provoquer une intoxication (la ciguatera) très grave, voire mortelle pour l'homme. Ces poissons sont, en effet, susceptibles de consommer des poissons herbivores qui se sont nourris de certaines algues contenant un poison particulièrement violent. Si le happeur n'est pas lui-même intoxiqué, sa chair, elle, est extrêmement toxique pour le consommateur.

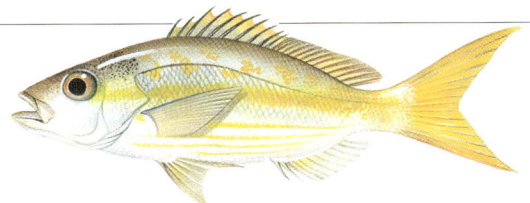

Happeur jaune, *Ocyurus chrysurus*

Distribution : ouest de l'Atlantique (de la Nouvelle-Angleterre au Brésil, en passant par le golfe du Mexique et la mer des Caraïbes)
Habitat : au large des côtes, près des récifs coralliens
Taille : 76 cm

Le happeur jaune est un très joli lutjanidé à queue jaune vif, avec une bande longitudinale également jaune vif courant sur chaque flanc. Le corps est élancé, la nageoire dorsale longue et basse. Le happeur jaune se nourrit près du fond de poissons et de crustacés ; il est également présent au large, autour des récifs coralliens. Poisson à chair estimée, il est recherché par les pêcheurs à la ligne.

Perche lobée noire, *Lobotes surinamensis*

Distribution : Atlantique, ouest du Pacifique et océan Indien (zones tropicales et tempérées-chaudes)
Habitat : eaux côtières de surface
Taille : 1 m

Ce poisson est un représentant de la famille des lobotidés, qui ne compte que 4 espèces. Largement distribuée, mais jamais commune, la perche lobée noire a un corps haut et massif, généralement de couleur brun foncé, beaucoup plus rarement jaune et brun. Les grands lobes dirigés vers l'arrière des nageoires dorsale et anale donnent l'impression que ce poisson possède trois nageoires caudales.

Les jeunes vivent souvent près du rivage, dans les baies et les estuaires, où ils flottent sur le flanc parmi les feuilles mortes de palétuviers et autres, qu'ils imitent à la perfection par leur attitude et leur coloration jaune brunâtre – excellent exemple de protection par mimétisme.

Haemulon album

Distribution : ouest de l'Atlantique (des Bahamas et de la Floride vers le sud aux Caraïbes et au Brésil)
Habitat : eaux littorales peu profondes, souvent près des récifs
Taille : 63 cm

C'est l'une des quelques 150 espèces de pomadasyidés ou grogneurs – une appellation populaire qui fait allusion à la faculté qu'ont ces poissons d'émettre des sons en frottant les unes contre les autres leurs dents pharyngiennes, la vessie natatoire faisant alors fonction de caisse de résonance. L'espèce est assez typique de sa famille, avec sa première nageoire dorsale haute et épineuse, prolongée par une seconde dorsale rayonnée. La coloration est variable, généralement grisâtre ; dorsale et caudale sont plus sombres.

Haemulon album erre en petit groupe autour des récifs et des épaves, se nourrissant de petits poissons ou fouillant le fond à la recherche de petits invertébrés.

C'est le plus grand grogneur de l'Atlantique, où il est pêché commercialement.

Anisotremus surinamensis

Distribution : ouest de l'Atlantique (Floride et Bahamas, vers le sud jusqu'au golfe du Mexique et aux Caraïbes)
Habitat : eaux littorales, souvent près des rochers et des récifs
Taille : jusqu'à 61 cm

Ce membre de la famille des hémulidés est tout à fait typique de son groupe, par la forme de son corps et sa nageoire dorsale continue. Il est de coloration grisâtre, et chaque écaille de son dos est marquée d'un point sombre ; les nageoires sont gris foncé. Surtout actif de nuit, il se nourrit d'oursins (notamment *Diadema antillarum*), de crustacés et de poissons, généralement en petit groupe. Il s'abrite le jour dans les grottes et crevasses.

PERCIFORMES SUITE

Stenotomus chrysops

Distribution : côte atlantique de l'Amérique du Nord (du cap Cod, parfois en Nouvelle-Écosse, à la Floride)

Habitat : eaux littorales à fond sableux et au large

Taille : 46 cm

Abondant dans l'Atlantique, *Stenotomus chrysops* est l'une des 100 espèces de sparidés ou brèmes de mer. C'est un poisson à corps haut et comprimé, caudale fourchue, dorsale et anale en partie épineuses. Les écailles sont argentées, les flancs faiblement marqués de barres transversales sombres. Cette espèce se nourrit essentiellement sur le fond de crustacés, de vers et accessoirement de poissons de fond.

Au printemps, les adultes se reproduisent près du rivage, souvent dans les baies ; les œufs flottent librement à la surface jusqu'à l'éclosion. L'hiver venu, les jeunes rejoignent le large et le sud de leur aire de distribution.

Calamus bajonado

Distribution : mer des Caraïbes, golfe du Mexique, ouest de l'Atlantique, côtes de l'Amérique du Nord et du Sud, de la Nouvelle-Angleterre au Brésil

Habitat : eaux côtières, près des récifs

Taille : 61 cm

L'un des plus grands sparidés, *Calamus bajonado* est un poisson caractéristique, à front haut et arrondi. Les écailles sont teintées d'argent, et les yeux, insérés très haut sur la tête, cernés de quelques marques bleues. Ce poisson vient en petit banc se nourrir près du rivage d'invertébrés tels que les oursins, de mollusques et de crustacés. Bon poisson de consommation, il est pêché par les professionnels et les amateurs.

Tête de mouton, *Archosargus probatocephalus*

Distribution : ouest de l'Atlantique (de la Nouvelle-Écosse au golfe du Mexique) ; aujourd'hui rare dans le nord de son aire

Habitat : embouchures de rivières, baies, fonds marins, près des jetées

Taille : 30 à 76 cm

Ce poisson est immédiatement identifiable aux larges raies noires qui barrent transversalement ses flancs ; elles sont variables en nombre et en taille, encore plus évidentes chez les jeunes. Ces marques mises à part, la tête de mouton a l'allure caractéristique d'un sparidé, avec sa grosse tête, ses lèvres épaisses, ses nageoires dorsale et anale en partie épineuses. Elle se nourrit de crustacés et de mollusques, qu'elle broie entre ses grosses dents plates. Poisson à la chair particulièrement estimée, la tête de mouton est pêchée en grandes quantités.

La reproduction a lieu au printemps. Les œufs flottent à la surface et éclosent de 3 à 4 jours après la ponte, lorsque l'eau est suffisamment chaude.

Chrysophrys auratus

Distribution : Pacifique (côtes de Nouvelle-Zélande, d'Australie et de l'île Lord Howe)

Habitat : fonds marins, récifs rocheux

Taille : 1,30 m

Ce sparidé subit des changements d'aspect et de mœurs au fur et à mesure de sa croissance. Les jeunes sont rose pâle, barrés de sombre, et vivent en vastes bancs dans les eaux peu profondes du rivage, souvent dans les baies. Les adultes sont plus rouges, pointillés de bleu sur les nageoires, le dos et les flancs. Ils fréquentent le fond et les récifs rocheux des eaux plus profondes, mais peuvent se rapprocher des côtes en hiver. Chez les très vieux spécimens, le front est assez bombé, les lèvres sont particulièrement charnues ; ces vieux individus tendent à vivre en solitaires. C'est un bon poisson de consommation.

Dorade rose, *Pagellus bogaraveo*

Distribution : Atlantique (côtes du sud de la Norvège, de Grande-Bretagne, d'Europe, d'Afrique du Nord, des îles Canaries), Méditerranée

Habitat : eaux littorales et plus profondes, de 100 à 200 m

Taille : 35 à 51 cm

Assez commune dans le sud de son aire, la dorade rose est rare dans le nord, où elle est surtout présente lors de ses migrations estivales. C'est un sparidé gris plus ou moins rougeâtre, montrant une zone sombre à l'insertion des pectorales. Le museau est court, les yeux sont très développés. La zone sombre peut manquer chez les jeunes, qui sont plus pâles. Ces poissons forment de vastes bancs et fréquentent les eaux littorales peu profondes, se nourrissant de petits crustacés.

Les mœurs reproductives de la dorade rose sont assez mal connues ; on suppose qu'elle fraye en été ou à l'automne, selon les zones géographiques : plus on va vers le sud, plus la reproduction est précoce. Bon poisson de consommation, la dorade rose est pêchée par les professionnels.

Dorade royale, *Sparus aurata*

Distribution : Atlantique (côtes de l'Irlande, du sud de l'Angleterre, d'Europe, d'Afrique du Nord, des îles Canaries), Méditerranée, mer Noire

Habitat : eaux peu profondes à fond sableux ou mou, à 30 m environ

Taille : jusqu'à 70 cm

Ce sparidé doit son nom de dorade royale à la tache dorée qui marque son front, entre les deux yeux ; cette marque s'estompe

avec la mort du poisson. La dorade royale a un corps assez haut, un museau nettement arrondi, des yeux insérés haut sur la tête. L'opercule montre une tache noire, souvent soulignée de rouge. Cette dorade se nourrit essentiellement de crustacés et de bivalves, qu'elle broie entre ses molaires disposées sur 2 à 4 rangs, les deux externes étant les plus forts, avec souvent une ou deux dents particulièrement grandes. En raison de leur régime alimentaire, les dorades royales peuvent constituer une menace pour les parcs à moules et à huîtres.

La dorade royale se reproduit au large, en hiver, en eau plus profonde que là où elle vit d'ordinaire. Elle ne semble pas se reproduire dans le nord de son aire de distribution.

Empereur à gueule rouge, *Lethrinus chrysostomus*

Distribution : au large de la côte nord de l'Australie, Grande Barrière

Habitat : eaux littorales, zone des récifs

Taille : 91 cm

Membre de la famille des léthrinidés, l'empereur à gueule rouge a une tête particulièrement grande par rapport au corps, un long museau et des joues nues. Les nageoires sont d'un rouge intense, les flancs barrés de raies transversales sombres, et les yeux cernés de rouge vif. Bon poisson de consommation, il peut peser jusqu'à 9 kg.

Empereur, *Lethrinus nebulosus*

Distribution : océans Indien et Pacifique (de la mer Rouge et de l'Afrique orientale au nord de l'Australie et aux îles de l'ouest du Pacifique)

Habitat : récifs coralliens, plein océan

Taille : 76 cm

L'empereur est un léthrinidé à long museau, lèvres épaisses, et nageoires dorsale et anale épineuses, typiques du groupe ; ces nageoires sont densément pointillées de bleu, comme sont bleues également les nombreuses écailles des flancs et les lignes qui, de part et d'autre de la tête, joignent l'œil au museau. Comme beaucoup d'autres léthrinidés de grande taille, c'est un bon poisson de consommation.

PERCIFORMES SUITE

Cynoscion nobilis

DISTRIBUTION : Pacifique (de l'Alaska au Mexique)

HABITAT : eaux peu profondes à profondes, près des étendues de varech

TAILLE : 61 cm à 1,80 m

C'est un membre de la famille des sciènes grogneuses, ou sciénidés – un groupe de quelque 270 espèces dont le nom commun fait allusion à la faculté que possèdent les sciénidés d'émettre des bruits divers en faisant vibrer leur vessie natatoire au moyen de muscles spécialisés. Selon l'espèce, c'est le mâle seul ou les deux sexes qui sont dotés de cette faculté. La nageoire dorsale des sciénidés présente une forte échancrure entre la partie épineuse et la partie molle – échancrure souvent tellement profonde qu'elle rend les deux nageoires distinctes.

Ce grand poisson allongé a une tête assez pointue, à grande bouche et mandibule légèrement proéminente. Les deux parties de la dorsale sont jointives. Le poisson se déplace en grand banc et se nourrit de crustacés, de calmars et de nombreux poissons. Il se reproduit au printemps et en été ; les jeunes vivent généralement dans les eaux littorales calmes.

Comestible, *Cynoscion nobilis* est pêché par professionnels et amateurs sur la côte pacifique des États-Unis. *C. macdonaldii*, presque identique, mais beaucoup plus grand, fréquente la côte mexicaine ; il est gravement menacé d'extinction.

Cynoscion nebulosus

DISTRIBUTION : Atlantique (côte des États-Unis, de l'État de New York à la Floride, golfe du Mexique)

HABITAT : baies, estuaires ; eaux plus profondes en hiver

TAILLE : 45 à 61 cm

Ce poisson est un sciénidé à corps allongé, parsemé de points qui rappellent la livrée de la truite. Le museau est pointu, la mandibule légèrement proéminente ; la dorsale est profondément échancrée. *Cynoscion nebulosus* est capable de produire des sons en faisant vibrer sa vessie natatoire. Il se nourrit de crustacés tels que les crevettes et de poissons. La reproduction a lieu de mars à novembre dans les baies abritées. Les nouveau-nés et les jeunes demeurent sur place, à l'abri de la végétation marine au milieu de laquelle ils trouvent leur nourriture en abondance. L'hiver venu, ils rejoignent les eaux plus profondes. *C. nebulosus* est pêché par les professionnels et les amateurs.

Poisson-tambour, *Pogonias cromis*

DISTRIBUTION : ouest de l'Atlantique (des côtes de la Nouvelle-Angleterre à celles de l'Argentine)

HABITAT : baies, lagunes côtières

TAILLE : 1,20 à 1,80 m

Reconnaissable à son corps court et haut, son dos arqué et son ventre parfois un peu aplati, c'est l'un des plus grands sciénidés : on a vu des individus peser jusqu'à 66 kg. La mandibule est ornée de plusieurs courts barbillons. Poisson de fond, le poisson-tambour se nourrit de crustacés et de mollusques, qu'il broie entre les grandes dents plates insérées dans sa gorge. Grand amateur d'huîtres, il peut créer d'importants dommages dans les parcs.

Jack-couteau ou Chevalier, *Equetus lanceolatus*

DISTRIBUTION : ouest de l'Atlantique (côtes de la Caroline-du-Nord et -du-Sud, des Bermudes au Brésil, golfe du Mexique, mer des Caraïbes)

HABITAT : eaux à fonds rocheux ou coralliens de plus de 15 m de profondeur

TAILLE : 23 cm (16 cm en aquarium)

Le jack-couteau est un sciénidé très original, avec son corps marqué de 3 larges bandes noires bordées de blanc, dont l'une forme un arc ininterrompu du sommet de la haute dorsale à l'extrémité de la caudale. Le dessin de ce poisson lui sert de camouflage en ce qu'il trompe l'observateur et retarde ainsi l'identification.

Espèce solitaire, le jack-couteau se cache durant le jour, cherchant abri parmi les rochers ou les crevasses des récifs coralliens. Il n'émerge qu'à la nuit tombée, pour se nourrir.

Tambour d'eau douce, *Aplodinotus grunniens*

DISTRIBUTION : Amérique du Nord (du sud du Canada au golfe du Mexique à travers les systèmes des Grands Lacs et du Mississippi, vers le sud jusqu'au Mexique et au Guatemala)

HABITAT : grands cours d'eau, lacs

TAILLE : jusqu'à 1,20 m

L'un des rares sciénidés d'eau douce, c'est un poisson à dos très arqué, longue dorsale et bouche implantée bas, typique des espèces qui se nourrissent sur le fond ; il consomme accessoirement des larves d'insectes, mais surtout des mollusques et des crustacés, qu'il broie entre les grandes dents plates de sa gorge avant de rejeter les coquilles. Il peut faire vibrer sa vessie natatoire pour produire des sons, faculté rare chez les poissons d'eau douce.

La reproduction a lieu en avril, mai ou juin, en eau peu profonde à fond sableux ou graveleux. Chaque femelle pond de 10 000 à 100 000 œufs qui éclosent au bout de 2 semaines.

Maigre, *Argyrosomus regius*

DISTRIBUTION : océan Indien, est de l'Atlantique (de la Grande-Bretagne au Sénégal), Méditerranée

HABITAT : littoral et jusqu'à 350 m de profondeur, estuaires

TAILLE : 1,50 à 2 m

Le maigre est l'un des géants des sciénidés. C'est un poisson au corps allongé, à museau arrondi et à grande bouche. Commun dans les eaux méridionales, il n'est qu'occasionnel dans les eaux nord-européennes. Il se déplace en vaste banc, se nourrit de poissons et fréquente généralement les eaux à fond sableux.

Rouget tacheté, *Pseudupeneus maculatus*

DISTRIBUTION : ouest de l'Atlantique (du New Jersey au Brésil, golfe du Mexique, mer des Caraïbes)

HABITAT : eaux peu profondes, récifs, prairies de zostères

TAILLE : 28 cm

Ce poisson est un membre de la famille des mullidés, ou rougets-barbets – une famille mondialement représentée dans les mers tropicales et tempérées-chaudes. Les mullidés sont généralement des poissons à corps allongé et à 2 nageoires dorsales très nettement séparées.

Le rouget tacheté est caractéristique de sa famille, dont il a les 2 barbillons mentonniers qui lui servent à trouver sa nourriture (petits invertébrés) sur le fond.

Surmulet ou Rouget de roche, *Mullus surmuletus*

DISTRIBUTION : Méditerranée, est de l'Atlantique (de la Grande-Bretagne aux îles Canaries et à l'Afrique du Nord)

HABITAT : fonds sableux, vaseux, parfois rocheux, jusqu'à 90 m

TAILLE : 40 cm

Cette espèce méditerranéenne s'aventure parfois plus au nord, probablement lors des migrations estivales. Le front est nettement bombé et, comme chez tous les mullidés, le menton est orné de 2 barbillons, que le poisson utilise pour trouver sa nourriture sur le fond – essentiellement des invertébrés que le rouget met au jour en fouissant une fois qu'il les a détectés. Le rouget de roche se déplace généralement en petite troupe de moins de 50 individus. Il subit des changements de couleur spectaculaires, variant de brun rougeâtre à rouge et brun jaunâtre. De jour, il est souvent brunâtre, à flancs barrés de raies jaunes, pour devenir marbré la nuit. Il est rouge intense en eau profonde et plus orangé après la mort.

La reproduction de cette espèce a lieu de juillet à septembre. La femelle pond ses œufs sur le fond, mais les jeunes vivent à la surface.

Poisson-archer, *Toxotes jaculator*

DISTRIBUTION : Inde, Asie du Sud-Est, Philippines, Indonésie, nord de l'Australie

HABITAT : littoral, estuaires, cours inférieur des rivières

TAILLE : 23 cm

Le poisson-archer, qui appartient à la famille des toxotidés, doit son nom commun à l'habitude qu'il a de faire tomber les insectes aériens en projetant sur eux des gouttelettes d'eau. Le poisson emmagasine de l'eau dans sa gorge et, en utilisant sa langue et ses opercules pour faire pression, il projette un jet d'eau avec une grande précision. Sa vue est excellente, et ses grands yeux mobiles lui permettent de voir au-dessus de la surface. Il vise les insectes posés sur les plantes surplombantes, mais se nourrit aussi d'insectes aquatiques et de petits invertébrés.

PERCIFORMES SUITE

Poisson-papillon à quatre yeux, *Chaetodon capistratus*
Distribution : ouest de l'Atlantique (du cap Cod à la mer des Caraïbes et au golfe du Mexique)
Habitat : récifs de coraux, eaux à fond rocheux ou sableux
Taille : 15 cm

Les représentants de la famille des chétodontidés, qui compte environ 114 espèces, figurent parmi les habitants les plus colorés des récifs coralliens.

Le poisson-papillon à quatre yeux est un représentant typique de la famille, avec son corps élevé, latéralement comprimé, dont la minceur lui permet de se déplacer et de trouver abri au milieu des « forêts » de coraux.

Les ocelles noirs situés de chaque côté à la naissance de la queue jouent probablement le rôle de «faux yeux» et servent à tromper l'ennemi, d'autant plus que les yeux, eux, sont parfaitement camouflés par une bande noire. Le poisson-papillon à quatre yeux se nourrit en broutant sur les récifs coralliens des polypes et des lambeaux d'algues.

Chelmon à bec médiocre, *Chelmon rostratus*
Distribution : océans Indien et Pacifique (de l'est de l'Afrique à l'Inde, l'Indonésie, l'Australie, le Japon et les Philippines)
Habitat : récifs coralliens, zones rocheuses
Taille : 20 cm

Le chelmon à bec médiocre est un poisson-papillon au museau allongé en forme de bec, qui lui sert à rechercher des animaux de petite taille dans les cavités des récifs coralliens. Ce « bec » est équipé de minuscules dents aiguës. Ce joli poisson a le corps blanc, barré de raies transversales orangées, qui servent probablement de camouflage, tout comme l'ocelle noir inséré près de la queue et qui joue le rôle de « faux œil ». La barre qui se trouve le plus en avant traverse l'œil et le dissimule aux prédateurs. C'est une espèce très appréciée en aquariophilie.

Poisson-pince jaune et noir, *Forcipiger longirostris*
Distribution : océans Indien et Pacifique (zones tropicales, d'Hawaii à l'Indonésie et l'archipel des Comores)
Habitat : récifs coralliens, zones rocheuses
Taille : jusqu'à 46 cm

Le poisson-pince jaune et noir est un chétodontidé à museau allongé en long bec et terminé par une petite bouche, qui lui sert à capturer de petits invertébrés qui sont logés entre les ramifications des madrépores.

Poisson-ange royal, *Holacanthus ciliaris*
Distribution : ouest de l'Atlantique tropical (Floride et Bahamas, vers le sud jusqu'au Brésil en passant par le golfe du Mexique)
Habitat : récifs coralliens
Taille : jusqu'à 46 cm

Le poisson-ange royal, qui appartient à la famille des pomacanthidés, ressemble aux poissons de la famille des chétodontidés, mais s'en distingue par la présence, au bord inférieur de l'opercule, d'une épine caractéristique. Le corps est mince et élevé, le museau tronqué, les nageoires dorsale et anale sont prolongées jusqu'au-delà de la queue par des lobes effilés.

Ange de mer impérial, *Pomacanthus imperator*
Distribution : océans Indien et Pacifique tropicaux (mer Rouge, de l'Afrique orientale à l'Indonésie, Philippines, Australie et Polynésie)
Habitat : récifs coralliens, zones rocheuses
Taille : jusqu'à 38 cm

Adulte, ce chétodontidé est un très joli poisson au corps marqué de dessins bleus et jaunes, aux yeux largement masqués de noir. Les jeunes anges de mer sont plus sombres, striés de bleu et blanc, avec un ocelle blanc près de la queue ; les stries sont censées détourner l'attention des prédateurs de la zone vulnérable de l'œil et l'attirer vers la tache blanche. Sa bouche légèrement protubérante permet au poisson de brouter sur les coraux.

Poisson-feuille de Schomburgk,
Polycentrus schomburgkii

DISTRIBUTION : nord-est de l'Amérique latine, Trinité

HABITAT : cours d'eau, étendues d'eau douce

TAILLE : 10 cm

C'est un membre de la famille des nandidés, qui regroupe environ 10 espèces de poissons d'eau douce. Il est typique de sa famille, avec son corps comprimé, ses nageoires dorsale et anale très épineuses ; la bouche est grande et protractile. Vorace prédateur, le poisson-feuille de Schomburgk s'embusque parmi la végétation, bien camouflé par son apparence de feuille, pour bondir sur sa proie le moment venu.

Faux Pilote, *Kyphosus sectatrix*

DISTRIBUTION : ouest de l'Atlantique (du cap Cod aux Bermudes, à la mer des Caraïbes et au Brésil), est de l'Atlantique (au large de l'Afrique occidentale), Méditerranée

HABITAT : eaux à fond rocheux, récifs

TAILLE : jusqu'à 76 cm

Le faux pilote est un membre de la famille des kyphosidés, représentée dans toutes les mers tropicales et tempérées-chaudes et comptant quelque 42 espèces. Les kyphosidés vivent en eaux peu profondes et se nourrissent d'algues. Le faux pilote est typique de sa famille, avec son corps haut, sa petite tête et sa bouche réduite. De couleur variable, il est généralement gris, marqué de bandes longitudinales sombres et de taches jaunes sur la tête. Il se nourrit surtout de plantes, accessoirement de petits invertébrés.

Seuls les jeunes de cette espèce sont visibles au nord de la Floride ; probablement y parviennent-ils portés par les eaux du Gulf Stream.

Arripis trutta

DISTRIBUTION : Pacifique Sud (eaux cernant le sud et l'ouest de l'Australie, la Tasmanie et la Nouvelle-Zélande)

HABITAT : eaux littorales peu profondes, souvent près des embouchures de cours d'eau

TAILLE : 91 cm

L'une des 2 espèces d'arripidés – des poissons confinés aux eaux australiennes –, c'est un poisson à corps fusiforme, cylindrique, longue nageoire dorsale et pectorales caractéristiquement jaunes ; les flancs sont marqués de points sombres, qui sont particulièrement nombreux chez les jeunes. Il se nourrit essentiellement de crevettes et d'autres crustacés, mais également de petits poissons.

Perche-tigre, *Therapon jarbua*

DISTRIBUTION : océans Indien et Pacifique (mer Rouge, Afrique orientale au sud de la Chine, Philippines, nord de l'Australie)

HABITAT : eaux littorales, estuaires

TAILLE : 30 cm

C'est l'une des 15 espèces de perches-tigres ou théraponidés. *Therapon jarbua* s'identifie aux raies latérales courbes, sombres, qui ornent ses flancs. Comme toutes les perches-tigres, il a de nombreuses petites dents ; c'est un prédateur qui se nourrit de petits poissons. Marin d'ordinaire, il lui arrive de pénétrer en eau douce. Les perches-tigres peuvent produire des sons en faisant vibrer leur vessie natatoire.

PERCIFORMES SUITE

SOUS-ORDRE DES LABROÏDES

Ce sous-ordre rassemble plus de 2 200 espèces, réparties en 6 familles. Les familles les plus importantes sont les cichlidés, les embiotocidés, les pomacentridés, les labridés et les scaridés. Les trois dernières familles comprennent un grand nombre d'espèces, qui vivent en bancs dans les récifs coralliens. Très variée, la famille des cichlidés rassemble des poissons d'eau douce, dont certains sont aussi des poissons d'aquarium.

Poisson-disque ou Poisson pompadour, *Symphysodon discus*

Distribution : Amérique du Sud tropicale (bassin de l'Amazone et autres grands cours d'eau)

Habitat : bras morts et autres étendues d'eau envahies de végétation

Taille : 20 cm

C'est l'un des plus beaux représentants de la famille des cichlidés. Le poisson-disque a le corps latéralement comprimé, marqué de raies rouges irrégulières ; ces raies et les lignes verticales qui les traversent servent au poisson à se camoufler parmi la végétation.

Le poisson-disque pond sur fond graveleux, puis déplace les nouveau-nés vers la végétation immergée. Environ 3 jours après l'éclosion, le jeune nage vers l'un des parents, se fixe sur son corps ou une nageoire et se nourrit du mucus sécrété par la peau de l'adulte durant 5 semaines et plus.

Scalaire, *Pterophyllum scalare*

Distribution : Amérique du Sud (bassin de l'Amazone)

Habitat : cours d'eau lents, à végétation dense

Taille : 15 cm

Populaire poisson d'aquarium, le scalaire est l'un des cichlidés les plus familiers. Dans son habitat naturel, son corps comprimé, marqué de bandes verticales, et ses nageoires sont un excellent camouflage, les filaments des nageoires se confondant parfaitement avec les tiges des plantes.

Oreochromis niloticus

Distribution : Afrique du Nord, vers le sud jusqu'au bassin du Congo et à l'Afrique orientale

Habitat : cours d'eau, lacs de retenue

Taille : 50 cm

Oreochromis niloticus est un grand cichlidé à corps trapu et longue nageoire dorsale. La bouche est petite et garnie de fines dents. Il se nourrit essentiellement de plancton, accessoirement d'insectes et de crustacés.

Comme de nombreux cichlidés, celui-ci pratique l'incubation buccale, ce qui lui permet de protéger les œufs en les ventilant. La bouche de la femelle sert également d'abri aux alevins tant que leur taille le permet.

Crenicichla saxatilis

Distribution : Amérique du Sud (Venezuela, bassin de l'Amazone jusqu'au Paraguay et à l'Uruguay)

Habitat : cours d'eau, pièces d'eau

Taille : 36 cm

Ce grand cichlidé-brochet a un corps allongé, caractéristiquement barré d'une bande longitudinale noire, comme le sont aussi les bords des nageoires dorsale et caudale et l'ocelle marquant la caudale. Mâle et femelle montrent le même dessin, mais dorsale et anale sont pointues chez le mâle, arrondies chez la femelle. Vorace, ce poisson engouffre ses proies dans sa grande bouche comme le fait le brochet.

POISSONS : PERCIFORMES 575

Amphistichus argenteus

DISTRIBUTION : États-Unis (Californie), vers le sud jusqu'à la Basse-Californie et au Mexique

HABITAT : eaux côtières

TAILLE : jusqu'à 41 cm

C'est un membre de la famille des embioticidés, qui compte environ 24 espèces, toutes du Pacifique Nord à une exception près. C'est un poisson à corps élevé, aux flancs barrés transversalement d'or ou de bronze, avec quelques taches. Il se nourrit de petits crabes et autres crustacés, ainsi que de mollusques.

Les embioticidés sont des perches vivipares. La partie antérieure de l'anale est modifiée chez le mâle en un organe copulateur qui permet la fécondation interne. Les embryons se développent dans les voies génitales de la mère, protégés et nourris par le fluide ovarien. La taille des portées varie de 4 à 113 nouveau-nés – généralement 33 –, selon la taille de la mère. Les jeunes naissent en majorité entre mars et juillet, et sont adultes au bout de 2 ans environ ; ils mesurent alors à peu près 12,5 cm de long.

Brachyistius frenatus

DISTRIBUTION : côte pacifique de l'Amérique du Nord (de Vancouver à la Californie)

HABITAT : eaux peu profondes le long des côtes rocheuses, prairies de varech

TAILLE : 20 cm

Ce membre de la famille des embioticidés (perches vivipares) a les flancs joliment colorés de cuivre, chaque écaille étant marquée d'un point sombre. L'espèce se nourrit de crustacés. La fécondation est interne et les embryons se développent dans les voies génitales de la mère.

Sergent-major, *Abudefduf saxatilis*

DISTRIBUTION : toutes les mers tropicales et tempérées-chaudes

HABITAT : eaux littorales, récifs coralliens

TAILLE : 23 cm

Membre de la famille des pomacentridés, ou demoiselles de mer – une famille très cosmopolite qui compte plusieurs centaines d'espèces des mers tropicales et tempérées-chaudes –, le sergent-major a un corps élevé ; il est de couleur variable, selon la profondeur à laquelle il se trouve : il est jaune barré de sombre en eaux peu profondes, mais, en profondeur ou dans les grottes, il devient bleu, marqué de barres transversales bleu foncé.

Les œufs sont pondus sur un rocher ou dans une crevasse, sur une surface préalablement nettoyée de toute végétation par le mâle, qui les garde ensuite jusqu'à leur éclosion.

Poisson-clown à trois bandes,
Amphiprion percula

DISTRIBUTION : ouest et centre du Pacifique

HABITAT : récifs coralliens

TAILLE : 6 cm

Ce joli petit poisson est immédiatement identifiable à ses larges bandes blanches et orange et à ses nageoires bordées de noir. Le poisson-clown à trois bandes est un pomacentridé (demoiselles de mer) qui, comme les autres espèces de son genre, vit en symbiose avec de grandes anémones de mer, entre leurs tentacules, voire à l'intérieur de l'anémone lorsque celle-ci les rétracte. Il est protégé du venin de l'anémone par un mucus cutané et peut ainsi s'abriter efficacement des prédateurs. Ce poisson se nourrit de très petits crustacés et d'autres organismes marins, qu'il se procure lors de rapides excursions hors de son refuge ou qu'il grappille sur les tentacules de son hôte.

Les œufs sont pondus sur rochers ou coraux, à proximité de l'anémone, puis ils sont gardés par les deux parents jusqu'à leur éclosion.

Pomacentrus leucostictus

DISTRIBUTION : ouest de l'Atlantique (côtes de la Floride et des Bermudes, mer des Caraïbes), côte pacifique du Mexique

HABITAT : eaux littorales, récifs coralliens

TAILLE : 15 cm

Ce pomacentridé est joliment coloré de brun orangé et de bleu, et pointillé de jaune. Comme toutes les demoiselles de mer, c'est un petit poisson actif qui se faufile parmi les coraux et dans les crevasses, se nourrissant d'algues, de très petits crustacés, de vers et autres petits invertébrés.

PERCIFORMES SUITE

Vieille, *Labrus bergylta*
DISTRIBUTION : est de l'Atlantique (Norvège et Grande-Bretagne, vers le sud jusqu'à l'Afrique du Nord), Méditerranée
HABITAT : côtes rocheuses
TAILLE : 50 à 60 cm

La vieille appartient à la famille des labridés, qui regroupe plusieurs centaines d'espèces des mers tropicales et tempérées-chaudes. Elle se nourrit de mollusques et de crustacés, surtout de crabes. Après les préludes nuptiaux, le couple construit un nid d'herbes agglutinées par du mucus et inséré dans une crevasse. Quand les œufs ont été pondus, le mâle les féconde et garde le nid jusqu'à l'éclosion.

Tautog, *Tautoga onitis*
DISTRIBUTION : ouest de l'Atlantique (de la Nouvelle-Écosse à la Caroline-du-Nord)
HABITAT : eaux côtières, à proximité des côtes rocheuses et des colonies de moules
TAILLE : jusqu'à 91,5 cm

C'est un labridé à la livrée assez neutre, au museau obtus et au corps arrondi. Les adultes se nourrissent de divers invertébrés – anatifes, moules, crabes et gastéropodes –, qu'ils broient entre leurs mâchoires garnies de fortes dents. Les jeunes consomment vers et petits crustacés.

La reproduction a lieu au printemps et en été, en eau profonde. Les œufs flottent à la surface en dérivant vers le rivage. Les jeunes passent les premiers mois en eau peu profonde et pourvue d'une végétation dense, qui leur sert de protection.

Lachnolème, *Lachnolaimus maximus* VU
DISTRIBUTION : ouest de l'Atlantique (des Bermudes et de la Caroline-du-Nord au Brésil), golfe du Mexique, mer des Caraïbes
HABITAT : eaux côtières et récifs coralliens
TAILLE : 91 cm

C'est un labridé coloré, identifiable à sa nageoire dorsale aux trois premières épines très allongées et épaissies ; dorsale et anale sont allongées à l'arrière. Les lèvres épaisses sont légèrement proéminentes et la ligne du front est très oblique. La coloration est variable, plus prononcée chez les mâles. Le lachnolème se nourrit de mollusques, de crabes et d'oursins.

Pimelometopon pulchrum
DISTRIBUTION : Pacifique (de la baie de Monterey, en Californie, au golfe de Californie)
HABITAT : côtes rocheuses, autour des prairies de varech et des colonies de moules
TAILLE : jusqu'à 91,5 cm

Pimelometopon pulchrum se distingue nettement des autres labridés par son allure et sa coloration. Il a un corps élevé, une grosse tête bulbeuse ; à la saison des amours, le mâle montre une bosse sur le front. La partie épineuse de la nageoire dorsale est plus courte que la partie molle, et les lobes de la dorsale, de la caudale et de l'anale sont pointus. Chez le mâle, le centre du corps est rouge, l'avant et l'arrière sont noirs ou violets, tandis que la femelle est entièrement rougeâtre, parfois marquée de noir.

Ce poisson se nourrit de crustacés et de mollusques ; il est supposé se reproduire en été.

Halichoeres bivittatus
DISTRIBUTION : ouest de l'Atlantique (Bermudes et Caroline-du-Nord jusqu'au Brésil), mer des Caraïbes
HABITAT : eaux côtières, récifs coralliens
TAILLE : jusqu'à 23 cm

C'est un habitant très commun des récifs coralliens, où il se nourrit de nombreux crustacés, d'oursins, de vers et de mollusques. L'espèce est caractérisée par les 2 lignes qui courent tout le long des flancs.

Perroquet de mer arc-en-ciel, *Scarus guacamaia* VU
DISTRIBUTION : ouest de l'Atlantique (des Bermudes et de la Floride à l'Argentine, en passant par la mer des Caraïbes)
HABITAT : eaux côtières, récifs coralliens
TAILLE : 1,20 m

C'est un représentant de la famille des scaridés, qui compte environ 83 espèces. Cette espèce est l'un des plus grands poissons-perroquets nord-américains. Il a un corps robuste et massif, une grande tête. Les dents soudées entre elles forment un bec de perroquet caractéristique de la famille ; le poisson s'en sert pour brouter les algues et les coraux sur les récifs avant de les broyer entre ses fortes dents pharyngiennes.

Nombre de poissons-perroquets se réfugient la nuit dans une cachette en s'entourant d'un cocon muqueux qui reste intact toute la nuit, mais se désagrège dès que le poisson l'a quitté.

POISSONS : PERCIFORMES 577

Perroquet bleu,
Scarus coeruleus
Distribution : ouest de l'Atlantique (de la Caroline-du-Nord au Brésil en passant par le golfe du Mexique et la mer des Caraïbes)
Habitat : récifs coralliens
Taille : 1,20 m

Ce poisson-perroquet est caractéristique : en effet, sa mandibule est beaucoup plus courte que sa mâchoire supérieure ; les vieux mâles montrent une bosse sur le museau. Comme les autres scaridés, le perroquet bleu broute les algues et les coraux sur les récifs au moyen de ses mâchoires formant bec ; la nourriture est ensuite broyée finement par les dents pharyngiennes.

Sparisoma viride
Distribution : mer des Caraïbes
Habitat : récifs coralliens
Taille : 25 à 50 cm

C'est un poisson-perroquet commun parmi les récifs coralliens. Les mâles, plus grands que les femelles, sont vert bleuâtre ; les femelles sont rouge et brun rougeâtre. *Sparisoma viride* se nourrit d'algues et autre matière végétale qu'il broute sur les rochers et les coraux.

SOUS-ORDRE DES ZOARCOÏDES

Ce sous-ordre, qui comprend 9 familles, rassemble des poissons marins qui sont surtout représentés dans le Pacifique Nord, mais que l'on trouve aussi dans l'Atlantique Nord et dans les régions tropicales des deux océans. La plupart des 320 espèces vivent en haute mer ou dans les eaux profondes, même si certaines sont dans les eaux côtières.

Macrozoarces americanus
Distribution : Atlantique Nord (du Labrador au Delaware)
Habitat : fonds marins, de 15 à 180 m
Taille : 93 cm

Macrozoarces americanus est un représentant de la petite famille des zoarcidés, dont la classification a soulevé des controverses, certains spécialistes ayant choisi de classer ces poissons parmi les blennies et non les gades.

Zoarcidé typique, ce poisson a des nageoires dorsale, caudale et anale soudées. La tête est massive et aplatie, les lèvres sont proéminentes. Il vit sur le fond et se nourrit d'oursins, d'étoiles de mer et autres petits invertébrés.

Il effectue une migration de ponte vers le large, à l'automne ; chaque femelle pond 4 000 œufs et plus, agglomérés par un mucus gélatineux, qui tombent sur le fond où ils éclosent 2 ou 3 mois plus tard. L'espèce européenne, *Zoarces viviparus* : la loquette, est vivipare.

Cryptacanthodes maculatus
Distribution : ouest de l'Atlantique (du Labrador au New Jersey)
Habitat : fonds vaseux
Taille : 90 cm

L'une des 4 espèces de cryptacanthodidés, *Cryptacanthodes maculatus* vit enfoui dans la vase du fond, où il lui arrive de creuser un système complexe de galeries. Il se nourrit de poissons, de crustacés et de mollusques. D'aspect anguilliforme, c'est un poisson à corps nu, à nageoires dorsales, caudale et anale formant une ligne continue, dépourvu de pelviennes. Le sommet de la tête est aplati, les yeux sont insérés très haut, la bouche est oblique, la mandibule très proéminente.

Gonelle ou Papillon de mer, *Pholis gunnellus*
Distribution : ouest de l'Atlantique (du Labrador au Massachusetts), est de l'Atlantique (côtes nord de la France, vers le nord jusqu'à la mer de Barents, côtes d'Islande et sud du Groenland)
Habitat : littoraux rocheux, dans la zone des marées, parfois en eaux plus profondes
Taille : 25 cm

Ce poisson appartient à la famille des pholidés, dont les représentants vivent dans les eaux froides de l'Atlantique et du Pacifique Nord. Largement distribuée, la gonelle a un corps allongé et élancé, brunâtre, marqué de 9 à 13 ocelles noirâtres cerclés de clair à l'insertion de la longue nageoire dorsale. Elle se nourrit surtout de petits crustacés, de vers et de mollusques, et est souvent la proie des oiseaux de mer.

La reproduction a lieu en hiver. Les œufs sont pondus en grappes parmi les pierres, près du rivage, et gardés par les parents jusqu'à leur éclosion.

PERCIFORMES SUITE

Loup, *Anarhichas lupus*
Distribution : ouest de l'Atlantique (du Labrador au cap Cod, parfois New Jersey), est de l'Atlantique (Islande et Spitzberg, nord de la France)
Habitat : des eaux peu profondes jusqu'à 300 m
Taille : 1 à 1,20 m

C'est l'une des quelque 6 espèces d'anarhichadidés. Le loup est caractéristique de sa famille, avec son énorme tête, ses dents antérieures en crochets, ses nageoires dorsale et anale longues. Il se nourrit de crustacés, de bivalves et d'échinodermes, qu'il broie entre ses fortes dents postérieures.

La reproduction a lieu en hiver. Les œufs visqueux se fixent en masse sur les pierres et les débris du fond.

SOUS-ORDRE DES NOTOTHÉNIOÏDES

Les 120 espèces de ce sous-ordre forment le groupe de poissons le plus important des eaux de l'Antarctique. Leurs caractéristiques physiologiques et comportementales leur permettent de résister au gel.

Chabot antarctique, *Notothenia coriiceps*
Distribution : côtes de l'Antarctique
Habitat : eaux côtières
Taille : 61 cm

La famille des notothéniidés, à laquelle appartient cette espèce, constitue le groupe le plus abondant dans l'Antarctique. Certaines espèces de la famille possèdent dans leur sang des protéines spécialisées qui abaissent son point de congélation, de sorte que le poisson peut vivre sans problème à une température atteignant −2 °C.

Les jeunes sont d'abord bleu et argent, rougeâtres ensuite. Poisson de fond, ce chabot antarctique se nourrit d'algues, de mollusques, de petits crustacés et de vers.

Chaenocephalus aceratus
Distribution : zone antarctique, au sud de la Géorgie, des Orcades et des Shetland
Habitat : des eaux peu profondes à 340 m
Taille : 60 cm

C'est l'une des quelque 16 espèces de channichthyidés, toutes de la région antarctique. Ces poissons sont surprenants, car leur sang est dépourvu d'hémoglobine : il est blanchâtre, presque transparent. L'oxygène est absorbé par les branchies tout à fait normalement et dissous dans le plasma sanguin. Ce poisson indolent, utilisant relativement peu d'oxygène, s'en procure suffisamment de cette manière, dans la mesure où il vit dans des eaux froides, extrêmement bien oxygénées. C'est un poisson allongé et élancé, à grande tête et mâchoires formant bec. Il passe le plus clair de son temps près du fond et se nourrit de poissons et de crustacés.

SOUS-ORDRE DES TRACHINOÏDES

La plupart des 210 espèces de ce sous-ordre vivent sur les fonds marins, où elles s'enfouissent dans le sable pour surprendre leur proie.

Petit Lançon, *Ammodytes tobianus*
Distribution : est de l'Atlantique (Islande et Norvège jusqu'au sud du Portugal et à l'Espagne)
Habitat : eaux littorales, jusqu'à 30 m de profondeur
Taille : 20 cm

Les ammodytidés – lançons, équilles et cicerelles – vivent en bancs sur les fonds de sable et de graviers, se rapprochant des côtes pour la reproduction et s'enfouissant alors dans le sable à marée basse, ce qui leur a valu leur nom anglo-saxon d'« anguilles de sable ». La famille compte environ 12 espèces, toutes à corps allongé, dorsale et anale longues et basses. Typiquement, la tête est pointue, à mandibule proéminente. Les ammodytidés se nourrissent de plancton ; ils servent d'appâts, notamment pour la pêche au bar et au lieu.

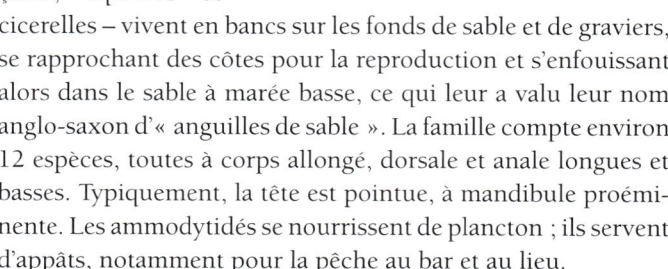

Certaines espèces se reproduisent au printemps, d'autres à l'automne ; toutes déposent leurs œufs dans le sable du fond.

Petite Vive, *Echiichthys vipera*
DISTRIBUTION : côtes européennes de l'Atlantique, de la Grande-Bretagne à l'Afrique du Nord, Méditerranée
HABITAT : eaux peu profondes à fond sableux
TAILLE : 14 cm

Les vives ou trachinidés, au nombre de 6 espèces, recherchent les fonds sableux ou sablo-vaseaux, où elles chassent à l'affût. Dérangées, elles dressent les aiguillons de leur première dorsale et l'épine de leur opercule, qui communiquent avec une glande à venin, pouvant ainsi infliger de cruelles blessures. La petite vive se nourrit de petits crustacés de fond.

Rascasse blanche du Nord, *Astroscopus guttatus*
DISTRIBUTION : côte atlantique de l'Amérique du Nord (de l'État de New York à la Caroline-du-Nord)
HABITAT : eaux peu profondes à fond sableux
TAILLE : jusqu'à 30,5 cm

Ce représentant de la famille des uranoscopidés a un corps robuste et une grande tête ; la bouche est oblique, dorsale, comme les yeux dirigés vers l'avant. Cette structure anatomique est à relier au mode de vie de ce poisson, qui reste partiellement enfoui dans le fond, ne laissant apparaître que ses yeux et sa bouche, prêt à saisir au passage poissons et crustacés. À l'arrière des yeux, un organe électrique fait de cellules musculaires modifiées est susceptible de produire des décharges de l'ordre de 50 volts.

On pense que la reproduction a lieu au printemps ou en début d'été, au large. Les jeunes se laissent dériver vers les eaux peu profondes, où ils adoptent les mœurs des adultes.

SOUS-ORDRE DES BLENNIOÏDES

Les 730 poissons de ce sous-ordre, qui comprend notamment les blennies, sont de petits poissons marins des régions tropicales et subtropicales.

Heterostichus rostratus
DISTRIBUTION : côte pacifique de l'Amérique du Nord (de la Colombie-Britannique à la Basse-Californie)
HABITAT : eaux littorales peu profondes, près des prairies de varech
TAILLE : jusqu'à 61 cm

C'est l'un des géants de la famille des clinidés, ou blennies à écailles, qui compte environ 75 espèces de poissons qui vivent essentiellement dans les mers tropicales. *Heterostichus rostratus* se caractérise par son corps allongé, sa tête longuement pointue, ses nageoires dorsale et anale longues. La coloration varie énormément en fonction de l'environnement. Les individus vivant parmi les zostères sont vert vif, d'autres sont vert foncé, bruns, orange, jaunes ou rougeâtres, toujours dans les tons de la végétation environnante ou de l'habitat.

Sirène ou Mordocet, *Lipophrys pholis*
DISTRIBUTION : côtes de l'Europe du Nord (sud de la Norvège et Écosse, vers le sud jusqu'au Portugal et à Madère)
HABITAT : rivages rocheux, trous d'eau à fond rocheux
TAILLE : jusqu'à 18 cm

La famille des blenniidés, ou blennies baveuses, à laquelle appartient cette espèce, regroupe environ 345 espèces de poissons en majorité marins et littoraux. La sirène est typique de sa famille, avec son corps nu, sa tête arrondie et sa bouche garnie de rangées de fines dents aiguës. Son régime alimentaire est très varié et se compose indifféremment d'algues, d'anatifes, de crustacés et de poissons.

Les œufs sont pondus en grappes sous un rocher ou dans une crevasse et gardés par le mâle jusqu'à leur éclosion.

Blennie à lèvres rouges, *Ophioblennius atlanticus*
DISTRIBUTION : ouest de l'Atlantique (de la Caroline-du-Nord aux Bermudes et, au sud, jusqu'au Brésil), golfe du Mexique, mer des Caraïbes
HABITAT : eaux à fond rocheux ou corallien
TAILLE : 12 cm

Ce membre de la famille des blenniidés est caractérisé par son museau fortement oblique, arrondi à l'extrémité et portant des excroissances en forme de touffes et de tentacules, et ses lèvres rouges, comme la bordure de sa nageoire dorsale. Elle est commune dans son aire. C'est un poisson de fond, craintif, qui se nourrit de petits invertébrés.

Elle pond ses œufs parmi les coraux ou les rochers, où ils sont gardés par le mâle. Les jeunes vivent en surface, plus au large que les adultes.

PERCIFORMES SUITE

SOUS-ORDRE DES GOBIÉSOCOÏDES

Les 120 espèces de ce sous-ordre vivent dans la zone intertidale, où elles résistent à la force des vagues en s'accrochant fermement aux rochers.

Porte-écuelle du littoral, *Lepadogaster lepadogaster*
Distribution : Atlantique Nord (de l'Écosse à l'Afrique du Nord), côtes méditerranéennes
Habitat : littoraux rocheux, dans la zone des marées
Taille : 6,5 cm

Ce petit poisson à corps nu et nageoires basses dépourvues de rayons épineux est assez typique de sa famille. Une double ventouse thoracique, partiellement formée à partir des nageoires pelviennes, permet au porte-écuelle du littoral de se fixer sur les rochers. Le museau est allongé en forme de bec et surmonté d'un tentacule frangé.

La reproduction a lieu en été. Les œufs sont déposés sur la face inférieure d'un rocher et gardés par les parents.

Diademichthys lineatus
Distribution : océans Indien et Pacifique (de l'île Maurice à la Nouvelle-Calédonie, vers le nord jusqu'aux Philippines)
Habitat : parmi les épines des oursins
Taille : 5 cm

Ce gobiésidé très élancé, à long museau, vit en association avec l'oursin *Diadema savignyi*. Sa conformation est parfaitement adaptée à l'habitude qu'il a de se suspendre, la tête en bas, aux épines de l'oursin. Les aiguillons acérés de son hôte protègent le poisson des prédateurs et, de plus, ce dernier se nourrit sur les tubes ambulacraires de l'oursin.

Gobiesox meandricus
Distribution : Pacifique (de la Colombie-Britannique au sud de la Californie)
Habitat : eaux côtières, dans la zone des marées
Taille : 15 cm

C'est l'un des gobiésidés les plus communs du Pacifique, reconnaissable à son corps nu et lisse et à sa tête large. Les nageoires dorsale et anale sont basses et très reculées, les pelviennes modifiées en une double ventouse thoracique que le poisson utilise pour se coller sur les rochers ou autres parois, afin de résister aux turbulences créées par les marées. Il se nourrit de mollusques et de crustacés.

SOUS-ORDRE DES CALLIONYMOÏDES

Les 137 espèces de ce sous-ordre vivent principalement dans les récifs de l'océan Indien et du Pacifique occidental. De nombreuses espèces s'enfouissent partiellement dans le sol, où elles séjournent la plupart du temps.

Dragonnet-lyre, *Callionymus lyra*
Distribution : est de l'Atlantique (Islande et Norvège, vers le sud jusqu'à l'Afrique du Nord et la Méditerranée)
Habitat : eaux côtières peu profondes, jusqu'à 200 m
Taille : 30 cm

C'est le plus grand dragonnet européen. Le mâle est particulièrement remarquable, avec sa nageoire dorsale jaune et bleu et ses rayons allongés. Ces prolongements sont absents chez les femelles, qui sont plus petites. Comme tous les dragonnets, celui-ci a un corps assez aplati, une grande tête, munie d'ouvertures branchiales en position dorsale – disposition qui vient de l'habitude qu'ont ces poissons de s'enfouir partiellement dans le sable du fond.

Ils se nourrissent surtout de crustacés de fond et de vers.

Ils se reproduisent au printemps ou en été, selon l'aire. Les mâles paradent longuement devant les femelles, déployant largement leurs nageoires. Les œufs sont abandonnés et flottent librement à la surface.

Poisson-mandarin ou Poisson cachemire, *Synchiropus splendidus*
Distribution : côtes des Philippines, du Queensland et du nord de l'Australie
Habitat : eaux littorales, récifs coralliens
Taille : 7,5 cm

Cet étonnant petit poisson a un corps à fond bleu-vert, bariolé de rouge, à l'exception des nageoires pectorales, qui sont bleu vif. Le corps est plus ramassé que chez les autres dragonnets, la tête est bulbeuse. La première épine de la dorsale est très allongée. Ses mœurs naturelles sont assez mal connues, sinon que l'on sait qu'il vit sur le fond, parmi rochers et coraux.

SOUS-ORDRE DES GOBIOÏDES

Les 2 100 espèces de ce sous-ordre rassemblent de petits poissons marins qui s'enfouissent dans le sol et qui présentent une nageoire dorsale courte et épineuse. Leurs nageoires pelviennes sont rapprochées ou soudées en un disque formant ventouse. La plupart des espèces appartiennent à 2 familles : les éléotridés et les gobiidés. Cette dernière famille est la plus grande des espèces marines.

Gobie dormeur tacheté, *Dormitator maculatus*
DISTRIBUTION : ouest de l'Atlantique (Bahamas et Caroline-du-Nord jusqu'au golfe du Mexique et au Brésil)
HABITAT : littoraux à fond vaseux, flaques saumâtres, embouchures de cours d'eau
TAILLE : 46 cm

Les gobies dormeurs sont quelquefois intégrés en tant que sous-famille (éléotrinés) dans les gobiidés, parfois considérés comme une famille à part entière (éléotridés). Alors que les gobies ont généralement des nageoires pelviennes soudées sur toute leur longueur et formant un disque ventral fonctionnant en ventouse, les pelviennes des gobies dormeurs sont séparées. Le gobie dormeur tacheté est un petit poisson à corps épais, grande tête arrondie, qui demeure immobile sur le fond durant de longues périodes.

Gobie nain, *Pandaka pygmaea* CR
DISTRIBUTION : Philippines
HABITAT : lacs et rivières
TAILLE : 1 cm

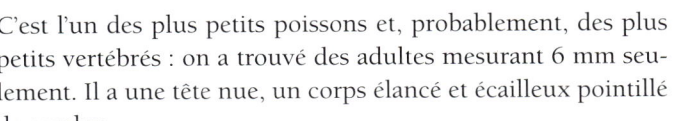

C'est l'un des plus petits poissons et, probablement, des plus petits vertébrés : on a trouvé des adultes mesurant 6 mm seulement. Il a une tête nue, un corps élancé et écailleux pointillé de sombre.

Gobie paganel, *Gobius pagenellus*
DISTRIBUTION : Atlantique Nord (de la Grande-Bretagne à l'Afrique du Nord), Méditerranée
HABITAT : littoraux rocheux, flaques côtières
TAILLE : 12 cm

Les gobiidés constituent une très vaste famille de poissons marins, mais dont beaucoup pénètrent également en eau douce. Le gobie paganel est l'un des plus grands ; il est typique, avec sa grosse tête obtuse, son corps élancé, sa nageoire caudale arrondie. Les pelviennes soudées forment un disque agissant comme une ventouse, grâce auquel le poisson se colle sur les rochers et autres parois. Le gobie se nourrit de crustacés et autres petits invertébrés, ainsi que de jeunes poissons.

La reproduction a lieu au printemps et en été. Les œufs déposés dans une cavité rocheuse sont gardés par le mâle.

SOUS-ORDRE DES ACANTHUROÏDES

Ce petit sous-ordre, qui ne compte que 125 espèces, rassemble quelques-unes des espèces les plus spectaculaires, comme les poissons-bêches, les chirurgiens bleus ou les porte-enseignes, qui vivent dans les récifs coralliens.

Poisson-bêche de l'Atlantique, *Chaetodipterus faber*
DISTRIBUTION : ouest de l'Atlantique (Nouvelle-Angleterre, Bermudes, vers le sud jusqu'au golfe du Mexique, à la mer des Caraïbes et au Brésil)
HABITAT : eaux à fond rocheux
TAILLE : 46 à 90 cm

Ce poisson a un corps haut, très comprimé, des nageoires dorsale et anale prolongées vers l'arrière par des extensions. La coloration varie avec l'âge : les jeunes sont d'abord noirs, devenant gris argenté avec des barres verticales sur les flancs à maturité ; ces barres s'estompent chez les grands adultes. Le poisson-bêche de l'Atlantique appartient à la famille des éphippidés, qui compte environ 14 espèces.

Les poissons-bêches se nourrissent essentiellement de petits invertébrés.

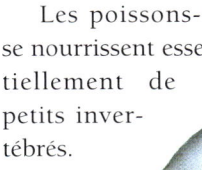

PERCIFORMES SUITE

Poisson-chauve-souris,
Platax pinnatus

Distribution : océans Indien et Pacifique (mer Rouge, de l'est de l'Afrique aux Philippines, à l'Indonésie et à l'Australie)

Habitat : eaux côtières ; lagunes pour les jeunes, récifs pour les adultes

Taille : 76 cm

Membres de la famille des éphippidés, les poissons-chauves-souris ont un corps haut et comprimé, des nageoires dorsale et anale hautes. Les jeunes sont noirs, avec des nageoires soulignées d'orange ; ils nagent souvent sur le côté et ressemblent alors à certains plathelminthes, que des sécrétions cutanées garantissent contre les poissons carnivores ; en les imitant, les jeunes se prémunissent contre ces poissons.

Scatophage ou Argus tacheté,
Scatophagus argus

Distribution : océans Indien et Pacifique (de l'est de l'Afrique à l'Inde, l'Indonésie et les îles de l'ouest du Pacifique)

Habitat : eaux côtières, douces et saumâtres

Taille : 30 cm

C'est l'une des quelque 3 espèces de scatophagidés ou « mangeurs de matière fécale » – nom qu'ils doivent à leur habitude de vivre à proximité des sorties d'égouts. En réalité, ils mangent de la matière végétale. Si les adultes ont de gros points brunâtres, les jeunes ont les flancs barrés de lignes sombres.

Amphacanthe vergeté, *Siganus virgatus*

Distribution : océans Indien et Pacifique (Inde et Sri Lanka à l'Indonésie et au nord de l'Australie, nord des Philippines, Chine, Japon)

Habitat : eaux littorales, bordure des récifs coralliens

Taille : 25,5 cm

C'est l'une des quelque 27 espèces de siganidés, caractérisés par les rayons durs des nageoires dorsale, anale et pelviennes creusés de chaque côté d'une rainure remplie de tissus venimeux. Il a une tête arrondie et de fortes mâchoires. Il broute les algues.

Chirurgien bleu,
Acanthurus coeruleus

Distribution : ouest de l'Atlantique (de l'État de New York et des Bermudes, vers le sud jusqu'aux Caraïbes et au Brésil)

Habitat : eaux côtières, récifs coralliens

Taille : 30,5 cm

C'est l'une des quelque 72 espèces d'acanthuridés, ou poissons-chirurgiens. Ces poissons doivent leur nom commun aux longs piquants épineux qu'ils portent de part et d'autre de la queue et qui évoquent le scalpel du chirurgien ; normalement insérés dans un fourreau, ces stylets sont dressés lorsque le poisson se sent menacé et constituent alors une arme redoutable ; le poisson agit par coups de queue rapides et peut infliger des blessures graves. Le chirurgien bleu n'utilise ses épines que comme arme défensive et dissuasive, dans la mesure où il se nourrit exclusivement d'algues, qu'il broute sur les rochers.

Le chirurgien bleu, s'il est assez typique de sa famille, a un corps particulièrement élevé, à profil très aigu. Les jeunes sont jaune vif, pointillés de bleu dans la région oculaire, avec un léger liséré bleu sur la dorsale et l'anale ; ils deviennent ensuite bleus sur la partie antérieure, avec une queue jaune. Les adultes sont entièrement bleus et soulignés de lignes longitudinales bleu foncé.

Porte-enseigne cornu ou Tranchoir,
Zanclus cornutus

Distribution : océans Indien et Pacifique (de l'Afrique orientale aux îles Hawaii)

Habitat : eaux peu profondes, récifs coralliens

Taille : 18 cm

Ce poisson très joliment coloré, au museau proéminent, appartient au groupe des porte-enseignes, qui sont considérés par certains comme une sous-famille d'acanthuridés, par d'autres comme une famille à part entière (zanclidés) ; les porte-enseignes ne possèdent pas d'épines sur la queue comme les poissons-chirurgiens. Le porte-enseigne cornu a un corps haut et comprimé, et des nageoires dorsale et anale hautes et triangulaires. La dorsale est prolongée par une extension filamenteuse. La phase juvénile se caractérise par la présence d'une épine aux coins de la bouche, qui tombe quand le poisson est adulte ; les adultes montrent sur les yeux des protubérances qui grandissent avec l'âge.

Nasique à éperons orange, *Naso lituratus*

DISTRIBUTION : océans Indien et Pacifique (de l'Afrique orientale à l'Australie et aux îles Hawaii)

HABITAT : eaux côtières, récifs coralliens

TAILLE : 41 cm

C'est un représentant de la famille des poissons-chirurgiens, porteurs, de chaque côté de la queue, d'épines dirigées vers l'avant, mais non érectiles. Ce nasique ne développe pas de corne sur le front à l'âge adulte. Chez les mâles, les lobes de la caudale sont longuement allongés en filets.

Les nasiques nagent en petites bandes et broutent algues et herbes marines.

SOUS-ORDRE DES MUGILOÏDES

Les quelque 80 espèces de mulet forment la seule famille de ce sous-ordre. Ces poissons, qui vivent en bancs dans les eaux côtières, ont un corps arrondi et 2 nageoires dorsales.

Mulet à grosse tête, *Mugil cephalus*

DISTRIBUTION : cosmopolite, mers tempérées-chaudes et tropicales

HABITAT : haute mer, eaux littorales, estuaires

TAILLE : jusqu'à 91 cm

C'est un membre de la famille des mugilidés (mulets ou muges), qui regroupe des espèces vivant en eau salée, saumâtre ou douce. Le mulet à grosse tête est typique de sa famille, avec son corps arrondi, à grandes écailles, ses nageoires dorsales nettement séparées. Il se nourrit d'algues microscopiques et de micro-organismes planctoniques : il absorbe la vase pour en extraire les particules alimentaires, ses branchiospines formant tamis et son estomac épaissi fonctionnant en gésier musculeux.

SOUS-ORDRE DES SCOMBROÏDES

Les 1 365 espèces de ce sous-ordre se répartissent en 6 familles. La plupart de ces poissons sont de féroces prédateurs qui se déplacent très vite et qui sont particulièrement convoités par les pêcheurs à la ligne.

Grand Barracuda, *Sphyraena barracuda*

DISTRIBUTION : mers tropicales, sauf est du Pacifique ; mieux connu dans la mer des Caraïbes et l'ouest de l'Atlantique

HABITAT : lagunes côtières, récifs coralliens ; adultes, plus au large

TAILLE : jusqu'à 1,80 m

Le grand barracuda appartient à la famille des sphyrénidés, qui compte environ 18 espèces des zones subtropicales des océans Atlantique, Pacifique et Indien. Le grand barracuda est caractéristique de la famille, avec son corps long et élancé, sa tête pointue, sa bouche à mandibule proéminente garnie de dents en poignard. Prédateur agressif, il se nourrit de poissons, mais il lui arrive d'attaquer l'homme s'il est dérangé ou provoqué. Généralement solitaire, il peut s'assembler en petit groupe avant la reproduction.

Sabre à queue grêle, *Trichiurus lepturus*

DISTRIBUTION : Atlantique tropical et tempéré-chaud (dont le golfe du Mexique et la mer des Caraïbes), Méditerranée

HABITAT : haute mer, à la surface

TAILLE : 1,50 m

Le sabre à queue grêle est un poisson à corps allongé et rubané, terminé en flagelle, à tête pointue et grandes mâchoires garnies de formidables dents. La nageoire dorsale suit le corps argenté jusqu'à l'extrémité de la queue. Vorace, il se nourrit de poissons et calmars. Il appartient à la famille des trichiuridés.

Maquereau commun, *Scomber scombrus*

DISTRIBUTION : ouest de l'Atlantique (de la baie du Saint-Laurent à la Caroline-du-Nord), est de l'Atlantique (Islande, Scandinavie, vers le sud jusqu'à l'Afrique du Nord), Méditerranée

HABITAT : au large, en surface

TAILLE : 41 à 66 cm

Ce poisson abondant a un corps élancé et arrondi, marqué de nombreuses lignes sinueuses. Les adultes se nourrissent de crustacés et petits poissons grégaires, les jeunes de crustacés planctoniques et larves de poissons. Les maquereaux migrent vers le nord et le littoral au printemps et en été ; en hiver, ils se regroupent dans les eaux profondes mais relativement chaudes qui bordent le plateau continental. Le maquereau appartient à la famille des scombridés (environ 50 espèces).

La reproduction a lieu en été. Une femelle de taille moyenne peut pondre jusqu'à 450 000 œufs, qui sont abandonnés en eau libre et éclosent environ 4 jours plus tard.

PERCIFORMES SUITE

Thon à nageoires jaunes, *Thunnus albacares*
DISTRIBUTION : cosmopolite, mers tropicales et tempérées-chaudes
HABITAT : au large, en surface ; eaux littorales
TAILLE : jusqu'à 2 m

Ce poisson au corps fusiforme caractéristique des thons est également identifiable à ses longues nageoires pectorales, aux pinnules (petites nageoires) qui séparent la dorsale et l'anale de la caudale, et à ses flancs marqués de jaune. Ce thon se nourrit de poissons, calmars et crustacés, et, comme la plupart des scombridés, il effectue des migrations saisonnières.

La reproduction a lieu à toutes périodes de l'année dans les eaux tropicales, en fin de printemps et en été ailleurs. Les femelles sont supposées avoir au moins 2 pontes par an, de plus de 1 million d'œufs chacune.

Wahoo, *Acanthocybium solanderi*
DISTRIBUTION : toutes mers tropicales
HABITAT : haute mer
TAILLE : jusqu'à 2 m

À l'inverse des autres scombridés, le wahoo n'est pas un poisson grégaire : il vit seul ou en petite troupe. Son corps est plus allongé et plus élancé que chez la plupart des autres thons. Il a un museau long et étroit, de nombreuses dents fortes. Il se nourrit de divers poissons et de calmars, et est capable d'accélérations importantes lorsqu'il poursuit une proie (jusqu'à 66 km/h).

Peu abondant, il n'est pêché que par les amateurs.

Bonite à ventre rayé, *Euthynnus pelamis*
DISTRIBUTION : cosmopolite dans les mers tropicales, saisonnier dans les mers tempérées
HABITAT : au large, en surface
TAILLE : 1 m

Ce scombridé a le corps de forme hydrodynamique typique des bons nageurs que sont les thons. L'espèce a le dos bleu sombre ou violacé, les flancs et le ventre argentés, marqués sous la ligne latérale de lignes longitudinales sombres. Très abondante, la bonite à ventre rayé nage en grand banc, comptant parfois jusqu'à 50 000 individus. C'est l'un des poissons les plus importants commercialement. Il se nourrit de poissons, de calmars et de crustacés.

Voilier, *Istiophorus platypterus*
DISTRIBUTION : toutes mers tropicales et tempérées-chaudes
HABITAT : en surface, en haute mer, parfois plus près du rivage
TAILLE : 3,60 m

Ce poisson doit son nom commun à sa haute nageoire dorsale en forme de voile, que l'on trouve également chez les jeunes des autres espèces d'istiophoridés – une famille d'environ 10 espèces de poissons, tous nageurs hors pair. Le voilier est également identifiable à ses mâchoires allongées, arrondies et non aplaties comme chez l'espadon. Il a un régime alimentaire varié, composé de toutes sortes de poissons et de céphalopodes. Il effectue des migrations hivernales vers les eaux chaudes.

Le voilier se reproduit en haute mer ; chaque femelle pond plusieurs milliers d'œufs qui flottent à la surface jusqu'à leur éclosion. Les nouveau-nés, peu nombreux par rapport aux œufs, se développent très rapidement.

Makaire bleu, *Makaira nigricans*
DISTRIBUTION : toutes mers tropicales et tempérées-chaudes
HABITAT : au large des côtes, haute mer
TAILLE : 3 à 4,60 m

Le makaire bleu est un impressionnant poisson qui pèse en moyenne 180 kg et peut atteindre un poids de l'ordre du double. Il a le museau allongé en rostre et presque circulaire de tous les membres de la famille des istiophoridés ; il semble qu'il s'en serve pour assommer ses proies avant de les avaler : poissons grégaires et céphalopodes.

Son corps fusiforme, son museau effilé et sa haute nageoire caudale en forme de croissant, hautement spécialisés, font du makaire bleu l'un des nageurs les plus rapides et les plus performants. Ce poisson effectue des migrations hivernales régulières en direction de l'équateur.

Marlin rayé, *Tetrapturus audax*

Distribution : océans Indien et Pacifique (eaux tempérées-chaudes, moins commun dans les eaux tropicales)

Habitat : haute mer, eaux littorales

Taille : 3 m

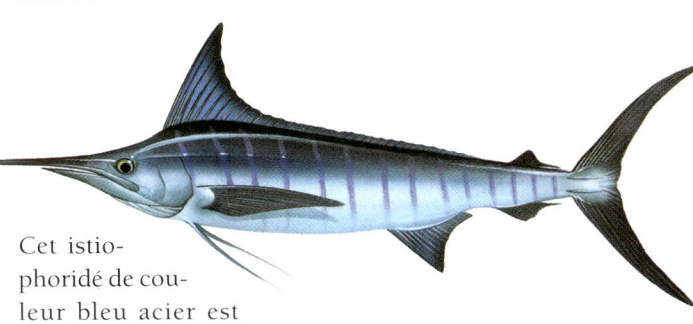

Cet istiophoridé de couleur bleu acier est transversalement rayé de bleu et de blanc. Le lobe de la dorsale est plus haut que chez le makaire bleu, mais, cela mis à part, ces deux espèces ont la même allure, avec leur corps fusiforme, leur museau allongé en rostre. Le marlin rayé se nourrit de poissons, occasionnellement de céphalopodes ; il se procure sa nourriture aussi bien en surface qu'en profondeur.

Espadon, *Xiphias gladius* **DD**

Distribution : toutes mers tropicales et tempérées

Habitat : pleine mer, surface et profondeurs

Taille : 2 à 4,90 m

Ce poisson énorme et spectaculaire est l'unique représentant de la famille des xiphiidés. Il a un museau longuement allongé en rostre et très aplati, une nageoire dorsale falciforme, beaucoup plus reculée que celle du voilier ; il se distingue également des istiophoridés par son absence de nageoires pelviennes. Généralement solitaires, les adultes ne forment des bancs qu'au moment de la reproduction. Rapides et actifs, ils se nourrissent de divers petits poissons et de céphalopodes. La fonction du rostre n'a pas été clairement élucidée : peut-être le poisson s'en sert-il pour attaquer les bancs de poissons, à moins qu'il ne s'agisse d'une conséquence de l'allongement du corps.

Dans l'hémisphère Nord, l'espadon effectue des migrations hivernales vers le sud et les eaux plus profondes. Le rostre est absent chez les jeunes et se développe avec la croissance.

SOUS-ORDRE DES STROMATÉOÏDES

Les 65 espèces de ce sous-ordre vivent dans les mers tropicales et dans les eaux chaudes des régions tempérées. Les jeunes poissons de ces espèces sont généralement associés avec des méduses ou des objets flottants, qui leur fournissent une protection ou de la nourriture.

Poisson-méduse, *Nomeus gronovii*

Distribution : régions tropicales des océans Indien et Pacifique, ouest de l'Atlantique tropical, mer des Caraïbes

Habitat : où le transporte la galère portugaise

Taille : 22 cm

Surtout connu en raison de l'habitude qu'il a de vivre entre les tentacules de la galère portugaise, *Physalia physalis*, le poisson-méduse est immunisé contre leurs cellules urticantes et peut même en inhiber l'action. La méduse ne semble généralement pas affectée par la présence du poisson, mais on connaît mal les détails de cette association, sinon que, peut-être, le poisson joue, vis-à-vis de son hôte, le rôle de nettoyeur.

Le poisson-méduse est l'une des quelque 15 espèces qui composent la famille des noméidés.

Poisson-beurre, *Peprilus triacanthus*

Distribution : ouest de l'Atlantique (de la baie du Saint-Laurent au sud de la Floride)

Habitat : eaux côtières, baies, estuaires

Taille : 30,5 cm

Le poisson-beurre est très joliment coloré. Il a un corps haut et latéralement comprimé, une queue fortement fourchue, des nageoires dorsale et anale longues ; les adultes sont dépourvus de nageoires pelviennes. Il se nourrit de crustacés, de céphalopodes et de petits poissons. Les représentants de cette espèce nagent généralement en petites troupes, et il semble que certains individus effectuent des migrations estivales vers le nord. Le poisson-beurre appartient à la famille des stromatéidés, qui compte environ 13 espèces, toutes marines.

PERCIFORMES ET POISSONS PLATS

SOUS-ORDRE DES ANABANTOÏDES

Les 80 espèces de ce sous-ordre rassemblent des poissons d'eau douce dont certains sont des poissons d'aquarium familiers du public.

Perche grimpeuse, *Anabas testudineus*
Distribution : Inde, Sri Lanka, Asie du Sud-Est, Indonésie, Philippines, Chine méridionale
Habitat : cours d'eau, canaux, fossés, étangs
Taille : 25,5 cm

C'est un membre de la famille des anabantidés, ou poissons-labyrinthes – un nom que ces poissons doivent à la présence d'un organe de respiration aérienne accessoire situé au-dessus des branchies ; cet organe à méandres compliqués leur permet de survivre dans de mauvaises conditions d'oxygénation, voire hors de l'eau. En effet, la perche grimpeuse est capable de se déplacer sur la terre ferme en utilisant sa nageoire caudale et ses opercules épineux, et de passer ainsi d'une rivière asséchée à une autre encore en eau. La perche grimpeuse est supposée se nourrir d'insectes et de petits crustacés ; elle est commercialement importante dans la majeure partie de son aire de distribution.

Poisson du paradis, *Macropodus opercularis*
Distribution : Chine, Asie du Sud-Est
Habitat : fossés, rizières
Taille : 9 cm

Poisson d'eaux mal oxygénées, comme les autres membres de sa famille – les bélontiidés –, le poisson du paradis dispose d'un organe respiratoire auxiliaire, annexé à la cavité branchiale et permettant pendant un temps la respiration aérienne. C'est un petit poisson joliment coloré, aux nageoires très étendues, particulièrement chez le mâle.

De nombreux bélontiidés ont les mêmes mœurs reproductives ; le mâle fait un nid flottant de bulles d'air et de mucus, puis y attire la femelle. C'est lui qui introduit les œufs dans le nid après les avoir fécondés, en les poussant à l'intérieur des bulles, où ils demeurent jusqu'à l'éclosion.

Combattant du Siam, *Betta splendens*
Distribution : Thaïlande
Habitat : étangs, fossés, cours d'eau lents
Taille : 6 cm

L'élevage en captivité de ce poisson a donné naissance à de nombreuses formes à nageoires extrêmement longues, surtout chez le mâle, et appréciées des aquariophiles. Les mâles peuvent être verts, bleus ou rouges en captivité, mais ils sont bruns ou verts à l'état sauvage ; les femelles sont généralement brun jaunâtre. Bien connus pour leur agressivité, les combattants mâles se livrent entre eux des combats spectaculaires lorsqu'ils ne sont pas isolés. Dans la nature, il s'agit de luttes pour la domination et pour la défense du territoire, et il s'agit moins de combats réels que de menaces ritualisées : les poissons déploient leurs nageoires et dressent leurs opercules, jusqu'à ce que l'un d'eux fasse finalement sa soumission.

Comme de nombreux autres bélontiidés, le combattant du Siam vit généralement dans des eaux stagnantes, mal oxygénées. Aussi utilise-t-il son organe auxiliaire de respiration aérienne annexé à la cavité branchiale. Il se nourrit essentiellement de larves de moustiques et d'autres insectes, et il endigue ainsi la prolifération des insectes nuisibles pour l'homme.

À la saison des amours, le mâle choisit un site de ponte et y construit un nid de bulles d'air et de mucus qui protège les œufs et les maintient à la surface de l'eau, mieux oxygénée. C'est le mâle qui, après avoir fécondé les œufs, les dépose en soufflant dessus avec la bouche à l'intérieur du nid et qui les surveille, remplaçant les bulles lorsque nécessaire.

Gourami, *Osphronemus goramy*
Distribution : probablement Indonésie ; introduit en Chine, en Asie du Sud-Est, en Inde, au Sri Lanka et aux Philippines
Habitat : étangs, marais, rivières
Taille : 61 cm

Seule espèce de sa famille, les osphronémidés, le gourami est un grand poisson à corps massif, reconnaissable au rayon de sa nageoire pelvienne allongé en filament. Cousin du combattant du Siam, il possède un organe respiratoire auxiliaire relié à la cavité branchiale, qui lui permet de venir respirer à la surface.

Le gourami mâle construit un nid de bulles et garde les œufs jusqu'à l'éclosion des larves.

SOUS-ORDRE DES CHANNOÏDES

Les 21 espèces de ce sous-ordre forment une seule famille, qui est représentée dans les eaux douces d'Asie et d'Afrique tropicale. Toutes sont de redoutables prédateurs.

Tête de serpent, *Ophicephalus striatus*
Distribution : Inde, Sri Lanka, Asie du Sud-Est, Chine, Philippines, Indonésie
Habitat : lacs, cours d'eau, canaux, fossés
Taille : 1 m

C'est un poisson allongé, à nageoires dorsale et anale longues. Il vit dans des eaux mal oxygénées et dispose d'un organe respiratoire auxiliaire, relié à la chambre branchiale et permettant la respiration aérienne. Il peut vivre assez longtemps hors de l'eau et, dans la mesure où sa peau reste humide, il survit à la sécheresse en s'enfouissant dans le fond.

Lors des amours, les parents dégagent de la végétation une zone de ponte où les œufs flottent librement, gardés par le mâle jusqu'à leur éclosion, qui a lieu 3 jours plus tard.

ORDRE DES PLEURONECTIFORMES : POISSONS PLATS

Cet ordre compte 11 familles rassemblant environ 570 espèces de poissons marins, à 3 exceptions près. Le poisson plat typique a le corps fortement comprimé, qui repose sur le fond par l'une des deux faces ; le flanc inférieur au repos est généralement incolore et aveugle (face nadirale), le flanc supérieur pigmenté, plus bombé, et oculé (face zénithale). Les alevins sont parfaitement symétriques, mais, au cours de leur croissance, l'un des yeux migre vers la face destinée à devenir zénithale. Tous les poissons plats sont des prédateurs de fond.

Adalah, *Psettodes erumei*
Distribution : mer Rouge, océan Indien (de l'Afrique orientale au nord de l'Australie), Pacifique
Habitat : eaux peu profondes, jusqu'à 90 m
Taille : jusqu'à 61 cm

C'est l'une des 2 espèces de psettodidés – la famille de poissons plats la plus primitive. Le corps est plus épais, moins comprimé que chez les autres poissons plats, et l'œil n'a pas migré franchement sur l'autre face du corps. Certains individus sont dextres, d'autres sénestres. L'adalah et son proche, *P. belcheri*, ont des rayons épineux à l'avant de la dorsale.

Turbot, *Scophthalmus maximus*
Distribution : est de l'Atlantique (Scandinavie et Grande-Bretagne, vers le sud jusqu'à l'Afrique du Nord), Méditerranée
Habitat : eaux littorales peu profondes, jusqu'à 80 m
Taille : 1 m

C'est un très grand poisson plat, à tête et bouche bien développées ; la femelle est plus grande que le mâle. Le corps nu, de coloration variable, est généralement brunâtre, avec des marbrures et mouchetures de noir et de blanc qui servent de camouflage. En général, les deux yeux sont situés sur le côté gauche. Les adultes sont d'actifs prédateurs, largement piscivores. Les jeunes consomment également des crustacés.

La reproduction a lieu au printemps ou en été. La femelle pond jusqu'à 10 millions d'œufs. Le turbot est l'un des poissons marins les plus recherchés pour sa chair.

Scophthalmus aquosus
Distribution : ouest de l'Atlantique (de la baie du Saint-Laurent à la Caroline-du-Sud)
Habitat : eaux côtières, jusqu'à 70 m
Taille : 46 cm

Scophthalmus aquosus est un poisson très plat, à la face nadirale non pigmentée et la face zénithale brune, tachetée de sombre. Les deux yeux sont généralement situés du côté gauche. Les jeunes se nourrissent de crustacés, mais les adultes sont normalement piscivores.

Bien que sa chair soit comestible, ce poisson est beaucoup trop plat, et donc trop peu charnu, pour revêtir une quelconque importance commerciale.

POISSONS PLATS SUITE

Bothus lunatus

Distribution : ouest de l'Atlantique (des Bermudes et de la Floride au Brésil, à travers le golfe du Mexique et la mer des Caraïbes)

Habitat : eaux côtières peu profondes

Taille : 46 cm

Ce joli poisson a le corps densément marqué d'ocelles et de taches bleus ; il appartient à la famille des bothidés, chez lesquels les yeux sont généralement situés sur le côté gauche de la tête ; dans cette espèce, ils sont plus distants l'un de l'autre chez le mâle que chez la femelle. Autre caractéristique de ce poisson : la nageoire dorsale qui débute très en avant de l'œil. Bien qu'assez courant, *Bothus lunatus* est rarement visible, car il passe le plus clair de son temps à demi enfoui dans le sable du fond.

Cardeau d'été, *Paralichthys dentatus*

Distribution : ouest de l'Atlantique (du Maine à la Caroline-du-Sud)

Habitat : eaux côtières, baies, ports ; plus au large en hiver

Taille : jusqu'à 1 m

Le cardeau d'été est un poisson plat allongé et actif, aux yeux situés normalement du côté gauche de la tête. Il se nourrit de crustacés, mollusques et poissons, poursuivant sa proie en pleine eau, voire jusqu'en surface si nécessaire. Pourtant, en dépit du fait que c'est un nageur relativement rapide, il passe le plus clair de son temps à demi enfoui dans le fond meuble de son habitat. Sa coloration varie beaucoup en fonction de l'environnement où il se trouve, mais il est généralement brun grisâtre, tacheté de sombre. Il passe l'été en eau peu profonde.

La reproduction a lieu de la fin de l'automne au début du printemps, selon la latitude. On connaît mal les mœurs reproductives de l'espèce, mais on pense que les œufs flottent à la surface et dérivent vers les eaux peu profondes du littoral.

Paralichthys californicus

Distribution : Pacifique (côtes de Californie, parfois jusqu'à l'Oregon)

Habitat : eaux côtières à fond sableux

Taille : 1,50 m

Paralichthys californicus appartient à la famille des bothidés, mais sa population se divise à peu près équitablement entre dextres et sénestres. Sa grande bouche est garnie de fortes dents, et il se nourrit de poissons, surtout d'anchois. Il est lui-même la proie des raies, des otaries et des marsouins, et assez largement consommé par l'homme.

La reproduction a lieu au printemps et en début d'été ; les jeunes se développent assez lentement.

Flétan, *Hippoglossus hippoglossus* EN

Distribution : Atlantique Nord (du New Jersey, vers le nord jusqu'au Groenland, à l'Islande et la mer de Barents, vers le sud jusqu'à la Manche)

Habitat : eaux à fond sableux, graveleux et rocheux, de 100 à 1 500 m de profondeur

Taille : 2 à 2,40 m

L'un des plus grands poissons plats, le flétan est identifiable à sa taille, son corps élancé mais épais et sa caudale faiblement concave. Il peut peser jusqu'à 316 kg, bien que les individus de cette taille soient probablement devenus rares. La bouche et les dents sont grandes, les yeux presque toujours situés sur le côté droit de la tête. Les femelles, généralement plus grandes que les mâles, tendent à vivre plus longtemps. En dépit de sa taille, le flétan poursuit activement ses proies, nageant en position verticale ; il reste rarement sur le fond. Les adultes sont piscivores, les jeunes consommant également des crustacés.

La reproduction a lieu en hiver et au printemps, chaque femelle pondant jusqu'à 2 millions d'œufs qui dérivent près de la surface et éclosent de 9 à 16 jours plus tard. Le rythme de développement est lent, et le flétan n'arrive à maturité que vers 10 à 14 ans. Les adultes migrent en direction du nord après la reproduction.

Recherché pour la qualité de sa chair et l'huile de son foie, le flétan a été surpêché et s'est énormément raréfié, du fait de sa croissance lente et de sa maturité sexuelle tardive.

Flet du Pacifique, *Platichthys stellatus*

DISTRIBUTION : Pacifique Nord (de la Californie à l'Alaska et la mer de Béring, vers le sud jusqu'au Japon et à la Corée)

HABITAT : eaux côtières, baies, estuaires ; également en eaux plus profondes, jusqu'à 275 m

TAILLE : 91,5 cm

Reconnaissable au rayurage clair et sombre de ses nageoires, le flet est brun foncé sur le côté oculé, parsemé d'épines aiguës. Bien que membre de la famille des pleuronectidés (yeux géné-

ralement situés sur le côté droit de la tête), le flet a une population composée pour plus de la moitié d'individus aux yeux situés sur le côté gauche. Il se nourrit de vers, de crustacés, de mollusques et de poissons.

La reproduction a lieu en fin de printemps et en été, généralement en eau peu profonde. Les jeunes flets pénètrent parfois dans les eaux saumâtres ou dans les embouchures de cours d'eau. Les femelles parviennent à la maturité sexuelle à l'âge de 3 ans, les mâles à 2 ans.

Le flet du Pacifique est commercialement important, surtout au large des côtes de Corée et du Japon.

Plie ou Carrelet, *Pleuronectes platessa*

DISTRIBUTION : est de l'Atlantique (Scandinavie, vers le sud jusqu'à l'Afrique du Nord et la Méditerranée, côtes d'Islande et du sud du Groenland)

HABITAT : eaux peu profondes, jusqu'à 50 m, parfois jusqu'à 200 m

TAILLE : 50 à 91 cm

La plie est brunâtre ou grisâtre, marquée de taches circulaires orangées tout à fait caractéristiques ; la face nadirale est blanche. Chez la plie comme chez la majorité des pleuronectidés, les yeux sont généralement situés sur la face droite de la tête, les individus « inversés » étant beaucoup plus rares.

Poisson de fond, la plie vit sur la vase, le sable et le gravier, et elle se nourrit de mollusques, de vers et de crustacés. Les

adultes s'aventurent parfois jusque dans la zone des marées pour y trouver leur nourriture.

La reproduction a généralement lieu entre janvier et mars sur les zones de frai. La femelle pond entre 50 000 et 500 000 œufs, selon la densité de la population locale ; plus l'espèce est abondante, moins elle est féconde. Les œufs éclosent au bout de 10 à 20 jours, selon la température. Les alevins vivent jusqu'à 6 semaines en surface et adoptent les mœurs des adultes lorsqu'ils mesurent environ 1,25 cm : à ce moment-là, les modifications de structure et la migration de l'œil ont été accomplies. Les mâles sont sexuellement matures entre 2 et 6 ans, les femelles entre 3 et 7 ans. Ces dernières peuvent vivre jusqu'à 30 ans.

La plie est un poisson commercialement important dans le nord de l'Europe.

Limande, *Limanda limanda*

DISTRIBUTION : est de l'Atlantique (mer Blanche, des côtes de Scandinavie et de Grande-Bretagne au golfe de Gascogne, côtes d'Islande)

HABITAT : eaux peu profondes à fond sableux

TAILLE : 25 à 42 cm

Petit poisson plat, la limande a des écailles dentées sur le côté oculé, ce qui la rend rugueuse au toucher. La face aveugle est blanche, bordée d'écailles dentées. Les yeux sont peu espacés et situés sur le côté droit ; les exceptions sont rares. La limande vit sur le fond, sur le sable, où elle se nourrit d'une grande variété d'invertébrés, surtout de crustacés, de vers et de mollusques, mais également de poissons. Elle se rapproche du littoral au printemps, rejoint le large à l'automne.

La reproduction a lieu au printemps et en début d'été. La femelle pond environ 100 000 œufs ; œufs et alevins flottent en surface ; ceux-ci adoptent la forme et les mœurs des adultes lorsqu'ils mesurent environ 2 cm.

Très abondante, la limande est un important poisson de consommation en Europe, en dépit de sa taille réduite, car sa chair présente un certain intérêt culinaire.

POISSONS PLATS SUITE

Flétan noir, *Reinhardtius hippoglossoides*
DISTRIBUTION : Atlantique Nord (océan Arctique, mer de Norvège, Islande, Groenland, côtes de l'Amérique du Nord, au sud jusqu'au New Jersey), Pacifique Nord (mers de Béring et d'Okhotsk, vers le sud jusqu'à la Californie et au Japon)
HABITAT : jeunes de 50 à 200 m, adultes de 200 à 2 000 m
TAILLE : 80 cm à 1,20 m

Prédateur actif et extrêmement vorace, le flétan noir poursuit ses proies en pleine eau ; il se nourrit de poissons, de crustacés et de céphalopodes. Les jeunes montrent une nette préférence pour les crustacés. Le flétan noir est plus symétrique que la plupart des poissons plats ; les yeux sont sensiblement superposés et assez écartés, le supérieur étant presque au sommet de la tête. La face aveugle est presque aussi colorée que l'autre. Les grandes mâchoires sont équipées de fortes dents en forme de crochet.

La reproduction a lieu en eau profonde, en cours d'été ; les œufs, puis les alevins, flottent librement en surface jusqu'à ce que la métamorphose soit accomplie.

Plie rouge, *Pseudopleuronectes americanus*
DISTRIBUTION : ouest de l'Atlantique (du Labrador à la Géorgie)
HABITAT : eaux côtières peu profondes, baies, estuaires, jusqu'à 90 m
TAILLE : 30 à 61 cm

C'est un poisson plat plus particulièrement commun en eau peu profonde et sur fonds meubles, mais également présent sur les fonds graveleux ou durs. Les yeux sont normalement situés sur la droite de la tête. La face oculée est brun rougeâtre, la face aveugle est blanche, mais elle est parfois plus colorée chez certains individus. La plie rouge se nourrit sur le fond, essentiellement de vers, de crustacés et de mollusques. À l'automne, cette espèce se rapproche sensiblement du littoral, pour rejoindre le large au printemps.

La reproduction a lieu en hiver et début de printemps, chaque femelle pondant jusqu'à 500 000 œufs. Contrairement à ce qui se passe généralement chez les poissons plats, les œufs ne flottent pas en surface, mais ils s'enfoncent progressivement, s'agglutinant entre eux et se fixant sur les objets. Ils éclosent au bout de 2 semaines environ.

Important poisson alimentaire apprécié pour la qualité de sa chair, la plie rouge est pêchée à grande échelle par les professionnels et les amateurs.

Flétan nain ou Balai, *Hippoglossoides platessoides*
DISTRIBUTION : ouest de l'Atlantique (Groenland, Labrador, vers le sud jusqu'à Rhode Island), est de l'Atlantique (Islande, mer de Barents, vers le sud jusqu'à la Manche)
HABITAT : de 40 à 180 m
TAILLE : 30 à 61 cm

Les écailles dentées qui recouvrent la face oculée (face droite) de ce poisson plat la rendent rugueuse au toucher. Cette face est brune ou brun rougeâtre ; la face aveugle est blanche. Les yeux sont tous deux situés sur la face droite. Le flétan nain vit sur les fonds sableux ou vaseux et se nourrit d'invertébrés de fond tels que oursins, astéries, crustacés, mollusques et vers.

La reproduction a lieu en été dans le nord de l'aire de distribution de l'espèce, et au printemps dans le sud. Chaque femelle pond jusqu'à 60 000 œufs qui flottent près de la surface jusqu'au moment de leur éclosion.

Sole commune, *Solea solea*

Distribution : est de l'Atlantique (Norvège et Grande-Bretagne, vers le sud jusqu'à l'Afrique du Nord et la Méditerranée)

Habitat : eaux côtières peu profondes ; plus au large et en eaux plus profondes l'hiver

Taille : 30 à 60 cm

Poisson à la chair particulièrement estimée, la sole est le plus abondant des soléidés européens. Comme beaucoup de poissons plats, la sole traverse une phase larvaire au cours de laquelle elle est symétrique, puis elle subit des transformations morphologiques pendant sa croissance, de sorte que les deux yeux se retrouvent généralement sur le côté droit – une adaptation parmi d'autres à la vie benthique de ce poisson qui demeure la plupart du temps à demi enfoui dans le fond mou. La sole est un poisson plat assez élancé, brun moyen sur la face oculée, blanc sur la face aveugle. Les nageoires dorsale et anale atteignent la nageoire caudale.

Généralement de mœurs nocturnes, la sole se nourrit de crustacés, de vers et de mollusques, parfois de poissons ; elle poursuit souvent sa proie jusqu'aux abords de la surface. Il lui arrive d'être active durant le jour par temps gris, mais, en général, elle passe ses journées enfouie dans le sable ou la vase.

La sole commune vient en eau peu profonde au printemps et retourne au large en hiver. Elle se reproduit au printemps et en début d'été, les œufs flottant librement à la surface jusqu'à leur éclosion. Les alevins vivent en surface jusqu'à ce qu'ils se métamorphosent en adultes ; ils mesurent alors 1,25 cm environ et ont dérivé vers les eaux côtières, où ils commencent à vivre sur le fond.

Sole nue, *Gymnachirus melas*

Distribution : ouest de l'Atlantique (côtes du Massachusetts, du sud de la Floride, des Bahamas et du golfe du Mexique)

Habitat : eaux côtières, commune de 30 à 45 m de profondeur

Taille : 23 cm

C'est un soléidé original, avec son corps nu, beaucoup plus épais que chez les autres soles et marqué de raies transversales sombres sur la face oculée (face droite, en général). La sole nue vit la plupart du temps enfouie dans le sable du fond, mais elle nage bien lorsque le besoin s'en fait sentir.

Cynoglossus lingua

Distribution : océan Indien (de l'Afrique orientale à l'Inde et au Sri Lanka), ouest du Pacifique

Habitat : eaux côtières, estuaires

Taille : 43 cm

C'est l'une des quelque 86 espèces de cynoglossidés – des poissons au corps assez allongé, d'où leur nom, qui signifie « langue de chien ». Marins, pour la plupart, les cynoglossidés vivent dans les mers tropicales et subtropicales.

Cette espèce vit pratiquement enfouie dans le sable ou la vase, ne laissant apparaître que ses yeux situés sur la face gauche, comme la bouche, qui est insérée immédiatement sous les yeux. Les nageoires pectorales sont absentes et seule la pelvienne gauche est développée ; dorsale et anale rejoignent la petite caudale pointue. Sur la face oculée, des écailles pointues rendent le poisson rugueux au toucher.

Symphurus plagusia

Distribution : ouest de l'Atlantique (de l'État de New York, vers le sud à la Floride, aux Bahamas et au golfe du Mexique)

Habitat : baies sableuses, estuaires

Taille : 20,5 cm

Symphurus plagusia est un cynoglossidé typique de son groupe, avec son corps large à l'avant et s'amincissant progressivement vers l'arrière. Les nageoires dorsale, caudale et anale sont jointives, et seule la pelvienne gauche est développée. Les yeux sont situés sur la face gauche ; la petite bouche est insérée bas sur la tête et déviée vers la gauche. La face oculée est d'une couleur brun pâle, avec quelques marques et points sombres près des yeux. La face aveugle est blanc crémeux.

Comme tous les poissons plats, celui-ci traverse une phase larvaire au cours de laquelle les yeux sont symétriques, avant de se métamorphoser en adulte.

TÉTRAODONTIFORMES

ORDRE DES TÉTRAODONTIFORMES

Cet ordre de poissons à nageoires épineuses compte environ 340 espèces, dont 8 seulement dulçaquicoles. Des noms communs tels que poissons-coffres, poissons-limes ou poissons-lunes donnent une idée de l'hétérogénéité de cet ordre du point de vue de la forme de ses représentants. Ce sont pour la plupart des poissons globuleux, hauts ou en forme de boîte. Certains se défendent en se gonflant par absorption d'eau, et, chez des espèces comme le poisson-porc-épic, ce gonflement provoque l'érection d'épines acérées. D'autres, tels les balistes, se font paraître plus grands en étendant un lobe qu'ils possèdent sur le ventre.

De nombreux tétraodontiformes produisent des sons en faisant grincer leurs dents ou vibrer leur vessie natatoire.

Baliste commun, *Balistes carolinensis*
DISTRIBUTION : Méditerranée, est de l'Atlantique (de l'Angola à la Manche), ouest de l'Atlantique (de l'Argentine à la Nouvelle-Écosse)
HABITAT : haute mer
TAILLE : 41 cm

Ce membre de la famille des balistidés a un corps assez haut et comprimé, un museau légèrement proéminent, des dents fortes, sur deux rangs à la mâchoire supérieure, un seul à la mâchoire inférieure. L'anale et la seconde dorsale sont hautes, la première dorsale étant constituée de 3 épines. Quand elle est dressée, la première épine est « bloquée » par la deuxième, et ce verrouillage ne peut être débloqué que lorsque le muscle du deuxième rayon se relâche. En cas de danger, le baliste choisit une étroite crevasse et s'y bloque en redressant sa première épine dorsale, ainsi que l'épine ventrale qui remplace la nageoire pelvienne ; il devient alors presque impossible de l'extraire de son abri. Ce baliste se nourrirait de crustacés.

Les jeunes flottent en pleine mer parmi les sargasses, ce qui explique la large distribution de l'espèce.

Baliste royal, *Balistes vetula*
DISTRIBUTION : ouest de l'Atlantique (de la Floride au Brésil, parfois en Nouvelle-Angleterre, y compris dans le golfe du Mexique et la mer des Caraïbes)
HABITAT : eaux littorales, récifs coralliens
TAILLE : 56 cm

Ce joli poisson se distingue aisément des autres balistes par les extensions de sa seconde dorsale et de sa caudale, ainsi que par sa coloration bleu et jaune. Comme les autres balistes, il montre 3 rayons épineux dorsaux, dont le premier peut être verrouillé en position dressée par la deuxième épine. Il se nourrit d'invertébrés et surtout d'oursins.

Baliste-léopard ou Baliste-clown, *Balistoides conspicillum*
DISTRIBUTION : océans Indien et Pacifique (de l'Afrique orientale à l'Inde, à l'Asie du Sud-Est, au nord de l'Australie et au Japon)
HABITAT : côtes rocheuses, récifs coralliens
TAILLE : 33 cm

Le baliste-léopard est un poisson au dessin assez spectaculaire, composé de grandes taches claires sur la moitié inférieure du corps, contrastant avec la couleur sombre du dos. La bouche est cerclée d'orange vif, le dos et la nageoire caudale sont marqués de vert. La seconde nageoire dorsale et l'anale sont plus petites que chez la plupart des balistes, mais le premier des rayons épineux dorsaux est robuste et peut être verrouillé en position dressée par la deuxième épine.

Baliste picasso, *Rhinecanthus aculeatus*

Distribution : océans Indien et Pacifique (de l'Afrique orientale à Hawaii en passant par l'Asie du Sud-Est)
Habitat : eaux peu profondes à la limite extérieure des récifs
Taille : 30,5 cm

Ce balistidé a un corps fortement comprimé et un museau relativement allongé. La coloration est variable, mais toujours avec un rayurage de sombre et de clair dans le prolongement de la nageoire anale. Outre les 3 rayons épineux dorsaux typiques des balistes, ce poisson possède, de part et d'autre de la queue, des épines cernées d'une zone noire. Le baliste picasso est susceptible de produire des sons assez puissants en frottant l'un contre l'autre les os soutenant la nageoire pectorale, le son étant amplifié par la vessie natatoire.

Xanthichthys ringens

Distribution : ouest de l'Atlantique (de la Caroline-du-Nord au Brésil en passant par la mer des Caraïbes) ; probablement aussi dans les zones tropicales de l'ouest du Pacifique et de l'océan Indien
Habitat : haute mer
Taille : 25,5 cm

Ce petit balistidé sobrement coloré est parcouru de lignes longitudinales brisées. Les pelviennes sont absentes, comme chez tous les balistes, et remplacées par une épine ventrale. Les jeunes ont tendance à vivre sous les sargasses flottant à la surface.

Poisson-lime écriture, *Aluterus scriptus*

Distribution : océans Atlantique, Pacifique et Indien (zones tropicales)
Habitat : eaux littorales, sur le fond
Taille : 91 cm (plus petit en aquarium)

C'est l'une des quelque 85 espèces de poissons-limes, considérés comme une sous-famille de balistidés ou comme une famille à part entière (monacanthidés). Le poisson-lime écriture est long, plus élancé que les autres poissons-limes, avec un museau long et très pointu. Il montre une épine solitaire en avant de la nageoire dorsale, à rayons mous, comme l'anale. Les écailles sont hérissées de petites épines qui valent au groupe son nom commun.

Aluterus scriptus mange essentiellement des algues et des invertébrés de fond. Il se nourrit souvent dans les champs de zostères, où il nage la tête en bas, grâce à des mouvements ondulés de la seconde nageoire, camouflé par ses marbrures et sa coloration verdâtre.

Monacanthus hispidus

Distribution : ouest de l'Atlantique (du cap Cod, parfois de la Nouvelle-Écosse, à la Floride et aux Caraïbes, vers le sud jusqu'au Brésil)
Habitat : eaux littorales
Taille : 15 à 25,5 cm

Monacanthus hispidus est un poisson-lime à corps haut et latéralement comprimé, couvert de petites écailles épineuses qui donnent à la peau une texture rugueuse. L'unique épine dorsale à marge postérieure dentée est tout à fait caractéristique de l'espèce. Le ventre montre également une grande épine pelvienne.

Poisson-vache à quatre cornes, *Lactophrys quadricornis*

Distribution : ouest de l'Atlantique (de la Nouvelle-Angleterre au Brésil en passant par le golfe du Mexique et la mer des Caraïbes)
Habitat : eaux côtières, parmi les champs de zostères
Taille : 46 cm

C'est un membre de la famille des ostraciontidés, ou poissons-coffres, caractérisés par une carapace extérieure formée de plaques osseuses recouvrant entièrement le corps et la tête, ne laissant libres que la bouche, les yeux, les branchies, les nageoires et les ouvertures ventrales. L'espèce est dite « à quatre cornes » à cause de la présence de 2 paires d'épines : une sur la tête, orientée vers l'avant, une autre près de la queue, orientée vers l'arrière.

Le poisson-vache à quatre cornes nage lentement, par des mouvements ondulatoires des nageoires dorsale et anale, passant la majeure partie de son temps dans les champs de zostères ou près du fond. Il se nourrit surtout de plantes aquatiques et d'invertébrés qu'il trouve sur le fond.

TÉTRAODONTIFORMES suite

Coffre nain, *Ostracion tuberculatus*
Distribution : océans Indien et Pacifique (de l'est de l'Afrique à l'Asie du Sud-Est, Australie, Philippines, îles de l'ouest du Pacifique)
Habitat : eaux côtières, récifs coralliens
Taille : 46 cm

Comme tous les poissons-coffres (ostraciontidés), le coffre nain a le corps entouré d'une carapace de plaques osseuses, ne laissant libres que la bouche, les yeux, les nageoires, les branchies et les orifices ventraux, et protégeant efficacement le poisson contre les prédateurs. Le coffre nain se nourrit d'invertébrés de fond ; il nage lentement, mais peut faire des pointes de vitesse en utilisant sa queue forte et souple.

Canthigaster des Caraïbes, *Canthigaster rostrata*
Distribution : ouest de l'Atlantique (Bermudes et Bahamas, vers le sud jusqu'au Brésil, en passant par le golfe du Mexique et la mer des Caraïbes), est de l'Atlantique (Sainte-Hélène, Afrique occidentale, Canaries, Madère)
Habitat : eaux côtières, récifs coralliens, flaques, champs de zostères
Taille : 11 cm (7 cm en aquarium)

Ce poisson est un membre de la famille des canthigastéridés, ou souffleurs à nez pointu, souvent rattachée à celle des tétraodontidés (poissons-ballons). C'est un petit poisson trapu et arrondi, au dos caractéristiquement parcouru d'une arête sombre ; la tête et le corps sont parsemés de marques bleues. Il se nourrit de vers, de crustacés, d'oursins, d'astéries et de plantes aquatiques.

Tétrodon à tête de lièvre, *Lagocephalus lagocephalus*
Distribution : Atlantique tropical et subtropical, occasionnellement jusqu'à la Grande-Bretagne, océans Indien et Pacifique
Habitat : eaux de surface en haute mer
Taille : 61 cm

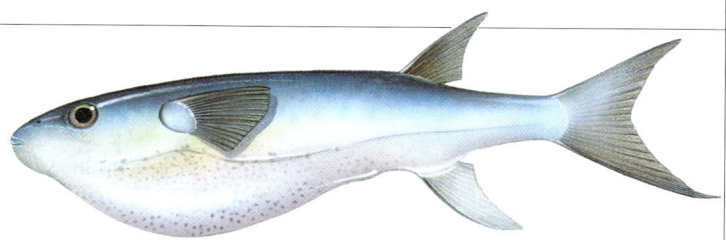

Le tétrodon à tête de lièvre est un membre de la famille des lagocéphalidés, souvent rattachée à celle des tétraodontidés. C'est un poisson massif dans sa partie antérieure et effilé vers l'arrière. La nageoire caudale est fourchue. Pour assurer sa défense, le tétrodon présente la particularité de pouvoir gonfler d'air un diverticule de son estomac jusqu'à devenir hémisphérique, avec érection des épines, et flotter le ventre à l'air. Il peut également se gonfler d'eau. La peau du dos est lisse. Les mâchoires forment un bec constitué par 2 paires de dents particulièrement soudées. Le tétrodon est supposé se nourrir de poissons, de crustacés et de céphalopodes, mais on connaît mal les mœurs de cet animal.

Sphoeroides spengleri
Distribution : ouest de l'Atlantique (de la Nouvelle-Angleterre au Brésil), est de l'Atlantique (Açores, Madère, îles Canaries et îles du Cap-Vert)
Habitat : eaux littorales peu profondes, prairies d'herbes aquatiques, flaques
Taille : 30,5 cm

Cette espèce est un poisson-ballon à corps allongé, museau long et émoussé, grands yeux. *Sphoeroides spengleri* est reconnaissable à la ligne de taches rondes et sombres qui longe le corps. Comme tous les poissons-ballons, il peut se gonfler d'eau pour échapper aux prédateurs, se rendant ainsi impossible à ingérer. La peau est couverte de très petites épines qui se dressent lorsque le poisson s'enfle. Une fois le danger passé, l'animal reprend sa forme habituelle.

Lanterne commune, *Tetraodon cutcutia*
Distribution : Inde, Myanmar, Malaisie
Habitat : cours d'eau
Taille : 15 cm

C'est l'un des rares tétraodontidés d'eau douce. C'est un poisson joliment coloré de vert et zoné de jaune. Menacé, il se gonfle d'eau jusqu'à devenir quasiment sphérique, mais est dépourvu d'épines. Avec son corps dodu, assez rigide, la lanterne commune nage lentement par des ondulations de ses nageoires dorsale et anale, petites, mais elle compense sa lenteur grâce à son système défensif. Elle se nourrit d'invertébrés et de poissons de fond.

Espèce recherchée par les aquariophiles, la lanterne commune est élevée en captivité. La femelle pond ses œufs sur le fond ; ils sont gardés par le mâle, qui les couvre de son corps jusqu'à leur éclosion.

De nombreux tétraodontidés sont considérés comme de bons poissons de consommation, en dépit du fait que leurs organes internes – parfois même leur chair – sont très toxiques. Il existe au Japon des cuisiniers spécialisés dans la préparation de ces poissons, appelés localement *fugu*.

Poisson-porc-épic, *Diodon hystrix*

Distribution : océans Atlantique, Pacifique et Indien (zones tropicales) ; signalé en Méditerranée

Habitat : surtout commun en eaux peu profondes, dans les prairies de zostères

Taille : 91 cm

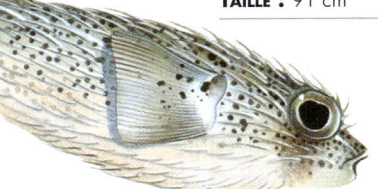

Semblable aux tétraodontidés, car il peut se gonfler, le poisson-porc-épic (famille des diodontidés) est couvert de longues épines aiguës ; en temps normal, ces épines sont appliquées sur le corps ; elles se dressent lorsque le poisson s'enfle. Les prédateurs sont alors incapables de saisir cette proie transformée en pelote d'épingles. Cette méthode de défense compense la lenteur et la relative rigidité du diodon, qui se déplace lentement par des ondulations de ses petites nageoires dorsale et anale ; les pelviennes sont absentes.

Sur chaque mâchoire, 2 dents soudées forment une sorte de bec d'oiseau, au moyen duquel le poisson brise les coquilles des mollusques, des crabes et des oursins.

Poisson-crampon, *Chilomycterus schoepfi*

Distribution : ouest de l'Atlantique (du cap Cod à la Floride, vers le sud jusqu'au golfe du Mexique, à la mer des Caraïbes et au Brésil)

Habitat : eaux littorales peu profondes

Taille : jusqu'à 25,5 cm

Le poisson-crampon fait partie de l'une des quelque 15 espèces de diodontidés. Ce poisson a un corps ovale, hérissé de fortes épines recourbées. Il peut se gonfler d'eau, mais les épines sont fixées en position dressée. La partie supérieure du corps est marquée de raies sombres et irrégulières, les flancs portent 2 taches sombres.

Le poisson-crampon se nourrit essentiellement de crustacés et de mollusques. Il parvient à briser la coquille dure de ses proies entre ses dents soudées, formant une sorte de bec.

Poisson-lune commun, *Mola mola*

Distribution : océans Atlantique, Pacifique et Indien (zones tropicales et tempérées)

Habitat : haute mer

Taille : jusqu'à 4 m

Ce poisson extraordinaire appartient à la petite famille mal connue des molidés, qui compte 3 espèces. C'est un poisson au corps presque circulaire, terminé par une série de lobes formant une sorte de volant. Les nageoires dorsale et anale, très courtes et hautes, sont très reculées. Les pectorales sont arrondies, les pelviennes absentes. Comme pour les diodons, le bec est formé d'une seule lame dentaire à chaque mâchoire. Le poisson-lune se nourrit largement de petits organismes planctoniques (méduses), accessoirement il mange aussi des crustacés et des poissons.

Bien que très grand et largement distribué, le poisson-lune est assez mal connu. On sait peu de chose concernant sa reproduction, mais la femelle pourrait produire plus de 3 millions d'œufs.

CŒLACANTHE ET DIPNEUSTES

ORDRE DES CŒLACANTHIFORMES : CŒLACANTHE

Autrefois abondant et répandu, cet ordre n'est plus représenté que par une seule espèce. Les cœlacanthes n'étaient connus qu'à l'état de fossiles datant de 90 millions d'années jusqu'en 1938. À cette date, un spécimen fut pêché à l'embouchure du fleuve Chalumna (Afrique du Sud) et identifié grâce à son squelette, son état de décomposition n'ayant pas permis de conserver les parties molles. Il fallut attendre 14 ans pour voir pêcher un second exemplaire.

Aujourd'hui, nous ignorons la raison pour laquelle une seule espèce a survécu, et nous ne pouvons expliquer pourquoi son habitat est limité au large des Comores.

Cœlacanthe, *Latimeria chalumnae* **EN**
Distribution : océan Indien, au large des Comores
Habitat : déclivités rocheuses et coralliennes
Taille : 1,90 m

Le cœlacanthe est un poisson à corps massif et nageoires pédonculées, exception faite de la première dorsale ; les pectorales peuvent pivoter selon un arc de 180°. Le cœlacanthe fait partie des poissons crossoptérygiens, répandus aux ères primaire et secondaire.

De nombreuses caractéristiques anatomiques du cœlacanthe ont permis d'affiner les théories concernant la phylogénie des poissons ; le cœur, par exemple, est extrêmement simple comparé à celui des autres poissons, et semblable à celui des premiers poissons tels que les avaient imaginés les systématiciens ; les reins, contrairement à ceux des autres poissons, sont situés sur la partie inférieure du corps.

Les cœlacanthes modernes sont carnivores et, à ce que l'on croit, piscivores. Leur mode de reproduction a donné lieu à des controverses, mais on les sait ovovivipares depuis la découverte, dans l'oviducte d'une femelle, de 5 jeunes presque entièrement formés.

ORDRE DES CÉRATODONTIFORMES : DIPNEUSTE AUSTRALIEN

L'ordre des cératodiformes n'est plus représenté aujourd'hui que par une seule espèce, véritable fossile vivant, dont l'aire de distribution est limitée aux seuls cours d'eau du Queensland. Le dipneuste australien possède, outre ses 4 paires de branchies, un poumon dorsal qu'il peut utiliser pour respirer de l'air atmosphérique en cas de sous-oxygénation du milieu où il se trouve. Mais il ne peut cependant pas survivre à une période de sécheresse prolongée.

Dipneuste australien, *Neoceratodus forsteri*
Distribution : Australie (Queensland)
Habitat : rivières
Taille : 1,50 m

Découvert en 1870, le dipneuste australien diffère des autres espèces en ce qu'il ne possède qu'un seul poumon. Il vit dans des rivières non soumises à un assèchement saisonnier et ne subit donc pas l'estivation que connaissent les autres dipneustes. En captivité, il est essentiellement carnivore et se nourrit de n'importe quelle matière animale. Il se reproduit d'août à octobre, en eau peu profonde.

Encore présent à l'état naturel dans les rivières Burnett et Mary, ce dipneuste a été introduit dans d'autres cours d'eau en vue de protéger cette espèce, notamment dans la haute Brisbane, l'Albert et le Coomera.

ORDRE DES LÉPIDOSIRÉNIFORMES : DIPNEUSTES AFRICAINS ET SUD-AMÉRICAIN

L'ordre est représenté par 2 familles proches, l'une contient un seul genre : *Lepidosiren*, qui compte une seule espèce, sud-américaine, l'autre 4 espèces, africaines, du genre *Protopterus*. Les affinités qui existent entre ces deux familles confirment la théorie selon laquelle l'Afrique et l'Amérique du Sud formaient autrefois un seul bloc continental. Les dipneustes sud-américains et africains ont des nageoires paires longues et réduites à l'état de filaments. Les représentants de ces deux familles sont dotés d'un double poumon et peuvent entrer en estivation, c'est-à-dire que, durant la saison sèche, ils sont capables de s'enfouir dans la boue et de survivre jusqu'au retour de l'eau. Pendant cette période, le métabolisme de ces poissons est considérablement ralenti et l'énergie nécessaire à leur survie est procurée par la décomposition des tissus musculaires.

taine humidité. Ses fonctions organiques se ralentissent, mais le dipneuste continue à respirer. Cette période d'estivation s'étend jusqu'au retour des pluies. L'animal sort de sa cachette et reprend alors ses activités.

Au moment de la reproduction, les nageoires pelviennes des mâles se prolongent par des filaments très vascularisés dont la fonction est mal connue, mais dont on suppose qu'ils leur permettent de réoxygéner leur nid.

À la saison des pluies, les dipneustes sud-américains frayent dans une cavité creusée par le mâle, qui ensuite garde les œufs, puis les jeunes, dans un nid particulièrement sophistiqué. Les nouveau-nés possèdent des glandes adhésives qui leur servent à se fixer sur la végétation et qui se résorbent après une période de 6 à 8 semaines.

Dipneuste de l'Est africain, *Protopterus aethiopicus*

DISTRIBUTION : est et centre de l'Afrique
HABITAT : cours d'eau et lacs
TAILLE : 2 m

Comme tous les dipneustes, le dipneuste de l'Est africain est doté d'un double poumon relié à l'œsophage et grâce auquel il peut venir respirer en surface. Il possède des branchies normales, mais peu développées. Lors des longues périodes de sécheresse, le niveau des cours d'eau dans lesquels vit ce poisson peut baisser au point de le forcer à estiver, ce qui est la règle pour les 3 autres espèces qui vivent dans les marais.

À la saison des amours, le mâle creuse une cavité profonde dans laquelle une femelle ou plusieurs pondent leurs œufs. C'est le mâle qui garde les œufs et, plus tard, les jeunes qu'il défend contre les ennemis.

Le dipneuste de l'Est africain est un prédateur vorace et particulièrement agressif. Il se tient généralement près des berges, où il chasse crabes, mollusques et poissons – notamment des poissons-chats et des cichlidés –, qui constituent l'essentiel de son régime alimentaire.

Dipneuste sud-américain, *Lepidosiren paradoxa*

DISTRIBUTION : partie centrale de l'Amérique du Sud
HABITAT : marais, berges de cours d'eau riches en végétation
TAILLE : 1,25 m

Ce dipneuste possède un double poumon relié à l'œsophage et qu'il utilise même s'il dispose d'une eau bien oxygénée, en venant respirer à la surface.

Les marais dans lesquels vit cette espèce sont soumis à un assèchement saisonnier, auquel le poisson survit en s'enfouissant dans le fond et en n'utilisant plus que sa respiration aérienne : il s'enroule dans une cavité, après avoir pris soin de maintenir au-dessus de lui une cheminée d'aération, et se couvre d'un mucus destiné à maintenir une cer-

CLASSIFICATION

CLASSE DES MAMMIFÈRES
Sous-classe des Protothériens : mammifères ovipares

Ordre des Monotrèmes : Monotrèmes
Famille des Tachyglossidae : échidnés
Famille des Ornithorhynchidae : ornythorynque

Sous-classe des Thériens : mammifères vivipares
Infra-classe des Métathériens : marsupiaux

Ordre des Didelphimorphes
Famille des Didelphidae : opossums

Ordre des Paucituberculés
Famille des Caenolestidae : caenolestidés

Ordre des Microbiothères
Famille des Microbiotheriidae : colocolo

Ordre des Dasyuromorphes
Famille des Myrmecobiidae : numbat
Famille des Dasyuridae : marsupiaux carnivores et insectivores

Ordre des Péramélémorphes
Famille des Peramelidae : bandicoots
Famille des Peroryctidae : bandicoots de Nouvelle-Guinée

Ordre des Notoryctémorphes
Famille des Notoryctidae : taupes marsupiales

Ordre des Diprotodontes
Famille des Phascolarctidae : koala
Famille des Vombatidae : wombats
Famille des Phalangeridae : phalangers et possums
Famille des Potoroidae : rats-kangourous
Famille des Macropodidae : kangourous et genres proches
Famille des Burramyidae : acrobates pygmées
Famille des Pseudocheiridae : pseudocheiridés
Famille des Petauridae : phalangers volants
Famille des Tarsipedidae : souris à miel
Famille des Acrobatidae : acrobates pygmées volants

Infra-classe des Euthériens : mammifères placentaires

Ordre des Xénarthres : Édentés
Famille des Myrmecophagidae : fourmiliers
Famille des Bradypodidae : paresseux tridactyles
Famille des Megalonychidae : paresseux didactyles
Famille des Dasypodidae : tatous

Ordre des Pholidotes
Famille des Manidae : pangolins

Ordre des Lagomorphes
Famille des Ochotonidae : pikas
Famille des Leporidae : lapins, lièvres

Ordre des Rongeurs
Famille des Sciuridae : écureuils et marmottes
Famille des Geomyidae : gaufres à poches
Famille des Heteromyidae : souris-kangourous
Famille des Aplodontidae : castor de montagne
Famille des Castoridae : castors
Famille des Anomaluridae : anomalures
Famille des Pedetidae : lièvre sauteur
Famille des Muridae :
   Sous-famille des Sigmodontinae : rats et souris du Nouveau Monde
   Sous-famille des Cricetinae : hamsters
   Sous-famille des Calomyscinae : hamster-souris
   Sous-famille des Mystromyscinae : mystromyscinés
   Sous-famille des Spalacinae : spalax
   Sous-famille des Myospalacinae : zokors
   Sous-famille des Rhizomyinae : rats-taupes, rats des bambous
   Sous-famille des Lophiomyinae : rat à crinière
   Sous-famille des Platacanthomyinae : loirs épineux
   Sous-famille des Nesomyinae : rat de madagascar
   Sous-famille des Otomyinae : rats du Veld
   Sous-famille des Arvicolinae : lemmings, campagnols
   Sous-famille des Gerbillinae : gerbilles
   Sous-famille des Petromyscinae : pétromyscinés
   Sous-famille des Dendromurinae : souris des arbres
   Sous-famille des Cricetomyinae : rats à poches africains
   Sous-famille des Murinae : rats et souris de l'Ancien Monde
Famille des Dipodidae : rats sauteurs, gerboises
Famille des Myoxidae : loirs
Famille des Ctenodactylidae : goundis
Famille des Hystricidae : porcs-épics de l'Ancien Monde
Famille des Erethizontidae : porcs-épics du Nouveau Monde
Famille des Caviidae : cobayes
Famille des Hydrochaeridae : capybara
Famille des Dinomyidae : pacarana
Famille des Dasyproctidae : agoutis
Famille des Agoutidae : pacas
Famille des Chinchillidae : chinchillas, viscaches
Famille des Capromyidae : hutias
Famille des Myocastoridae : ragondin
Famille des Octodontidae : octodons
Famille des Ctenomyidae : tucos-tucos
Famille des Abrocomidae : rats-chinchillas
Famille des Echimyidae : rats-porcs-épics américains
Famille des Thryonomyidae : rats des roseaux
Famille des Petromuridae : rat des rochers africain
Famille des Bathyergidae : rats-taupes africains

Ordre des Macroscélidés
Famille des Macroscelididae : rats-éléphants

Ordre des Insectivores
Famille des Solenodontidae : solénodons
Famille des Tenrecidae : tenrecs, potamogales
Famille des Chysochloridae : taupes dorées
Famille des Erinaceidae : gymnures, hérissons
Famille des Soricidae : musaraignes
Famille des Talpidae : taupes, desmans

Ordre des Scandentes
Famille des Tupaiidae : toupaïs

Ordre des Primates
Famille des Cheirogaleidae : lémurs nains
Famille des Lemuridae : lémuriens
Famille des Megaladapidae : mégalapidés
Famille des Indridae : indri, sifakas, avahi
Famille des Daubentoniidae : aye-aye
Famille des Loridae : loris, pottos
Famille des Galagonidae : galagos
Famille des Tarsiidae : tarsiers
Famille des Callitricidae : ouistitis, tamarins
Famille des Cebidae : singes du Nouveau Monde
Famille des Cercopithecidae : singes de l'Ancien Monde
Famille des Hylobatidae : gibbons
Famille des Hominidae : singes anthropoïdes

Ordre des Dermoptères
Famille des Cynocephalidae : lémurs volants

Ordre des Chiroptères : chauves-souris
Famille des Pteropodidae : chauves-souris frugivores
Famille des Rhinopomatidae : rhinopomes
Famille des Emballonuridae : emballonures
Famille des Craseonycteridae : craséonyctéridés
Famille des Nycteridae : nyctères
Famille des Megadermatidae : pseudo-vampires
Famille des Rhinolophidae : fers à cheval
Famille des Noctilionidae : chauves-souris pêcheuses
Famille des Mormoopidae : chauves-souris à moustaches
Famille des Molossidae : molosses
Famille des Phyllostomatidae : fers de lance
Famille des Vespertilionidae : vespertilionidés
Famille des Natalidae : chauves-souris à longues pattes
Famille des Furipteridae : furies
Famille des Thyropteridae : thyroptères
Famille des Myzopodidae : chauves-souris à disques adhésifs de Madagascar
Famille des Mystacinidae : chauves-souris à queue courte de Nouvelle-Zélande

Ordre des Carnivores
Famille des Canidae : canidés
Famille des Ursidae : ours, pandas
Famille des Procyonidae : ratons
Famille des Mustelidae : mustélidés
Famille des Viverridae : genettes
Famille des Herpestidae : mangoustes
Famille des Hyaenidae : hyènes
Famille des Felidae : chats
Famille des Otariidae : otaries à fourrure, lion de mer
Famille des Odobenidae : morse
Famille des Phocidae : phoques

Ordre des Tubulidentés
Famille des Orycteropodidae : oryctérope

Ordre des Artiodactyles : ongulés paridigités
Famille des Suidae : porcs
Famille des Tayassuidae : pécaris
Famille des Hippopotamidae : hippopotames
Famille des Camelidae : chameaux, lamas
Famille des Tragulidae : chevrotains
Famille des Moschidae : porte-musc
Famille des Cervidae : cerfs, élans, rennes
Famille des Giraffidae : girafes
Famille des Antilocapridae : pronghorn
Famille des Bovidae : bovidés

Ordre des Cétacés
Famille des Platanistidae : dauphins d'eau douce
Famille des Phocoenidae : marsouins
Famille des Delphinidae : dauphins
Famille des Monodontidae : baleines blanches
Famille des Physeteridae : cachalots
Famille des Ziphiidae : baleines à bec
Famille des Eschrichtiidae : baleine grise
Famille des Balaenopteridae : rorquals
Famille des Balaenidae : baleines vraies

Ordre des Périssodactyles : ongulés imparidigités
Famille des Equidae : chevaux, ânes, zèbres
Famille des Tapiridae : tapirs
Famille des Rhinocerotidae : rhinocéros

Ordre des Hyracoïdes
Famille des Procaviidae : damans

Ordre des Proboscidés
Famille des Elephantidae : éléphants

Ordre des Siréniens
Famille des Dugongidae : dugong
Famille des Trichechidae : lamantins

CLASSE DES OISEAUX
Ordre des Struthioniformes : ratites
Famille des Struthionidae : autruches
Famille des Rheidae : nandous
Famille des Casuariidae : émeu, casoars
Famille des Apterygidae : kiwis

Ordre des Tinamiformes
Famille des Tinamidae : tinamous

Ordre des Craciformes
Famille des Cracidae : hoccos

Famille des Megapodiidae : mégapodes

Ordre des Galliformes
Famille des Phasianidae : cailles, perdrix, francolins, faisans, tétras, dindons
Famille des Numididae : pintades
Famille des Odontophoridae : cailles du Noveau Monde

Ordre des Ansériformes
Famille des Anhimidae : kamichis
Famille des Anseranatidae : oie semi-palmée
Famille des Dendrocygnidae : dendrocygnes
Famille des Anatidae : oies, cygnes, canards

Ordre des Turniciformes
Famille des Turnicidae : turnix

Ordre des Piciformes
Famille des Indicatoridae : indicateurs
Famille des Picidae : pics
Famille des Megalaimidae : barbus d'Asie
Famille des Lybiidae : barbus d'Afrique
Famille des Ramphastidae : barbus d'Amérique, toucans

Ordre des Galbuliformes
Famille des Galbulidae : jacamars
Famille des Bucconidae : tamatias

Ordre des Bucérotiformes
Famille des Bucerotidae : calaos
Famille des Bucorvidae : calaos terrestres

Ordre des Upupiformes
Famille des Upupidae : huppe
Famille des Phoeniculidae : moqueurs
Famille des Rhinopomastidae : rhinopomes

Ordre des Trogoniformes
Famille des Trogonidae : trogons

Ordre des Coraciiformes
Famille des Coraciidae : rolliers
Famille des Brachypteraciidae : rolliers terrestres
Famille des Leptosomidae : courol
Famille des Momotidae : momots
Famille des Todidae : todiers
Famille des Alcedinidae : martins-pêcheurs
Famille des Dacelonidae : martins-chasseurs, alcyons
Famille des Cerylidae : cérylidés
Famille des Meropidae : guêpiers

Ordre des Coliiformes
Famille des Coliidae : colious

Ordre des Cuculiformes
Famille des Cuculidae : coucous
Famille des Centropodidae : coucals

Famille des Coccyzidae : coucous d'Amérique
Famille des Opisthocomidae : hoatzin
Famille des Crotophagidae : anis
Famille des Neomorphidae : coureurs des routes

Ordre des Psittaciformes
Famille des Psittacidae : perroquets

Ordre des Apodiformes
Famille des Apodidae : martinets
Famille des Hemiprocnidae : martinets huppés

Ordre des Trochiliformes
Famille des Trochilidae : oiseaux-mouches

Ordre des Musophagiformes
Famille des Musophagidae : touracos

Ordre des Strigiformes
Famille des Tytonidae : effraies
Famille des Strigidae : chouettes, hiboux
Famille des Aegothelidae : aegothèles
Famille des Podargidae : podarges d'Australie
Famille des Batrachostomidae : podarges d'Asie
Famille des Steatornithidae : guacharo
Famille des Nyctibiidae : ibijaux
Famille des Eurostopodidae : engoulevents oreillards
Famille des Caprimulgidae : engoulevents

Ordre des Columbiformes
Famille des Columbidae : pigeons

Ordre des Gruiformes
Famille des Eurypygidae : caurale-soleil
Famille des Otididae : outardes
Famille des Gruidae : grues
Famille des Heliornithidae : grébifoulques
Famille des Psophiidae : agamis
Famille des Cariamidae : cariamos
Famille des Rhynochetidae : kagou
Famille des Rallidae : râles, foulques
Famille des Mesitornithidae : mésites

Ordre des Ciconiiformes
Famille des Pteroclididae : gangas
Famille des Thinocoridae : thinocores, attagis
Famille des Pedionomidae : pédionome
Famille des Scolopacidae : bécasses, courlis, bécassines
Famille des Rostratulidae : bécasses peintes
Famille des Jacanidae : jacanas
Famille des Chionididae : becs-en-fourreau
Famille des Burhinidae : œdicnèmes
Famille des Charadriidae : avocettes, pluviers, vanneaux
   Sous-famille des Recurvirostrinae : avocettes, huîtriers-pies, échasses, bec d'ibis
   Sous-famille des Charadriinae : pluviers, vanneaux
Famille des Glareolidae : glaréoles, courvites, pluviers crabiers

Famille des Laridae : mouettes, pingouins
    Sous-famille des Larinae : labbes, mouettes, goélands, becs-en-ciseaux, sternes
    Sous-famille des Alcinae : pingouins, guillemots, macareux
Famille des Accipitridae : oiseaux de proie (vautours, aigles, buses, etc.)
Famille des Sagittariidae : grand serpentaire
Famille des Falconidae : faucons
Famille des Podicipedidae : grèbes
Famille des Phaethontidae : phaétons
Famille des Sulidae : fous
Famille des Anhingidae : anhingas
Famille des Phalacrocoracidae : cormorans
Famille des Ardeidae : hérons, aigrettes, becs-en-cuiller
Famille des Scopidae : ombrette
Famille des Phoenicopteridae : flamants
Famille des Threskiornithidae : ibis, spatules
Famille des Pelecanidae : pélicans, becs-en-sabot
Famille des Ciconiidae : vautours du Nouveau Monde, cigognes
    Sous-famille des Cathartinae : vautours du Nouveau Monde
    Sous-famille des Ciconiinae : cigognes
Famille des Fregatidae : frégates
Famille des Spheniscidae : manchots
Famille des Gaviidae : plongeons
Famille des Procellariidae : pétrels, albatros, pétrels tempête
    Sous-famille des Procellariinae : pétrels, prions, puffins
    Sous-famille des Diomedeinae : albatros
    Sous-famille des Hydrobatinae : pétrels tempête

Ordre des Passériformes
Sous-ordre des Tyranni : passereaux primitifs
Famille des Acanthisittidae : xéniques
Famille des Pittidae : brèves
Famille des Eurylaimidae : eurylaimes
Famille des Philepittidae : asites
Famille des Sapayoidae : sapayoa
Famille des Tyrannidae : tyrans, moucherolles
    Sous-famille des Pipromorphinae : pipromorphinés
    Sous-famille des Tyranninae : tyranninés
    Sous-famille des Tityrinae : tityrinés
    Sous-famille des Cotinginae : cotingas
    Sous-famille des Piprinae : manakins
Famille des Thamnophilidae : fourmiliers
Famille des Furnariidae : fourniers, grimpars
    Sous-famille des Furnariinae : fourniers
    Sous-famille des Dendrocolaptinae : grimpars
Famille des Formicariidae : fourmiliers terrestres
Famille des Conopophagidae : grimpars
Famille des Rhinocryptidae : tapaculos
Famille des Climacteridae : grimpereaux australiens
Sous-ordre des Passeri : passereaux supérieurs
Famille des Menuridae : oiseaux-lyres, atrichornes
Famille des Ptilonorhynchidae : oiseaux à berceau
Famille des Maluridae : malures, amytornis
Famille des Meliphagidae : méliphages
Famille des Pardalotidae : pardalotes

Famille des Eopsaltriidae : rouges-gorges d'Australasie
Famille des Irenidae : verdins
Famille des Orthonychidae : orthonychidés
Famille des Pomatostomidae : cratéropes d'Australasie
Famille des Laniidae : pies-grièches
Famille des Vireonidae : viréos
Famille des Corvidae : corbeaux
    Sous-famille des Cinclosomatinae : cinclosomes
    Sous-famille des Corcoracinae : oiseaux-apôtres
    Sous-famille des Pachycephalinae : siffleurs
    Sous-famille des Corvinae : corbeaux, oiseaux de paradis, currawongs, loriots
    Sous-famille des Dicrurinae : rhipidures, drongos, monarques
    Sous-famille des Aegithiniae : ioras
    Sous-famille des Malacotinae : gladiateurs, bagadais, vangas
Famille des Callaetidae : corneilles caronculées
Famille des Picathartidae : picathartes
Famille des Bombycillidae : jaseurs et apparentés
Famille des Cinclidae : cincles
Famille des Muscicapidae : grives, gobe-mouches de l'Ancien Monde
    Sous-famille des Turdinae : grives
    Sous-famille des Muscicapinae : gobe-mouches de l'Ancien Monde
Famille des Sturnidae : étourneaux, moqueurs
Famille des Sittidae : sittelles, tichodromes
Famille des Certhiidae : troglodytes, grimpereaux, gobe-moucherons
    Sous-famille des Troglodytinae : troglodytes
    Sous-famille des Certhiinae : grimpereaux
    Sous-famille des Polioptilinae : gobe-moucherons
Famille des Paridae : mésanges
    Sous-famille des Remizinae : mésanges rémiz
    Sous-famille des Parinae : mésanges
Famille des Aegithalidae : mésanges à longue queue
Famille des Hirundinidae : hirondelles
Famille des Regulidae : roitelets
Famille des Pycnonotidae : bulbuls
Famille des Hypocoliidae : hypocolius
Famille des Cisticolidae : fauvettes africaines
Famille des Zosteropidae : zostérops
Famille des Sylviidae : fauvettes
    Sous-famille des Acrocephalinae : fauvettes de l'Ancien Monde
    Sous-famille des Megalurinae : fauvettes des herbes
    Sous-famille des Garrulacinae : garrulaxés
    Sous-famille des Sylviinae : timalies
Famille des Alaudidae : alouettes
Famille des Nectariniidae : souï-mangas, dicées, promérops
Famille des Melanocharitidae : melanocharis, méliphages
Famille des Paramythiidae : paramythias
Famille des Passeridae : accenteurs, bergeronnettes, moineaux, tisserins, bengalis
    Sous-famille des Passerinae : moineaux
    Sous-famille des Motacillinae : pipits, bergeronnettes
    Sous-famille des Prunellinae : accenteurs
    Sous-famille des Ploceinae : tisserins
    Sous-famille des Estrildinae : bengalis, diamants
Famille des Fringillidae : fringilles, bruants, tangaras

Sous-famille des Peucedraminae : fauvette olive
Sous-famille des Fringillinae : fringilles, drépani des Hawaii
Sous-famille des Emberizinae : bruants, tangaras, cardinaux, fauvettes américaines, troupiales

CLASSE DES REPTILES
Ordre des Chéloniens : tortues
Famille des Emydidae : tortues d'eau douce
Famille des Testudinae : tortues terrestres
Famille des Trionychidae : tortues à carapace molle
Famille des Carettochylidae : tortues à carapace molle de Nouvelle-Guinée
Famille des Dermatemydidae : dermatémyides
Famille des Kinosternidae : tortues boueuses, tortues musquées
Famille des Chelonidae : tortues marines
Famille des Dermochelyidae : tortue-luth
Famille des Chelydridae : tortues happantes
Famille des Pelomedusidae : pélomédusidés
Famille des Chelidae : tortues serpentines

Ordre des Rynchocéphales
Famille des Sphenodontidae : hattérias

Ordre des Squamates : lézards et serpents

Lézards
Famille des Iguanidae : iguanes
Famille des Agamidae : agames
Famille des Chamaeleonidae : caméléons
Famille des Gekkonidae : geckos
Famille des Pygopodidae : pygopodes
Famille des Dibamidae : lézards fouisseurs de l'Ancien Monde
Famille des Gymnophthalmidae : gymnophthalmidés
Famille des Teiidae : téiidés
Famille des Lacertidae : lacertides
Famille des Xantusiidae : lézards nocturnes
Famille des Scincidae : scinques
Famille des Cordylidae : cordylidés
Famille des Xenosauridae : lézards-crocodiles
Famille des Anguidae : orvets, lézards-alligators
Famille des Varanidae : varans
Famille des Helodermatidae : hélodermes

Amphisbéniens
Famille des Amphisbaenidae : amphisbènes
Famille des Bipedidae : bipes
Famille des Trogonophiidae : trogonophiides

Serpents
Famille des Leptotyphlopidae : serpents filiformes
Famille des Typhlopidae : serpents aveugles
Famille des Anomalepidae : anomalépidés
Famille des Uropeltidae : serpents à queue armée
Famille des Aniliidae : serpents-tubes
Famille des Xenopeltidae : serpents arc-en-ciel
Famille des Loxocemidae : loxocémidés
Famille des Boidae : serpents constricteurs
Famille des Boyleriidae : boyleriidés
Famille des Tropidophiidae : tropidophiidés
Famille des Acrochordidae : serpents aquatiques d'Orient
Famille des Atractaspidae : vipères-taupes
Famille des Colubridae : couleuvres
Famille des Elapidae : cobras, serpents de mer
Famille des Viperidae : vipères, crotales

Ordre des Crocodiliens : crocodiles, alligators, gavial
Famille des Crocodylidae : crocodiles
Famille des Alligatoridae : alligators
Famille des Gavialidae : gavial

CLASSE DES AMPHIBIENS
Ordre des Anoures
Famille des Ascaphidae : grenouilles à queue
Famille des Leiopalmatidae : grenouilles de Nouvelle-Zélande
Famille des Discoglossidae : grenouilles peintes, sonneurs, crapauds accoucheurs
Famille des Pipidae : anoures sans langue
Famille des Rhinophrynidae : crapaud fouisseur du Mexique
Famille des Pelodytidae : pélodytes
Famille des Pelobatidae : crapauds à couteau
Famille des Centrolenidae : centrolénidés
Famille des Heleophrynidae : héléophrynidés
Famille des Bufonidae : crapauds typiques
Famille des Brachycephalidae : brachycéphalidés
Famille des Hylidae : rainettes
Famille des Pseudidae : pseudidés
Famille des Rhinodermatidae : rhinodermes
Famille des Leptodactylidae : leptodactylidés
Famille des Myobatrachidae : myobatrachidés
Famille des Sooglossidae : sooglossidés
Famille des Dendrobatidae : dendrobates
Famille des Hyperoliidae : hyperoliidés
Famille des Microhylidae : mycrohylidés
Famille des Ranidae : grenouilles typiques
Famille des Rhacophoridae : rhacophoridés

Ordre des Urodèles
Famille des Sirenidae : sirènes
Famille des Amphiumidae : amphiumes
Famille des Plethodontidae : salamandres sans poumon
Famille des Rhyacotritonidae : rhyacotritonidés
Famille des Proteidae : protées
Famille des Salamandridae : salamandres vraies, tritons
Famille des Ambystomatidae : ambystomatidés
Famille des Dicamptodontidae : dicamptodontidés
Famille des Cryptobranchidae : salamandres géantes
Famille des Hynobiidae : salamandres terrestres d'Asie

Ordre des Apodes
Famille des Rhinatrematidae : rhinatrématidés
Famille des Ichthyophidae : ichtyophidés
Famille des Uraeotyphlidae : uréotyphlidés
Famille des Scolecomorphidae : scolecomorphidés
Famille des Caeciliaidae : cécilies
Famille des Typhlonectidae : typhlonectidés

POISSONS
Classe des Myxines
Ordre des Myxiniformes : myxines

Classe des Céphalaspidomorphes
Ordre des Pétromyzontiformes : lamproies

Classe des Chondrichthyens : poissons cartilagineux
Ordre des Hétérodontiformes : requins à tête de taureau
Ordre des Lamniformes : requins typiques
Ordre des Carchariniformes : requins marteaux, roussettes, peau bleue
Ordre des Orectolobiformes : requin-tapis, requin-baleine
Ordre des Squatiniformes : anges de mer
Ordre des Hexanchiformes : hexanchidés
Ordre des Squaliformes : squales, dormeurs, aiguillat commun
Ordre des Pristiphoriformes : requins-scies
Ordre des Rajiformes : raies, pocheteaux
Ordre des Chimériformes : chimères

Classe des Ostéichthyens : poissons osseux
Sous-classe des Actinoptérygiens : poissons à nageoires rayonnées
Ordre des Polyptériformes : bichirs
Ordre des Acipensériformes : esturgeons
Ordre des Lépisostéiformes : lépisostées
Ordre des Amiiformes : amie
Ordre des Ostéoglossiformes : ostéoglosses
Ordre des Élopiformes : tarpons et apparentés
Ordre des Albuliformes : albulidés, notacanthidés, halosauridés
Ordre des Anguilliformes : anguilles, murènes, congres
Ordre des Saccopharyngiformes : anguilles d'eaux profondes, grandgousier
Ordre des Clupéiformes : harengs, anchois
Ordre des Gonorynchiformes : chanidés, knériidés
Ordre des Cypriniformes : carpes, barbeaux, gardons, goujons, loches
Ordre des Characiformes : characins, tétras, piranhas
Ordre des Siluriformes : poissons-chats
Ordre des Gymnotiformes : poissons-couteaux, anguille électrique
Ordre des Ésociformes : ésocidés, umbridés
Ordre des Osmériformes : éperlans
Ordre des Salmoniformes : saumons, truites, ombres
Ordre des Stomiiformes : haches d'argent, chauliodontidés
Ordre des Atélopodiiformes
Ordre des Aulopiformes : poissons-lézards, barracudinas
Ordre des Myctophiformes : poissons-lanternes
Ordre des Percopsiformes : truites-perches
Ordre des Ophidiiformes : brotulidés, aurins
Ordre des Gadiformes : morue, lieus, colin, merlans
Ordre des Batrachoïdiformes : poissons-crapauds
Ordre des Lophiiformes : baudroies
Ordre des Béloniformes : exocets, demi-becs, orphies, balaous, médahas
Ordre des Cyprinodontiformes : cyprinodontidés
Ordre des Athériniformes : athérines
Ordre des Lampridiformes : lampris, régalec, trachyptère
Ordre des Stéphanobéryciformes
Ordre des Béryciformes : pommes de pin, écureuils de mer
Ordre des Zéiformes : saint-pierre, sanglier de mer
Ordre des Gastérostéiformes : épinoches, aiguilles de mer
Ordre des Synbranchiformes : anguilles symbranches
Ordre des Dactyloptériformes : grondins volants
Ordre des Scorpéniformes : rascasses, poissons à joues cuirassées
Ordre des Perciformes
   Sous-ordre des Percoïdes : perches, bars, mérous, dards, sandres
   Sous-ordre des Élassomatoïdes : poissons-lunes
   Sous-ordre des Labroïdes : cichlidés, embiotocidés, pomacentridés, labridés, scaridés
   Sous-ordre des Zoarcoïdes
   Sous-ordre des Notothénioïdes
   Sous-ordre des Trachinoïdes : lançons, vives
   Sous-ordre des Blennioïdes : blennies
   Sous-ordre des Icostéides
   Sous-ordre des Gobiesocoïdes
   Sous-ordre des Callionymoïdes : dragonnets, poisson-mandarin
   Sous-ordre des Gobioïdes : gobies
   Sous-ordre des Kurtoïdes
   Sous-ordre des Acanthuroïdes : poissons-bêches, scatophages, poissons chirurgiens
   Sous-ordre des Mugiloïdes : mulets
   Sous-ordre des Scombrolabracoïdes
   Sous-ordre des Scombroïdes : barracudas, sabres, maquereaux, thons
   Sous-ordre des Stromatéoïdes : poissons-méduses, poisson-beurre
   Sous-ordre des Anabantoïdes : gouramis, poissons-labyrinthes, bélontiidés
   Sous-ordre des Channoïdes : poissons-serpents
Ordre des Pleuronectiformes : poissons plats
Ordre des Tétraodontiformes : balistes, poissons-limes, poissons-coffres

Sous-classe des Sarcoptérygiens : poissons à nageoires lobées
Ordre des Cératodontiformes : dipneuste australien
Ordre des Lépidosiréniformes : dipneustes africains et sud-américain
Ordre des Cœlacanthiformes : cœlacanthe

INDEX

A

Abramis brama	520
Abrocoma bennetti	69
Abudefduf saxatilis	575
Acanthisitta chloris	304
Acanthiza à croupion jaune	326
Acanthiza chrysorrhoa	326
Acanthocybium solanderi	584
Acanthodactyle	439
Acanthodactylus boskianus	439
Acanthophtalmus kuhlii	523
Acanthorhynchus tenuirostris	325
Acanthurus coeruleus	582
Accenteur mouchet	385
Accenteurs	385
Accipiter	
cooperri	284
gentilis	284
Acinonyx jubatus	145
Acipenser	
oxyrhynchus	511
sturio	511
Acipensériformes, ordre	510
Acontias sp.	440
Acouchi	67
Acris crepitans	480
Acrobate pygmée d'Australie	27
Acrobates pygmaeus	27
Acrobates pygmées volants	27
Acrocephalus caffer	371
Acrochorde de Java	455
Acrochordus javanicus	455
Adalah	587
Addax	174
Addax nasomaculatus	174
Adioryx xantherythrus	552
Aegithalos caudatus	363
Aegithina tiphia	342
Aegothèle huppé	252
Aegothèles	252
Aegotheles cristatus	252
Aeoliscus strigatus	555
Aepyceros melampus	178
Aepyprymnus rufescens	31
Aergithina tiphia	342
Aeronautes saxatalis	244
Aethia cristatella	279
Aethopyga siparaja	382
Afrixales brachycnemis	483
Afropavo congensis	211
Agama agama	428
Agame	
à tête de crapaud	429
des colons	428
Agames	428
Agami trompette	263
Agamodon anguliceps	451
Agapornis roseicollis	240
Agkistrodon	
halys	467
piscivorus	467
Aglaiocercus kingi	247
Agonus acipenserinus	559
Agouti	67
doré	67
Agouti paca	67
Agriornis livida	310
Agua	478
Aï	33
Aigle	
bateleur	282
de mer commun	509
royal	285
serpentaire huppé	283
Aigrette d'Amérique	293
Aiguillat commun	507
Ailuropoda melanoleuca	126
Ailurus fulgens	126
Aix galericulata	217
Akepa	396
Akiapolaau	396
Akodon reinhardti	49
Alaemon alaudipes	381
Alauda arvensis	381
Albatros	
fuligineux	302
hurleur	302
Albula vulpes	513
Albuliformes, ordre	513
Alca torda	279
Alcedo atthis	232
Alcelaphus buselaphus	175
swayne	175
tora	175
Alces alces	162
Alcippe à tête grise	374
Alcippe poioicephala	374
Alectoris rufa	209
Alethe à diadème	351
Alethe castanea	351
Allactaga major	63
Alle alle	279
Allenopithecus nigroviridis	97
Alligator du Mississippi	468
Alligator mississipiensis	468
Alopex lagopus	121
Alophoixus flaveolus	367
Alopias	
caudatus	503
greyi	503
vulpinus	503
Alosa	
fallax	516
pseudoharengus	516
Alose feinte	516
Alouatta	
carraya	90
seniculus	90
Alouda arvensis	381
Alouette	380
de Clotbey	380
hausse-col	381
calandrelle	381
chantante	380
des champs	381
peewee	341
Alouettes	380
Alque	278
marbrée	279
Aluterus scriptus	593
Alytes obstetricans	474
Amandava amandava	392
Amarante du Sénégal	392
Amazona ochrocephala	243
Amazone à tête jaune	243
Ambloplites rupestris	562
Amblyopsis spelaea	537
Amblyornis macgregoriae	320
Amblyospiza albifrons	390
Amblyrhynchus cristatus	426
Amblysomus hottentotus	74
Ambystoma	
maculatum	492
mexicanum	493
opacum	492
tigrtinum	493
Ambystomatidés	492
Ambystome	
marbré	492
tacheté	492
tigré	493
Ameiva ameiva	437
Ameive	437
tétradactyle	437
Amia calva	511
Amie américaine	511
Amiiformes, ordre	511
Ammodorcas clarkei	179
Ammodytes tobianus	578
Ammomane du désert	380
Ammomanes deserti	380
annae	380
isabellina	380
Ammotragus lervia	183
Amphacanthe vergeté	582
Amphibiens	470
Amphibolurus barbatus	429
Amphiprion percula	575
Amphisbaena alba	451
Amphisbène	
blanc	451
cendré	451
Amphisbéniens	450
Amphistichus argenteus	575
Amphiuma	
means	488
pholeter	488
tridactylum	489
Amphiume	488
à trois doigts	489
à un doigt	488
pénétrant	488
Amytornis	321
du lac Eyre	321
Amytornis goyderi	321
Anabas testudineus	586
Anabate des palmiers	317
Anableps anableps	547
Anaconda	455
Anarhichas lupus	578
Anarhynchus frontalis	275
Anas	
clypeata	216
platyrhynchos	216
Anastomus	
lamelligerus	297
oscitans	297
Anathana elliotti	81
Anatidés	214
Anchois	516-517
Andigena laminirostris	225
Âne sauvage	
d'Asie	195
de Nubie	194
Ange de mer	
commun	506
impérial	572
Anguilla	
anguilla	514
rostrata	514
Anguille	
américaine	514
électrique	532
épineuse cuirassée	556
européenne	514
Anguilliformes, ordre	514
Anguis fragilis	447
Angwantibo	84
Anhimidés	214
Anhinga anhinga	290
Anhinga noir	290
Anhingas	290
Ani	
à bec lisse	237
des savanes	237
Anilius scytale	453
Anis	237
Anisotremus surinamensis	567
Anniella pulchra	447
nigra	447
Annumbi alouette	317
Anoa	169
Anolis	
à gorge rouge	425
vert	425
Anolis carolinensis	425
Anomalépidés	452
Anomalepis sp.	452
Anomalops kaptoptron	552
Anomalospiza imberbis	390
Anomalure	47
de Beecroft	47
nain de Zenker	47
Anomalures	47
Anomalurus beecrofti	47
Anoplopoma fimbria	558
Anoures	474
sans langue	475
Anous stolidus	277
Anser anser	215
Anseranas sempipalmata	214
Ansériformes, ordre	214
Antechinus stuartii	22
Antennarius multiocellatus	543
Anthochaera carunculata	324
Anthops ornatus	111
Anthoscopus parvulus	362
Anthreptes singalepsis	382
Anthus	
pratensis	387
spinoletta	387
Antidorcas marsupialis	178
Antilocapra americana	165
Antilope cervicapra	178
Antilope	
à cornes fourchues	165
à quatre cornes	167
cervicapre	178
rouanne	173
royale	177
-cheval	173
Anubis	94
Aonyx capensis	133
Aotus trivirgatus	88
Apalis à gorge jaune	369
Apalis flavida	369
Apaloderma narina	229
Apeltes quadracus	554
Aphanius dispar	546
Aphyosemion australe	547
Aplodinotus grunniens	571
Aplodontia rufa	46
Aplonis metallica	357
Apodemus sylvaticus	60
Apodes, ordre	496
Apodiformes	244
Aprasia striolata	435
Aptenodytes forsteri	299
Apteryx australis	205
Apus apus	245
Aquila chrysaetos	285
Ara macao	242
Ara	
macao	242
rouge	242
Aracari de Beauharnais	225
Arachnothera robusta	382
Arachnothère à long bec	382
Aramides ypecaha	267
Aramus guarauna	264
Arapaima gigas	512
Araponga avérano	312
Aratinga	
aurocapilla	242
jendaya	242
solstitialis	242
Arawana	512
Archilochus colubris	246
Archosargus probatocephalus	568
Arctictis binturong	136
Arctocèbe	84
Arctocebus calabarensis	84
Arctocephalus australis	148
Arctonyx collaris	131
Ardea	
cinerea	292
herodias	292
Arenaria interpres	271
Argentin	550
Argus tacheté	582
Argyropelecus aculeatus	535
Argyrosomus regius	571
Arius felis	529
Arripis trutta	573
Artamus	
leucorynchus	338
superciliosus	338
Arthroleptis wahlbergi	487
Artibée de la Jamaïque	115
Artibeus jamaicensis	115
Artiodactyles, ordre	154
Arundinicola leucocephala	307
Arvicanthis abyssinicus	60
Arvicola terrestris	55
Arvicolinés	54
Asellia à trois endentures	111
Asellia tridens	111
Asio otus	250
Asites	305
Aspic	465
Astrapia mayeri	335
Astrapogon stellatus	563
Astroscopus guttatus	579
Astyanax	
fasciatus	525
mexicanus	525
Atèle	90
Ateles paniscus	90
Atélope de Boulenger	478
Atelopus	
boulengeri	478
japonicus	551
Athene noctua	251
Atherina presbyter	549
Athériniformes, ordre	548
Atherinomorus stipes	548
Athérure à longue queue	64
Atherurus macrourus	64
Atilax paludinosus	138
Atlapetes albinucha	398
Atractaspis bibroni	456
Atrichorne bruyant	322
Atrichornes	322
Atrichornis clamosus	322

Attagis	268
Aulacode	70
Aulacorhynchus prasinus	224
Aulopiformes, ordre	536
Aulorhynchus flavidus	554
Aurin méditerranéen	538
Auriparus flaviceps	362
Autour	
chanteur pâle	283
des palombes	284
Autruche	204
Avahi laineux	83
Avahi laniger	83
Avocette	274
américaine	274
Axolotl	493
Aye-aye	83
Aythya fuligula	217
marila	217
valisineria	217

B

Babiroussa	155
Babouin	94
Babyroussa babyroussa	155
Bagadais	343
casqué	344
Bagre marinus	529
Bagrus docmac	526
Baillonius bailloni	224
Balaena mysticetus	193
Balaeniceps rex	295
Balaenoptera	
acutorostrata	192
borealis	192
musculus	193
Balai	590
Balaou	545
Balbuzard pêcheur	280
Balearica pavonina	263
Baleine	
à bec d'oie	190
à bec de Cuvier	190
à bosse	192, 193
à dents	184
à fanons	184
blanche	189
d'Arnoux	191
de Baird	191
de Sowerby	191
franche	184, 193
grise	184, 192
Baleines à bec	190-191
blanches	189
vraies	193
Baliste	
-clown	592
commun	592
-léopard	592
picasso	593
royal	592
Balistes	
carolinensis	592
vetula	592
Balistoides conspicillum	592
Banane de mer	513
Bandicoot	24
à long nez de Tasmanie	24
Bandicota indica	61
Bandy-bandy	463
Banteng	168
Bar rayé	560
Barbastella barbastellus	117
Barbastelle	117
Barbeau	
commun	519
-tigre	519
Barbu	
à front rouge	223
bidenté	223
Barbus	
d'Afrique	223
d'Amérique	224
d'Asie	223
de Sumatra	519
Barbus	
barbus	519
tetrazona	519
tor	519
Baribal	125
Basileuterus culicivorus	407
Basilic vert	426
Basiliscus plumifrons	426
Bassaricyon gabbii	127
Batagur	415
Batagur baska	415
Bathyergus suillus	71

Batis minor	344
Batrachoïdiformes, ordre	542
Batrachoseps attenuatus	491
Batrachostomus moniliger	252
Baudroie commune	542
Baudroies	542
Bdeogale crassicauda	138
Beamys	
hindei	59
major	59
Bec	
d'ibis	275
-croisé des sapins	395
-en-ciseaux noir	276
-en-cône géant	403
-en-cuiller	293
-en-épine oriental	325
-en-faucille	246
-en fourreau	272
-en-fourreau blanc	272
-en-fourreau noir	272
-en-sabot	295
-ouvert asiatique	297
Bécasses	270
Bécassine	
d'Amérique	270
des marais	271
peinte	269
Beira	176
Belette commune	128
Belone belone	545
Belonesox belizanus	548
Béloniformes, ordre	544
Belonion apodion	545
Bélouga	510
Béluga	189
Bengali	
amarante	392
rouge	392
Berardius	
arnouxii	191
bairdi	191
Bergeronnette	386
de forêt	386
de Yarrell	387
grise	387
grise nominale	387
printanière	387
Berlepschia rikeri	317
Bernache du Canada	215
Béryciformes, ordre	551, 552
Betta splendens	586
Bichir	510
Bighorn	183
Binturong	136
Bipes	451
à deux pores	451
Bipes biporus	451
Bison	
américain	170
d'Europe	170
Bison	
bison	170
bonasus	170
Bitis arietans	465
Blaasops fouisseur d'Afrique du Sud	484
Black-bass à large bouche	562
Blaireau	
à gorge blanche	131
d'Amérique	131
d'Eurasie	130
de Java	131
-furet de Chine	131
Blanus cinereus	451
Blarina brevicaudata	76
Bleda syndactyla	368
Blennie à lèvres rouges	579
Blesbok	175
Boa	
caninus	454
constrictor	454
Boa	
constricteur	454
des perroquets	454
émeraude	454
Bocurvus cafer	228
Bœuf musqué	182
Boiga dendrophila	461
Bois pourri	254
Bombina orientalis	475
Bombycilla garrulus	347
Bondrée apivore	281
Bongo	167
Bonite à ventre rayé	584
Bonobo	103
Bontebok	175
Boomslang africain	456, 461

Bos	
frontalis	168
grunniens	169
javanicus	168
javanicus biarmicus	168
javanicus lowi	168
Boselaphus tragocamelus	167
Bosucarle à flancs bruns	372
Botaurus lentiginosus	292
Bothrops atrox	466
Bothus lunatus	588
Boulengerella lucius	525
Bouquetin des Alpes	181
Bouscarle à flancs bruns	372
Boutou	184
Bouvière	520
Bouvreuil pivoine	395
Brachycephalus ephippium	479
Brachyistius frenatus	575
Brachylagus idahoensis	39
Brachylophus fasciatus	427
Brachypteracias leptosomus	230
Brachypteryx montana	350
Brachyteles arachnoides	91
Bradornis pallidus	352
Bradypus tridactylus	33
Bradypterus palliseri	372
Brama brama	566
Branta canadensis	215
Brème commune	520
Brève	304
du Bengale	304
grenadine	305
Brèves	304
Breviceps adspersus	484
Brevoortia tyrannus	517
Brochet	
commun	532
vivipare	548
-lance	511
Brookesia spectrum	431
Bruant	
à calotte blanche	398
de Patagonie	400
des neiges	397
des roseaux	396
jaune	397
non-pareil	405
Bubale	175
Bubalornis albirostris	389
Bubalus	
arnee	168
depressicornis	169
Bubo virginianus	250
Bubulcus ibis	293
Buceros	
bicornis	227
vigil	227
Bucérotiformes, ordre	226
Bucorvus abyssinicus	228
carver	228
Budorcas taxicolor	182
Buffle	
d'Afrique	170
de l'Inde	168
nain	169
Bufo	
americanus	478
bufo	479
calamita	479
marinus	478
viridis	479
Bulbul	
à gros bec	367
à long bec	368
à poitrine jaune	366
à queue rousse	366
commun	366
de Madagascar	367
des jardins	366
flavéole	367
gris	366
moustac	368
noir	367
orphée	367
Bullhead brun	526
Buphagus	
africanus	357
erythrorhynchus	357
Burhinus	
giganteus	272
oedicnemus	272
Busallerus nigricollis	284
Busard	
aura	297
Saint-Martin	283
Buse	

à queue rousse	
d'Amérique du Nord	285
pêcheuse	284
variable	284
Buteo	
buteo	284
jamaicensis	285
Butor d'Amérique	292

C

Cabézon	559
Cabiaï	66-67
Cabillaud	540
Cacajao calvus	89
Cacajou chauve	89
Cacatua galerita	239
Cachalot nain	188
Cachalots	184, 188
Cacicus cela	408
Caecilia ochrocephala	496
Caenolestes obscurus	21
Caenolestidés	21
Caille	
des blés	208
peinte	208
Cailles du Nouveau Monde	213
Caïman	
à lunettes	468
d'Amérique du Sud	468
Caiman	
crocodilus	468
sclerops	468
Cairina moschata	217
Calamus bajonado	568
Calandrella cinerea	381
Calao	
bicorne	227
casqué	227
terrestre d'Abyssinie	228
Calaos	227
terrestres	228
Calfat	392
Callaeas cinerea	345
Callicebus moloch	89
Callichthys callichthys	531
Callimico goeldii	86
Callionymus lyra	580
Callipepla californica	213
Callithrix argentata	87
Callorhinus ursinus	148
Callosciurus prevostii	41
Caloenas nicobarica	258
Calypte d'Hélène	246
Calypte helenae	246
Calyptomena viridis	305
Caméléon	
bilobé	431
commun	431
de Jackson	430
de Meller	430
Caméléons	430
Camelus	
bactrianus	158
dromedarius	159
Campagnol	53-54
de Pennsylvanie	55
roussâtre	55
terrestre	55
Campephaga phoenicea	337
Campephilus principalis	219
Campethera abingoni	220
Campostoma anomalum	521
Campylorhamphus trochilirostris	318
Campylorhynchus brunneicapillus	360
Canard	
colvert	216
d'Amérique	217
mandrin	217
musqué	217
souchet	216
-vapeur des Falkland	216
Canari	394
Candirú	531
Canidés	120
Canis	
dingo	121
latrans	120
lupus	120
Canthigaster des Caraïbes	594
Canthigaster rostrata	594
Caouanne	421
Cap Lopez	547
Capitaine	560
Capra ibex	181
Capreolus capreolus	163
Capricorne	180
Capricornis sumatraensis	180

Index

Caprimulgus europaeus	255
Caprolagus hispidus	37
Capros aper	553
Capybara	66-67
Caracal	143
Caracal caracal	143
Caracara	286
Carangue	565
Caranx hippos	565
Carapo	532
Carapus acus	538
Carassius auratus	519
Carcharhinus leucas	505
Carchariniformes, ordre	505
Carcharodon carcharias	504
Cardeau d'été	588
Cardinal rouge	405
Cardinalis cardinalis	405
Cardinaux	396
Cardioderma cor	109
Carduelis	
carduelis	395
flammea	395
hornemanni	395
Caret	421
Caretta caretta	421
Carettochelys insculpta	419
Cariacou	162
Cariama cristata	265
Cariama huppé	265
Cariamas	265
Caribou	163
Carnivores, ordre	120
Carollia perspicillata	113
Carpe	518
herbivore	521
Carpodacus purpureus	394
Carpophage argenté	259
Carrelet	589
Cascadura	531
Cascarudo	531
Casmerodius albus	293
Casoar à casque	205
Casoars	205
Cassican des mangroves	335
Cassique	
à dos jaune	408
de Wagler	408
Castor	46-47
de montagne	46
du Canada	46
Castor	
canadensis	46
fiber	47
Casuarius casuarius	205
Catagonus wagneri	156
Catamblyrhynchus diadema	404
Catharacta skua	276
Cathartes aura	297
Catharus fuscescens	348
Catostomus commersoni	522
Caurale-soleil	262
Cavia tschudii	66
Cebuella pygmaea	86
Cebus albifrons	89
Caecilia schrocephala	496
Cécilie	
des Seychelles	497
du Panama	496
Cécilies	496
Celeus flavescens	221
Centrolenella albomaculata	477
Centropomus undecimalis	560
Centropus milo	236
Céphalophe	
à bande dorsale noire	171
à dos jaune	171
couronné	171
de Grimm	171
Cephalopholis fulvus	561
Cephalophus	
dorsalis	171
silvicultor	171
Cephalopterus ornatus	313
Cératodontiformes, ordre	596
Ceratophrys cornuta	482
Ceratotherium simum	196
Cercocebus	
albigena	93
galeritus	93
Cercopithecus	
aethiops	96
erythrogaster	96
neglectus	96
diana	96
Cercopithèque noir et vert	97
Cercotrichas coryphaeus	354
Cerdocyon thous	122
Cerf	
à queue blanche	162
aboyeur	161
commun	163
de Virginie	162
des pampas	164
du Père David	162
rouge	163
Certhia familiaris	361
Certhidea olivacea	401
Cervus elaphus	163
Cétacés, ordre	184
Cetomimus	
indagator	551
maximum	503
Cetorhinus maximus	503
Cettia fortipes	372
Chaboisseau	558
Chabot	558
antarctique	578
de rivière	558
Chachalaca	207
Chacma	94
Chaenocephalus aceratus	578
Chaetodipterus faber	581
Chaetodipus californicus	45
Chaetodon capistratus	572
Chaetorhynchus papuensis	342
Chalcides bedriagai	440
Chalinolobus tuberculatus	119
Chama brune	379
Chamaea fasciata	379
Chamaeleo	
chamaeleon	431
dilepis	431
jacksonii	430
melleri	430
Chamaesaura	
aena	444
macrolepis	445
Chameau	
à deux bosses	158
à une bosse	159
Chamésaure du Transvaal	444
Chamois	181
Chanos chanos	518
Characiformes, ordre	524
Charadrius hiaticula	275
Chardonneret	395
Charina bottae	454
Chat	
de mer rayé	530
des pampas	142
doré d'Afrique	142
du Bengale	142
manul	144
marsupial moucheté	23
sauvage	145
-léopard	142
Chats	142
Chauliodus sloani	535
Chauna chavaria	214
Chauve-souris	
au museau de fleur	111
bilobée	114
boréale	117
de mer	509, 543
des tombeaux	107
frugivore	104
-javelot commune	114
peinte	117
Chauves-souris	
à disques adhésifs de Madagascar	119
à longues pattes	118
à moustaches	112
à queue courte	
de Nouvelle-Zélande	119
pêcheuses	112
Chelidorhynx à ventre jaune	339
Chelmon à bec médiocre	572
Chelmon rostratus	572
Chelonia	
depressa	421
mydas	420
Chéloniens, ordre	414
Chelydra serpentina	422
Chelys fimbriatus	423
Chemineau	237
Chenille	523
Chersine angulata	416
Cheval de Przewalski	195
Chevalier	
combattant	271
gambette	270
Chèvre des montagnes Rocheuses	180
Chevreuil	163
Chevrotain aquatique	160
Chevrotains	160
Chien	
d'eau	524
de prairie	40, 42
des buissons	122
rouge	122
viverrin	123
Chilomycterus schoepfi	595
Chimaera monstrosa	509
Chimère commune	509
Chimères	509
Chimériformes, ordre	509
Chimpanzé	103
nain	103
Chinchilla	68
à longue queue	68
Chinchilla laniger	68
Chionis	
alba	272
minor	272
Chirocentrus dorab	517
Chironectes minimus	20
Chiropotes satanas	88
Chiroptères, ordre	104
Chiroxiphia pareola	313
Chirurgien bleu	582
Chitra indica	418
Chlamydosaurus kingii	428
Chlamyphore tronqué	34
Chlamyphorus truncatus	34
Chloebia gouldiae	393
Chlorocichla flaviventris	366
Chlorophonia occipitalis	402
Chloropsis aurifrons	327
Chlorospingus ophtalmicus	400
Choloepus didactylus	33
Chouette	
baie	248
boobook	250
chevêche	251
chevêchette	251
des cactus	249
des terriers	251
effraie	249
-elfe	249
épervière	251
harfang	250
hulotte	251
Chouettes	249
Chryso ornata	461
Chrysochloris asiatica	74
Chrysococcyx	
cupreus	235
lucidus	235
Chrysocolaptes lucidus	221
Chrysocyon brachyurus	122
Chrysolampis mosquitus	247
Chrysolophus pictus	210
Chrysomma sinense	377
Chrysopelea paradisi	461
Chrysophrys auratus	568
Chrysospalax trevelyani	74
Chuckwalla	425
Cicinnurus regius	334
Ciconia ciconia	297
Ciconiiformes, ordre	268
Cigogne blanche	297
Cigognes	297
Cincle d'Amérique	347
Cincles	347
Cinclocerthia ruficauda	359
Cinclosoma cinnamomeum	330
Cinclosome cannelle	330
Cinclosomes	330
Cinclus mexicanus	347
Circus cyaneus	283
Cissopis leveriana	399
Cisticola juncidis	369
Cisticole des joncs	369
Cistothorus palustris	361
Cistude d'Europe	415
Civette	
d'Afrique	135
des palmiers d'Afrique	135
du Congo	135
masquée	134
palmiste à masque	134
palmiste de Derby	137
-loutre de Sumatra	137
Civettes	134
Clarias batrachus	528
Clemmys insculpta	415
Clethrionomys glareolus	55
Clupea harengus	517
harengus	517
pallasi	517
Clupéiformes, ordre	516
Clytoceyx rex	233
Cnémidophore pontué	437
Cnemidophorus lemniscatus	437
Coati	127
Cob	
de Thomas	172
defassa	172
des roseaux	173
lechwe	172
Cobaye	66
de Tschudi	66
des rochers	66
Cobitis taenia	523
Cobra	462
indien	463
royal	462
Coccyzus americanus	236
Cochlearius cochlearius	293
Cochon	
d'eau	67
de terre	154
Cœlacanthe	596
Cœlacanthiformes, ordre	596
Coelops frithi	111
Coendou prehensilis	65
Coereba flaveola	406
Coffre nain	594
Colapte doré	222
Colaptes auratus	222
Colibri	246
à gorge rubis	246
porte-épée	246
rubis-topaze	247
topaze	247
Colibris	246
Coliiformes, ordre	234
Colin	
de Californie	213
de Virginie	213
Colinus virginianus	213
Coliou strié	234
Colious	234
Colius striatus	234
Collocalia fuciphaga	245
Colluricincla harmonica	331
Colobe	
rouille	98
vert olive	98
Colobus angolensis	98
Colocolo	21
Colombar à pied jaune	258
Colombe	
à tête bleue	257
poignardée	260
Colombine	
à queue noire	256
longup	260
Colossoma nigripinnis	525
Coluber viridiflavus	458
Columba	
fasciata	257
livia	256
Columbiformes, ordre	256
Columbina passerina	256
Combattant du Siam	586
Comephorus	
baicalensis	559
dybowski	559
Condor de Californie	296
Condylura cristata	79
Conepatus mesoleucus	132
Conger conger	515
Congre	515
Connochaetes taurinus	174
Conolophus subcristatus	426
Conopophaga melanops	319
Conopophaga à joues noires	319
Conopophages	319
Contopus	
sordidulus	309
virens	309
Copsychus saularis	353
Coq	
bankiva	210
-de-roche du Pérou	312
Coracias garrulus	230
Coraciiformes, ordre	230
Coracina	
maxima	336
novaehollandiae	336
tenuirostris	336
Coracine ornée	313
Corbeau	
-flûteur à dos noir	335
freux	332

Corbeaux	330, 332
Corbus frugilegus	332
Cordon	
-bleu	392
-noir élégant	319
Cordylosaurus subtessellatus	444
Cordylus cataphractus	445
Coregonus lavaretus	533
Cormoran	
africain	291
aptère	291
Cormorans	290
Corneille d'Amérique	332
Corneilles	
caronculées	345
Coronella austriaca	460
Coronelle légère	460
Corvinella melanoleuca	328
Corvinelle	328
Corvus	
brachyrhynchos	332
frugilegus	332
Coryphaena	
equisetis	566
hippurus	566
Coryphistera alaudina	317
Corythaixoides concolor	248
Cossypha caffra	355
Cotinga barré	312
Cotingas	311
de Cayenne	312
Cotinga cayana	312
Cottus gobio	558
Coturnix	
chinensis	208
coturnix	208
Coua coureur	236
Coua cursor	236
Coucal à tête fauve	236
Coucals	236
Coucou	234
émeraude	235
gris	234
luisant	235
tacheté	237
-drongo	235
Coucous	234
d'Amérique	236
Cougouar	143
Couleuvre	456
à collier	458
verte et jaune	458
Couleuvres	456
Coulicou à bec jaune	236
Coureur des routes	237
Courlan	264
Courlis corlieu	270
Courol malgache	230
Couroucou	
à joues vertes	229
à tête rouge	229
Courvite isabelle	273
Coyote	120
Craciformes, ordre	206
Cracticus quoyi	335
Cranioleuca erythrops	317
Crapaud	
accoucheur	474
américain	478
-bœuf	482
calamite	479
commun	479
cornu	425
-criquet occidental	480
des joncs	479
fouisseur du Mexique	478
géant	478
vert	479
Crapauds	
à couteaux	476
accoucheurs	474
typiques	478
Craseonycteris thonglongyai	108
Cratérope brun	375
Crax rubra	207
Crenicichla saxatilis	574
Crex crex	267
Cricetomys emini	58
Cricetus cricetus	50
Crocidura miya	77
Crocidure de Ceylan	77
Crocodile	
cuirassé	469
d'estuaire	469
du Nil	469
marin	469
nain	469

Crocodiliens, ordre	468
Crocodylus	
niloticus	469
porosus	469
Crocuta crocuta	141
Crossarchus obscurus	139
Crotale	
cornu	466
diamantin de l'Est	466
Crotales	464
Crotalus adamanteus	466
cerastes	466
Crotaphytus Collaris	425
Crotophaga ani	237
Cryptacanthodes maculatus	577
Cryptobranchus alleghaniensis	495
Cryptoprocta ferox	137
Cryptoprocte féroce	137
Ctenodactylus gundi	63
Ctenomys talarum	69
Ctenopharyngodon idella	521
Ctenosaura pectinata	427
Cubla boule de neige	343
Cuculiformes, ordre	234
Cuculus canorus	234
Cuiu-cuiu	529
Culicicapa helianthea	327
Cuon alpinus	122
Cupidon des prairies	212
Curimbata	524
Currawongs	332, 335
Cursorius cursor	273
Cyanerpes caeruleus	403
Cyanocitta cristata	333
Cyanocorax yncas	333
Cyclarhis à sourcils roux	329
Cyclarhis gujanensis	329
Cycloderma	
aubryi	418
frenatum	418
Cyclopes didactylus	33
Cyclopterus lumpus	559
Cyclorana cultripes	482
Cyclura cornuta	427
Cygne	
de Bewick	215
siffleur	215
Cygnus columbianus	215
Cynocephalus volans	79
Cynogale bennettii	137
Cynoglossus lingua	591
Cynomys ludovicianus	42
Cynoscion	
macdonaldii	570
nebulosus	570
nobilis	570
Cyornis rubeculoides	352
Cyprinodon variegatus	546
Cypriniformes, ordre	518-522
Cyprinodontiformes, ordre	546
Cyprinus carpio	518
Cypsilurus heterurus	544
Cypsiurus parvus	244
Cystophora cristata	153

D

Dacelo novaeguineae	232
Dacnis bleu	402
Dacnis cayana	402
Dactylèthre	
à griffes	475
du Cap	475
Dactyloptériformes, ordre	556
Dactylopterus volitans	556
Damaliscus	
dorcas	175
dorcas albifrons	175
dorcas phillipsi	175
korrigum	175
lunatus	175
Damalisque	175
Daman	197
de Bruce	197
des arbres	197
du Cap	197
Damans	197
Dard à gorge orange	563
Dasyatis americana	508
Dasycercus cristicauda	22
Dasypeltis scabra	458
Dasyprocta leporina	67
Dasypus novemcinctus	34
Dasyuroides byrnei	23
Dasyurus viverrinus	23
Dasyuroïdes	22
Dasyuromorphes, ordre	22
Daubentonia madagascariensis	83

Dauphin	
commun	186
d'eau douce de Chine	184
de Risso	187
de Thétis	186
du Gange	184
gris	187
pilote	187
Dauphins	186
Dauphins d'eau douce	184
Dègue du Chili	69
Delma nasuta	435
Delphinapterus leucas	189
Delphinus delphis	186
Demi-bec	544
de combat	544
Dendroaspis angusticeps	462
Dendrobate doré	483
Dendrobates	483
Dendrobates auratus	483
Dendrocolaptes certhia	318
Dendrocopos major	219
Dendrocygna viduata	214
Dendrocygne veuf	214
Dendrocygnes	214
Dendrogale melanura	81
Dendrohyrax arboreus	197
Dendroica petechia	407
Dendrolagus lumholtzi	29
Dendromus mesomelas	58
Dendronanthus indicus	386
Dendroprionomus rousseloti	58
Denisonia devisii	462
Dermatemys mawii	419
Dermochelys coriacea	420
Dermogenys pusillus	544
Dermoptères, ordre	79
Desman de Moscovie	79
Desmana moschata	79
Desmodus rotundus	115
Desmognathus fuscus	491
Dhole	122
Diable	
cornu	428
de Tasmanie	23
Diademichthys lineatus	580
Diamant	
de Gould	393
mandarin	393
Diamants	392
Diane	96
Dibamus novaeguineae	436
Dibatag	179
Dicaeum hirundinaceum	384
Dicamptodon	
copei	493
ensatus	493
Dicée	382
à poitrine pourpre	384
hirondelle	384
Dicées	382
Dicerorhinus sumatrensis	196
Diceros bicornis	197
Dickcissel	405
Diclidure fantôme	107
Diclidurus virgo	107
Dicrurus adsimilis	342
macrocercus	235
paradiseus	342
Didelphimorphes, ordre	20
Didelphis virginiana	20
Diduncule strigirostre	261
Didunculus strigirostris	261
Dik-dik de Kirk	177
Dindon sauvage	212
Dingo	121
Dinomys branicki	67
Diodon hystrix	595
Diomedea exulans	302
Diploglosse	446
Diploglossus lessorae	446
Diplomys labilis	70
Dipneuste	
australien	596
de l'Est africain	597
sud-américain	597
Dipneustes	
africains	597
sud-américains	597
Dipodillus maghrebi	56
Dipodomys deserti	45
Diprotodontes, ordre	25
Dipsas indica	457
Dipus sagitta	63
Dispholidus typus	456, 461
Dolichonyx oryzivorus	409
Dolichotis patagonum	66

Dorab	517
Dorade	
rose	569
royale	569
Dorcatragus megalotis	176
Dorcopsis veterum	30
Dorée	553
Dormeur du Groenland	507
Dormitator maculatus	581
Dracaena guianensis	436
Draco volans	428
Dragon	
d'Australie	428
d'eau australien	429
de Komodo	448
des mers	557
volant	428
Dragonnet-lyre	580
Drépanis des Hawaii	394
Drill	94
Dromadaire	159
Dromanius novaehollandiae	205
Dromas ardeola	273
Dromiciops gliroides	21
Drongo	
à dos brillant	342
à raquettes	342
pygmée	342
Drongos	235, 339
Dryoscopus cubla	343
Ducula spilorrhoa	259
Dugong	199
Dugong dugon	199
Dulus dominicus	347
Dumetella carolinensis	359
Durbec des sapins	395

E

Échelets	319
Échasse blanche	274
Échelet picumne	319
Échenilleur	
à ailes blanches	337
à épaulettes rouges	337
d'Australie	336
de Lesueur	337
géant	336
-pie rayé	337
Echenis naucrates	564
Echidna catenata	514
Échidné à bec courbe	18
à bec droit	19
d'Australie	18
Echiichthys vipera	579
Echinoprocta rufescens	65
Echinosorex gymnurus	75
Echis carinatus	465
Éclectus	240
Eclectus roratus	240
Écureuil	40
à trois couleurs	41
commun	40
de la mer des Caraïbes	551
de mer d'Hawaii	552
fouisseur d'Afrique	42
géant oriental	41
gris	40
palmiste	41
planeur	40
volant	40
volant du Nord	43
Efa	465
Effraies	248
Egernia stokesii	442
Égernie	442
Églefin	541
Egretta ardesiaca	293
Eider à duvet	216
Eira barbata	129
Élaène à ventre jaune	309
Elaenia flavogaster	309
Elagatis bipinnulata	565
Élan	162
Éland du Cap	166
Elaphe obsoleta	459
Élaphode	161
Elaphodus cephalophus	161
Elaphurus davidianus	162
Electrophorus electricus	532
Éléphant	
d'Afrique	198
d'Asie	198
de mer du Nord	152
Éléphants	198
Elephas maximus	198
Ellobius fuscocapillus	54
Élopiformes, ordre	513

Élops	513	*Eurostopodus macrotis*	254	*Francolinus afer*	209	*Geomys bursarius*	44
Elops saurus	513	Eurylaime vert	305	*Fratercula arctica*	278	*Geopelia cuneata*	259
Emballonura monticola	107	Eurylaimes	305	*Fregata magnificens*	298	*Geophaps lophotes*	260
Emballonures	106	*Eurypharynx pelecanoides*	515	Frégate superbe	298	*Geospiza magnirostris*	401
Emberiza		*Eurypyga helias*	262	Frégates	298	Gerbille	56
citrinella	397	*Euthynnus pelamis*	584	*Fringilla coelebs*	394	des champs	56
schoeniclus	396	*Eutoxeres aquila*	246	Fringilles	394	des Indes	57
Émeu	205	Évêque rouge	391	Fruitier barré	312	géante	57
Emoia cyanogaster	442	Exocet	544	*Fulica americana*	267	pygmée d'Afrique du Sud	56
Empereur	569	*Exocetus volitans*	544	Fuligule		*Gerbillurus paeba*	56
à gueule rouge	569			morillon	217	*Gerbillus campestris*	56
Empidonax		**F**		milouinan	217	Gerboise	62
alnorum	308	Faisan		Fulmar	301	à cinq doigts	63
traillii	308	de Colchide	211	*Fulmarus glacialis*	301	à pattes rugueuses	63
Emydura macquarri	423	doré	210	*Funambulus palmarum*	41	Gerenuk	179
Émydure de Macquarr	423	Falcirostre de Struthers	275	Fundule	546	Gerhonote multicaréné	446
Emys orbicularis	415	*Falco*		*Fundulus heteroclitus*	546	*Gerrhonotus multicarinatus*	446
Engoulevent		*berigora*	287	Furet	129	Gerrhosaure	445
à balanciers	255	*peregrinus*	287	Furies	118	*Gerrhosaurus flavigularis*	445
à col blanc	255	*rusticolus*	287	*Furipterus horrens*	118	Gerygone à gorge blanche	326
d'Europe	255	*subbuteo*	287	*Furnarius rufus*	316	*Gerygone olivacea*	326
de Californie	254	*tinnunculus*	286			Gibbon	100
-lyre	254	*Falculea palliata*	345	**G**		à mains blanches	101
pauraque	255	Falculie mantelée	345	Gadiformes, ordre	538	hoolock	101
Engoulevents	254	*Falcunculus frontatus*	331	*Gadus morhua*	540	lar	101
oreillards	254	Faucon		*Gaidropsarus mediterraneus*	539	lar à bonnet	101
Engraulis		brun	287	Galago	84-85	noir	100
encrasicolus	517	crécerelle	286	du Sénégal	85	Girafe	164
mordax	517	forestier à col roux	286	*Galago senegalensis*	85	*Giraffa camelopardalis*	164
Enhydra lutra	133	gerfaut	287	*Galaxias maculatus*	533	Gladiateur géant	343
Enhydrina schistosa	463	hobereau	287	*Galbula ruficauda*	226	Gladiateurs	343
Enhydris punctata	457	pèlerin	287	Galbuliformes, ordre	226	*Glaerola pratincola*	273
Énicure		Fauconnet		Galéopithèque volant	79	Glaréole à collier	273
couronné	353	à collier	286	*Galictis vittata*	129	Glaréoles	273
de Leschenault	353	à pattes rouges	286	Galidie	139	*Glaucidium passerinum*	251
Enicurus leschenaulti	353	Faucons	286	*Gallicolumba luzonica*	260	*Glaucomys sabrinus*	43
Ensatina eschscholtzi croceator	491	Fauvette		Galliformes, ordre	208	Glirule du Japon	62
Ensifera ensifera	246	à ailes dorées	406	*Gallinago gallinago*	271	*Glirulus japonicus*	62
Entelle	99	à couronne d'or	407	*Gallinula chloropus*	266	*Glis glis*	62
Éperlan	533	à long bec	371	Gallinule	266	*Globicephala melaena*	187
Éperonnier chinquis	210	à tête noire	379	*Galloperdrix rouge*	209	*Glossophaga soricina*	114
Épervier de Cooper	284	couronnée	407	*Galloperdrix spadicea*	209	Glossophage de Pallas	114
Ephtianura tricolor	325	couturière	373	*Gallus gallus*	210	Glouton	130
Epinephelus itajara	561	de Ceylan	372	Gangas	268	Gnou bleu	174
Épinoche	554	Fauvettes	370	Gardon commun	520	Gobe-moucherons	362
à quatre épines	554	africaines	369	*Garrulax leucolophys*	373	gris-bleu	362
de mer	554	américaines	396	Garrulaxe à huppe blanche	373	Gobe-mouches	
marine d'Amérique	554	de l'Ancien Monde	371	Garrulaxes	373	à poitrail brun	344
Epixerus ebii	41	des herbes	373	*Garrulus glandarius*	333	à poitrine jaune	341
Épomophore de Franquet	105	gobe-mouches à couronne marron	371	*Gasteropelecus sternicla*	525	à queue rousse	351
Epomops franqueti	105	noire et blanche	406	Gastérostéiformes, ordre	554	azuré	340
Eptesicus fuscus	117	parula	406	*Gasterosteus aculeatus*	554	canari	327
Epthianura tricolor	325	peinte	407	*Gastrophryne carolinensis*	484	caronculé	344
Epthianure tricolore	325	triste	407	*Gastrotheca marsupiata*	481	de l'Ancien Monde	348, 350-351
Equetus lanceolatus	570	Faux jaseur d'Arabie	369	Gaufre à poches	44	de paradis asiatique	340
Equus		Faux paca	67	des plaines	44	gris	351
africanus	194	Faux pilote	572	du Nord	44	huppé à queue blanche	340
burchelli	194	Faux serpent corail	453	Gaur	168	nain à tête noire	344
grevyi	194	*Felis silvestris*	145	*Gavia stellata*	299	pâle	352
hemionus	195	Fennec	121	Gavial du Gange	468	tournesol	327
przewalskii	195	Fer de lance	466	*Gavialis gangeticus*	468	Gobie	
Eremias sp.	439	à lunettes	113	*Gazella thomsonii*	179	dormeur tacheté	581
Eremophila alpestris	381	Fers à cheval	110	Gazelle		nain	581
Erethizon dorsatum	65	*Feylinia cussori*	441	de Clarke	179	paganel	581
Eretmochelys imbricata	421	Figuier jaune	407	de Thomson	179	*Gobiesox meandricus*	580
Erignathus barbatus	151	*Fimbrios klossi*	456	-girafe	179	*Gobio gobio*	520
Erinaceus europaeus	75	Finte	516	Geai		*Gobius pagenellus*	581
Érismature roux	217	Flamant rose	294	bleu	333	Goéland	
Erithacus rubecula	355	Flamants	294	des chênes	333	argenté	277
Ermite à longue queue	247	Flet du Pacifique	589	terrestre de Hume	332	sénateur	276
Éroïde	91	Flétan	588	vert des Incas	333	Goglu bobolink	409
Erythrocebus patas	97	nain	590	Gecko		Gonelle	577
Erythrura trichroa	393	noir	590	à paupières mobiles	432	Gonolek rouge et noir	343
Eschrichtius robustus	192	*Forcipiger longirostris*	572	à pieds palmés	433	Gonorynchiformes, ordre	518
Ésociformes, ordre	532	*Fordonia leucobalia*	457	à queue plate	434	*Gopherus polyphemus*	416
Esox lucius	532	*Forpus conspicillatus*	242	des habitations	432	Goral	180
Espadon	585	Fossa	137	du désert	433	*Gorilla gorilla*	102
Esturgeon commun	511	Fou		-écorce	434	Gorille	102
Esturgeons	510	brun	289	frangé	434	Goujon commun	520
Etheostoma spectabile	563	de Bassan	289	-panthère	432	Goundi	63
Étourneau		Fous	289	-parachute	433	Goura de Victoria	261
métallique de Nouvelle-Guinée	357	Fouette-queue	429	volant	433	*Goura victoria*	261
sansonnet	356	Fouisseur du Cap	71	Geckos	432	Gourami	586
Étourneaux	356	Foulque d'Amérique	266	*Gekko gekko*	432	*Gracula religiosa*	357
Eublepharis macularius	432	Foulques	267	Gelada	95	Graisset	480
Eudynamys scolopacea	235	Fourmilier		*Genetta genetta*	136	Grallaire à tête rousse	315
Eudyptula minor	298	à joues blanches	314	Genette commune	136	*Grallaria ruficapilla*	315
Eumeces obsoletus	441	bicolore	314	Genettes	134	*Grallina cyanoleuca*	341
Eumetopias jubatus	149	didactyle	33	*Genypterus blacodes*	538	Gralline-pie	341
Eumops perotis	113	marsupial	24	*Geocapromys ingrahami*	68	*Grampus griseus*	187
Eunectes murinus	455	ocellé	314	Geochelone		Grand bandicoot-lapin	25
Euphone vert à calotte bleue	402	Fourmiliers	314	*nigra*	416	Grand barracuda	583
Euphonia minuta	402	terrestres	315	*pardalis*	417	Grand cacatoès à huppe jaune	239
Euplectes orix	391	Fournier roux	316	*Geococcyx*		Grand cachalot	188
Euplère de Goudot	136	Fourniers	316	*californianus*	237	Grand calao	227
Eupleres goudotii	136	Fous	288	*velox*	237	Grand calao terrestre	228
Eupoditis afra	262	Francolin à gorge rouge	209	*Geocolaptes olivaceus*	221	Grand cormoran	290

Grand dauphin		186
Grand duc		
d'Amérique		250
de Virginie		250
Grand écureuil de Stanger		40
Grand engoulevent oreillard		254
Grand fer à cheval		110
Grand fourmilier		32
Grand gravelot		275
Grand gymnure		75
Grand héron		292
Grand hocco		207
Grand indicateur		218
Grand keskidi		307
Grand koudou		166
Grand labbe		276
Grand minivet		337
Grand panda		126
Grand phalanger volant		27
Grand pic meunier		220
Grand podarge d'Australie		252
Grand requin blanc		504
Grand réveilleur		335
Grand rouvet		559
Grand sébaste		557
Grand serpentaire		285
Grand tangara		399
Grand taraba		315
Grand tenrec		72
Grand tenrec-hérisson		72
Grand tinamou		206
Grande aigrette		293
Grande aiguille de mer		555
Grande baleine bleue		193
Grande castagnole		566
Grande coryphène		566
Grande limace de mer		559
Grande lingue		540
Grande musaraigne du désert		76
Grande outarde		262
Grande poule des prairies		212
Grande taupe dorée		74
Grande taupe marsupiale		25
Grande timalie		376
Grandgousier		515
Graphiure murin		62
Graphiurus murinus		62
Graptemys pseudogeographica		414
Grèbe		
castagneux		288
huppé		288
Grèbes		288
Grébifoulque		
d'Amérique		264
du Sénégal		264
Grébifoulques		254
Grenadier		539
Grenouille		
cornue		482
d'Hochstetter		474
des Seychelles		483
-léopard		486
mugissante		486
rieuse		486
rousse		485
-taureau d'Afrique du Sud		486
-taureau d'Amérique		485
volante		487
Grenouilles		
à queue		474
de Nouvelle-Zélande		474
peintes		474
typiques		484, 485
Grimpar		
barré		318
colibri		318
fauvette		318
nasican		318
Grimpars		318
Grimpereau		361
à tête striée		379
des bois		361
tacheté		361
Grimpereaux		
australiens		319
Griset		506
Grison d'Allemand		129
Grive		
bleue à ailes courtes		350
dorée		348
harmonieuse		331
rossignol fauve		348
Grives de l'Ancien Monde		348, 350
Grivet		96
Grivette olive		349
Grizzly		124
Grondin		

perlon		557
volant		556
Gros-bec à poitrine rose		404
Grue		263
blanche d'Amérique		263
couronnée		263
Gruiformes, ordre		262
Grunion		549
Grus americana		263
Guacharo		253
Guanaco		158
Guépard		145
Guêpier d'Europe		231
Guêpiers		231
Guéréza d'Angola		98
Guillemot de Troïl		278
Guillemots		278
Guitare de mer		508
Gulo gulo		130
Guppy		547
Gymnachirus melas		591
Gymnarchus niloticus		512
Gymnogyps californianus		296
Gymnopithus		
bicolor		314
leucaspis		314
Gymnorhina tibicen		335
Gymnotiformes, ordre		532
Gymnotus carapo		532
Gymnure		74
des Philippines		75
Gypaète barbu		280
Gypaetus barbatus		280
Gypohierax angolensis		282
Gyrinophilus porphyriticus		490

H

Hache d'argent		535
Haematopus ostralegus		274
Haemulon album		567
Halcyon		
à collier blanc		233
de paradis		233
Halcyons		232
Haliaeetus leucocephalus		282
Haliastur indus		281
Halichoeres bivittatus		576
Halichoerus grypus		150
Hamadryas		94
Hamster		50
commun		50
doré		50
nain de Dzoungarie		50
Happeur jaune		567
Hareng de l'Atlantique		517
Harengs		516
Harfang des neiges		250
Harle huppé		217
Harpactes erythrocephalus		229
Harpadon nehereus		536
Harpia harpyia		285
Harpyie féroce		285
Harpyonyctère de Whitehead		105
Harpyionycteris whiteheadi		105
Hase		36
Hattéria		424
Hattérias		424
Hausse-col splendide		247
Helarctos malayanus		125
Heleophryne natalensis		477
Heliornis fulica		264
Heloderma suspectum		449
Hélodermes		449
Hémicentète		73
Hemicentetes semispinosus		73
Hémidactyle de Brook		433
Hemidactylus brookii		433
Hemigalus derbyanus		137
Hemignathus wilsoni		396
Hémione		195
Hemiprocne longipennis		245
Hemipus picatus		337
Hemiramphus brasiliensis		544
Hémise marmorée		487
Hemispingus à calotte noire		399
Hemispingus atropileus		399
Hemisus marmoratum		487
Hemitragus jemlahicus		182
Herbivores		36
Hérisson		74
d'Europe		75
du désert		75
Hermicentetes semispinosus		73
Hermine		128
Héron		292
ardoisé		293
bihoreau		292

cendré		292
garde-bœufs		293
Hérons		292
Herpestes auropunctatus		138
Heteralocha acutirostris		345
Heterandria formosa		547
Heterocephalus glaber		71
Hétérodontiformes, ordre		502
Heterodontus portusjacksoni		503
Heterohyrax brucei		197
Heteromys anomalus		45
Heteropholis manukanus		434
Heterostichus rostratus		579
Hexagrammos decagrammus		558
Hexanchiformes, ordre		506
Hexanchus griseus		506
Hexaprotodon liberiensis		157
Hibou		249
moyen duc		250
pêcheur		249
Himantolophus groenlandicus		543
Himantopus himantopus		274
Hiodon alosoides		512
Hippocampe		555
nain		555
Hippocampus zosterae		555
Hippoglossoides platessoides		590
Hippoglossus hippoglossus		588
Hippopotame		157
nain		157
hippopotames		157
Hippopotamus amphibius		157
Hipposideros diadema		111
Hippotragus equinus		173
Hirondelle		
de cheminée		364
de rivage		365
dorée		365
hérissée		365
pourprée		365
Hirondelles		364
Hirundapus giganteus		244
Hirundinea ferruginea		310
Hirundo rustica		364
Histris histrio		543
Hoatzin		237
Hoccos		207
Hocheur à ventre rouge		96
Holacanthus ciliaris		572
Holocentrus ascensionis		551
Hoplomys gymnurus		70
Hoplosternum littorale		531
Hoplostète		552
Hoplostethus atlanticus		552
Hoplure de Madagascar		427
Hornero roux		316
Huia		345
Huîtrier-pie		274
Huppe		228
fasciée		228
Hurleur		
noir		90
roux		90
Huso huso		510
Hutia		68
à longue queue		68
Hyaena		
brunnea		141
hyaena		140
Hydrobates pelagicus		303
Hydrochoerus hydrochaeris		67
Hydrocynus goliath		524
Hydromys chrysogaster		59
Hydrophide à bandes bleues		463
Hydrophis cyanocinctus		463
Hydropote		161
Hydropotes inermis		161
Hydrosaure d'Amboine		429
Hydrosaurus amboinensis		429
Hydrurga leptonyx		152
Hyemoschus aquaticus		160
Hyène		
brune		141
rayée		140
tachetée		141
Hyènes		140
Hyla		
arborea		480
cricifer		480
versicolor		480
Hylobates		
concolor		100
hoolock		101
klossii		100
lar		101
pileatus		101
syndactylus		100

Hylochère		155
Hylochoerus meinertzhageni		155
Hylophile à couronne fauve		329
Hylophilus ochraceiceps		329
Hynobius stejnegeri		495
Hyomys goliath		60
Hyperolius horstockii		483
Hyperoodon ampullatus		190
Hypéroodon arctique		190
Hyphessobrycon flammeus		525
Hyplosternum littorale		531
Hypocolius		369
gris		369
Hypocolius ampelinus		369
Hypogeophis rostratus		497
Hypopachus cuneus		484
Hypositta corallirostris		344
Hypothymis azurea		340
Hypsignathe		104
Hypsignathus monstrosus		104
Hypsipetes madagascarensis		367
Hypsiprymnodon moschatus		31
Hyracoïdes, ordre		197
Hyrax gris		197
Hystric africaeaustralis		64

I

Ibidorhyncha struthersii		275
Ibijau gris		253
Ibijaux		253
Ibis		294
falcinelle		295
Ichneumia albicauda		139
Ichthyomys stolzmanni		49
Ichthyophis sp.		496
Ictalurus		
furcatus		526
nebulosus		526
Icterus galbula		408
Ictiobus cyprinellus		523
Ictonyx striatus		129
Idiurus zenkeri		47
Iguana iguana		424
Iguane		426
à queue épineuse		427
commun		424
cornu		427
marin		426
-rhinocéros		427
vert		424
terrestre des îles Galapagos		426
Iguanes		424
Illadopsis albipectus		376
Impala		178
Indicateurs		218
Indicator indicator		218
Indri		83
Indri indri		83
Inia geoffrensis		184
Inie de Geoffroy		184
Insectivores, ordre		72
Inséparable à face rose		240
Iora		342
du Bengale		342
Irena puella		327
Irène vierge		327
Irrisor moqueur		228
Isard		181
Isatis		121
Isoodon obesulus		24
Ispidina picta		232
Istiophorus platypterus		584
Isurus oxyrhinchus		504

J

Jacamar à queue rousse		226
Jacamars		226
Jacana d'Amérique		269
Jacanas		269
Jacana spinosa		269
Jack-couteau		570
Jaco		240
Jaguar		146
Jaraqui		524
Jaseur		346
boréal		347
de Bohême		347
Jaseurs et alliés		346
Jubarte		193
Junco ardoisé		397
Junco hyemalis		397
Jynx torquilla		219

K

Kagou huppé		265
Kakapo		240

INDEX

Kamichi chavaria	214
Kamichis	214
Kangourou	25, 28
à queue courte	29
arboricole de Lumholtz	29
roux	30
Kea	239
Kerivoula argentata	117
Kerodon rupestris	66
Ketupa zeylonensis	249
Kinixys erosa	417
Kinixys rongée	417
Kinkajou	127
Kinosthernon flavescens	419
Kiwi austral	205
Kiwis	205
Koala	25-26
Kobia	564
Kobus	
ellipsiprymnus	172
kob thomasi	172
leche	172
leche kafuensis	172
Kodiak	124
Koel	235
Kogia	
breviceps	188
simus	188
Kokako	345
Kookaburra	232
Kryptopterus bicirrhis	527
Kuhli	523
Kyphosus sectatrix	573

L

Labbes	
Labrus bergylta	576
Lacerta	
muralis	438
viridis	438
vivipara	438
Lachesis muta	467
Lachnolaimus maximum	576
Lachnolème	576
Lactophrys quadricornis	593
Lagocephalus lagocephalus	594
Lagomorphes, ordre	36
Lagonosticta senegala	392
Lagopède des Alpes	212
Lagopus mutus	212
Lagorchestes conspicillatus	28
Lagostomus maximus	68
Lagothrix lagotricha	91
Lagotriche de Humbolt	91
Lalage sueurii	337
Lama guanicoe	158
Lamantin d'Amérique du Nord	199
Lamna	
ditropis	504
nasus	504
Lamniformes, ordre	503
Lampetra fluviatilis	502
Lampridiformes, ordre	550
Lampris	550
Lampris guttatus	550
Lamproie	502
de rivière	502
marine	502
Lamprolia victoriae	341
Lamprolie de Victoria	341
Lampropeltis getulus	460
Lamprotornis superbus	357
Langrayen	
à poitrine blanche	338
à sourcils blancs	338
Laniarius atrococcineus	343
Lanius excubitor	328
ludovicianus	328
Lanterne commune	594
Lanthanotus borneensis	449
Lapin	36
aquatique	38
d'Audubon	38
de Bachman	38
de garenne	36
de l'Assam	37
de Sumatra	39
des volcans	37
européen	39
pygmée	39
Larus	
argentatus	277
ridibundus	277
Lasiurus borealis	117
Lates niloticus	560
Latimeria chalumnae	596
Lavia frons	109
Legatus leucophaius	310
Leiolopisma infrapunctatum	443
Leiopelma hochstetteri	474
Leiothrix lutea	375
Leipoa ocellata	206
Leipoa ocellé	206
Lemming	54
de Norvège	54
du Sud	54
Lemmiscus curtatus	54
Lemmus lemmus	54
Lemur catta	82
Lémuridés	82
Lémuriens	83
Lémurs	
nains	82
volants	79
Leontopithechus rosalia	87
Léopard	146
de mer	152
des neiges	147
Leopardus pardalis	144
Lepadogaster lepadogaster	580
Lepidochelys	
kempi	421
olivacea	421
Lepidosiren paradoxa	597
Lépidosiréniformes, ordre	597
Lépisostée au long nez	511
Lépisostées	510-511
Lépisostéiformes, ordre	511
Lepisosteus osseus	511
Lepomis gibbosus	562
Léporille à longues oreilles	61
Leporillus conditor	61
Leptailaurus serval	144
Leptodactylus pentadactylus	482
Leptonychotes weddelli	153
Leptosomus discolor	230
Leptotyphlops du Mexique	452
Leptotyphlops humilis	452
Lepus	
americanus	37
californicus	36
europaeus	36
Lethrinus	
chrysostomus	569
nebulosus	569
Leuciscus leuciscus	518
Leuresthes tenuis	549
Lézard	
à collerette	425
à collier	425
apode de Californie	447
barbu d'Australie	429
-caïman	436
des haies d'Amérique du Nord	424
des murailles	438
gris	438
-serpent à nez pointu	435
-tatou	445
vert	438
vivipare	438
Lézards	
-alligators	446
-crocodiles	446
fouisseurs	436
fouisseurs de l'Ancien Monde	436
nocturnes	439
-serpents	434
Lialis burtonis	435
Lialis de Burton	435
Lichenostomus fusca	323
Lichmera indistincta	322
Lieu noir	541
Lièvre	36
à grosse queue d'Afrique du Sud	37
américain	37
brun	36
de Californie	36
de mer	559
de Patagonie	66
des pampas	68
du Cap	36
sauteur	47
-wallaby à lunettes	28
Limanda limanda	589
Limande	589
Lingue commune	540
Linophryne arborifera	543
Linsang	
à bandes transversales	134
africain	134
Liomys irroratus	45
Lion	146
de mer de Steller	149
de mer d'Australie	149
Lions de mer	148-149
Lioptilus nigricapillus	378
Liparis liparis	559
Lipophrys pholis	579
Lipotes vexillifer	184
Litoeranius walleri	179
Litoria cyclorhynchus	481
Lobodon carcinophagus	151
Lobotes surinamensis	567
Loche	
de rivière	523
épineuse	523
franche	523
-pierre	523
Locustella naevia	371
Locustelle tachetée	371
Loddigesia mirabilis	247
Loddigésie admirable	247
Loir	62
commun	62
épineux	53
épineux de l'Inde méridionale	53
Lompe	559
Lophiiformes, ordre	542
Lophiomys imhausi	52
Lophius	
americanus	542
piscatorius	542
Lophornis magnifica	247
Loquette	577
Lora du Bengale	342
Lori tricolore	238
Loriot d'Europe	338
Loriots	332
Loriquet	
à collier rouge	238
de Swainson	238
Loris	
grêle	84
paresseux	84
Loris tardigradus	84
Lorius lory	238
Lota lota	539
Lotte	539
Loup	120, 578
à crinière	122
rayé	560
Loutre	
à joues blanches	133
d'Europe	132
de mer	133
géante du Brésil	133
Loxia curvirostra	395
Loxioides bailleui	396
Loxodonta africana	198
Loxops coccineus	396
Lucifuga spelaeotes	538
Luscinia megarhynchos	354
Lutjan	566
Lutjanus analis	566
Lutra lutra	132
Lybius bidentatus	223
Lycaon pictus	123
Lycaon	123
Lygosoma lateralis	443
Lynx	
africain	143
du Nord	143
roux	144
Lynx lynx	143
Lynx rufus	144
Lynx torquilla	219

M

Mabouia	442
Mabuya wrightii	442
Macaca	
arctoides	92
fuscata	92
radiata	93
sylvanus	92
Macaque	
bonnet chinois	93
brun	92
japonais	92
Macareux	278
huppé	279
moine	278
Maccullochella macquariensis	561
Machaerirhynchus flaviventer	341
Macroclemys temmicki	422
Macroderma gigas	109
Macroderme d'Australie	109
Macrodipteryx longipennis	255
Macroglosse minime	105
Macroglossus minimus	105
Macronyx croceus	386, 409
Macropodus opercularis	586
Macropus rufus	30
Macropygia phasianella	260
Macroscelides proboscideus	72
Macroscélidés, ordre	72
Macrotis lagotis	25
Macrourus berglax	539
Macrozoarces americanus	577
Madoqua kirki	177
Magot	92
Magoua	206
Maigre	572
Mainate	
bronzé	408
religieux	357
Maître de la brousse	467
Makaira nigricans	584
Makaire bleu	584
Maki catta	82
Malaclemys terrapin	414
Malaconotus blanchoti	343
Malacopteron magnum	376
Malapterurus	
electricus	528
microstoma	528
Malimbe à tête rouge	390
Malimbus rubriceps	390
Malkoha	
à bec vert	236
à face bleue	236
Malocochersus tornieri	416
Malure superbe	321
Malures	321
Malurus cyaneus	321
Mamba vert	462
Manakin	
à dos bleu	313
à queue effilée	313
tigé	313
Manchot	298
des Galapagos	299
empereur	299
pygmée	298
Manchots	298
Mandi	530
Mandrill	95
Mandrillus	
leucophaeus	94
sphinx	95
Mangabey	
à gorge blanche	93
à ventre doré	93
Mangouste	137
à queue blanche	139
à queue touffue	138
brune	139
de Java	138
des marais	138
rayée	138
Mangue rayée	138
Manis	
gigantea	35
tricuspis	35
Manorina melanocephala	325
Manta birostris	509
Manucode calibé	334
Manucodia chalybata	334
Maquereau commun	583
Mara	66
Margouillat	428
Marlin rayé	585
Marmette commune	278
Marmota monax	43
Marmotte	40
du Canada	43
Marsouin	
à lunettes	185
commun	185
de Dall	185
de l'Inde	185
Marsouins	185
Marsupiaux	22
australiens	25
Martes	
americana	129
zibellina	129
Martin-chasseur	
à bec en cuillère	233
géant	232
Martin-pêcheur	232
d'Amérique	233
pygmée	232
Martinet	
à gorge blanche	244
des palmes	244
géant	244
huppé de Java	245

indien	245	*Micrastur ruficollis*	286	phébi	307	*Neodrepanis coruscans*	305
noir	245	*Micrathene whitneyi*	249	Moucherolles	306	*Neofelis nebulosa*	145
Martinets	244	Microbiothères, ordre	21	Mouette	276	*Neophoca cinerea*	149
huppés	245	Microcèbe roux	82	rieuse	277	*Neophocaena phocaenoides*	185
Martins-chasseurs	232	*Microcebus rufus*	82	tridactyle	277	*Neophron percnopterus*	280
Martins-pêcheurs	232	*Microdipodops pallidus*	45	Mouettes	276	Néoseps de Reynolds	441
Martre américaine	129	Microgale à longue queue	73	Moufette	132	*Neoseps reynoldsi*	441
Massasauga	466	*Microgale longicaudata*	73	rayée	132	*Neositta chrysoptera*	331
Mastacembelus armatus	556	*Microhierax caerulescens*	286	Mouflon à manchettes	183	Néositte variée	331
Matamata	423	*Micromesistius poutassou*	541	d'Europe	183	*Neotoma albigula*	49
Médaka du Japon	545	*Micromys minutus*	60	du Canada	183	*Neotragus pygmaeus*	177
Megaceryle alcyon	233	*Micronycteris megalotis*	115	Mourine	509	*Nesolagus netscheri*	39
Megaderma lyra	108	*Micropsitta bruijnii*	239	*Moxostoma macrolepidotum*	522	*Nesominus trifasciatus*	358
Mégaderme à ailes orangées	109	*Micropterus salmoides*	562	*Mugil cephalus*	583	*Nesomys rufus*	52
Megalaima haemacephala	223	*Microtus pennsylvanicus*	55	Mulet à grosse tête	583	Nestor	239
Megalurus gramineus	373	*Micrurus fulvius*	463	*Mulleripicus pulverulentus*	220	*Nestor notabilis*	239
Mégapode de Freycinet	206	Milan		*Mullus surmuletus*	571	Nicator à gorge blanche	368
Mégapodes	206	des brahmanes	281	Mulot	60	*Nicator chloris*	368
Megapodius freycinet	206	des Everglades	281	*Mungos mungo*	138	Nicobar	258
Megaptera novaeangliae	193	royal	281	*Muntiacus reevesi*	161	Nilgaut	167
Megasorex gigas	76	*Milvus milvus*	281	Muntjack de Chine	161	Niltava à gorge bleue	352
Melanocharis	385	*Mimus polyglottus*	358	*Muraena helena*	514	*Ninox novaeseelandiae*	250
nigra	385	*Mionectus oleaginus*	306	Murène		Niverolle	389
Melanocharis noir	385	*Miopithecus talapoin*	97	à chaînons	514	*Noctilio leporinus*	112
Melanochlora sultanea	363	*Mirafra cantillans*	380	méditerranéenne	514	Noctilion bec-de-lièvre	112
Melanogrammus aeglefinus	541	*Mirounga angustirostris*	152	Murrelet marmoré	279	Noctilions	112
Melanopareia elegans	319	*Mniotilta varia*	406	*Mus musculus*	61	Noctule	117
Melanotaenia fluviatilis	549	Mocassin aquatique	467	Musaraigne		Noddi	
Meleagris gallopavo	212	*Moho braccatus*	322	à queue courte d'Amérique	76	brun	277
Meles meles	130	Moho de Kauai	322	cendrée	76	niais	277
Melidectes princeps	323	Moineau		cuirassée de l'Ouganda	77	*Noemacheilus barbatulus*	523
Melierax		à tête grise	388	*Muscicapa striata*	351	*Nomeus gronovii*	585
canorus	283	de Java	392	Musophagiformes, ordre	248	*Notacanthus chemnitzii*	513
metabates	283	domestique	388	Mustela		*Notharchus macrorhynchos*	226
Méliphage		-sauterelle	398	*erminea*	128	Nothocrax	207
à bec dur	323	-savannah	397	*furo*	129	*Nothocrax urumutum*	207
à caroncules rouges	324	soulcie	388	*nigripes*	128	*Notomys alexis*	61
à tête noire	325	Moineaux	388	*nivalis*	128	*Notophthalmus viridescens*	495
barbu	323	*Mola mola*	595	*putorius*	128	Notoryctémorphes, ordre	25
cardinal	323	Moloch	428	*Myadestes ralloides*	350	*Notoryctes typhlops*	25
de Bali	322	*Moloch horridus*	428	*Mycteroperca bonaci*	561	*Nothenia coriiceps*	578
fumé	324	Molosses	112	Myctophiformes, ordre	536	*Notropis cornutus*	522
pygmée	385	*Molossus ater*	113	*Myctophyum pynctatum*	537	*Noturus gyrinus*	526
sombre	323	*Molothrus ater*	409	Mydaus		Numbat	24
Méliphages	322, 385	*Molva molva*	540	*javanensis*	131	*Numenius phaeopus*	270
Melipotes fumigatus	324	Momot	231	*marchei*	131	*Numida meleagris*	213
Melithreptus validirostris	323	*Momotus momota*	231	*Myioborus pictus*	407	Nyala	167
Mellivora capensis	130	*Monacanthus hispidus*	593	*Myiopsitta monachus*	243	*Nyctalus noctula*	117
Melogale moschata	131	*Monachus monachus*	153	*Myiornis ecaudatus*	309	*Nyctea scandiaca*	250
Melomys cervinipes	61	*Monarcha trivirgatus*	341	*Myliobatis aquila*	509	Nyctère	108
Melopsittacus undulatus	241	Monarque		*Myocastor coypus*	69	de Geoffroy	108
Melospiza melodia	399	à lunettes	341	*Myosorex varius*	77	*Nyctereutes procyonoides*	123
Ménopome	495	azuré	340	*Myospalax fontanierii*	51	*Nycteris thebaica*	108
Menura novaehollandiea	320	Monarques	339	*Myotis lucifugus*	116	*Nyctibius griseus*	253
Ménures	320	*Monasa nigrifrons*	226	*Myoxocephalus scorpius*	558	*Nycticebus coucang*	84
Mephitis mephitis	132	Monax	43	*Myrmecobius fasciatus*	24	*Nycticorax nycticorax*	292
Mergule nain	279	*Monias benschi*	265	*Myrmecophaga tridactyla*	32	*Nyctidromus albicollis*	255
Mergus serrator	217	*Monocentris japonicus*	551	Myrmidon	33	Nyctimène géant	105
Merlan	541	*Monodelphis brevicaudata*	21	du Surinam	314	*Nyctimene major*	105
bleu	541	*Monodon monoceros*	189	*Myrmotherula surinamensis*	314	*Nymphicus hollandicus*	238
Merlangus merlangus	541	*Monopeltis capensis*	450	*Mystacina tuberculata*	119		
Merle		*Monopterus alba*	556	*Mystomys albicaudatus*	52	**O**	
austral	349	Monotrèmes, ordre	18	*Myxine glutineuse*	502	Océanites	302
d'Amérique	349	Monstre de Gila	449	Myxines	502	*Oceanites oceanicus*	303
de roche du Cap	348	*Monticola rupestris*	348	*Myxine glutinosa*	502	Oceanodroma	
des îles	349	*Montifringilla nivalis*	389	Myxiniformes, ordre	502	*hornbyi*	303
métallique à ailes rouges	356	Moqueur		*Myzomela cardinalis*	323	*melania*	303
noir	349	de Californie	358	*Myzopoda aurita*	119	Ocelot	144
shama	353	de Charles	358	*Myzornis pyrrhoura*	375	*Ochotona alpina*	36
Merlu	540	des Galapagos	358			*Ochrotomys nuttalli*	49
du Pacifique	540	polyglotte	358	**N**		*Octodon degus*	69
Merluccius		trembleur	359			Octodons	69
merluccius	540	vert	228	Naja	463	*Ocyurus chrysurus*	567
productus	540	Moqueurs	228, 356	*Naja naja*	463	*Odobenus rosmarus*	149
Merops apiaster	231	Mordocet	579	*Nandinia binotata*	135	*Odocoileus virginianus*	162
Mérou		*Morelia argus*	455	Nandinie	135	Odontaspis	
de roche	561	*Mormoops megalophylla*	112	Nandou d'Amérique	204	*ferox*	503
géant	561	Mormyre à trompe d'éléphant	512	*Napothera macrodactyla*	376	*taurus*	503
Mésange		*Mormyrus kannume*	512	Narina	229	Œdicnème	
à gorge rouge	363	Morse	149	Narval	189	criard	272
à longue queue	363	Morue	540	*Nasalis larvatus*	99	de plage	272
à moustache	378	noire	541	*Nasica longirostris*	318	*Oedistoma pygmaeum*	385
à tête noire	363	*Morus bassanus*	289	Nasique	99	*Oenanthe oenanthe*	352
charbonnière	363	Moschus	160	à éperons orange	583	*Ogcocephalus nasutus*	543
rémiz jaune	362	*chrysogaster*	160	*Naso lituratus*	583	Oie cendrée	215
sultan	363	Motacilla		*Nasua nasua*	127	semi-palmée	214
Mésanges	362	*alba*	387	*Natalus stramineus*	118	Oiseau	
à longue queue	363	*alba alba*	387	*Natrix natrix*	458	-apôtre	330
rémiz	362	*alba yarrellii*	387	*Neacomys guianae*	48	bleu des fées	327
Mésite		*flava*	387	Nectarinia		-boucher noir	335
à gorge blanche	265	Motelle de la Méditerranée	539	*johnstoni*	383	-chat	359
de Bensch	265	Moucherolle		*jugularis*	383	-cigale	336
Mésites	265	à queue en ciseaux	306	*sperata*	383	-fouet	330
Mesitornis variegata	265	couronné	308	*superba*	383	-jardinier de McGregor	320
Mesocricetus auratus	50	des aulnes	308	*Necturus maculosus*	489	-lyre superbe	320
Mesoplodon bidens	191	des saules	308	*Nemichthys scolopaceus*	515	-mouche d'Estella	247
Métathériens, infra-classe	20	hirondelle	310	*Nemorhaedus goral*	180	-mouche géant	247
				Neoceratodus forsteri	596		

palmite	347
-satin	321
Oiseaux à berceau	320
à lunettes	370
-lyres	320
-mouches	246
de paradis	332
Okapi	165
Okapia johnstoni	165
Olingo	127
Ombre	
chevalier	534
commun	533
Ombrette	294
Oncifelis colocolo	142
Oncorhynchus nerka	535
Ondatra zibethicus	55
Onychogale bridé	30
Onychogalea fraenata	30
Onychognathus morio	356
Onychomys du Nord	49
Onychomys leucogaster	49
Onychorhynchus coronatus	308
Opah	550
Ophicephalus striatus	587
Ophidiiformes, ordre	538
Ophioblennius atlanticus	579
Ophiophagus hannah	462
Ophisaurus apodus	447
Opisthocomus hoazin	237
Oplurus sp.	427
Oporornis philadelphia	407
Opossum	20
de Virginie	20
Orang-outan	102
Orcinus orca	187
Oreamnos americanus	180
Orectolobiformes, ordre	506
Oreillard commun	116
Oremanes fraseri	403
Oreochromis niloticus	574
Oréotrague	176
Oreotragus oreotragus	176
schillingsi	176
Oreotrochilus estella	247
Orignal	162
Oriole	
de Baltimore	408
de Bullock	408
orangé	408
Oriolus oriolus	338
Ornithorhynchus anatinus	19
Ornithorynque	19
Orphie	545
-maquereau	545
Orque	
épaulard	187
gladiateur	187
Ortalide du Mexique	207
Ortalis vetula	207
Orthotomus sutorius	373
Orvet	447
des Balkans	447
Orvets	446
Oryctérope	154
Orycteropus afer	154
Oryctolagus cuniculus	39
Oryx d'Arabie	174
Oryx leucoryx	174
Oryzias latipes	545
Oryzomys peninsulae	48
Oryzoricte	73
Oryzorictes hova	73
Osbornictis piscivora	135
Osmériformes, ordre	533
Osmerus eperlanus	533
Osphronemus goramy	586
Ostéoglossiformes, ordre	512
Osteoglossum bicirrhosum	512
Osteolaemus tetraspis	469
Ostracion tuberculatus	594
Otarie	
australe à fourrure	148
de Californie	148
de Steller	149
du Nord à fourrure	148
Otaries à fourrure	148
Otis tarda	262
Otocolobus manul	144
Otolemur crassicaudatus	85
Otomops wroughtoni	113
Otomys irroratus	53
Otus asio	249
Ouakari chauve	89
Ouistiti	86
argenté	87
de Goeldi	86

mignon	86
Ourébi	176
Ourebia ourebi	176
Ours	124
à collier	125
à lunettes	124
baribal	125
blanc	125
brun	124
des cocotiers	125
malais	125
noir d'Amérique	125
polaire	125
Ourson coquau	65
Outarde noire	262
Outardes	262
Ovibos moschatus	182
Ovis	
canadensis	183
orientalis	183
Oxybelis fulgidus	461
Oxydoras niger	529
Oxyramphe huppé	311
Oxyura jamaicensis	217
Oxyruncus cristatus	311
Ozotoceros bezoarticus	164

P

Paca	67
Pacarana	67
Pachycephala pectoralis	331
Pachycéphale à collier	331
Pachyptila vittata	300
Pachyure étrusque	77
Pachyuromys duprasi	57
Pacu	525
Padda oryzivora	392
Pagellus bogaraveo	569
Pagophila eburnea	276
Pagophilus groenlandicus	150
Paguma larvata	134
Pailles-en-queue	288
Palila	396
Palmatogecko rangei	433
Pan	
paniscus	103
troglodytes	103
Panda géant	126
Pandaka pygmaea	581
Pandion haliaetus	280
Pangasianodon gigas	528
Pangasius pangasius	528
Pangolin	
à écailles tricuscpides	35
géant	35
Panthera	
leo	146
onca	146
pardus	146
tigris	147
Panthère	146
longibande	145
Panurus biarmicus	378
Paon	
bleu	211
commun	211
du Congo	211
Pape	
de la Lousiane	405
tricolore	392, 393
Papillon de mer	577
Papio	
anubis	94
hamadryas	94
ursinus	94
Papou des montagnes	342
Paradisaea rudolphi	334
Paradisier	
à queue rubanée	335
bleu	334
du prince Albert	334
royal	334
Paradoxornis à poitrine fléchée	378
Paradoxornis guttaticollis	378
Paraechinus aethiopicus	75
Paralichthys californicus	588
dentatus	588
Parascalops breweri	79
Paratomys brantsii	53
Pardalote	326
pointillé	326
Pardalotes	326
Pardalotus punctatus	326
Pareas sp.	457
Paresseux didactyle	33
tridactyle	33
Parula americana	406

Parus	
atricapillus	363
fringillinus	363
major	363
Passer	
domesticus	388
griseus	388
Passerculus sandwichensis	397
Passereaux	
primitifs	304
supérieurs	320
Passériformes, ordre	304
Passerina ciris	405
Pastenague	508
Patagona gigas	247
Patas	97
Paucituberculés, ordre	21
Pavo cristatus	211
Peau bleue	505
Pécari	
à collier	156
commun	156
Pécaris	156
Pêcheur des Sargasses	543
Pedetes capensis	47
Pédionome errant	269
Pedionomus torquatus	269
Pégase	555
Pegasus volitans	555
Pehlsuma vinsoni	434
Pelagodroma marina	303
Pelea capreolus	173
Pelecanoides urinatrix	301
Pelecanus	
occidentalis	295
onocrotalus	295
Pélican	
blanc	295
brun	295
Pélicans	295
Pélobate brun	476
Pelobates fuscus	476
Pélodyte ponctué	476
Pelodytes punctatus	476
Pénélope à ventre pourpré	207
Penelope purpurascens	207
Peprilus triacanthus	585
Péramélémorphes, ordre	24
Péramèles	24
Perameles gunnii	24
Perca fluviatilis	563
Perche	563
du Nil	560
grimpeuse	586
lobée noire	567
-soleil « graine de citrouille »	562
-tigre	573
Perciformes, ordre	560, 587
Percnoptère d'Égypte	280
Percopsiformes, ordre	537
Percopsis	
omiscomaycus	537
transmontana	537
Perdrix rouge	209
Pericrocotus flammeus	337
Périssodactyles, ordre	194, 195, 196
Pernis apivorus	281
Perognathus flavus	44
Peromyscus maniculatus	48
Perroquet	
bleu	577
cendré	240
de mer arc-en-ciel	576
-hibou	240
Perroquets	238
Perruche	
à calotte noire	242
à collier rose	241
calopsite	238
de Pennant	241
-jendaya	242
-moine	243
-moineau à lunettes	242
ondulée	241
pygmé de Bruijin	239
-soleil	242
-souris	243
Petaurista petaurista	43
Petauriste	43
Petauroides volans	27
Petaurus breviceps	27
Petit bandicoot à nez court	24
Petit cachalot	188
Petit calao à bec rouge	227
Petit chevrotain malais	160
Petit coq de bruyère	212
Petit cossyphe	355

Petit coureur des routes	237
Petit fer à cheval	110
Petit lora	342
Petit lançon	578
Petit panda	126
Petit philémon	323
Petit pingouin	279
Petit rorqual	192
Petit serpentaire africain	283
Petit singe-lion	87
Petite coryphène	566
Petite fauvette des herbes	373
Petite roussette	505
Petite vive	579
Pétrel	
de Peale	301
frégate	303
glacial	301
moucheté	301
océanite	303
plongeur commun	301
tempête	303
tempête des Andes	303
tempête noir	303
Pétrels	300
tempête	302
Petrogale xanthopus	29
Petroica phoenicea	327
Petromus typicus	71
Petromyzon marinus	502
Pétromyzoniformes, ordre	502
Petronia petronia	388
Phacochère	154
Phacochoerus aethiopicus	154
Phaenicophaeus viridirostris	236
Phaenostictus mcleannani	314
Phaeton rubricauda	288
Phaéton à brins rouges	288
Phaétons	288
Phalacrocorax	
africanus	291
carbo	290
harrisi	291
Phalaenoptilus nuttallii	254
Phalanger	26
-renard	27
volant	27
Phalarope à bec large	271
Phalaropus fulicarius	271
Phascogaliné	
à double crête	23
à queue crêtée du Sud	22
Pharomacrus mocinno	229
Phascolarctos cinereus	26
Phasianus colchicus	211
Phatheon rubricauda	288
Phelsuma vinsoni	434
Phenacostethus smithi	549
Pheucticus ludovicianus	404
Philemon citreogularis	323
Philentoma velata	344
Philepitte souï-manga	305
Philipittes	305
Philetairus socius	389
Philinopus superbus	259
Philomachus pugnax	271
Phoca vitulina	151
Phocoena	
dioptrica	185
phocoena	185
Phocoenides dalli	185
Phodilus badius	248
Phodopus sungorus	50
Phoebetria palpebrata	302
Phoenicopterus	
minor	294
ruber	294
Phoeniculus purpureus	228
Phoenicurus ochruros	354
Pholidotes	35
Pholis gunnellus	577
Phonicopterus minor	294
Phoque	
à capuchon	153
à selle	150
barbu	151
crabier	151
de Weddell	153
du Groenland	150
gris	150
-léopard	152
moine	153
-veau marin	151
Photoblepharon palpebratus	552
Phoxinus phoxinus	521
Phrygilus patagonicus	400
Phrynocephalus nejdensis	429

Phrynomère à deux bandes	484	*Piranga olivacea*	398	-méduse	585	*Procnias averano*	312
Phrynomerus bifasciatus	484	Piranha rouge	524	-moustique	547	*Procolobus*	
Phrynosoma cornutum	425	*Pirarucu*	512	-néon	525	badius	98
Phyllastrephus scandens	366	*Pitangus sulphuratus*	307	-papillon à quatre yeux	572	verus	98
Phyllodactyle marbré	433	*Pitheca monachus*	88	-pierre verruqueux	557	*Procyon lotor*	127
Phyllodactylus porphyreus	433	*Pitohui ferrugineus*	331	-pince jaune et noir	572	*Prodicticus potto*	84
Phyllomedusa appendiculata	481	Pitohui rouille	331	pompadour	574	*Profelis aurata*	142
Phyllonycteris poeyi	115	*Pitta*		-porc-épic	595	Progné pourpre	365
Phyllopteryx taeniolatus	555	brachyura	304	-rasoir	555	*Progne subis*	365
Phylloscopus		granatina	305	rouge	519	hesperia	365
collybita	372	*Pituophis melanoleucas*	460	-savon	562	Promérops	382
trochilus	372	*Pityriasis gymnocephala*	338	-scie	508	*Promerops cafer*	384
Phyllostome fer de lance	114	Pivert	220	-souris	543	Promérops du Cap	384
Phyllostomus hastatus	114	*Pizonyx vivesi*	116	-tambour	570	Pronghorn	164-165
Physailia pellucida	527	Planigale	22	-tigre	524	*Pronolagus crassicaudatus*	37
Physeter catodon	188	*Planigale maculata*	22	-vache à quatre cornes	593	*Propithecus verreauxi*	83
Physignathus lesueuri	429	*Platacanthomys lasiurus*	53	Poissons	498	*Prosthemadera novaeseelandiae*	324
Phytotoma rara	311	*Platanista gangetica*	184	à nageoires lobées	510	Protée	
Piapiac	333	*Platax pinnatus*	582	-chats	526, 528	américain	489
Pic		*Platichthys stellatus*	589	-crapauds	542	anguillard	489
à bec d'ivoire	219	*Platycercus elegans*	241	plats	586-588, 590	Protèle	140
à queue dorée	220	Platyrhynque brun	309	*Polioptila caerulea*	362	*Proteles cristatus*	140
épeiche	219	*Platyrinchus platyrhynchos*	309	*Pollachius virens*	541	*Proteus anguinus*	489
flamboyant	222	Platysaure impérial	444	*Polyboroides typus*	283	*Protopterus aethiopicus*	597
maculé	222	*Platysaurus imperator*	444	*Polyborus plancus*	286	*Protoxerus stangeri*	40
nain du Brésil	223	*Platysteira cyanea*	344	*Polycentrus schomburgkii*	573	*Prunella modularis*	385
ocré	221	Platysterne	422	*Polychrus gutterosus*	425	*Psalidoprocne pristoptera*	365
suceur de sève	222	*Platysternon megacephalum*	422	*Polymixia*		Psammodrome algérien	439
sultan	221	*Plecostomus commersonii*	531	japonicus	553	*Psammodromus algirus*	439
terrestre	221	*Plecotus auritus*	116	nobilis	553	*Psammomys obesus*	57
Pic-vert	220	*Plectrophenax nivalis*	397	*Polyodon spathula*	510	*Psarocolius wagleri*	408
Pica pica	333	*Plegadis falcinellus*	295	*Polyplectron bicalcaratum*	210	*Psephurus gladius*	510
Picatharte à tête nue	346	*Plethodon*		Polyptériformes, ordre	510	*Psettodes*	
Picathartes	346	cinereus	490	*Polypterus weeksi*	510	belcheri	587
Picathartes gymnocephalus	346	glutinosus	490	*Pomacanthus imperator*	572	erumei	587
Piciformes, ordre	218	Pleurodèle de Waltl	494	*Pomacentrus leucostictus*	575	Pseudo-rats	69
Pics	218	*Pleurodeles waltl*	494	Pomathorin à bec de corail	376	Pseudo-vampire	108
Picumne roux	222	*Pleuronectes platessa*	589	*Pomatomus saltatrix*	564	à nez en cœur	109
Picumnus cirratus	223	Pleuronectiformes, ordre	587	*Pomatorhinus ferruginosus*	377	-lyre	108
Picus viridis	220	Plie	589	Pomme de pin japonaise	551	*Pseudobranchus striatus*	488
Pie		rouge	590	Pompano	565	*Pseudochelidon eurystomina*	364
bavarde	333	*Ploceus cucullatus*	391	*Pongo pygmaeus*	102	*Pseudochelidon sirintarae*	364
bleue ornée	333	philippinus	390	Porc-épic		*Pseudohydromys murinus*	59
-grièche à poitrine blanche	343	Plongeon catmarin	299	à longue queue	65	Pseudolangrayen à lunettes	364
-grièche à ventre cramoisi	343	Plongeons	299	à queue préhensile	65	*Pseudonaja textilis*	463
-grièche chauve	338	*Plotosus lineatus*	530	d'Afrique du Sud	64	*Pseudophryne corroboree*	482
-grièche grise	328	*Pluvialis dominica*	275	de l'Ancien Monde	64	*Pseudoplatystoma fasciatum*	530
-grièche mésange	331	Pluvian d'Égypte	273	de Sumatra	64	*Pseudopleuronectes americanus*	590
-grièche migratrice	327	*Pluvianus aegyptius*	273	du Nouveau Monde	65	*Pseudopodoces humilis*	332
-grièche noire et blanche	328	Pluvier		rougeâtre	65	*Pseudotriton ruber*	491
Pied-en-bêche occidental	477	à bec dévié	275	Porcs	154	*Pseudupeneus maculatus*	571
Pies-grièches	328	crabier	273	Pordages d'Asie	252	Psittaciformes, ordre	238
Pigeon		doré américain	275	*Porichthys porosissimus*	542	*Psittacula krameri*	241
à queue rayée	257	doré asiatique	275	*Porphyrio mantelli*	266	*Psittacus erithacus*	240
biset	256	Pluviers	275	Porte-écuelle du littoral	580	*Psophia crepitans*	263
brun	260	Pocheteau gris	508	Porte-enseigne cornu	582	*Psophodes olivaceus*	330
huppé	260	Podarge de Ceylan	252	Porte-épée	548	*Pteridophora alberti*	334
Pigeons	256	Podarges		Porte-glaive	548	*Pterodroma inexpectata*	301
Pika		d'Asie	252	Porte-musc	160	*Pteroglossus beauharnaesii*	225
de l'Altaï	36	d'Australie	252	Possums	25-26	*Pterois volitans*	557
Pilchard	516	*Podargus strigoides*	252	Potamochère	154	*Pteronotus parnelli*	112
Pimelodus blodii	530	*Podica senegalensis*	264	*Potamochoerus porcus*	154	*Pteronura brasiliensis*	133
Pimelometopon pulchrum	576	*Podiceps cristatus*	288	Potamogale	72-73	*Pterophyllum scalare*	574
Pingouin torda	279	Podocnémide élargie	423	*Potamogale velox*	73	*Pteroptochos castaneus*	319
Pingouins	278	*Podocnemis expansa*	423	*Potorous tridactylus*	31	*Pteropus giganteus*	104
Pinicola enucleator	395	*Podogymnura truei*	75	*Potos flavus*	127	*Ptilinope superbe*	259
Pinson		*Poecilia reticulata*	547	Potto	84	*Ptilinopus superbus*	259
chanteur	399	*Pogonias cromis*	570	de Bosman	84	*Ptilocercus lowi*	81
de Darwin à gros bec	401	*Poiana richardsoni*	134	Poudou du Nord	164	Ptilocerque	81
des arbres	394	Poiane	134	Pouillot		Ptilogone cendré	346
des neiges	389	Poisson	498	fitis	372	*Ptilogonys cinereus*	346
familier	398	-ange royal	572	véloce	372	*Ptilonorhynchus violaceus*	321
jaune des prairies	401	-archer	571	Poule d'eau	266	*Ptilostomus afer*	333
olive	401	-arlequin	522	Poutassou	541	*Ptychadena porosissima*	486
Pintade		-bêche de l'Atlantique	581	Powan	533	*Ptychocheilus oregonensis*	521
commune	213	-beurre	585	*Pracheirodon innesi*	525	*Ptychozoon kuhli*	433
de Saby	213	cachemire	580	Prêtre	549	*Pudu mephistophiles*	164
Pintades	213	-chat à ventre noir	529	Primates, ordre	82	Puffin des Anglais	300
Pioui de l'Est	309	-chat brun	526	Prinia gracile	369	Puffins	300
Pipa		-chauve-souris	582	*Prinia gracilis*	369	*Puffinus puffinus*	300
américain	475	-clown à trois bandes	575	*Priodontes maximus*	34	Puma	143
du Surinam	475	-couteau américain	532	Prion		*Puma concolor*	143
Pipa pipa	475	-crampon	595	à large bec	300	Putois	
Pipilo à flancs roux	398	cristal africain	527	de Forster	300	à pieds noirs	128
Pipilo erythrophthalmus	398	de verre	527	*Prionace glauca*	505	d'Europe	128
Pipistrelle	117	-disque	574	*Prionailurus bengalensis*	142	Pycnonotus	
Pipistrellus pipistrellus	117	du paradis	586	*Prionochilus percussus*	384	barbatus	366
Pipit		-feuille de Schomburgk	573	*Prionodon linsang*	134	jocosus	367
doré	386	flamme	525	*Prionops plumata*	344	Pygargue à tête blanche	282
farlouse	387	-grenouille	543	*Prionotus carolinus*	557	Pygopodes	434
spioncelle	387	-hachette commun	525	Prions	300	*Pygopus nigriceps*	435
Pipits	386	juif de Californie	561	*Pristiophorus cirratus*	507	*Pyrocephalus rubinus*	310
Pipra filicauda	313	-lanterne	537	Pristiophoriformes, ordre	507	*Pyrrhula pyrrhula*	395
Pipreola arcuata	312	-lézard	536	*Pristis pectinata*	508	Palila	396
Pique-bœuf		-lime écriture	593	Proboscidés, ordre	198	Pygargue à tête blanche	282
à bec jaune	357	-lune commun	595	*Procavia capensis*	197	Python	
à bec rouge	357	-mandarin	580	*Prochilodus platensis*	524	indien	455

Index

-tapis	455	Raton laveur	127	des harengs	550	Sanglier		155
-tigre	455	Ratons	126	Roitelet			à moustaches	155
Python molurus	455	*Rattus*		à couronne dorée	368		de mer	553
Pyxicephalus adspersus	486	*norvegicus*	61	satrape	368	Sapajou		
		rattus	60	Rollier			à front blanc	89
Q		*Ratufa bicolor*	41	d'Europe	230		jaune	89
Quatre-Yeux	547	*Recurvirostra*		terrestre à pattes courtes	230	*Sarcophilus harrisii*		23
Quelea à bec rouge	391	*americana*	274	Rolliers	230	*Sarcoramphus papa*		296
Quelea quelea	391	*avosetta*	274	terrestres	230	*Sardina pilchardus*		516
Quetzal	229	*Redunca arundinum*	173	*Rollulus rouloul*	209	Sardine		516
Quiscale bronzé	408	Régalec	550	*Romerolagus diazi*	37	Sarigue		20
Quiscalus quiscula	408	*Regalecus glesne*	550	Rongeurs, ordre	40	*Sasia ochracea*		222
		Regulus satrapa	368	Rorqual	184	Saumon		
R		*Reinhardtius hippoglossoides*	590	à bec	192		de l'Atlantique	535
Rachycentron canadum	564	*Reithrodontomys megalotis*	48	bleu	193		sockeye	535
Ragondin	68-69	Rémora	564	Roselin pourpré	394	*Sauromalus obesus*		425
Raie		*Remora remora*	564	Rossignol		Sauvegarde		436
-diable géante	509	Renard		à flancs roux	355	Savacou huppé		293
-vampire	509	commun	121	de Pékin	375	*Saxicola torquata*		352
Rainette		crabier	122	du Japon	375	*Sayornis phoebe*		307
des oiseaux	483	de mer	503	*Rostratula*		Scalaire		574
Maki de Lutz	481	des sables	121	*benghalensis*	269	*Scalopus aquaticus*		79
verte	480	polaire	121	*semicollaris*	269	Scandentes		80
-kangourou	481	Renne	162	*Rostrhamus sociabilis*	281	*Scapanus orarius*		78
Rainettes	480	Reptiles	410	Rouge-gorge	355	*Scaphiopus hammondi*		477
Raja batis	508	Républicain social	389	bleu	350	*Scarus*		
Rajiformes, ordre	508	Requin		flammé	327		*coeruleus*	577
Râle		féroce	503	Rouge-queue coryphée	354		*guacamaia*	576
d'eau	267	-baleine	506	noir	354	Scatophage		582
des genêts	267	-griset	506	Rouget		*Scatophagus argus*		582
ypecaha	267	-marteau commun	505	de roche	571	*Sceloporus undulatus*		424
Rallus aquaticus	267	-pèlerin	503	tacheté	571	*Schilbe mystus*		527
Ramphastos toco	225	-scie commun	507	Rouloul couronné	209	*Schistometopum thomense*		497
Ramphocelus carbo	403	-taupe bleu	504	*Rousettus aegyptiacus*	104	Schrythrops géant		235
Ramphocoris clotbey	380	-taupe commun	504	Roussette		*Scincella lateralis*		443
Rana		-taureau	503	d'Égypte	104	*Scincus philbyi*		441
catesbeiana	485	Requins	502	de Geoffroy	104	Scinque		440
pipiens	486	à tête de taureau	502	de l'Inde	104		caréné	443
ridibunda	486	typiques	503	géante	104		d'Arabie	441
temporaria	485	*Rhabdomys pumilio*	60	*Rupicapra rupicapra*	181		de Sundeval	440
Rangifer tarandus	163	*Rhabdornis mysticalis*	379	*Rupicola peruviana*	312		géant à langue bleue	443
Raphicère du Cap	177	*Rhacophorus nigropalmatus*	487	*Rutilus rutilus*	520	Scinques		440
Raphicerus melanotis	177	*Ramphastos toco*	225	*Rynchops niger*	276	*Sciurus carolinensis*		40
Rara du Chili	311	*Rhea americana*	204	*Rypticus saponaceus*	562	*Sciurus vulgaris*		40
Rasbora	522	Rhebok	173			*Scolecomorphus kirkii*		496
Rasbora heteromorpha	522	*Rhincodon typus*	506	**S**		*Scolopax minor*		270
Rascasse		*Rhinecanthus aculeatus*	593	Sabre à queue grêle	583	*Scomber scombrus*		583
blanche du Nord	579	Rhineura de Floride	450	Saccopharyngiformes, ordre	515	*Scomberesox saurus*		545
brune	556-557	*Rhineura floridana*	450	Saccoptéryx à deux raies	107	*Scophthalmus*		
charbon	558	*Rhinobatus lentiginosus*	508	*Saccopteryx leptura*	107		*aquosus*	587
rouge	557	Rhinocéros	196	*Sagittarius serpentarius*	285		*maximus*	587
verte	558	blanc	196	*Saguinus*		Scops d'Amérique		249
volante	557	de Sumatra	196	*imperator*	87	*Scopus umbretta*		294
Rat	539	noir	197	*nigricollis*	87	*Scorpaena*		
à crinière	52	unicorne	196	Saïga	180		*porcus*	556
à peigne	69	*Rhinoceros unicornis*	196	*Saiga tatarica*	180		*scrofa*	557
à poches africains	58	*Rhinoderma darwinii*	481	*Saimiri sciureus*	89	*Scorpaenichthys marmoratus*		559
adipeux	58	Rhinoderme de Darwin	481	Saint-pierre	553	Scorpéniformes, ordre		556
aquatique d'Australie	59	Rhinodermes	481	américain	553	*Scutisorex somereni*		77
-bandicoot de l'Inde	61	*Rhinolophus*		Saki		*Scyliorhinus canicula*		505
-chinchilla	69	*ferrumequinum*	110	à perruque	88	Scythrops géant		235
-chinchilla du Chili	69	*hipposideros*	110	moine	88	*Scythrops novaehollandiae*		235
cuirassé	70	*philippinensis*	110	noir	88	Sébaste doré		557
de l'Ancien Monde	59	*Rhinomyias ruficauda*	351	*Salamandra salamandra*	494	*Sebastes marinus*		557
de Madagascar	52	*Rhinophis blythis*	453	Salamandre		Secrétaire		285
des bambous	51	*Rhinophrynus dorsalis*	476	à dos rouge	490	*Seicercus castaniceps*		371
des bambous de Sumatra	51	*Rhinopithecus roxellana*	99	aveugle du Texas	490	*Seiurus aurocapillus*		407
des moissons	60	Rhinopithèque de Roxellane	99	commune	494	*Selene vomer*		565
des rizières	48	*Rhinopoma microphyllum*	106	obscure	491	*Selenidera maculirostris*		225
des rochers	71	Rhinopome	106	pourpre	490	*Selevinia betpakdalaensis*		62
des rochers africain	71	microphylle	106	rouge des prés	491	*Semaprochilodus insignis*		524
des roseaux	70	*Rhipidomys venezuelae*	48	tachetée	494	*Semnopithecus entellus*		99
du coton de l'Arizona	49	*Rhipidura*		terrestre	494	*Semotilus*		
du Nouveau Monde	48	*hypoxantha*	339	-tigre	493		*atromaculatus*	522
du veld	53	*leucophrys*	339	visqueuse	490		*corporalis*	522
-éléphant	72	*rubifrons*	339	Salamandres	494		*margarita*	521
-éléphant à oreilles courtes	72	Rhipidure		géantes	495	Sentinelle à gorge jaune		386, 409
épineux des rizières	48	à front rouge	339	sans poumons	490	Seps d'Espagne		440
géant d'Emin	58	à sourcils blancs	339	terrestres d'Asie	495	Sergent-major		575
-kangourou	31	*Rhizomys sumatrensis*	51	vraies	494	Séricorne à sourcils blancs		326
-kangourou à nez long	31	*Rhodeus sericeus*	520	Salangane à nid comestible	245	*Sericornis frontalis*		326
-Kangourou du désert	45	*Rhombomys opimus*	57	*Salanoia concolor*	139	Seriemas		265
-kangourou rougeâtre	31	Rhynchée		*Salmo*		Serin des Canaries		394
marsupial brun	22	mineure	269	*gairdneri*	534	*Serinus canaria*		394
musqué	55	peinte	269	*gairdneri shasta*	534	*Seriola dumerili*		565
musqué-kangourou	31	Rhynchées	269	*salar*	535	Sériole		565
noir	60	*Rhynchocéphales, ordre*	424	*trutta*	534	Sérotine des maisons		117
nu des sables	71	*Rhyncodon typus*	506	Salmoniformes, ordre	533, 534	Serow		180
porc-épic américain	70	*Rhynchonyctère*	106	*Salpinctes obsoletus*	361	Serpent		
rayé champêtre	60	*Rhynchonycteris naso*	106	*Salpornis spilonotus*	361		à sonnette du désert	466
sauteur	62	*Rhynochetos jubatus*	265	Saltator à gorge beige	404		arc-en-ciel	453
-taupe	50-51	*Riopa sundevalli*	440	*Saltator maximus*	404		brun	463
-taupe africain	71	*Riparia riparia*	365	Salut	527		corail du Texas	463
-taupe d'Afghanistan	54	*Rissa tridactyla*	277	*Salvelinus*			d'arbre	461
-taupe géant	51	*Roccus saxatilis*	560	*alpinus*	534		d'arbre du Cap	461
Ratel	130	Roi		*namaycush*	534		d'eau à ventre blanc	457
Ratites	204	d'argent	513	Sandre	563		d'eau ponctuée	457
							de verre	447

des pins	460	à miel	26	*Surnia ulula*	251	*Taraba major*	315
-jarretière	459	à poches de Californie	45	*Surniculus lugubris*	235	Taraba rayé	315
-liane	456	à queue en mosaïque	61	Surubim	530	*Tarentola annularis*	432
mangeur d'œufs	458	de l'Ancien Monde	59	Surucucu	467	*Taricha granulosa*	495
oriental	461	de mer	559	*Sus*		Tarpon	513
-roi	460	de Selevin	62	barbatus	155	*Tarpon atlanticus*	513
Serpents		des arbres	58	scrofa	155	Tarsier de Horsfield	85
à queue armée	453	des bananiers	58	*Syconycteris australis*	105	Tarsiers	84-85
aquatiques d'Orient	455	domestique	61	Sylvette		*Tarsiger cyanurus*	355
aveugles	452	dorée	49	à ailes dorées	406	*Tarsipes rostratus*	26
constricteurs	454	du crépuscule	48	couronnée	407	*Tarsius bancanus*	85
de mer	462	du Nouveau Monde	48	jaune	407	Tasmacète de Shepherd	191
filiformes	452	épineuse à poches	45	noire et blanche	406	*Tasmacetus shepherdi*	191
-tubes	453	marsuapiale à grosse queue	23	parula	406	Tassergal	564
Serpophaga cinerea	311	occidentale des moissons	48	triste	407	*Tatera indica*	57
Serrasalmus nattereri	524	-opposum d'Amérique du Sud	20	*Sylvia atricapilla*	379	Tatou	34
Serval	144	sauteuse d'Australie	61	heineken	379	à neuf bandes	34
Setifer setosus	72	soyeuse à poches	44	*Sylvicapra grimmia*	171	géant	34
Setonix brachyurus	29	-kangourou	44	Sylvilagus		Taupe	74-78
Setornis criniger	368	-kangourou pâle	45	aquaticus	38	à nez étoilé	79
Seula leucogaster	289	*Sousa chinensis*	186	audubonii	38	à queue chevelue	79
Sialia sialis	350	Spalax	50	bachmani	38	commune	78
Siamang		de Hongrie	51	*Sylviorthorhynchus desmursii*	317	dorée	74
de Kloss	100	*Spalax leucodon*	51	Symbranche de rizière	556	dorée du Cap	74
Sicalis luteola	401	*Sparisoma viride*	577	Symbranchiformes, ordre	556	dorée hottentote	74
Sicista betulina	63	*Sparus aurata*	569	*Symphurus plagusia*	591	du Pacifique	78
Sifaka de Verreaux	83	Spatule américaine	294	*Symphysodon discus*	574	marsupiale	25
Siffleur doré	331	Spatules	294	Synallaxe		placentaire	25
Siffleurs	330	Speirops de Principe	370	à face rouge	317	Taureau	168
Siganus virgatus	582	*Speirops leucophoeus*	370	des murs	317	Tautog	576
Sigmodon arizonae	49	*Speothos venaticus*	122	guiouti	316	*Tautoga onitis*	576
Silure		*Speotyto cunicularia*	251	*Synallaxis cinnamomea*	316	*Taxidea taxus*	131
électrique	528	Spermophile	40	*Synanceia verrucosa*	557	Tayassu	
géant	528	à treize bandes	42	*Synaptomys cooperi*	54	pecari	156
glane	527	*Spermophilus tridecemlineatus*	42	*Synceros caffer*	170	tajacu	156
Siluriformes, ordre	526	Sphécothère à ventre jaune	338	*Synchiropus splendidus*	580	Tayra	129
Silurus glanis	527	*Sphecotheres viridis*	338	*Syngnathus acus*	555	Tégu	436
Singe		*Spheniscus mendiculus*	299	*Synodontis nigriventris*	529	*Teius teyou*	437
anthropoïde	102	*Sphenodon punctatus*	424	*Synodus synodus*	536	Tenrec	72
-araignée	90	*Sphoeroides splengleri*	594	Syrrhapte paradoxal	268	commun	72
de Barbarie	92	*Sphyraena barracuda*	583	*Syrrhaptes paradoxus*	268	rayé	73
de Brazza	96	*Sphyrapicus varius*	222			*Tenrec ecaudatus*	72
de l'Ancien Monde	92	*Sphyrna zygaena*	505	**T**		*Terathopius ecaudatus*	282
de nuit	88	*Spilogale gracilis*	132	*Tachuris rubrigastra*	308	*Terpsiphone paradisi*	340
du Nouveau Monde	88	*Spilornis cheela*	283	*Tachybaptus ruficollis*	288	*Terrapene carolina*	415
-écureuil	89	*Spinachia spinachia*	554	*Tachycineta euchrysea*	365	*Tersina viridis*	404
laineux	91	*Spiza americana*	405	*Tachyeres brachypterus*	216	*Testudo graeca*	417
Siphonops annelé	497	*Spizella passerina*	398	*Tachyglossus aculeatus*	18	Tête	
Siphonops annulatus	497	*Spizixos canifrons*	367	*Tachyoryctes macrocephalus*	51	de feu	311
Siren lacertina	488	*Sporophila americana*	400	*Tachyphonus luctuosus*	399	de mouton	568
Sirène	579	Sporophile variable	400	*Tadarida aegyptiaca*	113	de serpent	587
lacertine	488	Spréo superbe	357	Tadaride d'Égypte	113	Tétra	
mordocet	579	Springbok	178	*Tadorna tadorna*	215	cavernicole du Mexique	525
naine	488	Squaliformes, ordre	507	Tadorne de Belon	215	de Rio	525
Sirènes	488	*Squalus acanthias*	507	*Taeniopygia guttata*	393	-lyre	212
Siréniens, ordre	199	Squamates, ordre	424	Taguan	43	-néon	525
Sirli du désert	381	*Squatina*		Tahr	182	rouge	525
Sistrurus catenatus	466	californica	506	Takahé	266	Tétracère	167
Sitta canadensis	359	dumerili	506	Takin	182	*Tetracerus quadricornis*	167
Sittasomus griseicapillus	318	squatina	506	Talapoin	97	*Tetrao tetrix*	212
Sittelle		Squatiniformes, ordre	506	*Talpa europaea*	78	*Tetraodon cutcutia*	594
du Canada	359	*Stachyris leucotis*	376	Tamandua	32	Tétraodontiformes, ordre	592
malgache	344	*Starnoenas cyanocephala*	257	*Tamandua mexicana*	32	Tétraogalle de l'Himalaya	208
Sittelles	359	*Steatomys krebsii*	58	Tamanoir	32	*Tetraogallus himalayensis*	208
Sittine brune	316	*Steatornis caripensis*	253	Tamarin	86	*Tetrapturus audax*	585
Sizerin		*Stenella coeruleoalba*	186	empereur	87	Tétras-lyre	212
blanchâtre	395	*Stenotomus chrysops*	568	rouge et noir	87	Tétrodon à tête de lièvre	594
flammé	395	Stéphanobéryciformes, ordre	551	Tamatia de Swainson	226	*Thamnophilus doliatus*	315
Skunk rayé	132	*Stereolepis gigas*	561	Tamatias	226	*Thamnophis sirtalis*	459
Sminthopsis crassicaudata	23	*Sterna hirundo*	277	Tambour d'eau douce	571	*Thecurus sumatrae*	64
Snook olive	560	Sterne pierregarin	277	Tamia strié	42	*Thelotornis kirtlandii*	456
Sole commune	591	Sternes	276	*Tamias striatus*	42	*Theragra chalcogramma*	541
nue	591	*Sternotherus odoratus*	419	Tanche	519	*Therapon jarbua*	573
Solea solea	591	*Stizostedion lucioperca*	563	*Tandanus tandanus*	530	*Theropithecus gelada*	95
Solenodon		Stomiiformes, ordre	534, 535	Tangara	396	Thinocore de Patagonie	268
cubanus	78	*Storeria occipitomaculata*	459	à bec d'argent	403	Thinocores	268
paradoxus	78	*Strepera graculina*	335	à diadème	404	*Thinocorus rumicivorus*	268
Solénodons	78	*Streptopelia decaocto*	258	à épaules blanches	399	*Thomomys talpoides*	44
Solitaire des Andes	350	Strigiformes, ordre	248	à tête brune	400	Thon à nageoires jaunes	584
Somateria mollissima	216	*Strigops habroptilus*	240	écarlate	398	*Thraupis episcopus*	400
Somniosus microcephalus	507	*Strix aluco*	251	évêque	400	*Thryomanes bewickii*	361
Sonneur oriental	475	*Struthidea cinerea*	330	-hirondelle	404	*Thryonomys swinderianus*	70
Sonneurs	474	*Struthio camelus*	204	organiste	402	*Thunnus albacares*	584
Sooglossus sechellensis	483	Struthioniformes, ordre	204	septicolore	403	*Thylogale* à pattes rousses	28
Sorex cinereus	76	*Sturnella magna*	409	Tangaras	396	*Thylogale stigmatica*	28
Sotalie de Chine	186	Sturnelle des prés	409	*Tangara chilensis*	403	Thylogales	30
Souï-manga		*Sturnira lilium*	115	*Tanysiptera galatea*	233	Thymallus	
à gorge bleue	383	Sturnire fleur de lis	115	Tapaculos	319	arcticus	533
à gorge rouge	383	*Sturnus vulgaris*	356	*Tapera naevia*	237	thymallus	533
à joues rubis	382	Sucrier		Taphien	107	*Thyroptera discifera*	119
de Ceylan	382	à ventre jaune	406	*Taphozous longimanus*	107	Thyroptère du Honduras	119
de Johnston	383	bleu	403	Tapir		Thyroptères	118
rouge	382	*Sula leucogaster*	289	à chabraque	195	*Tichodroma muraria*	359
siparaja	382	*Suncus etruscus*	77	terrestre	195	Tichodrome échelette	359
superbe	383	*Suricata suricata*	139	*Tapirus*		Tigre	147
Souï-mangas	382, 383	Suricate	139	indicus	195	*Tiliqua occipitalis*	443
Souris		Surmulet	571	terrestris	195	Timalia	
à grosse queue	57	Surmulot	61			pileata	377

rufipennis	376	triste	257	Typhlops de Schlegel	452	aspic	465
Timalie	374	turque	258	*Typhlops schlegelii*	452	d'Europe	464
à calotte noire	378	*Toxostoma redivivum*	358	Tyran	306	de l'Halys	467
à gorge écailleuse	376	*Toxotes jaculator*	571	à tête blanche	307	de Peringuey	464
à gorge pâle	376	*Trachemys scripta*	414	cendré	306	des pyramides	465
à oreilles blanches	376	*Trachinotus carolinus*	565	d'Azara	308	des sables	464
à queue de feu	375	*Trachipterus arcticus*	550	écarlate	310	du Gabon	465
à tête rousse	377	Trachyptère	550	livide	310	heurtante	465
aux yeux d'or	377	*Tragelaphus*		pirate	310	péliade	464
d'Amérique	379	*angasii*	167	pipra	306	Vipères	464
géante	376	*eurycerus*	167	titri	307	-taupes	456
Timalies	374	*oryx*	166	Tyranneau		*Virelanius melitophrys*	329
Tinamiformes, ordre	206	*strepsiceros*	166	à queue courte	309	Viréo	329
Tinamous	206	Tragopan de Temminck	210	des torrents	3111	à sourcils jaunes	329
Tinamus major	206	*Tragopan temminckii*	210	*Tyrannus*		aux yeux rouges	328
Tinca tinca	519	*Tragulus javanicus*	160	*forficatus*	306	*Vireo olivaceus*	328
Tisserin		Tranchoir	582	*tyrannus*	307	Viréo-pie-grièche	329
à gros bec	390	Trappiste à front noir	226	Tyrans	306	Viréos	328
bahia	390	Traquet		*Tyto alba*	249	Viscache	68
coucou	390	motteux	352			*Viverra civetta*	135
des buffles	389	pâtre	352	**U**		Voilier	584
parasite	390	Travailleur à bec rouge	391	Unau	33	*Vombatus ursinus*	25
villageois	391	*Tremarctos ornatus*	124	*Uncia uncia*	147	*Vulpes*	
Tisserins	389, 390	Tremblador	532	*Upupa epops*	228	*vulpes*	121
Titi arabassu	89	*Treron phoenicoptera*	258	Upupiformes, ordre	228	*zerda*	121
Titys	354	Triaenops de Perse	111	*Uraeginthus bengalus*	392		
Tmetothylacus tenellus	386	*Triaenops persicus*	111	*Uria aalge*	278	**W**	
Tockus erythrorhynchus	227	*Trichechus manatus*	199	*Urocissa ornata*	333	Wahoo	584
Todier de Jamaïque	231	*Trichiurus lepturus*	583	Urodèles, ordre	488	*Wallabia bicolor*	31
Todiers	231	*Trichoglossus haematodus*	238	*Uroderma bilobatum*	114	Wallaby	
Todirhampus chloris	233	*Trichosurus vulpecula*	27	*Urogale everetti*	81	bicolore	31
Todirostrum cinereum	306	*Trichys fasciculata*	65	*Uromastyx princeps*	429	buissonnier	
Todus todus	231	*Trigla lucerna*	557	*Uropeltis biomaculatus*	453	de Nouvelle-Guinée	30
Tokay	432	Trigle hirondelle	557	*Urophycis*		des rochers à queue annelée	29
Topaza pella	247	*Tringa totanus*	270	*chuss*	540	Wombat	25
Torcol fourmilier	219	Trionyx épineux	418	*tenuis*	540	de Tasmanie	25
Torgos tracheliotus	281	*Trionyx*		*Uroplatus fimbriatus*	434		
Torpedo nobiliana	509	*spiniferus*	418	*Uropsalis lyra*	254	**X**	
Torpille noire	509	*triunguis*	418	*Ursus*		*Xanthichthys ringens*	593
Tortue		*Triportheus elongatus*	525	*americanus*	125	*Xantusia vigilis*	439
à bec de faucon	421	Triton	494	*arctos*	124	Xantusie du désert	439
à carapace flexible	416	crêté	494	*maritimus*	125	Xénarthes, ordre	32
à carapace molle		granuleux	495	*thibetanus*	125	Xénique grimpeur	304
de Nouvelle-Guinée	419	ponctué nord-américain	495			Xéniques	304
à dos diamanté	414	Tritons	494	**V**		*Xenopeltis unicolor*	453
à écailles	421	*Tritutus cristatus*	494	Vacher à tête brune	409	*Xenops minutus*	316
à franges	423	Trochiliformes, ordre	246	Vairon	521	*Xenopus laevis*	475
à grosse tête	422	*Trochocercus albonotatus*	340	Vampire		*Xenosaurus sp.*	446
à oreilles rouges	414	Troglodyte	360	d'Azara	115	*Xerus erythropus*	42
-alligator	422	de Bewick	361	des fleurs	115	*Xiphias gladius*	585
-boîte	415	des cactus	360	*Vampyrum spectrum*	114	Xipho	548
bâtarde	421	des marais	361	*Vandellia cirrhosa*	531	*Xiphophyrus helleri*	548
comestible	420	des rochers	361	Vandoise	518		
de Ridley	421	européen	360	*Vanellus vanellus*	275	**Y**	
de Temminck	422	familier	360	*Vanga curvirostris*	345	Yack sauvage	169
des bois nord-américaine	415	*Troglodytes*		Vanga écorcheur	345	Yapock	20
du désert	416	*aedon*	360	Vangas	343	Yuhina à gorge striée	374
géante des Galapagos	416	*troglodytes*	360	Vanneau huppé	275	*Yuhina gularis*	374
grecque	417	*Trogon elegans*	229	Vanneaux	275		
hargneuse	422	Trogon élégant	229	Varan	448	**Z**	
-luth	420	Trogoniformes, ordre	229	de Gould	449	*Zaglossus bruijni*	18
musquée commune	419	Trogons	229	du Nil	448	*Zalophus californianus*	148
-panthère	416	*Tropidophorus queenslandiae*	443	sans oreilles	449	*Zanclus cornutus*	582
verte	420	*Tropidosaura essexi*	439	*Varanus*		Zapode du Canada	63
vorace	422	Tropidosaure	439	*gouldi*	449	*Zapus hudsonius*	63
Tortues		Troupiales	396	*komodensis*	448	Zèbre	
à carapace molle	418	Truite		*niloticus*	448	de Burchell	194
boueuses	419	arc-en-ciel	534	Varans	448	de Grevy	194
d'eau douce	414	australe	533	*Varecia variegata*	82	Zéiformes, ordre	553
happantes	422	de lac d'Amérique	534	Vautour		*Zenaida macroura*	257
marines	420	-perche	537	aura	297	*Zenopsis ocellata*	553
musquées	419	Tubulidentés, ordre	154	oricou	281	*Zeus*	
serpentines	423	Tuco-tuco	69	palmiste	282	*faber*	553
terrestres	416	Tui	324	pape	296	*japonicus*	553
Toucan		*Tupaia*		Vautours du Nouveau Monde	296	Zibeline	129
de Baillon	224	*glis*	80	Verdin	362	*Ziphius cavirostris*	190
montagnard	225	*montana*	80	à front d'or	327	*Zoarces viviparus*	577
toco	225	*Tupinambis teguixin*	436	Verdins	327	Zokor	51
Toucanet		Turbot	587	*Vermicella annulata*	463	de Chine	51
à bec tacheté	225	*Turdoides plebejus*	375	*Vermivora chrysoptera*	406	Zonosaure de Madagascar	445
vert	224	*Turdus*		Verspertilion	116	*Zonosaurus sp.*	445
Toucans	224	*falcklandii*	349	couleur de paille	118	Zonure épineux	445
Toupaïe	80	*merula*	349	doré	119	*Zoothera dauma*	348
commun	80	*migratorius*	349	Veuves de paradis	392, 393	Zorille commune	129
d'Elliott	81	*olivaceus*	349	*Vicugna vicugna*	158	Zostérops	
des Philippines	81	*poliocephalus*	349	*Vidua paradisaea*	393	à dos gris	370
Touraco		Turniciformes, ordre	218	Vieille	576	du Japon	370
à huppe rouge	248	*Turnis sylvatica*	218	Vieja	531	*Zosterops*	
de Bannerman	248	Turnix	218	Vigogne	158	*japonicus*	370
gris uniforme	248	d'Andalousie	218	*Vipera*		*lateralis*	370
Touraco		*Tursiops truncatus*	186	*ammodytes*	464		
bannermani	248	*Tylosaurus crocodilus*	545	*aspis*	465		
erythrolophys	248	*Tympanuchus cupido*	212	*berus*	464		
Touracos	248	*Typhlomolge rathbuni*	490	*gabonica*	465		
Tourco huet-huet	319	*Typhlomys cinereus*	53	*peringueyi*	464		
Tourne-pierre	271	Typhlonectes	496	Vipère			
Tourterelle		*Typhlonectes compressicauda*	497	ammodyte	464		
diamant	259						

Collège Boréal
Centre de ressources
21, boul. Lasalle
SUDBURY ON P3A 6B1